2020년 자본시장법원리

2020년

자본시장법원리

김용재

KOREA
UNIVERSITY
PRESS
고려대학교
출판문화원

머리말

『2020년 자본시장법원리』는 기존에 출간된 2011년 『자본시장과 법(상)』, 2016년 『개정판 자본시장과 법』의 기본적인 틀을 유지하면서 새로운 법률 개정 사항과 최신 판례들 및 저자의 최근 연구 내용들을 업데이트 한 것이다.

본서는 저자의 지난 20여 년간 강의 및 연구를 집대성한 것으로서, 자본시장법과 시행령 및 금융감독규정을 총체적으로 나열하기보다 자본시장을 관통하는 법의 근본 원리를 발굴한 후 핵심적인 원칙과 제도를 연계시키는 데 초점을 맞추었다. 저자는 이러한 서술 방식이 독자들로 하여금 자본시장 제도 전반에 대한 이해도를 높이고 제도 간의 유기적인 상관관계를 분석하는 데 있어서 많은 도움을 줄 것이라고 믿는다. 본서는 법학전문대학원에서의 한 학기 강의에 적합한 분량으로 편제되어 있는데, 자본시장법을 처음 공부하는 학생들과 사회인들에게 자본시장의 관련 제도를 보다 쉽게 접할 수 있도록 하는 입문서에 해당한다.

본서는 크게 두 부분으로 구성된다. 제1장부터 제5장까지는 총설, 자본시장과 공시규제, 자본시장 관련 기관과 감독·규제에 관한 부분이고, 제6장부터 제10장까지는 금융투자업자의 금융투자상품 거래 시 발생하는 이해상충, 내부자거래와 시세조종행위, 사기적 부정거래행위 등 불공정거래, 집합투자규제의 원리에 관한 부분이다. 앞 부분은 총설적인 기본 개념의 이해, 발행시장의 공시규제 및 감독규제, 자본시장을 구성하는 인프라 중심으로 서술되어 있고, 뒷 부분은 금융투자업자와 고객 간의 이해상충 및 당사자 간 권리·의무, 불공정거래행위에 대한 민사적, 형사적 규제, 집합투자업의 핵심 쟁점 및 판례 등을 중심으로 서술되어 있다.

처음으로 자본시장법을 접하는 독자들에게는 내용들이 다소 낯설고 이해하기 어려운 부분도 많을 것으로 짐작된다. 그러나 꾸준히 인내심을 갖고 본서를 통독한다면 자본시장에서 발생하는 근본적인 법적 쟁점들의 실마리를 찾고 해결 방안을 모색할 수 있을 것이라고 확신한다.

본서를 발간하면서 항상 저자를 성원해 주는 부모님과 가족 및 고려대학교 법학전문대학원에 감사드린다. 그리고 본서를 출판함에 있어서 편집과 색인 작업 등 제반의 과정에 큰 도움을 준 고려대학교 출판문화원에 감사드린다.

2020년 3월 안암동 연구실에서
저자 김용재

차례

제1장

자본시장과 금융투자업에 관한 법률 총설

제1절 개관

1997년의 금융위기 이후 한국의 금융감독당국은 자본시장에서의 금융 빅뱅(Big Bang)이 필요하다는 인식을 하였다.[1] 이는 ① 자본시장의 자금중개기능 부진, ② 자본시장 관련, 금융산업의 발전 미미, ③ 관련 법제도의 후진성이 발견되었기 때문이다. 특히 ③의 문제점과 관련하여 구법 체제는 '자본시장'과 '관련 금융산업'의 획기적인 발전을 뒷받침하지 못하였다. 우선 증권사, 선물회사, 자산운용사, 신탁회사 등 금융회사별로 각각 별도의 법률이 존재하고 개별 법률마다 적용되는 규제가 상이하였으므로, 금융회사가 다르면 동일한 금융기능을 수행하여도 상이한 규제가 적용되어 규제차익(regulatory arbitrage)과 투자자 보호의 공백이 발생하는 문제점이 발견되었다. 다음으로 구법 체제는 금융회사가 취급할 수 있는 증권과 파생상품의 종류를 법령에 제한적으로 열거하였는데, 이러한 positive system은 창의적인 신종 금융투자상품을 설계하거나 취급(판매, 중개)하는 데 제약요인으로 작용하여 금융혁신을 더디게 만들었다. 또한 증권업, 자산운용업, 선물업, 신탁업 등 금융업 간의 사내겸영을 엄격하게 제한하였으므로, 광범위하게 기업금융, 자산관리, 증권서비스(securities service), 직접투자(혹은 자기매매) 등의 영역에서 사내겸영을 하는 선진투자은행에 비해 시너지 효과를 달성하고 경쟁력을 제고하는 데 한계가 드러났다. 마지막으로 선진화되고 체계적인 투자자 보호제도가 미흡한 상태에서 금융투자상품의 불완전 판매와 불공정 거래에 대한 적절한 대응도 용이하지 않았으므로 자본시장에 대한 투자자의 신뢰는 급속히 저하되었다.

이러한 구 제도상의 문제점을 시정하기 위하여 2007년 7월 '자본시장과 금

1 이러한 인식의 바탕에는 외국의 금융선진법제가 급격하게 변화하고 있는 점도 고려되었다. 즉 1986년 영국이 금융서비스법(Financial Services Act 1986)을 제정하여 금융산업에서의 성공적인 빅뱅을 이루어 내었고, 2001년 호주가 금융서비스개혁법(Financial Services Reform Act)을 제정하였다. 아시아국가에서의 제도변화도 간과할 수 없는데, 싱가폴이 2001년에 증권선물거래법(Securities and Futures Act)을, 홍콩이 2002년에 증권선물거래법(Securities and Futures Ordinance)을 제정하였으며, 2006년에는 일본이 금융상품거래법을 제정하기에 이르렀다.

융투자업에 관한 법률'(이하 자본시장법)이 제정되었고, 동법은 제정된 지 1년 6개월이 지난 2009년 2월부터 시행되었다. 그렇지만 동법의 시행을 기다리던 중, 글로벌 경제위기가 찾아왔다. 그리고 그 위기의 중심에는 미국발 주택가격의 거품붕괴와 서브프라임 모기지의 위기 및 이를 기초자산으로 한 구조화 증권의 연쇄적 부실화가 자리를 잡고 있었다. 그렇다 보니 자본시장법이 시행되기도 전에 금융투자업의 겸업을 규제하여야 한다는 비판이 쏟아졌고 금융상품에 대한 과거의 positive system이 금융소비자 보호에 더 적합하지 않은가 하는 자성의 목소리도 높아졌다. 이렇게 어수선한 상황에서 자본시장법이 시행되다 보니 자본시장법은 그 출발부터 동력을 많이 상실한 것이 사실이다. 더욱이 현재 전 세계적으로 자본시장을 강력히 규제하기 위한 제도적인 변혁이 진행 중이다. 예를 들어 미국은 2010년 7월 '도드-프랑크 월스트리트개혁 및 소비자보호법'(이하 도드-프랑크법)의 제정을 통하여 금융위기의 원인이 되었던 상업은행업과 투자은행업의 융화현상을 단절시키고(소위 Volker Rule), 은행의 헤지펀드 및 사모투자전문회사(private equity fund, 이하 PEF) 겸영을 제한하였으며, 은행의 파생상품 및 스왑거래에 대해 규제를 강화하였다(소위 Lincoln Rule).

2020년 현재도 전 세계 자본시장의 불완전성에서 비롯된 글로벌 경제위기가 계속 진행 중에 있다. 그렇다 보니 한번 위축된 글로벌 자본시장이 다시 기지개를 펴기까지는 상당한 시간이 필요하다는 관측도 있다. 우리나라의 금융위원회는 2011년부터 자본시장법 제정의 동인이었던 '금융투자업의 활성화와 자본시장의 발전'이 전혀 달성되지 못하고 있다는 문제점을 파악하고, 자본시장을 보다 활성화할 수 있는 제반의 대책을 보완하려고 애써 왔다. 금융위원회 내에 자본시장법의 개정을 위한 task force가 활동을 개시하면서, 한국형 투자은행(Investment Bank, IB)과 헤지펀드가 도입되고 대체거래소의 설립을 가능토록 한 조치 등은 매우 고무적이다. 다음에서는 자본시장법 제정의 기본방향과 구제도의 틀을 뒤엎은 2007년 주요 제도를 기본 축으로 설명한 후, 글로벌 금융위기의 발생 이후 최근 자본시장법의 주요 개정 사항을 간략히 소개하고자 한다.

제2절 자본시장법의 제정의 기본 방향과 구성 및 성격

I. 자본시장법 제정의 기본 방향

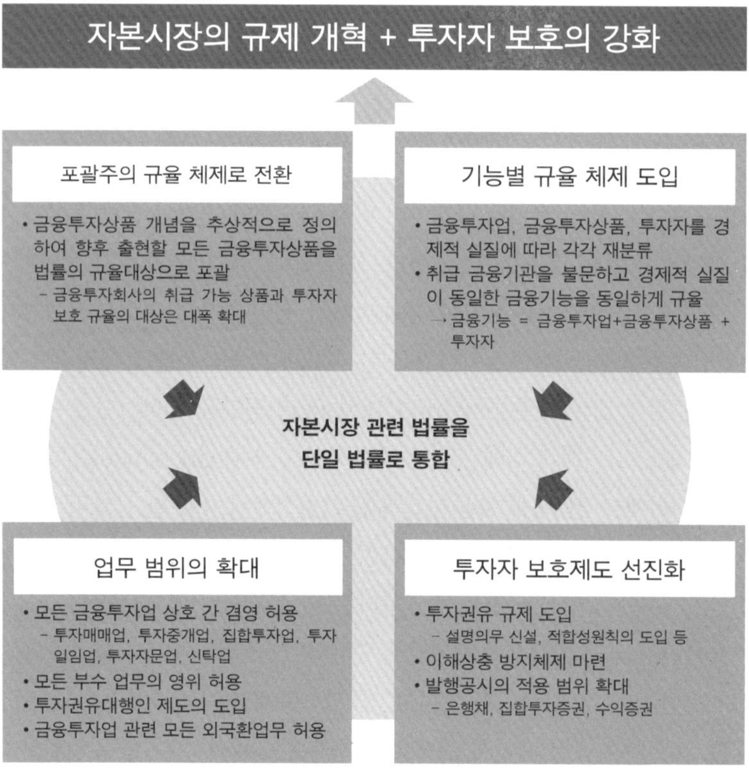

자본시장법 제정의 기본 방향은 구 체제가 가지고 있던 문제점을 철저히 분석하고 이를 개선하는 데 초점이 맞추어졌다. 그렇다 보니 기존의 증권이나 파생상품에 대한 열거주의(positive system)를 포괄주의(negative system)로 전환하고 금융기관이 상이하더라도 동일한 금융기능에 대해 동일한 규제를 가하는 기능별 규제체제를 도입하게 되었다. 또한 사내겸영을 인정하는 방식으로 혁신적인 겸업주의를 수용함으로써 증권사와 자산운용사 등의 업무범위를 대폭 확대하였다. 이와 함께 투자자보호에도 만전을 기하는 제 수단이 강구되었다.

II. 구성

자본시장법은 은행법, 보험업법 등을 제외한 자본시장을 규율하는 모든 법률 중 6개의 주요 법률들을 통합하였다(증권거래법, 선물거래법, 간접투자자산운용업법, 신탁업법, 종합금융회사에 관한 법률, 한국증권선물거래소법). 그렇지만 통합 대상이 아닌 나머지의 9개 법률도 기능별 규제의 원칙에 입각하여 자본시장법과 조화되는 방향으로 일괄 정비되었다. 한편 구 체제하에서는 비정형 간접투자, 파생금융상품과 같이 규율법제가 없는 영역도 존재하였지만, 자본시장법은 이들도 규율 대상으로 함으로써 명실상부하게 규제 공백을 없앴다고 평가된다.

구 체제

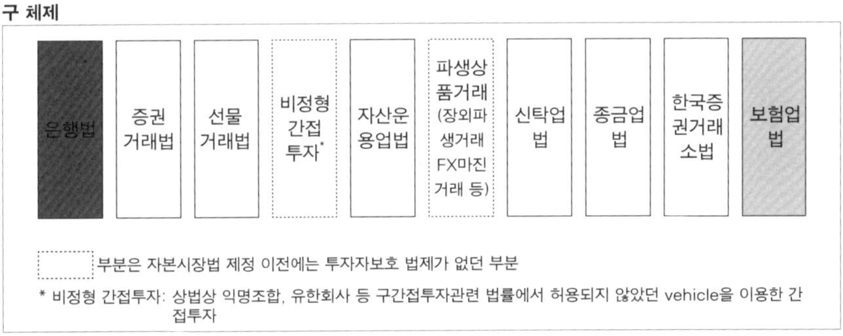

통합 후 금융법 체제

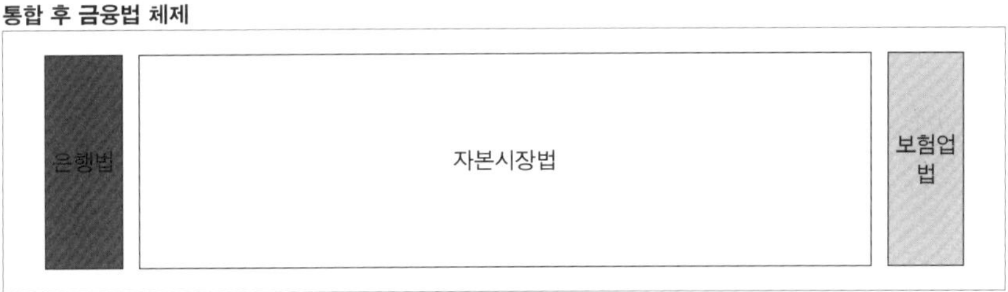

Ⅲ. 성격

1. 행정법적 성격

자본시장법은 미국의 1933년 증권법(the Securities Act)을 반영하고 있다. 즉 금융투자업의 등록 및 허가, 금융투자업관계기관의 설립·허가 및 감독에 관한 사항, 주권상장법인의 공시사항 등을 규정하여 증권시장이 제 기능을 발휘할 수 있도록 하고, 이를 위반할 경우에는 금융위의 등록·허가 취소, 증권 발행제한 등의 행정규제를 하고 있다. 가장 대표적인 것은 공시규제와 과징금을 들 수 있다.

2. 형사법적 성격

자본시장법은 미국의 1934년 증권거래법(the Securities Exchange Act)을 반영하여 내부자거래나 시세조종행위 등 공정거래질서 확립을 위한 금지사항을 규정하고 있다. 또한 투자자에게 투자판단의 자료를 제공하기 위하여 기업내용을 공시하도록 하고 있다. 자본시장법은 이렇게 모든 시장참여자에게 각종 규제를 함으로써 증권시장이 제 기능을 수행할 수 있도록 함과 동시에 투자자보호를 도모하고 있는데, 이러한 규제를 위반한 경우 과징금 등의 행정제재와 손해배상책임을 지우는 외에 원칙적으로 형사벌(징역 또는 벌금)을 부과하고 있다.

3. 상법의 특별법적 성격

자본시장법 제165조의2 내지 제165조의 19는 주권상장법인에 대한 특례규정이다. 동 조항들은 증권신고서 제도, 합병 및 영업양·수도 신고제도, 자기주식의 취득, 소수주주권 행사요건의 완화, 실질주주명부제도, 조건부 자본증권 등에 관한 사항을 규정함으로써 회사법상의 제도를 보완하는 특례 규정을 두고 있어 상법의 특별법적 성격을 갖는다.

제3절 자본시장법의 주요 내용

Ⅰ. 포괄주의의 도입

1. 구 체제의 문제점

자본시장법 이전의 구 체제는 금융투자상품의 범위를 사전적으로 열거하여 제한하는 체제였다. 즉 구 증권거래법 제2조 제1항과 동법시행령 제2조의3 제1항은 자본시장에서 증권회사가 취급할 수 있는 금융상품을 유가증권과 장외파생상품으로 한정하였고, 유가증권을 국채, 지방채, 사채, 주식, 출자증권, 수익증권, 주식연계증권(ELS) 등 21개로 열거하였으며, 장외파생상품은 통화 파생상품, 유가증권 파생상품, 일반상품 파생상품, 신용파생상품 등 4개로 열거하였다. 또한 구 선물거래법은 선물시장에서 선물회사가 영위할 수 있는 선물거래를 일반상품·금융상품을 대상으로 하는 선물, 지수선물, 선물옵션, 옵션, 지수옵션의 5가지로 한정하였다.

이러한 과거의 열거주의 체제에서는 신종 금융상품의 개발과 금융혁신을 기대할 수 없는 반면에 금융업자와 투자자가 규율대상 금융상품을 사전에 명확히 인식할 수 있으므로 법적 안정성은 높았다. 또한 타 금융기관과의 취급대상 금융상품이 차별화되므로 금융기관 간 업무의 중첩과 관련한 분쟁도 거의 없었다. 그렇지만 외국의 금융시장에서 금융혁신을 바탕으로 다양한 신종의 금융상품과 금융기법이 등장하는 상황에서 법령으로 신종 금융상품의 개발을 제한하는 것은 투자자의 자산증식수단을 제한한다는 측면에서 실질적으로 투자자의 이익에 반하게 된다는 심각한 문제점이 있었다. 이때에는 제도 자체가 금융환경의 변화에 능동적으로 대처하지 못함에 따라 덩달아 금융회사의 경쟁력까지 저하시키는 악순환만을 야기한 것이다.

2. 포괄주의의 도입

자본시장법은 자본시장에서 발행·유통될 수 있는 금융상품의 개념을 최대한 넓게 규정함으로써 한편으로는 투자자 보호의 공백을 없애면서 다른 한편으로는 금융투자업자의 업무영역을 제약하지 않는 데 초점을 맞추고 있다. 금융상품의 범위가 넓게 규정됨에 따라 금융투자상품의 정의에 부합되는 금융상품을 취급하는 금융기관은 모두 자본시장법의 규제대상으로 편입되어 투자자보호 관련 규제 또는 불공정거래 규제의 적용을 받는다. 금융기관의 입장에서는 금융상품의 범위가 넓게 규정됨에 따라 일단 인가 및 등록을 받은 한 취급 금융상품의 범위에 대한 제약이 없게 되었다. 따라서 구 체제의 열거주의 방식은 폐지되고 포괄주의 방식이 도입되었다.

(1) 금융투자상품

우선 자본시장법 제3조는 투자성(원본손실 가능성)이라는 특징을 갖는 모든 금융상품을 포괄하는 개념으로 금융투자상품을 정의하고 있다. 기존의 열거주의 방식을 대신하여 이렇게 추상적인 정의 규정을 둠으로써, 동 정의에 해당하는 모든 금융투자상품이 자본시장법의 규율대상으로 되었다. 결과적으로 은행법상의 예금과 보험업법상의 보험계약 이외 모든 금융상품이 금융투자상품에 해당하게 되었다. 그리고 금융투자상품을 경제적 실질에 따라 증권, 장외 파생상품, 장내 파생상품으로 분류한 후 각각의 개념도 추상적으로 정의함으로써 역시 포괄주의로 전환하였다. 그러나 전면적인 포괄주의는 법적 안정성을 저해시킬 수 있으므로, 일부 금융상품을 예시적으로 열거한 후 마지막에 추상적으로 정의하는 방식(예시적 열거주의가 가미된 포괄주의)이 채택되었다. 실무적으로 어떤 금융투자상품에 해당하는지 여부는 취급이 허용되는 주체의 범위와 준수하여야 할 규제를 결정한다는 점에서 금융투자업자에게 매우 중요하다. 더욱이 각종 형사적 제재와 행정적 제재의 기준으로 작용할 수도 있다.

자본시장법 제3조의 금융투자상품은 다음의 세 가지 요건을 충족하여야 한다. 즉 ① 이익을 얻거나 손실을 회피할 목적으로, ② 현재 또는 장래 특정 시점에 금전등을 지급하기로 하는 약정 또는 그러한 약정에 의하여 취득하는 권리로서, ③ 원본손실 가능성(투자성)을 부담하는 것이다. 첫째, 이익획득 또는 손실회피 목적이 없는 상품에 대해서는 투자자 보호의 필요성이 없다고 보아 금융투자상품에서 제외하고 있다. 대표적인 예로서 가치변동이 있는 실물자산을 단지 소비의 목적으로 매입을 약정한 경우가 이에 해당한다. 그렇다면 원금보장형 ELS의 경우 이익획득 또는 손실회피 목적이 없으므로 금융투자상품에 해당하지 않는다는 해석도 가능하게 된다.[2] 둘째, 현재 또는 장래 특정 시점에 금전 등을 지급하는 약정 또는 그러한 약정으로 취득하게 되는 권리라 하여 금융투자상품을 '계약상의 권리'로 정의함으로써 투자성을 가진 실물자산 등이 금융투자상품이 아님을 명백히 하고 있다. 현재에 금전 등을 이전할 것을 약정하거나 그러한 약정을 함으로써 갖게 되는 권리는 증권에 해당하고, 장래에 금전등을 이전하기로 약정하거나 그러한 약정을 함으로써 갖게 되는 권리는 파생상품에 해당한다. 셋째, 원본손실의 가능성(투자성)이 있어야 한다. 자본시장법은 금융상품을 취득하기 위해 지급하거나 지급하여야 할 금액(원본)이 금융상품으로부터 회수하거나 회수할 수 있는 금액(회수금액)을 초과하게 될 가능성을 투자성으로 정의하는데, 투자성의 존재여부는 금융상품의 구조와 동 상품의 유통 과정에서의 가치변화(시장위험)등을 포괄적으로 고려하여 판단하게 된다. 특기할 만한 것으로 자본시장법 제4조 제3항은 구 증권거래법과 달리 조폐공사가 발행한 용지를 사용하여 발행된 모든 기업어음증권(CP)을 금융투자상품에 해당한다고 명백히 규정하고 있는데, 과거의 발행주체, 금액, 신용등급과 같은 엄격한 요건들이 폐지되었다.

한편 자본시장법은 예금 등과 같이 원본이 보장되는 금융상품,[3] 원화표시 양

2 더 나아가 ELS를 모두 금융투자상품이라고 단정적으로 판단할 경우, 원금 보장형 ELS는 자본시장법 제55조의 손실보전금지 조항에 반하는 것 아닌가 하는 의문도 생긴다. 그렇다 보니 원금 보장형 ELS 상품을 둘러싸고 은행과 금융투자업자 간에 영역을 둘러싼 갈등(소위 turf war)이 발생할 수 있는 것이다.

3 자본시장법 제7조 제1항 제3호에 의하면 제77조 제1항에서 정하는 투자성 있는 예금계약과 그 밖에 이에 준하는 것으로서 대통령령으로 정하는 계약의 경우 투자매매업을 영위하는 것으로 규정한다. 여기서 대통령령으로 정하는 계약이란 자본시장법시행령 제7조 제2항의 금적립계좌 등을 말한다.

"② 법 제7조제1항제3호에서 "대통령령으로 정하는 계약에 따른 증권"이란 다음 각 호의 어느 하나에 해당하는 것(이하 "금적립계좌등"이라 한다)을 말한다.

1. 제4조 각 호의 어느 하나에 해당하는 자(이하 이 호에서 "은행등"이라 한다)가 투자자와 체결하는 계약에 따라 발행하는 금적립계좌 또는 은적립계좌[투자자가 은행등에 금전을 지급하면 기초자산인 금(金) 또는 은

도성예금증서, 관리신탁의 수익권, "그 밖에 해당 금융투자상품의 특성 등을 고려하여 금융투자상품에서 제외하더라도 투자자 보호 및 건전한 거래질서를 해할 우려가 없는 것으로서 대통령령으로 정하는 금융투자상품"을 금융투자상품의 개념에서 제외하고 있다.[4] 사실 원화표시 양도성예금증서는 원본 손실 가능성이 있어 개념적으로 금융투자상품에 해당하지만, 만기가 짧아 금리변동에 따른 가치변동이 미미하여 투자자 보호의 필요성이 작다고 판단하여 정책적으로 금융투자상품에서 배제하였다. 그리고 처분·운용신탁의 경우 신탁회사가 수탁재산의 가치를 보전하지 않고 수탁재산을 관리·운용·처분하는 과정에서 신탁회사의 노력에 따라 손익이 달라질 수 있고 원본손실가능성이 인정되므로 여기서의 수익권은 금융투자상품에 해당한다. 그러나 처분·운용이 결부되지 않는 순수 관리신탁은 처분·운용신탁에 비해 원본손실 가능성이 작고 투자성도 수탁자의 행위가 아니라 신탁재산 자체의 가치변동에서 비롯되므로 투자자 보호의 필요성이 크지 않아 금융투자상품에서 정책적으로 배제하게 된 것이다.[5] 한편 2013년 개정 자본시장법 제3조 제1항 제2호를 세밀하게 분석해 보

(銀)의 가격 등에 따라 현재 또는 장래에 회수하는 금전등이 결정되는 권리가 표시된 것으로서 금융위원회가 정하여 고시하는 기준에 따른 파생결합증권을 말한다]

2. 그 밖에 증권 및 장외파생상품에 대한 투자매매업의 인가를 받은 자가 투자자와 체결하는 계약에 따라 발행하는 파생결합증권으로서 금융위원회가 투자에 따른 위험과 손익의 구조 등을 고려하여 고시하는 파생결합증권"

4 2013년 개정 자본시장법 제3조 제1항 제3호는 "그 밖에 … 대통령령으로 정하는 금융투자상품"을 금융투자상품의 개념에서 제외함으로써, 금융투자상품의 범위를 조정할 수 있는 위임입법의 근거를 마련하였다. 이에 따라 개정 자본시장법시행령 제3조 제3항은 "상법 제340조의2 또는 제542조의3에 따른 주식매수선택권"을 금융투자상품에서 제외하였다. 혹자는 이러한 시행령의 규정이 주식매수선택권을 취득할 때에는 반대급부로 금전 등의 지급이 없고 주식매수선택권의 유통가능성이 없는 점을 감안한 것으로서 일응 이해할 수 있지만, 원래 주식매수선택권이 본질적으로 금융투자상품이라고 볼 수 없으므로 이러한 시행령 개정은 과유불급이었다고 비판하기도 한다. 정재은, 전게논문, 208면. 그러나 이러한 견해에 대해서는 이견이 있을 수 있다. 왜냐하면 주식매수선택권의 취득시 노력의 제공과 같은 프리미엄이 지급되므로 전혀 반대급부가 지급되지 않는다고 단정할 수 없고 상속 등의 사유로 양도가 가능하다는 점을 감안하면 정책적으로 그 외의 사유로도 주식매수선택권의 유통가능성을 인정할 수 있기 때문이다. 따라서 주식매수선택권은 원래 금융투자상품에 해당하는데, 이번의 시행령 개정으로 제외되었다고 설명하는 것이 타당하다. 동지: 김건식·정순섭, 「제3판 자본시장법」, 박영사, 2013, 58면(이하 김건식·정순섭).

5 2013년 개정 자본시장법은 제3조 제1항 제2호를 다음과 같이 개정하여 관리형 신탁의 정의를 수정하였다.

2. 신탁법 제78조 제1항에 따른 수익증권발행신탁이 아닌 신탁으로서 다음 각 목의 어느 하나에 해당하는 신탁(제103조 제1항 제1호의 재산을 신탁받는 경우는 제외하고 수탁자가 신탁법 제46조부터 제48조까지의 규정에 따라 처분 권한을 행사하는 경우는 포함한다. 이하 "관리형신탁"이라 한다)의 수익권

가. 위탁자(신탁계약에 따라 처분권한을 가지고 있는 수익자를 포함한다)의 지시에 따라서만 신탁재산의 처

금융상품의 경제적 실질에 따른 분류 체계

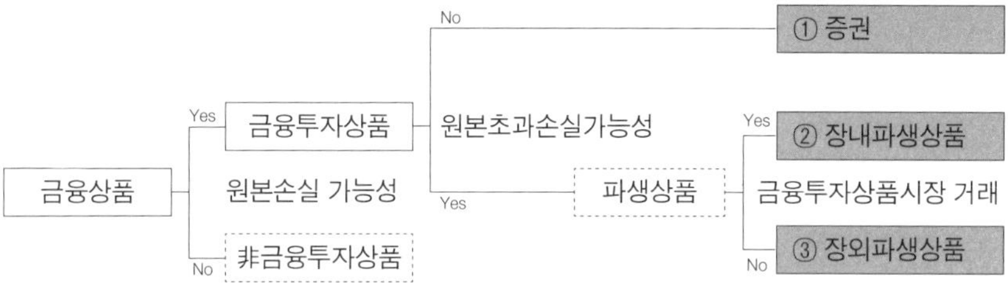

면, 자본시장법은 '금전신탁(제103조 제1항 제1호의 재산을 신탁받은 경우)의 수익권'과 '수익증권이 발행된 신탁의 수익권'을 비록 수탁자가 처분권한을 보유하지 않더라도 금융투자상품에 포함시키고 있음을 알 수 있다.[6]

자본시장법은 금융투자상품을 그 특성에 따라 증권과 파생상품으로 다시 세분하고 있는데, 원본까지만 손실이 발생할 가능성이 있는 금융투자상품을 증권으로 분류하고 원본을 초과하여 손실이 발생할 가능성이 있는 금융투자상품을 파생상품으로 분류한다. 즉 금융투자상품의 취득과 동시에 지급한 금전등 이외에 어떠한 명목으로든 추가 지급의무가 없을 것이 증권과 파생상품을 구분하는 중요한 기준으로 등장하는 것이다.[7] 그리고 파생상품은 증권선물거래소 등 정형화된 금융투자상품시장에서 거래되는지 여부에 따라 다시 장내파생상품과 장외파생상품으로 분류된다.

분이 이루어지는 신탁

나. 신탁계약에 따라 신탁재산에 대하여 보존행위 또는 그 신탁재산의 성질을 변경하지 아니하는 범위에서 이용·개량 행위만을 하는 신탁

6 2012년 개정 신탁법 제78조에 의하면 일반적인 신탁은 모두 수익권을 표시하는 수익증권을 발행할 수 있게 되었는데, 수익증권이 유통되는 경우 유통과정에서 투자성이 발생할 수 있으므로 투자자 보호의 필요성이 발생한다. 따라서 이렇게 수익증권이 발행된 경우 금융투자상품에서 제외시키지 않은 것이다. 또한 금전신탁의 대부분은 특정금전신탁과 같이 위탁자의 지시에 의해 신탁재산이 처분되는 형식을 취하나 실질은 그러하지 않으므로 수익권 보유자를 금융투자상품의 투자자와 동일하게 보호하여야 할 필요성이 높아 금융투자상품에서 제외시키지 않은 것이다. 정재은, "개정 자본시장법과 금융투자상품에 관한 연구," 「금융법연구」 제10권 제2호, 2013, 207면.

7 이러한 분류에 대해서는 과연 옵션이나 스왑의 경우 원본을 초과하여 추가적인 지급의무가 있다고 단정할 수 있는지에 대해 본질적인 의문이 제기된바 있다. 예를 들어 김홍기, "자본시장통합법상 파생상품 규제의 내용과 제도적 개선과제," 「증권법연구」 제9권 제1호, 2008, 107-108면. 특히 옵션의 경우가 그러한데, 그렇다 보니 2013년 개정법은 옵션이 파생상품에만 해당할 뿐 파생결합증권에서는 제외된다는 조항이 추가된 것이다.

(2) 증권 — 특히 투자계약증권과 파생결합증권에 초점을 맞추어

자본시장법은 주식, 사채, 특수채 등과 같은 전통적인 유가증권을 경제적인 실질에 따라 지분증권, 채무증권, 수익증권, 증권예탁증권, 투자계약증권, 파생결합증권 등 보다 넓은 개념으로 포섭시키고 추상적으로 정의함으로써 포괄주의로 전환하였다. 그렇지만 이러한 개별적인 분류 유형에 국채, 지방채, 주식, 신주인수권, DR 등 일반적으로 인정되는 유가증권을 예시적으로 열거함으로써 법적 안정성을 확보하고자 하였다.

1) 투자계약증권

자본시장법은 2007년 제정시부터 투자계약증권(investment contract securities)이란 개념을 도입하여 타인의 노력에 의해 수익이 결정되는 모든 증권을 일단 자본시장법상의 증권으로 포괄하였다. 이는 미국 증권법상 투자계약증권을 정의하는데 있어서 연방대법원의 *SEC v. W. J. Howey Co.*, 328 U.S. 293 (1946) 사건에서 설시된 소위 Howey 기준, 즉 ① 공동사업(common enterprise)에 대한 자금의 투자, ② 타인(권유자나 제3자)의 노력, ③ 이익의 기대라는 세부 요건들을 전면적으로 수용한 것이다.[8] 즉 자본시장법 제4조 제6항은 투자계약증권을 '특정 투자자가 그 투자자와 타인간의 공동사업에 금전 등을 투자하고 주로 타인이 수행한 공동사업의 결과에 따른 손익을 귀속받는 계약상의 권리'라고 정의하고 있다. 투자계약증권을 이와 같이 정의할 때에는 주식, 수익증권 등 전통적인 증권뿐만 아니라 비정형 집합투자기구의 지분, 예를 들어 인터넷으로 투자자를 모집하는 Netizen Fund에 대한 지분, 상법상 익명조합 등을 활용한 집합투자기구에 대한 지분 등을 포함할 수 있게 된다. 왜냐하면 투자계약증권이 매우 광의의 추상적인 개념이기 때문이다.

그런데 2013년 개정 자본시장법은 투자계약증권을 다른 증권들과는 달리 취급하는 특칙을 마련하였다. 즉 제4조 제1항 단서를 신설하여 투자계약증권은 공모 발행의 경우 적용되는 공시에 관한 규제(자본시장법 제3편 제1장)와 부

8 여기서 공동이란 수평적 공통성을 의미한다. 그리고 타인의 노력이란 원래 "전적으로 타인의 노력"이라고 했던 요건을 완화한 것이다.

정거래행위 및 부정거래행위로 인한 배상책임(자본시장법 제178조, 제179조)을 적용하는 경우에만 제한적으로 증권으로 본다고 규정한 것이다(즉 증권신고서 제출등의 규제만 적용되는 증권). 지분증권, 수익증권 또는 증권예탁증권 중 해당 증권의 유통 가능성, 이 법 또는 금융관련 법령에서의 규제 여부 등을 종합적으로 고려하여 대통령령으로 정하는 증권[9]에 대해서도 마찬가지이다. 따라서 개정 자본시장법에 의하면 투자계약증권은 지분증권, 채무증권, 수익증권(집합투자증권), 증권예탁증권 등에 포함되지 않으나 투자성을 갖는 그 외의 나머지 증권으로 보면 될 듯하다. 즉 투자계약증권은 residual concept으로서 기능하는 것이다. 그리고 이러한 투자계약증권에 대해 자본시장법의 일부 조항만을 적용하게 된다.

김건식, 정순섭 교수는 투자계약증권은 일정한 형태의 거래가 대중을 상대로 이루어진 후 자본시장법상 각종 규제를 적용하기 위한 사후적 도구개념으로 사용되는 것이며 투자계약증권의 유통성이 거의 없어서 투자자 보호의 필요성이 상대적으로 덜하다는 점을 들어 개정법의 입장을 지지하고 있다.[10] 이에 반하여 투자계약증권을 증권의 개념에서 제외함으로써 문제가 발생하였다는 실무계의 반발도 만만치 않다. 즉 실무상 특수목적회사가 영화사업 등 특정 사업의 결과를 투자자에게 귀속시키는 내용의 투자계약증권을 발행하고 신탁이 종래 자본시장법 제105조 제1항[11]의 제한적인 열거주의 방식에 따라 신탁업무를

9 자본시장법시행령 제3조의2에 의하면 집합투자증권을 제외하고 상법에 따른 합자회사·유한책임회사·합자조합·익명조합의 출자지분이 표시된 것을 말한다.

10 김건식·정순섭, 92-93면.

11 자본시장법 제105조(신탁재산 등 운용의 제한) ① 신탁업자는 신탁재산에 속하는 금전을 다음 각 호의 방법으로 운용하여야 한다.

1. 증권(대통령령으로 정하는 증권에 한한다)의 매수
2. 장내파생상품 또는 장외파생상품의 매수
3. 대통령령으로 정하는 금융기관에의 예치
4. 금전채권의 매수
5. 대출
6. 어음의 매수
7. 실물자산의 매수
8. 무체재산권의 매수
9. 부동산의 매수 또는 개발
10. 그 밖에 신탁재산의 안전성·수익성 등을 고려하여 대통령령으로 정하는 방법

영위하는 과정에서 동 투자계약증권을 취득하는 구조로 자금을 조달하는 내용의 거래가 존재하였었는데, 투자계약증권이 증권에서 제외됨에 따라 신탁의 금전운용 대상 자산에 해당하지 않게 되어 더 이상 종래와 같은 자금조달이 불가능해졌다는 것이다.[12] 또한 투자자문업자가 투자자문업의 영위로써 투자계약증권에 대한 투자판단의 자문에 응할 수 없게 되었다고도 한다. 저자는 이러한 실무계의 비판이 상당히 근거가 있다고 보이는데, 그 보다 먼저 투자계약증권이 과연 거의 유통성이 없어서 투자자 보호의 필요성이 없다고 단정할 수 있는지에 대해 의문을 갖는 바이다.[13] 향후 계속적인 관심을 갖고 투자계약증권의 증권 배제에 따른 긍정적인 효과와 부정적인 악영향을 심도 있게 관찰하고자 한다.[14]

Howey 사건과 연방대법원 판결

이러한 Howey 기준에 대해 좀 더 명확한 이해를 위해 동 사건의 쟁점 및 사실관계와 판결요지를 살펴볼 필요가 있다. Howey사건은 대규모 과일농장에 대한 토지를 분할매각하면서 토지소유권을 이전함과 동시에 그 경작·판매 및 이익분배계약(즉 농장관리용역계약)을 함께 권유한 경우에 증권법상 "투자계약"으로 볼 수 있는지 여부가 쟁점이었다. W. J. Howey Company(이하 "Howey")는 플로리다 회사로서 플로리다에 리조트 호텔을 소유·운영하면서 인근에 큰 시트러스(레몬 등 감귤류)농장을 가지고 있었다. 농장에서 경작 및 판매 등은 Howey와 직접적으로 동일한 지배와 운영하에 있는 계열사 Howey-in-the-Hills Service라는 회사가 맡고 있었다. 농장의 개발자금이 부족하게 된 Howey는 농장의 절반은 그대로 자신이 소유하고 나머지 절반은 분할하여 팔기로 마음먹고, 위 호텔 광고 내용 중 인근에 훌륭한 시트러스 농장이 있다고 언급하고 호텔에 체류중인 관광객들로 하여금 호텔 인근을 둘러보게 하여 관심을 끌게 하면서 농장이 매물로 나왔다는 말을 하였다. 그리고 농장관리계약을 함께 체결하지 않으면 농장에의

---

12 정재은, 전게논문, 211-212면.

13 동지: 김상만, "금융투자상품의 정의," 「BFL」 제60호, 2013. 7., 16면.

14 참고로 2017년 미국의 SEC는 DAO(Decentralized Autonomous Organization)가 이더리움을 입금하는 투자자에게 발행한 DAO 토큰이 Howey 기준에 따라 1933년 증권법과 1934년 증권거래법상 증권에 해당한다는 유권해석을 내린바 있다. 우리나라에서도 최근 일부 가상화폐공개(ICO)와 관련하여 투자자들이 받는 토큰의 법적 성격이 투자계약증권에 해당한다는 주장이 일고 있다. 즉 자본시장법상 투자계약증권이 여전히 상당한 의미를 갖는 것이다. https://www.sec.gov/litigation/investreport/34-81207.pdf (검색일: 2019. 3. 1.).

투자는 어려울 것이라고 하면서, 농장의 토지매매계약과 관리계약을 모두 체결할 것을 권유하였다. 사실 농장관리계약을 체결하지 않고 농장토지만을 매수할 수도 있었지만, Howey가 위 농장관리회사(Howey-in-the-Hills Service)의 우월성을 강조하여서 실제로 농장의 토지를 산 사람 중 85%가 농장관리계약을 함께 체결하였다. 분할된 토지의 매수가격은 당시에 식목되어 있던 시트러스 나무의 수령에 따라서 1에이커당 얼마로 정하여진 균일가였고, 각 매수인당 매수면적은 5에이커 미만의 소규모였으며, 토지모양도 1에이커당 시트러스 나무가 일렬종대로 48그루가 심어진 가늘고 긴 직사각형 형태로서, 매수인별로 토지경계에 담을 친다든지 하는 구획도 없었다. 농장관리용역계약의 계약기간은 취소불능의 10년이었고, 시트러스 재배·관리·경작·판매 등에 관하여 관리회사에게 전적인 재량권한을 부여하여 심지어 그 기간 중 토지매수인은 관리회사의 승인없이 토지에 들어갈 수도 없고 개별 시트러스 열매에 대한 아무 권리도 없었다. 관리회사는 자신의 관리 하에 농장에서 생산된 모든 시트러스를 혼합(pooling)하여 Howey와 관리회사 명의로 판매하였다. 토지매수인은 이와 같이 시트러스가 판매된 이후에야 순수익에 대하여 자신의 토지소유면적 비례로 관리회사로부터 분배금을 받을 수 있을 뿐이었다. 관리회사는 시트러스 재배에 관한 전문적인 노하우와 인적·물적 설비를 잘 갖추었던 반면, 대부분의 토지매수인들은 플로리다에 살지도 않고 시트러스 재배에 대하여는 경험, 기술, 장비가 없는 사람들이었다. SEC는 여기서의 시트러스농장 매각행위가 1933년법상 증권을 신고하지 아니하고 공모한 것에 해당한다고 보아 금지명령을 신청하였는데, 하급심은 토지매매계약과 농장관리계약은 별개의 거래라고 보아서 증권에 해당하지 않는다고 판시하였다. 그러나 연방대법원은 이 사건 매도인이 단순히 토지소유권을 매도하려 한 것이 아니고 투자자에게 자신들이 관리하는 시트러스농장 사업에 금전을 투자하여 이익을 분배받을 수 있는 기회를 매도하려 한 것이어서 증권법상의 투자계약 기준을 모두 충족한다고 판시하였다.

2) 파생결합증권

투자계약증권과 대비되는 개념으로서 파생결합증권(securitized derivatives)이란 타인이 수행한 공동사업의 결과와 무관하게 외생적인 지표에 의해 수익이 결정되는 증권을 말한다. 이는 싱가폴 증권선물법 제2조 (d)항의 "기초자산의 가격 등의 등락에 의한 이익을 확보하거나 손실을 회피하기 위한 목적의 계약 또는 차액계약상의 권리"라는 개념으로부터 유래하였다. 자본시장법 제4조 제7항에서 파생결합증권은 '기초자산의 가격·이자율·지표·단위 또는 이를 기초로 하는 지수 등의 변동과 연계하여 미리 정하여진 방법에 따라 지급하거나 회수하는 금전 등이 결정되는 권리가 표시된 것'으로 정의할 수 있는데, 주가연계증권(ELS), 신용연계증권(CLN), 재해연계증권(CAT bond), 펀드연계증권(Fund Linked Note) 등 구조화 증권이 모두 이에 해당한다. 개정 자본시장법은 기존의 지급금액 또는 회수금액에서 '금전 등'으로 개정함으로써, 파생결합증권의 상환대상에 금전이 아닌 것도 포함되어 실물결제형 파생결합증권도 유효하게 발행할 수 있음을 명확히 하였다. 그리고 2013년 법 개정에 의하여 이자연계 파생결합증권은 파생결합증권이 아닌 채무증권으로 법적 분류가 달라졌으므로 파생결합증권에서 제외하였다(자본시장법 제4조 제7항 제1호). 그 외 옵션, 조건부자본증권, 교환사채, 상환사채, 신주인수권부사채, 전환사채는 파생결합적 요소가 내재된 파생결합증권이란 해석이 가능한데, 이러한 논란을 불식시키기 위하여 명문의 규정을 두어 파생결합증권에서 제외하였다.[15] 원본비보장형 파생결합증권에 있어서 기초자산의 범위는 상당히 넓어질 수 있는데, 예를 들어 금융투자상품, 통화, 일반상품, 신용위험 그 밖에 자연적·환경적·경제적 현상 등에 속하는 위험으로서 합리적이고 적정한 방법에 의하여 가격·이자율·지표·단위의 산출이나 평가가 가능한 것을 들 수 있다(자본시장법 제4조 제10항).

한편 개정 상법 제469조 제2항 제3호에 파생결합사채가 도입되었는데, 그렇다 보니 상법상 파생결합사채와 자본시장법상 파생결합증권 간의 관계 및 관련 법령의 적용방법이 쟁점화될 수 있다.[16] 일단 '원본비보장형 파생결합증권'과 '원

---

15 자본시장법 제4조 제7항 단서에 의하면 다음에 해당하는 것은 파생결합증권에서 제외한다.

1. 발행과 동시에 투자자가 지급한 금전등에 대한 이자, 그 밖의 과실(果實)에 대하여만 해당 기초자산의 가격·이자율·지표·단위 또는 이를 기초로 하는 지수 등의 변동과 연계된 증권(소위 이자연계 파생결합증권)
2. 제5조 제1항 제2호에 따른 계약상의 권리(제5조 제1항 각 호 외의 부분 단서에서 정하는 금융투자상품은 제외한다), 즉 옵션
3. 해당 사채의 발행 당시 객관적이고 합리적인 기준에 따라 미리 정하는 사유가 발생하는 경우 주식으로 전환되거나 그 사채의 상환과 이자지급 의무가 감면된다는 조건이 붙은 것으로서 제165조의11 제1항에 따라 주권상장법인이 발행하는 사채, 즉 조건부자본증권
4. 상법 제469조 제2항 제2호, 제513조 및 제516조의2에 따른 사채, 즉 전환사채, 신주인수권부사채, 교환사채
5. 그 밖에 제1호부터 제4호까지의 규정에 따른 금융투자상품과 유사한 것으로서 대통령령으로 정하는 금융투자상품

16 법무부는 ① 양자의 범위가 완전히 일치한다고 볼 수 없다고 하면서, 어떤 증권이 파생결합사채와 파생결합증권에 동시에 해당할 때에는 상법과 자본시장법을 모두 준수하여야 하고, ② 원금비보장형 파생결합증권은 상법상 파생결합사채에 해당하며, ③ 원본이 없는 주식워런트증권은 상법상 파생결합사채에 해당하지 않는다고 유권해석한바 있다. 정재은, 전게논문, 216면 각주 22), 24)에서 재인용.

본이 없는 주식워런트증권'은 발행자격을 갖는 투자매매업자만이 자본시장법을 근거로 하여 발행할 수 있으며, 그 외의 자는 상법을 근거로 하여 발행할 수 없다. 이는 파생결합사채인지 또는 파생결합증권인지에 따라 금융투자업의 적법한 업무 영역인지 여부가 달라질 수 있다는 점에서 매우 중요한 의미를 갖는다. 사실 개정 이전의 자본시장법 제7조 제1항 및 동법시행령 제7조 제1항에 의하여 자금조달 목적으로 자기가 증권을 발행하는 경우 투자매매업으로 보지 않았으므로, 일반 기업도 자금조달 목적으로 원본비보장형 파생결합증권과 원본비보장형 주가연계증권을 발행할 수 있었다. 그러나 개정 자본시장법상 이제 일반 기업이 이러한 파생결합증권을 발행할 수는 없다고 해석된다.[17]

(3) 파생상품

자본시장법 제5조 제1항은 장외파생상품을 선도, 옵션, 스왑으로 구분하면서 그 개념을 추상적으로 정의하고 있다. 선도(forward)계약이란 일방 당사자에게 장래의 특정시기에 일정물량의 기초자산을 일정 가격에 매수할 의무를 부담시키고 타방 당사자에게는 이를 매도할 의무를 부담시키는 쌍무적·대칭적 계약을 말한다. 선도계약이 거래소 시장에서 이루어지면 선물거래(futures)에 해당하는 것이다. 옵션(option)이란 장래의 특정 일자나 그 이전에 특정가격으로 특정물량의 기초자산을 매수하거나 매도할 수 있는 권리를 의미한다. 기초자산을 매수할 수 있는 권리가 콜옵션이며 기초자산을 매도할 수 있는 권리가 풋옵션이다. 스왑(swap)은 민법상의 쌍무계약으로 거래 당사자 상호간에 대가적인 의미를 갖는 채무를 부담하게 된다. 각 당사자는 일정 계약기간 동안 지급일마

17 자본시장법 제7조 제1항은 자기가 증권을 발행하는 경우에는 투자매매업으로 보지 아니한다. 다만, 다음의 증권을 발행하는 경우에는 투자매매업으로 보고 있다(① 투자신탁의 수익증권, ② 대통령령으로 정하는 파생결합증권, ③ 제77조 제1항에서 정하는 투자성 있는 예금계약, 그 밖에 이에 준하는 것으로서 대통령령으로 정하는 계약에 따른 증권, ④ 제77조 제2항에서 정하는 투자성 있는 보험계약에 따른 증권). 그리고 자본시장법시행령 제7조 제1항은 다음의 요건을 모두 충족하는 파생결합증권을 발행하는 것은 투자매매업으로 보지 않는데, 이는 종래부터 수출입은행과 산업은행이 발행해 왔던 이종통화표시 달러결제채권의 발행을 자기가 증권을 발행하는 경우로 간주하는 것이다. ① 기초자산이 통화 또는 외국통화로서 지급하거나 회수하는 금전등이 그 기초자산과 다른 통화 또는 외국통화로 표시될 것, ② 증권의 발행과 동시에 금융위원회가 정하여 고시하는 위험회피 목적의 거래가 이루어질 것, ③ 사업에 필요한 자금을 조달하기 위하여 발행될 것, ④ 그 밖에 총리령으로 정하는 발행요건 등을 충족할 것.

다 일정한 금액을 지급할 수 있다. 또한 상이한 금리에 따른 금액을 지급할 의무를 부담(금리스왑)하거나 상이한 통화의 금액을 지급할 의무를 부담(통화스왑)한다.[18]

(4) 소결

이상으로 금융투자상품의 포괄주의화에 따른 다양한 종류의 증권과 파생상품을 살펴보았다. 자본시장법 시행 이후 어떠한 금융투자상품의 주된 속성이 무엇인지에 대해 시장에서 혼란이 발생할 수 있는데, 이는 금융투자상품과 증권 및 파생상품의 개념을 포괄주의로 규정함에 따른 필연적 결과이다. 그 때문에 2013년 개정법은 필요한 경우 위임입법을 통하여 금융투자상품의 범위를 조정할 수 있는 근거를 신설하게 되었다. 금융투자상품이 법령의 개정으로 따라갈 수 없을 만큼 빠르게 변화 발전하고 있다는 점을 감안할 때, 지금은 대통령령이 아닌 금융위원회의 규정을 통해 금융투자상품을 배제하거나 포섭하는 방향으로 기본적인 틀을 다시 짜는 방안도 고민해야 할 때이다.[19]

금융투자상품 범위의 조정을 위한 위임입법 근거 신설

위임 내용	요건	자본시장법시행령
금융투자상품에서 제외 (§3①iii)	해당 상품의 특성을 고려하여 투자자 보호 및 건전한 거래질서를 해할 우려가 없는 경우	주식매수선택권(§3③)
증권에서 제외 (§4①ii)	지분증권, 수익증권 또는 증권예탁증권 중 유통 가능성, 관련 법령상 규제여부 등을 종합적으로 고려	상법에 따른 합자회사 · 유한책임회사 · 합자조합 · 익명조합의 출자지분이 표시된 것(§3-2), 단 집합투자증권 제외

18 함귀용, 「금융상품의 법률관계」, 한국금융연구원, 2003, 411-417면.

19 2011년 자본시장법 개정안에서 금융위에 금융투자상품 관련 규정의 적용유예 및 조치권한(이행명령, 이행강제금)을 부여하는 다소 파격적인 방안이 제안되었다. 이는 금융투자상품의 해석·적용에 따른 법적 하자의 발생을 최소화할 수 있는 방안이었다는 평가도 있다. 그 내용은 다음과 같다.

〈2011년 제안된 금융투자상품의 법 적용유예 및 조치시 절차〉
(i) 특정 상품의 금융투자상품 해석시 일정 기간 법 적용유예 고시
(ii) 일정 기한내 법 적용 관련 조치*를 취할 의무 부과
 * 해당 금융투자상품 취급을 위한 금융투자업 인가 신청 등
(iii) 해당 조치 미이행시 이행명령 부과
(iv) 이행명령에 따르지 않을 경우, 이행강제금 또는 기타 제재 부과

파생결합증권에서 제외 (§4⑦ⅴ)	파생결합증권에서 제외되는 것과 유사한 것으로서, 대통령령으로 정하는 것	신주인수권증서, 신주인수권증권(§4-2)
파생상품에서 제외 (§5①)	금융투자상품의 유통 가능성, 계약당사자, 발행사유 등을 고려하여 증권으로 규제하는 것이 타당한 것	인가받은 투자매매업자가 발행한 ELW, DLW와 신주인수권증서, 신주인수권증권
파생상품에 포함 (§5①ⅳ)	선도, 스왑, 옵션과 유사한 것	규정 없음

II. 기능별 규제(functional regulation)의 도입

1. 구 체제의 문제점

구제도는 금융회사를 중심으로 차별적으로 규제하는 기관별 규제를 중심으로 하였다. 따라서 증권회사·선물회사·자산운용회사·부동산투자회사·선박운용회사 등 금융회사별로 각기 다른 법률의 규율을 받고 이들 법률은 각 금융기관이 영위할 수 있는 금융업무를 따로 열거하고 있었다.

이러한 법률들은 각각의 금융업에 대해 독자적인 업규제(진입·건전성·영업행위규제)를 하였으므로 이들 금융기관들은 상이한 규제를 받았다고 할 수 있다. 첫째, 진입규제 측면에서 과거의 진입규제 방식은 허가제, 인가제, 등록제 등으로 다양하였는데 동일한 금융기능에 대해 서로 다른 절차(예; 자산운용사 → 허가, 부동산투자회사 → 인가)를 요구하였으므로 체계적이지 않았다고 평가된다. 또한 진입규제를 담당하는 기관이 금감위, 건교부(부동산투자회사), 해수부(선박운용회사), 산자부(기업구조조정전문회사), 중기청(창투사) 등으로 분산되어 있었는데, 이들 규제기관들 상호간에는 긴밀한 협조가 이루어지지 않았다. 둘째, 건전성 규제 측면에서 기업구조조정투자·부동산투자·선박운용·창업투자·기업구조조정전문회사들이 자기자본규제를 받지 않았다. 셋째, 영업행위 규제 측면에서 적합성 원칙, 상품 설명의무, 선행매매·허위사실유포 금지, 광고·약관규제 등이 제 각각으로 운영되었다. 예를 들어 고객에게 적합한 상품을 권유할 의무인 적합성의 원칙은 투자일임회사에만 규정되어 있었고, 상품 설명의무는 선물·자산운용·부동산투자회사에는 적용될 뿐 증권·투자자문·투자일임·기업구조조정투자·신탁·종합금융·선박투자·창업투자·기업구조조정전문회사 등에는 적용되지 않았다(물론 투자자문·투자일임·선박투자회사에는 투자설명서의 교부의무가 존재하였다). 이렇게 금융투자회사별로 상이한 규제가 적용됨에 따라 규제 차익(regulatory arbitrage)과 투자자 보호의 공백이라는 문제가 발생하였다.

2. 기능별 규제체제로의 전환

(1) 개관

자본시장법은 과거의 기관별 규제체제를, '경제적 실질이 동일한 금융기능'을 '동일하게 규율'하는 기능별 규제체제로 전환하였다. 그렇다 보니 ① 금융투자상품(증권, 파생상품), ② 금융투자업, ③ 고객(전문투자자, 일반투자자)을 경제적 실질에 따라 재분류하고 있다. 그리고 이러한 분류에 따라 기능을 유형화하게 된다. 예컨대 일반투자자를 상대로 하는 증권의 중개업, 전문투자자를 상대로 하는 파생상품의 매매업 등을 들 수 있다. 자본시장법은 이렇게 유형화된 금융기능에 대하여 일관성있는 업규제(진입 규제, 건전성 규제, 영업행위 규제)를 적용하고 있다. 즉 영위주체(금융회사)를 불문하고 금융기능이 동일하면 동일한 진입·건전성·영업행위 규제를 적용하는 것이다. 이로 인하여 동일한 금융기능의 상대방인 투자자는 동일한 투자자 보호 법제의 적용을 받게 되고, 동일한 금융기능을 영위하는 한 영위 주체를 불문한채 동일한 규제를 적용할 수 있는 것이다. 다만 겸영 금융기관에 대해서는 다소 완화된 기능별 규율이 적용된다. 금융투자업을 겸영하는 금융회사(은행, 보험사 등)에 대해서는 해당 금융회사를 규율하는 금융법에 독자적인 건전성 규제가 존재하다는 점을 감안하여 이 법상 건전성 규제를 적용하지 않고 진입 규제와 영업행위 규제만을 적용한다.[20] 이러한 기능별 규제의 적용으로 인하여 규제 차익이 사라지게 되었고 투자자의 보호가 강화되었으며 금융업간의 형평성도 제고되었다. 다음에서는 금융투자업과 고객에 대해 좀 더 부연설명하기로 한다.

20 자본시장통합법연구회, 「자본시장통합법해설서」, 한국증권업협회, 2007, 47면.

(2) 금융투자업

자본시장 관련 금융업은 경제적 실질에 따라 다음과 같이 6개의 금융투자업으로 분류된다. 첫째, 투자매매업(dealing)은 '자기의 계산'으로 금융투자상품을 매도·매수, 발행·인수 또는 그 청약의 권유·청약·청약의 승낙을 하는 업이다.

둘째, 투자중개업(arranging deals)은 '타인의 계산'으로 금융투자상품을 매도·매수, 그 청약의 권유·청약·청약의 승낙 또는 발행·인수에 대한 청약의 권유·청약·청약의 승낙을 하는 업이다. 투자매매업과 투자중개업은 뒷 부분에서 상세히 고찰할 것이다.

셋째, 집합투자업(collective investment)은 2인 이상의 투자자로부터 모은 금전 등을 투자자로부터 일상적인 운용지시를 받지 아니하면서 운용한 결과를 투자자에게 배분(실적배당원칙)하는 업이다. 2007년 제정법은 "2인 이상에게 투자권유를 하여"라는 표현을 사용하였으나, 2013년 개정법은 "2인 이상의 투자자로부터 모은"이라고 법문을 개정함으로써 사모단독펀드를 집합투자업의 개념에서 완전히 배제하였다.[21] 그리고 자본시장법 제6조 제5항 단서는 다음의 경우를 역시 집합투자의 개념에서 배제하고 있다. ① 대통령령으로 정하는 법률에 따라 사모(私募)의 방법으로 금전등을 모아 운용·배분하는 것(소위 타법펀드)으로서 대통령령으로 정하는 투자자의 총수가 대통령령으로 정하는 수, 즉 49인 이하인 경우, ② 자산유동화에 관한 법률 제3조의 자산유동화계획에 따라 금전등을 모아 운용·배분하는 경우,[22] ③ 그 밖에 행위의 성격 및 투자자 보호의 필요성 등을 고려하여 대통령령(자본시장법시행령 제6조 제4항 제1호 내지 제15호)으로 정하는 경우로서, 여기에는 지주회사, 투자클럽, 기업인수목적회사(SPAC) 등이 포함된다.

넷째, 투자자문업은 금융투자상품과 그 밖에 시행령으로 정하는 투자대상

21 자본시장법 제정 이전과 이후, 2013년 개정 시 사모단독펀드의 처리와 관련한 입법 배경에 대해서는 김건식·정순섭, 130-131면 참조.

22 집합투자와 자산유동화는 형식적으로 다소 차이가 있다. 즉 전자는 투자자로부터 모은 금전 등으로 투자대상자산에 투자하는 구조를 갖는 반면에, 후자는 투자대상자산이 이미 주어진 상태에서 투자자에 대한 증권매각을 하는 구조를 갖는 것이다. 자금조달과 투자대상자산의 선후에 있어서 시기적으로 차별화되는 것이다. 그러나 투자자의 관점에서 보면 투자대상자산으로부터 발생하는 현금흐름을 수익의 원천으로 한다는 점에서 차이가 없다. 상게서, 135면.

자산(금융투자상품 등)[23]의 가치 또는 금융투자상품 등에 대한 투자판단에 관한 자문에 응하는 것을 영업으로 하는 것이다. 투자자문업은 투자자가 재산을 금융투자업자에게 위탁하지 않은 상태에서 자문을 한다는 점에서 집합투자업 및 투자일임업과 차별화된다. 그리고 투자자문업은 특정 투자자를 상대로 자문하는 것이다. 따라서 불특정 다수인을 대상으로 발행 또는 송신되고 불특정 다수인이 수시로 구입 또는 수신할 수 있는 간행물·출판물·통신물 또는 방송 등을 통하여 조언을 하는 유사투자자문업자는 특정성의 요건을 구비하지 못한다(자본시장법 제7조 제3항).[24] 또한 자본시장법은 그 밖에 해당 행위의 성격 및 투자자 보호의 필요성 등을 고려하여 금융투자업의 적용에서 제외할 필요가 있는 것으로서 대통령령으로 정하는 경우(자본시장법 제7조 제6항 제3호)를 투자자문업으로 보지 아니한다. 구체적인 예로써 자본시장법시행령 제7조 제4항은 ① 외국 투자자문업자가 국가, 한국은행, 한국투자공사, 법률에 따라 설립된 기금(신용보증기금과 기술신용보증기금은 제외) 및 그 기금을 관리·운용하는 법인, 그 밖에 금융위원회가 정하여 고시하는 자를 상대로 투자권유하는 경우, ② 따로 대가 없이 다른 영업에 부수하여 금융투자상품의 가치나 금융투자상품에 대한 투자판단에 관한 자문에 응하는 경우,[25] ③ 법 제258조에 따른 집

23 자본시장법시행령 제6조의2는 부동산, 지상권·지역권·전세권·임차권·분양권 등 부동산 관련 권리, 시행령 제106조 제2항 각 호의 은행을 포함한 금융기관에의 예치금을 그 밖의 투자대상자산으로 규정하고 있다.

24 대법원 2015. 6. 24. 선고 2013다13849 판결은 "(자본시장법이) 금융투자업자가 투자자보호를 위하여 준수하여야 할 영업행위 규칙으로 신의성실의무와 투자자이익우선의무(제37조), 그리고 적합성원칙(제46조), 설명의무(제47조), 부당권유금지(제49조)를 정하고 있는데, 여기서 금융투자업자란 '투자자문업 등 자본시장법 제6조 제1항 각 호에 정한 금융투자업에 대하여 금융위원회의 인가를 받거나 금융위원회에 등록하여 이를 영위하는 자'를 말한다(제8조 제1항). 따라서 금융투자업자를 대상으로 하는 자본시장법상의 위 투자자보호의무 관련 규정들이 유사투자자문업 신고를 하고 불특정 다수인을 대상으로 간행물, 출판물, 통신물 또는 방송 등을 통하여 투자조언을 하는 유사투자자문업자(제101조)나 등록 없이 투자자문업을 하는 미등록 투자자문업자에게는 적용된다고 볼 수 없다(대법원 2014. 5. 16. 선고 2012다46644 판결 참조) … 유사투자자문업자가 고객에게 금융투자상품에 대한 투자판단 또는 금융투자상품의 가치에 관한 정보를 제공하고 조언을 할 때 고객의 투자판단에 영향을 미칠 수 있는 중요한 사항에 관하여 허위의 정보를 제공하거나 아무런 합리적이고 객관적인 근거가 없는 정보를 마치 객관적인 근거가 있는 확실한 정보인 것처럼 제공하였고, 고객이 위 정보를 진실한 것으로 믿고 금융투자상품에 관한 거래를 하여 손해를 입었다면, 고객은 유사투자자문업자에 대하여 민법상 불법행위책임을 물을 수 있다. 그리고 이러한 법리는 유사투자자문업자와 고용 등의 법률관계를 맺고 그에 따라 유사투자자문업자의 업무를 직접 수행하는 자에 대하여도 마찬가지로 적용된다"고 하였다.

25 여기서 다른 영업에 대해 김건식·정순섭, 140면은 금융투자업으로 한정하는 데 반하여, 임재연, 「2019년판 자본시장법」, 2019, 86면)[이하 임재연]은 다른 금융업으로 넓게 보고 있다. 그렇다 보니 은행의 PB가 은행의 고객을 상대로 투자조언을 하는 것을 전자는 금융투자업 이외의 영업이므로 투자자문업으로 보는 반면, 후자는

합투자기구평가회사(이하 "집합투자기구평가회사"라 한다), 법 제263조에 따른 채권평가회사(이하 "채권평가회사"라 한다), 공인회계사, 감정인, 신용평가를 전문으로 하는 자, 변호사, 변리사 또는 세무사, 그 밖에 이에 준하는 자로서 해당 법령에 따라 자문용역을 제공하고 있는 자(그 소속단체를 포함한다)가 해당 업무와 관련된 분석정보 등을 제공하는 경우를 투자자문업에서 명시적으로 제외하고 있다. 개정 자본시장법 제98조 제1항은 제5호에서 "투자자문에 응하거나 투자일임재산을 운용하는 경우 금융투자상품등의 가격에 중대한 영향을 미칠 수 있는 투자판단에 관한 자문 또는 매매 의사를 결정한 후 이를 실행하기 전에 그 금융투자상품등을 자기의 계산으로 매매하거나 제삼자에게 매매를 권유하는 행위"를 불건전영업행위로써 금지함으로써 투자자문업자의 선행매매에 대처하고 있다.

다섯째, 투자일임업은 투자자로부터 금융투자상품 등에 대한 투자판단의 전부 또는 일부를 일임받아 투자자별로 구분하여 그 투자자의 재산상태나 투자목적 등을 고려한 후 금융투자상품 등을 취득·처분 그 밖의 방법으로 운용(적극적 맞춤성 요건)하는 업이다. 투자일임업은 투자자의 재산이 금융투자업자에게 위탁되어 수행된다는 점에서 투자자문업과 구분되고, 투자자별로 구분하여 개별적으로 운용된다는 점에서 집합투자업과 구분된다. 자본시장법 제7조 제4항은 투자중개업자가 투자자의 매매주문을 받아 이를 처리하는 과정에서 금융투자상품에 대한 투자판단의 전부 또는 일부를 일임받을 필요가 있는 경우로서 대통령령으로 정하는 경우에는 투자일임업으로 보지 아니한다.[26] 여기서 대

투자자문업으로 보지 않는다. 시행령상 다른 영업을 금융투자업으로 한정하지 않았고 여기서는 '따로 대가 없이' 고객의 편의를 증진하는 데 중점을 맞춰 그 때에는 투자자문이 아니라고 하는 것이므로, 후자의 견해가 옳다고 본다.

26 구 체제에서 증권사는 고객의 증권 또는 선물의 위탁매매에 대해 가격, 수량, 매매시기에 한하여 10종목까지 일임받아 거래할 수 있었고, 증권·선물의 종류(주식/선물/옵션), 종목, 매매구분(매수/매도)과 방법(현금/신용거래)은 고객이 직접 결정하여 주문하여야 했다. 그리고 증권사 등이 이렇게 제한적인 일임매매를 하려면 고객과 사전에 서면계약을 체결하여야 하고 감독당국에 익월 10일까지 보고하여야 하는 제약이 있었으며, 이를 위반한 경우에는 3년 이하의 징역 또는 2천만원 이하의 벌금에 처하였다. 이러한 규제는 너무도 과도하고 비현실적이어서 투자자와의 분쟁도 많이 발생하였다. 이 때문에 자본시장법은 일임매매 제도를 폐지하고 투자일임업으로 흡수하여 금융투자회사가 투자일임업 등록을 할 경우 일임매매를 할 수 있게 하였다. 이제 금융투자회사는 수량, 가격, 매매시기뿐만 아니라 종류, 종목, 매도/매수여부, 매매방법까지도 일임받아 거래가 가능하다. 물론 과당매매 등 부당권유 및 이해상충의 문제는 투자일임업에 적용되는 영업행위 규제를 통하여 해결하도록 하였다.

통령령으로 정하는 경우란 ① 투자자가 금융투자상품의 매매거래일(하루에 한정한다)과 그 매매거래일의 총매매수량이나 총매매금액을 지정한 경우로서 투자자로부터 그 지정 범위에서 금융투자상품의 수량·가격 및 시기에 대한 투자판단을 일임받은 경우, ② 투자자가 여행·질병 등으로 일시적으로 부재하는 중에 금융투자상품의 가격 폭락 등 불가피한 사유가 있는 경우로서 투자자로부터 약관 등에 따라 미리 금융투자상품의 매도 권한을 일임받은 경우, ③ 투자자가 금융투자상품의 매매, 그 밖의 거래에 따른 결제나 증거금의 추가 예탁 또는 법 제72조에 따른 신용공여와 관련한 담보비율 유지의무나 상환의무를 이행하지 아니한 경우로서 투자자로부터 약관 등에 따라 금융투자상품의 매도권한(파생상품인 경우에는 이미 매도한 파생상품의 매수권한을 포함한다)을 일임받은 경우, ④ 투자자가 투자중개업자가 개설한 계좌에 금전을 입금하거나 해당 계좌에서 금전을 출금하는 경우에는 따로 의사표시가 없어도 자동으로 법 제229조제5호에 따른 단기금융집합투자기구(이하 "단기금융집합투자기구"라 한다)의 집합투자증권 등을 매수 또는 매도하거나 증권을 환매를 조건으로 매수 또는 매도하기로 하는 약정을 미리 해당 투자중개업자와 체결한 경우로서 투자자로부터 그 약정에 따라 해당 집합투자증권 등을 매수 또는 매도하는 권한을 일임받거나 증권을 환매를 조건으로 매수 또는 매도하는 권한을 일임받은 경우, ⑤ 그 밖에 투자자 보호 및 건전한 금융거래질서를 해칠 염려가 없는 경우로서 금융위원회가 정하여 고시하는 경우를 말한다(자본시장법시행령 제7조 제2항).[27] 참고로 2016년 3월부터 금융위원회는 은행의 ISA 계좌에 대해 금융투자업의 고유업무에 해당하는 투자일임업을 허용하였다.

여섯째, 신탁업은 신탁법에 의한 신탁을 인수하는 것을 영업으로 하는 것이다. 신탁업자는 금전, 증권, 금전채권, 동산, 부동산, 지상권, 전세권, 부동산임차권, 부동산소유권 이전등기청구권, 그 밖의 부동산 관련 권리와 무체재산권(지식재산권을 포함)과 같은 재산 만을 수탁하여야 한다(자본시장법 제103조 제

27 그 외 자본시장법 제234조 제2항에 의하면, 투자매매업자 또는 투자중개업자 중 대통령령으로 정하는 자가 상장지수집합투자기구(ETF)의 설정·설립을 위하여 자기 또는 타인의 계산으로 증권을 매매하는 경우에는 투자일임업을 영위하는 것으로 보지 아니한다.

1항). 가장 대표적인 금전신탁은 ① 위탁자가 신탁재산인 금전의 운용방법을 지정하는 금전신탁(특정금전신탁)과 ② 위탁자가 신탁재산인 금전의 운용방법을 지정하지 아니하는 금전신탁(불특정금전신탁)으로 구분되는데(자본시장법시행령 제103조), 신탁업자는 그 금전을 증권(대통령령으로 정하는 증권에 한한다)의 매수, 장내파생상품 또는 장외파생상품의 매수, 대통령령으로 정하는 금융기관에의 예치, 금전채권의 매수, 대출, 어음의 매수, 실물자산의 매수, 무체재산권의 매수, 부동산의 매수 또는 개발, 그 밖에 신탁재산의 안전성·수익성 등을 고려하여 대통령령으로 정하는 방법으로 운용하여야 한다(자본시장법 제105조 제1항).

(3) 투자자

투자자를 경제적 실질에 의하여 분류하자면, 투자위험 감수능력에 따라 일반투자자와 전문투자자로 구분된다. 투자 위험의 감수능력은 전문성과 보유자산 규모 등에 의해 구분될 수 있는데, 국가, 한국은행, 시행령이 정하는 금융기관 등의 기관투자자와 주권상장법인(다만 금융투자업자와 장외파생상품 거래를 하는 경우에는 전문투자자와 같은 대우를 받겠다는 의사를 금융투자업자에게 서면으로 통지하는 경우에 한한다)은 원칙적으로 전문투자자로 인정된다. 금융기관 중 시행령이 정하는 금융기관 만을 전문투자자로 인정한다는 것은 금융기관 간에도 투자위험 감수능력에 있어서 상당한 격차가 있다는 점을 인정한 것이다.[28] 그리고 개인이라도 금융위원회에 전문투자자로 관련자료를 제출한 자(소위 자발적 전문투자자)로서 관련 자료를 제출한 날의 전날을 기준으로 최근 5년 중 1년 이상의 기간 동안 금융위원회가 정하여 고시하는 금융투자상품을 월말 평균잔고 기준으로 5천만원 이상 보유한 경험이 있고 금융위원회가 정하여 고시하는 소득액·자산 기준이나 금융 관련 전문성 요건을 충족한 경우 전문투자자로서의 자격이 인정된다(자본시장법시행령 제10조 제3항 17호). 그런

28 김건식·정순섭, 153면은 집합투자업자가 운용을 담당하는 집합투자기구는 투자위험 감수능력이 있으므로 법적 근거를 갖춘 SPC를 모두 전문투자자로 포함하자고 주장하고 있다. 그런데 이러한 주장은 금융기관 중에서도 자본시장법시행령에서 규정하는 금융기관에 한하여 전문투자자로 보는 입장을 고려할 때 상당히 파격적이다.

데 전문투자자 중 대통령령으로 정하는 자가 일반투자자와 같은 대우를 받겠다는 의사를 금융투자업자에게 서면으로 통지하는 경우 금융투자업자는 정당한 사유가 있는 경우를 제외하고는 이에 동의하여야 하며, 금융투자업자가 동의한 경우에는 해당 투자자는 일반투자자로 본다(자본시장법 제9조 제5항 단서). 이는 제도의 획일적 적용에 따른 부작용을 완화하기 위한 것이다. 그러나 반대로 일반투자자를 전문투자자로서 취급하는 방안을 마련하는 것은 금융투자업자로 하여금 투자자 보호를 회피하기 위한 도구로 악용할 위험성이 높으므로 도입하지 않았다. 전문투자자에 해당하지 않는 투자자는 모두 일반투자자이다(자본시장법 제9조 제6항). 금융투자업자는 일반투자자에 대한 적합성 원칙과 적정성 원칙 및 설명의무를 부담한다.

3. 진입규제의 개편

자본시장법은 기능별 규제에 충실하게 금융기관별 인가체제에서 금융기능별 인가체제로 전환하였다. 자본시장법은 동일한 금융기능(금융투자업+금융투자상품+투자자)에 대해서는 동일한 인가요건이 적용되도록 금융기능별로 진입요건을 마련하고, 필요한 경우 업무단위를 추가하여 업무영역을 확장할 수 있도록 하였다(소위 add on 방식).[29]

각 금융기능별로 투자자가 노출되는 위험의 크기에 따라 인가제와 등록제를 적용하고 있다. 우선 고객과 직접 채권채무관계를 가지거나(투자매매업), 고객의 자산을 수탁하는 금융투자업(투자중개업, 집합투자업, 신탁업)에 대해서는 인가제를 채택하였다. 반면 고객의 자산을 수탁하지 않는 금융투자업(투자일임업, 투자자문업)에 대해서는 등록제를 채택하였다. 등록제의 경우 집행과정에서 사실상의 인·허가제로 운영되지 않도록 주관적인 판단이 개입되는 진입요건을 배제하고 있다.[30] 2개월이라는 등록처리기한을 자본시장법 제19조 제2항에 명

29 자본시장법 제16조 제1항은 "금융투자업자는 제12조에 따라 인가받은 인가업무 단위 외에 다른 인가업무 단위를 추가하여 금융투자업을 영위하려는 경우에는 제12조 및 제13조에 따라 금융위원회의 변경인가를 받아야 한다"고 규정하고 있다.

30 자본시장법 제19조 제4항은 금융투자업 등록을 하려는 자가 등록요건을 갖추지 않은 경우, 등록신청서를 거짓으로 작성한 경우, 혹은 금융위원회의 보완요구를 이행하지 않은 경우가 아닌 한 금융위원회는 등록을 거부

시하고 있다.

자본시장법은 금융기능의 세부 요소들을 반영하여 진입요건의 수준을 차등화하고 있다. 인가제를 채택한 금융투자업의 진입요건을 등록제를 채택한 금융투자업의 진입요건에 비해 엄격하게 설정하고 인가제의 경우 인가당국의 재량적 판단도 허용한다. 한편 같은 인가제 내에서도 고객과 채권채무관계를 갖는 금융투자업(투자매매업)에 대해서는 고객의 자산을 수탁하는 금융투자업(집합투자업, 신탁업 등)에 비해 강화된 요건을 설정하고 있다. 취급대상 금융투자상품의 위험크기도 고려하고 있는데, 예를 들어 장외파생상품 등 위험 금융투자상품을 대상으로 하는 인가에 대해서는 일반 금융투자상품을 대상으로 하는 인가에 비하여 강화된 진입요건을 설정하고 있다. 고객의 위험감수능력의 크기에 따라 일반 투자자를 상대로 하는 금융투자업의 경우에는 전문투자자를 상대로 하는 경우보다 강화된 진입요건을 설정하고 있다.

금융기능별 진입요건의 수준

1. 업종: ① 투자매매업 〉② 투자중개업 · 집합투자업 · 신탁업 〉③ 투자자문 · 투자일임업
2. 상품: ① 장외 파생상품 〉② 장내 파생상품 · 증권
3. 투자자: ① 일반투자자 〉② 전문투자자

4. 건전성규제의 유연화

자본시장법은 금융투자업자의 건전경영을 유지하기 위하여 건전성 규제를 하고 있다. 제30조의 재무건전성 확보, 특히 자기자본규제는 금융투자회사가 노출된 위험에 대해 적절한 자기자본을 갖추도록 하는 규제이다. 제31조의 경영건전성 규제는 자본 적정성, 자산 건전성, 유동성 등을 담보하기 위한 것으로 금융위원회가 정하는 경영건전성 기준을 준수하도록 하고 있다. 제33조의 경영공시의 강제는 금융투자회사의 분기, 반기, 연간의 경영상황과 재무상황을 공시하도록 하는 규제이다. 제34조[31]와 제35조[32]의 대주주와의 거래제한 규제는 대주주의

해서는 안 된다고 규정한다.

31 제34조(대주주와의 거래 등의 제한) ① 금융투자업자(겸영금융투자업자는 제외한다. 이하 이 절에서 같다)는 다음 각 호의 어느 하나에 해당하는 행위를 하여서는 아니 된다. 다만, 담보권의 실행 등 권리행사에 필요한 경우, 제176조제3항제1호에 따른 안정조작 또는 같은 항 제2호에 따른 시장조성을 하는 경우, 그 밖에 금융투자업자의 건전성을 해치지 아니하는 범위에서 금융투자업의 효율적 수행을 위하여 대통령령으로 정하는 경우에는 그

영향력에 의한 금융투자회사 재산의 부당한 유출을 예방하기 위한 규제이다.

금융위원회는 각 금융기능별로 고객의 위험 노출 수준에 따라 건전성 규제의 수준을 차등화할 수 있다. 예를 들어 고객과 직접 채권채무관계가 있는 금융투자업(투자매매업)에 대해서는 강화된 건전성 규제를 적용하고, 고객의 자산을 수탁하는 금융투자업(투자중개업, 집합투자업, 신탁업)에 대해서는 완화된 건전성 규제를 적용하며, 고객의 자산을 수탁하지 않는 금융투자업(투자일임업, 투자자문업)에 대해서는 건전성 규제를 적용하지 않는다.

5. 영업행위규제의 개편

자본시장법은 6개의 금융투자업에게 공통적으로 적용되는 영업행위규제를 제37조부터 제65조까지 마련하고, 금융투자업별 고유특성을 반영한 업별 영업행위규제를 제66조부터 제117조까지 마련하였다. 공통 영업행위규제는 금융투자회사가 투자자를 상대로 영업을 함에 있어 공통적으로 지켜야할 규율을 규정

려하지 아니하며, 이 경우 금융위원회는 다음 각 호별로 그 소유기한 등을 정하여 고시할 수 있다.

1. 그 금융투자업자의 대주주가 발행한 증권을 소유하는 행위
2. 그 금융투자업자의 특수관계인(금융투자업자의 대주주를 제외한다) 중 대통령령으로 정하는 자가 발행한 주식, 채권 및 약속어음(기업이 사업에 필요한 자금을 조달하기 위하여 발행한 것에 한한다)을 소유하는 행위. 다만, 대통령령으로 정하는 비율의 범위에서 소유하는 경우를 제외한다.
3. 그 밖에 금융투자업자의 건전한 자산운용을 해할 우려가 있는 행위로서 대통령령으로 정하는 행위

② 금융투자업자는 대주주(그의 특수관계인을 포함한다. 이하 이 조에서 같다)에 대하여 신용공여(금전·증권 등 경제적 가치가 있는 재산의 대여, 채무이행의 보증, 자금 지원적 성격의 증권의 매입, 그 밖에 거래상의 신용위험을 수반하는 직접적·간접적 거래로서 대통령령으로 정하는 거래를 말한다. 이하 이 절에서 같다)를 하여서는 아니 되며, 대주주는 그 금융투자업자로부터 신용공여를 받아서는 아니 된다. 다만, 금융투자업자의 건전성을 해할 우려가 없는 신용공여로서 대통령령으로 정하는 신용공여의 경우에는 이를 할 수 있다.

③ 금융투자업자는 제1항제2호 단서 또는 제2항 단서에 해당하는 행위(대통령령으로 정하는 행위를 제외한다)를 하고자 하는 경우에는 미리 이사회 결의를 거쳐야 한다. 이 경우 이사회 결의는 재적이사 전원의 찬성으로 한다.

④-⑦: 생략

32 제35조(대주주의 부당한 영향력 행사의 금지) 금융투자업자의 대주주(그의 특수관계인을 포함한다. 이하 이 조 및 제36조에서 같다)는 금융투자업자의 이익에 반하여 대주주 자신의 이익을 얻을 목적으로 다음 각 호의 어느 하나에 해당하는 행위를 하여서는 아니 된다. 〈개정 2015. 7. 31.〉

1. 부당한 영향력을 행사하기 위하여 금융투자업자에 대하여 외부에 공개되지 아니한 자료 또는 정보의 제공을 요구하는 행위. 다만, 「금융회사의 지배구조에 관한 법률」 제33조제6항 또는 「상법」 제466조에 따른 권리의 행사에 해당하는 경우를 제외한다.
2. 경제적 이익 등 반대급부의 제공을 조건으로 다른 주주와 담합하여 금융투자업자의 인사 또는 경영에 부당한 영향력을 행사하는 행위
3. 그 밖에 제1호 및 제2호에 준하는 행위로서 대통령령으로 정하는 행위

한 것인데, 신의성실의무, 금융상품 설명의무, 손실보전 금지 등의 규제를 모든 금융투자회사에게 확대 적용하는 한편 투자자의 특성을 파악할 의무(know-your-customer-rule), 원하지 않은 투자권유 금지(unsolicited call) 등을 새롭게 도입하였다.[33] 금융투자업별 영업행위 규제는 6개 금융투자업의 고유한 특성을 반영한 것이다. 예를 들어 투자매매업자 및 투자중개업자의 경우 자기계약의 금지(제67조)와 임의매매의 금지, 집합투자업자의 경우 집합투자재산의 자산운용제한, 투자자문·일임업자의 경우 금전대여의 금지, 신탁업자의 경우 고유재산과 신탁재산의 구분 등을 들 수 있다.

Ⅲ. 종합금융투자사업자의 출현 및 업무범위의 확대

1. 2013년 종합금융투자사업자(투자은행)에 대한 특례 규정의 신설[34]

(1) 배경

2008년 이후 지금까지도 자본시장으로부터 비롯된 글로벌 금융위기의 여진은 계속 이어지고 있다. 그렇지만 은행과 비교해볼 때 너무도 열위에 있는 자본시장의 금융투자업자를 육성하여 명실상부한 투자은행으로 발돋움 시켜야 한다는 것은 우리나라의 금융시장에서 절대절명의 과제가 아닐 수 없다. 특히 투자은행을 통해 유망한 신성장 동력기업을 발굴하고 기업의 직접금융 시장을 한 단계 업그레이드할 필요도 높다. 지금도 국내 중소기업의 자금조달 비중을 보면 은행과 정책자금을 통한 자금조달이 훨씬 많고, 자본시장을 통한 자금조달은 명목상의 수치에 불과할 뿐이다. 그렇다 보니 우리나라에서 투자은행의 발전은

---

33 영업행위규제를 세밀히 분석해보면 일반투자자와 전문투자자에 대하여 차등화된 행위규제가 적용된다. 즉 전문투자자는 위험 감수 능력이 있으므로 투자자 보호규제도 일반투자자에게 집중될 수 밖에 없는 것이다. 첫째, 투자권유를 하기 전에 투자자의 투자목적, 재산상황 등을 파악하도록 하는 Know-your-customer-rule은 일반투자자에게만 적용된다. 둘째, 투자권유를 하는 경우 투자자의 투자목적, 재산상태, 투자경험등에 비추어 적합한 투자권유를 하도록 하는 규제(적합성의 원칙)는 일반투자자에게만 적용된다. 마지막으로 투자권유시 금융상품의 내용·위험에 대한 설명 의무 역시 일반 투자자에게만 적용된다.

34 금융위원회, "(보도자료) 자본시장과 금융투자업에 관한 법률 시행령 입법예고," 2011. 6. 16. http://www.fsc.go.kr/info/ntc_news_view.jsp?bbsid=BBS0030&page=1&sch1=&sword=&r_url=&menu=7210100&no=28182 에서 검색 (검색일: 2011. 6. 17.).

요원한 과제가 아닌가 하는 의문마저 생긴다. 실무계에서는 우리 기업의 대형 해외 프로젝트 수행을 지원할 수 있는 투자은행을 배양하여야 한다는 목소리가 높다. 은행과 금융투자업 간 불균형을 해소하고 미래전략 산업으로 투자은행 산업을 육성하여야 한다는 점은 너무도 당연한 명제인 것이다.

(2) 2013년 개정 자본시장법상 종합금융투자사업자의 의의

2013년 개정 자본시장법은 일반 증권회사와 차별화되는 법적 개념으로 투자은행(법문상 "종합금융투자사업자")을 도입하였다. 자본시장법 제77조의2는 종합투자금융사업자의 개념과 기준을 금융위원회가 지정하는 투자매매·중개업자로서, ① 상법에 따른 주식회사이고, ② 증권에 관한 인수업(underwriting)을 영위하며,[35] ③ 자기자본이 3조원 이상으로서 대통령령으로 정하는 금액 이상을 구비하고,[36] ④ 기타 위험관리 능력 등을 고려하여 대통령령으로 정하는 기준을 충족하여야 한다고 하였다.

(3) 업무

1) 총설

금융위원회는 자본시장법의 개정을 통하여 종합금융투자사업자에게 신생기업을 위한 투·융자, M&A 등 종합적인 Corporate Financing 업무를 원활히 수행할 수 있도록, ① 기업에 대한 신용공여, ② 전담중개(프라임브로커), ③ 비상장주식 등의 내부주문집행 등 다양한 업무를 허용하려고 하였다. 그러나 이 중 ③

35 이것이 종래의 broker-dealer와 차별화되는 종합금융투자사업자의 특징이기도 하다.

36 자본시장법시행령 제77조의3에 의하면 ① 전담중개업무, 기업에 대한 신용공여 업무 및 제77조의6 제1항 제1호에 따른 업무(증권시장에 상장된 주권, 증권시장에 상장되지 아니한 주권, 그 밖에 금융위원회가 정하여 고시하는 금융투자상품에 관하여 동시에 다수의 자를 거래상대방 또는 각 당사자로 하는 장외매매 또는 그 중개·주선이나 대리업무로서 다음 각 목의 기준에 적합한 업무: 가. 해당 금융투자상품의 매매주문이 금융위원회가 정하여 고시하는 매매금액 또는 매매수량 기준을 초과할 것; 나. 증권시장에 상장된 주권인 경우 그 주권이 상장된 거래소에서 형성된 매매가격에 근거하여 매매가격을 결정할 것)를 하려는 종합금융투자사업자는 3조원, ② 제1호에 따른 업무 및 제77조의6 제1항 제2호에 따른 업무(자본시장법 제360조에 따른 단기금융업무)를 하려는 종합금융투자사업자는 4조원, ③ 제2호에 따른 업무 및 제77조의6 제1항 제3호에 따른 업무(종합투자계좌 업무, 즉 고객으로부터 예탁받은 자금을 통합하여 기업신용공여 등 금융위원회가 정하여 고시하는 기업금융 관련 자산 등에 운용하고 그 결과 발생한 수익을 고객에게 지급하는 것을 목적으로 종합금융투자사업자가 개설한 계좌)를 하려는 종합금융투자사업자는 8조원으로 정하고 있다.

은 중소형 금융투자업자들의 반발에 부딪혀 최종 개정안에서 제외되었다. 외국의 사례를 보면 종합금융투자사업자에게 주식거래시장을 개설할 수 있도록 허용하는 것이 일반적인 경향임을 감안할 때, 우리나라 시장에서도 조만간 ③의 쟁점이 다시 불거질 것으로 예상된다.

2) 기업에 대한 신용공여 업무

① 범위

자본시장법 제77조의3 제3항 제1호는 종합금융투자사업자의 기업에 대한 신용공여업무를 허용하고 있다. 이러한 신용공여를 통해 M&A 자문, 인수 등 과정에서의 인수 자금 제공(bridge loan), 신생기업에 대한 모험자본(risk capital)의 공급, 구조화 금융(structured financing)과 같이 기업의 다양한 업무에 대한 지원을 할 수 있게 된 것이다.

자본시장법 제77조의3 제3항 제2호는 종합금융투자사업자로 하여금 "그 밖에 해당 종합금융투자사업자의 건전성, 해당 업무의 효율적 수행에 이바지할 가능성 등을 고려하여 종합금융투자사업자에만 허용하는 것이 적합한 업무로서 대통령령으로 정하는 것"을 영위할 수 있게 하였다. 동법시행령 제77조의5 제1항은 이에 따른 신용공여의 범위를 대출, 기업어음증권에 해당하지 아니하는 어음의 할인·매입으로 규정하면서 종래에 포함하였던 지급보증을 삭제하였다.

② 총위험한도비율과 동일인위험한도비율

자본시장법 제77조의3 제5항에 의하면 종합금융투자사업자가 신용공여를 하는 경우에는 신용공여의 총 합계액이 자기자본의 100분의 200(기업금융관련 신용공여와 중소기업 신용공여가 아닌 신용공여의 합계액이 100분의 100을 초과할 수 없음)을 초과하여서는 아니 되나, 종합금융투자사업자 업무의 특성, 해당 신용공여가 종합금융투자사업자의 건전성에 미치는 영향 등을 고려하여 대통령령으로 정하는 경우[37]에는 그러하지 아니하다. 2016년 자본시장법시행령

37 자본시장법시행령 제77조의5 ② 법 제77조의3 제4항 단서에서 "대통령령으로 정하는 경우"란 다음 각 호의 어느 하나에 해당하는 경우를 말한다.

개정에 의하여 지급보증을 신용공여의 개념에서 제외하고 지급보증한도를 기업신용공여 한도에서 분리함에 따라, 종합금융투자사업자의 신용공여한도는 대폭 확대되었다.

자본시장법 제77조의3 제7항에 의하면 종합금융투자사업자가 제3항 제1호에 따라 신용공여를 하는 경우 동일한 법인 및 그 법인과 대통령령으로 정하는 신용위험을 공유하는 자에 대하여 그 종합금융투자사업자의 자기자본의 100분의 25의 범위에서 대통령령으로 정하는 비율(25/100)에 해당하는 금액을 초과하는 신용공여를 할 수 없다.

자본시장법 제77조의3 제8항에 의하면 종합금융투자사업자가 추가로 신용공여를 하지 아니하였음에도 불구하고 자기자본의 변동, 동일차주 구성의 변동 등으로 인하여 총위험한도와 동일인위험한도를 초과하게 되는 경우에는 그 한도를 초과하게 된 날부터 1년 이내에 그 한도에 적합하도록 하여야 하고, 제9항에 의하면 종합금융투자사업자는 arm's length principle에 따라 그와 계열회사의 관계에 있는 법인(대통령령으로 정하는 해외법인을 포함)에 대하여 신용공여를 하거나 또는 그 법인이 운용하는 전문투자형 사모집합투자기구에 대하여 전담중개업무를 제공하여서는 아니 된다.

3) 전문투자형 사모집합투자기구와 프라임브로커 업무(전담중개업무)

① 전문투자형 사모집합투자기구, 즉 한국형 헤지펀드의 도입

자본시장법은 2009년 2월 개정시 제249조의2 제1항을 신설하여 적격투자자대상 사모집합투자기구, 즉 집합투자증권을 적격투자자 만을 대상으로 사모로만 발행하는 집합투자기구 중 사모투자전문회사(PEF)를 제외한 집합투자기구의 도입을 허용하였다. 그러나 동 집합투자기구의 투자대상이 엄격히 제한되고 공

1. 금융위원회가 정하여 고시하는 방법에 따라 전문투자형 사모집합투자기구등으로부터 받은 담보를 활용하여 제삼자로부터 조달한 자금으로 신용공여를 하는 경우
2. 기업의 인수·합병에 관한 조언업무나 그 인수·합병의 중개·주선 또는 대리업무와 관련하여 총리령으로 정하는 기간 이내의 신용공여를 하는 경우
3. 국가, 지방자치단체, 외국 정부, 제362조제8항 각 호의 금융기관 또는 이에 준하는 외국 금융기관이 원리금의 상환에 관하여 보증한 신용공여(원리금의 상환이 보증된 부분에 한정한다)를 하는 경우

매도와 금전차입 등이 금지되었으므로, 기존의 자본시장법에 근거하여 헤지펀드를 신설한다는 것은 사실상 불가능하였다. 이러한 문제점을 간파하고 금융위원회는 자본시장법의 개정 작업에 착수하여 헤지펀드의 도입을 가능토록 하는 제반의 장치를 마련하였다(소위 한국형 헤지펀드).[38]

개정 자본시장법시행령 제271조는 위험감수능력이 있는 개인들에 대해서도 헤지펀드의 투자를 허용하고 있다. 이는 기존의 적격투자자대상 사모집합투자기구의 가입자를 은행, 보험사, 금융투자업자, 연기금·공제법인 등으로 제한하였던 것과 비교해볼 때 중대한 변화라고 할 수 있다. 해당되는 개인들은 금융위원회가 정하여 고시하는 금융투자업자에게 관련 자료를 제출한 날의 전날을 기준으로 최근 5년 중 1년 이상의 기간 동안 금융위원회가 정하여 고시하는 금융투자상품을 월말 평균잔고 기준으로 5천만원 이상 보유한 경험이 있고 금융위원회가 정하여 고시하는 소득액·자산 기준이나 금융 관련 전문성 요건을 충족하여야 한다(자본시장법시행령 제10조 제3항 제17호). 그리고 기존의 적격투자자대상 사모집합투자기구는 자산운용이 상당히 제한되었으나 자본시장법과 동법시행령은 이러한 제한을 완화하였다. 우선 구조조정기업에 대한 의무 투자비율을 50% 이상 유지하여야 한다는 기존의 규제가 폐지되었다.[39] 다음으로 금전차입 한도의 제한을 완화하였다. 즉 전문투자형 사모집합투자기구가 공매도·레버리지 등 다양한 전략을 활용할 수 있도록 관련 규제가 완화되어, 금전차입 한도는 펀드재산의 300%에서 400%로 확대되었다.[40]

---

38 김건식·정순섭, 946면은 "자본시장법상 전문투자형 사모집합투자기구는 첫째 적격투자자 만을 대상으로 하는 점, 둘째 운용업자에 대한 규제가 이루어지는 점, 셋째 금전차입이나 채무보증 등 운용방법에 대하여 사전적 규제가 가능하다는 점 등에서 외국에서 거래되는 일반적인 헤지펀드와는 구별된다"고 하면서, 전문투자형 사모집합투자기구를 헤지펀드의 전면적 도입을 위한 사전 준비적 성격의 것으로 이해하고 있다.

39 이는 헤지펀드가 증권·파생상품, 실물 등 경제적 가치가 있는 재산에 자율적·창의적으로 투자할 수 있도록 함으로써 투자대상에 있어서 어떠한 제한도 가하지 않게 된 것이다. 사실 구조조정기업에 펀드재산의 50% 이상을 투자할 경우 유동성이 제약됨으로써 상당 기간 자산운용을 할 수 없는 문제점이 있었으므로, 위 규제는 헤지펀드의 설립을 막는 최대의 법적 장애물이기도 하였다. 동 규제가 폐지됨으로써 헤지펀드의 자산운용에 상당한 유연성이 제공된 것이다.

40 자본시장법 제249조의7(전문투자형 사모집합투자기구의 집합투자재산 운용방법 등) ① 전문사모집합투자업자가 전문투자형 사모집합투자기구의 집합투자재산을 운용하는 경우 다음 각 호의 금액을 합산한 금액이 전문투자형 사모집합투자기구의 자산총액에서 부채총액을 뺀 가액의 100분의 400 이내에서 대통령령으로 정하는 비율을 초과해서는 아니 된다. 다만, 투자자 보호 및 집합투자재산의 안정적 운용을 해칠 우려가 없는 경우로서 대통령령으로 정하는 전문투자형 사모집합투자기구의 경우에는 제1호와 제2호를 합산한 금액 또는 제3호의 금

2015년 7월 개정 자본시장법은 기존의 적격투자자대상 사모집합투자기구, PEF, 사모집합투자기구의 구분을 단순화시켰다. 즉 종래의 PEF와 같이 경영에 깊숙이 관여하는 사모집합투자기구를 경영참여형 사모집합투자기구, 그 외의 사모집합투자기구를 전문투자형 사모집합투자기구로 단순화시킨 것이다(자본시장법 제9조 제19항의 정의 조항). 전자는 자본시장법 제249조의10부터 제249조의22에서 상세히 규정하고 있으며, 후자는 제249조부터 제249조의9에서 상세히 규정하고 있다. 이렇게 단순화한 취지는 사모집합투자기구 간의 규제차익을 해소하고 다양한 투자전략을 추구하는 사모집합투자기구를 출범시키고자 하는 것이다. 그렇다 보니 전문투자형 사모집합투자기구인 헤지펀드는 그 지분 보유 및 목적에 따라 경영참여형 사모집합투자기구로도 존립할 수 있게 되었다. 물론 대부분의 헤지펀드는 전문투자형 사모집합투자기구의 형태를 취할 것으로 생각된다.

② 프라임브로커

2013년 개정 자본시장법상 가장 뜨거운 감자 중 하나는 증권사들에게 prime brokerage 업무를 허용하는가 여부였다. 프라임브로커(prime broker, 專擔仲介業者로 번역)란 헤지펀드의 service provider 중 하나로서 거래의 체결, 청산결제, 증권 및 자금의 대출, 신규 펀드 출범시 투자자 소개 등 total service를 제공하는 자를 말한다.[41] 자본시장법 제6조 제9항은 전담중개업무를 정의하고 업무수행과 관련한 별도의 기준을 정비하였다. 우선 전담중개업무에는 증권대여, 자금지원(financing), 헤지펀드 재산의 보관·관리(custody), 매매체결·청산·결제(clearing), 펀드투자자에 대한 보고(reporting) 등 전문투자형 사모집합투자

액이 각각 전문투자형 사모집합투자기구의 자산총액에서 부채총액을 뺀 가액의 100분의 400 이내에서 대통령령으로 정하는 비율을 초과해서는 아니 된다.

1. 파생상품에 투자하는 경우 그 파생상품의 매매에 따른 위험평가액
2. 집합투자재산으로 해당 전문투자형 사모집합투자기구 외의 자를 위하여 채무보증 또는 담보제공을 하는 방법으로 운용하는 경우 그 채무보증액 또는 담보목적물의 가액
3. 전문투자형 사모집합투자기구의 계산으로 금전을 차입하는 경우 그 차입금의 총액

41 지난 수십 년간 해외 유수의 글로벌 투자은행들이 거두어 들인 전체 수익 중 대략 20% 가량이 프라임브로커 관련업무에서 발생하였다는 통계도 있는 상황에서, 우리나라의 증권회사들은 동 업무의 허용이 향후 자신들의 사업 성패를 가늠하는 중요한 척도로 생각하였다.

기구에 대한 서비스들이 포함되는 것으로 하였다.[42] 그리고 전담중개업무를 수행할 수 있는 자는 종합금융투자사업자로 한정된다(법 제77조의3 제1항).

자본시장법 제77조의3 제2항에 의하면 종합금융투자사업자가 전문투자형 사모집합투자기구등에 대하여 전담중개업무를 제공하는 경우에는 미리 해당 전문투자형 사모집합투자기구등, 그 밖에 대통령령으로 정하는 자와 다음 각 호의 사항을 포함하는 내용에 관한 계약(전담중개계약)을 체결하여야 한다. ① 전담중개업무와 관련된 종합금융투자사업자와 전문투자형 사모집합투자기구등의 역할 및 책임에 관한 사항, ② 종합금융투자사업자가 전문투자형 사모집합투자기구등의 재산을 제삼자에 대한 담보(주로 전질의 방식), 대여, 그 밖에 "대통령령으로 정하는 방법"(동법시행령 제77조의4 제2항에 의하면 환매조건부매매, 그 밖에 전담중개업무의 효율적인 수행 등을 고려하여 총리령으로 정하는 방법)으로 이용하는 경우 그 이용에 관한 사항, ③ 종합금융투자사업자가 제2호에 따라 이용한 전문투자형 사모집합투자기구등의 재산 현황 등에 관한 정보를 전문투자형 사모집합투자기구등에게 제공하는 절차 및 방법, ④ 그 밖에 대통령령으로 정하는 사항. 여기서 ②의 전문투자형 사모집합투자기구등의 재산을 제3자에 대한 담보, 대여, 기타 환매조건부매매 등의 방법으

42 자본시장법 제6조 ⑨ 이 법에서 "전담중개업무"란 제249조의2 제1항에 따른 전문투자형 사모집합투자기구, 그 밖에 대통령령으로 정하는 투자자(이하 이 조 및 제77조의3에서 "전문투자형 사모집합투자기구등"이라 한다)에 대하여 다음 각 호의 어느 하나에 해당하는 업무를 효율적인 신용공여와 담보관리 등을 위하여 대통령령으로 정하는 방법에 따라 연계하여 제공하는 업무를 말한다.

1. 증권의 대여 또는 그 중개·주선이나 대리업무
2. 금전의 융자, 그 밖의 신용공여
3. 전문투자형 사모집합투자기구등의 재산의 보관 및 관리
4. 그 밖에 전문투자형 사모집합투자기구등의 효율적인 업무 수행을 지원하기 위하여 필요한 업무로서 대통령령으로 정하는 업무

자본시장법시행령 제6조의3 ③ 법 제6조 제9항 제4호에서 "대통령령으로 정하는 업무"란 다음 각 호의 어느 하나에 해당하는 업무를 말한다.

1. 전문투자형 사모집합투자기구등(법 제6조 제9항에 따른 전문투자형 사모집합투자기구등을 말한다. 이하 같다)의 투자자재산(전문투자형 사모집합투자기구등의 재산으로서 전담중개업무의 대상이 되는 투자자재산을 말한다. 이하 같다)의 매매에 관한 청약 또는 주문의 집행업무
2. 전문투자형 사모집합투자기구등의 투자자재산의 매매 등의 거래에 따른 취득·처분 등의 업무
3. 파생상품의 매매 또는 그 중개·주선·대리업무
4. 환매조건부매매 또는 그 중개·주선·대리업무
5. 집합투자증권의 판매업무
6. 전문투자형 사모집합투자기구등의 투자자재산의 운용과 관련한 금융 및 재무 등에 대한 자문업무

로 이용하는 것을 담보물의 재담보화라고 한다. 금융투자업규정 제4-103조는 금융투자협회가 작성한 전담중개업무 관련 표준계약을 사용하도록 하는데, 동 표준계약서에서도 고객과 합의를 전제로 하여 재담보화를 할 수 있다고 정하고 있다.

자본시장법시행령 제69조 제2항은 전담중개업자가 전문투자형 사모집합투자기구를 상대로 다음의 신용공여, 즉 ① 증권의 매매를 위한 매수대금을 융자하거나 매도하려는 증권을 대여하는 방법과 ② 전담중개업무로서 보관·관리하는 전문투자형 사모집합투자기구등의 투자자재산인 증권을 담보로 금전을 융자하는 방법을 제공할 수 있다고 규정한다. 이는 기존의 자본시장법이 적격투자자대상 사모집합기구 등에 대해 예탁증권담보융자(투자자의 예탁증권을 담보로 한 금전융자)만 허용하였던 것과 비교하면 상당히 규제를 완화한 것이다. 한편 자본시장법시행령 제85조 5의2호는 "이해관계인(전담중개업무를 제공하는 제84조제4호 및 제5호에 따른 이해관계인인 경우만 해당한다)과 전담중개업무로서 하는 거래"를 허용하고 있다.[43] 이는 전담중개업자의 고유재산과 전담중개업자가 보관·관리하는 전문투자형 사모집합투자기구 재산 간의 거래 등을 예외적으로 허용한 것이다. 또한 전문투자형 사모집합투자기구의 재산을 보관·관리하는 전담중개업자가 증권대차, 대출 등 다른 전담중개 서비스도 함께 제공할 수 있도록 하였다. 다음으로 전담중개업자의 펀드재산 보관·관리업무 중 일부(증권의 실물보관, 권리관리 등)에 대해서는 펀드재산의 보관·관리 업무를 수행하는 다른 신탁업자(은행, 증권금융 등)에게 위탁하는 것을 예외적으로 허용하였다. 이는 자산보관·관리 업무에 대한 규모의 경제 효과 등을 감안한 것이다.

43 원래 자본시장법 제84조에 의하면 이러한 거래는 허용되지 아니한다.
제84조(이해관계인과의 거래제한 등) ① 집합투자업자는 집합투자재산을 운용함에 있어서 대통령령으로 정하는 이해관계인(이하 이 절에서 "이해관계인"이라 한다)과 거래행위를 하여서는 아니 된다. 다만, 집합투자기구와 이해가 상충될 우려가 없는 거래로서 다음 각 호의 어느 하나에 해당하는 거래의 경우에는 이를 할 수 있다.

1. 이해관계인이 되기 6개월 이전에 체결한 계약에 따른 거래
2. 증권시장 등 불특정다수인이 참여하는 공개시장을 통한 거래
3. 일반적인 거래조건에 비추어 집합투자기구에 유리한 거래
4. 그 밖에 대통령령으로 정하는 거래

자본시장법 제45조와 동법시행령 제50조 제1항 제1호 나목(고유재산운용업무·투자매매업·투자중개업 중 전담중개업무와 전문투자형 사모집합투자기구 등의 투자자재산을 전담중개업무로서 보관·관리하는 신탁업 간의 경우)과 동조 동항 제3호[전담중개업무와 고유재산운용업무·금융투자업(전담중개업무는 제외한다) 간의 경우]는 예외적인 정보교류를 허용하고 있다. 즉 전담중개업자의 경우, 매매·중개업무와 펀드재산 보관·관리 등 신탁업무를 한 부서에서 동시에 수행할 수 있도록 허용하였는데, 이는 기존의 자본시장법이 투자매매·중개업과 신탁업 간에 정보교류를 엄격하게 차단하였던 것에 비하면 획기적인 규제개선에 해당한다. 왜냐하면 종래에는 한 부서에서 전담중개업무를 모두 수행하기란 불가능하였기 때문이다. 그렇지만 개정안에 의하더라도 종합금융투자사업자 내부의 다른 부서와 전담중개 부서 간에는 엄격히 분리토록 함으로써 이해상충을 방지하고자 하였다.

③ 추가적으로 고려할 사항

첫째, 전문투자형 사모집합투자기구는 단기간 내에 막대한 수익을 올릴 수도 있지만 그 반면에 막대한 손실을 입을 수도 있으므로 가입자는 소수의 적격투자자로 제한되어야 한다. 미국에서는 헤지펀드의 성과가 두드러지게 나타나면서 최근까지도 연기금, 재간접펀드 등의 헤지펀드에 대한 투자가 많이 행해져 왔는데, 2008년의 금융위기 이후 헤지펀드의 손실이 커짐에 따라 연기금과 재간접펀드의 수익자들인 일반 투자자의 이익에 반하는 투자가 과연 적합한 것이었는지에 대한 논란이 발생하고 있다. 이러한 논의를 보면 개인들에 대한 기준을 낮춘 것은 다소 문제가 있다는 판단도 든다.

둘째, 전문투자형 사모집합투자기구도 집합투자자기구이므로 자본시장법상의 공통 영업행위 규칙을 적용받는다. 그렇다면 자본시장법 제37조 제1항의 신의성실의무와 동조 제2항의 자기대리·쌍방대리 금지의 원칙에 의하여 전문투자형 사모집합투자기구의 운용자는 資金受託者로서의 信認義務(fiduciary duty)를 부담한다. 그런데 미국에서는 이러한 신인의무가 부정되는 사례가 종종 발견되는 듯 하다. 왜냐하면 대부분의 헤지펀드가 델라웨어주의 유한책임파

트너십으로 설립되는데, 델라웨어주법은 무한책임조합원과 유한책임조합원의 계약이 보통법상의 신인의무보다 우선적으로 적용될 수 있게끔 사적 자치를 인정하기 때문이다.[44] 물론 계약상의 선의와 공정거래를 완전히 배제해서는 안되므로 신인의무를 전적으로 무시하는 것은 아님을 유의하여야 한다. 그렇지만 델라웨어주 법원들은 무한책임조합원으로 하여금 유한책임조합원과 직접적으로 경업할 수 있고 자기거래를 할 수 있으며 파트너십의 영업기회를 유용할 수 있다는 계약조항이 유효하다고 판시하여 왔다. 이러한 미국의 사례를 볼 때, 한국에서도 전문투자형 사모집합투자기구의 운용자와 가입자 간에 신인의무를 부정하는 계약이 체결되었을 경우 그 사법상의 효력을 어떻게 보아야 할 것인지와 같은 쟁점들이 대두될 수 있다. 물론 금융투자협회가 표준계약서를 정비하여 신인의무의 본질을 훼손하지 않는 범위 내에서 허용가능한 조항을 마련할 것이라고 생각한다.

셋째, 전문투자형 사모집합투자기구의 운용업자가 여러 개의 헤지펀드를 운용할 때에는 펀드간의 이해상충이 발생할 수 있다. 즉 자신이 선호하는 펀드에 훨씬 우호적인 투자기회를 갖도록 하고 차별적인 자산배분이 이루어지게 할 수도 있다. 가사 하나의 전문투자형 사모집합투자기구를 운용하더라도 개별 투자자와의 이면약정에 의하여 투자자 간에 차별적인 취급이 발생할 수 있다. 이러한 경우 쌍방대리 금지의 원칙이 얼마나 실효성을 갖는지, 과연 수익자평등의 원칙을 확보할 수 있는 방안은 무엇인지 의문이 제기될 것이다.

넷째, 전담중개업자의 서비스가 전문투자형 사모집합투자기구의 운용에 필수적이기는 하지만, 전담중개업자의 존재로 인하여 전문투자형 사모집합투자기구의 운용자들이 투자자들의 이익을 등한시할 가능성이 존재한다. 예를 들어 운용자가 펀드재산에서 직접적으로 전담중개 서비스 제공에 대한 대가를 지급하는 관계에 있는데 이러한 서비스가 투자자들보다는 운용자에게 더 큰 이익을 제공할 때, 전문투자형 사모집합투자기구의 운용자(전담중개업자의 이해관계와 결부)와 투자자 간에 이해상충이 발생할 수 있는 것이다. 그렇지만 전문투자

44 Delaware allows the general partner and limited partners to subordinate fiduciary duties through private contracting. *Cont'l Ins. Co. v. Rutledge & Co.*, 750 A.2d 1219, 1235 (Del. Ch. 2000).

형 사모집합투자기구는 이러한 서비스의 본질과 전담중개업자에게 지급한 정확한 금액을 투자자들에게 공시할 의무가 없다.

4) 비상장주식에 대한 내부주문 집행업무

2016년 개정법은 종합금융투자사업자로 하여금 비상장 주식에 대한 내부주문 집행업무(Internalization)도 영위할 수 있도록 하였다. 내부주문 집행이란 종합금융투자사업자가 거래소나 ATS를 통해 고객의 주문을 집행하는 것이 아니라, 자체적으로 종합금융투자사업자 내부에서 다수(多數) 고객의 주문을 집행하는 것을 의미한다. 이는 비상장 신생기업의 발굴과 기업 정보생산 기능 촉진 등을 위해 종합금융투자사업자에게 시장적인 매매체결 기능의 수행을 허용하는 것이다.

내부주문집행(Internalization) 업무의 유형

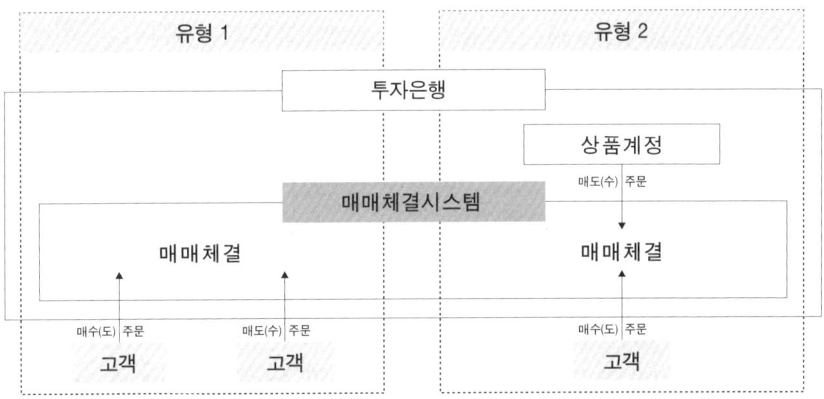

2. 금융투자업간 겸영 허용

자본시장법 제정 이전의 구 체제는 증권회사, 선물회사, 자산운용회사, 신탁회사 등 금융회사별로 금융투자업을 세분화하면서 금융투자업 상호간에는 겸영을 엄격하게 금지함으로써 겸업화·대형화된 투자은행의 출현이 불가능하였다. 이에 자본시장법은 기능별로 분류된 금융투자업을 겸영할 수 있도록 허용함으로써 투자매매(인수), 투자중개, 집합투자, 투자자문, 신탁업 등 모든 금융투자업을 종합 영위하는 금융투자회사의 설립이 가능하게 되었다. 참고로 현재 미국, 영국 등 주요국의 선진 투자은행은 기업금융, 자산관리, 직접투자, 증권서비스(securities services) 등 모든 금융투자업을 종합적으로 영위하고 있다. 그 때문에 자본시장법은 다른 법령에 따른 인허가를 요하는 경우를 제외하고 금융투자업자가 겸영업무를 영위하고자 할 때에는 그 업무를 영위하고자 하는 날의 7일 전까지 이를 금융위에 신고하면 동 업무를 영위할 수 있도록 하였다(자본시장법 제40조).

(1) 자금이체업무

자본시장법 제정 이전 증권회사 등은 금융결제원의 소액결제시스템인 지로시스템과 은행공동망(CD/ATM, CMS, 타행환, 전자금융 등) 및 어음교환시스템 등에 대한 가입 자격이 없었다.[45] 그 결과 증권업자는 증권계좌를 통해 투자(위탁매매, 수익증권), 결제(신용카드, 지로납부, 자동이체 등), 송금(계좌이체), 수시 입출금(CD/ATM) 등 고객의 편의를 위하여 종합 금융서비스를 제공하는 증권종합자산관리계정(cash management account, CMA)의 운영이 불가능하였다.

자본시장법 제40조 제3·4호는 금융투자업자가 결제·송금·수시입출금 등 부가서비스 제공이 가능하도록 법적 근거를 마련하였다. 금융투자업자는 제3호의 제정과 함께 제세공과금 등에 대한 Giro 업무를 겸영할 수 있게 되었고, 제4호의 제정과 함께 투자자의 예탁금으로 당해 투자자를 위한 자금이체업무를 전면적으로 겸영할 수 있게 되었다. 금융인프라인 자금이체서비스를 은행뿐만 아니라 금융투자업자도 제공할 수 있게 된 것이다. 자본시장법을 제정하는 과정에서 금융투자업자의 지급결제시스템 참여에 대해서는 한국은행을 위시한 은행권으로부터 강한 반발이 있었다. 가장 대표적으로 지급결제서비스는 역사적으로 볼 때 은행의 고유업무에 해당함에도 불구하고 금융투자업자로 하여금

45 CMS란 cash management service의 약자로서, 은행계좌의 잔고와 불입금에 대한 정보처리에서부터 주식의 매매에 대한 정보까지 처리하는 제반의 업무 형태를 말한다. CMS는 정보화 사회에서 통신 라인과 컴퓨터를 이용해 은행에 직접 가지 않고 사용자들이 업무를 처리하는 방식이다. 종래에는 전화 라인을 이용한 방법이 널리 쓰였지만, 최근에는 인터넷을 이용한 서비스까지 확대되고 있다.

지급결제시스템에 참여토록 할 경우 금융투자업자로부터 발생한 시스템리스크가 은행으로 전이될 위험성이 높다는 비판이 있었다. 또한 은행의 자금중개기능이 위축되어 산업전반의 발전을 저해한다는 우려도 있었다.[46] 그러나 이러한 비판들이 그리 설득적이지 않은 상황에서, 비교법적으로 매우 의미 있는 개혁이 이루어졌다. 즉 2007년 EU가 제정한 '역내시장에서의 지급서비스에 관한 지침(Directive on Payment Services in the Internal Market)'은 '예금의 수취나 전자화폐의 발행과 전혀 연계되지 않은 지급서비스 제공자'들도 지급결제시스템에 참여할 수 있도록 전면적으로 허용한 것이다.

자본시장법은 금융투자업자의 소액결제시스템에 대한 직접 참여를 허용하였다.[47] 입법과정에서는 대표금융기관(증권금융)을 통한 간접적인 참여 만을 허용하려고 하였지만, 경쟁조건의 대등성을 보장하고 규모의 경제이익을 얻기 위해 지급인프라를 공유토록 하여야 한다는 이상과 배치되어, 결국 대표금융기관이 아닌 금융투자업자의 직접 참여를 허용한 것이다. 금융투자업자의 지급결제시스템 참여에 따라 소액결제시스템의 안정성이 저해되지 않도록 법령상으로 다중의 안전장치가 부과되는데, 가장 큰 특색은 금융투자업자의 중개계좌(위탁매매)내의 현금만(투자자예탁금)을 소액결제의 대상으로 함으로써 증권의 가치변동 리스크를 원천 차단한다는 점이다. 따라서 금융투자업자는 CMA계좌에서 직접 자금을 이체해서는 안되고 일단 자금을 CMA계좌에서 투자자예탁금 계좌로 이체한 후 자금이체업무를 수행하여야 한다.[48] 은행에 준하는 규제의 예로서, 금융투자업자는 금융결제원에서 요구하는 참가기준(참가비, 전산설비 등)을 만족시켜야 하고 결제한도의 100%에 해당하는 담보물을 예치하여야 하며 한국은행이 정하는 결제한도(순채무액)의 범위내에서만 결제하여야 한다. 한국은행은 자금이체업무에 대해 '통화신용정책의 수행 및 지급결제의 원활한

46 송민규·서은숙, 「증권산업의 새로운 자금이체경로에 관한 논의」, 한국증권연구원, 2007. 4, 61-70면.

47 그러나 자본시장법과는 별개로 2020년 현재까지도 개인만이 금융투자업자를 통하여 이체가 가능할 뿐 법인은 금융투자업자를 통하여 이체가 불가능하다는 점을 유념하여야 한다. 이는 자본시장법이 개인과 법인을 구분하지 않고 제한없이 자금이체업무를 할 수 있도록 허용하였지만 금융결제원 규약이 법인 이체의 경우 은행 만이 할 수 있다고 제한하기 때문이다. 이 때문에 상위법의 허용 규정에도 불구하고 한국은행이 운용하는 불투명한 하위법규에 의하여 금융투자업자의 근본적인 업무가 제한되고 있다는 반발이 계속되고 있다.

48 임재연, 181면 각주 12).

운영'을 위하여 필요하다고 인정할 때에는 금융투자업자에게 필요한 자료의 제출을 요구할 수 있다(제419조 제2항). 한국은행은 또한 지급결제시스템의 안정성을 확보한다는 차원에서 금융투자업자의 자금이체업무 분야에 대해 '통화신용정책의 수행' 목적으로 검사를 요구하고 공동검사할 수 있다(제419조 제3항).

(2) 기업금융업무 등

자본시장법 제40조 제5호는 금융투자업자가 "그 밖에 그 금융업무를 영위하여도 투자자 보호 및 건전한 거래질서를 해할 우려가 없는 업무로서 대통령령으로 정하는 금융업무"를 겸영할 수 있도록 하는데, 동법시행령 제43조 제5항 제4호와 자본시장법 제71조 제3호 및 동법시행령 제68조 제2항에 의하면 "대통령령으로 정하는 기업금융업무는 다음과 같다.[49]

1. 인수업무
2. 모집 · 사모 · 매출의 주선업무
3. 기업의 인수 및 합병의 중개 · 주선 또는 대리업무
4. 기업의 인수 · 합병에 관한 조언업무

4의2. 설비투자, 사회간접자본 시설투자, 자원개발, 그 밖에 상당한 기간과 자금이 소요되는 프로젝트를 수주(受注)한 기업을 위하여 사업화 단계부터 특수목적기구(특정 프로젝트를 사업으로 운영하고 그 수익을 주주 등에게 배분하는 목적으로 설립된 회사, 그 밖의 기구를 말한다)에 대하여 신용공여, 출자, 그 밖의 자금지원(이하 이 항에서 "프로젝트금융"이라 한다)을 하는 자금조달구조를 수립하는 등 해당 사업을 지원하는 프로젝트금융에 관한 자문업무

4의3. 프로젝트금융을 제공하려는 금융기관 등을 모아 일시적인 단체를 구성하고 자금지원조건을 협의하는 등 해당 금융기관 등을 위한 프로젝트금융의 주선업무

4의4. 제4호의2에 따른 자문업무 또는 제4호의3에 따른 주선업무에 수반하여 이루어지는 프로젝트금융

5. 경영참여형 사모집합투자기구 집합투자재산의 운용업무

(3) 지급보증업무

지급보증업무는 신용파생상품과 본질상 차이가 없으므로 금융투자업자에게도 허용된다. 그런데 자본시장법시행령 제43조 제5항을 보면 지급보증업무를 수행할 수 있는 금융투자업자는 증권 및 장외파생상품에 대한 투자매매업을 경영하는 자로 한정된다. 그렇다면 금융투자업자의 지급보증업무는 증권 및 장외파생상품에 대한 투자매매업의 영위로 제한되는가? 동 업무를 영위하는 자

49 김건식·정순섭, 735면은 여기서의 대출업무를 "기업금융업무를 수행하기 위하여 이루어지는 초단기 대출(bridge loan)"로 한정하고 있는데, 이렇게 제한적으로 해석할 만한 근거는 없다고 본다.

에게만 제한적으로 인정되므로 지급보증업무 역시 동 업무의 수행으로 제한되어야 한다고 본다.[50]

(4) 금지금, 은지금의 매매 및 중개업무

금지금이란 금 현물시장의 매매거래 대상으로서 순도 9,999/10,000 이상, 중량 1kg 이상을 말하는데, 은지금도 마찬가지로 볼 수 있다. 자본시장법 제40조 제5호 및 동법시행령 제43조 제5항 제10호에 의하여 제정된 금융투자업규정 제4-1조 제2항은 금지금, 은지금의 매매 및 중개업무를 겸영업으로 추가하고 있다. 이는 은행들로 하여금 골드뱅킹이나 실버뱅킹 업무를 수행할 수 있도록 허용하면서, 금융투자업자들에게 그에 상응한 겸영업무를 허용한 것이다.

3. 부수업무의 포괄적 허용

부수업무란 금융업이 아닌 업무로서 인가받은 금융업에 부수되는 업무(예: 증권업의 부수업무로서 유가증권의 평가업무 및 보호예수업무 등)를 말하는데, 구법은 금융업자가 영위할 수 있는 부수업무 역시 사전에 법령으로 열거함으로써 부수 업무의 확대를 위해서는 매번 법령의 개정이 필요하였다. 결과적으로 업무 확대가 적시성 있게 이루어지지 못한 것이다. 이 때문에 자본시장법은 과거의 열거주의 체제를 원칙적으로 모든 부수업무의 취급을 허용하되 예외적으로 제한하는 체제(negative 체제)로 전환하였다. 그리고 금융투자회사는 부수업무 개시 7일 전에 감독당국에 부수업무의 개시 사실을 신고하도록 하고 있다(자본시장법 제41조 제1항). 금융위원회는 부수업무가 금융투자업자의 건전성을 저해하거나 투자자 보호에 지장을 초래하는 경우 또는 금융시장의 안정성을 저해하는 경우에 한하여 부수업무의 영위를 제한하거나 시정을 명할 수 있다(동조 제2항).[51]

50 김건식·정순섭, 736면은 이에 대해 견해를 달리하고 있다.

51 김건식·정순섭, 737면은 부수업무와 관련하여 금융투자업과의 유사성을 요구하지 않는다고 한다. 그러나 부수업무란 본질적으로 금융투자업과 업무의 유사성(related to)이 있는 업무를 의미하므로 그러한 해석은 타당하지 않다.

4. 투자권유대행인 제도 도입을 통한 판매망 확충

구 체제에서 투자자가 금융투자상품을 구매하려면 직접 금융기관의 점포를 방문하여야 했으므로 투자자들이 불편해 하였다. 자본시장법 제51조는 투자자가 금융투자상품에 대해 보다 다양한 경로로 접근할 수 있도록 투자권유대행인(introducing broker) 제도를 도입하였다. 투자권유대행인은 금융투자회사의 위탁을 받아 금융투자상품 판매의 사실상 중개 업무만을 수행하는 자인데,[52] 자본시장법시행령 제56조는 투자권유대행인에게 증권관련 자격증 등 전문지식을 갖출 것을 요구하고 있다. 투자권유대행인에 의한 금융투자상품 판매의 경우에도 투자자 보호를 위하여 금융상품의 내용·위험에 대한 설명 의무를 부과하고 손해배상책임의무를 지움으로써 불완전 판매를 예방하고 있다. 또한 투자권유시 자기 명의·계산에 의한 판매를 금지하고 투자권유대행인임을 고지하도록 함으로써 선의의 투자자가 피해받지 않도록 방지하고 있다. 투자권유대행인에게 업무를 위탁한 금융투자회사는 투자권유대행인들을 주의깊게 관리하여야 하며 투자자에게 불완전 판매로 손해를 끼친 경우에는 회사도 손해배상의 책임이 있다.

Ⅳ. 집합투자업의 업무 확대

자본시장법은 집합투자업자에 대한 규제를 강화하되(제79조-제95조),[53] 집합투

52 자본시장법 제52조(투자권유대행인의 금지행위 등) ② 투자권유대행인은 다음 각 호의 어느 하나에 해당하는 행위를 하여서는 아니 된다.

1. 위탁한 금융투자업자를 대리하여 계약을 체결하는 행위
2. 투자자로부터 금전·증권, 그 밖의 재산을 수취하는 행위
3. 금융투자업자로부터 위탁받은 투자권유대행업무를 제삼자에게 재위탁하는 행위
4. 그 밖에 투자자 보호 또는 건전한 거래질서를 해할 우려가 있는 행위로서 대통령령으로 정하는 행위

53 그렇지만 단서를 두어 집합투자업자의 업무에 대해 유연성을 제공하기도 한다. 예를 들어 자본시장법 제83조 제1항에 의하면 원칙적으로 집합투자업자는 집합투자재산을 운용함에 있어서 집합투자기구의 계산으로 금전을 차입하지 못하지만, 다음의 경우 예외를 인정하고 있다. ① 제235조에 따른 집합투자증권의 환매청구가 대량으로 발생하여 일시적으로 환매대금의 지급이 곤란한 때, ② 제191조 및 제201조제4항에 따른 매수청구가 대량으로 발생하여 일시적으로 매수대금의 지급이 곤란한 때, ③ 그 밖에 집합투자기구의 운용 및 결제 과정에서 일시적으로 금전의 차입이 필요하고 투자자 보호 및 건전한 거래질서를 해할 우려가 없는 때로서 대통령령으로 정하는 때.

자기구에 대한 규제를 완화하는 것을 목표로 하고 있다.

1. 집합투자기구(vehicle)의 확대

집합투자기구란 집합투자를 수행하기 위한 기구를 말한다. 구법상 간접투자기구는 투자신탁, 투자회사(mutual fund), 합자회사로 한정되어 다양한 vehicle의 활용이 곤란하고, 규정되지 않은 간접투자기구를 이용한 간접투자의 경우에는 투자자보호가 미흡하였다. 자본시장법 제9조 제18항은 상법상 설립가능한 모든 vehicle을 집합투자기구로 활용할 수 있도록 허용하였는데, 그 결과 투자신탁, 주식회사, 유한회사, 합자회사, 유한책임회사, 합자조합, 익명조합 등의 활용이 가능해졌다. 물론 합명회사는 무한책임사원만으로 구성되어 활용될 수 없으므로 제외되었다.

2. 집합투자 대상 자산의 범위 확대

구법은 간접투자 대상자산을 증권, 선물, 파생상품, 부동산, 실물자산, 어음, 보험금지급청구권, 어업권, 광업권 등으로 열거하는 열거주의를 취하였지만, 자본시장법 제6조 제5항은 포괄적으로 "재산적 가치가 있는 투자대상자산"(예; 지적재산권 등)을 집합투자의 대상자산으로 규정하고 있다.

3. 집합투자기구별 운용대상자산의 제한 폐지

자본시장법 제229조에 의하면 집합투자기구는 운용대상자산에 따라 증권집합투자기구, 부동산집합투자기구, 특별자산집합투자기구, 혼합자산집합투자기구, 단기금융집합투자기구(MMF)로 구분된다. 자본시장법 이전의 구법은 집합투자기구 별로 운용대상 자산을 제한함으로써 다양한 자산을 활용한 집합투자기구의 개발이 곤란하였다. 그러나 자본시장법 제229조는 운용대상자산을 일정 비율(예: 40%) 이상으로 하여야 한다는 제한만 둘 뿐 집합투자기구의 종류별 운용대상 자산의 제한을 없앰으로써 MMF를 제외한 모든 집합투자기구가 다양한 투자대상에 운용할 수 있도록 하였다. 특히 혼합자산집합투자기구는 집합투자재산을 운용함에 있어서 증권집합투자기구, 부동산집합투자기구, 특별자산집합투자기구와 같은 투자대상자산의 비율규제마저 받지 아니하는 집합투자기구이므로 운용대산자산의 선택이 완전히 자유롭다고 할 수 있다.

V. 투자자 보호제도의 선진화

1. 설명의무의 도입

자본시장법 제47조는 모든 금융투자업자에 대한 설명의무를 규정하여, 금융투자회사가 투자자에게 금융투자상품의 투자를 권유할 때에는 상품 내용과 위험 등을 투자자가 이해하도록 설명하여야 한다고 규정하고 있다. 그리고 형식적 설명에 그치지 않도록 하기 위해 설명 내용을 투자자가 이해하였음을 확인하는 서명을 받도록 하고, 투자자를 오도(misleading)하는 행위를 막기 위하여 중요사항의 설명에 허위나 누락이 없도록 할 것을 의무화하고 있다. 다만 설명의무는 금융투자상품에 대한 전문지식과 분석능력이 없는 일반투자자에게만 적용되고, 전문투자자에게는 적용되지 않는다.[54] 자본시장법 제48조는 일본의 금융상품의 판매등에 관한 법률을 참조하여 금융투자업자가 설명의무의 미이행, 중요사항의 허위 설명 또는 누락으로 인하여 투자자가 입은 손해를 배상하도록 규정하고 있다. 여기서 투자자의 원본 결손액, 즉 투자자가 금융상품 투자로 지급한 또는 지급할 금전의 총액에서 금융투자상품의 처분, 그 밖의 방법으로 그 일반투자자가 회수하였거나 회수할 수 있는 금전 등의 총액을 공제한 금액을

54 참고로 대법원 2015. 2. 26. 선고 2014다17220 판결은 "구 간접투자자산 운용업법(2007. 8. 3. 법률 제8635호 자본시장과 금융투자업에 관한 법률 부칙 제2조로 폐지)에 의한 판매회사는 투자자에게 투자신탁의 수익구조와 위험요인에 관한 올바른 정보를 제공함으로써 투자자가 그 정보를 바탕으로 합리적인 투자판단을 할 수 있도록 투자자를 보호하여야 할 주의의무를 부담한다. 그리고 이러한 투자권유단계에서 판매회사의 투자자 보호의무는 투자자가 일반투자자가 아닌 전문투자자라는 이유만으로 배제된다고 볼 수는 없고, 다만 투자신탁재산의 특성과 위험도 수준, 투자자의 투자 경험이나 전문성 등을 고려하여 투자자 보호의무의 범위와 정도를 달리 정할 수 있다"고 하였는데, 이와 관련하여 이 판례가 설명의무의 대상을 전문투자자에게도 인정한 것에 주목하면서 이러한 입장은 자본시장법에서도 마찬가지라고 해석하는 일부 실무가들이 존재하는 듯 하다. 그러나 자본시장법 제정 이전의 체제에서는 투자자를 일반투자자와 전문투자자로 구분하여 그 보호의 정도를 달리 하지 않았던 것에 반하여, 자본시장법은 양자를 구분하고 일반투자자 만이 고객보호의무의 대상임을 명확히 규정하고 있다는 점을 유념하여야 한다. 즉 위 판례는 구 간접투자자산운용업법하에서나 나올 수 있었던 구 시대의 잔재에 불과한 것이다.

금융투자회사의 불법행위로 인한 손해액으로 추정함으로써 투자자의 권리구제를 두텁게 하고 있다. 이러한 손해액의 추정 규정으로 인하여 손해의 인과관계가 없다는 입증책임이 금융투자업자에게 전가되는 효과가 있게 된다.[55] 서울중앙지방법원 2012. 7. 26. 선고 2011가합78083 판결도 "자본시장법 제48조는 명시적으로 손해액의 추정 규정을 둠으로써 설명의무 위반의 경우에 손해액뿐만 아니라 거래인과관계 및 손해인과관계에 대한 입증책임을 금융투자업자에게 전환시키고 있으므로, 금융투자업자가 스스로 설명의무를 다하였음을 입증하여야 한다"고 하였다.

2. 적합성 원칙의 도입

자본시장법 제46조는 투자자의 특성을 파악하기 위해 투자권유를 하기 전 면담을 거쳐 투자목적, 재산상태, 투자경험 및 위험성향 등을 파악하고 이러한 내용들을 서면으로 확인하는 'know-your-customer-rule'을 도입하고, 이렇게 파악된 투자자의 특성에 적합하게 금융투자업자가 투자를 권유하도록 하는 적합성의 원칙을 도입하였다. 자본시장법상 적합성 원칙은 투자자에게 적합하지 않다고 인정되는 투자권유를 하지 말라는 소극적인 내용으로 규정되어 있으나 투자자에게 적합한 투자권유만을 하여야 한다는 적극적인 내용으로 해석할 수 있다.[56] 자본시장법은 적합성의 원칙을 위반한 경우 별도의 제재를 규정하지는 않았지만(물론 제64조 제1항에 의한 손해배상청구는 가능), 투자자와의 분쟁이 발생한 경우에 법원이 불법행위 여부를 판단하는데 있어서 적합성의 원칙은 중요한 기준이 될 것이다. 'know-your-customer-rule'과 적합성의 원칙도 위험감수능력이 상대적으로 미약한 일반투자자에게만 적용된다.

3. 부당권유의 금지

자본시장법 제49조는 부당권유금지 원칙을 규정하고 있는데, 이는 금융투자업

55 임재연, 222면 각주 95)는 자본시장법 제48조 제2항의 추정 규정은 손해액 추정 규정일 뿐 손해인과관계의 추정 규정은 아니라고 한다.

56 동지: 김건식·정순섭, 768면.

자로 하여금 투자자의 건전한 판단을 저해할 가능성이 있는 일정한 권유행위 등을 금지하는 것이다. 그 중에서도 동조 제3호는 일본의 금융상품거래법 제38조 제3호 및 제5호의 입법례를 따라 투자자가 요청하지 않은 투자권유(소위 불초청권유, unsolicited call)를 금지하는 규제를 마련하였다. 투자자가 원하지 않는 투자권유는 투자자의 사생활과 평온한 삶을 침해할 가능성이 크므로, 자택 또는 회사로의 방문, 전화, 길거리에서의 호객 행위 등 실시간 대화를 통한 투자권유는 투자자가 원할 경우에만 가능하도록 하였다. 이는 투자자의 권익을 보호하기 위한 것이다. 그렇지만 동 규제는 위험금융투자상품인 장외파생상품에 한정적으로 적용되기 때문에 다른 투자성있는 증권이나 장내파생상품의 권유에 대해서는 적용되지 않음을 주의하여야 한다. 동조 제4호는 투자권유를 받은 투자자가 이를 거부하는 의사표시를 하였음에도 불구하고 투자권유를 계속하는 것을 금지하는 '의사에 반하는 재권유(solicitation against will) 금지제도'를 도입하였다. 이 규제는 모든 금융투자상품에 대해 적용된다.[57]

5. 투자광고규제의 도입

자본시장법 제57조는 금융투자업자의 광고가 무분별하게 이루어지는 것을 방지함으로써 투자자를 보호하기 위해 광고 규제를 도입하였다.[58] 일반적으로 광

57 자본시장법시행령 제54조 제2항에는 다음과 같은 예외를 인정하고 있다. 1. 투자성 있는 보험계약에 대하여 투자권유를 하는 행위, 2. 투자권유를 받은 투자자가 이를 거부하는 취지의 의사를 표시한 후 금융위원회가 정하여 고시하는 기간(1개월)이 지난 후에 다시 투자권유를 하는 행위, 3. 다른 종류의 금융투자상품에 대하여 투자권유를 하는 행위(다른 종류의 구체적인 내용은 금융위원회가 정하여 고시).

58 제57조(투자광고) ① 금융투자업자가 아닌 자는 금융투자업자의 영위업무 또는 금융투자상품에 관한 광고(이하 "투자광고"라 한다)를 하여서는 아니 된다. 다만, 협회와 금융투자업자를 자회사 또는 손자회사로 하는 「금융지주회사법」에 따른 금융지주회사는 투자광고를 할 수 있으며, 증권의 발행인 또는 매출인은 그 증권에 대하여 투자광고를 할 수 있다.

② 금융투자업자(제1항 단서의 자를 포함한다. 이하 이 조에서 같다)는 투자광고(집합투자증권에 대한 투자광고를 제외한다)를 하는 경우에는 그 금융투자업자의 명칭, 금융투자상품의 내용, 투자에 따른 위험, 그 밖에 대통령령으로 정하는 사항이 포함되도록 하여야 한다.

③ 금융투자업자는 집합투자증권에 대하여 투자광고를 하는 경우 다음 각 호의 사항이 포함되도록 하여야 하며, 집합투자기구의 명칭, 집합투자기구의 종류에 관한 사항, 집합투자기구의 투자목적 및 운용전략에 관한 사항, 그 밖에 집합투자증권의 특성 등을 고려하여 대통령령으로 정하는 사항 외의 사항을 투자광고에 사용하여서는 아니 된다.

1. 집합투자증권을 취득하기 전에 투자설명서(제123조제1항에 따른 투자설명서를 말한다) 또는 간이투자설명서(제124조제2항제3호에 따른 간이투자설명서를 말한다)를 읽어 볼 것을 권고하는 내용

고는 소비자의 의사결정에 큰 영향을 줄 수 있다. 따라서 이익의 예상치를 과도하게 부풀리거나 현저하게 사실과 다른 표시, 현저하게 소비자들을 오인시킬 수 있는 표시, 부실표시나 오인될 만한 기재 등을 해서는 안 된다. 표시·광고의 공정화에 관한 법률은 부당한 표시광고행위를 금지하는 기본법이라고 할 수 있는데, 법 제57조 제4항은 동법의 적용을 예정하고 있다. 어떠한 광고가 문제될 수 있는지를 예시하기 위해 위의 설명과 같이 '현저하게 사실과 다른 표시'라든지 '현저하게 소비자를 오인시킬 수 있는 표시'라고 하였지만, 사소한 부실이나 오인이 문제되지 않는다는 취지는 아니다. 왜냐하면 소비자의 자주적인 판단이 왜곡되지 않는가 여부가 본조의 존재 의의 혹은 보호법익이라고 판단되기 때문이다. 물론 투자광고에서 금융투자업자의 표현의 자유 혹은 영업의 자유가 실현되어야 한다는 점에 대해서는 이론이 없다. 하지만 법 제57조는 투자자의 의사결정 또는 자본시장 전체의 보호라는 관점에서 생성된 내재적인 제약인 것이다.

투자권유란 특정 투자자를 상대로 금융투자상품의 매매 등을 권유하는 행위로 정의되는데, 불특정 투자자를 상대로 하는 것은 투자광고로 의제된다. 만일 투자광고가 투자권유에 해당하는 것으로 보게 되면 설명의무, 적합성 원칙 등이 적용될 것이다. 그런데 광고와 권유는 사실 그 경계영역이 모호하다. 이 때문에 2000년 영국의 금융서비스법은 promotion이라는 개념에서 종래의 광고와 권유라는 양자를 포괄적으로 규제하려는 시도를 하였다. 특히 홈트레이딩시스템에서 증권을 홈페이지에 게재하는 행위는 전통적인 권유와 다르지만 실제로 고객을 거래로 유도하는 기능을 갖는다. 따라서 이 때에는 고객을 오도해서는 안 될 뿐만 아니라 불충분한 정보를 제공해서도 안 되는 것이다.[59] 또한 잡지

---

2. 집합투자기구는 운용결과에 따라 투자원금의 손실이 발생할 수 있으며, 그 손실은 투자자에게 귀속된다는 사실
3. 집합투자기구의 운용실적을 포함하여 투자광고를 하는 경우에는 그 운용실적이 미래의 수익률을 보장하는 것은 아니라는 내용

④ 금융투자업자는 투자광고를 함에 있어서 제103조제3항에 따라 손실의 보전 또는 이익의 보장을 하는 경우를 제외하고는 손실보전 또는 이익보장으로 오인하게 하는 표시를 하여서는 아니 된다.

⑤ 투자광고에 있어 「표시·광고의 공정화에 관한 법률」 제4조제1항에 따른 표시·광고사항이 있는 경우에는 같은 법이 정하는 바에 따른다.

⑥ 그 밖에 투자광고의 방법 및 절차 등에 관하여 필요한 사항은 대통령령으로 정한다.

59 上柳敏郎/石戸谷豊/櫻井健夫, 「新金融商品去來法ハドブックン」(日本評論社, 2006), 84-85頁.

기사나 인터넷 기사 등에도 실제로는 특정 혹은 일정범위의 금융상품거래를 권유 내지 유도하는 기능을 가진 것도 있다. 한편 제57조를 적용함에 있어서 어떠한 행위가 광고에 해당한다고 하여 투자권유에 해당하지 않는다고 단정할 수 없다. 인터넷 메일의 예를 보면, 중요한 부분에 있어서 광고와 권유 모두에 해당하는 경우도 있는 것이다. 결국 개별적인 사안에서 구체적으로 판단하여야 할 문제이다. 단지 광고라고 볼 수 없는 경우 투자광고에 대한 자본시장법 제57조가 적용될 뿐만 아니라 투자권유에 대한 관련 규제도 중첩적으로 적용된다고 해석하여야 한다.

자본시장법은 당해 금융투자업자의 명칭, 금융투자상품의 내용, 당해 금융투자상품의 투자에 따르는 위험 등을 광고에 반드시 표시하도록 하여 투자자를 보호하고 있다. 그리고 광고에는 손실보전 또는 이익보장으로 오인케 하는 표시가 포함되어서는 안 된다. 무인가 업자, 외국 금융투자회사 등 금융투자업자가 아닌 자가 금융투자업 광고를 하는 것도 금지된다.

VI. 이해상충 방지체제의 도입

1. 총설

자본시장법상 이해상충 방지장치 개관

1. 신의성실 · 이해상충방지(법 제37조), 선관의무 · 충실의무(법 제79조, 제96조, 제102조)
2. 금융투자업자별 이해상충행위 직접 금지(법 제71조, 제85조, 제98조, 제108조)
3. 이해상충 발생가능성 파악 · 평가 등 내부통제기준 마련(법 제44조 제1항)
4. 이해상충 발생가능성 투자자 고지 및 방지조치후 거래(법 제44조 제2항, 제3항)
5. 정보교류 차단장치 설치(법 제45조)

이해상충행위란 투자자의 이익을 해하면서 자신이나 타 투자자의 이익을 추구하는 행위인데, 이는 단일의 금융투자업을 영위하는 경우에도 발생가능하지만 복수의 금융투자업을 사내겸영할 경우에는 그 발생가능성이 더욱 커진다고 할 수 있다. 단일의 금융투자업을 영위하는 경우에는 투자자의 이익을 희생하여 금융투자업자의 이익을 추구하는 행위(자기거래) 혹은 동 투자자의 이익을 희생하여 다른 투자자의 이익을 증진시키는 행위(쌍방대리)가 금지된다. 예를 들어 투자매매업의 경우 투자자의 매수·매도주문을 체결하기 전에 금융투자업자가 자기 계산으로 매수·매도하는 선행매매행위, 투자중개업의 경우 투자자로부터 투자판단의 전부 또는 일부를 위임받아 금융투자상품을 운용하는 행위, 집합투자·투자일임·자문·신탁업의 경우 가격에 중대한 영향을 미칠 수 있는 투자자 재산의 매도·매수의사를 결정한 후, 이의 실행 전에 금융투자업자 자기의 계산으로 매도·매수하는 행위가 금지된다. 한편 복수의 금융투자업을 영위할 때에는 특정 금융투자업의 투자자 이익을 희생하여 타 금융투자업으로부터 자신의 이익을 추구하거나, 타 금융투자업의 투자자 이익을 추구하는 행위를 금지시키고 있다. 예를 들어 금융투자업자가 자신 또는 타 투자자의 계산으로 인수한 증권을 투자자 재산(집합투자재산·투자일임재산·신탁재산)으로 매수하게 하는 행위 또는 투자자재산간 거래하는 행위 등이 대표적인 이해상충행위이다.

자본시장법 제44조 제1항과 제2항은 금융투자업자로 하여금 이러한 이해상충행위를 관리하기 위하여 내부통제기준이 정하는 방법 및 절차를 객관적이고 투명하게 마련할 것을 요구하고, 만일 금융투자업자가 부득이하게 당해 절차를 따를 수 없는 경우에는 고객으로부터 승인을 받도록 하고 있다. 제44조 제3항은 이해상충의 가능성을 낮추는 것이 곤란하다고 판단되는 경우에는 금융투자업자로 하여금 아예 금융서비스의 제공을 단념하도록 규정하고 있다(소위 '거래단념의무').

2. 금융투자업자의 고객에 대한 이해상충행위 사전 개시와 고객의 승인

자본시장법 제44조 제2항에 의하면 금융투자업자는 고객에게 이해상충에 관한 정보를 충분히 납득할 수 있을 정도로 개시(disclosure)한 후 고객으로부터 승인(informed consent)을 받아야 한다. 그리고 여기서의 승인에는 사전승인 뿐만 아니라 사후승인(추인)이 모두 포함된다. 그런데 추가적으로 해결하여야 할 문제는 개시하고 승인받아야 할 대상의 범위이다. 금융투자업자의 상한가 혹은 하한가에 의한 매매가 다른 금융기관에서의 매매가격보다 불리하게 이루어진 경우, 금융투자업자는 동 사실과 가격을 개시하여야 하고 고객은 충분한 정보를 숙지한 상태에서 과도한 지급에 대해 동의를 하여야 한다. 관련 쟁점으로서 특정 유형의 거래에 있어서 얼마나 자주 개시와 승인을 받아야 하는지가 문제된다. 펀드매니저가 복수의 거래를 행하기 전에 미리 포괄적인 승인(blanket consent)을 받아야 하는가? 아니면 개별거래의 세부내역을 개시하고 각각 별개의 동의를 받아야만 하는가? 이 문제와 관련하여 법 제44조 제2항은 아무런 시사점을 주지 않는다. 참고로 미국의 판례들은 사전의 포괄적인 개시와 승인은 자기거래나 쌍방대리의 경우 허용되지 않는다는 점을 명확히 하여 왔다.[60] 이는 자기거래나 쌍방대리행위가 허용되는 예외사유를 가능한 한 좁게 인정함으로써, 궁극적으로 고객보호에 만전을 기하려는 사법부의 의지라고 생각된다. 마찬가지로 법 제44조 제2항의 해석에 있어서도 포괄적인 승인은 허용되지 않는다고 판단된다.

3. 정보교류 차단장치의 구축

자본시장법 제45조는 이해상충의 가능성이 높은 것으로 인정되는 금융투자업간에는 사내겸영(제1항)이든 제휴회사를 통한 겸업(제2항)이든 그 형태를 불문하고 정보교류의 차단장치, 소위 chinese wall의 구축을 의무화하고 있다. 즉 투자매매업과 집합투자업 등 이해상충의 가능성이 큰 금융투자업에 있어서는 금융투자상품의 매매에 관한 정보 등 이해상충의 소지가 큰 정보의 제공을 금지하고, 임원(대표이사와 감사 제외)과 직원의 겸직을 금지하며, 이해상충의 발생을 예방할 수 있는 수준으로 사무공간과 전산설비의 공동이용을 금지하는 것이다. 자본시장법시행령 제50조는 업무 수행 중 이해상충의 발생가능성이 높아 정보교류의 차단을 하여야 할 부문을 매우 구체적으로 규정하는데, 정보교류에 따른 이해상충의 발생가능성이 크지 않은 경우는 금융투자업규정 제4-6조에 규정되어 있다.

격리의 방법은 금융투자업자로 하여금 자기거래나 쌍방대리의 가능성이 있

60 따라서 포괄적인 동의는 제206(3)조의 자기거래 시 충분하지 않다는 학설로는 Louis Loss & Joel Seligman, *Securities Regulation*, 3919 n. 48 (3d ed. 2001)이 있다.

는 업무부문을 분리시키도록 요구하는 것이다. 예를 들어 자산운용부문과 중개부문의 물리적인 분리를 들 수 있다. 이러한 격리에 관한 발상은 원래 투자금융부서가 인수업무를 수행하는 중 혹은 은행이 여·수신업무를 영위하면서 고객에 대한 대출금의 원리금 상환을 감시하는 중 취득하게 된 내부정보의 처리에 관한 문제로부터 비롯되었다고 한다. 이 때에는 격리를 함으로써 각 부서가 서로 다른 부서에서 하는 업무를 알지 못하게 되고, 그 결과 조직적인 유대관계로부터 상호간 영향을 받지 않게 된다는 것이다.[61]

Ⅶ. 불공정 거래 규제의 강화

자본시장에서는 미공개중요정보 이용행위와 시세조종행위 같은 불공정거래행위에 대해 그 규제의 범위를 벗어나는 신종 불공정거래행위가 발생하고 이에 대처하기 위해 다시 자본시장법의 개정이 이루어지는 역사가 반복되고 있다.

1. 미공개중요정보 이용행위 금지 제도의 강화

구법에서는 회사가 발행한 증권에 한하여 당해 회사의 미공개 중요정보를 이용하는 내부자 거래를 금지하였다. 그렇다 보니 예를 들어 기초자산(증권)의 발행회사 임직원은 미공개 중요정보를 이용해 신종 금융투자상품의 거래를 할 수 있음에도 불구하고 구법하에서 당해 임직원을 전혀 처벌할 수 없는 문제점이 발견되었다. 자본시장법상 금융투자상품의 범위가 확대됨으로써 미공개 정보를 이용할 가능성이 있는 금융상품도 확대되었으므로 내부자거래 규제 역시 강화될 필요가 높았다. 따라서 자본시장법은 내부자거래 금지대상 증권의 범위를 확대하기에 이른 것이다. 자본시장법상 내부자거래 규제에 있어서 발행주체는 당해 회사로 한정되지 않으며, 당해 회사와 관련된 증권을 기초자산으로 하는 신종 증권도 금지대상에 포함된다. 그리고 내부자의 범위도 확대되었다. 구 증

61 SEC, *Report of the Advisory Committee for the Broker-Dealer Model Compliance Program, Guide to Broker-Dealer Compliance, announced* in Exchange Act Release No. 11098, at 112 (Nov. 13, 1974).

권거래법은 당해 법인의 임직원과 당해 법인과 계약을 체결한 자 등을 내부자로 규정하였는데, 2009년 자본시장법 제174조 제1항은 계열회사의 임직원(제1호)과 당해 법인과 계약체결을 교섭중인 자 및 그 임직원(제4호) 등도 내부자로 추가하고 있다. 따라서 당해 법인을 인수하기 위하여 실사(due diligence)를 하고 있는 기업의 경우 해당 기업의 미공개 내부정보를 알 수 있으므로 내부자로 규제된다. 더 나아가 2013년 개정 자본시장법 제174조는 "6개월 이내에 상장법인과의 합병, 주식의 포괄적 교환, 그 밖에 대통령령으로 정하는 기업결합 방법에 따라 상장되는 효과가 있는 비상장법인(이하 이 항에서 "상장예정법인등"이라 한다)을 포함한다. 이하 이 항 및 제443조 제1항 제1호에서 같다]의 업무 등과 관련된 미공개중요정보"를 이용하는 행위도 금지되는 내부자 거래로 추가함으로써, 기업인수목적회사(SPAC) 합병 등 우회상장 관련 미공개 중요정보 이용행위도 규제대상으로 포함하였다.

2. 내부자 단기매매차익 반환대상 증권의 범위 확대

단기매매차익 반환제도란 법인의 내부자가 당해 법인의 주권 등을 매수(매도)한 후 6개월이내에 매도(매수)하여 이익을 얻은 경우, 법인이 동 내부자에게 해당이익을 반환할 것을 청구할 수 있도록 한 제도이다. 구법은 단기매매차익 반환 대상 증권을 주식관련 증권, 즉 주권, 전환사채, 신주인수권부사채, 신주인수권증서, 이익참가부사채, 주식과 관련된 교환사채, 주권을 기초로 한 선물거래로 한정하였다. 이에 비하여 자본시장법 제172조는 대상증권을 모든 증권으로 확대하여 주식과의 관련성을 불문하고 있다. 또한 발행회사를 당해 법인으로 한정하지 않고 신종증권도 포함하는 등 내부자 거래 금지 규제 대상증권과 동일한 규정을 마련하고 있다.

3. 기초자산·파생상품 등 연계 시세조정규제의 강화

구법은 선물(장내파생상품)에서 이익을 얻을 목적으로 현물의 시세를 조종하는 것은 금지하였지만, 그 반대 방향의 현선 연계 시세조종을 규제할 수 있는 근거규정이 없었으므로 현물에서 이익을 얻을 목적으로 선물의 시세를 조정하는 것은 규제하지 못하였다. 2009년 자본시장법 제176조는 선물과 현물 양방향간 현선 연계 시세조종을 금지하였는데, "상장증권 또는 장내파생상품의 매매와 관련하여"라고 규정함으로써 대상상품이 반드시 거래소가 개설한 증권시장이나 파생상품시장에 상장되어 있어야 하였다. 그런데 2013년 개정 자본시장법은 제176조 제4항을 개정하여, 대상상품이 장내외에서 거래되더라도 연계시세조종행위에 해당하는 것으로 그 범위를 확대하였다.[62] 즉 비상장증권(ELS 등), 장외파생상품 및 기초자산 등을 이용한 연계시세조종행위를 금지대상으로 확대한 것이다. 여기서 "그 밖에 이에 준하는 경우로서 대통령령으로 정하는 경우"란 "자본시장법 제377조 제1항 제6호에 따라 거래소가 그 파생상품을 장내파생상품으로 품목의 결정을 하는 경우"이다(자본시장법시행령 제206조의2).

2013년 개정 자본시장법은 또한 제177조 제1항을 개정하여 손해배상책임을 강화하고 있다.[63] 이는 개정 이전의 자본시장법에 의할 때 선의의 투자자들이 발

62 제176조 ④ 누구든지 증권, 파생상품 또는 그 증권·파생상품의 기초자산 중 어느 하나가 거래소에 상장되거나 그 밖에 이에 준하는 경우로서 대통령령으로 정하는 경우에는 그 증권 또는 파생상품에 관한 매매, 그 밖의 거래(이하 이 항, 제177조 및 제443조 제1항 제7호에서 "매매등"이라 한다)와 관련하여 다음 각 호의 어느 하나에 해당하는 행위를 하여서는 아니 된다.

1. 파생상품의 매매등에서 부당한 이익을 얻거나 제삼자에게 부당한 이익을 얻게 할 목적으로 그 파생상품의 기초자산의 시세를 변동 또는 고정시키는 행위
2. 파생상품의 기초자산의 매매등에서 부당한 이익을 얻거나 제삼자에게 부당한 이익을 얻게 할 목적으로 그 파생상품의 시세를 변동 또는 고정시키는 행위
3. 증권의 매매등에서 부당한 이익을 얻거나 제삼자에게 부당한 이익을 얻게 할 목적으로 그 증권과 연계된 증권으로서 대통령령으로 정하는 증권 또는 그 증권의 기초자산의 시세를 변동 또는 고정시키는 행위
4. 증권의 기초자산의 매매등에서 부당한 이익을 얻거나 제삼자에게 부당한 이익을 얻게 할 목적으로 그 증권의 시세를 변동 또는 고정시키는 행위
5. 파생상품의 매매등에서 부당한 이익을 얻거나 제삼자에게 부당한 이익을 얻게 할 목적으로 그 파생상품과 기초자산이 동일하거나 유사한 파생상품의 시세를 변동 또는 고정시키는 행위

63 제177조(시세조종의 배상책임) ① 제176조를 위반한 자는 다음 각 호의 구분에 따른 손해를 배상할 책임을 진다.

1. 그 위반행위로 인하여 형성된 가격에 의하여 해당 증권 또는 파생상품에 관한 매매등을 하거나 그 위탁을 한 자가 그 매매등 또는 위탁으로 인하여 입은 손해
2. 제1호의 손해 외에 그 위반행위(제176조제4항 각 호의 어느 하나에 해당하는 행위로 한정한다)로 인하여 가격에 영향을 받은 다른 증권, 파생상품 또는 그 증권·파생상품의 기초자산에 대한 매매등을 하거나 그 위탁을 한 자가 그 매매등 또는 위탁으로 인하여 입은 손해
3. 제1호 및 제2호의 손해 외에 그 위반행위(제176조제4항 각 호의 어느 하나에 해당하는 행위로 한정한다)로 인하여 특정 시점의 가격 또는 수치에 따라 권리행사 또는 조건성취 여부가 결정되거나 금전등이 결제되는 증권 또는 파생상품과 관련하여 그 증권 또는 파생상품을 보유한 자가 그 위반행위로 형성된 가격 또는 수치에 따라 결정되거나 결제됨으로써 입은 손해

행인의 ELS에 대한 조건 성취 방해 행위로 발생한 손해를 제대로 배상받을 수 없었다는 점을 반영한 것이다.

4. 시장질서 교란행위의 금지

2014년 개정 자본시장법은 기존의 불공정거래 규제체계를 완전히 뒤엎는 지각 변동을 단행하였다. 즉 기존의 형사처벌 위주 규제가 죄형법정주의로 인하여 한계가 있어서 자본시장에서 불공정거래를 행하는 자들을 제대로 제재하지 못해 왔다는 자성에 따라, 형사적으로 범죄가 성립되지 않더라도 건전한 시장질서를 교란한 부당한 행위를 제재할 수 있게 된 것이다. 자본시장법 제178조의2는 기존의 내부자거래나 시세조종행위에서의 직무 관련성 요건이나 목적성 요건이 없더라도 자본시장의 완전성을 저해하는 부당한 행위라면 금융감독당국이 신속하게 개입하여 과징금을 부과할 수 있도록 하였다. 동 규정의 신설로 인하여, 향후 불공정거래 규제체계의 중심은 기존의 형사처벌에서 행정 당국의 행정 제재로 전환될 것으로 예상한다.

5. 벌금형의 하한선 마련

개정 자본시장법 제443조에 의하면, 미공개중요정보 이용행위와 시세조종행위에 대해 최소한 불법 이익금 이상으로 벌금형의 하한선을 마련(즉, 그 위반행위로 얻은 이익 또는 회피한 손실액의 3배 이상 5배 이하에 상당하는 벌금)하였는데, 이는 불공정거래행위를 억제하는 효과가 있을 것으로 기대된다.

제4절 2007년 이후 글로벌 금융위기와 국제적인 금융개혁의 동향[64]

Ⅰ. 처음에

2007년 7월 자본시장법이 제정된 이후 국제적인 금융환경이 급변하였다. 즉 미국에서 서브프라임 대출위기를 계기로 하여 자본시장법 제정의 모델로 칭송받았던 선진 금융투자업자들이 줄줄이 무너지는 사태가 발생한 것이다. 위기는 여기서 그치지 않고 전 세계로 파급되었으며, 2007년 하반기부터 1930년대 대공황에 비견할 만한 경제불황이 도래하였다. 이에 위기의 발원지인 미국에서는 2010년 7월 21일 "도드-프랑크 월스트리트 개혁 및 소비자보호법"(이하 도드-프랑크법)[65]이 제정되었는데, 동법은 미국의 금융시스템을 추락하게 만들었던 탐욕과 금융인들의 사기적인 행위들을 일소할 것이라고 기대받고 있다. 동법은 상업은행의 금융투자업 영위를 제한하고 금융투자업자의 업무범위를 대폭적으로 축소하는데 초점이 맞추어져 있다. 특히 후자와 관련하여 동법은 장외금융상품이나 증권화를 엄격하게 제한하고 있다. 그런데 이러한 규제강화의 움직임은 비단 미국에 한정된 것이 아니다. 즉 전 세계 금융감독당국들도 G20와 바젤위원회와 같은 국제기구를 통하여 이러한 규제 강화의 물결에 사실상 동참하고 있는 것이다. 이는 자본시장법이 포괄주의를 도입하여 증권과 파생상품을 다양화하고 기존의 금융투자상품 관련 규제를 대폭 완화하며 금융투자업자의 업무범위를 확대하고 겸업화를 지향한다는 목표와는 상반된 움직임이다.

2011년 접어들어 금융위원회는 자본시장법의 개정작업에 착수하였고 2013년 동법

64 김용재, "글로벌 금융위기의 원인과 국제적인 금융개혁의 동향," 「고려법학」 제60호, 2011, 197-254면 참조. 자본시장의 역사는 버블의 팽창 및 붕괴가 계속적으로 이어져 왔는데, 미국의 부동산 시장에서 버블이 붕괴되면서 전 세계적으로 경제위기가 찾아왔다. 현재도 글로벌 금융위기의 여파에서 벗어나지 못하는 실정인데, 전 세계적인 공조체제의 구축과 각국의 제도 정비 현황 및 문제를 해결하기 위한 과정을 지켜보면 우리나라 금융감독당국 및 실무가들 뿐만 아니라 금융법을 공부하는 연구자들에게도 매우 의미 있는 교훈을 줄 것이라고 믿는다. 제5절의 내용은 역사적인 측면에서 금융제도사를 통찰하는데도 여러 가지 시사점을 제공하므로 여기서 많은 지면을 할애하게 되었다.

65 *The Dodd-Frank Wall Street Reform and Consumer Protection Act*, Public Law No. 111-203, Stat. (2010). James W. Morrissey & Timothy L. Cox, *Summary of the Dodd-Frank Wall Street Reform and Consumer Protection Act*, July 12, 2010.

개정안은 국회를 통과하였다.[66] 금융위원회의 이러한 움직임은 자본시장법이 의도하였던 선진 금융투자업자의 탄생이 지지부진한 상황에서 글로벌 금융위기 이후 장외파생상품과 같은 자본시장의 위험을 제어하려는 국제적 금융규제의 동향에 적극적으로 공조하고 이를 정책에 반영하여야 하였기 때문이다. 다음에서는 글로벌 금융위기가 왜 발생하였고 이것이 전 세계적으로 어떠한 반향을 일으켰으며 위기의 발원지인 미국에서는 어떠한 제도적 변화를 모색하는지를 구체적으로 고찰하고자 한다.

II. 글로벌 금융위기의 경과

현재의 글로벌 금융위기는 7단계의 과정을 거치면서 진행되어 왔다. ① 주택가격의 거품 붕괴와 서브프라임 대출의 위기, ② 파생상품·금융투자업의 위기, ③ 상업은행업의 위기, ④ 주식시장과 파생상품시장의 위기, ⑤ 불황과 해고에 의한 실물경제로의 위기 확산, ⑥ 글로벌 경제 위축, ⑦ 국가부채의 위기.[67] 지금도 각국은 이러한 각 단계의 위기에서 벗어나지 못하고 있는데, 현재의 글로벌 금융위기를 극복하기까지 향후 상당한 시일이 더 소요될 것이라는 비관적인 전망도 있는 것이 사실이다. 다음에서는 각 단계에 대해 좀 더 상세한 고찰을 할 것인데, 아무래도 글로벌 금융위기의 주된 뇌관으로 작용하였던 2단계에 대해 상대적으로 많은 지면이 할애될 것이다.

1. 1단계: 주택가격 거품 붕괴와 서브프라임 대출 위기

2007년 여름부터 미국과 다른 선진국에서의 주택가격이 상한선을 찍은 후 하락하기 시작하였다. 지금은 그 당시의 주택가격 폭등이 거품이었다는 것을 알게 되었지만, 2007년까지 많은 사람들은 주택가격의 상승이 멈추지 않을 것이라고 낙관하였었다. 거품의 붕괴는 주택가격의 폭등 기간중 장기 주택담보부 대출(mortgage loan, 이하 모기지론)을 받았던 자들, 그 중에서도 특히 신용등급이 낮아 서브프라임 차입자들로 분류되었던 자들의 대규모 채무불이행 사태를 초래하였다.[68] 이들은 자신이 감당할 수도 없는 주

66 신은서, "금융위, 자본시장법 개정 8월까지 마무리," 한국경제TV, 2011. 3. 3.

67 이러한 7단계의 경과 제시는 Thomas J. Schoenbaum, *Saving the Global Financial System: International Financial Reforms and United States Financial Reform, Will They Do the Job?* 43 NO. 1. UCC L. J. Art. 3 (Oct. 2010) 참조.

68 서브프라임 차입자들에 대한 표준적인 정의는 없지만, 보통 파이코 스코어(FICO score, 미국의 '페어아이잭

택을 구입하는 데 있어서, 물적 담보나 인적 보증이 전혀 수반되지 않는 형태의 '비소구 대출'(non-recourse loan)을 받았다.[69] 대부분의 사례에서 소득이 많지 않고 착수금도 거의 지급하지 못하는 자들에게 대출이 행해졌는데, 주택가격의 폭등이 곧 원리금의 상환을 가져올 것이라는 착각 속에서 대출이 이루어진 것이다. 차입자들은 거품이 계속되는 상황에서 두 가지를 기대할 수 있었다. 첫째는 동 주택을 폭등한 가격으로 타인에게 양도하고 막대한 양도차익을 챙기는 것이었고, 둘째는 자신의 수입전망이 개선될 때까지 원래의 모기지론 외에도 추가적으로 다른 금융기관으로부터 두 번째 모기지론을 수령하는 것이었다. 그런데 주택가격의 상승이 멈추면서 이러한 장밋빛 선택방안은 모두 실현 불가능하게 되었다. 모기지론의 채무불이행이 급증하여 2007년 여름 최고조에 달하게 되었다.

여기서 글로벌 금융위기로 전이된 계기가 된 사건이 다소 경미한 경제 문제로부터 비롯되었다는 점을 주목하여야 한다. 2007년 당시 미국에서의 서브프라임 대출은 전체 모기지론 대출액의 12%에 불과하였다.[70] 그리고 그중 단지 20%가 채무불이행 상태였다. 이렇게 경미했던 사건이 지금까지 역사상 가장 큰 경제위기를 가져온 뇌관으로 작용하였다. 미국이 견고한 금융시스템을 갖추었더라면 이러한 첫 단계의 위기를 치유할 수 있었을 것이다. 하지만 그러지 못했고, 주택가격 거품의 붕괴는 미국 경제와 금융시스템 그리고 결과적으로 글로벌 금융시스템의 취약성을 드러내는 계기가 되었다.

2. 2단계: 파생상품 · 금융투자업의 위기

2007년 여름 당시 미국 내 다섯번째 금융투자업자였던 베어스턴스는 산하의 2개 주요

코프사'가 주로 저신용자들의 신용등급을 평가하는 데 사용하는 점수로서, 보통 300~850점으로 점수대가 분류되고 점수가 낮을수록 저신용자로 평가됨)가 640점 미만의 불완전한 신용등급자들에게 행해지는 고위험의 소비자대출을 일컫는다. 미국의 연방의회가 the Federal Housing Enterprises Financial Safety and Soundness Act of 1992(Pub. L. 102-550, 12 USC §§ 4501 et seq.)을 제정한 이후인 1993년부터 금융기관들이 서브프라임 대출을 취급하기 시작하였다. 동법은 미국의 주택도시개발부(the US Department of Housing and Urban Development)에게 패니메이(Fannie Mae)와 프레디맥(Freddie Mac)으로 하여금 저소득자의 주택구입시 대출의 지급보증을 일정 비율 이상 유지하도록 강제하고 있다. 2005년까지 서브프라임 대출이 전체 주택대출의 약 20%를 차지하였다. *Mortgate Market Turmoil: Causes and Consequences*, Hearing Before the S. Comm. on Banking, Hous., and Urban Affairs, 110th Cong. (2007) [testimony of Roger T. Cole, Dir., Div. of Banking Supervision and Regulation].

69 비소구 대출이란 채권자인 대출금융기관이 원리금의 상환이 이루어지는 주된 원천을 ① 당해 대출금으로 자금지원하는 프로젝트에서 발생하는 현금 유동성(cash flow)이나 ② 대출 자체를 담보하는 담보물에 두는 대출을 말한다. Thomas P. Fitch, *Dictionary of Banking Terms 2d ed.*, Barron's, 1993, p. 425.

70 *Who is behind the Financial Meltdown?* [www.publicintegrity.org, search date: 2011. 1. 8].

헤지펀드의 보유자산 가액이 몰락함으로써 막대한 손실을 입었다. 베어스턴스는 2008년 3월까지도 전혀 갱생의 가능성이 보이지 않았으므로, 미국의 금융감독당국은 막후협상을 통하여 베어스턴스를 J. P. Morgan에게 1주당 10달러라는 가격으로 매각하였다. 이 협상은 베어스턴스 회사채 보유자들을 구제하려는 의도에서 이루어진 것인데, 금융감독당국은 베어스턴스의 향후 우발채무에 대해 290억달러의 지급보증을 하였다. 지급보증은 사실상 J. P. Morgan에 대한 구제책이기도 하였는데, J. P. Morgan이 베어스턴스의 파생상품 보유에 따른 위험 중 40%를 부담하도록 되어 있었기 때문이다.[71] 베어스턴스의 구제가 금융시장을 안정화시킬 것으로 기대하였지만, 오히려 반대의 결과를 가져왔다. 2008년 여름 중 하나 또는 두 개 이상의 대규모 은행이 추가적으로 파산할 것이라는 소문이 돌았다. 그리고 나서 몇 달 후인 9월에 역사상 최악의 공포가 엄습했다. ① 페니메이와 프레디맥이 미국 정부의 관리체제로 편입되었고, ② 리먼브라더스가 파산을 선언하였다. 이 때 미국정부는 개입하지 않았다. ③ 전 세계 최대보험업자인 AIG가 지급불능의 상태에 빠져들었고, 미국연방준비이사회는 AIG의 무의결권 우선주를 발행받는 형태로 수십억 달러의 구제금융을 단행하였다.[72]

일련의 사건들은 금융·경제·정치계를 강타하였다. 미국의 전체 금융구조가 큰 위험으로 빠져들 것임은 너무도 명백하였다. 당시의 부시 행정부는 시스템이 전체적으로 붕괴되는 것을 피하기 위하여 추가적으로 공적 자금의 투입을 인가하는 긴급입법안을 상정하였고 연방의회는 2008년 긴급경제안정화법(the Emergency Economic Stabilization Act)을 통과시켰다.[73] 동법에는 부실자산구제계획(the troubled assets relief program, 이하 TARP)을 포함되어 있는데, 행정부가 다음의 2가지 부실자산 즉, ① 거주용 주택과 상업용 부동산 및 이를 기초로 한 파생상품, ② 금융안정 달성을 위해 구입이 필요한 기타 증권을 매수하는데 7천억 달러를 사용할 수 있도록 허가하는 내용을 담고 있다. TARP는 미국정부로 하여금 재량적으로 동 자금을 사적인 회사들에게 배분할 수 있도록 허용하였다.[74]

사건들의 발생 경과를 파악하려면 미국 금융시장과 글로벌 금융시장에서의 파생상품과 증권화(securitization)에 대한 선결적인 이해가 필요하다. 파생상품은 기초

71 Eamonn K. Moran, *Wall Street Meets Main Street: Understanding the Financial Crisis*, 13 N. C. Banking Inst. 5, 57 (2009).

72 *Id.* pp. 60-68.

73 Press Release, White House, *President Bush Signs H.R. 1424 into Law* (Oct. 3. 2008).

74 Eamonn K. Moran, *op. cit.*, p. 78.

자산으로부터 파생한 금융투자상품이므로 파생상품의 가치는 파생상품과는 별개로 독립된 기초자산의 가치 변동의 영향을 받는다. 그렇다 보니 기초자산은 시장가치 있는 재산이나 금융상의 이익만이 가능하게 된다. 파생상품의 종류는 많지만, 글로벌 금융위기와 관련된 파생상품은 대표적으로 다음의 4가지를 들 수 있다. ① 자산유동화증권(asset-backed securities, 이하 ABS)은 부동산 대출, 차량 대출 및 기타 소비자대출로부터 파생한 금융투자상품이다. ② 주택저당유동화증권(mortgage-backed securities, 이하 MBS)은 일정 수의 모지지론 가액에 기초한 금융투자상품이다. ③ 신용부도스왑(credit default swap, 이하 CDS)이란 신용위험을 떠 맡게 되는 발행자(protection seller, 보장매도자)가 일정 수수료를 대가로 받으면서 회사채와 같이 특정 금융상의 이익에 대한 채무불이행과 같은 신용사건이 발생한 경우 보장매수자(protection buyer)에게 손실액 또는 일정 금액을 지급보증하기로 하는 계약을 의미한다. ④ 부채담보부증권(collateral debt obligations, 이하 CDO)이란 회사채, 대출채권, MBS, ABS, CDS와 같이 여러 가지 신용등급의 다른 특정 금융투자상품들을 한데 묶어 이를 기초자산으로 하여 새로운 신용등급의 유동화증권을 발행하는 금융투자상품으로서, 신용등급에 따라 다시 최우량CDO · 우량CDO · 비우량CDO 등으로 구분된다. 대부분의 파생상품들은 증권화라고 알려진 절차를 통하여 생성되는데, 증권화란 자산보유자, 대출자 또는 안정된 자금의 지급을 수령할 자격이 있는 자가 자신의 권리나 자산을 수탁자와 같은 특수목적기구에게 양도하고 수탁자는 기초자산이나 소득에 대한 권리를 담보로 하여 투자자들에게 증권을 발행하는 방법을 말한다.[75]

파생상품은 위험을 헤지하는 장점을 갖고 있음에도 불구하고, 금융위기 기간 중 이러한 장점은 거의 발현되지 않았고 거의 모든 파생상품들이 순식간에 독성자산(toxic asset)으로 되었다. 그 원인을 살펴보면, 첫째 1980년대부터 파생상품의 발행이 천문학적으로 급증하였다.[76] 둘째, CDS나 CDO와 같이 사회적으로 효용이 의심스러운 파생상품들이 수조 달러의 규모로 생성되어 매각되었다.[77] 셋째, 파생상품은 장외에서만 매매가 이루어지기 때문에 그 가격이 제대로 공시되지 않아 대부분의 파생상품에 대한 진정한 가치를 산정한다는 것은 거의 불가능하다. 넷째, 2010년까지 파생상품은 정부규

75 Thomas J. Schoenbaum, *op. cit.*, fn. 8) and accompanying text.

76 국제지급결제은행에 의하면 2008년 말 발행된 파생상품의 명목가액은 645조 달러였다. 2001년부터 2007년까지 증권화된 27조 달러의 파생상품(미국 연 GDP의 2배에 해당)이 투자자에게 매각된 것으로 드러났다. www.isda.org/statistics [search date: 2010. 12. 31].

77 Eamonn K. Moran, *op. cit.*, pp. 43-44.

제 영역 밖에 있었으며 특히 전문투자자 간의 파생상품 매매는 일반 증권공시규칙의 적용을 받지도 않았다. 결과적으로 매도인과 매수인을 포함한 누구도 파생상품이 표창하게 되는 기초자산의 진정한 가치에 대해 제대로 이해하지 못하였던 것이다.[78] 더욱이 증권화와 파생상품의 판매 중 도덕적 해이가 만연하였다. 증권화를 쉽게 할 수 있다는 것은 금융기관이 채무불이행의 위험을 감수할 필요없이 위험한 대출을 할 수 있게 되었다는 것을 의미한다. 미국의 지역재투자법(the Community Reinvestment Act)도 시장경제원칙과 상반되는 대출을 조장하는 데 일조하였다. 동법은 금융기관들로 하여금 저소득층과 중간소득층의 수요를 충족시킬 것을 요구하였는데, National Homeownership Strategy를 표방하였던 클린턴 행정부는 모든 금융감독당국으로 하여금 은행들의 동법 준수 여부를 감독하게 하였다.[79] 그리고 동법을 준수하는지 여부가 실제로 은행의 합병이나 지점 신청에 대해 인가를 할 것인지를 결정하는 하나의 요인이었다.[80] 동법 때문에 결국 정부가 나서서 위험한 차입자에게 대출을 하도록 종용한 셈이 되었고 은행들은 증권화를 통하여 대출위험에서 벗어날 수 있다고 생각하며 과감하게 위험한 대출을 행한 결과 서브프라임 대출위기 발생으로까지 연결된 것이다.[81]

장외파생상품의 창조와 거래가 활성화됨에 따라 금융기관들은 때때로 간교한 수법이나 노골적인 사기와 같은 제반의 수단들을 총 동원하여 이익을 창출하기도 하였다.[82] 그러나 가장 정교한 전문투자가에 해당하는 대부분의 금융투자업자들과 헤지펀드들은 아이러니칼하게도 파생상품과 증권화의 몰락으로 인한 최대의 피해자가 되었다. 서브프라임 위기가 불거지고 주택가격의 거품이 붕괴되기 시작할 때, 투자자들은 갑작스럽게 투자금을 회수하였다. 파생상품의 이익이 불투명하므로 아무도 진정한 가치를 알

78 Gretchen Morgenstern, *Proving the mortgage security case*, International Herald Tribune, June 21, 2010, p. 18.

79 12 U.S.C. §§ 2905-2906.

80 12 U.S.C. § 2904.

81 Eamonn K. Moran, *op. cit.*, pp. 25-30. 이와 반대되는 견해로서 Bloomberg Business Week, *The Community Reinvestment Act Had Nothing to Do with the Subprime Crisis*, [www.businessweek.com, search date: Dec. 20, 2010].

82 미국의 SEC가 골드만삭스를 상대로 제기한 소송이 가장 대표적인 사례 중 하나인데, 골드만삭스는 증권화를 목적으로 자신의 고객 중 하나인 John Paulson이란 헤지펀드 매니저에게 특정의 서브프라임 MBS를 임의로 선정하게 한 후 그것을 기초로 장외파생상품을 만들었다. Paulson이 투자해서는 안 되는 MBS들을 기초자산으로 선정한 것이라는 사실을 잘 알면서, 골드만삭스는 위 장외파생상품을 투자자들에게 매도하였다. 투자자들이 장외파생상품에 대한 투자로 막대한 손실을 보았을 때, Paulson과 그의 헤지펀드는 수백만 달러의 이익을 보았다. *SEC Takes Off the Gloves on Goldman*, Financial Times, April 17, 2010, p. 1. 강호병, "SEC 골드만삭스 모기지 증권 사기혐의로 기소," 머니투데이 뉴스(2010. 4. 17.)

수 없는 상황에서, 단지 하루 만에 매수자는 없고 매도자만 있는 시장으로 되면서 파생상품시장은 붕괴된 것이다. 이 때문에 베어스턴스, 리먼브라더스, AIG, 메릴린치와 그 밖의 금융투자업자들이 파산하거나 심각한 자금경색을 겪게 되었다. 월스트리트의 가장 정교한 거래자들이 1930년대 이후 전혀 경험하지 못하였던 막대한 손실로 고통받게 된 것이다.[83]

3. 상업은행의 위기

시티은행, BOA(Bank of America), 와코비아같은 상업은행들도 막대한 손실을 입게 되었다. 금융위기는 미국 전역의 상업은행 외에도 전 세계로 확산되었다. 상업은행들이 직·간접적으로 위기에 연루된 이유는 다음과 같다. 첫째, 1999년까지 1930년대 대공황기간 중 제정되었던 글래스-스티걸법(the Glass-Steagall Act)은 Morgan Group을 J.P. Morgan과 Morgan Stanley로 분리한 예에서 알 수 있듯이 상업은행업과 금융투자업의 엄격 분리를 강제하였다.[84] 분리의 목적은 상업은행 시스템을 증권시장의 위험으로부터 절연시키기 위한 것이었다. 1999년 이후 오랜 기간 글래스-스티걸법의 폐지를 요구해왔던 초대형 상업은행들은 투자은행을 설립하거나 인수하여 전체 금융그룹의 하나로서 운영하기 시작하였다. 금융위기가 2007년부터 금융투자업을 강타하자, 상업은행들은 제휴회사인 투자은행들의 막대한 손실로 인하여 부담을 받게 되었다. 둘째, 상업은행들은 본질적으로 지나치게 채무비율이 과다하였는데, 대출업을 영위하고 신용을 확대하기 위하여 현금을 확보할 목적으로 증권화에 지나치게 의존하여 왔다. 파생상품 위기가 도래하였을 때, 많은 은행들의 생명줄이라고 할 수 있었던 MBS의 증권화가 불가능해졌다. 셋째, 많은 은행들은 고유계정으로 헤지펀드를 운영하였고 파생상품을 거래하였다. 금융위기가 현실화되자, 은행들은 갑작스럽게 막대한 손실을 입게 되었다. 넷째, 시장에서 상업은행들의 재무 건전성에 대해 우려하는 목소리가 높아지자, 100조 달러의 리포(repo) 시장, 즉 주된 차입자인 은행에게 현금을 대가로 담보물을 제공할 것을 요구하는 단기대출시장이 기능을 멈추었다. 리포시장이 단기대출을 통하여 차입자인 은행에게 장부 상의 손익계정을 조정하고 자기자본요건을 충족시킬 수 있도록 하였으므로 동 시장의 기능마비는 은행에게 치명적이었다. 이 때문에 은행들은 유동성 부족 및 재정상의

83 Thomas J. Schoenbaum, *op. cit.*, fn. 22)-26) and accompanying text.

84 글래스-스티걸법은 1933년 은행법을 지칭하는 것으로 The Banking Act of 1933이라고도 하며, 12 U.S.C. §§ 227 et seq.로 편입되었다.

어려움을 겪게 되었다. 미국내 대부분의 은행들이 대출규모를 대폭적으로 감축함에 따라 신용있는 기업자들도 은행으로부터 단기자금을 공급받지 못하는 신용경색 상태로 빠져들게 되었고 위기는 전 세계 상업은행 부분으로 확산되었다.[85]

4. 주식시장과 선물시장의 위기

모든 범주의 주식과 선물 가격이 하락하면서 주요 주식·선물의 지수도 대폭 하락하였다. 금융기관들은 시장에서 투자금을 회수하기 시작했고, 투자자들도 그 뒤를 따르면서 주가가 급락했다. 다우존스 지수와 스탠다드앤푸어스 지수와 같은 주가지수는 2007년 10월에 꼭지점을 찍은 후 수개월 만에 50% 이상 하락하였다. 선물가격도 급속하게 떨어졌는데, 예를 들어 유가는 2007년 배럴당 149 달러로 최고가를 기록하였지만, 6개월 이후 50 달러 미만으로 떨어졌다. 선물지수의 또 다른 것으로 발틱해운거래소가 철, 석탄, 곡물, 시멘트, 모래, 비료, 동과 같은 원자재의 선적 평균가를 공시하는 발틱운임지수가 있다. 동 지수는 2008년 5월 20일 역사상 최고치인 11,793을 기록하였다가, 2008년 12월에는 1986년 이래로 최저치에 해당하는 663을 기록하였다. 이제 위기는 뮤추얼펀드와 다른 금융투자상품에 투자한 제조상 등의 일반 회사와 일반 투자자 전반에게로 확산되기에 이른 것이다.[86]

5. 5단계: 대량 해고·대불황과 같은 실물경제의 위기

2007년 말 금융위기는 월스트리트에서 메인스트리트(전형적인 중산층)으로 확산되었다. 자신이 보유한 자산가치가 급락하면서 신용에 금이 가는 사업가와 일반인들이 등장하였다. 은행들은 끌어 모을 수 있는 유동성을 최대한 집적하려는 과정에서 신용등급이 좋은 고객들에게 마저 대출을 중단하였다. 모든 자들이 일시에 채무비율을 줄이려고 하면서 신용경색이 발생하였고 대규모 도산사태도 연이어 발생하였다. 소비자들과 사업가들은 지출을 대폭적으로 감축하였다. 그 결과는 제2차 세계대전 이후 미국에서 있었던 불황 중 가장 심각한 대불황(the Great Recession)의 발생이다.[87]

대불황은 미국인들에게는 ① 직업의 상실과 ② 보유자산 가치의 감소라는 두 가지 국면으로 나타났다. 첫째, 실업이 대불황의 전형적인 특징으로써, 2009년 1월 중순경 실

---

85 Thomas J. Schoenbaum, *op. cit.*, fn. 27)-30) and accompanying text.

86 *Id.*

87 Eamonn K. Moran, *op. cit.*, pp. 71-72.

업인구수는 1,100만 명에 달하였는데 그렇다 보니 실업률도 지난 16년간의 기간 중 가장 최고치를 기록하여 7.2%에 달하였으며 파트-타임 근로자와 현재 고용되어 있지만 연봉이 삭감된 자의 수까지 합산할 경우 총실업률은 13.5%에까지 이르렀다.[88] 대불황 이후 실업상태에 있는 많은 사람들이 더 이상 자신이 소유한 주택에 대한 정기 할부금을 납부할 여력이 없게 되면서 무기력하게 강제집행을 당할 수밖에 없는 처지로 전락하였다.[89] 둘째, 대부분의 미국인들은 주가의 급락과 주택가격의 하락으로 보유자산의 최대 50%를 상실하였다. 이러한 가격의 하락은 특히 고소득자에게 현저하였으며 이들은 지출과 소비를 대폭 감축하였다. 이들은 거의 0%의 이자율 때문에 저축으로부터 추가 소득을 생성할 수 없는 상황에 처해 있다. 이러한 상황 때문에 경기회복에는 많은 시간이 걸릴 것으로 예상된다.

6. 6단계: 위기의 글로벌화와 전 세계적인 경제 위축

2008년에 경기침체가 전 세계로 확산되었다. 즉 미국, 유럽, 일본에 이어 고도의 경제성장을 해오던 중국도 경기침체의 영향을 받게 되면서 본격적으로 글로벌 경제위기가 시작되었다. 글로벌 경제침체를 가져온 많은 요인들이 있다. 첫째, 미국발 금융위기이다. 파생상품시장의 붕괴는 미국의 금융기관뿐만 아니라 유럽에 있는 금융투자업자와 상업은행들에게도 영향을 주었다. 전 세계 금융기관들과 개인투자자 및 기관투자자들이 미국 금융시장에 대해 상당한 이해관계를 갖고 있으므로, 전 세계 금융시장은 미국 금융시장의 붕괴에 직접적인 영향을 받게 된 것이다.[90] 둘째, 미국에서의 소비자들의 수요가 급감하면서 거래상대방 국가의 수출에 상당히 악영향을 미쳤다. 일본과 같은 나라도 무역수지 흑자국에서 무역수지 적자국의 반열에 동참하게 되었고, 중국은 미국, 유럽, 일본으로의 판매가 급감하면서 수출이 대폭 줄었다. 전 세계 교역량이 급감한 이유는 소비자의 수요가 줄어든 것 외에도 금융기관들이 신용공여를 거절하고 단기금융시장이 기능하지 못하면서 많은 수출입 기업들이 무역금융을 얻기 어려웠던 점도 있다. 셋째, 국제적인 투자자들이 투자를 멈추고 특히 개발도상국과 이머징마켓국가들로부터 거액의 자본을 회수해 갔다. 그렇다 보니 미국 경제에 직접적으로 의존하지 않는 국가들을 포함한 사실

---

88 *Id.* pp. 76-77.

89 *Id.* p. 31. 이러한 위험에 빠진 주택의 수는 2008년 9월 기준으로 모기주 주택 전체의 1/4에 달하였다.

90 예를 들어 런던의 은행간 국제적인 단기자금 거래 시 적용되는 금리인 LIBOR(London Inter Bank Offered Rates)는 2008년 말 하룻밤 사이에 2배가 올라 6.8%까지 기록하기도 하였다.

상의 모든 국가들이 심각한 경제위기를 경험하게 된 것이다.[91]

7. 7단계: 국가부채의 위기

글로벌 금융위기를 맞아 모든 국가의 정부들이 공조하여 세계적인 경제침체와 금융시장의 붕괴가 발생하는 일을 막기 위하여 전례없는 긴급 재정통화정책을 실시하였고 그 중심에는 G20가 있었다.[92] 그런데 이렇게 긴급 공조하에 이루어진 막대한 재정지출이 일부 국가, 그 중에서도 특히 선진국에서 단기간 국가부채의 급증이라는 사태를 초래하였다. 예를 들어 2001년 초 클린턴-부시행정부는 미국국채를 2010년까지 0으로 감축한다는 합의를 하였지만, 금융위기의 결과 2010년 미국국채는 13.2조 달러에 달하였고 매년 1.4조 달러의 비율로 급증하였다.[93] 다른 국가들도 재정적인 부담으로 어려움을 겪었다. GDP와 대비하여 볼 때 일본의 국가부채는 190%, 영국의 국가부채는 80%에 달하였는데, IMF의 글로벌 금융안정보고서는 2010년 10월 미국, 유럽, 일본의 국가부채 급증이 향후 전 세계 경제에 가장 큰 위협이 될 것이라고 예측하기도 하였다.[94]

국가부채위기는 유로화를 통화로 사용하는 16개의 유럽연합국가들(유로존)에서 가장 심각한데, 여기서 통화정책은 프랑크푸르트에 소재한 단일중앙은행인 유럽중앙은행(the European Central Bank)이 통일적으로 시행하지만 재정정책은 여전히 각국 정부

91 그 외 글로벌 금융위기가 중요 국가 통화의 환율에 상당한 진폭을 가져오게 하면서 특히 미국과 중국 사이에 경상수지의 불균형을 둘러싼 논란이 있어 왔지만, 이에 대한 소개는 범위를 벗어난다고 보아 추가적인 논의를 생략하고자 한다. 다만 미국이 요구하는 대로 중국이 위안화를 절상할 경우, 전 세계 경제에 가져올 수 있는 파괴력과 그 장·단점에 대해서는 좀 더 심도있는 연구가 필요하다고 하겠다. 참고로 현재의 미국과 중국 간의 논란은 30년 전의 미국과 일본 간의 경상수지 불균형과 엔화 절상 압력과 관련하였던 논란과 매우 흡사하다. 1985년 미국과 일본은 소위 플라자협약을 체결하였고 그 때 이후 일본이 급속도로 엔화를 절상하면서 일본 경제 전반에 거품이 생겨 1989년 이후 30여 년이 지난 현재까지도 일본이 장기적인 경제침체에서 빠져나오지 못하고 있는 것을 중국은 반면교사로 삼아야 하는 것이다. 혹자는 현재 중국이 급속도로 위안화를 절상하지 않는 조치를 취함으로써 세계 경제를 더 불황으로 빠져들지 않도록 견인하고 있다고 칭송하면서, 향후 10년 내로 위안화가 달러를 대체하는 기축통화가 될 것으로 예상하기도 한다. Thomas J. Schoenbaum, *op. cit.*, fn. 38)-51) and accompanying text.

92 G20는 1999년 9월에 개최된 국제통화기금(International Monetary Fund, 이하 IMF) 총회에서 G7과 신흥시장이 참여하는 기구를 만드는 데 합의하여 같은 해 12월 창설되었다. 회원국은 미국·프랑스·영국·독일·일본·이탈리아·캐나다 등 G7에 속한 7개국과 유럽연합 의장국에 우리나라를 비롯한 아르헨티나·오스트레일리아·브라질·중국·인도·인도네시아·멕시코·러시아·사우디아라비아·남아프리카공화국·터키를 포함하는 신흥시장 12개국을 더한 20개국인데, 글로벌 금융위기가 발생하면서 2008년 11월 14-15일 미국 워싱턴에서 최초의 긴급회동이 이루어졌다. 강동호, 「G20의 탄생과 세계경제」, 21세기북스, 2010. 10, 53면.

93 Jonathan Weisman, *Forecast for 2011 Deficit Is Raised to $1.4 Trillion*, Wall Street Journal, July 24, 2010, p. A3.

94 장광익, "세계경제 매우 불확실한 상황, IMF 글로벌 금융안정보고서," 매일경제, 2010. 10. 6.

의 통제 하에 있다. 따라서 유럽통화연맹(the European Monetary Nation)은 회원국들 간에 안정적이고 일관된 재정정책을 시행할 수 있는 수단을 갖지 못한다. 원칙적으로 유럽연합의 '안정 및 성장에 관한 협약'(Growth and Stability Pact)은 모든 회원국들로 하여금 연차예산결손을 GDP의 3% 미만으로, 총부채액을 GDP의 60% 미만으로 유지할 것을 요구하지만, 어떠한 국가도 이를 따르지 않았다. 특히 포르트갈, 아일랜드, 이탈리아, 그리스와 스페인은 GDP의 100%를 초과하는 예산결손으로 심각한 상황에 처하였다. 유럽국가의 정부수반들은 2010년 5월 취약한 유로존 회원국들의 채무를 지급보증할 수 있는 능력을 보유한 특수목적펀드인 7억 5천만 유로 규모의 유럽금융안정기구 창설에 합의함으로써, 이들 회원국들의 차입비용이 합리적인 선에서 이루어질 수 있도록 하는 조치를 취하였다. 유럽금융안정기구의 또 다른 설립 목적은 재정적으로 어려운 유로존 회원국들의 국채를 보유한 유럽중앙은행을 구제하려는 의도도 있다. 그렇지만 이러한 조치는 임시방편에 불과할 것으로 드러났다.[95] 유로화가 현재의 모습을 유지하려면 여러 가지의 보완이 필요한 상황이다.

국가부채위기가 조만간 해소될 것 같아 보이지 않는다.[96] 글로벌 금융위기가 가져온 이러한 문제는 각국의 정책당국으로 하여금 언제, 어느 정도로 정부가 세금을 올리고 재정안정을 기하기 위하여 지출을 줄여야 할지에 대해 딜레마에 빠지도록 하였다. 예를 들어 즉각적으로 재정결손을 감축하기 위한 조치를 단행할 경우 취약한 경제회복 국면을 더욱 악화시킬 수 있는 것이다. 이에 따라 G20 정상회의에서는 각국의 정부 수반들이 예산결손을 점차 줄이고 GDP 대비 국가부채비율을 점차 안정화시켜야 한다는 점에 대해 공감대를 갖고 있다.

III. 글로벌 금융위기의 원인

1930년대 대공황과 마찬가지로 현재의 글로벌 금융위기는 매우 다양하고 복잡한 원인에 의하여 발생하였다. 그 원인을 ① 정부 규제와 감독의 실패, ② 민간 부분에서의 남용

95 Ian Talley & Bob Davis, *IMF Sees Euro-Zone Debt Hobbling Growth*, Wall Street Journal, July 22, 2010, p. 3.

96 일본의 국가부채는 2011년 1월말 GDP 대비 200%를 넘어섰는데 이로 인하여 일본의 국가신용등급이 강등되는 사태가 발생하였다. 국제사회는 이번 일이 선진국 그룹의 재정위기를 공식화하는 시발점이 될 것인지 염려하고 있다. 차학봉, "일본의 신용등급 9년 만에 강등," 조선일보, 2011. 1. 28, 1면.

행위, ③ 잘못된 정부 정책, ④ 국제적인 통화 측면에서의 불균형으로 세분할 수 있는데, 다음에서 구체적으로 고찰하고자 한다.

1. 규제의 실패

(1) 미국 SEC의 감독권한 축소

1930년대 대공황 이후 SEC는 증권시장과 전문적인 시장참가자들을 감시하는 강력한 역할을 수행하여 왔다. 그러나 1980년대 이후 증권법 적용에 있어서 너무도 많은 적용 제외 조항이 만들어진 결과, 증권사기를 조사하고 제재하는 본질적인 권한을 행사할 때에도 SEC는 이 영역에 있어서 만큼은 상당한 제약을 받아 왔다. 설상가상으로 SEC는 2004년 4월 28일, 5백만 달러 이상의 임시순자본(tentative net capital)을 보유한 대규모 금융투자업자들을 SEC의 순자본규칙(net capital rule, 소위 NCR)으로부터 적용 제외시키는 자충수를 두었는데,[97] 순자본규칙이란 증권시장 참가자들로 하여금 총부채가 순자본의 1,500%를 초과할 수 없도록 함으로써 적정한 자본준비금을 유지하도록 하는 제도이다.[98] 금융위기 이전 공화당과 민주당 행정부의 규제완화 기조가 팽배하였으므로 SEC도 금융시장참가자들에 대하여 자유방임적인 태도를 취하였다. 더욱이 정부의 간섭을 가능한 한 최소화하여야 한다는 시장주의자들이 규제총책임자로 임명되기까지 하였다. 그 결과 SEC는 수년간에 결쳐 이루어졌음에도 SEC의 조사를 피해 나간 Bernie Madoff의 피라미드 사기극과 같이 너무도 명백한 사기조차 탐지할 수 없는 무능함을 드러냈다.[99]

(2) 파생상품시장의 규제실패

2000년 상품선물현대화법(the Commodities Futures Modernization Act)은 특별히 파생상품과 스왑을 상품선물거래위원회(the Commodity Futures Trading Commission, 이하 CFTC)의 검사·감독에서 적용 제외시켰다.[100] 이러한 조치를 입안할 당시 CFTC 위원장이었던 Brooksley E. Born은 연방감독당국이 인지하지도 못하는 상

---

97 17 C.F.R. § 15c3-1 (2008).

98 http://en.wikipedia.org [search date: 2010. 12. 1.].

99 Kenneth C. Johnston et al., *Ponzi Schemes and Litigation Risks: What Every Financial Services Company Should Know*, 14 N. C. Banking Inst. 29, 31-34 (2010).

100 Thomas Lee Hazen, *Filling A Regulatory Gap: It Is Time to Regulate Over-The-Counter Derivaties*, 13 N. C. Banking Inst. 123, 128-129 (2009).

황에서 규제받지 않는 파생상품이 기존의 규제대상 시장과 경제 전체를 위협할 수 있다는 경고를 하였다. 또한 Born은 높은 자기자본비율 요건을 부과하고 거래에 대해 완전한 공시를 행함으로써 파생상품을 규제하여야 한다고 제안하였다.[101] 그러나 당시의 연방준비이사회 위원장인 Alan Greenspan과 前 재무부장관이었던 Robert Rubin의 반대로 Born의 제안은 채택되지 않았다.[102]

(3) 금융기관에 대한 규제의 이완

미국의 은행산업을 감독할 책임이 있는 연방준비은행과 통화감독청(the Comptroller of the Currency)은 MBS와 같은 파생상품들이 지나치게 남용되고 있는 것에 대한 위험을 전혀 감지하지 못하고 있었다. 그렇다 보니 Greenspan은 대출거래로부터 이익을 보면서도 신용위험을 전가할 수 있는 MBS 등의 자산유동화는 대차대조표상 과도하게 채무비율을 부담하는 은행과 다른 금융중개기관들에게 적정 자기자본이익율을 달성할 수 있도록 하는데 매우 요긴한 것이라고 보아 규제를 해서는 안 된다는 입장을 취했었다.[103] 이렇게 우호적인 상황에서 은행들은 형식적인 자기자본금의 적립만을 하면 되었다. 위기가 도래하였을 때 대형은행들이 수백만 달러의 대출을 하였음에도 불구하고 실제로 적립한 금액은 거의 없는 상황이었다. Ben Bernake 의장은 2010년 9월 개최된 청문회에서 연방금융당국이 은행들의 위험한 업무관행을 강제적으로 유효적절하게 중지시키는데 실패하였고 사기적인 남용행위들을 시의적절하게 적발하지 못하여 글로벌 금융위기로까지 이어졌다고 자인하였다.[104]

2. 민간부문에서의 남용행위

(1) 금융기관들의 지나친 레버리지

금융위기의 주요 원인으로서 대형 금융투자업자와 같은 주요 금융기관들이 지나치게 높은 레버리지를 취함으로써 대부분의 차입자본을 위험에 처하도록 하였는데, 특히 이

101 Barry Ritholtz, *Bailout Nation*, Wiley, 2009, p. 237.

102 이후 Alan Greenspan은 당시 자신의 자유방임적 입장이 매우 잘못되었음을 자인한바 있다. Thomas Lee Hazen, *op. cit.*, p. 128.

103 Eamonn K. Moran, *op. cit.*, p. 45. "During his tenure as Federal Reserve chairman, Alan Greenspan opposed regulation of the practices that allowed those subprime mortgages to be bundled into larger securities and sold to investors …"

104 Ariana Eunjung Cha, *Government Regulators Slow to Act on Triggers of Crisis, Bernanke Says*, Washington Post, September 3, 2010, p. A12.

렇게 높은 비율의 레버리지는 자산가격의 하락상황에서는 치명적인 것이었다. SEC가 2004년 4월부터 대형 금융투자업자들에 대한 순자본비율 적용을 제외시킴에 따라, 레버리지 수준은 자기자본 대비 40배를 초과하는 수준으로까지 급등하였다.[105]

(2) 신용평가기관의 오류

무디스, 피치, 스탠다드앤푸어스와 같은 채권평가기관들도 글로벌 금융위기의 발생에 일부 책임이 있다. 예를 들어 독성파생상품에 대해 AAA 등급을 부여한 것은 너무도 부주의하고 오해를 불러일으킬 만한 잘못된 관행이었다.[106] 금융위기가 시작되자 그 때서야 비로소 이들 신용평가기관들은 이들 증권에 대해 등급을 하향조정하였다. 신용평가기관이 제대로 기능하지 못하고 오히려 금융위기를 조장하였던 것이다. 2003년 연방의회에 대한 보고서에서 SEC는 신용평가기관이 갖고 있는 문제점으로서 잘못된 정보의 전달, 이해상충, 반경쟁적이고 불공정한 관행, 감시의 실패, 잘못된 모델과 기준의 사용들을 적시하였다.[107] 이 보고서로 인하여 2006년 신용평가개혁법(the Credit Rating Reform Act)이 제정되고 SEC에게 신용평가기관들에 대한 직접적인 감독책임이 부여되었다. 그러나 SEC가 제대로 기능을 발휘하기도 전에 글로벌 금융위기가 몰아닥쳤다. 신용평가기관들의 쏠림현상(herd mentality)과 잘못된 평가기준들이 금융위기의 발생에 일정 부분 기여하였다는 인식을 하게 된 것이다. 참고로 한국도 2013년 자본시장법 개정으로 신용평가기관에 대한 감독을 강화할 수 있는 계기를 마련하였다.

(3) 미국 소비자들의 낮은 저축율과 높은 차입의존도

2007년 미국의 저축율은 0을 기록하였는데, 이는 전체 미국인들이 모든 소득을 한푼도 남기지 않고 지출한다는 것이었다. 더 나아가 많은 미국인들은 주택모기지와 신용카드 및 다른 할부금융 등으로 상당히 높은 부채비율에 시달리고 있는 것으로 알려져 있다. 미국경제는 이러한 미국인들의 과다한 지출로 과열되었었는데 자산거품이 붕괴되면서 끝 없는 나락으로 추락하였다.

---

105 Stephan Labaton, *Agency's '04 Rule Lets Banks Pile Up New Debt*, New York Times, Oct. 8, 2008, p. A1.

106 Eamonn K. Moran, *op. cit.*, pp. 48-50.

107 US Securities Exchange Commission, *Report on the Role and Function of Credit Rating Agencies in the Operation of the Securities Markets as Required by Section 702 (b) of the Sarbanes Oxley Act of 2002* (2003), [www.sec.gov/news/studies/creditratingreport, search date: 2010. 12. 31.].

(4) 월스트리트 전문가들의 무책임한 행동과 사기행위

CDO와 CDS 같은 신종 파생상품을 창출하여 이익의 원천으로 만든 월스트리트의 전문가들은 한편으로는 정교한 수법을 통해 규제망을 피해 가면서 다른 한편으로는 투자자들의 지나친 탐욕에 대해 막대한 수익을 제공해주기도 하였다. 파생상품이 헤지가 아닌 투기적 목적으로 활용될 수 있다는 잘못된 생각을 시장에 심어주었던 것이다.[108] 물론 사기적 행위도 일정 부분 역할을 하였다. 월스트리트에서 가장 명망있는 골드만삭스조차 SEC가 제소한 사기소송, 즉 은밀한 작업을 거쳐 가격폭락이 예정된 파생상품을 고객들에게 판매하였다는 사기소송을 원만히 해결하기 위해 5억5천만 달러의 민사제재금을 납입하는데 동의하였다.[109] 그렇지만 골드만삭스의 대표이사는 이전의 청문회에서 자신은 회사 임·직원들이 전혀 잘못하지 않았다고 본다며 이들을 옹호하였다. 이러한 입장 표명에 대해 즉각적으로 많은 비판이 쏟아졌다. 즉 은행 자신이 고안한 무모한 서브프라임 모기지 상품을 골드만삭스 고객들에게 판매한 후 이러한 거래를 동료들에게 이메일로 쓰레기라고 험담한 골드만삭스 직원들에게 아무런 잘못이 없다고 생각하는 것은 도덕적 해이의 극치라는 비판이었다.[110] 결국 SEC 앞에서 골드만삭스는 고객들에게 유감을 표명하였고, 골드만삭스는 임·직원들에게 더 많은 시간을 할애하여 윤리교육을 하겠으며 향후 파생상품을 판매할 때에는 사내 변호사와 경영진으로 하여금 좀 더 신중한 감시자로서의 역할을 수행하도록 하겠다는 약속을 SEC에게 하였다.

(5) 혼란되고 일관성 없는 회계기준

2002년 사베인스-옥슬리법의 핵심은 공개기업회계감독위원회(the Public Company Accounting Oversight Board)를 설치하여 회계업계를 규제하는 것이었다. 그런데 동 위원회의 조치가 너무도 늦어, 글로벌 금융위기의 원인이 되었던 회계상의 분식과 불일치 등의 문제를 치유하지 못하였다. 예를 들어 검사인의 보고서에 따르면 리먼브라더스는 당시의 회계규칙을 이용하여 자체 대차대조표로부터 수천만 달러의 불량자산을 제거할 수 있었다.[111] 현재의 금융회계기준에 의하면 금융기관이 주도하였지만 다수 지분

108 이러한 잘못된 생각이 결국 AIG를 파산으로 내몰았다. *How Goldman Sachs Drove AIG to the Brink*, New York Times, July 2, 2010, p. A1.

109 Zachary Goldfarb, *Goldman Sachs 550 million Fine to SEC, Regrets to Clients*, New York Times, July 16, 2010, p. 1.

110 Jonathan Weil, *CEO Hedge Whets Appetite for Goldman's Whole Story*, The Japan Times, May 8, 2010, p. 13.

111 David Hilzenrath, *Is Accounting Oversight Board A Good Cop or A Flop?*, WashingtonPost, July 11, 2010, p. A8.

을 갖지 않는 펀드를 연결재무제표에서 배제시킬 수 있으므로, 많은 은행들이 위험한 자산을 대차대조표에 노출하지 않기 위하여 이러한 펀드를 활용하는 방식으로 부외항목을 광범위하게 활용하여 왔다.

3. 정부정책의 실패

(1) 미국연방준비이사회의 이자율정책

1998년 헤지펀드였던 Long-Term Capital Management의 파산은 연방준비이사회로 하여금 세 차례에 걸쳐 이자율을 인하하도록 만들었는데, 이것이 IT기업의 거품 형성의 원인이 되었다. 2000년 주식시장의 침체는 다음 해 경기침체를 가져왔는데 IT기업의 거품이 갑작스럽게 붕괴되는 것을 막고 디플레이션의 위험에 빠지지 않도록 하기 위해, 연방준비이사회는 다시 이자율을 대폭 낮추었다. 그렇다 보니 2000년 6.5%였던 기준금리가 2003년에는 1.0%로 낮아졌다. 문제는 이렇게 낮은 이자율이 상당히 오랜 기간 지속되다 보니 금융위기의 원인이 되었던 자산가액의 팽창을 가져왔다는 것이다. 자산거품을 감지한 이후에는 대응조치가 늦었음에도 불구하고 자산거품을 억누루기 위해 2006년 6월말 연방준비이사회가 이번에는 이자율을 너무도 급속히 올리는 조치를 단행하였다. 이러한 두 가지 이자율정책은 너무도 잘못된 것이었다.[112]

(2) 미국정부의 주택정책

미국 정부는 사적인 주택시장에 너무도 깊이 연루하여 왔다. 모든 시민들이 주택 소유자가 될 수 있도록 하겠다는 과욕 만을 앞세워, 미국 정부는 주택시장, 모기지시장 및 미국내 주택가격 등을 왜곡하였다. 지역재투자법이 가장 대표적인 예인데, 동법은 은행들에게 특정 계층의 자들을 상대로 편향적으로 우호적인 대출을 하도록 압박한 법이다. 1993년의 클린턴 행정부부터 2000년대의 부시행정부까지 미국 정부는 일관되게 주택보유자의 비율, 특히 저소득층의 부택보유비율을 증대시키는 정책을 야심차게 진행해 왔다. 정부의 의도는 좋았지만, 이러한 정부정책은 2007년까지 주택가격의 팽창을 가져오는데 일조하였고 모기지 보증회사인 패니메이와 프레디맥이 파산하는 원인을 제공하였다. 주택가격이 계속 상승하던 기간에, 두 회사는 수천억 달러에 달하는 MBS와 다른 모기지 파생상품(주로 서브프라임 대출과 다른 위험한 모기지들로 구성되어 있는 상품)과 같은 증권을 사들였다. 두 회사는 2008년 9월 미국정부의 법정관리에 들어갔고

112 Eamonn K. Moran, *op. cit.*, pp. 13-15.

2009년 12월 미국 재무부로부터 무제한의 신용공여를 받게 되었다. 이제 두 회사는 사실상 국유화되었다고 볼 수 있는데, 원래 이들 회사는 사적인 회사로서 운영되기로 예정되었으므로 원래 정부의 공적 자금이 투입대상이 아니었다. 이들 회사는 모기지에 대하여 지급보증을 할 뿐만 아니라, 은행으로부터 모기지를 매수함으로써 은행들로 하여금 더욱 많은 대출을 할 수 있게 해주는 유동성의 원천이다. 따라서 이들 회사를 통하여 미국 정부는 여전히 주택시장에 깊숙이 개입하는 것이다.[113]

금융위기 전에 미국 정부가 주택시장에 깊이 관여했을 뿐만 아니라 금융위기가 발발한 이후에도 미국정부는 주택가격이 떨어지지 않도록 하는데 모든 노력을 경주해 왔다. 생애 처음으로 주택을 구입한 자들에게 8천 달러의 세액공제를 해주고, 이자율을 계속적으로 낮은 수준으로 가져갔으며, 모기지 금리를 떨어뜨리기 위하여 1조 2천 5백만 달러에 달하는 모기지채무를 연방준비이사회가 직접 매수하는 등의 조치가 그러한 예들이다. 불행하게도 2010년대 중반까지도 미국의 주택시장은 계속 침체일로에 있다. 시장원리에 따라 시장의 수요자들이 주택을 매수하는 시점까지 주택가격의 하락을 방치하여야 했지만, 오히려 정부당국은 주택가격이 거품이 낀 채 비싼 가격으로 유지되도록 시간, 자금 및 에너지를 투입하였던 것이다. 행정부가 뒤늦게나마 이러한 정부정책의 과오를 인정하고 개입을 최대한 자제하는 쪽으로 정부정책을 수정하려 한다는 것은 긍정적이지만, 정부가 그간 너무도 많은 자원을 낭비하였다.[114]

(3) 글래스-스티걸법의 폐지

대공황 이후 제정되었던 1933년 글래스-스티걸법은 1999년 그램-리치-브라일리법(the Gramm-Leach-Bliley Financial Services Modernization Act)의 제정으로 2개 조항이 폐지되었는데, 1999년법의 주요 골자는 상업은행업과 금융투자업 및 보험업의 통합을 허용하는 것이었다. 글래스-스티걸법의 폐지는 미국 금융산업을 한 단계 업그레이드시키는 것으로 칭송받았다.[115] 글래스-스티걸법의 폐지로 인하여 상업은행들과 금융투자업자들은 마치 하나의 실체(single entity)와 같이 밀접하게 기능하였는데, 금융투자업자의 파생상품과 기타 신종금융상품 거래로 인하여 발생한 위험에 미국의 상업은행

113 *Id.* pp. 25-30.

114 Valentina Elzon, *Towards A Housing Equilibrium: The Obama Administration's Supply and Demand Initiatives in the Housing Market*, 29 Review of Banking and Financial Law 322 (2010) 이하 참조.

115 당시 재무부장관이었던 Lawrence Summers의 자평이기도 하였다. Barry Ritholtz, *Bailout Nation*, Wiley, 2009, p. 213.

시스템도 영향을 받게 된 것이다. 글래스-스티걸법의 폐지는 금융위기가 금융투자업에 한정되지 않고 미국 금융시스템 전반으로 확산된 원인이 되었다.

4. 글로벌 경상수지의 불균형

금융위기가 발생하기 직전까지 미국의 경상수지는 최대의 적자(2006년 8,110억 달러; 2007년 7,386억 달러)를 기록하였음에 반하여, 중국과 같은 일부 국가들은 최대의 경상수지 흑자를 기록하였다. 한편 미국의 무역수지도 최대의 적자를 기록하였는데, 그 적자 수준은 미국을 제외한 전 세계 나머지 국가들의 총무역수지 흑자액 중 자그만치 2/3에 해당하는 규모였다. 무역수지와 경상수지의 불균형이 본질적으로 나쁜 것은 아니지만, 이것이 만성화되고 흑자국에 있어서 거품으로 치닫게 될 때에는 구조적으로 치유할 필요가 있다. 미국에서 현재의 경상수지 적자는 과소저축과 과잉지출에 기인하고, 중국의 급증하는 경상수지 흑자는 국내 수요의 부족과 과잉저축에 기인한다. 따라서 구조적으로 미국에서의 저축을 장려하고 중국에서의 수요를 증대시키는 해결책이 마련되어야 한다. 중국이 미국국채의 매수를 점차 꺼려하면서 중국과 미국 간의 불균형은 지속불가능한 상황으로 치달았으며, 그렇다 보니 미국 연방준비은행이 스스로 나서서 미국국채를 매수하였다.[116] 미국의 채무가 급증하는 데 반하여 중국과 아시아 국가들의 달러 자산이 급증하고 있는데, 이러한 불균형이 시정되지 않는 한 국제 통화의 안정성은 위협받게 된다.

Ⅳ. 글로벌 금융위기에 대한 국제적인 대응

1. G20

금융위기에 대처하기 위한 가장 중요한 국제기구는 G20로서 소속 국가들의 재무부장관과 중앙은행 총재 들 뿐만 아니라 정상들 간의 회의도 연 2회 정례적으로 개최되어 왔는데, 가장 최근의 모임은 2010년 11월 개최된 서울 G20 정상회의였다. G20의 워킹그룹은 매우 빈번하고 지속적인 모임을 가져왔다. G20는 지난 3년간 매우 주목할 만한 협약을 체결하고 공조 체제를 과시해 왔으므로, 전 세계가 1930년대의 대공황과 유사한 최악으로 치닫지 않도록 하는 1등 공신으로 간주되고 있다. G20는 회원국 국가들 간에

116 Floyd Norris, *Who Buys US Debt? Americans,* International Herald Tribune, August 21, 2010, p. 9.

대규모 재정유인책을 시행하도록 하였고 정책 금리를 거의 0%로 하는 형식으로 주요 경제국가들 간의 통화정책을 성공적으로 이끌었다. G20는 공통의 글로벌 회계기준을 2011년 중반까지 채택하기로 하였고 진정한 경제회복을 막는 모든 형태의 보호무역주의에 반대하였다. 그 외에도 G20는 국가부채 위기 문제를 매우 심각하게 보고 재정적자를 줄이기 위한 노력을 경주하고 있다.

G20는 국제금융기구들의 가용자금 지원에 있어서도 중요한 결정을 하였다. IMF에 대한 7,500억 달러의 증자, 다자간 개발은행(the Multilateral Development Bank)에 대한 3,500억 달러의 증자, 무역금융에 대한 2,500억 달러의 지원 등이 그것이다. G20는 World Bank에서의 개발도상국과 체제전환국의 의결권을 4.59% 증가시키는 결정을 함으로써, 이들 국가의 총 의결권이 47.19%에 달하게 되었다. G20는 2011년 말까지 IMF의 쿼타 및 의결권 시스템을 개혁하기로 하였는데,[117] 이러한 개혁은 IMF 내에서 우리나라를 비롯하여 중국, 멕시코, 터키의 목소리를 강화시켰고, 다른 국가들의 쿼타도 변화시켜 개발도상국과 이머징마켓 국가들의 권한도 강화시켰다.[118]

G20는 또한 회원국들로 하여금 규제개혁에 좀 더 주의를 기울일 것을 촉구하였는데, 대표적으로 금융기관에 대한 국제적 차원의 새로운 자본·유동성 기준, 자본시장에 대한 좀 더 효과적인 감시·감독, 시스템리스크를 차단하기 위한 조치, 투명성의 강화 등을 제시하였다.[119] 금융규제 개혁에 있어서는 서울 G20 정상회의가 매우 중요한 의미를 갖는다. 첫째, 바젤은행감독위원회the Basel Committee on Banking Supervision, 바젤위원회)가 제안한 새로운 은행 자본·유동성 규제(바젤 III)를 승인하면서 보통주 자본비율을 대폭 증대(2%→7%)하고, 완충자본·유동성기준·레버리지 비율을 도입하였다. 둘째, 대마불사(too-bog-to-fail) 문제를 완화하기 위하여 금융안정위원회(the Financial Stability Board, 이하 FSB)가 제안한 규제방안을 수용하여, 미국의 도드-프랑크법과 마찬가지로 체제적으로 중요한 금융기관(systemically important financial institution, 이하 SIFI)에 대해 ① 손실흡수능력의 향상, ② 정리체계 마련, ③ 감독강화, ④ 핵심 인

117 2010년 11월 서울 G20 정상회의에서는 동년 10월 경주 재무장관 회의에서 합의한 IMF 쿼타 및 지배구조 개혁 방안을 수용하고, IMF에 이행상황을 재무장관회의 때마다 보고하도록 하였다. G20 정상들은 IMF 설립이후 최대 규모인 100% 쿼타 증액을 승인하고 IMF 쿼타 6% 이상을 신흥개도국 및 과소대표국으로 이전하며, 현재 IMF 이사회 이사수인 24석을 유지하되 선진 유럽국 이사직 2석을 신흥개도국으로 이전키로 합의하였다. 이는 IMF의 정당성, 신뢰성, 효과성을 획기적으로 제고할 발판을 마련한 것으로 평가된다. "G20 보도자료: 서울 G20 정상회의 결과", http://www.seoulsummit.kr, [방문일: 2010. 12. 1].

118 *IMF Survey: IMF Quota Reform*, www.imf.org/external/pubs/ft [search date: 2010. 12. 1].

119 *The G-20 Toronto Summit Declaration*, paras. 17-22 (June 26-27, 2010), [www.g20.org, search date: 2010. 11. 1].

프라 구축 등의 부문에 대한 규제를 강화하였다. 셋째, 거시건전성, 신흥국 관점의 규제 개혁 등 새로운 이슈에 대해 구체적인 논의범위를 설정하고, 국제기구에서 추가적으로 논의하게 되었다. 예를 들어 과도한 자본 유출입에 따른 영향 완화수단 등 거시건전성 체계를 FSB, IMF, 국제결제은행(the Bank of International Settlement, 이하 BIS)가 공동으로 마련하였고, 은행규제 강화에 따른 규제차익 행위 방지를 위해 FSB에게 유사은행에 대한 규제방안 마련을 지시하였으며, FSB와 경제협력개발기구 (Organization for Economic Cooperation and Development, OECD)에게 금융소비자 보호방안을 마련토록 지시하였다.[120]

2. 국제결제은행과 바젤은행감독위원회

(1) 총설

BIS는 전 세계 중앙은행들로 구성된 국제조직으로서 바젤은행감독위원회와 사무국을 두고 있다. 바젤위원회는 은행과 금융기관들을 보호할 수 있다고 기대되는 기준들을 개발하여 BIS 회원국들에게 동 기준의 채택을 권고하여 왔다. 바젤위원회는 2004년의 Basle Ⅱ에서 은행의 건전성을 확보하기 위한 방안으로서 다음과 같은 삼각추 방식의 채택을 권고하였는데, ① 최소한의 자본·유동성 기준 마련, ② 감독당국의 검사, ③ 시장참가자들로 하여금 위험을 판단할 수 있도록 하는 시장규율체제의 작동과 공시 요건의 강화가 그것이다(Basle Ⅱ 이전의 바젤위원회 권고안으로서 1988년 바젤 Ⅰ도 있었다). 그런데 바젤 Ⅱ가 시행된지 얼마 안 되어 글로벌 금융위기를 맞게 되자, 국제적인 공조의 산물인 바젤협약이 실패하였음이 드러났다. 새로운 글로벌 금융기준을 채택할 필요성이 높아지게 되자, G20는 바젤위원회를 더욱 강화하면서 바젤위원회로 하여금 전 세적으로 적용할 수 있는 새롭고도 더욱 강력한 자본기준의 채택을 준비하였다.

(2) 바젤 Ⅲ

G20의 지시를 받아 2010년 9월 바젤위원회 27개국은 새롭고도 전 세계적으로 적용가능한 '금융기관에 대한 자본·유동성 기준'에 합의하였다.[121] 바젤 Ⅲ 협약은 자본요건을 상당히 강화하였는데, 발생 가능한 손실에 대한 충격 완화장치로서 은행들이 보유하여야 할 자본액을 과거보다 거의 2배 가까이 상향조정하였다. 새로운 기준은 전 세계적으

120 "G20 보도자료: 서울 G20 정상회의 결과", http://www.seoulsummit.kr, [방문일: 2010. 12. 1].

121 *Basel III Accord*, [www.basel-iii-accord.com, search date: 2010. 9. 30].

로 은행들과 신용가용액 및 신용비용 등에 상당한 영향을 주었다. 첫째, 보통주로 구성된 핵심적인 기본자본 비율을 4.5%로 늘려야 한다. 둘째, 은행들은 추가적으로 2.5%의 완충자본금을 보유하여 전체 보통주 자본비율을 7% 이상으로 유지하여야 한다. 완충자본금의 목적은 은행이 금융·경제적으로 스트레스를 받는 기간에 손실을 상쇄시킬 수 있는 적정한 유동성을 보유하도록 하려는 것이다. 셋째, 은행들은 각국의 금융감독당국으로부터 손실을 흡수하는 자본으로서 2.5%까지 추가적인 경기대응 완충자본금을 보유하도록 요구받을 수 있다. 넷째, 각국의 금융감독당국으로부터 체제적으로 중요하다고 지정된 금융기관들은 앞의 첫째부터 셋째까지의 자본 외에 추가적으로 손실을 흡수할 수 있는 자본능력을 유지하여야 한다. 체제적으로 중요한 금융기관에게 필요한 정확한 자본액의 산정은 바젤사무국과 FSB 간의 회의를 통하여 결정되도록 하였다.

바젤 Ⅲ는 앞에서도 언급한바와 같이 서울 G20 정상회의에서 정식으로 채택되었다. 바젤 Ⅲ는 2013년 1월 1일부터 2019년 1월 1일까지 사이에 점진적으로 이행될 것이다. 바젤 Ⅲ가 갖는 의미는 매우 크다. 글로벌 금융위기의 중요한 원인으로서 금융기관들이 너무도 많은 레버리지 상태에 있었다는 점이 지적되었다. 미국과 유럽연합은 중요한 금융기관들에 대해 스트레스 테스트를 수행하였고 스트레스에 취약한 금융기관들에 대해서는 강제적으로 더욱 높은 비율의 자기자본을 적립하였다. 바젤 Ⅲ에서의 좀 더 강력한 자본기준이란 단지 양적인 기준의 상향 만을 의미하는 것이 아니고 질적인 개선, 즉 고품격의 덜 위험한 자본요건을 의미한다.

3. 금융안정위원회(FSB)

2009년 런던 G20 정상회의는 글로벌 금융시장의 기능을 제고할 목적으로 기존의 G7으로 결성되었던 금융안정포럼(the Financial Stability Forum, FSF)를 확대 개편하여 모든 G20 회원국들을 편입하기로 결정하고 명칭을 FSB로 새롭게 하였다. 금융기관들이 한 국가의 영역을 벗어나서 국제적으로 업무를 영위하기 때문에, 금융기준에 대한 국제적인 동조화는 너무도 절실하다고 하겠다. 물론 국가 간 차별화되는 영역이 존재할 수 있다. 예를 들어 독일은 주식을 전혀 갖고 있지 않는 상태에서 매도 주문을 내는 '네이키드 공매도(naked short selling)'를 전면적으로 금지해 왔는데 대부분의 CDS 거래들도 마찬가지로 금지하였다.[122] 마찬가지로 은행세 도입에 있어서도 국가 간에 이견이 많았다. 따라서 FSB는 이렇게 국제적인 차별화를 인지한 상태에서 금융안정을 궁극적인 목

122 Howard Schneider, U.S., *Germany Divided on Regulation*, Washington Post, May 5, 2010, p. A20.

적으로 하여 모든 국가들이 납득할 수 있는 국제적인 기준을 마련하여야 하는 고도의 정교함이 요구되는 것이다.

2009년 런던 G20 정상회의에서 마련된 FSB의 역할은 다음과 같다. ① 금융시스템에 영향을 미치는 취약 요인들을 평가하고 이들을 치유하는데 필요한 조치들을 찾아내어 사후 감독한다. ② 금융안정을 책임지는 당국자들 간에 협조 및 정보 교류를 증진시킨다. ③ 시장발전 및 이러한 시장발전이 감독정책에 미치는 영향을 감시하고 자문을 해준다. ④ 감독기준을 충족하는 최선의 업무관행에 대해 자문하고 감시한다. ⑤ 국제기준을 마련하는 기구들의 정책개발작업에 대해 이러한 작업이 시기적절하고 공조에 기한 것이며 우선순위가 정해져 있고 국가 간의 규제차이를 제대로 인식한 것인지 등을 협력하여 전략적으로 검토한다. ⑥ 가장 체제적으로 중요한 국제 금융기관들을 지속적으로 식별해내는 과정을 통하여, 해당 감독당국들의 설립, 운영 및 참가에 대한 가이드라인을 적극적으로 마련한다. ⑦ 특히 체제적으로 중요한 금융기관들의 국제적인 위기관리에 대한 긴급대책을 지원한다. ⑧ IMF와 협력하여 조기경보점검을 실시함으로써 거시적 금융위기의 발생과 이를 치유하기 위한 조치를 시기적절하게 식별하고 이를 국제통화금융위원회(International Monetary and Financial Committee)와 G20 재무장관 및 중앙은행 총재들에게 보고한다.[123]

V. 글로벌 금융위기에 대한 미국의 대응: 도드-프랑크법의 제정

미국은 금융위기에서 벗어나기 위하여 1930년대 루즈벨트 행정부가 대공황을 타개할 목적으로 취하였던 일련의 조치에 버금가는 막대한 규모의 긴급 구제금융 조치를 전격적으로 단행하였는데 가장 대표적으로 부실자산구제계획(Troubled Asset Relief Program, 이하 TARP)을 들 수 있다.[124] 이러한 긴급 구제금융 조치 외에도 연방준비이사

123 *Declaration on Strengthening the Financial System*, London Summit, 2 April, 2009, [http://www.londonsummit.gov.uk/resources/en/PDF/annex-strengthening-fin-sysm, search date: 2010. 12. 31.]. 참고로 국제통화운영위원회는 IMF 관련 주요 의제들을 논의하는 장관급 자문기구로 IMF 24개 이사실의 대표국가로 구성된다.

124 다른 국가와 마찬가지로 미국이 사용한 최선의 재정조치는 금융기관들과 일부 상징성을 지닌 상사회사들에 대해 막대한 규모의 자본을 쏟아 붓는 구제금융 조치였다. 왜냐하면 일부 부문에 대한 잠정적인 미봉책 만으로는 금융위기에 효과적으로 대처할 수 없었기 때문이다. 미국의 부시행정부는 GDP의 3.5%에 해당하는 7,870억불을 경기부양자금으로 사용하기로 결정하였는데, 이것이 바로 2008년 긴급경제안정화법에 따른 TARP이다.

회는 미국 국민들의 소비지출과 투자지출을 증대시킬 목적으로 양적 완화(quantitative easing), 질적 완화(qualitative easing)와 같은 통화공급 확대정책을 실시하였다.[125]

그렇지만 이러한 재정조치와 통화정책보다도 더욱 주목할 것은 1930년대 이래 미국의 금융시스템에 대한 가장 전격적인 개혁이라고 평가받는, 2010년 7월 21일 제정된 도드-프랑크법이었다.

1. 시스템 위기에 대한 대응방안

도드-프랑크법은 특정 금융기관들의 금융실무관행들이 금융기관 자체뿐만 아니라 금융시스템 전체에도 위험을 가져올 수 있다는 사실을 간파하였다. 따라서 동법은 금융시스템을 전체적으로 보호하려는 목적의 다양한 조치들을 마련하였다.

(1) 금융안정감시위원회와 조기경보시스템

도드-프랑크법의 핵심골자는 금융안정감시위원회(the Financial Stability Oversight Council, 이하 위원회)의 설치였다. 미국은 금융시스템 전반을 관리·감독할 수 있는 기관이 존재하지 않았었는데, 이로 인해 거시건전성 감독이 제대로 이루어지지 않았다는 비판이 많았다. 도드-프랑크법은 이러한 비판을 수용하여 거시건전성 감독의 책임을 지는 10명의 위원과 5명의 보조위원으로 구성되는 위원회를 설치하였다. 위원회의 설치 목적은 세 가지로서, ① 금융시스템에 대한 위험을 사전경고하고, ② 시장의 규율을 증진하며, ③ 금융시스템의 안정에 대한 위협에 즉각적으로 대처한다(제112(a)조). 위원회는 연방감독당국 및 주감독당국과 모든 금융기관들, 즉 은행지주회사, 비은행금융회사, 미국 내에서 실질적인 영업을 수행하는 외국금융회사 등으로부터 정보를 획득할 광범위한 권한을 갖는다(제112(a)(1)조). 위원회는 또한 연방금융당국 간의 관할권 분쟁을 해결할 권한을 보유하는데(제119조), 이는 위원회에게 어떠한 예외 없이 연방금융당국들과 미국 내에서 업무를 영위하는 모든 금융기관들에 대해 감시권한을 부여한 것이다.

위원회는 미국 금융시스템을 보호하기 위하여 여러 가지의 특별 조치들을 취할 수

125 글로벌 금융위기를 맞아 선진국 대부분의 중앙은행들은 기준 금리를 거의 0%로 인하하였다. 그리고 미국의 연방준비이사회, 유럽중앙은행, 일본은행, 영란은행은 양적 완화 조치를 단행하였는데, 이는 정부채나 회사채를 매수함으로써 통화 공급을 확대시키는 것을 말한다. 중앙은행들은 그 외에도 MBS, ABS와 같이 위험하고 비유동적인 독성 자산들을 직접적으로 매수하는 질적 완화 조치에도 참여하여 왔다. 양적 완화와 질적 완화는 통화 공급을 증대시킬 뿐만 아니라 장기 이자율을 내리는 경향이 있고, 이는 다시 중앙은행의 기준금리를 낮춤으로써 단기 이자율마저 내리게 하는 효과가 있다. 이번의 금융위기처럼 과거에 중앙은행들이 공조하여 이렇게 대규모의 양적·질적 완화조치를 단행했던 적은 없다.

있는 권한을 갖는다. 첫째, 위원회는 2/3의 의결로 ① 미국이나 외국의 비은행금융회사가 심각한 재정적 파탄상태에 있다는 점, ② 이러한 회사는 연방준비이사회의 감독을 받아야 한다는 점, 그리고 ③ 이러한 회사는 제고된 건전성 기준들을 충족하여야 한다는 점을 결정할 수 있다(제113조). 둘째, 위원회는 심각한 재정적 파탄상태에 있다고 결정한 '특정 금융기관'들, 즉 대형의, 다른 금융기관들과 상호 연관되어 있는 은행지주회사(large, interconnected bank holding company, 이하 large BHC)들에 대해 연방준비이사회로 하여금 훨씬 엄격한 건전성 기준들을 제정하여 적용할 수 있도록 권고할 수 있다(제115조). 위원회는 연방준비이사회에 권고하여 심각한 재정적 파탄이나 도산에 직면한 회사에 대해 신속한 공개시장에서의 정리계획을 정기적으로 보고하게끔 요구할 수 있다(제115(d)조). 이는 특정 금융기관들이 위기 상황에서 스스로 해체 방법을 결정하는 이른바 자발적인 정리의향서(living wills)에 관한 규정이다. 셋째, 어떠한 금융활동이나 업무가 중대한 유동성위험, 신용위험 또는 기타의 문제들을 유발시켜 결국 미국의 금융시스템 전반으로 확산될 가능성이 있는 경우, 위원회는 주된 금융감독당국으로 하여금 이러한 금융활동이나 업무에 대해 가중된 규제기준을 적용하라고 권고할 수 있다(제120조). 넷째, 위원회는 large BHC나 supervised NBFC에 대해 특정 업무의 종료, 조건의 부과, 또는 비제휴회사에 대한 특정업무의 이전을 요구할 수 있다(제121조).

도드-프랑크법은 전국보험청(the Office of National Insurance)을 재부무 산하에 창설하여 전국보험청으로 하여금 보험산업을 감독하고 미국 금융시스템에 시스템 위험을 야기할 수 있는 보험규제의 결함을 발굴하는 역할을 수행하도록 하였다(제313조). 전국보험청은 위원회로 하여금 특정 보험업자를 supervised NBFC로 지정해달라고 권유할 수 있는 권한을 갖는다(제313(c)조). 한편 위원회는 재무부 산하에 설치되는 금융조사청(the Office of Financial Research)의 업무 지원을 받는다. 금융조사청은 금융시장과 금융기관들을 감시하고 조사와 연구를 수행할 수 있는 광범위한 권한을 갖는다(제152(c)조). 따라서 위원회의 성패는 금융조사청의 작업 여하에 따라 상당히 크게 좌우될 수 있음을 주목하여야 한다.

(2) 공개시장에서의 청산권한: 특정 금융회사의 파산에 대한 대처

도드-프랑크법 제II장은 금융회사들, 즉 은행, 은행지주회사, 비은행금융회사, 금융투자업자 및 보험회사들에 대한 특별한 파산절차를 규정하였다. 정리 또는 청산 대상으로 지정된 금융회사들의 파산관재인으로서 기능하는 연방예금보험공사에게 중요한 권한들이 새롭게 부여되었는데, 연방예금보험공사는 지정된 금융기관의 모든 정리절차를 주관할 막강한 권한을 갖는다.[126] 즉 예금보험의 부보기관이 아닌 비은행금융회사들도 체제적으로 중요한 경우 연방예금보험공사가 주도하는 정리절차의 대상으로 되는 것이다.

공개시장에서의 청산(orderly liquidation, 이는 open market sale이라고도 함) 권한이란 다음의 제반 단계를 거쳐 시스템위험이 있다고 결정될 때 발동된다. 첫째 단계에서, 소관 연방감독당국, 즉 부보예금기관의 경우 연방예금보험공사, 기타 금융회사들의 경우 연방준비이사회가 2/3의 의결로 서면 권고 및 결정을 하여야 하는데, 여기에는 금융회사가 채무불이행 중이거나 채무불이행의 가능성이 높다는 평가, 이러한 채무불이행이 미국의 금융안정성에 가져올 수 있는 영향에 대한 분석, 취할 수 있는 조치들의 속성과 정도에 관한 권고, 채무불이행을 방지하기 위한 사적 부문에서의 대안활용 가능성에 대한 평가, 파산법에 따르는 것이 왜 적절하지 않은지에 대한 이유의 평가, 회사의 채권자들과 기타 이해관계자들에 대한 영향 분석 등이 포함되어야 한다(제203(a)(2)조). 둘째 단계는 재무부장관이 대통령과 협의하는 단계인데, 연방예금보험공사나 연방준비이사회의 서면권고에 따라 다음의 내용을 결정하게 된다. ① 금융기관이 채무불이행이거나 불이행의 위험성이 높음, ② 동 회사의 파산은 미국의 금융안정성에 중대한 악영향을 미치게 됨, ③ 사적 부문에서의 다른 대안이 존재하지 않음, ④ 이러한 조치가 미국의 금융안정성에 미치는 영향을 감안할 때, 채권자와 주주 및 기타 이해관계자의 이해관계에 미치는 영향은 적절함, ⑤ 금융기관의 공개시장에서의 정리가 금융시스템에 미칠 수 있는 악영향을 완화시킬 수 있음, ⑥ 소관 금융감독당국이 금융회사로 하여금 전환할 수 있는 모든 채무증서를 전환하도록 명령하였음(제203(b)조). 마지막의 셋째 단계는 재무부 사무국이 미국 델라웨어주 연방지방법원의 공개시장청산패널(the Orderly Liquidation Panel, 3인의 판사로 구성)에 대하여 연방예금보험공사가 문제되는 금융회사의 파산관재인으로서 임명되도록 승인하여 달라는 신청을 하는 것이다(제202(b)(1)(A)조).

126 재정적으로 파탄상태에 있는 금융기관은 전부 또는 부분적으로 갱생하거나 청산될 수 있다(제210조). 참고로 박성완, "존 B. 테일러 스탠포드대 경제학과 교수: 정부 권한 키운다고 금융위기 재발 막을 순 없다," 한국경제, 2010. 7. 8. [http://www.hankyung.com/news/, search date: 20010. 8. 31]에서는 공개시장에서의 정리절차에 대해 다음과 같은 비판을 소개하였다. "[공개시장에서의 정리절차]에 따르면 미 연방예금보험공사는 부실금융사와 채권자들 사이에 원하는 방식으로 개입할 수 있다. 이 법안은 정부에 자의적으로 개입할 수 있는 더 많은 권한을 줌으로써 '유해한' 구제금융 절차를 제도화한 셈이다. 연방예금보험공사는 대형 금융회사들을 문제없이 떠안을 만한 역량이 안되기 때문에 이런 금융사들은 보나마나 또 다시 구제금융을 받게 될 것이다. '대마불사' 문제는 사라지지 않고 위기 이전에 존재했던 대형 금융사들과 정부와의 은밀한 관계도 계속될 것이다."

(3) 연방준비시스템의 개혁과 추가적인 구제금융의 금지

연방지준법(the Federal Reserve Act) 제13(3)(A)조는 급박한 상황에서 연방준비이사회로 하여금 긴급대출을 할 수 있게 한다. 연방준비이사회는 이러한 권한을 1930년대의 대공황 이후 처음으로 사용하였는데, 이는 베어스턴스와 AIG와 같은 금융기관들에게 긴급 유동성을 지원하여 파산을 방지하기 위한 것이었다. 그런데 도드-프랑크법 제11장은 긴급대출을 할 수 있는 연방준비이사회의 권한을 축소함으로써, 개인회사들의 구제금융은 이제 금지된다(제1101(a)(6)(B)(i)조). 그렇지만 연방준비이사회는 금융시스템에 대한 유동성을 제공하는 목적을 수행하는 기관에게 대출을 해줄 수 있는데, 이 때에는 대출의 손실로부터 납세자가 보호받을 수 있도록 대출에 대한 담보를 충분히 확보하여야 하고 대출프로그램도 제 때 질서정연하게 종료되어야 한다(제1101(a)(6)(B)(ii)조). 연방준비이사회의 긴급대출은 공시되어야 하고 통화감독청장의 회계감사를 받아야 한다(제1102-1103조). 연방예금보험공사는 긴급금융안정이 필요하다는 것을 연방준비이사회와 연방예금보험공사로부터 2/3의 승인을 받고 이어 재무부장관의 승인과 상·하원의 합동결의를 받은 경우에 한하여, 지급여력있는 부보은행의 채무를 지급보증할 수 있다(제1104-1105조).

2. 금융규제와 감독의 개선

금융위기의 발생원인 중 하나가 규제의 실패였으므로, 도드-프랑크법의 많은 규정들은 기존의 금융회사들에 대한 규제를 통합하고 개선하는데 주력하고 있다.

(1) 은행규제당국의 통합

도드-프랑크법 제Ⅲ장은 금융위기 기간 중 규제대상 저축기관들의 대량 파산에 무기력했던 저축은행감독청(the Office of Thrift Supervision, 이하 OTS)을 폐지하고, 동일한 기능을 수행하는 다른 은행규제당국에게 규제권한을 이관하였다. 이는 예금수취기관들이 우호적인 최선의 규제당국을 물색하여 규제를 덜 받고자 하였던 과거의 규제상의 차익(regulatory arbitrage)을 노린 행위를 제거하려는 목적을 갖고 있다. 연방예금보험공사는 보험료 산정기준을 증대시키고 연방보험기금의 보유비율을 부보예금의 1.35%까지 증대시킬 수 있는 권한을 부여받았다(제334-335조). 또한 동법은 1인당 예금부보한도를 100,000달러에서 250,000달러로 확대하였다(제335조).

(2) 은행법 개정

1) 볼커 룰

금융위기의 발생원인 중 하나는 글래스-스티걸법을 폐지함으로써 상업은행업과 금융투자업의 제휴를 허용한 것이었다. 따라서 동법의 부활에 대한 요구가 많았는데, 미국 연방준비이사회 전 의장이자 오바마 대통령의 경제회복자문위원장이었던 Paul Volker(이하 볼커)도 이러한 취지의 제안을 하였다. 도드-프랑크법 제VI장 제619조는 볼커 룰을 수용한 것인데, 사실 원래의 볼커 룰과는 다소 거리가 있다. 즉 원래의 볼커 룰에 의하면, 은행과 예금기관을 지배하는 어떠한 회사들은 헤지펀드와 사모투자펀드(투자회사법에서의 등록의무가 면제된 펀드)의 설립이나 투자가 금지되며 증권의 자기계정에 의한 고유거래(proprietary trading)[127]도 금지된다. 다만 상업은행들은 고객을 대리하여 증권을 인수하고 거래하는 것과 같은 금융투자업 만을 제한적으로 영위할 수 있을 뿐이다. 그런데 도드-프랑크법은 ① 미국 정부채에 대한 투자, ② 패니메이, 프레드맥, 연방주택대출은행, 연방농업모기지공사(the Federal Agriculatural Mortgage Corporation) 등이 발행한 증서에 대한 투자, ③ 주정부나 하부행정단위의 채무에 대한 투자, ④ 고객의 단기 수요를 벗어나지 않는 범위에서의 인수업무와 시장조성업무, ⑤ 은행에 발생할 수 있는 특별한 위험을 축소할 목적의 위험완화 헤징업무, ⑥ 중소기업투자회사에 투자하는 행위 ⑦ 보험회사 일반계정의 투자업무, ⑧ 은행이 선의의 신탁서비스나 투자자문서비스를 제공할 경우 헤지펀드나 사모투자펀드의 설립, ⑨ 외국회사가 미국회사의 직·간접적인 지배를 받지 않고 미국 밖에서 수행하는 업무 등과 같은 광범위한 예외조항을 규정하고 있다(제619에서 개정하고 있는 은행지주회사법 제13조(d) 참고). 또한 특정 은행의 기본자본액 최대 3%까지 최소한의 투자업무가 허용되는 예외도 규정하고 있다((제619에서 개정하고 있는 은행지주회사법 제13조(d)(4)조).

2) 기타

도드-프랑크법은 은행의 파생상품 및 스왑거래에 대해 일종의 차단장치를 부과하고 있고, 산업집중도를 제한하는 측면에서 M&A를 규제하며, 은행의 업무수행 중 발생하는 비용에 대해 수수료를 부과하도록 하였다. 첫째, Blanche Lincoln 상원의원은 도

127 자기계정에 의한 고유거래(proprietary trading)는 금융회사가 보유한 고유자금을 주식, 채권, 외환, 원자재, 파생상품 등에 직접 투자하는 거래를 말한다. 장기투자의 개념인 자기자본거래(principal investment)와는 엄격한 의미에서 차이가 있다. James W. Morrissey & Timothy L. Cox, *op. cit.*, p. 84.

드-프랑크법이 예금기관들로 하여금 강제적으로 파생상품 및 스왑거래를 제휴회사에게 분할시키기를 원하였다. 입법과정 중 타협의 산물로서 동법 제716조는 2년 내로 은행은 특정 스왑업무, 즉 CDS와 주식-상품 스왑거래를 분할하여야 한다. 은행들은 외국환, 금, 은, 금리스왑거래는 계속 영위할 수 있다. 동 조항의 의도는 상업은행들이 누리는 연방안전망으로부터 위험한 스왑들을 절연시키려는 것이다.[128] 둘째, 주간의 인수합병(interstate acquisitions and mergers)에 대해서도 추가적인 개정이 이루어졌는데, 예를 들어 금융지주회사는 100억 달러를 초과하는 자산 규모의 비은행회사를 인수하기 전에 연방준비이사회로부터 사전 승인을 받아야 한다(제623조). 또한 지나친 독과점에 대한 우려로 인하여 대규모 금융회사들에 대해 새로운 집중한도가 채택되었다(제622조). 셋째, 전자차감거래(electronic debit transactions)와 관련하여 도드-프랑크법은 연방준비이사회로 하여금 은행들에게 합리적인 interchange fee를 부과하도록 하는 법규를 제정토록 하였다(제1075조). 이는 한편으로 은행의 수수료 수익증대에 상당히 공헌할 수 있는 조치라고 평가되지만, 다른 한편으로 은행의 일상적으로 이루어지는 업무 부분에 대한 정부 당국의 지나친 간섭이 될 수 있다고 생각한다.

3. 금융상품 소비자 보호조치 일환으로서의 소비자금융보호국 설치

도드-프랑크법 제1011조는 연방준비시스템 내에 소비자금융보호국(the Bureau of Consumer Financial Protection)의 신설을 규정하였다. 소비자금융보호국은 자율적으로 금융상품 소비자들을 교육하고 이들의 이익을 보호하려는 목적의 하위법규들을 제정할 권한이 있다. 이밖에 관련 금융기관에 대한 검사·제재, 소비자 민원조사, 금융교육 등을 담당한다. 기존의 연방금융당국에서 분산적으로 이루어지던 소비자보호 기능을 통합적으로 운영하게 될 소비자금융보호국은 소비자들에 대한 새로운 보호조치들을 제정할 수 있는데,[129] 기능적으로 연구 부문, 관할지역 부문, 소비자불만 집적·추적 부문(소위 hot line)으로 세분된다(제1013(b)조). 소비자금융보호국 내에는 '공정대출 및 평등기회 보장청'(the Office of Fair Lending and Equal Opportunity)이 설치되고, 교육과 금융자문서비스를 담당할 금융지식교육청(the Office of Financial Literacy)이 설치

128 링컨조항으로 불리는 제716조는 부보예금기관이 스왑거래를 할 경우 연방준비은행의 자금지원을 받을 수 없고 연방예금보험공사의 보호를 받을 수 없는 등 연방정부 차원의 지원이 일체 금지된다.

129 소비자금융보호국은 기존에 연방준비이사회, 통화감독청, 저축기관감독청, 연방예금보험공사, 연방거래위원회, 연방신협감독청, 주택도시개발부가 각각 수행해 왔던 소비자금융보호기능을 이관받아 수행하게 된다(동법 제1061(b)조).

되었다(제1013(c), 1013(d)조).

소비자금융보호국은 소비자들에게 금융상품에 대한 시기적절하고 이해하기 쉬운 정보를 제공하여야 하고, 소비자들을 불공정한 관행과 사기적인 행위로부터 보호하여야 한다. 소비자금융보호국은 소비자들을 보호하기 위한 하위법규를 개발하고 소비자와 시장에 미치는 위험을 탐지·측정하기 위해 금융기관에게 보고서를 요구하며 금융기관들을 조사할 수 있다(제1025, 제1026조). 소비자금융보호국은 소비자들에 대한 공시규칙을 제정하고(제1032, 1033조), 소비자와 금융기관 간 '분쟁 이전의 강제 조정'(mandatory pre-dispute arbitration)을 금지하거나 제한하는 규칙을 제정하며(제1028조), 불공정·사기적·남용적 행위나 관행을 금지하는 규칙을 제정할 수 있다(제1031조). 소비자금융보호국은 소비자금융법을 집행하기 위한 민사소송을 제기할 수 있고(제1054조), 미국 법무부에 가능한 형사소추를 하도록 회부할 수 있다(제1056조). 내부 고발자에 대한 보복적인 행위가 금지된다(제1057조).

4. 새로운 영역으로의 금융규제 확장

(1) 파생상품, 스왑, 증권화 규제

도드-프랑크법은 최초로 파생상품과 스왑시장에 대해서까지 정부규제를 확대한 법이다. 동법은 G20의 다음과 같은 합의사항을 시행하는 것이다. ① 모든 표준화된 장외파생상품계약이 거래소나 전자거래플랫폼에서 거래되고 중앙청산소(central counterparty)를 통하여 결제되어야 하고, ② 개인적인 협상에 의한 파생상품계약은 거래정보저장소(trade repository), 즉 비청산 장외파생상품에 대한 계약정보를 수집하여 공시하는 기관에 보고되어야 하며, ③ 그러한 계약에서의 반대당사자는 훨씬 강화된 자본요건을 준수하여야 한다(제702(a)(12)조). 도드-프랑크법은 실제로 모든 파생상품과 스왑거래가 실시간으로 보고되고 공시되어야 할 것을 요구한다(제727조). 거래를 공개적으로 보고할 경우 향후 파생상품과 스왑거래에 있어서 가격과 거래량이 투명해질 것이므로 거래상대방 위험을 최소화한다는 목적에 이바지하게 될 것이다. 따라서 도드-프랑크법은 2000년 상품선물현대화법(the Commodity Futures Modernization Act)에 규정되었던 파생상품과 스왑에 대한 예외조항을 폐지하였다. 파생상품 규제는 SEC에게 위임되고, 스왑규제는 SEC와 CFTC가 공동으로 행한다. CFTC는 공공의 이익에 반하는 것으로 간주되는 선물계약거래를 금지할 수 있는 광범위한 권한을 갖고 있다(제745조). 파생상품과 스왑시장 참가자들은 소관 당국에 등록하여야 하고(제764조), SEC

와 CFTC가 공동으로 하위법규를 제정하여 시행할 수 있는 권한을 갖는다. 스왑기관에 대해서는 어떠한 연방보조금도 지급되지 않으며(제716조), 정도를 넘는 스왑(abusive swap)은 금지될 수 있다(제714조). 한편 SEC, CFTC, 미국 재무부, 금융안정감시위원회는 파생상품과 스왑에 대해 효과적이고 일관성 있는 글로벌 규제를 적용하기 위해 외국의 감독당국과 협의하고 협력하여야 한다(제752, 761조).

도드-프랑크법 제IX장 D편은 증권화 거래에 대한 강제기준들을 규정하였다. 개정사항 중 가장 중요한 것은 자산보유자가 충족하여야 하는 위험보유 요건인데, 모기지 담보부 증권의 경우 신용위험의 최소 5% 이상이고, 기타 ABS의 경우 SEC와 연방은행당국이 공동으로 위험보유비율을 정하는 하위법규를 제정하였다(제941조). ABS는 그 가치가 기초자산과 밀접하게 관련되므로 기초자산에 관한 추가적인 공시요건을 따라야 하고, SEC가 ABS 모집에서의 보장 및 진술(warranties and representations) 조항에 대한 규칙을 제정하였다(제943조).

(2) 청산, 지급결제업무

도드-프랑크법 제VIII장은 증권청산, 지급결제업무에 참여하는 금융시장기관들에 대한 특별감시권한을 규정하고 있다. 연방준비이사회가 관련된 국제기준들과 현재 시행 중인 건전성 기준들을 고려하면서 체제상 중요한 금융시장기관과 지급, 청산, 결제업무에 대한 기준들을 제정할 권한을 갖는다(제805-806조). 금융안정감시위원회는 2/3의 의결로 어떠한 기관을 체제상으로 중요하다고 지정할 수 있는데, 이러한 지정은 연방준비이사회나 다른 감독당국으로 하여금 다음과 같은 문제들, 즉 증거금 및 담보요건, 참가자나 반대당사자의 채무불이행 지침 및 절차, 금융거래의 시기적절한 청산 및 결제를 종료할 수 있는 능력, 자본 및 금융재원요건과 같은 문제들에 대처하는 위험관리기준을 제정할 수 있도록 허용한다(제805조). 금융청산기관들은 연례검사를 받아야 하고 연방준비이사회는 금융안정감시위원회와 협의하여 소관감독당국으로 하여금 금융청산기관에 대해 제재를 취하도록 권고할 수 있다(제807-808조).

5. SEC 개혁

(1) SEC의 개선과 투자자 보호

SEC는 투자자들을 보호하고 질서정연한 금융시장을 유지하며 자본형성을 촉진하여야 할 본연의 임무를 소홀히 함으로써 금융위기 발생에 책임이 있다는 비판을 받아 왔다.[130]

도드-프랑크법의 제정과 함께 현재 SEC는 구조조정의 와중에 있는데, 기존의 4개 부문(제재국, 준법감시·검사·조사청, 거래·시장국, 기업금융국) 외에 새로운 부문인 위험·전략·금융혁신국이 신설되어 신규 제품과 거래관행 및 위험들에 대해 주의를 기울이게 되었다. SEC는 5개 영역, 즉 ① 자산운용(헤지펀드와 투자자문업자), ② 시장남용(내부자거래와 시세조종), ③ 구조화한 신규상품(파생상품), ④ 해외부패방지법 위반행위, ⑤ 지방채와 공적 연기금으로 세분한 후, 새로운 조사그룹을 창설하여 제재를 활성화하였다.

도드-프랑크법은 SEC로 하여금 시행법규를 제정하도록 하였는데, 4년 임기의 투자자문위원회를 신설하여 규제에 있어서의 선순위, 증권상품에 관한 쟁점, 투자자를 보호할 수 있는 방안, 증권시장에서 투자자의 신뢰를 제고할 수 있는 방안 등에 대해 SEC에게 자문하도록 함으로써, 투자자를 보호하려는 SEC의 권한을 강화하였다(제911조). 제Ⅸ장의 F는 SEC의 경영개선, 내부감독통제의 개선 등을 요구하고, 감사원장으로 하여금 SEC의 인사정책과 전국증권업협회에 대한 감독에 관한 보고서를 제출할 것을 요구한다(제964조).

(2) SEC의 헤지펀드와 투자자문업자에 대한 권한의 확대

도드-프랑크법 제Ⅳ장(사모펀드 투자자문업자 등록법)은 헤지펀드와 사모투자펀드의 자문업자들에 대해서도 SEC의 권한을 확대하여, 이들로 하여금 기록유지요건 및 공시요건을 충족할 의무를 부과하였다.[131] SEC의 규제를 받게 된 투자자문업자의 자산기준은 1억 달러로 상향되었으므로, SEC는 대형 투자자문업자 만을 상대로 규제에 전념할 수 있다. 도드-프랑크법은 과거의 사모투자자문업자에 대한 예외규정을 폐지함으로써 등록의무가 있는 투자자문업자의 수를 증가하였다.

도드-프랑크법 제9장의 H는 SEC에 등록하여야 하는 자로서 새로운 유형의 '지방자치단체 자문업자'(municipal advisers)를 신설하였다. 지방자치단체 자문업자란 지방자치단체 금융상품이나 지방채 발행에 있어서 지방자치단체에게 자문을 제공하는 자나 지방자치단체를 대리하는 자 또는 지방자치단체의 투자권유업무를 수행하는 자를 말한다(제975(e)조).

---

130 Theo Francis, *SEC's Cox Catches Blame for the Financial Crisis*, Bloomberg Business Week, September 19, 2008 [www.bloombergbusinessweek.com/bwdaily에서 검색: 검색일: 2010. 12. 31.].

131 우리나라의 2013년 개정 자본시장법 제272조의2 제1항도 사모펀드 규제에 관한 글로벌 논의 등을 반영하여 PEF의 업무집행사원(GP)에 대하여 등록의무를 부과하고 있다.

(3) SEC의 신용평가기관에 대한 조사권한

SEC 내에 신용평가청이 신설되어 매년 신용평가기관을 조사한다. 신용평가기관들은 자신의 신용평가방법, 제3자의 이용실태, 평가실적 등을 공시하여야 한다. 새로운 책임기준이 신용평가기관에게 적용되는데, 예를 들어 신용평가기관이 신용평가대상인 증권의 신용위험을 평가함에 있어서 의존하여야 하는 사실적인 요소들에 대해 합리적인 조사를 수행하지 못하였을 경우 또는 신용평가기관이 증권발행인 및 인수기관과는 독립되어 있으면서 경쟁력이 있다고 간주하는 정보원으로부터 사실적 요소들에 대한 입증을 얻어내지 못하였을 경우 책임이 추정된다. SEC는 계속적으로 형편없는 평가업무를 한 신용평가기관을 등록 철회할 수 있는 권한이 있다.

(4) SEC의 기타 권한

도드-프랑크법은 SEC에게 보다 강화된 규제권한과 제재권한을 마련해주었다. SEC는 위임을 받아 주의 기준(standards of care)과 자금수탁자로서의 신인의무 기준을 구체화하는 규칙을 제정하였다(제913(k)조). 그리고 SEC는 뮤추얼펀드 광고 규제에 관한 하위법규를 제정하였고(제918조), 재무설계사의 역할에 대한 연구를 수행하였다(제919C조). SEC는 내부고발자에게 회수한 총액 중 일부를 지급하여야 하고 고용주는 내부고발자를 해임할 수 없도록 하였다(제922-924조). SEC는 공매도에 대한 공시규칙을 제정하였다(제929X조). SEC는 또한 증권사기의 방조자와 교사자를 상대로 제재조치를 개시할 수 있는데(제929O조), 일반 투자자들이 제3자인 방조자와 교사자를 상대로 사적인 증권사기 소송을 개시할 수 없는 것과 대비된다. 참고로 최근 연방대법원은 증권의 사기금지규칙들은 미국거래소에서 거래되는 증권에만 적용된다고 판시한바 있다.[132]

6. 모기지 개혁

도드-프랑크법의 모기지 개혁조항은 글로벌 금융위기를 촉발시킨 서브프라임 대출위기를 치유하기 위한 것이었다. 주거용 모기지 대출과 관련하여 연방기준들이 마련되었는데, 대출금이 상환될 것이라는 상당한 확실성이 있어야만 금융기관들이 대출할 수 있게 되었다. 소비자 모기지에 대한 훨씬 강화된 공시요건이 요구되고 고비용의 모기지에

---

132 *Morrison v. National Austalia Bank, Ltd.*, 130 S. Ct. 2869 (2010). 도드-프랑크법은 Morrison 판결 이후 제정된 법으로서, SEC에게 사기금지규칙을 역외적용할 수 있도록 허용하지만 사적 투자자에게까지 동법의 역외적용을 허용하고 있지 않다는 점을 유념하여야 한다.

대해서는 특별한 보호조치가 적용된다. 약탈적인 대출행위나 과실있는 대출행위에 대한 벌칙이 마련되었다.

'모기지 개혁 및 약탈적 대출 금지법'이라는 제하의 도드-프랑크법 제XIV장은 중요한 모기지 개혁조항들을 제정함으로써 글로벌 금융위기의 원인이 되었던 서브프라임 대출에 대한 대응조치를 마련하였다. 주거용 모기지의 자산보유자(originator)는 모기지 대출 조건에 따라 변화하는 보수인 수익률 스프레드 프레미엄(yield spread premiums)을 수령할 수 없다(제1402-1405조). 연방준비이사회가 모기지의 최소 기준을 공표할 권한이 있는데, 대출자들은 고객이 대출금을 상환할 상당한 능력을 갖추었다는 것을 증명하는 정보들을 기초로 합리적이고 선의로 대출을 결정하지 않는다면 거주용 모기지 대출을 할 수 없다(제1411-1412조). 모기지 대출신청서 및 기본서류 접수 조건의 위반과 상환 조건의 위반은 경매절차에서 적법한 항변사유가 될 수 있다(제1413조). 재산감정기준이 엄격해져서, 감정인의 독립성, 적격성, 정확성이 강화되었다(제1471-1475조).

VI. 국제적인 공조체제를 구축한 상태에서의 자본시장법 개정

전 세계는 지금 1930년대 대공황 때보다 더욱 극심한 경기침체의 늪에서 빠져나오지 못하고 있는데, 그 단초를 제공한 것은 2007년의 서브프라임 대출 위기였다. 물론 대공황 때와는 달리 지금은 G20과 같은 국가 간의 공조체제가 가동하여 경제불황을 극복하려고 노력하고 있지만, 고실업율과 극심할 정도의 노동시장 수급 불균형으로 인하여 경제회복은 매우 더디게 진행되는 실정이다. 그렇다 보니 경제침체 이전과 비교해볼 때 아직 절반 정도의 경기회복만을 한 상태이고, 스태그플레이션과 같은 장기침체의 늪으로 빠져들지 않으려면 배전의 노력이 필요하다는 자성도 있다. 전 세계는 글로벌 금융위기의 원인들을 규명하여 이를 치유하는 작업에 착수한 상태이다. 금융위기는 글로벌 금융기구들의 취약성을 노정함에 따라, G20가 통화정책과 재정정책에 대한 전 세계적인 협력과 공조를 이끌어내고 규제적인 결함을 시정하며 글로벌 경제기구들을 개혁하는 주도세력이 되었다. 이러한 상황에서 우리나라가 주도적으로 2010년 11월 서울 G20 정상회의를 개최한 것은 매우 의미있다고 하겠다.

그렇지만 이러한 공조체제는 향후에도 계속 유지되어야 하고, 실효성의 확보와 책임의 분담이라는 측면에서 공조체제에 적극적으로 참여하는 국가의 수도 단지 G20에 그칠 것이 아니라 더욱 확대되어야 할 것이다. 많은 국가의 참여를 통한 통화정책과 재정정책의 공조 만이 경제불황이나 인플레이션을 미연에 방지할 수 있는 최선책이라고 할 수 있다. 금융회사들에 대한 자본과 유동성 기준을 제시한 새로운 바젤 Ⅲ 체제가 조속히 정착되어야 할 것이고, 글로벌 수지 불균형의 문제도 국제적인 차원에서 해결책이 마련되어야 할 것이다. 스왑과 파생상품 및 국제금융시장의 다른 요소를 규제함에 있어서의 통일적인 기준들이 합의되어야 하고, 국가부채 문제를 해결함에 있어서 채무를 미리 계획된 수치대로 감축해 나가되 경기회복을 저해하지 않는 방식의 해결책이 마련되어야 한다. 따라서 현재 경제불황을 극복하기 위해 진행 중인 국제적인 노력들은 단지 초보적인 걸음마 수준에 지나지 않는다는 점을 유념하여야 할 것이다.

서브프라임 위기의 진원지였던 미국은 전례없이 공격적인 통화정책과 재정정책을 채택하여 진행 중이고 2010년 7월에는 기념비적인 금융개혁입법을 마련하였다. 도드-프랑크법은 최초로 시스템위험에 대한 정면 돌파구를 마련하고 있는데, 전체 금융시스템을 감시하고 시스템위험에 대한 사전경고를 하며 도산 시 초대형 금융기관이라고 하더라도 공개시장에서의 청산절차를 거치도록 하는 금융안정감시위원회를 창설함으로써 향후 정부에 의한 구제금융을 배제하고 있다. 동법의 시행과 더불어 각국의 금융감독당국들도 자연스럽게 새로운 금융개혁입법의 마련에 몰두하고 있다. 특히 2010년 서울 G20 정상회의에서 합의된 바젤 Ⅲ는 글로벌 금융산업에 대하여 새롭고 더욱 강화된 자본기준과 공시기준 등을 적용함으로써 글로벌 금융위기 발생에 대한 효과적인 방어책으로 기능할 것이다.

금융의 탈국경화가 급속하게 이루어진 상황에서, 현재 우리나라도 글로벌 경제의 일원으로서 당당히 제 목소리를 내고 있으므로, 규제의 국제화에 적극적으로 동참하여야 할 것이다. 따라서 글로벌 금융위기의 원인을 분석하고 이를 치유하기 위한 국제적인 노력을 고찰한 후 국제기준에 맞추어 자본시장법을 개정하는 것은 G20 정상회의 의장국으로 참여하였던 우리나라의 기본적인 책무라고도 할 수 있겠다. 이 때문에 2013년과 2014년 자본시장법이 개정되는 계기가 마련되었다.

제5절 최근 자본시장법 개정의 주요 골자

2011년 금융위원회는 글로벌 금융위기의 여파 속에서 자본시장법 제정 당시 기대했던 선진 투자은행의 출현 등 혁신적인 변화가 지지부진하다고 판단하였다. 더욱이 자본시장의 위험성을 제어하기 위한 금융규제 강화 및 국제 공조 논의가 진행되어 관련 제도를 국내법으로 수용하여야 할 필요성도 컸다(장외파생상품의 중앙청산소). 100세 시대의 도래와 함께 다양한 금융상품에 대한 맞춤투자수요가 증대됨에 따라 자산운용의 자율성과 창의성을 제고하기 위한 자산운용산업 규제체계의 선진화 논의(헤지펀드의 도입)도 있었다. 그렇다 보니 자본시장의 인프라 개혁(ATS 도입 등), 상장기업의 직접금융 활성화 및 주주총회의 내실화 등 자본시장법 제정 당시 충분히 논의되지 않은 정책과제들도 재검토하기에 이르렀다. 기존 불공정거래행위 규제의 패러다임을 뒤엎을 수 있는 시장질서 교란행위의 금지 규정을 신설하여야 한다는 목소리도 높았다. 최근에는 자본시장법상 기업금융의 역할이 점증함에 따라 미국의 JOBS 법(Jumpstart Our Business Startups Act)과 같이 start-up 기업의 자금조달을 원활하게 하기 위한 지분형 크라우드펀딩을 도입하여야 할 필요성도 커졌다. 공모집합투자기구와 달리 사모집합투자기구를 단순화하여야 한다는 논의도 많았다. 스튜어드십 코드의 확산과 함께 관련 제도를 정비할 필요성도 커졌다. 그렇다 보니 2013년 이후 거의 매년 자본시장법이 개정되어 왔고 그 주요 골자는 다음의 그림과 같다. 자본시장의 중요성을 감안할 때 그 내용들은 앞으로도 계속 추가될 것으로 믿으며, 구체적이고 상세한 내용은 이 책의 관련된 부분에서 다루기로 한다.

최근 개정법의 주요 골자

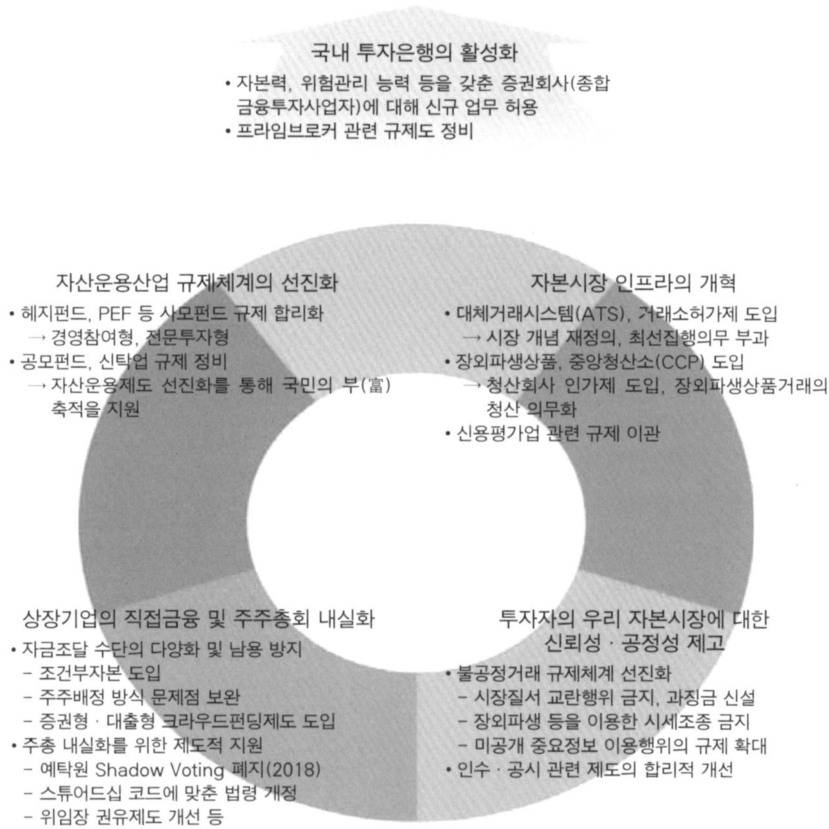
국내 투자은행의 활성화
• 자본력, 위험관리 능력 등을 갖춘 증권회사(종합 금융투자사업자)에 대해 신규 업무 허용
• 프라임브로커 관련 규제도 정비
자산운용산업 규제체계의 선진화
• 헤지펀드, PEF 등 사모펀드 규제 합리화
→ 경영참여형, 전문투자형
• 공모펀드, 신탁업 규제 정비
→ 자산운용제도 선진화를 통해 국민의 부(富) 축적을 지원
자본시장 인프라의 개혁
• 대체거래시스템(ATS), 거래소허가제 도입
→ 시장 개념 재정의, 최선집행의무 부과
• 장외파생상품, 중앙청산소(CCP) 도입
→ 청산회사 인가제 도입, 장외파생상품거래의 청산 의무화
• 신용평가업 관련 규제 이관
상장기업의 직접금융 및 주주총회 내실화
• 자금조달 수단의 다양화 및 남용 방지
- 조건부자본 도입
- 주주배정 방식 문제점 보완
- 증권형 · 대출형 크라우드펀딩제도 도입
• 주총 내실화를 위한 제도적 지원
- 예탁원 Shadow Voting 폐지(2018)
- 스튜어드십 코드에 맞춘 법령 개정
- 위임장 권유제도 개선 등
투자자의 우리 자본시장에 대한 신뢰성 · 공정성 제고
• 불공정거래 규제체계 선진화
- 시장질서 교란행위 금지, 과징금 신설
- 장외파생 등을 이용한 시세조종 금지
- 미공개 중요정보 이용행위의 규제 확대
• 인수 · 공시 관련 제도의 합리적 개선

제2장

기본개념의 이해

제1절 자본시장

I. 자본주의 경제의 기본질서로서의 자본시장: 국가의 주요자산

자본주의의 비약적인 발전에 주요한 동력이 된 것은 주식회사와 자본시장이라고 할 수 있다.[1] 주식회사는 자본을 세분화·증권화·유통화하여 다수의 대중에게 보급함으로써 대중의 유휴자금을 흡수할 수 있었고 수익을 창출하여 대중에게 환원함으로써 경제발전과 소득증대의 원천이 될 수 있었다. 그런데 이러한 주식회사 발전의 이면에는 자본시장의 발전이 큰 역할을 하였다. 즉 주식회사의 성장은 당해 주식회사가 발행하는 지분증권(주식)·채무증권(사채) 등 증권의 대량 발행과 유통을 가능토록 한 체계적이고 상설적인 자본시장이 조직적으로 발전된 것에 기인한다.

금융시장은 금융중개시장과 자본시장으로 양분할 수 있는데, 이 중에서도 자본주의의 꽃인 주식회사의 자본조달과 중개를 담당하는 자본시장이 대중자본주의(증권자본주의 혹은 주주자본주의)로 상징되는 현대 금융시장의 가장 주축돌이라고 할 수 있다.

금융중개시장과 자본시장의 비교

구분	금융중개시장	자본시장
금융기관	상업은행(commercial banks)	투자은행(investment banks)
금융방식	소액의 예금을 모아 이를 집적(pooling)한 후, 자금을 필요로 하는 기업에 대출하여 주는 방법(간접금융)	투자자가 주식이나 회사채를 발행한 기업의 증권을 매수하여 직접 투자(직접금융)
수익	예대마진을 이용한 수익	수수료수입과 투자수익률에 따른 성과보수
주된 고객	중소기업, 벤처기업	brand 가치가 높은 소위 blue chip 기업
상호관계	양자는 상호 긴밀하게 연계되며 이자와 수익률의 차이에 따라 일국의 금리체계가 결정됨	
시장의 구성	단기금융시장(화폐시장, 콜시장, 환시장, 할인시장), 장기금융시장	발행시장, 유통시장(유가증권시장, 코스닥시장, 코넥스시장, K-OTC)

1 자본시장법 제1조의 자본시장, 제8조의2의 금융투자상품시장, 거래소, 그 밖에 증권시장(예: 자본시장법시행령 제2조 제1호에서 해외증권시장이란 증권시장과 유사한 시장으로서 해외에 있는 시장이라고 정의하고 있음) 등 다양한 용어가 사용되나, 이 모든 용어들을 포괄하는 개념은 자본시장이다.

금융(중개)시장은 금융기관이 저축자인 가계로부터 예금을 받아 기업에게 필요한 산업자금을 단기로 대출해 주는 간접금융의 기능을 수행하지만, 자본시장은 자금공급자인 투자자가 증권에 투자함으로써 증권을 발행한 기업이 장기의 산업자금을 조달하는 직접금융의 기능을 수행한다. 금융시장과 자본시장 간에는 투자수익률에 따라 끊임없이 자금이 상호 유통하면서 금리체계를 조정하게 되고, 중앙은행은 자본시장에서 통화안정증권이나 국공채 매매를 통하여 공개시장조작을 함으로써 통화량을 조절하는 상호보완적인 역할을 담당한다.

II. 자본시장의 기능

자본시장은 다음과 같은 기능을 수행한다.

첫째, 자금조달의 기능이다. 즉 자본시장은 자금이 필요한 기업에게 대규모의 자금을 안정적이고 장기적으로 조달해줌으로써 당해 기업의 재무구조를 건실하게 하도록 도와준다.

둘째, 자산운용의 기능이다. 즉 자본시장이 존재함으로써 투자자들은 당해 자본시장에서 분산투자기법에 의하여 자신의 금융자산을 증식시킬 수 있는 기회를 제공받는다. 투자가 성공적으로 수행된다면 투자자들은 자본시장에서 높은 배당이익과 이자와 같은 고자본이득을 향유할 수 있게 될 것이다.

셋째, 자본의 효율적 배분기능이다. 투자자는 이상적으로 생산성이 가장 높은 기업에 투자하는 것이 원칙이다. 자본시장이 효율적으로 작동된다면 자본의 배분도 이러한 자본시장을 통하여 효율적으로 이루어지게 될 것이다.

넷째, 소득의 재분배 기능이다. 예를 들어 주식이 일반투자자에게 광범위하게 분산된다면 이익배당을 통하여 기업의 이윤이 사회에 환원되어 소득의 재분배가 이루어지는 효과가 발생한다. 따라서 자본시장의 안정성을 신뢰하는 정부라면 당연히 주식의 분산확대를 통한 전국민의 주주화를 유도할 것이다.

다섯째, 자본시장은 기업경영자들에게 일종의 기업경영에 대한 가이드라인을 제공한다. 투자자들은 투자수익의 극대화를 추구하기 위하여 수익성·성장성·안정성이 높은 우량기업을 찾아 투자할 것이다. 그리고 이러한 기준을 충족하지 못하는 기업에 대해서는 투자자들이 투자를 기피할 것이므로 주가가 급락할 개연성은 매우 크다. 이렇게 주가가 낮아 자본시장으로부터 외면받는 기업의 경영자들은 당해 기업의 수익추구와 성장 및 안정성 제고에 전력을 기울여야 한다는 경영가이드라인에 구속된다.

Ⅲ. 자본시장법과 자본시장

자본시장법은 이상적인 금융투자상품의 거래질서(완전경쟁시장)를 형성하기 위한 자본시장의 조직과 운영에 관한 기본법으로서, 효율적 자본시장을 형성하려는 증권정책의 추구목표이자 이를 달성하려는 수단이라는 양면성을 갖고 있다. 자본시장법 제1조는 그 목적으로서 "자본시장에서의 금융혁신과 공정한 경쟁을 촉진하고 투자자를 보호하며 금융투자업을 건전하게 육성함으로써 자본시장의 공정성·신뢰성 및 효율성을 높여 국민경제의 발전에 이바지함"을 표방하고 있다.

자본시장은 자본주의 경제의 기본질서를 형성하고 그 이념을 구현하는 기능을 수행하고 있는바, 기업에게 장기산업자금을 공급하는 한편 일반 국민들에게는 증권 투자와 같은 일종의 자산증식수단을 제공하고 있다. 한편 자본시장의 개방과 자본자유화는 한 나라 경제의 국제화를 완성시키는 기능을 수행함으로써 국민경제의 안정적인 성장과 발전에 기여하고 있다. 따라서 공정성·신뢰성 및 효율성을 갖춘 이상적인 자본시장으로의 발전이 자본시장법의 이념이라고 할 수 있는 것이다.

이상적인 자본시장은 다수의 현명한 투자자(규모의 효율성), 투자정보의 균점(정보의 효율성), 경쟁원리에 의한 공정한 경쟁과 최소 비용에 의한 거래(거래의 효율성), 자원배분의 최적(자원배분의 효율성) 등이 달성될 수 있는 시장을 말한다. 이러한 이상적인 자본시장을 형성하기 위해서는 다음의 세 가지 전제조건이 충족되어야 한다. 즉 첫째, 증권제도는 공정하고 투명하여야 하며 시장

원리에 따라 운용되어야 한다. 둘째, 우량증권의 공급을 확대하고 증권 대중화를 통해 시장규모를 확대할 수 있어야 한다. 셋째, 자본시장의 국제화와 증권산업의 경쟁력을 높이는 보완정책을 추진해 나가야 한다. 이러한 전제조건의 충족은 자본시장법의 존재의의와도 직결된다고 할 수 있다.

제2절 증권

Ⅰ. 자본시장법상 증권의 기능 및 특성

일반적으로 상법상 유가증권이란 재산적 가치가 있는 사권이 표창된 증권을 말하는데, 그 권리를 행사하려면 반드시 증권을 소지하여야 한다. 상법상 유가증권에는 ① 어음, 수표와 같은 화폐증권, ② 창고증권·선하증권·화물상환증과 같은 상품증권, ③ 주권, 채권과 같은 자본증권이 있다. 이러한 유가증권은 유통성이 중심이 되고 유통성의 확보와 선의취득이라는 쟁점이 중요하게 부각되나, 자본시장법상의 증권은 투자성과 이에 따른 투자자보호가 중심이 된다. 그렇다 보니 자본시장법의 증권이란 상법상의 여러 유가증권 유형 중 자본증권에 초점이 맞추어져 있다.[2] 그리고 자본시장법은 증권이 자본시장에서 원활하게 발행과 유통이 이루어질 수 있도록 하는 기능을 담당한다.

자본시장법상 증권은 자본시장에서의 거래의 객체가 되고 자본시장법의 적용대상이 되며 금융투자업의 업무범위와도 관련된다. 그리고 증권은 앞의 Howey 기준에서 언급한바와 같이 투자자가 직접 사업이나 재산을 지배할 목

2 김건식·정순섭, 66면은 사법상의 유가증권 개념이 자본시장에서의 투자와는 전혀 무관한 것이므로 자본시장법상의 증권과 전혀 다르다고 하면서, "회사와 주주 또는 신주인수인 사이에서 회사가 장차 발행할 주권의 교부와 상환한다는 특약하에 발행된 주식보관증은 상법상의 유가증권으로서의 요건을 갖춘 증서라고는 할 수 없으나 본조 제1항 제6호의 해석상 본법(구 증권거래법)이 그 유통을 정상화시킴으로써 국민경제의 발전과 투자자의 보호를 기하려는 목적하에 정의한 본법상의 유가증권에 해당되며 본법상의 유가증권으로서 유통성이 있다 할 것"(대법원 1965. 12. 7. 선고 65다2069 판결)을 인용하고 있다. 그리고 자본시장법상의 증권은 투자자 보호를 위한 도구 개념이라고 한다.

적없이 투자를 하여 계속적으로 이자나 배당 등 투자수익의 취득을 목적으로 하여야 한다(자본증권성 혹은 투자성). 그렇다면 상법상 화폐증권에 속하는 상업어음은 원칙적으로 자본시장법의 적용을 받는 증권에 해당하지 않게 된다. 다만 여기에는 예외가 있다. 즉 자본시장법 제4조 제3항은 기업이 사업에 필요한 자금을 조달하기 위하여 발생한 기업어음증권(CP)을 화폐증권임에도 불구하고 자본증권과 같이 증권으로 취급하고 있다.

대법원 2009. 3. 12. 선고 2007다52942 판결

[1] 예금거래기본약관 및 거치식예금약관이 적용되는 무기명식 양도성예금증서는 거치식 예금의 수신은행이 발행하는 증서로서 거치식 예금계약에 기한 예금반환청구권을 표창하고 있고 그 예금반환청구권의 이전 및 행사에 증서의 소지가 필요하다는 점에서 유가증권의 일종으로 볼 수 있지만, 양도성예금증서가 표창하고 있는 권리는 위와 같이 거치식 예금계약에 기하여 발생하는 것이므로 그 권리의 발생에 양도성예금증서의 발행이 필요한 것은 아니다. 무기명식 양도성예금증서를 발행받고자 하는 고객은 금융기관과 사이에 고객의 입금액, 만기일, 이자율, 만기지급금액 등 양도성예금증서의 발행조건에 관하여 합의한 다음, 금융기관에 소정의 금원을 입금하여 담당직원의 확인을 받음으로써 거치식 예금계약이 성립하게 되고, 금융기관은 그 예금계약에 기한 예금반환청구권을 표창하는 무기명식 양도성예금증서를 발행하기로 하는 약정에 따라 그 증서를 고객에게 발행할 의무를 부담하게 되며, 특별한 사정이 없는 한 그 증서에 기재된 내용은 거치식 예금계약의 내용을 반영하는 것이라고 봄이 상당하다. 한편, 금융기관의 직원이 위와 같은 과정에서 고객으로부터 수령한 금원을 관련 계좌에 입금하지 않고 횡령하거나 고객에게 양도성예금증서를 발행할 의무를 이행하지 아니하였다 하더라도 그와 같은 사정은 일단 성립한 거치식 예금계약의 효력에 영향을 미칠 수 없으며, 이러한 경우 고객으로서는 거치식 예금계약에 기한 예금반환청구권을 계속 보유·행사하거나, 그 예금반환청구권을 표창하는 양도성예금증서를 금융기관으로부터 발행받지 못하였음을 이유로 그 예금계약을 해제할 수 있다.

[2] 예금거래기본약관에서 '계좌이체'에 의한 예금의 성립시기를 '예금원장에 입금의 기록이 된 때'라고 규정하고 있다고 하더라도 이는 거래처의 신청에 따라 은행이 특정 계좌에서 자금을 출금하여 다른 계좌로 자금을 이체하는 경우에 그러하다는 것이므로, 동일 금융기관의 지점 간에 계좌이체가 아닌 '전금'의 방식으로 자금을 이체하는 경우에는 위와 같은 약관 규정이 그대로 적용된다고 보기 어렵다. 예금거래기본약관 및 거치식 예금 약관이 적용되는 양도성예금증서를 발행받고자 하는 고객이 금융기관의 어느

지점에서 예금의 의사로 입금을 함에 있어서, 아직 양도성예금증서 발행계좌가 개설되어 있지 아니한 관계로 그 금융기관의 다른 지점에 개설된 자신의 예금계좌에서 전금의 방식으로 입금지점에 자금이체를 하고 그 입금지점의 담당직원이 그러한 입금사실을 확인한 때에는 그 때 거치식 예금계약이 성립하고, 담당직원이 위와 같이 입금사실을 확인하고 그에 따라 발생한 예금반환청구권을 표창하는 양도성예금증서를 발행한 후 그에 맞추어 양도성예금증서 발행계좌를 개설하고 그 원장에 입금기록을 하였을 때 비로소 거치식 예금계약이 성립하는 것은 아니다.

[3] 금융기관이 고객에게 기존 예금계약의 만기가 도래함에 따라 만기지급금을 반환할 채무를 부담하고 있는 경우, 고객과 금융기관은 그 기존 예금계약의 만기지급금을 입금하여 예금거래기본약관 및 거치식예금약관이 적용되는 양도성예금증서를 발행하기로 합의하는 방식으로 거치식 예금계약을 체결할 수 있다. 한편, 위 합의 당시 금융기관의 담당직원이 기존 예금계약의 계정에서 만기에 지급할 금원 상당액을 이미 인출·횡령한 상태라 하더라도 소비임치의 일종인 예금계약의 성질상 이는 금융기관의 자금을 인출·횡령한 것일 뿐이므로, 그로 인하여 금융기관의 고객에게 대한 만기지급금 반환채무가 이행불능되거나 소멸된다고 볼 사정이 없는 이상, 그와 같은 사정은 위와 같은 방식으로 체결된 거치식 예금계약의 성립을 인정하는 데 장애가 되지 아니한다.

대법원 2000. 3. 10. 선고 98다29735 판결

양도성예금증서는 시중은행이 발행한 무기명 할인식으로 발행되는 유가증권으로서 그 권리의 이전 및 행사에 증서의 소지를 요하므로, 양도성예금증서가 실제로 발행된 바 없다면 고객이 이를 매입한다는 명목으로 은행 직원에게 그 자금을 제공한 것만으로는 고객과 은행 간에 양도성예금증서에 관한 매매계약은 성립할 수 없다.

II. 지분증권과 채무증권

1. 지분증권

(1) 정의

개정 자본시장법 제4조 제4항은 주권, 신주인수권이 표시된 것, 법률에 의하여 직접 설립된 법인이 발행한 출자증권, 상법에 따른 합자회사·유한책임회사·유한회사·합자조합·익명조합의 출자지분, 그 밖에 이와 유사한 것으로서 출자지분 또는 출자지분을 취득할 권리가 표시된 것을 지분증권이라고 정의한다. 개정 전 자본시장법과 달리 민법에 따른 조합의 출자지분을 제외하고 있는데, 합명회사나 합자회사의 무한책임사원의 지분도 마찬가지로 제외된다. 한편 개정 자본시장법은 주식매수선택권을 금융투자상품에서 제외하고 있으므로 지분증권에 해당하는지 여부가 문제되지 않음을 유념하여야 한다.

(2) 독립워런트증권의 지분증권 해당 여부

워런트증권의 경우 주권 기타 이와 유사한 출자지분으로 실물결제하는 조건으로 발행되는 경우를 가정하자. 이 때에는 '출자지분 또는 출자지분을 취득할 권리가 표시'되므로 지분증권의 정의에 해당될 여지가 있다. 2011년 자본시장법 개정안은 '투자매매업자가 영업 목적으로 발행하는 워런트증권'을 적극적으로 파생결합증권이라고 하였으므로 지분증권에 중첩적으로 해당되는지 여부가 문제되지 않았다. 혹자는 2013년 개정법이 독립워런트를 도입하지 않았으므로 논의의 실익이 없다고 주장할 수 있다. 그러나 학계에서 포이즌필을 도입하자는 주장이 강하고 실무계에서 독립워런트증권 자체의 수요도 많으므로, 조만간 독립워런트증권에 관한 논의는 재개될 것으로 예상된다. 이 때에는 '일반 기업 등이 투자매매업자의 인가를 받지 않고 발행하는 독립워런트(사채와 무관하게 발행하는 워런트)'의 법적 성격에 대해 논란이 발생할 수 있다. 법령상 발행이 아예 불가능하다는 견해도 있지만, 실무상 발행이 전혀 불가능하지는 않은 듯 하다. 일단 일반 기업이 발행하는 워런트는 개정 자본시장법 제4조 제7항 제2호["제5조 제1항 제2호에 따른 계약상의 권리(제5조 제1항 각 호 외의 부분 단서에서 정하는 금융투자상품은 제외한다)]에 해당하므로 파생결합증권에서 제외된다. 그리고 이러한 워런트는 '제5조 제1항 각 호 외의 부분 단서에서 정하는 금융투자상품'에도 해당하지 않으므로 결국은 투자매매업자가 발행하는 것과 달리 장외에서 거래되는 장외파생상품에 해당한다. 따라서 워런트를 발행한 일반 기업은 옵션매도자에 해당하는 것이다. 만일 이러한 워런트증권 발행시 주권 기타 유사한 출자지분으로 실물결제하는 조건이 붙는다면 지분증권의 정의에도 해당될 수 있다. 과연 이러한 형태의 지분증권 발행이 가능한가? 자본시장법시행령 제4조의3 제2호가 옵션에 해당하는 권리 중 상법 제420조의2에 따른 신주인수권증서와 제516조의5에 따른 신주인수권증권 만을 특별히 파생상품에서 제외되는 금융투자상품으로 한정하고 있으므로, 현행 자본시장법을 종합적으로 볼 때 일반 기업이 독립워런트증권을 지분증권으로 발행할 수 없다고 보는 것이 일응 타당하다고 생각한다.[3] 그렇지만 그 외 '주권 기타 유사한 출자지분으로 실물결제하는 조건으로 발행되지 않는 독립워런트증권'은 장외파생상품으로서 일반 기업도 발행가능하다는 결론에 도달한다. 그렇다면 현금 결제의 조건으로 발행하면서 주권이나 기타 유사한 출자지분의 결제와 동일시할 수 있는 독립워런트의 발행도 가능하지 않은가? 매우 어려운 문제인데, 입법적으로 교통 정리가 필요한 쟁점에 해당되지 않을까 생각한다.

2. 채무증권

개정 자본시장법 제4조 제3항은 국채증권, 지방채증권, 특수채증권(법률에 의하여 직접 설립된 법인이 발행한 채권을 말한다. 이하 같다), 사채권(상법 제469조 제2항 제3호에 따른 사채의 경우에는 제7항 제1호에 해당하는 것으로 한정한다. 이하 같다), 기업어음증권(기업이 사업에 필요한 자금을 조달하기 위하여 발행한 약속어음으로서 대통령령으로 정하는 요건을 갖춘 것을 말한다. 이하 같다), 그 밖에 이와 유사(類似)한 것으로서 지급청구권이 표시된 것을 채무증권이라고 정의한다. 개정법에 의하여 이자연계 파생결합증권이 채무증권으로 재분류되었음을 앞에서 설명하였다.

III. 주식과 사채

1. 의의

다음은 지분증권과 채무증권의 가장 대표적인 예를 들어, 두 증권을 좀 더 깊이

3 정재은, 전게논문, 228-229면.

있게 비교하고자 한다. 주식은 가장 대표적인 지분증권이고 사채는 가장 대표적인 채무증권인데, 자본시장법은 주식을 지분증권 그리고 사채를 채무증권이라는 포괄적인 개념으로 포섭시키고 있다. 주식은 배당가능한 이익의 유무·多寡에 따라 이익배당을 받는 투기증권이고, 사채는 확정이자의 지급이 보장되는 투자증권이다.

2. 양자의 접근

주식이 점차 사채화하는 현상이 발견된다. 예를 들어 대차대조표상 임의준비금 항목에 배당평균준비금의 항목을 설정하여 이익배당의 평준화를 도모함으로써 마치 확정이자를 지급하는 것과 동일한 효과를 이룰 수 있다. 그리고 주식 중에서도 상법 제344조의 3의 의결권의 배제· 제한에 관한 종류주식과 상법 제345조의 주식의 상환에 관한 종류주식 등은 사채와 매우 유사하다.

반면 사채가 주식화하는 현상도 감지된다. 예를 들어 전환사채(convertible bond)와 신주인수권부사채(bond with warrant), 초후순위채(deeply subordinated debt)는 주식과 흡사한 점이 많다. 전환사채와 신주인수권부사채는 다시 상술할 것이므로, 여기서는 초후순위채를 좀 더 소개하고자 한다. BIS 자기자본비율의 산정에 있어서 자본항목은 기본자본(tier 1)과 보완자본(tier 2)으로 구성되는데, 초후순위채는 보완자본에 해당한다. 후순위채는 다른 담보채나 선순위채에 비하여 열후화되어 있으므로 사실상 취급에 있어서 주식과 다름이 없다. 더욱이 보통 5년 이상의 장기로 발행되므로 발행기업에게 안정적인 자금원으로서 기능하는 장점도 갖는다.

3. 차이점

주식과 사채는 모두 주식회사의 자금조달 수단으로서 이사회의 결의로 발행가능하고 만일 기명식으로 발행된 주식과 사채를 이전하면서 회사에 대항하려면 명의개서를 하여야 하며 자기주식이나 자기사채의 취득이 가능하다는 공통점이 있다. 그러나 양자의 차이점은 다음과 같다.

첫째, 사채는 회사의 채무이므로 사채권자는 단순히 회사의 채권자에 불과한 outsider로서 회사와 사채권자의 관계는 개인법적인 규율을 받는데 반하여, 주식은 회사의 사원인 지위를 의미하므로 주주는 insider로서 의결권 행사를 통하여 회사경영에 참여하며 회사와 주주의 관계는 단체법적인 규율(회사법의 제 조항)을 받는다. 그리고 사채는 타인의 자본으로서 회사의 채무가 되나 주식은 자기자본을 구성한다.

둘째, 사채권자는 이익의 유무에 불구하고 일정한 이자를 받는데 반하여 주주는 당해 회사에게 배당가능한 이익이 발생하여야만 배당을 받는다. 다만 tracking stock의 경우 이익배당금을 특정 사업부문이나 자회사의 이익에 연동시켜 지급한다는 점에서 매우 특색이 있다.

셋째, 사채권자는 기한의 도래시 상환을 받고 주식회사의 해산시에는 주주에 우선하여 변제받는다. 그러나 상환주식의 경우를 제외하고, 주주는 회사에 대하여 투자의 반환을 청구할 수 없고 회사 해산시에는 사채권자보다 후순위에서서 잔여재산분배를 받게 된다.

넷째, 회사법상 자본 3원칙 중 하나인 자본충실의 원칙에 의하여 주식과 사채 간에 차이가 발생한다. 즉 사채는 분할납입이 가능하나 주식은 인수가액 전액을 납입하여야 한다. 또한 사채는 액면미달발행이 허용되나 주식은 허용되지 않는다. 사채의 액면미달발행은 discount 발행이라고도 하는데 투자자(채권자)들에게 선이자를 제공하는 효과가 있어 액면미달발행이 일반화되어 있다.

Ⅳ. 주권관련사채

자본시장법 제4조 제7항 제4호는 상법상 전환사채, 신주인수권부사채, 교환사채, 상환사채를 파생결합증권에서 제외하고 있다. 사실 이러한 사채들은 사채와 옵션이 결합되었으므로 파생결합증권에 해당할 여지가 있으므로 규정을 명확히 하기 위해 명시적으로 제외한 것이다.

1. 전환사채

(1) 의의

상법 제513조의 전환사채(convertible bond, CB)란 채권자에게 일정한 조건에 따라 사채를 주식으로 전환할 수 있는 권리를 인정한 사채이다. 전환권을 행사하기 이전까지는 채무증권이지만, 전환권을 행사한 이후에는 지분증권이 된다. 현재의 주가가 액면가액에도 미치지 못하는 경우와 같이 자본시장 여건이 안좋아 신주발행이 불가능한 경우에도 전환사채의 발행은 가능하므로, 전환사채는 회사의 자금조달에 유리하다는 장점을 갖는다. 전환사채권자가 전환권을 행사하면 사채권자에게 반드시 지급하여야 하는 회사의 고정부담액(확정 이자)이 경감되는 효과를 갖게 된다. 이러한 전환사채는 잠재적 주식에 해당하는데, 안전성과 수익성을 겸비하였다고 평가할 수 있다. 그러나 전환사채의 발행은 회사의 주가를 하락시키는 요인이 되고, 회사의 자본구조를 불확실하게 한다는 단점도 있다.

(2) 전환사채의 발행

전환사채의 발행은 보통 주가하락을 동반하므로 구주주들의 지위에 직접적인 영향을 미친다. 따라서 전환사채는 원칙적으로 주주들에게 발행되어야 한다. 이때에는 주주에 대하여 최고하고(상법 제513조의3 제1항), 주주는 자신의 소유주식 수에 따라 전환사채를 배정받을 권리가 있다. 일정기간까지 청약하지 않은 주주는 실권된다. 참고로 회사의 자기주식에 대해서는 전환사채의 인수권이 인정되지 않는다. 수권자본제도하에서 이사회가 전환사채의 발행을 결정하는데, 만일 이사회의 적법한 결의가 없는 상태에서 대표이사가 전환사채를 발행하더라도 제3자를 제외하고 주주에게만 인수권을 부여하였다면 거래의 안전을 위하여 유효로 보고 있다. 또한 이사회의 결의가 아닌 주주총회의 보통결의로도 유효하다고 본다.

그러나 주주 외의 제3자에 대한 발행의 경우에는 전환사채액, 전환조건, 전환내용, 전환청구기간 등에 대해 정관으로 규정하여야 한다. 그렇지 않다면 주주총회에 의한 특별결의를 요하는데, 상법 제513조 제3항은 제418조 제2항 단서의 규정을 준용하여 "신기술의 도입, 재무구조의 개선 등 회사의 경영상 목적을 달성하기 위하여 필요한 경우에 한"하다고 규정하고 있다. 만일 특별결의가 없는 상태에서 제3자에게 전환사채를 발행하였다면 이는 무효이다. 왜냐하면 주주의 지위를 위태롭게 하기 때문이다.

대법원 2004. 6.25. 선고 2000다37326 판결

구 상법(2001. 7. 24. 법률 제6488호로 개정되기 전의 것) 제513조 제3항은 주주 외의 자에 대하여 전환사채를 발행하는 경우에 그 발행할 수 있는 전환사채의 액, 전환의 조건, 전환으로 인하여 발행할 주식의 내용과 전환을 청구할 수 있는 기간에 관하여 정관에 규정이 없으면 상법 제434조의 결의로써 이를 정하여야 한다고 규정하고 있는바, 전환의 조건 등이 정관에 이미 규정되어 있어 주주총회의 특별결의를 다시 거칠 필요가 없다고 하기 위해서는 전환의 조건 등이 정관에 상당한 정도로 특정되어 있을 것이 요구된다고 하겠으나, 주식회사가 필요한 자금수요에 대응한 다양한 자금조달의 방법 중에서 주주 외의 자에게 전환사채를 발행하는 방법을 선택하여 자금을 조달함에 있어서는 전환가액 등 전환의 조건을 그때그때의 필요자금의 규모와 긴급성, 발행회사의 주가, 이자율과 시장상황 등 구체적인 경제사정에 즉응하여 신축적으로 결정할 수 있도록 하는 것이 바람직하다 할 것이고, 따라서 주주총회의 특별결의에 의해서만 변경이 가능한 정관에 전환의 조건 등을 미리 획일적으로 확정하여 규정하도록 요구할 것은 아니며, 정관에 일응의 기준을 정해 놓은 다음 이에 기하여 실제로 발행할 전환사채의 구체적인 전환의 조건 등은 그 발행시마다 정관에 벗어나지 않는 범위에서 이사회에서 결정하도록 위임하는 방법을 취하는 것도 허용된다.

전환사채는 등기를 요한다(상법 제514조의2). 회사가 법령 또는 정관에 위반하거나 현저하게 불공정한 방법으로 전환사채를 발행함으로써 주주에게 불이익을 입힐 염려가 있는 경우, 당해 주주는 전환사채발행의 유지청구(injunction)가 가능하며, 이사와 통모하여 현저하게 불공정한 발행가액으로 전환사채를 인수한 자는 회사에 대하여 공정한 발행가액과의 차액에 상당한 금액을 지급할 의무가 있다(상법 제516조 제1항에 따른 제424조 및 제424조의2 준용).

대법원 2004. 6. 25. 선고 2000다37326 판결

신주발행무효의 소에 관한 상법 제429조에도 무효원인이 규정되어 있지 않고 다만, 전환사채의 발행의 경우에도 준용되는 상법 제424조에 '법령이나 정관의 위반 또는 현저하게 불공정한 방법에 의한 주식의 발행'이 신주발행유지청구의 요건으로 규정되어 있으므로, 위와 같은 요건을 전환사채 발행의 무효원인으로 일응 고려할 수 있다고 하겠으나 다른 한편, 전환사채가 일단 발행되면 그 인수인의 이익을 고려할 필요가 있고 또 전환사채나 전환권의 행사에 의하여 발행된 주식은 유가증권으로서 유통되는 것이므로 거래의 안전을 보호하여야 할 필요가 크다고 할 것인데, 전환사채발행유지청구권은 위법한 발행에 대한 사전 구제수단임에 반하여, 전환사채발행무효의 소는 사후에 이를 무효로 함으로써 거래의 안전과 법적 안정성을 해칠 위험이 큰 점을 고려할 때, 그 무효원인은 가급적 엄격하게 해석하여야 하고, 따라서 법령이나 정관의 중대한 위반 또는 현저한 불공정이 있어 그것이 주식회사의 본질이나 회사법의 기본원칙에 반하거나 기존 주주들의 이익과 회사의 경영권 내지 지배권에 중대한 영향을 미치는 경우로서 전환사채와 관련된 거래의 안전, 주주 기타 이해관계인의 이익 등을 고려하더라도 도저히 묵과할 수 없는 정도라고 평가되는 경우에 한하여 전환사채의 발행 또는 그 전환권의 행사에 의한 주식의 발행을 무효로 할 수 있을 것

(3) 전환

회사는 사채권자의 일방적 의사표시에 의한 적법한 전환의 청구가 있으면 신주를 발행하여야 한다. 전환권의 행사는 사채권자의 지위를 주주로 변경시키는 일종의 형성권이라고 할 수 있다. 전환의 효력은 청구가 있는 때에 생기나, 이익이나 이자의 배당에 관해서는 편의상 청구를 한 때가 속하는 영업년도 말에 전환한 것으로 본다. 전환에 의하여 신주발행과 같은 결과, 즉 회사의 발행주식총수가 증가하고 자본금이 증가한다. 전환사채를 목적으로 하는 채권자에 대해서는 전환에 의하여 주주가 받을 주식에 대해 물상대위가 인정된다. 여기서 물상대위란 담보물권의 목적물이 멸실, 훼손 또는 공용징수된 경우 그 가치변형물이 존재하는때 담보물권이 그 대표물에 미치도록 하는 제도이다.

대법원 2007. 2. 22. 선고 2005다73020 판결

주식회사가 타인으로부터 돈을 빌리는 소비대차계약을 체결하면서 "채권자는 만기

까지 대여금액의 일부 또는 전부를 회사 주식으로 액면가에 따라 언제든지 전환할 수 있는 권한을 갖는다"는 내용의 계약조항을 둔 경우, 달리 특별한 사정이 없는 한 이는 전환의 청구를 한 때에 그 효력이 생기는 형성권으로서의 전환권을 부여하는 조항이라고 보아야 하는바, 신주의 발행과 관련하여 특별법에서 달리 정한 경우를 제외하고 신주의 발행은 상법이 정하는 방법 및 절차에 의하여만 가능하다는 점에 비추어 볼 때, 위와 같은 전환권 부여조항은 상법이 정한 방법과 절차에 의하지 아니한 신주발행 내지는 주식으로의 전환을 예정하는 것이어서 효력이 없다.

(4) 가장 논란이 되었던 판례: 에버랜드 전환사채 사건

(가) 사실관계는 원심(서울고법 2007. 5. 29. 선고 2005노2371 판결)에서 추출

1996. 10. 30. 에버랜드의 회의실에서 전환사채 발행을 위한 이사회 결의를 함에 있어, 상법 및 에버랜드의 정관에 의하여 재적이사 과반수의 출석과 출석이사의 과반수로 이사회 결의를 하여야 하고 그 규정에 위반한 결의는 무효임에도 17명의 이사 중 과반수에 미달하는 8명만이 참석한 상태에서, 위 이사회 개최 당시까지 에버랜드의 법인주주인 한솔제지 주식회사 등이 에버랜드의 주식을 1주당 85,000원 내지 89,290원에 매도한 거래실례가 있었으며, 에버랜드의 법인주주인 제일제당 주식회사 등이 에버랜드의 1주당 가치를 최저 125,000원부터 최고 234,985원까지 평가한 전례가 있었을 뿐만 아니라, 그 당시 상속세법상 보충적 평가방법에 의하더라도 에버랜드 주식의 1주당 가치는 127,755원으로 산정되는 상황이었음에도 불구하고, 위와 같은 상황을 전혀 검토·고려하지 않음은 물론 적정 전환가격 산정을 위한 그 어떠한 평가절차도 거치지 아니한 채 에버랜드 주식의 거래실례가액으로서 최소한의 1주당 실질 주식가치인 85,000원보다 현저하게 낮은 가액인 7,700원으로 전환가액을 임의로 정하고, "표면이율: 연 1%, 만기보장수익률: 연 5%, 전환청구기간: 사채발행일 익일부터"로 발행조건을 정함으로써 실질적으로 주식과 다름이 없는 성격의 전환사채 99억 5,459만 원 상당을 주주배정의 방식으로 발행하되 실권시 이사회 결의에 의하여 제3자 배정 방식으로 발행할 것을 결의하고, … (주주들의 실권에 대한 부분 생략) … 실질적으로 주식과 다름이 없는 성격의 위 실권전환사채 합계 96억 6,181만 원 상당 중 48억 3,091만 원 상당을 이재용(주주가 아닌 제3자)에게, 각 16억 1,030만 원 상당을 공소외 1, 2, 3에게 각 배정한다는 내용의 결의를 함으로써, 결국 이재용은 주주에 대한 전환사채 발행절차가 진행 중이던 1996. 11. 13.부터 같은 달 19.까지 사이에 자신이 보유하고 있던 주식회사 에스원의 주

식을 매도하여 미리 준비하고 있던 자금으로 1996. 12. 3. 자신에게 배정된 실권 전환사채 인수대금 전액을 납입하고, 공소외 1, 2, 3은 1996. 12. 3. 이건희로부터 증여받은 자금으로 같은 날 자신들에게 배정된 실권 전환사채 인수대금전액을 납입한 후, 이재용 등이 1996. 12. 17. 그 전환사채를 1주당 7,700원의 전환가격에 주식으로 각 전환하여 에버랜드 주식의 약 64%에 해당하는 합계 1,254,777주(이재용: 627,390주, 공소외 1, 2, 3: 각 209,129주)를 취득하게 함으로써 이재용 등으로 하여금 최소한 969억 94,262,100원 {(에버랜드 주식의 거래실례가격으로서 최소한의 1주당 가액인 85,000원 - 전환가격인 7,700원) × 이재용 등이 취득한 주식 합계 1,254,777주} 상당의 재산상 이익을 취득하게 하고, 에버랜드에 같은 금액 상당의 재산상 손해를 가하였다.

(나) 대법원 2009. 5. 29. 선고 2007도4949 전원합의체 판결(판결요지)

[1] [다수의견] 주주는 회사에 대하여 주식의 인수가액에 대한 납입의무를 부담할 뿐 인수가액 전액을 납입하여 주식을 취득한 후에는 주주 유한책임의 원칙에 따라 회사에 대하여 추가 출자의무를 부담하지 않는 점, 회사가 준비금을 자본으로 전입하거나 이익을 주식으로 배당할 경우에는 주주들에게 지분비율에 따라 무상으로 신주를 발행할 수 있는 점 등에 비추어 볼 때, 회사가 주주 배정의 방법, 즉 주주가 가진 주식 수에 따라 신주, 전환사채나 신주인수권부사채(이하 '신주 등'이라 한다)의 배정을 하는 방법으로 신주 등을 발행하는 경우에는 발행가액 등을 반드시 시가에 의하여야 하는 것은 아니다. 따라서, 회사의 이사로서는 주주 배정의 방법으로 신주를 발행하는 경우 원칙적으로 액면가를 하회하여서는 아니 된다는 제약 외에는 주주 전체의 이익, 회사의 자금조달의 필요성, 급박성 등을 감안하여 경영판단에 따라 자유로이 그 발행조건을 정할 수 있다고 보아야 하므로, 시가보다 낮게 발행가액 등을 정함으로써 주주들로부터 가능한 최대한의 자금을 유치하지 못하였다고 하여 배임죄의 구성요건인 임무위배, 즉 회사의 재산보호의무를 위반하였다고 볼 것은 아니다. 그러나 주주배정의 방법이 아니라 제3자에게 인수권을 부여하는 제3자 배정방법의 경우, 제3자는 신주 등을 인수함으로써 회사의 지분을 새로 취득하게 되므로 그 제3자와 회사와의 관계를 주주의 경우와 동일하게 볼 수는 없다. 제3자에게 시가보다 현저하게 낮은 가액으로 신주 등을 발행하는 경우에는 시가를 적정하게 반영하여 발행조건을 정하거나 또는 주식의 실질가액을 고려한 적정한 가격에 의하여 발행하는 경우와 비교하여 그 차이에 상당한 만큼 회사의 자산을 증가시키지 못하게 되는 결과가 발생하는데, 이 경우에는 회사법상 공정한 발행가액과 실제

발행가액과의 차액에 발행주식수를 곱하여 산출된 액수만큼 회사가 손해를 입은 것으로 보아야 한다. 이와 같이 현저하게 불공정한 가액으로 제3자 배정방식에 의하여 신주 등을 발행하는 행위는 이사의 임무위배행위에 해당하는 것으로서 그로 인하여 회사에 공정한 발행가액과의 차액에 상당하는 자금을 취득하지 못하게 되는 손해를 입힌 이상 이사에 대하여 배임죄의 죄책을 물을 수 있다. 다만, 회사가 제3자 배정의 방법으로 신주 등을 발행하는 경우에는 회사의 재무구조, 영업전망과 그에 대한 시장의 평가, 주식의 실질가액, 금융시장의 상황, 신주의 인수가능성 등 여러 사정을 종합적으로 고려하여, 이사가 그 임무에 위배하여 신주의 발행가액 등을 공정한 가액보다 현저히 낮추어 발행한 경우에 해당하는지를 살펴 이사의 업무상배임죄의 성립 여부를 판단하여야 한다.

[대법관 양승태의 별개의견] 회사에 자금이 필요한 때에는 이사는 가능한 방법을 동원하여 그 자금을 형성할 의무가 있다 할 것이나, 이사는 회사에 필요한 만큼의 자금을 형성하면 될 뿐 그 이상 가능한 한 많은 자금을 형성하여야 할 의무를 지는 것은 아니고, 또 회사에 어느 정도 규모의 자금이 필요한지, 어떠한 방법으로 이를 형성할 것인지는 원칙적으로 이사의 경영판단에 속하는 사항이다. 그런데 신주발행에 의한 자금형성의 과정에서 신주를 저가 발행하여 제3자에게 배정하게 되면 기존 주주의 지분율이 떨어지고 주식가치의 희석화로 말미암아 구 주식의 가치도 하락하게 되어 기존 주주의 회사에 대한 지배력이 그만큼 약화되므로 기존 주주에게 손해가 발생하나, 신주발행을 통하여 회사에 필요한 자금을 형성하였다면 회사에 대한 관계에서는 임무를 위배하였다고 할 수 없고, 신주발행으로 인해 종전 주식의 가격이 하락한다 하여 회사에 손해가 있다고 볼 수도 없으며, 주주의 이익과 회사의 이익을 분리하여 평가하는 배임죄의 원칙상 이를 회사에 대한 임무위배로 볼 수 없어, 배임죄가 성립한다고 볼 수 없다.

[2] [다수의견] 신주 등의 발행에서 주주 배정방식과 제3자 배정방식을 구별하는 기준은 회사가 신주 등을 발행하는 때에 주주들에게 그들의 지분비율에 따라 신주 등을 우선적으로 인수할 기회를 부여하였는지 여부에 따라 객관적으로 결정되어야 할 성질의 것이지, 신주 등의 인수권을 부여받은 주주들이 실제로 인수권을 행사함으로써 신주 등을 배정받았는지 여부에 좌우되는 것은 아니다. 회사가 기존 주주들에게 지분비율대로 신주 등을 인수할 기회를 부여하였는데도 주주들이 그 인수를 포기함에 따라 발생한 실권주 등을 제3자에게 배정한 결과 회사 지분비율에 변화가 생기고, 이 경우 신주 등의 발행가액이 시가보다 현저하게 낮아 그 인수권을 행사하지 아니한 주주들이 보유한 주

식의 가치가 희석되어 기존 주주들의 부(富)가 새로이 주주가 된 사람들에게 이전되는 효과가 발생하더라도, 그로 인한 불이익은 기존 주주들 자신의 선택에 의한 것일 뿐이다. 또한, 회사의 입장에서 보더라도 기존 주주들이 신주 등을 인수하여 이를 제3자에게 양도한 경우와 이사회가 기존 주주들이 인수하지 아니한 신주 등을 제3자에게 배정한 경우를 비교하여 보면 회사에 유입되는 자금의 규모에 아무런 차이가 없을 것이므로, 이사가 회사에 대한 관계에서 어떠한 임무에 위배하여 손해를 끼쳤다고 볼 수는 없다.

[대법관 김영란, 대법관 박시환, 대법관 이홍훈, 대법관 김능환, 대법관 전수안의 반대의견] 신주 등의 발행이 주주 배정방식인지 여부는, 발행되는 모든 신주 등을 모든 주주가 그 가진 주식 수에 따라서 배정받아 이를 인수할 기회가 부여되었는지 여부에 따라 결정되어야 하고, 주주에게 배정된 신주 등을 주주가 인수하지 아니함으로써 생기는 실권주의 처리에 관하여는 상법에 특별한 규정이 없으므로 이사는 그 부분에 해당하는 신주 등의 발행을 중단하거나 동일한 발행가액으로 제3자에게 배정할 수 있다. 그러나 주주 배정방식으로 발행되는 것을 전제로 하여 신주 등의 발행가액을 시가보다 현저히 저가로 발행한 경우에, 그 신주 등의 상당 부분이 주주에 의하여 인수되지 아니하고 실권되는 것과 같은 특별한 사정이 있는 때에는, 그와 달리 보아야 한다. 주주 배정방식인지 제3자 배정방식인지에 따라 회사의 이해관계 및 이사의 임무 내용이 달라지는 것이므로, 회사에 대한 관계에서 위임의 본지에 따른 선관의무상 제3자 배정방식의 신주 등 발행에 있어 시가발행의무를 지는 이사로서는, 위와 같이 대량으로 발생한 실권주에 대하여 발행을 중단하고 추후에 그 부분에 관하여 새로이 제3자 배정방식에 의한 발행을 모색할 의무가 있고, 그렇게 하지 아니하고 그 실권주를 제3자에게 배정하여 발행을 계속할 경우에는 그 실권주를 처음부터 제3자 배정방식으로 발행하였을 경우와 마찬가지로 취급하여 발행가액을 시가로 변경할 의무가 있다고 봄이 상당하다. 이와 같이 대량으로 발생한 실권주를 제3자에게 배정하는 것은, 비록 그것이 주주 배정방식으로 발행한 결과라고 하더라도, 그 실질에 있어 당초부터 제3자 배정방식으로 발행하는 것과 다를 바 없고, 이를 구별할 이유도 없기 때문이다. 그러므로 신주 등을 주주 배정방식으로 발행하였다고 하더라도, 상당 부분이 실권되었음에도, 이사가 그 실권된 부분에 관한 신주 등의 발행을 중단하지도 아니하고 그 발행가액 등의 발행조건을 제3자 배정방식으로 발행하는 경우와 마찬가지로 취급하여 시가로 변경하지도 아니한 채 발행을 계속하여 그 실권주 해당부분을 제3자에게 배정하고 인수되도록 하였다면, 이는 이사가 회사에 대한 관계에서 선관의무를 다하지 아니한 것에 해당하고, 그로 인하여 회사에 자금

이 덜 유입되는 손해가 발행하였다면 업무상배임죄가 성립한다.

[3] [다수의견] 상법상 전환사채를 주주 배정방식에 의하여 발행하는 경우에도 주주가 그 인수권을 잃은 때에는 회사는 이사회의 결의에 의하여 그 인수가 없는 부분에 대하여 자유로이 이를 제3자에게 처분할 수 있는 것인데, 단일한 기회에 발행되는 전환사채의 발행조건은 동일하여야 하므로, 주주배정으로 전환사채를 발행하는 경우에 주주가 인수하지 아니하여 실권된 부분에 관하여 이를 주주가 인수한 부분과 별도로 취급하여 전환가액 등 발행조건을 변경하여 발행할 여지가 없다. 주주배정의 방법으로 주주에게 전환사채인수권을 부여하였지만 주주들이 인수청약하지 아니하여 실권된 부분을 제3자에게 발행하더라도 주주의 경우와 같은 조건으로 발행할 수밖에 없고, 이러한 법리는 주주들이 전환사채의 인수청약을 하지 아니함으로써 발생하는 실권의 규모에 따라 달라지는 것은 아니다.

[대법관 김영란, 대법관 박시환, 대법관 이홍훈, 대법관 김능환, 대법관 전수안의 반대의견] 상법에 특별한 규정은 없지만, 일반적으로 동일한 기회에 발행되는 전환사채의 발행조건은 균등하여야 한다고 해석된다. 그러나 주주에게 배정하여 인수된 전환사채와 실권되어 제3자에게 배정되는 전환사채를 '동일한 기회에 발행되는 전환사채'로 보아야 할 논리필연적인 이유나 근거는 없다. 실권된 부분의 제3자 배정에 관하여는 다시 이사회 결의를 거쳐야 하는 것이므로, 당초의 발행결의와는 동일한 기회가 아니라고 볼 수 있다. 그 실권된 전환사채에 대하여는 발행을 중단하였다가 추후에 새로이 제3자 배정방식으로 발행할 수도 있는 것이므로, 이 경우와 달리 볼 것은 아니다. 그리고 주주 각자가 신주 등의 인수권을 행사하지 아니하고 포기하여 실권하는 것과 주주총회에서 집단적 의사결정 방법으로 의결권을 행사하여 의결하는 것을 동일하게 평가할 수는 없는 것이므로, 대량의 실권이 발생하였다고 하여 이를 전환사채 등의 제3자 배정방식의 발행에 있어서 요구되는 주주총회의 특별결의가 있었던 것으로 간주할 수도 없다.

[4] 전환사채 발행을 위한 이사회 결의에는 하자가 있었다 하더라도 실권된 전환사채를 제3자에게 배정하기로 의결한 이사회 결의에는 하자가 없는 경우, 전환사채의 발행절차를 진행한 것이 재산보호의무 위반으로서의 임무위배에 해당하지 않는다고 한 사례.

[5] 이사가 주식회사의 지배권을 기존 주주의 의사에 반하여 제3자에게 이전하는 것은

기존 주주의 이익을 침해하는 행위일 뿐 지배권의 객체인 주식회사의 이익을 침해하는 것으로 볼 수는 없는데, 주식회사의 이사는 주식회사의 사무를 처리하는 자의 지위에 있다고 할 수 있지만 주식회사와 별개인 주주들에 대한 관계에서 직접 그들의 사무를 처리하는 자의 지위에 있는 것은 아니고, 더욱이 경영권의 이전은 지배주식을 확보하는 데 따르는 부수적인 효과에 불과한 것이어서, 회사 지분비율의 변화가 기존 주주 자신의 선택에 기인한 것이라면 지배권 이전과 관련하여 이사에게 임무위배가 있다고 할 수 없다.

(다) 에버랜드 사건 이후 자본시장법의 개정: 상장법인의 실권주 처리방식의 개선

제165조의6(주식의 발행 및 배정 등에 관한 특례) ② 주권상장법인은 신주를 배정하는 경우 그 기일까지 신주인수의 청약을 하지 아니하거나 그 가액을 납입하지 아니한 주식[이하 이 조 및 제165조의18에서 "실권주"(失權株)라 한다]에 대하여 발행을 철회하여야 한다. 다만, 금융위원회가 정하여 고시하는 방법에 따라 산정한 가격 이상으로 신주를 발행하는 경우로서 다음 각 호의 어느 하나에 해당하는 경우에는 그러하지 아니하다.

1. 실권주가 발생하는 경우 대통령령으로 정하는 특수한 관계에 있지 아니한 투자매매업자가 인수인으로서 그 실권주 전부를 취득하는 것을 내용으로 하는 계약을 해당 주권상장법인과 체결하는 경우
2. 제1항 제1호(주주에게 그가 가진 주식 수에 따라서 신주를 배정하기 위하여 신주인수의 청약을 할 기회를 부여하는 방식)의 경우 신주인수의 청약 당시에 해당 주권상장법인과 주주 간의 별도의 합의에 따라 실권주가 발생하는 때에는 신주인수의 청약에 따라 배정받을 주식수를 초과하는 내용의 청약(이하 이 호에서 "초과청약"이라 한다)을 하여 그 초과청약을 한 주주에게 우선적으로 그 실권주를 배정하기로 하는 경우. 이 경우 신주인수의 청약에 따라 배정받을 주식수에 대통령령으로 정하는 비율(20/100)을 곱한 주식수를 초과할 수 없다(☞소위 over-subscription privilege에 의한 주주에 대한 재배정).
3. 그 밖에 주권상장법인의 자금조달의 효율성, 주주 등의 이익 보호, 공정한 시장질서 유지의 필요성을 종합적으로 고려하여 대통령령으로 정하는 경우

제165조의10(사채의 발행 및 배정 등에 관한 특례) ① 주권상장법인이 제165조의11 제1항에 따른 사채(주식으로 전환되는 조건이 붙은 사채에 한한다)와 상법 제469조 제2항 제2호, 제513조 및 제516조의2에 따른 사채(이하 "주권 관련 사채권"이라 한다)를 발행하는 경우에는 제165조의6 제1항·제2항 및 제4항, 제165조의9를 준용한다.

개정 자본시장법 제165조의6 제1항은 주권상장법인의 신주의 배정방식을 주주배정, 특정 제3자 배정, 불특정 다수인(공모) 배정의 3가지 방식으로 구분하여 규율하고, 동조 제4항은 불특정 다수인 배정에 대한 구체적인 방식을 규정하고 있다.[4] 동조 제2항은 신주발행 시 실권주가 발생한 경우에는 원칙적으로 실권주의 발행을 철회하도록 하였다. 개정 전에는 실권주 처리에 대한 명시적인 규정이 없었으므로 관행적으로 회사들은 이사회의 결의로 실권주를 처리할 때에 제3자 배정방식을 활용해 왔다. 그러나 에버랜드 사건에서 보듯이 이러한 방식으로 실권주를 처리할 때에는 처음부터 제3자 배정방식으로 신주를 발행하는 것과 달리 상법 제418조 제2항 단서의 경영상 목적에 따른 제한뿐만 아니라 발행가액에 대한 제한을 회피하는 방향으로 이용되어 주주들의 신주인수권 침해가 문제되었다. 개정법은 실권주가 발생하는 경우 원칙적으로 동 실권주에 대한 발행을 철회하도록 하였다. 개정법에 따라 실권주 발생 시 회사가 동 실권주에 대한 발행을 철회한 이후에 실권주 해당 금액을 주식발행을 통해 다시 조달하고자 할 때에는 원칙적으로 새로운 신주발행절차를 거쳐야 한다. 물론 주주들의 이익이 침해될 소지가 적은 일정한 때에는 회사의 효율적 자금조달을 위해 예외적으로 실권주에 대한 신주 발행의 철회 없이 계속 신주발행절차를 진행할 수 있도록 하였다(단서 제1호 내지 제3호). 또한 자본시장법시행령 제176조의8 제3항은 증권신고서를 제출하지 않는 소액공모의 경우와 우선배정을 받지 않은 우리사주조합원에 대하여 실권주를 배정하기로 하는 경우도 마찬가지로 예

---

4 자본시장법 제165조의6 ④ 제1항 제3호의 방식으로 신주를 배정하는 경우에는 정관으로 정하는 바에 따라 이사회의 결의로 다음 각 호의 어느 하나에 해당하는 방식으로 신주를 배정하여야 한다. 이 경우 '상법 제418조 제1항 및 같은 조 제2항'(주주배정과 특정 제3자배정) 단서를 적용하지 아니한다.

1. 신주인수의 청약을 할 기회를 부여하는 자의 유형을 분류하지 아니하고 불특정 다수의 청약자에게 신주를 배정하는 방식
2. 제165조의7에 따라 우리사주조합원에 대하여 신주를 배정하고 청약되지 아니한 주식까지 포함하여 불특정 다수인에게 신주인수의 청약을 할 기회를 부여하는 방식
3. 주주에 대하여 우선적으로 신주인수의 청약을 할 수 있는 기회를 부여하고 청약되지 아니한 주식이 있는 경우 이를 불특정 다수인에게 신주를 배정받을 기회를 부여하는 방식
4. 투자매매업자 또는 투자중개업자가 인수인 또는 주선인으로서 마련한 수요예측 등 대통령령으로 정하는 합리적인 기준에 따라 특정한 유형의 자에게 신주인수의 청약을 할 수 있는 기회를 부여하는 경우로서 금융위원회가 인정하는 방식

외 취급을 하고 있다.[5]

한편 자본시장법 제165조의6 제3항은 주권상장법인이 제1항 제1호(주주에게 그가 가진 주식 수에 따라서 신주를 배정하기 위하여 신주인수의 청약을 할 기회를 부여)의 방식으로 신주를 배정하는 경우 "상법 제416조 제5호 및 제6호에도 불구하고 주주에게 신주인수권증서를 발행하여야 한다. 이 경우 주주 등의 이익 보호, 공정한 시장질서 유지의 필요성 등을 고려하여 대통령령으로 정하는 방법에 따라 신주인수권증서가 유통될 수 있도록 하여야 한다"고 규정한다. 이는 상장법인이 적정가를 하회하는 저가발행 주주배정방식의 유상증자시에도 신주인수권증서의 발행을 의무화한 것이다. 원래 상법에 의하면 신주인수권증서의 발행은 이사회 결의와 주주의 청구에 따른 선택 사항일 뿐 의무 사항이 아니다. 그러나 자본시장법은 주주배정방식의 유상증자에도 신주인수권증서의 발행을 의무화함으로써 추가출자에 참여하기 어려운 주주의 이익을 보장함과 동시에 기업의 실권 위험을 줄이고 편법적인 실권주 처리를 막아 자금조달을 원활히 하려는 취지에서 동 조항을 개정한 것이다.

2. 신주인수권부사채

(1) 의의

신주인수권부사채(bond with warrant, BW)는 사채권자에게 사채를 발행한 이후에 회사가 신주를 발행하는 경우에는 미리 확정한 가액에 따라 사채권자에게 신주인수권을 부여하는 신종사채의 일종이다. 전환사채와 달리 별도의 신주인수권을 인정한다는 특징을 갖는다. 사채권자는 사채에 대한 확정 이자를 받으면서, 주가가 미리 확정된 발행가액을 상회할 경우에는 신주인수권을 별도로 행사할 수도 있다. 만일 사채권자가 신주인수자금 여력이 없을 때에는 신주인수

5 자본시장법시행령 제176조의8 제3항: 법 제165조의6 제2항 제3호에서 "대통령령으로 정하는 경우"란 다음 각 호의 어느 하나에 해당하는 경우를 말한다.

1. 법 제130조 제1항에 따라 신고서를 제출하지 아니하는 모집·매출의 경우
2. 주권상장법인이 우리사주조합원(제176조의9 제3항 제1호에 따른 우리사주조합원을 말한다. 이하 이 호에서 같다)에 대하여 법 제165조의7 또는 「근로복지기본법」 제38조 제2항에 따라 발행되는 신주를 배정하지 아니하는 경우로서 실권주(법 제165조의6 제2항 각 호 외의 부분 본문에 따른 실권주를 말한다)를 우리사주조합원에게 배정하는 경우

권 만을 양도할 수도 있다. 이를 용이하게 하기 위하여 신주인수권부사채는 보통 채권과 신주인수권이 분리되는 분리형으로 발행된다.

(2) 발행

신주인수권부사채의 발행에 관한 사항은 전환사채의 발행과 동일하다. 다만 상법 제516조의2 제3항은 신주인수권의 행사로 인하여 발행할 주식의 발행가액의 합계액은 각 신주인수권부사채의 금액을 초과하지 못한다는 규정을 두고 있다. 이는 사채액에 비하여 과다한 신주인수권을 부여하는 것을 방지함으로써 주주의 이익을 보호하기 위한 것이다.

(3) 신주인수권의 행사

사채권자는 신주인수권을 행사하기 위해 청구서 2통을 작성하여 회사에 제출하여야 한다. 그리고 신주인수권증권이 발행되었다면 청구서에 동 증권을 첨부하여야 한다.[6] 신주의 발행가액은 전액을 납입하여야 한다. 그런데 신주인수권부사채의 상환에 갈음하여 그 발행가액으로 신주에 대한 납입이 있는 것으로 본다는 뜻의 정함이 있는 경우(상법 제516조의2 제2항 제5호), 사채권자는 사채의 상환금에 의한 대용납입이 가능하다.

사채권자가 주주가 되는 시기는 신주발행가액의 전액을 납입한 때이고, 대용납입의 경우에는 청구서에 신주인수권증권이나 채권을 첨부하여 회사에 제출한 때이다. 한편 신주인수권부사채의 경우에는 원칙적으로 신주인수권행사로 인하여 사채가 소멸되지 않으므로, 전환사채의 경우와 같은 물상대위의 문제가 발생하지 않는다.

(4) 분리형 BW의 발행과 관련된 입법의 혼선

2013년 개정 자본시장법 제165조의10 제2항은 "주권상장법인이 상법 제516조

6 신주인수권증권과 신주인수권증서는 지분증권에 파생상품적 요소가 결합된 복합적 성격을 갖는 것으로 볼 수 있는데, 자본시장법은 이들을 파생결합증권과 파생상품에서 명시적으로 제외하는 조항을 두고 있다. 물론 자본시장법 제4조 제4항이 신주인수권이 표시된 것을 지분증권에 포함시키고 있으나 개념의 혼돈을 막기 위해 위와 같이 파생결합증권에서 제외한다는 명시적인 규정을 둔 것은 어느 정도 타당하다고 생각한다.

의2 제1항에 따른 사채를 발행할 때 같은 조 제2항 제4호에도 불구하고 사채권자가 신주인수권증권(독립워런트)만을 양도할 수 있는 사채는 발행할 수 없다"고 하여 분리형 BW의 발행을 금지하였으나, 2015년 개정 자본시장법 동조 동항은 "주권상장법인이 상법 제516조의2 제1항에 따른 사채를 발행할 때 같은 조 제2항 제4호에도 불구하고 사채권자가 신주인수권증권만을 양도할 수 있는 사채는 사모의 방법으로 발행할 수 없다"고 하여 사모가 아닌 방법으로 발행할 수 있게 허용하였다.

참고로 정부는 미리 정한 가액 등에 따라 신주의 발행 등을 상장기업에 대해 청구할 수 있는 독립워런트의 발행도 허용하려고 추진 중이다. 현재 워런트는 CB·BW 등과 같이 회사채에 부가되거나 스톡옵션과 같이 특수한 자에게만 발행되는 형태로 발행이 제한적으로 허용되고 있다. 그러나 개정안에서는 독립 워런트의 발행을 허용하면서, 워런트 발행의 남발 등 부작용을 방지하기 위해 실물거래와 연계된 경우(① 주식 등과 함께 발행, ② 금융기관으로부터 차입하면서 그 금융기관에 발행, ③ 전략적 업무제휴, 합작투자의 유치를 위해 다른 기업·투자자에게 발행 등)로 독립워런트의 발행사유를 제한하고 행사가액 이외에 발행가액도 규제하려고 하였다. 이러한 개정안이 국회에서 좌초되었으나, 금융투자업계의 독립워런트 도입에 대한 요구가 강하고 정부도 동조하는 입장이라 조만간 다시 도입될 것으로 예상된다.

3. 상환사채

상환사채란 회사가 그 선택(option)에 따라 소유하는 주식이나 그 밖의 유가증권으로 상환할 수 있는 사채를 말한다(상법 제469조 제2항 제2호, 상법 시행령 제23조 제1항). 상환사채를 발행하는 경우 회사는 자신의 선택 또는 일정한 조건의 성취나 기한의 도래에 따라 주식이나 증권으로 사채의 원리금을 상환할 수 있다. 실무계는 종래부터 상환사채의 방식에 의하지 않더라도 회사가 주식이나 기타의 유가증권을 변제하는 대물변제의 예약, 또는 이와 유사한 옵션 계약을 체결할 수 있다고 판단해 왔으며, 상법에서 명시적인 규정을 두지 않더라도 '상환사채의 실질을 갖는 증권'을 발행하여 왔다. 그러나 상법이 명시적으로 상환사채 발행의 근거 규정을 마련함으로써, 이제 회사가 옵션을 가지는 사채를 발행할 수 있다는 점이 보다 명확해졌고 투자자 보호에도 더욱 만전을 기하게 되었다. 상법 시행령은 교환사채와 마찬가지로 주주 외의 자에게 발행회사의 자기주식으로 상환할 수 있는 사채를 발행하는 경우에는 그 상대방에 대하여 정관에 규정이 없으면 이사회가 결정하도록 하였다(상법 시행령 제23조 제2항). 개정 자본시장법시행령 제176조의2 제4항에 의하면 상장법인의 경우 자기주식으로 상환할 수 있는 사채를 발행시 그 시점에 자기주식을 처분한 것으로 간주하는 규정을 두었다. 실무상 공모 또는 사모로 발행되는 실물결제조건의 신용파생결합증권이나 주가연계증권의 경우 자본시장법상 파생결합증권에 해당할 뿐만 아니라 상법상 파생결합사채인 동시에 상환사채에도 해당한다. 문제는 상환사채의 실질을 갖는 이러한 증권들에 대해 상법상의 규정을 강제할 것인가이다. 예를 들어 상환사채라면 자본시장법 제4조 제7항 제4호에 의하여 파생결합증권에서 제외되므로 더 이상 파생결합증권이 아니라는 이상한 결론에 도달하게 되고 상환사채 발행자에게는 상법시행령 제23조 제3항에 의하여 상환대상유가증권을 예탁하여야 할 의무가 부과된다. 그 때에는 금융투자업자가 상환사채의 실질을 갖는 이러한 증권들을 발행한다는 것이 현실적으로 불가능한 사태가 발생하는 것이다. 법무부는 이와 같은 파생결합증권은 상법 제469조 제2항 제3호에 의한 파생결합사채에 해당하므로 예탁원에 예탁할 의무가 없다는 유권해석을 내린바 있다. 그리고 파생결합증권이 상법상 파생결합사채에 해당할 경우 비록 상환사채의 실질을 갖더라도 상환사채에 해당하지 않는다고 하였다.[7] 사채의 원래 속성이 상환의 실질을 갖는다는 점에서 타당한 유권해석이라고 생각한다.

4. 교환사채

교환사채(exchange bond, EB)는 사채권자에게 교환청구권이 부여된 사채, 즉 사채권자가 회사가 소유하는 주식이나 그 밖의 다른 유가증권으로 교환을 청

7 정재은, 전게논문, 224-225면.

구할 수 있는 사채를 말한다(상법 제469조 제2항 제2호, 상법 시행령 제22조 제1항). 구 자본시장법상 교환사채는 교환 대상이 상장증권으로 한정되었으나 상법 시행령에서 이와 같은 제한을 없애 비상장증권도 교환의 대상이 될 수 있다. 한편, 상법 시행령은 주주 외의 자에게 발행회사의 자기주식으로 교환할 수 있는 사채를 발행하는 경우 그 상대방에 대하여 정관에 규정이 없으면 이사회가 결정하도록 하고 있다(상법 시행령 제22조 제2항). 이 경우 자본시장법 제176조의2 제4항에 의하면 상환사채와 마찬가지로 교환사채의 발행 시점에 자기주식이 처분된 것으로 간주된다.

교환사채는 전환사채와 유사하지만, 전환사채가 전환권의 행사에 의하여 신주를 발행하는 것에 비하여 교환사채는 교환권의 행사에 의하여 기존에 발행된 주식을 교환한다는 점에서 구분된다. 그리고 교환사채권자가 교환권을 행사할 수 있는 주식은 기채회사의 소유주식이면 무방하므로 교환의 대상이 되는 주식은 반드시 기채회사의 자기주식일 필요가 없는 데 반하여, 전환사채권자가 전환권을 행사할 경우에 반드시 기채회사의 신주를 발행하여 교부하여야 한다는 점에서 양자는 차별화된다.

5. 조건부자본증권(Coco Bond)

(1) 정의

조건부 자본(contingent capital)은 특정 발동요건(trigger event) 발생 시 자동으로 상각(write-down)되거나 보통주로 전환(convert)되는 자본증권을 의미한다. 참고로 바젤III는 보통주를 제외한 모든 자본증권은 은행(금융기관)이 독자적인 생존이 불가능한 상황 즉, 특정 발동요건(trigger event)이 발생할 경우 공적자금 투입 이전에 상각 또는 보통주로 전환되는 '생존불가능시점(point of non-viability)'의 조건이 부가되어야 자기자본(기타 Tier1 또는 Tier2)으로 인정받을 수 있다고 규정하고 있다.

바젤III 자기자본 및 구성항목

바젤III 자기자본		구성항목
Tier1 (기본자본)	보통주 자본 (Common Equity Tier1)	보통주, 자본잉여금, 이익잉여금 등
	기타 Tier1 (Additional Tier1)	신종자본증권 등
Tier2(보완자본)		후순위채권 등

(2) 조건부자본의 유용성

조건부자본은 금융기관, 그 중에서도 은행이 위기 발생으로 정상적인 자본확충 메커니즘(증자, 후순위채권 발행 등)이 작동하기 힘든 상황에서 보통주자본을 자동적으로 확충할 수 있도록 함으로써 금융기관의 복원력(resilience)을 강화하여 건전성을 제고하고 시스템 리스크를 완화할 수 있는 역할을 한다. 과거에는 금융기관의 회생 비용을 공적 자금에 의존하였으나, 조건부 자본증권을 통해 투자자들에게도 회생비용을 분담시키는 역할을 한다. 조건부 자본증권은 주주 및 채권자들에게 은행의 건전성을 항상 유념하도록 하는 유인을 제공함으로써 시장규율(market discipline)을 강화하는 역할도 한다.

조건부 자본의 보통주 전환/상각으로 인한 복원력 강화 예시

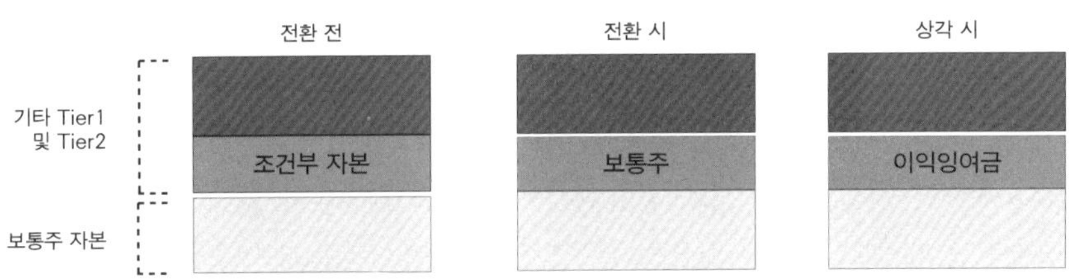

(3) 자본시장법규

자본시장법 제4조 제7항 제3호는 조건부자본증권을 파생결합증권에서 제외하고 있다. 사실 조건부자본증권은 사채에 일정한 기초자산에 대한 옵션이 결합된 것으로 이해할 수 있는데, 자본시장법이 조건부자본증권을 파생결합증권에서 제외하였으므로 사채권으로서 채무증권에 포함된다고 할 수 있다. 자본시장법 제165조의11에서는 주권상장법인의 경우 교환사채 및 상환사채, 전환사채, 신주인수권부사채의 사채와 다른 사채로서 해당 사채의 발행당시 객관적이고 합리적인 기준에 따라 미리 정하는 사유가 발생하는 경우 주식으로 전환되거나 그 사채의 상환과 이자지급 의무가 감면된다는 조건이 붙은 사채인 조건부자본증권을 발행할 수 있다고 규정하고 있다. 이에 따라 ① 동법시행령 제176조의12와 '증권의 발행 및 공시등에 관한 규정' 제5-25조 제1항에서는 전환형 조건부자본증권의 발행 및 유통, 전환조건의 세부내용을, ② 자본시장법 시행령 제176조의13에서는 상각형 조건부자본증권의 발행 및 유통, 상각조건의 세부 내용 등을 명시하고 있다. 그리고 조건부 자본증권의 핵심내용인 보통주 전환 또는 상각이 되는 특정 발동요건(trigger event)에 대해서는 '증권의 발행 및 공시 등에 관한 규정' 제5-25조 제2항에서 규정하고 있다.

6. 파생결합사채와 이자연계 파생결합증권

개정 상법 제469조 제2항 제3호는 '유가증권이나 통화 또는 그 밖에 대통령령으로 정하는 자산이나 지표 등의 변동과 연계하여 미리 정하여진 방법에 따라 상환 또는 지급금액이 결정되는 사채'의 발행 근거도 규정하였는바(제469조 제2항 제3호), 이는 자본시장법 제4조 제7항의 파생결합증권의 정의를 원용하여 파생결합사채의 정의 및 발행 근거를 마련한 것이다. 개정상법에서는 자본시장법과 달리 기초자산에 대한 제한, 파생상품의 거래구조나 거래장소에 대한 제한을 하지 않음으로써 사채 발행 조건이나 파생결합사채의 구조 고안에 있어 광범위한 재량이 부여된 것으로 볼 수 있다. 상법시행령 제24조는 이사회가 단지 ① 상환 또는 지급 금액을 결정하는 데 연계할 유가증권이나 통화 또는 그 밖의 자산이나 지표, ② ①의 자산이나 지표와 연계하여 상환 또는 지급 금액을 결정하는 방법을 결정하면 된다고 규정한다.

개정 자본시장법 제4조 제3항은 채무증권의 경우 상법상 파생결합사채를 추가하고 있는데, 여기서 파생결합사채는 동법 동조 제7항 제1호에 해당하는 것, 즉 이자만 기초자산에 연계하여 결정되고 만기에 원금의 상환이 보장되는 증권으로 한정한다고 하였다. 즉 원금상환이 보장되지 않는 파생결합증권은 채무증권이 아닌 파생결합증권에 해당하고, 원금이 보장되는 파생결합증권은 채무증권에 해당하는 것이다. 이자연계 파생결합증권이 더 이상 파생결합증권이 아니고 채무증권으로 재분류됨으로써 이제 원금보장형 주가연계증권 시장도 은행이나 관련 인가를 받지 못한 투자매매업자들에게도 개방되었다. 이러한 개정법의 변화에 대해 잘못된 입법이라고 비판하는 실무계의 목소리가 높다. 왜냐하면 이자연계 파생결합증권은 만기에 원금이 보장되더라도 본질적으로 파생상품적 요소를 내포한 증권이기 때문이다. 혹자는 ① 적정한 수준의 쿠폰, 베리어 등 증권 조건 또는 중도상환금액 결정이 파생상품의 평가를 통해 이루어져야 하므로 파생상품의 평가능력 및 위험관리능력이 있는 금융투자업자로 발행주체가 제한되어야 하는 점, ② 투자자들은 파생상품적 요소로 인하여 자신이 투자하는 상품의 정확한 내용이나 중도상환금액의 적정성 등을 제대로 판단할 수 없다는 측면에서 일반적인 채무증권과 달리 노출되는 위험이 큰 점, ③ 변동금리부사채나 이익참가부사채 또는 주가연계예금을 금융투자상품으로 볼 수 없다는 논리로부터 모든 이자연계 파생결합증권을 채무증권이라고 간주한 개정법의 입법 태도는 논리적 타당성이 결여된 점 등을 들어 개정 자본시장법을 비판하고 있다.[8] 저자가 판단컨대, 이번 자본시장법의 개정은 은행권의 끊임없는 파생결합증권에 대한 참여 시도가 결국 성공한 것으로 보인다. 그러나 원금이 보장된다는 이유만으로 은행이 모든 금융상품을 취급해도 무방하다는 논리는 매우 타당성을 결여한다. 더욱이 파생결합적 요소가 결합된 상품의 경우 비록 원금 상환이 보장되더라도 투자자 보호에 취약할 수 있다는 것은 너무도 명확하다. 따라서 이자연계 파생결합증권을 채무증권으로 재분류한 개정법은 비판받아 마땅하다고 생각한다.

7. 이익참가부사채

이익참가부사채란 사채권자가 마치 주주와 같이 발행회사의 이익배당에 참가할 수 있는 사채를 말한다. 전환사채, 신주인수권부사채, 교환사채와 마찬가지

8 정재은, 전게논문, 219-220면.

로 주주에게 인수권을 부여하는 것을 원칙으로 하고 주주 외의 자에게 인수권을 부여할 때에는 정관이나 주주총회의 특별결의가 있어야 한다. 상법시행령 제21조에서 규정하고 있는데, 상세한 내용은 동 법문을 참고하기 바란다.

V. 주식의 사채화

1. 주식의 상환에 관한 종류주식

(1) 의의 및 발행조건

상법 제345조의 주식의 상환에 관한 종류주식은 발행할 때부터 장래의 이익에 의한 소각이 예정된 특별한 성질의 주식이다. 여기서의 소각은 주주평등의 원칙에 의한 주식소각과는 다르다. 주식의 상환에 관한 종류주식은 이익이 있는 경우에만 상환이 가능하므로 사채와는 다르다고 할 수 있다. 주식의 상환에 관한 종류주식은 일시적 자금의 조달을 위하여 고율배당의 유인을 가진 우선주를 발행한 후 일정 시기가 경과하였을 때 소각함으로써 배당에 따른 재정상의 부담을 경감시킬 수 있는 주식으로서의 장점을 갖는다.

주식의 상환에 관한 종류주식의 발행은 정관의 상대적 기재사항이다. 회사설립시에는 발기인 전원의 동의가 있어야 발행할 수 있고 설립 후 신주발행시에는 이사회의 결의가 있어야 발행할 수 있다.

(2) 상환

상환은 이익이 있음을 법정조건으로 한다. 그리고 주금액의 일부에 대한 상환은 인정되지 않는다. 상환에는 회사의 일방적 결정에 주주가 따라야 하는 강제상환, 주주의 상환청구에 대하여 회사는 반드시 응하여야 하는 의무상환 그리고 주주와 회사 양자의 합의에 의한 매입을 하는 임의상환의 3가지 방법이 있다. 이러한 상환에 의하여 회사는 자기주식을 취득한 후 당해 주식에 대한 실효절차를 밟아야 한다. 그런데 이익으로 상환하는 것이므로 자본의 감소를 수반하지 않기 때문에 채권자보호절차가 불필요하다. 상환의 결과 발행주식총수가 감소되지만 자본은 감소되지 않으므로, 이때에는 '회사자본=발행주식총수의 액면총액'이라는 등식이 깨지게 된다. 그리고 회사는 상환한 부분에 대하여 '정관의 별도규정이 없는 한' 신주의 재발행을 할 수 없다.

상법 제345조 제4항에 따라 회사는 상환의 대가로 현금이 아닌 유가증권이나 그 밖의 자산을 교부할 수 있다. 이때에는 유가증권이나 자산의 장부가액이 배당가능이익을 초과해서는 안 된다.

2. 의결권의 배제·제한에 관한 종류주식

(1) 의의

상법 제344조의3의 의결권의 배제·제한에 관한 종류주식이란 보통주, 우선주 여부를 불문하고 의결권을 배제하거나 제한하는 주식이다. 구 상법에서는 무의결권 우선주식만 인정되었으므로, 이익배당 우선주식에 대해서만 의결권을 배제했었다. 이제는 그와 같은 우선권이 없더라도 의결권마저 없는 종류주식의 발행이 가능해졌다. 즉 이익배당과 의결권과의 연관성을 없앰으로써 의결권이 없는 보통주도 발행이 가능해진 것이다. 그리고 구 상법은 우선주주가 우선적 배당을 받지 않는다는 주주총회 결의가 있으면 이 결의 다음부터 (우선 배당 지급을 결의하는 주주총회까지) 의결권이 부활하도록 명시했었지만, 개정법은 반드시 그렇게 할 필요가 없다.

개정 상법에서 특히 주목할 것은 의결권 '제한'에 관한 종류주식이다. 의결권이 제한되는 주식은 일부 주주총회의 안건에 대한 의결권이 없는 주식을 의미한다. 그러므로 의결권이 완전히 배제되는 주식과도 다른 것이다. 과거 우선주는 모든 안건에 대한 의결권 행사가 허용되지 않았지만, 이제는 일부 안건에 대해서만 의결권 행사를 불허하는 종류주식을 발행할 수 있게 되었다. 예를 들어 임원 선임 안건에는 의결권을 행사할 수 없도록 해 경영권의 핵심적인 내용에는 영향력을 행사하지 못하게 하면서 다른 안건에는 의결권 행사를 허용해 일정한 경영의사결정에만 제한적으로 참여할 수 있도록 하는 것이다.[9] 개정 상법에 의

9 의결권 제한에 관한 종류주식을 2012년에만 5개의 회사가 도입하였다고 한다. 2012년 의결권 제한에 관한 종류주식을 도입한 회사가 규정한 의결권 제한사유로는'이사 및 감사의 선임 또는 해임', '주주총회 특별결의 사항

하더라도 주당 의결권을 달리하는 복수 의결권 주식(소위 차등 의결권 주식)은 허용되지 않는다.

(2) 의결권 이외의 주주권

의결권의 배제·제한에 관한 종류주식은 의결권을 제외한 기타의 주주권을 다른 주주와 마찬가지로 행사할 수 있다. 실익에 관한 논란이 없지 않으나, 이들 주주는 주주총회에 출석하여 의견을 진술하거나 토의에 참가할 수도 있다. 공익을 위하여 결의취소의 소와 결의무효·부존재확인의 소도 제기할 수 있고, 신주인수권과 대표소송제기권도 있다.

(3) 의결권 배제주주의 의결권 부활

의결권이 배제되는 주주가 어떠한 경우에도 의결권을 행사할 수 없는 것은 아니다. 첫째, 정관으로 부활의 조건을 정하였는데 당해 조건이 충족된다면 의결권이 부활된다. 둘째, 주주총회에서 의결권이 배제되는 주주도 종류주주총회에서는 의결권이 있다. 셋째, 회사가 정관의 변경에 의하여 주식의 양도를 제한하는 때에는 의결권을 행사할 수 있다. 왜냐하면 이러한 정관의 변경은 주식양도자유의 원칙을 근본적으로 훼손하는 것이기 때문이다. 넷째, 창립총회에서는 회사성립 전이므로 의결권 행사가 가능하다. 다섯째, 회사분할의 경우 상법 제530조의3 제3항에 의하여 의결권을 행사할 수 있다. 여섯째, 이사·감사의 책임면제와 같이 총주주의 동의가 필요한 경우에는 의결권을 행사할 수 있다.

(4) 발행에 있어서 특기사항

상법상 의결권이 제한되거나 배제되는 주식은 발행주식총수의 1/4을 초과하여 발행하지 못한다(상법 제344조의3 제2항). 이는 의결권을 배제하거나 제한하는 주식의 발행이 남용되는 것을 막기 위한 것이다. 자본시장법 제165조의15 제2

중 발행 시에 이사회가 정한 사항', '합병 또는 중요한 영업의 양수도의 경우' 등이 있다. 특히 이사 및 감사의 선임 또는 해임은 5개 기업 모두 의결권 제한사유로 규정하였다고 한다. 주주에 의결권 행사를 가능한 한 보장하면서도 회사 경영권 안정을 도모하는 수단으로 종류주식을 활용하는 대표적인 사례로 이용되고 있다.

항은 이 한도를 1/2까지 확대하고 있다.

VI. 특수한 증권 – 파생결합증권 중 주가연계증권(ELS)

1. 의의

ELS는 자본시장법상 파생결합증권의 일종으로서 다른 증권이나 지수에 연계하여 약정된 손익이 결정되는 증권이다. ELS는 2003년 구 증권거래법시행령 개정시에 신종증권을 통한 자본조달원을 확대해주자는 취지에서 증권의 하나로 도입되었다. 전통적인 사채의 경우 사채에서 정한 발행조건 만으로 만기시 투자자에게 사전적으로 확정된 금액이 지급됨에 반하여, ELS의 경우 특정 주권의 가격이나 주가지수의 변동에 연계하여 만기시 투자자에게 지급할 금액이 결정된다는 점에서 차별화된다.

2. 2009년 시장감시위원회 제재 사례

글로벌 금융위기 이후 저금리 기조가 유지되는 상황에서 ELS에 대한 투자자들의 관심이 증대되고 있으며, 그렇다 보니 ELS와 관련한 발행 증권사의 불공정행위가 문제되는 경우도 빈번해지고 있다. A증권은 자사가 발행한 'A증권 제357회 주가연계증권(ELS)'의 자체헤지과정에서 2009년 4월 15일 SK에너지 보통주를 대량으로 매매거래한 것이 확인되었다. 동상품의 구조는 다음과 같다.

A증권 제357회 주가연계증권(ELS) : 원금 비보장형

〈상품 개요〉
- 기초자산 : POSCO 보통주 및 SK에너지 보통주
- 발행총액 : 8,081백만원(발행잔액 : 7,982백만원)
- 발행일 : '08. 4. 18
- 만기일 : '10. 4. 19(만기 2년, 6개월마다 자동 조기상환 기회 부여)
  - · 조기상환 평가가격 : ① '08.10.15 종가 ② '09.4.15 종가 ③ '09.10.14 종가
  - · 만기상환 평가가격 : ④⑤⑥ '10.4.14 종가
- 기준가격 : '08. 4. 18 종가(POSCO : 452,000원, SK에너지 : 120,000원)

수익 구조

구분	조기 또는 만기 상환 조건	투자수익
조기상환	① 평가일('08.10.15) 두 종목의 평가가격이 모두 최초 기준가격의 85% 이상인 경우	연 24.0%
	② 평가일('09.4.15) 두 종목의 평가가격이 모두 최초 기준가격의 80% 이상인 경우	
	③ 평가일('09.10.14) 두 종목의 평가가격이 모두 최초 기준가격의 75% 이상인 경우	
만기상환	④ 두 종목의 만기평가가격이 모두 최초 기준가격의 70% 이상인 경우	연 24.0%
	⑤ 두 종목 중 어느 한 종목이라도 만기평가가격이 '최초기준가격×70%' 미만이고, 두 종목(장중가 포함) 중 어느 하나라도 '최초기준가격×50%' 미만으로 하락한 적이 없는 경우	연 24.0%
	⑥ '만기까지 한 종목이라도 최초기준가격의 50% 미만으로 하락한 적이 있고(장중가 포함)' + '두 종목 중 한 종목이라도 만기 평가가격이 최초기준가격의 70% 미만'이면 ⇨ 원금 손실	〈손실률〉 원금×기초자산중 하락폭이 큰 종목의 하락율

2009년 4월 15일은 위 ELS의 제2차 조기상환일로서 해당 ELS의 기초자산인 POSCO 보통주와 SK에너지 보통주의 주가가 최초기준가격의 80%이상인 경우, 투자자는 투자원금 외에도 연 24.0%의 수익을 확정적으로 지급받을 수 있는 상황이었다. 특히 동일자를 기준으로 SK에너지 주가가 96,000원 이상이었을 경우 A증권은 ELS 투자자에게 약 9,897백만원(투자원금 7,982백만원 + 투자수익금 1,915백만원)의 조기상환 의무가 발생하도록 예정되어 있었다.

조기상환조건

구분	평가일	상환조건			평가일 주가		비고
		종목명	주가		종목명	주가	
1차 조기상환	'08.10.15	POSCO	384,200원	〉	POSCO	354,500원	조기상환 조건 불충족
		SK에너지	102,000원	〉	SK에너지	79,000원	조기상환 조건 불충족
2차 조기상환	'09.4.15	POSCO	361,600원	〈	POSCO	389,500원	조기상환 조건 충족
		SK에너지	96,000원	〉	SK에너지	95,900원	조기상환 조건 불충족

2009년 4월 15일 POSCO 보통주의 경우, 종가가 조기상환평가가격(361,600원)보다 높은 가격(389,500원)에 마감하여 조기상환요건을 충족하였으나, SK

에너지 보통주의 경우, A증권의 보유계좌를 통한 지속적인 매도관여[10]가 발생함으로써 해당일의 종가가 조기상환평가가격(96,000원)보다 100원 낮은 95,900원으로 마감되어 357회 ELS의 조기상환이 불발되는 사태가 발생하였다.

2009년 7월 21일 한국거래소 시장감시위원회는 A증권의 ELS 조기상환일 당시 시세개입과 관련하여 회원제재금을 1억6천5백만원 부과하였다.[11] 시장감시위원회는 A증권이 ELS의 조기상환일에 헤지물량 청산을 위해 동 ELS의 기초자산인 SK에너지(주) 보통주를 장중에도 충분히 매도할 수 있었음에도 불구하고, 상기 기초주식의 시장수급상황을 고려하지 않고 헤지물량처분 목적을 우선하여 종가직전가 및 종가단일가 시세 형성에 부당한 영향을 미쳤는데, 이는 "자유롭고 공개된 시장원칙" 즉, 공정한 수급원리에 의거 증권가격이 결정되리라는 투자자의 신뢰를 저해하고 시장의 공신력을 실추시켰다고 판단하였다.

3. 투자자와의 소송이 제기된 구체적인 사례

(1) 사건의 개요

이 사건도 기본적으로 위의 A증권 사례와 매우 유사하다. 증권 매입일로부터 만기에 이르기까지 4개월마다 도래하는 중간 평가일의 기초자산의 가격 변동에 따라 중도상환의무가 발생하는 구조의 ELS를 발행하여 판매한 증권회사인 피고가 두 번째 중간 평가일의 종가가 결정되기 10분 전에 그 기초자산인 주식을 대량 매도하여 기초자산의 주가를 하락시킴으로써 중도상환조건이 충족되지 못하게 하였다. 투자자는 이러한 증권사의 행위가 신의성실에 반하는 중도상환조건 성취의 방해 행위이고 시세조종에도 해당한다고 주장하였다. 1심에서 서울중앙지방법원 2010. 7. 1. 선고 2009가합90394 판결은 원고 일부 승소의 판결을 하였으나, 항소심에서 서울고등법원 2012. 12. 14. 선고 2010나71761 판결은 원고 패소의 판결을 하였다. 대법원은 2015년 5월 이와 같이 엇갈렸던 하

10 오후 2시 30분부터 종가결정시간(오후 2시 50분) 직전까지 20분간 약 62회에 걸쳐 A증권계좌를 통한 집중적이고 계속적인 매도주문으로 인하여 현재가가 지속적으로 하락하는 현상이 발생하였다(60,500주의 매도거래가 성사되어 20분간 가격이 97,200원에서 95,900으로 1,300원 하락).

11 한국거래소 시장감시위원회, "[보도자료] 회원 및 임직원에 대한 시장감시위원회 조치내용," 2009. 7. 21, http://moc.krx.co.kr/index.html (검색일: 2009. 8. 10).

급심의 판결을 최종적으로 정리하였다. ELS와 관련한 소송이 계속 진행 중인 상황에서 이 사건의 경과는 매우 중요한 의미를 갖는다고 본다. 따라서 하급심 판결과 대법원 판결을 인용한 후, 중요 쟁점을 평석해보기로 한다.

(2) 하급심 판결의 요지[12]

1) 제1심

① 피고는 이 사건 주가연계 증권을 일반 투자자에게 판매한 증권회사로서 그 스스로가 개입하여 기초자산의 공정한 가격 형성에 부당한 영향을 주는 거래를 하여서는 안될 신의성실의 원칙상의 주의의무가 있는 점, ② 피고의 이 사건 대량매도행위가 주가연계증권의 두 번째 평가일 종가가 결정되기 불과 10분 전에 대량 매도된 점, ③ 델타(주식의 가치 변화에 따른 옵션 가치의 변화) 헤지에 따른 위험회피 거래는 증권사가 그 자신의 이익을 보호하기 위하여 행하여지는 것이므로 기초자산의 공정한 가격 형성에 영향을 주거나 투자자의 이익과 신뢰를 부당하게 훼손하지 않는 범위 내에서 이루어져야 할 것인데 피고는 장중 분할 매매 등 시장 충격을 완화하려는 노력을 기울이지 않은 채 거래 종료 직전 한꺼번에 기초자산을 기준 가격 이하의 매도 주문을 통하여 대량 매도한 점 등을 종합하면, 중도상환조건의 불성취로 불이익을 받을 당사자인 증권회사가 신의성실에 반하여 중도상환조건의 성취를 방해한 것이므로, 그 상대방인 투자자는 증권회사에 대하여 위 중간평가일에 중도상환조건이 성취된 것으로 주장할 수 있다.

2) 항소심

가. 피고가 이 사건 주식매도행위가 주가연계증권의 발행과 유지를 위해 반드시 필요한 델타헤지의 원리에 충실한 헤지거래행위라고 주장하므로 델타헤지에 관하여 살펴봄

① 델타헤지의 기본원리: ELS를 발행한 금융기관은 ELS 발행으로 인한 위험

12 한국거래소, 「2013 증권분쟁 판례정선」, 2013. 2., 481-514면 [구글이나 한국거래소 홈페이지(http://www.krx.co.kr)에서 검색 가능(검색일: 2014. 1. 30)].

을 회피하고 ELS의 상환재원을 확보하기 위하여 델타헤지를 할 필요가 있는바, 델타헤지를 위하여 금융기관은 기초자산에 대한 거래를 계속할 수밖에 없고 상환기준일 근처에서 주가가 상환기준가격에 가까울수록 델타값이 급격히 증가하였다가 만기가 되면 델타값이 0이 되므로 보유 중인 기초자산을 매도하여야 한다.

② 델타헤지의 필요성: 델타헤지는 ELS 발행의 전제조건으로 보편성과 필요성이 인정되는 헤지방법일 뿐만 아니라 금융기관의 자산운용 건전성을 위해 법령상 강제되는 헤지거래의 한 방법이라고 할 것이므로 헤지거래로 형성되는 시장가격도 시장요인에 의한 정상적인 수요·공급에 의한 것으로 보아야 하고 단지 거래수량이 많다거나 매매시기가 집중되어 있다는 점만으로 델타헤지로 인한 주식매매가 인위적인 시장조작에 해당한다고 한정하기는 어렵다. 중간평가일에 트레이더는 델타값을 맞추기 위해서 보유 중인 기초자산인 주식을 상당량 매각하여야 하는데, 접속매매시간대에 매도하는 방법, 단일가매매시간대에 매도하는 방법 등 다양한 매매전략을 구사할 수 있을 것이므로 어느 하나의 방법이 옳고 다른 방법이 그르다고 단정할 수는 없고, 결과적으로 트레이더의 헤지거래행위가 조건성취에 영향을 미쳤다고 하더라도 트레이더에게 주어진 재량의 범위를 현저하게 벗어나 명백하게 델타헤지에 따른 행위라고 볼 수 없다고 판단함에는 신중을 기하여야 한다.

③ 델타헤지로 인한 기초자산 주가변동 위험에 대한 대비책: 델타헤지는 필연적으로 ELS의 기초자산인 주식가격에 영향을 미칠 수밖에 없는 것이고 금융기관은 고객보호의무의 일환으로 투자자들에게 이러한 델타헤지의 특성으로 인하여 발생하는 위험을 고지함으로써 투자자들이 이와 같은 위험성을 미리 인식하도록 하여야 하는데 피고는 델타헤지로 인한 주가변동 위험성에 대해 안내하였다.

나. 피고가 델타헤지에 충실한 거래를 하였는지 여부

피고의 델타헤지가 델타헤지의 기본원리에 정확하게 부합하지 않는다고 하더라도 트레이더에게는 일정한 위험수준 한도 내에서는 재량이 인정되는 것이므로, 그 델타값의 증감에 따른 실제보유수량을 증감시켜 온 이상 헤지거래가 델타헤지에 부합하지 않는다고 단정하기는 어렵고 이 사건 단일가매매시간대 주문 내역도 종가를 인위적으로 하락시키기 위한 주문이라 단정하기 어렵다.

다. 신의성실에 반하여 조건성취를 방해한 행위인지 여부
피고의 행위는 정당한 델타헤지행위로서 주가연계증권을 발행한 증권회사가 위험관리를 위해 반드시 수행해야 하는 것이므로 이를 신의성실에 반하여 조건의 성취를 방해한 것이라고 볼 수 없다.

라. 시세조종 등 인정 여부
구 증권거래법 제188조의4 제3항은 위헌결정으로 효력이 없고 피고의 행위는 정당한 델타헤지행위여서 시세고정·안정 목적이 인정되지 않아 민법 제750조의 불법행위에 해당하지 않으며, 구 증권거래법 제188조의4 제4항의 사기적 부정거래라고 볼 수 없다.

(3) 대법원 2015. 5. 14. 선고 2013다3811 판결
대법원은 이 사건의 사실관계를 정리한 후 다음과 같이 판결하고 있다. 즉 대법원은

"가. 이 사건 주가연계증권은 기초자산인 삼성SDI 보통주의 중간평가일의 종가에 따라 중도상환조건의 성취 여부가 결정되어 피고가 투자자에게 지급할 중도상환금의 지급시기와 금액이 달라지는 유가증권이다. 그리고 이 사건 주가연계증권의 중도상환조건은 법률행위 효력의 발생을 장래의 불확실한 사실에 의존케 하는 정지조건이고, 피고는 이 사건 주가연계증권을 발행하여 판매한 자로서 위 정지조건이 성취되는 경우 이 사건 주가연계증권의 투자자에게 이 사건 주가연계증권의 판매계약에서 약정한바에 따라 액면금에 약정한 수익금을 더한 중도상환금을 지급하여야 할 의무를 부담하게 되므로, 위 정지조건의 성취 여부에 따라 이 사건 주가연계증권의 투자자와 사이에서 이해관계가 상충되는 자라고 할 것이다.

나. 피고가 이 사건 주가연계증권에 관련한 델타헤지 거래로서 삼성SDI 보통주를 매도하는 것은 기본적으로 위험회피라는 자신의 이익을 위하여 행하는 것이어서 그 과정에서 투자자의 신뢰나 이익이 부당하게 침해되어서는 아니 된다고 할 것인데, 이 사건과 같이 중간평가일의 기초자산 가격이 중도상환조건을 성취시키는 가격에 근접하여 형성되고 있어 그 종가에 따라 중도상환조건이 성취될 가능성이 높아 피고와 투자자 사이의 이해관계가 서로 상충되는 상황에서는 피고는 투자자의 신뢰를 저버리는 내용 또는 방법으로 헤지거래를 하여서는 아니 되고 중도상환조건의 성취 여부에 최소한의 영향을 미치는 방법으로 헤지거래를 하여 투자자를 보호할 주의의무가 있다고 할 것이다.

다. 그런데 피고는 이 사건 중간평가일의 삼성SDI 보통주 종가가 이 사건 주가연계증권의 상환 기준가격인 108,500원으로 결정되는 경우 그 델타값인 -127,137에 따라 보유하고 있던 삼성SDI 보통주 287,221주 중 약 160,000주(≒ 287,221주 - 127,137)를, 종가가 상환조건이 성취되지 아니하는 108,000원으로 결정되는 경우 그 델타값인 -192,137에 따라 약 95,000주(≒ 287,221주 - 192,137)를 매도할 필요가 있었으므로, 상환조건 성취 여부와 무관하게 보유한 삼성SDI 보통주 중 상당량을 이 사건 중간평가일의 접속매매시간대 전체에 걸쳐 분산하여 매도함으로써 중도상환조건 성취 여부를 결정하는 요소인 종가 결정에 미치는 영향을 최소화하여야 할 주의의무가 있었다. 그럼에도 피고는 이 사건 중간평가일의 접속매매시간대에는 매도 주문 시 그 호가 대부분을 직전 체결가보다 높게 제시하여 대부분의 계약 체결이 무산되는 결과를 초래하고 오히려 매수 주문을 내기도 하는 한편, 단일가매매시간대에 같은 시간대 전체 매도 주문의 약 79%를 차지하는 134,000주에 관하여 매도 주문을 하면서 그중 94,000주에 관하여는 기준가격인 108,500원에 미치지 못하는 호가를 제시하였고, 그 결과 삼성SDI 보통주의 이 사건 중간평가일 종가가 108,000원으로 결정되어 이 사건 주가연계증권의 중도상환조건 성취가 무산되었다. 피고의 이러한 행위는 원고들에 대한 투자자보호의무를 소홀히 한 것으로 신의성실에 반하여 이 사건 주가연계증권의 중도상환조건 성취를 방해한 것이라고 볼 여지가 충분하다.

라. 그럼에도 원심은 이와 달리 그 판시와 같은 이유로 피고가 이 사건 중간 평가일의 장 종료 무렵에 대량의 삼성SDI 보통주를 매도한 행위는 주가연계증권을 발행한 금융기관이 위험을 관리하기 위하여 하는 델타헤지를 위한 정당한 거래행위이므로 그로 인하여 이 사건 주가연계증권의 상환조건이 성취되지 아니하였더라도 이를 신의성실에 반하여 조건의 성취를 방해한 것으로 볼 수 없다고 판단하였다. 이러한 원심판결에는 위험회피거래에서의 신의칙상 주의의무 등에 관한 법리를 오해하여 판결에 영향을 미친 위법이 있다. 이 점을 지적하는 상고이유 주장은 이유 있다"고 하면서 원심판결을 파기환송하였다.

4. 검토[13]

(1) 파생결합증권과 헤지거래

파생결합증권은 약속한 자금운용방식에 따른 운용 결과를 투자자에게 귀속시키는 집합투자증권과 달리 발행사의 운용 결과와 관계없이 투자자에게 기초자산의 가격 변동에 따라 약정한 수익을 지급함으로써 상환할 의무를 부담한다. 따라서 발행사는 투자자로부터 받은 납입금으로 상환금의 조달을 위한 위험회피거래, 즉 헤지거래를 수행하게 된다. 헤지(hedge)란 기초자산의 가격, 변동성, 만기, 이자율 등의 변동에 따른 위험으로부터 보유하고 있는 운용포지션의 손익을 보호하기 위한 위험회피방법으로, 보유하고 있는 포지션과 리스크가 반대되는 포지션을 동시에 취함으로써 시장위험에 따른 손익변동 위험을 사전에 제거하는 행위를 말하고, 헤지거래 또는 위험회피거래란 이를 위하여 체결하는 일련의 거래들을 의미한다.

ELS 발행사의 위험회피거래는 자체헤지와 백투백(back-to-back)헤지로 나눌 수 있다. 자체헤지란 발행사가 스스로 ELS 발행에 따르는 위험을 헤지하는 경우이고, 백투백헤지거래는 발행사가 타사(이하 "헤지거래상대방")로부터 발행한 ELS와 동일한 구조의 금융투자상품을 매입하여 헤지하는 경우를 의미한

13 다음은 신영증권에서 근무하는 정재은 변호사(happychje@hanmail.net)의 미공간 리포트를 인용한 것이다. 동일한 취지로 대법원 판결에 찬성하는 견해로서 박선종, 「법률가를 위한 파생상품개론」, 박영사, 2019, 175-192면.

다. 백투백헤지거래는 헤지거래상대방으로부터 장외파생상품을 매수하는 경우와 파생결합증권을 매수하는 경우가 있고, 장외파생상품을 매수하는 경우는 주로 스왑거래를 이용하는데, 이는 다시 원금의 교환이 이루어지는 'Fully Funded Swap'과 원금의 교환 없이 차액만 교환하는 'Unfunded Swap'으로 나누어 볼 수 있다. 각각의 경우 특징은 아래와 같다.

위험회피거래의 유형 및 특징

	자체운용	백투백헤지거래	
		Fully Funded Swap	Unfunded Swap
상대방		국내외 금융투자업자	ISDA를 체결한 국내외 금융투자업자
거래 내용	주식, 채권, 선물 등의 매매를 통한 운용	발행 ELS와 같은 구조의 스왑거래 체결 후 원금 지급	발행 ELS와 같은 구조의 스왑거래 체결 후 · 원금 교환없이 차액정산 · 발행사가 상대방에게 약정 이자 지급 · 납입금의 운용을 통하여 상대방에 대한 이자를 조달하고 ELS상환일에 스왑거래와 함께 정산하여 투자자에게 지급의무 이행
위험	포지션운용위험	거래상대방의 신용위험	· 낮은 수준의 거래상대방 신용위험 · 포지션운용위험
장점	운용수익 발생 가능	포지션운용위험 없음	· 신용위험 정도가 낮음 · 운용수익 발생 가능

(2) 헤지거래와 이해상충

자체운용의 경우 적절한 위험관리에 실패하여 충분한 운용수익을 올리지 못하였더라도 약정한 조건이 성취되면 투자자에 대하여 상환금의 지급의무를 부담하므로 발행사에 손실이 발생할 수 있다. 반면, 백투백헤지거래의 경우 발행사는 발행한 증권과 동일한 구조의 상품을 매입한 결과 기초자산 가격 변화에 따라 헤지거래상대방으로부터 지급받을 금액과 투자자에게 지급할 금액이 완전히 일치하게 되므로 발행사의 손익은 발행한 증권과 매입한 상품의 가격 차이로 확정되고 더 이상 기초자산 가격 변화에 따른 손실이나 이익에 노출되지 않으며, 대신 발행사의 헤지거래상대방이 자체운용과 같은 위험에 노출된다. 따라서 ELS 투자자와의 이해상충은 자체운용 방식으로 위험을 관리하는 발행사 또는 ELS 발행사와 백투백헤지거래를 체결한 헤지거래상대방(헤지운용자)과의 사이에서 발생할 수 있다.

한편, ELS헤지운용자의 위험회피거래는 다양한 방법으로 이루어질 수 있으나, 현재 가장 일반적으로 사용되는 방법은 델타헤지 방법이다. 미리 정한 가격(이하 "기준가격") 이상이면 투자자에게 수익상환 되는 조건의 ELS를 발행하고 델타헤지의 방법으로 위험회피거래를 하는 경우, 헤지운용자는 기본적으로 기초자산 가격이 상승하면 해당 기초자산을 매도하고 하락하면 매수하게 된다. 델타헤지의 '델타'는 기초자산 가격에 따라 헤지운용자가 보유해야 하는 기초자산의 수량을 의미하고, 산출된 델타만큼 기초자산을 보유하는 것을 '델타중립' 이라고 하는데 이론적으로는 델타중립을 유지하면 가격위험의 완전한 헤지가 가능하다.

델타는 x축을 기초자산의 가격으로 하고 y축을 ELS의 평가가치로 하는 평면에 그린 ELS의 수익곡선의 기울기로 계산된다. 수익상환과 손실상환을 가르는 기초자산 가격에서 수익곡선은 불연속하게 되는데 불연속점에서는 기울기, 즉 미분값이 존재하지 않으므로 델타량은 무한대가 되고, 이 때는 현실적으로 무한대의 주식을 보유할 수는 없으므로 운용자의 재량에 따라 기초자산의 매매를 하게 된다. 즉, 헤지운용자는 ELS의 수익상환 조건의 충족여부를 가르는 기준가격 가까이에 기초자산 가격이 형성되어 있는 경우 위 델타헤지 구조에 따라 기초자산을 보유하고 있다가 수익 상환 여부를 결정하는 평가일에 수익상환 조건이 충족되면 보유하고 있는 기초자산을 모두 매도하여 헤지 포지션을 청산하고 상환금을 지급하게 되는데, 그 델타값에 따라 보유하여야 하는 수량은 불연속점이 되는 기초자산 가격 근처일수록 커진다. 따라서 기초자산 가격이 기준가격을 약간 상회하는 수준인 경우 가격의 차이가 작을수록 헤지운용자가 더 많은 기초자산을 보유하고 있다가 매도하고, 그 결과 기초자산 가격이 기준가격 이하로 하락하여 수익 상환 조건의 충족이 무산될 가능성도 커지는 것이다. 이렇게 델타헤지의 방법으로 위험회피거래를 수행하는 경우, 평가일에 해당 증권의 기초자산 가격이 기준가격 이상이면 그 기초자산을 매도하여야 하는데, 그 매도의 결과 기초자산의 가격이 하락하여 결국 기준가격 이상일 것이라는 수익상환 조건의 성취가 무산되는 경우가 발생할 수 있다.

헤지운용자는 ELS의 발행시점에 기초자산의 변동성에 따라 델타헤지 과정에서 기초자산의 매매를 통하여 얻을 수 있는 수익을 예상하고 상품의 이자(coupon)와 가격 등 구조를 정하여 상품을 매도하며, 이와 동시에 헤지포지션을 구축한 후 상환시점까지 헤지거래를 수행한다. 그 동안 기초자산의 변동성이 충분하고 적절한 헤지거래를 수행한 경우 기초자산 가격이 하락하면 매수하고 상승하면 매도하는 과정에서 운용수익을 올릴 수 있다. 문제는 헤지거래가 적절히 수행되지 못하는 경우, 특히 변동성이 충분하지 않아 헤지거래 과정에서 운용수익을 상환금 지급에 충분할 만큼 올리지 못한 상태에서 평가일이 도래하면 발생하게 된다. 헤지거래를 통하여 상환에 충분한 수익을 올리지 못한 헤지운용자가 운용 결과와 상관없이 미리 정한 조건에 따른 금액을 상대방에게 지급하려면 손실이 발생하게 되는데, 보유하고 있는 기초자산의 매도를 통하여 수익상환 조건의 성취를 무산시키게 되면 손실을 면할 수 있다는 점에서 투자자와의 이해상충이 생기는 것이다. 이는 결국 기초자산의 매도에 의해 가격변동 위험을 회피하고자 하는 헤지운용자의 이익과 기초자산 가격을 기준가격 이상으로 유지하여 수익금을 지급받고 원금손실의 위험을 회피하고자 하는 ELS 투자자의 이익이 충돌하는 것으로 이해할 수 있다.

(3) 대법원과 원심법원의 델타헤지에 관한 판단 비교

대법원과 원심법원의 델타헤지에 관한 판단

대법원(증권사 패소)의 논거	원심법원(증권사 승소)의 논거
- 델타헤지에 따른 거래라도 평가일에는 중도상환 조건성취 여부를 결정하는 기초자산의 종가에 미치는 부당한 영향을 최소화하여야 할 신의칙상 주의의무가 있음	- 델타헤지에 따른 주식매매는 정상적인 수요 · 공급에 해당한다는 전제
- 기초자산 가격 형성에 대량매도 행위로 인한 부당한 영향이 있었는지 여부를 판단	- 피고가 델타헤지에 따른 주식매매를 충실히 이행하였는지 여부를 판단

대법원은 이 사건의 1심과 마찬가지로 위험회피거래가 궁극적으로 금융기관이 파생금융상품 발행으로 인한 손실을 방지하여 자산 운용의 건전성을 확보하기 위한 목적에서 이루어지는 것인바 투자자와 상충적 이해관계를 가진 금융기관은 자신의 책임과 판단 아래 그 방법과 수단을 정한 후 일정한 재량에 따라 위험회피거래를 실행하는 것이므로, 가급적 수요와 공급의 원리에 따라 시장에

서 형성되는 기초자산의 공정한 가격 형성을 저해하지 않고 투자자의 정당한 이익과 신뢰를 훼손하지 않도록 주의해야 할 신의칙상 의무가 있다고 보면서, 델타헤지의 이론적 원리의 적정성 여부를 떠나 장 종료 전까지 주가 하락에 영향을 주더라도 무조건 보유주식물량을 다 처분해야 한다는 취지의 피고 주장은 헤지물량의 처분을 구실로 만기 기준일 단일가매매시간대에 대량의 저가매도를 통하여 ELS 조기상환의 조건을 방해하고 주가를 왜곡시킬 수 있다는 점에서 받아들일 수 없는 것으로 판단하였다.

그에 비하여 원심법원은 헤지거래로 인하여 기초자산의 가격형성, 나아가 조건성취에 영향을 주었다는 이유만으로 그 헤지거래가 곧바로 위법하다고 평가할 수는 없다고 하였다. 어떠한 헤지거래행위가 정당한 것으로 평가되기 위해서는 해당 헤지거래행위가 실무에 통용되는 델타헤지의 원리에 얼마나 충실하게 이루어졌는지를 살펴 트레이더에게 주어진 재량의 범위 내에서 델타헤지 원리에 충실하게 이루어진 헤지거래행위라면 그 정당성을 인정할 수 있을 것이고 트레이더에게 주어진 재량의 범위를 현저하게 벗어나 명백하게 델타헤지에 따른 행위라고 볼 수 없는 경우라면 그 정당성을 인정할 수 없다고 보았다. 이 사건에서 원심법원은 헤지운용자의 매매내역이 델타수량을 준수하여 왔고 평가일에도 델타중립이 되기 위해 해당 대량매도행위가 불가피했다는 점을 들어 적법한 거래로 판단하였다.

(4) 검토

델타헤지와 판단과 관련하여 항소심과 같이 '델타헤지에 충실한 거래였는가'에 초점을 맞출 것이 아니라 대법원과 같이 '기초자산 가격에 부당한 영향을 미친 것인가'에 초점을 맞추는 것이 보다 합리적이고 결론에 있어서도 정당하다.

첫째, 자산 건전성의 관리가 금융기관의 법적인 의무(자본시장법 제31조)인 것은 사실이나 투자자의 이익을 해하면서 자기가 이익을 얻지 않아야 할 의무 역시 법적인 의무(자본시장법 제37조)이고, 금융기관이 위험관리를 위하여 델타헤지의 방법을 선택하여 수행한다 하더라도 이는 금융기관의 재량으로 선택할 수 있는 보편적 헤지방법일 뿐 법령상 강제되는 헤지방법이 아니며 자본시장법 제31조의 의무가 제37조의 의무보다 우선하거나 제37조 위반행위의 위법성 조각사유가 되는 것도 아니다. 따라서 델타헤지는 투자자를 보호할 의무를 침해하지 않는 선에서만 허용된다고 보아야 한다.

둘째, 델타헤지가 보편적 헤지방법인 것은 사실이나 이는 어디까지나 금융기관의 재량으로 선택한 방법이고 헤지모델의 설정 및 운용에 운용자의 재량이 개입될 여지가 많은 구조이므로, 원심법원과 같이 운용자가 스스로 세운 헤지 전략 및 모델에 충실했다면 정당하다고 판단하는 것은 투자자와 헤지운용자의 이해상충상황에서 헤지운용자만 위험회피라는 자신의 이익을 타협 없이 추구해도 된다는 의미와 다를 바 없다. 그리고 이는 지극히 금융투자업자에게 편향적인 위험한 논거가 아닐 수 없다.

셋째, 장외파생상품의 헤지전략 및 모델, 이에 따른 기초자산 등의 매매는 특히 운용자의 재량에 달린 부분이 크고 앞서 본바와 같이 기준가격 근처의 민감한 상황일수록 온전히 운용자의 재량에 의존하게 된다. ELS의 다른 헤지운용자들이 피고와 같은 문제를 발생시키지 않고 포지션을 적절히 관리했다는 점에서 문제가 된 매도행위가 건전한 위험관리를 위하여 반드시 불가피했다고 단정할 수 없다.

(5) 보론

개별 증권이 기초자산으로 편입되는 개별주가연계증권 ELS의 경우 발행자가 델타헤지를 명목으로 하여 종가 결정에 부당하게 관여할 수 있는 심각한 문제점이 있다는 점이 감지된 후 2013년 자본시장법 제176조 제4항이 개정되어 시세조종행위의 유형에 새롭게 편입되었으며 제177조 제1항 제3호가 신설되어 조건성취 방해에 따른 손해배상책임이 명문화되었다.

자본시장법 제176조(시세조종행위 등의 금지) ④ 누구든지 증권, 파생상품 또는 그 증권·파생상품의 기초자산 중 어느 하나가 거래소에 상장되거나 그 밖에 이에 준하는 경우로서 대통령령으로 정하는 경우에는 그 증권 또는 파생상품에 관한 매매, 그 밖의 거래(이하 이 항, 제177조 및 제443조제1항제7호에서 "매매등"이라 한다)와 관련하여 다음 각

호의 어느 하나에 해당하는 행위를 하여서는 아니 된다. 〈개정 2009.2.3., 2013.5.28.〉

1. 파생상품의 매매등에서 부당한 이익을 얻거나 제삼자에게 부당한 이익을 얻게 할 목적으로 그 파생상품의 기초자산의 시세를 변동 또는 고정시키는 행위
2. 파생상품의 기초자산의 매매등에서 부당한 이익을 얻거나 제삼자에게 부당한 이익을 얻게 할 목적으로 그 파생상품의 시세를 변동 또는 고정시키는 행위
3. 증권의 매매등에서 부당한 이익을 얻거나 제삼자에게 부당한 이익을 얻게 할 목적으로 그 증권과 연계된 증권으로서 대통령령으로 정하는 증권 또는 그 증권의 기초자산의 시세를 변동 또는 고정시키는 행위
4. 증권의 기초자산의 매매등에서 부당한 이익을 얻거나 제삼자에게 부당한 이익을 얻게 할 목적으로 그 증권의 시세를 변동 또는 고정시키는 행위
5. 파생상품의 매매등에서 부당한 이익을 얻거나 제삼자에게 부당한 이익을 얻게 할 목적으로 그 파생상품과 기초자산이 동일하거나 유사한 파생상품의 시세를 변동 또는 고정시키는 행위

제177조(시세조종의 배상책임) ① 제176조를 위반한 자는 다음 각 호의 구분에 따른 손해를 배상할 책임을 진다. 〈개정 2013.5.28.〉

3. 제1호 및 제2호의 손해 외에 그 위반행위(제176조제4항 각 호의 어느 하나에 해당하는 행위로 한정한다)로 인하여 특정 시점의 가격 또는 수치에 따라 권리행사 또는 조건성취 여부가 결정되거나 금전등이 결제되는 증권 또는 파생상품과 관련하여 그 증권 또는 파생상품을 보유한 자가 그 위반행위로 형성된 가격 또는 수치에 따라 결정되거나 결제됨으로써 입은 손해

제3절 파생상품

I. 총설

파생상품(derivatives) 또는 파생금융상품이란 기초자산(underlying assets)이나 기초자산의 가격·이자율·지표·단위 또는 이를 기초로 하는 지수 등에 의하여 산출된 금전으로부터 파생되는 계약상의 권리를 말하는데, 현행 자본시

장법 제5조는 이들 파생상품으로서 선도계약, 옵션계약, 스왑계약을 명시하고 있다. 파생상품은 "이러한 기초자산이나 그 등가물"(이하 "기초자산"이라고 함)의 가격변동에 근거한 것이지만, 기초자산에 비하여 폭넓은 손익구조를 갖고 있다. 혹자는 기초자산과 파생상품의 관계를 모자관계에 비유하는데, 기초자산인 현물(母)에서 선물(子)이 파생되고 다시 이러한 선물(子)에서 선물옵션(孫子)이 파생된다는 점에서 매우 적절한 비유일 수 있다.[14]

개정 자본시장법은 특정 상품을 하위 법령에 의해 파생상품에서 제외하거나 포함할 수 있는 위임의 근거를 마련하였다. 즉 자본시장법 제5조 제1항 단서는 "해당 금융투자상품의 유통 가능성, 계약당사자, 발행사유 등을 고려하여 증권으로 규제하는 것이 타당한 것으로서 대통령령으로 정하는 금융투자상품"의 경우 파생상품에서 제외할 수 있도록 하고, 동조 동항 제4호는 선도·옵션·스왑 계약과 유사한 것으로서 대통령령으로 정하는 계약을 파생상품으로 포함할 수 있도록 하고 있다. 이에 따라 자본시장법시행령 제4조의3은 인가 받은 투자매매업자가 발행한 ELW, DLW와 상법상 신주인수권증서, 신주인수권증권을 파생상품에서 제외하고 있다.[15]

파생상품의 종류에는 기초자산이 무엇인지에 따라 상품파생상품과 금융파생상품이 있다. 선물을 예로 들면 에너지, 금속, 농산물류 등 상품을 기초자산으로 하는 상품선물(commodity futures)이 있고, KOSPI200과 같은 지수(indices), 원달러 환율과 같은 통화, 국고채권과 같은 채권을 기초자산으로 하는 금융선물(financial futures)이 있다. 한편 장내파생상품은 금융투자상품시장에서 거래되는 것으로 다수당사자가 통일적이고 규격화된 상품에 투자한다는 특성을 갖는데, 선물과 장내옵션을 가장 대표적인 장내파생상품으로 들 수

---

14 박선종, "법률가를 위한 파생금융상품의 이해," 증권법연구 제9권 제1호, 2008, 471면.

15 자본시장법시행령 제4조의3(파생상품에서 제외되는 금융투자상품) 법 제5조 제1항 각 호 외의 부분 단서에서 "대통령령으로 정하는 금융투자상품"이란 다음 각 호의 어느 하나에 해당하는 금융투자상품을 말한다.

1. 증권 및 장외파생상품에 대한 투자매매업의 인가를 받은 금융투자업자가 발행하는 증권 또는 증서로서 기초자산(증권시장이나 해외 증권시장에서 매매거래되는 주권 등 금융위원회가 정하여 고시하는 기초자산을 말한다. 이하 이 호에서 같다)의 가격·이자율·지표·단위 또는 이를 기초로 하는 지수 등의 변동과 연계하여 미리 정하여진 방법에 따라 그 기초자산의 매매나 금전을 수수하는 거래를 성립시킬 수 있는 권리가 표시된 증권 또는 증서
2. 상법 제420조의2에 따른 신주인수권증서 및 같은 법 제516조의5에 따른 신주인수권증권

있다.[16] 장외파생상품은 금융투자상품시장 밖에서 거래되는 것으로서 개인의 선호도에 따라 공급자가 개별맞춤형으로 공급한다는 특성을 갖는데, 선도계약, 장외옵션계약 및 스왑계약을 들 수 있다.

II. 선물(선도)계약

선물(선도)계약이란 장래의 이행기(만기, maturity) 도래 시에 목적물의 인도를 약정하는 계약이다. 거래소에서 체결되는 계약이 선물계약인 반면 거래소 밖에서 체결되는 계약이 선도계약이라는 점에서 차이가 있을 뿐, 선물과 선도계약의 본질은 동일하다고 할 수 있다. 선물계약은 민법상의 현물(spot) 매매계약과 다소 차별화된다. 즉 현물 매매계약이 매매의 목적물인 재산권을 이전받고자 하는 매수인과 이전하고자 하는 매도간 간의 2당사자 구조를 갖는 반면, 선물계약은 청산결제를 담당하는 거래소가 모든 매수인에 대하여 매도인이 되고 모든 매도인에 대하여 매수인이 되는 3당사자 구조를 갖는다.[17] 그림으로 보면 다음과 같다.

선물(장내파생상품)매매계약의 당사자

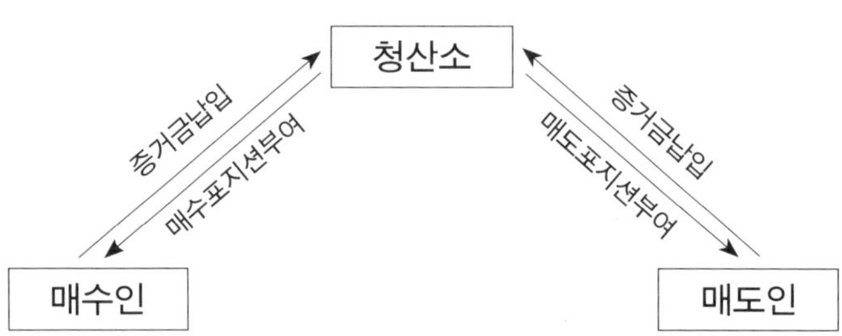

16 개정 자본시장법 제5조 제2항은 한국거래소 이외에도 대체거래소를 추가하여 금융투자상품시장에서 거래되는 파생상품을 장내파생상품으로 정의하고 있다.

17 "선물거래에서는 매수자와 매도자가 직접거래하는 것이 아니라 매수자와 매도자 사이에 청산소가 개입하여 거래상대방이 되어 주는 것이다. 즉 매도자에게는 거래 상대방인 매수자가 되어 주고, 매수자에게는 매도자가 되어 줌으로써 거래 상대방의 신용상태(결제이행능력 여부)에 대하여 염려할 필요 없이 안심하고 매매할 수 있다." [http://www.krx.co.kr/index.html에서 검색, 검색일: 2009. 9. 1].

또한 선물계약은 공매도에 관한 규정이 있고 평가손익에 대한 증거금 제도가 있으며 이익실현을 위한 해제제도가 있다는 점에서 현물계약과 차별화된다. 우선, 민법상의 매매계약에서는 목적물이 없는 자의 공매도(short sales)를 상정하지 않고 있다. 그러나 선물계약에서는 매도자를 다시 ① 목적물을 보유한 매도인(hedger, 헤지거래자)과 ② 목적물을 보유하지 않은 매도인(speculator, 투기거래자)으로 구분하므로 공매도를 당연히 예정하고 있다. 즉 선물계약에서는 거래소가 정하는 증거금을 납입한다면 목적물을 보유하지 않더라도 누구나 매도인의 지위를 가질 수 있는 것이다.

다음으로 현물계약에는 확정손익(realized profit and loss)만이 존재(예: 매도인이 자신의 매수가격보다 훨씬 높은 가격에 매도한다면 확정이익이 발생)하지만, 선물계약에는 확정손익 외에도 평가손익(open profit and loss)이 존재한다.

매수포지션의 손익변동

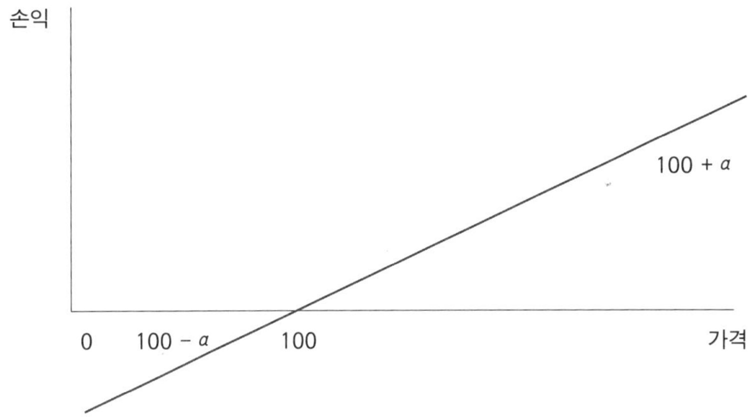

그리고 선물계약에서의 평가손익을 보정하기 위하여 증거금 제도가 등장하게 된다. 증거금이란 통상적으로 일중 변동가능한 최대의 추정 값을 통계적으로 산정하게 되며 매 영업일마다 일일정산(daily mark to market)하는데, 이러한 과정을 통하여 매일 발생하는 정산(settlement)상의 손익을 평가손익이라고 한다. 예를 들어 첫째날 100원이었던 기초자산이 다음날 95원으로 가격이 하락한다면, 매수인은 기초자산의 가격 100원을 기준으로 납입하였던 증거금(10원)보다 더욱 많은 금액을 추가적으로 납입하여야 할 의무(margin call)가 발생한다. 왜냐하면 95원으로 가격이 떨어질 경우 100원의 기준가보다 평가손실이 발생한 것이고 매수인은 동 손실을 보정하여야 하기 때문이다.[18] 이에 비하여 매도인은 95원으로 가격이 하락하더라도 100원으로 매도할 수 있는 평가이익이 발생하였으므로 전일 납입하였던 증거금에서 5원을 반환받을 수 있게 된다. 다음의 표를 참조하기 바란다.

기초자산의 가격변동에 따른 증거금의 변화

	기초자산 가격변동	매수인 증거금	매도인 증거금	거래소 보유 합산 증거금
1일(거래당일)	100	10	10	20(10+10)
2일	95	15(10+5)*	5(10-5)**	20(15+5)
3일	103	7(10-3)**	13(10+3)*	20(7+13)
90일(이행일)	105	105(납입)	105(수령)	0(105-105)

* 증거금 추가납입의무(margin call) 발생: 5, 3
**증거금 초과분에 대한 현금지급청구권 발행: 3, 5

마지막으로 선물계약에서는 이행기 도래 전 언제라도 "이익을 실현하기 위하여(profit taking)" 또는 "손실폭을 줄이기 위하여(cut loss)" 계약의 해제, 즉 반대매매가 가능하다는 점에서 현물계약과 차별화된다. 예를 들어 부동산 매매계약의 체결 후 이행기 도래전 부동산가격의 현저한 하락이 발생하여 그 하락폭이 계약금을 초과할 때, 매수인은 계약금을 포기하고 매매계약을 해제할 수 있는데 이는 손실폭을 줄이기 위한 것(소위 損切)이다. 이와 달리 이행기가 90일인 선물을 매수한 자가 매수 당일 반대매매(매도)하여 이익금이 10원 발생하였다면, 이행기의 도래와 관계없이 당일 장 종료 후 이러한 매수, 매도계약은 자동적으로 상계처리되며 반대매매자는 익일 바로 10원에 대한 현금지급청구권을 갖게 된다. 이 때에는 이익을 실현하기 위한 선물계약의 반대매매가 행해진 것이

18 매수인의 입장에서 볼 때, 2일 기초자산 가격은 100원에서 95원으로 5% 하락하였다. 그러나 증거금 기준으로는 자산(증거금 10원)의 50%에 상당한 손실이 발생하였다. 이를 레버리지 효과(leverage effect)라고 하는데, 기초자산의 가격은 단지 5% 하락하는데 그쳤지만 매수인은 10배의 레버리지를 사용하므로 원본 대비 50%의 손실이 발생한 것이다.

며, 반대매매의 법적 성격은 거래소를 상대방으로 한 원 계약의 해제로 보아야 하는 것이다.[19]

III. 옵션계약[20]

1. 총설

옵션계약은 당사자 중 일방인 매수인이 약정한 프리미엄을 지급하고 상대방인 매도인이 기초자산에 관하여 불확실하지만 당사자가 예정하였던 사건이 발생할 경우 일정한 급여를 지급할 것을 약정하는 계약으로서 보험계약과 상당히 유사하다고 할 수 있다.

옵션과 보험의 비교

비교의 대상	옵션매수인	보험계약자
권리취득의 대가	옵션프리미엄	보험료
권리행사 횟수	1회	1회 이상
권리행사 기준	행사가격	손해의 가액
보상금액 기준	행사가격과 시장가격의 차액	실손

콜옵션은 매수인이 매수포지션의 취득을 일방적으로 청구할 수 있는 형성권인데 반하여, 풋옵션은 매수인이 매도포지션의 취득을 일방적으로 청구할 수 있는 형성권이다. 한편 형성권의 행사시기를 기준으로 미국식옵션(American Option)과 유럽식옵션(European Option)으로 구분하기도 한다. 전자는 매수인이 옵션계약의 체결후 만기(이행기)까지 언제라도 형성권을 행사할 수 있는 것임에 비하여, 후자는 매수인이 옵션계약의 만기에만 형성권을 행사할 수 있는 것이다. 다음의 3에서 후술할 주식매수선택권, 즉 ELW(equity linked warrant)는 유럽식옵션의 대표적인 예가 될 것이다. 옵션계약에서는 권리행사의 기준인 행사가격의 개념이 매우 중요하다. 행사

19 박선종, 전게논문, 472-478면.

20 다음 III의 1과 2 부분은 박선종, 전게논문, 478-486면을 참조하였다.

가격이란 옵션계약의 매수인이 일방적으로 권리를 행사하였을 때 콜옵션(매수포지션)이나 풋옵션(매도포지션)을 취득하게 되는 기준가격을 의미한다.

행사가격이 시장가격보다 유리한 위치에 있는 옵션을 내가격옵션(in the money option, ITM)이라 하고, 행사가격과 시장가격이 동일한 옵션을 등가격옵션(at the money option, ATM)이라 하며, 행사가격이 시장가격보다 불리한 위치에 있는 옵션을 외가격옵션(out of the money option, OTM)이라고 하는데, 구체적인 예는 다음의 주식매수선택권을 참조하기 바란다.

2. 옵션의 구조

(1) 콜옵션 매수

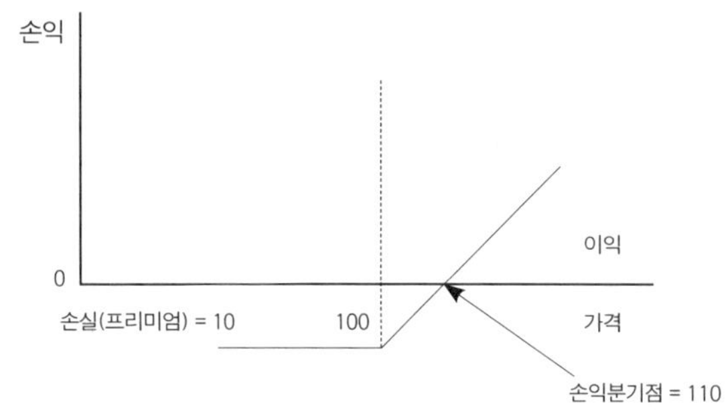

위에서는 콜옵션 매수자의 손익구조를 그림으로 보여주고 있다. 콜옵션 매수의 경우 10원의 프리미엄을 매도인에게 대가로 지급하므로 손익구조상 -10의 값을 나타낼 수 있지만 그 이하의 손실은 있을 수 없다. 왜냐하면 기초자산의 시장가격이 행사가격인 100원보다 아래에 있다면 이 때에는 외가격옵션에 해당하고 콜옵션의 매수자는 프리미엄의 손실만을 볼 뿐 그 이상의 손실을 감수하려고 하지는 않을 것이기 때문이다(즉 시장가격이 90원인 기초자산을 100원의 행사가격으로 매수하려는 권리자는 없을 것이다). 행사가격이 100원이라고 하더라도 시장가격이 110원 이상 올라야 콜옵션 매수자는 권리를 행사하게 될 것이다. 왜냐하면 시장가격이 105원일 때에는 행사가격보다 5원이 높은 상태이지만 콜옵션 매수 당시 지급하였던 프리미엄(10원)을 감안할 때 여전히 5원의 손실이 발생하므로 권리행사를 기대하기는 어려운 것이다. 그러나 시장가격이 110원 이상이 되면 옵션매수자는 권리를 행사함으로써 프리미엄 이상의 이익을 보게 될 것이므로 그래프는 100원을 지나 우상향하면서 손익분기점 110원을 통과하게 되는 것이다.

(2) 풋옵션 매수

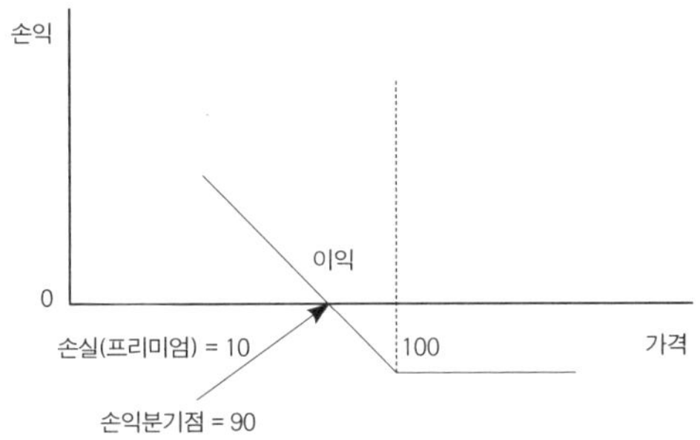

풋옵션 매수의 경우에도 역시 대가로서 프리미엄이 지급되므로 -10의 손실값을 보여주게 된다. 콜옵션과는 반대로 풋옵션매수자는 시장가격이 행사가격(100원)에서 프리미엄(10원)을 뺀 90원 이하로 낮아지면 낮아질 수록 무한대의 이익을 얻을 수 있다. 예를 들어 기초자산의 시장가격이 80원으로 떨어진 상태에서 풋옵션을 행사하면 기초자산을 80원에 사서 100원에 팔 수 있는 셈이 되므로 20원의 이익이 발생하는데 여기서 옵션매수대가인 프리미엄 10원을 빼면 10원의 차익이 발생하게 되는 것이다. 마찬가지로 70원으로 떨어지면 20원(행사가격-시장가격-프리미엄, 즉 100원-70원-10원)의 차익이 발생하고 50원으로 떨어지면 40원의 차익이 발생하는 것이다. 반대로 여전히 행사가격이 100원인 상태에서 기초자산의 시장가격이 110원으로 상승한다면 풋옵션매수자는 110원에 기초자산을 매수하여 100원에 매도하여야 할 것인데 이는 합리적인 경제인의 행동양식이 아니다. 즉 이때에는 이미 지급하였던 프리미엄의 손실 만을 볼 뿐 추가적인 손실을 감수하지 않을 것이다.

(3) 콜옵션 매도

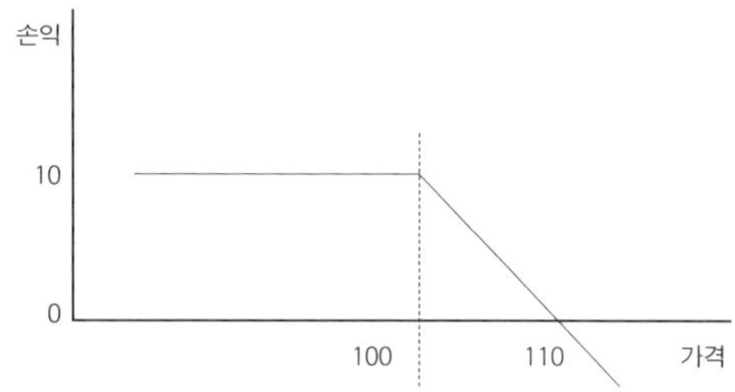

콜옵션 매도의 경우 10원의 프리미엄을 매수인으로부터 수령하므로 +10의 값을 보여주게 되지만, 콜옵션 매도자가 그 이상의 이익을 실현할 수는 없다. 왜냐하면 기초자산의 시장가격이 행사가격인 100원보다 아래에 있다면 이때에는 외가격옵션에 해당하고 콜옵션의 매수자는 프리미엄의 손실만을 볼 뿐 그 이상의 손실을 감수하려고 하지는 않을 것이기 때문이다. 그러나 기초자산의 시장가격이 120원으로 상승할 경우 콜옵션 매수자는 권리를 일방적으로 행사하여 차익(시장가격-행사가격-프리미엄, 즉 10원)을 실현하려고 할 것이므로, 콜옵션 매도자는 10원의 손실을 보게 된다. 따라서 행사가격과 프리미엄을 합산한 110원 이상 시장가격이 상승할 경우 콜옵션매도자는 비례적으로 무한대의 손실을 보게 되므로 그래프는 100원을 지나 우하향하면서 손익분기점 110원을 통과하는 것이다.

(4) 풋옵션 매도

풋옵션 매도의 경우에도 역시 대가로서 프리미엄을 수령하므로 +10의 값을 보여주게 된다. 풋옵션 매수자가 시장가격이 행사가격(100원)에서 프리미엄(10원)을 뺀 90원 이하로 낮아지면 낮아질수록 무한대의 이익을 얻을 수 있으므로, 풋옵션 매도자는 동 가격대에서 기초자산의 시장가격이 0원에 가까워질수록 무한대의 손실을 보게 된다. 그렇지만 시장가격이 0원에서 점차 상승할수록

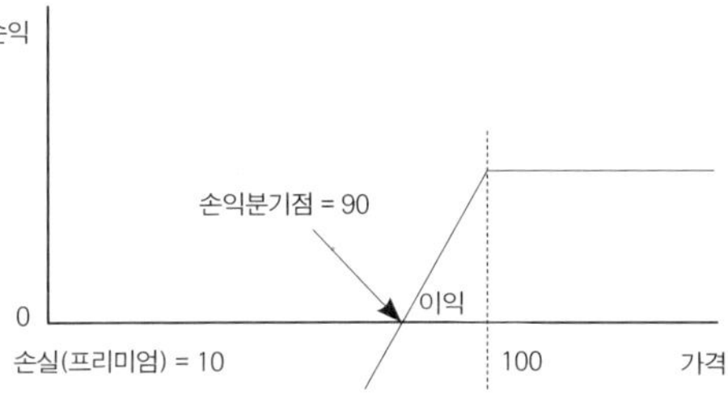

손실 폭이 줄어들고 시장가격이 90원을 지나 상승할수록 이익이 발생하는 손익구조를 나타내므로 그래프는 우상향하게 된다. 시장가격이 110원으로 상승하였다면 풋옵션 매수자가 110원에 기초자산을 매수하여 이를 풋옵션 매도자에게 10원의 손실을 보면서 100원에 매도한다는 것은 상식에 반하므로 풋옵션 매수자는 권리를 행사하지 않을 것이므로 풋옵션 매도자는 10원의 프리미엄이라는 이익만을 향유하게 된다.

(5) 옵션의 합성과 선물계약

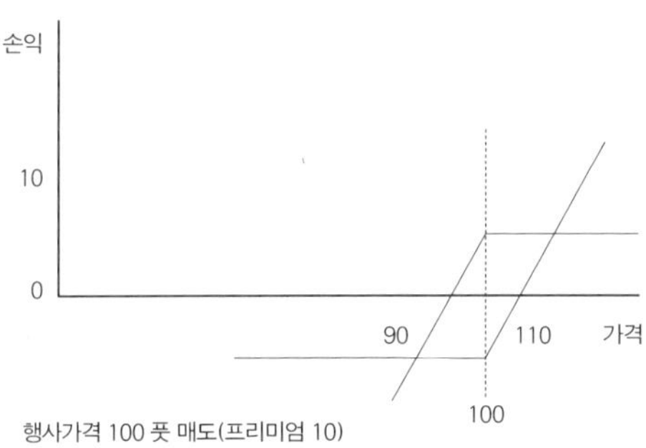

행사가격 100 풋 매도(프리미엄 10)
행사가격 100 콜 매수(프리미엄 10)

옵션계약에서는 손실의 최대값은 확정하고 기대수익의 최대값은 이론적으로 무한대로 하는 계약도 가능한데, 2008년 말부터 문제되었던 KIKO(knock-in knock-out)도 이러한 옵션의 합성물로 설명할 수 있다. 옵션과 옵션을 합성할 경우 가격의 변동이 전혀 없음에도 불구하고 손익을 창출할 수 있는데, 다음의 그림을 참조하기 바란다. 즉 100원의 동일한 행사가격을 갖는 풋옵션을 매도하고 콜옵션을 매수할 경우, 위의 (가)와 (라)의 그래프가 합성되면서 행사가격을 손익분기점(break even point)으로 하는 합성매수포지션이 창출된다. 이 합성에 의할 경우 마치 선물계약을 한 것과 동일한 그래프가 창출되는데, 그 때문에 "모든 파생상품은 옵션의 변형에 기초한다(all financial derivatives are based on variants of the option)"는 주장조차 발견되는 것이다.

(6) 매도 스트래들(Short Straddle)

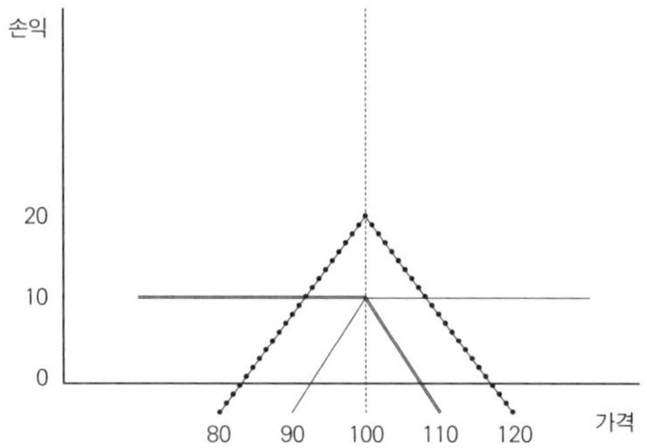

행사가격 100 풋 매도(프리미엄 10)
행사가격 100 콜 매수(프리미엄 10)

옵션을 합성할 경우 시장가격이 제 자리에 있으면 최대의 이익이 발생하는 손익구조의 창출이 가능하다. 즉 만기가 일치하고 행사가격이 동일한 콜옵션과 풋옵션을 동시에 매도하면, 위의 (다)와 (라)의 그래프가 합성되면서 시장가격과 행사가격이 100원으로 일치하는 경우 최대의 이익 20원(10원+10원)이 발생하는 손익구조가 창출되는데, 이러한 옵션의 합성을 매도 스트래들(short straddle)이라고 한다.

(7) 매도 스트랭글(Short Strangle)

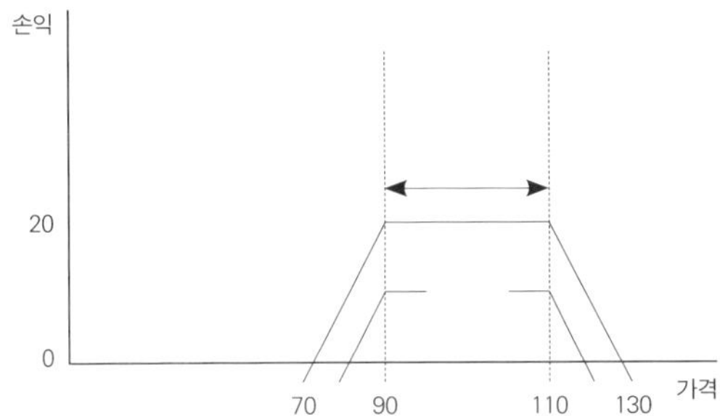

이와 대조적으로 스트랭글은 상이한 행사가격의 콜옵션과 풋옵션을 합성한 것이다. 예를 들어 행사가격 90원인 풋옵션을 프리미엄 10원에 매도하고 행사가격 110원인 콜옵션을 프리미엄 10원에 매도하면 손익분기점은 각각 70원과 130원이 되며 90원과 110원 사이의 구간에서 최대 이익인 20원이 발생하는 손익구조를 갖는 매도 스트랭글(short strangle)이 창출되는 것이다.

3. 콜옵션의 예: 주식매수선택권(stock call option)

주식매수선택권은 1997년 구 증권거래법에 최초로 도입한 후, 1999년부터 상법 제340조의2에 규정되어 있다. 주식매수선택권이란 회사가 정관이 정하는바에 따라 주주총회의 특별결의로서 회사의 설립·경영과 기술혁신 등에 기여하거나 기여할 수 있는 회사의 이사·감사 또는 피용자에게 미리 정한 가액으로 신주를 인수하거나 자기의 주식을 매수할 수 있는 권리를 부여하는 것이다. 이는 기업 임직원을 위한 보상제도의 일종으로 볼 수 있는데, 경영성과에 따른 성과급보수를 자본이득의 형태로 받는 것이라고 할 수 있다. 매수선택권이 있는 임직원은 행사기간 내에 주가가 행사가격보다 상승하는 경우 권리를 행사하여 주식을 취득한 후 매각함으로써 주가의 상승에 의한 이익을 얻게 된다. 예를 들어 현재 시가 1만원의 기초자산인 주식을 2년 후 1만 5천원에 2만주를 취득할 수 있는 옵션보유자는 2년 후 주가가 2만원으로 상승하였다면(내가격옵션, 즉 ITM에 해당) 자신의 매수할 수 있는 권리를 행사하여 취득한 주식을 2만원에 매각함으로써 5,000원 × 2만주(1억원)의 이익을 얻을 수 있다.

주식매수선택권은 회사의 승낙을 요하지 않고 일방적으로 행사할 수 있는 권리로서 형성권이다. 참고로 이사에게 부여하는 주식매수선택권이 상법 제388조의 이사의 보수에 해당하는지에 대한 논란이 있을 수 있지만 해당하지 않는다고 본다. 왜냐하면 주식매수선택권은 제3자에게 양도할 수 없고 장래의 주가가 위의 예에서와 같이 행사가격보다 항상 높을 것이라고 보장할 수 없기 때문이다. 예를 들어 만일 2년 후의 주가가 8천원으로 하락(외가격옵션, 즉 OTM에 해당)하였다면 옵션보유자인 이사는 주식매수선택권을 행사하지 않을 것이다. 옵션보유자는 행사할 권리는 있어도 반드시 행사하여야 할 의무는 없는 것이다. 이때에는 주식매수선택권을 취득하면서 대가로 지급하였던 premium(여기서는 노력봉사)만의 손실을 보게 된다. 이렇게 주식매수선택권을 보수로 볼 수 없다면 당연히 주식매수선택권 부여에 있어서 상법 제388조의 보통결의는 필요하지 않게 된다. 더욱이 주식매수선택권의 부여는 주주총회의 특별결의사항이라는 점에서 보수인지 여부에 대한 논의의 실익은 없다고 판단된다.

주식매수선택권은 기업과 당해 임직원의 이해관계를 일치시키기 위하여 고안된 제도라고 할 수 있는데 1990년대 이후 널리 사용되고 있다. 경영자는 주주로서의 지위도 갖기 때문에 주주에게 최선의 이익이 되는 방향으로 경영권을 행사하게 된다. 유사한 것으로 우리사주조합제도가 있지만 이는 종업원만을 대상으로 한다는 점에서 주로 임원들에게 부여되는 주식매수선택권과는 차별화된다.

주식매수선택권의 부여절차는 다음과 같다. ① 첫째, 주식매수선택권을 부여하려면 정관에 미리 근거규정이 마련되어야 한다. 그리고 일정한 경우에는 이사회의 결의로 선택권의 부여를 취소할 수 있다는 내용을 정관에 삽입할 수도 있다(상법 제340조의3 제1항). ② 둘째, 회사는 정관이 정하는바에 따라 주식매수선택권을 부여하기 위하여 주주총회의 특별결의를 거쳐야 한다(상법 제340조의2 제1항). 주주총회의 특별결의는 구체적인 주식매수선택권 부여의 권한을 이사회에게 수여하는 것이라고 할 수 있다. 상장법인에 대해서는 특칙이 있다. 즉 주권상장법인 또는 코스닥상장법인은 발행주식총수의 20/100 범위 내에서 주식매수선택권을 부여하는 경우 정관규정 및 특별결의가 필요하나, 10/100 범위 내에서 주식매수선택권을 부여하는 경우에는 이사회의 결의만 있으면 되는 것이다(상법 제542조의3 제3항). 이 때문에 상장법인에 대해 주식매수선택권의 부여 요건을 너무 완화한 것이 아닌가 하는 의문도 있다. ③ 셋째, 회사는 주식매수선택권을 부여하려는 임직원과 계약을 체결하고 상당한 기간 내에 계약서를 작성하여야 하며, 회사는 이 계약서를 주식매수선택권의 행사기간이 종료할 때까지 본점에 비치하고 주주로 하여금 영업시간 내에 열람할 수 있도록 하여야 한다(상법 제340조의3 제3항·제4항).

상법상 회사가 주식매수선택권을 부여할 수 있는 대상은 발행회사의 이사와 감사 및 피용자이다. 여기서 감사도 대상이 된다는 것은 매우 이례적이다. 왜냐하면 주식매수선택권은 사실상 경영성과에 대한 대가로서의 성격이 짙은데 감사의 직무는 이와 관련 없기 때문이다. 이 때문에 외국의 입법례에서는 감사를 대상에서 제외하는 것이 보통이라고 한다. 한편 상장회사의 경우 상법 제542조의3 제1항은 관계회사의 임직원도 부여대상에 포함시키고 있지만 지나치게 범위를 확대하였다는 점에서 합리성을 결여한다고 본다.[21] 피부여자는 주주총회의 결의에 의하여 특정되어야 하고, 일률적으로 그 범위를 정해서는 안된다. 예컨대 우리사주조합에게 주식매수선택권을 부여한다는 결의는 유효하지 않다. 의결권 없는 주식을 제외한 발행주식총수의 10/100 이상을 보유한 대주주, 이사·감사 선임과 해임 등 회사의 주요경영사항에 사실상 영향력을 행사하는 자, 배우자, 직계 존·비속 등은 주식매수선택권을 부여받을 수 없다. 한편 정관에 미리 규정을 둔 경우에는 이사회의 결의로도 주식매수선택권의 부여를 취소할 수 있으므로, 실제로 주식매수선택권을 부여받는 대상은 좁아지게 될 것이다.

주식매수선택권의 부여방식에는 다음과 같은 3가지가 있다. ① 첫째, 자기주식교부방식이다. 회사는 자기주식을 취득할 수 있으므로, 이러한 자기주식을 가지고 주식매수선택권의 행사에 응할 수 있다. 그런데 자기주식의 취득금액은 이익배당가능액을 한도로 하므로, 최종대차대조표상 배당가능이익이 없는 회

21 동지: 이철송, 「회사법강의」, 박영사, 2008, 541면.

사는 자기주식교부방식을 채택할 수 없다. 회사는 주식매수선택권자를 위하여 취득한 자기주식을 권리행사기간 중 보유하고 있어야 하며, 행사가격의 급락 등으로 주식매수선택권자가 권리를 행사하지 않는다면 회사는 권리행사기간 경과 후 상당한 시기에 자기주식을 처분하여야 한다. 이 방식은 회사가 미리 자기주식을 매수하여 보유하여야 하므로, 회사의 자금이 고정화되고 주가하락위험을 회사가 부담한다는 문제점이 있다. 또한 주가상승에 의한 이익은 임직원에게만 귀속되고 회사는 아무런 이익이 없다는 특징을 갖는다. ② 둘째, 신주교부방식이다. 옵션보유자에게만 신주를 발행하므로, 광의의 신주발행이지만 주주의 신주인수권은 제한된다는 특색을 갖는다. 앞의 자기주식교부방식과는 달리 재원에 대한 규제가 없으므로 배당가능이익이 없더라도 주식매수선택권을 부여할 수 있다. 회사는 자금조달에 대한 부담이 없고 주가하락위험도 감수할 필요가 없지만, 임직원에 대한 신주발행으로 발행주식총수가 증가되어 다른 주주들이 보유한 주식의 가치가 희석(dilution)될 수 있다는 문제점이 있다. ③ 셋째, 주가차액보상방식으로서 앞의 2가지 방식과 달리 행사가액과 시가와의 차액을 현금 또는 자기주식으로도 교부할 수 있으므로 절충적인 방식이라고 할 수 있다. 주식매수선택권의 행사로 주식을 취득할 때에 주금을 납입할 필요가 없고 거꾸로 현금의 지급을 받을 수 있다는 특색이 있다.

마지막으로 특기할 만한 사항으로서 주식매수선택권의 양도는 불가능하나 상속은 가능(다만 생전증여는 불가능)하다는 점을 유념하여야 한다. 그리고 주식매수선택권은 이에 관한 주주총회결의일로부터 2년 이상 재임 또는 재직하여야 행사가능하다는 기간적인 제한을 받는다(상법 제340조의4). 만일 임원들에게 주식매수선택권을 부여할 당시에 회사가 재임요건을 임의로 단축하였다면 그 사법상의 효력이 문제될 수 있다. 앞에서 언급하였듯이 주식매수선택권은 일정 기간 근무하는 것을 조건으로 하는 경영성과에 대한 보수이므로, 법률의 규정보다 기간을 단축하는 약정은 무효이다.

4. 옵션과 파생결합증권의 관계

개정 자본시장법 제4조 제7항 제2호는 옵션을 파생결합증권에서 제외하면서,

다시 제5조 제1항 각호 외의 단서 부분에서 정하는 금융투자상품, 즉 투자매매업자가 발행하는 워런트증권과 상법에 의한 신주인수권증서와 신주인수권증권을 옵션에 해당하지 않는 것으로 규정하고 있다.

사실 파생상품 중 옵션을 취득하는 경우 프리미엄 이외에 추가로 지급할 의무가 없다는 점에서 개념적으로 자본시장법상 증권을 취득하는 경우에 해당할 수 있다. 왜냐하면 자본시장법 제4조 제1항에 의하면 투자자가 기초자산에 대한 매매를 성립시킬 수 있는 권리를 행사하게 됨으로써 부담하게 되는 지급의무는 추가지급의무에서 제외되기 때문이다. 만일 옵션이 증권에 해당한다면 기초자산의 가격에 연계하여 수익이 결정되므로 파생결합증권에 해당한다는 논리 전개가 가능해진다. 이 때문에 개정 자본시장법은 옵션이 파생결합증권에서 제외된다는 점을 명시한 것이다. 따라서 개정 자본시장법상 옵션과 파생결합증권의 관계를 정리하면, 원칙적으로 옵션은 파생결합증권은 아니지만, 인가받은 투자매매업자가 발행한 ELW와 DLW(옵션과 매우 유사한 금융투자상품)는 파생결합증권에 해당한다.

Ⅳ. 스왑계약[22]

1. 의의

스왑계약이란 두 당사자가 cash flow를 교환하는 계약을 의미하는데, 특히 의미를 갖는 것은 교환되는 cash flow가 통화나 금리결정방식이 다른 때이다. 스왑계약에 따른 스왑거래는 계약기간 중에 발생하는 (통화, 금리면에서 차이가 있는) cash flow를 합의된 공식에 따라 교환하도록 되어 있다. 교환의 당사자들은 특정 통화나 금리결정방식에 특별한 수요를 갖는 것이 보통이다.

22 다음은 김건식, 「스왑거래에 관한 법적 연구」, 한국금융연구원, 1997, 8-12면을 참조하였다.

2. 종류

(1) 통화스왑계약

통화스왑계약이란 이종통화의 채권을 교환하는 것과 마찬가지의 효과를 가져오는 계약을 말한다. 예를 들어 X회사는 런던시장에서 지명도가 높기 때문에 사채를 영국 파운드화로 발행하면 연리 7.4%에 기채가 가능하다. 그러나 X회사가 현재 필요한 것은 스위스 프랑화이다. 스위스에서 기채하는 경우에는 금리가 7.60%로 높아지게 된다. 한편 Y회사는 스위스시장에서는 지명도가 높아서 7.25%에 사채발행이 가능하지만 현재 필요한 것은 파운드화이다. Y회사는 런던시장에서는 7.75%를 지급해야 한다. 이처럼 兩社는 각각 신용을 높이 평가받지 못하는 시장에서 기채할 수밖에 없는 상황이다. 그러나 스왑거래를 이용하는 경우에는 이러한 불리한 상황을 극복하여 각자의 신용도에 걸맞는 유리한 조건으로 자금조달하는 것이 가능하다.

먼저 X회사는 런던시장에서 기채하고 Y회사는 스위스시장에서 기채하여 서로의 債務를 교환한다고 하자. 즉 X회사는 취득한 파운드화원본을 Y회사에 인도하고 Y회사는 스위스프랑화원본을 X회사에 인도한다. 그리고 나서 X회사는 스위스프랑화원본에 대한 연7.25%의 이자를 지급하고 Y회사는 파운드화원본에 대한 연7.4%의 이자를 원화로 X회사에 지급한다. 만기가 도래하면 X회사는 Y회사에 스위스프랑화원본을, Y회사는 X회사에 파운드화원본을 각각 지급한다. 각 회사는 그것으로 각자의 채무를 변제한다. 이러한 거래를 통해서 양사는 각각 연 0.35%의 金利를 절약할 수 있다.

(2) 금리스왑계약

금리스왑계약이란 통화는 동일하지만 금리결정방식이 다른 복수의 채권을 상호 교환하는 것과 마찬가지의 효과를 가져오는 계약을 말한다. 예를 들어 A은행은 신용도가 높기 때문에 固定金利附社債를 발행하는 경우에는 年利 10%에도 기채가 가능하다. 그러나 현재는 변동금리대출자금을 구하기 위해서 변동금리로 차입하고자 한다. 이때의 차입금리는 LIBOR + 0.25%이다. 한편 B회사는 설비투자를 위하여 장기자금이 필요하지만 아직 신용도가 낮아서 고정금리의

사채를 발행하는 경우 연 12%를 지급하지 않으면 아니된다. 변동금리로 차입하는 경우에 금리는 LIBOR + 0.75%이다. 그러나 이미 변동금리의 차입을 많이 하고 있기 때문에 금리의 고정화를 위하여 사채발행으로 자금을 조달하고자 한다. 이러한 경우 A은행은 저금리로 기채할 수 있는 능력이 있지만 그것이 활용되지 못하고 B회사는 변동금리라면 A은행보다 0.5%만 더 지급하면 차입이 가능함에도 결국 A은행보다 2%나 높은 금리로 자금조달을 하게 된다. 그러나 다음과 같이 스왑거래를 이용하면 이들 양자는 서로의 장점을 활용하여 금리의 부담을 줄일 수 있다.

먼저 A은행은 10%에 사채를 발행하고 B회사는 LIBOR + 0.75%의 금리로 차입을 한다. 그리고 나서 서로간에 상대방의 利子支給義務를 부담하기로 한다. 즉 B회사는 A은행에 고정금리에 기한 이자를 지급하고 A은행은 그 금액으로 사채에 대한 이자를 지급한다. 반면에 A은행은 B회사에 변동금리로 이자를 지급하고 B회사는 그 금액을 받아 자신의 利子債務를 변제한다. 그러나 A은행이 10%의 이자를 받으면서 B회사에 LIBOR + 0.75%의 이자를 지급해야한다면 자신이 변동금리로 차입하는 것보다 불리할 것이므로 이러한 거래는 성립할 수 없을 것이다. 만약 B회사는 A은행에 10%가 아니라 11.25%를 지급한다면 서로 유리한 거래가 성립할 수 있다. 이 경우 B회사는 금리부담을 0.75% 줄일 수 있다. 한편 A은행은 B회사에 LIBOR + 0.75%의 이자를 지급해야 하지만 B회사로부터 받은 이자로부터 1.25%를 남길 수 있으므로 변동금리로 자금조달하는 경우보다 0.75%의 금리를 절약할 수 있게 된다.

V. 파생상품과 도박

1. 총설

자본시장법의 제정 당시부터 파생상품과 도박을 어떻게 구분할 것인가에 대해 논란이 많았다. 도박은 당사자가 서로 재물을 걸고 우연한 승부에 의하여 그 재물의 득실을 결정하는 것이므로 우연성과 예측불가능성을 갖는다. 파생상품도 기초자산의 가격을 기초로 손익이 결정되는 금융상품인데 그 기초자산의 변동 결과를 객관적으로 예측할 수 없어서 우연성과 예측불가능성을 갖는다는 점에서는 도박과 구분할 수 없기 때문이다.

자본시장법 제10조 제2항은 금융투자업자가 금융투자업을 영위하는 경우에는 도박죄를 규정한 형법 제246조를 적용하지 않는다고 규정함으로써, 장외파생상품 거래에 대해 도박죄의 적용을 배제하고 있다. 그 때문에 장외파생상품 거래에 참여하는 자는 형사처벌되지 않으며 동 거래의 사법상 효력도 인정되는 것이다. 만일 적법한 장외파생상품에 해당한다고 판단하여 거래에 참여했으나 동 거래가 자본시장법상 허용하는 금융투자업에 해당하지 않는다면 어떻게 되는가?

2. 관련 판례(대법원 2015. 9. 10. 선고 2012도9660 판결)

(1) 사실관계 및 거래의 구조

FX마진거래(FX Margin Trading)[23]는 환율변동을 이용하여 시세차익을 얻는 거래로서, 예컨대 미국달러와 한국원화의 교환비율이 1:1,000일 때 미국달러를 매수하여 보유하던 중 환율 변동으로 그 교환비율이 1:1,010원으로1% 상승할 경우 매수자는 10원의 이익을 얻게 된다. 피고인이 가입한 FX마진거래는 영국파운드화(GBP)와 호주달러(AUD)를 통화쌍으로 한 환율변동을 대상으로 하고, 기본계약단위가 미화 100,000달러로 이를 1랏이라고 하는데, 위 상품을 구입하기 위하여는 거래증거금으로 위 금원의 5%인 미화 5,000달러를 현금으로

23 FX마진거래는 현실적인 통화교환을 예정하지 않으며, 레버리지를 이용한 외화의 매매를 가정하여 예상원본을 제외한 차익 또는 차손을 목표로 하고 시세의 변동에 따라 실제의 손익규모가 크게 달라진다. FX마진거래는 차액결제를 예정하고 있어 상대거래의 일방이 차액을 수취하고(차익), 다른 일방이 차액을 지급(차손)한다. 이와 같이 금융투자업자는 고객에 대해 환리스크를 부담하기 때문에 파산의 위험성을 항상 떠안고 있다. 또한 FX마진거래는 환율변동에 따른 차익, 차손 외에 교환되는 통화인 금리차이에 따른 금액의 교환이 동시에 이루어진다. 투자자와 금융투자업자 사이의 상대거래임에도 불구하고 거래할 때에 투자자가 업자에게 수수료를 지급하는 경우가 많으며, 거래당일 중에 보유 포지션을 청산하지 않고 다음날 이후로 계속해서 유지하고자 하는 경우, 포지션을 롤오버(연장)해야 한다. 거래종결시 기준통화 매도가격에서 기준통화 매수가격을 차감한 후 거래단위(100,000단위)를 곱하여 거래손익 계산하며, 고객이 보유한 포지션은 일반적으로 현물을 인수도 하는 것이 없이 반대매매를 통해 청산되며, 청산되지 않은 미결제포지션은 다음 영업일로 자동적으로 롤오버된다. 박임출, "FX마진거래 규제의 법적 과제", 「상사판례연구」 제24집 제4권, 2011, 5면.

납입하고 나머지 95%인 미화 95,000달러는 국제선물회사로부터 이자납부를 조건으로 차입하는 형태이다. 이와 같이 투자자들이 총 투자금액에 비하여 낮은 비율의 거래증거금(5%)만을 납입하고 큰 규모의 금원을 투자함으로써 소폭의 환율변동만으로도 실제로 납입한 거래증거금의 대부분을 잃게 되는 결과가 발생한다.

피고인이 운영하는 ○○ 사업은 위와 같이 FX마진거래를 할 경우 고액의 증거금과 차입한 미화 95,000달러의 이자에 관한 비용 등 거래비용이 높아 소액투자자가 쉽게 접근할 수 없다는 점에 착안하여 1랏을 0.1랏, 0.2랏 등 작은 단위로 쪼개어, 인터넷상으로 불특정다수를 상대로 회원을 모집하여 회원으로부터 100,000원을 받고 피고인이 이미 확보한 FX마진거래 포지션("매수"는 영국파운드화를 매수하고 호주달러를 매도하는 것, "매도"는 영국파운드화를 매도하고 호주달러를 매수하는 것) 중 1개를 선택하게 한 후, 환율 변동으로100,000원의 이익이 나거나 100,000원의 손실이 나는 것을 각 상한과 하한으로 설정하여 자동적으로 거래가 종료되도록 하고, 이익이 나는 경우 고객으로부터 받았던 100,000원에 발생한 이익에서 그 10%를 공제한 나머지 90,000원(=100,000원- 100,000원×0.1)을 더한 190,000원을 지급하고, 손실이 나는 경우 고객으로부터 받은 100,000원을 발생한 손실 100,000원에 충당하고 고객에게는 아무런 금원도 지급하지 않는다.

고객이 피고인 회사가 운영하는 홈페이지에 접속하여 영국파운드화(GBP)를 호주달러(AUD)로 매수 또는 매도하는 포지션 중 어느 한쪽을 선택한 후 피고인이 지정하는 계좌로 렌트 사용료를 입금하게 되면 그 후 사전에 약정한 일정폭의 환율 변동에 따라 자동으로 거래가 종료되면서, 고객이 이미 지급한 렌트 사용료를 포기하거나 또는 피고인이 고객에게 위 렌트 사용료에다가 다시 렌트 사용료의 90%를 더해 지급하기로 하는 거래로서 다음의 구조도(158쪽 도판)와 같다.

즉, 미화 5,000달러를 거래증거금으로 납입하고 미화 100,000달러 규모의 영국파운드화를 매입하는 FX마진거래를 체결하는 경우, 매입하는 영국파운드화의 상대가치가 1% 하락(호주달러화 상승)하면 1%의 변동으로 투자자가 실제

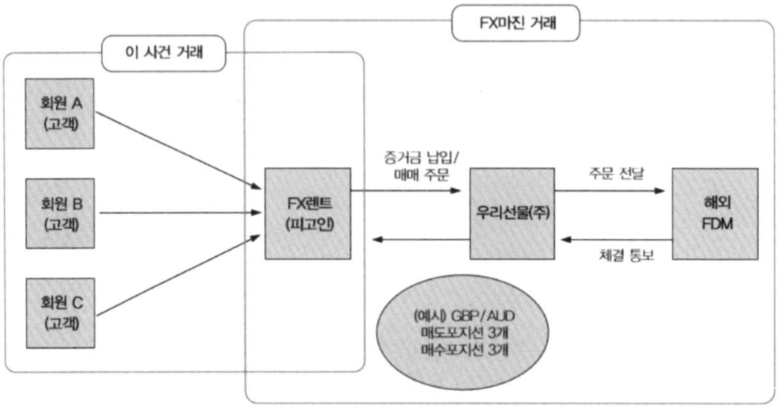

로 납입한 금원, 즉 거래증거금의 20%에 달하는 미화 1,000달러(=미화100,000달러 × 0.01)를 잃게 되는 것이다.

(2) 원심의 판단(서울북부지방법원 2012. 7. 18. 선고 2012노68 판결)

피고인이 고객과 한 거래는 피고인과 고객 간의 사전 약정에 의하여 고객이 피고인에게 10만원을 지급하고 영국파운드화와 호주달러를 기초자산으로 하여 그 환율이 변동됨으로써 이익이 발생하는 경우 그에 따른 이익금을 받을 수 있는 권리를 부여받되 일정한 규모의 이익이 발생하는 경우 자동적으로 거래가 종료되고 그 이익금 중 피고인에게 그 이익의 10%를 지급한 후 나머지 이익을 지급받고 손실이 발생하는 경우에는 위와 같은 권리를 포기하기로 약정한 것에 해당하므로 이는 자본시장법 제5조 제1항 제9호의 파생상품에 해당한다. 그런데 피고인은 금융투자업인가를 받지 아니하고 이익을 목적으로 자신의 계산으로 고객들을 상대로 위와 같은 파생상품의 매도를 영업으로 하였으므로 자본시장법위반의 죄책을 진다고 판시하였다.

(3) 대법원의 판단

대법원은 "① 이 사건 거래는 고객이 1회에 지불하는 돈이 10만원 이하의 소액일 뿐만 아니라 거래 시간도 길어야 몇 시간에 불과한 것이어서, 그 속성상 투기

목적으로만 이용될 수 있을 뿐이고 환율 변동의 위험을 회피하는 경제적 수단으로는 사용될 수 없는 구조인 점, ② 이러한 거래 구조와 이 사건 참여자들의 의사 등에 비추어 볼 때 위 거래는 투자자 보호라든지 금융투자업의 육성·발전과는 하등의 관계가 없어 보이는 점, ③ 위 거래에서 피고인이 고객에게 지급하기로 한 돈, 즉 렌트 사용료에다가 다시 렌트 사용료의 90%를 더한 돈은 '사전에 미리 약정한 돈'에 불과하지, 구 자본시장법 제5조 제1항 제1호나 제2호의 '기초자산의 가격이나 지수 등에 의하여 산출된 금전'이라고 할 수 없는 점, ④ 일반적으로 옵션 매수인은 기초자산의 가격이 유리하게 움직이면 권리를 행사하여 가격 변동에 따른 이익을 실현하고, 반대로 기초자산의 가격이 불리하게 변동하면 권리행사를 포기하게 되므로, 구 자본시장법 제5조 제1항 제2호의 옵션거래에서 옵션 매수인의 이익은 무제한인 반면 손실은 프리미엄(옵션거래에서 옵션 매수인이 사거나 팔 수 있는 권리를 취득하는 대가로 옵션 매도인에게 지불하는 것)으로 한정되는 특징이 나타나는데, 이 사건 거래는 고객이 렌트 사용료의 90%의 이익을 얻거나 아니면 렌트 사용료 상당의 손실을 입는 구조로서 앞서 본 일반적인 옵션거래의 손익구조에 부합하지 않을 뿐만 아니라, 위 거래에서 고객이 입을 수 있는 손실은 고객이 얻을 수 있는 이익을 상회한다는 점에서 위 렌트 사용료를 프리미엄이라고 볼 수 없는 점, ⑤ 또한 위 거래는 단시간 내에 종료되는 것으로 구 자본시장법 제5조 제1항 제1호에서 말하는 '장래'의 특정 시점에 인도할 것을 약정한 것이라고도 볼 수 없는 점 등을 종합하면, 이 사건 거래는 10만원 이하의 소액을 걸고 단시간 내에 환율이 오를 것인지 아니면 내릴 것인지를 맞추는 일종의 게임 내지 도박에 불과할 뿐, 구 자본시장법 제5조 제1항 제1호나 제2호의 파생상품에 해당한다고는 볼 수 없다. 그리고 위 거래가 같은 법 제5조 제1항 제3호의 파생상품이나 제4조의 증권에 해당하지 않음은 그 문언상 분명하다"고 판시하면서 원심판결을 파기하였다.

(4) 문제점

대법원은 이 사건 거래가 단시간 내에 종료되는 것으로서 자본시장법 제5조 제1항 제1호에서 말하는 장래의 특정 시점에 인도할 것을 약정한 것으로 볼 수 없다고 적시하였다. 그러나 이 사건 거래는 환율이 0.1퍼센트 변동되는 시점에 환율 변동에 의하여 산출되는 금전을 수수하기로 하는 약정이고 렌트사용료는 환율이 불리하게 변동할 경우 고객이 지불해야할 금전을 미리 지급 한 것에 불과하므로 자본시장법 제5조 제1항 제1호의 선도거래에 해당한다고 볼 여지도 있다. 더욱이 이 거래가 자본시장법의 금융투자상품에 해당하지 않고 게임 내지 도박에 불과하다고 판시하였는데, 이렇게 해석할 경우 이러한 상품에 투자한 투자자는 졸지에 도박죄의 피의자로 전락할 수도 있는 문제점이 있다.

한편 이 사건 거래와 유사한 사안으로서 대법원 2013. 2. 15. 선고 2012도12829 판결은 피고인이 증거금을 납입하여 증권 계좌를 개설한 후 회원 들로 하여금 위 증권 계좌를 통하여 선물·옵션 거래를 하게 해주고 증거금에 대한 이자와 계좌 이용 수수료 명목으로 돈을 받은 사안에 관한 판결인데, 대법원은 피고인이 일반투자자들과 증권회사 사이를 연결하는 역할을 함으로써 무인가 투자중개업을 한 것으로 보았다. 즉, 선물계좌를 대여하는 방식으로 FX마진거래를 한 사안에 대해 장외파생상품 거래를 한 것으로 보아 자본시장법을 적용한 것이다. 이처럼 FX마진거래나 선물거래와 관련하여 판례는 동 거래가 금융투자상품의 거래에 해당하는지 여부, 그리고 해당한다면 자본시장법을 적용할 수 있는지 여부 등에 있어서 다소 명확한 기준을 제시하지 않고 있는 듯 하다. 그런데 파생상품거래에 해당하지 않는다고 판단할 경우 바로 도박죄 및 도박개장죄로 처벌해야 하는 문제가 발생하므로 판례는 이와 관련하여 명확한 기준을 제시하여야 한다고 본다.

VI. 장외파생상품 청산제도

1. 의의

글로벌 금융위기 이후 장외파생상품의 중앙청산소를 도입하여야 한다는 논의가 봇물을 이루었다. 자본시장의 위험성을 제어하기 위한 각종 금융규제가 G20· FSB 뿐만 아니라 개별 국가에서도 이미 논의·도입되는 추세였는데, 미국은 도드-프랑크법에서 그리고 일본은 금융상품거래법에서 중앙청산소를 법제화하였다.

2013년 자본시장법은 제323조의2 이하에서 장외파생상품의 중앙청산소로서 금융투자상품거래청산회사를 신설하였다. 제9조 제25항에 의하면 금융투자상품거래청산업이란 "금융투자업자 및 대통령령으로 정하는 자(이하 "청산대상업자"라 한다)를 상대방으로 하여 청산대상업자가 대통령령으로 정하는 금융투자상품의 거래(이하 "청산대상거래"라 한다)를 함에 따라 발생하는 채무를 채무인수, 경개(更改), 그 밖의 방법으로 부담하는 것을 영업으로 하는 것을 말한다."

자본시장법시행령 제14조의2 제2항에 의하면 청산대상거래에는 ① 장외파생상품의 거래, ② 법 제166조에 따른 증권의 장외거래로서, 환매조건부매매, 증권의 대차거래, 채무증권의 거래(환매조건부매매와 증권의 대차거래는 제외), ③ 수탁자인 투자중개업자와 위탁자인 금융투자업자 또는 청산대상업자 간의 상장증권(채무증권은 제외한다)의 위탁매매거래가 포함된다.

2. 인가

자본시장법 제323조의3 제1항에 의하면 금융투자상품거래청산업을 영위하려는 자는 청산대상거래 및 청산대상업자를 구성요소로 하여 대통령령으로 정하는 업무 단위(이하 "청산업 인가업무 단위"라 한다)의 전부나 일부를 선택하여 금융위원회로부터 하나의 금융투자상품거래청산업인가를 받아야 한다. 동조 제2항은 인가를 받기 위해 다음의 요건을 갖추어야 한다고 규정하는데, 더욱 상세한 요건은 동법시행령 제318조의3에 규정되어 있다.

1. 상법에 따른 주식회사일 것
2. 청산업 인가업무 단위별로 200억원 이상으로서 대통령령으로 정하는 금액 이상의 자기자본을 갖출 것
3. 사업계획이 타당하고 건전할 것
4. 투자자의 보호가 가능하고 그 영위하려는 금융투자상품거래청산업을 수행하기에 충분한 인력과 전산설비, 그 밖의 물적 설비를 갖출 것

5. 정관 및 청산업무규정이 법령에 적합하고 금융투자상품거래청산업을 수행하기에 충분할 것
6. 임원이 제24조에 적합할 것
7. 대주주(제12조 제2항 제6호 가목의 대주주를 말한다)가 충분한 출자능력, 건전한 재무상태 및 사회적 신용을 갖출 것
8. 대통령령으로 정하는 사회적 신용을 갖출 것
9. 이해상충방지체계를 구축하고 있을 것

3. 청산의무거래

G20에서 합의된 사항을 개정 자본시장법은 그대로 반영하였는데, 해당 거래에 따른 채무불이행이 국내 시장에 중대한 영향을 줄 우려가 있는 장외파생상품 매매에 대해서는 청산회사를 통한 청산을 반드시 의무화하고 있다.

즉 자본시장법 제166조의3은 "금융투자업자는 다른 금융투자업자 및 대통령령으로 정하는 자(이하 이 조에서 "거래상대방"이라 한다)와 대통령령으로 정하는 장외파생상품의 매매 및 그 밖의 장외거래(그 거래에 따른 채무의 불이행이 국내 자본시장에 중대한 영향을 줄 우려가 있는 경우로 한정하며, 이하 이 조에서 "청산의무거래"라 한다)를 하는 경우 금융투자상품거래청산회사, 그 밖에 이에 준하는 자로서 대통령령으로 정하는 자에게 청산의무거래에 따른 자기와 거래상대방의 채무를 채무인수, 경개, 그 밖의 방법으로 부담하게 하여야 한다"고 규정하였다. 여기서 청산의무거래에 대해 동법시행령 제186조의3 제2항은 "원화로 표시된 원본액에 대하여 일정한 기간 동안 고정이자와 변동이자를 장래의 특정 시점마다 원화로 교환할 것을 약정하는 거래로서 기초자산, 거래의 만기 등에 관하여 금융위원회가 정하여 고시하는 요건을 충족하는 장외파생상품거래를 말한다. 다만, 법 또는 법에 상응하는 외국의 법령 등에 따라 금융투자상품거래청산회사(법 제323조의3에 따라 금융투자상품거래청산업의 인가를 받은 자를 말한다. 이하 같다)를 통한 청산이 불가능한 경우로서 금융위원회가 정하여 고시하는 거래는 제외한다"고 규정하고 있다.

4. 거래정보저장소(Trading Repository, 소위 TR)

자본시장법 제323조의16에 의하면 금융투자상품거래청산회사는 제166조의3에 따른 청산의무거래, 그 밖에 대통령령으로 정하는 거래정보[24]를 보관·관리할 의무를 부담한다. 이것이 소위 G20에서 합의되고 미국의 도드-프랑크법에도 도입된 거래정보저장소의 도입이다. 금융투자상품거래청산회사가 거래정보저장소의 역할을 함으로써, 장외파생상품에 대한 청산이 이루어질 경우 청산거래 내역이 금융투자상품거래청산회사에 저장되어 거래의 투명성을 높이게 된다. 이러한 정보의 저장은 특정 장외파생상품거래의 실질적 위험을 사전에 파악할 수 있게 해줄 것이다.

24 자본시장법시행령 제318조의9(보관·관리대상 거래정보 등) ① 법 제323조의16 제1항에서 "대통령령으로 정하는 거래정보"란 법 제9조 제25항에 따른 청산대상거래(법 제166조의3에 따른 청산의무거래는 제외한다)에 관한 정보를 말한다.

② 금융투자상품거래청산회사는 법 제323조의16 제1항에 따른 거래정보를 10년 동안 보관·관리하여야 한다.

[부록] KIKO[25]

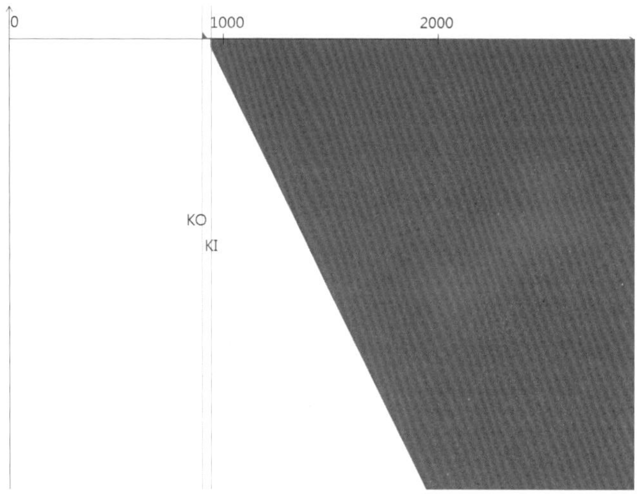

Ⅰ. 처음에

1. 프롤로그

KIKO(knock-in, knock-out)는 'knock-out 조건이 붙은 풋옵션 매수'와 'knock-in 조건이 붙은 콜옵션 매도'가 결합된 통화옵션계약으로서, 환율 변동에 따른 손익구조가 다음의 4개 구간, 즉 ① 환율이 하락하여 knock-out 조건이 성취되는 경우 중소기업의 풋옵션이 소멸되어 환위험 회피기능이 상실되는 위험구간(1구간), ② 만기환율이 knock-out 환율과 행사환율 사이에 형성되어, 중소기업이 풋옵션을 행사함으로써 환위험을 회피할 수 있는 구간(2구간), ③ 만기환율이 행사환율과 knock-in 환율 사이에

25 2020년 1월 현재도 키코 분쟁은 계속중이다. 금융감독원 금융분쟁조정위원회는 2019. 12. 13. 키코에 가입하여 피해를 입은 4개 기업에 대해 은행들로 하여금 키코 판매 과정의 불완전판매에 대한 책임을 물어 피해 기업별로 손실액의 15%-41%를 배상하도록 조정결정하였다. 금융감독원, "[보도자료] 금융분쟁조정위원회, 키코 불완전판매 배상결정," 2019. 12. 13. 이 결정으로 인하여 대법원의 2013년 9월 26일 선고된 키코판결이 사회적으로 전혀 수긍할 수 없고 계속 갈등을 양산하는 잘못된 판결이었음이 다시 부각되었다. 다음은 김용재, "키코사건의 주요 쟁점에 관한 법리적 재검토," 「저스티스」 제140호(2014. 2.)에 게재된 저자의 논문을 인용하면서 2013년 대법원 판결이 얼마나 많은 문제를 내재하였었는지를 재성찰하고자 한다. 최종적인 판단은 독자들의 몫이다.

형성되어, 은행의 콜옵션 행사가 정지됨으로써 중소기업이 현물시장에서 환율 상승의 이익을 얻을 수도 있는 구간(3구간), ④ 만기환율이 knock-in 환율보다 높아 knock-in 조건이 성취되어 중소기업은 은행에게 레버리지에 해당하는 계약금액을 매도하여야 할 의무가 발생하는 위험구간(4구간)으로 이루어져 있다.[26] KIKO 소송을 보면, 최소 1년 이상의 KIKO 계약에 가입한 이후 만기환율이 4구간에 도달함으로써 중소기업들은 막대한 손해를 입게 되었다.

은행과 중소기업의 KIKO 계약 체결과 이후의 구간 별 손익구조에 대해서는 다음의 예를 통해 쉽게 설명할 수 있다. 타짜가 선량한 시민에게 접근하여 기존에 전혀 경험해 보지 않은 새로운 게임을 해보자고 제안하는데, 이 게임을 단지 같은 모양, 같은 무늬를 4장 모으는 것이라고 설명한다. 타짜는 게임이 너무도 간단하고 rule이 시민에게 유리하도록 설계되어 있으므로 시민은 전혀 손해를 볼 리가 없음을 강조한다. ① 점수가 너무 쉽게 나므로 시민이 최소 3점 이상을 내야 (knock-out), 타짜가 1점 당 1,000원의 돈을 지급하기로 한다. 즉 2점 이하의 점수에 대해서는 돈을 전혀 지급하지 않는다는 뜻이다(1구간). ② 누가 점수를 내든 3점부터 7점까지에 대해 타짜는 시민에게 해당되는 점수의 액수를 전액 지급하기로 한다. 즉 타짜가 해당 점수를 내도 시민에게 돈을 지급한다는 뜻이다(2구간). ③ 8점부터 10점까지는 시민이 점수를 내면 해당 금액을 전액 지급하고 타짜는 그 점수가 나도 시민으로부터 전혀 돈을 받지 않기로 한다(3구간). ④ 그런데 11점 이상(knock-in, 타자는 이런 경우가 확률적으로 거의 발생하지 않음을 강조)의 점수가 나면 상황이 달라진다. 즉 시민이 이러한 점수를 내면 타짜는 그에 해당하는 금액을 지급하지만, 거꾸로 타짜가 이 점수를 내면 시민은 타짜에게 해당 점수에 2배(2,000원) 내지 3배(3,000원)의 금액을 지급하여야 한다는 것이다(4구간).

타짜는 시민에게 3점에서 10점까지의 점수가 쉽게 날 수 있다는 점만을 일방적으로 강조했을 뿐, 11점 이상의 영역에서 어떠한 손해를 감수하여야 하는지에 대해 전혀 설명을 하지 않는다. 애초의 설명과 달리 rule이 너무도 복잡하고 점수가 날 수 있는 경우의 수가 많아, 타짜가 11점 이상을 쉽게 낼 수 있다는 점을 제대로 설명하지 않았음이 드러난다. 더욱이 타짜가 제대로 설명을 하더라도 rule의 복잡성을 이해할 수 없는 시민 또는 타짜와의 경제적 관계로 볼 때 설명과 상관없이 가입할 수 밖에 없는 시민을 상대로 게임을 진행하였음이 밝혀진다. 곧 선량한 시민은 막대한 손해를 입게 되는데, 타짜는 다시 게임의 rule을 바꿔 시민을 더욱 구렁텅이로 빠뜨리는 새로운 게임을 할 것을 제안한

26 김·장법률사무소, 「알기 쉬운 KIKO」, 2009, 46-47면.

다(소위 재구조화계약). 그리고 타짜는 자신이 얻은 막대한 이익을 다이나믹 헤지 또는 백투백 헤지의 명목으로 빼돌린 후, 자신이 현재 보유하고 있는 판돈이 없어서 이익도 없다는 궤변을 늘어놓는다. 저자는 이것이 전체 KIKO 계약의 모습과 유사하지 않을까 생각한다.[27]

2. 연구의 계기 및 내용

대법원은 2013년 9월 26일 역사적인 4건의 키코 사건에 대하여 확정 판결을 하였다.[28] 저자는 동 판결들이 향후 추가적인 KIKO 사안에 대한 시금석이 될 것이라고 생각하는데, 대법원 판시의 핵심은 KIKO 상품이 환헤지에 적합한 상품으로 투기상품이 아니라는 것이다. 이를 전제로 하여 자기책임의 원칙에 보다 중점을 두고, 대법원은 KIKO 상품을 판매한 은행보다 가입자들인 중소기업에게 훨씬 책임이 크다는 결론을 도출하였다. 사실 이 판결문들을 보면 대법원이 독자적인 법리를 제시하기보다는 원심법원들의 판단을 쟁점 별로 쭉 열거하면서 원심법원들의 판단이 정당하고 법리 오해나 이유 모순 등의 위법이 없다는 식으로 판시가 구성되어 있음을 알 수 있다. 한국정책방송과 네이버를 통해 전체 국민들에게 공개변론의 전 과정을 실시간 생중계하고 대법관 전원합의체의 심도 있는 심의를 거쳐 판결이 나온 경과를 지켜 볼 때, 대법원의 판시가 다소 옹색하지 않았나 하는 아쉬움과 여운이 남는다.[29] 그리고 이렇게 중차대한 사안에 대해 대법관 전원 일치로 위와 같은 결론이 도출되고 소수 의견이 전혀 없었다는 것도 의외이다.

저자는 2013년 7월 18일 중소기업 측의 참고인으로 대법원에 출석하여 KIKO 상품의 본질과 고객보호의무에 대한 전문가 의견을 진술한바 있다. 대법원에 미리 제출한 참고인 의견서와 공개변론의 현장에서, 저자는 기존에 원고 기업들이 미처 주장하지 못했던 KIKO 상품의 본질과 법률적인 쟁점들을 분석한 후 KIKO 사건에 적용가능한 법리를 발굴하여 대법원의 '현명한 판단'을 받고자 노력하였다. 그러나 대법원은 저자의 법률적인 주장에 대해 명확한 판단을 하지 않은 것으로 분석된다. 더욱이 대법원이 별도의 법리를 판결문에 제시하지 않고 하급심의 판단에 잘못이 없다는 형태로 판시를 구성하여

27 파생상품거래를 일률적으로 도박행위로 규제하는 것은 적절하지 않다. 그러나 겉으로 알려진 것과 달리 헤지성은 거의 없고 투기성이 농후한 파생상품으로서 사회적 수용의 한계를 넘어서서 중소기업들에게 천문학적인 사회적 손실을 초래한 KIKO는 위의 예와 같이 도박계약으로 보아도 무방할 것이다. 김홍기, "파생상품과 도박규제," 「비교사법」 제14권 1호, 2007, 555면.

28 대판 2013. 9. 26, 2011다53683, 2012다1146, 2012다13637, 2013다26746.

29 대법원 홈페이지(http://www.scourt.go.kr) "재판"의 "공개변론" 사이트로 가면, 대법원 전원합의체 2013. 7. 18.자 공개변론(KIKO 소송) 영상을 시청할 수 있다.

대법원의 생각이 어떤지도 가늠하기란 쉽지 않다. 그렇지만 종국적으로 대법원이 KIKO 상품을 판매한 은행의 손을 들어주었으므로 저자의 주장을 수용하지 않았다고 보아도 무방할 것이다.

저자는 전원 합의체 판결에서 관여 대법관 전원이 아무런 이견 없이 내린 '상식적이고 양심적인 판단'에 대해 그 당부를 다투고자 하는 생각이 없으며, 저자가 그러한 입장에 서 있지도 않다. 다만 KIKO 상품이 본질적으로 어떠한 문제점을 갖고 있었고 대법원의 직접적인 판단을 받지 못한 법률상의 숨은 쟁점들이 무엇이었는지를 무색투명하게 기록으로 남겨야만, 향후 유사한 사안에서 고객들의 피해를 등한시하고 자신의 사리사욕만을 추구하는 은행들의 탐욕을 최소화시킬 수 있을 것이라는 정의감에 이 글을 기획하게 되었다.[30] 지금은 제대로 평가받지 못하였으나 지금부터 몇 년이 지난 이후, 후대의 법률가들은 공개변론에서 저자가 제기하였던 제 쟁점들에 대해 다르게 판단할 수 있을 것이라고 기대한다. 물론 이번에 크게 절감한바이지만, 기대는 단지 기대에 그칠 수도 있다. 그러나 항상 역사는 발전해왔다는 점을 유념하면서 최소한의 희망을 갖고, 저자는 KIKO와 관련하여 기존의 선행연구에서 전혀 다루지 않았던 내용들을 다음에서 가감 없이 기술하고자 한다.

II. KIKO 사태와 관련된 본질적인 문제점

1. 문제의 출발점

KIKO 소송의 사실관계를 보면, 첫째, 은행들은 중소기업에게 행사환율, knock-in 환율, knock-out 환율, 레버리지 등에 대해서만 알려주었을 뿐, 중소기업이 풋옵션을 매수하는 대가로 은행에게 평가가치가 더 높은 콜옵션을 매도하는 거래가 포함되어 투자위험이 매우 높고 거래상 불이익을 입을 수 있다는 점을 제대로 알리지 않은 채 KIKO 상품을 판매하였다. 둘째, 은행들은 KIKO 계약에 의하여 기업들이 사실상 부담하는 수수료의 크기, 기업들이 취득하게 되는 풋옵션의 기대이익, 그 대가인 콜옵션의 손실위험 등

30 대법원의 동 판결에 대한 평가는 역사에 맡겨지게 되었다. 그렇지만 동 판결은 결과적으로 은행들에게 고객을 상대로 매우 불리한 금융상품을 설계하여 판매하더라도 괜찮다는 면죄부를 준 것이다. 이 때문에 중소기업들은 은행들이 대출을 빌미로 자신들에게 향후 KIKO 상품보다 더욱 불량한 상품을 끼워 팔 수도 있다는 우려를 하고 있다. 매일경제, "키코 판결은 은행 면죄부?"(2013. 9. 26). 그 때에는 타짜 주도로 탐욕이 활개칠 수 있는 판도라의 상자가 열리는 셈이다.

을 비교할 수 있는 필요 정보들을 제공하지 않았다.

2. 은행이 합성 옵션을 설계하여 판매한 행위는 타당한가?

은행들이 단순 옵션도 아닌 합성 옵션에 knock-in (KI), knock-out (KO) 조건을 결부하여 일반투자자인 중소기업들에게 그 본질과 속성을 제대로 설명하지도 않은 채 KIKO 상품을 판매한 것이 과연 옳았을까?

〈표 1〉 금융기능별 진입요건의 수준

o 업종: ① 투자매매업 〉② 투자중개업/집합투자업/신탁업 〉③ 투자자문업/투자일임업
o 상품: ① 장외 파생상품 〉② 장내 파생상품/증권
o 투자자: ① 일반투자자 〉② 전문투자자

〈표 1〉에서 짐작할 수 있듯이, 자본시장법은 일반투자자들을 상대로 장외파생상품을 매매하는 것을 가장 고위험의 업무(그 중 옵션매도가 가장 위험한 업무에 해당)로 간주하여 최고 수준으로 강화된 진입요건을 부과하고 있다. 즉 장외파생상품의 판매를 금융투자업자의 고유한 핵심업무 중에서도 가장 위험한 업무에 해당한다고 보아, 인가 요건을 가장 엄격하게 설정하는 것이다. 또한 자본시장법시행령 제10조 제3항 단서에 의하면 금융투자업자와 장외파생상품 거래를 하는 투자자들은 거의 예외 없이 일반투자자로 취급되고 있다.[31] 이러한 제 조항들을 보면, 자본시장법은 금융투자업자들이 일반투자자를 상대로 장외파생상품거래를 하는 것을 가급적 회피하고 부득이하게 거래할 때에는 최고로 가중된 주의의무를 부담한다는 정책을 선언한 것이다. 왜냐하면 이러한 거래는 일반투자자들에게 투기적인 도박을 조장할 우려가 있기 때문이다.

은행은 예금과 대출을 고유업무로서 수행하는 금융기관으로서, 은행을 이용하는 고객들은 은행이 매우 안전한 상품을 취급한다고 신뢰한다. 은행이 예외적으로 관련 법률상 겸영업무의 인가를 받아 금융투자업에 참여하더라도, 은행을 이용하는 고객은 일반적으로 은행이 자신들을 상대로 고위험의 상품을 판매할 것이라고 생각하지 않으며, 더욱이 은행은 증권회사보다 능력과 경험 및 전문성이 떨어지므로 고위험의 금융투자업무를 취급하지 않을 것이라는 신뢰를 갖는다. 은행법과 자본시장법이 은행에 대해 제한

31 동 조항은 제1호부터 제18호까지 전문투자자를 열거하고 있는데, 단서에서는 "다만, 제12호부터 제17호까지의 어느 하나에 해당하는 [전문투자]자가 금융투자업자와 장외파생상품 거래를 하는 경우에는 전문투자자와 같은 대우를 받겠다는 의사를 금융투자업자에게 서면으로 통지하는 경우만 해당한다"고 함으로써 서면에 의하여 자발적으로 전문투자자로서 취급받겠다고 하지 않는 한, 일반투자자로서 취급한다고 규정한 것이다.

적으로 금융투자업을 겸영할 수 있도록 한 이유는 과거부터 은행이 '헤지'(위험 회피)의 목적으로 선물환이나 스왑거래에 참여하여 왔기 때문이다. 그렇다 보니 은행들이 일반투자자를 상대로 KIKO와 같은 가장 최고 위험의 옵션상품을 판매한 행위는 공공의 신뢰를 무너뜨렸을 뿐만 아니라, 과연 은행들이 옵션상품을 판매할 전문 인력과 경험 및 노하우를 충분히 갖고 있었는지에 대해 의구심을 갖게 한다. KIKO사태가 발생하고 보니, 금융투자업자들이 옵션과 같은 고위험의 장외파생상품을 전담하여야 하고 은행들은 상대적으로 안전한 저위험의 금융상품을 판매하여야 한다는 역할 분담론도 실무에서 제기되고 있다.

은행법 제1조는 "이 법은 은행의 건전한 운영을 도모하고 자금중개기능의 효율성을 높이며 예금자를 보호하고 신용질서를 유지함으로써 금융시장의 안정과 국민경제의 발전에 이바지함을 목적으로 한다"고 하여, 은행이 자금중개기능을 통하여 신용질서 형성의 중심적인 역할을 하고 금융시장을 안정시키며 국민경제의 발전에 기여한다는 점을 명시적으로 선언하고 있다. 만일 은행이 아닌 금융투자업자가 KIKO 상품을 판매하였다면 과연 중소기업들이 이처럼 KIKO 계약에 많이 연루되었을지에 대해, 저자는 본질적으로 극히 회의적이다. 금융투자업자가 아닌 은행이 KIKO 상품을 판매하였기 때문에, 은행으로부터 충분한 설명을 듣지 않고서도 그 상품 구조의 본질을 제대로 이해하지 못한 채, 중소기업들은 은행의 공공성을 신뢰하고 과거의 선물환과 같은 헤지상품을 판매한다고 생각하면서 KIKO 계약을 체결하였던 것이다. KIKO 사태의 본질은 바로 은행들이 가급적 거래를 자제했어야 할 '일반투자자를 상대로 한 투기적인 장외파생상품'을 대량으로 판매함으로써, 안정적인 '환 헤지'(환위험 회피) 상품을 구입한 것으로 믿었던 중소기업들의 신뢰를 무너뜨리고 천문학적인 규모의 손실을 가져온 것이다. 저자는 국내 금융투자업자들의 경우에는 KIKO 상품과 같은 고위험의 장외파생상품거래를 설계하여 일반투자자들에게 판매하였던 전례가 결코 없었다는 점을 강조하고자 한다.

3. 일반투자자가 콜옵션을 매도하도록 설계된 KIKO 계약은 타당한가?

KIKO는 일반투자자의 풋옵션 매수와 콜옵션 매도가 결합된 상품인데, 양 거래가 암암리에 결합되고 제대로 설명되지도 않았으며 은행과 중소기업 간에 현실적인 대가도 수수되지 않았으므로, 중소기업들은 그 기본 구조와 실체도 모른 채 계약에 가입하는 양상을 보였다. 그런데 KIKO 계약의 가장 큰 문제점은 바로 기업들이 은행에게 콜옵션을 매도하는 거래 구조를 포함하고 있다는 것이다.

원칙적으로 수출기업의 헤지(위험 회피)란 "현물에서 발생하는 손실을 파생상품에서 발생하는 이익으로 상쇄"하는 것을 의미한다.[32] 그런데 KIKO는 고객들로 하여금 콜옵션을 매도하게 하여, "파생상품에서 발생하는 손실을 현물에서 발생하는 이익으로 상쇄"하도록 하는 구조의 상품이다. 은행이 일반투자자를 상대로 장외파생상품거래를 매도하는 것도 문제인데, KIKO는 한술 더 떠 일반투자자가 은행에게 가장 고위험의 장외파생상품을 매도하는 거래를 포함시키고 있는 것이다.

옵션 매수는 '위험의 전가'라는 측면에서 그 실질이 보험 가입과 유사한데, KIKO는 중소기업이 콜옵션을 은행에게 매도함으로써 '콜옵션을 매수한 은행'이 오히려 '중소기업'에게 보험료를 지급하고 보험에 가입하여 환율상승의 위험을 중소기업에 전가한 것과 진배없다. 중소기업들은 상품구조에 대한 설명도 제대로 듣지 못한 상황에서, 단지 환 헤지 상품이라는 은행의 권유에 이끌려 풋옵션을 취득한 대가로 거액의 불비례적인 콜옵션을 은행에게 매도하였다. 수회에 걸쳐 KIKO 계약에 가입하였다는 사실은 반복적으로 은행에게 콜옵션을 매도하였다는 것과 동일한 의미를 갖고 있다. 옵션 매수와 비교할 때 옵션 매도는 너무도 큰 위험을 안고 있는데, 옵션 매수의 경우 프리미엄 만으로 최대 손실이 제한되는 반면 옵션 매도의 경우 사실상으로 무제한의 손실이 발생할 수 있다.

앞에서 살펴본바와 같이 장외파생상품의 취급은 가장 고난도의 진입장벽이 설정된 금융투자업에 해당한다. 이렇게 복잡하고 원본 초과손실의 위험이 높은 콜옵션 매도를 금융기관도 아닌 일반투자자가 수행하도록 만든 KIKO 상품의 구조가 과연 본질적으로 타당한 것일까? KIKO 사태는 안정적인 금융상품을 취급하고 공공성이 있으며 사회적 책임을 다한다고 믿어온 은행에 의하여 야기되었다는 문제점이 있다. 더 나아가 일반투자자가 제대로 설명을 받지 않아 알지도 못하는 상태에서 은행에게 가장 고위험의 장외파생상품을 판매(그 중에서도 가장 위험한 옵션의 매도)하도록 설계됨으로써 자본시장법이 본래 예정하였던 거래 구조를 근본적으로 훼손하고 상식에 반하는 거래 구조를 창설하였다는 더욱 큰 문제점이 있다.

32 유인금·김정태, 「한눈에 보는 파생상품」, 팜파스, 2008, 56-57면.

Ⅲ. KIKO 계약이 무효이거나 또는 이를 취소할 수 있는지 여부

1. KIKO 계약의 구조 및 속성

KIKO는 수출기업들로 하여금 풋옵션(매도포지션)을 매수하도록 하면서 풋옵션보다 훨씬 평가액이 큰 콜옵션(매수포지션)을 은행에게 매도하도록 설계된 상품이다. 풋옵션에 knock-out 조건을 부과하고, 콜옵션에 knock-in 조건을 부과하며, 풋옵션 매수와 콜옵션 매도의 비율을 1:2 또는 1:3으로 하도록 설계하였다. "은행이 고객에게 풋옵션에 비해 훨씬 큰 콜옵션을 매도하는 대신, 은행과 고객 상호 간에 어떠한 대가도 수수하지 않는 제로코스트 상품"이라고 소개되어 왔다.[33]

KIKO 상품은 헤지상품이라기 보다 투기상품에 가까운데, CP의 예를 들어 KIKO 상품의 본질을 쉽게 설명하고자 한다. CP는 기업 자금의 조달을 위하여 발행한 융통어음으로서,[34] 발행기업의 신용도와 만기의 원리금 상환능력에 따라 안전한 투자의 대상이 될 수도 있지만 불안전한 투기의 대상이 될 수도 있다.[35] 예를 들어 일반투자자들은 어떠한 CP 발행기업의 사업성과 재무 건전성 등에 문제가 없는 한 동 기업의 단기 도산위험은 낮다고 생각할 것이다. 즉 이러한 투자자들은 동 기업의 상환능력에 전혀 문제가 없을 것으로 예상하여 1개월 만기의 CP에 투자를 할 것이다. 그러나 경제적인 불확실성이 항상 존재하기 마련이다. 동 기업의 3개월, 6개월, 1년 이후의 신용도와 상환능력에 대해서는 안심할 수 없으므로, 위험을 꺼리는 투자자라면 이러한 만기의 CP를 매수하는 데 주저할 것이다. 금융기관이 투자위험이 전혀 없다고 하면서 '향후 경제 여건에 따라 도산 위험에 빠질 수도 있는 기업'(예: 투기등급 기업)의 CP 6개월물에 투자할 것을 권유하는 것은 12개월 이상의 KIKO 계약에 가입하라는 권유와 다를 바 없다.[36]

아무리 전문투자자라도 중장기의 환율 변동성을 정확하게 예측하기란 불가능하다. 다만 단기의 상하 환율 변동폭이 대략적으로 어느 정도의 구간에서 움직일지에 대해서는 짐작할 수 있다(예: 향후 2개월 내 달러환율의 상하변동폭). 전문투자자에 비하여 경솔하고 근시안적인 예측능력을 가질 수 밖에 없는 일반투자자들에게, KIKO 계약은 선물환보다 유리하다는 착시를 유발하기에 족한 것이었다. 은행은 knock-out 환율부터

---

33 김·장법률사무소, 전게서, 43-45면.

34 최기원, 「제5증보판 어음·수표법」, 박영사, 2008, 79-80면.

35 CP 발행기업의 신용도가 낮으면 당연히 발행이율이 높아지는데, 투자자가 발행기업의 높은 도산 위험성을 무릅쓰고 만기까지 고수익만을 노린 투자를 한다면, 이러한 CP 매수는 투기적인 거래와 동일시될 수 있다.

36 B등급 이하의 투자부적격 기업을 투기등급 기업이라고도 한다.

행사환율까지의 구간에서 단기적으로 예측 가능한 환율 변동폭을 제시하여 일반투자자들로 하여금 안정적으로 환차손을 회피할 수 있다는 착시를 야기시킨다. 그러나 이는 단기적인 상황에 그치는 것으로서, KIKO 계약은 보통 1년 이상의 장기계약으로 체결되었다는 점을 특히 유념하여야 한다. 장기의 경우 경제적인 불확실성이 존재하므로 환율이 어떻게 변동할지는 아무도 알 수 없고 오히려 knock-in, knock-out 구간 밖으로 움직일 가능성도 더욱 높기 때문이다. 2년의 기간 내에 환율이 내려간다면 풋옵션을 매수한 일반투자자에게 유리해지므로 은행은 자신들의 추가적인 손해를 방지하기 위해 KO 조건을 부과한다. 그러나 은행이 취득한 콜옵션의 knock-in 구간에서는 아무런 제동장치도 만들어 놓지 않았다. 경제 자체가 불확실하다는 속성을 갖는다는 점에서 환율의 중장기 변동폭은 전혀 예측 불가능하다. 여기서 은행은 단기의 예측 범위를 벗어나 환율이 급락함으로써 은행이 손실을 볼 수 있는 부분을 knock-out 조건을 설정해 최소화 하면서, 환율 급등으로 이익을 볼 수 있는 부분을 무한대로 한 KIKO 상품을 설계하였다. 환율이 knock-out에서 knock-in 구간 사이에서 움직일 때에 한하여 중소기업들은 환차손을 방지할 수 있는데, 실제적으로 1-2년 내에 그럴 가능성은 거의 없다는 점에서, KIKO 계약은 바로 투기상품에 해당한다.

다음 〈그림〉의 첫 번째 것은 2007. 11. 7. 이전의 과거 10년 간 환율의 변화를 나타낸 것인데, 환율이 knock-out과 knock-in 구간 사이에 머물지 않고 knock-out보다 더 낮은 구간으로 움직이거나 knock-in보다 더 높은 구간으로 움직였다는 점을 알 수 있다. 이러한 환율의 장기적인 변동 추이를 바탕으로 볼 때, KO-KI 구간 내에서의 환율 변동성을 조건으로 KIKO 계약을 체결하여 환차손을 방지한다는 것은 거의 공염불에 가까웠다. 그리고 다음 〈그림〉의 두 번째 것은 2007. 11. 7부터 2012. 6. 14.까지의 환율 변화를 나타낸 것인데, 그 이전의 그래프와 비교할 때 크게 차이가 없음을 알 수 있다. 여기서 환율이 전혀 예상하지 못하였던 글로벌 금융위기로 인하여 knock-in되었을 뿐이고 KIKO 상품의 설계 당시에는 선물환과 비견될 정도로 매우 안전한 헤지상품이었다는 은행의 주장이 사실과 다르다는 점을 알 수 있다.

〈그림〉 환율 변동 추이와 KI/KO 구간

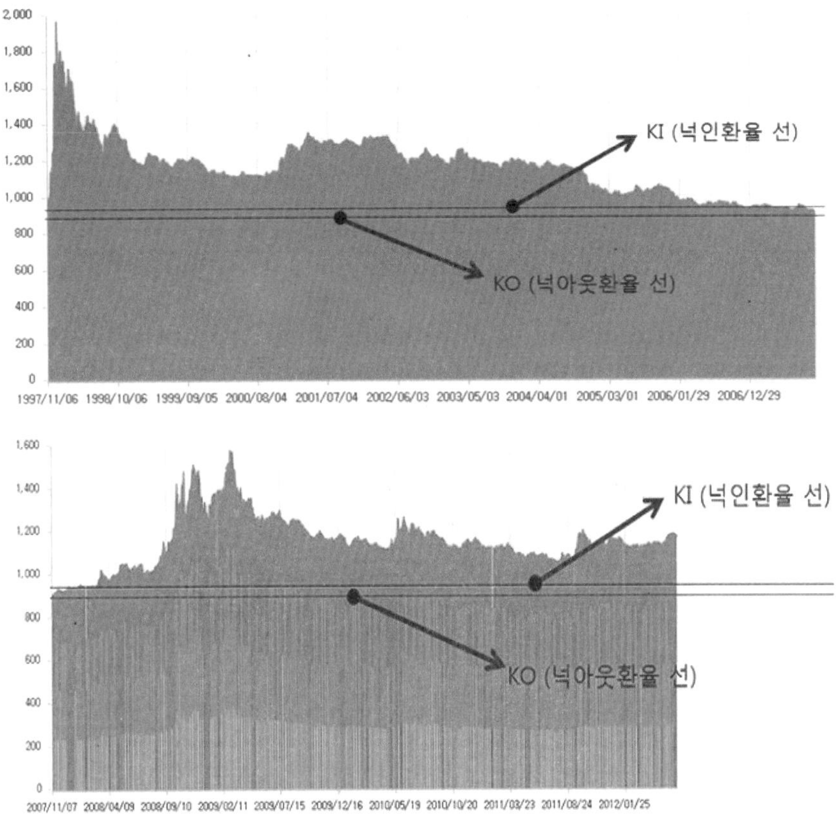

2. KIKO 계약의 무효

(1) 민법 제104조 위반 여부

KIKO 계약에서 은행들은 ① 피해 중소기업들의 궁박, 경솔, 또는 무경험을 이용하였고, ② 급부와 반대급부 사이에 현저한 불균형을 야기하였으므로 민법 제104조에서 규정하는 불공정한 법률행위의 요건[37]을 충족하였다. 따라서 KIKO 계약은 민법 제104조를 위반하였으므로 무효이다.

저자는 전문가도 아닌 중소기업들에게 은행도 취급하지 말았어야 할 콜옵션 매도거래를 포함한 것이 KIKO 계약의 가장 큰 문제점이라는 사실을 적시한바 있다. 일반투자

37 지원림, 「제11판 민법강의」, 홍문사, 2013, 210-214면 참조.

자가 부지불식 중 은행의 권유에 이끌려 가장 고위험의 장외파생상품을 매도하였다는 사실만으로도, 은행들이 KIKO에 가입한 중소기업들의 무지와 무경험을 철저하게 악용하였다는 반증이 된다. 또한 은행이 중소기업과 '주거래 은행' 관계에 있었다면, 은행들은 경제적으로 우월적인 지위를 이용하여 열악한 지위에 있는 중소기업들의 경제적 궁박 상태는 물론 정신적 궁박 상태를 악용하였다고 볼 수도 있다. 한편 KIKO에 내재된 풋옵션과 콜옵션의 평가액이 상당한 차이가 있으므로 KIKO 계약체결 시 은행과 고객 간 교환한 급부 사이에 현저한 불균형이 존재한다는 점도 명백하다. 더욱이 풋옵션은 knock-out 환율에 도달하면 계약이 소멸하여 환 헤지의 효과를 전혀 보지 못하는데 반하여, 콜옵션은 knock-in 환율에 도달하면 무제한의 권리를 행사할 수 있어서 은행은 고객으로부터 행사환율로 염가에 달러 내지 그 정산금을 수취할 수 있으므로, 변제기에 있어서도 역시 현저한 불균형이 존재한다.[38]

다만 이전에도 KIKO 계약에 가입한 중소기업들을 과연 무경험자로 볼 수 있는지에 대해 이견이 있을 수 있다. 대법원 2006. 6. 29. 선고 2005다49799 판결은 동 사건에서 문제되었던 금융투자상품(6개월물 CP)을 매수하기 이전에 고객이 같은 기업이 발행한 비슷한 금융투자상품(3개월물 CP)을 매수하여 이익을 실현한 전력이 있던 사안으로서, "원고가 이 사건 CP 매매 이전에도 대우자동차 발행의 CP를 매수한 경험이 있었던 사실 … 만으로는 원고가 이 사건 CP의 신용등급을 실제와 같은 'A3-↓'로 인식하고서 매수하였을 것으로 볼 수는 없다"고 판시하였다. 이는 계약 체결시점에 따라 경제의 불확실성이란 변수가 개입되므로 비록 동일한 기업이 발행한 CP라도 신용등급이 달라질 수 있다는 점을 고려한 판결이다.

그런데 동 판시는 이 사건과 같은 KIKO 계약에도 그대로 원용될 수 있다. 왜냐하면 원고인 중소기업들이 이전의 KIKO 계약에서 일부 이익을 보았더라도 KIKO의 본질과 위험성 즉, 은행과 주고 받은 옵션의 평가액이 얼마이고 주고 받는 옵션의 가치는 얼마였는지를 전혀 알지 못했고 알 수도 없었기 때문이다. 따라서 가사 KIKO 계약에 가입하였던 전력이 있는 기업들이라도 장외파생상품거래에 있어서 전문가라는 반증이 없는 한 무경험의 요건을 충족한다. 그런데 일반투자자가 은행보다 옵션 매도에 있어서 훨씬 능력있는 전문가이길 기대하는 것은 실현 불가능한 이상에 불과하다.

38 지원림 교수는 곽윤직 교수와 함께 현저한 불균형이 존재하는지 여부의 판단은 변제기가 아니라 법률행위시를 기준으로 하여야 한다는 입장인 데 반하여, 김주수 교수는 변제기와 법률행위시 모두를 기준으로 하여야 한다는 입장이다. 지원림, 상게서, 212면.

(2) 약관의 규제에 관한 법률 위반 여부

KIKO 계약의 개별적인 계약 내용에 대해서는 반론이 있을 수 있지만, 일반투자자가 매수하는 풋옵션의 평가가치에 비하여 은행에게 매도하는 콜옵션의 평가가치를 크게 하고 KO, KI 조건과 레버리지 조건을 부과한 기본 구조는 불공정하고 불비례적인 약관에 해당한다. 또한 이러한 KIKO 계약은 약관규제법 제6조 제1항의 "신의성실의 원칙에 반하여 공정을 잃은 약관"에 해당하고, 동조 제2항의 "고객에 대하여 부당하게 불리한 조항" 또는 "고객이 계약의 거래 형태 등 제반 사정에 비추어 예상하기 어려운 조항" 등에 해당하여 무효이다.

은행들은 기업들에게 환차손을 보전해주는 풋옵션의 기대가치에 대한 대가로 콜옵션의 기대가치를 현격하게 차이가 나도록 설계하였다. 이렇게 설계된 KIKO는 옵션 매도에 대한 전문 지식이 전혀 없는 기업측에게 일방적으로 불리하도록 만들어졌고 획일적으로 동일하게 적용되었다는 점에서 불공정한 약관이다. KIKO의 구조를 설명한 문헌들이 행사환율과 KO-KI 환율, 레버리지 비율이 일부 다르다는 점 외에는 획일적인 모습의 그래프를 제시하는 것도 사실상 KIKO 계약의 구조에 대한 약관성을 인정하는 것이다.[39] 그리고 이러한 구조는 불변인데, 왜냐하면 불균형적인 풋옵션 매수와 콜옵션 매도의 교환, KO-KI 조건과 레버리지 조건의 부과가 KIKO 계약의 핵심이므로 다른 모양의 그래프는 나올 수 없기 때문이다.

3. 기망이나 착오를 이유로 한 KIKO 계약의 취소가능성

(1) 쟁점의 명확화

중소기업들은 은행들이 마진을 설명하지 않았다는 이유로 사기나 착오라고 주장하지 않았다. 즉 은행들이 파생상품의 가치를 알지 못하는 중소기업들에게 풋옵션과 콜옵션의 평가금액 차액에 대해 아무런 언급을 하지 않고 의도적으로 감추면서 수수료가 없는 환 헤지 상품이라고 오인시켜 원고를 착오에 빠뜨렸다고 주장하였다.[40]

---

39 김용재·박기쁨, "키코사건과 관련한 하급심 판결의 재검토," 「안암법학」 제41호, 2013, 165면.

40 미국에서는 금융투자상품을 중개· 판매하는 broker·dealer가 숨은 수수료와 같은 비밀스러운 이득(secret profit)을 취해서는 안된다. broker·dealer가 고객에게 숨은 수수료를 부과한 후 사후에 자신은 상인으로서 당연히 영리행위의 일환으로 얻은 마진이었으며 이러한 마진을 공개할 의무는 없다고 항변하는 것은 악의적인 신인의무 위반행위에 해당한다. Cheryl Goss Weiss, *A Review of the Historic Fouondations of Broker-Dealer Liability for Breach of Fiduciary Duty*, 3 J. Corp. L. 65, 80 (Fall, 1997). 우리나라에서 장외파생상품을 판매하거나 중개한 은행들이 KIKO 사건에서 마진을 밝힐 필요가 없다고 주장하였는데, 대법원이 그 주장을 받아들인 것을 보면 우리 법제의 후진성이 너무도 적나라하게 드러나는 것 같다.

(2) 기망에 의한 취소 가능성 여부

은행들이 수수료가 프리미엄 명목으로 가장되어 있음에도 불구하고 현실적으로 지급하는 비용이 없음(제로코스트)을 내세워 기업들을 상대로 적극적으로 KIKO 계약의 체결을 권유한 것은 기망행위에 해당한다.[41] 물론 풋옵션과 콜옵션의 이론가에 실질적인 차이가 있었다는 이유만으로, 중소기업들이 은행의 작위에 의한 기망행위를 주장하며 이를 입증하기란 다소 어려울 듯 하다. 그러나 부작위에 의한 기망행위, 즉 설명의무 불이행이라는 소극적 기망에 의한 취소 가능성을 도출하기는 상대적으로 수월해 보인다. KIKO 사건에서 은행들은 KIKO 계약에 의하여 기업들이 사실상 부담하는 수수료의 크기, 기업들이 취득하게 되는 풋옵션의 기대이익, 그 대가인 콜옵션의 손실위험 등을 비교할 수 있는 필요 정보들을 제공하지 않았다.

대법원 2006. 10. 12. 선고 2004다48515 판결은 "부동산 거래에 있어 거래 상대방이 일정한 사정에 관한 고지를 받았더라면 그 거래를 하지 않았을 것임이 경험칙상 명백한 경우에는 신의성실의 원칙상 사전에 상대방에게 그와 같은 사정을 고지할 의무가 있으며, 그와 같은 고지의무의 대상이 되는 것은 직접적인 법령의 규정뿐 아니라 널리 계약상, 관습상 또는 조리상의 일반원칙에 의하여도 인정될 수 있다 . . .(중략) 고지의무 위반은 부작위에 의한 기망행위에 해당하므로 원고들로서는 기망을 이유로 분양계약을 취소하고 분양대금의 반환을 구할 수도 있고 분양계약의 취소를 원하지 않을 경우 그로 인한 손해배상만을 청구할 수도 있다"고 판시함으로써, 중요정보 제공의무를 이행하지 않은 것은 부작위에 의한 기망행위에 해당한다고 보았다.

동 판결을 KIKO 사건에 적용하면, 은행은 중소기업에게 ① 키코계약이 일반투자자인 중소기업의 은행에 대한 콜옵션 매도 거래를 포함하는데 옵션 매도는 장외파생상품 거래 중 가장 위험한 거래에 해당한다는 정보와 ② 풋옵션의 기대이익과 콜옵션의 손실위험이 비대칭적으로 구성되어 현격한 평가손실이 내재되어 있다는 정보 등을 제공하였어야 한다. 만일 중소기업들이 그러한 정보를 제대로 고지받았다면 키코계약을 체결하지 않았을 것이기 때문이다. 따라서 은행이 중소기업에게 이러한 정보를 제공하지 않은 행위는 부작위에 의한 기망행위에 해당하므로 KIKO 계약을 취소할 수 있다.

(3) 착오에 의한 취소 가능성 여부

KIKO 상품을 판매한 은행들이 중요한 정보를 제공하지 않아 원고 기업을 착오에 빠뜨

41 同旨: 박선종, "KIKO 계약에 대한 법적 쟁점의 재검토," 「금융법연구」 제8권 제1호, 2011, 91-92면.

리게 하였으므로, 기업들은 착오를 이유로 취소할 수 있다.

대법원 2006. 6. 29. 선고 2005다49799 판결은 "증권회사의 임직원이 고객에게 투자를 권유할 때에는 고객이 합리적인 투자판단과 의사결정을 할 수 있도록 고객을 보호할 의무를 부담하고, 따라서 유가증권의 가치에 중대한 영향을 미치는 중요정보는 고객에게 제공하고 설명할 의무를 부담한다. 기업어음(CP)의 거래에 있어서 신용등급은 그 기업어음의 가치에 중대한 영향을 미치는 중요정보에 해당하므로, 증권회사가 고객에게 거래의 대상인 기업어음의 신용등급을 제대로 고지하지 않았다면, 달리 고객이 이미 그 신용등급을 알고 있었다거나 신용등급을 제대로 고지하였더라도 그 기업어음을 매수하였으리라는 등의 특별한 사정이 없는 한, 이로써 고객보호의무 위반으로 인한 손해배상책임이 성립한다 … (중략) … CP 거래에 있어서 발행자의 신용도, 즉 신용등급은 그 수익률과 함께 가장 중요한 평가요소 중 하나라는 점을 감안할 때, 이 사건 CP가 통장에 표시된바와 같은 A3+등급 내지는 적어도 종전과 마찬가지로 투기적 요소가 없는 안정적 등급이라는 인식하에 원고가 이 사건 CP를 매입하였는데 피고 대우증권이 원고의 착오를 유발하여 실제로 원고가 그와 다른 신용등급의 CP를 매입하였다고 보는 이상 이 사건 CP 매매는 그 법률행위의 내용의 중요부분에 착오가 있었다고 하지 않을 수 없다"고 하여 민법 제109조의 착오로 인한 취소를 인정하였다. 이에 따라 파기후 환송심인 서울고등법원 2007. 5. 11. 선고 2006나66991 판결은 신용등급에 관한 착오로 CP거래를 취소할 수 있다고 판시하였다.

은행들은 KIKO 상품의 본질적인 구조와 수수료 및 가격결정에 관한 정보를 제공하지 않고 원고 기업들에게 마치 KIKO가 환 헤지에 적합한 상품인 것으로 착오를 일으켜 계약을 체결시킴으로써 2년간의 불안정한 고위험의 환율변동성에 노출시켜 결국 knock-in 이후 무제한의 손실을 야기하였다. 은행들이 중요한 정보를 제공하지 않아 원고기업들의 착오를 유발하여 실제로 원고가 인식한 헤지상품으로서의 KIKO와는 전혀 다른 투기상품으로서의 KIKO에 가입하게끔 한 이상, 이 사건 KIKO 계약은 법률행위의 중요부분에 착오가 있었다고 보아야 할 것이다.

Ⅳ. KIKO 계약과 적합성 원칙과의 관계

1. KIKO 계약 체결시 불법행위책임을 발생시키는 적합성 원칙의 내용에 관한 검토

이 사건에서 은행은 환 헤지를 하려는 중소기업에게 전혀 적합하지 않은 투기상품에 가입할 것을 적극적으로 권유하였으므로, 그간 고객보호의무의 하나로서 기존 대법원 판례상 견고하게 형성되어 온 적합성 원칙과 금융감독원시행세칙에서 규정한 적합성 원칙을 정면으로 위반하였다.

(1) 적합성 원칙 개관

적합성 원칙은 투자자의 투자목적, 재산상태 및 투자경험 등에 비추어 명백히 과대한 위험을 수반하는 거래를 적극적으로 권유하는 등으로 사회적 상당성을 결한 수단과 방법으로 부당하게 당해 거래의 투자를 권유하는 것을 회피할 의무라고 이해되어 왔는데, 투자자에게 부적합한 권유를 하지 않기 위한 전제 조건으로서 금융기관에게는 고객조사의무와 상품조사의무가 있다고 이해되어 왔다.[42]

자본시장법도 제46조에서 금융투자업자는 투자자에게 투자권유를 하기 전에 먼저 그가 일반투자자인지 전문투자자인지 여부를 확인하여야 하고(제1항), 만약 그가 일반투자자라면 면담·질문 등을 통하여 그의 투자목적·재산상황 및 투자경험 등의 정보를 파악하여 그로부터 서명, 기명날인, 녹취 그밖에 대통령령이 정하는 방법으로 확인을 받아 이를 유지·관리하여야 한다고 함으로써(제2항), '고객조사의무'를 명시적으로 선언하고 있다. 그리고 동법 동조 제3항은 금융투자업자로 하여금 일반투자자에게 투자권유를 하는 경우에는 일반투자자의 투자목적·재산상황 및 투자경험 등에 비추어 그 일반투자자에게 적합하지 아니하다고 인정되는 투자권유를 하여서는 안된다고 규정함으로써 과거 판례상 인정하였던 적합성의 원칙을 명문으로 수용하였다. 이러한 조문의 배열 순서에서도 알 수 있듯이 고객조사의무는 '적합성 원칙'을 적용함에 있어서 가장 기본적인 전제가 된다.

연혁적으로 고객조사의무의 기원은 1909년 뉴욕증권거래소(NYSE)가 채택한 "Know-your-customer" Rule로 거슬러 올라가는데, 이에 의할 경우 회원사는 고객 및 그의 주문, 현금 또는 신용계좌 등에 관한 기본적 사실관계를 상당한 주의의무를 다하

42 한국증권법학회, 「자본시장법 주석서 Ⅰ」, 박영사, 2009, 232-233면 [이하 한국증권법학회].

여 조사하여야 한다는 것이다. 이 규칙은 원래 뉴욕증권거래소 회원들을 지급불능상태의 고객으로부터 보호할 의도로 제정된 것이나, 1933년 연방증권법(Securities Act)의 제정 이후 투자자 보호를 위한 규정으로 변질되었다.[43]

현행법에 명문의 규정은 없지만 적합성 원칙의 전제로서 금융투자업자에게는 고객조사의무와 더불어 금융투자상품 조사의무가 있다고 해석된다. 종래 증권업감독규정은 "증권회사가 특정한 유가증권의 매매거래나 특정한 매매전략·기법 또는 특정한 재산운용배분의 전략·기법을 채택하도록 고객에게 권유("투자권유")하는 경우에는 그 권유내용이 신뢰할 만한 정보·이론 또는 논리적인 분석·추론 및 예측 등 적절하고 합리적인 근거를 가지고 있어야 한다"고 규정하고 있었는데(구 증권업감독규정 4-15조 제1항), 현행법상으로도 금융투자업자가 적합성 원칙을 준수하였다고 하려면 당연히 금융투자상품 조사의무를 이행하였다고 주장하여야 할 것이기 때문이다.[44]

(2) KIKO 사건에서의 적합성 원칙

KIKO 사건에서의 적합성 원칙의 근거 법규는 당시의 은행업감독업무시행세칙을 들 수 있다. 동 세칙 제64조 (불건전 영업행위) 제12호는 "장외 파생상품거래시 거래상대방(외국환거래규정 제1-2조에서 규정하는 기관투자가를 제외한다)에게 적합하다고 보기 어려운 거래를 하거나 거래에 내재된 리스크 및 잠재적 손실에 영향을 미치는 중요한 요인 등 거래상의 중요정보를 충분하게 고지하지 아니하는 행위"를 불건전 영업행위로 금지하고 있는데, 동 세칙 제65조 제6호는 "가. 거래상대방(제64조 제12호의 규정에 의한 거래상대방을 말한다. 이하 이 호에서 같다)의 영업속성·재무상황·금융거래 수준, 당해 거래의 목적, 상품에 대한 이해정도·위험관리능력, 상품의 종류 등을 고려하여 적합하다고 판단되는 거래를 제안하여야 한다"고 규정함으로써 장외파생상품 거래 시 적합성 원칙의 내용을 표명하고 있다.

은행은 KIKO 상품을 권유함에 있어서 다음과 같이 적합성 원칙을 위배하였다. 즉 고객조사의무와 상품조사의무를 성실히 수행하지 않아 원고 기업들에게 환 헤지에 전혀 적합하지 않은 KIKO 상품을 투자권유하였다. 중소기업들은 원화강세로 환율이 하락함으로써 입는 환차손을 피하려는 목적을 갖고 있었다. 그럼에도 불구하고 은행들은 중소

43 상게서, 230-231면.

44 연혁적으로, 금융투자상품 조사의무의 기원은 미국 증권법상의 간판이론(看板理論, Shingle Theory)과 조사의무이론(Duty to Investigate, "Know Your Security")에서 찾을 수 있다. 상게서, 233-235면.

기업들을 상대로 knock-out 조건 때문에 불과 몇 십원의 좁은 구간에서만 일부 환차손을 보전받는 KIKO 상품을 권유하였던 것이다. 환율이 크게 하락하면 계약 자체가 소멸되어 중소기업은 환위험에 완전히 노출된다. 또한 중소기업이 환율하락시 환차손을 보전받기 위해 풋옵션을 취득하였지만 그와 동시에 풋옵션보다 훨씬 평가가치가 큰 콜옵션에 대한 손실위험을 부담하여 전체적으로 환위험이 오히려 증가되었다. 따라서 은행은 기업들을 본래의 환 헤지 목적과는 전혀 동떨어진 투기적인 상품에 투자권유한 것이다.

한편 은행이 판매 당시 knock-out 환율과 knock-in 환율 사이에서 환율이 변동될 것으로 믿었는데 예기치 않은 금융위기로 환율이 급등하였다고 주장한다면 이는 은행이 상품조사의무를 성실히 하지 않아 적합성 원칙을 위반하였음을 자인하게 된다.

2. 오버헤지와 적합성 원칙 위반

(1) 오버헤지 공방의 문제점

은행은 원고가 콜옵션 금액에 모자라는 달러 현물을 보유하여 소위 오버헤지[45] 되었으므로 KIKO사태가 문제된 것이고 만일 중소기업이 콜옵션 금액에 상당한 현물을 보유하고 있었다면 콜옵션 매도에 따라 발생하는 손실을 달러 현물을 보유함에 따라 발생하는 이익과 정확히 상쇄시킬 수 있어서 100%의 환 헤지 효과를 누렸을 것이라고 주장하여 왔다.

그러나 이러한 주장은 옳지 않다. 첫째, 수출기업의 헤지란 "현물에서 발생하는 위험을 파생상품을 이용하여 줄이는 행위"이다. 그런데 은행의 주장은 "파생상품에서 발생한 위험을 현물보유를 통하여 줄여야 한다"는 것이므로 헤지의 기본 원칙과 모순된다. 둘째, 레버리지 1:2 구조에서 콜옵션 금액과 동일한 달러화 현물을 보유한 기업은 환율하락시 50%의 현물에 대해 전혀 헤지할 수 없는 위험에 노출된다(소위 언더헤지의 문제). 반대로 풋옵션 금액과 동일한 달러화 현물을 보유한 기업은 환율 하락시 knock-out 환율까지는 100% 헤지 효과를 향유하지만, 환율 상승 시 knock-in 환율에 도달되면 2배의 달러화 현물을 은행에게 매도하여야 하므로 2배만큼의 오버헤지에 노출된다. 즉 레버리지 1:2의 구조에서는 풋옵션과 콜옵션 금액의 어느 쪽에 맞추든 상관없이 KIKO 상품의 경우 언제나 언더헤지와 오버헤지의 문제에 직면하는 것이다.

---

45 오버헤지(over hedge)란 콜옵션 매도금액 기준의 계약금액이 수출대금 규모를 초과한 경우를 말하고, 언더헤지(under hedge)란 콜옵션 매도금액 기준의 계약금액이 수출대금 규모에 미치지 못하는 경우를 말한다. 박연희·박철원·배수일, "환헤지 통화옵션 상품의 손실 현황과 대응방안," 「회계저널」 제18권 제3호, 2009, 393면.

통상적으로 환 헤지를 100% 하고자 하는 중소기업은 기존의 선물환과 마찬가지로 향후 유입될 달러화의 환율이 하락할 경우에 더욱 신경쓸 것이므로 풋옵션 금액을 기준으로 KIKO 계약을 체결하려고 하였을 것이다. 이때에는 언제나 오버헤지가 될 수밖에 없다는 점도 KIKO 계약의 본질적인 문제점이다.

(2) 오버헤지와 적합성 원칙

저자는 KIKO 계약 자체가 본질적으로 헤지에 적합하지 않다는 점을 이미 적시하였다. 수출기업은 현물 보유에서의 위험을 줄이기 위하여 파생상품거래를 한다는 점을 감안할 때, 콜옵션 구간에서의 파생상품거래에 따른 위험을 줄이기 위하여 현물을 보유하여야 한다는 것은 환 헤지의 기본 원칙과 너무도 모순된다. 따라서 KIKO 계약에서는 오버헤지 여부가 핵심적인 쟁점이 될 수 없다. 왜냐하면 사후적으로 기업에게 오버헤지의 결과가 초래되지 않았더라도 이미 계약 체결 당시부터 KIKO 상품 자체는 고객에게 전혀 적합하지 않은 상품이란 근본적인 하자를 치유할 수 없기 때문이다. 따라서 오버헤지 여부와 적합성 원칙은 전혀 관련되지 않는다.

3. 계약기간, 레버리지와 적합성 원칙

(1) 계약기간과 적합성 원칙

KIKO 계약은 기본적으로 1년 이상의 장기로 설계되어 있다. 중장기로 갈수록 환율변동을 예측한다는 것은 거의 불가능함에도 불구하고, 은행이 단지 단기적인 환율변동의 예측 만을 기초로 하여 선량한 중소기업을 상대로 KIKO 계약의 전 기간에 걸쳐 환 헤지에 적합한 상품이라고 권유한 것은 적합성 원칙을 위반한 것이다.

(2) 레버리지와 적합성 원칙

은행들이 풋옵션과 콜옵션의 레버리지 비율을 1:2로 설계한 후 환율상승으로 knock-in이 될 경우 중소기업들로 하여금 풋옵션의 약정금액보다 2배의 약정금액을 지급하도록 한 것은 고객의 목적과 조화되지 않으므로 적합성 원칙을 위반한 것이다. 왜냐하면 1:2의 레버리지로 인하여 중소기업은 풋옵션 매입으로 제한된 환율구간에서 이익을 얻지만 엄청난 환위험을 부담하는 콜옵션을 매도하게 되었는데, 이는 중소기업의 영업속성과 재무상황, 금융거래 수준, 당해 거래의 목적, 상품에 대한 이해 정도와 위험관리능력 등을 고려할 때 전혀 적합한 투자권유가 아니기 때문이다.

2배의 콜옵션을 면밀히 검토해 보면, 이를 매도하는 중소기업은 그 내막을 전혀 모르는 채 은행이 주장하는 각종 명목의 수수료가 계약 구조에 반영된 결과였던 것으로 드러났다. 이로 인하여 중소기업의 위험이 더욱 크게 확대된 것이므로, 레버리지 비율과 콜옵션 매도의 결합은 환위험 회피를 목적으로 하였던 중소기업에게 전혀 적합하지 않았다.

V. KIKO 계약과 설명의무

1. KIKO 계약 체결시 은행이 설명하여야 할 사항

(1) KIKO 계약을 헤지상품이라고 가정할 경우 설명하여야 할 사항

은행들은 KIKO 상품이 선물환에 비견될 정도의 환 헤지상품이라고 주장하여 왔다. 그러나 이러한 주장은 양날의 칼의 속성을 지니고 있다. 왜냐하면 은행들의 주장대로 KIKO 상품을 헤지상품으로 본다면 위험을 타인에게 전가하는 보험상품과 유사하게 취급하여야 하므로, 그때에는 보험에 가입할 경우 보험가입자에게 설명하여야 하는 내용들을 설명하였어야 하기 때문이다.

자본시장법 제정 당시 가장 뜨거운 쟁점 중 하나는 옵션 매수와 보험 가입 간 실질적인 차이가 없으므로 옵션 매수에 대해서는 자본시장법 이외에도 보험법과 보험업법을 중복적으로 적용할지 여부였다. 다음은 옵션과 보험을 비교한 〈표 2〉인데, 양자는 헤지라는 점에서 공통점을 갖고 있고 양자에게 가장 중요한 것은 프리미엄과 보험료이다(여기서 다시 강조하고 싶은 것은 옵션 매도를 헤지라고 하지 않는다는 점이다).

〈표 2〉 옵션과 보험의 비교

비교의 대상	옵션매수인	보험계약자
권리취득의 대가	옵션프리미엄	보험료
권리행사 횟수	1회	1회 이상
권리행사 기준	행사가격	손해의 가액
보상금액 기준	행사가격과 시장가격의 차액	실손

상법 제638조의3 제1항은 보험자는 보험계약을 체결할 때에 보험계약자에게 보험약관을 교부하고 그 약관의 중요한 내용을 알려주어야 한다고 규정하고 있다. 보험약

관을 교부하거나 설명하는 방법에 대해서는 특별히 정한 것이 없지만, 판례는 보험상품의 내용이나 보험료율의 체계 등 보험약관에 기재되어 있는 중요한 내용에 대하여 구체적이고 상세하게 명시·설명하여야 한다고 판시하여 왔다(대법원 1999. 5. 11. 선고 98다59842 판결, 대법원 1995. 8. 11. 선고 94다52492 판결, 대법원 1997. 9. 26. 선고 97다4494 판결 등). 좀 더 구체적으로 설명 대상인 '중요한 내용'이란 어떤 사실에 대한 보험계약자 측의 知·不知가 계약의 체결과 유지에 중대한 영향을 미칠 수 있는 것으로서, 객관적으로 볼 때 약관상의 그 내용을 보험계약자가 보험계약 체결 전에 알았더라면 보험자와 보험계약을 체결하지 않았을 것으로 여겨지는 사항을 의미한다.[46]

대법원 2000. 5. 30. 선고 99다66236 판결도 "상법 제638조의3 제1항 및 약관의규제에관한법률 제3조의 규정에 의하여 보험자는 보험계약을 체결할 때에 보험계약자에게 보험약관에 기재되어 있는 보험상품의 내용, 보험료율의 체계, 보험청약서상 기재 사항의 변동 및 보험자의 면책사유 등 보험계약의 중요한 내용에 대하여 구체적이고 상세한 명시·설명의무를 지고 있다고 할 것이어서, 만일 보험자가 이러한 보험약관의 명시·설명의무에 위반하여 보험계약을 체결한 때에는 그 약관의 내용을 보험계약의 내용으로 주장할 수 없다"고 판시하였다.

따라서 은행의 주장을 액면 그대로 받아들여 KIKO 계약을 헤지상품이라고 하더라도, 은행은 중소기업들이 KIKO 계약 체결 전에 알았더라면 절대 KIKO 계약에 가입하지 않았을 것이라고 생각하는 중요한 내용들을 설명하였어야 한다. 그 중 가장 핵심이 되는 것은 보험료율의 체계에 비견할 만한 개별 옵션의 가치체계(프리미엄 또는 이론가 체계)일 것이다. 보험료율의 체계를 알아야 자신의 위험 등급과 위험을 전가할 수 있는 보험사고의 범위와 규모를 알 수 있듯이, 풋옵션과 콜옵션의 개별적인 가치체계를 알아야 당해 KIKO 계약의 전체적인 위험성에 대해 예측할 수 있고 은행에게 전가하는 위험과 중소기업이 떠 맡는 위험의 범위와 규모를 알 수 있는 것이다.

(2) 은행업감독업무시행세칙 제64조와 제65조

1) 조항의 내용

은행업감독업무 시행세칙 제64조 제12호는 장외 파생상품 거래시 거래상대방에게 적합하다고 보기 어려운 거래를 하거나 거래에 내재된 리스크 및 잠재적 손실에 영향을 미치는 중요한 요인 등 거래상의 중요정보를 충분하게 고지하지 아니하는 행위를 불건전 영

46 박세민, 「보험법」, 박영사, 2011, 153면.

업행위로 규정하고 있다. 동 시행세칙 제65조 제6호 (나)목에 의하면, 거래상대방에게 거래를 제안하거나 거래상대방으로부터 거래를 제안받는 경우 거래상대방이 당해 거래에 관한 합리적인 의사결정을 하는데 필요·충분한 정보를 적극적으로 제공하여야 한다. (다)목에 의하면, 거래상대방이 거래의 구조 및 리스크를 평가할 수 있도록 거래에 내재된 리스크 및 잠재적 손실에 영향을 미치는 중요한 요인 등 거래상의 중요정보를 거래상대방에게 적합한 방법으로 고지하여야 하고, 비정형 파생상품거래의 경우에는 동 거래에 내재되어 있는 개별 거래별로 관련 리스크를 분리하여 고지하여야 하며, 계약기간·유동성 등에 비추어 거래의 손익 변동성이 큰 비정형 파생상품거래인 경우 거래상대방에 대한 손실위험 설명시 금융변수의 변동에 따른 단순한 현금흐름 변동 이외에 평가손익의 변동과 관련된 내용을 설명하여야 한다. (마)목에 의하면, 거래와 관련된 각종 비용을 공정하게 부과하여야 하며, 비정형 파생상품거래시에는 내재된 개별 거래별로 각각의 가격정보를 제공하여야 한다.

2) 분석

동 조항에 의할 때 은행은 중소기업이 KIKO 계약에 관하여 합리적인 의사결정을 하는데 필요·충분한 정보를 제공하였어야 하고, 중소기업이 거래의 구조와 리스크를 제대로 평가할 수 있도록 KIKO 계약에 내재된 리스크와 잠재적 손실에 영향을 미치는 중요한 요인 등 KIKO 계약상의 중요정보를 적합하게 설명하였어야 하였다. 풋옵션 매수와 콜옵션 매도가 결합된 KIKO 계약의 경우 풋옵션 매수와 콜옵션 매도에 있어서 각각 관련 리스크를 분리하여 설명하였어야 한다. KIKO 계약은 2년 이상의 장기 계약으로서 환율변동의 위험에 쉽게 노출되므로 손실위험을 설명할 때에는 환율의 급등으로 knock-in 이상이 될 경우 어느 정도의 손실이 발생하는지를 설명하였어야 한다. 더욱이 풋옵션과 콜옵션의 가치 산정에 있어서 가장 중요한 요인인 프리미엄과 수수료 등에 대해 설명함으로써 구체적인 가격정보를 제공하였어야 한다.

(3) 참조 판례: 대법원 2006. 6. 29. 선고 2005다49799 판결

1) 판결요지

대법원은 "증권회사의 임직원이 고객에게 투자를 권유할 때에는 고객이 합리적인 투자판단과 의사결정을 할 수 있도록 고객을 보호할 의무를 부담하고(대법원 1994. 1. 11. 선고 93다26205 판결 등 참조), 따라서 유가증권의 가치에 중대한 영향을 미치는 중요정보는 고객에게 제공하고 설명할 의무를 부담한다. 이 사건 거래의 대상인 CP에 있어서 발행자의 신용도를 측정하는 지표인 신용등급은 그러한 중요정보에 해당한다 할 것이므로, 이를 설명하지 않거나 잘못 설명한 경우 원칙적으로 고객에 대한 보호의무를 저버린 위법한 행위가 된다고 할 것이다. 한국증권업협회의 업무규정인 '증권회사의 어음거래공시 등에 관한 규칙' 제3조 제2항이 "증권회사가 어음을 매매 또는 중개하는 경우에는 통장 또는 당해 어음의 여백에 복수신용평가등급을 표시하여야 한다."고 규정하고, 또한 같은 조 제3항이 "증권회사는 복수신용평가등급과 수익률 등을 영업점에 게시하여야 하며, 복수신용평가등급이 변경되거나 어음 발행인의 상장폐지 등 어음의 취급요건에 미달하게 된 경우에는 그 사실을 게시하여야 한다."라고 하여 신용등급을 공시의 대상으로 특별히 정하는 것도 바로 이와 같은 고객에 대한 보호의무를 염두에 둔 것이라고 보지 않을 수 없다. 따라서 피고 대우증권이 이 사건 CP의 신용등급을 제대로 고지하지 않았다면, 달리 원고가 이미 그 신용등급을 알고 있었다거나 신용등급을 제대로 고지하였더라도 이 사건 CP를 매수하였으리라는 등의 특별한 사정이 없는 한, 이로써 고객보호의무 위반으로 인한 손배배상책임이 성립한다고 보아야 할 것"이라고 하였다.

2) 분석

2005다49799 판결은 CP거래시 신용등급을 제대로 고지하지 않아 고객보호의무 위반이라고 판시된 사건에 관한 것이다. CP거래에서의 가치 산정에 가장 중요한 정보를 고지하지 않은 것이 문제되었다는 점에서, KIKO 사건에서와 같이 KIKO 계약의 가치 산정에 가장 중요한 풋옵션과 콜옵션의 가격 정보를 고지하지 않았다는 점과 매우 유사하다. 더욱이 2005다49799 판결은 한국증권업협회의 업무규정을 원용하여 고객보호의무 위반을 문제삼고 있는데, 이 사건도 금융감독원의 업무규정인 '은행업감독업무시행세칙'을 정면으로 위반하였다는 점에서 유사하다. 왜냐하면 단지 "신의칙상의 고객보호의무"를 위반한 것이 아니라 "법규에서 명백히 규정하는 신의칙상의 고객보호의무"를 위반한 것이기 때문이다.

(4) 소결

KIKO 계약은 풋옵션 매수와 콜옵션 매도로 구성되므로, 은행은 우선 KIKO 계약 자체에 내재된 리스크와 잠재적 손실에 영향을 미치는 요인들을 설명한 후, 다음으로 풋옵션 매수와 콜옵션 매도에 있어서 각각의 관련 리스크를 분리하여 설명하였어야 한다. 풋옵션과 콜옵션의 가치 산정에 있어서 가장 중요한 가격정보(프리미엄 체계)를 정확히 제공했어야 하고, 환율이 급락할 때와 급등할 때를 시나리오별로 구분하여 풋옵션 매수에서 발생가능한 이익과 콜옵션 매도에서 발생가능한 손실을 knock-out, knock-in 조건과 결합하여 구체적으로 설명하였어야 한다. 특히 옵션가격 체계 또는 프리미엄 체계, 그 중에서도 중소기업이 은행으로부터 떠 맡는 콜옵션의 기대 손실과 가격 정보, 계약 체결 당시 중소기업의 풋옵션 기대이익과 콜옵션 기대손실에 대한 설명은 가장 핵심이 될 것이다.

2. KIKO 계약 체결시 은행이 의무를 부담하는 설명의 정도와 방법

(1) 개관

KIKO 상품은 장외파생상품 거래에 대해 초보적인 지식도 갖지 못한 일반투자자로 하여금 가장 고위험의 장외파생상품인 콜옵션을 은행에게 매도하도록 하는 거래가 포함되어 있다. 은행은 이렇게 위험한 장외파생상품 거래를 함에 있어서 기업이 당해 거래의 기본조건과 콜옵션 매도에 내재된 위험을 파악하고 이해할 수 있도록 충분한 정도와 방법으로 설명하였어야 한다.

(2) 판례: 대법원 2011. 7. 28 선고 2010다76368 판결

대법원은 "… 판매회사는 자산운용회사가 제공한 투자설명서의 내용을 숙지하고, 의미가 명확하지 않은 부분은 자산운용회사에게서 정확한 설명을 들어 내용을 스스로 명확하게 이해한 다음, 투자자에게 투자신탁의 운용방법이나 투자계획 및 그로 인한 수익과 위험을 투자자가 정확하고 균형 있게 이해할 수 있도록 설명하여야" 한다고 하였다.

2010다76368 판결은 적합성의 원칙에 대한 전제로서 금융회사는 자신이 판매하는 상품에 대한 조사의무가 있고 스스로 상품을 명확하게 이해한 후 고객에게 당해 거래에 내재된 수익과 위험을 정확하고 균형있게 설명할 의무가 있음을 명확히 하였다. 마찬가지로 KIKO 사건에서도 은행은 원고에게 자신이 판매하는 KIKO 상품의 내용을 조사하여 명확하게 이해한 후, 이러한 자신의 이해를 바탕으로 KIKO 계약에서 발생가능한 모든 수익과 위험을 원고가 정확하고 균형있게 이해할 수 있도록 설명하였어야 한다. 그런데 이 사건에서 은행의 판매 담당직원이 KIKO 상품에 대해 스스로 명확하게 이해하였는지 여부도 불분명할 뿐만 아니라, KIKO 상품의 판매 과정에서 원고가 환율하락으로 이익을 보는 구간 만을 불균형적으로 강조함으로써 원고가 상품의 위험을 정확하게 파악할 수 없도록 하였다. 따라서 2010다76368 판결의 취지에 의하더라도, 이 사건에서 은행이 원고에게 최소한으로 요구되는 정도와 방법으로 설명의무를 이행하지 않았음은 너무도 명백하다.

(3) 설명의무 위반에 관한 하급심 판결: 서울중앙지방법원 2012. 8. 23. 선고 2011가합20688 판결

이 하급심 판결은 KIKO의 본질적인 문제점을 간파하지 못했다는 한계가 있으나, 설명의무 위반으로만 쟁점을 한정할 때에는 기존의 대법원 판례를 가장 잘 이해한 판결로 평가할 수 있다. 서울중앙지방법원은 "금융투자상품의 구조가 복잡하고 위험성이 높을수록, 투자자와 금융기관 사이의 정보의 불균형 및 전문성의 차이가 클수록 설명의무는 더 높은 정도로 요구된다고 봄이 타당하다. 따라서 특히 증권이나 파생상품의 가장 기본적인 형태에 변형을 가하여 구조화한 복잡한 금융투자상품 중 위험성이 높거나 복잡한 구조 때문에 위험성을 구체적으로 파악하기 어려운 상품의 경우에는 설명의무가 더욱 엄격하게 적용되어야 한다 …(중략)… 이때 설명의무의 범위와 정도는, 투자자가 구조화된 금융투자상품의 세세한 금융공학적 구조와 내용까지 모두 알 수 있을 정도는 아니더라도, 적어도 ㉠ 그 상품에 어떠한 위험성이 있으며 그 위험이 현실화되는 요인이나 조건은 무엇인지, ㉡ 투자자가 그 상품을 통해 얻을 수 있는 이익과 부담하게 될 위험의 구체적 내용과 그러한 손익을 발생시키는 원인은 무엇인지, ㉢ 동일한 거래 목적을 달성할 수 있는 다른 상품과의 구조적 차이점과 당해 상품을 선택할 경우 다른 상품에 비하여 더 얻을 수 있는 이익과 더 부담하게 될 수 있는 위험의 내용과 정도는 어떠한지 등 투자자 자신의 이해와 직접적 관련이 있는 주요한 내용에 관하여는 '투자자가 그 상품을 판매하는 금융투자업자의 인식 수준과 비슷한 정도로 인식할 수 있을 정도'로 설명하여야 한다"고 하였다.

위의 하급심 판결은 앞에서 소개한 2010다76368 판결을 좀 더 구체화한 것으로 분석된다. 왜냐하면 2010다76368 판결은 금융기관이 스스로 이해하여 숙지한 정도로 고객에게 발생가능한 수익과 위험을 균형있게 설명하여야 한다고 하였기 때문이다. 이는 고객이 상품을 판매하는 은행의 인식수준과 비슷한 정도로 인식하여야 한다고 달리 표현할 수 있을 것이다. 그리고 금융상품의 종류에 따라 위험의 종류는 상이할 것인데, 이 사건의 KIKO 상품은 가장 고위험의 범주에 속하는 장외파생상품 거래를 포함하고 있으므로 은행의 중소기업에 대한 설명의무의 정도가 더욱 가중될 것임은 명백하다. 그리고 은행이 이 정도로 설명하였음에도 불구하고 중소기업이 이해하지 못하였다면 KIKO 상품을 판매하지 말았어야 했다.

(4) 기존의 KIKO 거래 경험과 설명의 정도

1) 대법원 2006. 6. 29. 선고 2005다49799 판결의 사실관계와 파기환송 전후 원심의 판단

동 사건의 사실관계를 보면 원고는 특정 기업이 발행한 CP 3개월물로부터 상당한 이익을 실현한 후 즉시 동 기업이 발행한 또 다른 CP 6개월물에 투자하였다. 그렇다 보니 피고는 원고가 "개인이기는 하나 삼양수산이라는 사업체를 경영하면서 본인 또는 직원 등을 통하여 유가증권에 많은 투자를 하였고, 과거에도 종합금융회사들과 많은 거래를 해왔는바, . . .(중략) 위와 같은 투자 경험과 능력을 갖춘 투자전문가인 원고로서는 그 신용등급을 확인하지 않은데 대하여 중대한 과실이 있다"고 주장하였던 것이다. 파기 전 원심은 피고의 이러한 주장을 받아들여 "원고의 거래경험 및 거래 후 행적 기타 여러 사정에 비추어 원고가 이 사건 CP의 실제 신용등급을 인식하고 매입하였을 여지가 있[다]"고 보아 원고의 손해배상청구 및 착오에 의한 취소를 전제로 한 부당이득반환청구를 모두 배척하였다. 그러나 대법원은 직전 거래에서 이익을 실현하였더라도 투자자가 정확한 CP 6개월물의 신용등급을 정확하게 파악하지 못하였을 것이라고 판단하였고, 그에 따라 파기후 환송심도 "위 인정 사실만으로 원고를 유가증권이나 CP 거래의 전문가라고 보기는 어렵[다]"고 하였다.

2) KIKO 사건에의 적용

위의 법리는 KIKO 사건에서도 동일하게 적용될 수 있다. 즉 직전에 KIKO 상품에 가입하였던 자라도 은행이 가장 중요한 정보, 즉 풋옵션 매수와 콜옵션 매도가 결합된 상품으로서 각 옵션의 가격정보 등을 제공하지 않았다면 KIKO에 대한 가장 중요한 정보를 알지 못하였다고 할 수 있다. 더욱이 국내·국제금융시장의 여건과 전체적인 경제 상황이 바뀌고 환율도 변동되었으므로 풋옵션과 콜옵션의 가격도 달라졌을 것이 분명하므로, 기존의 KIKO 계약 조건과 새로운 KIKO 계약을 동일한 계약으로 볼 수 없다. 따라서 기존의 KIKO 계약 시 필요한 중요정보를 제대로 설명하지 않았다면 이후의 KIKO 거래에서 은행은 중소기업을 상대로 KIKO의 구조와 개별 풋옵션·콜옵션의 가격정보 및 발생 가능한 수익과 위험을 매우 구체적이고 균형 있게 설명하여야 하므로, 비록 KIKO 계약

에 가입하였던 경험이 있더라도 설명의 정도가 결코 경감되지 않는다.

3. 설명의무와 관련한 기타 쟁점

(1) 은행업감독규정과 은행업감독업무시행세칙의 성격

은행은 위의 은행업감독규정과 은행업감독업무시행세칙을 법령상의 위임근거가 없는 규제로서 단지 금융위원회와 금융감독원의 내규에 불과하다고 주장할 수도 있다. 그러나 위의 법규는 금융기관들에게 일종의 가이드라인으로 기능하였고 KIKO 거래와 같이 금융기관과 투자자 간에 상품정보의 불균형이 존재하는 상황에서 정상적인 상관행이 무엇인지에 대한 판단기준을 제공하여 왔다. 금융감독원이 위 은행업감독업무시행세칙에 의하여 장외파생상품을 판매하는 금융기관에게 적합성 원칙에 따라 고객에게 맞춤형 상품가입을 권유하고 세부적인 내용에 대해 설명의무를 충실히 하는 등 정상적인 금융 상거래 관행을 준수할 것을 촉구하여 왔고, 만일 이를 위반한 금융기관과 그 임직원들에게는 제재를 할 수 있었다는 점도 위의 조항들이 추상적인 신의칙에 머물지 않는다는 반증이 된다.

그리고 위의 적합성 원칙과 설명의무에 관한 은행업감독업무시행세칙의 규정이 단지 형식논리적인 내규가 아닌 법규적 효력이 있다는 점을 시사하는 사례도 있다. 즉 2010. 5. 17. 은행법과 은행법시행령이 개정되면서 종래 하위법규상에 규정되었던 해당 조항들이 상위법령으로 이관되고 적법한 위임의 근거도 마련되었다. 즉 현행 은행법 52조의2, 은행법시행령 제24조의4, 은행업감독규정 제89조 제8항 제10호는 과거 은행업감독규정과 은행업감독업무시행세칙에서 규정하였던 적합성 원칙과 설명의무를 그대로 이관받은 것이다. 따라서 이 사건의 KIKO 계약이 체결된 당시의 은행업감독규정과 은행업감독업무시행세칙의 관련 규정들은 단지 형식적인 것에 머물지 않고 실질적으로도 법규적 효력을 갖고 있었던 것이다.[47]

(2) 독일연방대법원 판결에 대한 이해

1) 논의의 배경

독일연방대법원은 2011년 3월 22일 은행(도이체방크)이 설계한 이자율 스왑계약을 중소기업인 원고와 체결함에 있어 은행이 고객에 대하여 지켜야 할 조언의무 내지 설명의

47 김용재, "스노우볼 계약과 고객보호의무에 관한 소고," 「증권법연구」 제13권 제3호, 2012, 273-275면.

무를 위반하였으므로 손해배상책임을 져야 한다고 판시하였다.[48] 유로존 국가들은 단일 통화인 유로화를 사용하므로 환율의 변동 가능성은 없지만 이자율의 변동 가능성은 매우 높으므로, 유럽의 금융기관들은 고객을 상대로 이자율을 매개체로 한 장외파생상품을 많이 판매한 것으로 알려져 있다. 도이체방크가 판매한 상품의 수식을 분석해 보면 KIKO 계약과 마찬가지로 계약 체결 시점부터 마이너스의 시장가치를 갖는다는 공통점을 갖고 있다. 즉 행사가격이 환율이냐 이자율이냐의 차이만 있을 뿐, 2개의 상품은 매우 유사한 구조로 이루어져 있는 것이다.

2) 핵심 쟁점

독일 사건은 금리스왑 상품을 파는 은행이 관련 상품에 대하여 고객에 맞게 투자위험을 설명하여야 할 적극적인 의무가 있는지 여부와 특히 계약체결 시 당해 파생상품의 시장가치가 마이너스로서 고객에게 불리한 숨은 수수료가 구조적으로 설계되어 있는 경우 이를 고객에게 알려야 할 의무가 있는지 여부가 가장 핵심 쟁점이었다는 점에서 KIKO 사건과 동일한 쟁점이 문제되었다.

첫째, 독일연방대법원은 설명의무와 관련하여 투자자에게 적합한 투자권유와 상담을 하여야 할 필요가 있다고 하면서, 이 사건의 스왑 계약과 같이 고도로 복잡하게 설계된 위험상품의 경우 투자상품의 위험을 설명함에 있어 은행에게 고도의 주의의무가 있다고 하였다. 연방대법원은 고객이 자신의 손실위험범위가 무한정 커질 수 있다는 점을 잘 알지 못한 것에 주목하였다. 고객은 고정금리를 지급받는 대신에 은행에게 계산식에 의한 변동금리를 주어야 했는데, 여기서의 변동금리는 최소 0%에서 최대 무한대까지 될 수 있었던 것이다. 연방대법원은, 은행의 경우 자신의 손실위험이 애초부터 아주 좁게 한정되어 있지만 고객의 손실위험은 무한대로 될 수 있다는 사실을 고객이 이해할 수 있도록 비교하여 명확하게 설명하여야 하고, 고객이 중대한 것을 사소한 것으로 과소평가하지 않도록 고객의 면전에서 분명하게 설명하여야 한다고 판시하였다. 또한 연방대법원은 고도로 복잡한 상품의 경우 설명의 정도는 고객이 위험에 대해 고객에게 설명하는 은행과 본질적으로 같은 수준의 지식과 이해수준을 지니고 있음을 담보할 수 있을 정도이어야 한다고 하였는데, 그 이유는 그런 경우에만 고객이 자신에게 제시된 이자율 구조를

48 이 사건의 사실관계와 판결 내용은 국내에 이미 많이 소개되었다. 가장 대표적으로 신현윤, "파생금융상품 거래시 고객에 대한 설명·조언의무 — 독일 연방대법원 판결(BGH, Urt. v. 22. 3. 2011-XI ZR 33/10)을 중심으로", 상사판례연구 제24집 제2권(2011), 413-424면 참조.

수용할 것인가를 자기책임으로 결정할 수 있기 때문이라고 하였다.[49]

둘째, 독일연방대법원은 해당 상품이 마이너스 시장가치를 내재하고 있음에도 피고가 이를 원고에게 적시하지 않아 이미 설명의무를 위반하였다고 하면서, 피고가 설계한 상품에서 마이너스 시장가치의 존재는 고객과의 사이에 매우 중대한 이해상충이 발생하는 사실이므로 피고는 고객에게 투자상담 시 이에 상응하는 설명을 했어야 한다고 판시하였다. 즉 은행은 고객에게 스왑 계약의 체결을 권유하면서, 단순한 판매자의 지위에서 더 나아가 투자위험구조를 의도적으로 투자자에게 불리하게 만듦으로써 투자자에게 중대한 위험을 주었는바, 이는 단순한 이해관계를 넘어선 이해상충과 같은 특별한 사정에 해당한다고 판시하였던 것이다.[50]

3) 독일사건과 KIKO 사건의 비교

도이체방크의 판매상품은 KIKO 상품과 매우 유사한 장외파생상품이었는데, 도이체방크는 우리나라의 은행들에 비해 훨씬 상세한 상품설명을 했던 것으로 보인다. 그렇지만 독일연방대법원은 파생상품에 대한 투자는 일반금융상품에 대한 투자에 비해 보다 높은 위험을 수반하는 거래이므로 계약자유의 원칙이나 자기책임의 원칙이 실질적으로 보장되기 위해서는 계약체결을 위한 의사결정절차에서부터 금융기관과 고객 간의 정보격차를 해소할 수 있어야 한다는 입장이었다. 그렇다 보니 '은행은 투자자가 본질적으로 은행과 동일한 정도의 정보와 지식수준을 가질 수 있도록 설명'하여 투자자가 위험성에 대한 올바른 인식을 형성할 수 있도록 하였어야 한다는 판시가 나온 것이다.

우리나라의 대법원은 그간 당해 권유행위가 "경험이 부족한 일반투자자에게 거래행위에 필연적으로 수반되는 위험성에 관한 올바른 인식형성을 방해하거나, 고객의 투자상황에 비추어 과대한 위험성을 수반하는 거래를 적극적으로 권유한 경우에 해당하여 고객보호의무를 저버린 위법성을 띤 행위로 평가된 경우"를 기준으로 투자자에 대한 불법행위책임 성립 여부를 판단하여 왔다(대법원 1996. 8. 23. 선고 94다38199 판결, 2002. 7. 12. 선고 2000다59364 판결, 2006. 2. 9. 선고 2005다63634 판결, 2007. 9. 6. 선고 2004다53197 판결 등).

KIKO소송의 사실관계를 보면 대부분의 국내 은행들이 투자자에게 행사환율, knock-in 환율, knock-out 환율, 레버리지 등에 대해서만 알려주었을 뿐, 콜옵션 매도

49 김용재, "스노우볼 계약과 고객보호의무에 관한 소고," 「증권법연구」 제13권 제3호, 2012, 284-285면.

50 상게논문, 285면.

가 포함되어 투자위험이 매우 높고 거래상 불이익을 입을 수 있다는 점을 제대로 알리지 않은 채 금융상품을 판매하였다. 서울중앙지방법원 2012. 8. 23. 선고 2011가합20688 판결을 제외한 많은 법원들, 심지어 이번 KIKO 사건의 대법원도 기존 판례를 제대로 잘 분석하였다면 은행들의 KIKO 상품 판매가 '위험성에 관한 올바른 인식형성을 방해'하여 고객보호의무를 저버린 위법한 행위라고 쉽게 판단할 수 있었을 것인데 그렇지 못했다는 아쉬움이 남는다.

VI. 결어

세상에 진실은 오직 하나일 터인데, 대법원은 KIKO 상품이 환헤지에 적합한 상품이라는 은행 측 주장에 편도되어 정확하게 진실을 들여다보지 못한 듯 하다. 도박판에서 타짜와 대결하여 돈을 한번이라도 벌어본 경험이 있는 일부 기업들의 예에 집착하여, 모든 KIKO 가입 기업들이 타짜와 대등한 도박 전문가였다는 식의 예단이 있었던 것은 아닌지, 그로 인하여 대법원이 평소의 혜안과 슬기를 발휘하지 못한 것은 아닌지 하는 아쉬움이 남는다.

가장 핵심이 되었던 설명의무 위반에 있어서도 대법원은 저자의 주장을 받아들이지 않았다. 공개변론 과정에서 한 대법관의 설명의무와 관련한 질문에 대해 저자는 다음과 같이 답변하였다. 자본시장법의 이념은 정보보유의 대등성에 있다. 정보보유의 대등성을 확보하여야 한다는 것은 당사자 간 계약체결의 자유/자기책임의 원칙을 실현하기 위한 선결과제이기도 하다. 이러한 정보보유의 대등성은 발행시장에서의 공시규제, 이해상충규제, 내부자거래 규제 등 자본시장법 전반을 지배하는 근본 원칙으로서 기능한다. 따라서 KIKO 계약을 체결할 때 은행은 중소기업에게 중요한 정보를 완전히 설명하고(full disclosure), 중소기업은 정보를 완전히 숙지한 상태에서 계약 체결에 동의(informed consent)하였어야 하는데, 이러한 설명에도 불구하고 중소기업이 그 내용을 이해하지 못하였다면 은행은 계약 체결을 단념하였어야 한다(disclose or abstain). 불행하게도 KIKO 계약은 전혀 이러한 근본 원칙이 준수되지 않았다.

그렇다고 대법원이 은행과 중소기업 양측을 모두 납득시킬 수 있는 멋진 법리나 합리적이고 이성적인 판단을 제시한 것도 아니다. 원심판결을 단순히 재인용하는 정도에 그칠 것이었다면 공개변론의 생중계 및 전원 합의체 판결과 같은 비용 낭비적이고 시간 소모적인 절차와 형식을 굳이 취할 필요도 없었다고 생각한다. 그렇지만 대법원이 시장에 준 메시지는 너무도 간명하게 전달되었다: "더 이상 KIKO사건으로 최고 법원의 위엄에 도전하지 말고, 대법관 전원의 '현명한' 판단에 불복하지 말라."

저자는 여전히 대다수의 선량한 중소기업들에게 KIKO계약은 투기상품 내지 도박계약과 마찬가지였으며, 중소기업들은 제대로 그 정확한 내용을 설명받지도 못하였다고 믿는다. 그 때문에 외국에서는 KIKO상품과 유사한 파생상품을 판매하였던 은행들에게 철퇴를 가했던 것이다. 우월적 지위에 있는 은행들은 그간 대출을 미끼로 소위 '꺾기' 관행에 의하여 중소기업들에게 일방적으로 불리하면서도 전혀 선택의 여지가 없는 계약의 체결을 강요하여 왔다. 그렇지만 이제 KIKO 확정 판결로 인하여, 우리 금융시장에서 은행이 중소기업들에게 팔 수 없는 불공정한 상품이란 없게 되었다. 이것이 글로벌 금융위기 이후 전 세계적으로 확대되어 온 금융소비자 보호의 이념과 정면으로 배치되는 것은 아닌지 고민해보아야 할 것이다. 앞으로도 학계에서 KIKO 판결에 대한 좀 더 세밀한 분석과 평가가 있을 것을 믿으며, 'KIKO 그 못다한 이야기'로 부제를 달 수 있는 이 글의 아쉬운 소회를 여기서 그치고자 한다.

제3장

발행시장

제1절 상법상의 신주발행(유상증자) 개관

I. 의의

상법상의 신주발행(rights issue)이란 수권자본의 범위 내에서 주식을 발행하여 회사의 자본을 증가시키는 것을 말한다. 상법 제289조 제1항은 회사의 정관에 자본금을 적지 않고 회사가 발행할 주식의 총수와 회사가 설립시에 발행하는 주식의 총수를 기재하도록 하고 있다. 그리고 설립시 발행한 주식의 총수를 제외한 나머지의 잔량에 대해서는 이사회가 신주발행을 결정할 수 있는 권한을 갖게 되는데, 이를 통상의 신주발행이라고 한다. 이러한 통상의 신주발행 이외에도 특수한 신주발행이 있을 수 있는데, 전환사채의 전환, 신주인수권부사채권자의 신주인수권 행사, 준비금의 자본전입, 주식배당, 주식매수선택권의 행사, 합병, 주식교환·이전 등의 경우를 들 수 있다. 다음은 통상의 신주발행과 특수한 신주발행 간의 공통점 및 차이점을 요약한 것이다.

통상의 신주발행과 특수한 신주발행의 비교

	통상의 신주발행	특수한 신주발행
공통점	모두 정관에서 정한 발행예정주식총수의 범위 내에서 발행하고, 종류주식은 정관의 규정에 따라서만 발행한다는 제약을 받음	
자산의 변동	변동	원칙적으로 변동이 없음. 단, 흡수합병시 소멸회사의 재산이 존속회사에 포괄적으로 승계되므로 자산이 증대되고, 전환사채의 전환에 의한 신주발행은 부채가 소멸하여 소극적으로 재산이 증대되는 효과가 있으며, 주식병합에 의한 자본감소시에는 자산이 감소됨
자본의 변동	예외없이 변동	변동되나, 전환주식의 전환비율이 1:1인 경우와 회사정리절차에 의한 신주발행시 납입이 없는 경우에는 자본의 변동이 없음. 그리고 주식병합시에는 자본이 감소됨
신주발행의 결정	이사회의 결의	무상증자(bonus issue)시 이사회결의, 주식병합시 주주총회의 특별결의, 주식배당시 주주총회의 보통결의
효력발생시기	납입기일의 다음날	납입절차가 없음. 무상증자시 배정일 또는 주주총회결의시, 주식배당은 주주총회종결시, 주식병합은 주권제출기간 만료시나 채권자이의 절차 종료시, 전환사채는 전환청구시

II. 신주발행의 절차

상법상 신주발행절차는 다음과 같다. 상법상의 규정은 자본충실의 원칙이 저해되지 않는지 여부와 기존 주주들 및 채권자의 보호에 문제가 없는지 여부와 같은 회사 내부의 세부쟁점에 초점을 맞추고 있는 반면에, 자본시장법상의 규정은 엄격한 공시요건과 선량한 투자자보호와 같은 회사 외부의 거시적인 쟁점에 초점을 맞추고 있다는 점에서 대비된다.

1. 이사회에서 신주발행의 결정

우리 상법은 수권자본제도를 채택하였으므로, 정관에 달리 규정되어 있더라도 대표이사에게 신주발행의 결정을 일임할 수 없다.

2. 신주발행사항의 결정(상법 제416조)

이사회는 신주발행시 다음의 사항으로서 정관에 규정이 없는 것을 정하여야 한다. 즉 ① 신주의 종류와 수, ② 신주의 발행가액과 납입기일, ③ 무액면주식의 경우에는 신주의 발행가액 중 자본금으로 계상하는 금액, ④ 신주의 인수방법, 여기서는 주식의 공모여부, 청약기일·청약증거금·배정배율·단주처리 등의 사항 등을 결정하여야 하는데, 공모를 할 경우에는 자본시장법의 발행시장규제의 적용을 받게 된다. ⑤ 현물출자에 관한 사항, 즉 현물출자를 하는 자의 성명과 그 목적인 재산의 종류, 수량, 가액과 이에 대하여 부여할 주식의 종류와 수, 한편 자본충실의 원칙에 의하여 현물의 과대계상이 있는지를 확인하기 위하여 법원이 선임한 검사인의 조사나 이에 갈음한 감정인의 평가를 받아야 한다. ⑥ 주주의 신주인수권을 양도할 수 있는 것에 관한 사항, 아무런 규정이 없다면 양도를 인정하지 않는 것으로 본다. ⑦ 주주의 청구가 있는 때에만 신주인수권증서를 발행한다는 것과 그 청구기간 등의 결정이 그 것이다.

3. 신주배정일의 지정 및 공고

회사는 일정한 날을 정하여 그 날에 주주명부에 기재된 주주가 신주인수권을 가진다는 뜻과 신주인수권을 양도할 수 있을 경우에는 그 뜻을, 그 날의 2주간 전에 공고하여야 한다. 그러나 그 날이 주주명부폐쇄 기간중인 때에는 그 기간의 초일의 2주간 전에 공고하여야 한다. 이사가 배정일의 지정·공고를 해태한 때에는 손해배상책임을 지나 신주발행무효원인은 아니라는 점을 유념하여야 한다.

4. 신주인수권자에 대한 최고

신주인수권은 권리일 뿐 의무가 아니므로 회사는 주주가 신주인수권을 행사할지 여부를 확실히 할 필요가 있다. 이에 상법 제419조 제1항은 실권예고부 최고조항을 두고 있다. 즉 회사는 신주의 인수권을 가진 자에 대하여 그 인수권을 가지는 주식의 종류 및 수와 일정한 기일까지 주식인수의 청약을 하지 아니하면 그 권리를 잃는다는 뜻을 통지하여야 한다. 그리고 그 기일까지 주식인수의 청약을 하지 않는 경우 신주인수권자는 권리를 잃는다(상법 419조). 이렇게 실권한 주식에 대해서는 주주를 모집할 수 있다.

5. 주식인수의 청약(상법 제420조)

현물출자의 경우를 제외하고 주식인수의 청약을 하고자 하는 자는 다음의 사항, 즉 ① 상호, 회사가 발행할 주식의 총수, 액면주식을 발행하는 경우 1주의 금액, ② 이익소각에 관한 사항, 납입은행등 금융기관과 납입장소, 명의개서대리인을 둔 때에는 그 성명·주소 및 영업소, ③ 신주발행사항의 결정사항(신주의 종류와 수, 신주의 발행가액과 납입기일, 무액면주식의 경우에는 신주의 발행가액 중 자본금으로 계상하는 금액, 신주의 인수방법, 현물출자를 하는 자의 성명과 그 목적인 재산의 종류, 수량, 가액과 이에 대하여 부여할 주식의 종류와 수), ④ 액면미달발행시 발행조건과 액면미달발행총액의 미상각액, ⑤ 주주에 대한 신주인수권의 제한에 관한 사항 또는 특정한 제삼자에게 이를 부여할 것을 정한 때에 그 사항, ⑥ 주식발행의 결의연월일 등이 기재된 주식청약서 2통에 인수할 주식의 종류와 수 및 기타사항을 기재하고 기명날인 또는 서명하여야 한다.

이러한 주식인수의 청약에 대해서는 무효, 취소가 제한된다. 즉 신주의 발행으로 인한 변경등기를 한 날로부터 1년을 경과한 후에는 신주를 인수한 자는 주식청약서 또는 신주인수권증서의 요건의 흠결을 이유로 하여 그 인수의 무효를 주장하거나 사기, 강박 또는 착오를 이유로 하여 그 인수를 취소하지 못한다. 그 주식에 대하여 주주의 권리를 행사한 때에도 같다(상법 제427조). 그런데 주주의 청구에 응하여 회사가 신주인수권증서를 발행한 경우 주식청약은 위의 주식청약서 대신 신주인수권증서에 의하여야 한다. 물론 신주인수권을 상실한 경우에는 주식청약서로 청약할 수 있는데, 양자의 청약이 중복될 때에는 주식청약서에 의한 청약이 효력을 잃는다(상법 제420조의5).

상법상 청약증거금의 납입에 대해서는 아무런 규정이 없으나, 실무상 회사는 주식청약을 받음에 있어서 발행가액 전액을 청약증거금으로 납입토록 하고 있다. 이는 무책임한 주식인수의 청약을 방지하여 자금조달의 확실성을 기하려는 것으로서 자본충실의 원칙에도 부합된다고 하겠다. 이러한 청약증거금의 관행으로 인하여 실무상 청약기일과 납입기일은 일치된다.

6. 신주의 배정과 인수

대표이사가 신주를 배정하며, 배정에 의하여 주식청약서를 제출한 자는 주식인수인이 된다. 여기서 주식인수의 법적성질은 주식청약인과 회사 사이의 입사계약으로 보고 있다. 회사는 신주인수권이 있는 자의 청약에 대해서는 배정의무를 지지만, 기타의 자에 대해서는 자유롭게 배정할 수 있다.

7. 신주발행의 효력발생시기(상법 제423조)

이사회가 정한 납입기일의 다음날에 납입 또는 현물출자의 이행을 한 범위 내에서 신주발행의 효력이 생기며 주주로서의 권리, 의무가 발생한다. 신주발행예정주식 전부에 대한 납입 또는 이행이 없더라도 자금조달의 편의를 위하여 납입 또는 이행이 있는 한도 내에서 그 효력을 인정하고 있다. 이는 회사설립시 회사의 물적 기초를 튼튼히 하기 위하여 정관에 기재된 '회사 설립 시 발행하는 주식 총수'에 대해 전부 인수, 납입이 이루어지지 않으면 효력이 발생하지 않는 것과 대비된다. 그렇지만 회사는 실권한 신주인수인에 대하여 손해배상청구를 할 수 있다.

8. 실권주의 처리

실권주란 ① 신주인수권이 있는 주주 또는 신주인수권증서의 취득자가 청약기일까지 청약을 하지 않아 신주인수권을 상실한 주식과 ② 청약을 하였으나 납입기일에 납입 또는 현물출자의 이행을 하지 않아 주식인수인으로서의 권리를 상실한 주식을 의미한다. 실권주는 납입기일이 종료한 때에 확정되지만, 실무적으로는 청약증거금 제도에 의해 청약기일이 종료한 때확정되므로 실권주의 확정시기가 앞당겨진다. 또한 회사설립의 경우와는 달리 이사는 실권주에 대해 인수담보책임이나 납입담보책임이 없다. 최근 회사들은 관행상 실권주를 이사회의 결의에 의하여 2세 경영자에게 몰아주는 경향이 있다. 이 때에는 액면이하의 가액으로 실권주를 배정해서는 안될 것이다. 참고로 2013년 개정 자본시장법 제165조의6 제2항이 주주배정후 실권주의 임의처리를 제한하는 조항을 도입하였으나 이는 상장법인에게만 적용됨을 주의하여야 한다. 만일 비상장법인에서 특정의 제3자에게 당초의 신주발행보다 유리한 조건으로 실권주를 배정하려고 할 경우 이를 제어할 수 있는 장치가 마련되어야 한다. 왜냐하면 모든 주주들에게도 공평의 견지에서 실권주를 인수할 수 있는 기회가 확대되어야 할 것이기 때문이다.[1]

제2절 자본시장법상 발행시장제도

I. 기본 개념의 이해

1. 증권의 모집과 매출

자본시장법상 신주를 제3자에게 발행하는 방식으로는 공모(public offering)와 사모(private placement)의 방식이 있다. 공모는 잠재적인 투자자의 공개모

1 최기원, 「상법학신론(상) 제20판」, 2014, 928-929면.

집, 사모는 연고모집을 지칭한다. 자본시장법은 증권을 공모할 경우 투자자들을 보호하기 위하여 일정한 공시규제를 하고 있다. 그런데 자본시장법은 사모에 대해서는 규제를 하지 않는다. 이렇게 사모의 경우 자본시장법상 증권신고서 제출의무가 면제되므로 투자자의 손해발생가능성도 상당히 높다. 따라서 자본시장법상 모집과 매출이라고 할 때에는 공모임이 전제되는 것이다.[2]

모집이란 신규로 발행되는 증권에 대하여 50인 이상의 자를 상대로 취득의 청약을 권유하는 것을 말하며 모집의 주체는 발행인이다. 여기서 청약의 권유는 상대방으로 하여금 계약을 하도록 유인하는 행위이다. 그리고 매출이란 이미 발행된 증권의 매도의 청약을 하거나 매수의 청약을 권유하는 것이며 매출의 주체는 발행인 이외에도 제3자(보통 대주주)인 경우가 대부분이다.[3] 증권신고서를 제출하는 자는 발행인에 한하므로, 모집·매출을 행하는 자와 다르다는 점을 주의하여야 한다. 한편 주식회사가 자본시장법 제165조의3 제4항에 의하여 취득한 자기주식을 이후 처분하는 것도 매출에 해당할 수 있다. 이러한 자기주식 처분행위는 이미 발행된 증권의 매도청약이나 매수의 청약권유에 해당하므로 모집이 아니다. 그리고 자본시장법 제9조 제14항에 의하면 매출인이란 "증권의 소유자로서 스스로 또는 인수인이나 주선인을 통하여 그 증권을 매출하였거나 매출하려는 자"이므로 발행인도 해당할 수 있다. 이사회가 상법 제342조에 따라 자기주식을 처분할 상대방을 정할 수 있는데, 자기주식을 처분할 상대방을 정할 때 반드시 특정인을 정하지 않고 매수인을 선택하는 방법(예: 거래소에서의 매각이나 기존 주주에 대한 배정에 따른 불특정인의 지정)을 정하는 것도 상관 없다.[4]

종래에는 모집과 매출에 있어서 가격, 청약시기, 청약방법 등의 조건을 균등하

2 자본시장법 제9조 제8항은 새로 발행되는 증권의 취득의 청약을 권유하는 것 중에서 모집이 아닌 것을 사모에 해당한다고 규정한다. 따라서 이미 발행된 증권을 50인 미만에게 매출하는 것은 사모가 아니다. 그리고 '사모'란 개념은 존재하지만 '사매출'이란 개념은 존재하지 않음을 주의하여야 한다.

3 김건식·정순섭, 170면은 모집에 취득이란 용어를 사용하는 이유로서 거래대상이 아직 미발행상태의 증권이라서 그 거래 계약을 매매로 볼 수 없기 때문이란 주장을 한다. 그렇지만 이는 증권매매계약이 증권의 발행을 반드시 수반하는 요물계약이라는 오해를 불러일으킬 수 있다. 한편 모집과 매출에는 금전을 대가로 하지 않는 교환도 포함한다.

4 김건식·정순섭, 171면.

게 하여야 한다는 소위 균일조건이 공모의 요건이었다. 그런데 이러한 균일조건 기준은 발행인이 모집조건을 조금씩 변경할 경우 공모에 해당하지 않게 되어 공시의무를 회피하게 된다는 심각한 문제점이 발견되었고 결국 1997년 1월 폐지하게 되었다. 따라서 현재는 비록 모집과 매출의 일부 사항이 균일하지 않더라도 공모로 보아 발행인으로 하여금 반드시 증권신고서를 제출토록 하고 있다.

모집과 매출에 있어서 50인을 어떻게 산정하는지에 대한 기준을 알아볼 필요가 있다. 일단 50인을 산정함에 있어서 권유시점부터 과거 6월 이내에 당해 증권과 같은 종류의 증권에 대해 모집 또는 매출에 의하지 않고 청약의 권유를 받은 자가 있다면 이를 합산하도록 하고 있다. '같은 종류의 증권'이라고 할 때 종류란 상법상의 종류와 다르게 보아야 한다.[5] 대안으로서 우리나라의 다수설은 동일한 발행인이 발행한 채무증권, 지분증권, 수익증권, 투자계약증권, 파생결합증권, 증권예탁증권을 기준으로 같은 종류인지 여부를 판단할 것을 주장한다.[6] 금융감독당국이 전환사채, 신주인수권부사채, 교환사채 등을 사채에 옵션이 결합된 것으로 보아 같은 종류의 채무증권으로 취급하는 것도 이러한 주장에 힘을 더해준다. 자본시장법 제4조 제2항이 증권을 명확하게 구분하고 있으므로 이러한 대분류에 따라 '같은 종류의 증권'인지 여부를 판단하는 것이 옳다고 생각하며 다수설에 동조하는바이다. 한편 최종적으로 주금을 납입하여 주권을 교부받은 자가 50인 이상이라도, 최초의 청약권유대상자가 50인 미만이면 원칙적으로 모집이나 매출에 해당되지 않는다는 점을 주의하여야 한다. 구체적으로 50인의 수를 합산하는데 있어서 제외되는 대상은 ① 스스로를 보호할 수 있는 전문가와 ② 발행인과 특수관계에 있어서 다른 경로를 통해 정보에 대한 접근이 가능한 연고자이다.[7] 한편 50인 산정과 관련하여 코넥스시장의 경우

5 상법 제344조 제1항은 이익의 배당, 잔여재산의 분배, 주주총회에서의 의결권의 행사, 상환 및 전환 등에 관하여 내용이 다른 종류의 주식을 발행할 수 있다고 규정하여, 종류란 개념을 사용한다. 그러나 발행시장의 공시규제에 있어서 종류의 개념을 이렇게 제한적으로 해석할 경우 같은 종류의 증권을 발행하는 것으로 볼 여지는 거의 없게 된다.

6 김건식·정순섭, 173면; 임재연, 399면, 김병연·권재열·양기진, 「자본시장법, 사례와 이론」, 박영사, 2012, 199-200면.

7 자본시장법시행령 제11조 제1항에 의하면 전자는 ① 국가, 한국은행, 은행법에 따른 은행 등, 예금보험공사 등, ② 공인회계사법에 따른 회계법인, ③ 신용평가회사(법 제335조의3에 따라 신용평가업인가를 받은 자), ④ 발행인에게 회계, 자문 등의 용역을 제공하고 있는 공인회계사·감정인·변호사·변리사·세무사 등 공인된 자격증을

특칙이 있다(자본시장법시행령 제11조 제2항).

자본시장법시행령 제11조 제4항은 매출에 대하여는 '증권시장 및 다자간매매체결회사 밖에서 청약의 권유를 받는 자'를 기준으로 그 수를 산출한다. 이는 증권시장과 ATS에서 상장증권에 대한 정보가 많이 존재하고 증권시장과 ATS에서 증권에 대한 매도청약이나 매수의 청약권유를 받는 자는 당연히 50인 이상이 될 것임이 너무도 명확하기 때문이다.

그런데 이러한 50인의 산정이 그렇게 실천적인 의미를 갖지는 못한다. 왜냐하면 자본시장법시행령 제11조 제3항에서는 간주모집규정을 두고 있는데 극히 소수의 자에 대한 청약권유라고 하더라도 단기간 내에 전매가능성이 있으면 모집으로 보기 때문이다.[8] 법문을 보면 다음과 같다. "제1항 및 제2항에 따라 산출한 결과 청약의 권유를 받는 자의 수가 50인 미만으로서 증권의 모집에 해당되지 아니할 경우에도 해당 증권이 발행일부터 1년 이내에 50인 이상의 자에게 양도될 수 있는 경우로서 금융위원회가 정하여 고시하는 전매기준에 해당하는 경우에는 모집으로 본다." 이러한 간주모집규정은 소수인을 상대로 사모(연고모집)에 의하여 증권을 발행한 후 50인 이상의 자에게 즉시 전매할 경우에는 공모규제를 회피할 수 있다는 심각한 문제점이 발견되면서 1998년에 도입되었다. 이는 공시없이 돌아다니는 물량이 발생하지 않도록 사전에 방지하려는 취지가 있다. 즉 발행 당시 전매가능성이 있다면 추후 매출시에 공시토록 하기보다는 미리 공시시점을 앞당기는 효과가 있다. 금융위원회는 「증권의 발행 및 공시 등에 관한 규정」 제2-2조에서 전매가능성기준을 매우 확대(예: 기업어음이 다음 어느 하나에 해당할 때 전매가능성이 있는 것으로 본다: ① 50매 이상으로 발행되는 경우; ② 기업어음의 만기가 365일 이상인 경우; ③ 기업어음이 영 제103

가지고 있는 자, ⑤ 그 밖에 발행인의 재무상황이나 사업내용 등을 잘 알 수 있는 전문가로서 금융위원회가 정하여 고시하는 자이고, 후자는 ① 발행인의 최대주주와 발행주식총수의 100분의 5 이상을 소유한 주주, ② 발행인의 이사·감사 및 근로자복지기본법에 따른 우리사주조합원, ③ 발행인의 계열회사 및 그 이사·감사, ④ 발행인이 주권비상장법인인 경우 그 주주, ⑤ 외국기업인 발행인이 종업원의 복지증진을 위한 주식매수제도 등에 따라 국내 계열회사의 임·직원에게 해당 외국기업의 주식을 매각하는 경우 그 국내 계열회사의 임·직원, ⑥ 발행인이 설립중인 회사인 경우 그 발기인, ⑦ 그 밖에 발행인의 재무상황이나 사업내용 등을 잘 알 수 있는 연고자로서 금융위원회가 정하여 고시하는 자이다.

8 참고로 이 제도를 간주모집이라고 하는 이유는 매출의 경우 전혀 전매가능성을 문제삼지 않기 때문이다. 만일 매출에 대해서도 전매가능성을 문제삼는다면 증권의 유통성은 크게 저해될 것이다.

조에 따른 특정금전신탁에 편입되는 경우)하고 있으므로, 이제 발행인이 명시적으로 전매제한조치(예: 발행인이 특정금전신탁의 위탁자를 합산하여 50인 이상이 될 수 없다는 뜻을 인수계약서와 취득계약서에 기재하고, 발행인 또는 기업어음, 파생결합증권을 인수한 금융투자업자가 그러한 발행조건의 이행을 담보할 수 있는 장치를 마련한 경우)를 취하거나 전매가능성이 아예 없다고 인정(「전자단기사채등의 발행 및 유통에 관한 법률」에 따라 발행되는 전자단기사채로서 만기가 3개월 이내인 경우, 근로복지기본법에 따라 우리사주조합원이 우리사주조합을 통해 취득한 주식을 같은 법 제43조에 따른 수탁기관에 예탁하고 그 예탁일로부터 1년간 해당 주식을 인출하거나 매각하지 않기로 하는 내용의 예탁계약을 수탁기관과 체결한 후 그 예탁계약을 이행하는 경우)되지 않는 한 대부분이 증권의 모집에 해당하게 되었다고 평가된다.[9]

2. 발행시장에서의 직접발행과 간접발행

(1) 직접발행

발행주체가 스스로 발행위험을 부담하고 직접 사무를 처리함으로써 증권을 발행하는 방법으로서 투자자가 부족한 경우에는 보통 그 부분이 미발행되거나 다시 매도된다(주주의 재모집). 공모를 직접발행 방식으로 하는 경우를 직접공모라 하는데 비상장 법인이 주식을 공모할 경우 종종 사용하는 발행형태로서 발행주체가 자기점포망이나 공고를 통하여 직접모집을 행하고 그 인수위험 부담과 발행사무를 직접 부담하여 증권을 발행하는 방식이다.

9 서울고등법원 2002. 12. 17. 선고 2002노1901 판결: "금융감독위원회가 제정하여 이 사건 당시 시행중이던 증권의발행신고등에관한규정 제3조에서 증권의 모집으로 보는 전매가능성기준을 정하고 있는데, 동 규정에 의하면 이 사건과 같이 모집대상이 전환사채권으로 전환권의 목적이 되는 주권이 협회중개시장(☞코스닥시장으로 개칭)에 등록되어 있는 경우에는 전환권 행사금지기간을 당해 사채의 발행일로부터 1년 이상으로 한다는 조건이 사채권면에 기재되지 아니하다면 전매의 가능성이 있어 증권의 모집으로 본다고 규정하고 있는바, 기록에 의하면 이 사건 전환사채는 양도제한규정이 없고 공소외회사의 주권이 협회중개시장에 등록된 사실은 앞서 본바와 같으므로 결국 이 사건 전환사채의 모집은 증권거래법 소정의 모집에 해당한다고 할 것이므로, 위 부분에 대한 항소 논지는 이유 없다.(원심판결은 이와 달리 청약의 권유를 받는 자의 수가 50인 이하이더라도 증권거래법위반의 죄책을 면할 수 없다는 취지로 판시하고 있어 이 부분이 잘못된 것으로 보이기는 하나 이 사건 전환사채의 발행이 증권의 모집에 해당한다고 본 것은 결과적으로는 정당하다)."

(2) 간접발행

직접발행에 따른 사무처리의 번잡을 피하고 증권발행에 따른 위험 부담의 해소를 위하여 발행주체가 인수기관 및 청약사무대행기관 등 중개기관(증권회사·종금사 등)의 도움을 받아 간접적으로 발행하는 방식이다. 발행위험 부담방법에 따라 총액인수, 잔액인수, 모집주선인수 등의 방법으로 구분된다. 인수는 영문으로 underwriting이라고 하는데, 자본시장법 제9조 제11항에 의하면 "인수란 제3자에게 증권을 취득시킬 목적으로 다음 각 호의 어느 하나에 해당하는 행위를 하거나 그 행위를 전제로 발행인 또는 매출인을 위하여 증권의 모집·사모·매출을 하는 것을 말한다. ① 그 증권의 전부 또는 일부를 취득하거나 취득하는 것을 내용으로 하는 계약을 체결하는 것, ② 그 증권의 전부 또는 일부에 대하여 이를 취득하는 자가 없는 때에 그 나머지를 취득하는 것을 내용으로 하는 계약을 체결하는 것." 여기서 제3자에게 증권을 취득시킬 목적이란 다른 투자자에 대한 분매(distribution) 목적을 의미한다. 따라서 증권회사가 증권을 취득할 때 분매 목적이 없다면 인수인으로 규제받지 않게 된다.

첫째, 총액인수(firm commitment underwriting)는 주간사회사가 정한 인수기관들로 구성된 인수단(또는 인수회사)이 발행된 증권의 전부 또는 일부를 자기의 책임과 계산하에 인수하고 이에 따른 발행위험을 부담하는 방식으로, 위의 ①을 말한다. 가격변동에 따르는 손해 등 모든 위험은 발행인으로부터 인수단으로 이전되고, 인수단은 인수를 위하여 많은 자금을 필요로 할 뿐만 아니라 투자자에게 매도하기까지 증권을 보유하여야 하므로 공모실패에 따른 위험과 증권의 가격변동에 따른 위험을 부담하게 된다. 현재는 이 방식이 공모에 있어 가장 널리 이용되고 있다.

둘째, 잔액인수(stand-by agreement underwriting)는 공모에 따른 사무처리와 인수에 따른 위험을 분리하여 처리하는 방식으로서 일정기간 동안 공모를 한 다음 부족액이 발생하였을 경우 그 잔량을 인수기관에게 인수시키는 방식으로, 위의 ②를 말한다. 모집사무를 처리하는 기관과 인수하는 기관이 다를 수도 있다. 이 경우 발행된 증권을 투자자들로부터 공모하고 만약 응모총액이 공모총액에 미달할 경우에는 잔액을 인수기관이 자기의 책임과 계산으로 인수계약서상에서 정한 조건에 따라 인수하게 된다.

셋째, 모집·매출주선인수(best-effort underwriting)는 증권 모집·매출에 대한 사무처리 및 투자자에 대한 권유 등을 증권회사 등에 위탁하되 발행예정 증권의 전량에 대해 투자자를 모집할 수 없는 경우에 발생하는 위험에 대해서 발행회사가 책임지는 방식이다. 따라서 투자자를 모집할 수 없는 부분에 대해서는 그 만큼 자금조달을 하지 못하게 된다. 총액인수나 잔액인수의 경우에는 인수회사(증권회사 등)가 투자자를 모집할 수 없는 증권을 매수하게 되므로 그 만큼 발행회사는 자금조달을 할 수 있다는 장점이 있지만, 모집·주선인수는 이러한 장점을 갖지 못한다. 개정 자본시장법 제9조 제13항은 "주선인"이란 제11항에 따른 행위 외에 발행인 또는 매출인을 위하여 해당 증권의 모집·사모·매출을 하거나 그 밖에 직접 또는 간접으로 증권의 모집·사모·매출을 분담하는 자라고 규정하여 모집·매출주선인수인을 주선인이라고 규정하면서, 모집·매출주선인수도 인수의 하나로 다시 집어넣었다. 이는 증권회사의 인수·주선행위에 따른 투자자에 대한 책임부담이 미흡하여 투자자 보호에 문제가 있었기 때문이다.

Ⅲ. 증권신고서제도

1. 총설

공모의 경우 금융위원회에 증권신고서를 제출하여 수리되지 않으면 모집 또는 매출을 할 수 없도록 하는 제도로서, 상법상의 주식청약서나 사채청약서 만으로는 정보공시에 한계가 있기 때문에 이를 보충하기 위한 제도라고 할 수 있다. 증권신고서 제도는 공시규제의 핵심이라고 할 수 있는데, 공모의 경우 발행인으로 하여금 완전하고 충분한 공시(full and complete disclosure)를 하도록 함으로써 투자자를 보호하기 위한 것이다. 공모로부터 상장까지의 모든 절차를 개략적으로 보면, 신고서제출 → 금융위수리 → 효력발생기간 → 청약 → 납입 → 상장의 과정을 거치는데, 이는 ① 신고서제출 이전, ② 대기기간, ③효력발생이

후의 3단계로 구분할 수 있다.[10]

2. 증권의 발행신고

신고대상증권은 사채권, 주권 또는 신주인수권을 표시하는 증서, 외국법인이 발행한 증권 또는 증서, 예탁증권(depository receipt, DR) 등이다. 모집 또는 매출가액 총액이 10억원 이상으로서 과거 1년간 이루어진 같은 종류의 증권의 모집 또는 매출로서 신고서를 제출하지 아니한 모집가액 또는 매출가액을 합산하게 되어 있다. 공모는 공모와, 사모는 사모와 합산하는데, 공모는 과거 1년간의 공모가액과 합산하고 사모는 과거 6월간 사모에 의한 청약권유금액과 합산한다(자본시장법시행령 제120조 제1항 제1·2호 및 제11조 제1항).

자본시장법 제124조 제2항에 의하면 금융위원회가 증권신고서를 수리하여 효력이 발생되기 이전의 대기기간 중에는 예비투자설명서 또는 간이투자설명서를 통하여 제한된 형태의 청약권유 만을 허용하고 있다.[11] 따라서 금융위원회에 제출하여 수리되기 전의 단계에 발행인이 모집이나 매출을 위한 어떠한 행위를 할 수 있는지에 대해서는 명문의 규정이 존재하지 않는다. 참고로 미국에서는 증권신고서를 제출하기 이전에 제한된 광고를 허용하고 있다. 그렇더라도 발행인 만이 광고할 수 있을 뿐이고 인수인단에 참여할 예정인 금융기관이나 증권사는 광고할 수 없다. 광고가 허용되더라도 6가지의 내용만을 광고할 수 있을 뿐인데, 발행인의 명칭(상호), 발행의 기본조건, 발행증권의 특별권리, 교환발행, 종업원에 대한 발행, 주법의 요구사항이 그것이다. 청약이 투자설명서의 교부와 함께 이루어진다는 사실을 명기하여야 하며, 방송매체나 신문을 통한 광고는 허용되지 않는다. 이러한 제한을 위반한 광고는 gun jumping, 즉 증권거래위원회(Securities Exchange Commission, SEC)가 승인하기 이전의 상태에서 신주

10 기업공개와 상장의 개념은 다르다. 기업공개란 기업이 발행한 주식을 일반투자자를 상대로 모집하거나, 대주주가 보유한 주식일부를 불특정다수의 투자자에게 매출하여 주식을 분산시키는 것이다. 이에 비해 상장이란 특정기업이 발행한 주식을 한국거래소에서 자유롭게 매매할 수 있도록 거래와 관리를 위탁하는 것이다.

11 따라서 증권신고서의 효력이 발생한 이후 투자설명서에 의한 청약과 승낙이 이루어져야 하는 것이 원칙이다. 그런데 자본시장법 제124조 제3항에 의하면 집합투자증권의 경우 간이투자설명서에 의한 청약과 승낙을 하는 상황이 오히려 통상적임을 상정하고 있으며 예외적으로 투자자가 투자설명서의 사용을 별도로 요청한 경우에 한해 투자설명서로 청약과 승낙을 하도록 규정하고 있다.

에 대한 매수주문을 유도하는 행위에 해당하여 불법이 되고 발행인은 엄격한 제재를 받게 된다.

3. 신고서 제출의 특례 및 면제

(1) 일반적인 특례 및 면제

개정 자본시장법 제119조 제6항에 의하면 "발행인 및 같은 종류의 증권에 대하여 충분한 공시가 이루어지고 있는 등 대통령령으로 정한 사유에 해당하는 때에는 매출에 관한 증권신고서를 제출하지 아니할 수 있다"고 규정하여 공시제도의 합리화를 꾀하고 있다.[12]

한편 증권신고서의 작성이 면제되는 대상으로서 적용제외증권과 면제거래가 있다. 우선 자본시장법 제118조는 국채증권, 지방채증권, 대통령령으로 정하는 법률에 따라 직접 설립된 법인(예: 한국은행이나 한국산업은행)이 발행한 채권, 그 밖에 다른 법률에 따라 충분한 공시가 행하여지는 등 투자자 보호가 이루어지고 있다고 인정되는 증권으로서 대통령령으로 정하는 증권[13]을 적용제

---

12 자본시장법시행령 제124조의2(매출에 관한 신고서 제출의 특례) 법 제119조 제6항에서 "발행인 및 같은 종류의 증권에 대하여 충분한 공시가 이루어지고 있는 등 대통령령으로 정한 사유에 해당하는 때"란 다음 각 호의 요건을 모두 충족하였을 때를 말한다.

1. 발행인이 사업보고서 제출대상법인으로서 최근 1년간 사업보고서·반기보고서 및 분기보고서를 기한 내에 제출하였을 것
2. 발행인이 최근 1년간 공시위반으로 법 제429조에 따른 과징금을 부과받거나 이 영 제138조·제175조에 따른 조치를 받은 사실이 없을 것
3. 최근 2년 이내에 매출하려는 증권과 같은 종류의 증권에 대한 증권신고서가 제출되어 효력이 발생한 사실이 있을 것
4. 증권시장에 상장하기 위한 목적의 매출이 아닐 것
5. 투자매매업자 또는 투자중개업자를 통하여 매출이 이루어질 것
6. 그 밖에 금융위원회가 정하여 고시하는 요건을 충족할 것

13 자본시장법시행령 제119조 제2항에 의하면 "대통령령으로 정하는 증권"이란 다음 각호의 증권을 말한다.

1. 국가 또는 지방자치단체가 원리금의 지급을 보증한 채무증권
2. 국가 또는 지방자치단체가 소유하는 증권을 미리 금융위원회와 협의하여 매출의 방법으로 매각하는 경우의 그 증권
3. 「지방공기업법」 제68조 제1항부터 제6항까지의 규정에 따라 발행되는 채권 중 도시철도의 건설 및 운영과 주택건설사업을 목적으로 설립된 지방공사가 발행하는 채권
4. 「국제금융기구에의 가입조치에 관한 법률」 제2조 제1항에 따른 국제금융기구가 금융위원회와의 협의를 거쳐 기획재정부장관의 동의를 받아 발행하는 증권
5. 「한국주택금융공사법」에 따라 설립된 한국주택금융공사가 채권유동화계획에 의하여 발행하고 원리금 지급을 보증하는 주택저당증권 및 학자금대출증권

외증권으로 규정하고 있다. 신고면제거래는 사모발행과 소규모발행의 2가지가 있는데, 50인 기준과 10억원 기준에 의하여 사모·소규모 여부를 결정한다. 과거에는 소액공모의 경우 아무런 신고의무를 부과하지 않았다. 그러나 인터넷을 이용한 소액공모가 급증함에 따라 투자자를 보호하기 위하여, 자본시장법 제130조는 ① 발행인의 재무상태에 관한 사항의 공시 및 ② 대통령령이 정하는 조치(예: 증권의 모집 또는 매출 전에 발행인의 재무상태와 영업실적을 기재한 서류를 금융위원회에 제출할 것) 등을 할 것을 요구한다. 동 조항의 취지는 비록 증권신고서를 제출하지 않더라도 재무상태와 영업실적을 기재한 서류를 제출하라는 것이다. 참고로 미국은 SEC Rule 506에 의하여 35인 기준(단 accredited investor들을 제외한다. 이에는 기관투자자, 100만달러를 초과 순자산을 보유한 자연인, 연소득이 20만달러 이상인 자연인이 포함된다)에 의하여 공모와 사모를 구분하고, Regulation D에 의하여 500만달러를 기준으로 소규모 여부를 구분한다. 양국의 차이점으로서 우리나라에서는 소액공모시 10억원 미만이면 투자자의 수는 문제되지 않는다는 점을 알 수 있다.

(2) 크라우드펀딩의 특례

1) 개관

우리나라에서는 2016년부터 크라우드 방식에 의한 펀드의 모집이 시작되었다. 2015년 7월 개정 자본시장법은 일명 크라우드 펀딩법으로 불린다. 크라우드펀딩이란 자금조달(funding)이 대중(crowd)에 의해 이루어지는 자금조달 수단으로서, 창의적 기업가를 비롯한 자금수요자가 인터넷 등의 온라인상에서 자금모집을 중개하는 자를 통하여 불특정 다수의 소액투자자로부터 자금을 조달받게 된다. 크라우드펀딩은 비투자형과 투자형의 두 가지로 크게 구분되는데, 전자는 기부형과 보상(reward)형으로 구성되고 후자는 대출형과 증권형으로 구성된다. 자본시장법은 미국의 2012년 JOBS법(Jumpstart Our Business Startups Act)을 모델로 하여 '투자형 크라우드펀딩'에 대한 특례 규정을 마련하

6. 「전자단기사채등의 발행 및 유통에 관한 법률」 제2조 제2호에 따른 전자단기사채등(이하 "전자단기사채등"이라 한다)으로서 만기가 3개월 이내인 증권

고 있다.

개정 자본시장법은 투자중개업의 하나로 온라인소액투자중개업을 신설하였다. 동법은 증권형 크라우드펀딩이 벤처·창업초기(start up) 기업 자금조달의 대안이 될 수 있도록 기존 규제를 완화하는 동시에 투자자 보호를 위한 보완조치를 마련하는 것을 목적으로 하였다. 최근 신생기업이나 창의적 기업에 대한 벤처캐피탈이나 개인적으로 창업기업에 투자하는 엔젤투자는 점차 감소되어 왔다. 그렇다 보니 스타트업기업 등 예비창업자들은 자신들의 사업 아이디어를 실현할 수 있을 만한 자금을 조달하기 매우 곤란하였다. 금융감독당국은 IT의 발전과 함께 신생혁신기업들을 위해 투자자와 직접적으로 연결하여 자금을 조달하는 방법을 고민하여 왔으며 그 결과 탄생하게 된 것이 크라우드 방식에 의한 온라인 자금조달이다.

개념적으로 증권형 크라우드펀딩이란 자금수요자가 증권을 발행하여 일반에 공모하는 형태의 자금조달을 의미하는 데 반하여, 대출형 크라우드펀딩이란 인터넷 플랫폼을 매개로 개인 간의 대출이 이루어지는 P2P(Peer to Peer) 대출에 의한 자금조달을 의미한다. 그런데 실무계에서는 채무증권의 발행을 통하여 자금을 모집하는 행위가 증권형 크라우드펀딩뿐만 아니라 대출형 크라우드펀딩에도 해당되므로 대출형 크라우드펀딩의 규제 근거 역시 자본시장법에 마련되어야 한다는 의견을 제시하였다. 이에 대하여 금융감독당국은 대출형 크라우드펀딩의 경우 투자자뿐만 아니라 차입자인 채무자를 동시에 보호하여야 할 특수성이 있고 P2P 대출 업무방식이 원리금수취권의 발행과 채권관리 등 업무를 수행하여야 하므로 기존의 금융투자업으로 포섭할 수 없는 특수성이 있으므로 별도의 법률로 규율하는 것이 바람직하다는 입장이었다. 종국적으로 이러한 금융감독당국의 입장이 반영되어 대출형 크라우드펀딩에 대한 독자적인 법률이 제정되었다. 즉 2019년 10월 31일 P2P 금융의 법적 근거가 되는 「온라인투자연계금융업 및 이용자 보호에 관한 법률」이 국회 본회의를 통과하였는데, 동법 제2조에 의하면 "온라인투자연계금융"이란 온라인플랫폼을 통하여 특정 차입자에게 자금을 제공할 목적으로 연계투자한 투자자의 자금을 투자자가 지정한 해당 차입자에게 연계대출(어음할인·양도담보, 그 밖에 이와 비슷한 방법을 통한 자금의 제공을 포함)하고 그 연계대출에 따른 원리금수취권을 투자자에게 제공하는 것을 말한다. 동법 제3조 제4항은 여기서의 원리금수취권을 자본시장법에 따른 금융투자상품으로 보지 않음으로써 자본시장법의 중첩적인 적용을 배제할 수 있는 근거를 제공하고 있다. 이는 원리금수취권이 P2P 연계대출 차입자의 채무불이행과 같은 신용위험을 갖고 있으므로 유통가능성을 전제로 한 시장위험을 갖는 전통적인 증권과 차별화된다는 인식을 반영한 것이다.[14]

2) 증권형 크라우드펀딩 제도의 개요와 주요 내용

크라우드펀딩 관련 자본시장법의 주요 내용은 다음과 같다.

크라우드펀딩 관련 자본시장법의 주요 내용

구분	내용
온라인소액투자 중개업 신설(제9조 제27항, 제117조의4)	• 투자자로부터 크라우드펀딩 중개를 담당하는 온라인소액투자중개업자의 정의를 법상 신설 • 온라인소액투자중개업자에 대해 진입규제와 일부 영업행위규제를 배제
증권신고서 제출의무 면제(제117조의10 제1항), 의사소통 허용(제117조의7 제10항)	• 크라우드펀딩의 경우 법상 증권신고서 제출의무 예외 • 증권신고서외 청약수단이 없는 일반 공모와 달리 증권발행인과 투자자간 의사소통 허용. 단 청약의 권유는 법으로 열거한 방법으로만 한정
투자자 보호장치(제117조의10 제2항 이하)	• 증권발행인의 연간 발행한도 (15억원) 설정 • 일반투자자에 대해 동일기업당 500만원, 연간 총 1,000만원 투자한도 제한 • 전문투자자 이외의 자에 대한 증권의 전매, 발행인, 대주주의 지분 매각 1년간 제한 • 모집예정금액의 일정비율(80%) 이하 청약시 증권발행 취소
영업행위규제 및 광고방법제한(제117조의7 및 제117조의9)	• 중개업자의 증권취득과 투자자 및 증권발행자에 대한 자문 금지 • 투자광고는 중개업자가 개설한 인터넷 홈페이지를 통해서만 허용 • 전자게시판 서비스업자에게 관리의무 부여

자료: 금융위원회, "[보도자료] 크라우드펀딩법 국회 본회의 통과", 2015. 7. 6.

그동안 우리나라에서는 비상장기업이나 스타트업기업, 벤처기업에 대한 지분투자는 대규모 자금을 가진 기관이나 전문투자자들의 영역이었다. 하지만 크라

14 「온라인투자연계금융업 및 이용자 보호에 관한 법률」은 P2P 투자자의 합리적인 투자 판단 및 투자자금 보호를 위한 여러 가지 준수사항들을 규정하고 있다. 제22조에서 P2P업체는 투자자에게 연계대출 정보, 차입자 정보, 투자정보(수익률, 채권추심 절차 등) 등을 투자자에게 제공하도록 하고, 제26조에서 P2P업체의 횡령·도산으로부터 투자금 등을 보호하기 위해 P2P업체에 투자금 등의 분리보관 의무를 부여하며, 제28조에서 P2P업체 도산시 투자자 재산이 보호될 수 있도록 P2P 대출채권을 P2P업체의 도산과 절연시키고 있다.

우드펀딩 제도가 도입되면서 중개터미널을 통해 일반 개인들도 참여할 수 있게 되었다. 발행자는 펀딩 포털(funding portal)을 통해 다수의 투자자를 대상으로 자금을 조달할 수 있는데, 증권 모집시 증권신고서 제출을 면제받을 수 있는 등 공시규제도 완화되었다.

그러나 개정 자본시장법은 투자위험이 높은 온라인 소액투자의 특성을 반영하여 발행인의 재무상황, 사업계획의 게재, 발행한도 설정, 발행인의 배상책임, 적극적 청약 권유 금지, 투자한도 설정 등의 투자자 보호장치를 적극적으로 마련하고 있다는 점을 유념하여야 한다. 투자자보호를 위해 일반투자자의 경우 투자한도를 총 500만원까지만 가능하도록 하였으며, 한 기업에 대해서 연간 1,0000만원 이상의 투자를 하지 못하도록 하였다(종합소득과세 대상 등 일정 수준이상의 소득요건을 갖춘 투자자는 동일기업에 연간 1,000만원, 총 2,000만원까지 투자할 수 있다). 발행기관의 범위를 원칙적으로는 7년 미만의 창업중소기업으로 하고,[15] 이중 주권상장법인이라던가 금융·보험업 및 불건전 사업(골프장, 겜블링 등)은 중소기업창업지원법에 준하여 배제하였다. 또한 시행령을 통해 발행 한도를 연간 15억원으로 제한하였다. 펀딩의 목표를 사전적으로 설정하여 목표설정치의 80%가 미달될 경우 전체 발행을 취소할 수 있도록 하였다. 중개업자에 대해서는 영업행위 규제 조항을 삽입하여 중개하는 증권의 취득이나 청약을 주선하는 행위를 금지하고 있다. 이는 기존의 투자자문업자, 투자일임업자의 등록요건과 유사한 것으로 대주주 요건이나 이해상충 방지체계를 마련하였다.

4. 신고서 기재사항 — 본문과 첨부서류로 구분

자본시장법 제119조 제7항에 의하면 증권신고서의 기재사항과 첨부서류는 시행령으로 정하도록 규정하는데, 시행령은 증권신고서에 관하여 일반 증권(제125조)과 집합투자증권(제127조)/자산유동화증권(제128조)으로 나누어 상세

15 벤처기업·기술혁신형 중소기업, 중소기업이 신기술개발·문화사업 등 프로젝트 사업을 하는 경우, 즉 비상장중소기업이 기존 사업과 회계를 분리하여 운영하는 경우에는 업력에 관계없이(7년 초과도) 이용할 수 있게 하였다.

하고 규정한다. 투자자들은 일반 증권의 경우 발행인과 발행되는 증권 자체에 대해 관심을 갖는데 반하여, 집합투자증권과 자산유동화증권의 경우 집합투자재산의 운용·관리와 유동화자산의 내역에 특히 관심을 갖는다. 그렇다 보니 신고 내용이 차별화되는 것이다. 다음에서는 일반 증권의 경우로 논의를 집중할 것인데, 관심 있는 독자들은 해당 시행령을 보면서 증권신고서 기재사항을 살펴보기 바란다.

일반 증권의 경우 증권신고서 본문에는 우선 모집 또는 매출에 관한 다음의 사항들이 기재되어야 한다. ① 모집 또는 매출에 관한 일반사항, ② 모집 또는 매출되는 증권의 권리내용, ③ 모집 또는 매출되는 증권의 취득에 따른 투자위험요소, ④ 모집 또는 매출되는 증권의 기초자산에 관한 사항(파생결합증권 및 금융위원회가 정하여 고시하는 채무증권의 경우만 해당), ⑤ 모집 또는 매출되는 증권에 대한 인수인의 의견(인수인이 있는 경우만 해당), ⑥ 주권비상장법인(설립 중인 법인을 포함)이 인수인의 인수 없이 지분증권(지분증권과 관련된 증권예탁증권을 포함)의 모집 또는 매출("직접공모")에 관한 신고서를 제출하는 경우에는 금융위원회가 정하여 고시하는 요건을 갖춘 분석기관의 평가의견. 다만, 금융위원회가 정하여 고시하는 경우에는 이를 생략할 수 있다. ⑦ 자금의 사용목적, ⑧ 그 밖에 투자자를 보호하기 위하여 필요한 사항으로서 금융위원회가 정하여 고시하는 사항(자본시장법시행령 제125조 제1항 제2호). 다음으로 발행인에 관한 사항도 기재하여야 한다. 여기에는 회사개요, 사업내용, 재무사항, 감사의견, 이사회 등 회사기관 및 계열회사에 관한 사항, 주주·임직원에 관한 사항, 이해관계자와의 거래내용, 그 밖에 투자자보호를 위하여 필요한 사항 등이 포함된다(동조 동항 제3호). 기재사항 중 특례도 있다. 즉 증권신고서의 작성시점과 증권공모시점 간에는 시차가 존재하므로, 그간 시장상황의 급변에 따라 발행가액이나 발행이율 등이 변경될 수 있다(소위 price amendment). 예를 들어 전환사채 발행시 전환가액, 신주인수권부사채 발행시 신주인수권행사가액, 교환사채 발행시 교환가액, 일반 회사채 발행시 발행가액과 발행이율 등의 변경이 있을 수 있다. 발행가액과 발행이율의 변경이 있다면 의무적으로 정정신고서를 제출하여야 한다(자본시장법 제122조 제3항 및 동법시행령 제130

조 제1항 제1호). 정정신고서의 제출 기한은 그 증권신고서에 기재된 증권의 취득 또는 매수의 청약일 전일까지이다.

증권신고서에는 첨부할 서류도 많은데, 정관, 증권발행을 의결한 주주총회 또는 이사회 의사록 사본, 법인등기부 등본 또는 이에 준하는 설립증명서류, 행정관청의 인·허가 또는 승인이 필요한 경우 그것이 있었음을 증명하는 서류, 인수계약 체결시 계약서사본, 상장하고자 하는 경우 거래소로부터 상장이 적합하다는 확인을 받은 상장예비심사결과서류, 예비투자설명서나 간이사업설명서, 직접공모의 경우 증권분석기관의 평가의견서 등 제반서류, 그 밖에 투자자보호를 위하여 필요한 서류로서 금융위원회가 정하여 고시하는 서류 등이 그것이다(자본시장법시행령 제125조 제2항).

5. 예측정보의 공시

예측정보가 공시된 증권신고서를 forward looking statement라고 하는데 1999년 구 증권거래법의 개정으로 도입되었다. 원래 증권신고서에 기재되는 내용은 확정된 정보(hard information)임을 원칙으로 한다. 그런데 미래에 대한 예측정보가 과거실적이나 검증된 데이터들보다 투자정보로서는 불안정하지만, 향후 성장가능성과 사업전망 등은 투자자들의 투자판단에 매우 중요한 정보일 수도 있다. 왜냐하면 예측정보가 주가의 장래 동향을 살피는 데 있어서 결정적인 정보로 작용하기 때문이다.

예측정보는 soft information으로서 아직 실현되지 않은 예측에 불과하다. 따라서 투자자들은 예측되었던 것과 달리 실현되지 않을 가능성도 있다는 점을 유념하여야 한다. 자본시장법 제119조 제3항은 예측정보를 발행인의 미래 재무상태나 영업실적등에 대한 예측 또는 전망에 관한 사항이라고 하면서 구체적으로 다음과 같은 4가지를 규정하고 있다: ① 매출규모·이익규모 등 발행인의 영업실적 기타 경영성과에 대한 예측 또는 전망에 관한 사항, ② 자본금규모·자금흐름 등 발행인의 재무상태에 대한 예측 또는 전망에 관한 사항, ③ 특정한 사실의 발생 또는 특정한 계획의 수립으로 인한 발행인의 경영성과 또는 재무상태의 변동 및 일정시점에서의 목표수준에 관한 사항, ④ 그 밖에 발행인의 미

래에 대한 예측 또는 전망에 관한 사항으로서 대통령령으로 정하는 사항.[16]

그런데 예측정보제도를 도입하다 보니 당연히 예상되는 문제점으로서, 발행인은 보다 많은 투자자를 유치하기 위하여 다소 과장된 예측공시를 할 가능성이 hard information의 경우보다 훨씬 높다는 것이다. 그럼에도 불구하고 엄격한 손해배상의 책임을 묻게 되면 모처럼 도입된 예측정보제도가 유명무실화될 가능성도 있다. 따라서 자본시장법 제125조 제2항은 예측정보가 다음의 요건을 갖추었을 경우에 비록 투자자가 이를 신뢰하여 손해가 발생하더라도 손해배상의 책임을 지지 않도록 하였다: ① 그 기재 또는 표시가 예측정보라는 사실이 밝혀져 있을 것, ② 예측 또는 전망과 관련된 가정 또는 판단의 근거가 밝혀져 있을 것, ③ 그 기재 또는 표시가 합리적 근거 또는 가정에 기초하여 성실하게 행하여졌을 것, ④ 그 기재 또는 표시에 대하여 예측치와 실제 결과치가 다를 수 있다는 주의문구가 밝혀져 있을 것.

그런데 이러한 면책조항에도 합리적인 제한이 있다. 즉 자본시장법 제125조 제3항에서는 "주권비상장법인이 최초로 증권을 모집 또는 매출하기 위하여 증권신고서를 제출하는 경우에는 적용하지 아니한다"고 규정하는 것이다. 따라서 최초로 증권의 모집이나 매출을 하는 발행인은 증권신고서에 예측정보를 포함시킬 수 있지만 투자자가 그러한 예측정보를 신뢰하여 손해를 본 경우에 면책조항의 보호를 받지는 못한다. 따라서 이는 간접적으로 최초의 증권 모집이나 매출에 대해 예측공시를 제한하는 것이다. 참고로 미국에서는 최초의 모집이나 매출의 경우에도 예측공시에 관하여 면책을 시키고 있다. 생각건대 예측정보가 하드정보 못지 않게 투자자의 투자판단에 중요한 정보로서 벤처기업 등 성장성을 가진 중소기업들에게 자금조달을 쉽게 하는 순기능을 발휘한다는 점을 감안할 때, 최초로 공모하는 기업들에게도 예측공시에 대한 면책조항을 적용토록 할 필요성도 있을 것이다. 그렇지만 우리나라의 기업문화와 발행인의 도덕의식 등을 감안할 때, 자금조달이라는 순기능보다 투자자에게 상당한 위해를 야기할

16 자본시장법시행령 제123조 (예측정보의 범위) 법 제119조제3항제4호에서 "대통령령으로 정하는 사항"이란 법 제119조제3항제1호부터 제3호까지의 규정에 따른 예측정보에 관하여 평가요청을 받은 경우에 그 요청을 받은 자가 그 예측정보의 적정성에 관하여 평가한 사항을 말한다.

수 있다는 역기능을 들어 미국과 달리 주권비상장법인의 최초공모에 대하여 예측정보의 공시를 제한하는 우리나라의 입법태도를 이해못할 바는 아니다.

6. 일괄신고서 제도

원래 증권을 공모할 경우에는 그 때마다 각각 별도의 신고서를 제출하는 것이 원칙이다. 그런데 증권의 발행이 빈번하게 이루어짐에도 불구하고 매번 신고서를 제출토록 할 경우 번거롭고 불필요한 비용이 발생하게 된다. 특히 발행인에 관한 사항처럼 단기간 내에 세부 내용에 있어서 변동이 전혀 없음에도 불구하고 동일한 내용을 기재하여 공시를 반복토록 하는 것은 합리성과 상당성을 결여한다. 이 때문에 1992년 구 증권거래법은 미국의 shelf registration 제도를 도입하여 특정기간동안 동일증권을 공모할 경우에는 일괄하여 신고하도록 하였다.[17] 일괄신고서 제도의 장점은 ① 공시비용의 절감, ② 발행인과 인수인이 공모증권을 일반에게 매각함에 있어서 시장여건을 보아가며 탄력적으로 매도물량을 조절할 수 있음, ③ 과거의 고정된 발행가격에 비해 가격을 조정할 수 있음 등을 들 수 있다. 이는 매우 혁신적인 발행물량 조절기법(innovative distribution technique)이기도 하다.

자본시장법 제119조 제2항은 발행인이 증권의 종류, 발행예정기간, 발행횟수, 발행인의 요건 등을 고려하여 대통령령으로 정하는 기준과 방법에 따라 일정기간 동안 모집하거나 매출할 증권의 총액을 일괄하여 기재한 신고서를 금융위원회에 제출하여 수리된 경우에는 그 기간 내에 모집 또는 매출하는 당해 증권에 관한 신고서를 따로 제출하지 아니할 수 있도록 규정하고 있다. 따라서 일괄신고서가 제출된 경우에는 별도의 증권신고서를 따로 제출하지 않고 간단한 내용의 일괄신고추가서류만을 제출하면 된다. 일괄신고추가서류에는 발행인에 관한 사항을 제외하고, 모집 또는 매출의 개요, 일괄신고서상의 발행예정기간 및 발행예정금액, 발행예정기간 중에 이미 모집 또는 매출한 실적, 모집 또는 매

17 미국에서는 ① delayed shelf registration or true shelf registration 방식, 즉 발행하고자 하는 증권을 일괄등록한 후에 필요시 그 때마다 적정물량을 선반에서 꺼내어(taken off shelf) 매도하는 방법과 ② continuous shelf registration 방식, 즉 증권을 일괄등록한 후에 물량을 한번에 선반에서 꺼내되 즉시 매출할 의도는 없이 오랜 기간 계속하여 매도하는 방법이 있다. 그 중 우리나라에 도입된 것은 ①의 방식이라고 할 수 있다.

출되는 증권에 대한 인수인의 의견(인수인이 있는 경우만 해당), 그 밖에 투자자를 보호하기 위하여 필요한 사항으로서 금융위원회가 정하여 고시하는 사항만을 기재토록 하고 있다(자본시장법시행령 제122조 제2항). 일괄신고추가서류의 기재내용은 일괄신고서에 신고된 기재내용을 변경하는 것이어서는 안 된다(시행령 동조 제3항).

과거 일괄신고서를 제출할 수 있던 증권은 일반 사채권과 파생결합증권 및 개방형집합투자증권(환매금지형 집합투자기구가 아닌 집합투자기구의 집합투자증권과 이에 준하는 외국 집합투자증권)으로 한정되었으며, 주식 및 주식과 연계된 사채권(전환사채권, 신주인수권부사채권, 이익참가부사채권 및 교환사채권)에 대해서는 적용되지 않았었다. 그러나 우리나라의 모델이 된 미국에서는 일괄신고서 제도가 주식에도 허용되어 왔었는데, 채권의 이자율 변동성보다 주가의 변동성이 더 크므로 주식의 경우 시장여건을 보아가며 매도물량을 조절할 수 있는 탄력성이 더욱 확보되어야 한다는 측면에서, 동 제도는 주식으로 확대되어야 할 당위성이 높았다. 저자는 주식의 경우 seasoned sale, 즉 수시로 주식을 발행하면서 증권신고서를 작성토록 하는 것보다 일괄신고서를 제출한 후 시장에 미치는 충격을 완화시키며 매각물량을 적절하게 분산하여 매도하는 금융기법의 도입이 필요하다는 의견을 갖고 있었는데, 2009년 7월부터 개정된 자본시장법시행령 제121조는 다행스럽게도 이러한 방향의 내용을 담고 있다. 즉 주권과 주권관련 사채권 및 이익참가부 사채권 등이 모두 일괄신고서를 제출할 수 있는 적격증권으로 된 것이다

우선 과거부터 일괄신고서를 제출할 수 있었던 일반사채권이나 파생결합증권의 경우를 보자. 일반사채권이나 파생결합증권에 대해서 일괄신고서를 제출할 수 있는 적격자는 ① 최근 1년간 사업보고서 및 반기보고서를 제출한 자이거나 최근 1년간 분기별 업무보고서 및 월별 업무보고서를 제출한 금융투자업자로서 사채권이나 파생결합증권과 같은 종류의 증권을 최근 1년간 모집 또는 매출한 실적이 있어야 하고, ② 최근 사업연도의 재무제표에 대한 회계감사인의 감사의견이 적정이어야 하며, ③ 최근 1년 이내 금융위원회로부터 증권의 발행을 제한하는 조치를 받은 사실이 없어야 한다(자본시장법시행령 제121조 제4

항). 여기서 발행예정기간은 일괄신고서 효력발생일로부터 2월 이상 1년 이내로 한정되는 것을 원칙으로 한다.[18] 그리고 일괄신고서를 제출할 수 있는 자는 반드시 상장법인으로 한정되지 않는다. 따라서 비상장법인도 위의 요건을 충족하면 일괄신고서를 제출할 수 있다.

위와 대조적으로 주권, 주권관련 사채권이나 이익참가부사채에 대해 일괄신고서를 제출할 수 있는 적격자는 요건을 달리 한다. 즉 ① 주권상장법인으로서 주권이 상장된 지 5년이 경과하였을 것, ② 최근 사업연도의 최종 매매거래일 현재 시가총액(해당 주권상장법인의 주권의 증권시장에서 성립된 최종가격에 발행주식총수를 곱하여 산출한 금액)이 5천억원 이상일 것, ③ 최근 3년간 사업보고서·반기보고서 및 분기보고서를 기한 내에 제출하였을 것, ④ 최근 3년간 공시위반으로 금융위원회나 거래소로부터 금융위원회가 정하여 고시하는 제재를 받은 사실이 없을 것, ⑤ 최근 사업연도의 재무제표에 대한 회계감사인의 감사의견이 적정일 것,[19] ⑥ 최근 3년간 법에 따라 벌금형 이상의 형을 선고받거나 '주식회사의 외부감사에 관한 법률' 제13조에 따른 회계처리기준의 위반과 관련하여 같은 법에 따라 벌금형 이상의 형을 선고받은 사실이 없을 것(자본시장법시행령 제121조 제6항) 등의 제한을 받는다. 그리고 발행예정기간도 2년까지 확대된다는 점에서 일반사채권이나 파생결합증권과 차별화된다. 이는 소위 잘 알려진 기업(well-known seasoned issuer, WKSI) 만이 해당 증권에 대한 일괄신고서를 제출할 수 있다는 취지이다.

---

18 자본시장법시행령 제121조 제2항: 일괄신고서의 발행예정기간은 일괄신고서의 효력발생일부터 2개월 이상 1년 이내의 기간으로 한다. 다만, 개방형 집합투자증권 또는 금적립계좌등인 경우에는 해당 집합투자규약 또는 발행계약에서 정한 존속기간 또는 계약기간(집합투자규약 또는 발행계약에서 존속기간 또는 계약기간을 정하지 아니한 경우에는 무기한으로 한다)을 발행예정기간으로 한다.

19 기업이 발표하는 재무제표에 대하여 외부감사인인 공인회계사가 회계감사를 실시한 후 그 재무제표가 회계정보로서 적절한 가치를 지니는지에 관하여 의견을 표명하는 것이 감사의견이다. 감사의견에는 ① 적정의견, ② 한정의견, ③ 부적정의견, ④ 의견거절이 있다. 적정의견은 기업의 재무제표가 회계정보로서의 적절한 가치를 지닌다는 의미이고, 한정의견이란 재무제표에 중요한 영향을 미치는 하자가 존재하지만 이를 충분히 고려하거나 수정해서 해석하면 적정의견과 동일하다는 것이다. 부적정의견은 재무제표에 영향을 미치는 하자가 중대해서 수정해석하더라도 재무제표가 정보로서의 가치가 없음을 말한다. 의견거절은 감사수행에 있어 제약을 받아 의견표명이 불가능하거나 기업의 계속 존속여부가 객관적으로 매우불투명한 경우 감사의견을 표명하지 않는 것이다.

7. 대표이사 등의 확인·검토·서명의무

자본시장법 제119조 제5항은 "증권신고서를 제출하는 경우 신고 당시 해당 발행인의 대표이사(집행임원 설치회사의 경우 대표집행임원) 및 신고업무를 담당하는 이사(대표이사 및 신고업무를 담당하는 이사가 없는 경우 이에 준하는 자로서 미국의 Sarbanes-Oxley Act상 재무담당임원을 예로 들 수 있음)는 그 증권신고서의 기재사항 중 중요사항에 관하여 거짓의 기재 또는 표시가 있거나 중요사항의 기재 또는 표시가 누락되어 있지 아니하다는 사실 등 대통령령으로 정하는 사항을 확인·검토하고 이에 각각 서명하여야 할 의무를 부과하고 있다. 그리고 동법시행령 제124조에서는 대통령령으로 정하는 사항을 ① 증권신고서의 기재사항 중 중요사항에 관하여 거짓의 기재 또는 표시가 없고, 중요사항의 기재 또는 표시가 빠져 있지 아니하다는 사실, ② 증권신고서의 기재 또는 표시 사항을 이용하는 자로 하여금 중대한 오해를 일으키는 내용이 기재 또는 표시되어 있지 아니하다는 사실, ③ 증권신고서의 기재사항에 대하여 상당한 주의를 다하여 직접 확인·검토하였다는 사실, ④ 외감법 제2조에 따른 외부감사대상 법인인 경우에는 같은 법 제2조의2 및 제2조의3에 따라 내부회계관리제도가 운영되고 있다는 사실이라고 한다. 이러한 대표이사 등의 확인·검토·서명의무는 증권신고서의 부실기재로 인한 책임이 발생한 경우 대표이사 등이 그러한 기재에 대해 알지 못하였다고 하면서 책임을 회피하려는 것을 미연에 방지하고자 하는 것이다. 그리고 여기서의 증권신고서에는 일괄신고서와 일괄신고추가서류가 포함된다.

8. 신고서류의 심사와 효력발생

금융위원회가 증권신고서를 수리하더라도 그 내용에 대한 실질적 심사를 하지는 않는다. 따라서 금융위원회의 수리는 형식적 심사, 즉 형식상 불비 또는 체계상 불비 등을 외형적으로 검토하여 문제가 없다고 판단할 경우 접수하는 것에 지나지 않는다. 자본시장법 제120조 제3항은 증권신고서의 효력 발생은 "그 증권신고서의 기재사항이 진실 또는 정확하다는 것을 인정하거나 정부에서 그 증권의 가치를 보증 또는 승인하는 효력을 가지지 아니한다"고 하여 금융위원회가 실질적 심사권한을 갖지 않음을 간접적으로 보여주고 있다. 즉 금융위원회는 증권신고서의 내용에 대해 실사(due diligence)할 의무를 부담하지 않는 것이다. 만일 금융위원회가 실질적 심사권한을 갖는다면 증권신고서의 부실기재 및 감독당국의 부실심사에 따라 사후 발생할 수 있는 투자자와의 분쟁에 전면적으로 노출될 것이다.[20] 일단 수리되면 증권신고서의 효력이 발생하기 전까지 대기기간이 필요하다. 대기기간은 waiting period 또는 cooling-off period라고도 하는데 잠재적 투자자를 찾는 기간으로 활용된다. 잠재적 투자자에게는 서면에 의한 청약권유를 기본으로 하는데, 여기서 서면이란 예비투자설명서와 간이투자설명서를 말한다. 그렇다면 구두에 의한 청약권유의 효력은 어떠한가? 법문상 명문의 금지규정은 없지만 우리 법제에서는 허용되지 않는다고 보아야 한다. 따라서 대기기간 중에는 경영진이 기관투자자, 증권사, 애널리스트 등을 대상으로 하는 설명회, 즉 road show도 개최할 수 없다. 왜냐하면 road show는 잠재적 투자자들로부터 당해 기업에 대해 질문을 받기도 하는 일련의 회합으로서 기본적으로 구두로 설명회가 개최되기 때문이다. 참고로 미국에서는 구두에 의한 청약권유도 광의의 투자설명서에 포함된다는 입장을 취하므로 대기기간 중 road show도 법에서 요구하는 설명서의 요건을 충족하는 한 그 개최가 허용된다.

자본시장법 제124조 제2항 제2호에 의하면 대기기간 중 예비투자설명서에 의한 청약권유가 가능하다. 예비투자설명서란 발행가격 등 미결정항목을 제외하면 투자설명서(prospectus)와 같은 내용의 문서인데, "증권신고의 효력이 아직 발생하지 않았다는 사실" 및 "효력발생일까지 기재사항 중 일부가 변경될 수 있다는 문구"가 반드시 포함되어야 한다. 그리고 일단 증권신고서의 효력이 발생(대기기간의 종료)하면 예비투자설명서의 사용은 금지된다. 동조 동항 제3호에 의하면 대기기간 중 간이투자설명서에 의한 청약권유도 가능하다. 간이투자

20 이에 반하여 김건식·정순섭, 198-200면은 금융위원회에 기재내용의 진실성과 정확성을 실질적으로 심사할 권한이 있다고 주장하면서 서울고법 2008. 9. 12. 선고 2006나43240 판결을 원용하고 있다. 그러나 동 판결에서 금융감독당국이 증권신고서에 대해 실질적 심사권한을 갖는다고 명시적으로 판단하고 있지 않다. 더욱이 자본시장법 제122조 제1항에서 금융위원회가 정정신고서의 제출을 요구할 수 있다는 조항이 금융감독당국의 실질적 심사권을 규정한 것으로 해석되지도 않는다.

설명서란 투자설명서에 기재하여야 할 사항 중 그 일부를 생략하거나 중요한 사항만을 발췌하여 기재 또는 표시한 문서, 전자문서 기타 이에 준하는 기재 또는 표시로서 묘석광고(tombstone advertisement)라고도 한다. 간이투자설명서는 증권의 효력이 발생한 이후에도 사용이 가능하다는 점에서 예비투자설명서와 구별된다.

증권신고서의 효력이 발생하는 시기는 유형별로 다른데 자본시장법시행규칙 제12조에 상세한 규정이 마련되어 있다. 즉 ① 채무증권의 모집 또는 매출은 7일, 단 담보부사채, 보증사채권, 자산유동화계획에 따라 발행되는 사채권 및 일괄신고서에 의한 사채모집 또는 매출은 5일이다. ② 지분증권의 모집 또는 매출은 15일, 주권상장법인의 주식의 모집 또는 매출은 10일, 주주 또는 제3자에게 배정하는 방식의 주식(투자회사의 주식은 제외)의 모집 또는 매출은 7일이다. ③ 주권시장에 상장된 환매금지형 집합투자증권의 모집 또는 매출은 10일, 단 주주 등 출자자나 수익자에게 배정하는 방식의 환매금지형 집합투자증권의 모집 또는 매출은 7일이다. ④ 그 밖의 증권의 모집 또는 매출은 15일이다. 일단 증권신고서의 효력이 발생하면 발행인은 투자자들의 매수청약에 대하여 승낙을 함으로써 증권의 실질적인 매도를 할 수 있게 된다(자본시장법 121조 1항의 반대해석). 또한 증권신고서의 효력이 발생하여야 투자설명서(prospectus)를 사용할 수 있고 증권도 교부할 수 있게 된다.[21]

한편 위의 법규정과 달리, 금융위원회가 따로 효력발생시기를 조정하여 단축

21 자본시장법은 투자설명서에 대하여 별도의 정의규정을 두지 않은 채, 제123조에서 증권신고서의 효력이 발생한 이후 정당한 투자설명서를 교부할 의무를 부과하고 있다. 투자설명서란 모집 또는 매출하고자 하는 증권의 청약권유 및 청약을 위하여, 투자자들에게 당해 증권의 발행과 관련한 내용을 설명하고 교부하기 위한 서류라고 할 수 있다. 투자설명서는 표제부와 본문으로 구성되는데, 표제부에는 증권신고서의 효력발생일, 증권의 모집가액 또는 매출가액, 청약·납입기간, 해당 증권신고서의 사본과 투자설명서의 열람장소, 안정조작이나 시장조성에 관한 사항, 청약일 전날까지 일부 기재사항이 변경될 수 있다는 뜻, 정부가 증권신고서의 기재사항이 진실 또는 정확하다는 것을 인정하거나 해당 증권의 가치를 보증 또는 승인하는 것이 아니라는 뜻, 그 밖에 필요한 사항 등을 기재하여야 한다. 그리고 본문에는 증권신고서상 모집 또는 매출에 관한 사항과 발행인에 관한 사항을 기재하여야 한다(자본시장법시행령 제131조 제2항 및 제3항). 자본시장법 제123조 제1항에 의하면 발행인은 신고서의 효력이 발생하는 날에 투자설명서를 금융위원회에 제출하여야 하고 일반인이 열람할 수 있도록 하여야 한다. 그리고 동조 제2항에 의하면 투자설명서에는 증권신고서에 기재된 내용과 상위한 내용을 표시하거나 그 기재사항을 누락해서는 안된다. 다만 기업경영 등 비밀유지와 투자자보호와의 형평 등을 고려하여 일반인의 열람에 제공하지 아니할 필요가 있는 것으로서 대통령령이 정하는 사항은 예외이다.

할 수 있는 경우도 있다. 즉 자본시장법시행규칙 제12조 제3항에 의하면, ① 증권신고서의 내용이 이미 일반인에게 널리 알려져 있거나 쉽게 이해될 수 있는 경우와, ② 증권발행인이 자본시장법시행령 제119조 제1항 각호의 법률에 의하여 설립되었거나 국가·지방자치단체의 업무감독을 받는 자 그리고 금융위원회가 정하여 고시하는 국제기구 또는 단체로서 이미 일반인에게 그 공공성을 널리 인정받고 있는 경우에는 위의 시기를 단축할 수 있다. 참고로 미국에서는 우리나라와 같이 형식적인 기간의 경과를 효력발생시기로 하지 않고, 실질적으로 분매에 참여하는 모든 인수인 및 브로커에게 예비투자설명서의 배포를 완료한 때를 효력발생시기로 하고 있다.

9. 정정신고 및 신고의 철회

자본시장법 제122조 제1항에 의하면 증권신고서 상으로 형식상의 불비가 있거나 중요사항의 기재가 불충분하다고 인정될 경우 금융위원회는 정정신고서의 제출을 요구할 수 있다. 이러한 요구가 의미있는 것은 증권신고서의 효력이 발생하기 이전일 것이다. 동조 제2항도 이러한 경우를 상정하고 요구가 있을 때에는 그 증권신고서가 그 요구를 한 날부터 수리되지 아니한 것으로 본다고 규정한다. 그러나 증권신고서의 효력발생시점이 지나 증권의 모집 또는 매출이 완료되었다고 하더라도 정정신고서의 제출을 요구할 수 없는 것은 아니다. 물론 형식적 불비에 대해서는 실효성이 상당히 떨어질 것이지만, 중요사항의 기재불충분에 대해서는 정정신고서의 요구가 상당히 의미있을 수 있다. 즉 행정제재의 정당화 사유가 되고,[22] 허위기재 등을 이유로 한 손해배상청구의 중요한 근거로 활용될 수도 있다.

발행인이 자발적으로 정정신고서를 제출하는 경우도 있다. 즉 증권신고서의 기재사항에 일부 변경이 있는 때에는 정정신고서를 제출할 수 있는 것이다. 그런

22 즉 자본시장법 제132조 제2호의 "증권신고서·정정신고서 또는 증권발행실적보고서 중 중요사항에 관하여 거짓의 기재 또는 표시가 있거나 중요사항이 기재 또는 표시되지 아니한 경우"에 해당하므로 금융위원회는 증권신고의 신고인, 증권의 발행인·매출인·인수인 또는 주선인에 대하여 이유를 제시한 후 그 사실을 공고하고 정정을 명할 수 있으며, 필요한 때에는 그 증권의 발행·모집·매출, 그 밖의 거래를 정지 또는 금지하거나 대통령령으로 정하는 조치를 취할 수 있는 것이다.

데 예를 들어 집합투자증권을 제외한 증권의 경우, ① 최근 사업연도의 재무제표 또는 반기보고서, 법 제160조에 따른 분기보고서(이하 "분기보고서"라 한다)가 확정된 때, ② 발행인의 사업목적이 변경된 때, ③ 영업의 양도·양수 또는 합병계약이 체결된 때, ④ 발행인의 경영이나 재산 등에 중대한 영향을 미치는 소송의 당사자가 된 때, ⑤ 발행한 어음이나 수표가 부도로 되거나 은행과의 당좌거래가 정지되거나 금지된 때, ⑥ 영업활동의 전부나 중요한 일부가 정지된 때, ⑦ 채무자 회생 및 파산에 관한 법률에 따른 회생절차개시의 신청이 있은 때, ⑧ 자본시장법, 상법, 그 밖의 법률에 따른 해산사유가 발생한 때 등과 같이 중요한 사항의 변경이 있는 때에는 반드시 정정신고서를 제출하여야 한다(자본시장법 제122조 제3항 및 동법시행령 제130조 제2항 제3호).

금융위원회로부터 정정신고서를 요구받거나 중요사항에 변경이 있어서 정정신고서를 제출할 경우, 정정신고서가 제출되어 수리가 된 날에 증권신고서가 수리된 것으로 보아 효력발생을 위한 경과기간이 다시 시작된다(자본시장법 제122조 제5항). 그러나 중요사항 중 모집가액, 매출가액, 발행이자율 및 이와 관련된 사항의 변경으로 인하여 정정신고서를 제출하는 경우에는 정정신고서가 수리된 날로부터 3일이 경과하면 효력이 발생한다(자본시장법시행규칙 제12조 제2항 제1호). 참고로 일괄신고서의 경우 개방형 집합투자증권을 제외하고 발행예정기간과 발행예정금액에 대한 정정은 허용되지 않는다(자본시장법 제122조 제4항). 한편 자본시장법 제120조 제4항은 이미 제출한 증권신고서의 효력이 발생되기 이전에 한하여 철회신고서의 제출을 허용하고 있다. 이렇게 철회신고서의 제출시기를 제한한 것은 효력발생 이후에도 마음대로 철회신고서를 제출할 수 있도록 할 경우 투자자에게 커다란 혼란을 야기하기 때문이다. 마지막으로 증권신고서의 효력이 발생한 증권의 발행인은 금융위원회가 정하여 고시하는 방법에 따라 그 발행실적에 관한 보고서를 금융위원회에 제출하여야 한다(자본시장법 제128조).

Ⅳ. 발행시장에서의 공시규제위반에 대한 민사책임

1. 개요

자본시장법 제125조 내지 제127조는 발행시장에서의 공시규제위반에 대하여 민법 제750조 이하의 손해배상규정에 대한 특칙을 마련하고 있다. 이는 불특정 다수인 간에 비대면거래로 이루어지는 자본시장의 특성을 고려한 것이다.

2. 요건 — 중요사항의 허위기재 또는 누락

(1) 중요사항

중요한 사항이란 자본시장법 제47조 제3항에 따라 투자자의 합리적인 투자판단 또는 해당 금융투자상품의 가치에 중대한 영향을 미칠 수 있는 사항을 말하는데, 제174조 제1항의 미공개중요정보도 이러한 예에 해당한다. 대법원 2015. 12. 23. 선고 2013다88447 판결은 "합리적인 투자자가 금융투자상품과 관련된 투자판단이나 의사결정을 할 때에 중요하게 고려할 상당한 개연성이 있는 사항을 의미하며, 어떠한 사항이 합리적인 투자자가 중요하게 고려할 상당한 개연성이 있는 사항에 해당하는지는 그 사항이 거짓으로 기재·표시되거나 기재·표시가 누락됨으로써 합리적인 투자자의 관점에서 이용할 수 있는 정보의 전체 맥락을 상당히 변경하는 것으로 볼 수 있는지에 따라 판단하여야 한다"고 하였다.[23]

23 이 사건의 사실관계와 대법원 판결을 분석해보면 선뜻 그 결론에 동의할 수 없다는 것이 솔직한 심정이다. 대법원은 원심(서울고등법원 2013. 10. 16. 선고 2012나80103 판결)이 중요사항의 거짓 기재로 인정한 용선·대선 매출 비중, 신조 선박수, 회계감사인 의견에 관한 기재를 증권신고서 및 투자설명서의 전체적인 내용을 고려할 때 거짓 기재에 해당한다고 볼 수 없다고 판단하였다. 용선·대선계약에 관한 기재누락에 대한 부분은 공시되더라도 투자자가 이를 토대로 용선·대선계약으로 인한 손익규모와 재무상황에 미치는 영향을 분석하는 것이 쉽지 않으리라는 점을 들어 중요사항의 기재 누락에 해당하지 않는다고 판시하였다. 한편, '매출채권 유동화 관련 내용'의 경우, 투자자로서는 증권신고서 및 투자설명서의 기재 내용에 의해 "D사가 현금유동성 확보를 위해 매출채권 등의 자산을 활용한 유동화를 도모하고 있다는 사실" 및 그와 관련된 주요계약으로 2건의 유동화 내역이 기재되어 있음을 알 수 있으므로, 합리적인 투자자라면 위와 같은 기재로부터 D사가 유동성 확충을 위해 위 2건 외에도 추가적인 매출채권의 자산유동화를 할 가능성이 있음을 어렵지 않게 추론할 수 있다고 보았다. 따라서 증권신고서와 투자설명서에 D사의 확정된 자산유동화 계획의 구체적 내용 중 일부가 기재되어 있지 않았더라도 그것이 "D사에 현금유동성이 부족하여 그 확충을 위해 자산유동화를 하여왔다는 정보의 전체 맥락을 상당히 변경하는 것"이라고 보기 어려우며, 위 부분을 기재하지 않은 것이 중요사항의 기재 누락에 해당하지 않는다고 결론내렸다. '선박펀드에 매각한 선박 관련 사항'의 경우에도, 증권신고서 및 투자설명서에 D사가 추가적인 선박 매각과 운임

(2) 부실기재(misrepresentation)

증권신고서(정정신고서나 첨부서류 포함)나 투자설명서(예비·간이투자설명서 포함)에 중요사항의 허위기재나 누락(부실기재로서 misrepresentation이라고 통칭)이 있어야 한다. 문제는 증권신고서나 투자설명서 이외의 서류에 중요사항의 허위기재나 누락이 있음으로써 투자자가 손해를 본 경우에도 자본시장법 제125조가 전면적으로 적용되는지 여부이다. 우선 적용긍정설은 투자설명서의 개념을 실질적으로 파악하여, 명칭이나 형식에 구애되지 않고 투자권유를 목적으로 작성된 서류를 모두 투자설명서로 보아 손해배상의 특칙을 적용하여야 한다는 견해이다.[24] 이에 반하여 적용부정설은 법문에 따라 증권신고서와 투자설명서 이외의 다른 서류에 허위기재나 중요사항의 누락이 있더라도 자본시장법상의 손해배상특칙규정이 적용되지 않는다는 견해이다. 법적 안정성의 측면에서 적용부정설이 옳다고 생각한다. 따라서 이 때에는 민법 제750조 이하의 일반불법행위에 근거한 손해배상책임으로 해결하여야 할 것이다. 미국, 일본과 같이 실질설에 입각하여 제반 투자권유 문서 및 구두에 의한 투자권유를 모두 투자설명서에 포함시키는 것은 별도의 입법이 없는 한 받아들일 수 없다고 생각한다.

자본시장법 제125조에 해당하는 구 증권거래법 제14조는 누락의 경우와 달리 허위기재의 경우 중요한 사항에 대해 언급이 없었다. 그렇다 보니 허위의 기재 또는 표시내용도 중요한 사항으로 한정되어야 할 것인지에 대하여 불필요한 논란이 있었다.[25] 자본시장법은 이러한 혼란을 입법적으로 정비하여 누락이나 허위기재 모두 중요사항으로 한정한다는 점을 명확히 하고 있다.

매출채권의 유동화 등을 통한 현금유동성 확충을 도모하고 있다는 사실이 기재되어 있고, 합리적인 투자자라면 위 기재로부터 D사가 유동성 확충과 선박금융 조달을 위해 추가적인 선박 매각을 통한 유동성 확충에 나설 것임을 충분히 추론할 수 있으므로, 선박 매각에 관한 사실이 빠짐없이 기재되어 있지 않다고 하여 그것이 위와 같은 정보의 전체 맥락을 상당히 변경하는 것이라고 보기 어렵다고 판단하였다. 이러한 대법원의 판결에 따르면 투자자의 합리적인 투자판단 또는 해당 금융투자상품의 가치에 중대한 영향을 미칠 수 있는 사항은 매우 협소하게 해석되어질 것이고 여기서의 투자자는 거의 전지전능한 완전인일 것을 요구하는 셈이므로 이에 미치지 못하는 투자자들은 증권신고서 및 투자설명서에 중요사항의 기재 누락이 있더라도 부실기재(misrepresentation)에 의한 손해배상책임을 주장할 수 없기 때문이다.

24 김건식·정순섭, 230면.

25 구 증권거래법에서도 중요사항으로 한정하여야 한다는 입장의 예로서는 임재연, 「증권거래법」, 박영사, 2006, 123-124면을 들 수 있다.

3. 허위기재·누락에 대한 증명책임

손해배상채권자가 증권신고서에 중요한 사항의 허위기재나 누락이 있었다는 사실을 입증할 것이 요구된다. 그러나 개별 투자자가 이를 입증한다는 것은 사실상 불가능하고, 주로 금융감독당국이나 수사기관의 발표에 의하여 입증된 사실들을 제출하는 경우가 많을 것이다.

4. 인과관계

'증권을 취득한 자의 손해'와 '발행인의 공시규제위반' 간에는 상당인과관계가 있어야 한다. 그런데 거래인과관계와 손해인과관계가 모두 있어야 하는지에 대한 분석이 필요하다.

첫째, 거래인과관계란 부실기재와 거래 간에 인과관계가 있어야 한다는 것으로 증권취득자가 부실기재를 신뢰하고 이러한 신뢰를 기초로 거래하였어야 한다는 것이다. 이에 대해서는 거래인과관계가 불필요하다는 부정설과 필요하다는 긍정설이 있다. 부정설은 손해배상의무자는 취득자가 신고서 등을 본 일조차 없어도 면책되지 않는다는 입장이다.[26] 이에 반하여 긍정설은 자본시장법상 손해인과관계와 같이 증명책임을 전환하는 규정이 없으므로, 거래인과관계에 대한 증명책임은 취득자에게 있다는 입장이다. 다만 시장사기이론(fraud on the market theory)에 따라 증명책임을 다소 완화할 수 있다는 절충적인 입장도 있다. 현행 제도상으로 증권취득자에게 투자설명서의 교부가 강제되지 않으므로, 많은 투자자들이 투자설명서를 참조하지 않은 채 투자하는 것이 실제 관행이다. 이러한 상황에서 투자자를 보다 두텁게 보호하려면 부정설이나 절충설이 옳다고 생각한다. 판례도 동일한 입장을 취하는 것으로 분석된다.[27]

---

26 미국 Securities Act of 1933 § 11이 이러한 입장에 서 있다.

27 대법원 판례는 아니지만, 하급심인 서울고법 2006. 1. 18. 선고 2005나22673, 22680 판결은 "주식거래에서 대상 기업의 재무상태는 주가를 형성하는 가장 중요한 요인 중의 하나이고, 대상 기업의 사업보고서의 재무제표에 대한 외부감사인의 회계감사를 거쳐 작성된 감사보고서는 대상 기업의 재무상태를 드러내는 가장 객관적인 자료로서 일반투자자에게 제공·공표되어 그 주가형성에 결정적인 영향을 미치는 것이어서, 주식투자를 하는 일반투자가로서는 그 대상 기업의 재무상태를 가장 잘 나타내는 사업보고서의 재무제표와 이에 대한 감사보고서가 정당하게 작성되어 공표된 것으로 믿고 주가가 당연히 그에 바탕을 두고 형성되었으리라는 생각 아래 대상 기업의 주식을 거래한 것으로 보아야 할 것"이라고 하였다.

미국의 시장사기이론

시장사기이론은 유가증권시장에서 거래되는 증권의 가격은 당시 공시된 모든 정보를 반영하여 형성된 가격이라는 전제에서 출발하고 있다. 따라서 만약 그 공시된 정보의 중요사항이 허위기재되거나 누락되었다면, 그 시장가격은 실제의 정당한 가치를 반영하지 못하게 된다는 것이다. 시장사기이론은 이렇게 부실공시된 정보에 기한 가격으로 거래를 한 당사자는 그 허위·부실 표시로 인하여 손해를 입은 것으로 추정하는 이론이다. 미국의 연방 대법원 판례는 시장사기이론에 따라 입증책임의 전환을 인정하고 있는데, 다음의 Basic Incorporated v. Levinson 판결을 참조하기 바란다.

"시장사기이론은, 공개적이고 발전된 자본시장에서의 유가증권의 가격은, 발행회사에 관한 이용 가능한 중요정보에 의하여 결정된다는 가정에 기초한다. 그러므로 부실공시는, 비록 매수자가 직접 그 공시에 의존하지 않더라도, 그 매수자를 기망하는 것이 된다. 원고의 유가증권 매수와 피고의 기망 사이의 이러한 인과관계는, 부실공시에 대한 직접적인 의존의 경우만큼이나 의미를 가진다 … 여기서 우리는, 이 이론의 일반적인 유효성을 평가하고자 하는 것은 아니며, 다만 시장사기이론에 의하여도 부분적으로 뒷받침되는, 인과관계의 추정(rebuttable presumption of reliance)을 인정할 것인가를 문제 삼는다 … 유가증권시장은, 일반적인 대면거래와 다르며, 따라서 증권사기에 있어서의 인과관계의 요건도 그 차이점을 수용하여야 한다. 유가증권시장에서의 거래는, 매도자와 매수자 사이에 시장(market)이 개입하여, 당해 정보를 시장가격에 반영하는 방법으로 전달한다. 그래서 시장은, 대면거래에서의 투자자가 수행하는 평가과정을 실질적으로 수행한다. 시장은 투자자의 대리인으로서, 투자자에게, 모든 이용 가능한 정보에 기초할 때 당해 증권은 현재 시장가 상당의 가치가 있다는 것을 알려주고 있다 … 시장가격으로 증권을 사고 파는 투자자는, 그 가격의 진실성을 믿고자 한다. 대부분의 공개정보는 시장가격에 반영되므로, 허위표시에 대한 투자자의 의존도 추정할 수 있다 … 이러한 추정은, 그 부실표시가 유가증권의 가격을 왜곡시키지 않았다던가, 원고가 그러한 사실을 알았더라도 거래를 하였을 것이라는 증명에 의하여 번복될 수 있다 … 시장사기이론에 의하여 지지되는 인과관계의 추정은 부당하지 않다."[28]

둘째, 손해인과관계란 부실기재와 손해 간에 인과관계가 있어야 한다는 것이다. 자본시장법 제126조 제2항은 피고에게 손해발생과 중요사항의 허위기재나 누락 간 인과관계의 부존재를 입증하도록 요구하고 있으므로 손해인과관계에 대한 입증책임을 전환하는 명문의 규정이 존재한다. 따라서 투자자는 자신

28 *Basic Incorporated v. Levinson*, 485 U.S. 224 (1988).

의 손해발생이 증권신고서 또는 투자설명서의 기재내용을 신뢰한 것에 기인한다는 점을 입증할 필요가 없다. 대법원은 "허위공시 등의 위법행위가 있었던 사실이 정식으로 공표되기 이전에 투자자가 매수한 주식을 그 허위공시 등의 위법행위로 말미암아 부양된 상태의 주가에 모두 처분하였다고 하더라도(이하 이처럼 공표 전에 매각된 부분을 '공표 전 매각분'이라고 한다) 그 공표일 이전에 허위공시 등의 위법행위가 있었다는 정보가 미리 시장에 알려진 경우에는 주가가 이로 인한 영향을 받았을 가능성을 배제할 수 없으므로 그와 같이 미리 시장에 알려지지 아니하였다는 점을 입증하거나 다른 요인이 주가에 미친 영향의 정도를 입증하거나 또는 매수시점과 매도시점에 있어서 허위공시 등의 위법행위가 없었더라면 존재하였을 정상적인 주가까지 입증하는 등의 사정이 없는 한 공표 전 매각분이라는 사실의 입증만으로 구 증권거래법 제15조 제2항(자본시장법 제126조 제2항)이 요구하는 인과관계 부존재의 입증이 있다고 할 수는 없는 것이고, 특히 문제된 허위공시의 내용이 분식회계인 경우에는 그 성질상 주가에 미치는 영향이 분식회계 사실의 공표에 갈음한다고 평가할 만한 유사정보(예컨대 외부감사인의 한정의견처럼 회계투명성을 의심하게 하는 정보, 회사의 재무불건전성을 드러내는 정보 등)의 누출이 사전에 조금씩 일어나기 쉽다는 점에서 더더욱 공표 전 매각분이라는 사실 자체의 입증만으로 구 증권거래법 제15조 제2항(자본시장법 제126조 제2항)이 요구하는 인과관계 부존재의 입증이 있다고 보기는 어려울 것이다"고 하였다(대법원 2007. 9. 21. 선고 2006다81981 판결). 한편 판례에 의하면 "손해 인과관계의 부존재 사실의 증명은 직접적으로 문제된 당해 허위공시 등 위법행위가 손해 발생에 아무런 영향을 미치지 아니하였다는 사실이나 부분적 영향을 미쳤다는 사실을 증명하는 방법 또는 간접적으로 문제된 당해 허위공시 등 위법행위 이외의 다른 요인에 의하여 손해의 전부 또는 일부가 발생하였다는 사실을 증명하는 방법으로 가능하고, 이 경우 허위공시 등 위법행위가 시장에 알려지기 이전의 자료를 기초로 하여 그 위법행위가 공표되지 않았다고 가정하였을 경우 예상할 수 있는 기대수익률 및 정상주가를 추정하고 그 기대수익률과 시장에서 관측된 실제 수익률의 차이인 초과수익률의 추정치를 이용하여 그 위법행위의 공표가 주가에 미친 영향이 통계적으로 유의한 수준인지 여부를 분석하는 사건연구(event study) 방법을 사용할 수도 있으나, 위와 같은 손해액 추정조항의 입법 취지에 비추어 볼 때 예컨대 허위공시 등의 위법행위 이후 매수한 주식의 가격이 하락하여 손실이 발생하였는데 그 가격 하락의 원인이 문제된 당해 허위공시 등 위법행위 때문인지 여부가 불분명하다는 정도의 증명만으로는 위 손해액의 추정이 깨진다고 볼 수 없다"고 하였다.[29]

5. 손해배상주체

자본시장법 제125조 제1항은 다음과 같이 손해배상주체를 7가지로 나열하고 있다.

① 증권신고서상의 신고인과 신고 당시의 발행인의 이사(이사가 없는 경우 이에 준하는 자를 말하고 법인설립 전에 신고된 경우 발기인을 말한다)이다. 여기서 '신고 당시'란 신고서 제출이나 수리 또는 효력발생 중 어느 단계를 의미하는가? 일단 신고서 제출시의 이사를 의미한다고 보아야 한다.

② 상법 제401조의2 제1항 각호의 1에 해당하는 사실상의 이사(shadow director) 중 당해 증권신고서의 작성을 지시하거나 집행한 자도 손해배상의 주체가 된다. 이러한 사실상의 이사가 부당한 영향력을 행사하여 증권신고서를 부실하게 작성하도록 지시하거나 직접 집행하였다면 명목상의 등기이사가 이를 제어할 수 없다고 본 것이다.

③ 증권신고서의 기재사항이나 첨부서류가 진실하거나 정확하다고 증명하여 서명한 공인회계사, 감정인, 신용평가를 전문으로 하는 자,[30] 변호사, 변리사 또는 세무사 등 공인자격을 가진 자이다. 이 들의 전문가책임은 자신들이 감사,

29 대법원 2010. 8. 19. 선고 2008다92336 판결.

30 2013년 개정 자본시장법은 채권시장 인프라인 신용평가업 규제를 과거의 신용정보법으로부터 자본시장법으로 이관하였다(제335조의2 이하). 신용정보법은 신용정보의 활용을 규율하고 있어, 투자자 보호 목적으로 기업 등의 신용평가정보를 제공하기 위한 신용평가업과 규제취지가 전혀 달랐기 때문이다. 자본시장법은 제9조에서 신용평가회사의 업무범위를 확대하고 제335조의10에서 신용평가회사의 펀드 신용평가가 가능하도록 집합투자업자로부터 펀드재산 명세를 제공받을 수 있는 법적근거를 마련하였다. 제335조의12는 신용평가회사의 투자자 보호 책임과 공시규제를 강화하였는데, 법규상 의무화된 신용평가의 결과를 담은 신용평가서의 DART 공시를 의무화하였다.

감정 또는 평가한 부분과 관련된 중요정보의 허위기재나 누락과 관련된 부분에 대해서만 책임을 부담한다. 즉 자신들의 전문성 또는 역할과 관계없는 신고서 및 첨부서류의 다른 부분에 대한 중요사항의 허위기재나 누락에 대해서는 책임지지 않도록 하는 것이다. 예를 들어 변호사는 발행자가 당사자로서 소송진행 중인지 여부에 대한 사실확인을 해주는데 그것이 사실과 상위하더라도 공인회계사는 이에 대한 책임을 지지 않는다. 마찬가지로 변호사는 분식회계에 대해 책임을 지지 않는다.

④ 증권신고서의 기재사항이나 첨부서류의 자신의 평가·분석·확인의견이 기재되는 것을 동의한 후 그 내용을 확인한 애널리스트 등 증권전문가이다. 역시 전문가 책임에 해당하는데 자본시장에서 애널리스트의 판단에 따라 투자자들이 투자결정에 있어서 상당한 영향을 받게 된다는 점을 감안한 것이다. 즉 이들이 증권신고서상의 부실기재를 간과한 채 발행기업에 대한 긍정적인 분석을 하였다면 선량한 투자자들은 이러한 분석에 기속될 수 밖에 없다는 현실을 감안한 것이다.

⑤ 그 증권의 인수인 또는 주선인(인수인 또는 주선인이 2인 이상인 경우에는 대통령령으로 정하는 자를 말한다). 개정 자본시장법은 주선인이 인수인과 동일하게 증권신고서의 부실 기재에 따른 손해배상책임을 부담하도록 하였다. 자본시장법은 투자자를 보호하는 차원에서 인수인에게 보다 정확하고 책임있는 실사(due diligence)를 요구하고 있다. 인수인은 공모주식을 매도하기 위하여 공모주식에 대한 정보를 제공하고, 공모서류에 대한 실사를 담당함으로써 투자자에 대한 보험기능을 수행한다. 그런데 보통 주간사인수인이 인수신디케이트단을 구성하는데, 법문만을 볼 때에는 주간사회사뿐만 아니라 신디케이트의 구성원으로서 인수계약에 참여한 모든 인수자들이 책임의 주체가 된다고 해석될 여지가 있다. 주간사인수인 이외의 인수인들은 실사에 참여하지 않고 분매책임만을 담당함에도 불구하고 이들에게까지 책임을 묻는 것은 지나치게 가혹하다. 따라서 자본시장법시행령 제135조 제2항은 신디케이드단을 구성한 경우 발행인 또는 매출인으로부터 직접 증권의 인수를 의뢰받아 인수조건 등을 정하는 주간사인수인만을 책임의 주체로 한정하고 있다.

⑥ 투자설명서를 작성하거나 교부한 자이다. 자본시장법은 증권신고서의 작성주체(신고자)를 발행인으로 규정하지만 투자설명서의 작성주체에 대해서는 별다른 언급이 없다. 따라서 증권신고서의 신고자나 당해 법인의 이사가 아닌 자가 투자설명서를 작성할 수도 있는데, 이때에도 투자설명서의 작성자나 교부자에게 엄중한 책임을 묻는 것이다.

⑦ 매출의 방법에 의한 경우 매출 신고 당시의 매출인. 자본시장법 제9조 제14항에 의하면 매출인이란 증권의 소유자로서 스스로 또는 인수인이나 주선인을 통하여 그 증권을 매출하였거나 매출하려는 자를 말한다.

6. 손해배상청구권자

증권신고서 상으로 부실기재 되었는데도 그 사정을 모르고 증권을 취득하여 손해를 본 최초의 취득자가 손해배상의 주체가 된다는 점에 대해서는 이론이 있을 수 없다. 그런데 추가적으로 증권의 전득자, 즉 발행시장에서 모집·매출을 통하여 증권을 최초로 취득한 자로부터 증권을 매입한 자도 손해배상청구를 할 수 있는지에 대해서는 명문의 규정이 없다. 그렇지만 자본시장법 제125조의 기본 취지가 유통시장에서의 공시, M&A에서의 공시 등의 경우에도 그대로 발현되어야 할 것인데 이 규정들이 근본적으로 자본시장에서 증권을 매수한 투자자까지도 모두 보호함을 감안할 때,[31] 저자는 1단계의 취득자와 3단계의 유통시장 투자자 뿐만 아니라 그 사이에 존재하는 2단계의 전득자도 당연히 포함되어야 할 것이라고 생각한다. 구 증권거래법상으로 결론이 완전히 상반된 판례들이 발견되어 그 입장이 무엇이라고 단언하기 어렵지만, 현재 자본시장법 체제에서 판례는 저자의 견해와 달리 최초의 취득자로부터 증권을 매수한 전득자와

31 예를 들어 자본시장법 제162조는 유통시장에서의 허위기재 등에 대한 민사책임을 규정하고 있는데, 제1항은 “제159조제1항의 사업보고서·반기보고서·분기보고서·주요사항보고서(이하 "사업보고서등"이라 한다) 및 그 첨부서류(회계감사인의 감사보고서는 제외한다) 중 중요사항에 관하여 거짓의 기재 또는 표시가 있거나 중요사항이 기재 또는 표시되지 아니함으로써 사업보고서 제출대상법인이 발행한 증권(그 증권과 관련된 증권예탁증권, 그 밖에 대통령령으로 정하는 증권을 포함한다. 이하 이 조에서 같다)의 취득자 또는 처분자가 손해를 입은 경우에는 다음 각 호의 자는 그 손해에 관하여 배상의 책임을 진다. 다만, 배상의 책임을 질 자가 상당한 주의를 하였음에도 불구하고 이를 알 수 없었음을 증명하거나 그 증권의 취득자 또는 처분자가 그 취득 또는 처분을 할 때에 그 사실을 안 경우에는 배상의 책임을 지지 아니한다”고 규정하고 있다.

이후 유통시장에서의 투자자를 손해배상청구권자에 포함시키지 않는다고 분석된다.[32]

중국고섬기업 사례 연구

그럴 듯하게 포장된 증권신고서에 현혹되어 A라는 회사의 공모에 참여하였으나 공모 직후 당해 증권신고서가 허위기재로 판명되어 투자금을 날린 투자자 "갑"이 있다. 그리고, "갑" 옆에는 공모에는 참여하지 않았으나 그 허위기재된 증권신고서를 토대로 주식시장에서 거래되는 A회사의 주식을 매입한 후 허위기재가 드러나 동일하게 투자금을 날린 투자자 "을"이 있다. 갑과 을의 A회사 주식 취득 시점에는 거의 차이가 없을 뿐만 아니라, 을이 주식을 취득하던 당시 증권신고서에 기재되었던 정보 이외에 다른 정보는 유통시장에서 전혀 공시되지 않았다고 가정하자. 갑과 을 사이에 손해배상을 달리 부여할 이유가 존재할까?

한국 자본시장에 상장된 중국기업에 대한 좋지 않은 편견을 심어주어 차이나디스카운트(China Discount)의 대명사로 불리는 중국고섬은 2011. 1. 주식예탁증권(DR)을 상장하는 방식으로 한국 자본시장에 상장하였다. 그러나 상장 2개월 만에 분식회계 혐의

32 대법원 2015. 12. 23. 선고 2013다88447 판결은 "자본시장법이 증권의 발행시장에서의 공시책임과 유통시장에서의 공시책임을 엄격하게 구분하면서 손해배상청구권자와 책임요건을 따로 정하고 있는 점, 자본시장법 제125조의 손해배상책임 규정은 법이 특별히 책임의 요건과 손해의 범위를 정하고, 책임의 추궁을 위한 증명책임도 전환시켜 증권 발행시장에 참여하는 투자자를 보호하기 위하여 규정한 조항인 점, 자본시장법 제3편 제1장의 다른 조에서 말하는 '청약'은 모두 발행시장에서의 증권의 취득 또는 매수의 청약을 의미하므로 같은 장에 속한 자본시장법 제125조 제1항 단서에서 증권 취득자의 악의를 판단하는 기준 시로 정한 '취득의 청약을 할 때'도 발행시장에서 증권의 취득 또는 매수의 청약을 할 때로 보는 것이 자연스러운 점 등에 비추어 보면, 증권의 유통시장에서 증권을 인수한 자는 증권신고서(정정신고서 및 첨부서류를 포함한다)와 투자설명서(예비투자설명서 및 간이투자설명서를 포함한다)의 거짓의 기재 등으로 관여자에게 민법상 불법행위책임을 물을 수 있는 경우가 있을 수 있음은 별론으로 하더라도, 자본시장법 제125조에 정한 손해배상청구권자인 증권 취득자의 범위에는 포함되지 않는다"고 판시하였다. 구 증권거래법상으로 2013다88447 판결과 다소 논거는 다르지만 결론은 동일한 일부 판결도 발견된다(반대되는 판결로서 대법원 2010. 8. 19. 선고 2008다92336). 즉 대법원 2002. 5. 14. 선고 99다48979 판결은 "구 증권거래법이 증권의 발행시장에서의 공시책임과 유통시장에서의 공시책임을 엄격하게 구분하고, 그 책임요건을 따로 정하고 있는 점, 증권거래법 제14조의 손해배상책임 규정은 법이 특별히 책임의 요건과 손해의 범위를 정하고, 책임의 추궁을 위한 입증책임도 전환시켜 증권발행시장에 참여하는 투자자를 보호하기 위하여 규정한 조항인 점에 비추어, 증권의 유통시장에서 해당증권을 인수한 자는 위와 같은 증권발행신고서 등의 허위기재시 해당관여자에게 민법상 불법행위책임을 물을 수 있는 경우가 있을 수 있음은 별론으로 하고, 구 증권거래법 제14조 소정의 손해배상청구권자인 증권취득자의 범위에는 포함되지 않는다"고 판시하여, 증권의 취득자의 범위에 증권의 발행시장이 아닌 유통시장에서 증권을 인수한 자는 포함되지 않는다고 하였다. 이러한 판례의 입장에 따르면 전득자도 마찬가지라는 결론에 도달한다.

가 불거져 거래가 정지된 후 며칠 뒤 중국고섬 자회사가 갖고 있던 은행예금이 실제로 존재하지 않는다는 사실이 밝혀지면서 사태는 걷잡을 수 없이 커졌다. 한국거래소는 거래정지 후 2년 반여의 시간이 흐르고 나서야 중국고섬의 상장폐지를 결정하였고, 정리매매를 거친 후 2013. 10. 마침내 중국고섬을 상장폐지하였다. 중국고섬 투자자들은 IPO 과정에서 예금의 부존재 등 증권신고서상 중요사항의 허위기재에 대한 책임을 물어 대표 주간사 증권사인 대우증권과 한국거래소, 한영회계법인 등을 피고로 하여 2011. 9. 부실상장에 따른 손해배상소송을 제기하였다.

투자자 보호를 주요 제정 목적으로 하는 우리나라 자본시장법은 제125조에서 증권신고서 중 중요사항에 관한 거짓의 기재 또는 표시로 "증권의 취득자"가 손해를 입은 경우 배상 책임을 부과하고 있다. 특별히 증권의 "모집 또는 매출에 응하여 취득한 자," 즉, 공모시장에서 취득한 최초 취득자와 그 이후의 취득자(전득자)를 따로 구분하는 방식을 통해 각각을 보호하는 일본의 경우와 달리, 우리나라 자본시장법은 최초 취득자와 그 이후의 전득자를 따로 구분하지 않고 단순히 "증권의 취득자"라로 표기하는 포괄적 표기방식을 통해 증권신고서 허위기재에 따른 증권의 취득으로 손해를 입은 투자자를 보호하고 있다. 우리나라 자본시장법의 근간이 된 미국의 증권법 역시 관련 조항에서 최초 취득자와 전득자를 따로 구분하지 않고 단순히 증권을 매입한 자(any person acquiring such security)라고 표기함으로써 우리나라 자본시장법과 동일한 방식을 취하고 있다. 다만, 판례를 통해 허위기재된 증권신고서에 기하여 발행된 증권의 매입자로 취득자의 범위를 제한함으로써(any person who purchased stock under registration statement at issue) 발행시장에서의 공시책임과 유통시장에서의 공시책임을 합리적으로 구분하면서 동시에 증권신고서 허위기재로 인해 손해를 입은 투자자에 대한 보호 목적을 달성하고 있다.

그러나, 우리나라의 현재 대법원(예: 대법원 2015. 12. 23. 선고 2013다88447 판결)과 하급심법원의 태도는 모법인 미국법과는 입장을 달리 하고 있다. 중국고섬 사건의 1심 법원(서울남부지방법원 2014. 1. 7. 선고 2011가합18490 판결)도 자본시장법 제125조 제1항 단서 중 "그 증권의 취득자가 취득의 청약을 할 때에 그 사실을 안 경우"라고 규정된 문언이 증권의 발행 절차를 상정하고 있고, 자본시장법상 증권의 발행시장과 유통시장이 서로 구분되어 공시책임 및 책임 요건이 따로 구분되어 있다는 점을 근거로, 자본시장법 제125조의 "증권의 취득자"는 오로지 공모시장에서 증권을 취득한 최초 취득자만을 의미하는 것으로 해석하였다. 이로 인해, 전체 원고 550명 중 공모시장에서 증권을 취득하지 않고 유통시장에서 취득한 425명의 손해배상청구권은 제외되고 말았다. 앞의 예에서 을을 제외한 갑에게만 손해배상청구권이 부여된 것이다.

과거 증권거래법 하에서 대법원이 "구 증권거래법 제14조(자본시장법 제125조에 해당)에 따른 손해배상을 청구할 수 있는 사람은 '모집 또는 매출'에 의하여 발행시장에서 유가증권을 취득한 사람에 한정되는 것이 아니라 유통시장에서 유가증권을 취득한 사람도 포함된다"고 매우 전향적으로 지혜롭게 판시한 적이 있었다(대법원 2010. 8. 19. 선고 2008다92336). 그런데 투자자 보호를 전면에 내세우면서 시행된 자본시장법 체제에서 구 증권거래법 체제 때보다 더욱 후퇴되는 판시가 나오는 것은 매우 이례적이다. 향후 중국고섬 판결의 상고심에서 대법원의 구태의연하고 투자자 보호에 후진적인 입장이 근본적으로 바뀔 것인지 귀추가 주목된다.

7. 면책요건

자본시장법 제125조 제1항 제1항 단서는 "배상의 책임을 질 자가 상당한 주의를 하였음에도 불구하고 이를 알 수 없었음을 증명"(소위 due diligence 항변) 하거나 "그 증권의 취득자가 취득의 청약을 할 때에 그 사실을 안 경우"(소위 악의의 항변)에는 배상의 책임을 지지 아니한다고 하여 손해배상주체에 대한 면책을 규정하고 있다. 이는 손해배상주체로 하여금 적극적으로 상당한 주의를 하였음에도 불구하고 그러한 사실을 알 수 없었음을 입증토록 하는 것이다. 판례도 면책이 되려면 "상당한 주의를 하였음에도 불구하고 부실표시를 알 수 없었음을 증명하여야 하기 때문에 단순히 그 부실표시를 알지 못하였다든가 상당한 주의를 다 하지 못하였다면 책임을 면할 수 없고 이와 같은 상당한 주의의 항변을 하기 위해서는 자신의 지위와 특성에 따라 합리적으로 기대되는 조사를 하였으며 그에 의해 문제된 사항이 진실이라고 믿을 만한 합리적인 근거가 있음을 입증해야 한다"고 하였다.[33]

위 규정은 ① 입증책임의 전환을 하면서, 민법상 불법행위의 특칙으로서 피고에게 무과실의 입증을 요구하는 것이고, ② 배상책임주체들에게 '무과실의 항변'을 할 수 있는 기회를 제공하는 것이다. 자본시장법이 배상주체의 범위를 매우 포괄적으로 규정함으로써, 실제로 중요사항의 허위기재나 누락을 인지할 수 없는 자들도 상당수 배상책임을 지게 되었다. 그렇지만 자본시장법 제125조 제1항 단서에 의하여 이들은 상당한 주의를 하였음에도 불구하고 부실표시를 알 수

33 대법원 2002. 9. 24. 선고 2001다9311, 9328 판결.

없었음을 증명함으로써 손해배상책임에서 벗어날 수 있는 길이 마련되었다.[34]

8. 손해배상액

손해배상액은 자본시장법 제126조 제1항 및 제2항에 법정되어 있다(법정 책임).[35] 제1항은 손해배상액을 증권취득자의 매수가액에서 다음의 액을 공제하도록 한다. 즉 ① 당해 증권에 관하여 소송제기되어 있는 때에는 변론종결 시에 있어서의 시장가격(시장가격이 없는 경우에는 추정처분가격), ② 변론종결 전에 당해 증권을 처분한 때에는 그 처분가격. 제2항은 "배상책임을 질 자는 청구권자가 입은 손해액의 전부 또는 일부가 중요사항에 관하여 거짓의 기재 또는 표시되지 아니함으로써 발생한 것이 아님을 증명한 경우에는 그 부분에 대하여 배상책임을 지지 아니한다"고 규정하고 있다. 다만 이러한 손해배상의 특칙규정은 피해자에게 단순히 차액(out-of-pocket)만을 배상한다는 점을 유념하여야 한다.

자본시장법 제127조는 이러한 손해배상책임은 그 청구권자가 당해 사실을 안 날로부터 1년 내 또는 해당 증권에 관하여 증권신고서의 효력이 발생한 날로부터 3년 내에 청구권을 행사하지 아니한 때에는 소멸한다고 규정한다. 이는 제척기간으로 해석되며 권리관계의 신속한 확정을 목적으로 한다.

34 김건식·정순섭, 241면에서는 미국과 일본의 경우 다른 손해배상주체들의 면책은 인정되지만 발행인에 대해서는 면책의 여지가 없는 무과실책임을 인정하고 있음을 주목하여 우리 법제에서도 해석상 발행인의 경우 상당한 주의를 엄격하게 해석할 것을 주장하고 있다. 연혁적, 이론적으로는 타당한 주장이지만 법문의 해석을 그렇게 해석할 수 있을지에 대해서는 의문이 남는다.

35 구 증권거래법상 발행시장에서의 부실공시에 대한 손해배상책임을 다룬 사건이기는 하나, 대법원 2007. 9. 21. 선고 2006다81981 판결은 손해배상액을 법정하고 있는 이유를 설시하고 있다. 즉 "증권거래소에서 집중적·대량적으로 이루어지는 매매에 따라 형성되는 주식의 가격은 주식시장 내부에서의 주식 물량의 수요·공급과 주식시장 외부의 각종 여건 등 매우 다양한 요인에 의하여 결정되는 지극히 가변적인 성질을 지니고 있기 때문에, 주가의 등락분 중 허위기재 등으로 인한 하락분을 가려내어 그 인과관계를 입증한다는 것은 결코 쉬운 일이 아니다. 이와 같이 어려운 손해의 입증책임을 손해배상의 일반원칙에 따라 주식 취득자에게 부담시키는 것은 사실상 손해배상의 청구를 곤란하게 만드는 셈이 된다. 그리하여 법은 투자자 보호의 측면에서 투자자가 손해배상청구를 가능한 한 쉽게 할 수 있도록 입증책임을 전환하여 배상의무자에게 무과실의 입증책임을 부담시키고 있을 뿐만 아니라(구 증권거래법 제14조), 나아가 손해액에 관한 추정규정을 두어 배상의무자가 손해와 사이의 인과관계의 부존재를 입증하지 못하는 한 투자자는 원칙적으로 법정 추정액의 손해배상을 받을 수 있도록 하고 있는 것이다(구 증권거래법 제15조)."

V. 기타(행정적 제재 및 형벌)

자본시장법 제131조 제1항은 증권신고서상으로 부실기재에 대한 진위확인을 위하여 금융감독당국의 조사권을 인정한다. 즉 금융위원회는 공익 또는 투자자의 보호를 위하여 필요한 때에는 증권신고의 신고인, 증권의 발행인·매출인·인수인 그 밖의 관계인에 대하여 참고가 될 보고 또는 자료의 제출을 명하거나 금융감독원장으로 하여금 그 장부·서류 그 밖의 물건을 조사하게 할 수 있다. 그리고 자본시장법 제132조는 증권신고서·정정신고서나 증권발행실적보고서 중 중요사항에 관하여 허위의 기재나 누락이 있는 때에는 금융위원회로 하여금 증권신고의 신고인, 증권의 발행인·매출인·인수인 또는 주선인에 대하여 이유를 제시한 후 그 사실을 공고하고 정정을 명할 수 있으며, 필요한 때에는 그 증권의 발행·모집·매출, 그 밖의 거래를 정지 또는 금지하거나 대통령령으로 정하는 조치를 할 수 있다. 여기서 대통령령으로 정하는 조치란 ① 1년의 범위에서 증권의 발행 제한, ② 임원에 대한 해임권고, ③ 법을 위반한 경우에는 고발 또는 수사기관에의 통보, ④ 다른 법률을 위반한 경우에는 관련 기관이나 수사기관에의 통보, ⑤ 경고 또는 주의이다(자본시장법시행령 제138조).

자본시장법 제429조 제1항에서는 ① 제119조, 제122조 또는 제123조에 따른 신고서·설명서, 그 밖의 제출서류 중 중요사항에 관하여 거짓의 기재 또는 표시를 하거나 중요사항을 기재 또는 표시하지 아니한 때, ② 제119조, 제122조 또는 제123조에 따른 신고서·설명서, 그 밖의 제출서류를 제출하지 아니한 때 제125조 제1항 각호에 기재된 손해배상주체에 대하여 증권신고서상의 모집가액 또는 매출가액의 100분의 3(20억원을 초과하는 경우에는 20억원)을 초과하지 아니하는 범위 안에서 과징금을 부과할 수 있도록 규정하고 있다. ②와 관련하여 증권신고서를 미제출시 주선인에게까지 과징금을 부과할 수 있는지에 대해서는 부정적이다. 왜냐하면 증권신고서 미제출에 따른 과징금 부과는 자본시장법 제125조 제1항 각호의 자 중 제출의무가 인정되는 자에 한정되는데, 동법 제119조 제1항에 의하면 발행인이 증권신고서를 금융위원회에 제출하도록 되어 있기 때문이다. 즉 증권신고서 제출의무는 발행인에게만 인정되므로 증권신고서 미제출에 따른 과징금을 주선인에게 부과할 수 없는 것이다. 따라서 증권신고서 제출의무가 있는 발행인을 제외한 제125조 제1항 각호의 자는 ①에 의하여 제출된 증권신고서의 허위·부실기재에 관한 책임만을 부담한다. 또한 자본시장법 제430조 제1항에 의하면 과징금 부과는 대상자에게 위반행위에 대하여 고의 또는 중과실이 있는 경우로 한정하고 있는데, 주선인에게는 증권신고서 제출의무가 인정되지 않으므로 미제출 행위에 대한 고의 또는 중과실도 인정할 수 없어서 과징금을 부과할 수 없다.

한편 과징금 제도가 원칙적으로 사업자를 대상으로 할 뿐 개인을 대상으로 하여 부과되는 것이 아님을 감안할 때, 여기서의 과징금 조항은 매우 이례적이고 그 효과가 클 수 있다. 그렇지만 일본의 금융상품거래법에서 개인 과징금을 부과할 수 있는 영역을 매우 확대하고 있고 우리나라의 2014년 개정 자본시장법은 제429조의2를 추가하여 시장질서 교란행위에 대해서도 과징금을 부과하는 조항을 신설하였음을 유념하여야 한다. 한편 제444조는 증권신고서의 부실기재에 책임이 있는 자를 상대로 5년 이하의 징역 또는 2억원 이하의 벌금에 처할 수 있도록 규정하고 있다.

제3절 주관회사와 실사의무 및 사모주선인의 선관의무[36] – CERCG ABCP사건을 중심으로

I. 처음에

2018년 중국에너지화공집단(China Energy Reserve and Chemical Group, 이하 CERCG)이 지급보증한 회사채를 기초자산으로 하여 발행된 ABCP가 부도나면서 국내 증권사 간 대규모 소송이 시작되었다. 지금까지의 언론보도에 의하면, 2018년 4월 국내 증권회사를 주축으로 한 기관투자자들이 A증권사와 B증

36 제3절은 김용재, "사모 유동화거래시 사모주선인의 법적 지위와 책임에 관한 연구: CERCG ABCP사건에서 실사의무 및 선관주의의무를 중심으로", 「증권법연구」 제20권 제3호, 2019를 일부 수정한 것이다.

권사에 CERCG가 지급보증한 회사채의 유동화를 제안하였고, A증권사와 B증권사는 CERCG가 지급보증하는 달러표시 채권을 유동화하여 판매하기로 하는 주선계약을 체결하였다. 동년 5월 8일 CERCG가 지급보증한 CERCG자회사가 발행한 회사채 1억 5천만달러를 기초자산으로 하여 특수목적회사인 금정제12차는 총 1,646억원의 ABCP를 발행하였는데, 국내의 한 신용평가회사는 해당 ABCP에 A2의 신용등급을 부여하였다. A증권사와 B증권사는 당일 동 ABCP를 금정제12차로부터 전량 인수하였다가 sell-down 방식으로 위의 국내 기관투자자들에게 전량 매도하였다. 그런데 ABCP를 발행한 후 3일이 지난 5월 11일 CERCG가 지급보증한 CERCG자회사의 3억5천만달러 규모 채권이 부도가 났다. 이는 CERCG가 해당 회사채에 대한 지급보증의무를 이행하지 않았기 때문인데, 결국 5월 28일 중국교통은행은 CERCG가 지급보증한 CERCG자회사의 채권에 cross default가 발생했다고 공시하였다. 동년 11월 8일 이 사건 ABCP도 최종 부도처리되었다.[37]

CERCG ABCP 발행구조 개관

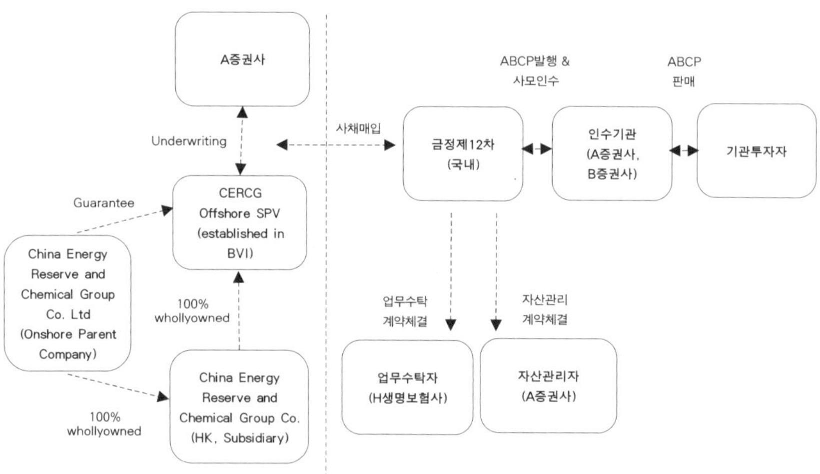

자료: 김형락, "증권사간 소송전 번진 중 ABCP 사태, 남은 쟁점은?", 뉴스핌 2018. 10. 31.

37 김수정, "피해만 있고 책임을 서로 미루기 … 점입가경 CERCG 사태", 인베스트조선 2018. 6. 7. www.investchosun.com/2018/06/07/3226851에서 검색. 심수진, "중국 CERCG ABCP, 채권단 줄소송 이제부터", 뉴스토마토 2018. 11. 23.

언론보도에 의하면 기관투자자들은 A증권사와 B증권사를 상대로 자본시장법과 관련 법령 및 하위법규에서 규정하는 주관회사임에도 불구하고 실사의무를 위반하였음을 주장하는 데 반하여, 특히 A증권사는 여기서의 ABCP가 사모로 발행되었으므로 자산관리자에 해당할 뿐 법령상의 주관회사가 아니며 실사의무도 부담하지 않는다고 주장한다고 한다.[38] 위 그림의 우측을 보면 금정제12차가 발행한 ABCP를 1차적으로 A증권사와 B증권사가 사모로 총액 인수하였다가 전문투자자인 국내 기관투자자들에게 사모로 전량 판매한 것을 알 수 있다. 그렇다 보니 여기서 A증권사와 B증권사는 궁극적으로 전문투자자에게 ABCP를 인수시키는 데 있어서 사실상 사모주선인(arranger) 내지 중개인의 역할을 수행한 것인데, 이들에게 자본시장법 등이 규정하는 주관회사(법령상의 주관회사)로서의 책임을 물을 수 있는지가 가장 핵심적인 쟁점으로 등장한다. 그림의 좌측을 보면 A증권사가 CERCG측으로부터 사채를 인수하여 금정제12차에게 양도한 듯이 보이지만, 실제로는 A증권사로부터 대출받은 금액을 재원으로 CERCG측이 발행한 보증사채를 취득하고 금정제12차가 동 보증사채를 기초로 ABCP를 발행하여 A증권사에 대한 대출금을 상환한 것이라고 한다.[39] A증권사가 ABCP를 발행한 금정제12차에 대한 대출을 했다는 사실만으로 A증권사를 법령사의 주관회사가 아닌 계약상의 주관회사로 볼 여지는 없는가? 지금까지의 언론보도를 보면 A증권사나 B증권사가 그러한 계약을 체결하지도 않았을 뿐만 아니라 계약서 사본을 금융투자협회에 신고한 사실도 없다. 그렇다면 A증권사와 B증권사의 CERCG ABCP 발행 및 인수에 있어서 그 법적 지위와 책임은 무엇인가?

다음은 CERCG ABCP 사건을 계기로 그간 우리나라의 선행 연구 및 판례들에서 심도 있게 검토하지 않은 자본시장법상의 중요 쟁점들을 분석하게 된다. 우선 Ⅱ에서는 자본시장법과 하위 법규상 일반적인 주관회사에 대한 근거 조항을 찾아 주관회사의 개념을 명백히 하고자 한다. 이후 자산유동화에 관한 법률상

38 김형락, "중 CERCG 채권 부도 사태, 증권사 간 소송전 확전", 뉴스핌 2018. 11. 27.

39 NICE 신용평가, "금정제십이차(주)", Structured Finance, 2018. 5. 8. www.scri.co.kr/webzine/file/201806/abs_14.pdf에서 검색(검색일: 2019. 9. 30).

자산유동화거래에 있어서 주관회사의 개념도 일반적인 주관회사의 개념과 전혀 다르지 않다는 점을 적시한 후, 여기서의 주관회사도 공모인수인과 공모주선인을 포함할 뿐 사모인수인을 포함하지 않는다는 점을 명확히 할 것이다. Ⅲ에서는 실사의무(due diligence)의 개념을 비교법적으로 고찰한 후 자산유동화거래에 있어서 투자매매업자인 인수인이나 투자중개업자인 주선인이 실사의무를 부담하는 때가 언제인지를 규명하고자 한다. 이점에 대하여 등록유동화증권과 비등록유동화증권을 나누어 고찰할 것인데, 현행 제도는 전자의 경우 공모와 사모시 인수인이나 주선인에게 실사의무를 부과하지만 후자의 경우 공모시에만 실사의무를 부과할 뿐 사모시에는 전혀 실사의무를 부과하지 않는다는 점을 분석할 것이다. Ⅳ에서는 비록 비등록유동화증권의 사모주선인에게 실사의무를 부과하지는 않더라도 선관의무를 당연히 부과할 수 있다는 점에 착안하여, 사모주선인의 선관의무를 동종 업계의 동일 지위에 있는 주의의무 중 어떠한 거래 구조로부터 추출할 수 있는지를 검토할 것이다. 사모에 의한 ABCP 발행이 사실상 역방향의 신디케이티드 대출과 유사하고 ABCP발행 및 신디케이티드 대출 모두 전문적인 기관투자자들만이 참여한다는 점에 착안하여, 사모주선인을 신디케이티드 대출에서의 간사은행과 비슷하게 본 후 이러한 간사은행의 의무로부터 사모주선인의 선관의무를 도출하고자 한다. 고의나 중과실로 중요 사실을 허위기재하거나 누락할 경우 사모주선인도 불법행위로 인한 책임을 지게 된다는 점에서, 사모주선인은 전문가인 신용평가기관으로부터 제공받은 ABCP 신용등급을 정확하게 고지하여야 할 선관의무가 있기는 하지만 이는 자본시장법상의 설명의무와 전혀 다르다는 점을 적시할 것이다. Ⅴ는 이상의 논의를 정리한 결론 부분이다.

Ⅱ. 주관회사의 법적 근거와 개념

1. 주관회사의 법적 근거

(1) 자본시장법상의 근거 조항

자본시장법은 주관회사에 대하여 명확한 정의 조항을 두고 있지 않으며 그에 대한 근거 규정도 뚜렷하지 않다. 다만 동법 제125조는 발행시장에서의 공시규제 위반에 따른 손해배상책임을 규정하면서, 동조 제1항 제5호에 손해배상책임을 부담하는 주체 중 하나로서 "그 증권의 인수인 또는 주선인(인수인 또는 주선인이 2인 이상인 경우에는 대통령령으로 정하는 자를 말한다)"을 열거하고 있을 뿐, 어디에도 이러한 인수인을 명확하게 주관회사라고 정의하지는 않고 있다. 따라서 주관회사에 대한 정의는 실무 관행을 최대한 반영하고 있는 '공적규제로서의 금융위원회 규정'과 '자율규제로서의 금융투자협회 규정'을 참조할 필요가 있다.

(2) 하위 규정상의 정의 조항

금융위원회가 제정하여 운영하는 증권의 발행 및 공시에 관한 규정 제2-12조 제1항 제5호에서는 지분증권의 인수인 중 "모집 또는 매출하는 증권의 발행인 또는 매출인으로부터 해당 증권의 인수를 의뢰받아 인수조건 등을 결정하고 해당 모집 또는 매출과 관련된 업무를 통할하는 자"를 주관회사라고 통칭하는 조항이 발견된다.[40] 한편 금융투자협회가 제정하여 운영하는 증권인수업무 등에 관한 규정 제2조 제5호는 실무 관행상 정착된 주관회사의 개념에 대해 보다 명확한 정의 규정을 두고 있다. 즉 동 규정 제5호는 "주관회사"란 증권을 인수함에 있어서 인수회사를 대표하여 발행회사와 인수조건 등을 결정하고 인수 및 청약업무를 통할하며, 기타 이 규정에서 정하는 업무를 수행하는 금융투자회사를 말하며, "대표주관회사"란 발행회사로부터 증권의 인수를 의뢰받은 자로서 주관회사를 대표하는 금융투자회사를 말한다고 규정하고 있다.

2. 주관회사의 개념: 공모인수인과 공모주선인

(1) 인수의 정의 및 사모인수인의 주관회사 해당 여부에 대한 판단

40 이러한 인수인은 주관회사로서 증권의 발행과정에서 매우 중요한 역할을 담당하는바, 증권의 발행인에 대하여 조사하고 증권신고서의 준비과정에 실질적으로 참여하며 증권의 공모가를 결정하는 주도적인 역할을 한다. Edward Greene, *Determining the Responsibilities of Underwriters Distributing Securities within an Integrated Disclosure System*, 56 Notre Dame L. Rev. 755, 760-762 (1981). 김병연, "유가증권신고서 등의 부실기재와 인수인의 손해배상책임에 있어서 Due Diligence 항변에 관한 연구", 「상사법연구」 제22권 제5호 (2004), 121면.

1) 인수의 정의와 관련된 제 규정

인수(underwriting)는 직접 금융시장에서 증권의 발행인과 투자자를 이어주는 매개 역할을 하는데, 인수업무는 투자매매업자(dealer)의 가장 핵심적인 업무이기도 하다. 자본시장법 제9조 제11항은 인수를 다음과 같이 정의한다.

> ⑪ 이 법에서 "인수"란 제삼자에게 증권을 취득시킬 목적으로 다음 각 호의 어느 하나에 해당하는 행위를 하거나 그 행위를 전제로 발행인 또는 매출인을 위하여 증권의 모집·사모·매출을 하는 것을 말한다.
> 1. 그 증권의 전부 또는 일부를 취득하거나 취득하는 것을 내용으로 하는 계약을 체결하는 것
> 2. 그 증권의 전부 또는 일부에 대하여 이를 취득하는 자가 없는 때에 그 나머지를 취득하는 것을 내용으로 하는 계약을 체결하는 것

한편 증권인수업무 등에 관한 규정 제2조 제6호도 인수를 정의하고 있다.

> "인수"란 제삼자에게 증권을 취득시킬 목적으로 다음 각 목의 어느 하나에 해당하는 행위를 하거나 그 행위를 전제로 발행인 또는 매출인을 위하여 증권의 모집·매출을 하는 것을 말하며, "인수회사"란 인수를 하는 자를 말한다.
> 가. 그 증권의 전부 또는 일부를 취득하거나 취득하는 것을 내용으로 하는 계약을 체결하는 것
> 나. 그 증권의 전부 또는 일부에 대하여 이를 취득하는 자가 없는 때에 그 나머지를 취득하는 것을 내용으로 하는 계약을 체결하는 것
> 다. 〈삭제 2009. 2. 26〉

자본시장법과 증권인수업무 등에 관한 규정 중 인수의 정의에서 가장 차이가 나는 부분은 사모이다. 그러나 사모인수인은 인수인의 개념에 포함되지만 주관회사에는 해당하지 않는다. 이점에 대해서는 항을 달리하여 살펴보기로 한다.

2) 사모인수인은 자본시장법 제125조 이하의 주관회사에 해당하지 않음

자본시장법 제9조 제1항의 인수와 자본시장법 제125조 및 동법시행령 제135조

제2항 제1호에서 규정된 인수는 전혀 그 의미와 규제 철학을 달리 하므로, 사모인수인이 광의의 인수인에 해당하더라도 자본시장법 제125조 이하의 주관회사에 해당하지는 않는다.

자본시장법이 구 증권거래법과 달리 인수의 개념에 사모를 포함시킨 것은 매우 단순하고 기술적인 이유에서 비롯된 것이다. 구 증권거래법은 모집·매출(공모)이 아닌 사모로 발행되는 증권을 인수하는 것은 인수업이 아니라 증권회사의 부수업무로 규정하였다. 즉 공모에 의한 인수는 증권회사의 고유업무인 인수업인데 반하여, 사모에 의한 인수는 증권회사의 부수업무로서 인수업무가 아닌 것으로 취급하였던 것이다(구 증권거래법시행령 제36조의2 제5항). 구 증권거래법시행령 제36조의2 제5항의 내용은 다음과 같다.

> ⑤ 법 제51조제1항제3호에서 "대통령령이 정하는 부수업무"라 함은 다음 각호의 업무를 말한다.
> 1. 증권업과 관련된 업무로서 다음 각목의 어느 하나에 해당하는 업무
>   아. 모집외의 방법으로 발행되는 유가증권의 인수업무와 그 중개·주선 또는 대리업무

그런데 자본시장법이 동일(유사) 기능에 대해 동일 규제를 적용한다는 기능별 규제(functional regulation) 원칙을 수용하는 과정에서, 대상 증권을 공모로 발행하든 사모로 발행하든 그 인수를 하는 행위는 유사한 것인데 그에 대해 다른 규제를 적용하는 것은 문제가 있다는 비판에 직면하였게 되었다. 그렇다 보니 인수업의 개념에 사모로 발행되는 증권을 인수하는 경우를 포함시키게 된 것이다.[41]

그러나 인수인의 손해배상책임의 근거규정인 자본시장법 제125조는 모집 또는 매출, 즉 공모의 경우 작성하는 증권신고서나 투자설명서의 부실기재에 따른 공시 위반 책임을 규정한 것이므로, 사모의 경우에는 위 규정 자체가 적용되지 않는다. 따라서 자본시장법이 인수업의 개념에 사모인수를 포함하였다고 하여 실무상 정착되었던 개념인 주관회사의 외연이 갑자기 확대된 것이 아니고 사모인수에 관여하였던 금융투자회사에게까지 공모의 경우에나 적용되는 자본

41 변제호 외 5인 공저, 「제2판 자본시장법」, 지원출판사(2019), 53-54면(이하 변제호 외).

시장법 제125조 내지 제127조의 발행시장에서의 공시규제 위반에 따른 손해배상책임을 물을 수도 없는 것이다.

(2) 주관회사는 공모를 하려는 발행인과 대표주관계약을 체결하여야 함

증권업인수업무 등에 관한 규정 제3조 제1항에 의하면 "금융투자회사는 기업공개 또는 장외법인공모를 위한 주식(제2조제2호의 외국증권예탁증권을 포함한다. 이하 같다)의 인수를 의뢰받은 때에는 대표주관계약을 체결하고, 주식인수의뢰서 사본, 대표주관계약서 사본 및 발행회사의 사업자등록증 사본을 계약체결일부터 5영업일 이내에 한국금융투자협회에 신고하여야 한다."라고 규정한다. 동조 제2항 제4호에 의하면 대표주관계약에 포함되어야 할 사항으로서 "증권신고서의 기재사항 점검 등에 관한 사항"을 명기하고 있다.[42] 따라서 주관회사란 공모를 전제로 한 개념일 뿐만 아니라 발행인과의 사이에 주식인수 의뢰를 포함한 대표주관계약을 체결하고 이를 입증하는 서류를 한국금융투자협회에 사후 신고한 자로 한정됨을 알 수 있다. 그렇다 보니 사모인수인의 경우 대표주관계약을 체결할 이유가 없으므로, 이 사건에서 사모인수인이었던 A증권사와 B증권사는 금정제12차와 대표주관계약을 체결하지 않았던 것이다.[43]

(3) 최근 공모주선인이 주관회사에 포함되었지만, 사모주선인은 여전히 주관회사가 아님

한편 자본시장법 제9조 제13항은 인수 이외에 "발행인 또는 매출인을 위하여

42 동 규정에 의할 경우 구체적으로 포함되어야 할 사항은 다음과 같은데, 제4호 이외에도 제3호를 보면 공모 이후의 단계인 상장까지 예정하고 있음을 알 수 있다.

1. 발행회사의 경영실적, 영업관련 사항 및 재무건전성 등에 대한 확인 및 조사에 관한 사항
2. 발행회사의 재무, 회계 및 세무관리에 대한 지도 및 점검에 관한 사항
3. 유가증권시장, 코스닥시장 또는 코넥스시장 상장요건과 관련한 협의 및 지도에 관한 사항
4. 증권신고서의 기재사항 점검 등에 관한 사항
5. 발행회사 및 그 최대주주 등에 대한 평판 점검 등에 관한 사항
6. 주관업무 관련 수수료 중 100분의 50이상은 발행회사와 다른 법인과의 합병등기가 완료된 경우에만 지급을 청구할 수 있다는 사항
7. 계약의 해제·해지 및 변경에 관한 사항

43 우리나라의 실무를 보면 공모인수계약서에서 나타나고 있는 주관회사나 대표주관회사의 개념은 사모사채인수계약서에는 거의 발견하기 어렵다.

해당 증권의 모집·사모·매출을 하거나 그 밖에 직접 또는 간접으로 증권의 모집·사모·매출을 분담하는 자"를 주선인이라고 규정한다. 이는 구 증권거래법 제2조 제6항 제3호에서 '인수'의 개념에 포함시켜 규정하였던 모집·매출 주선인수(best effort underwriting)가 본질적으로 자기의 명의와 자기의 계산으로 위험을 적극적으로 인수하는 행위에 해당하지 않고 단지 타인의 계산으로 중개하는 것에 지나지 않는다는 점을 적극적으로 고려하여 인수개념에서 분리하였던 것이다. 자본시장법 제6조 제3항의 투자중개업(arranging deals, arranger)에 대한 정의조항을 보면 "누구의 명의로 하든지 타인의 계산으로 … 증권의 발행·인수에 대한 청약의 권유, 청약, 청약의 승낙을 영업으로 하는 것"이라고 하여 구 증권거래법상의 best effort underwriting을 포섭하고 있다. 그렇다 보니 2013년 개정전 자본시장법(이하 '구 자본시장법')에서는 주선인에 대하여 제125조의 손해배상책임의 적용을 배제하기까지 하였던 것이다.[44]

2013년 개정 자본시장법(법률 제11845호, 2013. 5. 28. 일부 개정)은 증권신고서와 투자설명서의 중요사항에 대하여 허위 또는 부실기재(이하 misrepresentation)한 공모주선인에 대해서도 인수인과 동일한 손해배상책임을 부담하는 것으로 개정되었다. 동 개정 이유에도 "증권모집의 주선인에 대해서도 인수인과 동일한 증권신고서 부실기재에 따른 배상책임을 부담하도록 하는 등 증권의 인수 관련 제도를 정비함"이라는 내용이 명확하게 기재되어 있다.[45] 이는 공모에 관여하는 주선인도 ① 투자자에게 증권에 내재한 투자위험 정보를 제공하여 투자자의 투자의사결정에 중요한 영향을 미친다는 측면에서 인수인과 차이가 없다는 점, ② 모집주선에 의한 증권 발행이 증가하는 시장 상황에서 주선인이 실질적인 기업실사(due diligence)를 소홀히 할 경우 투자자 보호에 흠결이 발생할 우려가 있다는 점 등을 감안한 것이다.[46] 동 개정으로 인하여 '투자매매업자로서의 공모인수인' 이외에도 '투자중개업자로서의 공모주선인'이 주관회사에 포함되었지만, 사모주선인은 여전히 주관회사에 포함되지

44 구 자본시장법 제125조 제1항 제5호에서는 "그 증권의 인수계약을 체결한 자(인수계약을 체결한 자가 2인 이상인 경우에는 대통령령으로 정하는 자를 말한다)"만을 규정하고 있었다.

45 법제처 국가법령정보센터 연혁법령 제정·개정 이유 참조.

46 변제호 외, 55면.

않는다.

3. 자산유동화거래에 있어서의 주관회사 – 공모인수인과 공모주선인

(1) ABS 관련업무 모범규준상 주관회사

자산유동화에 관한 법률 역시 주관회사에 대한 정의 조항을 두지 않고 있다. 다만 ABS 관련업무 모범규준에 의하면, '증권회사(broker-dealer)나 투자은행(investment banker, 종합금융투자사업자) 등의 주관사는 유동화자산 및 자산보유자의 특성에 맞는 거래구조를 자문하고 각 거래 참여자들(자산관리자, 업무수탁인, 외부평가기관, 법률자문기관 및 신용평가회사 등)을 연결함으로써, 유동화전문회사 등의 설립 및 유동화증권의 발행과 관련한 총괄적인 서비스를 제공하는 자'로 정의하고 있다.[47]

자산유동화에 관한 법률과 ABS 관련업무 모범규준을 보면, 자본시장법상의 주관회사와 공모 ABS의 주관회사가 본질적으로 동일하다는 점을 알 수 있다. 자본시장법 시행령 제128조는 유동화증권의 증권신고서의 기재사항 및 첨부서류를 규정하고 있는데, 유동화전문회사인 SPC가 발행하는 유동화증권이 공모의 대상이 될 때에는 주관회사가 투자매매업자로서 동 유동화증권을 인수하거나 투자중개업자로서 모집을 주선하게 될 것이다. 이러한 주관회사는 증권신고서상의 중요정보가 부실기재(misrepresentation)되지 않도록 주의를 기울임으로써 투자자들이 합리적으로 투자판단을 할 수 있도록 기여할 것이다. 자산유동화 실무안내에서도 "주관회사는 자본시장법상의 투자매매업을 영위하는 금융투자업자인 경우가 대부분이며, 주관회사는 유동화업무 외에도 자산유동화증권의 인수 및 매출을 담당하는 역할을 수행하고 이 때에는 주관사계약과 인수계약을 동시에 체결한다."라고 서술되어 있다.[48] 따라서 자본시장법과 마찬

47 ABS 관련업무 모범규준 실무협의회, 「ABS 관련업무 모범규준」(2006. 9. 8. 개정), "I. 관련자의 업무처리 기본원칙 및 용어정의 2. 용어정의 바. 주관사." 참고로 ABS관련업무 모범규준 제정 실무협의회는 증권사, 은행, 여신전문금융업체, 신용평가사중 ABS 업계를 대표하는 8개 기관 및 금융감독원으로 구성되었으며, 70여 개 기관의 의견을 수렴하여 모범규준을 확정한다. 금융위원회 정례브리핑 자료, http://www.fsc.go.kr/info/ntc_news_view.jsp?bbsid=BBS0030&page=317&sch1=&sword=&r_url=&menu=7210100&no=7600 검색(검색일: 2019. 11. 1.)

48 금융감독원, 「자산유동화 실무 안내」, 2013. 12., 86면 각주 137).

가지로 ABS 관련업무 모범규준상 ABS의 주관회사란 자산유동화증권을 공모로 인수하는 투자매매업자와 자산유동화증권의 공모를 주선하는 투자중개업자만을 의미할 뿐이고, 사모인수인과 사모주선인을 제외한다.

(2) 이 사건에서 A증권사의 지위: 사모주선인 내지 사모주관사

이 사건에서도 A증권사와 B증권사는 금정제12차가 발행한 ABCP를 사모로 인수한 것에 불과하고 금정제12차와 대표주관계약을 체결하지도 않았으므로, 공모를 전제로 한 자본시장법과 ABS 관련업무 모범규준 및 계약에서 정하는 주관회사에 해당하지 않는다. 다만 A증권사가 중국 기업인 CERCG측으로부터 보증사채를 인수하여 유동화전문회사인 금정제12차에게 동 보증사채를 양도하고, 금정제12차는 동 자산을 담보로 하여 ABCP를 발행한 구조를 보이고 있다. 그리고 A증권사는 ABCP를 사모로 일부 인수하면서 유동화자산의 관리를 위탁받은 자산관리자로서 업무를 수행하였다. 따라서 공모가 아니지만 A증권사가 ABS 관련업무 모범규준의 "유동화자산 및 자산보유자의 특성에 맞는 거래구조를 자문하고 각 거래 참여자들(자산관리자, 업무수탁인, 외부평가기관, 법률자문기관 및 신용평가회사 등)을 연결함으로써, 유동화전문회사 등의 설립 및 유동화증권의 발행과 관련한 총괄적인 서비스를 제공하는 자"의 역할을 수행하였다고 볼 수는 있다는 점에서, A증권을 사모주선인 내지 사모주관사(arranger)의 지위에 있다고 볼 수는 있을 것이다.

Ⅲ. Due Diligence의 비교법적 검토 및 현행 법제상 자산유동화증권 발행시 실사의무

1. Due Diligence의 비교법적 검토

(1) 미국에서의 Due Diligence 법리 소개

1) 1933년 증권법

미국의 증권관계법은 due diligence의 개념 자체에 대해 법적 정의를 두지 않

고 있다. 그렇지만 미국의 1933년 증권법에 의하면 발행인 이외의 다른 관련자들이 증권신고서와 투자설명서의 내용에 대하여 합리적인 조사(a reasonable investigation)를 하고 그 기재 내용 중 중요사항에 대하여 부실기재 또는 누락이 없다고 신뢰할 만한 합리적인 근거(a reasonable basis to believe)가 있었으며 증권신고서 효력 발생일에 실제로 그렇게 신뢰하였다(did believe at the time the registration statement became effective)는 점을 입증하여야만 due diligence 기준을 충족한 것이라는 조항이 발견된다.[49] 여기서 인수인의 합리적인 조사와 관련하여 미국증권거래위원회(U.S. Securities and Exchange Commission, 이하 'SEC')는 단지 회사경영진이 제공한 자료에만 의존해서는 안된다는 점을 명확히 하여 왔다.[50] 주관사인 인수인이 증권의 모집이나 매출에 있어서 주도적인 역할을 수행하므로 증권신고서의 정확성을 담보하고 투자자를 보호하려면 선결적으로 발행회사와 발행되는 증권에 대한 제반의 정보를 정확히 조사하여야 하기 때문이다.[51] 1933년 증권법 제12(a)(2)는 증권신고서나 투자설명서에 중요한 허위기재나 누락이 있는 경우 due diligence 의무를 제대로 이행하지 못한 발행인, 인수인, 기타 전문가들의 손해배상책임을 규정하였는데, 1995년 *Gustafson et al. v. Alloyd Com., Inc.* 사건에서 미국 연방대법원은 동 조항이 사모에는 적용되지 않는다는 점을 명확히 하였다.[52] 따라서 사모 인수인은 1934년법 제10(b)조에 의한 묵시적 사적 소권(implied private right of action)에 의해서만 중대한 허위기재나 누락에 따른 구제수단을 강구할 수 있

49 15 U.S.C.A. § 77k(b)(3)(A) & (C). 그리고 due diligence의 본질은 합리적인 조사에 있다고 하여도 과언이 아니라고 한다. 왜냐하면 이러한 조사가 신뢰에 대한 정당한 근거를 형성시키고 증권신고서의 내용이 정확한 것이라고 믿을 수 있는 확신감으로 이어지는 토대가 되기 때문이다. National Association of Securities Dealers, Inc., *Special Report: Due Diligence Seminars* (July 1981), p. 5. Robert B. Robbins, Pillsbury Winthrop Shaw Pittman LLP, *Due Diligence in Private Placement Offerings* (March 2015), p. 1에서 재인용.

50 "an underwriter must go beyond and behind the representation of management" *In the Matter of Richmond Corp.*, (1962-1964 Decisions) CCH Fed. Sec. L. Rep. ¶76,904 (1963).

51 김병연, 전게논문, 130-131면.

52 *Gustafson et al. v. Alloyd Co., Inc.*, 513 U.S. 561 (1995)에서의 판시는 다음과 같다. "Section 12(2) does not extend to a private sale contract, since a contract, and its recitations, that are not held out to the public are not a prospectus as the term is used in the 1933 Act ··· By and large, only public offerings by an issuer or its controlling shareholders require the preparation and filing of such a statement. Thus, it follows that a prospectus is confined to such offerings."

을 뿐이다.[53]

2) 구체적인 주의의무의 기준

미국에서는 전문가와 비전문가를 구분하고 있으며 전문가에 대해 훨씬 더 가중된 주의의무를 부과하고 있다. 공인회계사, 변호사, 감정인 등 전문가는 발행인의 임직원이 제출하는 서류 또는 증빙자료 등을 그대로 신뢰해서는 안되고 그 내용을 발행인의 다른 장부, 관련 자료 또는 원본증빙 등과 대조 검토하는 등 그 사실 여부를 확인하기 위한 노력을 다하여야 한다고 한다[*Escott v. BarChris Construction Corp.*, 283 F. Supp. 643 (S.D.N.Y. 1968)]. 물론 회사가 제시하는 자료 및 증빙 등을 부정하거나 불신하여야 한다는 의미는 아니며, 전문가로서의 의심(professional skepticism)을 갖고 통상적으로 전문가에게 요구되는 주의의무를 다하여 업무에 임하여야 한다는 의미이다.[54]

전문가와 비전문가에 대한 구체적인 주의의무의 기준은 다음과 같이 구분하여 판단하는 것으로 보인다. ① 첫째, 전문가가 직접 자료를 작성하는 경우이다. 전문가는 자신이 작성한 내용이 사실이었음을 실제로 믿었으며, 그러한 신뢰가 합리적이어야 한다. 합리적인 신뢰에 해당하려면, 자신이 작성한 자료가 사실임을 입증할 수 있는 관련 사항 및 자료에 대하여 합리적인 검토, 즉 해당 전문가가 속해 있는 업계에서 요구되는 수준의 검토(standards of the profession)를 하여야 한다. ② 둘째, 비전문가가 직접 자료를 작성하는 경우이다. 이 때에는 비전문가의 입장에서 합리적인 검토를 하여 그것이 사실이라고 실제로 믿었어야 한다. 여기서의 합리적인 검토란 합리적인 인간으로서 자신의 재산에 대하여 기울이는 정도의 주의의무(자기재산과 동일한 주의의무)이다.[55] ③ 셋째, 비전

53 Robbins, *supra* note 13, at 9. "within the bound of the 1993 Act and the Securities Exchange Act of 1934(the 1934 Act), a purchaser in a private placement of securities exempt pursuant to Section 4 apparently is entitled to seek redress for material misrepresentations or misleading omissions only pursuant to the implied private right of action under Section 10(b) of the 1934 Act."

54 윤승한, 「미국증권법 강의」, 삼일인포마인(2004), 526-527면.

55 1933년 증권법 제11조. c. (Standards of reasonableness) In determining, for the purpose of paragraph (3) of subsection (b) of this section, what constitutes reasonable investigation and reasonable ground for belief, the standard of reasonableness shall be that required of a prudent man in the management of his own property.

문가가 다른 비전문가가 작성한 자료를 검토하는 경우이다. 발행인의 이사와 같이 증권신고서의 작성에 직접 참여하지 아니한 비전문가가 다른 비전문가가 작성한 자료를 검토하는 경우, 자신의 지위 등에 비추어 합리적인 검토를 하여야 하는데 그 검토의 기준은 비전문가가 직접 자료를 작성한 경우와 동일하다. 이 기준은 다소 추상적이라고 할 수 있는데, 미국의 법원은 개별 사안별로 판단을 한다고 한다. 발행인과의 관계 및 지위, 필요한 정보에 대한 접근 가능성, 업무상 경험, 배경 및 숙련도 등을 종합적으로 감안하여 자기재산과 동일한 주의의무를 기울였는지를 판단한다. 참고로 필요한 정보에 대한 접근 가능성을 감안할 때 사외이사가 상근이사 및 집행임원보다 요구되는 주의의무의 수준은 상대적으로 낮을 것이다. ④ 넷째, 비전문가가 다른 전문가가 작성한 자료를 검토하는 경우이다. 이 때에 요구되는 주의의무의 수준은 가장 낮다고 할 수 있다. 왜냐하면 보통 비전문가는 전문가가 작성한 자료나 보고서에 대하여 검토 없이 그대로 신뢰를 하는 것이 일반적이기 때문이다. 따라서 비전문가는 다른 전문가가 작성한 자료나 보고서에 부실기재(misrepresentation) 되었다고 믿을 만한 근거가 하나도 없었음을 입증하면 주의의무를 다한 것이 된다. 구체적인 사건에서도 전문가가 작성한 전문 영역에 대하여 비전문가가 책임을 부담한 사례는 거의 없다고 한다.[56]

(2) 미국 법제를 모델로 한 우리나라 법제에서의 Due Diligence

1) 자본시장법 제125조 제1항 단서

우리나라의 자본시장법 제125조 제1항 단서도 미국의 1933년 증권법과 동일한 조항을 도입한 것으로 분석된다. 즉 자본시장법 제125조 제1항을 보면, 인수인이나 주선인은 상당한 주의를 다하여 증권신고서에 기재된 사항에 관련된 사항들을 조사하여야 한다는 점을 짐작할 수 있다. 이러한 주의의무를 결여할 경우 공시서류의 전반에 대해 손해배상책임을 지므로 그러한 손해배상책임의 가능성을 최소화하기 위해서도 이러한 실사가 정당화될 수 있다.[57]

56 윤승한, 전게서, 527-529면.

57 우리나라에서는 자본시장법의 동 조항이 소위 미국법상의 due diligence 책임을 도입한 것으로 해석하는

2) 금융투자회사의 기업실사 모범규준

금융감독원이 2011년 12월 6일 제정한 금융투자회사의 기업실사 모범규준(이하 '기업실사 모범규준') 제1조는 "금융투자회사가 증권의 인수업무 또는 모집·매출의 주선업무와 관련하여 적절한 주의를 기울이는 데 있어 준수하여야 할 절차와 내용에 관한 사항"(이하 'Due Diligence'라 한다)을 정함으로써 투자자 보호와 건전한 자본시장 발전을 제고하는데 목적이 있다고 선언한다.[58] 동 규준에 의하면 우리나라에서 due diligence는 공모의 경우로 한정됨을 알 수 있는데, 이것도 미국의 1995년 Gustafson et al. v. Alloyd Com., Inc. 사건[59]에서의 법리를 따른 결과이다. 기업실사 모범규준 제3조는 "이 규준이 자본시장법상 증권신고서와 정정신고서를 제출하는 공모의 경우에 적용"되고, 영업의 실체가 있는 발행회사가 제출하는 지분증권과 채무증권의 증권신고서를 대상으로 하며, 자산유동화증권 등은 그 적용대상에서 제외한다고 명시하고 있다. 이는 아마도 자산유동화업무감독규정 제11조와 제12조에 실사에 관한 조항이 이미 존재할 뿐만 아니라, ABS 관련업무 모범규준이 2005년 4월부터 별도로 제정되어 운영되기 때문이라고 짐작된다.

기업실사 모범규준은 미국의 SEC Rule 176을 모델로 하여 주관회사가 부담하는 due diligence 책임을 매우 구체화한 것이다. 동 규준은 제1장 총칙, 제2장 주관회사의 의무 및 금지행위, 제3장 Due Diligence 일반원칙, 제4장 Due Diligence 수행 시 일반 준수사항, 제5장 Due Diligence 수행 시 별도 준수사항, 제6장 Due Diligence 내역의 증권신고서 기재 등에 관한 책임, 제7장 Due Diligence 이행결과 보고 등으로 구성되어 있다.

3) 전문가와 비전문가의 주의의무

주관회사는 항상 고도의 엄격한 실사책임을 지는가? 주관회사가 증권신고서와 투자설명서의 작성주체는 아니므로 due diligence의 책임을 이행하는 과정

데 이견이 없다. 예를 들어 김건식·정순섭 공저, 「제3판 자본시장법」, 두성사(2013), 236면 참조.

58 www.kofia.or.kr/npboard/m_18/view.do?nttId=102482&bbsId=BBSMSTR_000000000203&srchWord=&srchTp=&page=62 (검색일: 2019. 9. 25).

59 *Gustafson et al. v. Alloyd Co., Inc.*, 513 U.S. 561 (1995)

에서 발행인과 다른 전문가들에게 필요한 정보와 서류의 교부를 요청하는 것이 통상적일 것이다. 그리고 주관회사가 합리적인 조사를 다했음에도 불구하고 그러한 정보와 서류가 부실기재(misrepresentation)에 해당한다는 사실을 알 수 없었음을 증명한 때에는 자본시장법 제125조 제1항 단서에 따라 "상당한 주의를 하였음에도 불구하고 이를 알 수 없었음을 증명"한 것이 되므로 손해배상책임을 부담하지 않게 될 것이다.

우리나라에서는 하급심판결로서 due diligence에 대한 판단을 한 사건이 있다. 즉 서울고등법원 2013. 10. 16. 선고 2012나80103 판결은 "신주 공모절차에서 인수인은 '증권신고서나 투자설명서에 중요사항에 관하여 거짓 기재 또는 기재 누락을 방지하는데 필요한 적절한 주의'를 기울여야 하는바(자본시장법 제71조, 자본시장법 시행령 제68조 제5항 제4호), 이를 위하여 인수인은 단순히 신주 발행회사가 제공하는 정보에만 의존할 것이 아니라, 선량한 관리자로서의 주의를 가지고 일반정보의 수집, 발행회사와의 면담이나 질문을 통한 추가정보의 확인, 객관적 정보를 제공하는 제3자로부터의 의견 청취 및 발행회사가 제시한 중요자료에 대한 독립적인 검증의 실시 등 개별 정보의 특성에 맞는 합리적인 노력을 기울여야 할 의무가 있고, 인수인이 발행회사로부터 제공받은 정보에 대한 적절한 검증을 실시함에 있어 전문가 의견이나 분석이 반영된 정보에 대해서는 그 내용이 진실하지 않다고 의심할 만한 합리적 근거가 없고, 비전문정보에 대해서는 그 내용이 진실하다고 믿을 만한 합리적 근거가 있다면 인수인으로서는 적절한 검증을 하였다고 볼 수 있다."라고 판시하였다.

2. 자산유동화증권을 공모로 발행하는 경우 실사의무

(1) 자본시장법시행령과 증권의 발행 및 공시에 관한 규정상 근거 조항

자산유동화에 관한 법률에 따라 자산유동화증권을 공모로 발행하는 경우 due diligence의 근거가 되는 직접적인 조항은 자본시장법시행령 제128조이다. 동조 제1항은 유동화증권의 증권신고서에 다음의 사항을 기재하여야 한다고 규정한다. "1. 법 제119조 제5항에 따른 대표이사 및 신고업무를 담당하는 이사의 제124조 각호의 사항에 대한 서명, 2. 모집 또는 매출에 관한 일반사항, 모집 또는 매출되는 유동화증권의 권리내용과 동 증권의 취득에 따른 투자위험요소, 모집 또는 매출되는 유동화증권에 대한 인수인의 의견, 자금의 사용목적, 3. 발행인에 관한 사항, 4. 자산유동화에 관한 법률 제2조 제2호에 따른 자산보유자에 관한 사항, 5. 유동화자산에 관한 사항, 6. 자산유동화에 관한 법률 제3조에 따른 자산유동화계획 등에 관한 사항, 7. 그 밖에 투자자를 보호하기 위하여 필요한 사항으로서 금융위원회가 정하여 고시하는 사항." 그리고 금융위원회가 제정한 증권의 발행 및 공시에 관한 규정 제2-8조 제1항에서는 자본시장법시행령 제128조 제1항 제7호에서 언급된 금융위원회가 정하여 고시하는 사항 중 하나로서 '자산실사에 관한 사항'을 규정하고 있다.

또한 자본시장법시행령 제128조 제2항은 유동화증권의 증권신고서에 첨부하여야 할 서류 중의 하나로서 '그 밖에 투자자를 보호하기 위하여 필요한 서류로서 금융위원회가 정하여 고시하는 서류'(동조 동항 제4호)를 규정하는데, 증권의 발행 및 공시에 관한 규정 제2-8조 제2항 제2호는 '자산실사보고서'를 명시하고 있다. 한편 증권의 발행 및 공시에 관한 규정 제2-8조의2에서는 자산유동화에 관한 법률에서 정하는 방법에 의한 유동화증권 이외의 유동화증권의 증권신고서 및 기재사항에도 자본시장법시행령 제128조와 동 규정 제2-8조를 준용하도록 하고 있다.

결론적으로 자본시장법령 및 금융위원회 규정을 종합적으로 고찰하면, "자산유동화에 관한 법률에 따라 발행되는 유동화증권(소위 등록유동화증권)을 공모"하거나 "다른 법률에 근거하여 발행되는 유동화증권(소위 비등록유동화증권)을 공모"할 때, 투자매매업자인 인수인이나 투자중개업자인 주선인은 반드시 자산실사의무를 부담하여야 하는 것이다.

(2) 자산유동화업무감독규정상 실사의무

자산유동화업무감독규정 제11조 제1항에 의하면 자산보유자 또는 유동화전문회사 등이 자산양도 등의 등록신청을 함에 있어서는 당해 유동화자산과 관련된 채권계약서, 질권 또는 저당권의 설정계약서 및 그 등기필증 또는 등록필증, 부동산에 대한 등기필증 기타 관련 증빙서류의 원본을 제시하고 감독원장의 확인을 받아야 한다. 동 규정 제12조 제1항에 의하면, 자산보유자 또는 유동화전문회사 등이 양도 등의 대상자산에 대하여 외부평가기관의 실사를 받은 후 그 결과에 대한 외부평가기관의 보고서(자산실사보고서)를 양도등록신청서와 함께 제출하는 경우 감독원장은 그 확인절차를 생략할 수 있다.[60] 여기서 외부평가기관이란 자본시장법시행령 제176조의5 제8항에 기재된 다음의 자, 즉 ① 자본시장법시행령 제68조 제2항 제1호 및 제2호의 업무(인수업무, 모집·사모·매출의 주선업무)를 인가받은 자, ② 신용평가회사, ③ 공인회계사법에 따른 회계법인을 말하는데, 자산유동화업무감독규정 제12조 제2항은 이러한 외부평가기관의 자산실사 방법을 다음과 같이 매우 상세하게 규정하고 있다.

1. 양도 등의 대상자산 전체에 대하여 관련 증빙서류 등을 검토하여 그 실재여부를 직접 확인할 것. (단서 생략)
2. 양도 등의 대상자산 전체에 대하여 담보 또는 보증의 설정 등 채권 확보를 위한 조치의 존재여부를 확인할 것
3. 확인한 증빙서류 등에 대하여 실사 및 양도 등의 사실을 표시할 것

(3) ABS 관련업무 모범규준상 실사기준

금융투자회사의 기업실사 모범규준은 자산유동화증권을 그 적용범위에서 명확히 제외하고 있으므로, 공모로 발행되는 자산유동화증권에 대해 금융투자회사가 부담하는 자산실사의 범위와 기준은 ABS 관련업무 모범규준을 참조하

60 자산유동화업무감독규정 제12조 제3항은 자산실사보고서에 기재하여야 할 사항을 다음과 같이 규정하고 있다.

1. 자산실사의 개요
    가. 자산실사 참여자 및 실사기간
    나. 자산실사의 방법 및 기준
    다. 기타 자산실사와 관련하여 필요한 사항
2. 자산실사의 결과요약 및 종합의견
    가. 실사대상자산의 유형별 내용 및 특성
    나. 자산실사의 결과요약
    다. 종합의견
3. 증빙서류 등의 관리방법
4. 기타 양도등의 사실을 입증하기 위하여 필요한 조치를 한 경우 그 내용

여야 한다.[61] 동 모범규준 중 자산유동화 개시 단계에서 주관회사의 역할을 찾아보면 다음의 실사의무를 부담하는 것이 실무 관행으로 정착되었음을 추단할 수 있다.[62]: ① 자산유동화 구조의 설계를 요청받은 경우 자산보유자의 적격 여부 및 유동화 가능 자산 여부 등을 제반 관련법에 근거하여 검토한다. 주관회사가 특정 사업으로부터의 현금 흐름이 유동화증권의 1차적 상환재원이 될 때에는 투자자 보호를 위하여 사업성에 대한 평가를 한 후 사업계획의 타당성, 적법성 등에 대해 최대한 검증한다; ② 구조의 효율성 및 안정성을 고려하여 관련자들과 잘 협의한 후 구조를 구체적으로 설계한다. 특정 사업으로부터의 현금흐름이 실질유동화자산인 경우 사업진행이 가능한 정도의 토지 및 우선수익권 등이 확보된 후 유동화를 진행하며, 만기구조는 예상 현금흐름과 일치하도록 설계한다; ③ 투자자의 합리적인 투자판단을 가능하도록 하기 위해 충분한 자료를 제공하고 투자위험을 충분히 고지한다.

---

61 금융투자회사의 기업실사 모범규준이 자산유동화증권을 명시적으로 그 적용 범위에서 배제하고 있지만, 기업실사 모범규준의 제1장 총칙, 제2장 주관회사의 의무 및 금지행위, 제3장 Due Diligence에 대한 일반 원칙은 자산유동화증권을 공모 발행하는 주관회사에게도 동일하게 적용할 수 있을 것이다. 특히 동 규준의 총칙에 해당하는 제3조 제4항은 채무증권의 경우 해당 사채의 특성[보증 유무, 상환조건(만기, 옵션 유무), 특약 등]과 해당 사채권에 대한 신용평가등급(외부 및 내부) 등을 감안하여 합리적인 기준에 따라 이 규준을 완화할 수 있다고 규정한다. **이 사건에서 만일 금정제12차가 ABCP를 공모로 발행하였고 ABCP의 채무증권적인 속성만을 감안했다면 기업실사 모범규준 제3조 제4항이 적용되었을 것이다. 그 때에는 채무증권인 ABCP의 신용등급이 양호하였고 CERCG의 지급보증이 있었다는 측면에서 주관회사의 실사기준도 대폭 완화되었을 것이다. 그러한 가정적 논리를 확대한다면 이 사건과 같이 사모로 발행된 ABCP의 경우 실사기준은 더욱 완화되었을 것이다.**

62 참고로 미국에서는 자산유동화증권을 공모할 경우 유동화되는 자산의 유형과 주관회사의 자산유동화절차에 대한 관여 정도에 맞추어 주관회사의 실사의무 이행 여부를 다르게 판단한다고 한다. 예를 들어 주관회사가 추가 유입이 없는 고정 자산의 pool을 관리하는지 또는 유동화증권이 발행된 이후에도 유동화전문회사로 이전되는 자산을 추가로 유동화하는지에 따라 주관회사의 책임은 달라진다. 우리나라의 ABS 관련업무 모범규준과 마찬가지로 미국에서도 자산유동화에 참여하는 모든 관련자들로 하여금 신의성실의 원칙에 따른 점검을 요구한다(Charles J. Johnson, Jr. & Joseph McLaunhlin, *Corporate Finance and the Securities Laws 4th ed.*, Wolters Kluwer (2006), § 14.02[K]).: ① 자산유동화에 있어서 주관회사의 인수 절차에 대한 점검, 여기에는 신용상태에 대한 점검과 전문기관에 의한 평가 및 현금흐름 등이 포함된다; ② 자산보유자와 자산관리자의 자산관리절차, 여기에는 채권의 고지와 추심절차, 이행지체계좌의 확보 및 담보권 실행이 포함된다; ③ 소비자보호법과 같은 관련 법률을 준수하면서 기초 자산을 조성하였는지에 대한 제반의 서류 검토; ④ 자산보유자와 자산관리자가 정당한 인가를 받았는지 여부; ⑤ 담보물에 대한 담보권실행 절차의 점검. 그리고 주관회사가 외부의 전문기관(예: 신용평가기관이나 회계사)으로 하여금 전문영역에 대한 실사를 하도록 할 경우에는 그 전문기관으로부터 사전에 주관회사와 협의된 대로 실사절차를 철저히 하였다는 문서(an agreed-upon procedures letter)를 징구하도록 요구하고 있다

3. 이 사건 ABCP와 같이 비등록유동화증권을 사모로 발행하는 경우 실사의무

(1) 현행 법제상 비등록유동화증권의 사모 발행시 실사의무 부존재

자산유동화는 자산유동화에 관한 법률에 따른 자산유동화(소위 등록유동화)와 다른 법률에 따른 자산유동화(소위 비등록유동화)의 두가지 종류가 있다는 점을 앞에서 언급한바 있다. 우선 등록유동화에 대해서는 공모와 사모를 구분하지 않고 모두 due diligence 책임, 즉 실사의무가 부과된다. 공모의 경우 자본시장법시행령 제128조와 증권의 발행 및 공시에 관한 규정 제2-8조에 따라 자산실사 및 자산실사보고서를 제출할 의무가 있다. 자산유동화업무감독규정 제11조에 의하면 자산보유자나 유동화전문회사 등이 자산양도 등의 등록신청을 하는 시점에 실사의무를 부담하므로 등록유동화증권이라면 공모와 사모를 구분하지 않고 동등하게 외부평가기관의 due diligence 법리가 적용되는 것이다. 다음으로 비등록유동화에 대해서도 공모의 경우 증권의 발행 및 공시에 관한 규정 제2-8조의2에 따라 증권신고서에 자산실사보고서를 첨부하도록 되어 있다. 그런데 비등록유동화증권을 사모로 발행하는 경우 증권신고서 자체를 작성하지 않으므로 관련자의 due diligence에 대해 현행 법제는 완전히 침묵하고 있으며, 그에 대한 선례도 전무한 상태이다. 결국 현행 법제에 의하면 비등록유동화증권의 사모주선인(사모주관사)에 대해서는 아무런 실사의무가 존재하지 않는다.

(2) 외국의 입법례도 사모발행에 대해 실사의무를 부과하지 않음

미국의 SEC는 2011년 3월 자산유동화증권을 공모 발행하려고 하는 자로 하여금 유동화자산에 대한 실사를 의무적으로 하도록 하는 Rule 193을 제정하였고, 동시에 Regulation AB를 개정하여 자산실사의 방법과 결과에 대해 공시하도록 하였다.[63] 미국에서는 자산유동화증권을 사모 발행하는 경우에도 유동화

63 *Disclosure for Asset-Backed Securities Required by Section 943 of the Dodd-Frank Wall Street Reform and Consumer Protection Act*, Release Numbers 33-9175, 34-63741 (March 28, 2011), 17 CFR Parts 229, 232, 240, 249 (2011). 한민, "글로벌 금융위기 이후 자산유동화거래에 대한 법적 규제의 현안과 개선방향", 「상사법연구」 제32권 제4호 (2014), 21면에서 재인용.

자산에 대한 실사의무를 부과할 것인지에 대한 논의가 있었지만, 이는 추후 검토하는 것으로 미루어졌다고 한다.[64] 한편 글로벌 금융위기 이후 일본에서는 자산유동화와 관련하여 특별한 규제강화의 움직임은 보이지 않고, 그렇다 보니 사모발행시 유동화자산에 대한 실사의무를 도입할 것인지에 대한 구체적 논의도 없는 것으로 보인다.

이러한 상황에서 우리나라에서만 사모로 발행되는 비등록유동화증권에 대해 실사의무를 부과하면서 자격을 갖춘 외부평가기관에 의한 자산실사보고서를 전문투자자에게 교부하도록 강제하는 입법을 단행한다면, 자금을 조달받고자 하는 기초자산보유자와 모든 유동화거래 관여자들에게 지나치게 큰 부담으로 작용할 것이고 전문투자자들이 적극적으로 주도하는 비등록유동화 시장을 사장시킬 우려가 있다는 점을 유의하여야 한다.

4. 소결

자본시장법 제125조 제1항 단서는 인수인을 포함한 배상책임자가 상당한 주의를 하였음에도 불구하고 증권신고서와 투자설명서 중 중요사항에 관하여 거짓의 기재가 있거나 중요사항의 누락이 있음을 알 수 없었음을 증명한 경우에는 배상책임을 지지 않는다고 하여, 실사의무(due diligence)에 관한 단초를 제공한다. 자본시장법 시행령 제128조 제1항 및 증권의 발행 및 공시에 관한 규정 제2-8조는 유동화증권의 증권신고서에 '자산실사에 관한 사항'을 기재하고 첨부서류로서 '자산실사보고서'를 첨부하도록 하고 있다. 자산유동화업무감독규정 제12조 제2항은 신용평가사나 회계사 등 외부평가기관의 실사 대상으로서, ① 양도되는 대상 자산 전체의 실재 여부와 ② 양도대상자산 전체에 대한 담보나 보증의 존재 여부를 확인할 것을 요구한다. ABS 관련업무 모범규준은 공모주관사의 자산유동화 개시단계에서의 실사의무를 정하고 있는데, 자산보유자의 적격 여부와 유동화 가능자산 여부 등을 검토하고 투자자의 합리적인 투자판단이 가능하도록 충분한 자료를 제공하고 투자위험을 충분히 고지하도록 하

64 *Issuer Review of Assets in Offerings of Asset-Backed Securities*, Release Numbers 33-9176, 34-63742 (March 28, 2011), 17 CFR Parts 229, 230 (2011), at 6-7.

고 있다.

이러한 전체 법제는 공모주관사에 대한 due diligence를 부과한 것이지만, 공모주관사가 모든 실사책임을 전적으로 부담한다고 단정해서는 안 된다. 서울고등법원 2013. 10. 16. 선고 2012나80103 판결은 "인수인이 발행회사로부터 제공받은 정보에 대한 적절한 검증을 실시함에 있어 전문가 의견이나 분석이 반영된 정보에 대해서는 그 내용이 진실하지 않다고 의심할 만한 합리적인 근거가 없다면 … 인수인으로서는 적절한 검증을 하였다."라고 판시하였는데, 이 판결은 공모주관사인 비전문가가 다른 전문가(신용평가가사 회계사)가 작성한 자료를 검토하는 경우 실사의무의 이행 여부를 가늠하는 중요한 판결이라고 할 수 있다.

그런데 지금까지의 설명은 자산유동화증권(소위 등록유동화증권)이나 다른 법률에 따라 발행되는 유동화증권(소위 비등록유동화증권)을 공모하는 경우 due diligence에 관한 법령 및 판례에 관한 것이라고 할 수 있다. 그런데 이 사건의 ABCP 발행과 같이 비등록유동화증권을 전문투자자에게 사모로 발행한 경우 사모주선인(사모주관사)의 due diligence에 대해 현행 법제는 완전히 침묵하고 있으며 그에 대한 선례도 전무한 상태이다. 이 부분에 대해 아무런 규제가 존재하지 않는 것은 외국의 입법례도 마찬가지이다. 결국 현재 시점에서 비등록유동화증권의 사모주선인(사모주관사)에 대해서는 아무런 실사의무가 존재하지 않는다고 단언하여도 무방하다. 따라서 다음에서 후술하는바와 같이 사모주선인의 선관의무에 대한 검토를 추가적으로 하여야 할 당위성이 생기는 것이다.

Ⅳ. 비등록유동화증권 발행시 사모주선인의 선관의무

1. 총설

비등록유동화증권인 ABCP의 사모 발행에 관여한 사모주선인은 기초자산에 대한 실사의무를 부담하지 않는데, 그렇다면 사모주선인은 전문투자자들에 대해 어떤 의무도 부담하지 않는가? 반드시 그렇지는 않다. 왜냐하면 사모주선인은 동종·유사 업무에 종사하는 동일하거나 유사한 지위에 있는 금융회사가 기울이는 주의의무, 즉 선관의무를 부담하는 것으로 보아야 하기 때문이다. 그렇다면 사모주선인과 유사한 지위에 있는 자를 누구로 보아야 할 것인가? 저자는 소수의 전문투자자들이 참여하므로 ABCP와 신디케이티드 대출이 유사하다는 점과 ABCP의 발행이 사실상 역방향의 신디케이티드 대출과 유사하다는 점에 착안하여, ABCP 거래에서 사모주선인(arranger)의 선관의무를 신디케이티드 대출에서 간사은행(arranging bank)의 선관의무로부터 도출할 수 있다는 생각에 이르게 되었다. 그리고 CP가 공모·사모를 불문하고 자본시장법시행령 제183조에 의하여 둘 이상의 신용평가사로부터 신용평가를 받도록 되어 있으므로, 사모주선인은 그러한 신용평가를 받은 후 관련 정보들을 전문투자자들에게 제대로 제공하여야 할 주의의무도 있다고 판단한다.

2. ABCP 사모주선인의 선관의무: 신디케이티드 대출에서의 간사은행의 선관의무를 참조하여

(1) 구조 및 비교

대규모의 프로젝트에 소요되는 거액의 신용공여를 위하여, 신디케이티드 대출 방식과 사모에 의한 ABCP 발행 방식이 이용될 수 있는데, 그 구조는 다음의 그림(266쪽)과 같다.

신디케이티드 대출은 대주단의 구성원인 대주가 대출확약서(commitment letter)를 제출하면서 자신이 인수하기로 한 일정 금액(대출분담금)을 대리은행을 통하여 차주인 채무자에게 지급하는 것이다. 사모에 의한 ABCP의 발행은 유동화자산을 보유한 자산보유자(실질적인 채무자)가 유동화전문회사인 SPC에게 동 자산을 양도하고, SPC(형식적인 채무자)는 동 자산의 현금흐름에 기초하여 CP를 발행하는 것이다. 보통 이러한 ABCP의 발행에 있어서는 전문투자자들이 사전에 일정 금액의 CP를 매수하기로 약정한다. 사모에 의한 ABCP 발행은 사실상 '역방향의 신디케이티드 대출'이라고 볼 수도 있다. 양자를 비교하면 다음과 같은 공통점이 도출된다. ① 첫째, ABCP는 채권이 발행되는데 반하

신디케이티드 대출의 기본구조

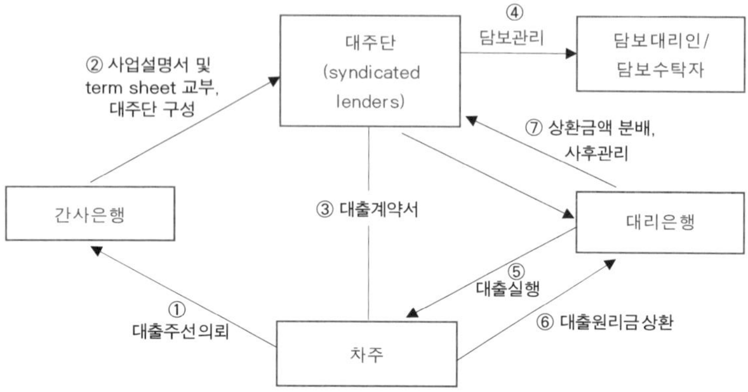

유동화전문회사를 이용한 ABCP 발행의 구조

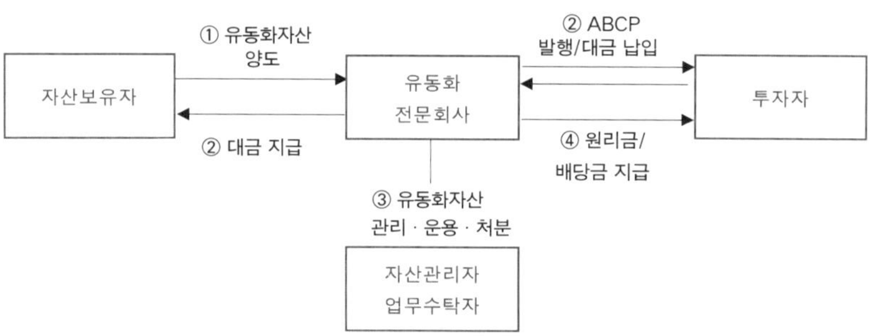

여 신디케이티드 대출은 금전이 이전되는 차이가 있지만, 결국 자금을 필요로 하는 실질적인 차주에게 필요한 자금이 공여된다는 점에서 차이가 없다. ② 둘째, ABCP의 경우 사전에 미리 ABCP 발행조건 및 이자 등을 결정하고 향후 발행될 ABCP 물량을 '사모로 인수할 전문투자자에게 배정하는 작업을 수행하는 사모주선인(사모주관사)'의 역할이 매우 중요하다. 마찬가지로 신디케이티드 대출에서도 차주와 대출조건을 정하여 이를 term sheet와 사업설명서를 교부하면서 대주단을 구성할 간사은행의 역할이 매우 중요하다. ③ 셋째, ABCP는 유동화전문회사의 명의로 발행하지만 유동화전문회사가 SPC이므로 ABCP와 관련한 제반의 업무를 자산관리인이나 업무수탁자에게 위임하게 된다. 마찬가지로 신디케이티드 대출에 있어서도 대출실행 및 대출원리금의 상환과 상환금액

분배 등 대출 사후관리업무를 대리은행이 수행하게 된다. ④ 넷째, ABCP의 경우 사모주선인이 자산관리인이나 업무수탁자의 지위를 겸하기도 하며, 신디케이티드 대출의 경우 간사은행이 대리은행의 지위를 겸하기도 한다는 점에서, 양자는 매우 유사한 구조를 갖고 있다.

ABCP와 신디케이티드 대출의 비교

구분	ABCP	신디케이티드 대출
채권자	전문투자자	자금 여력 있는 대출 전문 금융기관
형식	사모, 동일한 조건의 채권발행	소수의 대주단 구성, 다수의 대주들이 공통된 내용의 대출계약을 함
만기	단기	중장기
채권단 구성의 책임 및 제반사무	• 사모주선인(arranger) • 금융투자회사인 arranger가 ABCP의 구조를 설계하면서 사모투자자들의 사모투자물량을 미리 확정	• 간사은행(arranging bank) • 상업은행인 간사은행이 대주단 구성
SPC 설립	Yes. 자금을 실질적으로 공여받는 자산보유자의 파산으로부터 절연	No. 채무자 파산시 대주단은 신용위험에 직접적으로 노출됨.
대출실행(채권발행) 및 채권의 관리	SPC와 자산관리자 및 업무수탁자	대리은행(agent bank)
상환가능성에 대한 평가	두 개 이상의 외부 신용평가기관	대출 금융기관 내부의 신용평가
양도	ABCP 증권 자체의 양도	채권양도

(2) 신디케이티드 대출에서 간사은행의 역할 및 의무

신디케이티드 대출에서 간사은행의 역할과 의무는 ABCP 발행에서의 사모주선인의 역할과 의무를 도출하는 데 매우 중요한 시사점을 제공한다. 왜냐하면 간사은행과 사모주선인의 역할과 의무는 매우 유사하기 때문이다.

1) 역할

차주는 대출주선을 담당할 간사은행과 협의하여 향후 대주단으로 참가하게 될 대출참가자들이 수락할 만한 내용으로 주요 대출조건(대출금액, 이자, 만기, 담보 등)을 정한 후 그 내용을 포함시켜 조건제안서(term sheet)를 작성한다. 차주가 조건제안서에 따라 대주단의 구성 및 대출계약 체결의 주선을 의뢰하는 기채의뢰서(mandate)를 간사은행에게 교부함으로써, 간사은행의 역할이 개시된다. 차주는 자신의 명의로 주요 대출조건과 차주의 영업 및 재무에 관한 정보를 기재한 사업설명서(information memorandum)도 작성한다. 그 후 간사은행은 조건제안서와 사업설명서를 잠재적인 대출참여자들에게 배포하면서 대출참여를 권유한다. 대출참여 희망자들이 간사은행에게 대출희망금액과 대출참여 의향을 표시하고 간사은행이 이를 수락함으로써 대주단이 구성된다. 간사은행이 주도적으로 대출에 참여할 경우에는 주관은행의 지위도 갖게 되지만, 단지 대주단 구성을 위해 진력하고 직접 대출에 참여하지 않을 경우에는 여전히 간사은행의 지위만을 갖는 것이다.[65]

대출계약의 협상은 대주단 구성원들의 의견을 수렴하여 간사은행이 차주와 협상을 하는 경우와 간사은행뿐만 아니라 대주들이 직접 차주와 협상에 참여하는 경우가 있는데, 보통 전자의 방식을 취한다고 한다. 대출계약이 체결됨과 동시에 간사은행의 역할은 종료되고, 이후 대주들로부터 대출관리 사무를 위임받아 대출계약 체결과 실행, 사후 관리, 대출원리금 회수 등의 업무를 수행하는 대리은행의 역할이 중요해진다.[66] 그런데 대리은행과 관련하여 특히 주목할 만한 것으로서, 대주들이 전문적인 금융기관이므로 대리은행은 대주들과의 관계에서 기한이익상실 사유의 발생 여부나 그 밖에 대출계약 및 부속약정서상 차주의 의무 이행 여부에 관하여 조사할 의무를 부담하지 않는다고 한다.[67]

2) 간사은행의 차주에 대한 의무

간사은행의 가장 중요한 역할은 대출주선이다. 간사은행은 대출주선에 최선의 노력을 다하여야 하는데, "차주의 영업 및 재산에 중대한 부정적 변경이 없을 것"과 "대출계약이 체결될 것"을 간사은행의 의무의 이행조건으로 정하는 것이

65 간사은행이 일정액의 대출을 약속하는 방식을 인수방식(underwriting basis)이라 하고, 간사은행이 대주단의 구성을 위하여 최선의 노력을 기울이되, 자신은 대출을 약속하지 않는 방식을 주선방식(best efforts basis)이라고 한다. 박준·한민, 「금융거래와 법」, 박영사(2018), 140면.

66 상게서, 134, 155-156면. 대리은행은 보통 다음의 업무를 수행한다: ① 대출실행에 필요한 선행조건의 충족여부 확인, ② 각 참여은행의 대출 실행시 차주와의 사이에서 창구역할의 수행, ③ 차주의 대출금 원리금 상환시 각 참여은행에 대한 분배, ④ 차주로부터 받은 통지나 자료의 전달, ⑤ 대주들의 의사 결집 및 그 결정사항의 이행 등.

67 상게서, 161면.

보통이다. 여기서 '최선의 노력'과 관련하여, 간사은행은 상법 제93조의 중개인으로서 선관주의를 다하여 대출주선 사무를 의뢰할 의무를 부담하는 것이므로, 최선 노력 의무가 언급되었더라도 이는 주의적 또는 확인적 규정으로 보아야 하고 이로 인하여 중개인이 부담하는 법적 의무가 강화되거나 감경되지 않는다는 것이 통설이다.[68] 간사은행의 구체적 의무는 개별 사안에서 위임의 본지에 따라 정해질 것이다.[69]

3) 간사은행의 대주에 대한 의무

간사은행과 대주단 참여은행 간에는 계약관계가 없으므로 간사은행이 대주단 참여은행에게 법적 책임을 지는 경우는 불법행위책임을 질 때이다. 영미법에서도 양자간에 계약관계에 있지 않고, 참여은행들이 전문지식과 대등한 정보를 보유하고 상호 공정한 조건으로 거래를 하는 것이므로 신인관계(fiduciary relationship)에 있지도 않다는 견해가 유력하다고 한다.[70] 대주단 참여은행은 대출을 전문적으로 취급하는 전문가로서 대출계약의 직접적인 당사자가 된다. 간사은행과 참여은행 간에 대출계약 협상에 관하여 위임관계는 없으므로 참여은행은 계약 체결 전 대출계약 조건을 스스로 검토하여야 하며 간사은행이 참여은행의 이익을 위하여 대출조건을 협상할 의무는 없다.[71]

간사은행의 책임이 문제되는 경우는 간사은행이 참여은행들에게 제공한 정보가 부정확함으로 인하여 참여은행들이 손해를 입은 경우이다. 그런데 대주단

68 상게서, 142면.

69 간사은행은 차주와의 기채의뢰약정에 따라 대주단 구성 및 대출계약 체결의 주선이라는 위임사무를 처리하게 되고, 대출계약이 체결되어야만 주선수수료를 받는 것이 통상이라고 한다. 그렇다 보니 간사은행은 대출계약의 체결에 진력한다고 한다.

70 박준·한민, 전게서, 146면에서는 Charles Proctor, *The Law and Practice of International Banking*, Oxford University Press (2010), at 392와 Agasha Mugasha, *The Law of Multi-Bank Financing – Syndicated Loans and Secondary Market*, Oxford University Press (2007), at 160-161을 인용하고 있다.

71 한편 대주단 참여은행들에게 제공하는 사업설명서에는 종종 간사은행의 책임제한조항(disclaimer)이 포함되기도 하는데, 다음과 같은 내용이 기재된다고 한다: ① 사업설명서는 차주의 명의와 책임으로 작성됨, ② 간사은행은 제공되는 정보의 정확성을 확인하지 않았고 정보의 정확성을 명시적, 묵시적으로 보장하지 않음, ③ 간사은행은 사업설명서에 기재된 정보의 정확성에 관하여 조사할 의무가 없고 향후 정확한 정보를 업데이트할 의무도 없으며, 참여은행들이 차주에 관한 정보를 독자적으로 조사하여 판단하여야 함, ④ 간사은행은 사업설명서의 기재 내용에 대해 아무런 책임을 지지 않음. (박준·한민, 전게서, 147면)

참여은행들은 대출을 전문적으로 취급하는 금융기관으로서 스스로 차주에 관한 정보를 조사하고 판단할 책임이 있으며 간사은행이 제공한 정보에 만연히 의존해서는 안되는 것이 원칙이다. 따라서 단지 사업설명서에 기재된 정보가 사실과 다르다는 점만으로 간사은행의 불법행위책임을 묻기는 어려울 것이다. 간사은행이 사업설명서에 기재된 정보의 내용이 허위임을 알았거나 또는 중요한 사실이 누락되어 사업설명서에 기재된 정보가 오인을 일으키는 정보임을 알았음에도 이를 방치하고 참여은행들에게 밝히지 않은 경우, 간사은행은 이로 인하여 참여은행이 입은 손해에 대하여 불법행위로 인한 손해배상책임을 지게 될 것이다. 간사은행의 중과실이 있는 경우에도 마찬가지이다.

4) 관련 판례

대법원 2012. 2. 23. 선고 2010다83700 판결은 "복수의 참여은행이 신디케이트를 구성하여 채무자에게 자금을 융자하는 신디케이티드 론(syndicated loan) 거래에서, 참여은행으로부터 신디케이티드 론과 관련된 행정 및 관리사무의 처리를 위탁받아 참여은행을 대리하게 되는 대리은행(agent bank)은 위탁받은 사무에 관하여 참여은행과 위임관계에 있다. 이 경우 구체적인 위임사무의 범위는 신디케이티드 론 계약의 대리조항(agency clause)에 의하여 정해지지만, 참여은행과 대리은행은 모두 상호 대등한 지위에서 계약조건의 교섭을 할 수 있는 전문적 지식을 가진 거래주체라는 점에서 원칙적으로 대리은행은 대리조항에 의하여 명시적으로 위임된 사무의 범위 내에서 위임 본지에 따라 선량한 관리자의 주의로써 위임사무를 처리하여야 하고, 명시적으로 위임받은 사무 이외의 사항에 대하여는 이를 처리하여야 할 의무를 부담한다고 할 수 없다."라고 판시하였다.

위 법리는 ABCP 거래에 참여하는 모든 관련자들에게도 적용될 수 있다. 왜냐하면 여기에서의 관련 당사자들은 모두 상호 대등한 지위에서 계약 조건의 교섭을 할 수 있는 전문적 지식을 가진 거래주체일 뿐만 아니라 ABCP의 기초자산보유자와 유동화전문회사의 영업 및 재무에 관한 정보에 있어서 대등한 접근가능성을 갖고 외부 신용평가회사의 평가서를 면밀하게 분석할 수 있는 전문적인 지식을 갖춘 거래주체에 해당하기 때문이다. 따라서 예를 들어 ABCP 거래에서의 자산관리인은 사모인수인들로부터 위임받은 사무의 범위 내에서 위임의 본지에 따라 선관주의로 위임사무를 처리하여야 하고, 명시적으로 위임받은 사무 이외의 사항에 대해서는 이를 처리하여야 할 의무는 없다고 할 것이다.

(3) 소결 — ABCP 사모주선인의 선관의무

ABCP 발행 실무에 의하면, 사모주선인은 ABCP를 취득하기로 예정된 전문투자자의 의견을 수렴하여 ABCP의 형식적인 채무자인 유동화전문회사(또는 실질적인 채무자인 자산보유자)와 채권의 발행조건 등을 협상한다. 사모주선인의 가장 중요한 역할은 궁극적으로 사모취득하게 되는 전문투자자들을 상대로 ABCP 매매 주선에 최선의 노력(best effort)을 다하는 것이다. 이러한 실무를 보면 형식적으로 사모주선인(사모주관사)이 ABCP 물량을 전액 인수하는 모양새를 띠더라도, 실질적으로 사모주선인은 상법 제93조의 중개인에 불과하다는 결론에 이르게 된다. 이렇게 ABCP 사모를 주선한 사모주선인은 중개인으로서의 선관의무를 부담하는데, 그 구체적인 의무의 내용은 개별 사안에서 위임의 본지에 따라 달라질 것이다. 대법원 2012. 2. 23. 선고 2010다83700 판결에서 밝힌바와 같이 사모인수인과 사모주선인은 모두 상호 대등한 지위에서 ABCP에 대한 제반의 정보를 기초로 인수(또는 취득)의 조건을 교섭할 수 있는 전문적 지식을 가진 거래주체라는 점에서, 원칙적으로 사모주선인이 매도인 또는 중개인에게 인정되는 범위를 벗어나서 사무를 처리하여야 할 의무는 없다.

사모로 ABCP를 인수 혹은 매수하는 전문투자자들은 나름대로 전문지식과 대등한 정보를 보유하고 상호 공정한 조건으로 인수 혹은 매매 거래에 참여하는 것이므로 사모주선인과 신인관계(fiduciary relationship)에 있지도 않다. 그 때문에 사모주선인은 사모투자자들에게 고객보호의무를 포함한 신인의무를 부담하지도 않는 것이다. 사모투자자들은 전문적으로 채권투자에 뛰어드는 전문가로서 사모주선인과 사이에 형식적으로 직접적인 거래 당사자의 지위(ABCP 매수인과 매도인)에 서거나, ABCP를 발행한 유동화전문회사에 대해 중개인인 사모주선인을 매개체로 하여 간접적인 거래 당사자의 지위에 서게 된다.

사모주선인과 전문투자자 간에 ABCP의 발행 협상에 있어서 위임관계는 없고 ABCP 매매 당사자 또는 중개 당사자의 관계에 있으므로, 사모투자자인 전문투자자들은 ABCP를 매수할 당시 본질적인 신용위험에 대해 스스로 면밀히 검토한 후 위험을 인수하여야 하며, 사모주선인이 매도인 또는 중개인으로서 인정되는 범위를 벗어나면서까지 업무를 처리할 의무는 없는 것이다.

사모투자자는 전문적으로 증권을 매수하는 전문투자자로서 스스로 증권발행인의 신용등급과 지급보증인에 대한 신용평가서 등을 면밀히 검토할 책임이 있으며, 사모주선인이 ABCP 매도인 또는 중개인으로서 제공한 정보의 긍정적인 측면에만 만연히 의존해서는 안된다. 물론 사모주선인이 ABCP 발행인의 신용등급이나 지급보증인의 신용등급 및 그 근거가 되는 신용평가서 등에 기재된 정보의 내용이 허위이거나 중요한 내용이 누락되어 있음을 알았거나 알 수 있었음에도 불구하고 ABCP를 사모인수 혹은 매수한 전문투자자에게 이를 알리지 않은 경우, 사모주선인은 이로 인하여 전문투자자들이 입은 손해에 대하여 불법행위(misrepresentation)로 인한 손해배상책임을 지게 될 것이다.[72]

72 대법원 2015. 2. 26. 선고 2014다17220 판결은 "구 간접투자자산 운용업법(2007. 8. 3. 법률 제8635호 자본시장과 금융투자업에 관한 법률 부칙 제2조로 폐지)에 의한 판매회사는 투자자에게 투자신탁의 수익구조와 위험요인에 관한 올바른 정보를 제공함으로써 투자자가 그 정보를 바탕으로 합리적인 투자판단을 할 수 있도록 투자자를 보호하여야 할 주의의무를 부담한다. 그리고 이러한 투자권유단계에서 판매회사의 투자자 보호의무는 투자자가 일반투자자가 아닌 전문투자자라는 이유만으로 배제된다고 볼 수는 없고, 다만 투자신탁재산의 특성과 위험도 수준, 투자자의 투자 경험이나 전문성 등을 고려하여 투자자 보호의무의 범위와 정도를 달리 정할 수 있다 … 투자신탁의 수익증권을 판매하는 판매회사가 고객에게 수익증권의 매수를 권유할 때에는 투자에 따르는 위험을 포함하여 당해 수익증권의 특성과 주요내용을 명확히 설명함으로써 고객이 그 정보를 바탕으로 합리적인 투자판단을 할 수 있도록 고객을 보호하여야 할 주의의무가 있고 이러한 주의의무를 위반한 결과 고객에게 손해가 발생한 때에는 불법행위로 인한 손해배상책임이 성립하나, 수익증권 투자자가 내용을 충분히 잘 알고 있는 사항이거나 수익증권의 판매를 전문적으로 하는 **판매회사로서도 투자권유 당시 합리적으로 예측할 수 있는 투자 위험이 아닌 경우에는 그러한 사항에 대하여서까지 판매회사에게 설명의무가 인정된다고 할 수는 없다**"고 **판시하였다. 위 판결에서 말하는 설명의무는 구 간접투자자산운용업법 제19조와 제61조를 근거로 한 것인데, 동 조항은 일반투자자와 전문투자자를 구분하지 않았었다는 점을 유념하여야 한다.** 즉 구 간접투자자산운용업법은 현행 자본시장법 제47조의 일반투자자를 상대로 한 설명의무(고객보호의무의 일환)와 전혀 다른 내용 및 구조(민법 제750조에 대한 특별법으로서의 불법행위책임)로 되어 있었는데, 구체적인 내용은 다음과 같다.

구 간접투자자산운용업법 제19조(자산운용회사 등의 책임) ① 자산운용회사가 법령, 투자신탁의 약관(이하 "신탁약관"이라 한다) 또는 투자회사의 정관 및 제56조의 규정에 의한 투자설명서(이하 "투자설명서"라 한다)에 위배되는 행위를 하거나 그 업무를 소홀히 하여 간접투자자에게 손해를 발생시킨 때에는 그 손해를 배상할 책임이 있다. 제61조(판매회사의 책임) 제19조의 규정은 판매회사의 책임에 관하여 이를 준용한다.

3. 정확한 ABCP 신용등급과 신용평가의 제공의무

(1) CP의 신용등급

ABCP도 자산유동화가 결합된 CP이므로, ABCP 발행에 있어서 CP의 신용등급은 매우 중요하다. CP 신용등급제도는 기업어음 시장을 우량기업의 단기자금 조달시장으로 발전시키고 객관적인 전문평가기관이 기업의 신용도를 평가하여 그 결과를 공시함으로써 투자자를 보호하며 금융기관의 자금중개 및 운용의 건전성을 확보하기 위해 도입되었다.

자본시장법시행령 제183조 제1항에 의하면 투자매매업자 또는 투자중개업자는 기업어음증권을 매매하거나 중개·주선 또는 대리하는 경우, ① 둘 이상의 신용평가회사로부터 신용평가를 받은 기업어음증권일 것, ② 기업어음증권에 대하여 직접 또는 간접의 지급보증을 하지 아니할 것이라는 기준을 충족하여야 한다. 통상적으로 기업어음의 신용등급은 결산재무제표기준일로부터 1년 6월까지만 유효하고, 기업어음의 신용등급은 금융기관에 통보되어 영업장에 비치된다.

본서의 뒷부분에서 다시 언급하겠지만 CP를 취급하는 금융기관은 CP를 매출할 경우 일반적으로 '무담보배서' 문구를 기재한다. 이와 관련하여 판례는 "단자회사(단기금융회사)가 할인매수한 어음을 다시 일반 제3자에게 어음할인의 방식으로 매출한 것은 그 성질이 어음의 매매라고 볼 것이므로 그 매매의 이행으로 어음을 배서양도함에 있어 배서란에 '지급을 책임지지 않음'이라는 문언을 기재한 것은 특단의 사정이 없는 한 어음상 배서인으로서의 담보책임뿐만 아니라 매매계약상의 채무불이행 책임이나 하자담보책임까지 배제하기로 한 취지"라고 판시하였다(대법원 1984. 11. 15. 선고 84다카1227 판결). 문제는 이렇게 금융기관이 무담보배서를 하게 되면 어음상의 책임뿐만 아니라 일반 민법상의 책임도 면하게 되므로 일반투자자로서는 자금회수 여부를 판단함에 있어서 오직 CP 발행주체의 신용도에 전적으로 의존할 수밖에 없다는 점이다. 따라서 신용등급은 CP의 안전성과 수익성을 나타내는 유일한 지표라고 하여도 과언이 아니다.

(2) 관련 판례: 대법원 2015. 4. 23. 선고 2013다17674 판결

이 판례는 CP의 신용등급과 관련한 금융투자업자의 설명의무에 대해, "금융투자업자가 투자자에게 기업어음의 신용등급과 아울러 신용평가 내용을 고지하고 해당 신용등급의 의미와 그것이 전체 신용등급에서 차지하는 위치에 대하여 투자자가 이해할 수 있도록 설명하였다면, 특별한 사정이 없는 한 이는 재무상황이나 자산건전성 등을 포함하여 발행기업의 긍정적인 요인과 부정적인 요인을 종합적으로 평가한 결과로서의 발행기업의 신용위험이 어느 정도인지를 설명하였다고 할 수 있다."라고 판시하였다.

동 사건에서는 투자자에게 CP의 신용등급을 제대로 고지하였을 뿐만 아니라 외부신용평가기관에 의한 전문 신용평가서까지 첨부하였고 그 중 중요 내용에 대해서도 설명이 있었다. 그와 관련하여 이 판례는 "이 사건에서 피고의 직원 Y가 신용등급의 의미와 체계를 이미 알고 있던 X에게 이 사건 기업어음의 신용등급이 'A3-'임을 고지하였을 뿐만 아니라 발행기업인 엘아이지건설의 부도위험 및 그로 인한 원본 손실 가능성에 대하여 설명하였고, 나아가 엘아이지건설의 긍정적인 요인과 부정적인 요인이 모두 기재되어 있는 각 신용평가서까지 교부하였으므로, 이로써 이 사건 각 신탁계약의 체결에 따르는 위험과 관련하여 기업어음 발행기업의 신용위험이 존재하고 그로 인한 원금 손실의 가능성이 있다는 사실을 설명한 것으로 볼 수 있다. 한편 투자설명자료에 긍정적인 요인으로 기재되어 있는 엘아이지그룹의 지원가능성은 각 신용평가서의 내용에 기초한 것으로서 그 자체로 단정적 판단이 아닌 불확실한 가능성에 지나지 아니하므로, 앞서 본 X의 투자경험 및 능력을 고려할 때 그것이 X로 하여금 투자에 따르는 위험에 대한 올바른 인식형성을 방해할 정도의 균형성을 상실한 정보라고 보기도 어렵다. 따라서 이러한 사정들에 비추어 보면, 비록 Y가 각 신용평가서를 바탕으로 그 신용등급 평가의 근거가 된 엘아이지건설의 재무상황이나 자산건전성 등에 대하여 일일이 구체적으로 설명하지 아니하였다거나 투자설명자료에 엘아이지건설의 긍정적인 요인이 강조되어 있고 Y가 이를 토대로 설명한바 있다 하더라도, 그러한 사정만으로 피고가 이 사건 각 신탁계약의 체결에 따르는 위험에 대하여 합리적인 투자판단을 그르치게 할 정도로 균형성을 상실한 설명을 하였다고 단정하기에는 부족하다."라고 판시하였다.

(3) 금융투자회사의 표준내부통제기준에서 제시하는 최소 실사기간

금융투자회사의 표준내부통제기준 제95조는 금융투자회사와 임직원은 대표주관회사 업무 수행시 업무의 공정성을 기하고 이해상충을 방지할 수 있도록, 관련법규, 내규, 윤리강령, 주관계약 및 금융감독원의 기업실사 모범규준 등을 충실히 이행하여야 한다고 규정한다. 그리고 제96조는 금융투자회사가 대표주관회사 업무 수행시 내실있는 기업실사를 위해 증권신고서 제출 전까지 기업실사를 수행하여야 할 최소 기간을 정하고 있는데, 제2호에서 신용등급이 투자적격등급 이상인 무보증사채 발행의 경우에는 최소 기업실사기간을 단지 3영업일로 정하고 있다. 물론 3영업일이 최소 기간에 불과하므로 훨씬 더 장시간을 투자하여야 한다는 주장이 있을 수 있지만, 오히려 외부의 전문신용평가기관이 신용등급을 부여한 경우 그 전문가의 의견을 존중하고 신용평가서에 기재된 내용에 대해 점검한 후 합리적으로 그 내용을 신뢰하면 족하다고 해석하는 것이 일반적인 업계의 관행에 부합하는 해석일 것이다.

(4) 소결

이 사건에서 금정제12차가 ABCP를 발행하면서 복수의 신용평가사들로부터 받은 신용등급은 A2(sf)였고 지급보증을 한 CERCG의 신용등급은 A0였다. A증권사는 전문가인 신용평가기관들이 부여한 신용등급을 신뢰하였고 그 신뢰에 특별히 문제가 있었다고 보이지는 않으므로 적절한 검증을 한 셈이 된다(서울고등법원 2013. 10. 16., 선고 2012나80103 판결 참조). 전문투자자들도 해당 신용등급의 의미와 그것이 전체 신용등급에서 차지하는 위치에 대하여 잘 알고 있는 상태에서 투자를 결정하였을 것으로 보인다.

한 신용평가사는 약 1달간의 기간 동안 CERCG가 제출한 여러 자료들과 중국내 회계법인이 작성한 감사보고서 등 외부기관들의 작성자료들을 근간으로 하여 기업신용평가를 실시하였는데, 이 과정에서 CERCG 및 그 대주주 경영진과의 면담, 다수의 서면 인터뷰 등을 진행한 것으로 보인다.[73] 그 결과물인 CERCG에 대한 기업신용평가서 제2-3면에서는 "공사의 핵심부문인 에너지 유통사업의 경우 우수한 사업안정성 및 적극적인 투자를 바탕으로 점진적인 실적 개선추이를 보이고 있다", "Sacha 유전 투자를 통해 연간 85백만USD-110백만USD 수준의 수익창출이 가능할 것으로 기대한다"와 같이 긍정적인 요인과 함께, "대규모 투자에 따른 현금흐름상 부족자금이 지속될 전망이다", "중단기적으로 차입금이 확대될 전망"과 같이 부정적인 요인도 상세하게 기재되어 있다. 이와 같이 CERCG에 대한 기업신용평가서는 ABCP 인수에 따르는 위험과 관련하여 지급보증인의 신용위험이 존재하고 그때에는 원금 손실의 가능성도 있다는 점을 충분히 설명한 것으로 볼 수 있다. 더욱이 Sacha 유전투자와 같은 긍정적인 요인의 기재 내용을 면밀히 보더라도 "자원개발 사업의 특성상 향후 유가의 변동, 실질 매장량, 환경 이슈, 정부 정책 등에 따라 유전 부문의 실적이 다소 큰 폭으로 변동될 가능성은 내재되어 있다"는 주의 문구가 삽입되어 있다. 이러한 기재 사항들을 종합적으로 검토할 때, CERCG에 대한 기업신용평가서는 전문투자자의 투자에 따르는 위험에 대한 올바른 인식형성을 방해할 정도로 또는 합리적인 투자판단을 그르치게 할 정도로 균형성을 상실한 설명을 하였다고 볼 수는 없을 것이다.

따라서 A증권사는 전문투자자들에게 ABCP 및 지급보증인인 CERCG의 신용등급을 고지함과 동시에, CERCG에 대한 긍정적인 요인과 부정적인 요인을 기재한 신용평가서를 제공함으로써, 이 사건 ABCP의 투자에 따른 신용위험을 충분히 설명한 것으로 볼 수 있다. 사모주선인에 불과한 A증권사가 전문가인 신용평가사가 수행하였던 조사 내지 실사의 범위와 정도를 벗어나서 독자적으로 ABCP의 기초자산에 대해 실사를 하여야 할 의무가 있다고 볼 수는 없다. 더욱이 전문투자자들도 이 사건 ABCP 및 ABCP의 원리금 상환에 악영향을 주는 CERCG의 신용위험을 정확히 인지한 상태에서 ABCP에 투자한 것으로 보인다. 결론적으로 A증권사는 이 사건 ABCP의 정확한 신용등급과 관련 신용평가를

73 NICE신용평가, "금정제십이차 ABCP 및 CERCG 신용평가 관련 일부 언론보도에 대한 NICE신용평가의 입장", 2018. 5. 31, 2면.

전문투자자에게 적절히 제공하였으므로, 사모의 경우 동종·유사업계의 동종·유사지위에 있는 자에게 요구되는 선관의무(정보제공의무)를 이행한 것으로 판단된다. 끝으로 'ABCP를 사모로 발행할 때 선관의무의 일환으로 전문투자자에게 요구되는 정보제공의무(편의상 설명의무라고 지칭)'가 '증권을 공모로 발행할 때 고객보호의무의 일환으로 일반투자자에게 요구되는 자본시장법상의 설명의무'와는 전혀 다르다는 사실[74]을 유념하여야 한다.

V. 맺는 말

CERCG ABCP 사건을 계기로 자산유동화거래시 공모인수인·공모주선인에 한하여 대표주관회사로서 실사의무를 지게 된다는 점이 명확해졌다. 그에 비하여 사모주선인은 주관회사의 개념에 아예 포함되지 않을 뿐만 아니라 비등록유동화증권의 발행시 실사의무를 전혀 부담하지 않는다는 사실도 알게 되었다. 그런데 이러한 규제 공백 상태가 우리나라 법제에만 고유한 현상이 아니라는 점을 유념하여야 한다. 즉 미국이나 일본과 같은 금융선진국에서도 사모로 자산유동화증권을 발행할 때에는 사모주선인에게 due diligence 책임을 전혀 부과하지 않는 것이다. 이는 동 거래에 참여하는 투자자들 대부분이 사모주선인과 동일한 수준 또는 그보다 훨씬 높은 수준의 전문성을 구비하면서 대등하거나 보다 우월한 정보를 기반으로 현명한 투자 판단을 내리고 스스로 위험으로부터 보호할 수 있는 전문투자자들이기 때문이다.

물론 사모주선인도 동종·유사의 업무에 종사하는 동일하거나 유사한 지위에 있는 금융회사가 기울이는 주의의무, 즉 선관의무를 부담한다는 점에 대해

74 서울고등법원 2010. 6. 10. 선고 2009나67865 판결은 "사모간접투자신탁의 자산운용회사는 공모간접투자신탁에 비하여 그 정보제공의무의 범위가 축소되고, 그 투자자에 대해서도 보다 엄격한 자기책임의 원칙이 요구된다 … 사모간접투자신탁의 투자자 또한 자산운용회사, 판매회사 또는 투자회사와 대등한 위치에서 이들과의 쌍방간 교섭에 의해 투자판단에 필요한 개별적인 정보제공을 받고 스스로의 투자경험과 지식에 비추어 거래의 위험을 판단하고 투자를 결정하여야 하며 자산운용회사나 판매회사 등이 공모간접투자신탁의 경우에서처럼 투자자에게 제반정보를 제공할 의무 등 적극적인 고객보호의무를 부담하지는 않는다."고 판시하였다.

서는 의문이 없다. 사모주선인이 어떠한 선관의무를 부담하는지와 관련하여, 소수의 전문가들이 참여하는 신디케이티드 대출(유사업무)에서 간사은행(유사한 지위에 있는 금융회사)의 의무를 참조할 경우 많은 시사점을 얻을 수 있을 것이다. 한편 이 사건에서 A증권사가 사모주선인(사모주관사)으로서 ABCP 발행 구조를 설계한 후 ABCP를 인수할 때 최고의 전문가에 해당하는 복수의 신용평가사들로부터 CP에 대한 신용평가를 받았다는 사실도 주목하여야 한다. 왜냐하면 A증권사가 이들 신용평가사로부터 신용평가서를 받음으로써, 사모주선인임에도 불구하고 마치 공모인수인과 마찬가지로 적절한 검증을 받은 셈이 되기 때문이다. 이 사건에서 A증권사는 소수의 전문투자자들에게 ABCP를 판매하면서 이렇게 최고의 전문가로부터 수령한 신용평가서를 제공함으로써 신용평가서에 있는 중요 내용을 충분히 설명한 것으로 간주받게 된다.

조만간 CERCG ABCP 소송을 통해 법원이 주관회사와 실사의무의 상관관계, 공모와 차별화되는 사모의 특수성, 자산유동화거래시 사모주선인의 선관의무 등에 대해 명확한 법리를 구축할 것이다.

제4장

유통시장

제1절 유통시장 개관

증권의 유통시장은 이미 발행된 유가증권이 투자자 상호간에 매매 거래되는 시장으로서, 투자자가 자신이 소유하고 있는 주식이나 채권을 매각하여 투자자금을 회수하거나 이미 발행된 유가증권을 취득하여 금융자산을 운용하는 시장이라고 할 수 있다. 유통시장은 다음의 4가지 기능을 수행한다. 첫째, 발행된 주식이나 채권의 시장성과 유통성을 높여 일반투자자의 투자를 촉진시킨다. 둘째, 유통시장이 존재함으로써 발행시장에서의 장기자본조달을 원활하게 해준다. 셋째, 유통시장에 의한 유가증권의 시장성과 유통성은 유가증권의 담보력을 높여준다. 넷째, 유통시장은 다수의 투자자가 참여하는 자유경쟁시장이므로 주식이나 채권의 공정한 가격을 형성할 뿐만 아니라 유통시장에서 형성되는 가격은 앞으로 발행할 새로운 증권의 가격을 결정하는 역할을 한다.

유통시장의 특징은 다음과 같다. 첫째, 유통시장은 제1차적 시장(primary market)인 발행시장과 구별되는 제2차적 시장(secondary market)으로서, 투자자 상호간에 이미 발행된 주식이나 채권을 중단없이 매매하는 시장이다. 둘째, 유통시장은 거래가 경쟁적인 방법으로 이루어진다. 즉 발행시장에서는 매도측이 1인 또는 소수의 집단이며 매수측은 보통 다수의 투자자인데 비하여, 유통시장은 매도측이나 매수측이 모두 다수로 구성되어 거래가 경쟁적으로 이루어지는 시장이다. 셋째, 유통시장은 구체적이고 조직적이며 계속적인 시장이다. 발행시장은 일반적으로 구체적인 시장시설이 존재하지 않으므로 추상적 시장이라고 할 수 있는데 반하여, 유통시장은 종래의 유가증권시장이나 코스닥시장과 같이 구체적이고 조직적인 시장시설이 존재하고 거래가 반복적으로 이루어지는 계속적인 시장이다.

증권 유통시장의 기본적 구조는 정규시장과 장외시장의 두 시장조직으로 형성되어 있으며 거래대상에 따라 주식유통시장과 채권유통시장 등으로 나눌 수 있다. 증권의 유통은 투자자 상호간의 매매거래에 의해 이루어지지만 현실적으로는 증권회사의 중개에 의하여 성립된다. 즉 증권중개업자는 투자자로부터 매매주문을 받아 금융투자상품시장의 회원인 다른 증권중개업자를 통하여 궁극적인 매매거래를 체결하는 것이다.

유통시장의 종류와 특징

구분	금융투자상품시장				장외시장
	거래소시장			ATS	K-OTC
	유가증권시장	코스닥시장	코넥스시장		
운영주체	거래소	거래소	거래소	다자간매매체결회사	협회
시장성격	장내	장내	장내	장내	장외
시장참가자	제한없음	제한없음	제한 (전문투자자등)	제한 (전문투자자등)	제한없음
불공정거래규제	적용	적용	적용	적용	제178조만
상장대상	제한없음	제한없음	제한 (국내중소기업)	매매체결 대상상품	제한없음
진입/퇴출요건	양적/질적 요건	좌동	코스닥에 비해 완화	상장증권:거래소 시장과 동일 비상장증권:별도	코스닥에 비해 완화
공시/지배구조 규제	적용	적용	코스닥에 비해 완화	상동	공시:완화 지배구조:미적용
지정자문인	없음	없음	선임(상장 및 상장유지관리)	없음	없음
매매체결 방식	경쟁매매 (접속매매원칙)	좌동	경쟁매매(단일가 매매원칙)2	경쟁매매 등	상대매매
발행회사 관리	거래소	거래소	지정자문인과 거래소가 분담	상장증권:거래소 비상장증권:다자가매매체결회사	없음

자료: 김건식 · 정순섭, 530-531면.

제2절 금융투자상품시장

I. 금융투자상품시장의 구성(거래소와 ATS)

1. 의의

2013년 개정 자본시장법은 종래 거래소가 개설하였던 유가증권시장과 코스닥시장을 법률상 시장의 개념에서 폐지하였다. 자본시장법 제8조의2 제2항은 거래소를 "증권 및 장내파생상품의 공정한 가격 형성과 그 매매, 그 밖의 거래의 안정성 및 효율성을 도모하기 위하여 제373조의2에 따른 금융위원회의 허가를 받아 금융투자상품시장을 개설하는 자"라고 하면서, 제386조는 거래소가 시장을 효율적으로 관리하기 위하여 증권시장 또는 파생상품시장별로 둘 이상의 시장을 개설하여 운영할 수 있도록 하였다. 그리고 개정 자본시장법은 다자간매매체결회사(Alternative Trading System, ATS)에 의한 증권시장도 개설할 수 있도록 하였다.[1] 그렇다 보니 제8조의2는 이들 각 시장을 아우르는 상위 개념으로서 금융투자상품시장의 개념을 도입하고 있다. 이렇게 금융투자상품시장의 개념을 도입하면서, 개정 이전의 '거래소 유사시설 개설금지' 조항(제386조 제2항)을 '무허가 시장개설금지' 조항(제373조)[2]으로 대체하였다. 이로써 유통시장 내 경쟁 촉진을 통해 효율성을 제고함과 동시에 불법 장외거래에 대한 규제를 강화할 근거를 마련하였다.

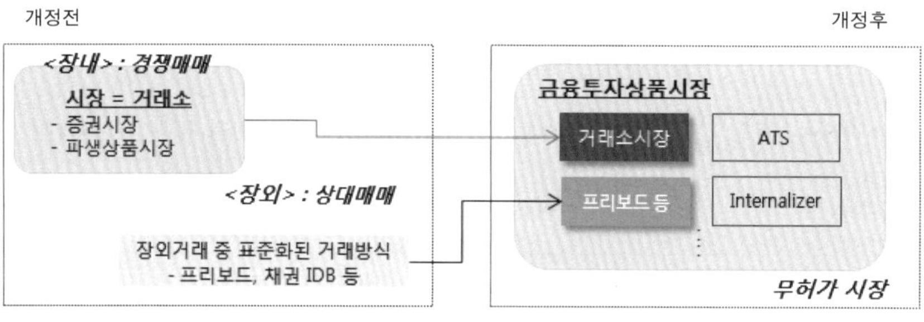

1 개정 이전의 자본시장법 제78조에 규정되었던 전자증권중개회사도 형식적으로 ATS의 일종이었지만 경쟁매매에 의한 매매를 허용하지 않았으므로 실질적으로 ATS라 하기에는 부족하였다. 김건식·정순섭, 557면.

2 자본시장법 제373조(무허가 시장개설행위 금지) 누구든지 이 법에 따른 거래소허가를 받지 아니하고는 금융투자상품시장을 개설하거나 운영하여서는 아니 된다. 다만, 다음 각 호의 어느 하나에 해당하는 경우에는 그러하지 아니하다.

1. 다자간매매체결회사가 제78조에 따라 다자간매매체결업무를 하는 경우
2. 협회가 제286조제1항제5호에 따라 증권시장에 상장되지 아니한 주권의 장외매매거래에 관한 업무를 하는 경우
3. 그 밖에 거래소 외의 자가 금융투자상품의 매매체결에 관한 업무를 수행하더라도 공정한 가격 형성, 매매 그 밖의 거래의 안정성 및 효율성의 도모 및 투자자의 보호에 우려가 없는 경우로서 대통령령으로 정하는 경우

자본시장법 제8조의2(금융투자상품시장 등) ① 이 법에서 "금융투자상품시장"이란 증권 또는 장내파생상품의 매매를 하는 시장을 말한다.
② 이 법에서 "거래소"란 증권 및 장내파생상품의 공정한 가격 형성과 그 매매, 그 밖의 거래의 안정성 및 효율성을 도모하기 위하여 제373조의2에 따른 금융위원회의 허가를 받아 금융투자상품시장을 개설하는 자를 말한다.
③ 이 법에서 "거래소시장"이란 거래소가 개설하는 금융투자상품시장을 말한다.
④ 거래소시장은 다음 각 호와 같이 구분한다.

1. 증권시장: 증권의 매매를 위하여 거래소가 개설하는 시장
2. 파생상품시장: 장내파생상품의 매매를 위하여 거래소가 개설하는 시장

⑤ 이 법에서 "다자간매매체결회사"란 정보통신망이나 전자정보처리장치를 이용하여 동시에 다수의 자를 거래상대방 또는 각 당사자로 하여 다음 각 호의 어느 하나에 해당하는 매매가격의 결정방법으로 증권시장에 상장된 주권, 그 밖에 대통령령으로 정하는 증권(이하 "매매체결대상상품"이라 한다)의 매매 또는 그 중개·주선이나 대리 업무(이하 "다자간매매체결업무"라 한다)를 하는 투자매매업자 또는 투자중개업자를 말한다.

1. 경쟁매매의 방법(매매체결대상상품의 거래량이 대통령령으로 정하는 기준을 넘지 아니하는 경우로 한정한다)
2. 매매체결대상상품이 상장증권인 경우 해당 거래소가 개설하는 증권시장에서 형성된 매매가격을 이용하는 방법
3. 그 밖에 공정한 매매가격 형성과 매매체결의 안정성 및 효율성 등을 확보할 수 있는 방법으로서 대통령령으로 정하는 방법

금융투자상품시장은 원칙적으로 다음과 같이 중요한 세 가지 기능을 수행한다. 첫째, 자본전환 기능을 담당한다. 금융투자상품시장은 증권/파생상품과 대금과의 수수관계, 즉 증권/파생상품과 화폐와의 교환인 자본전환이 다른 어느 시장보다도 신속, 정확하게 대량으로 이루어질 수 있도록 하여 준다. 둘째, 가격형성의 기능을 수행한다. 증권/파생상품의 가격은 금융투자상품시장의 매매과정을 통해서 적정하게 경합하여 형성되는 경쟁가격이므로, 금융투자상품시장에서 그 가치에 대한 사회적 평가가 가장 공정하며 신뢰성 있게 형성된다고 할 수 있다. 셋째, 가격평준화의 기능을 수행한다. 즉 일시적인 수급불균형으로 인한 주가/파생상품의 급변이 금융투자상품시장에서의 기간 경과에 따른 수급의 자연조달로 인하여 공정하고 객관적인 시장가격으로 수렴된다.

2. ATS

개정 자본시장법에서 특히 주목할 것은 거래소 이외의 금융투자상품시장으로서 ATS를 들 수 있다. 자본시장법 제8조의2 제5항에 의하면 ATS는 '경쟁매매에 의한 매매가격 결정방법을 이용하는 ATS'와 '그렇지 않은 ATS'(단순한 broker-dealer와 차이 없음)로 구분되는데, 개정 자본시장법은 전자를 염두에 둔 규제체제를 구축하고 있다. 미국과 EU, 일본 등 에서는 정규 거래소와 경쟁하는 대체거래시스템(미국의 ATS 또는 EU의 Multilateral Trading Facility, MTF)을 도입함으로써 유통시장의 경쟁을 유도하고 효율성을 제고한다고 한다.[3] 이들 국가에서는 ATS나 MTF에 경쟁매매 등 시장기능을 인정함으로써 정규시장과의 경쟁을 통해 자본시장의 효율성을 제고하고, 기관투자자의 거래비용을 감소시키며 자본시장의 경쟁력 강화를 통한 전 세계 또는 역내의 주도권을 확보하고자 노력하여 왔다. 이러한 외국의 선진 입법례를 참조하여 개정 자본시장법도 유통시장의 경쟁 촉진을 위한 제도 개선의 일환으로서 ATS를 도입하게 된 것이다.

자본시장법 제78조 제1항에 의하면 ATS는 다자간매매체결업무를 수행함에 있어서 다음의 사항에 대하여 대통령령으로 정하는 업무기준을 준수하여야 한다.

1. 매매체결대상상품 및 다자간매매체결회사에서의 거래에 참가하는 자(이하 이 조, 제402조 및 제404조에서 "거래참가자"라 한다)에 관한 사항
2. 매매체결대상상품의 매매정지 및 그 해제에 관한 사항
3. 매매확인 등 매매계약의 체결에 관한 사항과 채무인수·차감 및 결제방법·결제책임 등 청산·결제에 관한 사항
4. 증거금 등 거래참가자의 매매수탁에 관한 사항
5. 매매체결대상상품의 발행인 등의 신고·공시에 관한 사항

3 대체거래시스템 관련 각국의 입법동향을 보면 미국에서는 Regulation ATS(1998)와 Regulation NMS(Regulation National Market System, 2005)가 제정되었고, EU에서는 MiFID I(Markets in Financial Instruments Directive I, 2007)과 MiFID Ⅱ(2014) 및 MiFIR(Mrkets in Financial Instruments Regulation, 2014)가 제정되었으며 일본에서는 금융상품거래법(2004)이 제정되었다. 참고로 2019년말 기준으로 미국의 SEC에 등록된 ATS는 55개이고 EU의 Committee of European Securities Regulators에 등록된 MTF(Multilateral Trading Facility)는 139개이다. 이현철, 「대체거래소제도 개선방안에 관한 연구」, 건국대학교 법학박사 학위논문(2020. 2), 70면, 80면.

6. 매매결과의 공표 및 보고에 관한 사항
7. 다자간매매체결업무의 개폐·정지 및 중단에 관한 사항
8. 그 밖에 다자간매매체결업무의 수행과 관련하여 필요한 사항

자본시장법은 ATS를 인가가 필요한 금융투자업자의 한 형태로 정의하면서, 인가시의 최소자기자본을 시행령으로 정하도록 하였다. 이에 따라 자본시장법 시행령 [별표 1]은 전문투자자를 상대로 투자매매업 인가를 받고자 하는 ATS는 300억원 이상, 전문투자자를 상대로 투자중개업 인가를 받고자 하는 ATS는 200억원 이상 최소자기자본 요건을 충족하여야 한다고 규정한다. 그렇다 보니 현행 시행령상으로 ATS는 다수의 전문투자자를 상대로 매매체결을 하는 금융투자업자이다. 그리고 ATS의 매매체결대상상품은 우선 상장주권 및 시행령으로 정하는 증권(자본시장법시행령 제7조의2 1. 주권과 관련된 증권예탁증권으로서 증권시장에 상장된 것, 2. 그밖에 공정한 가격 형성 및 거래의 효율성 등을 고려하여 총리령으로 정하는 증권)으로 하되, 향후 시행령 개정을 통해 채권 등으로 대상을 확대할 예정이라고 한다. 자본시장법 제78조 제5항에 의하면 1인당 ATS의 주식보유한도를 15%로 하되, 금융기관에 대해서는 금융위의 승인하에 추가로 주식을 보유할 수 있도록 허용하고 있다.

3. 거래소와 ATS

ATS는 금융투자상품시장에 해당하지만 거래소 시장과 비교해보면 소규모 거래(매매체결대상상품의 거래량이 대통령령으로 정하는 기준을 넘지 아니하는 경우로 한정)[4]를 수행하는 시장에 해당된다. 만일 ATS가 동 규모를 초과하여 업

4 자본시장법시행령 제7조의3 ② 법 제8조의2 제5항 제1호에서 "대통령령으로 정하는 기준을 넘지 아니하는 경우"란 다음 각 호의 요건을 모두 충족하는 경우를 말한다.

1. 매월의 말일을 기준으로 법 제4조 제2항에 따른 증권의 구분별로 과거 6개월간 해당 다자간매매체결회사의 경쟁매매의 방법을 통한 매매체결대상상품(법 제8조의2 제5항 각 호 외의 부분에 따른 매매체결대상상품을 말한다. 이하 같다)의 평균거래량(매매가 체결된 매매체결대상상품의 총수량을 매매가 이루어진 일수로 나눈 것을 말한다. 이하 이 항 및 제78조에서 같다)이 같은 기간 중 증권시장에서의 매매체결대상상품의 평균거래량의 100분의 15 이하일 것
2. 매월의 말일을 기준으로 과거 6개월간 해당 다자간매매체결회사의 경쟁매매의 방법을 통한 종목별 매매체결대상상품의 평균거래량이 같은 기간 중 증권시장에서의 그 종목별 매매체결대상상품의 평균거래량의

무를 수행하려면 자본시장법 제372조의2에 의하여 거래소로 전환함에 따른 허가를 받아야 한다. 자본시장법 제373조의2는 금융투자상품(상장주권, 장내파생상품 등) 등을 구성요소로 하는 거래소 허가 단위(거래소 허가단위별로 1천억원 이상의 최소자기자본 요건 마련)를 설정하고 add-on 허가 방식을 채택하였다. 그리고 제373조의7은 금융위의 허가를 받은 거래소가 상장·시장감시 등의 자율규제기능을 수행하여야 한다는 점을 명확히 규정하고 있다.

자본시장법 제78조 제3항, 제4항 및 제378조 제1항에 의하면 금융위원회가 지정하는 거래소는 ATS에 대한 시장감시업무, 이상거래 심리, 거래참가자에 대한 감리 및 ATS에서 매매체결된 거래의 청산을 담당한다. 사실 ATS가 거래소와 경쟁 관계에 있다는 점을 감안할 때, 거래소가 ATS에 대한 시장감시 등을 한다는 것은 이해상충의 문제를 야기할 수 있다는 측면에서 다소 문제가 있다.[5] 그 때문에 정교한 이해상충방지 체제가 구축되어야 하나, 현행 자본시장법과 동법시행령에서 이러한 체제를 마련하지 못함에 따라 향후 보완하여야 할 사항으로 남아 있다.

참고로 개정 자본시장법 제68조는 금융투자업자에 대하여 종래의 '시장매매의무'를 대신하여 '최선집행의무(best execution)'를 부과하였다. 시장매매의무란 매매주문을 받으면 거래소에서 거래할 의무를 말하는 것이지만, 최선집행의무는 거래소·ATS 등의 호가를 비교하여 투자자에 가장 유리한 가격 등으로 거래를 체결하여야 할 의무를 말한다.

II. 거래소의 증권상장제도 및 기타

1. 상장의 의의

증권을 거래소에서 매매할 수 있도록 등록하는 것을 상장(listing)이라고 하는

100분의 30 이하일 것

5 그 때문에 김건식·정순섭, 564면은 ATS에 대한 시장감시 등을 독립적인 자율규제기구나 금감원에 맡기는 편이 낫다고 한다.

데, 발행인의 신청에 의한 상장의 결과 당해 증권이 거래소에서 거래될 수 있는 자격이 부여된다.[6] 자본시장법 제390조는 거래소로 하여금 증권상장규정을 제정하도록 하고 있다.[7] 상장심사는 증권의 원활한 유통과 공정한 가격형성을 통해 투자자를 보호하기 위한 절차의 일환이라고 할 수 있다. 거래소가 상장된 증권의 가치를 보증하지는 않지만 상장으로 인하여 해당 상장회사에 대한 신뢰성을 높여 주식가치의 향상, 기업자금조달의 용이, 담보가치의 향상, 회사의 지위를 향상시키는 등 부수적인 효과가 있게 된다. 따라서 거래소는 상장증권의 가격이 공정하게 형성되어 안정적으로 지속되고 상장증권의 유통이 원활하게 이루어지도록 관리하여야 한다.

상장대상 증권은 주권, 채권, 집합투자증권 등으로 다양한데, 상장유형은 상장형태에 따라 다음과 같이 분류할 수 있다. 첫째, 신규상장이란 거래소에 상장되지 않은 종목의 증권을 처음 상장하는 것이다. 둘째, 재상장은 거래소에서 상장이 폐지된 보통주권 또는 채무증권을 다시 상장하거나 보통주권 상장법인의 분할, 분할합병, 합병으로 설립된 법인의 보통주권을 상장하는 것이다. 셋째, 우회상장은 합병, 주식의 포괄적 교환, 영업 또는 자산의 양수, 현물출자 등과 관련하여 주권상장법인의 경영권이 변동되고 주권비상장법인의 지분증권이 상장되는 효과가 있는 것이다. 넷째, 합병상장이란 기업인수목적회사(SPAC)가 주권비상장법인과 합병함에 따라 새로이 발행한 주권을 상장하는 것이다. 다섯째, 추가상장은 상장법인이 자본금, 사채액, 신탁원본액 등의 증가에 따라 이미 상장되어 있는 증권과 같은 종목의 증권을 새로이 발행하여 이를 상장하는 것이다. 여섯째, 변경상장은 상장증권의 종류, 종목명, 액면금액, 수량 등을 변경하여

---

6 거래소가 개설한 파생상품시장에서 파생상품거래 또는 옵션거래의 품목이 거래될 수 있도록 하는 행위 역시 상장이라고 한다.

7 자본시장법 제390조(상장규정) ① 거래소는 증권시장에 상장할 증권의 심사 및 상장증권의 관리를 위하여 증권상장규정(이하 "상장규정"이라 한다)을 정하여야 한다. 이 경우 거래소가 개설·운영하는 둘 이상의 증권시장에 대하여 별도의 상장규정으로 정할 수 있다.

② 상장규정에는 다음 각 호의 사항이 포함되어야 한다.

1. 증권의 상장기준 및 상장심사에 관한 사항
2. 증권의 상장폐지기준 및 상장폐지에 관한 사항
3. 증권의 매매거래정지와 그 해제에 관한 사항
4. 그 밖에 상장법인 및 상장증권의 관리에 관하여 필요한 사항

상장하는 것으로서 추가상장에 해당하는 것을 제외한다.

2. 상장절차

상장절차는 선행절차, 상장의 준비단계, 상장예비심사 및 상장단계의 3단계가 있는데, 이 모든 절차는 신규상장을 전제로 한 것이다.

(1) 선행절차

주식회사의 외부감사에 관한 법률 제11조 제1항에 의하면 증권선물위원회는 동조 동항 제12호의 "그 밖에 공정한 감사가 특히 필요하다고 인정되어 대통령령으로 정하는 회사"로서 해당 사업연도 또는 다음 사업연도 중에 주권상장법인이 되려는 회사에 대하여 3개 사업연도의 범위에서 증권선물위원회가 지정하는 회계법인을 감사인으로 선임하거나 변경선임할 것을 요구할 수 있다.[8] 원칙적으로 신규상장하고자 하는 법인의 경우 최근 3사업연도의 감사의견이 적정 또는 한정의견이어야 한다. 다만 이미 국내의 정규시장에 상장된 법인과 코넥스시장에 상장하려는 법인 및 주권상장법인이 되려는 SPAC의 경우 예외를 인정받는다(동법시행령 제14조 제6항 제1호 단서).

(2) 상장준비단계

상장준비단계에서는 ① 상장주선인의 선임 또는 대표주관회사계약 체결, ② 정관의 정비, ③ 명의개서대행계약체결, ④ 우리사주조합결성 및 지주관리위탁계약체결, ⑤ 유가증권시장본부 예비접촉과 같은 사전작업을 면밀히 준비하여야 한다.

첫째, 상장주선인은 거래소가 따로 정하는 기업실사점검표를 활용하여 상장

8 주식회사의 외부감사에 관한 법률 제4조의3(증권선물위원회에 의한 감사인 지정 등) ① 증권선물위원회는 회사가 감사 또는 감사인선임위원회의 승인을 받아 요청한 경우에 해당 회사의 감사인을 지명하거나 다음 각 호의 어느 하나에 해당하는 회사에 대하여 3개 사업연도의 범위에서 증권선물위원회가 지명하는 자를 감사인으로 변경선임하거나 선정할 것을 요구한다. 이 경우 증권선물위원회가 지명하는 자는 회계법인으로 한정한다.

1-8. 생략

9. 그 밖에 공정한 감사가 특히 필요하다고 인정되어 대통령령으로 정하는 회사

신청인의 재무상황, 영업활동, 지배구조, 내부통제제도 등이 상장요건에 맞는지를 성실하게 심사한다. 주간사회사 또는 대표주관회사는 상장을 대비한 지도와 경영자문, 기업실사와 경영실적 등 관련사항에 대한 정기적 지도와 점검, 증권신고서 기재사항의 점검과 상장요건의 충족여부 점검, 수요예측의 실시와 주식 공모가격의 협의, 금융위원회와 한국거래소의 접촉 및 관련서류의 작성지원, 공모 및 청약사무의 주관, 상장 후 일정기간 시장조성(선택적) 등의 매우 중요한 기능을 수행하는데, 신규상장의 경우 대표주관회사가 상장주선인이 된다(유가증권시장 상장규정, 이하 상장규정 제12조 제4항). 따라서 신규상장을 추진하는 법인은 상장과 관련된 업무를 원활하게 진행하기 위하여 반드시 대표주관회사를 선정하는 계약을 체결하여야 한다.

둘째, 주권을 상장하려는 법인은 상장 전에 한국상장회사협의회의 표준정관을 참고하여 자체적으로 정관내용을 정비하여야 한다. 예를 들어 ① 수권주식수의 조정, ② 회사가 발행할 주식의 종류, ③ 1주의 금액, 상장신청인은 1주의 금액이 5,000원 미만인 주식을 발행할 경우 권면액을 100원, 200원, 500원, 1,000원, 2,500원으로 하여야 한다. ④ 신주인수권의 배제 및 제약에 관한 조항, ⑤ 주주총회의 소집·공고에 관한 사항, ⑥ 명의개서대행제도의 채용에 관한 조항, ⑦ 신주의 배당기산일에 관한 사항. 마지막의 배당기산일과 관련하여, 거래소는 주식의 종류별로 배당기산일이 다를 경우 그 사유가 해소될 때까지 당해 주권의 상장을 유예하고 있다(상장규정 제24조 제2항 제2호). 따라서 유상증자, 무상증자 및 주식배당에 의하여 신주를 발행할 경우 신주에 대해 구주와 동일한 배당기산일이 적용되도록 이에 관한 조항을 정관에서 정하여야 한다. 예를 들어 정관에서 신주의 이익배당은 신주를 발행한 날이 속하는 사업연도의 직전 사업연도 말에 발행된 것으로 본다고 정하는 방식이다.

셋째, 상장준비단계로서 명의개서대행계약에 대한 내용은 상장규정 제81조에 규정되어 있다. 상장법인이 되면 주주 수가 많아지고 주식의 매매거래가 빈번해짐에 따라 주주명부 및 주권의 관리 등 주식사무의 양이 방대해지므로 주식명의개서와 주권발행업무 등 주식사무 전반을 전문 명의개서대행회사에 위임할 필요가 있다. 따라서 상장규정은 일정한 법인(은행, 특수법인 및 정부지배

공공기관)을 제외하고 의무적으로 명의개서대행회사를 선임하도록 규정하는 것이다.

넷째, 우리사주조합의 결성과 지주관리위탁계약의 체결이다. 우리사주조합이란 종업원이 자기 회사 주식을 취득·관리하기 위하여 자본시장법시행령에서 정하는 요건에 맞추어 조직한 단체로서 일종의 자사주 투자클럽이라고 할 수 있는데, 종업원들은 자신의 자유로운 의사에 따라 조합에 가입·탈퇴할 수 있다. 우리사주조합은 당해 회사 및 지주관리회사(한국증권금융주식회사)[9]와 대등한 입장에서 종업원지주제도의 운영에 관한 사항을 협의·약정하고 그 관리운영의 주체가 된다. 우리사주조합은 기업의 공개여부에 관계없이 어느 기업이든지 자율적으로 전종업원을 대상으로 결성할 수 있는 것이 원칙이다. 그런데 상장하고자 하는 법인의 경우에는 자본시장법에 의하여 반드시 우리사주조합을 결성하여야 한다는 구속을 받는다는 점에서,[10] 임의적인 자율에 따르는 비상장법인들과 차별화된다. 우리사주조합원이 조합을 통하여 취득한 주식은 취득일(주권교부일 또는 매입일)로부터 1개월 내에 우리사주조합이 일괄하여 한국증권금융에 예탁하여야 한다. 따라서 상장하고자 하는 법인은 이를 대비하여 한국증권금융과 지주관리위탁계약을 체결하는 것이다.

다섯째, 거래소의 유가증권 시장본부와 예비접촉을 하여 상장요건 및 일정 등을 협의하는 것이다.

(3) 상장예비심사 및 상장단계

상장단계는 ① 예비상장심사청구서의 제출, ② 상장심사, ③ 상장공시위원회 심의 및 상장심사결과의 통지, ④ 상장승인 및 매매개시의 절차로 이루어져 있다.

---

9 우리사주조합원이 취득한 주식은 종업원지주제도의 취지에 따라 일정기간 보유하도록 하고 있으며 이를 위하여 한국증권금융(주)와 지주관리위탁계약을 체결해야 한다.

10 자본시장법 제165조의7 (우리사주조합원에 대한 주식의 배정 등에 관한 특례) ① 대통령령으로 정하는 주권상장법인 또는 주권을 대통령령으로 정하는 증권시장에 상장하려는 법인(이하 이 조에서 "해당 법인"이라 한다)이 주식을 모집하거나 매출하는 경우 「상법」 제418조에도 불구하고 해당 법인의 우리사주조합원(「근로복지기본법」에 따른 우리사주조합원을 말한다. 이하 같다)에 대하여 모집하거나 매출하는 주식총수의 100분의 20을 배정하여야 한다. 다만, 다음 각 호의 어느 하나에 해당하는 경우에는 그러하지 아니하다.

1. 「외국인투자 촉진법」에 따른 외국인투자기업 중 대통령령으로 정하는 법인이 주식을 발행하는 경우
2. 그 밖에 해당 법인이 우리사주조합원에 대하여 우선배정을 하기 어려운 경우로서 대통령령으로 정하는 경우

첫째, 주권을 신규로 상장하려는 법인은 상장예비심사나 상장심사를 신청하기 전에 상장 절차, 상장 시기, 우회상장 해당 여부 등을 미리 거래소와 협의해야 한다(상장규정 제20조). 신규상장 신청전에 한국거래소에 예비상장심사청구서를 제출하여 상장예비심사를 받아야 한다(상장규정 제26조).

둘째, 거래소는 주식의 분산요건 등을 제외한 상장요건의 충족여부를 심사하고, 분산요건은 공모 후 신규상장 신청시 충족 여부를 확인한다. 거래소는 예비상장심사청구서를 접수하면 먼저 상장기준 중 재무요건에 관한 사항을 심사하여 일정 요건에 해당하는 경우, 즉 신규상장신청인의 매출액과 자기자본이익률이 신규상장심사요건의 1.3배 이하인 경우, 증권선물위원회에 신규상장신청인의 최근 2사업연도 재무제표에 대한 감사인의 감사보고서에 대한 감리를 요청할 수 있다(상장규정 제29조 제4항).

셋째, 거래소의 상장예비심사결과는 상장공시위원회의 심의를 거쳐 확정된다(상장규정 제22조 제4항). 거래소는 상장심사결과를 심사청구일로부터 45일 이내에 신규상장신청인과 금융위원회에 서면으로 알린다(상장규정 제22조 제1항). 한국거래소로부터 적격의 예비상장심사결과를 통지받은 신규상장신청인은 금융위원회에 증권신고서를 제출하고 공모절차를 진행한다.

넷째, 보통주권의 신규상장신청인이 거래소의 상장예비심사를 통과한 후에 해당 보통주권을 신규상장하려면 상장예비심사 결과를 통지받은 날부터 6개월 이내에 세칙으로 정하는 신규상장신청서와 첨부서류를 거래소에 제출해야 한다(상장규정 제28조 제1항). 거래소는 주권신규상장신청서를 접수한 후 지체 없이 신규상장 승인여부를 신규상장신청인에게 알려야 한다. 거래소는 신규상장신청인의 의사를 최대한 반영하여 주권의 신규상장일을 결정한다. 신규상장 당일 최초 매매거래가 이루어지게 된다.

3. 상장요건

거래소의 상장요건은 기업공개 대상기업의 주식이 증권시장에서 원활히 유통될 수 있기 위한 최소한의 요소를 제시한 것이다. 대표적인 예를 들어 주권의 상장요건은 다양한 사항이 포함되지만, ① 형식적 심사요건으로서 기업의 규모,

신규상장요건[11]

<table>
<tr><th colspan="2">상장요건</th><th>일반회사</th><th>지주회사</th></tr>
<tr><td rowspan="2">규모요건</td><td>기업규모</td><td>자기자본 300억원 이상</td><td>좌동</td></tr>
<tr><td>상장
주식수</td><td>100만주 이상</td><td>좌동</td></tr>
<tr><td rowspan="3">분산요건</td><td>주식수
(택1)</td><td>① 일반주주소유비율 25%이상 또는 500만주 이상(다만, 상장예정주식수 5천만주 이상 기업은 상장예정주식수의 10% 해당 수량)
② 공모주식수 25% 이상 또는 500만주 이상(다만, 상장예정주식수 5천만주 이상 기업은 상장예정주식수의 10% 해당 수량)
③ 자기자본 500억이상 법인은 10%이상 공모하고 자기자본에 따라 일정규모이상 주식 발행
- 자기자본 500억~1,000억원 또는 기준시가총액 1,000억~2,000억: 100만주 이상
- 자기자본 1,000억~2,500억원 또는 기준시가총액 2,000억~5,000억: 200만주 이상
- 자기자본 2,500억원 이상 또는 기준시가총액 5,000억 이상: 500만주 이상
④ 국내외동시공모법인은 공모주식수 10% 이상 & 국내공모주식수 100만주 이상</td><td>좌동</td></tr>
<tr><td>주주수</td><td>일반주주 700명 이상</td><td>좌동</td></tr>
<tr><td>양도제한</td><td>발행주권에 대한 양도제한이 없을 것</td><td>좌동</td></tr>
<tr><td rowspan="4">경영성과
요건
(택1)</td><td>매출액 및
이익 등</td><td>매출액 최근 1,000억원 이상 및 3년 평균 700억원 이상 & 최근 사업연도에 영업이익, 법인세차감전계속 사업이익 및 당기순이익 각각 실현 & 다음중 하나 충족
① ROE:최근 5% & 3년합계 10% 이상
② 이익액:최근 30억원 & 3년합계 60억원 이상
③ 자기자본1천억원 이상 법인:
최근 ROE 3% 또는 이익액 50억원 이상이고
영업현금흐름이 양(+)일 것</td><td>좌동</td></tr>
<tr><td>매출액 및
기준시가총액</td><td>최근 매출액 1,000억원 이상 &
기준시가총액 2,000억원 이상
• 기준시가총액 = 공모가격 x 상장예정수식수</td><td>좌동</td></tr>
<tr><td>기준시가총액
및 이익액</td><td>기준시가총액 2,000억원 이상 &
최근 이익액 50억원 이상</td><td>좌동</td></tr>
<tr><td>기준시가총액
및 자기자본</td><td>기준시가총액 6,000억원 이상 &
자기자본 2,000억원 이상</td><td>좌동</td></tr>
<tr><td rowspan="3">안전성
및
건전성
요건</td><td>영업활동
기간</td><td>설립후 3년 이상 경과 & 계속적인 영업활동 (합병 등이 있는 경우 실질적인 영업활동기간 고려)</td><td>좌동*</td></tr>
<tr><td>감사의견</td><td>최근적정, 직전2년 적정 또는 한정
(감사범위 제한에 따른 한정의견 제외)</td><td>좌동
(개별 및
연결재무
제표)</td></tr>
<tr><td>매각제한
(보호예수)</td><td>- 최대주주등 소유주식 & 상장예비심사 신청 전 1년 이내 최대주주등으로부터 양수한 주식 : 상장 후 6월간
- 상장예비심사 신청 전 1년 이내 제3자배정 신주: 발행일로부터 1년간. 단, 그 날이 상장일로부터 6월 이내인 경우에는 상장 후 6월간</td><td>좌동**</td></tr>
</table>

* 주요자회사의 실질적인 영업활동기간 고려

**금융지주회사의 경우 최대주주등 소유주식 매각제한 제외

주식의 분산, 재무내용, 안정성 및 건전성(상장규정 제29조), ② 질적 심사요건으로서 공익과 투자자보호(상장규정 제30조) 등을 들 수 있다.

4. 관리종목지정제도

상장규정 제47조의 관리종목제도란 재무상태의 악화 등으로 주권상장법인의 경영이 부실한 경우 당해 종목에 대한 조기퇴출 가능성 등의 투자위험을 투자자에게 제대로 인식시키기 위한 제도로서, 관리종목에 편입된 주권상장법인은 향후 상장폐지의 우려가 매우 크다는 점이 공시되므로 투자자들에게 투자의 주의를 환기시키기 위한 제도이기도 하다. 한편 관리종목으로 지정된 해당 법인에게는 일정기간 경과기간을 부여하여 관리종목 지정사유를 해소함으로써 조속히 정상화를 촉진토록 하는 의미도 있다. 이렇게 관리종목으로 편입되었다는 사실 만으로도 기업의 신인도가 떨어지고 투자자로부터 외면 받게 되는 난관에 봉착하게 된다.

5. 상장폐지제도

(1) 의의 및 유형

상장규정 제48조의 상장폐지제도란 거래소에서 매매거래의 대상이 되는 자격을 박탈하는 것을 말한다. 주권상장법인의 주권이 상장폐지되면 당해주식을 보유한 투자자는 거래소에서 팔 수 없게 된다. 거래소는 상장폐지제도를 활용하여 부실화된 기업을 적극적으로 퇴출하고 건전한 기업의 장으로 지속적인 발전을 하기 위하여 자정노력을 경주하여 왔다. 물론 퇴출된 기업의 주식이라도 당해기업이 K-OTC(장외호가중개시장) 지정기업으로 지정될 때에는 동 시장에서 매매가 가능하다.

상장폐지의 유형으로는 신청에 의한 상장폐지와 신청에 의하지 않은 상장폐지가 있다. 전자는 주권상장법인의 자발적인 의사에 의하여 주주총회의 결의를 거쳐 상장폐지신청을 하는 것을 의미한다. 후자는 상장규정에서 정해진 상장폐

11 http://listing.krx.co.kr/contents/LST/04/04010101/LST04010101.jsp (검색일: 2020. 1. 3).

지기준에 해당하여 거래소가 공익과 투자자보호를 위하여 강제적으로 유가증권의 상장을 폐지하는 것을 말한다.

(2) 상장폐지사유

상장폐지사유는 상장규정 제48조에 자세히 열거되어 있는데, 이는 다음과 같다.

상장폐지사유	내용
정기보고서 미제출	사업보고서, 반기보고서 또는 분기보고서와 관련하여 다음에 해당하는 경우 가. 사업보고서 미제출로 관리종목으로 지정된 상태에서 해당 사업보고서를 그 법정 제출기한부터 10일 이내에 제출하지 않은 경우 나. 분기보고서나 반기보고서의 미제출로 관리종목으로 지정된 상태에서 추가로 사업보고서, 반기보고서 또는 분기보고서를 법정 제출기한까지 제출하지 않은 경우
감사인 의견 미달	감사인의 감사의견이 다음의 어느 하나에 해당하는 경우 가. 최근 사업연도의 개별재무제표 또는 연결재무제표에 대한 감사의견이 부적정이거나 의견거절인 경우 나. 감사범위 제한에 따른 한정으로 관리종목으로 지정된 상태에서 최근 사업연도에도 개별재무제표 또는 연결재무제표에 대한 감사의견이 감사범위 제한에 따른 한정인 경우
자본잠식	자본금의 상태가 다음의 어느 하나에 해당하는 경우. 이 경우 종속회사가 있는 법인은 연결재무제표상의 자본금과 자본총계(비지배지분을 제외한다)를 기준으로 해당 요건을 적용한다. 가. 최근 사업연도 말 현재 자본금 전액이 잠식된 경우 나. 자본잠식으로 관리종목으로 지정된 상태에서 최근 사업연도 말 현재에도 자본금의 100분의 50 이상이 잠식된 경우
주식분산 미달	보통주식의 분포 상황이 다음의 어느 하나에 해당하는 경우 가. 일반주주 수 미달로 관리종목으로 지정된 상태에서 최근 사업연도 말 현재에도 일반주주의 수가 200명 미만인 경우 나. 일반주주 지분율 미달로 관리종목으로 지정된 상태에서 최근 사업연도 말 현재에도 일반주주가 소유한 주식의 총수가 유동주식수의 100분의 10 미만인 경우.
거래량 미달	거래량 미달로 관리종목으로 지정된 상태에서 다음 반기에도 보통주권의 월평균거래량이 해당 반기 말 현재 유동주식수의 100분의 1 미만인 경우
지배구조 미달	사외이사 선임 의무 또는 감사위원회 설치 의무 위반으로 관리종목으로 지정된 상태에서 최근 사업연도에도 해당 사유를 해소하지 못한 경우
매출액 미달	관리종목으로 지정된 상태에서 최근 사업연도 말 현재에도 매출액(재화의 판매와 용역의 제공금액을 합산한 금액을 말한다)이 50억원 미만인 경우. 이 경우 지주회사는 연결재무제표상 매출액을 기준으로 한다.
주가 미달	주가 미달로 관리종목으로 지정된 후 90일(해당 주권의 매매거래일을 기준으로 한다. 이하 이 항에서 같다) 동안 해당 보통주권의 종가가 다음의 어느 하나라도 충족하지 못하는 경우 가. 액면가액의 100분의 20 이상인 상태가 10일 이상 계속될 것 나. 액면가액의 100분의 20 이상인 일수가 30일 이상일 것
시가총액 미달	시가총액 미달로 관리종목으로 지정된 후 90일 동안 보통주권의 상장시가총액이 다음의 어느 하나라도 충족하지 못하는 경우 가. 50억원 이상인 상태가 10일 이상 계속될 것 나. 50억원 이상인 일수가 30일 이상일 것
해산	법률에 따른 해산 사유가 발생한 경우
최종부도, 은행거래정지	발행한 어음이나 수표가 최종부도로 처리되거나 은행과의 거래가 정지된 경우. 다만, 기업구조조정 촉진 등과 관련하여 예외 있음.

지주회사 편입 등	보통주권 상장법인이 지주회사의 완전자회사(지주회사가 발행주식 총수를 소유하는 자회사를 말한다)로 되는 등 최대주주등이 발행주식을 전부 소유하는 경우
주식양도제한	주식의 양도가 제한되는 경우. 예외 있음.
우회상장기준 위반	우회상장과 관련하여 다음의 어느 하나에 해당하는 경우 가. 우회상장예비심사를 통과하지 못한 주권비상장법인을 대상으로 우회상장을 완료한 경우 나. 우회상장예비심사신청서를 제출하기 전에 우회상장을 완료한 경우. 다만, 중요한 영업양수 또는 자산양수에 관한 주요사항보고서를 제출한 후 6개월 이내에 공시규정에 따라 최대주주 변경을 신고하고, 해당 신고일부터 1개월 이내에 우회상장예비심사신청서를 제출하여 심사를 받은 경우 예외임.

헌법재판소 2005. 2. 24. 선고 2004헌마442 주권상장폐지확정결정취소

가. 한국증권거래소(*현재의 한국거래소)의 법적 지위

(1) 한국증권거래소는 유가증권의 공정한 가격형성과 안정 및 그 유통의 원활을 기하기 위하여 법 제71조의 규정에 따라 일반 사인인 증권회사를 회원으로 설립되어 유가증권시장의 개설과 유가증권의 상장, 매매거래, 공시 등에 관한 업무에 종사하는 비영리 사단법인이다.

(2) 즉, 한국증권거래소는 첫째 회원조직으로서의 법인인 점(법 제71조 제2항), 둘째 동 거래소에 대하여 법 또는 법에 의한 명령에 특별한 규정이 있는 것을 제외하고는 민법 중 사단법인에 관한 규정을 준용하도록 하고 있는 점(법 제75조), 셋째 동 거래소는 회원인 증권회사의 자발적인 신청에 의하여 가입처리되는 임의가입 형태이고 회원인 증권회사는 동 거래소의 승인을 얻어 탈퇴할 수 있도록 되어 있는 점(법 제76조의2, 제76조의4 제1항), 넷째 회원은 출자의무를 부담하지만 그 내용은 정관에서 정한 방식에 따르는 것인 점(법 제76조의3), 다섯째 동 거래소의 임원구성에 있어서 이사장을 제외하고는 대체로 회원총회의 결의를 통하여 자발적으로 선출되는 점(법 제78조), 여섯째 법률상 동 거래소의 임직원을 그 지위와 관련하여 공무원으로 간주하는 규정이 없는 점, 일곱째 동 거래소가 행한 결정에 대한 불복방법으로 행정심판에 의한 구제절차를 밟도록 하는 규정이 없는 점 등을 종합하면 피청구인의 기본적인 성격은 민법상 사단법인에 준하는 것이라고 할 것이다.

나. 유가증권의 상장 및 상장폐지 업무의 성격

(1) 피청구인이 수행하고 있는 유가증권의 상장 및 상장폐지 업무(법 제73조)는 유가증권시장의 관리와 관련이 있기는 하나, 국가사무로서의 "유가증권시장에 대한 관리·감독 및 감시 업무"는 금융감독위원회 및 이의 위임을 받은 금융감독원에 의하여 별도로 수행되고 있다(법 제206조의7 등 참조). 즉, 상장 또는 상장폐지 업무가 국가의 사무, 구체적으로는 금융감독위원회의 사무라고 볼 만한 직접적인 법률상 근거가 없을 뿐만 아니라, 법을 비롯한 관계법령에 피청구인에게 상장 또는 상장폐지 결정의 권한을 위임

또는 위탁한다는 아무런 규정이 없다. 이는 그러한 결정의 권한이 국가의 사무가 아닌 것을 당연한 전제로 한 것이라고 볼 것이고, 통상 국가사무를 위탁하는 경우라면 수탁자가 구체적인 사무처리에 있어서 저지른 잘못을 국가기관이 직접 시정할 수 있는 권한을 유보하는 것이 일반적임에도(행정권한의위임및위탁에관한규정 제13조 제1항 참조), 법이나 그 밖의 관계법령에 상장 또는 상장폐지 결정의 잘못을 국가가 직접 시정할 수 있도록 하는 근거규정이 없다.

(2) 증권거래법상 한국증권업협회의 기능 및 동 협회가 행하는 협회중개시장(소위 '코스닥시장')의 관리업무는 한국증권거래소의 기능 및 동 거래소가 행하는 거래소시장 관리업무와 거의 유사하다(법 제71조 내지 제117조, 제162조 내지 제172조의4 참조). 그런데, 대법원은 한국증권업협회가 행하는 코스닥시장의 운영업무와 관련하여 코스닥등록 업무는 국가사무의 일부라고 볼 수 없다고 판시한 바 있다(대법원 2004. 3. 4.자 2001무49 결정). 또한 법원의 실무상 피청구인의 주권상장법인에 대한 상장폐지결정 또는 한국증권업협회의 코스닥등록법인에 대한 등록취소결정에 대하여는 행정소송이 아닌 민사소송에 의하여 처리되어 왔고, 이 사건과 관련하여 청구인이 서울남부지방법원에 제기한 상장폐지무효확인소송(2004가합378)에서도 이를 전제로 본안판단을 하였다.

(3) 요컨대, 피청구인은 증권회사를 회원으로 하여 설립된 법인이고(법 제76조의2), 원칙적으로 피청구인의 회원이 아닌 자는 유가증권시장에서의 매매거래를 하지 못하며(법 제85조 제1항), 유가증권시장에 유가증권을 상장하려는 법인은 피청구인과의 사이에 피청구인이 제정한 유가증권상장규정 등을 준수하겠다는 상장계약을 체결하는 것이다. 따라서 유가증권의 상장은 피청구인과 상장신청법인 사이의 "상장계약"이라는 사법상의 계약에 의하여 이루어지는 것이고, 상장폐지결정 및 상장폐지확정결정 또한 그러한 사법상의 계약관계를 해소하려는 피청구인의 일방적인 의사표시라고 봄이 상당하다고 할 것이다.

결론적으로, 이 사건 상장폐지확정결정은 헌법소원의 대상이 되는 공권력의 행사에 해당하지 아니하므로 이를 대상으로 한 심판청구는 부적법하다고 할 것이다.

제3절 코넥스시장과 벤처기업육성에 관한 법률

I. 코넥스시장[12]

1. 의의 및 현황

유가증권시장과 코스닥시장이 대형·우량기업이나 중견 중소기업 중심시장으로서 상대적으로 안정적 투자기회를 제공하는 시장인 반면, 코넥스시장((KONEX, Korea New Exchange)은 초기 중소·벤처기업 중심의 고위험-고수익을 추가하는 역동적인 증권시장이다. 코넥스는 2013년 7월 자본시장을 통한 초기 중소기업 지원을 강화할 목적으로 개설된 중소기업 전용 신시장으로서 영국의 AIM(Alternative Investment Market)이 모델이었다.[13] 코넥스시장도 거래소가 개설하는 증권시장이므로, 코넥스시장에 상장된 기업은 주권상장법인으로서 유가증권시장 상장법인이나 코스닥시장 상장법인과 동일한 취급을 받게 된다. 다만 코넥스시장은 전문투자자 등으로 투자자를 제한하고 공시의무를 축소하는 등 몇 가지 다른 점이 있다.[14]

지금까지 중소기업의 자금조달 현황을 살펴보면 대부분 은행대출에 편중되어 있고, 직접금융(주식발행)을 통한 자금 조달은 매우 낮은 수준이었다. 이로 인해 중소기업등 비상장기업의 부채비율이 높아지고, 이자비용 부담도 상장기업에 비해 과중한 실정이며 은행의 대출정책 변화 등에 따라 기업의 존립이 위협받을 수 있는 가능성도 있다. 중소기업 자금조달이 이처럼 은행대출 등에 편

12 다음은 한국거래소, 「코넥스시장의 이해: KONEX 2017」, 2016. 12. 참조.

13 영국에서는 소규모 성장형 기업을 대상으로 증권발행, 상장요건 등을 완화한 AIM이 기존의 정규시장을 보완하면서 단기간에 중소기업 자본시장으로 성공하였다. AIM은 EU MiFID의 엄격한 규제(투자설명서 규제 및 시장투명성 규제 등)를 받지 않고 그 대신 런던거래소의 다소 완화된 규제를 받는 시장이다.

14 자본시장법 제165조 제2항은 중소기업기본법 제2조에 따른 중소기업이 발행한 주권을 매매하는 대통령령으로 정하는 증권시장에 상장된 주권을 발행한 법인의 경우에는 대통령령으로 정하는 기준 및 방법에 따라 반기·분기보고서의 제출의무를 면제하거나 제출기한을 달리하는 등 그 적용을 달리할 수 있다고 규정하는데, 동법 시행령 제176조 제8항은 여기서의 증권시장을 코넥스시장이라고 한다. 그리고 자본시장법시행령 제11조 제2항에도 한국거래소가 중소기업기본법 제2조에 따른 중소기업이 발행한 주권 등을 매매하기 위하여 개설한 증권시장으로서 금융위원회가 정하여 고시하는 증권시장을 코넥스시장이라고 정의하고 있다.

중된 데에는 과거의 중소기업 지원을 위한 코스닥시장이나 프리보드의 기능이 상당히 미흡했기 때문이다. 코스닥시장의 경우 투자자 보호를 위한 계속적인 상장 요건의 강화로 인해 성숙단계의 중소기업 대상 시장으로 변모하면서 초기 중소기업은 진입이 곤란한 시장이 되었다. 설립부터 코스닥시장 상장까지 소요되는 기간이 2004년에는 평균 9.3년이었던 것에 비해, 2012년도에는 평균 12.7년으로 크게 늘어났다. 그리고 프리보드의 경우에는 계속된 거래부진으로 인해 시장기능이 크게 위축되어 있는 상태였다. 이러한 이유로 초기 중소기업에 최적화된 증권시장의 필요성이 제기되었으며, 초기 중소기업의 특성을 반영한 장제도를 마련하기 위해서는 기존 증권시장을 활용하기보다는 제로베이스에서 설계하는 것이 용이하다는 판단을 하게 되었다.

2. 코넥스시장의 특성 및 기대효과

코넥스시장의 특징은 다음과 같다. 첫째, 코넥스시장은 중소기업기본법상 중소기업만 상장 가능한 시장으로서 초기 중소기업에 특화된 시장이다. 기술력 있는 중소기업의 성장을 지원하기 위하여 공모, 사모, 직상장 등 진입방법을 다양화하고 진입 요건도 최소화하였다. 그 밖에도 분기·반기보고서의 제출을 면제하고 수시공시사항을 축소하여 공시부담을 완화하였으며 사외이사와 상근감사 설치를 면제하여 지배구조 관련 부담도 대폭 완화하였다.[15] 둘째, 코넥스시장은 벤처캐피탈등 모험자본의 선순환(투자회수 및 재투자) 체계를 지원하는 시장이다. 코넥스시장은 전문투자자 등으로 시장참여자를 제한하나, 중소기업에 대한 투자전문성이 인정되는 벤처캐피탈(창업투자조합등 포함) 및 엔젤투자자의 시장참여를 허용하여 모험자본의 선순환을 지원한다.[16] 셋째, 코넥스시장은

15 자본시장법 제165조의19(사외이사 및 상근감사에 관한 특례) 중소기업기본법 제2조에 따른 중소기업이 발행한 주권을 매매하는 대통령령으로 정하는 증권시장에 상장된 주권을 발행한 법인에 대하여는 상법 제542조의8(제1항 단서, 제4항 및 제5항은 제외한다) 및 제542조의10을 적용하지 아니한다.

16 한편 개인이나 전문투자자가 아닌 일반법인 등 일반투자자의 경우 1억원 이상의 기본예탁금(현금·대용증권 포함)을 예치하거나 코넥스 소액투자전용계좌(연간 3천만원 한도, 고위험선호투자자만 개설 가능)를 개설한 경우에 한해 코넥스시장 직접 참여를 허용하고 있다. 또한, 일임계약형태의 분리과세 하이일드펀드(고위험고수익투자신탁) 및 일임형 랩어카운트를 통해 코넥스주식에 투자하는 경우에 대해서는 기본예탁금 적용을 면제함으로써 기본예탁금 미만의 금액을 보유한 일반투자자들도 코넥스주식에 간접 투자할 수 있도록 하였다. 한국거래소, 「코넥스시장의 이해: KONEX 2017」, 2016. 12, 11면.

M&A 등 구조조정을 지원하는 시장이다. 초기 중소기업은 M&A등을 통한 기업 성장 및 경쟁력 강화가 매우 중요한데, 코넥스시장은 활발한 M&A의 지원 및 원활한 지분매각을 위하여 합병요건(우회상장 포함)을 완화하고 대량매매·경매매제도 등을 도입하였다.[17]

코넥스시장에 대해서는 많은 관심과 기대가 있다. 우선 코넥스시장은 초기 중소·벤처기업에 자금조달을 지원하고 성장의 기회를 제공한다. 유상증자등 다양한 방법으로 직접금융 조달기회를 가지게 되는 것 이외에도 상장법인으로서 기업의 인지도 제고를 통해 상장프리미엄을 향유할 수 있을 것이다. 다음으로 코넥스시장은 벤처캐피탈 등의 투자에 대한 중간회수시장으로서의 역할도 하게 된다. 코넥스시장의 개설로 인하여 기업의 성장단계에 따른 자금의 선순환체계가 구축되고 코넥스시장을 통한 중간회수가 원활해질 경우, 창업초기의 자금시장뿐만 아니라 코스닥시장까지 활성화되는 전후방 효과도 기대할 수 있게 된다. 이 때문에 코넥스시장의 개설은 우리나라의 자본시장을 한단계 도약시키는 발판이 될 것이다. 또한 코넥스시장에 새로 도입된 지정자문인 제도는 기업평가, IPO, M&A 등을 통한 금융투자회사의 IB역량을 강화할 수 있는 계기가 될 것이다. 따라서 코넥스시장은 경제주체간 자원배분의 효율성을 제고하는 한편, 역동적이고 창조적인 중소·벤처기업의 생태계 조성에 큰 기여를 할 것이라고 기대한다.

3. 특기할 만한 제도

(1) 지정자문인 제도

지정자문인제도는 코넥스시장의 핵심 요소이다. 코넥스시장에 상장하고자 하는 기업은 거래소가 선정한 지정자문인 중 1개사와 지정자문인 선임계약을 체결하여야 신규상장신청이 가능하며, 코넥스시장 상장기간동안 지정자문인 선임계약을 유지해야 하고 만약 지정자문인 선임계약을 해지하는 경우 다른 지

17 즉 코넥스시장 상장법인의 원활한 합병 등을 지원하기 위하여 코넥스시장 상장기업과 비상장기업간에 합병을 하는 경우 상장기업에 적용되는 합병 등의 특례규정(합병가액 산정기준 및 외부평가기관 평가의무) 및 거래소의 우회상장 규제를 적용받지 않는다(자본시장법시행령 제176조의5).

정자문인과 신속히 지정자문인 계약을 체결해야 한다. 지정자문인은 초기 중소·벤처기업이 코넥스시장에 용이하게 상장할 수 있도록 지원하며, 상장기업에 자본시장 관련 법규 준수에 대한 자문·조언·지도, 공시 및 신고 대리, 기업의 정보생성 및 주식의 유동성공급 업무를 담당한다. 지정자문인은 기업의 후견인으로서 역할을 담당하는 외에 상장예정법인의 상장적격성을 심사하고 지정자문인계약 해지 등을 통해 부실기업을 선제적으로 퇴출하여 코넥스시장 건전성 유지와 투자자 보호를 위한 실질적인 역할을 담당한다(코넥스시장 상장규정 제4조).

(2) 특례상장제도 및 코스닥시장으로의 이전 상장 지원

코넥스시장은 특례상장제도를 통해 기술평가기업 및 크라우드펀딩 자금조달기업 등 창업 초기 기업의 원활한 자본시장 진입을 지원하고 있다.

특례상장제도

1. 기술 특례상장 도입 지정기관투자자가 20% 이상 투자하고 기술평가등급이 BB 이상인 기업에 대해 지정자문인 선임의무 면제 특례	한국거래소규정 개정(2015. 6. 10)
2. 크라우딩펀딩 특례상장 도입 크라우드펀딩을 통해 일정 규모 이상의 자금조달에 성공한 기업에 대해 지정자문인 선임의무 면제 특례와 같은 특례상장제도를 도입	한국거래소규정 개정(2016. 12. 14)

한편 코넥스시장은 성장초기 중소·벤처기업의 자금조달을 지원하는 측면도 있지만 유가증권시장 및 코스닥시장 상장을 위한 인큐베이터 시장의 역할도 수행한다. 한국거래소는 코넥스 상장법인이 코스닥시장으로 신속히 이전하여 기업성장기반을 확충할 수 있도록 신속이전·합병상장제도(Fast Track)를 마련하였는데, 코넥스시장에 상장된 기업이 향후 코스닥시장으로 이전 상장할 때 상장기간, 시가총액 등을 고려하여 보다 완화된 상장요건을 규정한 것이다(코스닥시장상장규정 제7조 제9항).[18]

18 코넥스시장 상장법인의 코스닥시장 이전 상장시 심사요건의 특례는 다음과 같다. 첫째, 코넥스시장 상장기간 1년 이상 기업으로서 ① 평균시가총액이 300억원 이상인 경우 외형요건(기업규모,매출등)을 1/2로 완화하였으며, ② 평균시가총액이 1,000억원 이상인 경우 기업규모 및 재무요건을 적용하지 않는 것으로 하였다. 둘째, 코넥스에서 주식을 공모한 경우에는 과거의 공모실적을 의무공모 비율(10%)에 산입할 수 있도록 하였다.

(3) 증권신고서 제출의 특례

코넥스 상장법인이 공모하는 경우 자본시장법시행령 제11조 제2항 각호의 코넥스시장 참여자는 공모 합산 대상자에 포함되지 않으므로, 이들 투자자에 한해 증권을 발행하는 경우에는 증권신고서 제출의무가 면제된다. 또한 주식 등 지분증권을 사모 발행하는 경우 다른 증권시장의 상장법인과 달리 코넥스 상장법인에 대해 전매제한조치(1년간 보호예수)를 하지 않아도 증권신고서 제출이 면제되는 특례가 적용된다.

증권신고서 제출의 특례

구분	코스피 · 코스닥	코넥스
공모	증권신고서 제출	증권신고서 제출
사모 (유상증자)	증권신고서 제출면제 (전매제한조치 필요)	증권신고서 제출면제 (전매제한조치 불요)

(4) 상장심사기간 단축 등 비용의 감소

코넥스시장은 해당기업에 대해 잘아는 지정자문인이 사전에 상장적격성을 심사하므로 신규상장절차를 간소화하고 상장심사기간을 대폭 단축하고 있다. 예를 들어 유가증권시장과 코스닥시장의 경우 신규상장 신청일부터 상장일까지 기간이 약 3개월 정도 소요되는 데 반해 코넥스시장에 직상장하는 경우 15일 이내로 단축되었다. 그리고 코넥스시장은 코넥스시장 상장기업의 자유로운 M&A, 자금조달 편의성 및 투자자금의 원활한 회수(exit)를 위해 유가증권시장 및 코스닥시장과 달리 기업의 최대주주 및 그 특수관계인과 벤처캐피탈이 소유한 주식에 대해 보호예수의무를 부과하고 있지 않다. 다만 기술 특례상장기업의 경우 상장에 동의한 지정기관 투자자의 보유지분에 대해서는 일정 기간 보호예수의무를 적용한다.또한 시장개설 초기 기업의 부담을 완화하기 위해 상장수수료 및 연부과금을 2년간 면제하였다.

(5) 회계기준 및 지배구조 준수의무 완화

기업이 상장을 추진함에 있어 부담으로 작용하여 왔던 증권선물위원회의 감사인 지정 및 한국채택국제회계기준(K-IFRS)의 적용이 코넥스시장에서는 면제되고(외부감사에 관한 법률시행령 제4조 및 제7조의2), 사외이사 및 상임감사의 선임의무가 코넥스시장에서는 면제되어 초기 중소·벤처기업의 부담이 대폭 감소되었다.

II. 벤처기업육성에 관한 특별조치법

1. 벤처(venture) 기업의 의의 및 도입배경

벤처기업은 일반적으로 연구개발형 기업 또는 기술·지식집약적 기업 등으로 불리우기도 하는데, 이는 소수의 창업자가 신기술 내지는 고도의 독자적인 기술이나 신경영에 관한 노하우를 무기로 하여(창조적·독창적), 자력으로 신규시장을 개척해가는 젊고 혁신적인 중소·중견기업으로서 경영자가 기업의 사회적 역할을 인식하고 적극적으로 경영을 확대하고자 하는 모험적이고 도전적인 기업가 정신을 가진 현대적 기업을 의미한다. 과거 선진국 따라잡기식의 경제체제하에서 일관된 규모의 경제만을 추구하면서 일부 대기업 중심으로 한 경제운영방식이 한계에 도달(규모의 불경제효과 발생하면서 고비용·저효율)하고, 오히려 지속적인 경제발전에 걸림돌로 작용되기에 이르렀다. 이미 미국에서는 1950년대부터 이후 20여년간 국방연구에 벤처기업이 활용되었고, 1980년대부터 이동통신과 바이오산업을 중심으로 한 신산업이 탄생하면서 신산업에 대한 지적재산권의 배려와 금융·세제지원을 시작하였다. 이후 반도체·유전공학·컴퓨터공학 등 첨단분야에서 벤처붐이 조성되었다. 21세기로 접어들면서 선진국은 무한경쟁의 과학기술시대를 맞이하여 지식 및 R&D를 기반으로 한 신지식기반산업을 성숙시킴으로써 경제성장과 고용창출을 견인하겠다는 경제운영기조를 확고히 하였는데, 한국을 비롯한 아시아제국도 이러한 움직임에 영향을 받게 되었다.

2. 특징

벤처기업은 소자본을 투자한 기술·지식집약형 기업으로서, 신기술 개발위험과 신시장 개척위험에 적극적으로 도전하며, 매출액 및 당기순이익에서 고도성장 및 고부가가치의 실현을 도모하고, 경영자의 기업가정신이 왕성한 대기업의 계열회사가 아닌 독립기업으로서의 특징을 갖고 있다.

3. 벤처기업육성에 관한 특별조치법

(1) 주요내용

1997년 법률 제5381호로 벤처기업육성에 관한 특별조치법이 제정된 후, 중소기업창업지원법(법률 제5454호)과 각종 금융지원법이 제정되었다. 벤처기업육성에 관한 특별조치법의 구성은 다음과 같다. 제1장은 총칙으로서 정의등 일반규정을 두고 있고, 제2장은 벤처기업육성기반의 구축을 위한 자금공급(제4조-제14조)과 기술활동과 인력공급(제15조-제16조의7) 및 입지공급(제17조-제22조)을 원활히 할 수 있도록 하는 입법적 조치를 규정하고 있다. 이 중 자금공급과 관련한 중요한 내용은 2020년 2월 제정된 '벤처투자 촉진에 관한 법률'에서 규정하게 되었다. 그간 세부적인 벤처기업지원정책으로서, ① 벤처기업등록제; ② 벤처기업 창업교육 및 최고경영자교육 시스템; ③ 교수와 연구원의 겸직허용제도; ④ 정보시스템 구축; ⑤ 벤처사랑방 운영; ⑥ 주식옵션제도 실시; ⑦ 병역특례확대제도; ⑧ 산학협력을 위한 테크노파크 설치; ⑨ 벤처전용단지 및 집적시설; ⑩ 엔젤제도; ⑪ 코스닥시장과 코넥스시장; ⑫ 기술담보제도; ⑬ 산업재산권 특례제도 등이 시행되어 왔다.

(2) 특기할 만한 사항

첫째, 제2조 제1항 및 제2조의2에 의한 벤처기업의 요건 중 하나로서, 중소기업기본법 제2조의 중소기업으로서 기업의 연간 연구개발비와 연간 총매출액에 대한 연구개발비의 합계가 차지하는 비율이 각각 대통령령이 정하는 기준 이상이고, 대통령령이 정하는 기관(기술신용보증기금, 중소기업진흥공단, 한국기술거래소, 정보통신연구진흥원)으로부터 사업성이 우수한 것으로 평가받은 기업일 것이 요구된다. 이는 종래보다 벤처에 대한 개념을 대폭 완화한 것이다.

둘째, 벤처기업의 경우 노무(idea) 출자가 기업가치의 원천이므로, 제6조에서는 현물출자 대상에 특허권·실용신안권·디자인권 기타 이에 준하는 기술과 그 사용에 관한 권리를 포함하고, 대통령령이 정하는 기술평가기관이 산업재산권 등의 가격을 평가한 경우 그 평가내용은 상법규정에 따라 공인된 감정인이 감정한 것으로 간주하고 있다.

셋째, 벤처기업이 유한회사의 형태로 설립될 경우 제16조의5 제3항에 의하면 유한회사인 벤처기업은 정관이 정하는바에 따라 상법 제580조의 규정에 불구하고 사원총회의 결의로 이익배당에 관한 기준을 따로 정할 수 있도록 하였다.

넷째, 제5조에서는 기술보증기금으로 하여금 벤처기업 및 신기술창업전문회사에 대하여 우선적으로 신용보증을 하도록 의무화하고 있다.

다섯째, 벤처기업은 초기단계에 자금이 많이 필요하나, 초기단계에 개인투자자들이 Angel로 나서기를 꺼리므로 '벤처투자 촉진에 관한 법률'은 제6장(벤처투자조합)에서 벤처기업에 대한 투자유인장치를 많이 마련하였다.

마지막으로 벤처기업육성에 관한 특별조치법은 제정 당시 부칙 제2조에 의하여 존속기간이 10년인 한시법(2007년 12월 31일까지)으로 제정되었었다. 이는 과세상의 일방적 혜택을 항구적으로 부여하지 않겠다는 입법의지를 드러낸 것이었지만, 이후 동법의 핵심적 조항들이 2008년 1월 1일 이후에도 존속되도록 관련 규정이 정비되었고 종국적으로 이렇게도 논란이 많았던 부칙을 개정하여 동 법률을 존치시키는 입법적인 결단을 하게 되었다.

제4절 K-OTC

K-OTC시장은 비상장주식의 매매거래를 위하여 한국금융투자협회가 자본시장법에 따라 개설·운영하는 제도화된 장외시장을 말하는데, 여기서 K-OTC는 한국장외시장의 영문(Korea Over-The-Counter) 약칭이다. 한국금융투자협

회는 비상장 중소·벤처기업의 직접금융 활성화를 위해 2005년 7월부터 프리보드를 운영하여 왔으나, 주식거래 대상기업이 소수의 중소기업 위주로 한정되어 시장의 역할이 크게 저하되었고, 2013년 7월 중소기업 전용 주식시장인 코넥스 시장이 개설되면서 그 역할이 모호해졌다. 이에 중소·벤처기업의 직접금융 활성화에 중점을 두던 시장운영방식을 개선하여 중소기업을 포함한 모든 비상장 법인의 주식을 투명하고 원활하게 거래할 수 있는 실질적인 場을 제공하는 데 중점을 두고 시장개편을 추진하게 되었다. 이를 통해 국내 주식거래 인프라를 완비함으로써 투자자의 주식거래 편의성을 제고하고 기업의 자금조달을 지원하려는 목적을 갖는다.

K-OTC시장은 다음과 같은 특징을 갖는다. 첫째, 비상장 대기업, 중견기업 주식이 새롭게 시장에 편입된다. 장외에서 활발하게 거래되고 있는 비상장 대기업, 중견기업 등 공모실적이 있는 사업보고서 제출대상 비상장법인의 발행주식이 K-OTC시장에서 거래되는 것이다(비신청 지정제도 도입). 둘째, 투자자에게 새로운 투자기회를 제공한다. 고위험·고수익을 추구하는 투자자가 성장가능성이 있는 비상장기업에 대해 투자할 수 있는 시장인 것이다. 셋째, 비상장주식 투자의 편의성 및 결제안정성을 제공한다. 투자자는 K-OTC시장을 통하여 비상장주식을 편리하게 거래할 수 있으며, 호가정보와 시세정보가 투명하게 공개되고, 매매체결시 결제가 안전하게 이루어진다. 넷째, 투자자의 자기책임원칙이 강조된다. 규제가 최소화된 장외시장이므로, 투자자는 기업내용과 투자위험성 등을 충분히 검토하고 철저히 자기판단과 책임하에 투자하여야 한다. 다섯째, 한국금융투자협회가 운영하는 시장이다.

제5장

금융투자업 행정체계와 관계기관

제1절 금융투자업 행정체계

I. 자본시장 규제·감독의 의의

자본시장이 기업의 직접금융조달의 장이자 자산운용의 장으로서 그 본연의 기능과 역할을 다하려면 시장의 공정성·완전공시성·투명성 등이 확보되는 효율적인 자본시장(efficient capital market)이 되어야 한다. 그래야만 투자자를 보호할 수 있고 자본시장의 신뢰성을 유지할 수 있는 것이다. 효율적 자본시장은 자원배분의 효율성·운영의 효율성·정보의 효율성 등이 확보되어야 한다. 따라서 이러한 효율성을 저해하는 요소를 제거하고 불공정거래를 근절하며 자본시장의 실패에서 오는 부작용을 최소화하고 실질적인 경쟁여건을 구축함으로써 기업·대주주와 소액주주 간의 이익을 조화시키기 위해 자본시장의 규제와 감독이 필요하게 된다. 또한 자본시장의 규제와 감독은 금융기관의 사금고화를 방지함으로써 자본시장의 공공성과 형평성을 제고시키는 데에도 큰 역할을 한다.

사실 금융투자거래는 본질적으로 가공할만한 휘발성이 있고 비대면거래(non face to face)·인간의 이익추구동기 등으로 인하여 자본시장의 불안정성과 불확실성이 다른 어떠한 시장보다도 크다고 할 수 있다. 그렇다 보니 자본시장 실패의 개연성 또한 다른 시장(예: 금융중개시장 내지 상품시장)보다 큰 것이다. 자본시장의 규제와 감독을 통하여 시장실패를 예방하고 자본시장의 안정성, 공정경쟁성 및 신뢰성을 확보하는 일은 자본시장을 국가의 대표자산으로서 계속 발전·성장할 수 있는 밑거름이 된다고 할 것이다.

Ⅱ. 자본시장의 규제·감독 유형: 공적규제(타율규제)와 자율규제

1. 상황이론의 논거

자본시장의 규제·감독에 대해서는 규제옹호론과 규제철폐론이 있다. 전자는 자본시장의 실패를 사전적으로 차단하고 사후적으로 즉각 교정하며 자산가격의 거품(bubble)을 적시에 해소하기 위해서는 자본시장의 규제·감독이 철저하게 이루어져야 한다는 입장이다. 이에 반하여 후자는 자본시장이 자유주의 시장경제질서에 있어서 완전경쟁시장의 가장 대표적인 존재로서 시장기능의 창달을 위해서는 가능한 한 규제·감독을 하지 말아야 한다는 입장이다. 그런데 현재 전 세계적으로 이렇게 양 극단론적인 입장을 취하는 국가는 존재하지 않는다. 즉 전 세계 증권감독기구의 입장은 자본시장의 감독방식은 각국이 갖고 있는 금융의 역사·풍토 등에 따라 운영되어야 하는데 전적으로 자유주의방임에 맡길 수 없고 상황에 따라 제한적으로 국가의 개입이 필요하다는 것이다. 이러한 상황이론에 의하면 시장상황이 안정되어 있을 때에는 가급적 규제권한의 발동을 자제하여야 하지만 시장상황이 불안정할 때에는 가격과 수급량이 시장에 의하여 결정되는 정상적인 시장메카니즘이 작동되도록 하기 위해 규제권한을 발동하여야 한다는 것이다. 상황이론은 자본시장이 동태적이고 가변적이므로 법의 효율적 집행을 위한 행정기관의 역할과 재량을 매우 강조하는 입장이라고 분석된다.

2. 공적규제와 자율규제의 비교

공적규제는 규제·감독의 엄격성과 공정성을 확보하기 용이한 장점이 있고, 자율규제는 자율규제기관의 전문성과 시기탄력성 등을 제고할 수 있고 건전한 상도덕성의 확보도 용이해진다는 장점이 있다(뒤의 한국거래소와 한국금융투자협회 부분에서 상술). 우리나라는 전통적으로 공적규제위주의 국가로 간주되었지만, 1997년 IMF 경제위기 이후 금융자율화와 개방화가 급속도로 진전되고 시장기능의 활성화를 우선시하는 정책이 속속 시행됨으로써 자율규제 중심으로 기본축이 변화되는 추세에 있다. 자본시장법도 자율규제의 중요성을 상당히 강조하고 있다.

자본시장 공적규제의 유형

1. 중앙정부가 직접 감독하는 유형: 일본의 금융감독청
2. 증권분야에 있어서 정부기관인 독립규제위원회가 감독하는 유형: 미국의 SEC
3. 금융시장 통합감독기구가 감독하는 유형: 우리나라의 금융위원회와 영국의 PRA

(최근 동향) 업무행위 규제의 경우 대부분의 국가에서 공적규제와 자율규제를 병행하면서 후자에 보다 중점을 두려는 움직임이 나타나고 있는데, 영국의 Principle Based Regulation(원칙 중심의 규제) 체제가 가장 대표적인 사례이다. 우리나라의 금융위원회도 최근 지속적으로 규제개혁을 추진하면서 업무행위 규제 부분에 있어서 원칙 중심의 규제체제를 일부 수용하겠다는 입장을 천명한바 있다. 그렇다 보니 자본시장법제의 기본 패러다임을 전면적으로 전환하려는 움직임도 있는데, 2020년에는 Chinese Wall 관련 규제가 제일 먼저 원칙 중심의 규제체제로 바뀔 가능성이 높아지고 있다.[1]

III. 우리나라의 금융투자업 행정기관

우리나라의 금융투자업 행정은 일단 경제정책수립의 최정점에 있는 기획재정부장관과 금융위원회(증권선물위원회)를 중심으로 하는 공적감독체제로 편중되어 있다. 혹자는 금융위원회가 금융감독의 최정점에 있다고 오해할 수 있지만, 사실은 그러하지 않다. 왜냐하면 기획재정부가 여전히 국제금융분야에서 규제·감독의 중심에 서기 때문이다.

1 금융위원회도 보도자료를 통해 금융투자업자의 자율성과 책임성을 높이는 방향으로 금융투자업 영업행위 규제를 전면 개편할 것이라고 하면서 ① Chinese Wall 규제를 법령에서는 정보교류 차단을 위한 필수원칙만 정하고 세부사항은 회사가 자율적으로 설계·운영하는 방식으로 개선하고, ② 금융투자업자의 업무범위 위탁범위를 핀테크 활성화 등 경영환경 변화에 맞추어 합리적으로 정비하며, ③ 겸영·부수업무 등에 대한 사전보고 원칙을 사후보고 원칙으로 전환하겠다고 하였다. 금융위원회, "[보도자료]금융투자업 영업행위 규제 개선방안," 2019. 5. 27.

1. 기획재정부장관

정부조직법 제27조에 의하면 기획재정부장관은 중장기 국가발전전략수립, 경제·재정정책의 수립·총괄·조정, 예산·기금의 편성·집행·성과관리, 화폐·외환·국고·정부회계·내국세제·관세·국제금융, 공공기관 관리, 경제협력·국유재산·민간투자 및 국가채무에 관한 사무를 관장하도록 되어 있다. 종래에는 기획재정부가 국내금융정책도 관장하였으므로 금융관계법률의 제·개정 제안권까지 갖고 있었지만, 동 사무는 신정부들어 금융위원회로 이관되었다. 그런데 기획재정부 차관이 금융위원회의 당연직 위원일 뿐만 아니라 기획재정부의 감독하에 있는 예금보험공사 사장과 한국은행 부총재가 금융위원회의 당연직 위원이므로, 기획재정부는 금융위원회의 의사결정에 있어서 상당한 영향력(전체 9인의 위원 중 3인)을 행사한다고 할 수 있다.

2. 금융위원회

금융위원회의 설치등에 관한 법률 제3조 제1항에 의하면 금융위원회는 금융정책, 외국환업무취급기관의 건전성 감독 및 금융감독에 관한 업무를 수행하는 국무총리소속의 합의제 행정기관이다. 금융위원회의 소관사무는 다음과 같다. 즉 ① 금융에 관한 정책 및 제도에 관한 사항, ② 금융기관 감독 및 검사·제재에 관한 사항, ③ 금융기관의 설립, 합병, 전환, 영업 양수·도 및 경영 등의 인·허가에 관한 사항, ④ 자본시장의 관리·감독 및 감시 등에 관한 사항, ⑤ 금융중심지의 조성·발전에 관한 사항, ⑥ 앞의 ①부터 ⑤까지의 사항에 관련된 법령 및 규정의 제·개정 및 폐지에 관한 사항, ⑦ 금융 및 외국환업무취급기관의 건전성 감독에 관한 양자·다자간 협상 및 국제협력에 관한 사항, ⑧ 외국환업무취급기관의 건전성 감독에 관한 사항, ⑨ 그 밖에 다른 법령에서 금융위원회의 소관으로 규정된 사항이다.

자본시장법은 제416조에 금융위원회의 조치명령권을 규정하고 있다. 즉 금융위원회는 금융투자업자를 상대로 다음과 같은 조치를 명할 수 있다. ① 금융투자업자의 고유재산 운용에 관한 사항, ② 투자자 재산의 보관·관리에 관한 사항, ③ 금융투자업자의 경영 및 업무개선에 관한 사항, ④ 각종 공시에 관한 사항, ⑤ 영업의 질서유지에 관한 사항, ⑥ 영업방법에 관한 사항, ⑦ 장내파생상품 및 장외파생상품의 거래규모의 제한에 관한 사항, ⑧ 그 밖에 투자자 보호 또는 건전한 거래질서를 위하여 필요한 사항으로서 대통령령으로 정하는 사항. 이는 구 증권법 제54조의 포괄적인 명령권 조항을 좀 더 구체화한 것이다.

금융위원회는 다른 금융감독당국과 협조하여야 할 경우도 많다. 예를 들어 금융위원회의 조치가 통화신용정책에 영향을 미칠 수 있다. 그 때에는 중앙은행의 금융통화위원회가 금융위원회를 상대로 통화신용정책과 관련되는 조치에 대하여 재의를 요구할 수 있도록 하고 있다. 그러나 이러한 재의에 대하여 금융위원회가 재적위원 2/3의 찬성으로 의결할 때에는 확정된다는 점을 유념하여야 한다. 또한 금융통화위원회가 통화신용정책의 수행을 위하여 필요하다고 인정한 경우 혹은 예금보험공사가 예금자보호를 위하여 필요하다고 인정한 경우, 금융위원회에 대하여 금융기관의 검사를 요구하거나 금융기관의 검사에 공동참여할 것을 요구할 수 있도록 하고 있다.

금융위원회 내부조직으로 증권선물분야에 전문화된 증권선물위원회가 있다. 금융위원회의 설치등에 관한 법률 제19조는 증권선물위원회가 ① 자본시장의 불공정거래 조사, ② 기업회계의 기준 및 회계감리에 관한 업무, ③ 금융위원회 소관사무 중 자본시장의 관리·감독 및 감시등과 관련된 주요사항에 대한 사전심의, ④ 자본시장의 관리·감독 및 감시등을 위하여 금융위원회로부터 위임받은 업무, ⑤ 기타 다른 법령에서 증권선물위원회에 부여된 업무를 수행하도록 규정하고 있는데, 동법 제20조에 의하면 증권선물위원회는 위원장 1인을 포함한 5인의 위원으로 구성된다. 여기서 ③의 사전심의대상은 증권발행인·공개매수자·합병신고법인·5% rule 보고자에 대한 조치절차 및 기준, 상장법인 재무관리기준 및 상장법인에 대한 조치, 불공정거래자에 대한 조사 등이 있다.

제2절 금융투자업 관계기관

I. 거래소

자본시장법은 종래 한국거래소의 독점적 지위를 인정하였었다. 그러나 2013년 법 개정으로 거래소의 허가제를 도입하고 경쟁매매에 의한 거래체결을 수행하는 ATS를 인정하면서 한국거래소의 독점적 지위는 더 이상 유지될 수 없게 되었다. 2013년 자본시장법 부칙 제15조는 한국거래소에 대한 경과조치를 규정하고 있는데, 제1항은 개정법 시행 당시 종전의 한국거래소는 제373조의2 제1항의 개정규정에 따라 시장개설 단위의 전부에 대하여 거래소허가를 받은 것으로 간주하고, 제3항은 "거래소허가를 받은 것으로 보는 거래소는 금융위원회가 제78조 제3항의 개정규정에 따른 지정거래소, 제378조 제1항의 개정규정에 따른 청산기관 및 제378조 제2항의 개정규정에 따른 결제기관으로 지정한 것으로 본다"고 규정하고 있다.

1. 거래소의 청산업무

거래소는 증권시장에서의 청산기관이고, 한국예탁결제원은 증권시장에서의 결제기관이다. 파생상품시장에서의 청산기관 및 결제기관이 모두 거래소라는 점을 감안한다면 자본시장은 청산·결제가 분리되어 있다고 할 수 있다.

매매거래 종류별 결제주기 및 대상〉

매매거래의 종류	결제주기	대상
보통거래	T+2	주식시장의 매매거래
익일 결제거래	T+1	국채전문유통시장의 매매거래 (국채, 통화안정증권, 예금보험기금채권)
당일 결제거래	T+0	환매조건부채권매매거래 일정 기준(잔액2천만원) 이상의 사채/특수채 거래 일반채권시장의 매매거래

청산이란 증권시장과 파생상품시장에서의 매매거래에 따른 매매확인, 채

무인수, 차감, 결제증권·결제품목·결제금액의 확정, 결제이행보증, 결제불이행에 따른 처리 및 결제지시업무를 말한다.[2] '매매거래에 따른 매매확인'(trade confirmation)은 매매거래의 내용을 청산기관이 확정함으로써 청산기관이 부담하는 채무의 내용을 확정하기 위한 선행적 절차이다. '채무인수'는 청산기관이 매매거래에 따른 회원의 채무를 인수함으로써 중앙결제기구(CCP: Central counter-party)가 되는 행위를 말한다. 자본시장법 제398조(구선물거래법 제28조)에 의하면 거래소는 증권시장 및 파생상품시장에서의 매매거래를 원활하게 하기 위하여 증권시장업무규정 및 파생상품시장업무규정이 정하는바에 따라 회원을 대신하여 그 회원의 증권시장 또는 파생상품시장에서의 매매거래에 의한 채권·채무에 대하여 그 채권을 행사 또는 취득하거나 그 채무를 이행 또는 인수할 수 있다고 규정하고 있다. 거래소가 중앙결제기구가 되면 거래소가 개설한 시장에서의 매매거래에 참여하는 회원은 거래상대방의 신용위험(Counter-party Risk)에 노출되지 않게 된다. 개별적인 거래상대방의 신용이 아니라 거래소가 중앙결제기구로서 거래당사자가 되기 때문에 그만큼 거래안전성이 높다고 할 수 있다. 또한 회원은 거래소의 신용을 믿고 매매거래에 참여할 수 있게 되므로 다른 거래에 비하여 상대방 탐색비용이나 거래상대방 신용상태 파악비용 등이 줄어드는 부대 효과도 얻을 수 있다.

'차감'(netting)은 거래소와 회원간 결제의무의 범위를 차감하는 과정을 말한다. 거래소와 회원은 결제기일 또는 수수일 및 수수시한이 동일한 채무를 상호 차감하여 그 결제의무를 최소화시키고 있다(유가증권시장업무규정 제74조, 코스닥시장업무규정 제30조, 코넥스시장업무규정 제36조, 파생상품시장업무규정 제103조). 이를 흔히 '차감결제'라고 하는데 결제규모를 최소화함으로써 결제의 효율성을 높이고 결제불이행 가능성을 감소시키는 효과가 있다. 증권시장의 차감결제는 매매거래의 종류별로 이루어지며, 유가증권시장과 코스닥시장간에는 통합하여 차감결제가 이루어진다. 그러나 파생상품시장과 증권시장간에는 차감결제가 이루어지지 않는다. 차감결제는 거래소가 중앙결제기구가

2 청산의 장점은 ① 결제리스크 축소, ② 거래 활성화 및 익명성 보장, ③ 시스템리스크 차단(일부 회원의 결제대금 납부 지연시 청산기관이 즉시 유동성을 투입함으로써 시장의 연쇄적인 결제지연 또는 결제불이행 발생을 차단함).

됨으로써 가능하기 때문에 차감은 거래소의 채무인수와 직접적으로 연관된 효과라고 할 수 있다. 따라서 중앙결제기구(Central Counter-party)에 의한 결제방식과 차감결제(netting)는 서로 동전의 앞뒤와 같이 거래소시장의 결제의 효율성과 안정성을 높이는 역할을 하고 있다.

'결제증권·결제품목·결제금액의 확정'은 차감 과정을 통하여 청산기관과 회원간의 채권·채무를 확정하는 것을 말한다. 여기서 '결제증권'은 유가증권시장 및 코스닥시장에서의 매매목적물인 증권의 매매거래로 수수하게 되는 증권의 수량을 말하며, '결제품목'은 파생상품시장에서의 매매거래로 인도대상이 되는 품목의 수량을 말한다. '결제대금'은 결제증권과 결제품목에 대하여 반대급부에 해당하는 대금을 말한다. 따라서 유가증권시장과 코스닥시장에서는 결제증권과 결제금액의 확정이 이루어지며, 파생상품시장에서는 결제품목과 결제금액의 확정이 이루어진다. '결제이행보증 및 결제불이행에 따른 처리'는 중앙결제기구로서의 청산기관이 지는 당연한 의무의 결과이다. 청산기관은 결제이행보증을 할 뿐 아니라 결제불이행이 발생할 경우 결제이행은 물론 그에 따른 미결제약정의 정리, 구상권 행사 등의 후속처리를 하게 된다. 결제이행을 위하여 청산기관은 다양한 결제이행재원을 미리 확보해 두고 있는데 대표적인 결제이행재원이 손해배상공동기금이다(자본시장법 제394조 제1항). 거래소는 유가증권시장과 코스닥시장을 위한 손해배상공동기금과 파생상품시장을 위한 손해배상공동기금을 구분하여 적립하여야 한다(자본시장법 제394조 제2항). 그 밖에도 증거금을 예탁받고 있으며, 결제은행과 신용라인(credit line)을 개설해 두는 등 여러 가지 결제이행재원을 확보해 두고 있다.[3]

마지막으로 '결제지시업무'는 청산기관이 결제기관에 대하여 행하는 결제이행의 지시를 뜻한다. 결제지시는 청산기관이 결제회원에 대하여 부담하는 채무의 이행에 관한 청산기관의 결제기관에 대한 지시를 의미한다. 따라서 결제지시

3 자본시장법 제395조 내지 제400조가 결제 이행과 관련한 조항이다. 결제 이행재원으로는 "① 결제불이행 회원의 자산, ② 한국거래소의 결제적립금(거래소 정관에 따라 이익잉여금중 일부를 회원의 결제불이행으로 인한 손실 보전의 목적으로 적립한 임의적립금), ③ 정상 회원의 손해배상 공동기금, ④ 잔여 결제적립금, ⑤ 추가 공동기금(기존에 적립된 결제이행 재원을 사용하여도 결제불이행 손실을 처리할 수 없는 경우를 대비하여 결제 회원에게 추가로 일시에 재원을 부담하도록 하여 조성된 기금), ⑥ 한국거래소의 기타 자산"의 순서로 사용하여야 한다.

는 결제기관과 청산기관이 분리되어 있는 증권시장의 경우에 의미가 있으며 양 기관이 거래소로 동일한 파생상품시장의 경우에는 적용되지 않는다. 그리고 결제회원이 청산기관에 대하여 부담하는 채무의 이행에 관하여 청산기관의 결제회원에 대한 결제지시도 있을 수 없다.

2. 거래소의 수시공시제도

첫째, 주요경영사항 공시제도이다. 상장법인은 공시규정이 정하는 주요경영사항에 해당하는 사실 또는 결정이 있는 경우에는 즉시 그 내용을 거래소에 신고하여야 한다. 이는 중요도에 따라 다시 사유발생 당일(부득이한 경우 익일 오전 7시 20분)까지 신고해야 하는 당일공시사항과, 사유발생 다음날까지 하는 익일공시사항으로 나뉜다.

둘째, 조회공시제도이다. 조회공시는 기업의 주요 경영사항 또는 그에 준하는 사항에 관한 풍문 또는 보도의 사실여부나 당해 기업이 발행한 주권 등의 가격이나 거래량에 현저한 변동이 있는 경우 거래소가 상장법인에게 중요한 정보의 유무에 대한 답변을 요구하고 당해 기업은 이에 응하여 신고하도록 하는 제도이다. 상장법인은 풍문 등과 관련하여 조회공시를 요구받은 경우에는 요구시점이 오전인 때에는 당일 오후까지, 오후인 때에는 다음날 오전까지 답변하여야 하며, 시황과 관련하여 조회공시를 요구받은 경우에는 요구받은 다음날까지 답변하여야 한다.

셋째, 자율공시제도이다. 자율공시란 영미식의 직접공시주의를 일부 수용한 것으로서 의무공시사항인 주요경영사항 외의 사항에 관하여 상장기업의 자율적인 판단에 따라 당해 기업에 관한 주요 경영상의 정보 또는 장래계획 등을 공시할 수 있도록 하는 제도이다. 통상 불리한 정보는 감추고 유리한 정보는 널리 알리고자 하는 기업의 속성을 고려하여 의무공시사항은 주로 불리한 정보를 열거하고, 자율공시사항은 기업에 유리한 정보들로 하고 있다. 자율공시 사항도 일단 공시하면 그에 따른 법적 효과는 의무공시사항인 주요경영사항 공시와 동일하게 취급된다.

넷째, 공정공시제도이다. 공정공시는 상장기업이 증권시장을 통해 공시되지 아니한 중요정보가 기관투자자 등 특정인에게만 전달되어 정보의 비대칭을 초래하는 것을 방지하고자, 그러한 특정인에게 선별적으로 제공되기 이전에 거래소를 통하여 공시하도록 함으로써 모든 시장참가자들이 동 정보를 알 수 있도록 하는 제도이다. 공정공시는 불공정거래의 예방과 수시공시제도를 보완하는 차원에서 미국의 Regulation FD(2000. 10)를 모델로 하여 도입한 제도이다. 공정공시의 개요는 다음과 같다. 장래계획 또는 경영계획, 매출액 등 영업실적에 대한 전망, 잠정 영업실적, 중요경영사항 등 관련 내용을, 공정공시대상 정보에 접근할 수 있는 포괄적인 지위를 가진 자와 업무상 동 정보에 대한 접근이 가능한 직원 등 정보제공자가 국내외 증권업 종사자 및 다른 자들에 비해 공정공시대상정보에 보다 용이하게 접근할 수 있는 자 등 정보제공대상자에게 선별적으로 제공하는 경우, 정보제공전 또는 정보제공과 동시에 거래소를 통하여 공시하여야 한다.[4]

3. 거래소의 핵심적 자율규제업무

(1) 시장감시 및 기타 제도

"시장감시"라 함은 시장에서의 증권 또는 장내파생상품의 매매나 그 주문·호가의 상황 또는 이와 관련된 제보·공시·풍문·보도 등을 감시 및 분석하는 것을 의미한다(시장감시규정 제2조 제2항). 자본시장법 제373조의7과 제402조 제1항은 거래소 시장감시위원회의 업무로 시장감시를 별도로 명시하고 있는바, 시장감시업무는 사후적인 이상거래에 대한 심리업무 등과는 달리 시장의 건전성을 확보하기 위한 사전 예방활동을 한다는 데에 독자적인 의의가 있다. 시장감시위원회의 불공정거래 사전예방활동으로는 '투자주의종목'·'투자경고종목'·'투자위험종목'의 지정·공표를 통해 투자자의 주의를 환기시키는 것과 회원사

4 한국거래소 유가증권시장공시규정 제18조는 공정공시의무의 적용예외를 규정하고 있는데, 첫째, 공정공시정보제공자가 보도목적의 취재에 응하여 언론사 및 그 임직원에게 공정공시대상정보를 제공하는 경우와 둘째, 공정공시정보제공자가 ① 변호사·공인회계사 등 해당 유가증권시장주권상장법인과의 위임계약에 따른 수임업무의 이행과 관련하여 비밀유지의무가 있는 자, ② 합법적이고 일상적인 업무의 일환으로 제공된 정보에 대하여 비밀을 유지하기로 명시적으로 동의한 자, ③ 금융위원회로부터 신용평가업 인가를 받은 자, ④ 이들에 준하는 자로서 한국거래소가 정하는 자에게 공정공시대상정보를 제공하는 경우이다.

에 대한 불공정거래 예방조치요구를 하는 것 등이 있다.[5] 또한, 시장감시위원회는 시장감시의 과정에서 거래상황의 급변 또는 풍문 등과 관련하여 투자자보호를 위하여 필요하다고 인정할 경우 해당 시장본부에 대하여 거래상황 급변과 관련한 공시사항의 유무 또는 풍문 등의 사실여부에 대한 조회나 증권의 매매거래정지 또는 장내파생상품의 거래정지 조치를 요구할 수 있다(시장감시규정 제12조)

시장감시규정상 기타 제도로서 매매거래정지, 이상급등종목 지정, 서킷브레이커, 사이드카 등이 있다. 첫째, 매매거래정지제도란 중요정보를 모든 투자자들이 공평하게 공유할 수 있는 시간 확보 및 주권의 병합 또는 분할과 같이 주권 관리를 위한 기술적 필요 등에 의해 일정한 사유가 발생한 경우 주권상장법인의 매매거래를 정지시키는 제도로서, 정보의 비대칭성을 해소함으로써 공정한 가격이 형성되도록 하여 공익과 투자자를 보호하는 기능을 수행한다. 둘째, 단기간에 주가가 급등한 종목을 감리종목으로 지정하여 투자자의 주의를 환기시키고자 하는 제도로서 감리종목에 대한 가수요를 억제하기 위한 목적을 갖고 있다. 최근 5일간 주가상승률이 100분의 75이상인 경우가 연 2일간 지속되고 제2일째 되는 날의 종가가 최근 20일중 최고주가이며, 최근 5일간 주가상승률이 최근 20일간 종합주가지수상승률의 4배 이상인 종목을 그 다음 매매거래일에 이상급등종목으로 지정한다. 셋째, 시장의 일시중단, 즉 서킷브레이커(Circuit Breakers)란 종합주가지수가 전일대비 일정수준 이상 급락하는 경우 투자자에게 시장상황을 판단할 수 있는 시간을 제공하기 위하여 시장에서의 모든 매매거래를 일시적으로 중단하는 제도이다. 종합주가지수의 수치가 직전 매매거래일의 최종수치보다 10% 이상 하락하여 1분간 지속되는 경우 시장의 모든 종목의 거래를 중단하게 된다. 그러나 당일 중 최초로 중단하는 경우에만 적

5 투자주의종목이란 ① 소수지점거래집중종목, ② 소수계좌거래집중종목, ③ 그 밖에 투자자의 주의환기가 필요한 사항으로서 시장감시규정 시행세칙에서 정하는 종목을 말한다 (시장감시규정 제5조의2). 투자경고종목이란 불공정거래의 예방과 투자자 보호를 위하여 주권, 그 밖에 세칙에서 정하는 증권의 가격이 일정기간 급등하는 종목으로서 시장감시위원회가 지정한 종목을 말한다 (시장감시규정 제5조의3 제1항). 투자위험종목이란 투자경고종목으로 지정되거나 그 지정이 해제된 후에도 일정기간 이내에 주가가 급등하여 시장감시위원회가 투자위험종목으로 지정한 것을 말한다. 투자위험종목으로 지정된 후에도 주가가 급등하는 경우에는 시장감시위원회는 일정기간 해당 종목의 매매거래정지를 해당 시장에 요청할 수 있다 (시장감시규정 제5조의3 제2항, 제3항).

용하며, 장종료 40분전 이후에는 중단하지 아니한다. 매매거래를 중단한 후 20분이 경과한 때에 시장이 재개되며 이 때 최초의 가격은 10분간 단일가격에 의한 개별경쟁매매를 통해 결정된다. 넷째, 사이드카(Sidecar)란 장내파생상품시장이 급변할 경우 증권시장에 대한 영향을 최소화함으로써 증권시장을 안정적으로 운영하기 위하여 도입한 프로그램매매호가 관리제도 중 하나이다.[6] 장내파생상품의 가격이 전일 종가대비 5% 이상 상승하거나 하락하여 1분간 지속될 때 사이드카가 발동되며, 일단 발동되면 발동시부터 프로그램매매호가의 효력이 5분간 정지된다. 5분이 지나면 사이드카의 효력이 자동적으로 해제되어 매매체결이 재개되는데, 증권시장 매매종료 40분 전, 즉 2시 20분 이후에는 발동할 수 없고 1일 1회에 한하여 발동된다는 제한이 따른다.

(2) 이상거래의 심리

"이상거래의 심리"라 함은 증권시장이나 파생상품시장에서 미공개중요정보 이용행위 금지·시세조종행위 등 금지·부정거래행위 등 금지 및 이와 관련된 주식 등의 대량보유 등의 보고·내부자의 단기매매차익 반환·임원 등의 특정증권 등 소유상황보고 또는 공매도의 제한 규정 등을 위반할 우려가 있는 것으로, 상장품목의 가격 또는 거래량에 현저한 변동이 있거나 가격 또는 거래량에 영향을 미칠 수 있는 공시·풍문 또는 보도 등이 있는 경우 등에 관련 매매거래 상황을 파악하여 불공정거래 혐의 여부를 밝히는 것이다. 여기서 심리의 대상인 "이상거래"라 함은 가격·거래량의 변동이나 풍문·보도 등을 감안할 때 시세조종이나 내부자거래 등 불공정거래의 개연성이 있는 거래를 말한다.

(3) 회원의 감리

"감리"라 함은 업무관련 규정의 준수여부를 확인하기 위하여 회원의 업무나 재산상황, 장부서류 그 밖의 물건을 조사하는 것을 말한다.

6 프로그램매매란 선물시장과 연계한 차익거래를 의미하는데, 선물과 현물중 상대적으로 고평가된 것을 팔고 동시에 가격이 낮은 쪽을 사는 방식에 의하여 거래가 이루어진다. 프로그램매매에 의하여 투자자들은 위험부담 없이 차익을 실현할 수 있게 되므로 보통 무위험 차익거래라고도 한다.

심리와 감리의 비교

구분	심리	감리
규제대상 행위	시세조종 · 내부자거래 · 5%룰 등 자본시장법상 불공정거래행위(시장규제)	거래소 업무관련규정상 회원의 금지행위 · 공정거래질서저해행위 · 신고의무, 수탁 기타 매매규칙 등의 위반행위(회원규제)
위반자	불특정다수	회원
규제대상	증권회사/선물업자	회원
규제수단	- 자료제출 요구권(서면조사) - 보고, 출석 및 진술 요구권	- 업무 · 재산상황 · 장부 · 서류 등의 감리(서면/실지조사) - 보고, 자료제출, 출석 및 진술 요구권
결과처리	금융위(금감원) 통보	회원에 대한 징계조치

(4) 연계감시

"연계감시"라 함은 가격 연동성이 있는 2개 이상으로서 증권의 종목 간, 장내파생상품의 종목 간 또는 증권의 종목과 장내파생상품의 종목간을 연계하는 거래와 관련한 시장감시, 심리 및 감리를 말한다(시장감시규정 제2조 제5항, 제9항).

(5) 회원에 대한 징계 및 임직원에 대한 징계요구의 결정

징계 및 징계요구의 사유는 심리 또는 감리의 결과 회원 또는 그 임직원이 ① 회원의 금지행위, 공정거래질서저해행위, 불공정거래의 예방을 위한 회원의 보고 관련 규정을 위반한 경우, ② 법 제147조·제172조부터 제174조까지·제176조·제178조·제178조의2 및 제180조의 불공정거래 행위와 관련된 규정을 위반한 경우 및 거래소의 업무관련규정을 위반한 경우, ③ 법 또는 이 규정에 의한 시장감시위원회의 조치를 위반한 경우, ④ 법 또는 이 규정에 의하여 시장감시위원회에 제출하는 보고서·자료 등을 허위로 기재하거나 그 기재를 누락한 경우 또는 그 제출을 게을리 한 경우, ⑤ 심리 또는 감리를 방해·불응하거나 시장감시위원회가 요청한 자료제출등을 거부하는 등 심리 또는 감리에 협조하지 아니한 경우이다(시장감시규정 제21조).

회원에 대한 징계로는 ① 제명, ② 6월 이내의 회원자격의 전부 또는 일부의 정지, ③ 6월 이내의 거래의 전부 또는 일부의 정지, ④ 10억원 이하의 회원제재금의 부과, ⑤ 경고, ⑥ 주의 및 약식제재금[7]이 있다(시장감시규정 제22조 제1항

7 시장감시규정 제28조(약식제재금) ①시장감시위원회는 회원의 보고의무위반 기타 위규·부당행위 중 경미한

및 제28조). 시장감시위원회는 회원의 위법·위규 또는 부당한 행위가 당해 회원의 내규 또는 그 운영에서 기인하거나 이를 원상회복시킬 필요가 있다고 인정하는 경우에는 당해 회원에 대하여 개선요구 또는 시정요구를 할 수 있으며, 회원에 대하여 기타 주의를 촉구하거나 시장감시위원회의 조치에 대한 이행확약서의 제출을 요구할 수 있다(시장감시규정 제22조 제4항). 임직원에 대한 징계요구의 종류로는 ① 임원의 해임·직무정지·경고 또는 주의요구, ② 직원의 면직·정직·감봉·견책·경고 또는 주의요구가 있다(시장감시규정 제23조 제1항).

II. 한국금융투자협회

1. 총설

자본시장법의 제정으로 구 증권업협회는 한국금융투자협회(이하 협회)로 흡수되었다. 자본시장법 제286조에서 정한 협회의 주요 업무로는 자율규제 업무, 분쟁의 자율조정 업무, 주요직무 종사자의 등록 및 관리 업무, 증권시장에 상장되지 아니한 주권의 장외매매거래 업무, 금융투자업 관련제도의 조사·연구 업무, 투자자 교육 및 이를 위한 재단의 설립·운영 업무, 금융투자업 관련 연수 업무, 이 법 또는 다른 법령에 따라 위탁받은 업무, 시행령으로 정하는 업무, 이에 부수되는 업무 등이 있다. 이러한 업무의 처리에 관하여 구체적인 사항은 회원조직이고 자율규제기관인 점을 고려하여 정관에 따르도록 하고 있다.

2. 자율규제 업무

(1) 의의 및 공적규제와의 비교

자율규제란 협회와 같은 회원단체가 투자자 보호 및 금융투자업자 상호간의 건전한 영업질서 유지 등을 목적으로 회원의 동의를 얻어 시행하는 규제 형태를 말한다. 이에 반하여 공적규제는 법률에 근거하여 규제·감독이 이루어지고

행위로서 신속한 처리가 필요하다고 인정하는 경우에는 200만원 이하의 약식제재금을 부과할 수 있다.

위반시에는 법령에 근거한 제재를 가함으로써 이행을 확보하는 규제유형이다. 공적규제의 신설 또는 개폐를 위해서는 관계 법령의 개정 등 엄격한 절차를 요하는 관계로 규제의 적시성 확보가 곤란하며, 상도의(商道義) 등 윤리적 부문에 대한 규제가 불가한 한계가 있다. 그러나 자율규제는 시장참여자 상호간의 합의에 의하여 이루어지고 윤리적 사안에 대해서도 규제가 가능하고 규범 준수여부를 스스로 점검하고 불이행시 정관에 기한 자체적인 제재로 규범준수를 확보하므로 공적규제에 비하여 대외적 구속력은 약한 반면, 규제비용이 저렴하고 규제의 탄력성 확보 및 규제범위의 확장이 용이한 장점이 있다. 시장환경이 급속히 변화하는 현대 금융 분야, 특히 그 중 자본시장 분야에는 자율규제를 대외적 구속력이 강한 공적규제의 보조수단으로 적극 활용하는 것이 바람직하다.

공적규제와 자율규제 비교

구분	공적규제	자율규제
규제근거	법령에 근거	자율규약에 근거 (법령에 의한 위임규제 가능)
규제범위	법령에 명시된 부문	법규정 이외의 부문에 대한 광범위한 규제가능
유연성	시장변화에 따른 유연하고 신속한 대처 곤란 경직화 · 획일화 우려	윤리적 부문에 관한 규제가능 규제의 신축성 및 탄력성 확보 용이
실효성	공권력에 의한 강제력 부여로 실효성확보 용이	규제준수가 자발성에 의존 공적규제에 비하여 구속력 저하
규제비용	규제기관의 운영유지에 따른 공공비용의 증대	피규제자가 규제비용을 부담하는 관계로 규제비용 최소화
기타	규제의 엄격성 및 공정성 유지 용이 규제의 신뢰도 양호	시장운영 및 관행에 대한 전문성 보유(시장친화적 규제) 비회원사에 대한 규제곤란

(2) 자율규제업무의 내용

협회는 자율규제 관련 규정의 제·개정과 정관에 의거한 금융투자회사와 그 임직원의 관련 법령 및 협회의 제 규정 준수여부에 대한 조사, 주요 직무종사자에 대한 관리·감독, 표준 약관의 제·개정 및 심사, 광고 심의, 분쟁의 자율조정, 금융감독원 위탁검사 등이 있다.

이 중 주요 직무종사자[8]에 대한 관리·감독을 보면, "등록 및 관리" 업무에는 법에서 정한 주요직무종사자에 대한 자격 요건 부여, 자격시험운영 및 자격 요건 심사, 자격 요건 심사 결과 적격자에 대한 등록, 등록자 확인을 위한 등록조회 시스템 운영 및 신분증 발급, 자격 요건 유지를 위한 보수교육 운영, 자격 요건 상실자에 대한 말소, 위규 행위자에 대한 제재 등이 포함될 수 있을 것이다. 등록 및 관리 업무의 목적은 투자자보호와 건전한 거래질서를 위하여 특정한 업무 영위를 위한 자격을 부여하고 자격을 충족하는 자에게만 해당업무를 할 수 있게 하기 위함이라고 할 것이다. 등록 및 관리 업무를 수행함에 있어 협회는 금융투자회사로 하여금 소속 직원에 대한 징계내역을 협회에 보고하도록 하여 징계내역을 관리하게 될 것이며, 주요 위규행위자 등 부적격자의 금융투자업 종사를 방지하기 위하여 직원 채용 시 관련 내용 조회 등의 업무를 수행하게 될 것이다. 또한 이들 주요직무 종사자에 대한 등록심사 및 위법·부당행위와 관련된 등록취소 등의 제재조치부과 업무도 수행하게 될 것이다.

다음으로 자본시장법 제56조에 따라 협회는 건전한 거래질서를 확립하고 불공정한 내용의 약관이 통용되는 것을 방지하기 위하여 금융투자업 영위와 관련하여 표준이 되는 약관을 제정할 수 있다. 협회가 표준약관을 제정 또는 변경하고자 하는 경우에는 미리 금융위원회에 신고하여야 한다. 금융위원회는 표준약관이 이 법 또는 금융과 관련되는 법령에 위반되거나 그 밖에 투자자의 이익을 침해할 우려가 있다고 인정되는 경우에는 협회에 그 내용을 구체적으로 기재한 서면에 의하여 표준약관을 변경할 것을 명할 수 있다.

주요직무 종사자(투자상담사)에 대한 대법원 2006. 9.14. 선고 2004다53203 판결

[2] 사용자책임 및 공동불법행위책임에 관한 법리오해 주장에 관하여

가. 민법 제756조에 규정된 사용자책임의 요건인 '사무집행에 관하여'라는 뜻은 피용자의 불법행위가 외형상 객관적으로 사용자의 사업활동 내지 사무집행행위 또는 그

8 주요직무 종사자란 투자권유를 하거나 투자에 관한 자문 업무를 수행하는 자인 '투자권유자문인력', 조사분석자료를 작성하거나 이를 심사·승인하는 업무를 수행하는 자인 '조사분석인력', 집합투자재산·신탁재산 또는 투자일임재산을 운용하는 업무를 수행하는 자인 '투자운용인력', '그 밖에 투자자 보호 또는 건전한 거래질서를 위하여 시행령으로 정하는 주요직무 종사자'를 말한다.

와 관련된 것이라고 보여질 때에는 행위자의 주관적 사정을 고려함이 없이 이를 사무집행에 관하여 한 행위로 본다는 것이고, 외형상 객관적으로 사용자의 사무집행에 관련된 것인지의 여부는 피용자의 본래 직무와 불법행위의 관련 정도 및 사용자에게 손해 발생에 대한 위험창출과 방지조치 결여의 책임이 어느 정도 있는지를 고려하여 판단하여야 한다(대법원 1992. 2. 25. 선고 91다39146 판결, 2003. 1. 10. 선고 2000다34426 판결 등 참조).

위 법리를 기초로 원심판결 이유를 기록에 비추어 살펴보면, 소외 1의 앞서 본 주식 편취와 횡령행위는 소외 1이 피고 회사의 투자상담사로 활동하면서 그 업무와 관련하여 원고와의 사이에 포괄적인 주식일임매매약정을 체결하고 그 약정에 따라 원고 명의 계좌에서의 주식거래를 포괄적으로 일임받아 거래하는 과정에서 기망적 방법으로 원고로 하여금 출고전표에 날인하게 하거나 이를 위조한 후 이를 이용하여 이 사건 주식을 대체출고하는 방법으로 한 것이므로 결국 소외 1의 위 불법행위는 외관상 투자상담사로서의 그 업무와 관련된 행위인 것으로 봄이 상당하고, 또한 피용자인 소외 1이 그 업무수행과정에서 투자자의 주식을 편취, 횡령하는 불법행위를 하였다는 점에서 피고 회사에게 손해 발생에 대한 위험창출과 방지조치 결여의 책임이 없다고 할 수 없으므로, 피고 회사는 소외 1이 저지른 불법행위에 대하여 사용자로서의 손해배상책임이 있다고 할 것이다.

원심이 같은 취지에서 소외 1의 불법행위와 포괄적 일임매매 또는 대체출고와의 업무집행관련성을 인정하여 피고 회사의 사용자책임을 인정한 것은 정당하고, 거기에 사용자책임의 요건 중 '사무집행에 관하여'의 의미에 대한 법리오해의 위법이 없다.

나. 피용자의 불법행위가 외관상 사무집행의 범위 내에 속하는 것으로 보이는 경우에 있어서도, 피용자의 행위가 사용자나 사용자에 갈음하여 그 사무를 감독하는 자의 사무집행행위에 해당하지 않음을 피해자 자신이 알았거나 또는 중대한 과실로 인하여 알지 못한 경우에는 사용자책임을 물을 수 없을 것이고, 이 경우 사용자책임이 면책되는 피해자의 중대한 과실이라 함은 거래의 상대방이 조금만 주의를 기울였더라면 피용자의 행위가 그 직무권한 내에서 적법하게 행하여진 것이 아니라는 사정을 알 수 있었음에도 만연히 이를 직무권한 내의 행위라고 믿음으로써 일반인에게 요구되는 주의의무에 현저히 위반하는 것으로 거의 고의에 가까운 정도의 주의를 결여하고, 공평의 관점에서 상대방을 구태여 보호할 필요가 없다고 봄이 상당하다고 인정되는 상태를 말하는바(대법원 1998. 3. 27. 선고 97다19687 판결, 1998. 10. 27. 선고 97다47989 판결 등 참조), 원심이 판시 증거들만으로는 소외 1의 이 사건 주식의 대체출고행위가 투자상담사로서의 업무와 관련이 없다는 것을 알았다거나 이를 알지 못한 데 중대한 과실이 있다고 인정하기에 부족하고 달리 이를 인정할 증거가 없다고 판단한 것은 정당하고, 거기에 사용자책임에서의 면책요건에 관한 법리오해의 위법이 없다.

(3) 거래소의 자율규제와의 비교

협회의 자율규제는 업계에 대한 산업규제 및 영업·윤리규제를 중심으로 한다는 점에서 시장을 중심으로 한 불공정행위 규제를 주로 규율하고 있는 거래소의 자율규제와 구분된다. 영업행위 규제는 불공정거래행위 규제와는 달리 불공정거래행위가 발생하기 전에 건전한 영업행위의 정착을 통하여 사전적(ex ante)으로 투자자의 이익을 보호하는 것인 반면, 불공정거래행위 규제는 이미 시장에서 불공정거래가 발생한 경우에 이를 조사하여 사후적으로(ex post) 투자자의 이익을 보호한다는 점에서 차이가 있다. 그러나 거래소와 협회가 수행하는 자율규제기능은 위법·부당행위의 사전 예방 및 사후 처리 과정 중에서 다소 중복될 수 밖에 없다. 즉, 금융투자협회는 영업·윤리규제 내지 위탁검사업무 수행 중 불공정거래행위의 단서를 발견할 수 있고, 거래소는 불공정거래행위의 조사 과정에서 증권회사의 영업행위에 대한 검사필요성이 있을 수 있기 때문에 규제영역의 중복문제가 발생할 수 있는 것이다. 따라서 이러한 중복을 최소화하기 위해 양 기관간의 업무협조가 매우 중요하다고 본다.

협회와 거래소의 주요 자율규제업무

	협회	거래소
자율 규제 업무	투자권유인력, 조사분석인력, 투자운용인력 및 대통령령으로 정하는 업무를 수행하는 자의 등록 및 관리에 관한 업무	1. 이상거래의 심리 및 회원에 대한 감리 2. 유가증권시장 · 코스닥시장 및 선물시장간의 연계감시 및 그 결과에 따른 회원에 대한 징계 또는 관련 임원 · 직원에 대한 징계요구의 결정에 관한 사항 3. 시장감시규정 및 분쟁조정규정의 제정 · 변경 및 폐지
분쟁 조정 업무	회원의 영업행위와 관련된 분쟁의 자율조정(당사자의 신청이 있는 경우에 한함)	유가증권시장 · 코스닥시장에서의 매매거래 및 선물시장에서의 선물거래와 관련된 분쟁의 자율조정에 관한 업무(당사자의 신청이 있는 경우에 한함)

Ⅲ. 한국예탁결제원

1. 총설

한국예탁결제원은 증권의 예탁결제기관으로 설립되었다. 예탁결제제도는 증권을 집중예탁받아 이를 보관하고 매매거래, 담보거래 등 각종 거래에 따른 증권의 이전을 실물의 인도 대신 계좌간 대체방식으로 처리함으로써 증권의 유통을 원활하게 하는 것을 목적으로 한다. 나아가 예탁될 증권을 예탁결제기관 명의로 일괄 발행하여 실물증권의 유통 및 발행을 최소화하고, 이에 수반되는 분실, 도난, 위·변조 등의 사고위험을 방지하는 한편, 예탁된 증권에 대한 권리행사도 예탁결제기관이 집중적으로 처리함으로써 궁극적으로는 자본시장의 효율성과 안정성 극대화를 목적으로 한다. 이러한 예탁결제제도는 종래 증권거래법상 증권만을 대상으로 운영되었는데, 자본시장법에서는 증권 외에 기타 금융투자상품에 대해서도 예탁결제제도가 적용될 필요가 있는 점을 인정하여 그 적용대상을 양도성예금증서(CD)와 기업어음(CP) 등으로 확대하였다. 구 증권거래법 제173조 제1항은 "증권의 집중예탁과 계좌간 대체 및 그 유통의 원활을 기하기 위하여" 예탁결제원을 설립하였음을 밝히고 있는데, 자본시장법은 예탁결제원이 증권시장에서의 매매거래에 따른 결제업무를 수행하는 결제기관임을 추가적으로 밝히고 있다.

2. 결제와 결제기관

증권시장에서 결제란 일반적으로 "매매거래 체결 후 청산이 종료된 후 매도자와 매수자간에 증권과 대금의 이전을 통하여 거래를 종결시키는 것"으로 정의된다. 자본시장법은 한국예탁결제원의 결제업무(법 제296조 제3 및 제297조)와 관련하여 결제를 "증권에서의 매매거래에 따른 증권인도 및 대금지급"으로 규정하고 있다. 결제는 증권인도와 대금지급을 분리하여 각각 행하는 방법(분리결제, free of payment)과 증권과 대금을 동시에 교환하는 방법(동시결제, delivery versus payment)으로 구분된다. 전자의 경우에는 매도자가 증권을 먼저 인도한 후 매수자로부터 대금을 받지 못하거나 그 반대로 매수자가 대금을 먼저 지급한 후 매도자로부터 증권을 인도받지 못하는 위험(원본위험)을 내포한다. 따라서 증권시장에서는 이러한 결제위험을 제거하기 위하여 일반적으로 동시결제의 방법이 이용된다.

결제기관은 증권시장에서의 결제업무를 수행하는 주체를 말한다. 증권시장에서 결제를 위한 증권의 인도는 예탁결제원이 운영하는 계좌간 대체의 방식으로 이루어지고, 결제위험 제거를 위하여 대금의 지급은 증권의 인도와 동시에 이루어져야 한다. 예탁결제기관은 증권 등의 집중예탁을 통하여 증권거래에 따른 결제가 실물의 이동없이 계좌간대체로 이루어질 수 있도록 대금지급시스템[9]과 연계된 증권결제시스템을 운영한다.

자본시장법 제297조는 한국예탁결제원을 증권시장(장내시장)의 결제기관으로 규정하고, 결제업무를 설립목적 및 고유업무로 명시하였다. 한국예탁결제원은 거래소가 운영하는 장내시장(유가증권시장, 코스닥시장, 코넥스시장) 뿐만 아니라 ATS와 장외시장인 금융투자협회의 K-OTC, 기관투자자의 주식거래 및 채권장외거래에 대하여도 결제기관으로서 결제업무를 수행한다(법 제296조 제4호).

3. 한국예탁결제원의 업무

(1) 고유업무(예탁결제업무)

자본시장법 제296조 제1항에 의하면 예탁결제원은 증권의 집중예탁과 계좌간대체 및 결제업무를 수행한다. 증권시장에서의 결제란 '증권과 대금의 이전을 통하여 거래를 종결하는 것'을 말한다. 예탁결제업무는 자본시장이 글로벌화 됨에 따라 해외에서 발행·유통되는 증권으로까지 확장되었는데,[10] 1994년 내국인의 해외증권 투자가 허용되면서 예탁결제원은 외국의 예탁결제기관과 연계하여 예탁결제업무를 수행하고 있다.

(2) 부수업무

개정 자본시장법 제296조 제2항은 부수업무로서 ① 증권등의 보호예수업무, ② 예탁증권등의 담보관리에 관한 업무,[11] ③ 제80조에 따라 집합투자업자·투

9 예탁결제원도 한국은행이 운영하는 지급결제시스템인 BOK-wire에 직접 참가하는 한편, 시중은행(신한은행 및 우리은행)을 결제은행으로 이용하기도 한다.

10 한국예탁결제원은 Euroclear, Bank of New York 등 10여개의 외국 예탁결제기관 및 보관기관에 계좌를 개설하여 44개 국가에 대하여 외화증권의 예탁결제업무를 수행하여 왔으며, 일본의 예탁결제기관인 일본보관대체기구(JASDEC)과 연계하여 동경증권거래소에 동시상장된 국내 ETF의 예탁결제업무를 수행하여 왔다.

11 예탁증권등의 담보관리에 관한 업무란 종래부터 예탁결제원이 영위하던 담보콜거래(주식 등 증권을 담보로 콜자금을 빌려주는 거래)의 담보관리업무라고 할 수 있다.

자일임업자와 집합투자재산을 보관·관리하는 신탁업자 등 사이에서 이루어지는 집합투자재산의 취득·처분 등에 관한 지시 등을 처리하는 업무, ④ 그 밖에 금융위원회로부터 승인을 받은 업무를 규정하고 있다. 부수업무란 그 설립목적상 증권 등의 발행·유통 및 결제의 효율적 수행을 위하여 필요한 업무라고 할 수 있다. 그 중 ①의 증권등의 보호예수업무에 대해서는 추가적으로 언급할 사항이 있다. 한국예탁결제원은 직접 주주 등 투자자를 대상으로 증권 등을 예탁받지 않고 증권회사, 은행 등으로부터 그들의 고객이 예탁한 증권을 예탁받는다. 또한 예탁은 증권의 임치와 권리행사의 위임을 내용으로 하는 것으로서 증권 등의 소유권의 내용 및 권리행사방법이 변경된다. 따라서 증권의 보유자가 거래와 관계없이 단순히 안전한 보관만을 목적으로 직접 예탁결제원에 예탁할 필요가 있게 된다. 즉 보호예수는 증권[12]을 종목별로 혼합보관하지 않고 그 의뢰인별로 분리보관하는 것으로서 증권 등을 다른 자의 계좌로 대체할 수 없고 예탁결제원을 통하여 권리행사를 할 수 없기 때문에 매매·담보거래 및 권리행사 등이 필요한 경우에는 이를 반환하여야 하는 점이 예탁과 다르다. 현재 대부분의 보호예수는 관계법령에 의하여 일정기간 보호예수가 강제되는 경우에 이용된다.

(3) 겸영업무

자본시장법 제296조 제3항은 ① 증권의 명의개서대행업무, 증권대차의 중개 또는 주선 업무, 그 밖에 금융위원회의 승인을 받은 업무, ② 자본시장법 또는 다른 법령에서 예탁결제원의 업무로 규정한 업무, ③ 그 밖에 금융위원회로부터 승인을 받은 업무을 겸영업무로 규정하고 있다. 명의개서대행업무는 증권의 명의개서와 함께 증권에 대한 배당, 이자 및 상환금의 지급, 그리고 증권의 발행을 대행하는 업무이다. 한국예탁결제원은 1976년부터 대체결제회사로서 주무장관의 허가를 얻어 명의개서대행업무를 겸영하였는데, 집중예탁이 확대됨에 따라 명의개서대행업무의 대부분이 예탁결제기관을 상대로 수행되는 점을 감안

12 예탁은 주권발행전 주식, 주권불소지신고를 한 주식, 등록채 등 실물증권이 발행되지 않은 상태에서도 가능하나, 보호예수는 반드시 실물증권의 형태로만 할 수 있다.

하여 1994년 예탁결제원 설립 시에 이를 고유업무로 규정하였었다. 그러나 2013년 자본시장법은 명의개서대행업무를 다시 겸영업무로 개정하였다. 그리고 자본시장법이나 다른 법령에서 규정하는 업무란 증권예탁증권의 발행업무, 통일규격증권관리업무, 공사채등록법에 의한 채권등록업무, 교환사채의 교환대상주식 관리업무, 투자신탁의 수익자명부관리업무, 증권거래세징수업무 등이다.

4. 한국예탁결제원의 증권예탁제도와 전자증권제도

(1) 배경

증권거래 관계자간에 실물증권을 현실적으로 교부함으로써 초래되는 불편과 비효율성을 해소하기 위해 증권의 권리이전과 행사에는 반드시 증권을 소지하여야 한다는 전통적인 증권제도의 수정이 불가피하게 되었다. 자본시장법 제294조에 의하면 증권등의 집중예탁과 계좌 간 대체, 매매거래에 따른 결제업무 및 유통의 원활을 위하여 한국예탁결제원이 설립되었고 한국예탁결제원은 증권의 부동화(immobilization)를 실현하는 기관이 되었다. 2019년 9월 16일부터는 「주식·사채 등의 전자등록에 관한 법률」(이하 전자증권법)이 발효되어 전면적으로 전자증권제도가 시행되었는데, 동법 부칙 제8조에 의하면 기존에 예탁결제제도를 운영하던 한국예탁결제원이 전자등록기관 허가를 받은 것으로 간주되므로 전자증권법 시행과 동시에 한국예탁결제원은 전자등록기관으로 되었고, 이제 한국예탁결제원은 증권의 무권화(dematerialization)을 실현하는 기관으로 발전하게 되었다.

(2) 의의

1) 증권예탁제도의 의의

증권예탁제도란 증권을 대량으로 보유하고 있는 증권회사나 기관투자자 등의 예탁자가 중앙예탁기관에 계좌를 개설한 후 예탁대상 증권을 예탁하고, 증권의 양도나 질권설정 등의 권리이전을 하는 경우 현실적 증권의 인도 없이 당해 예탁자의 계좌부상 대체기재에 의하여 권리이전의 효력을 인정하는 제도이다. 개인투자자의 경우 그가 소유하는 증권을 증권회사에 예탁하면 증권회사가 다시 이를 한국예탁결제원에 재예탁하는 방식에 의해 증권예탁제도에 간접적으로 참가하게 된다.

자본시장법 제310조 (투자자의 예탁자에의 예탁 등) ① 투자자로부터 예탁받은 증권등을 예탁결제원에 다시 예탁하는 예탁자는 다음 각 호의 사항을 기재하여 투자자계좌부를 작성·비치하여야 한다.

1. 투자자의 성명 및 주소
2. 예탁증권등의 종류 및 수와 그 발행인의 명칭
3. 그 밖에 총리령으로 정하는 사항

② 예탁자는 제1항에 따른 기재를 한 경우에는 해당 증권등이 투자자 예탁분이라는 것을 밝혀 지체 없이 예탁결제원에 예탁하여야 한다.

③ 예탁자는 제1항에 따른 기재를 한 경우에는 제2항에 따라 해당 증권등을 예탁결제원에 예탁하기 전까지는 이를 자기소유분과 구분하여 보관하여야 한다.

④ 제1항에 따른 투자자계좌부에 기재된 증권등은 그 기재를 한 때에 예탁결제원에 예탁된 것으로 본다.

증권이 예탁되면 예탁자의 단독소유권은 소멸하고 공유지분권이 발생한다. 증권예탁제도에 의하여 막대한 증권관리사무의 번잡성과 관리비용을 줄이고 도난·분실 등의 사고위험을 사전에 예방하며 증권시장에서 증권의 원활한 유통을 유지할 수 있다. 이 때에는 증권 없는 사회(certificateless society)를 실현하는 초석이 마련된다.

2) 전자증권제도의 의의

전자증권제도는 실물증권의 발행 없이 전자적 방법으로 증권을 등록함으로써 증권의 발행·유통·권리행사가 가능한 제도이다.[13] 이 때에는 증권없는 사회를 종국적으로 완성할 것인데, 동 제도의 도입으로 실물증권의 존재로 인한 비효율과 불편을 완전히 해소할 수 있다. 첫째, 투자자의 입장에서는 실물증권의 위·변조 및 도난의 우려가 사라지고, 증자·배당 등 주주권리를 행사하지 못하

13 전자증권법 제2조 제2호: "전자등록"이란 주식등의 종류, 종목, 금액, 권리자 및 권리 내용 등 주식등에 관한 권리의 발생·변경·소멸에 관한 정보를 전자등록계좌부에 전자적 방식으로 기재하는 것을 말한다.

는 경우도 없어지게 된다. 둘째, 기업의 입장에서는 자금조달 소요기간이 크게 단축되고, 효과적인 주주관리가 가능해져 경영권 위협 등에 원활하게 대응할 수 있다. 셋째, 계좌관리기관인 금융기관의 입장에서는 다양한 증권사무를 비대면으로 처리할 수 있고, 실물증권 관련 업무부담과 비용이 크게 경감된다. 넷째, 정부 입장에서는 세금탈루 목적의 실물증권 음성거래가 사라지면서 조세행정의 원활해지고, 증권 발행·유통 정보를 활용하여 금융감독을 보다 용이하게 할 수 있으며 기업지배구조에 대한 개선을 유도할 수 있을 것이다.[14]

전자증권법 제21조(발행인관리계좌의 개설 등) ① 다음 각 호의 어느 하나에 해당하는 자는 전자등록기관에 발행인관리계좌를 개설하여야 한다.

1. 주식등을 전자등록의 방법으로 새로 발행하려는 자
2. 이미 주권(株券), 그 밖에 대통령령으로 정하는 증권 또는 증서(이하 "주권등"이라 한다)가 발행된 주식등의 권리자에게 전자등록의 방법으로 주식등을 보유하게 하거나 취득하게 하려는 자
3. 그 밖에 제1호 및 제2호에 준하는 자로서 대통령령으로 정하는 자

② 제1항에 따라 발행인관리계좌가 개설된 경우 전자등록기관은 다음 각 호의 사항을 기록하여 발행인(제1항 각 호의 어느 하나에 해당하는 자로서 같은 항에 따라 발행인관리계좌를 개설한 자를 말한다. 이하 같다)별로 발행인관리계좌부를 작성하여야 한다.

1. 발행인의 명칭 및 사업자등록번호, 그 밖에 발행인을 식별할 수 있는 정보로서 대통령령으로 정하는 정보
2. 전자등록주식등의 종류, 종목 및 종목별 수량 또는 금액
3. 그 밖에 발행인관리계좌부에 기록할 필요가 있는 사항으로서 대통령령으로 정하는 사항

③ 제2항에 따라 작성된 발행인관리계좌부에 기록된 전자등록주식등의 종목별 수량 또는 금액이 다음 각 호의 어느 하나에 해당하는 장부에 기재된 주식등의 종목별 수량 또는 금액과 다른 경우에는 그 장부에 기재된 수량 또는 금액을 기준으로 한다.

1. 주주명부
2. 수익자명부(「신탁법」 제79조에 따른 수익자명부 또는 「자본시장과 금융투자업에 관한 법률」 제189조에 따른 수익자명부를 말한다)

14 금융위원회, "[보도자료]오늘(9.16일)부터 전자증권제도가 시행됩니다: 전자증권제도, 혁신과 공정을 위한 새로운 시대를 엽니다," 2019. 9. 16, 1면.

3. 「국채법」, 「국고금 관리법」 또는 「한국은행 통화안정증권법」에 따른 등록부

4. 그 밖에 주식등의 권리자에 관한 장부로서 대통령령으로 정하는 장부

④ 발행인은 제2항 각 호의 사항이 변경된 경우에는 지체 없이 그 내용을 전자등록기관에 통지하여야 하고, 전자등록기관은 그 통지 내용에 따라 지체 없이 발행인관리계좌부의 기록을 변경하여야 한다.

⑤ 전자등록기관은 제4항에 따라 발행인관리계좌부의 기록이 변경된 경우에는 지체 없이 다음 각 호의 조치를 하여야 한다.

1. 변경 내용의 계좌관리기관에 대한 통지

2. 고객관리계좌부의 기록 및 계좌관리기관등 자기계좌부의 전자등록의 변경

⑥ 계좌관리기관은 제5항제1호의 통지를 받으면 지체 없이 그 통지 내용에 따라 고객계좌부의 전자등록을 변경하여야 한다.

제22조(고객계좌 및 고객관리계좌의 개설 등) ① 전자등록주식등의 권리자가 되려는 자는 계좌관리기관에 고객계좌를 개설하여야 한다.

② 제1항에 따라 고객계좌가 개설된 경우 계좌관리기관은 다음 각 호의 사항을 전자등록하여 권리자별로 고객계좌부를 작성하여야 한다.

1. 권리자의 성명 또는 명칭 및 주소

2. 발행인의 명칭

3. 전자등록주식등의 종류, 종목 및 종목별 수량 또는 금액

4. 전자등록주식등에 질권이 설정된 경우에는 그 사실

5. 전자등록주식등이 신탁재산인 경우에는 그 사실

6. 전자등록주식등의 처분이 제한되는 경우에는 그에 관한 사항

7. 그 밖에 고객계좌부에 등록할 필요가 있는 사항으로서 대통령령으로 정하는 사항

③ 계좌관리기관은 제2항의 고객계좌부에 전자등록된 전자등록주식등의 총수량 또는 총금액을 관리하기 위하여 전자등록기관에 고객관리계좌를 개설하여야 한다.

④ 제3항에 따라 고객관리계좌가 개설된 경우 전자등록기관은 다음 각 호의 사항을 기록하여 계좌관리기관별로 고객관리계좌부를 작성하여야 한다.

1. 계좌관리기관의 명칭 및 주소

2. 전자등록주식등의 종류, 종목 및 종목별 수량 또는 금액

3. 그 밖에 고객관리계좌부에 등록할 필요가 있는 사항으로서 대통령령으로 정하는 사항

3) 증권예탁제도와 전자증권제도의 관계

전자증권제도는 주권불소지제도와 채권등록제도 및 증권예탁제도가 결합된 것이므로, 일단 전자증권제도가 도입되면 증권예탁제도가 유지될 이유는 없다. 그러나 증권예탁제도를 폐지하는 경우 일부 발행인에게는 양 제도를 이용할 수 없음으로써 오히려 거래비용과 불편의 증가라는 폐해가 야기될 것이므로 과도기에 전자증권제도로 완전한 이행이 원활하게 이루어지려면 증권예탁제도를 존치시킬 필요가 있다. 이 때문에 전자증권법이 시행되었음에도 불구하고 여전히 자본시장법상 증권예탁제도가 존치하는 것이다.[15]

(3) 법률관계

1) 증권예탁계약의 법률관계

증권예탁이란 대체성이 있는 증권의 보관 및 관리를 위하여 중앙예탁기관이 예탁자와 체결한 예탁계약에 의하여 예탁자로부터 증권을 예탁받아 혼합보관하고, 혼합보관된 예탁증권의 권리의 이전·변경·소멸을 계좌부상 계좌대체방식에 의하여 관리하는 일련의 법률행위로서 민법상의 혼장임치와 위임의 혼합계약이다. 혼장임치란 곡물·유류·주류 등 대체물의 임치에 있어서 수치인이 임치된 물건과 동종·동질의 다른 임치물과 혼합보관하고, 반환시 임치된 것과 동일한 수량을 반환한다는 특약이 있는 임치를 말한다. 따라서 예탁자는 예탁한 증권을 반환하는 것이 아니라 예탁한 증권과 동종·동량의 것을 반환하면 족하다. 한편 임치란 특정목적물을 보관하고 그 목적물을 반환하는 제도라는 점에서, 그리고 소비임치란 수치인이 임치물의 처분권을 취득하고 후에 동종·동질·동량의 것을 반환하는 제도라는 점에서, 예탁증권의 예탁과 법률적인 성격을 달리한다. 혼장임치의 목적물은 객관적으로 그 종류와 품질을 특정할 수 있는 대체물이어야 하는데, 임치인들의 승낙이 있어야만 혼장임치가 가능하다는 점에 주목하여야 한다(법 제309조 제2항의 동의에 의한 공유관계의 형성). 한국예탁결제원은 예탁자로부터 증권을 예탁받아 종류·종목별로 혼합하여 보관한다

15 김병연·권재열·양기진, 「제4판 사례와 이론 자본시장법」, 2019, 28면.

(법 제309조 제4항). 한국예탁결제원은 단지 보관자에 불과하므로 예탁증권에 대하여 소유권을 갖지 못하고, 예탁자의 고객과 예탁자가 각각 투자자계좌부와 예탁자계좌부에 기재된 증권의 종류·종목 및 수량에 따라 예탁증권에 대한 공유지분을 갖는 것으로 추정한다(법 제312조 제1항). 또한 한국예탁결제원은 증권의 예탁에 따른 증권보관 및 관리행위를 이행하는바, 증권의 사무처리에 관한 수임인으로서 위임인인 예탁자 또는 고객을 위하여 위임사무를 처리한다. 한국예탁결제원은 예탁증권의 제 권리가 발생하는 경우 즉 배당금·원리금·준비금 또는 재평가적립금의 자본전입·주식배당·신주인수권의 행사 등의 경우 선량한 관리자의 주의를 다하여 이러한 제 권리를 한국예탁결제원 명의로 행사하고, 그 결과물을 예탁자에게 귀속시켜야 한다.

자본시장법 제309조 (예탁결제원에의 예탁 등) ① 예탁결제원에 증권등을 예탁하고자 하는 자는 예탁결제원에 계좌를 개설하여야 한다.

② 제1항에 따라 계좌를 개설한 자(이하 "예탁자"라 한다)는 자기가 소유하고 있는 증권등과 투자자로부터 예탁받은 증권등을 투자자의 동의를 얻어 예탁결제원에 예탁할 수 있다.

③ 예탁결제원은 다음 각 호의 사항을 기재하여 예탁자계좌부를 작성·비치하되, 예탁자의 자기소유분과 투자자 예탁분이 구분될 수 있도록 하여야 한다.

1. 예탁자의 명칭 및 주소
2. 예탁받은 증권등(이하 "예탁증권등"이라 한다)의 종류 및 수와 그 발행인의 명칭
3. 그 밖에 총리령으로 정하는 사항

④ 예탁결제원은 예탁증권등을 종류·종목별로 혼합하여 보관할 수 있다.

⑤ 예탁자 또는 그 투자자가 증권등을 인수 또는 청약하거나, 그 밖의 사유로 새로 증권등의 발행을 청구하는 경우에 그 증권등의 발행인은 예탁자 또는 그 투자자의 신청에 의하여 이들을 갈음하여 예탁결제원을 명의인으로 하여 그 증권등을 발행할 수 있다.

제312조 (권리 추정 등) ① 예탁자의 투자자와 예탁자는 각각 투자자계좌부와 예탁자계좌부에 기재된 증권등의 종류·종목 및 수량에 따라 예탁증권등에 대한 공유지분을 가지는 것으로 추정한다.

② 예탁자의 투자자나 그 질권자는 예탁자에 대하여, 예탁자는 예탁결제원에 대하여 언제든지 공유지분에 해당하는 예탁증권등의 반환을 청구할 수 있다. 이 경우 질권의 목적으로 되어 있는 예탁증권등에 대하여는 질권자의 동의가 있어야 한다.

③ 예탁결제원은 예탁자의 파산·해산, 그 밖에 대통령령으로 정하는 사유가 발생한 경우 총리령으로 정하는 기준 및 방법에 따라 예탁증권등 중 투자자 예탁분의 반환 또는 계좌 간 대체를 제한할 수 있다.

2) 전자증권제도에서의 전자등록의 법률관계

전자증권제도는 증권의 실물 자체의 발행을 부정하여 권리의 귀속이 계좌부 기재에 의하여 정해진다. 따라서 투자자는 증권상의 권리를 전자등록기관(한국예탁결제원) 및 계좌관리기관(금융기관)을 통하여 간접 보유하는 것이 아니라 스스로 권리자로서 직접 보유하는 것이다. 즉 전자등록계좌부의 권리이전적 효력 및 권리추정력에 의하여 투자자가 바로 증권의 소유자가 되어 주주명부 등에 기재된다. 증권예탁제도와 같은 혼장임치와 공유지분권의 법률관계는 형성되지 않는 것이다.

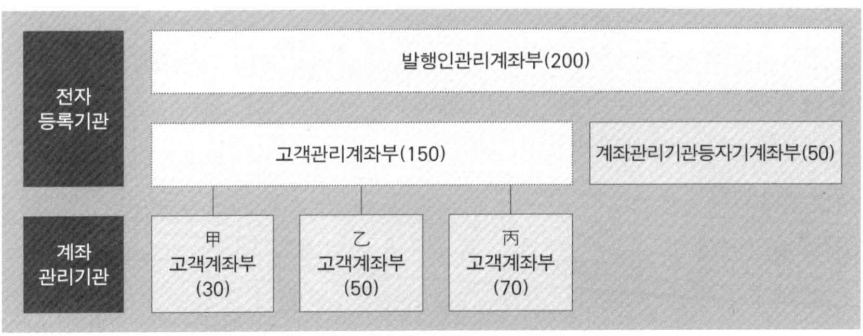

전자증권법 제35조(전자등록의 효력) ① 전자등록계좌부에 전자등록된 자는 해당 전자등록주식등에 대하여 전자등록된 권리를 적법하게 가지는 것으로 추정한다.
② 전자등록주식등을 양도하는 경우에는 제30조에 따른 계좌간 대체의 전자등록을 하여야 그 효력이 발생한다.
③ 전자등록주식등을 질권의 목적으로 하는 경우에는 제31조에 따른 질권 설정의 전자등록을 하여야 입질의 효력이 발생한다. 이 경우 「상법」 제340조제1항에 따른 주식의 등록질(登錄質)의 경우 질권자의 성명을 주권에 기재하는 것에 대해서는 그 성명을 전자등록계좌부에 전자등록하는 것으로 갈음한다.
④ 전자등록주식등의 신탁은 제32조에 따라 해당 전자등록주식등이 신탁재산이라는

사실을 전자등록함으로써 제3자에게 대항할 수 있다.

⑤ 선의(善意)로 중대한 과실 없이 전자등록계좌부의 권리 내용을 신뢰하고 소유자 또는 질권자로 전자등록된 자는 해당 전자등록주식등에 대한 권리를 적법하게 취득한다.

증권예탁제도와 전자증권제도의 비교

	증권예탁제도	전자증권제도
기초법률관계	증권의 혼장임치	권리의 등록
계좌부기재 효력	점유의제, 공유지분 추정	권리추정력
실물증권	언제든지 반환 · 발행 가능	발행 금지
권리행사수단	실질주주명부, 실질주주증명서	소유자증명서, 소유내용 통지
운영기관	증권예탁결제원과 예탁자(증권회사등)	전자등록기관(증권예탁결제원) 계좌관리기관(증권회사등)
계좌부	예탁자계좌부와 투자자계좌부	계좌관리기관등 자기계좌부 고객관리계좌부 고객계좌부 발행인관리계좌부

자료: 박철영, "전자증권제도에 의한 주식제도의 변화와 주주명부의 기능 강화," 「기업법연구」 제33권 제2호, 2019. 6, 124면.

(4) 선의취득

1) 예탁증권의 선의취득

(가) 예탁고객이 무권리자인 경우

고객 갑이 권한없이 을의 주권을 예탁하여 예탁자의 투자자계좌부에 예탁주식이 기재될 경우 진실한 권리자인 을이 공유지분을 취득하고 무권리자인 갑은 이것을 취득하지 못한다(예탁주식의 공유지분은 진실한 권리자인 을에게 귀속). 그러나 갑은 당해 투자자계좌부에 기재된 수의 주식이 표시된 주권의 점유자로 간주된다(법 제311조 제1항). 이어서 고객 갑의 청구로 고객 병의 계좌로 예탁주식의 공유지분이 대체되면 투자자계좌부와 예탁자계좌부에의 대체기재로 증권 교부의 효력이 인정되는 자본시장법 제311조 제2항의 규정에 의거 병은 갑으로부터 주권의 교부를 받은 것이 되고, 투자자계좌부와 예탁자계좌부의 공유지분 추정력(법 제312조 제1항) 및 상법 제359조 주권의 선의취득규정에 의거 병은 공유지분을 취득하고 을은 공유지분을 상실하게 된다.

자본시장법 제311조 (계좌부 기재의 효력) ① 투자자계좌부와 예탁자계좌부에 기재된 자는 각각 그 증권등을 점유하는 것으로 본다.
② 투자자계좌부 또는 예탁자계좌부에 증권등의 양도를 목적으로 계좌 간 대체의 기재를 하거나 질권설정을 목적으로 질물(質物)인 뜻과 질권자를 기재한 경우에는 증권등의 교부가 있었던 것으로 본다.
③ 예탁증권등의 신탁은 예탁자계좌부 또는 투자자계좌부에 신탁재산인 뜻을 기재함으로써 제삼자에게 대항할 수 있다.

(나) 예탁자의 권한없는 계좌대체

예탁자 갑이 고객 을의 매수위탁을 받아 새로운 주식을 매입하지 않고, 다른 고객 병의 계좌잔고의 예탁지분을 권한없이 고객 을의 계좌에 대체한 경우, 비록 고객 병의 의사에 기한 것이 아니라도 법 제311조 제2항에 의하여 고객 을은 계좌대체된 주식을 선의취득하는 셈이 되는 반면, 고객 병은 권리를 상실하는 결과가 초래된다. 다만 이 경우 예탁증권의 주식수가 부족하게 되므로 한국예탁결제원과 예탁자가 부족예탁증권에 대하여 병에게 연대전보의무를 부담한다(법 제313조 제1항).

자본시장법 제313조 (보전의무) ① 예탁증권등이 부족하게 된 경우에는 예탁결제원 및 제310조제1항에 규정된 예탁자가 대통령령으로 정하는 방법 및 절차에 따라 이를 보전하여야 한다. 이 경우 예탁결제원 및 예탁자는 그 부족에 대한 책임이 있는 자에 대하여 구상권(求償權)을 행사할 수 있다.
② 제1항의 예탁자는 제309조제1항에 따른 계좌를 폐쇄한 이후에도 제1항에 따른 보전책임을 부담한다. 다만, 계좌를 폐쇄한 때부터 5년이 경과한 경우에는 그 책임은 소멸한다.

(다) 예탁자의 예탁주식수 誤記

고객 을이 예탁자 갑을 통하여 1,000주를 중앙예탁기관에 예탁시켰는데, 갑의 투자자계좌부상 고객 을의 계좌에 10,000주로 오기되어져 고객 을이 이것을 고객 병에게 양도하고 고객 병의 계좌에 10,000주를 대체한 경우, 법 제311조 제2항에 의거 고객 병은 1,000주를 승계취득하고 9,000주는 선의취득하게 된다. 반면 다른 예탁자 전부의 공유지분이 비례적으로 감소된다. 즉 고객 을이 점유하는 것으로 보게 되는 10,000주의 주권은 중앙예탁기관의 예탁주권중에 포함되어 있는 주권으로 추정되기 때문에 그것에 대한 권리가 고객 병에 의해 선의취득되는 이상 그 부분으로 인하여 다른 공유자의 지분이 비례적으로 감소하는 것이다. 이 경우 중앙예탁기관과 고객을 갖는 예탁자는 감소된 9,000주의 부족 예탁증권에 대하여 연대보전의무의 책임이 발생한다.

2) 전자증권의 선의취득

실물이 전혀 없는 전자등록제도 하에서 전자증권의 선의취득을 인정할 것인지에 대해서는 발생가능성이 없다는 부정적 의견도 있을 수 있다. 그러나 전자증권법은 증권예탁제도와 마찬가지로 전자등록되는 주식에 대해 전자등록부계좌부 기재의 권리추정력에 기초하여 선의취득을 인정하고 있다. 즉 전자증권법 제35조 제5항은 선의로 중대한 과실 없이 전자등록계좌부의 내용을 신뢰하여 전자등록의 방법으로 소유자나 질권자로 등록되는 자는 그 권리를 적법하게 취득하는 것이다. 전자등록으로 증권의 실물이 폐지되지만 권리의 귀속은 어디까지나 전자등록계좌부의 기재로 정해지므로 전자등록기재부 기재에 실물증권의 점유와 같은 권리외관을 인정하고 이러한 외관을 신뢰한 자를 보호하는 것이다.[16]

(5) 명의개서

1) 예탁증권의 명의개서

(가) 의의

증권예탁제도에 의하여 주권을 중앙예탁기관이 계속적으로 혼합보관하므로 매매시마다 양수인 명의로 명의개서를 하기는 실제로 곤란하다. 이러한 점을 해결키 위해 상법상 주식을 취득한 자가 주주권을 행사하고자 할 때 주주명부에 명의개서를 하는 방식 대신 혼합보관된 주권을 모두 중앙예탁기관명의로 명의

16 박철영, "전자증권제도에 의한 주식제도의 변화와 주주명부의 기능 강화," 「기업법연구」 제33권 제2호, 2019. 6, 125면.

개서하는 방식을 취하게 된다(법 제314조 제2항). 이렇게 하면 회사와의 관계에 있어서 중앙예탁기관 단일주주 명의로 되어 있으므로 그 명의주식총수의 범위 내에서 자유롭게 권리를 이전할 수 있고, 명의개서와 동시에 事故주권이 추가로 유입되는 것을 방지할 수 있는 장점이 있다. 만일 개별실질주주가 회사와의 관계에 있어서 권리행사를 하고자 한다면 어떻게 하여야 하는가? 중앙예탁기관은 각 예탁자로부터 제출된 실질주주명세의 통지를 받고(법 제315조 제4항) 이를 정리하여 회사에 통지한다(법 제315조 제3항). 통지를 받은 개별회사는 이를 근거로 실질주주명부를 작성하여 비치하게 되는바(법 제316조 제1항), 실질주주명부에의 기재는 주주명부에의 기재와 동일한 법적 효력이 인정되므로(제316조 제2항) 결국 실질주주의 권리가 보장되는 효과가 발생한다.

자본시장법 제314조 (예탁증권등의 권리 행사 등) ① 예탁결제원은 예탁자 또는 그 투자자의 신청에 의하여 예탁증권등에 관한 권리를 행사할 수 있다. 이 경우 그 투자자의 신청은 예탁자를 거쳐야 한다.
② 예탁결제원은 예탁증권등에 대하여 자기명의로 명의개서를 청구할 수 있다.
③ 예탁결제원은 제2항에 따라 자기명의로 명의개서된 주권에 대하여는 예탁자의 신청이 없는 경우에도 「상법」 제358조의2에 규정된 사항과 주주명부의 기재 및 주권에 관하여 주주로서의 권리를 행사할 수 있다.
(④-⑦: 생략)
제315조 (실질주주의 권리 행사 등) ① 예탁증권등 중 주식의 공유자(이하 "실질주주"라 한다)는 주주로서의 권리 행사에 있어서는 각각 제312조제1항에 따른 공유지분에 상당하는 주식을 가지는 것으로 본다.
② 실질주주는 제314조제3항에 따른 권리를 행사할 수 없다. 다만, 회사의 주주에 대한 통지 및 「상법」 제396조제2항에 따른 주주명부의 열람 또는 등사 청구에 대하여는 그 권리를 행사할 수 있다.
③ 예탁증권등 중 주권의 발행인은 「상법」 제354조에 따라 일정한 기간 또는 일정한 날을 정한 경우에는 예탁결제원에 이를 지체 없이 통지하여야 하며, 예탁결제원은 그 일정한 기간의 첫날 또는 그 일정한 날(이하 이 조에서 "주주명부폐쇄기준일"이라 한다)의 실질주주에 관하여 다음 각 호의 사항을 지체 없이 그 주권의 발행인 또는 명의개서를 대리하는 회사에 통지하여야 한다.

1. 성명 및 주소

2. 제1항에 따른 주식의 종류 및 수

④ 예탁결제원은 제310조제1항에 규정된 예탁자에게 주주명부폐쇄기준일의 실질주주에 관하여 제3항 각 호에 규정된 사항의 통보를 요청할 수 있다. 이 경우 요청받은 예탁자는 지체 없이 이를 통보하여야 한다.

제316조 (실질주주명부의 작성 등) ① 제315조 제3항에 따라 통지받은 발행인 또는 명의개서를 대행하는 회사는 통지받은 사항과 통지 연월일을 기재하여 실질주주명부를 작성·비치하여야 한다.

② 예탁결제원에 예탁된 주권의 주식에 관한 실질주주명부에의 기재는 주주명부에의 기재와 같은 효력을 가진다.

③ 제1항에 따른 발행인 또는 명의개서를 대리하는 회사는 주주명부에 주주로 기재된 자와 실질주주명부에 실질주주로 기재된 자가 동일인이라고 인정되는 경우에는 주주로서의 권리 행사에 있어서 주주명부의 주식수와 실질주주명부의 주식수를 합산하여야 한다.

(나) 법적성질

① 신탁적 신탁관계설

신탁적 신탁관계란 수탁자(한국예탁결제원)가 위탁자(예탁자)를 위하여 신탁재산을 비이기적으로 관리하는 경우의 법률관계이나, 예탁고객을 단순한 채권적 지위의 수익자로 봄으로써 고객에 대한 보호가 철저하지 않을 위험이 있다. 예를 들어 수탁자가 파산할 경우 단순한 채권자의 지위에 서는 고객은 수탁자의 채권자를 상대로 환취권을 행사할 수 없는 것이다.

② 공유권이론(수권이론)

기명주권의 대체거래시 주식의 명의는 예탁자 또는 중앙예탁기관으로 이전된다고 하더라도 소유권은 원래의 권리자에게 그대로 남아있다고 하는 이론으로서, 주주권 그 자체의 이전은 없이 주주권행사의 권한과 자격만을 중앙예탁기관에 부여함으로써 중앙예탁기관은 형식상으로 주주명부상의 자격만을 취득함에 불과하다고 해석한다. 따라서 실질주주는 공유관계에 의한 물권적 지분을 그대로 보유한 채 단지 예탁자에게 중앙예탁기관을 상대로 한 예탁계약상의 채권만을 양도한 것으로 구성한다.

2) 전자증권과 주주명부의 명의개서

전자증권제도에서 전자등록부에의 등록은 권리추정력과 권리이전의 효력이 있을 뿐 회사에 대한 대항력은 여전히 주주명부에 있다. 그런데 주식을 전자등록하는 경우 주주가 개별적인 명의개서를 청구할 수 없다는 점을 유념하여야 한다. 왜냐하면 전자증권법 제37조 제1항과 4항 및 제6항에 의하면 주주명부는 주주 파악의 필요가 있을 때 전자등록기관의 주주명세 통보에 의하여 작성되고 이 때 일괄적으로 상법상의 명의개서가 이루어지게 된다. 전자등록계좌부에는 주주명부의 효력이 부여되지 않으므로 주식의 양도방법인 계좌대체의 등록(전자증권법 제30조)을 한 때에 주주명부상 명의개서가 있었다고 볼 수 없는 것이다. 전자증권법은 주주명부상 명의개서 없이 개별적으로 주주권을 행사할 수 있는 방법으로서 제39조의 소유자증명서(실물로 발행되는 증거증권)와 제40조의 소유내용 통지 조항을 마련하였다. 이러한 대체적 방법들이 주주가 개별적으로 명의개서를 청구할 수 없는 문제를 해결하게 된다. 소유자증명서와 소유내용 통지는 주주명부와 같은 대항력이 있고 명의개서 없이도 권리행사가 가능하게 해준다.[17] 참고로 전자등록제도에서는 전자등록계좌부에 등록된 주주가 직접 주주명부에 등록되고 실질주주제도가 존재하지 않으므로 증권예탁제도와 같이 주주명부가 이원화되지 않는다. 따라서 증권예탁제도에서의 자본시장법상 실질주주는 전자증권법상 전자등록으로의 전환을 통하여 상법상 주주의 지위를 회복한다.[18]

전자증권법 제30조(계좌간 대체의 전자등록) ① 전자등록주식등의 양도(다음 각 호의 어느 하나에 해당하는 경우를 포함한다)를 위하여 계좌간 대체를 하려는 자는 해당 전자등록주식등이 전자등록된 전자등록기관 또는 계좌관리기관에 계좌간 대체의 전자등록을 신청하여야 한다.

1. 제29조 제2항 제1호부터 제3호까지의 어느 하나에 해당하는 경우
2. 상속·합병 등을 원인으로 전자등록주식등의 포괄승계를 받은 자가 자기의 전자등록계좌로 그 전자등록주식등을 이전하는 경우

17 상게논문, 128-129면.

18 상게논문, 131면.

3. 그 밖에 계좌간 대체가 필요하다고 인정되는 경우로서 대통령령으로 정하는 경우
② 제1항에 따라 전자등록 신청을 받은 전자등록기관 또는 계좌관리기관은 지체 없이 전자등록계좌부에 해당 전자등록주식등의 계좌간 대체의 전자등록을 하여야 한다.
③ 제1항과 제2항에 따른 계좌간 대체의 전자등록의 신청 및 전자등록의 방법과 절차에 관하여 필요한 사항은 대통령령으로 정한다.
제37조(소유자명세) ① 전자등록주식등으로서 기명식(記名式) 주식등의 발행인은 「상법」 제354조제1항(다른 법률에서 준용하는 경우를 포함한다)에 따라 일정한 날을 정한 경우에는 전자등록기관에 그 일정한 날을 기준으로 해당 주식등의 소유자의 성명 및 주소, 소유자가 가진 주식등의 종류·종목·수량 등을 기록한 명세(이하 "소유자명세"라 한다)의 작성을 요청하여야 한다. 다만, 「자본시장과 금융투자업에 관한 법률」에 따라 투자신탁재산을 운용하는 집합투자업자가 집합투자기구의 결산에 따라 발생하는 분배금을 배분하기 위한 경우, 그 밖에 권리자의 이익을 해칠 우려가 적은 경우로서 대통령령으로 정하는 경우에는 그러하지 아니하다.
④ 전자등록기관은 제1항부터 제3항까지의 규정에 따른 요청을 받은 경우에는 소유자명세를 작성하여 그 주식등의 발행인에게 지체 없이 통지하여야 한다. 이 경우 전자등록기관은 계좌관리기관에 소유자명세의 작성에 필요한 사항의 통보를 요청할 수 있으며, 그 요청을 받은 계좌관리기관은 그 사항을 지체 없이 전자등록기관에 통보하여야 한다.
⑥ 발행인은 제4항 전단에 따른 통지를 받은 경우 통지받은 사항과 통지 연월일을 기재하여 주주명부등을 작성·비치하여야 한다. 다만, 해당 주식등이 무기명식인 경우에는 그러하지 아니하다.
제39조(소유자증명서) ① 전자등록기관은 전자등록주식등의 소유자가 자신의 권리를 행사하기 위하여 해당 전자등록주식등의 전자등록을 증명하는 문서(이하 "소유자증명서"라 한다)의 발행을 신청하는 경우에는 대통령령으로 정하는 방법에 따라 발행하여야 한다. 이 경우 계좌관리기관에 고객계좌를 개설한 전자등록주식등의 소유자는 해당 계좌관리기관을 통하여 신청하여야 한다.
② 계좌관리기관은 제1항 후단에 따른 신청을 받으면 전자등록주식등의 소유 내용 및 행사하려는 권리의 내용, 그 밖에 대통령령으로 정하는 사항을 지체 없이 전자등록기관에 통지하여야 한다.
③ 전자등록기관은 제1항에 따라 소유자증명서를 발행하였을 때에는 발행인, 그 밖에 대통령령으로 정하는 자(이하 "발행인등"이라 한다)에게 그 사실을 지체 없이 통지하여야 한다.
④ 전자등록기관이 제1항에 따라 소유자증명서를 발행한 경우 해당 전자등록주식등이 전자등록된 전자등록기관 또는 계좌관리기관은 대통령령으로 정하는 바에 따라 전자

등록계좌부에 그 소유자증명서 발행의 기초가 된 전자등록주식등의 처분을 제한하는 전자등록을 하여야 하며, 그 소유자증명서가 반환된 때에는 그 처분을 제한하는 전자등록을 말소하여야 한다.
⑤ 전자등록주식등의 소유자가 제1항에 따라 발행된 소유자증명서를 발행인이나 그 밖에 대통령령으로 정하는 자에게 제출한 경우에는 그 자에 대하여 소유자로서의 권리를 행사할 수 있다.
제40조(소유 내용의 통지) ① 전자등록기관은 전자등록주식등의 소유자가 자신의 전자등록주식등에 대한 소유 내용을 발행인등에게 통지하여 줄 것을 신청하는 경우에는 대통령령으로 정하는 방법에 따라 그 내용을 통지하여야 한다. 이 경우 계좌관리기관에 고객계좌를 개설한 전자등록주식등의 소유자는 해당 계좌관리기관을 통하여 신청하여야 한다.
② 계좌관리기관은 제1항 후단에 따른 신청을 받으면 전자등록주식등의 소유 내용 및 통지 내용, 그 밖에 대통령령으로 정하는 사항을 지체 없이 전자등록기관에 통지하여야 한다.
③ 전자등록기관이 제1항에 따라 소유 내용을 통지하였을 때에는 해당 전자등록주식등이 전자등록된 전자등록기관 또는 계좌관리기관은 대통령령으로 정하는 바에 따라 전자등록계좌부에 그 통지의 기초가 된 전자등록주식등의 처분을 제한하는 전자등록을 하여야 한다. 이 경우 그 통지에서 정한 유효기간이 만료된 때에는 그 처분을 제한하는 전자등록을 말소하여야 한다.
④ 전자등록주식등의 소유자는 제1항에 따라 통지된 내용에 대하여 해당 전자등록주식등의 발행인등에게 소유자로서의 권리를 행사할 수 있다.

(6) 주주의 권리 행사 및 의결권 행사

1) 증권예탁제도에서의 주주의 권리 행사 및 의결권 행사

증권예탁제도에서는 증권보유구조가 간접보유이므로 예탁증권에 관한 권리행사는 예탁결제원을 통한 간접행사를 원칙으로 하였지만 주식의 경우에는 실질주주가 회사에 대하여 주주로서의 권리를 직접 행사할 수 있도록 하였다. 그런데 과거 구 증권거래법과 자본시장법(제314조 제5항)은 주주총회의 성립을 지원하기 위해 예탁결제원의 중립적 의결권행사(Shadow Voting)를 허용한바 있다. 여기서 중립적 의결권 행사란 주권을 발행한 회사가 요청하는 경우 예탁결제원이 주주총회 참석 주주의 찬반투표 비율에 따라 중립적인 방법으로 의결권을 행사하는 것을 말한다. 동 제도가 장기간 존속되면서 경영진 측의 남용 가능성 등으로 인하여 오히려 주주총회의 활성화가 저해되는 사태가 발생하였다. 2010년부터 전자투표제가 시행된 점을 감안하면 주주총회의 활성화를 위해 중립적 의결권행사 제도가 존치되어야 할 당위성은 없었다. 따라서 2013년 개정 자본시장법은 제314조 제5항을 삭제하여 예탁결제원의 Shadow Voting 제도를 2017. 12. 31.부터 폐지하였다.

2) 전자증권제도에서의 주주의 권리 행사 및 의결권 행사

전자증권제도에서는 주주가 가기 명의로 주식을 등록하고 주주명부에 기재되므로 회사에 대하여 직접 주주의 지위를 보유한다. 따라서 주식에 관한 권리도 주주가 직접 행사하는 것이 원칙이다. Shadow Voting 제도가 폐지되고 전자증권제도가 시행된 현재 주주가 직접 의결권을 행사한다는 점에 대해서는 이론이 있을 수 없다. 그렇지만 전자증권법은 주주의 다른 권리 행사에 대해서는 전자등록기관인 예탁결제원을 통하여 행사할 수 있는 특칙을 두고 있다.

전자증권법 제38조(전자등록기관을 통한 권리 행사) ① 전자등록주식등의 권리자는 전자등록기관을 통하여 배당금·원리금·상환금 등의 수령, 그 밖에 주식등에 관한 권리를 행사할 수 있다.
② 제1항에 따라 권리를 행사하려는 전자등록주식등의 권리자는 전자등록기관을 통하여 권리를 행사한다는 뜻과 권리 행사의 내용을 구체적으로 밝혀 전자등록기관에 신청하여야 한다. 이 경우 고객계좌부에 전자등록된 권리자는 계좌관리기관을 통하여 신청하여야 한다.
③ 전자등록주식등의 발행인은 제1항에 따른 전자등록기관을 통한 권리 행사를 위하여 대통령령으로 정하는 사항을 지체 없이 전자등록기관에 통지하여야 한다.
④ 「자본시장과 금융투자업에 관한 법률」 제165조의11제1항에 따른 조건부자본증권의 권리자가 전자등록기관을 통하여 권리 행사를 하는 데에 필요한 사항은 대통령령으로 정한다.

6. 국제증권거래와 국제증권예탁결제제도 개관

(1) 국제증권거래와 국제증권예탁결제제도

(가) 국제증권거래의 정의와 유형

일반적으로 국제증권거래란 相異한 국가에 소재하는 거래당사자간의 증권거래로서 이해된다.[19] 가장 단순하고 일반적인 국제증권거래로서는 증권발행지국이 아닌 곳에 소재한 일방 거래당사자가 발행지국에 소재한 거래당사자와 증권을 거래하는 형태를 들 수 있다. 이는 중개인을 거치지 않고 투자자 당사자간 직접 증권거래를 하기 때문에 국제시장 직접거래라고도 한다.[20] 다음으로 투자자가 증권발행지국의 외국증권시장에 직접적으로 참여하여 거래를 하거나 투자자 소재지국의 보관은행 또는 증권회사 등을 통하여 외국증권시장에 간접적으로 참여하여 거래가 이루어지는 외국시장거래도 국제증권거래에 해당한다.

(나) 국제증권예탁결제의 의의와 특징

국제증권예탁결제란 하나의 거래당사자 또는 모든 거래당사자가 소재한 국가 이외의 타국가에서 행하여지는 증권예탁결제라고 정의된다.[21] 그런데 국내증권거래 및 예탁결제제도와 마찬가지로, 국제증권거래의 경우에도 증권발행지국에서 당해 증권이 가장 활발하게 유통된다든지 또는 증권발행지국에서 대부분의 당해 증권거래에 대한 예탁결제가 이루어진다고 推斷해서는 안 된다. 왜냐하면 현재 국제증권시장에서 가장 활발하게 거래가 이루어지는 유로채의 경우 증권발행자는 여러 국가에 散在해 있지만, 유로채가 가장 활발하게 유통되는 시장은 영국이며, 예탁결제는 보통 Euroclear Bank를 통하여 벨기에(Belgium)에서 이루어지던지 혹은 Clearstream International을 통하여 룩셈부르크에서 이루어지기 때문이다. 문제를 더욱 복잡하게 하는 것은 어떠한 국제증권거래는 이렇게 단순히 Euroclear Bank나 Clearstream International을 통해 장부상의 계좌간 대체기재에 의하여 예탁결제가 이루어지는 것이 아니라, 이들 기관과 직·간접적으로 연계하는 방식 혹은 증권발행 국가의 중앙예탁결제시스템과 연계하는 방식에 의하여

19 Bank for International Settlements, Cross-Border Securities Settlements, 8면 참조 (1995). 사실 이러한 입장은 매우 넓은 범주의 cross-border trade에 대해 정의하는 것이라고 판단된다.

20 국제시장 직접거래는 증권의 발행국이나 증권투자자 소재지국의 법령에 의한 규제를 받지 않는 offshore market에서 이루어지며, 주로 채권을 거래하는 유로시장의 국제장외거래가 이에 해당한다. 예탁결제원, 「(전정판) 증권예탁결제제도」, 377면 (2003).

21 Bank for International Settlements, 8면.

예탁결제가 이루어지기도 한다는 점이다. 이러한 연계방식을 통하여 이루어지는 국제증권거래에 대해서도, 국제증권예탁결제는 단지 일개국가가 아닌 수개의 국가를 통해 이행된다는 점을 주목하여야 한다. 따라서 이렇게 다양한 형태로 이루어지는 예탁결제체제 전반이 국제증권예탁결제의 범주에 속하는 것이다.

(2) 국제증권예탁결제의 이용자와 제공자

(가) 이용자

국제증권거래에 참여하여 국제증권의 보관 및 결제서비스를 국제증권예탁결제 제공자로부터 제공받는 개인이나 법인을 국제증권예탁결제의 이용자라고 한다. 우선 가계나 일반 회사와 같은 일반투자자들은 국제증권투자에 따른 수익을 향유할 목적으로 자신들의 잉여자금이나 저축금액을 투자하는 본인 혹은 그 대리인을 지칭한다. 이들은 통상적으로 중개인이나 브로커·딜러 등의 증권회사 또는 기타의 기관투자자를 통하여 국제증권시장에서 거래를 행한다. 다음으로 국제증권시장에서 점차적으로 그 역할수행에 있어서 중요성이 강조되는 투자자는 은행, 투자신탁, 연기금 및 보험사업자들과 같은 기관투자자들이다. 왜냐하면 이러한 기관투자자들이 행하는 국제증권거래의 빈도 및 거래량과 거래액이 너무도 막대한 비중을 차지하므로, 국제증권예탁결제에 있어서도 이들에게는 매우 중대한 역할을 수행할 것이 요구되기 때문이다. 국제적인 기준들도 기관투자자의 역할이 매우 중요하다는 점을 인식하고, 비록 기관투자자들이 국제증권거래체계에 직접적으로 참가하지 않더라도 거래승인·주문내역과 일치하는 실제매매가 행해졌는지에 대한 확인 및 권리행사 등에 있어서 좀 더 적극적인 역할을 수행할 것을 권고한다.[22]

(나) 제공자

국제증권예탁결제업무를 제공하는 주요기관으로서 다음의 세 가지를 들 수 있다: ① 첫째, 해외보관기관(Global Custodian)은 투자자를 대신하여 국제증권 및 기타의 금융증서를 안전하게 보관하는 기능을 수행하고 청산결제 및 유가증권대차와 같은 부수적인 서비스도 제공한다. 해외보관기관은 당해 보관기관 소재지국의 증권거래 및 결제에 있어서 외국투자자들을 상대로 이러한 서비스를 제공할 뿐만 아니라, 전 세계적인

22 Mario Giadamillas & Robert Keppler, *Securities Clearance and Settlement Systems - A Guide to Best Practice*, World Bank Working Paper 4면 (April 2001).

네트워크를 통하여 소재지국이 아닌 다른 국가에서 행해지는 증권거래 및 결제에 대해서도 고객들에게 이러한 서비스를 제공하기도 한다; ② 둘째, 국제증권예탁결제기관(International Central Securities Depository 혹은 ICSD)은 국제증권거래뿐만 아니라 여러 국가에서 발행된 외국증권거래에 대한 결제업무를 수행하는 기관으로서, 자체 계좌부의 대체기재 또는 여러 국가의 중앙예탁기관과의 연계를 통하여 증권거래에 대한 결제서비스를 제공한다; ③ 셋째, 중앙예탁기관(Central Securities Depository 혹은 CSD)은 부동화(immobilization)의 방식이나 장부기재(book-entry)방식으로 증권을 안전하게 보관하는 기능뿐만 아니라 거래조회·비교 및 청산결제서비스 등을 제공한다.[23]

(3) 증권예탁결제제도의 국제적 연계방식

국제결제은행은 국제증권예탁제도를 다음의 5가지 방식으로 유형화하고 있다.

(가) 외국중앙예탁기관 직접이용방식

증권투자자가 국제증권거래의 결제가 이행되는 외국 중앙예탁기관의 참가자로서 직접 참가하는 방식이다. 그러나 통상적으로 중앙예탁기관들은 비거주자 외국인이 참가자로서 직접 참가하는 것을 금지하고 있다. 설령 중앙예탁기관이 직접 참가를 허용하더라도 비거주자 외국인에 대한 자격요건을 제한하는 것이 일반적이다. 또한 증권투자자의 입장에서도 외국의 증권관련법규, 매매거래 및 예탁결제제도에 대하여 완전히 숙지하여야 하고 매매거래의 조회·확인, 결제지시와 결제 등에 있어서 외국 현지에 거주하여야 할 필요성이 크기 때문에 현실적으로 외국 현지에 사무소를 두는 등으로 결제업무를 보조할 인력을 두지 않은 경우에는 이용하기 어려운 방식이다.

(나) 현지대리인(Local Agent) 이용방식

역사적으로 국제증권거래의 결제에 있어서 가장 활용도가 높았던 것이 현지대리인 이용방식이었고, 외국 발행시장에서 현지대리인을 이용하는 것은 지금도 여전히 가장 보편적인 방식이다. 전형적으로 현지대리인은 비거주자에게 광범위한 범주의 결제 및 결

23 그러나 이들 기관 외에도 각국의 사정에 따라 청산과정만을 담당하는 청산대리인(clearing agent), 결제과정만을 전담하는 결제대리인(settlement agent) 혹은 외국환은행(correspondent bank) 등이 국제증권예탁결제업무의 서비스 제공자로서 일부 참여하기도 한다. 상게논문, 4-5면.

제에 필요한 금융과 보관서비스를 제공한다. 그러나 증권투자자가 각국에 현지대리인을 두고 이렇게 광범위한 서비스를 향유하려면 많은 비용이 소요되고 증권투자자는 개별적인 현지대리인의 보관, 결제업무 처리능력에 전적으로 의존하여야 하므로 위험에 노출될 가능성도 높다.[24]

(다) 해외보관기관 이용방식

해외보관기관은 자신의 현지 지점이나 다른 현지대리인을 부보관기관으로 지정하여 전세계적인 증권보관 및 결제 네트워크를 자체적으로 확보하고 국제증권거래가 발생할 때에는 국제증권투자자와의 계약과 지시에 의거 결제를 이행하고 거래증권을 예탁·관리하며 증권으로부터 파생되는 제반 권리행사에 관한 서비스를 제공하는 기관(one stop service provider)을 말한다. 해외보관기관이 국제증권투자자에 대해 제공하는 서비스는 증권의 보관관리, 거래증권의 결제, 배당금과 이자수령 및 제 권리행사, 조세처리 등의 증권예탁관련 기본업무 외에, 증권투자실적평가와 투자이익관리, 증권거래확인, 투자정보제공, 외국환거래, 증권대차, 신용공여 등의 부가가치서비스도 포함된다.[25]

현재 세계유수의 해외보관기관들은 금융중개기관으로서의 기능도 아울러 수행한다. 즉 이들 기관은 자금의 조성과 증권대부를 통해 국제증권투자자에게 다양한 형태의 금융을 지속적으로 공급함으로써 국제적으로 거래되는 증권의 수익성과 유동성을 제고시키며, 결제과정에서 초래되는 자금의 일시적 불균형과 부족분을 보충하여 증권거래상의 위험을 분산·감소시킴으로써 국제증권거래를 촉진시키고 결과적으로는 국제증권거래의 결제를 원활하게 이행시켜 주는 기능을 수행하는 것이다. 현재 각국 기관투자자들의 국제증권거래결제에 있어서 그 활용도가 급증하고 있는데, 그 주된 이유는 해외보관기관의 규모와 범위의 경제 실현이란 이익을 향유할 수 있기 때문이다. 그러나 해외보관기관의 결제망 구축에 소요되었던 막대한 투자비용이 결국은 높은 이용료를 부담하는 형식으로 투자자에게 전가될 수밖에 없다.

24 박준, "증권시장의 세계화에 따른 국제증권예탁결제제도의 발전방향", 「증시효율화를 위한 예탁결제 및 무권화제도 발전방향」, 예탁결제원 세미나 연구논집 14면 (1996. 10).

25 대표적인 해외보관기관 중 하나인 뉴욕은행의 홈페이지를 방문해 보면, 뉴욕은행이 collateral management, correspondent clearing, global custody, fund services, securities clearance, securities lending, corporate trust, cash management, credit extension, execution services, trade services, foreign exchange, ADR 등 광범위한 자금관련서비스를 고객들에게 제공하는 것으로 나와 있다. http://www.bankofny.com/htmlpages/sss.htm (방문일: 2007. 7. 15).

(라) 국제증권예탁결제기관 이용방식

국제증권예탁결제기관은 특정한 국가나 규제기관의 규제를 받지 않고 완전 자율화된 역외시장에서 국제증권 투자자를 위한 결제서비스를 제공하는 기관으로서, 현재 유로시장에서 발행·유통되는 증권의 전문적인 결제기관인 Euroclear Bank와 Clearstream International이 이에 속한다.[26] 국제증권예탁결제기관은 증권을 자체 보관하지 아니하고 부보관기관을 이용하며 이를 위해 전 세계적인 보관기관 네트워크를 구축하고 있는데, 통상 중앙예탁기관보다는 해당 중앙예탁기관에 예탁자로 참여하는 기관을 주로 부보관기관으로 선임하여 운영하고 있다. 이 기관들은 각국의 중앙예탁기관 또는 부보관기관과의 연계를 통하여, 증권의 결제·보관, 증권대차, 신용공여, 국제통화에 의한 대금결제 등 다양한 국제증권예탁결제서비스를 제공한다. 그러나 Euroclear Bank나 Clearstream International은 원래 유로채권의 결제를 원활히 하기 위하여 설립된 기관으로서 주식거래기능이 상대적으로 취약하며, 각국의 중앙예탁결제기관이 발달하지 않는 한 국제증권예탁결제기관만으로는 국제증권거래결제의 원활화를 촉진하는데 한계가 있다는 단점이 발견된다.

(마) 각국 중앙예탁기관간의 연계방식

특정국가의 증권투자자가 자국의 중앙예탁기관을 통하여 국제증권거래의 결제를 이행하고 자국의 중앙예탁기관은 증권결제지의 중앙예탁기관과의 업무연계를 통하여 결제업무를 처리하는 방식이다. 각국 중앙예탁기관간의 연계방식에는 ① 통합계좌(omnibus account)로 국제증권결제를 위한 증권의 예탁업무연계만 유지하고 대금결제의 연계는 이루어지지 않는 가장 초보적인 단계의 증권결제 연계방식(free of payment: FOP), ② 증권통합계좌와 현금통합계좌(omnibus cash account)를 개설하여 증권의 집중예탁보관은 물론 증권매매거래시 증권과 대금의 동시결제서비스를 제공하는 연계방식(delivery versus payment: DVP), ③ 외국중앙예탁기관이나 외국결제기

26 Euroclear Bank는 1968년 벨기에 법에 의하여 브뤼셀에서 설립된 기관으로서 영국에 소재한 Euroclear PLC의 산하에 편재되어 있다. 원래 유로본드의 거래를 결제하기 위하여 설립되었지만, 지금은 전 세계에 걸쳐 25개 이상의 주식시장과 30개 이상의 채권시장에서 거래되는 유가증권의 결제를 관장하고 있다. 청산결제 및 증권보관을 主업무로 하지만, 3자간 Repo와 증권대차 및 대금이체 등의 高부가가치 서비스를 제공하는 명실상부한 ICSD이다. 한편 Clearstream International은 전신이었던 Cedel과 독일중앙예탁기관인 Deutsche Borse Clearing의 합병으로 2000년 1월 19일 새로 출범하였다. Clearstream International도 Euroclear Bank와 마찬가지로 유로본드의 청산 및 결제업무에 특화되어 있지만, 담보관리, 증권대차서비스, 3자간 Repo서비스 등의 부가서비스를 제공한다. 각 홈페이지(www.euroclear.com; www.clearstream.com) 참조.

관의 참가자가 국내중앙예탁기관이나 결제기관에 참가하여 자신이 직접 개설한 개별적인 부계좌(sub-account)를 통해 결제를 완결하는 결제시스템 직접 참가에 의한 결제연계방식의 3가지가 있다. 여기서 어떠한 방식을 채택할 것인지의 판단은 연계를 맺고자 하는 양국의 증권시장과 금융제도가 상호간 어느 정도 유사한지 여부에 달려 있다.

중앙예탁기관의 연계방식은 증권결제지의 예탁결제제도를 그대로 이용할 수 있고 중앙예탁기관간의 연계에 의한 것이므로 상대방 국가의 예탁결제제도의 특수성에 대하여 투자자가 숙지하지 않아도 된다는 장점이 있다. 더욱이 최종결제의 완성을 투자자 당사국의 중앙예탁기관을 통하여 보장받을 수 있고 중앙예탁기관의 비영리성에 의해 비용이 절감된다는 이점도 있다. 그러나 연계된 시장에서 거래되는 모든 범주의 증권을 대상으로 하기보다 양국의 증권거래소에 상장된 증권만을 대상으로 결제가 이루어지는 경우가 많고 제공되는 금융서비스와 현금관리서비스가 다른 결제서비스제공자에 비하여 경쟁력이 떨어지며 고객이 요구하는 완전한 범주의 보관서비스가 제공되지 못한다는 등의 제약요인들이 문제점으로 지적되고 있다.[27] 더욱이 중앙예탁기관간 원활한 연계를 위하여 필수적인 정보처리 및 통신체제 개발에 상당한 초기비용이 소요되고 법제도가 상이함에 따른 분석비용도 만만치 않다는 현실적인 제약요인도 무시할 수 없다.

(4) 정리 및 문제의 제기

각 유형별 국제증권예탁결제제도를 분석한 결과, 국내 외화증권투자자의 입장에서는 공공기관이자 비영리기관으로서 이용료가 저렴하고 외국보관기관의 귀책사유가 있는 결제불이행이나 예탁유가증권의 부족시 손실보전장치를 마련하고 있는 예탁결제원을 이용하는 것이 가장 최적의 선택방안임을 알 수 있다. 현행 자본시장법 제296조 제5호에서는 "예탁결제원과 유사한 업무를 영위하는 외국 법인과의 계좌설정을 통한 증권등의 예탁, 계좌 간 대체 및 매매거래에 따른 증권등의 인도와 대금의 지급에 관한 업무"를 예탁결제원의 업무로 열거하고 있으므로, 예탁결제원은 국제증권거래의 증가추세에 맞추어 각국 중앙예탁결제기관간의 양자 또는 다자간 연계체제를 더욱 확충하여야 할 것이다. 물론 중앙예탁결제기관간의 연계방식이 안정성과 비용절감의 측면에서 많은 장점을 갖기는 하나, 현재까지 중앙예탁기관의 국제적 연계범위는 주로 선진국을 중심으로 형성되어 있기 때문에 이 방식만으로 全世界를 망라하는 완전한 국제결제시스템을 구축할 수는 없을 것이다. 따라서 현행처럼 예탁결제원이 연계 내지 제휴의 대상에 외국의

27 Bank for International Settlements, 17면.

중앙예탁결제기관뿐만 아니라 국제증권예탁결제기관 및 해외보관기관까지도 포함시키는 적극적인 자세를 계속 견지하여야 한다.

예탁결제원이 다양한 연계방식에 의하여 국제증권예탁결제망을 지속적으로 확대하여 왔음에도 불구하고, 국제증권거래에 참여하는 국내의 주요 기관투자자들이 지금까지 예탁결제원보다는 해외보관기관이나 국제증권예탁결제기관을 선호하여 왔다는 사실을 예탁결제원은 심각한 자성의 계기로 삼아야 한다. 왜냐하면 이는 예탁결제원이 그간 지나치게 공공적 기관으로서의 지위에만 안주하였을 뿐, 국제결제의 효율성을 강화하려는 노력과 선도적으로 다양한 신규서비스를 개발하여 고객의 욕구(needs)를 충족하려는 노력이 부족하였다는 점을 반증하기 때문이다. 판단컨대 예탁결제원이 어떠한 국제증권예탁결제업무의 제공자와 연계를 하든, 종국적으로는 중앙예탁기관을 이용하는 해외증권 투자자들에게 만족할 만한 각종 서비스를 개발하여 제공할 수 있어야 할 것이다.

Ⅳ. 증권금융회사

1. 증권금융의 의의 및 증권금융회사

증권시장에서 증권의 발행과 유통을 촉진하기 위해서는 증권거래를 위한 단기자금이 원활하게 제공될 필요가 있는데, 증권시장에서 증권과 관련하여 이루어지는 모든 신용공여행위 또는 증권을 담보로 하거나 증권과 관련하여 이루어지는 증권의 융통을 일반적으로 증권금융(securities financing)이라고 한다. 즉 증권금융은 증권의 인수·취득·매매·보유 등에 필요한 자금이나 증권을 증권회사나 일반투자자 등에게 공급함으로써 증권의 발행과 유통을 원활하게 하고 더 나아가 증권시장의 안정과 발전을 지원하는 행위라 할 수 있다.

미국이나 유럽국가에서는 은행이 증권금융을 일반 업무의 하나로 분산취급하고 있으나, 증권회사가 은행으로부터 차입하는 것이 여의치 않은 우리나라에서는 특별히 그러한 금융을 담당하는 회사, 즉 증권금융회사에 대해서 따로 규정하고 있다. 이와 같이 증권금융만을 전담으로 취급·관리하는 기관을 두고 있는 국가는 우리나라를 비롯하여 일본, 대만 등을 들 수 있다. 현재 우리나라에서는 1955년 10월에 설립된 한국증권금융주식회사가 유일한 증권금융 전담기관이다.[28]

2. 증권금융의 경제적 기능

첫째, 증권시장을 통한 자본형성의 촉진이다. 증권금융은 증권투자자에게 증권매매에 필요한 자금이나 증권을 공여함으로써 증권수요의 창출과 증권인구의 저변확대를 통하여 새로운 금융자산의 취득기회를 부여하고, 나아가 증권의 발행과 유통을 촉진시켜 증권시장을 통한 기업의 산업자본 조달을 원활하게 한다.

둘째, 시장의 유동성과 효율성 제고이다. 증권금융은 신용거래의 활성화와 증권담보금융에 의한 증권의 수요조절을 통하여 증권의 유동성을 증대시킨다. 이러한 유동성의 증대로 인하여 새로운 정보와 가치가 즉각 시장가격에 반영될 수 있게 되고, 이로써 주가의 연속성이 확보되며 시장전체의 효율성이 증대된다.

셋째, 증권산업의 안정 유지이다. 증권금융은 증권회사가 필요로 하는 운영자금을 공급함으로써 증권업무 영위에 따르는 경영의 안정성을 부여하여 증권산업의 발전에 기여한다.

넷째, 신용제도의 고도화이다. 증권시장에서 쉽게 환금할 수 있는 증권의 유동성은 증권의 담보가치를 높여 줌으로써 증권이 다른 경제자산보다 유리한 조건으로 담보로 활용될 수 있게 하고, 또한 증권 보유자가 보다 신속 간편하게 자금을 조달할 수 있도록 한다. 증권금융은 가격변동폭은 크지만 유동성이 높은 증권을 담보로 하는 금융이라는 점에서 고도로 진전된 형태의 금융행위로 볼 수 있다.[29]

3. 증권금융의 형태

첫째, 증권인수금융이란 발행시장에서 인수인이나 일반투자자에게 증권의 인수·취득 등에 소요되는 자금을 지원하는 업무이다. 증권인수금융은 발행시장에

28 한국증권금융, "한국증권금융 회사 및 업무 안내," 인터넷자료 〈http://www.ksfc.co.kr〉, 2005, 8면.
29 상게서.

대한 금융지원을 통하여 인수인의 자금부담을 경감시킴으로써 발행증권의 인수와 분산을 용이하게 하여 증권발행의 주체인 기업의 자금조달을 원활하게 하는 기능을 수행한다.

둘째, 증권유통금융이란 증권유통시장에서의 신용거래와 관련하여 증권투자자에게 주식을 매수하는데 필요한 결제자금을 융자(자금차입)하거나 주식매도에 필요한 주식을 대주(증권차입)해주는 업무이다. 증권회사가 신용공여에 필요한 자금이나 증권을 증권금융회사로부터 차입하는 경우를 유통금융이라 하고, 증권회사가 스스로 조달한 자금 또는 증권을 공여하는 경우를 신용공여(자기신용)라고 한다. 이러한 구분은 신용공여의 재원을 기준으로 하는 것일 뿐 고객 입장에서는 동일하다. 이러한 증권유통금융은 증권의 유동성을 증대시키고 융자·대주가 상호 완충작용을 함으로써 주가의 연속성과 안정성에 기여한다.

셋째, 증권담보금융이란 주식, 채권, 수익증권 등 증권을 보유한 모든 일반 개인이나 법인이 그 보유증권을 담보로 하여 금융기관으로부터 대출을 받음으로써 자금을 융통할 수 있는 금융을 말한다. 증권은 일반적으로 유동성이 높은 금융자산이므로 쉽게 환금할 수 있으나, 때로는 일시적인 자금의 필요에 의하여 적정가 이하로 증권을 매각해야 할 경우가 종종 있다. 이러한 경우 증권담보금융은 증권의 매각 없이 필요자금을 조달하게 해 줌으로써 증권의 활용도를 높여주고, 나아가 일반대중의 증권투자를 촉진하는 기능을 수행한다.[30]

4. 증권금융회사의 업무

(1) 증권금융회사의 고유업무

자본시장법 제326조 제1항은 증권금융회사의 고유업무로서 ① 금융투자상품의 매도·매수, 증권의 발행·인수 또는 그 중개나 청약의 권유, 청약, 청약의 승낙과 관련하여 투자매매업자 또는 투자중개업자에 대하여 필요한 자금 또는 증권을 대여하는 업무, ② 거래소시장에서의 매매거래(다자간매매체결회사에

30 상게서.

서의 거래를 포함) 또는 청산대상거래에 필요한 자금 또는 증권을 청산기관인 거래소 또는 금융투자상품거래청산회사를 통하여 대여하는 업무, ③ 증권을 담보로 하는 대출업무, ④ 그 밖에 금융위원회의 승인을 받은 업무를 규정하고 있다.

(2) 증권금융회사의 겸영업무와 부수업무

자본시장법 제326조 제2항은 ① 투자매매업 및 투자중개업 중 대통령령으로 정하는 업무, 신탁업무, 집합투자재산의 보관·관리 업무, 증권대차업무, 그 밖에 금융위원회의 승인을 받은 업무, ② 자본시장법이나 다른 법령에서 증권금융회사의 업무로 규정한 업무, ③ 그 밖에 금융위원회로부터 승인을 받은 업무를 겸영업무로 규정하고 있다. ①의 대통령령으로 정하는 업무란 환매조건부매매, 환매조건부매매의 중개·주선 또는 대리업무, 집합투자증권을 대상으로 하는 투자매매업·투자중개업을 말한다.

자본시장법 제326조 제3항은 보호예수업무와 그 밖에 금융위원회의 승인을 받은 업무를 부수업무로 규정하고 있다.

5. 증권금융회사의 사채 발행

증권금융회사는 자본금과 준비금의 합계액의 20배를 초과하지 아니하는 범위 내에서 사채를 발행할 수 있다(자본시장법 제329조 제1항). 이는 증권금융회사의 증권시장에 대한 지원 업무의 특수성을 감안한 것이다. 증권금융회사는 발행한 사채의 상환을 위하여 일시적으로 그 한도를 초과하여 사채를 발행할 수 있다(자본시장법 제329조 제2항). 즉 그 초과범위에서 발행한도가 더욱 완화되는 것이다. 이 경우 지체 없이 구사채를 상환하는 등의 조치를 통해 한도초과발행 후 1개월 이내에 발행된 사채가 자본금 및 준비금 합계액의 20배를 초과하지 않도록 하여야 한다. 그리고 증권금융회사의 사채 발행에 관하여 필요한 사항은 시행령으로 정한다(자본시장법 제329조 제3항).[31]

31 자본시장법시행령 제322조(사채의 발행) ① 증권금융회사가 사채를 발행하는 경우에는 응모총액이 사채청약서나 증권신고서에 기재된 사채의 총액에 미달하는 경우에도 그 사채를 발행한다는 뜻을 사채청약서나 증권신

대법원 2007. 1. 11. 선고 2005다56940 판결

【판결요지】

[1] 매매 당시 제권판결을 위한 공시최고절차가 진행중이던 무기명채권이 나중에 제권판결의 선고로 무효가 된 경우, 하자 없는 완전한 매매목적물을 이전할 급부의무를 부담하는 매도인은 매수인에게 채무불이행으로 인한 손해배상책임을 부담하는바, 매수인이 위 채권을 매입할 당시 증권예탁결제원에 채권에 대하여 사고신고가 접수되었는지 여부를 조회하고 발행인에게 위조 여부까지 확인하여 아무런 이상을 발견하지 못한 이상, 매수인은 위 채권의 관할법원에 공시최고절차가 진행중인지 여부까지 조회하여 보아야 할 주의의무가 없으므로, 매수인이 공시최고절차의 진행 여부를 확인하지 않았음을 이유로 매도인의 손해배상책임을 제한하는 것은 신의칙과 공평의 원칙에 반한다.

[2] 예탁대상유가증권이 아닌 무기명채권의 발행인이 전 소지인임을 주장하는 자로부터 채권증서를 분실 또는 도난당하였다는 취지의 사고신고를 받았다 하더라도 법령상 근거나 별도의 약정이 없는 한 신고인의 일방적 통보에 불과한 위 사고신고를 접수하여 관리하거나 대외적으로 공시하는 등의 조치를 취하여야 할 의무를 부담하지 아니하고, 다만 발행인이 예탁대상유가증권이 아닌 경우에도 사고신고를 접수하여 관리하는 내부규정을 두고 이를 이행하여 온 경우에는 신의칙상 그에 따른 사고신고처리를 하여야 할 의무를 부담한다고 볼 여지가 없지 않으나 그러한 경우에도 내부규정에 부합하지 않는 사고신고까지 접수하여 관리하여야 할 신의칙상 의무는 없으므로(예탁대상유가증권이 아닌 경우에는 발행인이 증권예탁결제원을 통하여 공시를 할 수도 없다.), 발행인의 내부규정이 현저히 불합리하다거나 하는 등의 특별한 사정이 없는 한 발행인이 내부규정에 따라 사고신고를 처리하였다면 그것이 신의칙 위반에 의한 불법행위를 구성한다고 할 수 없다.

【원심판결】 서울고법 2005. 8. 25. 선고 2004나56501 판결

【주문】

원심판결 중 원고의 피고 1, 2에 대한 패소 부분과 피고 한국증권금융 주식회사의 패

고서에 기재한 때에는 그 응모총액을 사채의 발행총액으로 한다.

② 증권금융회사는 매출기간을 미리 정하여 매출의 방법으로 사채를 발행할 수 있으며, 이 경우에는 사채청약서를 작성하지 아니할 수 있다.

③ 증권금융회사는 매출의 방법으로 발행하는 사채에는 다음 각 호의 사항을 기재하여야 한다.

1. 회사의 상호 2. 사채의 액면금액 3. 사채의 이자율 4. 이자지급의 방법 및 기한
5. 사채상환의 방법 및 기한 6. 사채의 번호

④ 증권금융회사가 사채를 발행하는 경우에는 할인의 방법에 의할 수 있다.

⑤ 증권금융회사는 만기 5년 이상의 사채를 할인의 방법으로 발행하는 경우에는 법 제329조에 따른 사채발행액을 적용할 때 할인발행차금을 포함하지 아니할 수 있다.

소 부분을 각 파기하고, 이 부분 사건을 서울고등법원에 환송하고, 원고의 피고 한국증권금융 주식회사에 대한 상고 및 피고 1, 2의 상고를 각 기각한다.

【이유】

1. 원고의 상고이유를 본다.

가. 피고 1, 2에 대한 상고이유에 대하여

원심판결 이유에 의하면 원심은, 이 사건 채권은 장물로서 매매 당시 이미 제권판결을 위한 공시최고절차가 진행중이었으므로 이 사건 채권에는 하자가 내재되어 있었다 할 것이고, 이후 실제로 제권판결이 선고되어 채권이 무효가 됨으로써 그러한 하자는 현실화되었으며, 이로써 원고는 이 사건 채권상의 권리를 행사할 수 없게 되는 손해를 입게 되었다 할 것인바, 이러한 손해는 매도인으로서 하자 없는 완전한 매매목적물을 이전할 급부의무를 부담하는 위 피고들의 채무불이행으로 인하여 발생한 것이므로 위 피고들은 그 손해를 배상할 책임이 있다고 한 다음, 다만 원고는 금융기관에 종사한 경력이 있는 점, 이 사건 채권은 액면금 1억 원 또는 1천만 원의 고액 채권인 점, 이 사건 채권 매수 당시 강도사건이 명동 사채시장에 널리 알려진 직후인 점, 선의취득자인 원고로서는 공시최고기간 내에 권리신고만 하였더라면 피고측의 잘못과는 상관없이 권리를 보전할 수 있었고 당시 원고만이 그러한 권리신고를 할 수 있는 지위에 있었던 점에 비추어, 원고로서도 이 사건 채권을 매입함에 있어서나 그 이후에라도 적극적으로 공시최고절차가 진행중인지 확인하고 권리신고를 함으로써 자신의 권리를 보전하여야 할 의무가 있음에도 이를 게을리하였다는 이유로 위 피고들의 배상책임을 60%로 제한하였다.

그러나 원심이 인정한 사실 및 기록에 의하면 원고는, 이 사건 채권을 매입할 당시 위 피고들의 직원인 이계식을 통하여 증권예탁결제원에 이 사건 채권에 대하여 사고신고가 접수되었는지 여부를 조회하고 발행인인 피고 한국증권금융 주식회사(이하 '피고 회사'라고 한다)에 그 위조 여부까지 확인하였어도 아무런 이상을 발견하지 못하였다는 것인바, 그럼에도 불구하고 무기명채권의 매수인인 원고가 더 나아가 당해 채권의 관할 법원에 공시최고절차가 진행중인지 여부까지 조회하여 보아야 할 주의의무가 있다고 할 수 없고, 원심이 든 위 사정들을 종합하여 보더라도 원고가 그러한 조치를 취하리라는 기대를 하기는 어렵다고 할 것이므로, 위와 같은 사정하에서 원고가 공시최고절차의 진행 여부를 확인하지 아니하였다는 이유로 위 피고들이 배상할 책임을 제한하는 것은 신의칙과 공평의 원칙에 비추어 허용되지 않는다고 할 것이다.

원심이 이와 달리 그 판시와 같은 사정만으로 위 피고들의 배상책임을 제한한 것은 신의칙과 공평의 원칙에 관한 법리를 오해하여 판결 결과에 영향을 미친 위법이 있고, 이 점을 지적하는 상고이유는 이유 있다.

나. 피고 회사에 대한 상고이유에 대하여

이 부분 상고이유는 원심이 피고 회사의 배상책임을 제한한 것이 신의칙과 공평의 원칙상 현저히 불합리한 것으로서 위법하다는 것이나, 뒤에서 보는 바와 같이 원심판결 중 피고 회사에 대하여 배상책임을 인정한 부분은 위법하여 파기를 면할 수 없으므로 원고의 이 부분 상고이유는 더 나아가 살필 필요 없이 이유 없다.

2. 피고들의 상고이유를 본다.

가. 피고 1, 2의 상고이유에 대하여

원심이 그 판시와 같은 이유로, 원고가 이 사건 채권을 행사하지 못하게 됨으로써 입은 손해는 매도인으로서 하자 없는 완전한 매매목적물을 이전할 급부의무를 부담하는 위 피고들의 채무불이행으로 인하여 발생한 것이므로 위 피고들은 그 손해를 배상할 책임이 있다고 한 다음, 피고들의 면책 항변을 모두 배척한 것은 정당하고, 거기에 제권판결과 채무불이행책임, 하자담보책임 및 책임제한 등에 관한 법리오해 또는 채증법칙 위배에 의한 사실오인 등의 위법이 있다고 할 수 없다.

나. 피고 회사의 상고이유에 대하여

(1) 원심의 판단

원심판결 이유에 의하면 원심은, 피고 회사의 증권금융채권 발행규정에서 무기명채권에 대한 사고신고를 하기 위해서는 공시최고사본 또는 공시최고신청을 확인할 수 있는 문서를 첨부하여야 하며 이를 즉시 첨부할 수 없다고 인정될 때에는 신고일로부터 3일 이내에 이를 제출하게 하고 있는바, 이는 사고신고의 정확성을 담보하여 부정확한 사고신고의 남발로 유가증권의 유통성이 저해되는 폐단을 막고자 하는 데 그 취지가 있다고 보이지만, 다른 한편 이 사건 채권을 발행한 피고 회사로서는 채권의 사고 유무를 적절히 공시함으로써 채권의 매수인으로 하여금 불측의 손해를 입지 않도록 할 신의칙상 보호의무도 아울러 부담하고 있는 점을 고려하여 보면, 사고신고접수는 위 규정에 따라 그 절차를 이행하는 것이 원칙일 것이나, 사고발생의 진실성을 담보할 만한 고도의 개연성이 있는 등 특별한 사정이 있는 경우라면 위 규정에 따른 사고신고요건을 갖추지 않았다 하더라도 이를 공시함으로써 선의의 피해자가 발생하지 않도록 할 신의칙상 의무를 부담한다고 봄이 상당하다고 한 다음, 이 사건 채권에 대한 강도사건은 사채시장에서의 소문 등으로 금융가에서는 공공연한 비밀이었고 피고 회사의 담당직원들도 위 강도사건을 이미 알고 있었으며, 그러한 상황에서 김영완을 대리한 이봉숙이 고위급 국가공무원 및 변호사(위 직원들은 그렇게 오인하였다)와 함께 피고 회사를 방문하여 경찰서장이 발행한 강도피해신고확인원 등을 제시하면서 이 사건 채권의 강취사실을 알리고, 위 채권의 재발행 등 그에 대한 대책을 요청하였다면, 이 사건 채권에 대한 강취사실은 그 진실성이 담보될 만큼 고도의 개연성이 있었다고 보이고, 따라서 이러한 경우 피고 회사로서는 김영완측이 위 규정에 따른 사고신고를 한 바 없다 하더라도 우선적으로 그 사실을 외부에 공시하는 절차를 취함으로써 제3자로 하여금 불측의 손해를 입지 않도록 할 신의칙상 의무가 있다 할 것인데, 이를 이행하지 않은 잘못으로 이 사건 채권에 관하여 사고조회를 한 원고로 하여금 위 채권에 아무런 하자가 없는 것으로 믿게 함으로써 이를 매수하게 하고 또 공시최고기간이 진행중임에도 권리신고를 하지 못하게 하여 결국 이 사건 채권상의 권리를 행사할 수 없도록 하는 손해를 입게 하였다 할 것이니, 그 손해를 배상할 책임이 있다고 판단하였다.

(2) 대법원의 판단

증권거래법상 예탁대상유가증권의 발행인은 유가증권의 압류·가압류 또는 가처분의 명령에 관한 통지를 받거나 도난·분실 또는 멸실된 유가증권에 대한 사고신고(민사소송법에 의한 공시최고 및 제권판결을 포함한다)를 접수한 경우 그 유가증권의 종류 기타 재정경제부령이 정하는 사항을 예탁원에 지체 없이 통지함으로써 예탁원으로 하여금 이를 공표하도록 할 법령상의 의무가 있으나(증권거래법 제173조의8 제2항, 제3항 참조), 예탁대상유가증권이 아닌 유가증권의 발행인에게는 그러한 의무가 부과되어 있지 아니하고, 한편 무기명채권의 발행인은 만기에 그 소지인에게 채권금액을 지급할 의무가 있고, 그 전 소지인으로부터 도난 또는 분실의 신고가 있었다거나 제권판결을 위한 공시최고의 신청이 있었다는 이유로 상환의무를 면할 수 없는 것이므로(대법원 1964. 9. 8. 선고 64다464 판결, 1987. 5. 26. 선고 86다카1559 판결 등 참조), 예탁대상유가증권이 아닌 무기명채권의 발행인이 전 소지인임을 주장하는 자로부터 채권증서를 분실 또는 도난당하였다는 취지의 사고신고를 받았다 하더라도 법령상 근거나 별도의 약정이 없는 한 신고인의 일방적 통보에 불과한 위 사고신고를 접수하여 관리하거나 대외적으로 공시하는 등의 조치를 취하여야 할 의무를 부담한다고 할 수는 없는 것이고, 다만 발행인이 예탁대상유가증권이 아닌 경우에도 사고신고를 접수하여 관리하는 내부규정을 두고 이를 이행하여 온 경우에는 신의칙상 그에 따른 사고신고처리를 하여야 할 의무를 부담한다고 볼 여지가 없지 않으나 그러한 경우에도 내부규정에 부합하지 않는 사고신고까지 접수하여 관리하여야 할 신의칙상 의무는 없다고 할 것이므로(예탁대상유가증권이 아닌 경우에는 발행인이 증권예탁결제원을 통하여 공시를 할 수도 없다.) 발행인의 내부규정이 현저히 불합리하다거나 하는 등의 특별한 사정이 없는 한 발행인이 내부규정에 따라 사고신고를 처리하였다면 그것이 신의칙 위반에 의한 불법행위를 구성한다고 할 수는 없는 것이다.

그러므로 원심으로서는 우선 이 사건 채권이 증권거래법상 예탁대상유가증권인지의 여부부터 가려낸 후, 이 사건 채권이 예탁대상유가증권이라면 피고 회사가 법령에서 요하는 의무를 이행하였는지 여부를 심리하여 판단하고, 이 사건 채권이 예탁대상유가

증권이 아니라면 앞서 본 법리에 비추어 피고 회사가 신의칙상 의무를 위반하여 원고에게 불법행위를 가하였다고 볼 수 있는지 여부를 판단하였어야 할 것이다.

이와 달리 원심이 그 판시와 같은 이유만으로 만연히 피고 회사에게 신의칙상 의무 위반에 의한 불법행위책임을 인정한 것은 무기명채권 발행인의 사고신고 처리 의무에 관하여 심리를 다하지 아니하고, 법리를 오해하여 판결 결과에 영향을 미친 위법이 있다. 이 점을 지적하는 상고이유는 이유 있다.

3. 결론

그러므로 원심판결 중 원고의 피고 1, 2에 대한 패소 부분과 피고 회사의 패소 부분을 각 파기하고, 이 부분 사건을 다시 심리·판단하게 하기 위하여 원심법원에 환송하고, 원고의 피고 회사에 대한 상고 및 피고 1, 2의 상고를 각 기각하기로 하여 관여 대법관의 일치된 의견으로 주문과 같이 판결한다.

제6장

투자중개업·투자매매업 규제

금융투자업자 중 투자중개업자(broker)와 투자매매업자(dealer)는 금융투자상품의 발행·유통을 담당하는 자로서 자본시장에서 중심적 역할을 수행하고 있다. 자본시장법은 거래의 공정과 유통의 원활 및 투자자보호를 위해 투자중개업자와 투자매매업자에 대한 지도 및 감독을 철저히 하고 있다. 사실 자본시장은 다양한 금융투자상품이 유통됨으로 인하여 정보가 복잡하게 뒤엉킨 상거래 시장이므로, 이들 금융투자업자가 직무상 지득한 정보를 이용하는 것에 대해 철저히 차단할 필요가 있다.[1] 왜냐하면 자본시장의 안정적인 성장과 발전을 위해서는 투자중개업자와 투자매매업자의 기업성과 공공성을 담보할 필요성이 매우 크기 때문이다. 여기서 투자중개업자와 투자매매업자의 공공성이라는 쟁점은 공정거래관행의 확립, 투자자보호의 철저, 기업금융의 원활화 등과 밀접하게 관련된다.

제1절 투자중개업(Brokerage)

I. 정의

자본시장법 제6조 제3항은 투자중개업이란 "누구의 명의로 하든지 타인의 계산으로 금융투자상품의 매도·매수, 그 중개나 청약의 권유, 청약, 청약의 승낙 또는 증권의 발행·인수에 대한 청약의 권유, 청약, 청약의 승낙을 영업으로 하는 것"이라고 정의한다. 그리고 자본시장법은 투자중개업에서 제외되는 경우도 규정하고 있다. 제7조 제2항은 투자권유대행인이 투자권유를 대행하는 경우 투자중개업으로 보지 아니한다고 규정한다. 따라서 등록한 투자권유대행인이 투자권유대행을 할 때에는 투자중개업의 인가를 받을 필요가 없다. 동조 제6항에 의해 거래소가 증권시장 또는 파생상품시장을 개설·운영하는 경우(제1호)와

1 자본시장법 제54조는 "금융투자업자는 직무상 알게 된 정보로서 외부에 공개되지 아니한 정보를 정당한 사유 없이 자기 또는 제3자의 이익을 위하여 이용하여서는 아니된다"고 규정한다.

한국금융투자협회가 비상장주권의 장외매매거래에 관한 업무를 하는 경우(제3호 및 동법시행령 제7조 제4항 제4호)도 당연히 제외된다.

투자중개업자의 가장 대표적인 업무는 상법상의 위탁매매업무라고 할 수 있다. 그 외 자본시장법은 '중개'업무와 '증권의 발행·인수에 대한 청약의 권유, 청약, 청약의 승낙'에 관한 업무를 투자중개업으로 포함시키고 있다. 그런데 엄격히 말하면 위탁매매업무와 중개업무는 확연히 다르다. 왜냐하면 위탁매매인은 타인을 위하여 스스로 법률행위의 당사자가 된다는 점에서 중개행위만을 하는 중개인이나 중개대리상과 다르기 때문이다. 또한 '증권의 발행·인수에 대한 청약의 권유, 청약, 청약의 승낙'에 관한 업무[2]와 개정 자본시장법 제9조 제13항의 주선인[3] 업무의 개념이 중첩되는 상황이 발생하였는데, 이런 상황에서 '증권의 발행·인수에 대한 청약의 권유, 청약, 청약의 승낙'에 관한 업무를 투자중개업으로 보는 것이 옳은지에 대해 다소 혼란스러운 상황도 발생할 수 있다.[4] 여기서는 투자중개업을 단순한 위탁매매업으로만 한정하여 논의를 전개하고자 한다.

상법 제101조에 의하면 "위탁매매인은 자기의 명의로 타인의 계산으로 물건 또는 유가증권의 매매를 영업으로 하는 자"를 말하는데, 동조에 의할 경우 위탁매매인은 자기의 명의와 타인의 계산으로 영리행위를 반복적으로 행하는 자라는 특성을 갖는다. 이를 상론하면, 첫째 위탁매매인이 자기의 명의를 사용한다는 것은 위탁매매인이 법률적, 형식적으로 매매의 당사자로서 권리·의무의 주체가 된다는 것이다. 이 때문에 위탁매매인의 증권 매매행위는 위탁자를 위한 간접대리 또는 숨은대리라고 할 수 있다. 둘째, 위탁매매인이 자기의 명의를 사용함에도 불구하고 타인의 계산으로 매매행위를 한다는 것은, 위탁매매인과 제3자간의 거래로 인한 경제적, 실질적 효과가 모두 위탁자에게 귀속된다는 뜻이다. 따라서 매도위탁의 경우 위탁매도인이 상대방에 대하여 불이행으로 인한 손

2 임재연, 81면과 김건식·정순섭, 127면은 발행주선업무라고 한다.

3 이 법에서 "주선인"이란 제11항에 따른 행위(인수) 외에 발행인 또는 매출인을 위하여 해당 증권의 모집·사모·매출을 하거나 그 밖에 직접 또는 간접으로 증권의 모집·사모·매출을 분담하는 자를 말한다.

4 금융위원회의 보도자료에 의하면 증권회사의 인수·주선에 대한 책임을 강화하기 위해 주선인의 개념을 신설하여 인수인과 동일하게 증권신고서의 부실기재에 따른 손해배상책임을 부담하도록 하였다고 설명하고 있다. 금융위원회, [보도별첨자료] "우리나라 금융의 미래를 위한 자본시장법 개정 추진방안," 2011. 7. 26., 18면. http://m.fsc.go.kr/01Sub/001Sub/bodoData.do?FLAG=VIEW&CPAGE=1&NUM=28237에서 검색.

해배상을 하였다면 위탁자에 대하여 구상권을 갖게 된다. 마지막으로 위탁매매인은 상인으로서의 특성을 갖는다.

II. 법률관계

1. 위탁자와 위탁매매인(내부관계)

위탁매매계약은 매매의 주선을 내용으로 하는 유상의 위임계약이다. 따라서 투자중개업자는 증권 매매행위의 실행의무와 매매의 경제적 효과를 위탁자인 고객에게 귀속시킬 의무가 존재한다. 상법 제103조에서는 위탁매매인이 위탁자로부터 받은 물건이나 유가증권 또는 위탁매매로 인하여 취득한 물건, 유가증권, 채권은 위탁자와 위탁매매인 또는 위탁매매인의 채권자간의 관계에서 이를 위탁자의 소유 또는 채권으로 본다고 규정하므로, 고객의 주문을 받아 투자중개업자가 경쟁매매에 의하여 다른 투자중개업자를 통하여 취득한 증권은 고객의 소유물로 간주되는 것이다. 따라서 증권 투자중개업자가 증권의 매수위탁을 위하여 받은 대금으로 증권을 매수하여 위탁자인 고객에게 인도하지 않고 이를 처분할 때에는 업무상횡령죄가 성립하고, 매도위탁의 경우 투자중개업자가 물건이나 유가증권을 매도하기 전에 파산선고를 받은 때에는 위탁자인 고객은 還取權을 행사할 수 있다.[5]

2. 위탁매매인과 제3자(외부관계)

위탁매매인은 자기의 명의로 매매를 하기 때문에 상대방인 제3자에 대하여 직접 권리를 취득하고 의무를 부담하는바(상법 102조), 제3자가 위탁매매임을 안 경우에도 같다. 따라서 증권 매매계약의 성립과 효력에 영향을 미치는 사항은 투자중개업자와 제3자(장내매매의 경우 다른 투자중개업자, 장외매매의 경우 반대매매 당사자) 간의 매매행위 자체만을 기준으로 하여 결정되며, 투자중개업

5 이상은 한국예탁결제원에 예탁되지 않은 증권의 경우로 국한한 설명이다. 그에 비하여 예탁증권의 경우 투자자계좌부에 기재시 투자자에게 소유권(공유지분권)이 인정되므로 상법 제103조가 적용될 여지는 전혀 없다.

자와 고객 간의 내부관계는 매매의 효력에 영향을 미치지 않는다.

3. 위탁자와 제3자

위탁자인 고객과 제3자(투자중개업자의 상대방) 간에는 아무런 법률관계도 존재하지 않는다. 위탁매매인은 제3자에 대한 채권을 언제든지 위탁자에게 양도할 수 있으며 위탁매매계약에서 미리 정할 수도 있다. 따라서 채권의 양도가 없는 한 제3자가 위탁매매임을 알고 있는 경우라도 위탁자에게 직접적으로 한 이행은 매매계약의 이행이 될 수 없다. 위탁자는 단지 제3자의 채무불이행에 대하여 위탁매매인에게 간접적으로 이행담보책임만을 물을 수 있을 뿐이다(상법 105조).

III. 위탁매매인의 의무

1. 선관의무

위탁매매인과 위탁자 간의 위탁매매계약은 위임이므로, 상법 제112조에 의하여 상법에 다른 규정이 없는 경우에는 민법의 위임에 관한 규정이 적용된다. 따라서 위탁매매업자는 선관주의의무를 부담하게 되는 것이다. 구체적으로 보면 투자중개업자는 위탁의 실행의무를 부담하고 위탁자인 고객의 지시를 준수하여야 하며 고객으로부터 수령하였거나 위탁자에게 이전하여야 할 현금이나 증권을 선량한 관리자의 주의로써 보관하여야 한다. 고객의 지시가 위탁의 취지에서 볼 때 투자중개업자의 이익에 반하는 경우라도 원칙적으로 이를 준수하여야 한다. 물론 신의성실의 원칙에 반하는 위탁의 경우에는 그러하지 않다.

대법원 1991. 5. 24. 선고 90다14416 판결

"원고(위탁자)는 소외인(증권회사 직원)을 통하여 그의 재량적 판단 아래 주식거래를 하여 이득을 남겨 줄 것을 의뢰함과 동시에 이익배당금의 수령이나 무상증자에 따른 신주의 인수 등 주식위탁과 관련하여 통상 원고에게 손해가 되지 않고 경제적으로 이익이 된다고 볼 수 있는 제반사항의 대행을 포괄적으로 위임한 것이고, 원고와 피고(위탁매매인)와의 사이에 있어서도 그와 같은 내용의 증권매매위탁약정이 성립되었다고 할 것이므로 피고가 위탁받은 주식에 관한 이익배당금의 수령이나 무상증자에 의한 신주의 인수를 이행하지 아니하였다면 이는 특단의 사정이 없는 한 위 위탁약정에 관한 채무불이행이 된다고 할 것이며 피고는 원고에게 이로 인한 손해를 배상하여야 할 의무가 있을 것"이라고 함으로써, 위탁매매인의 선관의무에 이익배당금의 수령의무 및 무상증자에 의한 신주인수 대행의무를 포함하고 있다.[6]

2. 통지의무와 계산서제출의무

상법 제104조에 의하면 위탁매매인이 위탁받은 매매를 실행한 때에는 지체없이 위탁자에게 그 계약의 요령과 상대방의 주소·성명의 통지를 발송하여야 하고 계산서를 제출하여야 한다. 자본시장법에는 좀 더 상세한 특칙이 마련되어 있다. 즉 자본시장법 제73조 및 동법시행령 제70조 제1항에 의하면 투자중개업자는 "매매가 체결된 후 지체 없이 매매의 유형, 종목·품목, 수량, 가격, 수수료 등 모든 비용, 그 밖의 거래내용을 통지하고, 매매가 체결된 날의 다음 달 20일까지 월간 매매내역·손익내역, 월말 현재 잔액현황·미결제약정현황 등을 통지"하도록 규정하고 있는 것이다. 여기서 통지의 구체적인 방법으로는 투자중개업자와 투자자 간에 미리 합의된 방법, 즉 서면 교부나 전화, 전신 또는 모사전송 또는

6 이 사건에서 원고의 청구원인 사실에 의하면, 원고는 1984. 5. 11. 피고회사의 명동1가 지점에 원고 명의로 거래구좌를 개설하고 같은 날 액면금 5백원의 고려합섬주식회사 주식 2천주, 5.17. 같은 주식 2만주를 각 매수하여 이를 피고회사에 예탁함으로써 원고와 피고 사이에 위 주식에 대한 임치 및 위탁매매계약이 성립되었고, 이에 따라 피고는 선량한 관리자의 주의로써 위 주식을 보관하면서 그 주식에 대한 배당금 및 무상주는 이를 수령, 보관하고 위 고려합섬주식회사에서 유상증자를 할 경우에는 임치, 위탁자인 원고가 신주납입금을 불입하여 신주를 인수하도록 원고에게 통지하는 등의 채무가 있음에도 불구하고 피고가 위 채무를 이행하지 아니함으로써 위 주식에 대한 1985. 8. 25.부터 1988. 12. 31.까지 사이의 법정과실인 배당금 및 유, 무상 주식을 취득하지 못하였다고 주장하면서 피고에 대하여, 주위적으로 원고로부터 금 18,143,747원을 지급받음과 상환으로 고려합섬주식회사 발행의 액면금 5천원(1987. 8.경 병합됨) 의 기명식 보통주식 5,291주(무상주 429주와 유상주 4,862주)의 인도를 구하고, 예비적으로 위 주식에 대한 배당금의 합계 금 484만원과 1986. 12. 20.부터 1988. 12. 25.까지 사이에 유상주 1,623주를 인수하여 처분하였더라면 원고가 취득하였을 차익금의 합계 금 5,886,870원의 지급 및 위 무상주 338주의 인도를 구한다는 것이다. 대법원은 유상증자의 경우에 대해서는 원고의 주장을 배척하였다. 즉 "원고 주장의 유상증자에 따른 신주의 인수에 관하여는 달리 보아야 할 것이다. 왜냐하면 유상증자의 경우는 주식위탁자 본인의 청약 및 그에 따른 업무대행위임에 관한 명시적인 의사표시가 있는 때에 한하여 증권회사인 피고가 그 업무를 대행처리하는 것이 거래관행임을 알 수 있기 때문이다. 따라서 특약이 없는한 유상주식의 인수에 관한 통지나 업무대행이 원고와 피고 사이의 위탁매매약정상의 채무에 당연히 포함되는 것이라고 할 수 없는 것"이라고 판시하였다.

전자우편, 그 밖에 이와 비슷한 전자통신에 의한 통지 등이 망라된다.

3. 지정가액준수의무

위탁매매인의 지정가액준수의무는 사실상 선관의무로부터 발생한다. 위탁매매인이 위탁자가 지정한 가액을 준수하지 않은 때에는 위탁자는 매매를 위탁의 실행으로 인정하지 않을 수 있다. 그러나 위탁매매인이 지정가액과 매매가액의 차액을 부담한 때에는 매매는 위탁자에 대하여 효력이 있다(상법 106조 1항). 여기서 차액부담의 의사표시는 위탁매매인의 일방적 행위에 의하여 위탁자의 거절권을 상실시키는 것이다. 상법에 의하면 매매가 지정가액보다 유리하게 성립한 때에는 그 차액은 위탁자에게 귀속하는 것을 원칙으로 하며, 양 당사자간 매매가 지정가액보다 유리하게 성립한 경우 차액을 위탁매매인에게 귀속시킨다는 다른 약정도 가능하게 된다.

이러한 상법의 법리는 통상적인 증권 거래의 경우에도 동일하게 적용된다. 투자자가 증권회사에게 매매위탁의 주문을 하는 경우, 가격을 지정하는 방법은 다음의 세 가지가 있을 수 있다. ① 특정 가격에 의한 지정(시장가로 지정하는 것을 포함),[7] ② 특정 가격을 기준으로 한 가격의 범위 지정, ③ 가격의 일임. 투자자가 ①의 특정 가격으로 지정한 경우 증권회사는 그 가격으로 호가를 하여야 하며, 이보다 유리한 호가 또는 다른 방법의 호가(예: 시장가로 지정했는데, 지정 당시의 시장가였던 특정 가격으로 지정한 것으로 이해하여 동 가격으로 호가)를 하게 되면, 이는 엄밀히 말하면 투자자의 위탁의 본지에 부합하지 않는 주문을 한 결과가 될 수 있다. 그에 비하여 ②의 경우 투자자가 가격 결정에 대한 일정 범위의 권한을 투자중개업자에게 부여하였으므로 상법상의 쟁점이 발생할 여지가 없고, ③의 경우 자본시장법 위반의 소지가 있으므로 투자중개업자가 이러한 방식의 가격 지정을 가급적 회피하려고 할 것이다. 결국 실무에서

7 참고로 시장가 주문은 다음과 같은 경쟁매매의 원칙에 의한다. 첫째, 가격우선의 원칙으로서 저가의 매도호가가 고가의 매도호가에 우선하며 시장가호가가 지정가호가에 우선한다. 둘째, 시간우선의 원칙으로서 동일 가격 호가 중 앞선 호가가 뒤의 호가보다 우선한다. 셋째, 위탁매매 우선의 원칙으로서 동시호가 간에 있어서 위탁매매가 자기매매에 우선한다. 넷째, 수량우선의 원칙으로서 동일 가격의 주문에서 호가 접수 시간의 선후가 분명하지 않은 경우 수량이 많은 호가가 적은 호가에 우선한다.

는 ①의 경우만이 문제될 것인데, 이 때에는 투자중개업자가 투자자의 위탁 내용과 달리 지정가액을 준수하지 않은 셈이 된다. 따라서 투자자에게 이익이 되는 경우 상법상 그 차액은 투자자에게 귀속될 것이지만, 투자자에게 불리한 경우 상법이 적용되어 "위탁의 실행으로 인정하지 않거나 위탁의 실행으로 인정하되 투자자에게 손해배상을 청구할 수 있도록 하는 법리"가 발동할 것이다. 결국 이 때에는 증권회사가 투자자에게 차액 부담의 의사를 표시하면서 위탁자의 거절권을 상실시킬 수 있는 경우가 생기는 것이다.

4. 투자자예탁금의 별도예치의무

투자중개업자는 예탁자인 고객으로부터 금전이나 증권 등의 예탁을 받게 된다. 고객의 보호를 위해서는 예탁된 금전이나 증권이 건전한 상태로 확실히 보관되고 가사 투자중개업자의 재무상태가 악화되더라도 고객이 반환받을 수 있도록 하여야 한다. 단지 고객이 투자중개업자에 대하여 금전이나 증권의 반환에 관한 채권적 권리 만을 갖는다면 투자중개업자의 파산과 같이 고객의 이해관계에 정면으로 반하는 사태가 발생할 경우 고객의 보호에 너무도 무기력해질 수 있는 것이다. 따라서 고객이 예탁한 재산에 대해 채권적 권리가 아닌 배타적인 권리를 인정토록 하려는 기교적인 장치로써 예탁 재산을 투자중개업자의 재산과 별도로 보관하여 특정할 수 있도록 하는 방안이 강구되는 것이다. 자본시장법 제74조는 투자중개업자로 하여금 자신의 고유재산과 구분하여 고객의 예탁금이나 증권을 예치 또는 신탁하도록 하고 있다. 또한 자본시장법 제75조는 투자중개업자가 증권의 매매로 보관하게 되는 고객 소유의 증권을 한국예탁결제원에 지체없이 예탁하도록 하고 있다.[8]

5. 이행담보책임

상법 제105조에 의하면 위탁매매인은 다른 특약이나 관습이 없는 한 위탁자를

8 동조 단서는 "해당 증권의 유통 가능성, 다른 법령에 따른 유통방법이 있는지 여부, 예탁의 실행 가능성 등을 고려하여 대통령령으로 정하는 경우에는 예탁결제원에 예탁하지 아니할 수 있다"고 하는데, 동법시행령 제76조 제1항은 원화로 표시된 양도성 예금증서와 그 밖에 금융위원회가 정하여 고시하는 것에 대한 예외를 규정하고 있다.

위한 매매에 관하여 상대방이 채무를 이행하지 않는 때 위탁자에 대하여 이를 이행할 책임이 있다. 사실 위탁매매인이 선량한 관리자의 주의로써 매매를 하는 한 상대방의 불이행에 대하여 담보책임을 질 이유는 없다. 그렇지만 상대방의 불이행에 의한 손해가 결국 위탁자에게 귀속되고 또 위탁자와 상대방 간에는 아무런 법률관계가 존재하지 않으므로, 상법은 위탁자를 보호하기 위하여 위탁매매인에 대한 특수한 이행담보책임을 법정하게 된 것이다(무과실책임). 예탁결제제도가 시행되기 이전의 아주 오래된 판례 중에는 "자기명의로써 타인을 위하여 주식의 매매를 업으로 하는 자가 위탁자를 위하여 주식의 매입을 하였으나 그 주식이 타인이 분실한 것임에 의하여 위탁자로 하여금 이의 권리를 취득케 할 수가 없는 경우에 있어서 위탁자는 … 직접 수탁자(위탁매매인)에 대하여 매매로 인한 채무이행을 청구할 수 있다"고 한 판례도 있다.[9] 그러나 예탁결제제도가 시행된 이후 이 판례가 전제하고 있는 사실 자체도 변경되어야 한다. 왜냐하면 예탁결제제도와 맞물려 장내 거래에서는 실제로 이와 반대의 상황이 발생하기 때문이다. 자본시장법 제313조에 의하면 예탁결제원에 입고하는 증권에 부족이 발생하는 경우(제권판결 등 사고발생 주권 포함), 증권을 입고한 예탁자가 그 부족분을 보충할 책임이 있다. 즉 매도인이 매도한 주식이 사고증권(타인이 분실한 주식)인 경우, '매수인의 위탁매매인인 증권회사'가 아니라 '매도인의 위탁매매인인 증권회사'가 부족한 수량을 보충할 의무가 있고 추후 매도인의 위탁매매인이 매도인인 위탁자에게 구상권을 행사하게 되는 것이다. 따라서 위 판례와 같은 상황이 발생한 경우, 매수 위탁자는 자본시장법 제311조 제1항과 제2항의 적용에 따라 선의취득자로서 권리를 취득하게 되므로 매수 위탁매매인에게 이행담보책임을 추궁할 여지는 없게 된다.

6. 위탁물에 대한 처분 및 통지의무

상법 제108조에 의하면 위탁매매인이 인도받은 물건의 훼손 또는 하자를 발견하거나 그 물건이 부패할 염려가 있는 때 또는 가격저락의 상황을 안 때에는 지

9 朝高 25. 3. 13, 民集 12, 68.

체없이 위탁자에게 그 통지를 발송하여야 하고, 위탁자의 지시를 받을 수 없거나 지시가 지연됨으로써 손해의 위험이 있는 때에는 위탁매매인은 위탁자의 이익을 위하여 적당한 처분을 할 수 있도록 되어 있는데, 이러한 상법상 위탁매매인의 의무는 본질적으로 투자중개업자에게 적용되지 않는다.

Ⅳ. 위탁매매인의 권리

1. 보수청구권

위탁매매인은 특약이 없는 경우에도 위탁자에 대하여 상당한 보수를 청구할 수 있다. 그리고 위탁매매인의 책임없는 사유로 그 위탁의 실행이 완료되지 못한 때에는 이미 이행한 비율에 따라 보수를 청구할 수 있다(민법 686조 3항).

자본시장법상 증권의 투자중개업자에 대해서도 매매계약체결에 따른 보수가 당연히 인정되는데, 지나치게 과다한 보수를 수령하지 않도록 제한하는 견제장치가 마련될 필요가 있다. 참고로 미국의 SEC Rule 10b-10은 증권업자(broker-dealer)로 하여금 특정의 공시요건을 부과하고 있는데, 강제되는 공시사항 중에는 당해 거래와 관련하여 증권업자가 수령하는 보수(수수료)가 포함되어 있다. 그렇지만 구체적인 보수액이 매매를 확인하는 시점에 반드시 공시되어야 하는 것은 아니다. 즉 개별 거래마다 별도의 보수를 책정하는 것이 아닌 한, 증권업자와 고객 간의 사전서면합의로 보수에 대한 부과기준과 절차 등이 결정되면 되는 것이다. 자본시장법 제58조 제1항은 미국의 SEC Rule 10b-10과 같이 엄격한 공시 요건을 부과하지는 않는다. 그러나 수수료의 부과기준 및 절차에 관한 사항을 금융투자업자의 인터넷 홈페이지 등을 이용하여 공시하고(1항), 한국금융투자협회에 통보하며(3항), 한국금융투자협회는 금융투자업별로 당해 기준 및 절차를 비교·공시하기 때문에, 투자자들은 금융투자업자의 수수료 책정에 대한 합리성과 절차적인 투명성을 분석할 수 있게 된다.

2. 비용상환청구권

위탁매매인은 비용이 필요한 경우 위탁자에게 그 선급을 청구할 수 있고 위탁자가 비용을 선급할 때까지 위탁의 실행을 거절할 수 있다. 이렇게 위탁매매인이 필요한 비용을 체당할 의무가 없지만, 만일 위탁매매인이 필요한 비용을 체당한 때에는 그 체당금과 체당한 날 이후의 법정이자를 청구할 수 있다(상법 제55조 제2항과 민법 제688조 제1항). 증권 거래에서 수수료란 위탁자인 고객이 위탁매매인인 증권회사에 지급하는 위탁매매수수료를 의미하는데, 상법 제55조 제2항이 상정한 것과 마찬가지로 증권회사가 증권의 매수·매도에 따른 수수료와 증권거래세 등의 비용을 미리 고객을 위해 체당하는 사례가 발생할 수 있다. 물론 결제 대금의 전부 또는 일부(증거금 일부 면제의 경우)에 상응하는 금액이 고객 계좌에 입금되어 있는 것을 전제로 위탁매매에 따른 주문이 이루어지는 것이 통상적이므로 이러한 사례가 빈번히 발생하지는 않을 것이다. 그러나 증권회사가 어떠한 이유로 고객으로부터 증거금을 전혀 납입받지 않는 경우(증거금 미징수)도 있을 수 있는데, 이러한 상황에서 고객이 결제일 전까지 입금을 하지 않아 종국적으로 미수금이 발생한 경우, 증권회사는 매수·매도에 따른 수수료와 증권거래세를 먼저 체당한 후 사후적으로 동 금액 및 법정 이자를 청구하게 될 것이다.

3. 유치권, 공탁 및 경매권

위탁매매인은 특별한 약정이 없는 한 위탁자를 위한 물건의 매매로 인하여 생긴 채권이 변제기에 있을 때에는 변제를 받을 때까지 위탁자를 위하여 점유하고 있는 물건 또는 유가증권을 유치할 수 있다. 그리고 매수의 위탁자가 매수한 물건의 수령을 거부하거나 수령할 수 없는 때에는 상인간의 매매와 같이 그 물건을 공탁 또는 경매할 수 있다. 이러한 상법상의 일반적인 논의는 증권거래의 경우 그대로 적용되지 않는다. 왜냐하면 증권 거래에 있어서 증권회사는 대부분 점유 또는 경매보다 예수금 등 현금성 자산과의 상계 및 반대매매를 통해 채권의 만족을 얻을 것이기 때문이다. 더욱이 증권예탁결제제도가 시행되면서 증권의 매수는 투자자계좌부에 대한 '입고'를 통하여 이루어지므로, 위탁자인 고객이 매수한 증권의 수령을 거부하거나 수령할 수 없는 경우가 발생하지 않는다.

4. 개입권

상법 제107조 제1항에 의하면 위탁매매인이 거래소의 시세있는 물건의 매매를 위탁받은 때에는 자신이 직접 매수인 또는 매도인이 될 수 있는데, 이를 위탁매매인의 개입권이라고 한다. 개입권을 인정하는 기본 취지는 매매행위가 공정하다면 개입권의 행사로 위탁자가 원하는 목적이 달성되고 위탁이 신속하게 이루어지는 이익을 향유하게 되며, 위탁매매인도 동일한 물건에 관하여 매도와 매수의 위탁을 받은 경우 양자의 위탁을 동시에 실행함으로써 계산보고의 비용을 절약할 수 있기 때문이다.

그런데 일종의 형성권인 개입권을 행사하려면 개입금지에 관한 명시적 또는 묵시적인 특약이나 법규가 존재하지 않아야 하고 위탁매매인이 상대방과의 사이에 매매의 실행행위를 하지 않았어야 한다. 개입시기에 관한 선택은 위탁매매인이 결정할 수 있으나, 위탁자에게 매우 불리한 시기에 개입함으로써 위탁자에게 손해가 있는 때, 개입권행사는 유효하나 손해배상의 책임이 발생한다. 여하튼 이러한 개입권 행사의 효과로 매매계약관계가 성립함과 동시에 위탁행위도 실행한 것이 된다는 점에서 위탁자와 위탁매매인 모두에게 긍정적인 이익으로 작용함은 이미 전술하였다.

그렇다면 투자중개업자는 개입권의 행사가 가능한가? 부정적으로 보아야 한다. 왜냐하면 개입권의 행사를 금지하는 명문의 규정이 존재하기 때문이다. 즉 자본시장법 제67조는 투자중개업자가 증권매매에 있어서 자신이 본인이 됨과 동시에 상대방의 투자중개업자가 되어서는 안된다고 규정하고 있다(물론 투자중개업자가 증권시장 또는 파생상품시장을 통하여 매매가 이루어지도록 한 경우와 그 밖에 투자자 보호 및 건전한 거래질서를 해할 우려가 없는 경우로서 대통령령으로 정하는 경우[10]는 예외이다).

10 자본시장법시행령 제66조(자기계약의 금지의 예외) 법 제67조제2호에서 "대통령령으로 정하는 경우"란 다음 각 호의 어느 하나에 해당하는 경우를 말한다.

1. 투자매매업자 또는 투자중개업자가 자기가 판매하는 집합투자증권을 매수하는 경우
2. 투자매매업자 또는 투자중개업자가 다자간매매체결회사를 통하여 매매가 이루어지도록 한 경우

5. 신용거래약정에 기한 반대매매

(1) 사실관계

고객(원고)이 증권회사(피고)를 통하여 A회사 주식 7,000주를 1주당 62,700원에 매수하면서 매수대금의 40%는 고객이 부담하고 나머지 60%는 변제기를 3개월 이후로 하여 증권회사로부터 대출받기로 하는 신용거래약정을 체결하였다. 고객이 변제기에 변제하지 못하자 증권회사는 변제기 다음날, 대출금이 변제된 부분을 제외한 나머지 6,726주를 1주당 55,100원의 가격으로 전부 매도(반대매매)하여 그 매도대금중 2억5천만원으로 미변제 대출금 채권의 변제에 충당하고 나머지 금액을 원고의 계좌에 입금하였다.

약관 제8조의2 제1항에는 증권회사가 담보로 징구한 예탁자산에 질권을 설정할 수 있게 되어 있고, 제10조 제1항에는 고객이 채무의 상환요구를 받고 상환기일 이내에 채무를 상환하지 아니하였을 때 증권회사는 "고객계좌에 예탁된 현금을 고객의 채무변제에 우선 충당하고, 담보증권, 그 밖의 증권의 순서로 필요한 수량만큼 증권시장에서 시가결정에 참여하는 호가에 따라 임의처분하여 고객의 채무변제에 충당할 수 있다"고 규정하였다(금융투자업규정도 동일).

(2) 원고의 주장

고객이 대출금을 변제하지 못할 경우 주식을 강제로 매도 처분하는 반대매매 제도는 증권회사로 하여금 임의로 강제집행을 하는 것과 같은 효과를 주는 제도이므로, 고객에게 불리한 결과가 발생하지 않도록 관련 규정을 엄격하게 해석하여야 하고, 증권회사로서는 고객에게 발생할 수 있는 피해를 최소화하여야 할 선관의무를 부담한다.[11] 이 사건에서 피고인 증권회사는 대출금채권의 변제

3. 그 밖에 공정한 가격 형성과 매매, 거래의 안정성과 효율성 도모 및 투자자의 보호에 우려가 없는 경우로서 금융위원회가 정하여 고시하는 경우

11 판례는 반대매수와 관련하여 이러한 선관의무 위반의 주장을 일반적으로 수용하지 않고 있다. 예를 들어 대법원 1994. 1. 14. 선고 93다30150 판결은 "고객이 신용융자금이나 주식매수대금을 증권회사에 납부하지 아니하여 증권회사가 매수주식을 처분하여 그 처분대금을 신용융자금이나 미수대금에 충당하는 경우에 있어서 증권회사로서는 고객의 손실을 최소한도에 그치도록 하여야 할 신의칙상의 주의의무가 있다고 하더라도, 증권회사가 매수주식을 처분할 수 있었던 최초의 시점에 처분하지 않았다고 하여도 당시 주식가격이 하락하는 경향이 뚜렷하여 가격상승을 기대할 수 없는 특별한 사정이 인정된다면 모르되 그렇지 않는 한 그 시점에 처분하는 것이 반드시 고객의 손실을 최소화하는 것이라고 단정할 수 없는 것이므로, 증권회사가 미리 고객으로부터 위와 같은 시점

에 필요한 수량에 한하여 반대매매를 하여야 함에도 불구하고 이를 초과하여 전체 주식을 반대매매 하였는바, 그 초과분은 신용거래약관에 위반되어 무효이므로 원상회복하여야 한다.

(3) 판단(서울남부지방법원 2013. 8. 30. 선고 2013가합102931 판결)

임의처분(반대매매)을 함에 있어 질권이 설정된 주식의 매도가액이 미변제 대출금을 초과하는 경우 위 신용거래약정 및 금융투자업규정에서 정한 '필요한 수량만큼 임의처분하여 채무변제에 충당할 수 있다'는 규정이 미변제 대출금에 상당한 주식만을 임의처분할 수 있다는 의미인지 아니면 질권이 설정된 주식 가운데 미변제 대출금을 초과한 부분도 임의처분할 수 있다는 의미인지 문제된다.

살피건대, 이 사건 신용거래약정에 기한 주식의 반대매매는 채권의 변제에 갈음하여 질물을 처분할 것을 약정한 것으로서 일종의 유질계약에 해당한다 할 것인데, 원고가 유가증권매매업 등을 영위하는 회사인 피고와 사이에 체결한 이 사건 신용거래 약정은 상행위에 해당하므로 상법 제59조에 의하여 유질계약이 허용되고(따라서 민법 제399조가 적용되지 않음), 이에 따라 피고는 대출금채권의 변제에 갈음하여 질권이 설정되어 있는 이 사건 주식을 임의로 처분할 수 있다 할 것이므로 이 규정의 내용을 반드시 해당 주식 중 미변제 대출금에 상당한 주식만을 반대매매할 수 있다는 의미로 제한하여 해석할 것은 아니고, 질권이 설정된 해당 주식에 대하여는 미변제 대출금을 초과한 부분도 처분할 수 있다고 보아야 할 것이다.

이에 대하여 원고는 위 신용거래약정 및 금융투자업규정의 내용을 미변제 대출금에 상당한 주식을 초과하여 처분할 수도 있다고 해석하는 것은 약관의 내용이 불명확한 경우 고객에게 유리하게 해석되어야 한다는 약관규제법 제5조 제2항에 반한다고 주장하나, 채무자로서는 반대매매후 해당 주식의 가치가 상

에 매수주식을 처분하여 줄 것을 위임받았다는 등 특별한 사정이 없는 한 증권회사가 위와 같은 시점에 매수주식을 지체 없이 처분하지 않았다고 하여 주의의무를 위반하였다고 볼 수 없다"고 판시한 것이다. 판례는 여기서 쟁점이 된 사항을 대외적으로 위탁의 실행과 관련하여 위탁매매인이 부담하는 선관의무의 내용으로 보지 않고 오히려 위탁의 실행 이후 위탁자와 위탁매매인 간 내부적인 정산의 문제에 불과한 것으로 보고 있다.

승하는 경우 예측할 수 없었던 손해를 입을 가능성도 있지만 반대로 주식의 가치가 하락하는 경우에는 주식을 보유하고 있는 것보다 이익을 얻을 수도 있으므로 반드시 채무자에게 불이익한 결과가 초래된다고 볼 수는 없는 점, 채무자는 질권이 설정된 주식의 가치가 상승할 것으로 예상되면 변제기 도래 전에 미변제 대출금에 상당한 부분을 매도하여 그 매도대금으로 대출금을 변제하여 반대매매를 방지하거나, 반대매매후 주식의 매도대금 중 대출금 변제에 충당된 부분을 공제한 나머지 금액을 돌려받아 그 돈으로 다시 주식을 매수하는 등의 방법으로 손해를 최소화할 수 있는 점, 이와 같이 주가의 변동이라는 우연한 사정에 따른 채무자의 손해발생 가능성을 우려하여 이에 대한 명확한 규정이 아닌 관련 규정의 해석만으로 질권자의 질권 실행을 제한하여야 할 만한 특별한 사정이 보이지 않는 점 … 등을 고려하면, 이와 같이 해석하는 것이 약관규제법에 반하여 부당하다고 보기 어렵다.

따라서 이 사건 반대매매 중 미변제 대출금에 상당한 주식을 초과하여 처분한 부분이 무효라고 볼 수 없으므로, 원고의 위 주장은 이유 없다.

V. 증권위탁매매의 법률관계[12]

고객과 투자중개업자 간에는 ① 매매거래계좌설정계약의 체결, ② 증권 또는 현금의 예탁, ③ 매매주문의 순서로 증권위탁매매계약이 이루어지게 된다.

첫째, 매매거래계좌설정계약은 계좌를 설정한다는 취지와 매매거래수탁에 관한 약관을 승인한다는 취지의 기재가 되어 있는 매매거래계좌설정약정서에 의한다. 약관이므로 예탁자인 고객은 약관규제에 관한 법률에 따른 보호를 받게 된다. 매매거래계좌설정계약은 장차 발생할 고객과 투자중개업자 간의 계속적인 거래관계에 적용될 기본계약으로서 그 자체 만으로는 당사자 간에 아무런 급부의무를 발생시키지 않는다. 즉 당사자 간의 법적 권리의무는 원칙적으로 기

12 보다 상세한 것은 김건식·정순섭, 579-589면 참조.

본계약이 체결되고 금전이나 증권이 투자매매업자에 예탁된 시점부터 발생한다.

둘째, 고객은 증권이나 현금을 투자중개업자에게 예탁하고 통장이나 증권카드를 받게 된다. 증권이나 현금 모두 대체물이지만 투자중개업자가 이를 보관하는 법률관계는 증권의 경우 혼장임치이고 현금의 경우 소비임치라고 보는 것이 옳다. 왜냐하면 증권의 경우 고객은 계약상으로 투자중개업자에 대하여 예탁증권반환청구권을 가짐과 동시에 혼장임치된 증권 전부에 대하여 공유지분권을 갖지만, 현금의 경우 투자중개업자는 예탁금을 소비할 수 있고 고객은 예탁금반환청구권이라는 채권만을 갖기 때문이다.[13] 한편 신용거래의 경우 고객은 투자중개업자에 대하여 신용거래보증금으로서 대용증권을 예탁하여야 하는데, 대용증권을 보관하는 법률관계의 성질에 대하여 판례는 다음과 같이 판시하고 있다. "고객이 증권회사에게 증권을 예탁 또는 담보로 제공한 법률관계가 소비임치계약이라고 볼 수 있으려면 증권이 증권회사에게 예탁 또는 담보로 제공됨으로써 그 소유권이 증권회사에게 귀속되어 증권회사가 이를 임의로 소비하거나 처분할 수 있다고 볼 수 있어야 할 것인바, 고객이 증권회사에게 예탁한 증권이나 담보로 제공한 유가증권의 반환을 청구할 경우 증권회사가 그것과 종목과 권리가 동일한 증권으로 반환할 수 있다는 약정의 취지는 증권회사가 고객에게 증권을 반환하여야 할 경우에 예탁 또는 담보로 제공받은 증권과 종목 및 권리가 동일한 증권을 반환할 수 있다는 취지이지, 예탁 또는 담보로 제공받은 증권의 소유권을 증권회사에게 귀속시키기로 한다거나 증권회사가 그 증권을 임의로 소비 또는 처분할 수 있다는 취지라고 볼 수 없고, 또 증권회사가 고객으로부터 담보로 제공받은 증권을 다른 예탁자가 예탁한 동일 종목의 증권과 혼합보관할 수 있다고 약정하였다고 하여 고객이 증권회사에게 예탁 또는 담보로 제공한 증권의 소유권이 증권회사에게 귀속되어 증권회사가 이를 임의로 소비하거나 처분할 수 있게 되는 것이라고 볼 수 없다 … 고객과 증권회사 사이에 체결된 신용거래계좌설정약정서와 증권거래법 제45조 단서의 규정 등에 비추어 보면, 고객이 증권회사에게 담보로 제공한 증권의 소유권은 반환시까지

13 물론 예탁금의 경우 증권금융에의 예치의무가 있다는 점을 유념하여야 한다.

여전히 고객에게 있고 증권회사는 증권을 담보목적에 어긋나지 않게 보관할 의무가 있는 것으로서, 만약 이에 위배하여 위 증권을 처분한 경우에는 고객에 대하여 채무불이행책임을 지고, 또한 이로 인하여 고객이 손해를 입었다면 특별한 사정이 없는 한 그 손해를 금전으로 배상할 의무가 있다."[14]

셋째, 매매의 주문이다. 현금이나 증권이 예탁됨과 동시에 고객과 투자매매업자간에 상법상의 위탁매매계약이 성립하는 것은 아니다. 즉 위탁매매계약은 고객이 투자매매업자에게 매매주문을 낼 때 비로서 성립하는 것으로서, 개개의 매매주문에 대하여 건별로 별개의 위탁매매계약이 성립하게 된다.

증권매매거래의 위탁계약 성립시기에 관한 판례

ⓐ 원고가 증권회사의 지배인 겸 영업부장실에서 동인에게 적당한 시기에 적당한 증권을 적당량 매입매도하여 이득금이 남도록 관리하여 달라고 하면서 주식매수대금조로 금전을 교부하고 그 영업부장의 명함 뒷면이나 위 영업부장용 메모지상에 그 금원을 보관하고 있다는 취지의 보관증을 작성교부받았다면 원고와 그 증권회사 사이에 증권매매위탁계약이 성립한 것으로 보아야 한다(대법원 1980. 11. 11 선고 80다135 판결).

ⓑ 위탁금이나 위탁증권을 받을 직무상 권한이 있는 직원이 고객으로부터 금원이나 주식을 수령하면 곧바로 위탁계약이 성립한다고 할 것이고, 그 이후에 그 직원의 금원수납에 관한 처리는 위 계약의 성립에 영향이 없다(대법원 1994. 4. 20 선고 94다2688 판결).

ⓒ 매매거래계좌설정계약에 의하여 바로 매매거래에 관한 위탁계약이 이루어지는 것이 아니라, 그 계약을 토대로 고객이 매수주문을 할 때 비로서 매매거래에 관한 위탁이 이루어진다(대법원 1993. 12. 28 선고 93다26632 판결).

---

14 대법원 1994. 9. 9. 선고 93다40256 판결. 대법원의 판시에 의하면 대용증권의 보관이 소비임치를 목적으로 한 것이 아닌 담보목적임을 명확히 하고 있는데, 투자중개업자의 대용증권에 관한 권리를 담보권으로 파악하는 견해는 다시 근질권설과 양도담보설로 나뉠 수 있다. 근질권설은 투자매매업자가 대용증권에 대해 소유권을 갖지 못하고 질권을 갖는다고 한다. 즉 고객이 당해 증권의 소유권을 가지므로 가사 투자매매업자가 파산하더라도 고객의 권리는 보장된다는 것이다. 이에 비하여 양도담보설은 대외적으로 투자중개업자가 대용증권을 소유하지만 대내적으로는 고객이 대용증권을 소유한다고 한다. 그런데 후자의 양도담보설은 예탁결제제도의 시행과 함께 실무적으로 더 이상 주장할 수 없게 되었다. 왜냐하면 예탁결제제도에 의하여 고객계좌부에 기재된 것 자체만으로 소유권은 대외적으로도 고객에게 있으며 이를 증권회사의 고유 계정으로 이전하지 않는 한 고객으로부터 증권회사로 양도가 되었다고 볼 수 없게 되었기 때문이다. 또한 현재 금융투자협회의 표준약관에서 신용거래의 경우 질권을 설정하도록 규정할 뿐만 아니라 대부분의 증권회사가 이러한 표준약관을 그대로 사용하고 있다. 따라서 이제 대용증권의 보관이 질권이라는 담보권을 설정한 것임에는 이론의 여지가 없게 되었다.

VI. 온라인소액투자중개업자

1. 온라인소액투자중개업자의 의의 및 등록 요건

(1) 의의

자본시장법 제9조 제27항에 의하면 온라인소액투자중개업자란 온라인상에서 누구의 명의로 하든지 타인의 계산으로 중소기업창업지원법 제2조 제2호에 따른 창업자 중 대통령령으로 정하는 자 또는 그 밖에 대통령령으로 정하는 요건에 부합하는 자가, 대통령령으로 정하는 방법으로 발행하는 채무증권, 지분증권, 투자계약증권의 모집 또는 사모에 관한 중개(이하 "온라인소액투자중개")를 영업으로 하는 투자중개업자를 말한다.

(2) 등록 요건

자본시장법은 등록하지 않은 자의 온라인소액투자중개를 금지하고, 온라인소액투자중개업자가 되고자 하는 자는 금융위원회에 반드시 등록하도록 하고 있다(제117조의3, 제117조의4 신설). 자본시장법 제117조의4 제2항 제2호에서는 온라인소액투자중개업자의 자기자본을 5억원 이상으로 규정하고 있다. 동법 제117조의10 제5항에서는 온라인소액증권발행인과 그 대주주(온라인소액투자중개의 방법으로 자금을 모집하기 직전을 기준으로 한 대주주를 말한다)는 온라인소액증권발행인이 온라인소액투자중개 방식으로 증권을 발행한 후 1년 이상으로서 대통령령으로 정하는 기간 동안은 보유한 온라인소액증권발행인의 지분을 누구에게도 매도할 수 없도록 하고 있다. 한편 대주주 요건, 이해상충 방지체계 등은 투자자문업·투자일임업자 등록요건과 유사하게 규정하고 있으며, 사업계획·설비요건도 일부 완화하고 있다. 즉 사업계획 중 질적 판단이 개입될 수 있는 항목은 제외하였으며(수지전망 타당성·실현가능성), 인적·물적설비에 대해서는 인력요건을 일부 완화(주요 직무종사자 요건 등 배제)하였다. 온라인소액투자중개업자의 대주주가 변경된 경우에는 이를 2주 이내에 금융위원회에 보고하여야 한다(제117조의6 제1항). 기타 투자자 보호장치에 대해서는 앞에서 고찰한 크라우드펀딩 부분을 참고하기 바란다.[15]

2. 영업행위규제 및 기타

(1) 영업행위규제

자본시장법은 온라인소액투자중개업자의 건전한 영업을 도모하고 투자자를 보호하기 위해 영업행위 규제를 신설하였다(제117조의7). 첫째, 온라인소액투자중개업자가 자신이 중개하는 증권을 자기의 계산으로 취득하거나, 증권의 발행 또는 그 청약을 주선·대리하는 행위를 금지하고, 투자 또는 경영에 관한 자문에 응하는 것을 금지하고 있다. 둘째, 투자자가 청약의 내용과 그에 따르는 위험성을 충분히 확인하기 전에는 온라인소액투자중개업자가 해당 증권에 대한 투자자의 청약의 의사를 받을 수 없도록 하였다. 셋째, 온라인소액투자중개업자에게 임의청약 금지, 부당한 차별대우 금지, 청약기간 만료시 결과 통지 의무 등을 부과하였다. 넷째, 온라인소액투자중개업자에 대해 제한된 범위의 투자광고와 발행인이 제공한 정보의 공시 또는 전송 등을 제외하고는 증권의 청약을 권유하는 일체의 행위를 금지하고 있다.

(2) 기타 규제

온라인소액투자중개업자는 투자자의 재산을 보관, 예탁받지 못한다. 자본시장법은 투자자의 청약증거금을 온라인소액투자중개업자를 거치지 않고 은행, 증권금융회사 등의 기관에 예치 또는 신탁하도록 하며, 그 밖에 청약증거금의 관리에 필요한 사항을 정하고 있다(제117조의8). 온라인소액투자중개업자 또는 온라인소액투자중개의 방법으로 증권을 발행하는 발행인이 아닌 자는 온라인소액투자중개에 대한 광고를 할 수 없으며, 온라인소액투자중개업자 또는 증권의 발행인에게 온라인소액투자중개업자가 개설한 인터넷 홈페이지를 통한 투자광고만을 허용하고 있다(제117조의9). 온라인소액투자중개업자는 금융위원회가 정하여 고시하는바에 따라 발행인의 재무상황 등에 관한 사실관계를 확인하여야 한다(제117조의11). 한편 발행인의 허위·부실 공시로 증권의 취득자가 손해를 입은 경우 증권의 발행인이 이를 배상하여야 하는 특례 규정이 있다

15 이 책의 제3장 제2절 Ⅲ. 3. (2) 크라우딩펀딩의 특례 참조.

(제117조의12).

(3) 온라인소액투자중개를 통한 증권발행방법의 구체화

자본시장법시행령은 발행기업이 중개업자의 인터넷 홈페이지(또는 어플리케이션)에 게재한 사항에 관하여 기업과 투자자, 투자자 상호간에 의견 교환이 이루어질 수 있도록 한 후에 증권을 발행하도록 규정하고 있다.

제2절 투자매매업

Ⅰ. 총설

1. 의의

자본시장법 제6조 제2항은 "투자매매업이란 누구의 명의로 하든지 자기의 계산으로 금융투자상품의 매도·매수, 증권의 발행·인수 또는 그 청약의 권유, 청약, 청약의 승낙을 영업으로 하는 것"을 의미한다고 규정한다. 투자매매업은 금융투자상품 매매업무, 증권발행업무, 증권인수업무로 구성된다. 그 중 가장 대표적으로 금융투자상품 매매업무란 투자매매업자가 자기명의와 자기계산으로 직접 매매거래를 하는 업무로서, RP매매·CP 매매·증권대차거래 업무를 들 수 있다.

자본시장법 제7조 제1항에 의하면 자기가 증권을 발행하는 경우에는 투자매매업으로 보지 아니한다. 기업이 자체 자금을 조달하기 위하여 증권을 발행하는 것을 영업으로 보아 규제할 이유는 없기 때문이다. 그러나 동조 동항 단서에 의하면 투자신탁의 수익증권, 대통령령으로 정하는 파생결합증권, 제77조 제1항에서 정하는 투자성 있는 예금계약, 그 밖에 이에 준하는 것으로서 대통령령으로 정하는 계약에 따른 증권, 제77조 제2항에서 정하는 투자성 있는 보험계약에 따른 증권을 발행하는 경우에는 투자매매업으로 보고 있다. 자본시장법

제7조 제6항 제2호는 투자매매업자를 상대방으로 하거나 투자중개업자를 통하여 금융투자상품을 매매하는 경우를 투자매매업에서 제외하고 있다. 이는 투자자 보호와는 상관 없기 때문이라고 설명된다.[16] 그리고 자본시장법시행령 제7조 제4항 제2호에서는 ① 국가 또는 지방자치단체가 공익을 위하여 관련 법령에 따라 금융투자상품을 매매하는 경우와 ② 한국은행이 한국은행법 제68조에 따라 공개시장 조작을 하는 경우도 투자매매업에서 제외하고 있다.

2. 투자매매업자의 주문 취소

투자매매업자의 주문은 자기계산으로 행하는 전문가로서의 매매 청약이므로 취소될 수 없는 것이 원칙이고 자본시장법상의 고객보호의무도 적용되지 않는 것이 원칙이다. 그러나 특별한 경우 주문 취소의 문제가 발생할 수도 있는데 착오가 있는 때이다. 다음에서는 투자매매업자의 주문과 관련하여 최근 문제된 사건의 사실관계와 대법원 판결을 소개하고자 한다.

(1) 사실관계

원고 X증권사의 담당 직원이 통화선물스프레드에 관한 매수주문을 입력하면서 매수주문란에 '0.80'원을 '80'원으로 잘못 입력하였고 위 매수주문 일부에 관하여 Y증권사가 매도주문을 내어 매매계약이 체결되었다. 통화선물스프레드 거래란 기초자산이 동일한 통화 선물거래의 2개 종목 중 동일한 수량으로 일방 종목의 매도와 타방 종목의 매수를 동시에 성립시키기 위하여 해당 2개 종목의 가격 차이, 즉 선물스프레드를 기초자산으로 하는 거래를 말한다(업무규정 제2조 제1항 제14호).

(2) 대법원 2014.11.27. 선고 2013다49794 판결 [부당이득금반환]

1) 상고이유 제1점에 대하여

민법 제109조는 의사표시에 착오가 있는 경우 이를 취소할 수 있도록 하여 표

16 김건식·정순섭, 117면.

의자를 보호하면서도, 그 착오가 법률행위의 내용의 중요 부분에 관한 것이 아니거나 표의자의 중대한 과실로 인한 경우에는 그 취소권 행사를 제한하는 한편, 표의자가 의사표시를 취소하는 경우에도 그 취소로 선의의 제3자에게 대항하지 못하도록 하여 거래의 안전과 상대방의 신뢰를 아울러 보호하고 있다.

이러한 민법 제109조의 법리는 그 적용을 배제하는 취지의 별도의 규정이 있거나 당사자의 합의로 그 적용을 배제하는 등의 특별한 사정이 없는 한 원칙적으로 모든 사법(사법)상의 의사표시에 적용된다고 보아야 한다.

따라서 「자본시장과 금융투자업에 관한 법률」에 따라 거래소가 개설한 금융투자상품시장에서 이루어지는 증권이나 파생상품 거래의 경우 그 거래의 안전과 상대방의 신뢰를 보호할 필요성이 크다고 하더라도 거래소의 업무규정에서 민법 제109조의 적용을 배제하거나 제한하고 있는 등의 특별한 사정이 없는 한 그 거래에 대하여 민법 제109조가 적용되고, 거래의 안전과 상대방의 신뢰에 대한 보호도 민법 제109조의 적용을 통해 도모되어야 한다.

원심은, 한국거래소의 파생상품시스템을 통해 이루어진 원고 미래에셋증권 주식회사(이하 '원고 미래에셋증권'이라고만 한다)와 피고 사이의 2010년 2~3월 미국 달러 선물스프레드(이하 '이 사건 선물스프레드'라고 한다) 8,700계약의 거래(이하 '이 사건 거래'라고 한다)에 대하여는 민법 제109조의 적용이 배제되어야 한다는 피고의 주장에 대하여, 이 사건 거래에 관하여 민법 제109조의 적용을 배제하는 별도의 규정이 없고, 한국거래소의 파생상품시장 업무규정 및 그 시행세칙에도 그 적용을 배제하는 취지의 규정은 없으며, 위 업무규정 및 그 시행세칙의 호가한도 규정과 위탁매매와 관련한 착오거래 정정 규정이 이 사건 거래에 관하여 민법 제109조의 적용이 배제됨을 전제로 하고 있다고 볼 수도 없다는 이유로 이를 배척하였다.

앞서 본 법리와 기록에 비추어 살펴보면, 원심의 위와 같은 판단은 정당한 것으로 수긍이 가고, 거기에 상고이유 주장과 같이 민법 제109조의 적용 범위에 관한 법리를 오해한 위법이 없다.

2) 상고이유 제2점에 대하여

민법 제109조 제1항 단서는 의사표시의 착오가 표의자의 중대한 과실로 인한 때에는 그 의사표시를 취소하지 못한다고 규정하고 있는바, 위 단서 규정은 표의자의 상대방의 이익을 보호하기 위한 것이므로, 상대방이 표의자의 착오를 알고 이를 이용한 경우에는 그 착오가 표의자의 중대한 과실로 인한 것이라고 하더라도 표의자는 그 의사표시를 취소할 수 있다고 할 것이다(대법원 1955. 11. 10. 선고 4288민상321 판결 참조).

원심은 그 채택 증거를 종합하여, 원고 미래에셋증권의 직원 소외 1이 이 사건 거래 당일 개장 전인 08:50경 이 사건 선물스프레드 15,000계약의 매수주문을 입력하면서 주문가격란에 0.80원을 입력하여야 함에도 '.'을 찍지 않아 80원을 입력한 사실, 이 사건 거래는 복수가격에 의한 개별경쟁거래의 방법으로 이루어지는 것으로서 장중 매매거래 시 최우선매수호가부터 5개의 매수호가와 그 호가수량이 한국거래소 파생상품시스템에 실시간으로 공표되고, 이 사건 거래 당시에도 호가를 한 당사자는 공표되지 않았으나, 1계약당 80원에 이 사건 선물스프레드 15,000계약을 매수하겠다는 원고 미래에셋증권의 주문(이하 '이 사건 매수주문'이라고 한다) 내역은 거래참가자들 모두에게 공개된 사실, 이 사건 선물스프레드는 불과 1개월의 차이를 두고 있는 2개 통화선물 종목의 차액으로서 시장가격의 변동성이 적어 평소에는 전날 종가를 기준으로 0.1원 내지 0.3원의 변동이 있는데, 이 사건 거래 전날 이 사건 선물스프레드의 종가는 0.9원이었던 사실, 피고의 직원 소외 2는 이 사건 거래 당일 개장 전인 08:54경 1.1원에 이 사건 선물스프레드 332계약을 매도하겠다는 주문을 입력해두었다가 09:00:03:60 위 주문이 80원에 체결되자, 거래화면에 나온 매수호가 80원을 클릭하여 주문가격을 80원으로, 주문수량을 300계약으로 하여 09:00:08:46 매도주문을 하고, 이후 주문가격과 주문수량을 고정하여 09:00:11:88부터 09:00:15:73까지 불과 몇 초 만에 추가로 28회의 매도주문을 한 사실, 소외 2는 이 사건 거래가 있기 전까지 이 사건 선물스프레드에 대하여 하루 1,000계약 이상의 주문은 하지 않았으나, 이 사건 거래 당일에는 10,000계약의 주문을 하였던 사실 등을 인정한 다음, 피고로서는 최초에 매매계약이 80원에 체결된 후에는 이 사건 매수주문의 주문가격이 80원인 사실을 확인함으로써 그것이 주문자의 착오로 인한 것임을 충분히 알고 있었고, 이를 이용하여 다른 매도자들보다 먼저 매매계약을 체결하여 시가와의 차액을 얻을 목적으로 단시간 내에 여러 차례 매도주문을 냄으로써 이 사건 거래를 성립시켰으므로, 원고 미래에셋증권이 이 사건 매수주문을 함에 있어서 중대한 과실이 있었다고 하더라도 착오를 이유로 이를 취소할 수 있다고 판단하였다.

앞서 본 법리와 기록에 비추어 살펴보면, 원심의 위와 같은 판단은 정당한 것으로 수긍이 가고, 거기에 상고이유 주장과 같이 논리와 경험의 법칙을 위반하여 자유심증주의의 한계를 벗어나거나 민법 제109조 제1항 단서의 적용에 관한 법리를 오해한 위법이 없다.

3) 상고이유 제3점에 대하여

이 사건 매수주문이 취소됨으로써 원고 미래에셋증권이 피고에게 반환하여야 할 부당이득의 가액은 이 사건 선물스프레드 8,700계약의 객관적인 가치를 따져 산정하여야 하고 원고 미래에셋증권은 악의의 수익자이므로 그 받은 이익에 이자를 붙여 반환하여야 한다는 취지의 이 부분 상고이유 주장은 상고심에 이르러 비로소 내세우는 새로운 주장이므로 적법한 상고이유가 되지 못한다.

4) 결론

그러므로 상고를 기각하고 상고비용은 패소자가 부담하도록 하여, 관여 대법관의 일치된 의견으로 주문과 같이 판결한다.

II. Repurchase Agreement 매매

1. 의의

Repurchase Agreement 혹은 RP 매매(이하 Repo)란 증권을 매도(수)하고 일정기간이 경과한 후 사전에 약정한 금액으로 환매수(도)하는 거래를 지칭한다.

금융위원회의 금융투자업규정에는 환매조건부매매라고 하여 다음과 같이 정의하고 있다.

> **금융투자업규정 제5-1조 6.** "환매조건부매매"(이하 "조건부매매"라 한다)란 다음 각 호의 어느 하나에 해당하는 거래를 말한다.
> 가. 증권을 일정기간 경과 후 원매도가액에 이자 등 상당금액을 합한 가액으로 환매수할 것을 조건으로 하는 매도(이하 "조건부매도"라 한다)
> 나. 증권을 일정기간 경과 후 원매수가액에 이자 등 상당금액을 합한 가액으로 환매도할 것을 조건으로 하는 매수(이하 "조건부매수"라 한다)

자본시장법은 Repo 거래 중 일반 투자자를 상대로 하는 경우(대고객 Repo) 투자매매업으로 보고, 전문투자자 등 일정한 조건에 해당하는 전문가들 간의 RP 거래는 투자매매업으로 보지 않는다.[17]

Repo는 증권의 매도와 환매 2개의 거래가 하나의 계약관계로 구성된다. 증권을 매도하고 자금을 조달하는 것이 Repo, 증권을 매입함으로써 자금을 투자

Repo거래의 기본구조

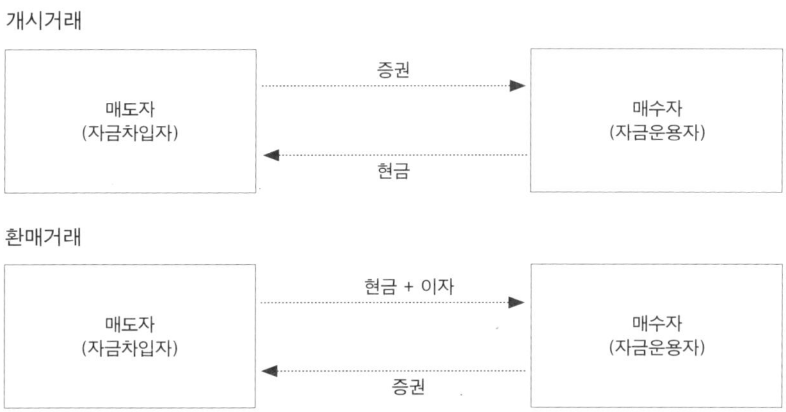

17 자본시장법 제7조 제6항 제3호는 "그 밖에 해당 행위의 성격 및 투자자 보호의 필요성 등을 고려하여 금융투자업의 적용에서 제외할 필요가 있는 것으로서 대통령령으로 정하는 경우"를 투자매매업에서 제외하고 있는데, 동법시행령 제7조 제4항 제3호는 다음의 전문투자자 간에 Repo 거래를 하는 경우 투자매매업에서 제외하고 있다: ① 제10조 제2항 각 호의 자, ② 제10조 제3항 제1호부터 제4호까지, 제4호의2 및 제9호부터 제13호까지의 자(이에 준하는 외국인을 포함한다), ③ 그 밖에 금융위원회가 정하여 고시하는 자.

하는 거래를 역Repo(reverse Repo)라고 한다. Repo거래는 매도자의 입장에서 볼 때 거래개시일에 증권을 인도하고 매매대금을 인수하며, 환매일에는 증권을 인수하고 최초의 매매대금에 소정의 이자(환매이자)를 가산하여 매수자에게 지급하는 구조를 취하고 있다.

2. 특성

Repo는 형식적으로 매도자로부터 매수자에게로 대상 증권의 소유권이 이전되는 증권매매거래의 특성을 가지므로, 매수자는 매수한 증권의 처분이 가능하다. 그런데 Repo는 실질적으로 자금조달을 위하여 담보로 증권을 제공하고 환매시 자금조달에 대한 반대급부로 이자를 부담하는 담보부 소비대차거래(secured loan)라고 볼 수도 있다. 이 때문에 Repo거래기간동안 동 증권에서 발생하는 이자 등 경제적 수익은 매도자에게 귀속되도록 하는 약정이 가능한 것이다.

3. 분류

첫째, 만기에 따른 분류로서, 기간형 Repo(환매일 사전 확정)와 개방형 Repo(환매일을 사전에 확정하지 아니하고 거래개시후 거래당사자의 환매신청에 따라 환매일이 정해지는 거래)로 구분할 수 있다.[18] 둘째, 증권의 관리유형에 따른 분류로서, 양자간 Repo(bilateral Repo, 증권을 거래당사자 중 일방이 보관·관리)와 3자간 Repo(triparty Repo, 증권을 제3의 기관이 보관, 관리하면서 거래에 수반되는 제반서비스를 제공)로 구분할 수 있는데, 前者는 다시 인도형 Repo(delivery Repo, 매도자가 매수자에게 증권을 인도하고 매수자가 대상증권 관리)와 점유개정형 Repo(hold-in-custody Repo, 매도자가 대상증권을 보관, 관리)로 나뉜다. 셋째, 계약방식에 따른 분류로서, 미국형 Repo(현재시점의 증권매매와 미래시점의 환매거래가 하나의 단일계약으로 이루어지는 거래)와 유럽형 Repo(매도자가 증권을 현물, 즉 spot으로 매도하고 동시에 선물, 즉

18 만기가 하루인 Repo - 일일물 Repo(overnight Repo)라고 한다.

forward로 재매입하는 2개의 서로 독립된 계약으로 이루어지는 거래)로 구분할 수 있는데, 우리나라에는 미국형 Repo가 도입되었다.

4. 기능

첫째, Repo는 채권시장의 효율성을 증대시킨다. 더욱이 국채전문딜러에게 자금조달수단과 이자율위험에 대한 헤지수단을 제공함으로써 시장조성기능을 강화시키고, 채권에 장기적으로 투자하는 기관은 보유채권을 Repo를 통해 운용함으로써 수익률을 제고하며 채권유통시장 활성화에 기여하는 것이다.

둘째, Repo는 파생상품시장의 효율성을 증대시킨다. 즉 역 Repo를 통해 조달한 채권을 현물시장에 매도하거나 또는 장내파생상품시장과 연계하여 차익거래를 용이하게 수행할 수 있는 것이다. 한편 Repo는 장외파생상품시장의 옵션·선물·스왑딜러들에게 위험의 헤지수단을 제공하기도 한다.

셋째, Repo는 단기자금시장의 발전에 도움을 준다. Repo는 다른 단기금융상품에 비해 안전성이 높아 신용경색기의 단기자금 운용 및 조달수단으로 활용도가 높기 때문이다.

5. 우리나라에서의 현황

(1) 채권매매로 한정

우리나라에서는 Repo를 환매조건부 채권매매거래라고 호칭하기도 하는데, "채권을 일정기간 후에 일정가액으로 환매수할 것을 조건으로 매도하는 것 또는

Repo의 구분 및 매입채권 관리방식

구분	기관간 Repo	對고객 Repo	한은 Repo
매도자	금융기관	금융기관	한은, 금융기관
매수자	금융기관	일반법인, 개인	한은, 금융기관
매입채권 관리	소유권이전	점유개정	질권

* 참가자는 거래당사자, 중개회사, 환매서비스기관으로 구성되고,[19] 對고객 Repo 대상증권은 국채, 지방채, 특수채, 상장채권, 보증사채 등의 회사채로 제한되며, 주식관련채권은 대상에서 제외된다(CD, CP 등도 제외).

19 중개회사는 거래상대방을 찾아 거래를 체결시켜주는 중개역할을 수행하고, 환매서비스기관은 거래당사자가 아닌 제3자로서 Repo거래 체결 이후 거래에 수반되는 결제 및 정산 등의 제반 관리업무를 제공한다.

환매도할 것을 조건으로 매수하는 것"이라고 함으로써, 거래대상 증권을 채권으로 제한하고 있다. 한편 회계처리기준에서는 매매대금으로 회계처리하되 매입채권을 매도자의 자산으로 계속 기장하는 등의 방법으로 Repo를 담보부소비대차거래로 취급하고 있다.

(2) 관련 법령

다음의 관련 법령을 보면 우리나라에서는 기간형 RP 만이 허용된다는 점을 알 수 있다.

자본시장법 제166조 (장외거래) 거래소시장 또는 다자간매매체결회사 외에서 금융투자상품을 매매, 그 밖의 거래를 하는 경우 그 매매, 그 밖의 거래방법 및 결제의 방법 등 필요한 사항은 대통령령으로 정한다.

자본시장법시행령 제181조 (환매조건부매매) ① 법 제166조에 따라 투자매매업자는 제7조제4항제3호 각 목의 어느 하나에 해당하지 아니하는 자(이하 이 조에서 "일반투자자등"이라 한다)와 환매조건부매매를 하는 경우에는 다음 각 호의 기준을 준수하여야 한다.

1. 국채증권, 지방채증권, 특수채증권, 그 밖에 금융위원회가 정하여 고시하는 증권을 대상으로 할 것
2. 금융위원회가 정하여 고시하는 매매가격으로 매매할 것
3. 환매수 또는 환매도하는 날을 정할 것. 이 경우 환매조건부매수를 한 증권을 환매조건부매도하려는 경우에는 해당 환매조건부매도의 환매수를 하는 날은 환매조건부매수의 환매도를 하는 날 이전으로 하여야 한다.
4. 환매조건부매도를 한 증권의 보관·교체 등에 관하여 금융위원회가 정하여 고시하는 기준을 따를 것

② (생략)

③ 제7조제4항제3호 각 목의 어느 하나에 해당하는 자는 다음 각 호의 어느 하나에 해당하는 경우에는 금융위원회가 정하여 고시하는 방법에 따라 그 대상증권과 대금을 동시에 결제하여야 한다. 다만, 금융위원회가 정하여 고시하는 경우에는 그 대상증권과 대금을 동시에 결제하지 아니할 수 있다.

1. 제7조제4항제3호 각 목의 어느 하나에 해당하는 자 상호 간에 투자중개업자를 통하여 환매조건부매매를 한 경우

2. 투자매매업자를 상대방으로 환매조건부매매를 한 경우(신탁업자가 신탁재산으로 환매조건부매매를 한 경우는 제외한다)

금융투자업규정 제5-18조(매매대상 증권) ① 영 제181조 제1항 제1호에서 "금융위원회가 정하여 고시하는 증권"이란 다음 각 호의 어느 하나에 해당하는 증권을 말한다.

1. 보증사채권
2. 다음 각 목의 어느 하나에 해당하는 증권으로서 모집 또는 매출된 채권
   가. 무보증사채권
   나. 「공공기관의 운영에 관한 법률」에 따른 공공기관이 발행한 채권
   다. 「지방공기업법」에 따른 지방공사가 발행한 채권
   라. 「자산유동화에 관한 법률」 제32조에 따라 신탁업자가 자산유동화계획에 의해 발행하는 수익증권
   마. 「주택저당채권유동화회사법」 제2조제1항제4호에 따른 주택저당증권
   바. 「한국주택금융공사법」 제2조제5호에 따른 주택저당증권 및 같은 조 제7호에 따른 학자금대출증권

② 대고객조건부매매의 대상이 되는 증권은 다음 각 호의 요건을 모두 충족하여야 한다.

1. 시장성이 있고 채권평가회사 등이 일별로 시가평가를 할 수 있을 것
2. 다음 각 목의 어느 하나에 해당하는 증권일 것
   가. 신용평가업자로부터 투자적격(회사채 BBB이상) 판정을 받은 증권. 다만, 투자매매업자등이 투자자와의 약정에 따라 투자자자금을 자동투자하는 대고객조건부매매거래의 경우에는 대상 증권의 신용등급(둘 이상의 신용평가업자로부터 신용등급을 받은 경우에는 그 중 낮은 신용등급을 말한다)이 조건부매매거래시점을 기준으로 상위 3개 등급 이내인 증권
   나. 금융감독원장이 정하는 적격금융기관이 발행 또는 보증한 증권
   다. 정부 또는 지방자치단체가 보증한 증권

III. CP 매매

1. CP 개관

(1) 의의

자본시장법 제4조 제3항은 CP, 즉 기업어음증권을 기업이 사업에 필요한 자금을 조달하기 위하여 발행한 약속어음으로서 대통령령으로 정하는 요건을 갖춘

것을 말한다고 규정한다.[20] CP란 신용상태가 양호한 기업이 상거래와는 관계없이 단기자금 조달을 위하여 발행하는 만기 1년 이내의 융통어음으로서,[21] 상거래에 수반되어 발행되는 상업어음(혹은 진성어음)과는 구별된다. 그러나 법률적으로는 상업어음과 마찬가지로 약속어음으로 분류되고, 결제도 상업어음과 마찬가지로 은행의 당좌계정을 통하여 이루어진다. CP는 어음법상의 요건만 충족하면 쉽게 발행될 수 있으므로 발행절차가 간편하고, 담보없이 신용으로 발행되므로 자금조달이 용이한데, 투자자들은 CP에 투자하는 선택기준으로서 일반 채권에 대한 투자와 마찬가지로 수익성, 유동성, 안전성, 만기 등을 고려한다고 한다.[22] 예를 들어 위험회피적이거나 위험중립적인 투자자는 상대적으로 수익성을 포기하고 안전성을 중시할 것이므로, 만기도 가급적이면 단기로 운용함으로써 유동성을 중시할 것이다. 이에 반하여 위험선호적인 투자자는 상대적으로 안전성을 포기하고 수익성을 중시할 것이므로, 만기도 중·장기로 운용함으로써 유동성의 제약이라는 대가를 지급 하려 할 것이다.[23] CP도 자본시장법상의 증권인 이상 이를 공모하려면 발행시장 공시규제의 적용을 받아야 하나, CP

20 자본시장법시행령 제4조(기업어음증권의 요건) 법 제4조제3항에서 "대통령령으로 정하는 요건"이란 기업의 위탁에 따라 그 지급대행을 하는 다음 각 호의 어느 하나에 해당하는 자가 내어준 것으로서 "기업어음증권"이라는 문자가 인쇄된 어음용지를 사용하는 것을 말한다.

1. 법 제22조제1호에 따른 은행(이하 "은행"이라 한다)
2. 「한국산업은행법」에 따른 한국산업은행
3. 「중소기업은행법」에 따른 중소기업은행

21 CP의 발행조건은 만기 1년 이내로 제한되나, 실제로는 3개월이 대부분을 차지한다.

22 수익성이란 자금의 공급자가 특정 채권을 보유함으로써 얻을 수 있는 금전적 수익의 발생가능성을 의미하고, 유동성이란 화폐가치의 손실없이 이내 현금으로 전환할 수 있는 정도를 말한다. 한편 손실이 발생할 가능성을 채권의 위험이라고 하는데, 어떠한 채권이 채권투자의 위험으로부터 자유로운 정도를 채권의 안전성이라고 한다. 마지막으로 만기란 채무자가 채무를 전액 상환하여야 하는 시기까지의 잔존기간을 의미한다. 국민투자신탁, 「채권투자의 일반이론」 19-23면 (1990).

23 보통 단기채권의 수익률이 장기채권의 수익률보다 낮고 불안정하기 때문이다. 앞의 서적, 23면. 그러나 만기와 관련하여 이러한 설명은 단지 이론에 불과할 뿐 실제에서는 완전히 다르게 나타날 수 있다. 왜냐하면 CP 투자시 위험판단의 제1 조건은 여전히 신용등급이지 만기는 아니기 때문이다. 예를 들어 신용등급이 동일한 CP에 대하여 투자 여부를 결정할 때 자금 운용 계획 등에 따라 장기를 선호할 수도 있다. 한편 신용등급이 낮은 발행회사의 경우 장기물을 발행하고 싶어도 발행된 CP가 시장에서 온전히 소화되지 못하므로 부득이하게 단기물로 발행할 수밖에 없는 처지에 있다. 이와 같이 만기가 장기인지 단기인지에 따라 투자자의 성향이 위험 선호인지 위험 회피적인지를 일률적으로 말하기는 어려운 것이다. 그렇다 보니 시장에서 거래되는 CP는 다양한 형태의 조합이 있을 수 있다. 예를 들어, "낮은 신용등급 + 장기의 만기 + 높은 수익률(=CP 할인율)"의 조합 또는 "높은 신용등급 + 장기의 만기 + 낮은 수익률"의 조합이 있을 수 있는 것이다.

의 대부분은 사모발행되고 있다.[24] 우리나라에서는 단기금융회사(1972), 종합금융회사(1976), 은행신탁(1997), 여신금융전문회사·은행·투자신탁회사·보험회사(1998)의 순서로 CP 취급이 허용되었는데, 단기금융회사와 종합금융회사 및 투자매매업자는 CP의 보유·매매가 모두 가능하나, 다른 금융기관은 보유목적의 CP 할인만이 허용된다는 차이점이 있다.[25]

(2) CP 신용등급제도

CP 신용등급제도는 기업어음 시장을 우량기업의 단기자금 조달시장으로 발전시키고 객관적인 전문평가기관이 기업의 신용도를 평가하여 그 결과를 공시함으로써 투자자를 보호하며 금융기관의 자금중개 및 운용의 건전성을 확보하기 위해 도입되었다.

CP 신용등급

A1-A3: 적기상환능력이 인정되는 투자등급
B·C: 환경변화에 따라 적기상환능력이 크게 영향받을 수 있는 투자등급
D: 상환불능등급.

무담보어음이나 중개어음을 발행하여 금융기관을 통해 단기자금을 조달하고자 하는 기업은 신용평가전문기관으로부터 기업어음의 신용평가를 받아야 하는데, 신용정보의 이용 및 보호에 관한 법률 제4조의 규정에 의하여 신용평가업무에 대한 허가를 받은 2개 이상의 기관으로부터 B등급 이상의 평가를 받아야 한다. 통상적으로 기업어음의 신용등급은 결산재무제표기준일로부터 1년 6월까지만 유효하고, 기업어음의 신용등급은 금융기관에 통보되어 영업장에 비

24 2011년 7월 '전자단기사채등의 발행 및 유통에 관한 법률'이 제정되었는데, 동법은 단기금융시장의 투명성과 효율성을 제고하기 위하여 CP를 전자화한 새로운 금융상품인 전자단기사채를 도입하고 있다. 따라서 조만간 전자단기사채가 CP를 대체할 것이라고 예상된다.

25 금융감독원 분쟁조정위원회는 은행이 특정금전신탁으로 CP를 판매하는 행위는 증권회사의 CP중개업무와 유사하고, 실무상 특정금전신탁에 관한 거래관행은 신탁업을 겸영하는 은행이 특정금전신탁으로 판매 가능한 금융상품(예: 국채, 회사채, CP 등)을 발굴하고 위탁자인 고객에 대하여 그에 가입할 것을 권유하는 방식으로 이루어지고 있다고 하면서 부당권유를 이유로 손해배상책임을 인정한바 있다. 금융감독원 분조위 결정 제2004-33호.

치된다. 다음은 자본시장법시행령의 직접적인 관련조항이다.

자본시장법시행령 제183조(기업어음증권 등의 장외거래) ① 법 제166조에 따라 투자매매업자 또는 투자중개업자는 기업어음증권을 매매하거나 중개·주선 또는 대리하는 경우에는 다음 각 호의 기준을 준수하여야 한다. 〈개정 2009. 10. 1.〉

1. 둘 이상의 신용평가회사로부터 신용평가를 받은 기업어음증권일 것
2. 기업어음증권에 대하여 직접 또는 간접의 지급보증을 하지 아니할 것

② 기업어음증권의 매매 등의 방법, 신용평가 방법 등에 관하여 필요한 사항은 금융위원회가 정하여 고시한다.

③ 단기사채등의 장외거래에 관하여는 제1항 및 제2항을 준용한다.

(3) CP에 있어서 발행기업의 신용등급이 중요한 이유

CP를 취급하는 금융기관은 CP를 매출할 경우 일반적으로 '무담보배서' 문구를 기재한다. 이와 관련하여 판례는 "단자회사(단기금융회사)가 할인매수한 어음을 다시 일반 제3자에게 어음할인의 방식으로 매출한 것은 그 성질이 어음의 매매라고 볼 것이므로 그 매매의 이행으로 어음을 배서양도함에 있어 배서란에 '지급을 책임지지 않음'이라는 문언을 기재한 것은 특단의 사정이 없는 한 어음상 배서인으로서의 담보책임뿐만 아니라 매매계약상의 채무불이행 책임이나 하자담보책임까지 배제하기로 한 취지"라고 판시하였다(대법원 1984. 11. 15. 선고 84다카1227 판결). 문제는 이렇게 금융기관이 무담보배서를 하게 되면 어음상의 책임뿐만 아니라 일반 민법상의 책임도 면하게 되므로 일반투자자로서는 자금회수 여부를 판단함에 있어서 오직 CP 발행주체의 신용도에 전적으로 의존할 수 밖에 없다는 점이다.[26] 따라서 신용등급은 CP의 안전성과 수익성을 나타내는 유일한 지표라고 하여도 과언이 아니다.

2. CP의 매출

자금조달을 목적으로 CP를 발행하는 기업은 종금사 등에게 CP를 할인매출한

26 동 판시가 나온 이후 일부 투자자들이 무담보배서 CP의 매입을 주저하는 현상이 발생함에 따라 중도해약제도가 도입되었다고 한다. 이는 종합금융회사들이 기업어음을 매도하면서 동시에 재매매의 예약을 하여 투자자들이 원할 경우 이를 다시 매수하게 하는 것이다.

다. 그리고 종금사나 증권사가 이 어음을 할인매입한 후 시중 실세금리로 전문 투자자인 기관이나 일반투자자에게 매출한다. 특히 일반투자자에 대한 매출이 투자매매업자의 자기 매매에 해당하는 것이다.

3. CP 매출과 관련한 판례 (대법원 2006. 6. 29. 선고 2005다49799 판결)

(1) 사실관계

원고는 피고 대우증권 명동지점장 O를 통해 1998. 4. 7., 1998. 4. 14. 대우자동차 발행 각 CP(당시 신용등급: A2-)를 매수하였고, 1998. 7. 9. 어음금을 지급받았다. 원고는 다시 O를 통해 대우자동차가 발행한 이 사건 CP를 매수하고 30억원 입금하였으며, 피고 대우증권은 통장에 이 사건 CP의 신용등급을 A3+라고 기재하였다.[27] 동 CP의 조건을 보면, 액면금액은 3,202,231,911원, 수취인은 대우증권, 발행일은 1999. 3. 26., 지급기일은 1999. 9. 27., 지급장소는 피고 제일은행 충무로지점으로 되어 있었다. 신용평가사(NICE)는 대우자동차 발행 CP의 당시 신용등급을 1999. 2. 3. A3-↓, 1999. 5. 31. B, 1999. 8. 26. C로 사후 평가(2003. 10. 21. 기준)하였다.[28] 그런데 이 사건 CP 발행기업인 대우자동차는 1999. 8. 26. 워크아웃 대상기업으로 선정되었다가 2000. 11. 8. 최종 부도처리되었고, 2000. 11. 30. 회사정리절차 개시결정이 이루어졌다.

기업구조조정위원회[29]는 1999. 7. 8. '어음·수표 교환시 처리방안'을 제정하였는데, 금융기관협약에 가입하지 않은 금융기관이나 개인이 채권금융기관협의회

27 통장에는 무보증 CP로서 12.46%의 이율이 표시되었지만, 1999. 5. 21. 피고 대우증권이 원고에게 재발급한 통장에는 신용등급의 표시가 되어 있지 않았다.

28 한편 각 신용등급별로 A3-↓는 적기상환능력이 양호하여 투자위험도는 낮은 수준이지만 장래 급격한 환경변화에 따라 다소 영향을 받을 가능성이 있어 향후 등급하향이 검토되는 경우, B는 적기상환능력은 인정되지만 투기적 요소가 내재되는 경우, C는 적기상환능력이 의문시되는 경우 부여되는 등급이다.

29 IMF 금융위기가 본격화된 1998년 상반기 많은 기업들이 부도 위기에 몰리게 되자 기업의 회생 가능성 여부를 결정할 필요성이 제기됨에 따라 6월 24일 236개 채권 금융기관들이 은행연합회관에서 '기업구조조정 촉진을 위한 금융기관 협약'(금융기관협약)을 체결하여 기업구조조정위원회를 발족시켰다. 채권 금융기관이 기업의 회생 가능성 여부를 자율적인 협의로 결정하지 못할 경우 조정을 기업구조조정위원회에 신청해야 하며, 위원회는 퇴출 여부 및 구조조정 방안을 최종 결정하는데, 회생할 수 있는 기업으로 판정되면, 최장 6개월까지 부도가 유예되며, 회생이 불가능한 것으로 결정되면 퇴출하였다. 기업구조조정위원회는 1999년 말까지 한시적으로 운영되었다.

에서 결의한 채권행사 유예기간 중에 자금융통 목적의 어음·수표를 교환, 회부할 때에는 금융기관협약에 의한 부도를 사유로 부도처리하되, 어음교환소규약 제78조에 의한 당좌거래 정지처분을 하지 않도록 하였다. 원고는 1999. 8. 10. 피고 대우증권에 이 사건 CP의 실물출고를 요청하고, 피고 대우증권은 제1배서인란에 서명·날인 후 원고에게 CP를 교부하였다. 1999. 8. 26. 대우그룹 채권금융단은 대우자동차를 포함한 대우계열사 12개사와 '대우계열 기업구조조정 촉진을 위한 금융기관 특별협약'(특별협약)을 체결하였다. 1999. 9. 22. 원고는 한빛은행에 이 사건 CP를 입고한 후 추심을 의뢰하였는데, 1999. 9. 27. 한빛은행으로부터 지급제시받은 피고 제일은행 충무로지점은 예금부족(구조조정대상기업)을 이유로 지급거절하였다.[30] 더욱이 대우자동차는 매일 결제하여야 하는 진성어음 목록을 피고 제일은행에 제시하였는데, 이 사건 CP는 동 목록에도 포함되지 않았었다. 2000. 1. 27. 원고는 대우자동차를 상대로 이 사건 CP의 지급을 구하는 어음금청구 소송에서 승소판결을 받아 판결이 확정되었다(인천지원 99가단73578).[31] 대우자동차는 1999. 9. 경 대우자동차 CP의 개인보유자에 대한 우선지급원칙을 밝히고 2000. 9. 경 채권금융단의 동의를 얻어 대우자동차 CP를 보유한 개인중 원금의 90.3%를 지급받는데 합의한 사람들에게 직접 해당금액을 지급하고 CP를 회수하였으나, 원고는 이에 응하지 않았다.

(2) 원심(서울고등법원 2005. 7. 21. 선고 2004나49701 판결)[32]

가. 피고 대우증권에 대한 청구의 판단

피고 대우증권이 이 사건 CP 매매 당시 원고에게 이 사건 CP의 신용등급을 잘못 고지하였을 여지가 있기는 하나, (중간 생략) 이 사건 CP의 신용등급을 고의로 속였다고 인정하기에 충분한 증거가 없다. 그리고 피고 대우증권의 행위가 신의칙에 비추어 시인될 수 있는 정도를 넘어서 허용될 수 없는 정도의 사기적 행위라거나 손해배상책임을 부담시킬 만큼 증권관련법규 상의 고객보호의무

30 1999. 9. 27. 대우자동차의 피고 제일은행 당좌계정의 당좌대출한도액은 115억원 정도였는데, 그 날까지 114억 6천만원 정도(11,459,815,145원)가 대출된 상태였다.

31 대우자동차에 대하여 회사정리절차가 개시되면서 정리채권에 포함되었다.

32 제1심 판단과 동일하게 원고의 청구를 기각하였다.

등에 위반하는 정도에까지 이르렀다고 보기는 어려울 뿐만 아니라, 이 사건 CP의 신용등급에 관한 착오가 이 사건 CP거래 내용의 중요부분에 관한 착오라고 할 수도 없다. 가사 고의나 과실이 인정되더라도, 피고 대우증권의 기망행위 또는 과실과 원고주장의 손해 및 피고 대우증권의 기망행위 또는 원고의 착오와 이 사건 CP거래 사이에 상당인과관계가 있다고 할 수도 없다.

나. 피고 제일은행에 대한 청구의 판단

피고 제일은행은 부실기업의 회생이라는 공공의 이익을 위해 특별협약, 금융기관협약, 어음·수표 교환시 처리방안과 그에 따라 대우자동차가 제시한 진성어음 목록에 나타난 대우자동차의 지급위탁 및 그 취소의 취지에 따라 이 사건 CP를 부도처리한 것으로서, 피고 제일은행이 원고의 이 사건 CP채권이나 그 정리채권을 침해한다는 사정을 알면서 원고를 해할 의도로 이 사건 CP를 부도처리하였다고 보기는 어렵고, 나아가 거래자유 보장의 필요성, 경제·사회 정책적 요인을 포함한 공공의 이익, 당사자 사이의 이익균형 등을 종합적으로 고려해 보더라도 피고 제일은행의 이 사건 CP에 대한 부도처리가 위법하다고 할 수도 없다.

(3) 원고의 상고이유의 요지

가. 피고 대우증권에 대하여

1) 증권관련법상 고객보호의무에 관한 법리오해

이 사건 CP의 신용등급이 A3+에서 A3-↓로 변경되었음에도 불구하고 고의 혹은 과실로 이를 고지하지 아니하여 고객보호의무를 위반한 잘못이 있다.[33]

2) 착오에 의한 의사표시 취소에 관한 법리오해

CP의 신용등급은 투자위험도 측정과 투자수익률 산정의 기초자료로서 CP거래에 있어서는 거의 절대적인 의미를 가지므로 이 사건 CP의 신용등급에 관한 착오는 이 사건 CP거래 내용의 중요한 부분에 관한 착오라고 할 것이다.

3) 인과관계에 관한 채증법칙 위배 및 법리오해

33 상고이유는 고의와 과실을 구별하고 있으나, 모두 고객보호의무 위반을 문제삼는다는 점에서 차이가 없다.

원심법원은 원고가 이 사건 CP의 실제 신용등급을 알고 매수하였거나 알었더라도 매수하였을 것[같은 등급의 A3-인 (주) 대우 발행의 CP를 매수하였음]이라고 하면서, 피고 증권회사의 부실고지와 원고의 이 사건 CP 매수행위에는 인과관계가 없다고 판단하였는데, 이는 사실을 오인한 채증법칙 위배이다. 또한 피고 대우증권의 기망행위 또는 과실이 없었더라면 원고는 이 사건 CP를 매수하지 않았을 것이므로, 피고 대우증권의 기망행위 또는 과실과 원고가 입은 손해 사이에는 상당인과관계를 인정할 수 있다.

나. 피고 제일은행에 대하여(제3자의 채권침해에 대한 법리오해)

'특별협약', '금융기관협약' 및 '어음·수표 교환시 처리방안'은 금융기관 사이에 구속력이 있을지는 모르나, 그러한 사정만으로 제3자에게 효력을 미칠 수는 없다. 그리고 피고 제일은행의 부도처리는 적법한 지급위탁취소에 의한 것이 아니었다.[34] 통상 금융기관과 지급위탁계약을 체결하고 해당 금융기관을 지급장소로 하여 어음을 발행한 경우, 그 어음의 소지인 등 권리자는 어음문면에 기재된 지급기일에 적법하게 지급제시하면 관련 법규정 및 오랜 기간 관행으로 형성되어 온 절차에 따라 당해 어음이 지급되리라는 신뢰를 가지고 거래를 하게 될 것인바, 피고 제일은행이 아무런 법적 근거 없이 정해진 절차를 무시하고 이 사건 CP를 부도처리한 행위는 이와 같은 신뢰를 무너뜨린 행위에 해당한다.[35] 그런데 피고 제일은행이 이 사건 CP를 부도처리할 경우 해당 CP를 소지할 자의 권리가 침해되리라는 사정을 쉽게 알 수 있었다고 할 것이므로 제3자 채권침해의 법리

34 '어음·수표 교환시 처리방안'의 규정은 금융기관협약 제18조 제2항의 위임범위를 초과한 무효의 규정이므로, 피고 제일은행의 부도처리는 적법하지 않다. 또한 지급위탁의 취소는 표준예금약관 제6조 제3항의 규정에 의하여야 함에도 불구하고, 피고 제일은행은 단지 이 사건 CP가 진성어음 목록에 포함되지 않았다는 사실만으로 지급위탁을 취소하였다. 지급기일 익일인 1999. 9. 28. 138억원의 자금여유가 있었으므로 결제가 가능하였음에도 불구하고 부도처리를 한 것은 어음교환서규약 제74조를 위반한 것이다.

35 ① 정당화 근거로 삼은 '특별협약 등'은 금융기관들 사이에 계약으로서 구속력이 있을지 모르나 제3자인 원고에게 부도처리의 정당성을 주장할 수 없다. ② 설사 원고에게 효력이 미치더라도 금융기관협약 제18조 제2항은 기업개선작업 대상기업이 발행한 융통어음에 대한 부도처리의 근거조항으로 해석될 수 없음. ③ '어음·수표교환시 처리방안'에 부도처리사유의 하나로서 추가된 '금융기관협약에 의한 부도'는 금융기관협약에서 위임한 범위를 초과하여 무효이므로 이를 근거로 부도처리한 것은 위법함. ④ 위 '어음·수표교환시 처리방안'은 예금부족으로 부도처리를 하는 경우의 처리에 관한 것으로, 지급제시일 익일에 결제자금이 입금되어 어음금을 지급할 수 있었던 본건에는 적용 여지가 없다.

에 따라 손해배상 하여야 하는 것이다.

(4) 대법원 판결 요지: 피고 대우증권에 대한 부분 파기환송, 피고 제일은행에 대한 부분 상고기각

가. 증권회사의 임직원이 고객에게 투자를 권유할 때에는 고객이 합리적인 투자 판단과 의사결정을 할 수 있도록 고객을 보호할 의무를 부담하고, 따라서 유가증권의 가치에 중대한 영향을 미치는 중요정보는 고객에게 제공하고 설명할 의무를 부담한다.

나. 기업어음(CP)의 거래에 있어서 신용등급은 그 기업어음의 가치에 중대한 영향을 미치는 중요정보에 해당하므로, 증권회사가 고객에게 거래의 대상인 기업어음의 신용등급을 제대로 고지하지 않았다면, 달리 고객이 이미 그 신용등급을 알고 있었다거나 신용등급을 제대로 고지하였더라도 그 기업어음을 매수하였으리라는 등의 특별한 사정이 없는 한, 이로써 고객보호의무 위반으로 인한 손해배상책임이 성립한다.

CP와 회사채의 설명의무에 관한 판례

1. 대법원 2015. 4. 23. 선고 2013다17674 판결

자본시장법 제4조 제3항에서 정한 기업어음은 기업이 사업에 필요한 자금을 조달하기 위하여 발행한 약속어음이므로, 기업어음에 투자하는 것으로 운용방법을 지정하는 특정금전신탁의 경우에 그 투자에 따르는 위험은 기업어음이 만기에 지급되지 아니할 위험, 즉 발행기업의 신용위험 및 그로 인한 원금 손실 가능성이라고 할 수 있다. 이에 따라 위와 같은 특정금전신탁에 투자권유를 하는 경우에 금융투자업자는 일반적으로 투자에 따르는 위험과 관련하여 투자자에게 기업어음 발행기업의 신용위험이 존재하고 이로 인하여 원본 손실의 가능성이 있다는 사실 등을 설명하여야 한다.

그런데 기업어음의 신용등급은 금융위원회의 인가를 받은 신용평가회사가 기업어음의 신용상태를 평가하여 그 결과에 대하여 기호, 숫자 등을 사용하여 표시한 등급으로서 기업어음 발행기업의 적기상환능력 내지 위험을 나타내는 지표가 된다. 그리고 자본시장법 시행령 제183조 제1항 제1호는 금융투자업자인 투자매매업자 또는 투자중개업자가 매매, 중개 등을 하는 기업어음에 대하여는 둘 이상의 신용평가회사의 신용평가를 받도록 규정하고 있다. 이와 같은 기업어음에 관한 신용평가와 신용등급의 취지 및 기능

등에 비추어 보면, 금융투자업자가 투자자에게 기업어음의 신용등급과 아울러 신용평가 내용을 고지하고 해당 신용등급의 의미와 그것이 전체 신용등급에서 차지하는 위치에 대하여 투자자가 이해할 수 있도록 설명하였다면, 특별한 사정이 없는 한 이는 재무상황이나 자산건전성 등을 포함하여 발행기업의 긍정적인 요인과 부정적인 요인을 종합적으로 평가한 결과로서의 발행기업의 신용위험이 어느 정도인지를 설명하였다고 할 수 있다.

이 사건에서 피고의 직원 Y가 신용등급의 의미와 체계를 이미 알고 있던 X에게 이 사건 기업어음의 신용등급이 'A3-'임을 고지하였을 뿐만 아니라 발행기업인 엘아이지건설의 부도위험 및 그로 인한 원본 손실 가능성에 대하여 설명하였고, 나아가 엘아이지건설의 긍정적인 요인과 부정적인 요인이 모두 기재되어 있는 각 신용평가서까지 교부하였으므로, 이로써 이 사건 각 신탁계약의 체결에 따르는 위험과 관련하여 기업어음 발행기업의 신용위험이 존재하고 그로 인한 원금 손실의 가능성이 있다는 사실을 설명한 것으로 볼 수 있다.

한편 투자설명자료에 긍정적인 요인으로 기재되어 있는 엘아이지그룹의 지원가능성은 각 신용평가서의 내용에 기초한 것으로서 그 자체로 단정적 판단이 아닌 불확실한 가능성에 지나지 아니하므로, 앞서 본 X의 투자경험 및 능력을 고려할 때 그것이 X로 하여금 투자에 따르는 위험에 대한 올바른 인식형성을 방해할 정도의 균형성을 상실한 정보라고 보기도 어렵다.

따라서 이러한 사정들에 비추어 보면, 비록 Y가 각 신용평가서를 바탕으로 그 신용등급 평가의 근거가 될 엘아이지건설의 재무상황이나 자산건전성 등에 대하여 일일이 구체적으로 설명하지 아니하였다거나 투자설명자료에 엘아이지건설의 긍정적인 요인이 강조되어 있고 Y가 이를 토대로 설명한 바 있다 하더라도, 그러한 사정만으로 피고가 이 사건 각 신탁계약의 체결에 따르는 위험에 대하여 합리적인 투자판단을 그르치게 할 정도로 균형성을 상실한 설명을 하였다고 단정하기에는 부족하다.

2. 대법원 2015. 9. 15. 선고 2015다216123 판결

투자자가 자본시장법 제4조 제3항에서 정한 채무증권인 이 사건 회사채의 취득과 관련하여 부담하는 위험은 시장금리 수준에 따른 회사채 시가의 변동 위험과 원리금이 만기에 지급되지 아니할 위험, 즉 발행기업인 대한해운의 신용위험 및 그로 인한 원본 손실 가능성이라고 할 것이다. 따라서 금융투자업자인 피고로서는 원고들에게 이 사건 회사채에 투자할 것을 권유하는 경우 그 투자에 따르는 위험과 관련하여 이 사건 회사채의 시가 변동의 위험 및 대한해운의 신용위험이 존재하고 그로 인하여 원본 손실 가능성이 있다는 사실 등을 설명하여야 한다. 그리고 사채권의 신용등급은 금융위원회의 인가를 받은 신용평가회사가 사채권의 신용상태를 평가하여 그 결과에 대하여 기호, 숫자 등을 사용하여 표시한 등급으로서 사채권을 발행한 기업의 원리금 지급능력 내지 위험을 나타내는 지표이므로, 금융투자업자가 투자자에게 사채권의 신용등급과 아울러 해당 신용등급의 의미와 그것이 전체 신용등급에서 차지하는 위치에 대하여 투자자가 이해할 수 있도록 설명하였다면, 특별한 사정이 없는 한 금융투자업자는 사채권의 원리금 상환 여부에 영향을 미치는 발행기업의 신용위험에 관하여 설명을 다하였다고 볼 것이고(앞의 대법원 2013다17674 판결 참조), 자본시장법 제119조에 따라 증권을 모집, 매출하는 경우 작성, 공시하는 증권신고서와 투자설명서에 기재되어 있는 발행주체의 재무상황 등까지 설명하여야 하는 것은 아니다.

Ⅳ. 증권대차거래[36]

1. 의의

증권대차거래란 증권의 대여자가 자신이 소유하는 증권을 차입자에게 대여하고 차입자는 일정 기간 경과후 동종·동량의 증권을 대여자에게 반환하는 거래로서, 그 법적 성질은 증권의 소비대차에 해당한다. 자본시장법 제72조는 증권회사가 고객에 대하여 매매거래의 결제나 신용거래를 위하여 필요한 주식을 대여하는 貸株(증권의 대여의 방법)를 규정하고 있는데, 이는 증권회사의 신용공여제도로서 광의의 증권대차거래에 속하게 된다. 한편 증권대차거래는 차입증권 상환의 담보로써 현금이 수수되는 경우가 많은데, 이 때에는 대여자가 증권을 담보로 현금을 차입하는 결과를 야기한다는 점에서 앞에서 보았던 Repo와 동일하게 된다.[37]

36 다음의 논의는 박철영, "증권대차거래에 관한 법적 고찰," 「증권법연구」 제10권 제2호, 183-217면 (2009)를 참조한 것이다. 본서는 편의상 증권대차거래를 자기매매업의 마지막 부분에 편제하였지만, 독자들은 증권대차거래가 위탁매매업과 자기매매업의 형태로 모두 영위가능하다는 점을 유념하기 바란다. 따라서 증권대차거래에 관한 내용은 위탁매매업 부분에 편입하여도 무방하다.

37 증권대차거래는 형식상 증권을 대여하고 차입하는 거래지만, 차입자가 담보의 대가로서 현금을 제공하는 경우에는 사실상 증권을 담보로 금전을 대여해주는 셈이 되는 것이다.

2. 증권대차거래의 참가자와 대상증권

(1) 참가자

증권대차거래에서 대여자는 증권의 소유자로서 특별한 자격의 제한이 없는데, 외국인투자자, 연기금, 집합투자기구, 증권회사, 은행, 보험회사 등이 주된 대여자로서 참가한다. 다만 제3자가 중개기관으로서 대차거래를 중개하는 경우에는 참가자에 대하여 자격 제한을 두기도 하는데, 예로서 한국예탁결제원과 증권금융이 중개하는 대차거래의 참가자를 기관투자자로 제한하는 것을 들 수 있다. 증권대차거래의 차입자에 대해서도 연기금·보험회사의 경우 차입이 허용되지 않는다는 점을 제외하면 그 밖의 특별한 제한이 없다.[38] 따라서 주요 차입자로서 외국인투자자, 증권회사, 은행, 집합투자기구(집합투자기구의 경우 자기자산의 20%로 차입이 제한) 등이 증권대차거래에 참가하게 된다.

(2) 대상증권

증권대차거래의 대상증권은 소비대차의 성질상 대체성이 있는 증권이어야 한다. 그리고 담보부거래의 실질을 띠고 있으므로 매일 가치가 평가되어야 한다는 점에서 시가를 산정할 수 있는 증권이어야 할 것이다. 참고로 증권예탁결제원과 증권금융은 각각의 대차업무규정을 통하여 대상증권을 상장주권, 상장채권, 상장지수펀드의 집합투자증권 등 상장증권으로 한정하고 있다.

3. 증권대차거래의 종류

(1) 직접거래와 중개거래

직접거래란 대여자와 차입자가 직접 거래조건을 협의하여 거래를 체결하는 방식이고, 간접거래란 중개기관의 중개를 통하여 거래상대방에게는 자신의 신분을 노출시키지 않고 익명으로 거래를 체결하는 방식이다.[39] 간접거래는 거래상대방의 탐색, 증권과 담보의 인도 및 반환 등 거래의 이행, 수수료의 산정 및 징

38 물론 대차거래가 담보부거래이므로 대여자나 중개기관이 정하는 적격담보에 해당하는 자산을 갖지 못한 소규모 투자자의 경우 사실상 차입거래가 제한될 것이지만, 이들도 증권회사를 통하여 차입거래에 참가할 수 있다는 점을 유념하여야 한다.

39 중개기관이 이행보증을 함으로써 상대방의 신용위험과 유동성위험을 회피할 수 있는 장점이 있다.

수, 담보관리 등 거래에 수반되는 일련의 사무를 중개기관이 수행하는 방식으로서, 대표적인 예로서는 한국예탁결제원을 통한 경쟁거래, 증권금융을 통한 경쟁거래, 증권회사를 통한 중개거래를 들 수 있다.

주의할 것은 직접거래의 경우에도 중개기관이 개입한다는 점이다. 즉 중개기관은 거래 당사자에게 거래정보의 제공, 증권·담보의 인도 등 거래의 이행과 이자·배당금의 수령 등 증권의 관리업무를 제공한다. 물론 여기서 중개기관의 역할은 계약이 체결되도록 당사자 쌍방과 교섭하는 활동을 하는 것이 아니고, 단지 증권대차거래의 체결 후 그 이행과 제반의 관리업무를 위임받아 처리하여 당사자 일방에게 거래에 필요한 정보와 기회를 제공하는 것이므로 엄격한 의미의 법률적인 중개에는 해당하지 않을 것이다.

(2) 경쟁거래와 협의거래

경쟁거래란 복수의 대여자와 차입자가 대차수수료율 호가경쟁에 의하여 거래를 체결하는 방식임에 반하여, 협의거래란 호가경쟁 없이 특정 대여자와 차입자가 직접 차입수수료와 대차수량 등 거래조건을 협의하여 거래를 체결하는 방식이다. 경쟁거래는 대여수수료가 낮고 차입수수료가 높은 순서로 거래가 체결되는데, 수수료가 같을 때에는 시간우선, 수량우선의 순서에 의한다. 한국예탁결제원과 증권금융을 통한 중개거래가 경쟁거래이고, 직접거래와 증권회사를 통한 중개거래는 협의거래이다.[40]

4. 증권대차거래의 법률관계

(1) 대차거래의 성립

대차거래는 민법상 소비대차에 해당하므로 당사자의 합의 만으로 성립한다. 이후 대차증권의 인도는 보통 실물증권의 인도가 아닌 예탁증권의 계좌대체에 의한다. 차입자는 담보를 제공하여야 하므로, 대차증권의 인도는 담보의 제공과 동시에 이루어진다. 그리고 대여자는 차입자로부터 일정한 보수인 대차수수

40 증권회사를 통한 중개거래는 증권회사가 고객의 위탁에 따라 특정 거래 상대방과의 거래를 알선하거나 증권회사가 직접 거래상대방이 되는 방식이므로 협의거래에 해당하는 것이다.

료를 지급받게 된다.

(2) 중개기관의 법적 지위

(가) 중개기관의 지위

증권을 대여하거나 차입하려는 자가 이에 필요한 정보가 없고 상대방과 직접 접촉하기 어려운 경우에는 전문적인 중개기관을 이용하려고 할 것이다. 현재 한국예탁결제원, 증권금융, 증권회사가 부수업무의 하나로서 증권대차거래의 중개업무를 영위하고 있다. 중개기관은 원칙적으로 거래의 당사자가 되지 않지만, 거래를 원활히 하려는 취지에서 형식적으로 계약의 당사자(즉 대여자에 대해서는 차입자, 차입자에 대해서는 대여자)로서 증권대차거래를 체결하기도 한다. 한편 자본시장법시행령 제182조 제2항에 의하면 증권회사가 대차중개의 방법으로 대차거래의 중개를 할 수 있다고 규정하는데, 이는 자기계산으로 증권을 차입하여 대여하는 것이므로 거래의 성질상 중개가 아니라 자기거래에 해당한다.

자본시장법시행령 제182조(증권의 대차거래) ① 법 제166조에 따라 투자매매업자 또는 투자중개업자는 증권의 대차거래 또는 그 중개·주선이나 대리업무를 하는 경우에는 다음 각 호의 기준을 준수하여야 한다.

1. 금융위원회가 정하여 고시하는 방법에 따라 차입자로부터 담보를 받을 것. 다만, 증권의 대여자와 차입자가 합의하여 조건을 별도로 정하는 대차거래로서 투자매매업자 또는 투자중개업자가 필요하다고 인정하는 대차거래의 중개(제2항에 따른 대차중개는 제외한다)의 경우에는 담보를 받지 아니할 수 있다.
2. 금융위원회가 정하여 고시하는 방법에 따라 그 대상증권의 인도와 담보의 제공을 동시에 이행할 것. 다만, 외국인 간의 대차거래의 경우에는 그러하지 아니하다.
3. 증권의 대차거래 내역을 협회를 통하여 당일에 공시할 것

② 투자매매업자 또는 투자중개업자는 대차중개(금융위원회가 정하여 고시하는 대차거래 형식의 중개를 말한다)의 방법으로 대차거래의 중개를 할 수 있다.

③ 담보비율·관리, 대차거래의 공시방법 등에 관하여 필요한 사항은 금융위원회가 정하여 고시한다.

④ 투자매매업자 및 투자중개업자 외의 자로서 법에 따라 설립되거나 인가를 받은 자가 증권의 대차거래 또는 그 중개·주선 또는 대리업무를 하는 경우에는 제1항부터 제3항까지의 규정을 준용한다.

중개기관이 거래의 당사자가 되지 않고 단순히 사실행위인 중개만 하는 경우(예: 한국예탁결제원)는 상법 제93조의 중개인에 해당하고, 중개기관이 거래의 당사자가 되어 자기명의로 그러나 투자자의 계산으로 대차계약을 체결하는 경우(예: 증권금융)에는 거래의 주선을 하는 셈이 되어 상법 제113조의 준위탁매매인에 해당한다.

(나) 중개기관의 의무와 책임

중개기관이 증권대차거래를 중개만 하는 경우에는 선량한 관리자로서의 주의의무 외에 중개인으로서의 상법상 의무와 책임을 부담한다(즉 제97조의 중개인일기장 작성·비치의무 및 등본교부의무, 제98조의 묵비의무, 제99조의 이행담보책임). 그리고 중개기관이 증권대차거래를 주선하는 경우에는 선량한 관리자로서의 주의의무 외에 준위탁매매인으로서의 상법상 의무와 책임을 부담한다(즉 제106조 제1항의 지정가액준수의무, 제105조의 이행담보책임, 제107조 제1항의 개입권).[41]

(3) 증권대차거래의 담보

증권대차거래에 있어서도 상대방의 신용위험을 최소화하는 수단으로서 담보화가 요구된다. 대차거래의 담보는 현금, 증권 등 재산의 제공에 의한 물적 담보[42]와 중개기관, 보험회사, 은행 등 제3자의 보증제공에 의한 인적 담보로 구분될 수 있다.[43] 자본시장법은 한국예탁결제원, 증권금융 및 증권회사를 통한 대차거

41 마지막의 개입권에 대해 준위탁매매의 경우 개입권의 전제인 '거래소의 시세'가 없을 것이므로 개입권이 준용되지 않는다는 해석도 가능할 것이다. 그러나 증권대차거래의 경우 중개기관인 한국예탁결제원과 증권금융 등이 사실상 거래소의 기능을 수행하고 대차수수료 호가경쟁에 의하여 매일 시세가 형성되므로 개입권 규정이 준용될 수 있다고 한다. 박철영, 전게논문, 7-8면.

42 물적담보의 경우 담보권설정방식이 문제된다. 우선 증권을 담보로 제공할 때에는 질권의 설정방식이 이용된다. 그런데 대차증권과 담보증권은 모두 예탁증권이어야 하므로, 자본시장법의 규정에 의하여 예탁자계좌부상 질권이 설정될 것이다. 다음으로 현금(금융기관에 대한 예·적금 등 현금성 자산이 아니라 국내통화와 외국통화에 한정됨)을 담보로 제공할 때에는 소유권이전방식이 이용되는데, 이 때의 현금담보는 손해배상액의 예정인 '계약이행보증금'의 성질을 갖는다고 할 수 있다.

43 후자의 경우 제3자가 거래 당사자의 채무이행을 보증한 때에는 피보증 당사자의 신용위험이 보증기관으로 이전되므로, 인적 담보를 제공하는 보증기관은 이러한 위험을 해소하기 위하여 다시 피보증 당사자로부터 물적 담보를 요구할 것이다.

래의 경우 이러한 중개기관이 차입자로부터 증권이나 현금을 담보로 제공받을 것을 의무화하였다(자본시장법시행령 제182조 제1항 제1호 본문).[44] 그러나 직접거래의 경우 거래 당사자 간에 담보 등 거래조건을 협의하여 결정하고 대여자가 직접 담보를 관리할 것이므로 담보제공의 예외가 인정된다(자본시장법시행령 제182조 제1항 제1호 단서).

중개기관이 중개만 하는 경우 중개기관인 한국예탁결제원은 차입자의 채무이행을 보증하는 민법상 수탁보증인(민법 제441조)의 지위에 선다. 따라서 차입자에 대하여 중개기관은 보증채무가 발생하기 전이라도 주채무의 이행기가 도래함으로써 사전구상권을 갖게 된다. 중개기관이 증권대차거래를 주선하는 경우 중개기관인 증권금융은 차입자에 대하여 대여자의 지위에 서므로 스스로 담보권자가 되어 차입증권의 상환청구권을 갖게 된다. 한편 중개기관이 개입하지 않는 직접거래의 경우 차입자와 대여자가 직접 거래 당사자가 되므로, 대여자는 차입증권 상환청구권을 피담보채권으로 하여 담보권자가 된다.

차입자가 차입증권의 상환 등 채무를 불이행할 경우 담보권자인 대여자나 중개기관은 담보를 처분하여 자신의 채권에 충당한다. 담보권자가 대여자인 경우 담보의 매각금액으로 차입증권과 동종·동량의 증권을 시장에서 매입하고 수수료 등 기타 채권에 충당한다. 담보권자가 중개기관인 경우 먼저 자신의 재산으로 대여자에게 차입자의 불이행채무를 변제한 후 담보를 처분하여 자신의 구상채권에 충당한다. 물론 수탁보증인으로서 사전구상권이 있으므로 먼저 자신의 재산으로 변제하는 방식을 취하지 않고 담보를 처분하여 변제할 수도 있다. 한편 시장에서의 유동성 부족 등의 사유로 차입증권과 동종·동량의 증권을 매수 또는 차입하기 어려운 경우에는 당사자간의 약정에 따라 현금으로 변제할 수도 있다고 한다.

44 금융투자업규정 제5-25조(담보의 징구) ① 투자매매업자, 투자중개업자, 예탁결제원 또는 증권금융회사(이하 이 장에서 "투자매매업자등"이라 한다)는 증권의 대차거래 또는 그 중개·주선·대리업무를 영위하는 경우에는 차입자로부터 증권(양도성 예금증서를 포함한다) 또는 현금(예탁결제원이 정하는 외국통화를 포함한다)을 담보로 징구하여야 한다.

(4) 대차증권의 권리관계

증권대차거래는 소비대차이므로 대여자는 차입자가 증권을 사용할 수 있도록 소유권을 이전하여야 한다. 따라서 차입증권의 이자, 배당금 등 경제적 권리와 의결권, 신주인수권 등 모든 권리가 차입자에게 귀속되는 것이 원칙이다. 그러나 증권대차거래는 대여자가 일정 기간 후 증권을 반환받아 당해 증권과 그에 따른 권리를 계속 보유할 의사를 갖고 거래하는 것이므로, 증권을 대여하지 않았더라면 받았을 경제적 이익을 차입자로부터 보상받는 것이 조건으로 될 것이다. 따라서 중개거래의 경우 대차계약 체결시 대차증권에서 발생하는 배당금, 분배금, 이자, 신주인수권증서 및 새로 발행된 증권 등을 지체없이 대여자에게 인도하거나 지급할 것을 약정하게 되며, 기관투자자간 직접거래의 경우 이와 달리 정할 필요가 있는 때에는 대여자와 차입자가 상호 합의하여 그 처리방법을 정하게 된다.

제3절 투자중개·매매업자의 주의의무[45]

I. 논의의 필요성

자본시장법이 제정된 이래 가장 모호한 부분이 금융투자업자가 부담하는 여러 가지 주의의무들의 내용과 상관관계에 관한 것이다. 구체적으로 ① 동법 제37조의 신의성실의 원칙과 자기거래/쌍방대리 금지의 원칙, ② 선관의무, ③ 충실의무, ④ 과거 판례법상 인정되어 온 고객보호의무(동법 제46조 내지 제49조에 명문화된 적합성 원칙과 설명의무 및 부당권유의 금지)는 내용적으로 어떻게 차별화되는 것인지에 대해 판례와 학설은 사실상 명확한 한계를 긋고 있지 아니하다. 더욱 문제를 복잡하게 하는 것은 금융소비자를 더욱 강력히 보호하

45 김용재, "투자중개·매매업자의 주의의무에 관한 연구: 미국 Broker·Dealer의 의무를 참조하여," 「증권법연구」 제14권 제3호, 2013, 29-64면 참조.

여야 한다는 당위성에서 설명되는 소위 영미법상의 신인의무(fiduciary duty)에 대한 것이다. 즉 이러한 신인의무가 앞의 ①-④와 동질적인 것인가 아니면 전혀 다른 차원에서 논의하여야 할 이질적인 것인가에 대해서도 논란의 여지가 많다. 이러한 제 의무들에 대해 종래와 같이 추상적이고 불투명한 논의가 계속된다면 투자중개·매매업자의 구체적인 의무가 불확실한 가운데 금융소비자보호법이 제정되는 매우 혼란스러운 상황에 직면할 것이다. 따라서 다음은 broker-dealer가 부담하는 제 의무의 내용과 한계에 대해 미국에서의 논의를 바탕으로 구체적인 방향성을 제시하고자 한다.

II. 자본시장법상 투자중개·매매업자의 주의의무 정리 및 문제점 분석

1. 신의성실의 원칙

(1) 개관

자본시장법 제37조 제1항은 공통영업행위 규칙으로서 모든 금융투자업자로 하여금 신의성실의 원칙을 준수할 의무를 부과하고 있다. 신의성실의 원칙은 계약의 보충적 해석을 통하여 개개의 채권관계의 특성에 따른 부수의무를 성립시킨다. 제37조 제1항과 관련하여, ① 영미법상의 신인의무를 다소 완화된 형태로 받아들인 것으로 볼 수 있는지, ② 자본시장법 제46조 내지 제49조의 고객보호의무와 어떠한 관계에 있는지, ③ 선관의무와 어떻게 차별화되는 것인지 등의 복잡한 쟁점이 문제될 수 있다.

(2) 세부적인 쟁점

1) 영미법상 신인의무와 자본시장법 제37조 제1항

영미법상의 신인의무 중 가장 핵심은 best interest rule인데 이를 '고객이익 전념의 원칙'으로 번역하기도 한다. 신인의무란 바로 이러한 신인의무자들이 타인에게 최선의 이익이 되는 방향으로 자금을 운용하여야 할 의무를 말한다. 그런데 투자중개업자는 단지 위탁자의 주문 만을 실행하는 자이고 투자매매업자도 자신의 이익을 위하여 업무를 행하는 자에 불과하므로, 이들을 원칙적으로 신인의무자라고 하지 않는다.

혹자는 자본시장법 제37조 제1항을 신인의무의 발현이라고 하면서 그 중요성을 매우 높게 평가할 수도 있지만, 실제로는 그렇지 않다. 왜냐하면 동 조항은 자본시장법상 금융투자업자의 공통 영업행위 규칙 중에서도 제일 먼저 규정되어 있는데, 그렇다면 투자중개업자와 투자매매업자를 모두 포함하는 조항으로서 의미가 있기 때문이다. 즉 동 조항이 모든 금융투자업자에게 적용되는 공통 규칙이라면 이는 신인의무를 선언한 것으로 볼 수 없다는 의미이다. 따라서 동 조항은 선관의무와 충실의무가 반영된 공통 행위규칙과 각 업권별 행위규칙을 모두 적용해본 후 마지막으로 적용할 수 있는 최후의 비상수단으로서 기능하는 신의성실의 원칙에 불과하고, 투자중개·매매업자를 포함한 모든 금융투자업자에게 적용되는 공통 행위규칙으로서 자리 잡고 있다.

2) 자본시장법 제46-49조와의 관계

자본시장법은 종래 판례상으로 인정되던 고객보호의무를 제46조(적합성 원칙 등), 제46조의2(적정성의 원칙 등), 제47조(설명의무), 제48조(손해배상책임), 제49조(부당권유의 금지)에 정면으로 수용하였다. 과거 판례를 보면 이들 고객보호의무를 신의칙에 기한 의무라고 보아 왔고, 본래의 급부의무에 대한 부수적 의무라고 간주하여 왔다.[46] 고객보호의무는 계약 체결 이후 부과되는 수임자로서의 선관의무와는 차원을 달리한다. 왜냐하면 의무의 발생 시점이 계약 이전의 시점으로 앞당겨지기 때문이다. 과거의 판례를 세심하게 분석해보면 결국 이들 고객보호의무는 자본시장법 제37조 제1항의 신의성실의 원칙이 구체화되었다고 보아도 무방하다. 즉 자본시장법 제46조~제49조는 제37조 제1항의 신의성실의 원칙이 구체화된 조항들로서, 어떠한 법적 분쟁에서 투자중개·매매업자와 고객 간 설명의 정도와 범위에 대한 해석상의 의문이 발생할 경우에는 신의성실

46 지원림, 「제11판 민법강의」, 홍문사, 2012, 46면.

의 원칙에 따라 결정되어야 하는 것이다.

3) 선관의무와의 차별성

신의성실의 원칙은 '계약 이전 단계'와 '계약 성립 이후의 단계'를 모두 망라하여 적용될 수 있는 일반적이고 보충적인 계약 해석원칙으로서 기능한다. 그러나 선관의무는 계약 성립 이후 비로소 의미를 갖는다는 점에서 신의성실의 원칙과는 명확히 구별할 수 있다.

2. 자기거래·쌍방대리 금지의 원칙

(1) 자본시장법 제37조 제2항: 이해상충 방지조항

자본시장법 제37조 제2항은 민법 제124조와 상법 제398조에서 연원한 것으로 자기계약과 쌍방대리를 원칙적으로 금지하는데, 이러한 조항들은 원칙적으로 결국 본인과 대리인 사이의 이해상충 또는 본인간의 이해상충을 막기 위한 목적을 갖고 있다.

(2) 세부적인 쟁점

1) 자본시장법 제37조 제2항과 영미법상 신인의무와의 관계

자본시장법 제37조 제2항을 영미법상 전통적으로 논의되는 duty of loyalty(충성의무)를 수용한 것이라고 볼 수도 있다. 그렇지만 자본시장법이 동 조항을 입안하여 best interest rule로 대변되는 신인의무까지 도입한 것이라고 쉽게 단정해서는 안 된다. 왜냐하면 자본시장법 제37조 제2항도 모든 금융투자업자에게 적용되는 공통 업무행위규칙이므로 자기이익을 우선시하는 투자매매업자에게도 적용될 수 있는 일반 원칙으로 보아야 하기 때문이다.

자본시장법 제37조 제2항은 종래 민법 제124조와 상법 제398조의 연장선상에 있는 것으로 이해되어야 한다. 즉 금융투자업자의 이해상충 방지를 선언한 일반적이고 추상적인 조항에 불과한 것이다. 그렇다 보니 자본시장법 제37조 제2항은 투자매매업자에 대해 제44조 제2항과 결합하여 상당한 의미를 갖게 된다. 즉 투자매매업자는 자신의 이익을 위해 업무를 수행하는 자로서 고객과 이

해상충이 발생할 개연성이 상존하므로, 투자매매업자는 그 이해상충의 사실을 미리 해당 고객에게 알리고 거래를 하여야 하는 것이다.

2) 선관의무와의 관계

자본시장법 제37조 제2항은 본인과 대리인 간 발생하는 선관의무에서 비롯된 것이 아니다. 법문을 보더라도 민법 제124조가 계약에 의한 신임관계를 전제로 한 것임에 반하여, 자본시장법 제37조 제2항은 금융투자업자와 투자자 간 계약 체결에 의한 신임관계가 발생하였는지 여부에 대해 아무런 언급이 없음을 알 수 있다. 자본시장법 제44조 제3항은 금융투자업자가 이해상충이 발생할 가능성을 낮추는 것이 곤란하다고 판단될 때에는 아예 거래를 단념하게 되어 있는데, 동 조항 역시 자본시장법 제37조 제2항의 이해상충 방지조항이 거래 이전의 단계에 적용되는 원칙임을 명백하게 보여주고 있다. 따라서 자본시장법 제37조 제2항은 계약 체결 이전으로 적용 시점이 훨씬 앞당겨질 뿐만 아니라 그 보호객체도 현재의 고객 이외에 장래의 고객 군까지 모두 포괄한다는 점에서 민법 제124조보다 훨씬 적용범위가 넓다는 특징을 갖는다. 이 점에서 자본시장법 제37조 제2항의 이해상충 방지조항은 민법 제124조의 단순한 선관의무에서 비롯된 자기계약, 쌍방대리의 금지와는 차별화되고, 기존의 선관주의의무보다 한 단계 진보한 것이다. 동 조항의 입법 연혁을 보더라도 자본시장법 제정 당시 원래 미국에서 논의되던 신인의무를 전면적으로 도입하려다가 한발 후퇴하여 절충적으로 일본의 금융상품거래법에 규정된 공정성실의무를 도입하는 것으로 조율되었다는 점을 알 수 있다.[47]

3. 고객보호의무

(1) 개관

자본시장법 제46조부터 제49조는 판례상 인정되어 온 고객보호의무를 명문화한 것인데, 동 의무의 성격이 무엇인지에 대한 논의의 실익은 없어졌다. 왜냐하

47 한국증권법학회, 179면.

면 전통적인 동질설에 의할 때, 법령이나 정관에 규정된 의무는 충실의무이자 선관의무에도 해당하기 때문이다. 따라서 고객보호의무는 자본시장법 제37조 제1항의 신의성실의 원칙을 구체화한 것이지만, 법문에 반영되었으므로 충실의무이면서 선관의무이기도 하다. 그리고 고객보호의무 중 설명의무를 위반하였을 때에는 자본시장법 제48조의 손해배상책임이 문제되고, 적합성의 원칙과 부당권유 금지 원칙을 위반하였을 때에는 자본시장법 64조의 손해배상책임이 문제된다.[48] 물론 민법 제750조 이하의 불법행위책임을 추궁할 수 있음은 두말할 나위가 없다. 향후에도 투자중개·매매업자와 투자자 간의 분쟁에 있어서 가장 핵심적인 쟁점은 계약 체결 이전의 고객보호의무, 그 중에서도 상품조사의무와 고객조사의무를 바탕으로 한 적합성의 원칙과 설명의무에 집중될 것이다. 왜냐하면 이러한 의무를 제대로 이행하지 않은 경우 투자중개·매매업자가 불완전판매를 하였다는 의심에서 쉽게 벗어날 수 없을 것이기 때문이다.

(2) 적합성의 원칙

자본시장법 제46조의 적합성 원칙은 투자자를 일반투자자와 전문투자자로 나누고, 이들 중 일반투자자에게 투자권유를 할 때에는 투자자의 투자목적, 재산상황, 투자경험 등에 비춰봤을 때 적합한 투자만을 권유하도록 하는 것이다. 자본시장법 제9조는 특정 투자자를 상대로 ① 금융투자상품의 매매 또는 ② 투자자문계약, ③투자일임계약, ④ 신탁계약(관리형신탁계약 및 투자성 없는 신탁계약을 제외)의 체결을 권유하는 것을 투자권유라고 정의한다. 적합성의 원칙은 투자권유상의 원칙이므로, 투자자가 투자권유 없이 스스로 원하여 투자하는 경우에는 적합성의 원칙이 적용되지 않는다.

한편 고객조사의무는 '적합성 원칙'을 적용함에 있어서 가장 기본적인 전제가 된다. 즉 자본시장법은 제46조에서 고객조사의무와 더불어 적합성 원칙을 투자중개·매매업자의 투자권유에 관한 일반원칙으로 규정하고 있는 것이다. 또한 현행법에 명문의 규정은 없지만 적합성 원칙의 전제로서 투자중개·매매업자

48 유혁선, 「파생상품거래의 규제에 관한 법적 연구」, 성균관대학교 법학박사학위논문, 2010, 147면.

에게는 고객조사의무와 더불어 금융투자상품 조사의무가 있다고 보아야 한다. 연혁적으로, 금융투자상품 조사의무의 기원은 미국 증권법상의 간판이론(看板理論, Shingle Theory)과 조사의무이론(Duty to Investigate, "Know Your Security")에서 찾을 수 있다.

(3) 설명의무

자본시장법 제47조의 투자중개·매매업자의 설명의무는 일반투자자가 자유로운 의사주체로서 정보를 숙지한 상태에서 투자(informed investment)할 수 있도록 하기 위한 것이다. 금융투자상품의 투자권유에 있어서의 고객에 대한 설명의무는 투자계약의 성립 이전에 투자중개·매매업자가 일반투자자에게 부담하는 의무이다. 이는 금융투자계약의 성립에 따른 투자중개·매매업자의 급부의무와 직접적인 관련이 없으며, 단지 신의칙에 근거하여 자본시장법이 특별히 정하고 있는 법정의무이다.[49] 따라서 앞에서도 언급한바와 같이 수임자의 지위가 개시됨과 동시에 발생하는 선관의무와는 차별화되는 것이다. 그리고 설명의무를 위반하여 고객에게 손해가 발생한 때에는 불법행위로 인한 손해배상책임을 부담한다.[50] 설명의무는 고객이 자기책임 하에 합리적인 투자판단을 할 수 있도록 필요한 정보를 적극적으로 제공하여야 하는 작위의무와 설명 시 투자자를 오도하는 거짓설명 또는 중요한 사항을 누락한 채 설명하지 말아야 하는 부작위의무로 구성되어 있다.[51] 그리고 투자중개·매매업자가 설명의무를 제대로 이행하지 않아 일반투자자가 피해를 입었다면 그는 당해 피해자에 대하여 자본시장법 제48조에 의한 손해배상의 책임을 진다.

(4) 부당권유의 금지

자본시장법 제49조는 투자자 보호와 건전한 거래질서를 확립하기 위한 차원에서 투자자의 구체적인 사정과 관계없이 그의 건전한 판단을 저해할 우려가 있는

---

49 권기훈, "선물업자의 설명의무," 「상사판례연구」 제17집, 2004, 259면.

50 대법원 2006. 5. 11. 선고 2003다51057 판결.

51 정준우, "증권업자의 부당한 투자권유행위의 합리적 규제방안," 「비교사법」 제11권 제3호, 2004, 434면.

행위(거짓의 내용을 알리는 행위, 단정적 판단의 제공행위, 불초청 권유행위, 의사에 반한 재권유 행위, 기타 투자자 보호·건전한 거래질서를 해할 우려가 있는 행위)를 예시적으로 열거하여 금지하고 있다.

(5) 기존의 판례

1) 신의칙에 기한 고객보호의무

기존의 판례 중에는 고객보호의무와 선관의무를 구분하지 못하고 혼동하여 판시된 것도 일부 있지만(대법원 2009. 7. 9. 선고 2007다90395 판결), 대부분의 판례는 선관의무와 별개로 투자중개·매매업자의 고객보호의무를 인정하여 왔다. 고객보호의무 중 가장 대표적인 설명의무는 계약 체결단계에서의 정보제공의무라고도 하는데, 판례는 정보를 제대로 그리고 정확하게 제공하여야만 양 당사자간 정보의 비대칭이 해소되어 자기책임의 원칙과 계약자유의 원칙이 실질적으로 보장된다고 보고 있다. 비록 투자중개·매매업자에 직접 관련된 것은 아니지만, 판례 중에는 고객보호의무가 신의칙에서 유래한다는 점을 명확히 밝히고 있는 판례도 많다(대법원 2009. 8. 20. 선고 2008다51120, 51137, 51151 판결 등).

2) 투자중개·매매업자의 고객보호의무에 관한 판례

판례는 투자권유와 관련하여 투자중개·매매업자의 임직원이 고객에게 부당한 투자권유를 함으로써 고객이 손해를 입은 경우에 이른바 '고객에 대한 보호의무'를 저버린 것으로 평가될 수 있는 때에는 불법행위책임이 성립한다는 입장을 취하여 왔다(대법원 1994. 1. 11. 선고 93다26205 판결 등), 최근에는 고객보호와 관련된 보다 복잡한 쟁점으로서 설명의 범위와 정도를 언급한 판례도 발견된다(대법원 2011. 7. 28. 선고 2010다76368 판결).[52] 특히 2010다76368 판결은

52 동 판결은 "판매회사는 자산운용회사가 제공한 투자설명서의 내용을 숙지하고, 의미가 명확하지 않은 부분은 자산운용회사에게서 정확한 설명을 들어 내용을 스스로 명확하게 이해한 다음, 투자자에게 투자신탁의 운용방법이나 투자계획 및 그로 인한 수익과 위험을 투자자가 정확하고 균형 있게 이해할 수 있도록 설명하여야 하고, 단지 자산운용회사한테서 제공받은 판매보조자료의 내용이 정확하고 충분하다고 믿고 그것에 의존하여 투자신탁에 관하여 설명하였다는 점만으로는 투자자보호의무를 다하였다고 볼 수 없다"고 하였다.

투자중개·매매업자가 자신이 다루는 상품을 제대로 조사하여 숙지한 상태에서 고객에게 자신이 이해한 정도로 수익과 위험을 균형있게 설명하여야 한다고 하였는데, 향후 투자중개·매매업자의 설명의무에 대한 매우 구체적인 가이드라인을 제시한 판결이라고 평가된다.

(6) 현행법상 고객보호의무의 문제점

1) 규제상의 차별 존재

현재의 자본시장법이 고객보호의무를 규정한 것이 다른 법률과 비교해볼 때 형평에 맞고 적절한지 의문이다. 왜냐하면 자본시장법과 자본시장법시행령이 매우 상세한 고객보호의무를 규정하고 이를 위반하였을 때 구체적인 손해배상책임도 규정하는데 반하여, 다른 법률은 그렇지 못하기 때문이다. 예를 들어 은행법 제52조의2 제2항은 "은행은 예금자 등 은행이용자를 보호하고 금융 분쟁의 발생을 방지하기 위하여 은행이용자에게 금융거래상 중요정보를 제공하는 등 적절한 조치를 마련하여야 한다"고 규정하고, 은행법시행령 제24조의4 제2항 제2호는 중요정보의 제공 및 설명의무에 대한 개괄적인 규정을 두고 있다. 그 하위법규인 은행업감독규정 제89조는 자본시장법 수준의 조항을 두고 있는 것으로 파악된다.[53] 그렇지만 이에 대해 손해배상의 특칙도 마련되어 있지 않다.

고객보호의무가 자본시장법 제37조 제1항을 구체화한 것으로서 금융소비자 보호의 필요성이 날로 증대된다면, 은행법도 자본시장법 수준의 고객보호의무를 선언하고 손해배상의 특칙을 마련하여야 한다. 그렇지 않다면 은행 만 투자중개·매매업자에 비하여 규제상으로 우대를 받는 기형적인 법제가 유지될 것이기 때문이다.

53 제3항은 계약을 체결하거나 계약의 체결을 권유하는 경우 자료를 은행이용자에게 제공하고 그 내용을 설명하여야 하고, 제4항은 "설명한 내용에 대해 은행이용자가 이해하였음을 은행이용자의 서명, 기명날인, 녹취, 그 밖에 감독원장이 정하는 방법 중 하나 이상의 방법으로 확인을 받아 이를 유지·관리하여야 하며, 제5항은 "상품의 중요내용을 설명함에 있어서 은행이용자의 합리적인 판단 또는 해당 상품의 가치에 중대한 영향을 미칠 수 있는 사항(이하 "중요사항"이라 한다)을 거짓 또는 왜곡(불확실한 사항에 대하여 단정적 판단을 제공하거나 확실하다고 오인하게 할 소지가 있는 내용을 알리는 행위를 말한다)하여 설명하거나 중요사항을 누락하여서는 아니 된다"고 규정하고 있다.

2) 고객보호의무의 범위와 정도가 명확하지 않음

거래의 객체가 되는 금융투자상품과 거래의 상대방이 되는 고객의 유형에 따라 적합성의 원칙과 설명의무도 차별화하여야 한다. 해석론상으로 문제될 수 있는 것이 어느 정도로 고객을 조사하고 상품을 조사하여야 하는 것인지, 설명의 범위와 정도는 어디까지인지 등이다. 대법원 2013. 9. 26. 선고 2012다1146 판결(소위 KIKO 판결)은 은행의 공신력이 크고 은행의 권유는 기업의 의사결정에 강한 영향을 미칠 수 있으므로 "은행이 이와 같이 위험성이 큰 장외파생상품의 거래를 권유할 때에는 다른 금융기관에 비해 더 무거운 고객보호의무를 부담한다"고 판시함으로써 다소 오해의 소지를 증폭시켰다. 왜냐하면 은행이 아닌 투자중개·매매업자의 장외파생상품 권유는 은행보다 가벼운 고객보호의무를 부담한다는 결론에 도달하는데, 도대체 장외파생상품을 취급하는 금융기관이 어디냐에 따라 고객보호의무의 정도와 범위가 달라지는 것이 타당한지에 대해 아직까지 사회적으로 아무런 합의가 없기 때문이다. 또한 동 판결은 "금융기관은 금융상품의 특성 및 위험의 수준, 고객의 거래목적, 투자경험 및 능력 등을 종합적으로 고려하여 고객이 그 거래상의 주요 정보를 충분히 이해할 수 있을 정도로 설명하여야 한다 … 금융기관으로서는 그 장외파생상품 거래의 위험성에 대하여 고객이 한층 분명하게 인식할 수 있도록 구체적이고 상세하게 설명할 의무가 있다"고 하였는데, 고객이 한층 분명하게 인식할 수 있는 정도라는 것이 완전한 정보공개(full disclosure)인지 적절한 정보공개(adequate disclosure)인지도 불명확하다.

결국 신의성실의 원칙이 구체화된 고객보호의무가 자본시장법에 조문화 되었지만 그 범위와 정도 등에 대해서는 개별 금융투자상품과 고객 별로 매우 차별화될 수 있는 것이다. 따라서 자본시장법의 일반적이고 추상적인 규정과는 별도로 고객보호의무의 원활한 운영을 위해서는 구체적인 절차와 방법 등이 하위 법규에 상당히 보완되어야 할 것이다. 현재 구체적인 지침을 규정하고 있는 것은 금융투자협회의 표준투자권유준칙이라고 할 수 있는데, 동 준칙이 미국에서와 마찬가지로 규범화되려면 법령과 금융위 규정에서의 적법한 위임에 의한 실체적인 적법성을 확보한 후 자율규제위원회의 심의 및 금융위 보고 등과 같은 절차적인 적법성을 완비하여야 할 것이다.

4. 선관의무와 충실의무

(1) 양 의무의 관계에 대한 상법상의 논의(동질설과 이질설)

상법 제382조 제2항(선관의무)과 제382조의 3(충실의무)[54]의 상호관계에 대해 그 동안 동질설과 이질설의 대립이 있어 왔다. 법원은 양 의무를 전혀 차별화하지 않고 동렬적으로 사용하여 왔는데, 특히 충실의무를 법령 또는 정관을 준수하여야 할 의무라고 이해한 듯하다.

일반적으로 상법이나 기타의 법률에서 말하는 충실의무란 일단 수임관계를 맺게 된 대리인이나 이사 또는 직원이 임무 개시와 함께 법령이나 정관을 위반해서는 안 되는 의무를 말하는 것으로서, 임무를 해태해서는 안 되는 선관의무의 가장 대표적인 예라고 할 수 있다(동질설이 타당). 자본시장법상 투자중개업자나 투자매매업자의 의무도 단지 고객의 주문을 실행하고 자기의 이익을 위해 업무를 영위한다면 동질설에 따른 선관의무 내지 충실의무 만을 부담한다. 다만 문제가 되는 것은 자본시장법상 신탁업자와 집합투자업자 편에 규정된 충실의무이다. 해당 조항을 보면 법문의 내용에 법령이나 정관의 위반을 규정하지 않고 있다. 즉 "투자자의 이익을 보호하기 위하여 해당 업무를 충실하게 수행하여야 한다"고 함으로써 직무수행의 충실성과 고객 이익전념의 원칙을 표방할 뿐, 법령이나 정관 위반에 대한 언급이 전혀 없는 것이다. 신탁업자와 집합투자업자가 타인의 이익을 위해 타인의 자금을 관리하는 가장 전형적인 신인의무자(fiduciary duty)란 점에서, 이들이 신인의무를 부담한다는 점에 대해서는 아무런 이견이 없는 듯하다. 따라서 자본시장법의 신탁업자, 집합투자업자, 투자일임업자, 투자자문업자에게 규정된 충실의무는 바로 이질설이 말하는 가장 고도의 주의의무, 즉 신인의무를 규정한 것이라고 이해하여야 한다.

54 동 조항은 이사의 충실의무란 제목 하에 "이사는 법령과 정관의 규정에 따라 회사를 위하여 직무를 충실하게 수행하여야 한다"고 규정한다.

(2) 투자매매·투자중개업자의 선관의무와 충실의무

1) 현황

자본시장법에는 투자매매업자와 투자중개업자의 선관의무와 충실의무에 관한 조항이 없다. 그러나 자본시장법 제66조부터 제78조까지 투자매매업자와 투자중개업자의 개별 영업행위 규칙은 실무적으로 투자매매업자와 투자중개업자에게 요구된 선관의무를 법률에 구체적으로 열거한 것으로 볼 수 있다. 그런데 개별 영업행위 규칙을 보면 거의 대부분이 투자중개업자에 대한 선관의무를 구체화한 것이고 나머지도 투자매매업자와 투자중개업자의 지위를 동시에 보유하고 있는 금융투자업자에 대한 선관의무를 구체화한 것으로 볼 수 있다. 즉 자본시장법 상으로 투자매매업자 만을 대상으로 한 선관의무를 찾기란 쉽지 않다. 한편 판례 중에는 투자매매업자나 투자중개업자의 펀드 판매·중개의 경우 운용사 작성 자료를 그대로 전달하면 족한 것이 아니라 그 적정성, 진실성을 검토해야 한다는 것이 있는데, 판매·중개 수수료를 받는 이상 마땅히 이행하여야 할 선관의무라고 할 수 있다(대법원 2011. 7. 28. 선고 2010다76368 판결)

2) 투자중개업자(Broker)의 주의의무에 관한 문제점

우선 투자중개업자의 선관의무를 법령에 구체적으로 열거하는 것이 과연 바람직한가 하는 본질적인 의문에 직면하게 된다. 사실 선관의무를 준수하도록 하는 업무행위규칙이란 시장에서 매우 탄력적으로 운영되는 게임의 룰을 문서화한 것이라고 할 수 있는데, 이를 법령에 규정하면 법령의 제·개정상 난점과 시차의 존재로 인하여 시장에서 요구하는 수준의 시기적절하고 조화로운 규칙이 마련되기가 매우 어렵기 때문이다. 건전성 규제는 타율규제의 영역으로 존치시켜 그 엄중성을 강화하되, 업무행위 규제는 자율규제에 맡기는 것이 시대적인 조류이다. 그렇다면 자본시장법에서는 투자중개업자에 대한 추상적이고 일반적인 선관의무 내지 충실의무를 선언하고, 세부적인 원칙과 내용들을 그 하위 법규, 그 중에서도 타율규제가 아닌 자율규제의 영역으로 돌리는 방안이 고려되어야 할 것이다. 그런데 우리 자본시장법은 이러한 시대적인 조류와 완전히 반대되는 방향으로 세밀하게 투자중개업자의 업무를 규제하면서, 투자중개업자의 선관의무와 충실의무에 대한 일반적인 원칙은 언급하지 않고 있는 것이다.

한편 외국의 입법례를 보면, 투자중개업자가 선관의무에서 그치는 것이 아니라 예외적으로 더 고도의 주의의무인 신인의무를 지는 경우가 있다. 2010년 7월 제정된 '도드-프랑크 월스트리트개혁 및 소비자보호법'(이하 도드-프랑크법)은 SEC에게 투자중개업자가 personalized investment advice(개인 맞춤형 투자조언)을 할 경우에도 신인의무를 부과하도록 규칙을 입안할 것을 명하였다.[55] 그리고 미국에서는 투자일임업 등록을 하지 않은 투자중개업자가 고객으로부터 포괄적인 일임을 받아 과당매매를 하여 수수료 수입을 극대화하는 임무 위반행위를 한 것은 신인의무를 위반한 것으로서 사기에 해당한다는 입장을 계속적으로 견지해왔다.[56] 우리나라의 자본시장법도 투자중개업자가 선관의무가 아닌 신인의무를 부담하는 경우를 명확히 법문화하여야 할 것이다(예를 들어 과당매매는 투자중개업자의 신인의무 위반행위로서 반드시 자본시장법에 명문의 근거 조항을 두어야 함). 왜냐하면 투자중개업자가 부담하는 통상의 선관의무보다 훨씬 강력한 의무를 지도록 하는 것은 '의무를 가중하고 투자중개업자의 본연의 권리를 제한'하는 것이므로 상위 법률인 자본시장법에 그 내용과 근거를 명확히 하여야 하기 때문이다.[57]

3) 투자매매업자(Dealer)의 주의의무에 관한 문제점

자본시장법은 동질설의 입장에 걸맞게 일반적인 규정으로서 투자매매업자에

55 David Groshoff, *Responding to Dodd-Frank Section 913's Punt: An Essay Calling for Bifurcated Fiduciary Standards among Retail Financial Advice Providers*, 38 W. St. U. L. Rev. 151 (Spring 2011); Ross Jordan, *Thinking before Rulemaking: Why the SEC Should Think Twice before Imposing a Uniform Fiduciary Standard on Broker-Dealers and Investment Advisers*, 50 U. Louisville L. Rev. 491 (2012).

56 참고로 우리나라의 판례도 과당매매를 신인의무 위반행위로 인정하여 왔다(대법원 2005. 10. 7. 2005다11541 판결, 2002. 3. 29. 선고 2001다49128 판결, 1997. 10. 24. 선고 97다24603 판결 등).

57 자본시장법 제71조는 불건전 영업행위 금지조항인데 제7호는 "그 밖에 투자자 보호 또는 건전한 거래질서를 해할 우려가 있는 행위로서 대통령령으로 정하는 행위"를 금지하고 있으며, 동법시행령 제68조 제5항 제14호는 다시 "그 밖에 투자자의 보호나 건전한 거래질서를 해칠 염려가 있는 행위로서 금융위원회가 정하여 고시하는 행위"를 금지한다. 이에 따라 금융투자업규정 제4-20조 제1항 제5호 가목에서 비로소 과당매매를 규제하는 입법형식을 취하고 있다. 참고로 행정규제기본법 제2조 제1항 제1호와 제4조 제1항을 보면 국민의 권리를 제한하거나 의무를 부과하는 규제는 반드시 법률에 근거하고 그 내용은 알기 쉬운 용어로 구체적이고 명확하게 규정되어야 한다.

대한 선관의무와 충실의무를 선언하여야 한다. 현재의 자본시장법 제66조부터 제78조까지는 종래의 위탁매매 수수료 수입에 전적으로 의존하였던 투자중개업자에게 적용되는 조항이라고 해도 과언이 아니다. 따라서 현재의 자본시장법상 상세한 영업행위규칙의 대부분은 투자매매업자에게 적용할 수 없는 조항이 상당 부분을 차지한다.

투자중개업자보다도 특히 투자매매업자에 대해서 일반적인 선관의무를 법문에 명확히 규정하여야 할 합리적인 이유가 있다. 원래 투자매매업자란 타인을 위하여 업무를 행하는 자가 아니라 자신의 이익을 위하여 업무를 영위하는 자이다. 따라서 투자매매업자는 금융투자상품의 판매자가 될 수는 있지만, 고객의 사무를 선량하게 처리하여야 하는 수임자가 될 수 없는 것이다. 선관의무 중 보완하여야 할 가장 대표적인 예는 투자매매업자의 계속적인 조언의무를 들 수 있다. 즉 현행 자본시장법은 투자권유단계에서의 고객보호의무만을 도입하였을 뿐 계약 체결 이후 발생한 중요 정보의 제공 의무나 기존 정보의 업데이트 의무에 대해 전혀 규정하지 않고 있는데, 투자매매업자가 투자자에게 금융투자상품을 투자권유하여 판매한 이후(즉 계약 체결에 따른 사무처리가 개시된 이후), 금융투자상품의 만기 전까지 투자자를 위하여 계속적으로 조언할 의무를 규정하여야 하는 것이다.[58]

투자매매업자에게 고객의 이익을 가장 최우선시 하는 신인의무를 부담하라고 강요할 수도 없다. 투자매매업자의 본래적인 지위 및 이해관계는 고객과 반대 당사자에 서게 되므로 오히려 상품 판매자의 지위와 매우 유사하다고 할 수 있다. 그럼에도 불구하고 자신의 이익을 위해 업무를 영위하는 투자매매업자로 하여금 무작정 자신의 이익을 일방적으로 포기하고 고객의 이익을 위해 최선을 다하여야 한다고 하는 것은 투자매매업 영위를 하지 말라고 강요하는 것과 진배없는 것이다. 미국 도드-프랑크법을 보면, 자신의 이익을 위해서 금융투자업

58 외형적으로는 매매의 형식을 띠고 있으나 실질은 중개에 해당하는 장외채권의 매매를 미국에서는 riskless principal transaction이라고 하여 자기거래의 개념에 포함시키고 있다(후술하는 각주 24 참조). 장외채권의 매매가 자기거래에 해당하지만 계속적인 조언의무의 대상인지에 대해서는 다소 논란의 소지가 있다. 왜냐하면 투자매매업자의 외형을 띠고 있더라도 실질은 투자중개업자에 해당하므로 이들에게 까지 계속적인 조언의무를 부과하는 것은 너무 지나치다는 비판에 직면할 수 있기 때문이다.

을 영위하는 투자매매업자라도 고객과 기존에 신뢰가 구축된 상태에서 개인 맞춤형 투자조언을 하고 금융투자상품을 판매하는 관계에 선다면 역시 신인의무를 부담한다고 선언하고 있다. 따라서 자본시장법도 투자매매업자가 예외적으로 신인의무를 지게 되는 경우를 명확하게 규정화하여, 투자매매업자들의 의무와 관련된 법적 불안정성을 해소하여야 할 것이다.

Ⅲ. 비교법적인 검토–미국에서의 Broker·Dealer의 주의의무

1. 투자중개업자와 투자매매업자의 주의의무 개관

(1) 영미법제의 특성 — 신뢰에 바탕한 신인의무 중심의 법제

영미법제는 우리나라와 달리 금융투자업자의 선관의무(duty of care)나 충성의무(duty of loyalty)를 신인의무(fiduciary duty)와 별개의 독자적인 의무로 취급하지 않고, 오히려 전체적인 신인의무란 틀 속의 구성 요소로서 선관의무와 충성의무를 다루고 있다. 그리고 best interest rule로 대변되는 신인의무란 선관의무와 충성의무를 단순히 합한 것보다 더욱 고차원적인 의무로 취급된다. "고객의 자금이나 재산을 관리하는 신인의무자로서 고객에게 가장 최선의 이익이 되도록 주의를 기울여 행위하여야 한다"는 신인의무의 발현은 종업원퇴직소득보장법으로 알려진 ERISA에서 그 정점을 찍고 있다. 미국에서는 최근까지 투자중개업자와 투자매매업자에 대해서는 원칙적으로 신인의무가 부과되지 않는다고 생각되어 왔다. 그런데 2010년 제정된 도드-프랑크법은 투자중개업자와 투자매매업자에게도 신인의무를 부과하는 조항을 두어 미국 금융투자업계의 강력한 반발에 직면해있는 상황이다.

영미법에서 특유하게 발전해온 신인의무는 의무 자체가 존재함으로써 발생하는 것이 아니라 특별한 관계에서 비롯된다. 우선 신뢰에 의하여 신인의무의 전 단계인 충성의무가 발생한다.[59] 신뢰만으로 단순한 업무상의 관계를 신인관계로 전환시킬 수는 없다. 중요한 점은 고객이 자신을 전적으로 신뢰한다는 사실을 금융투자업자가 잘 알고 있으며 이러한 사실을 악용해서는 안 된다는 것이다. 충성의무의 관계에서 더 나아가, 교섭력에 있어서의 비대등성과 수익자 지위의 열악함이 추가되어야 신인의무의 관계로 이어질 수

59 J.C. Shepherd, *The Law of Fiduciaries*, Carswell, 1981, pp. 48, 59-60.

있다. 신인관계가 법률에 정의된 관계에 따라 법적으로 존재하거나 지배력에 복종하는 결과로서 사실상 존재할 수도 있는데, ERISA에서의 신인의무자(fiduciary), 투자자문업법상 투자자문업자가 바로 전자의 예이고 형평법에 의하여 발전된 신탁법리상의 수탁자, 과당매매로 수수료 수입을 극대화한 투자중개업자가 바로 후자의 예이다.[60] 영미법제상 신인의무는 전통적으로 보통법과 형평법의 견제와 균형에 의하여 발전되었지만, 지금은 가능한 한 법률의 규정에 의하여 신인의무를 부담시키려 하고 있다. 우리나라와 같은 성문법제에서는 신인의무의 발생에 대해 반드시 법적 근거를 명확히 하여야 할 것이다.

(2) 대리인의 이중적 지위 — 선관의무자이자 최소한의 신인의무자

보통 '선관의무가 발생하는 대리'란 어떠한 자가 다른 자로 하여금 자신을 대신해 행위하고 자신의 지배에 복종하겠다는 의사를 표시함으로써 발생하게 되는 신임관계를 의미한다. 이와 대조적으로 '신인의무 또는 수탁자 의무가 발생하게 되는 신탁관계'란 재산에 대한 신인관계로서 재산의 외부적인 권한을 보유한 자가 당해 재산을 타인의 이익을 위하여 처리하여야 하는 형평법상의 의무에 따라야 하는 관계이다. 대리인은 본인을 위해 행위하고 본인의 지배에 복종하여야 한다. 수탁자는 수익자의 지배에 복종하지 않는다. 지배력이 대리인과 신인의무자를 구분하는 가장 중요한 특징이다. 신인의무자는 타인이 수익적으로 소유하는 재산에 대해 우월적 지위를 가지므로, 타인의 지배를 받는 대리인보다 훨씬 고도의 의무를 진다. 그러나 대리인이 본인의 재산을 점유하거나 재량을 행사하는 경우 대리인이 지배력을 획득하기도 하므로, 그 때에는 대리인의 의무가 신인의무자의 의무에 유사해진다.

대리인은 자신의 대리 범위 내의 문제에 대해 신임의무자이다. 본인을 대신하여 행위하기로 한 합의로 인하여, 대리인은 최소한의 신인의무인 선관의무, 좀 더 나아가서는 충성의무를 부담한다. 대리인은 대리와 관계된 문제에 대해 주로 본인의 이익을 위해서 행위하여야 한다. 대리인의 선관의무와 충성의무 중에는, ① 고용으로부터 발생하는 이익에 대해 계산할 의무, ② 본인의 동의를 받지 않고 상대편 당사자를 위해 행위해서는 안 될 의무, ③ 대리의 대상과 관련된 문제에 대해 본인과 경업하지 말아야 할 의무, ④ 본인과 대리인 간 모든 거래에 대해 본인을 공정하게 대우할 의무 등이 있다. 투자를 하거나 투자재산을 운용할 목적으로 고용된 대리인은 달리 약정하지 않은 한 본인에 대해 다음과 같은 의무가 있다. ① 신속히 투자하기 위해 주의를 기울일 의무, ② 본인의 재산과 투

60 *Id.*, 60.

자목적을 감안하여, 안전성과 소득성과를 모두 유의하면서 신중한 투자자가 자신의 고유계정으로 취득하게 되는 그러한 증권들에만 투자할 의무, ③ 이러한 의무에 운용이 포함된다면, 투자증권이나 본인의 여건 변화에 맞추어 투자대상을 변경할 의무.[61] 투자를 결정하고 운용할 권한이 있는 대리인의 의무는 공식적인 신탁에서의 수탁자의 의무와 유사한데, 다만 본인이 지배력을 갖고 언제든지 투자를 수정하거나 달리 결정할 수 있다는 사실 만이 예외적으로 존재할 뿐이다.

2. 투자중개업자(Broker)의 주의의무

(1) 대리인으로서, 투자중개업자의 선관의무

고객(위탁자)과 투자중개업자(위탁매매업자) 간의 관계는 본인과 대리인의 관계이다. 투자중개업자가 고객의 지시에 따라 행위하는 한, 고객은 자신을 대신하여 체결된 거래에 대해 책임이 있다. 투자중개업자는 고객의 지시에 완전히 일치되게 주문을 실행하여야 한다. 만일 고객의 지시를 준수하지 않는다면, 고객은 자신의 권한을 추월한 셈이 되므로 고객은 중개인의 행위의 결과에 구속되지 않는다(월권대리). 미국에서는 고객의 대리인으로서 행위한 투자중개업자는 상대방의 불이행에 대해 개인적으로 책임지지 않는다. 우리나라에서는 상법상으로 이행담보책임이 법정되어 있는데, 크게 다른 부분이라고 할 수 있다. 미국에서는 투자중개업자가 단지 대리인일 뿐이고 판매자의 지위에 서지 않기 때문이다.[62]

주식매수 거래에서 투자중개업자와 고객의 관계는 순수한 대리인 관계이다. 투자중개업자는 일반 투자중개업자들에게 요구되는 전문성과 주의력을 기울여야 하고, 그러한 숙련도와 주의를 기울였다면 투자중개업자는 그로 인해 발생하는 손실에 대해 책임지지 않는다.

(2) 신인의무자로서, 투자중개업자의 신인의무

영미 판례법은 투자중개업자가 신인의무자로서의 특징을 갖는 경우도 있다는 입장을 확고하게 견지하여 왔는데, 일부 법원은 투자중개업자가 준수탁자(quasi-trustee)로서의 지위를 갖는다고 판결하였고, 다른 법원은 신인의무의 특성은 거래가 신용거래인지

61 Cheryl Goss Weiss, A Review of the Historic Foundations of Broker-Dealer Liability for Breach of Fiduciary Duty, 23 J. Corp. L. 65, 72 (1997).

62 물론 투자중개업자와 달리 투자매매업자는 판매자의 지위에 선다.

아니면 위탁자의 명백한 의사가 반영된 단순한 중개거래인지에 따라 달라진다고 판결하였다.[63] 투자중개업자가 고객으로부터 포괄적인 수임을 받아 자신의 재량으로 고객의 자금과 재산을 거래할 때에는 본질적으로 신인의무자의 지위를 갖게 된다. 이러한 경우 투자중개업자가 신탁에서의 수탁자와 동일한 것이 아닌가 하는 의문이 생길 수 있지만, 투자중개업자는 엄격한 의미에서 수탁자는 아니고 대리의 목적으로 자금이나 재산을 운용한다는 대리인의 관점에서 단지 준수탁자이다. 신인의무자로 간주되는 투자중개업자들은 당연히 충성의무(duty of loyalty)를 진다.

(3) 투자중개업자에게 신인의무가 적용되는 구체적인 거래 유형

1) 자기거래

대리법리의 근본원칙은 대리인이 어떠한 거래에 있어서 본인의 이익과 상반되는 이익을 가질 수 없다는 것이다. 법원들은 투자중개업자가 완전한 공시(full disclosure) 의무 또는 완전한 설명의무를 이행한 후 고객과 독립적으로(at arm's length) 거래하여야 한다고 요구하여 왔다. 따라서 투자중개업자는 고객이 완전히 숙지한 상태에서 동의를 하지 않는 한(without the full knowledge and consent of his customer), 자기거래를 할 수 없다. 만일 고객이 완전한 설명을 듣고 정보를 숙지한 상태에서 동의를 한다면, 투자중개업자는 자신의 고유계정에서 고객의 계정으로 거래할 수도 있다. 다만 여기서의 관계는 매도인과 매수인의 관계이지 대리인과 본인의 관계라고 할 수 없다.

매수의 목적으로 고용된 대리인은 자신이 보유하고 있는 목적물을 매수의 대상으로 해서는 안 된다. 의도가 정직하였고 투자중개업자가 자신의 보유 주식을 본인에게 매각함으로써 공개시장에서 매수하는 것보다 본인의 이익을 더욱 증진시켰다고 하는 주장도 근거가 없다. 따라서 대리인이 고객계좌에서 매수하거나 매도한 결과 이익을 얻게 될 때, 본인은 동 거래를 거부할 수 있고 또는 이를 승인하면서 대리인이 스스로 취한 이득의 반환을 청구할 수도 있다(일종의 개입권 행사).

2) 쌍방대리

대리인은 쌍방대리행위를 할 수 없다. Levy v. Loeb 사건에서 고객을 위해 증권매수를 위탁받은 투자중개업자는 동일한 거래에 있어서 매도인을 위한 대리인으로서 행위할 수

63 Furber v. Dane, 204 Mass. 412 (1910) (stating that a broker is not acting in a fiduciary capacity with respect to transactions not on margin) referred by Cheryl Goss Weiss, *op. cit.*, p. 75.

없고 양측으로부터 수수료를 수령할 수 없다고 판시하였다.[64] 마찬가지로 중개인은 단지 '장부 기재'만으로 고객의 매도주문을 다른 고객의 매수주문과 상쇄시킬 수 없다. 이는 假裝 거래에 해당하고 고객은 그 효과의 귀속을 거절할 수 있는 권리가 있다. 투자중개업자는 정당한 주의, 숙련도와 신의로 고용상의 의무를 모두 이행하지 않는 한 수수료에 대한 적법한 청구를 할 수 없다. 쌍방대리를 한 경우가 이에 해당한다.

3) Bucketing orders와 고객의 지시에 반하는 거래

Bucketing orders란 거래소를 통하지 않고 매매를 성립시키는 불법거래를 의미하는데, 이는 위탁매매인으로서의 중개인의 의무를 이행하지 않은 것이다.[65] 만일 투자중개업자가 의도적으로 고객의 주문을 거래소에서 실행하지 않았다면, 이는 고객의 신뢰에 반하여 자신의 이익을 실현하고자 하는 목적에 의한 것이므로 고객에 대한 신인의무 위반행위(사기)가 된다.[66] 마찬가지로 투자중개업자는 고객의 지시에 반하는 거래를 할 수 없다.

4) 숨은 수수료(secret profit) 취득 금지와 고객자금 유용 금지

투자중개업자는 숨은 수수료와 같은 비밀스러운 이득을 취해서는 안 된다. 투자중개업자는 수수료 거래에서 비밀스럽고 공시하지 않은 이득을 취할 수 없다. 고객에게 숨은 수수료를 부과한 후 사후에 투자중개업자가 자신은 상인으로서 당연히 영리행위의 일환으로 얻은 마진이었으며 이러한 마진을 공개할 의무는 없다고 항변하는 것은 악의적인 신인의무 위반행위에 해당한다.[67] 또한 투자중개업자는 자신에게 위탁된 고객의 자금을 자신의 이익을 위해 유용할 수 없다. 다만 자금이 신용계좌에 대한 담보로써 고객에

64 Levy v. Loeb, 85 N.Y. 365 (1881) referred by Cheryl Goss Weiss, p. 77.

65 2013년 5월 28일 자본시장법이 개정되기 전, 구 자본시장법 제68조는 "투자중개업자는 투자자로부터 증권시장 또는 파생상품시장에서의 매매의 위탁을 받은 경우에는 반드시 증권시장 또는 파생상품시장을 통하여 매매가 이루어지도록 하여야 한다"고 하여 유사한 취지의 조항을 규정하였다.

66 1933년 연방증권법 제정 전에도, bucketing orders는 뉴욕주 형법 제390조와 제954조를 위반한 형사범죄에 해당하였다. Bucketing means the illegal practice by a broker of executing a customer's order for his/her own account instead of on the market, with the hope of profiting from an offsetting transaction at a future time.

67 우리나라의 KIKO 사건에서 은행들은 교환대상이었던 풋옵션과 콜옵션의 가치 차이(숨은 수수료)를 전혀 공시하지 않은 채 약자인 중소기업들과 계약을 체결하였는데, 나중에 소송으로 비화되자 이러한 숨은 수수료는 정당한 마진으로서 상인이 이를 공개할 의무가 없다고 항변하였다. 법원도 이러한 은행의 주장이 정당하다고 수용하였는데, 이를 보면 우리나라의 법원이 금융투자업 전반과 관련 법제에 대한 기초 지식과 전문성이 상당히 결여되어 있음을 짐작할 수 있다.

의하여 제공된 것이라면, 중개인은 신인의무자가 아닌 채권자로서 고객의 자금을 자신의 고유자금으로 편입시킬 수 있고 자신의 고유 목적을 위해 동 자금을 이용할 수 있다.

5) 과다한 금액에 의한 담보권 설정(hypothecation in excessive amounts)

투자중개업자들은 고객의 신용거래를 수행하기 위해 차입행위를 하기도 한다. 투자중개업자는 고객의 채무액을 초과하지 않는 금액에 대해 고객의 증권을 담보로 할 수 있는 법률상 당연한 권리가 있다. 즉 고객의 증권이 투자중개업자에 대한 채무를 담보하기 위해 담보화되는 것이다. 물론 과다한 금액에 의한 담보권 설정행위는 금지된다. 또한 투자중개업자는 담보수령자가 동의한 금액의 범위 내에서 고객의 증권을 재담보화할 수도 있다. 그러나 이러한 재담보화를 하려면 투자중개업자는 고객으로부터 특별한 승인을 받아야 한다.[68] 투자중개업자들은 반드시 동일한 실물증서는 아니라도 고객의 증권을 계속 보유하여야 할 의무를 진다. 동가물을 보유하지 않은 채 고객의 증권을 부정하게 매각한 투자중개업자는 이후 시장에서 증권을 재취득하더라도 자신의 부정적인 이전의 행위를 치유할 수 없다.

6) 포괄적인 일임계좌

일임계좌에서 투자중개업자는 고객으로부터 지시를 받지 않은 채 매수나 매도 여부를 결정한다. Cohen v. Rothschild 사건에서 법원은 투자중개업자가 고객 재산에 대해 포괄적인 권한을 행사할 때의 관계가 가장 정교한 신인의무자로서의 특징을 갖는다고 판시하였다.[69] 투자중개업자는 자신의 재량을 남용해서는 안 된다. 만일 투자중개업자가 너무도 잘못된 판단을 한다면, 고객은 이에 구속되지 않을 수 있다. 예를 들어 법원들은 1인이 다른 자에게 "투자를 위해서" 맡긴 자금을 투기적인 거래에 이용해서는 안 된다고 판시하여 왔다.[70]

3. 투자매매업자(Dealer)의 주의의무

실무상 투자매매업만을 인가받는 경우는 없다. 종래 투자중개업무를 영위하던 자가 새롭게 투자매매업 인가를 받는 것이 보통인 것이다. 이때에는 투자중개업자들이 투자매

68 고객의 승인이 없으면, 과도한 액수의 재담보설정은 뉴욕주 형법 제956조를 위반하는 것이었다. Cheryl Goss Weiss, *op. cit.*, p. 81.

69 169 N.Y.S. 659, 669 (N.Y. App. Div. 1918) referred by Cheryl Goss Weiss, *Id.*, p. 82.

70 *Id.*, p. 82-83.

매업의 인가를 받아 투자매매업자로서의 지위를 겸유한 채 자신의 이익을 위해 거래할 수도 있고 그 때에는 고객에 대해 매도인의 지위에 서게 된다. 투자매매업자는 원칙적으로 자신의 이익을 증진하기 위해 업무를 영위하는 자이므로 고객에게 미리 공시하여 승인받는다면 투자중개업자에게는 허용되지 않는 이해상충행위도 허용된다. 즉 원칙적으로 충성의무 더 나아가 신인의무를 부담하지 않는 것이다. 투자매매업자는 동종 업계의 동일한 지위에 있는 자가 수행하는 매도인으로서의 주의의무 만을 준수하면 된다(소위 투자매매업자의 선관의무). 물론 완전한 공시 없이 자신의 보유 주식을 고객에게 매도한 금융투자업자는 그 거래의 효력을 주장할 수 없는 것이 원칙이다. 이 때문에 투자매매업자는 투자중개업자와 마찬가지로 숨은 수수료와 같은 비밀스러운 이득을 취할 수 없는 것이다.

4. 투자중개업자와 투자매매업자의 의무의 근거
-특히 예외적으로 신인의무를 부과할 수 있는 이론적 근거-

(1) 규제 개관

1933년 증권법과 1934년법 모두 투자중개업자와 투자매매업자의 의무를 규정하지 않고 있다. 미국에서는 SEC가 사기금지조항(anti-fraud clause)의 확대된 사기 개념에 따라 제기된 행정심판절차에서 투자중개업자와 투자매매업자와 관련자에게 적용될 수 있는 행위 기준을 명확히 선언하여 왔다. 따라서 사기금지의 일환으로서 SEC Rule에 의해 투자중개업자와 투자매매업자에 대한 의무(영업행위규칙)가 정립되어 왔던 것이다. 그렇지만 이것도 사기금지에 한정되므로 결국 미국에서는 자율규제에서 모든 영업행위규칙이 집대성되어 있는데, 예를 들어 FINRA Rule은 투자중개업자와 투자매매업자의 업무행위에 대한 가장 강력한 준거 기준이다. 이렇게 법률에서 명시적으로 금지하지 않지만, SEC와 FINRA가 투자중개업자와 투자매매업자를 상대로 타율적인 의무를 강제하거나 자율적인 합의를 도출해낼 수 있는 이론적 근거는 무엇인가? 그것은 바로 다음의 ① 간판이론, ② 신뢰와 신임이론, ③ 적합성의 원칙이다.

(2) 간판이론(Shingle theory)

독립거래관계에 있는 투자매매업자라도 간판을 내걸 때에는 자신이 일반 대중과 공정하게 거래할 것이라는 점을 묵시적으로 표시한 것이라는 것이 간판이론의 핵심이다. 간판이론은 더 나아가 투자매매업자가 제시하는 가격은 달리 공시하지 않는 한 현재의 시가와 상당한 관련성을 가진다는 것이 묵시적인 표시의 한 요소라고 보았다. 따라서 상당성을 결여하는 가격을 부과하는 것은 투자매매업자의 묵시적인 표시를 위반한 것이고 고객에게는 사기로 작용한다. 간판이론에 의하면, 고객계좌에서 임의매매를 하는 것, 과도한 할증가격(markups)이나 할인가격(markdowns)을 부과하는 것, 수수료 획득을 목적으로 과당매매를 하는 것, 도산중에 있으면서 고객의 증권을 수령하는 것, 적절한 사실의 공시를 하지 않고 거래를 종료하지 못하거나 즉각적인 인도를 하지 못하는 것 등이 사기적이라고 선언하여 왔다.[71]

SEC와 법원은 간판이론을 매우 적극적으로 수용하여 왔다.[72] 간판이론이 상당히 광범위하게 적용될 수 있는 파급력을 갖고 있음에도 불구하고, 실제로는 고객의 최선의 이익을 위해 행위하겠다고 표시한 투자중개업자의 자기거래나 반대 이익의 미공개 행위를 금지하는데 주로 원용되어 왔다. SEC는 투자중개업자에 대한 신뢰와 고객의 순진함(naivete)을 중요하게 생각하여 왔는데, 그렇다 보니 투자중개업자와 고도의 전문투자자 사이의 관계에 대해서는 논란의 여지가 많은 것이다. 그렇지만 간판이론에 의하더라도 투자중개업자와 투자매매업자가 신탁법상의 수탁자로 변질되지 않음을 유념하여야 한다. 즉 간판이론에 의하더라도 투자중개업자와 투자매매업자가 신인의무자로서 책임을 지는 영역은 매우 한정되어 있는데, 주로 사기금지 조항 위반과 직·간접적으로 연관되어 있는 영역이 이에 해당하는 것이다.

(3) 신뢰와 신임이론(Trust and confidence theory)

SEC는 때때로 고객에 대한 투자중개업자와 투자매매업자의 지위에 대해 일반적인 상인의 지위에 있지 않고 특별한 신뢰와 신임의 지위에 있으며 거의 신인의무자에 비견할 만

71 *Id.*, p. 88.

72 SEC는 기존 보통법상 투자매매업자와 고객의 관계는 본인과 본인의 관계로서 본질적으로 신인의무자가 아니라고 보았다. 그러나 *Ducker & Ducker* 사안에서, SEC는 투자매매업자들이 고객과 공정하게 그리고 직역의 기준에 맞추어 거래할 것이라는 매우 중대한 표시를 하였다는 점에 주목하였다. 그렇다 보니 고객이 금융투자업자와 신뢰가 아닌 단지 고객관계에 있다는 이유만으로도 간판을 단 금융투자업자에게 공정거래의무를 부과하였던 것이다. SEC는 금융투자업자와 고객 간의 관계나 신뢰가 당해 금융투자업자로 하여금 고객을 공정하게 취급하여야 할 의무를 발생시킨다고 판단하였다. 그런데 여기서 고객의 신뢰와 무지를 부당하게 이용하였다는 것(exploit trust and ignorance)은 신인의무를 위반한 가장 전형이라고 하였다. *Charles Hughes & Co. v. SEC* 사건에서 법원은 투자중개·매매업자의 고가격 책정이 간판을 단 자의 행위로서는 전혀 적합하지 않은 매수자에 대한 사기에 해당할 뿐만 아니라 중요한 사실의 공개를 누락한 것으로 보았다. 고객에게 심어주었던 간판에 대한 신뢰를 언급하면서, 법원은 일단 신뢰가 확립된 후 고가격 책정의 사실을 공개하지 않은 것은 중요한 사실의 누락이고 사기적인 책략(fraudulent device)이라고 보았다. 시장가격에 대해 아무런 언급이 없을 때 일반 매수자들은 간판업자가 제시하는 가격을 시장가격에 근접한 것으로 생각하기 마련이다. *Id.*, pp. 88-92에서 재인용.

하다는 입장을 취하고 있다. SEC는 고객에게 증권을 매매하는 신인의무자로서 투자중개업자와 투자매매업자의 의무는 거래에 있어서 자신의 반대되는 이익의 모든 세부 내역을 사소한 것까지 완전히 공시하여야 한다고 하였다.[73]

신뢰와 신임이론은 금융투자업자가 신인의무를 지는 경우를 ① 투자중개·매매업자가 투자자문업자이기도 한 경우와 ② 포괄적인 일임권한을 갖는 경우로 보고 있다. 그러나 투자중개업이나 투자매매업을 영위하면서 그 업무에 단지 부수적으로 투자자문을 해주는 투자중개업자나 투자매매업자는 신인의무를 지지 않는다.

(4) 적합성의 원칙(Suitability)

적합성의 원칙이란 고객의 여유자금, 숙련도, 투자목적 등을 조사한 후 그에 적합한 투자를 권유하여야 한다는 것으로서 법령에는 규정되어 있지 않으나 SEC와 자율규제기관에 의하여 정교하게 발전되어 온 원칙이다. FINRA의 前身이었던 NASD는 증권이 고객에게 적합하지 않다는 것을 알면서도 부적합한 권유를 하는 것은 사기적인 누락에 해당할 수 있다고 하는 식으로 적합성의 원칙을 발전시켰다. NASD의 적합성 원칙은 1990년에 수정되어 기관투자자가 아닌 일반투자자에게 권유를 하기 전의 조사책임이 추가되었다. 1996년에 일반투자자의 정의개념이 정립되고 기관고객에 대한 회원사들의 책임을 명확히 하는 해석이 채택되었다. 이 해석, 즉 '기관고객에 대한 적합성 의무'는 일부 기관들이 기존의 다른 투자상품과 확연하게 차이가 나는 위험과 변동성을 지닌 새로운 투자상품을 충분히 이해할 만큼 전문성을 지니지 못하고 있다는 점을 인정하고 있다. 그렇다 보니 어떠한 전문성이 없는 기관에 있어서, 단지 고객이 기관의 지위를 갖는다는 이유만으로 적합성 위반에 대해 투자중개업자가 자동적으로 면책되지는 않는다는 합의

73 *Arleen W. Hughes v. SEC* 사건은 자기의 이익을 위하여 업무를 수행하는 투자매매업자가 고객과 강력한 신뢰와 신임의 관계에 서게 될 때 어떠한 의무를 지게 되는지에 대한 기준을 제시하였다. 법원은 신뢰와 신임을 받는 투자매매업자에게는 좀 더 엄격한 행위기준이 부과되어야 한다고 설시하였다. 더욱이 고객의 이익과 반대되는 자신의 이익이 존재한다는 사실을 고객에게 미리 공시하지 않은 것은 중요한 사실의 누락으로서 부실표시(misrepresentation)에 해당한다고 하였다. 신뢰와 신임을 바탕으로 투자매매업자는 수익자에게 당해 거래에 연루된 고객의 이익과 반대되는 이익을 숨은 수수료 등을 포함한 세부 내역까지 공정하게 공시하여야 한다. 그렇지 않다면 이후 고객이 손해의 발생이나 실제 남용행위에 대한 입증을 하지 못하더라도 동 거래를 취소할 수 있다. 따라서 신뢰와 신임을 받는 투자매매업자는 자신이 보유한 증권을 고객에게 팔 때 고객이 그 세부 사정을 잘 알 수 있도록 공시하여야 한다. 투자매매회사는 금융투자상품의 취득비나 프리미엄 등을 포함하여 자신의 반대되는 이익의 성질과 정도를 완전하게 공시하여야 하고 고객에게 현재의 시장가를 잘 반영한 호가 정보를 제공하여야 한다. 이러한 신인의무자로서의 책임은 대리인의 의무를 훨씬 추월하는 것이다. 왜냐하면 대리인은 당해 거래가 본인에게 바람직한지와 관계되는 것으로서 대리인이 파악하여야 했던 모든 사실들(명확한 계산서의 작성과 가격을 구성하는 세부 내역의 설명) 만을 본인에게 공개하면 되기 때문이다. *Id.*, pp. 93-94에서 재인용.

가 도출되었다.[74]

SEC는 상품숙지의무(know your merchandise)와 관련하여, "어떠한 증권의 매수를 권유한다는 것은 투자중개업자와 투자매매업자가 그러한 권유에 대해 합리적인 근거를 갖고 있다는 것이고 이는 결국 전제 조건으로서 투자중개업자가 합리적인 조사를 마쳤어야 한다는 것이다. 따라서 투자중개업자와 투자매매업자는 자신이 권유하는 증권을 조사할 법적 의무가 있고, 투자중개업자와 투자매매업자가 적절한 근거 없이 권유(의견이나 예측의 형태)를 하는 것은 사기"라는 견해를 피력하였다. 2011년 7월 9일 개정된 FINRA Rule 2111은 "투자중개업자-투자매매업자 또는 이들과 관련된 자가 고객에게 증권과 관련한 투자전략이나 거래를 권유할 때에 그것이 고객에게 적합하다고 할 만큼 합리적인 정보를 가지도록 요구하고 있으며, 이 정보는 투자중개업자-투자매매업자 또는 그와 관련된 자가 합리적 주의로 확인한 고객의 프로파일을 토대로 하여야 한다"고 규정하고 있다. 이에 따라 투자중개·매매업자는 합리성에 기초한 적합성 원칙, 고객에 특화된 적합성 원칙(Customer-Specific Suitability), 양적 적합성 원칙(Quantitative Suitability)을 준수하여야 한다.[75]

Ⅳ. 미국법제를 토대로 한 시사점 분석

1. 신인의무의 도입여부

최근 우리나라에서는 금융투자업자에 대한 신인의무를 도입하여야 한다는 목소리가 높다. 그러나 저자는 우리나라에 이미 ① best interest rule, ② prudent man rule, ③ best execution rule로 대변되는 신인의무가 도입되었다고 평가한다.

물론 자본시장법 제37조가 공통영업행위 규칙으로서 투자중개업자와 투자매매업자에게도 적용되고 이들이 원래 신인의무의 적용 대상이 아니므로 동 조항을 신인의무를 선언한 것이라고 단정할 수는 없다. 그러나 신인의무의 가장

74 *Id.*, pp. 96-98.

75 Matthew C. Boba, *Doing Business under FINRA's New Suitability and KYC Rules*, Practical Compliance & Risk Management for the Securities Industry, March-April 2012, p. 12.

핵심이 고객 이익 전념의 원칙(best interest rule)인데, 제37조 제2항이 자기거래·쌍방대리 금지의 원칙을 선언하고 있으므로 이미 best interest rule은 자본시장법에 수용되었다. 자본시장법 제87조의 의결권 대리행사에 관한 원칙 선언도 best interest rule을 채택한 것이다. 그리고 다른 나라에서는 법이 아닌 자율규제에서 선언하고 있는 고객보호의무의 제 원칙도 우리나라에서는 적합성의 원칙, 설명의무, 부당권유 금지라는 제목으로 법률 자체에 편입되었다. 미국에서 고객보호의무는 계약 체결 이전의 단계부터 문제된다는 점에서 계약 체결 이후 작동되는 선관의무와 차별화되는 신인의무 중 하나로 간주되어 왔지만 지금도 자율규제에 규정되어 있을 뿐이다. 최근 ATS의 도입과 함께 자본시장법 제68조에 최선의 집행의무를 규정하였는데 이것은 신인의무의 세부 원칙 중 하나인 best execution rule을 선언한 것이다. 그리고 실무계에서 금융투자업자들은 신중한 투자 절차를 밟아야 한다는 prudent man rule을 금과옥조처럼 받들고 있다.

명문의 규정으로 신인의무를 정의하지 않는 것이 비단 우리나라에만 국한된 현상이 아니다. 정작 신인의무에 대한 직접적인 규정이 없더라도 자본시장법 제37조 제1항의 신의성실의 원칙은 이러한 흠결을 치유한다. 왜냐하면 신의성실의 원칙이란 개별 조항상 업무행위규칙을 모두 적용해본 후 마지막으로 적용할 수 있는 최후의 비상수단인데 구체적인 사안에서 고객을 보호할 만한 명문의 적용 법규가 없더라도 제37조 제1항에 의하여 고객은 보호받을 수 있기 때문이다. 자본시장법 제46-49조의 고객보호의무가 제37조 제1항에서 파생되었다는 점도 유념하여야 할 것이다. 이렇게 우리 자본시장법은 완결된 형태의 신인의무를 구축하고 있는 것이다. 따라서 추가적으로 신인의무를 도입하여야 한다는 주장은 우리 법제에 대한 기본적인 이해가 전혀 안되어 있는 상태에서의 설익은 주장이라고 평가한다.

2. 투자중개업자와 투자매매업자의 주의의무

(1) 선관의무와 충실의무의 규정화 필요성

자본시장법이 투자중개·투자매매업자에 대해 일반적인 선관의무와 충실의무를 규정하지 않은 것은 의외이다. 그 대신에 업무행위규칙을 구체적으로 열거한 현행 자본시장법의 태도는 다소 문제가 있다. 왜냐하면 업무행위규칙이란 시장에서 탄력적으로 운영되는 게임의 룰을 문서화 한 것인데, 법문에 열거하는 방식으로 규정되면 시장에서 요구하는 수준의 시기적절하고 조화로운 업계의 규칙을 입안하기가 매우 곤란하기 때문이다. 미국은 법률에서 일반 규정만을 선언하고 구체적인 업무행위 규칙을 SEC Rule이나 FINRA Rule에 규정하고 있는데, 우리나라는 완전히 반대 방향의 입법 방식을 채택하고 있다는 것은 재고의 여지가 있다. 우리도 자본시장법에 일반적인 주의의무를 선언한 후, 세부적인 규칙을 하위법규로 이관하는 방안을 모색하여야 한다.

(2) 현행 법령의 정비 필요성

현행 자본시장법상 영업행위규칙으로 나열되어 있는 행위들은 거의 대부분이 투자중개업자에 관한 것이다. 이는 종래 금융투자업자의 업무가 brokerage 중심으로 이루어졌기 때문인데, 문제는 이러한 업무행위규칙의 대부분을 투자매매업자에게 그대로 적용하기에는 다소 부적절하다는 점이다. 투자매매업자는 자신의 이익을 위하여 업무를 영위하는 자이므로 수임자의 지위에서 부담하는 선관의무를 투자매매업자에게 그대로 적용하는 것은 다소 문제가 있다. 한편 현행법규나 자율규제에서 보완되어야 할 투자매매업자의 선관의무로서 투자매매업자의 계속적인 조언의무를 추가하여야 한다.

투자중개업자와 투자매매업자가 예외적으로 신인의무를 지는 경우도 법에 명확히 규정하여야 한다. 왜냐하면 투자중개·매매업자의 의무를 가중하고 권리를 제한하는 사항에 해당하므로 법률에서 내용과 근거를 명확히 밝혀야 하기 때문이다. 현행 자본시장법은 자기거래와 쌍방대리에 대해 상당히 정교한 법문을 정비하고 있고,[76] 임의매매 등 불법거래에 대해서도 대비하고 있다. 그런데 문제는 숨은 수수료와 같은 비밀스러운 이득(secret profit)에 대해 아무런 언급이 없다는 점이다. 그렇다 보니 KIKO 사건에서 은행들의 터무니없는 주장, 즉

76 자본시장법 제37조 제2항 외에도 제66조(매매형태의 명시), 제67조(자기계약의 금지), 제69조(자기주식의 예외적 취득), 제71조(불건전영업행위의 금지) 중 선행매매와 스캘핑 등을 들 수 있다.

"숨은 수수료는 마진에 포함되므로 상인이 마진의 세부적인 내역을 공시할 필요도 없다"는 주장에 법원이 기망당하는 초유의 사태까지 발생한 것이다. 자본시장법은 숨은 수수료 취득 금지를 명문화함으로써, 숨은 수수료를 취득하는 행위를 고객의 자금을 유용하는 임의매매와 동급으로 취급하여야 할 것이다. 고객의 이익과 반대되는 투자중개업자와 투자매매업자의 이익은 세부 내역까지 완전히 공시하여야 한다는 것이 신뢰와 신임을 지는 업자들의 신인의무에 해당하는 것이다. 전담중개업자(prime broker) 이외에도, 일반적인 투자중개업자가 고객의 증권을 담보화하거나 재담보화하는 것에 대해서도 일응의 기준을 마련하여야 할 것이다. 과당매매 역시 고객의 신뢰를 저버리는 가장 대표적인 신인의무 위반행위로서 법률에서 명확하게 금지하여야 할 것이다.

3. 고객보호의무와 관련한 쟁점

(1) 규제차별의 해소 필요성

고객보호의무와 관련하여, 현재 자본시장법과 자본시장법시행령이 매우 구체적이고 상세한 규정을 완비하고 있고 자본시장법 제48조와 제64조가 손해배상의 특칙까지 마련하고 있는 데 비하여, 은행법과 은행법시행령은 그렇지 못하다. 최근 개정된 은행업감독규정이 과거 은행업감독업무시행세칙에 있던 적합성의 원칙과 설명의무를 규정화하였지만 그 내용은 자본시장법령 만큼 충실하지 못할 뿐만 아니라 손해배상의 특칙도 없다. 금융소비자 보호가 대세인 지금 은행 고객과 금융투자업자의 고객 간에 규제상의 차별이 존재하는 것은 도저히 납득할 수 없다. 그렇다 보니 은행들이 KIKO와 같은 상품을 판매하면서도 고객보호에 무관심하였던 것이다. 조속히 은행법을 개정하여 고객보호의무 관련 법제를 정비하여야 할 것이다.

(2) 현행법제 평가 및 세부 운영방안에 대한 제언

금융소비자 보호가 대세인 지금, 자본시장법이 일본의 금융상품거래법을 참조하여 적합성의 원칙, 설명의무, 부당권유 금지 등을 법문화한 것은 매우 칭찬할 만한다. 미국의 자율규제기관인 FINRA가 know your customer(Rule 2090)

와 suitability(Rule 2111)를 선언하고 있는데 비하면, 양국의 법제는 매우 파격적이라고 평가된다. 그런데 일본은 고객보호의무의 시행에 있어서 우리나라와 차이가 있다. 즉 금융상품거래법에 일반적이고 추상적인 고객보호의무의 제 원칙을 선언했을 뿐이고, 고객보호의무를 구체적으로 시행할 수 있는 주체를 자율규제기관인 일본증권업협회로 보아 투자권유의 정의 및 투자 권유 시 세부적인 내용 등 규제에 대한 제·개정 권한을 일본증권업협회에게 부여하고 있는 것이다. 그렇다 보니 금융상품거래법은 '투자권유 및 고객관리 등에 관한 규칙 등의 가이드라인'의 제정 권한을 일본증권업협회에게 위임함으로써 자율규제기관의 위상을 한 단계 격상시켰을 뿐만 아니라 자율규제의 규범성마저 부여하고 있는 것이다.[77] 물론 이러한 가이드라인의 제·개정과 운영에 대해서는 금융청이 상시적으로 감시하도록 함으로써 미국의 FINRA에 대한 SEC의 감독과 궤를 같이 하고 있다. 시장에서 새롭게 출시되는 다양한 금융상품에 대해 고객 별로 그 상품에 대한 설명의 정도와 범위도 차별화되어야 하므로, 우리나라의 금융감독당국도 자본시장법상으로 투자중개·매매업자의 투자권유에 대한 세부 가이드라인(고객별, 금융상품별, 투자권유의 내용)의 제·개정 권한을 자율규제기관에 부여하면서 동 자율규제에 대해 규범성을 부여하는 방안을 강구하여야 한다. 신상품이 출현될 때마다 시장조화적이고 탄력적인 게임의 룰을 제정하고 개정할 수 있는 가장 시의적절한 주체는 바로 자율규제기관이기 때문이다.

(3) 투자자별 설명의무의 정도와 범위

미국의 입법례를 참조해 볼 때, 기관투자자라도 신종 금융상품에 대해 전혀 투자 경험이 없고 지식도 박약하다면 '일반 투자자'로 분류하여 정보를 제공하도록 하고 있다. 이는 우리나라의 자본시장법상 장외파생상품에 대해 기관투자자와 일반투자자의 도식화된 분류가 적합하지 않아 기관투자자라도 고객보호의무의 대상이 되는 것과 마찬가지의 논리에 입각한 것이라고 할 수 있다. 일본에

77 일본 금융상품거래법은 미 가입 금융상품거래업자 등에 대해 일본증권업협회의 정관 기타 규칙을 고려하여 당해 업자 및 그 임직원이 준수해야 할 규칙(사내규칙)의 작성·변경을 내각총리대신이 명령할 수 있도록 함으로써(제56조의4 제2항), 일본증권업협회의 위상을 공고히 하고 있다.

서는 투자자를 프로, 準프로, 아마추어의 세 가지로 분류한다고 하는데,[78] 이와 같은 분류 방안의 도입도 심각하게 고려할 필요가 있다. 왜냐하면 기관투자자라면 장외파생상품을 제외하고 나머지 금융투자상품에 있어서 항상 전문가라는 발상 자체가 다소 상식에 어긋나기 때문이다.

설명의 범위와 관련해서, 완전한 정보 제공(full disclosure)을 원칙으로 하고 고객이 동 정보를 완전히 숙지한 상태에서 승인(informed consent)할 수 있도록 하여야 한다는 것이 설명의무의 이상이라고 할 수 있다. 그러나 현실은 이와 다르다. 즉 완전한 정보의 공시를 하라고 강제하는 것은 금융투자업자에게 상당히 큰 부담으로 작용할 뿐만 아니라 정보제공의 대상인 금융소비자에게 오히려 혼란을 야기시킬 수 있는 것이다. 특히 금융소비자는 정보의 홍수 속에서 현명한 투자 판단을 그르칠 위험도 있다. 따라서 당해 금융상품에 있어서 투자자가 반드시 알아야 할 정보들을 적절하게 제공(adequate disclosure)하는 것이 바람직하다고 본다. 적절한 정보 공시의 원칙은 증권의 공정한 가격 형성과 투자자 보호를 위해 중요한 정보만을 공시토록 하는 적시 공시(timely disclosure)의 원칙과도 조화된다.

미국과 일본에서는 설명의무의 구성 요소로서 설명을 전혀 이해하지 못하는 금융소비자에게는 거래를 단념시킬 의무를 포함시키는데, 이는 투자중개·매매업자가 투자자를 상대로 정보를 제공하거나 거래를 단념시켜야 한다는 disclose or abstain rule이 반영된 것으로서 우리나라의 자본시장법에 명문의 규정이 없더라도 해석론으로서 당연히 인정될 수 있는 원칙이라고 하겠다.

78 일본 금융상품거래법 제2조 제31항과 제34조 내지 제34조의5는 투자자의 지식과 투자경험 등에 따라 특정투자자와 일반투자자를 각각 2분하여 모두 4등급으로 나누고 있다고 한다. ① 일반투자자로 이동할 수 없는 특정투자자(아마추어가 될 수 없는 프로): 적격기관투자자, 국가, 일본은행(제2조 제31항 제1-3호·제34조의2 제1항), ② 선택에 따라 일반투자자로 이동할 수 있는 특정투자자(아마추어가 될 수도 있는 프로): 특수법인·독립행정법인, 투자자보호기금, 예금보험기구, 농수산업공동조합저금보험기구, 보험계약자보호기구, 특정목적회사, 상장회사, 자본금 5억 엔 이상이라 판단되는 주식회사, 금융상품거래업자·특례업무신청자인 법인, 외국법인(금융상품거래법 제2조에 규정하는 정의에 관한 내각부령 제23조), ③ 선택에 따라 특정투자자로 이동할 수 있는 일반투자자(프로가 될 수도 있는 아마추어로서 準프로 투자자라고 함): 지방공공단체, 특정투자자 이외의 법인, 출자총액 3억 엔 이상인 조합의 업무집행자인 개인, 순자산이 3억 엔 이상이면서 투자자산이 3억 엔 이상인 개인으로 거래개시로부터 1년을 경과한 자, ④ 특정투자자로 이동할 수 없는 일반투자자(프로가 될 수 없는 특정투자자)와 ④ 이외의 개인(제34조의4).

4. 기타

신용등급의 평가 등 아웃소싱 시 금융투자업자가 자체적으로 검증하여야 할 책임이 있는지가 문제될 수 있다. 이는 「자산운용사가 펀드상품에 대한 허위의 판매보조자료를 투자중개업자와 고객에게 제공하였는데 투자중개업자가 그 내용의 진위를 자체적으로 검증하지 않고 판매보조자료의 내용만을 그대로 고객에게 설명하여 결국 고객이 막대한 투자금의 손실을 입은데 대하여 투자중개업자의 책임을 물은 판례(대법원 2011. 7. 28. 선고 2010다76368 판결)」가 등장하면서 불거진 쟁점이라고 할 수 있다. 그런데 2010다76368 판결은 투자설명서를 좀 더 주의깊게 읽고 판매보조자료와 비교하였다면 투자중개업자가 자체적으로 충분히 내용의 허위를 검증할 수 있는 전문 영역에 해당하였음에도 불구하고 그 검증을 하지 않은데 대하여 책임을 물은 사건이 문제된 것이었다. 그에 비해 신용등급의 평가는 투자중개·매매업자의 전문가 영역에 해당하지 않으며 투자중개·매매업자가 자체 검증을 하려고 해도 그 신용등급을 독자적으로 할 수 없는 한계가 있다. 따라서 2010다76368 판결과는 완전히 차별화되는 영역인 것이다.

V. 맺는 말

2013년 투자중개·매매업자들에게도 다소 충격적일 수 있는 판결이 있었다. 대법원은 2013년 9월 26일 역사적인 4건의 키코 사건에 대하여 확정 판결을 하였는데, 대법원 판시의 핵심은 KIKO 상품이 환헤지에 적합한 상품으로 투기상품이 아니며 투자중개·매매업자로서 은행은 고객에게 숨은 수수료를 밝힐 필요가 없고 그 세부내역을 공개할 필요도 없다는 판시를 한 것이다.[79] 대법원이 어떤 이유에서였는지 모르나 민법상 계약 당사자 간 자기책임의 원칙에 편향된 판결을 하면서, 자본시장법상 고객에 대한 주의의무(선관의무, 고객보호의무, 신

79 대법원 2013. 9. 26. 선고 2011다53683 판결, 2012다1146판결, 2012다13637 판결, 2013다26746 판결.

인의무 등의 명칭이 중요하지 않음)를 전혀 도외시한 악덕 은행들의 손을 일방적으로 들어 주었다. 하급심 법원의 판단에 문제가 없다는 식의 판결을 하였으므로, 속세에 있는 일반인들로서는 대법원의 숨은 뜻을 알 수도 없다. 그렇다 보니 금융시장에서는 일부 사기적인 투자중개·매매업자들이 순진한 고객을 상대로 매우 불리하게 금융상품을 설계하고 막대한 수수료 수익에 대한 세부 내역을 감춘 채(마진이라는 미명하) 동 금융상품을 판매하더라도 후일 분쟁이 발생하여 소송으로 돌입하면 대법원으로부터 또 다시 면죄부를 받을 것이라는 잘못된 인식을 심어주었다. 키코소송에서 우리나라 대법원이 너무도 비현실적이고 시의적절치 못한 판단을 한 것과 대조적으로, 2007년 글로벌 금융위기 이후 다른 금융선진국의 법원과 금융감독당국은 투자중개·매매업자의 주의의무를 강화하여 금융소비자들의 이익을 보호하는데 앞장서고 있다.[80] 저자는 바로 그러한 최근의 동향을 객관적이고 무색투명하게 관찰한 후, 지금 시점에서 투자중개·매매업자의 주의의무가 무엇이고 그 세부적인 내용이 어떻게 구성되는지를 구체적으로 밝힌 나침반으로서의 역할을 하고 있다.

우리 자본시장법제는 이미 고객이익 전념의 원칙, 고객보호의무, 최선의 집행의무 등을 포함한 신인의무의 세부적이고 실천적인 내용들을 모두 도입하였다. 남은 쟁점은 현행법상 여러 명칭으로 분화되어 있는 제 의무들의 관계와 구체적인 내용의 범위 및 정도를 정하는 것이라고 할 수 있다. 저자는 그러한 의무들의 관계를 명확히 정립하고자 하였다. 신의성실의 원칙과 자기거래금지의 원칙이 신인의무라는 대원칙을 선언하는 것임에도 불구하고 조문상 투자중개·매매업자에 대한 공통행위규칙으로 편제되어 있는 것은 본질적으로 문제가 있다. 그리고 자본시장법상 투자중개·매매업자의 일반적인 선관의무와 충실의무에

80 혹자는 키코 사건이 자본시장법 제정 이전의 법제에서 문제된 것이므로, 금융소비자 보호가 대세인 현재 시점에서 제기되는 여러 논의들과 맞지 않는 듯이 보일 뿐이라고 옹호할 수 있다. 즉 키코소송에서 고객보호의무에 대한 결론이 객관적으로 타당하지 않게 보이는 것은 사실이나, 그 당시의 법제에서는 그럴 수밖에 없는 당연한 결론이라는 식으로 미화시킬 수 있는 것이다. 그러나 이는 너무도 무지한 주장이다. 왜냐하면 구 증권거래법과 구 선물거래법 시절의 시행령(증권거래법시행령 제84조의28)과 시행규칙(제36조의18) 및 감독규정(증권업감독규정 제4-1조 제2항 및 동규정시행세칙 제4-1조)에서는 현재의 자본시장법과 마찬가지로 꽉 짜여진 고객보호의무 법제를 구축하고 있었으며, 투자중개·매매업자가 일반 투자자를 상대로 장외파생상품을 판매하는 행위를 엄격히 금지하고 있었기 때문이다.

관한 규정이 없고 세부 조항으로 영업행위규칙을 두는 것도 전 세계적인 금융법제의 동향과 비교되는데, 사실 각 영업행위규칙은 자율규제의 영역으로 이관하여야 한다. 반면에 선관의무보다 훨씬 고차원적인 신인의무적 성질을 갖는 의무에 대해서는 법률에 명확히 규정하여야 하는데, 투자중개·매매업자의 숨은 수수료 취득 금지 및 그 세부 내역 공시가 가장 대표적인 예가 될 것이다. 투자중개·매매업자의 상품 가입 전 설명의무 이외에도 상품 가입 후 계속적으로 조언을 해주어야 할 의무 역시 추가되어야 할 것이다. 설명의무의 정도는 세부 내용의 완전한 설명이 아닌 적절한 설명이면 된다는 점과 기관투자자라도 일반투자자로 취급하여야 할 경우가 있다는 점을 추가적으로 규명하였다.

현행 법제에 대한 면밀한 검토와 분석을 통해 투자중개·매매업자의 의무를 정확하게 규명한 후 어떠한 분쟁이 발생하였을 때 사실관계를 제대로 밝히고 고객과의 책임 소재를 명확히 함으로써, 다시는 이 땅에 대법원의 키코 소송과 같은 수치스러운 판결이 나오지 않기를 바라면서 이 글을 맺는다.

제4절 투자중개업자·투자매매업자와 고객간의 이해상충(1): 임의매매[81]

Ⅰ. 의의 및 일임매매와의 구별

임의매매는 unauthorized trading(美) 또는 無斷賣買(日)라고도 하는데, "투자매매업자 또는 투자중개업자는 투자자나 그 대리인으로부터 금융투자상품의 매매의 청약 또는 주문을 받지 아니하고는 투자자로부터 예탁받은 재산으로 금융투자상품의 매매를 하여서는 아니된다"(자본시장법 제70조). 이러한 임의매매는 거래의 자기결정성을 침해하고, 유가증권 거래질서의 공정성을 해치기 때

81 다음은 최동렬, "임의매매로 인한 손해배상 산정에 관한 몇가지 문제점," 「민사재판의 제문제」 제15권, 2006, 323-374면을 상당 부분 참조하였다.

문에[82] 1997년 이전의 구 증권거래법에서 명시적으로 금지하는 규정이 없던 경우에도 계약법상 금지되는 것이 너무도 당연시되어 왔다. 1997년 구 증권거래법의 개정으로 증권회사의 임직원이 고객으로부터 매매거래에 관한 위탁을 받지 않고 고객으로부터 예탁받은 재산으로 매매거래를 하지 못하도록 하고(제52조의3), 이에 위반할 때는 처벌까지 하는 규정(제207조의3 제5호)이 신설되었다. 2009년 2월 시행된 자본시장법은 제70조에 임의매매를 금지하는 규정, 그리고 제444조 제7호에 처벌규정을 두고 있다.

구 증권거래법상 임의매매는 일임매매와의 구별이 항상 문제로 되어 왔다(참고로 자본시장법은 일임매매를 폐지). 일임매매는 투자자로부터 매매에 관한 포괄적인 위탁이 있다는 점에서 그와 같은 위탁이 없는 임의매매와 차이가 있다. 임의매매는 투자자로부터 위탁이나 위임이 없이 투자자의 재산으로 매매를 한다는 점에서 일임매매규정의 위반보다 위법성이 더 큰 것으로 볼 수 있다. 이렇게 임의매매와 일임매매의 개념상의 차이는 명확하지만 실제 소송에서는 분쟁의 대상이 된 주식거래가 임의매매인지 일임매매인지의 사실관계의 확정이 매우 어려운 경우가 많았다. 그리고 임의매매와 일임매매의 판단을 위한 기준을 명확히 정립한다는 것도 불가능하였다. 따라서 주식계좌의 개설 경위, 고객이 담당직원을 계좌 관리자로 지정한 경위, 문제가 된 거래 이전의 주식거래 행태, 임의매매라고 주장하는 거래 기간 동안의 주식거래 행태 및 고객의 인지여부와 고객의 태도, 문제의 거래를 알고 난 후 고객이 취한 행동 등 임의매매라고 주장하는 거래 전후의 모든 사정을 종합적으로 고려하여 임의매매인지 일임매매인지 여부를 판단하여야 했다.[83]

82 김성탁, "증권회사 임직원의 임의매매금지," 「영남법학」 4권, 1998, 186면.

83 이송호, "주식 임의매매와 관련한 쟁점별 판례 고찰," 「실무연구IV」, 3면. 이와 관련하여 참조할 만한 판례로는 대법원 2003. 1. 10. 선고 2000다50312 판결(임의매매 부정), 대법원 2000. 9. 29. 선고 2000다36156 판결(일임매매 인정), 대법원 2001. 5. 15. 선고 2001다15484 판결(임의매매 부정) 등이 있다.

II. 임의매매와 손해배상청구권

1. 일본에서의 논의

(1) 판례

일본 최고재판소 판례 중에는 "증권회사의 직원이 고객의 주문을 받지 않고 임의로 고객의 신용거래구좌를 이용하여 유가증권의 매매를 하여 그 결과 생긴 수수료, 이식, 매매차손 등에 상당하는 금원을 고객의 신용거래구좌로부터 인출하는 회계처리"를 한 사안에서 일본 최고재판소는 '무단매매의 효과는 고객에 귀속하지 아니하고 위 회계처리는 고객이 증권회사에 대하여 가지는 위탁증거금, 매매차손금 등의 반환청구권에 하등의 영향을 미치지 않으므로 고객에게 위 금원 상당의 손해가 생긴다고 할 수 없다."고 판시하여, 손해배상을 인정하지 아니한 원심판결을 지지한바 있다.

(2) 손해배상의 인정여부에 대한 학설

일본에서는 임의매매의 경우 고객의 손해배상을 인정할 것인가에 대하여 부정설과 긍정설로 나뉘지만, 판례가 손해배상을 인정하지 않기 때문에 학설 역시 부정설이 압도적인 다수설이다. 우선 否定說의 논거는, ① 임의매매의 효과가 전혀 고객에게 미치지 아니하므로 고객에게 손해가 있을 리 없다는 점, ② 임의매매의 효과를 인정하여 고객의 계좌를 통한 결제가 가능한 것으로 본다면 위법무효의 거래를 악용하는 결과를 낳게 된다는 점, ③ 임의매매의 효과가 고객에게 미치는 것 자체를 부정하는 것이 가장 근본적인 해결방법이라는 점, ④ 손해는 증권의 매매가 원인이 되어 발생한 것이지 고객의 계좌를 이용한 것이 원인이 되어 발생한 것이 아닌 점, ⑤ 고객의 신용거래계좌를 이용한 임의매매는 신용거래계좌상 고객의 지위에 영향을 미치는 것이 아니기 때문에 손해발생을 이유로 한 손해배상청구는 부당하다는 점 등을 들고 있다.

다음으로 긍정설의 논거는, ① 채무불이행으로 인한 손해배상책임을 인정하는 것이 사실관계에 부합한다는 점, ② 임의매매의 결과 고객의 계좌의 잔고가 감소하였다면 잔고감소 자체를 손해로 보아야 하고 임의매매와 잔고감소라는 손해의 발생 사이에는 인과관계가 존재한다는 점, ③ 임의매매로 인하여 고객을 불안하게 하고 물질적·정신적 손해를 가하였다면 일정한 범위의 손해배상책임을 지우는 것이 타당하지, 임의매매라는 위법행위가 있음에도 고객에게 영향을 미치지 않는다는 점만으로 손해배상책임을 부정하는 것은 적절치 않다는 점 등을 들고 있다.

2. 우리나라에서의 논의

우리나라에서 출간된 논문들은 대체로 긍정설의 견지에 서거나 손해배상책임을 인정하는 판례를 단순히 소개하는 것에 그친 것들이 대부분이다. 긍정설은 임의매매에 의하여 공유지분권의 침해가 이루어진다는 이유로 손해배상책임을 긍정하며, 원물반환청구권과 손해배상청구권의 경합으로서 고객으로서는 자기에게 유리한 경우를 따져 보아 어느 쪽을 행사하여도 무방하다고 주장한다.[84]

그러나 소극설에 찬성하는 유력한 견해도 있다. 그 논거로서, ① 고객이 갖는 것은 종류채권이지 특정물에 대한 채권이 아니고, ② 따라서 증권회사에 대하여 같은 종류의 주식을 반환을 구할 수 있으며, ③ 증권회사가 스스로 자신의 주식을 거래할 수 있으므로, 증권회사 직원이 당해 고객의 계좌를 이용하였더라도 임의매도된 주식이 당해 고객의 주식이라 단정할 수 없고, ④ 특히 예탁금의 보관관계는 혼장임치가 아니라 소비임치일 뿐이므로 예탁금을 무단 이용한 주식임의매수의 경우에는 물권침해의 문제도 발생치 않고, ⑤ 과실상계가 가능한 불법행위소송보다는 예탁 주식의 반환을 명하는 것이 고객에게 유리하다는 점 등을 근거로 삼고 있다.[85]

3. 검토

증권예탁의 법률관계가 혼장임치로서 고객은 예탁된 증권에 관하여 공유지분을 보유하나 증권회사에 대하여 동종·동량의 주권의 반환을 구할 수 있을 뿐

84 李相喆, "증권매매위탁계약에 관한 몇가지 법률적 문제점", 裁判資料 證券去來에 관한 諸問題(上) 90집(법원도서관).

85 이균부, "증권회사 직원의 주식임의매매와 고객의 손해", 민사판례연구 XXVI(박영사), 369면 이하.

(종류채권)이다. 혼장임치에 있어 수치인이 그 보관에 관하여 선관주의의무를 부담하는 것은 맞으나, 임치인의 청구가 있는 때에 비로소 전체의 임치물 중에서 분리하여 반환하게 되므로 직원이 임의매도해 버린 경우라도 고객의 청구가 있을 때에 비로소 이행지체·이행불능·이행거절 등의 문제가 생길 것이다. 증권회사가 이행을 거절하면 고객으로서는 임의매매 이전에 계좌에 있던 주식과 예탁금의 반환청구나 전보배상청구[86]를 하게 될 것이고, 고객이 추인하지 않는 한 임의매매의 결과가 고객에게 귀속되지 않으므로 계약상 책임으로서 손해배상청구, 특히 임의매매 이전의 계좌 평가액과 이후의 계좌 평가액의 차이를 손해배상으로 인정할 논거는 마땅치 않은 것이 사실이다.

4. 추인의 可否에 관한 입장의 차이

일본 최고재판소의 위 판례를 검토해 보면, 고객의 임의매매로 계좌에서 결제되어 빠져나간 액수(차액)의 보전을 구하는 사안이고 임의매매 결과의 귀속(추인)을 전제로 하는 것인데도, 최고재판소는 그 가능성을 완전히 무시하고 있다. 더욱이 일본의 경우 무단매매(임의매매)의 추인을 부인하는 학설이 다수설이다. 일본 최고재판소 판례와 손해배상책임 부정설은 고객이 스스로 임의매매 결과를 받아들이고 차액을 손해배상으로 구하는 경우조차 (계약에 기한) 손해배상책임을 부정하고 있는데, 이는 임의매매 시 고객의 사후 추인을 부인하는 것을 기본적인 전제로 깔고 있다고 할 수 있다.

우리나라에서 현재까지 공간된 논문에서 임의매매의 추인을 부정하는 학설은 거의 없는 것으로 보이는데, 대부분의 긍정설들은 임의매매의 추인을 인정하면서 그 추인의 실질을 일반적으로 권한 없는 자의 처분행위[87] 혹은 무권대리행

86 고객이 추인을 거절하고 예탁주식의 반환을 구하였는데 예컨대 증권회사가 一任賣買등을 주장하며 불응할 때에는, 고객은 ① 상당한 기간을 정하여 증권회사에 최고하고 그 기간 내에 이행하지 아니하였음을 입증하거나 ② 지체 후의 이행이 고객에게 이익이 없음을 주장·입증하여, 이행에 갈음한 손해배상을 구할 수 있고(민법 제395조), 이로써 고객은 분쟁이 장기간 계속됨에 따른 시세변동의 위험에서 벗어날 수 있다. 그리고, 고객이 손해배상을 全部 받은 경우에는 민법 제399조(손해배상자의 대위)에 의하여 증권회사는 당연히(별도의 양도통지나 승낙 없이) 고객 계좌에 殘存한 예탁주식 및 예탁금을 대위할 수 있을 것이다.

87 추인에는 무권대리행위의 추인, 무효행위의 추인 등 여러 가지가 있고 소급효의 유·무 등 요건과 효과 면에서도 차이가 있는바, 대법원 1981. 1. 13. 선고79다2151 판결 이후 대법원은 무권리자의 처분행위를 무권대리의 추인에 준하여 취급하고 있다.

위의 추인에 준하여 설명하고 있다. 이에 의하면 임의매매 행위는 이른바 유동적 무효 상태에 있고 본인의 사후 추인에 의하여 소급하여 확정적으로 유효한 행위가 되며, 추인 여부는 본인의 자유이므로, 본인은 언제든지 임의매매를 추인(결과의 귀속을 승인)하고 임의매매 이전 계좌 평가액과의 차액을 불법행위자에 대하여 손해배상으로 구할 수 있다고 한다.

5. 기타: 손해배상액 산정의 기준시점

(1) 총설

손해배상액 산정기준과 관련하여 우리 판례는 두 가지 유형으로 구분하여 볼 수 있다.[88] 제1유형은 처분시점을 기준으로 한 것이다.[89] 증권회사가 고객소유의 주식을 위법하게 처분하여 불법행위로 되는 경우 고객이 입게 된 손해의 액은 처분 당시의 주식의 시가를 기준으로 결정하여야 하며, 그 후 주식의 가격이 올랐다고 하더라도 그로 인한 손해는 특별한 사정으로 인한 것이어서 증권회사가 주식을 처분할 때 그와 같은 특별한 사정을 알았거나 알 수 있었고 고객이 주식의 가격이 올랐을 때 주식을 매도하여 그로 인한 이익을 확실히 취득할 수 있었던 경우에 한하여 고객은 그와 같이 오른 가격에 의한 손해배상을 청구할 수 있다는 입장이다.[90] 제2유형은 인지시점을 기준으로 한 것이다. 주식의 임의매매의 불법행위로 인한 재산상의 손해는 '임의매매 이전에 가지고 있던 고객의 주식 및 예탁금 등의 잔고'와 그 이후 고객의 지시에 반하여 임의매매를 해 버린 상태 즉, '고객이 위 임의매매 사실을 알고 문제를 제기할 당시에 가지게 된 주식 및 예탁금의 잔고'의 차이를 손해로 볼 수 있다는 입장이다.[91]

---

88 참고로 미국의 경우 임의매매의 손해배상액 산정기준시점에 관하여 고객이 시장에서 같은 종류의 주식을 매수할 수 있는 합리적인 기간(인지시점으로부터 상당기간 내)의 최고가격을 기준으로 산정하는 것이 일반적인 경향이라고 한다(이른바 New York rule). 63 A.L.R. 305, "Measure of damages for broker's breach of contract with customer as to sales and purchases of stocks on the exchanges".

89 최동렬, 전게논문, 343-344면 참조.

90 대법원 1993. 9. 28. 선고 93다26618 판결, 대법원 1995. 10. 12. 선고 94다16786 판결, 대법원 2000. 11. 24. 선고 2000다1327 판결.

91 대법원 2000. 11. 10. 선고 98다39633 판결, 대법원 2002. 10. 11. 선고 2001다71590 판결, 대법원 2001. 5. 29. 선고 2000다19656 판결, 대법원 2003. 8. 22. 선고 2002다60269 판결, 대법원 2003. 12. 26. 선고 2003다49559 판결, 대법원 2006. 1. 26. 선고 2002다12659 판결, 대법원 2006.2.10. 선고 2005다57707 판결.

(2) 검토

우선 임의매매가 단 1회의 매도에 그치고 그에 따른 대금을 횡령 또는 충당한 사안이 있다. 이 경우는 제1유형의 판시만으로 족하고, 제2유형에 의하더라도 이의 당시 잔고가 0이므로 임의매도대금 전액이 손해가 된다.[92] 다음으로 임의매매가 2회 이상으로서 상당기간 반복된 사안이 있다. 이는 다시 ① 임의매매 종료 후에도 대체로 이전과 동일한 주식이 남은 사안과 ② 임의매매 종료 후 대체로 전혀 다른 종목의 주식 혹은 예탁금이 남은 사안으로 구분될 수 있다. 이와 같이 임의매매를 반복하여 그 결과물이 계좌에 잔존하는 경우 임의매매 이전과 종료 후 계좌의 평가액을 비교하므로 제2유형의 설시가 필요하다. 다만 이 경우에도 통상손해에 있어서의 임의매매 이전 계좌의 주식 평가는 최초 임의매매 당시의 가액에 의하여야 하므로 결국 제2유형의 판시는 제1유형의 판시의 취지를 포함하고 있다 할 것이다.[93]

1) 구체적인 판례에서의 손해 분석

주식의 경우 임의매매 전과 동일한 종목이 잔존한 경우 보유종목에 전혀 변동이 없고 예탁금의 변동도 없거나 증가하였다면 손해는 없는 것이 된다. 보유종목에 변동은 없으나 재매수 과정에서 매도가격보다 고가로 매수하고 거래세 및 수수료가 지출됨으로써 예탁금만 감소하였다면 예탁금의 감소분이 손해가 될 것이다. 계좌의 모든 주식이 처분되고 예탁금만 남은 경우 잔존 예탁금의 액수가 '고객이 위 임의매매 사실을 알고 문제를 제기할 당시에 가지게 된 주식 및 예탁금의 잔고'에 해당한다. 임의매매 전과 동일하지 않은 자산은 원칙적으로 임의매매 종료시점 내지 임의매매를 알고서 이의를 제기한 시점의 가액에 의하여 산정하여야 할 것이다. 다만 도중에 고객이 현금 등으로 인출해 간 부분은 손해액에서 공제되어야 한다.[94]

92 최동렬, 전게논문, 344-345면.

93 상게논문, 344-345면.

94 상게논문, 346-347면.

2) 제2유형에서의 기준시점 결정의 복잡성

제2유형에서 판례는 '고객이 위 임의매매 사실을 알고 문제를 제기할 당시 주식 및 예탁금의 잔고'라고 하고 있는데, '고객이 위 임의매매 사실을 알고 문제를 제기할 당시'가 임의매매의 종료 후라는 것은 명백하지만 구체적인 사안에 따라 그 시점은 매우 다양할 수 있다. 즉 일임 여부에 관하여 고객과 직원 사이에 오해가 있었던 경우 그 오해가 해소되거나 일임을 명확히 한 시점, 직원이 고객의 항의에도 불구하고 임의매매를 지속한 사안에서 회사에 직접 항의함으로써 해당 직원이 더 이상 임의매매를 할 수 없게 된 시점, 추인 여부에 대한 의사가 불명확한 상태에서 고객이 남은 예탁금을 인출함으로써 계좌에 대한 지배권을 행사한 시점 등 다양하고 복잡한 시점이 기준으로 될 수 있다.[95]

III. 임의매매의 추인

1. 문제의 소재

차액설에 입각한 손해배상의 산정은 불법행위 이전의 재산상태와 불법행위 이후의 재산상태를 비교하여 그 차이를 손해로 인정하는 것이므로 그 당연한 전제로서, 불법행위 이후의 잔존 재산이 피해자에게 귀속되는 것을 필요로 한다. 그런데 대법원 2000. 2. 25. 선고 99다62401 판결은 고객이 임의매매를 추인할 경우에는 해당 임의매매행위가 불법행위를 구성하지 않고, 더 이상 책임을 물을 수 없다는 취지로 판시하였다. 즉 판례는 "추인"하면 손해배상책임을 물을 수 없다는 입장으로 분석된다. 그렇다면 대법원이 말하는 임의매매의 추인은 일반 무권대리(=무권리자의 매매)의 추인과는 다른 것인가?

2. 무권대리행위의 추인

(1) 임의매매의 추인에 적용될 법리

주식거래위탁계약의 법적 성질을 위탁매매계약으로 보고, 증권회사와 고객 사

95 상게논문, 352-353면.

이에는 민법상의 위임에 관한 규정이 준용되므로, 증권회사의 임직원이 고객의 위탁 없이 한 임의매매는 마치 민법상의 무권대리행위와 유사하다고 볼 수도 있다.[96]

일반적인 무권대리행위의 경우는 그 법률효과가 거래 당사자 사이에 발생하지 않고 있다가 그 추인으로 인하여 불확정한 거래 당사자 사이의 법률관계가 확정되는 것이 원칙인데 반하여, 주식임의매매는 증권회사와 고객 사이에는 임의매매로 인한 법률효과가 발생하지 않지만 증권회사와 거래의 상대방과는 추인 여부와 관계없이 유효한 거래가 성립되는 것이고(위탁매매), 고객의 추인으로 "증권회사(무권대리인)와 고객(본인) 사이"에 임의매매의 법률효과가 소급적으로 발생한다는 점에서 차이가 있다.

(2) 무권대리인과 본인의 관계

무권대리행위를 추인하지 않으면 법률효과가 본인에게 미치지 아니하며 본인과 대리인 사이에도 당연히 그 어떠한 효과가 발생하지 않는다. 다만 무권대리행위를 본인이 추인하면 원칙적으로 무권대리인의 사무관리가 성립되고(본인에게 유·불리를 불문함), 사실상 불이익이 발생한 경우에는 불법행위가 성립되는 것이다. 본인과 무권대리인 사이의 실질적 관계는 본인과 상대방 사이의 효과귀속의 문제와는 분리하여 생각하여야 하며, 본인이 내부적으로는 무권대리인을 宥恕할 의사는 전혀 없으면서도 대외적 신용 등을 고려하여 무권대리행위를 추인할 수도 있다는 점을 주목하여야 한다.

(3) 묵시의 추인으로 본 사례들의 유형

무권대리행위에 기한 권리를 행사하는 경우, 무권대리행위에 의한 의무를 이행하거나 이행에 필요한 행위를 한 경우, 무권대리행위에 의한 의무에 대하여 유예

96 우리 민법상 인정되는 추인은 무권대리행위의 추인(민법 제130조), 무효행위의 추인(민법 제139조), 취소할 수 있는 행위의 추인(민법 제143조)이 있다. 무효행위의 추인은 법률행위의 효과가 발생하지 않는 것으로 확정되어 있는 것에 대하여 이를 유효하게 하는 의사표시이고, 취소할 수 있는 행위의 추인은 일응 효력이 생긴 행위에 관하여 이를 확정적으로 유효하게 하는 것이나, 무권대리행위의 추인은 효력이 생기느냐 않느냐가 불확정한 행위에 관하여 그 행위의 효과를 자기에게 직접 발생하게 하는 의사표시이다.

를 구하는 경우, 무권대리행위에 의한 의무와 관련된 별도의 합의를 한 경우, 무권대리행위의 사실을 알고서도 이의를 제출하지 않은 경우(반대 사례 많음) 등이 있다.

3. 임의매매의 추인에 관한 판례

(1) 임의매매 이전의 주식인도 등 사건(=원상회복청구사건)에서의 추인

대법원 1995. 9. 29. 선고 94다36216 판결은 "매도대금의 일부가 계좌에 입금되면 별다른 이의없이 수시로 잔고액 중 10만원 또는 1만원 미만의 금원만 남기고는 이를 전부 인출하여 왔음이 명백한바, 사실관계가 이와 같다면 다른 특별한 사정이 없는 한 원고들은 A의 주식거래를 사전에 동의하였거나 적어도 사후에 묵시적으로 추인한 것으로 봄이 상당하다 할 것"이라고 하였고, 대법원 2000. 11. 10. 선고 99다71054 판결은 "손실보장약정을 받으면서 담보제공을 받은 점, 피고 회사에 원고들의 신용거래계좌를 설정한 점 등은 이 사건 주식의 원상회복을 담보하거나 원상회복을 위한 방법으로 보여질 뿐, 기존의 주식거래를 묵시적으로 추인하거나 앞으로의 주식거래를 포괄적으로 위임하거나 또는 피고에 대한 현물배상의 의사를 포기하였다고 보기는 어렵다"고 하였다.

위 판례들은 임의매매에 있어서 원상회복을 청구한 사건이라는 공통점을 갖는다. 94다36216 판결을 보면 원상회복이 문제된 사건에서도 추인이 문제됨을 알 수 있는데, 99다71054 판결은 원상회복을 위한 노력과 추인과는 아무런 관련이 없다는 명시적인 판단을 하고 있다. 따라서 이 판례들을 보면 추인이 있더라도 원상회복을 청구할 수 없다고 단언할 수 없다는 점에서, 추인과 손해배상을 다룬 다음의 판례들과 차별화된다.

(2) 차액설에 입각한 손해배상청구소송에서의 추인

대법원 2000. 2. 25. 선고 99다62401 판결은 증권회사 직원의 임의매수 후에 이를 알게 된 고객이 항의하자 직원이 해당 주식(유한양행)이 폭등할 것이 확실하니 기다려달라고 간청하는 바람에 오히려 고객이 이를 믿고 그 이후부터의 위 계좌의 주식거래 일체를 직원에게 포괄적으로 위임한 사안인데, 대법원은 "원고가 위와 같이 임의매수를 사후에 추인함으로써 그 법률효과는 모두 원고에게 귀속되어 그 임의매수행위가 불법행위를 구성하지 아니한다 할 것이므로, 이와 달리 원고가 위 임의매수를 추인하였다고 하더라도 그로 인한 손해배상청구권까지 포기한 것이라고 볼 수 없다는 취지의 상고이유 주장도 받아들일 수 없다"고 하였다. 이 판례는 원상회복(=임의매매의 부인, 임의매매 이전의 주식 인도청구 등) 청구가 아닌 손해배상청구에 있어 추인을 다룬 최초의 판례이다.

그리고 대법원 2002. 10. 11. 선고 2001다59217 판결은 "무권대리행위는 그 효력이 불확정 상태에 있다가 본인의 추인 유무에 따라 본인에 대한 효력발생 여부가 결정되는 것으로서, 추인은 무권대리행위가 있음을 알고 그 행위의 효과를 자기에게 귀속시키도록 하는 단독행위인바, 증권회사의 고객이 그 직원의 임의매매를 묵시적으로 추인하였다고 하기 위하여는 자신이 처한 법적 지위를 충분히 이해하고 진의에 기하여 당해 매매의 손실이 자기에게 귀속된다는 것을 승인하는 것으로 볼 만한 사정이 있어야 할 것이고, 나아가 임의매매를 사후에 추인한 것으로 보게 되면 그 법률효과는 모두 고객에게 귀속되고 그 임의매매행위가 불법행위를 구성하지 않게 되어 임의매매로 인한 손해배상청구도 할 수 없게 되므로, 임의매매의 추인, 특히 묵시적 추인을 인정하려면, 고객이 임의매매 사실을 알고도 이의를 제기하지 않고 방치하였는지 여부, 임의매수에 대해 항의하면서 곧바로 매도를 요구하였는지 아니면 직원의 설득을 받아들이는 등으로 주가가 상승하기를 기다렸는지, 임의매도로 계좌에 입금된 그 증권의 매도대금(예탁금)을 인출하였는지 또는 신용으로 임의매수한 경우 그에 따른 그 미수금을 이의 없이 변제하거나, 미수금 변제독촉에 이의를 제기하지 않았는지 여부 등의 여러 사정을 종합적으로 검토하여 신중하게 판단하여야 할 것이다"고 하였다.

그 후의 판례들은 거래내역서를 받아보고 바로 이의제기를 하지 않은 경우 대체로 추인을 부정하는 입장인데,[97] 더 나아가 임의매매 후 고객이 항의하였으나 계좌운용을 일임하여 주면 손해를 회복하여 주겠다는 증권회사 직원의 말

97 대법원 2003. 12. 26. 선고 2003다41623 판결, 대법원 2003. 8. 22. 선고 2002다60269 판결.

을 믿고 일임하기에 이른 사안들에서 그 후의 약정 즉 손실보전약정과 결합한 일임매매로 인한 손해는 별론으로 하더라도 그 이전에 이미 발생한 임의매매로 인한 손해배상청구권까지 소멸한 것으로 보는 판례도 있다. 심지어 담당직원의 임의매수사실에 대해서 항의하였을 뿐 직원의 기다려보자는 설득을 수긍한 경우에는 추인이 있었다고 본 하급심 판례(서울고등법원 1993.6.22. 선고 92나61760 판결 등)도 있다.

4. 판례들의 타당성 검토

대법원 2000. 2. 25. 선고 99다62401 판결 이래 추인을 다룬 판시들은 매우 문제가 많다. 무엇보다 무권대리행위의 묵시적 추인과 무권대리인에 대한 손해배상청구권의 묵시적 포기·면제를 혼동하였다는 것은 매우 중대한 문제라고 본다.

이는 증권회사가 위탁매매인으로서 임의매매 추인행위의 상대방이자 위법행위를 저지른 직원의 사용자라는 2중의 지위를 갖고 있는 점에 기인하는 것으로 보인다. 무단매매의 주문은 반드시 증권회사 직원에 의하여만 이루어질 수 있는 것이 아니라, 증권매매위탁관계나 증권회사와 전혀 무관한 자(예컨대, 전자상거래의 hacker들)에 의하여서도 이루어질 수 있는 것이고, 피해자가 (입증의 곤란과 비용 문제 등으로) 그 결과를 추인하였다 하여 가해자에 대한 손해배상채권이 소멸되거나 포기되었다고 볼 수는 없으며, 오히려 묵시적 추인 등(잔존예탁금의 인출 등)으로 인한 결과의 귀속으로 말미암아 손해가 확정되는 것으로 보아야 할 것이다. 증권회사가 자체 조사 결과 범행의 전모를 밝혀내고 거래의 효과를 원상회복시킨 경우에는 손해 발생조차 없을 것이나, 그 반대의 경우에는 거래의 효과가 고객에게 귀속되기 때문에 손해가 발생하는 것이다.

그리고 무권대리행위의 추인과 불법행위의 성립여부는 전혀 별개의 문제로서, 무권대리행위의 추인행위는 본인에게 계약의 효력을 귀속시킬 것인가의 문제임에 대하여 행위자에 대한 본인의 손해배상청구권의 포기행위와는 전혀 별개의 법률행위라고 보아야 할 것이고, 임의매매의 결과를 시인한다고 하여 무권대리행위가 무권대리인의 불법행위라는 관점에서 적법하게 된다고 볼 수는 없다. 한편 증권법상의 임의매매 이외에 무권대리행위의 추인이 있었다(=소급적으로 유효하게 된다)고 하여 불법행위책임이 부정되는 법리는 존재하지 않는다. 즉 권한 없는 자의 부동산 임의매도의 경우에 비추어 보면, 판례는 본인과 무권대리인 간의 손해배상 약정 혹은 손해배상금의 수수 행위로부터 해당 무권대리행위의 묵시적 추인을 인정한 사례가 있을 뿐,[98] 추인을 하였다 하여 무권대리인에 대한 손해배상채권을 포기한 것으로 보아야 한다거나 당연히 소멸한다는 취지의 판례를 발견할 수 없는 것이다.

"증권거래의 특수성" 만으로 무권대리행위의 추인이 있으면 불법행위가 성립하지 않는다(사적자치)고 볼 실익은 전혀 없다. 묵시적 추인이 인정되는 전형적인 사안은 무권대리행위에 기한 권리를 행사하는 경우나 무권대리행위에 의한 의무를 이행하거나 이행에 필요한 행위를 한 경우를 들 수 있는데, 이러한 사정들만으로 고객이 증권회사 직원에 대한 손해배상청구권을 포기하였다거나 불법행위가 성립하지 않는다고 보기는 어려울 것이다.[99] 따라서 ① 고객이 임의매매 사실을 알고도 이의를 제기하지 않고 방치하였는지 여부, ② 임의매수에 대해 항의하면서 곧바로 매도를 요구하였는지 아니면 직원의 설득을 받아들이는 등으로 주가가 상승하기를 기다렸는지, ③ 임의매도로 계좌에 입금된 그 증권의 매도대금(예탁금)을 인출하였는지 또는 신용으로 임의매수한 경우 그에 따른 그 미수금을 이의 없이 변제하거나, 미수금 변제독촉에 이의를 제기하지 않았는지 여부 등의 판단기준은 무권대리행위의 추인의 간접사실은 될 수 있을지

98 대법원 1972. 5. 30. 선고 72다628 판결: "원고 소유부동산에 관하여 권한 없이 자기 앞으로 소유권이전등기를 한 뒤 타인 앞으로 근저당권설정등기를 한바 있는 불법행위자로부터 원고가 그의 불법행위로 인한 손해배상조로 백미를 받기로 하였다면 특별한 사정이 없는 한 당사자의 의사는 그 불법행위에 해당하는 소유권이전등기와 근저당권설정등기행위를 추인하는 취지로 보는 것이 상당하다." 대법원 1977.1.11. 선고 76다2214 판결: "무권대리인이 원고의 토지를 타에 처분한 후에 그 불법행위를 원고에게 고하고 그에 대해 손해배상조로 금원을 교부하고 원고가 이를 받았다면 당사자의 의사는 그 불법행위에 해당하는 타인 앞으로의 소유권이전등기행위를 추인하는 취지로 보는 것이 상당하다."

99 임의매매는 증권회사 직원의 불법행위 중에서도 그 위법성이 가장 두드러지는 유형이다. 따라서 위와 같은 사정들만으로 손해배상책임을 부인한다는 것은, 거래 당사자들로서는 좀처럼 납득하기 어려운 기준이 될 것이다. 오히려 대개의 사안에서 고객의 의사는 임의매매를 한 직원에게 향후 책임을 묻는 것을 전제로 일단 거래를 지속하거나 추이를 관망하여 손실을 줄일 방도를 찾아보고자 하는데 불과한 것으로 보아야 한다. 결국, 우리나라에서 대부분의 사례는 고객이 사고를 낸 직원의 간청과 유혹을 냉정하게 뿌리치지 못한 채 끌려 다니다가 손해 복구가 불가능하다는 것이 밝혀진 후에야 회사에 정식으로 이의를 제기하는 경우이다. 이를 두고 고객의 기회주의적인 태도 운운하며 손해배상채권의 묵시적 포기를 인정하는 것은 부당하다고 생각한다.

몰라도 고객의 손해배상청구권 포기·면제의 의사로 받아들일 수 없다.

Ⅳ. 결론

결국 고객의 입장에서는 임의매매를 발견한 즉시 결과의 귀속을 부인하고 원래의 계좌에 있던 주식과 예탁금의 반환을 구하는 것이 여러 모로 유리하다고 할 수 있다(과실상계의 가부, 입증책임의 차이 등). 장기간에 걸친 임의매매에 직면한 고객(피해자)의 대다수는 굳이 차액설에 입각한 손해배상을 구하고 있는 것이 현실이다. 그 원인으로는 임의매매를 감행한 직원이 각서를 써 주거나 손실보전 약속을 하면서 문제를 공식화 하지 말 것을 간청하는 사례가 잦고(계좌를 이용하여 거래가 지속된 경우 추인이 성립된다고 보아야 할 것이고 더 이상 원물반환을 구할 수는 없을 것이다), 원래 계좌에 남아 있던 주식을 방치하였다가 소 제기 시점에는 시장가가 형편없이 추락한 경우도 있기 때문이다.

한편 고객이 임의매매결과의 귀속을 스스로 인정하고 차액을 손해배상으로 구하는 경우 "추인" 주장에 대하여는 더 이상 살필 필요가 없을 것이다. 왜냐하면 추인을 전제로 한 청구이기 때문이다. 그리고 임의매매로 처분된 예탁증권 및 예탁금의 반환 혹은 그에 갈음하는 전보배상을 구하는 경우라면 계좌의 잔존물은 증권회사에 귀속되는 것으로 보아야 한다.

한편 자본시장법 제444조 제7호는 임의매매 금지를 위반하여 투자자로부터 예탁받은 재산으로 금융투자상품의 매매를 한 자는 5년 이하의 징역 또는 2억 원 이하의 벌금에 처한다고 규정한다. 그런데 판례는 "증권회사의 직원으로서 고객과의 매매거래 계좌설정 계약에 따라 고객의 사무를 처리하는 지위에 있는 자가 고객의 동의를 얻지 않고 주식을 매입한 것이라면 주식의 시세의 하락으로 인하여 고객에게 손해가 발생될 염려가 있다는 인식이 미필적으로나마 있었다고 할 것이고, 그가 근무하는 증권회사가 주식의 매입으로 인하여 수수료를 취득한 이상, 그 직원에게 자기 또는 제3자가 재산상의 이익을 얻는다는 인식도 있었다고 보이므로 결국 그 직원에게 업무상 배임죄의 고의가 있었다고 인정될 여지가 충분히 있다. 만약 그 직원의 이러한 행위가 고객의 이익을 위한다는 의사에 기한 것이었다고 볼 수 있는 특별한 객관적 사정이 있다면 이와 달리 보아야 할 것이나, 이 사건의 경우는 위 증권회사와 피해자 사이에 그 이전까지 아무런 거래관계가 없었으며, 그 직원이 피해자가 위 예탁금을 입금한 지 얼마 되지 않아 아무런 승낙 없이 무단 매수한 점 등에 비추어 보면 고객을 위한다는 의사는 부수적일 뿐이고 이득 또는 손해의 의사가 주된 것이어서 업무상 배임죄의 고의가 있었다고 봄이 상당하다"(대법원 1995. 11. 21. 선고 94도1598 판결)고 하여 업무상 배임죄의 성립도 인정한다.

제5절 투자중개업자와 고객간의 이해상충(2): 과당매매[100]

I. 처음에

다음에서는 금융투자업자가 업무를 수행하는 과정에서 발생가능한 여러 가지의 이해상충행위 중 과당매매에 초점을 맞추어, 자본시장법 상 과당매매를 근절하기 위한 세부방안으로서 구체적인 과당매매 규제의 근거조항 마련, 과당매매 요건의 명확화 및 손해배상의 특칙마련 등을 제안하고자 한다.[101] 물론 자본시장법의 제정과 더불어 금융투자업자는 종래의 전 근대적인 투자중개업(brokerage) 중심의 영업에서 탈피하여 증권인수업과 M&A 같은 선진적인 투자은행업 중심의 영업으로 전환하려고 할 것이다. 따라서 혹자는 이렇게 전근대적인 투자중개업 부분에서 문제되었던 과당매매의 문제가 향후 자연스럽게 해소될 것이라고 낙관할 수도 있다. 그러나 저자는 종래 증권거래법에서 전면적으

100 김용재, "과당매매규제 소고 — 자본시장통합법상 과당매매규제의 정비 필요성", 「증권법연구」 제8권 제2호, 2007, 117-159면을 수정·보완한 것이다.

101 과당매매의 일반론 및 요건 등에 대한 자세한 선행연구로서는 이기영, "유가증권의 과당매매와 손해배상책임," 「법조 제551호」, 2002, 111-147면 및 정윤모·박기령, 「증권회사의 과당매매규제에 관한 법적 연구」, 한국증권연구원, 2006 등이 있다.

로 금지하고 있음에도 불구하고 횡행하였던 대표적인 이해상충행위가 업무의 중심축이 이전된다는 이유만으로 사라질 것이라고 기대하지 않는다. 왜냐하면 금융투자업자라도 brokerage 부분에서의 과당매매에 따른 막대한 수수료 수익의 유혹에서 자유로울 수는 없을 것이기 때문이다. 더욱이 미국의 사례를 보면 복수의 증권관련업을 영위하는 금융투자업자에게 있어서 암묵적인 과당매매의 위험성은 오히려 더욱 증대될 수 있다.

II. 과당매매규제 현황 및 문제점

1. 과당매매 개관

(1) 과당매매의 의의 및 발생가능한 손해의 내용

구 증권거래법 제107조 제2항 제2호는 증권회사가 고객의 일임에 의하여 유가증권의 매매거래를 하는 경우 선량한 관리자로서의 주의의무를 다하여야 하며, "위탁받은 취지와 위탁받은 금전 및 유가증권의 규모에 비추어 지나치게 자주 매매거래를 하는 행위", 즉 소위 과당매매행위를 금지하였다.

과당매매(churning)란 고객계좌에 대해 지배력을 갖고 있는 증권회사가 수수료 수입만을 극대화하려는 목적으로 고객의 이익을 도외시한 채 당해 계좌의 성격과 고객의 투자목적 등에 비추어 과다한(excessive) 거래를 행하는 것을 말한다. 증권회사의 수수료수입을 극대화하기 위하여 고객의 이익을 저해하는 행위이므로 자기거래의 하나로서 대표적인 이해상충행위로 보아 규제하고 있다. 과당매매는 과당매매행위 기간 중의 일련의 종합적인 침해행위이므로, 증권업자의 특정 거래만을 분리하여 과당매매라고 판단하지 않고 거래에 있어서 과다성이란 판단은 당해 계좌에서의 모든 유형의 행위를 종합적으로 조사하여 일체로서 결정하여야 한다는 특징을 갖고 있다. 특정 고객에 대해 과당매매가 성립하더라도 다른 투자목적, 숙련도 및 자금을 지닌 다른 고객에게 필연적으로 과당매매가 성립되는 것은 아니라는 점에서, 과당매매는 매우 상대적인 개념이라고 할 수 있다. 그렇지만 적합성(suitability)의 원칙이 과당매매가 발생하였는

지를 결정하는 가장 중요한 요소임은 분명하다.[102]

과당매매로 인하여 고객이 입을 수 있는 손해의 내용은 수수료 등 거래비용, 거래순손실, 상실이익, 과당매매기간 이후의 시장가격 변동으로 인한 손해로 구성된다. 첫째, 수수료 등 거래비용(commission)이란 과당매매로 인하여 고객이 불필요하게 지출한 적극적 손해를 말하고, 이에는 거래수수료 이외에도 수수료에 대한 이자 및 거래세 등이 포함된다. 둘째, 거래순손실(net portfolio loss)이란 과당매매로 인하여 부적합한 투자에 의하여 발생한 고객자산의 손실, 즉 예탁금의 감소라는 적극적 손해로서 첫째의 거래비용과는 별개의 재산손해를 의미한다. 셋째, 상실이익(lost profit)이란 과당매매없이 적절한 매매가 이루어졌다면 고객이 얻을 수 있었던 예상수익을 말하는 것으로 소극적 손해에 해당한다. 넷째, 과당매매기간 이후 시장가격의 변동으로 인한 손해는 통상의 인과관계를 넘는 손해인 이른바 특별손해에 해당하므로, 가해자인 피고가 이러한 사정을 알았거나 알 수 있었던 경우에 한하여 그 배상을 구할 수 있을 것이다. 여기서 첫째, 둘째의 손해가 통상손해에 해당하고 셋째, 넷째의 손해는 특별손해에 해당한다. 특별손해는 입증이 어려우므로 고객은 보통 첫째와 둘째의 손해를 청구하게 될 것인데, 이는 결국 과당매매 개시 당시의 잔고에서 과당매매 종료시점의 잔고를 공제한 차액과 동일한 금액으로 된다(차액설).[103]

(2) 판례

판례는 과당매매의 개념지표로서 계좌의 지배 및 과다한 거래를 들고 위법성의 근거를 충실의무 위반에서 찾는다. 즉 "증권회사가 고객과 포괄적 일임매매 약정을 하였음을 기화로, 그 직원이 충실의무를 위반하여 고객의 이익을 등한시하고 무리하게 빈번한 회전매매를 함으로써 고객에게 손해를 입힌 경우에는, 과당매매행위로서 불법행위가 성립한다"고 판시함으로써 과당매매에 대한 불법행

102 Norman S. Poser, *The Measure of Damages in Churning Actions*, 5 No. 5 Insights 19 (May 1991). 일반적으로 고객의 개인적인 능력과 투자경험 등에 비추어 금융투자업자가 권유한 당해 투자상품이 부적합한 경우, 통상 적합성의 원칙을 위반하였다고 한다.

103 이기영, 전게논문, 135-141면.

위책임을 인정하고 있다.[104] 그리고 판례는 과당매매기간 중 증권업자에 의한 일련의 침해행위가 전체로써 하나의 과당매매를 구성하게 되는 것임을 인정하고, 과당매매기간 중 정상매매와 과당매매를 준별하기는 어렵다는 입장을 취하고 있다. 즉 "과당매매에 해당하는지 여부는 일정 기간 동안에 걸친 일련의 거래 행위 전체를 일체로 평가하여 그것이 고객의 신뢰를 남용한 비합리적 거래 행위인지 여부에 따라 판단하는 것이므로, 위법한 과당매매로 인정되면 특별한 사정이 없는 한 그 일련의 거래 행위 전체가 불법행위를 구성한다. 따라서 과당매매의 불법행위로 평가된 일련의 거래 행위 안에 결과적으로 고객에게 이익이 된 거래 등이 포함되어 있을지라도, 증권업자는 과당매매로 평가된 일련의 거래행위로 인하여 발생한 손해 전부를 배상하여야 한다"[105]고 하였다.

한편 판례는 과당매매에 해당하는지 여부를 판단함에 있어서 매우 다양한 기준을 제시하고 있다. 즉 "고객 계좌에 대한 증권회사의 지배 여부, 주식 매매의 동기 및 경위, 거래기간과 매매횟수 및 양자의 비율, 매입 주식의 평균적 보유기간, 매매 주식 중 단기매매가 차지하는 비율, 동일 주식의 매입·매도를 반복한 것인지의 여부, 수수료 등 비용을 공제한 후의 이익 여부, 운용액 및 운용기간에 비추어 본 수수료 액의 과다 여부, 손해액에서 수수료가 차지하는 비율, 단기매매가 많이 이루어져야 할 특별한 사정이 있는지의 여부 등 제반 사정을 참작하여 주식 매매의 반복이 전문가로서의 합리적인 선택이라고 볼 수 있는지 여부를 기준으로 판단하여야 한다"(대법원 1997. 10. 24. 선고 97다24603 판결, 대법원 2006. 2. 9. 선고 2005다63634 판결 등 참조)고 함으로써, 개별 사안에서 하급심 법원이 매우 구체적인 기준을 운영할 수 있도록 하고 있다.[106]

---

104 대법원 2007. 4. 12. 선고 2004다38907 판결. 이는 기존 판례와 약간 뉘앙스가 다르다. 즉 기존 판례들은 "증권회사가 고객과 포괄적 일임매매 약정을 하였음을 기화로 그 직원이 충실의무를 위반하여 **고객의 이익을 무시하고 회사의 영업실적만을 증대시키기 위하여** 무리하게 빈번한 회전매매를 함으로써 고객에게 손해를 입힌 경우에는 과당매매행위로서 불법행위가 성립한다"고 지속적으로 판시하여 왔는데(대법원 2006. 2. 9. 선고 2005다63634 판결, 대법원 2005. 10. 7, 선고 2005다11541 판결, 2002. 3. 29. 선고 2001다49128 판결, 1997. 10. 24. 선고 97다24603 판결 등), 2004다38907 판결은 과당매매의 성립과 관련하여 "회사의 영업실적만을 증대시키기 위하여"라는 일종의 목적성 요건을 폐기한 셈이다(다음 II. 2.의 문제점 부분에서 상술).

105 2007. 4. 12. 선고 2003다63067, 2003다63074 판결.

106 예를 들어 대법원 2007. 4. 12. 선고 2004다38907 판결의 원심인 서울고등법원 2004. 6. 16. 선고 2003나73929 판결을 보면, 피고 증권회사의 소외 직원들이 포괄적인 일임약정에 따라 "설정된 계좌들을 관리한 기간인

판례는 차액설에 입각하여 손해의 개념을 파악하므로, 손해의 내용에는 수수료 등 제 비용과 거래순손실이라는 통상손해만이 포함된다는 점을 분명히 하고 있다. 즉 "과당매매의 불법행위로 인한 재산상의 손해는 위법한 가해행위로 인하여 발생한 재산상의 불이익, 즉 과당매매가 없었더라면 존재하였을 재산상태와 과당매매가 종료된 이후의 재산상태의 차이를 말한다(대법원 1992. 6. 23. 선고 91다33070 판결, 대법원 2006. 1. 26. 선고 2002다12659 판결 등 참조)."[107]

2. 문제점

다음에서 제기하는 모든 문제점은 과당매매에 관한 구 증권거래법과 현행 자본시장법에 공통적으로 적용되는 것이다.

1999. 8.부터 2000. 4.까지의 9개월 동안 매매횟수가 2,490회로서 월 평균 276회에 달하는 점, 각 계좌별로 매수 당일이나 3거래일 이내의 단기간에 다시 매도한 단기매매의 비율이 60%에 육박하고 있고, 단기매매한 주식 이외의 주식도 10 거래일 내로 매매가 이루어진 주식거래가 많았으며, 매수가격보다 매도가격이 낮은 손실거래나 매수가격보다 매도가격이 높아서 거래 자체로는 이익일 수 있으나 그 이익에서 수수료 및 제세금 공제시 수익이 낮거나 오히려 손해인 거래도 상당수 있었다는 점, 월매매회전율이 마지막 2000. 4.을 제외하고는 최저 4.70에서 최고 14.76으로 월평균 8.26(74.38/9)에 달하고 있는 점(중략), 최초예탁금 50억원에서 중간 인출금 6억원을 뺀 44억원을 원고 회사가 맡겼는데, 위 계좌들의 관리 종료시 손해액이 16억원에 달하고 있고, 비용합계가 19억원(그 중 수수료가 15억원 상당이다)을 넘고 있으며, 순투자수익이 3억원 남짓한 금액인바, 결국 3억원이라는 투자로 인한 순이익에도 불구하고 수수료 등의 제반 비용으로 인하여 16억원이 넘는 액수의 손해가 생겼다는 점 등은 위에서 본바와 같고, (중략) 위 같은 기간 동안 증권거래소의 주식통계 중 시가총액회전율(거래대금/평균시가총액 × 100)이 1999년은 355.71%로서 월평균 29.64%(0.29), 2000년은 234.03%로서 월평균 19.50%(0.19)에 불과하고, 상장주식회전율(거래량/평균상장주식수 X 100)이 1999년은 466.89%로서 월평균 38.90%(0.38), 2000년은 387.83%로서 월평균 32.31%(0.32)에 불과하며, 비교적 활발한 거래가 이루어진다는 코스닥의 경우도 시가총액 회전율이 같은 기간 최대 118.4%(1.18), 월평균 63.4%(0.63)에 불과하다는 사실을 인정할 수 있는바, 그렇다면, 위 기간 동안 이 사건 계좌의 경우는 과도한 거래가 있었던 경우에 해당한다"고 하여 대법원이 제시한 기준들을 매우 충실히 적용하고 있음을 알 수 있다. 정윤모, 박기령은 앞의 연구보고서 43면에서 매매회전율이나 수수료 비율 등에 있어서 대법원이 포괄적인 기준만을 제시하고 있을 뿐 거래의 과도성을 판단하기 위한 구체적인 기준을 마련하지 않았다고 비판하나, 저자는 법률심인 대법원이 하급심의 사실판단을 위한 획일적인 기준을 제시하는 것은 타당하지 않다고 생각한다. 그리고 우리나라의 하급심법원들은 최근 들어 과당매매의 성립여부를 판단하기 위하여 매매회전율과 시가총액회전율 및 상장주식회전율을 참조하는 등, 오히려 미국에서의 뮤추얼펀드 회전율과 같은 획일적인 기준보다 훨씬 합리적이고 구체적인 기준들을 종합적으로 활용하고 있는 것으로 분석된다. 우리 판례들이 뮤추얼펀드 회전율을 적극적으로 원용하지 않는 이유는 국내시장에서 뮤추얼펀드의 도입시기가 그리 오래되지 않았고, 간접투자시장의 규모도 아직까지는 유의적인 잣대로 사용할 만큼 그렇게 활성화되지 않았다는 사실과도 밀접하게 관련된다. 또한 뮤추얼펀드 회전율과 비교하는 것은 거의 실익이 없다는 생각도 든다. 왜냐하면 과당매매가 문제된 사건에서 연 평균 매매회전율이 아닌 월 평균 매매회전율의 수치는 미국 기준으로서는 도저히 납득할 수 없을 정도로 높기 때문이다.

107 2007. 4. 12. 선고 2004다38907 판결.

(1) 과당매매 규제근거의 불확실성

기존 판례는 과당매매에 대해 증권회사의 선관의무(혹은 충실의무) 위반을 이유로 불법행위에 기한 손해배상책임을 인정하고 있는데, 이는 포괄적인 일임매매 약정이 있는 경우 증권회사 직원은 고객에 대하여 선관의무를 부담하고 이를 위반하여 과당거래를 한 때에는 불법행위를 진다는 것이다.[108] 그런데 판례의 이러한 논거를 비판하는 유력한 학설이 있다. 즉 대법원 판례는 미국 증권법상 브로커·딜러의 fiduciary duty 법리를 도입한 것으로 분석한 후, 우리 민법학상의 통설은 선관의무란 특약이 없는 한 주의의무에 관한 하나의 기준에 불과할 뿐 그것 자체가 채무는 아니며 위임계약 등의 경우 선관의무가 채무의 내용을 이루고 이를 위반하면 채무불이행으로 손해배상책임을 지는 것이므로, 선관의무위반이 원칙적으로 불법행위를 구성하지 않는다고 하면서 대법원의 과당매매에 관한 판시는 오해를 불러일으킬 소지가 있다는 것이다.[109]

미국에서 말하는 fiduciary duty 법리가 증권관련법에 전면적으로 도입되지 않은 상태에서, 개념적으로 구분하여야 할 선관의무(혹은 충실의무) 위반행위가 곧 불법행위에 해당한다는 논리는 다소 설득력이 떨어진다는 주장에 공감한다. 구 증권거래법 제107조 제2항 제2호가 과당매매를 금지하는 규정을 두었으므로, 구 제도 하에서 피해자들은 선관의무(혹은 충실의무)라는 간접적인 방법을 통해서가 아니라 구 증권거래법의 금지규정을 위반한 위법행위를 이유로 직접 불법행위책임을 청구하는 것이 법리상 옳았다고 본다.[110] 물론 동 조항이 민법 제103조의 강행규정을 위반한 것이었는지에 대한 검토는 별개의 문제이다. 이런 측면에서 자본시장법이 과당매매에 대해 구 증권거래법보다 훨씬 정교한 규정을 마련하였어야 하는 것이다. 비교법적으로 미국 판례가 과당매매에 있어서 1934년 증권법 제10(b)조와 SEC Rule 10b-5위반으로 인한 손해배상책임과 보통법상의 fiduciary duty 위반으로 인한 손해배상책임을 인정하고 있다는 점을 강조하고자 한다.[111]

108 예를 들어 대법원 2006. 2. 9. 선고, 2005다63634 판결.

109 권순일, 「증권투자권유자의 책임에 관한 연구」, 서울대학교 법학박사학위논문, 2002, 216면 이하.

110 동지: 이기영, 전게논문, 135면.

111 한편 증권업자가 fiduciary duty를 위반하여 과당매매를 한 결과 고객에게 손해를 입혔다면 비록 일임매매

(2) 주관적 성립요건의 불명확성

우리나라의 학설은 대체로 미국에서의 논의를 중심으로 과당매매가 성립하려면 ① 계좌의 지배, ② 과다한 거래, ③ 주관적 성립요건으로서 고의 등 3가지 요건이 필요하다고 설명한다.[112] 그런데 ①과 ②의 요건에 대해서는 이론이 없지만, 과연 과당매매에 있어서 ③의 요건이 반드시 필요한 것인지에 대해 논란이 있을 수 있다. 그에 비하여 미국에서는 과당매매를 1934년 증권거래법 제10(b)조와 SEC Rule 10b-5를 위반하는 추정적 사기로 보아 성립요건으로서 scienter를 요구하고 있으며, 동 요건은 과당매매(churning)와 단순한 과다거래(excessive trading)를 구분하는 가장 결정적인 지표로 인식되고 있다. 따라서 미국에서는 ③의 요건에 대한 논의가 중요한 비중을 차지한다.

우리나라에서는 종래 판례가 과당매매의 경우 반드시 목적을 필요로 하는 듯한 판시를 하였으므로, 주관적 성립요건으로서 고의에 한정하는 듯한 태도를 취했었다. 즉 과당매매가 성립되려면 마치 "증권회사의 영업실적을 증대시키기 위한 목적" 혹은 "증권업자의 수수료 수입만을 극대화할 목적"이란 요건이 필요한 듯한 판시를 하였던 것이다. 그러나 이러한 태도는 다음과 같은 문제점을 안고 있었다. 첫째, 목적을 지나치게 강조하다보면 실제 소송에서 증권업자가 그러한 목적이 없었다고 항변할 경우 과당매매 자체가 성립되지 않아 원고가 패소할 수 밖에 없는 상황으로 몰릴 수 있다. 둘째, 가사 목적이 입증되어 과당매매의 성립을 인정하더라도, 미국과는 달리 사실심법원들은 고객의 과실을 문제삼아 고의의 불법행위자인 증권업자의 책임을 대폭적으로 제한하는 판결을 행하였다. 고의의 불법행위자는 상대방의 과실을 이유로 과실상계를 주장할 수 없다는 것이 판례의 입장임을 감안할 때,[113] 과당매매에 있어서 판례의 이러한 태도는 다소 모순된 것이었다. 셋째, 판례가 일관되게 충실의무 위반에서 과

약정에 따른 이행행위가 있었더라도 계약에 따른 부수적 의무인 fiduciary duty를 위반하였으므로 민법 제390조의 불완전이행에 따른 손해배상책임을 추궁할 수도 있다는 견해가 있다. 이기영, 전게논문, 134면. 동 견해는 이러한 채무불이행책임을 인정할 경우, 귀책사유에 대한 입증책임이 증권업자에게 주어지므로 고객에게 유리하다는 점을 논거로 들고 있다.

112 예를 들어 정윤모·박기령, 전게연구보고서, 37-52면.

113 대법원 2006. 2. 24. 선고 2005다59314 판결.

당매매의 불법성을 찾아 민법 제750조에 의한 불법행위책임을 물어왔으므로, 과당매매에서도 불법행위의 성립요건인 고의, 과실을 모두 요구하는 것으로 보는 것이 판례의 입장에 대한 정확한 분석인 것이다.[114]

이 때문에 2007년 4월 12일 대법원은 기존의 과당매매의 성립에 대한 판례를 일부 변경하여, 목적요건을 의도적으로 배제하기에 이른 것으로 짐작된다. 판례의 변경으로 증권업자의 수수료 수입을 증대하려는 목적이 개입되지 않았더라도 고객을 보호할 수 있게 된 긍정적인 효과가 일부 있는 것은 사실이다. 그러나 동 판결을 계기로 과실에 의한 과당매매 성립을 인정하고 더 나아가 사실심 법원들이 예외없이 과실상계를 하였던 관행에 정당성마저 부여하였다는 측면에서, 오히려 전반적으로는 고객보호의무에 반하는 결과를 야기하지 않았나 싶다. 왜냐하면 모법인 미국의 과당매매법제를 참고해볼 때, 성립요건으로서 고의만을 인정하고 사기적인 과당매매를 한 금융투자업자에게 고객의 실손해를 완전히 배상토록 하는 것이 과당매매를 규제하는 본래의 취지에 합치되기 때문이다. 결국 이러한 모든 혼란도 과당매매를 금지하는 제정법 자체가 명확하지 않은데서 비롯된 것이다.

(3) 손해배상기준의 불명확에 따른 혼돈

1) 2007년 4월 12일 이전의 상황

구 증권거래법상 명확한 손해배상기준이 법정되어 있지 않고 대법원의 명확한 판례도 없는 상황에서 하급심 법원들은 주로 차액설에 입각하여 판시를 해왔는데, 그 외에도 차액설을 정면으로 비판한 수수료설과 차액설의 결함을 극복하기 위한 수정차액설이 등장하였다.

첫째, 차액설의 예로서 대법원 2005. 12. 9. 선고 2004다61235(본소), 2004다61242(반소) 판결을 들 수 있다. 동 판결은 증권회사와 보험회사 간 '금융기관전문직업인배상책임보험계약'을 체결하면서 증권회사 임직원의 임의매매 또는 일임매매로 인하여 증권회사가 고객에 대하여 사용자책임을 지는 경우 보험

114 특히 셋째의 논거와 관련하여 동지: 이기영, 전게논문, 132면. 그에 비하여 정윤모·박기령, 전게연구보고서 50-51면에서는 우리 법원이 고의의 과당매매만을 인정하고 있다고 한다.

회사는 그로 인한 증권회사의 재정적 손실도 확장하여 담보한다는 특약을 체결하였는데, 이후 증권회사의 직원이 고객계좌를 관리하던 중 과당매매를 하여 고객에게 손해를 입히는 보험사고가 발생한 사안으로서, 고객의 손해액은 직원이 과당매매행위를 시작할 당시의 예탁금잔고와 과당매매행위가 종료되었을 때의 주식 및 예탁금잔고와의 차액이라고 하여 이의 배상을 명한 원심의 조치를 수긍하는 취지의 판단을 하였다. 따라서 방론이지만 이 판례의 선례성을 인정한다면 대법원이 차액설의 입장을 취한 것으로 보인다.

둘째, 수수료설의 예로서는 서울지방법원 2003. 10. 31. 선고 2002가합11701 판결과 동 사안의 항소심인 서울고등법원 2004. 7. 22. 2003나81029 판결을 들 수 있다. 동 판결에서는 차액설의 부당성을 지적하고 대안으로서 수수료설을 채택하면서 투자자의 귀책을 물어 과실상계를 하였다. 하급심 판결을 보면 "주식거래에 있어서 과당매매로 인한 손해액은 원칙적으로 과당매매가 없었더라면 발생하지 않았을 것임에도 불구하고 이로 말미암아 직접적으로 발생한 부분, 즉 수수료 등 제 비용"으로서, "원고가 이 사건에서 손해라고 주장하는 '원고계좌에 대한 예탁금과 잔존하는 금액과의 차액'에는 정상적인 일임매매를 통한 주식투자에 따른 손익의 결과로서 위탁자인 원고에게 귀속되어야 할 부분까지 포함되어 있다고 할 것이므로 그 부분이 과당매매와 인과관계가 있다는 등의 특별한 주장·입증이 없는 한 위의 차액 전부를 과당매매로 인한 손해로 볼 수는 없다"고 판시하였다.[115]

셋째, 수정차액설의 예로서는 서울고등법원 2003. 12. 9. 선고 2003나15527 판결을 들 수 있다. 동 판결은 거래비용에서 정상거래 해당분을 공제하고 거래순손실에서 주가하락분을 공제하고 있다.[116]

115 더욱이 동 판결은 "원고도 … 그 포괄적 일임 후의 사후관리를 소홀히 한 잘못이 있다고 할 것이므로 피고회사가 배상할 손해액을 산정함에 있어서 이를 참작하기로 하되, 피고회사가 부담하여야 할 책임비율은 제반 사정에 비추어 전체의 60%로 봄이 상당"하다고 하여 대폭적인 과실상계를 하고 있다.

116 우선 거래비용과 관련하여 "원고가 피고의 이 사건 계좌 운용기간 동안 피고 회사에 이 사건 계좌를 통한 주식매매로 인하여 180,761,380원의 주식거래수수료 및 112,796,095원의 증권거래세 기타 거래비용을 부담한 사실은 앞에서 본바와 같고, 이는 원고가 피고의 과당매매로 인하여 불필요하게 지출한 비용이라 할 것이므로, 위 합계액 293,557,475원은 피고의 과당매매로 인하여 원고가 입은 손해라 할 것이다. 다만, 과당매매가 아닌 정상적인 거래가 있었을 경우 원고가 부담할 수수료 및 세금 상당은 이 사건 과당매매로 인하여 발생한 손해라고 보기 어려우므로, 원고의 연평균 거래회전율 3,966.96%에서 1999년부터 2001년까지의 우리나라 상장주식 연평

실무관행은 더욱 혼란스러웠는데, 예를 들어 과당매매로 인한 분쟁조정사례에서 금융감독원은 과당매매 개시시점의 예탁금 잔고와 과당매매 이의제기시점의 잔고 간 차액에서 다시 과당매매기간 중의 주가지수하락율을 차감하고 투자자의 관리소홀 등에 따란 과실상계를 하여 손해액을 산정한 후, 증권회사의 수수료 수입액과 비교하여 적은 금액을 손해로 산정하고 있다.[117] 이는 과당매매가 증권회사의 수수료수익을 증대시킬 목적으로 발생한 것이라는 전제하에 손해배상금액을 수수료의 범위 내로 제한하는 입장이므로, 굳이 유형화하자면 수정 수수료설에 가까웠다고 할 수 있다. 한편 이 문제를 정면으로 다룬 학설은 그리 많지 않았지만, 수정차액설의 입장을 지지하는 견해[118]와 수수료설을 지지하는 견해[119]로 나뉘었는데, 후자의 수수료설에 대해서는 별다른 논거가 없는 실정이었다.

2) 2007년 4월 12일 선고된 과당매매 관련 대법원 판결

(가) 정리

대법원은 2007년 4월 12일 과당매매와 관련한 5건의 판결을 선고하였는데,[120] 특히 손해배상액 산정과 관련하여 기존의 판례와 상당히 차별화할 수 있는 판시를 하였다(이하 사건번호만 기재). 가장 특징적인 것은 2004다45509 판결에서 수수료설이 과당매매와 상당인과관계가 있는 손해의 범위에 관한 법리를 오해하여 위법하다고 정면으로 설시하였다는 점이다.[121]

균 거래회전율 270.53%를 초과하는 부분(3,966.96% - 270.53% = 3,696.43%)을 과당매매로 보아, 위 비용 중에서 과당매매비율에 해당하는 273,538,089원(=293,557,475원 x 3,696.43/3,966.96)만을 이 사건 과당매매의 불법행위로 인한 손해액이라고 할 것이다"고 한 후, 거래순손해와 관련하여 "원고가 피고 회사에 이 사건 계좌를 개설한 1999. 12. 20.경 거래소 종합주가지수는 967.05이었고, 원고가 이 사건 계좌를 해지한 2001. 3. 20.경 거래소 종합주가지수는 531.59로서 증권시장 전체의 장세하락이 있었던 사실은 앞에서 본바와 같으므로, 사정이 이와 같다면 원고의 이 사건 계좌의 고객예탁금 손실의 상당부분은 위 기간 동안의 위와 같은 전반적인 주식시세의 하락에 기인한 것이라고 봄이 상당하고, 위 주가하락으로 인한 예탁금의 손실을 제외한 부분만이 상당인과관계 있는 손해라 할 것이다"고 판시하였다.

117 정윤모·박기령, 전게연구보고서, 82면.

118 이기영, 전게논문, 145면.

119 이상철, "증권매매위탁계약에 관한 몇가지 법률적 문제점," 「재판자료 제90집: 증권거래에 관한 諸문제(상)」, 2001, 44면; 법원행정처, 「증권재판실무편람」, 33면.

120 2003다63067·2003다63074, 2004다4980, 2004다6122, 2004다38907, 2004다45509 판결.

121 "원심은 이 사건 계좌에 원고 J가 예탁한 금원은 60,000,000원이고 과당매매 거래 종료 당시 잔고 평가액은

다음으로 의미 있는 것은 2004다38907 판결이다. 동 판결에서 대법원은 손해의 개념은 종전과 같이 차액설을 따르되, 손해산정의 기본 원칙은 수정차액설임을 천명하였다.[122] 그러나 대법원은 차액설에 따라 손해산정을 한 후 과실상계를 하는 기존의 손해배상 산정방식도 타당하다는 입장을 피력함으로써, 추후 하급심 법원들이 수정차액설을 비껴갈 수 있는 길을 터주었다.[123]

한편 2004다4980판결과 2004다6122 판결은 원심이 수정차액설에 따라 손해배상액을 산정한 사안들이었는데, 대법원은 우선 수정차액설에 의하여 고객이 입을 수 있는 손해의 내용을 다음과 같이 적극적인 손해로 한정하고 있다. 즉 "과당매매로 인한 손해를 거래비용 손해와 거래 순손실 손해로 구분하여, 거래비용의 경우 정상적인 거래가 있었을 경우에도 고객이 부담하였을 금액을 초과하는 부분만이 과당매매와 상당인과관계 있는 손해이고, 거래 순손실의 경우는 주가하락이라는 외부상황에 의해 발생한 손해를 추출해 낸 부분만이 과당매매와 상당인과관계 있는 손해"라고 전제한 것이다. 다음으로 대법원은 미

3,415,438원이지만, 5개월여의 과당매매 거래 기간 동안 동안 지출된 수수료 등 전체 거래비용은 48,767,304원인 사실을 인정한 다음, 과당매매로 인한 손해는 과당매매 기간 동안 지출된 거래비용에 한정된다는 이유로, 이 사건 과당매매로 인한 손해를 과당매매 기간 동안 지출된 전체 거래비용인 48,767,304원으로 산정하였는바, 이러한 원심의 판단에는 과당매매와 상당인과관계가 있는 손해의 범위에 관한 법리를 오해하여 결과적으로 그 손해 산정을 그르친 위법이 있다."

122 "과당매매는 포괄적 일임매매의 약정 등 증권업자에 의한 고객의 계좌 지배가 그 성립요건이므로, 과당매매가 없었더라도 최초의 예탁금이 그대로 잔존해 있는 것이 아니라 증권업자에 의한 정상적인 일임거래가 이루어졌을 것으로 보아야 하고, 따라서 과당매매 기간 동안 주가가 변동한 경우에는 특별한 사정이 없는 한 과당매매가 없었더라도 주가 변동에 따라 재산상태의 변동이 있었을 것으로 봄이 상당하다. 그렇다면 과당매매가 없었더라면 존재하였을 재산 상태는, 정상적인 일임거래가 이루어졌을 경우의 투자위험이 반영되어야 하므로, 과당매매가 시작되는 시점의 예탁금 및 주식 등의 평가액으로부터, 주가지수 변동률 등을 사용하여 정상적인 일임 거래가 이루어졌을 경우 발생되었을 것으로 예상되는 손실과 거래비용을 적절히 평가하여 이를 공제한 금액(정상거래 후 잔고)이라고 할 것이고, 결국 그 금액과 과당매매가 종료된 시점의 잔고(과당매매 후 잔고)의 차액을 과당매매로 인한 손해로 보아 이를 산정함이 원칙이라고 할 것이다."

123 즉 "다만 실제로는 개별 주식거래의 다양성과 주식시장의 변동성 등으로 인하여, 주가지수 변동률 등의 통계자료만으로 '정상적인 일임 거래가 이루어졌을 경우에 발생되었을 것으로 예상되는 손실이나 거래비용'을 정확히 추산하는 것이 매우 어렵기 때문에, 증권업자가 부담할 최종적인 손해배상액을 정하는 법원으로서는, 위와 같은 방법에 의해 손해를 산정함에 있어서도 당해 거래 관계에 특수한 상황이 있을 때에는 이를 참작하여 손해배상책임을 조정할 필요가 있을 뿐만 아니라, 나아가 사안에 따라서는 경험칙이나 논리칙 또는 공평의 원칙에 어긋나지 아니하는 한 아예 '과당매매가 시작되는 시점의 계좌상태'와 '과당매매 종료 시점의 계좌 잔고'와의 차액에 의해 손해를 산정한 다음, 정상적인 일임거래가 이루어졌을 경우에도 그에 상응한 수수료 등 거래비용이 지출되리라는 사정 및 전반적인 주가하락추세 등의 요소로 인해 과당매매가 없었더라도 어느 정도의 손실을 피할 수 없었으리라는 사정 등을 적절히 참작하여 합리적인 범위 내에서 책임을 감경하는 방법으로 손해배상액을 결정할 수도 있다고 할 것이다."

국의 *Rolf v. Blyth, Eastman Dillion & Co., Inc.* 사건에서 채택한 계산방식을 제시하면서 이와 다른 계산방식을 취한 원심판결을 파기하고 있다.[124] 따라서 동 판결들은 상기의 2004다38907 판결을 보충하는 완결편으로서의 의미를 갖는 것이다.

마지막으로 2003다63067·2003다63074 판결은 과당매매기간 중 과당매매와 정상매매를 구분하기가 어려우므로 일련의 거래행위 전체가 불법행위를 구성한다는 원칙을 재확인한 후, 원심판결의 차액설 채택과 과실상계를 수긍하고 있다. 더욱이 과실상계와 관련하여 "불법행위로 인한 손해배상 사건에서 과실상계 사유에 관한 사실인정이나 그 비율을 정하는 것은 그것이 형평의 원칙에 비추어 현저히 불합리하다고 인정되지 않는 한 사실심의 전권사항에 속한다(대법원 1990. 4. 25. 선고 90다카3062 판결, 대법원 2006. 2. 10. 선고 2005다57707 판결 등 참조)"는 종래의 입장을 되풀이하고 있다.

(나) 문제점 — 혼돈의 가속화

2007년 4월 12일 선고된 판결들로 인하여 문제는 더욱 꼬이게 되었다. 왜냐하면 과당매매 사건에서 전문감정인에 의한 정상수수료 산정과 주가지수 반영을 필요로 하는 복잡한 방식의 수정차액설을 채택할 하급법원은 거의 없을 것으로 예상되기 때문이다. 가사 사실심 법원이 수정차액설 방식을 채택하였다고 하자. 대법원이 수정차액설을 채택한 숨은 뜻은 정확한 손해산정에 의하여 실손해액을 계산하도록 하고, 과거와 같이 책임의 제한이라는 편법을 통해 손해액 산

124 *Rolf v. Blyth, Eastman Dillion & Co., Inc.* 사건에 관한 상세한 설명은 다음의 제Ⅲ. 2. (3). 3). (다)를 참조. 대법원의 관련 판시는 다음과 같다. "예를 들어 원심의 논리에 따라 주가하락으로 인한 영향을 반영하여 거래 순손실 중 과당매매로 인한 손해만을 산정한다고 하더라도, 특별한 사정이 없는 한 **예탁금 총액을 기준으로 주가지수변동률을 곱하여 주가하락이 반영된 예탁금 총액을 산출한 후 거기에서 잔고 평가액과 거래비용을 공제하는 방식이 논리적이라 할 것**인데, 원심과 같이 예탁금 총액에서 잔고 평가액과 전체 거래비용을 뺀 금액을 기준으로 하여 그 금액에 주가지수변동률을 곱하는 방식은, 주가하락이 이미 반영되어 있는 잔고 평가액에 대하여는 이중으로 주가하락을 반영하는 한편 거래비용 손해 산정시 이미 지출된 것으로 간주되어 더 이상 주가하락으로 인한 영향을 반영할 필요가 없는 전체 거래비용에 대하여도 주가하락을 반영하는 결과가 되어 논리칙상 승인되기 어렵다고 할 것이므로, 결국 원심의 판단에는 과당매매와 상당인과관계가 있는 손해의 범위에 관한 법리 및 손해 산정방식에 있어서 논리칙 등을 오해하여, 이 사건 과당매매로 인한 손해를 잘못 산정한 위법이 있다"(고딕체는 강조 부분).

정을 해서는 안 된다는 것으로 이해된다. 그러나 대법원의 숨은 뜻을 잘못 읽고 사실심 법원이 수정차액설을 취한 상황에서 과실상계까지 한다면, 결과적으로 2007년 4월 12일 이전의 차액설에 근거하여 과실상계를 했던 때보다 고객은 더욱 불리한 취급을 받는 것이다. 따라서 이러한 혼란을 불식시키고 과당매매 규제를 투명하게 운영할 수 있는 유일한 방안은 이제 입법적인 해결 밖에 없는 것이다.

(4) 불합리한 과실상계의 문제점

과당매매에 대해 일반 민법상의 불법행위책임을 물음에 있어서 제763조에 따라 제396조의 과실상계조항이 준용된다. 그런데 과당매매에 관한 구체적인 소송에서 손실을 본 고객들은 인과관계를 입증하기가 매우 곤란할 뿐만 아니라, 사실심 법원은 과다한 과실상계를 통하여 손해배상액을 대폭 감액할 위험성마저 있다. 실제로 법원은 과당매매에 있어서 고객의 과실을 매우 광범위하게 인정함으로써 증권회사의 책임을 제한하고 있는데, 예로서 ① 고객이 증권회사 직원과 포괄적인 일임매매약정을 한 점, ② 고객이 증권회사로부터 매월 주식거래내역과 잔고현황을 우편으로 통보받았을 뿐만 아니라 주식거래 기간 동안 지속적으로 증권회사 직원으로부터 부터 전화로 종목, 수량, 매매시기 등에 관하여 적어도 개괄적인 보고를 받아서 그 거래내역을 잘 알고 있었음에도 비정상적인 주식매매 행위에 대하여 이의를 제기하지 않았던 점, ② 지속적으로 투자 손실을 입었음에도 단지 투자손실 회복만을 기대하며 증권회사 직원에게 계속 주식계좌에 대한 관리를 위임한 점 등을 들 수 있다. 더욱이 과당매매기간 중 고객의 주문에 의한 정당한 거래와 과당매매거래가 혼재된 사안에 있어서는 순수한 과당매매보다 고객에게 훨씬 더 막중한 책임을 물은 하급심판례도 존재한다.[125] 이렇게 고객의 과실상계를 광범위하게 인정하기 때문에 경미한 손해배상액만을 지급하면 되는 증권회사나 간접투자기구들로서는 소속회사 직원들로 하여금

125 예를 들어 서울고등법원 2005. 1. 26. 선고 2003나12030 판결에서는 과당매매 개시 이전과 종료 이후의 계좌잔고 23억여원 중 그 1/10에도 못미치는 2억원만을 증권회사 직원의 과당매매로 인하여 고객이 입은 손해로 본 후, 이 중 50%를 과실상계하고 있다.

과당매매를 하지 못하도록 강력하게 억제할 유인을 갖지 않는 것이다.

Ⅲ. 과당매매규제에 관한 미국의 입법례

1. 투자자문업법의 입법배경 및 규제근거

(1) 금융투자업자에 대한 과당매매의 규제 배경

미국에서는 증권회사가 증권관련업, 그 중에서도 특히 자산운용업을 사내겸영할 경우 고객의 이익을 저해하는 이해상충행위를 할 가능성이 매우 높다는 사실을 일찍이 경험하였다. 즉 미국의 초기 간접투자기구 및 자산운용업에 대한 역사는 1920년대까지 거슬러 올라가는데, 당시의 간접투자기구는 영국에서 유래된 투자신탁(investment trust)이었고 자산운용업자는 주로 증권회사였다. 그런데 미국에서 투자회사법과 투자자문업법이 제정된 것은 1940년대이므로, 1920년대부터 대공황을 거쳐 동 법률들이 제정된 시점까지 근 20년간은 투자신탁에 대한 공적규제가 완전히 공백상태에 있었음을 알 수 있다. 이 때 성행하였던 투자신탁에서는 투자자의 이익을 침해하는 이해상충행위가 만연하였음이 기록에도 나타나고 있다. 특히 증권회사가 자산운용업을 겸영하면서 자기거래(self dealing)를 많이 시도하였다는 점이 드러나는데, 그 중에서도 증권회사가 간접투자기구로 하여금 자신을 중개인으로 선임토록 함으로써 과도한 유가증권거래를 하도록 하여 중개수수료의 수입증대를 도모하는 행위, 즉 과당매매가 빈발하였다.[126] 이러한 경험을 기반으로 제정된 1940년 투자자문업법과 투자회사법이 과당매매를 적절하고 체계적으로 규제할 수 있는 수단을 마련한 것은 지극히 당연한 일이다.

(2) 규제근거 — fiduciary duty 위반이자 추정적인 증권사기

금융투자업자의 자산운용부문은 목표수익률을 달성하기 위하여 빈번한 거래를 할 수 밖에 없다. 그런데 금융투자업자가 회사 내부의 중개부문을 통하여 이러한 주문들을 실행할 경우, 그 숨겨진 목적이 목표수익률의 달성을 위한 것인지 아니면 자신의 수수료 수입을 극대화한 것인지 알 수 없는 상황이 발생한다. 이것이 금융투자업자가 직면하게 되는 과당매매의 문제이다.

126 한국개발연구원, 「자본시장의 질적 발전을 위한 증권관련산업 규제의 개선방안 — 업무범위관련 규제를 중심으로」, 2003.

1933년, 1934년 제정된 미국의 증권관련법에서는 이미 과당매매행위가 자금수탁자 의무(fiduciary duty)를 위반하는 가장 최악의 사례로 보아 위법한 것으로 규정하고 있다.[127] 즉 증권시장에서 행해진 과당매매거래는 증권거래법 § 10(b)와 SEC Rule 10b-5, 증권법 § 17(a) 및 시장자율규제기관의 자율규제를 위반한 것이며, 장외시장에서 행해진 과당매매거래는 증권거래법 § 15(c)(1)과 Rule 15c1-7을 위반한 것으로 취급하고 있는 것이다. 미국에서는 과당매매 관련 소송에서 투자자가 입증해야 할 3가지 사항으로서, ① 투자자의 투자목적, 재정여건 및 필요성, 경험과 숙련도 등에 비추어 볼 때 당해 계좌에서의 거래가 과도하였음, ② 증권위탁매매업자가 당해 계좌에서의 거래에 대해 지배력을 행사하였음, ③ 증권위탁매매업자가 투자자를 사취할 의도 혹은 투자자의 이익을 고의(willful) 또는 미필적인 (reckless) 고의로 도외시하려는 의도가 있었음을 들고 있다.[128] 마지막 ③의 요건을 보면, 미국의 증권관련법은 고의의 과당매매만을 금지하고 있다는 점을 알 수 있다. 한편 1940년 투자자문업법은 금융투자업자의 과당매매 행위를 추정적인 사기(constructive fraud)로 간주하는 규정까지 마련되었는데, 투자자문업법의 이러한 태도는 금융투자업자의 과당매매행위가 증권위탁부문의 무결성(integrity)에 대한 고객의 신뢰를 저버리고 고객을 기망한 때문이라고 설명되어진다.[129]

2. 금투자업자의 과당매매에 관한 미국 판례상의 주요 쟁점

미국 판례를 고찰할 경우, 다음의 (3)에서 후술할 손해배상과 관련한 쟁점을 제외하면 금융투자업자의 과당매매행위와 관련하여 ① 적합성의 원칙과 ② 입증책임의 문제 및 ③ 이해상충 해소방안이라는 세부 쟁점이 주로 문제됨을 알 수 있다.

(1) 적합성의 원칙(suitability)과의 관계

일반적으로 고객의 개인적인 능력과 투자경험 등에 비추어 금융투자업자가 권유한 당해 투자상품이 부적합한 경우, 통상 적합성의 원칙을 위반하였다고 한다. 그러면 과당매매에 따른 빈번한 거래가 고객에게 적합한 경우를 상정할 수 있는가? 미국 판례에서는 비록 금융투자업자가 거래에 있어서의 높은 회전률이 당해 고객에게 적합하였음을 입

127 미국 투자자문업법상 이해상충을 방지하기 위한 가장 핵심적인 조항은 신인의무 또는 자금수탁자의무(fiduciary duty)에 관한 것이다.

128 한편 Norman S. Poser, *op. cit*, pp. 19-21.

129 원문은 다음과 같다. Churning is a constructive fraud, the essence of which is deception of the customer and reliance by the customer on the broker's integrity.

증하더라도, 금융투자업자의 이면에 숨겨진 목적이 단지 중개업 부문의 수수료 수입을 증대시키기 위한 것이었다는 것이 입증된다면 적합성의 항변은 무의미한 것으로 보고 있다.[130] 따라서 이 때에는 과당매매에 대한 손해배상액을 지급하여야 하는 것이다.[131]

(2) 입증책임의 전환

미국에서는 금융투자업자의 과당매매 사건에서 입증책임을 전환하고 있다.[132] 즉 금융투자업자는 고객의 손실이 자신의 수수료 수입을 증대시키고자 하는 의도 때문에 발생한 것이 아니라, 자신도 예측할 수 없었던 시장상황의 급변에 따른 것이었음을 입증하여야 한다. 대안으로서 금융투자업자로 하여금 최선을 다하여 이해상충의 발생가능성을 미연에 방지하도록 노력하였다는 점을 입증토록 할 수도 있다.[133]

그런데 과당매매 사건에서 금융투자업자의 입증은 그리 용이하지 않으므로, 이러한 입증책임의 전환은 금융투자업자에게 매우 심각한 규제로 작용한다. 왜냐하면 과당매매 사건에서 적합성의 입증을 하기란 매우 어려울 뿐만 아니라, 이미 과당매매에 의한 중개수수료 수입이 발생한 상황에서 이러한 일련의 거래가 수수료 수입의 증대만을 위한 것이 아니었음을 입증하기도 어렵기 때문이다. 이 때에는 금융투자업자가 전문가로서의 지식과 주의의무를 갖추었다는 점을 입증하기도 쉽지 않다. 왜냐하면 과도한 거래는 특히 침체시장에서는 통상적으로 효과적인 투자전략이 아니기 때문이다. 결론적으로 금융투자업자가 과도한 회전률의 투자거래를 한 이후 그러한 투자전략이 고객에게 적합한 것이었고 전문가로서의 주의기준에도 합치된다는 점을 입증하기란 상당히 어려울 것이다.

---

130 *Hecht v. Harris, Upham & Co.*, 430 F.2d 1202 (9th Cir. 1970).

131 정윤모, 박기령, 앞의 보고서, 14면 및 22-22면에서 미국에서의 자율규제기관인 미국증권업협회가 자금수탁자의무(fiduciary duty)를 구체화한 형태로서 적합성의 원칙을 선언하고 있으며, 적합성 원칙의 반복적인 위반이 공정거래의무를 위반한 것이 되어 과당매매로서 규제된다고 설명한다. 그런데 이러한 설명은 과당매매가 바로 자금수탁자의무 위반이라는 법리보다 간명하지 못하다. 한편 과당매매에 대해 증권업자가 적합성을 증명하더라도 그 것만으로 면책되지 못한다는 점에서, 과당매매는 적합성의 원칙만을 위반한 것이 아님을 쉽게 추측할 수 있다. 따라서 과당매매는 자금수탁자의무를 위반한 것으로서 적합성의 원칙은 자금수탁자의무를 구성하는 세부원칙 중 하나라고 하는 것이 좀 더 명확한 설명이 아닐까 한다.

132 Harvey E. Bines & Steve Thel, *Investment Management Law and Regulation*, § 11.02[D][1] (2004). 이하 *Investment Management Law and Regulation*이라고 함.

133 물론 금융투자업자가 사전에 이해상충의 위험성을 완전히 제거한다면(예: 자산운용부문의 거래에 대한 중개를 타 금융기관에게 위임), 입증책임은 다시 고객에게로 전가된다. 즉 고객은 다시 당해 금융투자업자가 전문적인 지식과 주의로써 당해 과당매매행위를 하지 않았다는 점을 입증하여야 한다.

(3) 이해상충의 사전해소

미국의 증권관련법상으로 집합투자기구가 운용계좌(managed accounts)에 대해 자산운용을 하기 전 이해상충적인 지위를 사전에 완전히 해소하도록 하는 방안도 과당매매 규제로서 편입되었는데, 이는 특히 금융투자업자에게 의미있다. 예를 들어 증권거래법 제11(a)조와 근로자퇴직소득보장법 제406조는 고객의 자금을 운용함에 있어서 이해상충이 발생할 수 있는 가능성을 아예 미리 제거하도록 하고 있다. 이는 소위 '거래 단념과 아웃소싱의 원칙'이라고 부를 수 있는데, 금융투자업자는 자산운용계좌에 대한 자산운용을 사내겸영하거나 제휴회사에게 맡길 수 없으며 만일 아웃소싱이 여의치 않을 때에는 거래를 단념하여야 한다는 것이다.[134] 이 방식의 단점은 고객이 금융투자업자의 사내겸영 결과 발생하는 규모의 경제에 따른 이익(예: 가장 저렴한 중개수수료)을 향유할 수 없게 한다는 점이다.[135]

위의 규제는 다소 급진적이므로, 중개부문에서의 중개에 따라 생긴 수수료수익을 금융투자업자로 하여금 보유할 수 있게 하고 고객으로 하여금 저렴한 중개수수료의 이익을 향유할 수 있게 하는 완화된 형태의 규제가 모색되어 왔다. 그 결실이 금융투자업자가 자산운용부문의 고객에게 자신의 중개부문에서 거래를 실행할 것임을 사전에 개시하고 승인을 받도록 하는 규제이다(소위 'disclosure and informed consent'). 이는 연방증권규칙의 제정이나 증권관련소송에서의 판결을 통하여 종래부터 인정되어 온 보통법상의 선관주의의무가 금융투자업자에게 까지 확대된 것이다. 금융투자업자가 개시 및 승인을 받은 경우, 고객은 사후의 과당매매에서 당해 금융투자업자가 상당한 주의로써 그 책임을 이행하지 않았다는 점을 입증하여야 한다. 공시·승인의 최소요건으로서, ① 금융투자업자는 중개부문 혹은 제휴증권회사를 통하여 주문을 실행할 것이라는 점을 자산운용부문의 고객에게 고지하여야 하고,[136] ② 고객은 중개부문과 자산운용부문

134 Donald Arthur Winslow & Seth C. Anderson, *A Model for Determining the Excessive Trading Element in Churning Claims*, 68 N.C. L. Rev. 327 (1990).

135 규모의 경제이익을 향유할 수 있도록 하기 위하여, 금융투자업자가 자산운용계좌에 대해 주문의 실행으로 발생한 중개수수료 수입을 단순히 자문료로 계상해버리는 방법을 생각해볼 수 있다. 사실 고정 보수만을 지급받는 랩계좌(wrap account)가 이러한 방법에 가깝다고 볼 수 있다. 그런데 이 역시도 문제가 있다. 왜냐하면 중개행위를 할 경우 간접비(overhead)와 운영경비가 발생하는데, 이러한 비용을 청구하지 않는다는 뜻은 금융투자업자가 내부출혈을 감수할 수 밖에 없다는 의미이기 때문이다. 중개사업부문은 대가를 지급하지 않는 자산운용부문의 고객보다는 자신에게 대가를 지급하는 고객의 주문에 대해 호의적일 것이다. 또한 자산운용부문은 교차적인 사업기회의 이익을 기대하면서 외부의 다른 증권업자와 주문을 체결하려고 할 수도 있다. 실제로 랩계좌와 같은 고정 보수상품은 과소거래를 유발하는 경향이 있다는 분석도 있다는 점을 유념하여야 한다. *Investment Management Law and Regulation*, § 11.02[D][1], 780면.

136 *Hartzmark & Co.*, [1973 Transfer Binder] Fed. Sec. L. Rep. (CCH) ¶ 79,563 (1973).

의 사내겸영 혹은 겸업과 관련된 위험을 제대로 평가할 수 있도록 충분한 설명을 받아야 하며,[137] ③ 고객은 금융투자업자가 행하려는 투자계획의 성격에 대해 숙지하여야 한다.[138]

3. 미국에서의 과당매매에 대한 손해배상책임[139]

(1) 총설

1934년 증권거래법 제10(b)조와 SEC Rule 10b-5 및 1933년 증권법 제17(a)조와 같은 포괄적 사기금지규정에서는 손해배상액의 산정방식에 대해 규정하지 않으며, 다만 1934년 증권거래법 제28(a)조에서 실제 발생한 손해액(actual damages)에 한정하여 배상하도록 규정하고 있을 뿐이다.[140] 따라서 증권관련법 위반을 근거로 과당매매를 문제삼는 경우에는 징벌적 손해배상(punitive damages)은 인정되지 않는다. 그러나 주법에 따른 손해배상을 청구할 경우에는 징벌적 손해배상이 인용될 수도 있다.[141]

미국의 판례를 분석해보면 현재까지 단일 기준이 정립되지 않은 듯 하다. 1980년대 초반까지는 수수료설이 대세였다. 따라서 당시에는 과당매매를 한 증권업자로 하여금 과당매매 기간 중 수령한 수수료 얻은 이익을 반환할 것을 요구하기만 하였다. 그러나 지금은 수수료설의 종적을 찾기가 쉽지 않은 상태에서, 다양한 학설이 전개되고 있다.[142] 이렇다보니 학자에 따라서는 구체적인 판례가 어떤 설을 취한 것인지에 대한 해석도 갈

137 *Hecht v. Harris, Upham & Co.*, 430 F.2d 1202 (9th Cir. 1970).

138 *Jenny v. Shearson, Hammill & Co.*, [1974-1975 Transfer Binder] Fed. Sec. L. Rep. (CCH) ¶ 95021 (S.D.N.Y. 1975). 마지막의 ③과 관련하여 좀 더 구체적으로, 금융투자업자가 수수료 수입의 증대가 아니라 투자수익을 극대화할 목적으로 높은 회전률의 투자계획을 갖고 있는 경우, 미리 고객에게 발생할 수 있는 비용과 고객이 접할 수 있는 위험의 범주를 설명할 수 있어야 한다. 금융투자업자는 합리적인 상한선의 범위 내에서, 고객이 예상할 수 있는 회전률과 개략적인 수수료 비용 및 유사한 투자목적을 지닌 다른 고객들과의 거래운용실적 등을 꼼꼼히 설명할 수 있어야 한다. 이러한 정보를 갖고 고객들은 자신의 계좌를 감시하면서 당해 금융투자업자가 빈번한 거래를 하는지 여부를 결정할 수 있어야 하는 것이다. *Investment Management Law and Regulation*, § 11.02[D][1], 781면.

139 이하는 Norman S. Poser, 전게논문을 중심으로 기타 문헌을 추가, 보충한 것이다.

140 법문은 다음과 같다. "no person permitted to maintain a suit for damages under the provisions of this chapter shall recover … a total amount in excess of his actual damages," 미국연방최고법원도 1934년 법에 근거하여 제기하는 사적 손해배상청구소송에서 손해배상의 한도는 실제 손해액으로 제한한다는 점을 확인한바 있다. 예를 들어 *Blue Chip Stamps v. Manor Drug Stores*, 421 U.S. 723, 734 (1975) 참조.

141 [P]unitive damages may be recoverable under pendent state law claims. Michael D. Gallagher & Gregory S. Capps, *Liability of Stockbrokers: Claims for Churning and Unsuitability*, 64 Def. Couns. J. 589, 592-593 (October, 1997).

142 *In re Thomson McKinnon Sec., Inc.*, 191 B.R. 976, 986 (Bankr. S.D.N.Y. 1996). Laurence A. Steckman & Charles J. Hecht, *1998 Securities Arbitration Remedies*, 1131 PLI/Corp 903, 923면에서 재인용 (1999).

린다. 예를 들어 다음에서 소개할 *Miley v. Oppenheimer & Co.*사건에 대해 Laurence A. Steckman과 Charles J. Hecht는 1999년 문헌에서 기대이익설을 취한 것이라고 해석하였음에 반하여,[143] Norman S. Poser는 1991년 문헌에서 차익설의 가장 대표적인 사례라고 해석하였다. 따라서 미국에서는 현재 과당매매에 있어서 이상적인 손해배상액 산정에 관한 기준을 강구하기 위하여 여러 가지 학설이 대립하고 있음을 알 수 있다.

(2) 1설: 수수료 반환설(Restitution: Return of Commissions)

과당매매에 있어서 손해배상액 산정기준으로서 수수료 반환설은 準契約的인 해결방안(quasi-contractual approach)이라고 할 수 있다. 이는 전통적인 손해배상방법으로서, 자금수탁자의무를 위반한 증권업자는 자신의 의무 위반으로 인하여 취득한 이익을 반환하는 방식이다. 따라서 고객은 과당매매기간 중 증권위탁매매업자가 취득한 수수료와 마진이익 및 기타 비용(예: 신용거래시 신용공여에 따른 이자 및 조세 등 지급경비)의 반환을 청구할 수 있다. 고객계좌가액의 하락으로 인한 투자자의 손실은 과당매매와 상당인과관계가 없다고 보아 인정하지 않는다.[144]

이 설은 부정행위자로부터 이익을 박탈한다는 점에서, "반환적(restitutionary)"이란 의미를 강조하고 있다.[145] 1991년에도 자산가액의 하락에 대한 보상을 부정한 채 수수료와 이자에 기초한 손해배상만을 인정한 조정을 인용한 판결이 있었으므로,[146] 수수료 반환설은 여전히 그 명맥을 유지하고 있다고 판단된다. 과거에는 전체행위 중 과당매매행위만을 추출하여 해당 수수료만을 배상하여야 한다는 순수한 입장도 있었지만, 과당매매는 일련의 종합적인 침해행위로서 특정한 거래만을 과다하다고 특정할 수 없다는 비판이 대세를 이루게 되었다.[147] 따라서 현재의 수수료설은 과당매매기간 내의 모든 거래행위에 대하여 징구된 전체 수수료 수입을 손해배상으로 간주하여야 한다는 입장이라고 할 수 있다.[148]

---

143 "예를 들어 제5항소법원은 원고로 하여금 수수료와 지급이자 외에도 과당매매기간중 평균주가지수 하락분을 초과한 자산가액의 하락분까지도 청구하는 것을 인정하였다. Laurence A. Steckman & Charles J. Hecht, 1998 Securities Arbitration Remedies, 1131 PLI/Corp 903, 923-924면 (1999).

144 *Hecht v. Harris, Upham & Co.*, 430 F.2d 1202 (9th Cir. 1970).

145 Laurence A. Steckman & Charles J. Hecht, *1998 Securities Arbitration Remedies*, 1131 PLI/Corp 903, 924 (1999).

146 *Sebbag v. Shearson Lehman Brothers, Inc.*,1991 WL 12431 (S.D.N.Y. 1991). Thomas Lee Hazen, *(Treatise) Law of Securities Regulation*, 4, Law Sec. Reg. § 14.20 (5th ed) (January 2006)에서 재인용.

147 *Fey v. Walston & Co.*, 493 F.2d 1035, 1040 (7th Cir. 1974).

148 Laurence A. Steckman & Charles J. Hecht, *1998 Securities Arbitration Remedies*, 1131 PLI/Corp 903, 925

과당매매란 고객의 투자목적 및 이익을 도외시한 채 증권업자가 지나치게 고액의 수수료 등 이익을 획득할 목적으로 행하는 불법행위라고 정의되는데, 수수료설은 이러한 수수료를 부당이득으로 보고 그것을 박탈하여야 한다는 점에 초점이 맞추어져 있다. 따라서 수수료설은 과당매매의 정의개념에 합치되고 다른 방식보다 손해배상액의 계산이 용이하며, 주가상승기에 고객잔고의 변화가 없더라도 과당매매수수료를 손해로서 반환청구할 수 있다는 장점을 갖는다. 그러나 과당매매란 자금수탁자의무를 위반한 불법행위이므로 고객은 불법행위로 인한 실질적 손해를 배상받아야 하는데, 수수료설은 증권업자가 과당매매로 얻게 된 이득에 초점을 맞추고 있으므로 손해배상의 기본법리에 어긋난다는 치명적인 약점이 있다. 즉 수수료설을 취할 경우 손해의 개념과도 합치되지 않고 고객의 진정한 경제적인 손실을 반영하지 못하므로 피해자의 실제 손해를 전보하여 주지도 못하는 것이다. 수수료설은 증권업자의 과당매매행위가 없었더라면 어떠한 증권들을 매수하였을 것이라는 사실이 불분명한 사안에서만 제한적으로 적용가능하다.[149]

수수료설 중 손해배상범위를 상당인과관계있는 손해로 더욱 제한하여야 한다는 엄격제한설이 있는데, 이러한 입장은 과거 미국의 일부 항소심판결에서 발견된다. 이는 사실심리결과 과다하다고 판명된 거래로부터 얻은 수수료만으로 손해배상을 제한하는 방식으로서,[150] 과당매매기간 중 정상매매와 과당매매를 분리하는 것이 가능하다는 전제에 입각하고 있다. 엄격제한설은 과당매매에 해당하지 않는 거래로부터 원고가 얻을 수 있는 부당이득을 예방할 수 있다는 장점이 있으나, 문제는 실제 사안에 있어서 정상매매와 과당매매를 준별한다는 것은 거의 불가능하다는 점이다. 따라서 엄격제한설은 과당매매의 본질, 즉 과당매매는 일련의 종합적인 침해행위로서 특정한 거래만을 분리하여 과당매매라고 속단할 수 없으므로, "거래에 있어서의 과다성"이라는 판단은 당해 계좌에서의 모든 유형의 행위를 종합적으로 조사하여 일체로서 결정하여야 한다는 원칙에 반한다.[151]

(1999).

149 "The quasi-contractual measure of churning damages may be used *when it is impossible to determine what securities would have constituted the portfolio absent defendant's wrongdoing.*" Laurence A. Steckman & Charles J. Hecht, *1998 Securities Arbitration Remedies*, 1131 PLI/Corp 903, 925 (1999)[이탤릭체는 강조부분].

150 *Nesbit v. McNeil*, 896 F.2d 380, 385 (9th Cir. 1990); *McGinn v. Merril Lynch, Pierce, Fenner & Smith, Inc.*, 735 F.2d 1254, 1257 (8th Cir. 1984).

151 *Fey v. Walston & Co.*, 493 F.2d 1035, 1040 (7th Cir. 1974).

(3) 2설: 차액설(The Out-of-Pocket Measure of Damages)

1) 협의의 차액설

1981년 *Miley v. Oppenheimer* 사건에서 제5연방고등법원은 종래의 수수료설 대신 차액설을 채택하였다. 당해 사건에서 Goldberg판사는 과당매매가 다음의 두 가지 별개의 보상받을 수 있는 피해로 구성된다고 하였는데, 이는 ① 증권위탁매매업자의 과도한 증권거래로 야기된 부당한 수수료 수입(소위 skimmed milk)과 ② 증권위탁매매업자의 수수료 수입만을 노린 고의적이고 사기적인 거래행위(투자자에게 부적합)로 인한 투자자의 보유자산가액 감소(소위 spilt milk)라고 하였다. Goldberg 판사는 증권업자가 투자자를 보상하려면 이러한 두 가지 피해에 대해 완전한 손해배상을 해주어야 한다고 판시하였다.[152] 계산방식은 ①과 ②를 합산하는 것으로서, 이는 과당매매 개시시점의 자산가액으로부터 과당매매 종료시점의 자산가액을 차감하는 것과 결과에 있어서 동일하다.

협의의 차액설은 수수료설보다 고객에게 유리한 방식으로 손해의 개념 및 손해배상의 기본원칙에 합치되고 과당매매시기만 확정되면 계산도 간편하다는 장점이 있으나, 문제된 계좌에서 발생한 모든 거래행위를 부적절한 과당매매로 보아 손해를 배상하여야 한다는 입장이므로 과당매매와 상당인과관계가 없는 손해(예: 과당매매와 무관한 증권시장의 주가하락에 따른 손실)까지도 배상함으로써 원고인 투자자에게 부당한 이득을 줄 위험성이 있다.[153] 이 때에는 고객에게 당연히 귀속되어야 할 손실이 증권업자에게 전가되는 결과가 발생한다. 한편 주가상승기에 잔액상 손해가 없는 경우에는 전혀 손해배상을 인정할 수 없다는 문제점도 있다.

구체적인 사안에서 미국의 증권업자들은 협의의 차액설에 의할 경우 고객에게 2중의 보상을 해주는 결과가 발생한다고 항변하여 왔지만, 미국의 법원들은 相異한 종류의 위법행위(거래의 과다에 의한 수수료와 부적합한 투자에 따른 자산가액의 손실)에 대한 보상이므로 이중의 보상이 아니라고 항변을 배척하여 왔다. 그러나 협의의 차액설에 의할 경우 거래에 의하여 발생한 수수료가 자산가액의 감소시 반영되므로 2중 계상이 될 수 있다는 비판은 경청할 만하다. 또한 손실을 과소계상할 가능성도 있는데, 왜냐하면 협의의 차액설은 보다 더 운용이 잘 이루어졌다면 취득하였을 추가적인 이득(기회비용)을 적절히 반영하지 않기 때문이다. 특히 후자의 문제점에 착안하여 기대이익설이 출현하게 되었다.

---

152 637 F.2d 318 (5th Cir. 1981).

153 동지: 이기영, 전게논문, 143면.

2) 수정차액1설: 손익상계금지

수정차액1설은 협의의 차액설과 달리, 비록 당해 계좌에 손실이 없더라도 과다하다고 판단되는 거래의 수수료(the amount of the commissions which it deemed to have been excessive) 반환을 인정하는 입장으로서, *Nesbit v. McNeil* 사건에서 제9항소법원이 채택하였다. 동 사건에서 원고는 퇴직교사이자 미망인으로서 증권거래경력이 일천하였다. 남편이 상당한 재산을 유산으로 남겼는데, 원고는 재산의 운용($210,000)을 피고회사에 위탁하였고, 피고회사의 직원인 피고(원고친구의 아들)는 이후 11년 6개월 동안 과당매매(거래가액 $4백 4십만)를 행하여 수수료가 $250,000에 이르렀다. 원고는 안전성, 유동성 및 성장성을 중시하는 투자성향을 보였지만, 동 계좌에서 실제로 이루어진 투자는 투기적이고 소득창출과는 무관한 것들도 많았다. 그렇지만 원고의 최종자산가액은 $390,000로 평가되었다. 동 사건에서 배심원들은 $130,000의 수수료가 과도한 거래에 의한 것이었음을 인정하였다. 이후 항소심에서 피고들은 원고의 수수료 손실은 자산액의 증대치로 상쇄되어야 한다는 損益相計의 주장을 하였다. 항소법원은 *Miley v. Oppenheimer*에서의 Goldberg판사의 판시를 인용하면서 과당매매에 있어서 2가지 별개의 독립된 손해가 발생한다는 점을 들어, 1가지 유형의 손해(자산가액의 손실)가 발생하지 않았다는 사실만으로 원고가 입은 손해(수수료 지급)의 배상을 거절할 수 없다는 점을 명확히 하였다.[154] 본 판결은 과당매매가 증권법을 위반하는 사기행위에 해당하므로 고객의 최종적인 자산가액이 어떠한가와 전혀 무관하게 증권업자는 손해배상을 하여야 한다는 점을 명확히 하였다. 그러나 모든 거래가 부적절하다는 것을 전제로 과당매매가 된 계좌가 이익을 실현하더라도 손해배상액을 청구할 수 있다는 수정차액1설을 견지할 경우, 손해배상액의 과다계상이라는 비판에서 역시 자유로울 수 없을 것이다.

3) 수정차액2설: 주가지수(market index) 적용설

수정차액2설은 협의의 차액설과 달리 거래손실을 계산함에 있어서 주가지수를 적용하는 방식으로서, 1978년 제2연방항소심이 *Rolf v. Blyth, Eastman Dillion & Co., Inc.*사건[155]에서 채택한바 있다. 주가지수 적용방식은 다음 절차에 의하는데, 우선 ① 과당매매 개시시점의 원고자산에 대한 시장가액을 계산하고, ② 과당매매가 행해진 기간동안, 다우

154 이 판결은 차액설을 유지하되, 수수료 등의 손실에서 투자이익을 공제하지 않음으로써, 투자이익의 발생이 곧 과당매매로 인한 손해가 없었음을 반증하는 것은 아님을 명확히 하였다. 정윤모, 박기령, 앞의 연구보고서, 72면.

155 570 F.2d 38, 48-50 (2d Cir. 1978, *cert. denied* 439 U.S. 1039 (1978).

존수지수나 S&P지수 등의 평균상승률 혹은 평균하락률로 ①의 금액을 조정한 후, ③ 조정금액으로부터 과당매매가 종료되는 시점의 자산가액을 차감하는 방식이다. Rolf사건에서의 사기는 주가지수가 하락하는 시기에 발생하였으므로, 조정결과 원고의 차액손실은 감소되었다. 수정차액2설은 비록 계좌가 사기적으로 관리되지 않더라도 주가하락시에는 손실이 발생하므로, 협의의 차액설과 비교할 때 고객에게 당연히 귀속되어야 할 손실이 귀속된다는 점에서 훨씬 구체적 타당성을 갖는다. 반대로 주가상승시점에 사기가 발생한다면 차액손실이 상향조정될 위험성도 있다.[156] 왜냐하면 원고의 실제손해는 보유주식가액의 단순한 하락 뿐만이 아니라 당해 증권가액이 시장에서의 지수상승치와 보조를 맞추지 못함으로써 발생하는 손해까지 포괄할 수 있기 때문이다. 수정차액2설은 수정차액1설과 마찬가지로 당해 계좌가 이익을 실현한 경우에도 적용가능하다. 예를 들어 과당매매 개시시점의 자산가액 $100,000이고 과당매매기간 중 주가지수가 20% 상승하였으며 과당매매 종료시 자산가액은 $110,000이라고 가정하자. 이 때에는 당해 계좌의 잔고상으로 $10,000의 이익을 실현하였더라도 원고는 $10,000의 자산손실을 청구할 수 있는 것이다.

수정차액2설도 완벽한 이론은 아니다. 특히 수정차액2설은 과당매매 기간 중 당해 계좌로의 추가예탁과 인출을 고려하지 않는다는 문제점이 있다. 따라서 이 때에는 손해배상액 산정에있어서 추가 예탁금을 합산(+)하고 과당매매기간 중 인출금을 차감(-)하여야 하는 것이다. 각 예탁금을 예치시점부터 과당매매가 종료되는 시점까지 관련되는 주가지수의 변화로 조정하여야 할 것인데, 여러 차례의 추가 예치가 이루어졌다면 그 계산도 더불어 복잡해질 것임을 유념하여야 한다.[157] 또한 과당매매기간 중 증권위탁매매업자가 무단으로 배당금이 지급되던 기존의 주식으로부터 배당금이 지급되지 않는 주식으로 보유자산을 변동시킬 경우, 주가지수에 의한 조정을 하더라도 배당금 손실을 보상할 길은 없게 된다. 이때에는 과당매매 개시시점의 자산가액에서 지급받을 수 있었던 배당금을 추가하던가, 혹은 당해 계좌가 적절하게 관리되었더라면 보유할 수 있었던 증권포트폴리오에 대한 추정수익률(estimated yield)에 일정 비율을 곱하여 손해배상액을 합산하는 방법을 모색하여야 할 것이다. 미국에서 수정차액설이 적용되는 사례는 기존의 수수료설과 다음의 기대이익설이 적용되지 않는 기타의 영역이라고 할 것이다.

156 *Medical Associates of Hamburg, P.C. v. Advest, Inc.*, 1989 WL 75142, 58 U.S.L.W. 2056 (W.D.N.Y. 1989).

157 Note, *Measuring damages in suitability and Churning Actions under Rule 10b-5*, 25 Boston Coll. L. Rev. 839, 861 (1984).

(4) 3설: 기대이익설(Benefit of the Bargain Churning Damages)

과당매매된 계좌가 잘 운용되었을 때를 가정한 시장원리적 해결방안(well managed and market approach) 혹은 "거래상의 손실배상방식"이라고도 한다.[158] 1990년 *Davis v. Merril Lynch, Pierce, Fenner & Smith, Inc.* 사건[159]에서 제8연방항소법원은 과당매매의 결과로 상실한 기회투자비용을 보상받을 수 있다고 하여 기대이익설을 최초로 선언하였다. 동 사건에서 원고는 누적적으로 피고의 과당매매기간 중 $53,000의 이익을 실현하였으나, 배심원 평결에서는 피고에게 $100,000의 손해배상과 $2백만의 징벌적 손해배상을 부과하였다. 제9연방항소법원은 원고로 하여금 승인하지 않은 거래에 대해 피고에게 지급한 수수료와 원고가 입은 자산가액의 손실(차액)을 청구할 권리가 있음을 인정한 후, "과당매매는 계좌에서 순이익을 실현하였다는 사실만으로 책임이 면제되지 않는다"고 판시하였다(여기까지는 수정차액1설과 차이 없음). 그런데 제9항소법원은 차액손실에 관하여 승인받지 않은 거래 즉 과당매매가 없었더라면 있었어야 할 계좌가액에서 실제 수령금액을 차감한 금액이라고 하면서, 고객자산의 상실이란 실제의 차액손실을 말하는 것이 아니고 과당매매의 결과 상실된 이익(lost profit)을 말한다고 판시하였다.

Davis v. Merril Lynch, Pierce, Fenner & Smith, Inc. 판결을 계기로 비록 증권거래법 제28(a)조가 손해배상의 범위를 실제 손해액으로 제한하고 있음에도 불구하고, 고객에게 Rule 10b-5에 따라 상실이익의 청구를 인용하는 판결이 많이 나오게 되었다. 더욱이 제2연방항소법원은 손해액이 상당한 정도로 확실하게 입증될 수만 있다면 증권거래법 제28(a)조는 기대이익(benefit-of-the-bargain)에 의한 손해의 사용을 금지하지 않는다고 판시하기에 이르렀다. 따라서 기대이익설에 의할 경우 증권거래법 제28(a)조는 손해배상액을 제한하는 조항으로 볼 수 없는 것이다. 이는 사해행위자가 이익을 보유하는 것보다 피사취자에게 예견치 않은 이득을 주는 것이 오히려 더 낫다는 생각이 이면에 깔린 것으로 분석하기도 한다.[160] 그렇지만 기대이익에 의한 손해배상을 인정하는 것은 투기적(speculative)일 뿐만 아니라 고객에게 예견치 못한 횡재(windfall)를 주는 것이라는 비판도 있다.[161]

---

158 Brodsky, *Measuring Damages in Churning and Unsuitability Cases*, 6 Sec.Reg.L.J. 157, 165-166 (1978)에서 "피사취자인 투자자를 보상하는 가장 최선의 방법은 당해 고객의 계좌를 운용이 잘된 계좌와 비교함으로써 산정된 기대이익에 따라 손해배상을 하는 것이다"고 주장하였는데, 동 논문이 기대이익설을 주창한 효시라고 분석된다.

159 906 F.2d 1206 (8th Cir. 1990).

160 *Osofsky v. Zipf*, 645 F.2d 107, 114 (2d Cir. 1981).

161 Michael D. Gallagher & Gregory S. Capps, *Liability of Stockbrokers: Claims for Churning and Unsuitability*,

기대이익설이 가장 이상적인 협의의 차액설 모델로 회귀한 것이라는 견해도 있을 수 있다. 왜냐하면 협의의 차액설의 효시가 되었던 *Miley v. Oppenheimer & Co.* 사건에서 제5항소법원의 판결문을 보면, 원고가 과당매매이후 계좌가액(the value of his account after churning)과 위법행위가 없었다면 있었을 가액(what its value would have been absent the violation)과의 차액을 청구할 수 있다고 판시하였기 때문이다.[162] 그리고 과당매매에 대한 손해배상에 있어서 가장 본질적인 문제점은 과도한 거래와 부적절한 거래가 야기한 상당인과관계 있는 자산가액의 손실을 정확히 산출하기 어렵다는 점이다. 그런데 당해 계좌가 과당매매되지 않았다면 고객이 당해 계좌를 어떻게 운영하였을까(how the would have fared if his or her account had not been churned)하는 기대이익의 상실도 정확히 산출하기 어려운 것은 마찬가지이다. 단지 작업이 어렵고 복잡하다는 이유만으로 법원에 대해 가장 공정하고 합리적인 손해배상액을 제시하여야 할 종국적인 책임을 면해주지는 않으므로, 법원은 과당매매가 없었더라면 있었어야 할 상실이익도 가능한 한 정확히 산정하여야 할 책임이 있는 것이다. 그렇지만 제9항소법원이 *Davis v. Merril Lynch, Pierce, Fenner & Smith, Inc.* 사건에서 종전의 차액설보다 훨씬 전향적인 판결을 한 것은 의심의 여지가 없다. 왜냐하면 과당매매의 대상이 되었던 계좌가 $53,000의 이익을 실현하였음에도 불구하고 제9항소법원은 당해 고객에 대해 과당매매가 없었더라면 향유하였을 추가적인 이익도 청구할 수 있다고 판시하였기 때문이다. 미국에서는 현재 과당매매에 있어서 기대이익설이 가장 주류를 점하고 있는 것으로 분석된다. 2003년 *Scalp & Blade, Inc. v. Advest, Inc.*사건에서도 과당매매와 이후의 부적합한 투자가 발생하지 않았더라면 투자자에게 귀속되었을 상실이익을 인정하는 판결이 행해졌다.[163] 그런데 기대이익설이 원용된 판결의 사실관계를 보면 부적합한 투자권유(unsuitability)와 과당매매의 두 가지 쟁점이 모두 문제된 사안에서 적용된 것으로 보여진다.

(5) 정리

미국에서는 금융투자업자가 고객을 상대로 행할 수 있는 가장 대표적인 이해상충행위로서 과당매매를 규제하고 있는데, 현행 법규 및 판례는 과당매매행위가 자금수탁자의

---

64 Def. Couns. J. 589, 595 (October, 1997).

162 *Miley v. Oppenheimer & Co.*, 637 F.2d 318, 326-328 (5th Cir. 1981).

163 765 N.Y.S.2d 92, 309 A.D.2d 219 (2003). Thomas Lee Hazen, *(Treatise) Law of Securities Regulation*, 4, Law Sec. Reg. § 14.20 (5th ed) (January 2006)에서 재인용.

무를 위반하는 불법행위임과 동시에 추정적인 사기행위에 해당함을 명시하고 있다. 문제는 어떠한 기준에 따라 손해배상책임을 인정할 것인가?이다. 최근 미국에서 수수료설이나 협의의 차액설이 원용된 사례는 발견되지 않고 수정차액설이나 기대이익설에 의한 판시만이 발견될 뿐이다. 수정차액설이나 기대이익설 모두 과당매매로 인하여 발생한 상당인과관계 있는 손해를 공정하고 합리적으로 산출하기 위한 도구라고 판단한다. 그런데 미국에서 과당매매사건의 경우 어떠한 설이 주류인지를 분석하는 것보다 더욱 주목할 점은 증권회사나 금융투자업자의 손해배상책임을 全部 아니면 全無(all or nothing)로 판단하고 있다는데 있다. 즉 어떠한 방식으로든 산정된 손해액은 과실상계로 감액되지 않고 그 전액을 배상액으로서 보상한다는 사실이다. 이렇게 과실상계를 하지 않기 때문에 증권회사나 금융투자업자가 과당매매로 과다한 수수료수입을 취득하겠다는 유인은 강력히 억제되는 것이 아닐까 추측해 본다.

Ⅳ. 자본시장법상 과당매매규제 현황 및 개선방안

1. 자본시장법상 과당매매규제

자본시장법 제71조 제7호는 투자매매업자나 투자중개업자의 불건전행위로서 "그 밖에 투자자 보호 또는 건전한 거래질서를 해할 우려가 있는 행위로서 대통령령으로 정하는 행위"를 금지하고 동법시행령 제68조 제5항 제14호는 다시 "그 밖에 투자자의 보호나 건전한 거래질서를 해칠 염려가 있는 행위로서 금융위원회가 정하여 고시하는 행위"를 금지하면서 구체적인 내용을 금융위원회에게 위임하고 있다. 이에 따라 금융투자업규정 제4-20조 제1항 제5호는 "투자권유와 관련하여 … 일반투자자를 대상으로 빈번한 금융투자상품의 매매거래 또는 과도한 규모의 금융투자상품의 매매거래를 권유"하는 과당매매의 권유행위를 규제하고 있다.

그런데 이렇게 2단계의 위임을 통하여 금융위원회의 규정으로 과당매매를 규제(정확하게는 과당매매의 권유행위를 규제)하는 법규체제는 바람직하지 못할 뿐만 아니라 행정규제기본법의 입법취지에도 반한다. 왜냐하면 포괄적인 위임입법은 금지되므로 가장 상위법인 자본시장법에 과당매매를 규제하는 추상적인 근거 조항을 마련해두고, 과당매매의 요건과 손해배상액 산정기준 등을 대통령령으로 정할 수 있도록 위임하는 것이 입법형식상 타당하였기 때문이다.

자본시장법상 금융투자업별 과당매매 규제

업종 \ 유형	투자매매 · 투자중개업	집합투자업	투자자문 · 투자일임업	신탁업
과당매매	제71조 제7호	제85조 제8호	제98조 제2항 제10호	제108조 제9호
금지행위 내용	대통령령으로 위임			

2. 자본시장법의 개선방안

(1) 자본시장법상 개별업무 별 과당매매규제의 근거조항 복원 필요성

자본시장법은 개별 업별로 과당매매규제의 근거조항을 마련하여야 할 뿐만 아니라 하위 법령으로 구체적인 위임을 할 수 있도록 하는 문구를 삽입하는 방식으로 제정되었어야 했다. 그러면서 금융투자업자의 과당매매행위가 종래부터 판례상으로 인정되어 온 충실의무(또는 자금수탁자의무) 위반으로서 불법행위가 된다는 점을 명확히 했어야 했다. 추가적으로 미국의 입법례에서와 같이 고객에 대한 추정적 사기가 됨을 명확히 하는 방법도 강구할 수 있다. 이 때에는 과당매매행위가 법령위반행위가 된다는 점이 명확해지므로, 금융투자업자에게는 이러한 불법행위를 해서는 안된다는 사전 예방적인 경고를 발하게 되고 고객들에게는 동법 위반을 이유로 좀 더 용이하게 손해배상을 주장할 수 길을 마련해줄 수 있는 것이다.

(2) 자본시장법상 수정차액설의 법문화 필요성

혹자는 2007년 4월 12일 대법원 판결로 인하여 과당매매에 대한 손해배상액 산정기준에 대해 더 이상 논의의 실익이 없다고 주장할 수 있다. 그러나 대법원의 판시는 왜곡될 수 있다. 왜냐하면 대법원은 하급심법원들로 하여금 수정차액설보다 훨씬 용이한 대안으로서 차액설과 과실상계의 방식을 선택하는 것을 정면으로 허용하였기 때문이다. 한편 하급심 법원들이 수정차액설을 취하더라도, 대법원의 숨은 뜻을 곡해한 상태에서 과실상계까지 할 경우 고객들은 기존의 차액설보다 훨씬 불리한 취급을 받을 위험이 있다. 이 때문에 자본시장법에는 수정차액설에 따른 손해배상액 산정기준을 명확히 제시하여야 할 필요가 있는 것이다. 물론 거래비용의 계산에 있어서 평균회전율을 초과하는 수수료에 대해서는 전문감정인의 정확한 계산을 반영하도록 강제하여야 할 것이다. 거래순손실에 있어서의 주가지수를 반영하는 산식은 너무도 간단한 일이다.

(3) 자본시장법상 과실상계의 적용배제 혹은 한도의 설정 필요성

기존 판례의 입장을 답습한다면 과당매매에 있어서 고객의 과실은 광범위하게 인정될 것이다. 과실인정비율이 전적으로 사실심의 전권사항에 속하므로, 과당매매의 피해자인 고객들은 법원의 책임제한 결정에 대해 구제를 받을 방법도 없는 형편이다. 만일 수정차액설을 취한 사실심법원이 책임의 공평분담이라는 허울속에 불합리한 과실상계를 한다면, 투자자는 원시적인 차액설을 적용할 경우보다 결과적으로 훨씬 열등한 취급을 당하는 상황으로 몰리게 된다.

최선은 미국과 같이 자본시장법상 과당매매를 '고의에 의한 증권사기'로 간주하는 방안이 될 것이다. 이 때에는 법원도 전가의 보도처럼 활용해왔던 과실상계의 적용을 주저할 것이다. 왜냐하면 판례는 "피해자의 부주의를 이용하여 고의로 불법행위를 저지른 사람이 바로 그 피해자의 부주의를 근거로 내세워 자신의 책임을 감하여 달라고 주장하는 것은 허용될 수 없는바(대법원 2000. 9. 29. 선고 2000다13900 판결, 2005. 11. 10. 선고 2003다66066 판결 등 참조), 원심이 피고의 과실상계 주장을 배척한 것은 이러한 법리에 따른 것으로 정당하고, … 과실상계에 관한 법리를 오해한 위법이 없다"고 함으로써 고의의 사기행위에 대해 피해자의 과실상계를 전적으로 배제할 수 있는 길을 마련해 놓았기 때문이다[164]

과당매매가 자금수탁자의무를 위배하는 가장 악질적인 이해상충행위임을 감안할 때, 가사 차액설을 포기할 수 없다면 대안으로서 자본시장법상 고객의 과실 한도를 일정 수준으로 제한하는 조항을 마련할 수도 있다. 과당매매에 있어서 고객의 과실을 빌미로 삼아 대폭적으로 과실상계를 행하는 일본 하급심

164 대법원 2006. 2. 24. 선고 2005다59314 판결.

의 태도는 고객의 이익을 도외시하고 판결의 편의만을 추구하는 사법부의 횡포라고 밖에 볼 수 없다.

(4) 입증책임의 전환규정 마련

금융투자업자의 과당매매행위에 있어서 입증책임을 전환하는 규정도 마련하여야 한다. 즉 "배상책임을 질 금융투자업자가 청구권자가 입은 손해액의 전부 또는 일부를 고객의 구체적인 위임에 따라 정상적으로 거래한 것에 기한 것일 뿐 단지 자신의 수수료 수입을 증대시키고자 하는 의도로부터 발생한 것이 아님을 입증한 경우에는 그 부분에 대하여 배상책임을 지지 아니한다"와 같은 규정을 마련하여야 하는 것이다. 물론 종래 허위공시에 대한 손해배상 및 입증책임과 관련하여 헌법재판소에 위헌심사가 제청되었음을 감안할 때, 법문의 구조와 내용의 선택에 있어서는 좀 더 심도있는 검토가 필요할 것이다.

(5) 불가피한 과당매매시 전면적인 사전개시 및 승인의무의 명문화 필요성

금융투자업자의 쌍방대리는 불가피한 운명이라고 할 수 있다. 이러한 이해상충행위를 할 수밖에 없는 금융투자업자에게는 민법 제124조[165]와 상법 제398조[166]의 법리를 준용할 수도 있다. 그렇지만 '새술은 새부대'에 담으면서 흠결없는 법적 안정성을 확보할 수 있고, 법률적용에 대한 고객과 금융투자업자의 예견가능성을 높여줄 수 있는 방향으로, 자본시장법에 신설조항을 마련하는 것이 바람직하다. 최선의 입법 모델은 미국 투자자문업법 제206(3)조가 될 것인데, 동조에 의하면 금융투자업자가 고객에 대한 최선의 이익을 추구하는 과정에서 불가피하게 과당매매행위나 자기거래·쌍방대리를 하여야 할 경우 미리 고객에게 동 행위의 필요성을 개시하고 고객으로부터 승인을 받도록 되어 있다.

---

165 민법 제124조(자기계약, 쌍방대리) 대리인은 본인의 허락이 없으면 본인을 위하여 자기와 법률행위를 하거나 동일한 법률행위에 관하여 당사자 쌍방을 대리하지 못한다. 그러나 채무의 이행은 할 수 있다.

166 상법 제398조(이사와 회사간의 거래) 이사는 이사회의 승인이 있는 때에 한하여 자기 또는 제3자의 계산으로 회사와 거래를 할 수 있다. 이 때에는 민법 제124조의 규정을 적용하지 아니한다.

제6절 금융투자업자와 고객의 이해상충 예방: Wrap Account 제도

I. 의의

랩계좌란 투자중개업무와 투자일임업무를 결합한 자산관리계좌이다. 투자중개업자는 예탁받은 개인투자자의 자금을 포괄적인 일임매매계좌로서 운용하고, 매매거래회수에 관계없이 보통 연간 계좌잔고의 일정비율을 포괄적 운용수수료로 징수한다.[167] 자본시장법시행령 제99조는 투자자문업자나 투자일임업자의 불건전 영업행위를 금지하는데, 동조 제4항 제7호는 금융위원회에게 금지행위를 구체화하도록 위임하고 있다. 이에 따라 제정된 금융투자업규정 제4-77조 제7호는 "투자일임업을 경영하는 투자중개업자가 투자중개업무와 투자일임업무를 결합한 자산관리계좌(이하 맞춤식 자산관리계좌(Wrap Account)라 한다)를 운용함에 있어 투자일임재산에 비례하여 산정하는 투자일임수수료 외에 위탁매매수수료 등 다른 수수료를 부과하는 행위"를 금지하고 있다. 랩계좌는 경우에 따라 운용자를 외부 투자자문업자가 아닌 투자중개업자 및 내부 직원인 금융자산관리사(financial planner, 이하 FP)로 지정하기도 한다(투자중개업자가 투자자문등록을 하면 일임계정업무 영위가 가능).[168] 랩계좌의 보수에는 주식매매위탁수수료, 운용보수, 동 계좌의 판매서비스, 컨설팅료 등을 모두 포함하므로, 투자자는 포괄적인 보수를 일단 지급하면 더 이상의 지급의무가 없

167 랩계좌의 시초는 1975년 미국의 E. F. Hutton suggest part III account이나, 미국에서도 1987년 이후 본격적으로 성장하였다고 한다.

168 랩은 투자중개업자의 역할이 소극적인지 적극적인지에 따라 consultant wrap과 mutual fund wrap으로 구분할 수 있다(물론 겸영을 전제로 한 구분임). 전자는 금융투자업자의 영업사원이 고객에게 해당 투자중개업자와 계약을 맺고 있는 투자자문회사를 소개하는 방식이고, 후자는 금융투자업자가 직접 고객 성향에 따라 적합한 투자전략을 수립한 후 이를 바탕으로 뮤추얼펀드, 수익증권 등의 포트폴리오를 구성하는 방식이다. 한편 고객의 입장에서 금융투자업자에게 일임하였는지 여부에 따라 일임형랩과 자문형랩으로 구분할 수도 있다. 전자는 고객이 투자에 관한 결정권한의 일부 또는 전부를 금융투자업자에게 일임하여 운용하는 방식이고, 후자는 금융투자업자가 포트폴리오를 구성하여 제안하면 고객이 선택하거나 고객 스스로 운용하는 방식이다. 우리나라에서는 2004년 말부터 일임형랩과 자문형랩이 모두 허용되어 왔다.

는 것이 일반적이다. 그리고 보수는 거래기준이 아닌 잔고기준인데, 다만 보호예탁 및 결제에 대해서는 별도수수료가 징수될 수 있다.[169]

랩계좌는 금융투자업자가 고객예탁재산에 대하여 자산 구성에서부터 운용 및 투자자문까지 통합적으로 관리해주는 종합금융서비스이므로, 자본시장법상 독립된 금융투자상품이 아니다. 그리고 랩계좌는 개인 고객에 대한 개별 맞춤형 금융서비스로서의 속성을 가지므로, 금융투자업자는 개개의 랩계좌를 다른 랩계좌와 혼합하여 운용하여서는 안될 것이다. 이 때문에 자본시장법 제98조 제2항 제8호도 "투자일임재산을 각각의 투자자별로 운용하지 아니하고 여러 투자자의 자산을 집합하여 운용하는 행위"를 불건전 영업행위의 하나로서 금지하는 것이다.

II. 도입효과

랩계좌의 도입은 ① 투자중개업자의 영업전략이 거래중심(flow)에서 자산중심(stock)으로의 전환임과 동시에, 위탁수수료 영업(commission business)에서 운용수수료 영업(fee business)로의 전환을 의미하고, ② 이익상충의 제거는 고객의 이익으로만 그치는 것이 아니라, 투자중개업자의 측면에서도 고객의 신뢰획득에 기여하고 FP의 고객설득에 있어서도 투자중개업자의 추진력이 강화될 것이며(물론 FP의 자체 역할은 감소), ③ 증권관여자의 역할분담이 명확해질 것이다. 즉 랩계좌를 통하여 자산관리는 투자중개업자, 운용은 투자자문업자, 컨설팅은 FP로 전문화되는 것이다.

랩계좌의 도입을 위해서는 투자중개업자에 대한 투자일임업 허가,[170] 모회사

169 투자대상을 투자신탁으로만 한정시킨 '투자신탁의 랩계좌'도 있을 수 있는바, 이는 투자자가 투자중개업자에 자산을 예탁하고 그 자산을 투자중개업자의 컨설팅을 받아 선정한 복수의 펀드에 투자하는 것으로서, 반드시 펀드선정을 전문으로 하는 투자자문사를 지정할 필요가 없다는 차이가 있다.

170 미국에서는 종래부터 투자중개업자가 투자자문업상의 투자일임업자로 등록할 수 있었는데, 자본시장법은 소위 add-on 방식에 의하여 중개업을 인가받은 금융투자업자가 투자일임업자로 등록할 경우 투자중개업과 투자일임업을 겸업할 수 있도록 하고 있다.

인 투자중개업자에 대한 투자자문업자의 주문제한 완화,[171] 위탁매매수수료의 자율화가 필요한데, 우리나라에서는 자본시장법의 시행과 함께 이러한 여건이 모두 성숙되었다고 본다. 한편 동계좌의 조속한 정착을 위해서는 확정납입형 연금제도[172]를 도입하여 개인투자자의 투자수요 확충을 모색하여야 할 현실적인 필요성이 높다고 한다. 물론 확정납입형 연금제도가 없다고 하여 랩계좌의 도입이 불가능한 것은 아니지만, 미국의 예를 볼 때 확정납입형 연금제도의 도입은 랩계좌의 급신장을 위한 하나의 큰 기초가 되었다는 것이다.

Ⅲ. 운용구조

랩의 운용구조는 다음과 같이 단계별로 일련의 절차를 필요로 한다. (1) 1단계는 고객정보의 파악이다. 랩계좌를 개설함에 있어서 우선 투자중개업자는 FP를 통하여 고객의 자산상황등을 파악하고 고객이 바라는 투자계획을 작성(보통 설문지 이용)하여야 한다. (2) 2단계는 투자자문업자의 선정이다. 투자중개업자는 앞의 제1단계에서 작성한 고객의 투자계획에 합치된다고 판단되는 투자자문업자를 선정하고 고객에게 추천한다. 보통은 복수의 투자자문업자를 추천하고 그 중에서 어떤 투자자문업자를 선정하는 것이 좋은지에 대해 FP로부터 컨설팅을 받아 고객자신이 최종적으로 선정하는 것이 일반적이다. (3) 3단계는 랩계좌의 개설 및 예탁이다. 고객은 투자중개업자에 랩계좌를 개설한다. 참고로 미국은 필요최저투자금액이 10만 달러이고 평균운용자산잔고가 25만 달러에 달한다고 하지만, 우리나라에서는 그보다 훨씬 저액의 랩(예: 1천만원)이나 적립식랩(예: 월 10만원 적립식)도 개설이 가능하다. 한편 이렇게 개설되어 예치된 고

171 본래 모회사인 투자중개업자에 대한 주문의 제한은 수수료 획득을 위한 회전매매를 미연에 방지키 위한 취지에서 유래되었다.

172 연금은 그 운영방식에 따라 확정지급형과 확정납입형으로 분류하는데, 전자는 지급액이 확정되어 있는 만큼 보장성이 높으나 지급부족사태가 초래될 위험성이 있고, 후자는 납입금액만을 확정하고 투자성과에 따라 지급액을 정하는 것으로서 지급부족의 문제를 미연에 방지하고 가입자의 관심을 촉발시켜 합리적으로 자산운용이 이루어질 수 있는 장점이 있으나 지급액이 불확실하고 위험성이 수반되는 단점이 있다.

객의 자산은 안전하게 보호예탁되어야 한다. 주로 투자중개업자가 고객자산의 보호를 위한 1차 예탁을 행하게 된다. (4) 4단계는 투자자문업자에 대한 자산운용의 위탁과 주문의 발주이다. 투자중개업자는 선정된 투자자문업자에게 고객자산의 운용을 2차로 위탁한다. 물론 개별적인 고객의 희망대로 운용될 수 있도록 이전에 작성된 고객정보 및 투자계획이 투자자문업자에게 전달되어야 할 것이다. 이후 투자자문업자에게 고객자산의 운용과 주문이 발주되어야 할 것인데, 운용에 관한 주문의 발주처는 통상 운용을 의뢰하여 온 의뢰원의 투자중개업자이다. 한편 투자중개업자는 고도의 주의의무(due diligence)를 진다고 하는데, 즉 투자중개업자는 투자자문업자가 고객의 투자계획에 따라 자산을 운용하는지를 감시하고 운용실적을 평가함으로써 투자자문업자가 고객의 희망대로 이행하고 있는지를 점검하여야 하는 것이다. (5) 5단계는 수수료 지급과 컨설팅의 계속이다. 고객은 랩계좌 개설당시 약정하였던 수수료를 연 베이스로 지급하여야 하며, 이에 상응하여 투자중개업자는 거래개시 후에도 고객에 대하여 FP를 통한 컨설팅을 계속하여야 한다. 즉 각종 보고서를 통한 거래내용 등의 보고 외에 정기적(통상 3개월)으로 FP가 직접 고객을 접촉하여 고객의 투자계획에 변경이 없는지 여부를 확인하고 투자실적의 평가결과 등과 함께 금후에도 동일 투자자문업자에게 운용을 위탁할지에 대한 컨설팅을 수행한다. 따라서 고객은 보통 투자자문업자를 FP를 통하여 간접적으로 접촉할 뿐 직접적으로 투자자문업자를 접촉할 수 없는 것이다.

Ⅳ. 랩의 장점과 단점

첫째, 개인투자자의 입장에서는 랩의 개설을 통하여 소액투자자금으로도 개별적이고 전문적인 투자서비스를 받을 수 있고,[173] 투자중개업자의 수수료획득 목

173 예를 들어 미국에서는 1% 랩이 있는데, 이는 서비스내용을 줄이는 대신 저가의 보수를 받는 것이다. 다만 투자중개업자는 투자조언 및 컨설팅을 하지 않는 경우가 많으며, 투자자는 스스로 투자자문사의 선정 및 운용상황의 분석 등을 하여야 하는 부담을 진다.

적의 회전매매 가능성이 제거됨으로써 투자중개업자와의 상호신뢰감을 구축할 수 있다. 반면에 시황이 침체되어 거래가 별로 없는 경우에도 개인투자자는 투자중개업자에게 운용수수료를 지급해야 하는 등 불필요한 서비스에 대한 수수료를 지급하는 경우가 발생할 가능성도 있다.

둘째, 투자중개업자 입장에서는 이익상충위험의 제거로 고객유치가 보다 용이하고 증시상황에 관계없는 안정적인 수입원을 확보할 수 있으며, FP의 고객에 대한 영향력 감소로 FP의 회사귀속의식을 강화시키는 이점이 있다. 반면에 수수료 수입총액이 감소할 가능성이 있고 FP의 재교육 등 랩계좌의 운용을 위한 체제구축비용이 소요되는 단점도 있다.

셋째, 투자자문회사의 입장에서는 소액투자자의 유치 및 투자중개업자의 자산관리에 따른 비용절감효과를 도모할 수 있으나, 시황침체시에도 운용보수 이상의 운용수익을 올려야 하는 부담이 있고 운용보수가 통상의 운용보수보다 낮다는 단점이 있다.

넷째, FP의 입장에서는 고객유치가 종전보다 용이해진 반면, 고객에 대한 회사의 영향력 강화로 자신의 독립성이 약화되며 거래기준의 보수와 비교하여 볼 때 컨설팅의 보수가 상대적으로 낮다고 할 수 있다.

V. 공시규제

랩계좌는 상품내용이 다양하여 고객이 상품을 선택할 수 있도록 하기 위한 상품정보 및 고객의 희망대로 자산을 운용하는지 점검할 수 있도록 하기 위한 실적정보의 제공이 필요하다. 이와 관련하여 1994년 미국의 증권거래위원회는 1940년 투자자문업법에 의거한 관련규칙을 개정하여 투자설명서의 작성 및 수수료·FP보수·투자자문정보 등의 공시를 의무화하였다. 좀 더 구체적으로 보면, 첫째, 랩계좌는 상품내용이 다양하여 일괄수수료에 포함되는 서비스의 범위가 다양하기 때문에 고객으로서는 어떤 상품이 자신의 투자목적에 가장 합치되는지를 판단하기 곤란한 경우가 발생한다. 따라서 제공자는 상세하고 이해하기 쉬운 형식으로 상품내용에 대하여 공시하여야 하는 것이다.

둘째, 투자자문업자가 고객의 희망에 따라 자산을 운용하는지 또는 충분한 운용실적을 올리고 있는지를 알기 위해서는 고객자산의 운용상황 등에 관한 정보의 공시도 필요하다. 단순수치정보뿐만 아니라 투자자문의 운용실적이 어떤 기준에 따라 산정·평가되는지, 또한 산정·평가결과에 대하여 검증조사가 행해지는지 등 부가정보도 공시하여야 한다.

참고로 미국과 달리 자본시장법은 금융투자업자로 하여금 랩계좌에 대하여 별도의 공시규제를 요구하지 않는다. 다만 투자일임업자에 대한 공통규제로서 제99조에 의한 투자일임보고서를 매 3개월마다 1회 이상 투자자에게 교부하도록 하고 있을 뿐이다.

제7장

M&A

제1절 위임장규칙(Proxy Rules)

Ⅰ. 의결권대리행사 및 그 행사의 권유제도

1. 의의

의결권 대리행사란 주주총회에 직접 출석할 수 없는 주주가 대리인을 통해 의결권을 행사하는 것을 말한다. 의결권 대리행사는 주주가 능동적으로 대리인을 선임하여 하는 경우와 수동적으로 회사나 다른 주주로부터 권유받아서 하는 경우가 있다. 일반적으로 전자를 의결권 대리행사, 후자를 의결권 대리행사의 권유라고 한다. 의결권을 대리행사하기 위해서는 대리인은 대리권을 증명하는 서면, 즉 위임장 원본을 회사에 제출하여야 하는데(상법 제368조 제3항), 이 점에 착안하여 의결권 대리행사의 권유를 위임장 권유라고도 한다. 의결권 대리행사는 주주총회에 출석하지 못하는 주주에게 의결권을 행사할 수 있는 기회를 제공하기 위한 것으로서 이를 금지하는 것은 정관에 의하더라도 허용되지 않는다. 다만 의결권 대리행사가 주주총회개최의 저지나 총회를 혼란에 빠뜨릴 목적으로 이루어지는 경우에는 회사는 거부할 수 있다.[1]

2. 법적 성질

위임장권유의 법적성질에 대해 통설은 위임장권유는 권유자가 주주의 의결권을 대리행사하는 대리인이 되거나 제3자를 대리인으로 선임하는 것을 주주에 대해 청약하는 행위이고, 위임장용지에 필요한 사항을 기재하여 반송하는 행위는 이러한 청약에 대한 승낙으로 본다(위임계약청약설). 이에 반해 주주가 위임장용지에 찬반을 기입하여 권유자에게 반송하는 행위는 서면에 의한 투표행위이며 위임장 권유는 이러한 투표에 대한 유인행위라고 하는 견해(투표유인행위설)와 위임장권유는 단순한 위임계약의 체결을 위한 청약의 유인에 지나지 않

1 대법원 2001. 9. 7. 선고 2001도2917 판결.

고 주주에 의한 위임장의 반송을 청약으로 보는 견해(위임계약청약유인설)가 있다.

위임계약청약유인설은 주주가 위임장을 반송하더라도 권유자가 승낙을 하지 않으면 의결권 대리행사를 목적으로 하는 위임계약이 성립되지 않는다는 점에서 부당하고, 투표유인행위설은 주주가 위임장용지에 찬반을 기재하여 권유자에게 반송하면 그 자체로 의결권행사는 완료된다는 점에서 권유자에 의한 자의적인 의결권행사를 원천적으로 방지할 수 있는 장점은 있으나 위임장권유제도를 서면투표제도와 동일시한다는 점에서 문제가 있다.[2] 그런 의미에서 통설인 위임계약청약설이 타당하다고 본다.

II. 위임장권유규제

1. 적용범위

자본시장법 152조 제1항은 "상장주권의 의결권 대리행사의 권유를 하고자 하는 자는 그 권유에 있어서 그 상대방에게 대통령령으로 정하는 방법에 따라 위임장용지 및 참고서류를 교부하여야 한다"고 규정하고 있다. 따라서 위임장권유규제가 적용되는 것은 상장주권을 대상으로 이루어지는 위임장권유에 국한된다. 비상장회사의 주권에 대해서는 위임장권유규제의 적용은 없으며, 상장회사가 발행한 주식이더라도 상장되지 않은 주식이거나 혹은 의결권이 없거나 제한된 주식의 경우[3]도 마찬가지이다. 자본시장법 제152조 제1항의 입법취지는 위임장권유의 대상인 의제에 대하여 주주가 현명한 판단을 하는데 필요한 모든 중요한 정보를 완전히 공개하도록 함으로써 주주와 의결권행사의 완전성을 보호하기 위한 것이다.

2 김건식·정순섭, 371-372면.

3 예컨대, 자기주식(상법 369조 2항), 배당우선주식(동법 370조), 이해관계자가 보유하는 주식(동법 368조 4항), 의결권의 10% 이상의 주식을 소유당하고 있는 회사(피지배회사)가 소유하고 있는 지배회사의 주식(동법 369조 3항), 감사선임의 경우 3%를 초과하는 주식이 그 예이다.

2. 권유행위

자본시장법은 구체적인 권유행위에 관해 3가지 유형을 규정하고 있다. 즉 ① 자기 또는 제3자에게 의결권의 행사를 대리시키도록 권유하는 행위, ② 의결권의 행사 또는 불행사를 요구하거나 의결권위임의 철회를 요구하는 행위, ③ 의결권의 확보 또는 그 취소 등을 목적으로 주주에게 위임장용지를 송부하거나 그 밖의 방법으로 의견을 제시하는 행위가 그것이다(자본시장법 제152조 제2항 제1호 내지 제3호). 그런데 동법시행령 제161조는 의결권 대리행사의 권유로 보지 아니하는 경우를 다음과 같이 규정한다. ① 해당 상장주권의 발행인(그 특별관계자를 포함한다)과 그 임원(그 특별관계자를 포함한다) 외의 자가 10인 미만의 의결권피권유자에게 그 주식의 의결권 대리행사의 권유를 하는 경우, ② 신탁, 그 밖의 법률관계에 의하여 타인의 명의로 주식을 소유하는 자가 그 타인에게 해당 주식의 의결권 대리행사의 권유를 하는 경우, ③ 신문·방송·잡지 등 불특정 다수인에 대한 광고를 통하여 법 제152조 제2항 각 호의 어느 하나에 해당하는 행위를 하는 경우로서 그 광고내용에 해당 상장주권의 발행인의 명칭, 광고의 이유, 주주총회의 목적사항과 위임장 용지, 참고서류를 제공하는 장소만을 표시하는 경우.

3. 권유자의 범위

권유자에 대해서는 별다른 제한이 없다. 따라서 상장회사가 스스로 권유하는 경우는 물론이고,[4] 회사의 임원이나 주주, 사채권자 나아가서는 이러한 자 이외의 제3자도 주주총회의 목적사항과 이해관계가 있으면 위임장 권유를 할 수 있다. 다만 국가기간산업 등 국민경제상 중요한 산업을 영위하는 법인으로서 대통령령으로 정하는 상장법인(공공적 법인)의 경우에는 당해 공공적 법인만이 그 주식의 의결권대리행사의 권유를 할 수 있다(자본시장법 제152조 제3항). 이는 주주 등에 의한 위임장권유를 인정하지 않겠다는 것으로서 경영권 분쟁의 수단으로 위임장권유가 이용되는 것을 방지하자는 취지이다.

4 자본시장법 제152조의2에서는 "발행인이 아닌 의결권권유자는 발행인이 의결권 대리행사의 권유를 하는 경우"라고 하여 발행인인 상장회사가 스스로 권유하는 경우를 인정하고 있다.

회사가 스스로 위임장권유를 할 수 있는지에 대해서는 논란이 있다. 일단 회사가 항상 위임장권유를 할 수 없다고 보는 것은 옳지 않다. 회사를 대리인으로 하여 위임장권유를 하는 것은 회사 자신이 직접 자기의 의사결정에 참여하여 주주의 대리인이 되는 것이므로 허용될 수 없지만, 회사가 자연인을 대리인으로 하여 위임장권유를 하는 것은 허용된다고 본다.[5] 자본시장법 제152조의2는 발행인이 위임장권유를 하는 경우 발행인이 아닌 의결권권유자는 주주명부의 열람·등사 또는 위임장 용지 및 참고서류의 발송(비용부담은 권유자측)을 요구할 경우 회사는 그 요구를 받은 날로부터 2일 이내에 응하여야 한다고 규정한다.

4. 주주의 지시에 반하는 의결권행사

자본시장법 제152조 제5항은 "의결권 권유자는 위임장용지에 나타난 의결권피권유자의 의사에 반하여 의결권을 행사할 수 없다"고 규정하고 있다. 그러나 통설적 견해는 대리인이 주주의 의사에 반하여 의결권을 행사하더라도 거래의 안전과 위임장권유제도에 관한 규정이 단속규정이라는 점을 고려할 때 주주와 대리인간의 위임계약위반으로 인한 손해배상책임 문제만 발생할 뿐 그 의결권행사는 유효하고 주주총회의 결의에도 영향이 없다고 한다. 다만 회사가 권유자인 경우에는 회사가 주주의 의사를 알고 있었으므로 주주의 의사에 반한 의결권 행사는 무효이고(민법 제130조), 주주총회결의 취소의 사유가 된다고 한다.[6]

이와 대조적으로 통설을 비판하는 견해도 있다. 즉 소수설은 주주의 지시에 반하는 의결권행사의 유·무효를 판단함에 있어서 권유자가 누구인지를 기준으로 회사인 경우 무효, 주주인 경우 유효라고 이분화하는 것은 문제가 많다고 한다. 그리고 위임장 권유제도가 의결권 대리행사라는 회사법상의 제도에 연원한 것으로서 의결권 대리행사에 관한 회사법상의 규정이 효력규정임을 감안할 때에는 위임장권유에 관한 자본시장법상의 규정도 효력규정으로 보아야 한다고 한다. 그 때에는 권유자가 누구인가에 상관없이 주주의 의사에 반하는 의결권

5 동지: 임재연, 639면 각주 137). 그러나 김건식·정순섭, 369면은 자연인을 대리인으로 하여 위임장권유하는 것도 허용되지 않는다고 한다.

6 이철송, 「제16판 회사법강의」, 박영사, 2009[이하 이철송], 426면; 임재연, 643면; 김정수, 「자본시장법원론」, SFL그룹, 2011, 864면[이하 김정수].

행사는 무효이고, 주주총회 결의 취소의 사유로 볼 수 있게 될 것이다.

결국 자본시장법에서 규정한 위임장권유제도에 관한 규정이 단속규정인가 효력규정인가가 첨예하게 대립됨을 알 수 있다. 그렇지만 권유자가 회사인지 혹은 다른 주주인지에 따라 그 취급을 달리하는 것이 오히려 실질에 부합함을 감안할 때에는 양자의 취급을 달리한다는 이유 만으로 문제가 있다고 비판하는 것은 지극히 공허한 비판에 불과하다고 생각한다. 이 때문에 저자도 통설을 지지하는 바이다.

5. 위임의 철회 및 종료

주주는 총회결의가 있기 전에는 언제든지 대리권수여를 철회할 수 있다(민법 제128조 후단, 제689조 제1항). 철회의 의사표시는 위임장소지인에게 통지함으로써 할 수도 있고, 다른 사람에게 다시 위임장을 교부하는 방법으로도 할 수 있다. 철회의 방법에는 특별한 제한이 없으나 상대방에 대한 해지의 의사표시는 필요하다. 주주가 사망 또는 파산하거나 대리인이 금치산선고를 받은 때는 위임은 종료한다(민법 제690조). 따라서 이 경우에 대리인이 의결권을 행사하면 그것은 무권대리로서 무효로 보아야 할 것이지만, 회사에 이러한 사실이 통지되기 전에 대리인이 의결권을 행사한 경우라면 그것은 적법한 의결권행사로 보아야 할 것이다.

6. 해석상의 쟁점

(1) 일부 주주를 대상으로 한 위임장권유

일부주주만을 대상으로 한 위임장 권유가 허용되는지 논란이 있다. 권유자가 해당 상장증권의 발행인이나 그 임원이고 그 비용을 발행인이 부담하는 경우에는 전주주를 대상으로 위임장 권유를 하여야 하고 일부주주만을 대상으로 위임장권유를 하는 것은 주주평등의 원칙상 허용되지 않는다고 보지만, 권유자가 주주인 경우에는 일부주주만을 대상으로 한 위임장권유는 허용된다고 보는 것이 일반적이다.[7]

7 김용진, 「자본시장제도론」, 율곡출판사, 2007, 786면; 김건식·정순섭, 370면; 임재연, 640면.

(2) 일부의안을 대상으로 한 위임장 권유

주주총회에 상정된 의안 전체가 아니라 일부에 대해서만 위임장권유를 하는 것은 가능한가? 권유자가 발행인(회사)인 경우에는 전체 의안에 대해 위임장권유를 하여야 함은 말할 필요가 없다. 그러나 주주가 권유자로서 위임장권유를 하는 경우에는 전체 의안에 대해 권유를 할 필요는 없고 자신이 제안한 의안이나 회사의 제안 중 반대하는 의안에 대해서만 권유하면 그것으로 족하다.

(3) 수회의 주주총회에 대한 포괄적 위임

일본에서는 의결권 행사의 대리권을 총회마다 수여하여야 한다는 명문의 규정이 존재한다. 그러나 우리나라의 경우에는 그러한 규정이 없기 때문에 위임장의 제출은 매 주주총회마다 하여야 하는지 아니면 1회의 제출로 수회의 총회에 대해 포괄적으로 대리권을 수여할 수 있는지에 관해 학설의 다툼이 있다.[8] 1회의 제출로 수회의 주주총회에서 의결권 대리행사를 할 수 있다고 하면 회사는 이러한 포괄위임장을 받아둠으로써 주주총회의 결의를 조작하는 것이 가능하게 되는 등 자칫하면 의결권 대리행사제도가 회사지배수단으로 남용될 우려가 있을 뿐만 아니라 우리법상 인정되지 않은 의결권신탁도 사실상 가능하게 한다는 점에서 의결권 행사의 대리권은 총회마다 수여하여야 한다는 것이 타당하다고 할 것이다.[9]

(4) 백지위임

위임장용지에는 주주총회의 목적사항 각 항목별로 피권유자가 贊反을 명기할 수 있도록 하여야 하므로(자본시장법 제152조 제4항), 권유자가 찬반의 란이 없는 위임장을 교부하여 백지위임을 권유하는 것은 당연히 위법이다. 그러나 찬반의 란이 있는 위임장을 받은 주주가 그 란에 찬반를 표시하지 않고 위임장을 반송한 경우에는 당해주주는 찬반의 판단을 대리인에게 위임한 것으로 볼 수 있으므로 당해 위임장은 유효하다.

8 찬성하는 견해로는 정찬형, 「상법강의(상)」, 박영사, 2007, 778면.

9 이철송, 433면.

(5) 위임장에 의한 수권의 범위

위임장 권유시에는 의안별로 찬반의 란이 마련된 위임장용지를 참고서류와 함께 송부하여야 한다. 이는 경영자가 다수의 주주로부터 백지위임을 받음으로써 위임장 권유가 회사지배수단으로 남용되는 것을 방지하는 한편, 총회결의에 주주의 의사가 정확히 반영되도록 하기 위한 것이다. 이러한 취지를 생각하면 위임장에 의한 수권의 범위는 위임장용지에 기재된 의안의 범위 내로 한정되고 위임장에 기재되지 않은 사항에 관해서는 원칙적으로 대리권은 미치지 않는 것으로 보아야 할 것이다.

III. 위임장 용지 및 참고서류 등

1. 위임장용지

권유자는 위임장용지를 피권유자에게 제공하는 날 2일전까지 금융위원회와 거래소에 제출하여야 하며(자본시장법 제153조), 총리령에서 정하는 장소에 이를 비치하고 일반인이 열람할 수 있도록 하여야 한다. 그리고 금융위원회와 거래소는 제출된 위임장용지를 참고서류와 함께 접수일로부터 3년간 비치하고 인터넷 홈페이지 등을 이용하여 공시하여야 한다(자본시장법 제157조).

위임장용지는 권유자가 발행인(회사)인 경우에는 주주총회 소집통지서와 함께 송부되는 것이 일반적이지만, 권유자가 주주일 경우에는 권유자가 직접 피권유자에게 교부할 수 있으며 경우에 따라서는 우편이나 모사전송에 의한 방법 혹은 전자우편에 의한 방법으로도 교부할 수 있다. 위임장용지의 기재사항에 관해서는 자본시장법시행령 제163조 제1항에서 규정하고 있다. 즉 위임장용지에는 ① 의결권을 대리 행사하도록 위임한다는 내용, ② 의결권권유자 등 의결권을 위임받는 자, ③ 의결권피권유자가 소유하고 있는 의결권 있는 주식수, ④ 위임할 주식수, ⑤ 주주총회의 각 목적사항 및 목적사항별 찬반여부, ⑥ 주주총회 회의시 새로이 상정된 안건이나 변경 또는 수정 안건에 대한 의결권 행사 위임여부 및 위임내용, ⑦ 위임일자 및 위임시간, ⑧ 위임인의 성명과 주민등록번호

(법인의 경우에는 명칭과 사업자등록번호)를 기재하여야 하며, 이러한 사항은 피권유자에 의해 특정될 수 있도록 하여야 한다.

2. 참고서류

참고서류란 권유자에 의해 위임장용지와 함께 피권유자에게 제공되는 서류로서 의결권 대리행사의 개요 및 법정사항을 기재한 서류이다. 위임장 권유시 참고서류의 교부를 의무화한 것은 피권유자가 의안에 대한 찬반을 판단함에 필요한 정보를 제공하기 위해서이다. 한편 참고서류는 반대주주의 정보청구권을 보장하는 장치가 될 수도 있다. 참고서류는 위임장용지와 함께 위임장권유와 동시에 혹은 그 전에 교부되며, 그 방법은 위임장용지와 동일하다.

참고서류에 기재하여야 할 사항에 관해서는 자본시장법시행령 제163조 제2항에서 규정하고 있다. 즉 참고서류에는 ① 의결권 대리행사의 권유의 개요 ② 주주총회의 목적사항 ③ 의결권 대리행사의 권유를 하는 취지를 기재하여야 하며, 참고서류의 구체적인 기재내용, 서식 및 작성방법 등에 관해서는 금융위원회가 정하여 고시하도록 하고 있다.

3. 정당한 위임장 용지 등의 사용

권유자는 위임장 용지 및 참고서류 중에 피권유자의 의결권 위임여부판단에 중대한 영향을 미칠 수 있는 사항에 관하여 거짓의 기재 또는 표시를 하거나 의결권 위임 관련 중요 사항의 기재 또는 표시를 누락하여서는 아니 된다(자본시장법 제154조).

4. 의견표명

주주총회를 앞두고 위임장권유를 행한 회사경영진이 설명회나 인쇄매체, 회사의 웹사이트 등을 통해 회사가 제안한 의안을 가결시키기 위해 혹은 주주제안을 부결시키기 위해 일반주주를 상대로 의견표명을 하는 경우가 종종 있다. 특히 결의의 성립이 불투명하거나 의안이 중요할수록 보다 적극적으로 의견을 표명하게 될 것이다. 그 과정에서 회사경영진이 허위의 과장된 의견표명을 하는 것도 충분히 있을 수 있으며, 이를 그대로 방치하게 되면 위임장용지나 참고서류의 진정성을 담보하기 위한 각종 규제는 무용지물이 될 것이다. 그리하여 자본시장법 제155조는 상장주권의 발행인이 의결권 대리행사의 권유에 대해 의견을 표명한 경우에는 그 내용을 기재한 서면을 지체없이 금융위원회와 거래소에 제출하도록 하고 있다.

Ⅳ. 기타

자본시장법 제156조는 정정명령, 자발적 정정, 의무적 정정 등을 규정하고 있다. 한편 위임장권유 규제를 위반하여 권유를 한 자는 3년 이하의 징역이나 1억원 이하의 벌금에 처해지지만(자본시장법 제445조 제21호), 민사제재에 대해서는 아무런 언급이 없다. 따라서 회사가 위법한 권유행위를 한 경우에는 사전적인 조치로서 이사의 위법행위유지청구권에 관한 상법 제402조에 기하여 위임장권유의 유지를 청구하는 것, 그리고 사후적인 조치로서는 주주총회의 소집절차 또는 결의 방법의 법령위반 혹은 결의방법의 현저한 불공정을 이유로 한 총회결의취소의 소(상법 376조)를 제기하는 것을 생각해 볼 수 있다.[10] 더 나아가 주주가 위임장 용지 및 참고서류에 대해 허위기재나 누락이 있고 중요하며 인과관계가 있다는 점 등을 입증할 경우 금전손해배상을 인정하는 특수불법행위책임을 입법하여야 한다는 주장도 있었지만 자본시장법 제정에는 반영되지 않았다.

V. 주주의 방어수단 — Shareholder Proposals(상법 제363조의2)

1. 의의

경영진의 위임장권유에 맞서, 의결권있는 소수주주가 他 주주들에게 특정의제

10 김건식·정순섭, 376면; 임재연, 653면.

에 대한 찬반을 권유하고, 비록 경영진은 이러한 제안내용에 대하여 반대하는 입장이라고 하더라도 거부할 수 없도록 하는 제도인데, 추가제안의 형태를 취하므로 회사제안에 대한 반대제안 혹은 수정제안이라고 한다. 실무상 기관투자자들이 제안을 하는 경우도 많지만 이러한 제안들은 보통 총회의제로 상정되기 전 경영진에 의하여 자발적으로 수용되고 마치 경영진의 제안인 것처럼 위임장 설명서 및 추가서류에 포함되므로 본질적인 의미의 주주제안과는 다소 취급이 다르다고 할 수 있다.

2. 의제·의안제안과 주주제안 대상의 적격성

의결권 있는 주주는 상법 제363조의2에 의하여 총회의 의제를 추가로 제출할 수 있는 의제제안권과 총회의제에 대한 구체적인 의안을 추가로 제출할 수 있는 의안제안권을 갖는다. 후자의 예로서는 이사선임에 관한 의제가 있는 경우 회사의 경영진이 A를 후보자로 한 의안을 제출하였을 때 주주가 B를 후보자로 하는 의안을 제출한 후 이를 총회소집의 통지와 공고에 기재하도록 회사에 청구할 수 있는 권리를 들 수 있다. 제안한 주주는 총회당일 의안에 관하여 설명할 기회도 가져야 할 것이다.

주주제안의 대상은 본질적으로 주주총회의 결의권한에 속한 것이어야 하며, 법령 또는 정관에 위반되지 않아야 한다는 점은 위임장권유와 동일하다고 할 수 있다(상법 제363조의2 제3항). 예를 들어 주주는 경영진이 추진하는 합병안을 승인할 수는 있어도 주주가 먼저 합병을 제안할 수는 없으므로, 어느 특정회사와의 합병안을 받아들이자는 제안을 할 수 없으며, 주주는 회사의 사업과 중요한 관련이 없는 업무에 관한 제안을 할 수 없다.

3. 비용부담

어떠한 경우 회사가 비용을 부담하면서 회사의 위임장권유 및 참고서류에 소수주주의 제안내용을 포함시키는 것일까? 상법 제542조의6 제2항에 의하면 6개월 전부터 계속하여 상장회사의 의결권있는 주식을 10/1,000 이상 보유한 주주가 주주제안을 하였는데 당해 제안이 법령상의 제한을 위반하지 않을 경우 회사는 당연히 회사의 비용으로 당해 주주제안을 포함하여 통지와 공고를 하도록 되어 있다. 그렇다면 이에 미치지 못하는 주주의 경우 다른 주주들을 대상으로 주주제안과 유사한 제안행위를 할 수 없는가? 이론적으로는 그렇지 않지만, 실제로는 기술적으로 어려운 부분이 생길 것이다. 즉 당해 안건에 대하여 의결권을 행사할 수 있는 주주가 자신의 비용과 부담으로 경영진의 의사에 반대되는 내용의 위임장 권유용지를 인쇄하여 모든 주주들에게 직접 우송할 수도 있다고 본다. 상장회사에서 당해 주주가 다른 주주들을 모두 안다는 것은 사실상 불가능하므로, 회사의 도움을 받아야 한다. 이 때문에 개정 자본시장법 제152조의2 제1항은 발행인이 아닌 의결권권유자도 발행인이 의결권 대리행사의 권유를 하는 경우 그 발행인에 대하여 주주명부(제316조에 따른 실질주주명부를 포함한다)의 열람·등사를 허용할 것을 요구할 수 있고 동조 제2항은 발행인이 요구받은 날부터 2일 이내에 원칙적으로 이에 응할 의무를 규정한 것이다. 동 조항은 내제적인 제약이 있다. 즉 회사인 발행인이 위임장 권유를 했다는 것이 전제되어야 한다는 점이다. 그렇지 않은 경우에도 회사에게 주주명부의 열람·등사를 청구할 수는 없다고 본다. 왜냐하면 주주명부는 회사에서 가장 중요한 영업기밀에 해당하기 때문이다.

4. 주주제안과 관련한 최근의 하급심 판결 (서울중앙지방법원 2015. 4. 9. 선고 2014가합529247 판결)

(1) 사실관계

피고는 관광호텔업 등을 목적으로 하는 회사로서 발행주식총수가 1,796,490주이고 자본금 총액이 8,982,450,000원이다. 피고의 주주명부에는 2013. 12. 31기준으로 원고1이 170,000주, 원고2가 190,000주, 원고3과 원고4가 각각 113,330주, 원고5가 28,335주를 보유하고 있는 것으로 기재되어 있고, 2014. 2. 12. 원고들은 피고의 발행주식총수의 34.2%를 보유하고 있다. 피고의 정관에서는 임원 선임에 관하여 다음과 같이 정하고 있다. ①피고 회사는 이사 3명 이상, 감사 1명 이상을 두며 이를 주주총회에서 선임한다(제21조 제1항). ②이사의 선임결의는 발행주식총수의 과반수에 해당하는 주식을 가진 주주의 출석으로 그 의결권의 과반수로 결정한다(제21조 제2항). 피고의 정관은 집중투표를 배제하는 별도의 규정을 두고 있지 않다. 피고의 이사는 2013. 3. 26. 당시 대표이사를 겸한 소외1과, 소외2, 소외3, 소외4, 원고3으로 총 5명이 재임하고 있었으나, 소외2, 소외3, 소외4, 원고3의 임기가 2013. 3. 29. 만료될 예정이었으므로, 2013. 3. 26. 개최된 정기주주총회에 '이사 선임의 건'이 안건으로 상정되었고 이사선임결의의 결과 원고3의 이사 선임 안건은 부결되고, 피고의 이사는 소외1, 소외3, 소외4로 총 3명이 되었다.

원고들의 대리인은 2014. 2. 12. 소외1과 소외4를 수신인으로 하여, "2014년 정기주주총회에서 '현재 재직 중인 이사 이외에 2명의 이사를 추가로 선임하고, 원고2와 원고4를 후보'로 하는 내용을 정기주주총회의 목적사항 및 안건으로 상정할 것을 제안한다."라는 내용증명 우편을 보냈다. 의장이자 대표이사인 소외1의 임기는 2014. 3. 29. 만료됨에 따라 정기주주총회에서는 후임이사에 대한 선임결의도 이루어질 것을 예상할 수 있었다.

피고는 2014. 3. 6. 추가이사 선임의 건은 일단 '이사선임의 건'으로 상정하고, 복수의 이사를 선임할 것인지 임기만료 이사의 수에 대해서만 이사 선임을 할 것인지는 당일 토론 및 의결을 거쳐 정하는 것이 타당하다고 보고, 또한 선임할 이사의 수를 정하고 난 뒤엔 주주총회에서 직접 후보추천이 허용되는 이상, 후보의 명칭을 국한하여 의안으로 하는 것은 적절하지 않다는 내용증명 우편을 보냈다. 그 후 2014. 3. 26.자 제48기 주주총회 소집통지서에 회의의 목적사항으로 제2호 의안 '이사선임에 관한 건'(주주제안에 따른 '현 이사 외 2명의 이사 추가 선임의 건의 당부'에 관한 건 포함)을, 제5호 의안 '기타 주주제안에 대한 건'을 기재함으로써 원고가 제안한 이사후보자 원고2와 원고4를 주주총회 소집통지서에서 누락하였다.

원고들은 주주총회 소집통지서 발송 후인 2014. 3. 10. '현 이사 외 2명의 이사 추가선임'을 제안한 것이지 '현 이사 외 2명의 이사 추가선임의 당부'를 제안한 것이 아니므로, 원고들의 주주제안이 무시되었다고 주장하면서 주주제안 그대로 적법한 소집통지서의 발송을 요구하고, 2명의 이사를 추가로 선임함에는 집중투표의 방법으로 할 것을 청구하는 내용증명 우편을 보냈다. 피고의 2014.

3. 26. 정기주주총회에서는 발행주식총수의 1,796,490주 중 1,794,990주를 보유한 주주 15명(99.91%)이 출석한 가운데 진행되었고, 소외1은 자신의 임기 만료를 보고하고 원고들이 '현 이사 외 2명의 이사 추가 선임의 건'을 주주총회 목적사항으로 할 것을 제안하면서 이사 복수 선임 시 집중투표에 의한 선임을 청구하였음을 공지하였다. 이후 이에 대하여 찬반을 논의한 후, '현 이사 외 2명의 이사 추가 선임의 건의 당부'에 대하여 단순투표로 표결하였고 그 결과 '현 이사 외 2명의 이사 추가 선임의 건'은 찬성 794,995주 44.26%, 반대 999,995주 55.66%로 부결되었다. 이에 정관 규정이 정하는

최소 이사 인원 3명을 맞추기 위해 임기가 만료되는 1명의 이사선임의 의안을 상정하고, 원고3은 원고4를 후보로, 소외4는 소외1을 후보로 추천하였다. 최다 지지율 1인 선임 방식으로 단순표결 한 결과, 소외1이 999,995주 55.66%의 찬성표를 얻고 원고4가 794,995주 44.26%의 찬성표를 얻어 소외1이 이사로 선임되었다.

(2) 당사자의 주장

원고는 '현 이사 외 2명의 이사 추가 선임'을 회의의 목적사항으로 하고 위 이사를 집중투표제로 선임할 것을 제안하였는데, 피고는 원고들의 주주제안을 무시하고 제2호 의안 '이사선임에 관한 건'(주주제안에 따른 '현 이사 외 2명의 이사 추가 선임의 건의 당부'에 관한 건 포함)이라는 내용으로 주주총회 소집 통지를 하고 '현 이사 외 2명의 이사 추가 선임의 당부'에 관하여 의결하였으므로, 이것은 원고들의 주주제안권을 침해하고 위법한 주주총회소집통지를 한것이므로 '주주총회결의 취소'를 청구하였다. 즉, 임기가 만료된 이사직에 소외 1을 선임한 이 사건 결의에 대해 취소를 구하였다.

이에 대하여 피고는 "회사의 기관을 구성할 권한은 주주총회에 전속한다. 원고들의 제안에 따라 2명의 이사를 추가 선임하기 전에, 2명의 이사가 추가적으로 선임되어야 하는지 여부에 관한 판단이 선행되어야 하는 것은 회사법의 법리상 당연한 것이다."라고 주장하였다.

(3) 소송의 경과

1심(서울중앙지법 2015. 4. 9. 선고 2014가합529247) 및 2심(서울고등법원 2015. 8. 28. 선고 2015나 2019092 판결)은 원고의 청구를 기각하였고, 대법원(대법원 2015. 11. 16. 선고 2015다236318 판결)에서는 상고이유서 미제출을 이유로 상고를 기각하여 원심판결이 확정되었다.

(4) 판결요지

원고들은 상법 제363조의2에서 규정하는 요건을 갖추어 주주총회 목적사항으로 '현재 재직 중인 이사 이외에 2명의 이사를 추가로 선임하는 사항'을, 그 의안의 요령으로는 원고2와 원고4를 후보로 할 것을 제안하면서 상법 제382조의 2의 요건에 의해 이를 집중투표의 방법으로 선임할 것을 청구하였다. 그런데 피고 이사회는 원고들이 제안한 의제를 주주총회에 그대로 상정하지 않고, 원고들이 제안한 내용을 변형하여 상정하였는데, 변형되어 상정된 '현 이사 외 2명의 이사 추가 선임의 건의 당부' 안건이 부결되었고 그 결과 집중투표가 이루어질 수 없었는데, 위와 같이 피고 이사회가 변형된 안건을 상정한 것은 주주제안권 및 집중투표의 규정취지를 잠탈하는 것으로, 원고들이 제안한 의제를 주주총회의 목적사항으로 상정하였다고 볼 수 없다.

그런데 원고들이 '현 이사 외 2명의 이사 추가 선임'의 의제를 제안하였는데도 정기주주총회에서 이를 의제로 다루지 않았지만, 소외1을 이사로 선임한 것은 정기주주총회 당시 재직 중이던 피고의 이사 3명 중 1명이었던 소외1의 임기가 도래함에 따른 것이고, 원고들이 제안한 '현 이사 외 2명의 이사 추가 선임'과 관련된 것은 아니므로 원고들의 주주제안권을 침해한 위법을 문제삼아 위 결의까지 취소할 수는 없고, 단지 이사를 상대로 손해배상청구나 상법 제635조 제1항 제21호에 따라 500만원 이하의 과태료의 제재를 받을 수 있을 뿐이다.

나아가 주주총회 소집통지에서 회의의 목적사항으로 '이사 선임의 건'으로 기재한 경우 이는 특별한 사정이 없는 한 단수이사를 선임하기로 한 것으로 보아야 하고, 복수이사를 선임할 경우에는 반드시 그 인원수를 표기하여야 하는데, 이 사건 결의에서는 이사 1인을 선임하였으므로, 주주총회 소집통지서에 선임될 이사의 인원수를 명확하게 기재하지 않은 것은 주주총회소집절차상의 하자로 볼 수 없다. 나아가 2인 이상의 이사를 선임하는 경우에 해당하지 않으므로 집중투표제 실시 여부가 문제되지 않는다. 결국 원고들의 주주제안에 대응하는 결의가 없는 이 사건 결의는 총회취소사유로 볼 수는 없다.

5. 현 상법규정의 문제점

현행법은 주주제안을 하려는 소수주주로 하여금 주주총회일 6주전에 서면이나 전자문서로 일정한 사항을 주주총회의 목적사항으로 할 것과 주주가 제출하는 의안의 요령을 소집통지와 공고에 기재할 것을 이사에 대하여 청구하여야 한다고 규정하고 있다. 이는 이사가 주주제안을 받고 주주명부의 폐쇄와 모든 주주들에 대한 소집통지 및 기타 안건작성 등에 소요되는 기간을 고려한 규정이라고 생각한다. 그런데 회사가 주주총회의 소집통지를 하려면 주주총회일을 정한 후 2주간 전에 각 주주에 대하여 서면 또는 전자문서로 발송하여야 하는 점을 감안할 때, 소수주주들은 회사의 의제나 의안을 모르는 상태에서 주주제안을 하는 것이 보통일 것이다. 이는 주주제안의 본질, 즉 회사 경영진의 위임장 권유에 맞서는 반대제안 또는 수정제안으로서의 성질을 와해시키는 것이다.

한편 상법 제363조의2 제3항과 상법시행령 제12조에 의하면 주주제안이 법령이나 정관에 위반하는 경우 이외에도 다음의 어느 하나에 해당하는 경우 이사회는 주주제안을 거부할 수 있는데, 주주제안거부사유는 다음과 같다: ① 주주총회에서 의결권의 100분의 10 미만의 찬성밖에 얻지 못하여 부결된 내용과 동일한 의안을 부결된 날부터 3년 내에 다시 제안하는 경우, ② 주주 개인의 고충에 관한 사항, ③ 주주가 권리를 행사하기 위해서 일정 비율을 초과하는 주식을 보유해야 하는 소수주주권에 관한 사항, ④ 임기 중에 있는 임원의 해임에 관한 사항[법 제542조의2 제1항에 따른 상장회사만 해당한다], ⑤ 회사가 실현할 수 없는 사항 또는 제안이유가 명백히 거짓이거나 특정인의 명예를 훼손하는 사항.

주주제안의 가장 핵심은 임원의 해임과 주주의 이익을 반영하는 새로운 이사의 선임이 될 것이다. 그런데 현행법은 임기 중 임원의 해임에 관한 주주제안을 거부사유로서 규정하므로 주주제안의 존재의의를 도외시하는 감이 없지 않다. 한편 위의 "회사가 실현할 수 없는 사항'이란 지극히 주관적이고 추상적인 기준일 뿐만 아니라 누구의 관점에서 실현할 수 있는지 여부를 판단할 것인지가 지극히 불명확하다. 만일 이러한 판단을 전적으로 이사에게 맡긴다면 이사는 자신의 이해관계에 배치되는 주주제안에 대하여 회사가 실현할 수 없는 사항이라고 거부할 가능성도 높은 것이다. 이사가 주주제안을 부당하게 거절한 경우 주주총회의 소집절차나 결의방법에 하자가 있다고 보아 주주총회 결의의 취소사유에 해당할 수 있지만, 서울중앙지방법원 2015. 4. 9. 선고 2014가합529247 판결에서 보듯이 부당성의 판단 역시 쉽지 않다. 그리고 이와 같은 판결이 계속된다면 상법상 소수주주의 목소리를 반영하기 위하여 도입된 집중투표제도와 주주제안제도는 형해화 될 것이다. 이렇게 변칙적으로 주주제안제도를 무력화 시키거나 현행법상 불투명한 기준을 악용하여 이사가 재량으로 주주제안을 거부할 수 있다면, 회사지배구조에서 소수주주의 제대로 된 목소리를 반영할 수 있는 활로는 완전히 막힐 것이다. 상장회사의 경우 대다수의 주주가 경영에 무관심하므로 위임장 권유를 통하여 기존의 경영진이 지위를 공고히 할 수 있는 현실에서, 소수주주의 이익을 도외시한 채 전횡을 일삼는 경영진을 적절하게 견제하려는 목적으로 도입된 주주제안제도는 더 이상 설 땅이 없다. 우리나라의 상황에 맞는 적절한 개선안이 나오기를 기대하는 바이다.

VI. 위임장경쟁(Proxy contest) — 회사지배권 획득의 수단[사실상 방어수단]

경영진과 반대파 주주 간 이사선임 또는 M&A거래에 관하여 주주들로부터 위임장을 얻기 위하여 신문광고, 전화 등의 방법을 동원하는 것을 지칭한다. 전통적으로 기관투자자가 현경영진의 정책에 대해 강력한 불만을 표시하는 방법으로 위임장경쟁의 사용을 선호해 왔다고 한다. 이사 선임의 경우에는 반대파 주주가 적극적이고, M&A의 경우에는 현재의 경영진이 경영권을 방어하기 위해 적극적이라고 한다. 그러나 어떠한 경우이든 결과적으로 위임장경쟁에서는 경영진이 유리한 입장이 될 것이다. 왜냐하면 경영진에 반대하는 주주는 공개시장에서 주식을 매도하고 회사를 떠날 것(소위 exit strategy)이므로, 회사에 잔존하는 주주들은 경영진에 우호적인 목소리를 낼 것이기 때문이다. 비용적인 측면에서도 그러하다. 경영진의 위임장권유에 사용된 비용은 통상의 비용으로 인정되어 회사가 전액 비용을 부담하게 될 것이지만, 반대파 주주들이 위임장경쟁에서 성공하더라도 회사에 대하여 비용을 변상받을 권리는 없기 때문이다.[11] 여하튼 경영진은 반대파 주주에게 일정한 정보를 제공할 의무가 있는데, 주주명부 상 주주 수와 실질주주 수, 위임장권유자료 우송비용 등의 정보 등을 예로 들 수 있다.

위임장경쟁은 주로 M&A 보다는 이사선임에 이용되는 방식(미국의 통계: 75%)으로서, 과거에는 과반수 이사 선임을 주목적으로 하였으나, 근래에는 단지 일부의 이사 만을 확보하기 위한 수단으로 이용되어 왔다. 그런데 위임장경쟁이 M&A의 수단으로 활용될 경우, 양자의 차이점이 무엇인지 의문시될 수 있다. 공개매수는 성공하지 못하더라도 대상회사의 주가상승으로 어느 정도의 이익을 만회할 수 있으나, 위임장경쟁은 All or Nothing(경쟁에 패배한 주주는 아무것도 얻는 것이 없음)의 결과가 나오기 마련이다. 따라서 실효성의 측면에서는 공개매수가 위임장경쟁보다 훨씬 강력한 수단임을 알 수 있다.

제2절 합병과 영업양도

1. 공통점과 차이점

합병과 영업양도는 경제적으로 기업의 집중·합동을 위한 제도로서, 주주총회의 특별결의를 필요로 하며 반대주주에 대하여 주식매수청구권을 인정한다는

11 물론 반대파 주주들이 승리하여 새로 구성되는 이사회의 과반수를 장악하면 새로 구성된 이사회가 주주들의 비용을 변상해주기로 결정할 개연성이 전혀 없는 것은 아니다.

공통점을 갖는다. 그러나 양자는 다음과 같은 차이점이 있다. 첫째, 행위의 성질이라는 측면에서 합병은 단체법(회사법)에 특유한 행위임에 반하여 영업양도는 개인법적인 거래행위라는 차이점이 있다. 둘째, 합병의 당사자는 상인(회사)으로 한정되지만, 영업양도의 당사자는 개인상인 뿐만 아니라 비상인(영업양수인의 경우)도 될 수 있다. 셋째, 합병의 절차는 법정되어 있으므로 반드시 그에 구속되나, 영업양도는 사적 자치의 원칙이 적용되는 개인법적 거래행위이므로 특별한 방식을 필요로 하지 않는다. 넷째, 합병은 법률의 규정에 의한 포괄승계이므로 일부 재산을 이전대상에서 제외할 수 없는 것이 원칙이다(P&A의 경우는 예외).[12] 그러나 영업양도는 개별적으로 이전행위를 하면서 영업의 동일성을 해치지 않는 한 일부재산을 양도의 대상에서 제외할 수도 있다. 다섯째, 합병의 경우 해산회사의 사원의 지위는 당연히 존속회사에 수용되지만, 영업양도의 경우 매각의 대가가 양도회사에 귀속될 뿐 주주의 지위에는 전혀 변동이 생기지 않는다. 만일 영업양도의 경우 대가를 주주에게 분배하려면 회사를 해산한 후 청산절차를 거쳐야 할 것이다. 여섯째, 합병의 경우 해산회사와 사용인 간의 고용관계는 존속회사 또는 신설회사로 이전되지만, 영업양도의 경우 사용인의 동의를 필요로 하고 반드시 이전되는 것이 아니다. 일곱 번째, 합병은 법정 해산사유이므로 해산회사는 청산절차 없이 곧 소멸되는데 반하여, 영업양도는 법정 해산사유가 아니므로 영업전부를 양도하더라도 양도회사가 당연히 소멸되지 않는다. 여덟 번째, 합병의 경우 해산회사의 채무는 당연히 존속회사 또는 신설회사에 이전되므로, 회사채권자를 보호하기 위한 이의신청규정이 있다. 그러나 영업양도의 경우 별도의 채무인수절차가 필요하고 당연히 채무가 이전되는 것은 아니다. 마지막으로 합병은 합병무효의 소만으로 무효를 주장할 수 있지만, 영업양도는 채권계약이므로 그 무효 또는 취소의 주장은 민법의 일반원칙에 의하도록 하고 있다.

12 P&A란 purchase and assumption의 약자로서 '금융산업의 구조개선에 관한 법률' 제14조의2에서 규정하는 계약이전에 해당한다. 즉 인수금융기관이 인수대상인 부실금융기관의 권리와 의무를 선별적으로 이전받기로 하는 협정을 의미하는 것이다.

2. 자본시장법상 합병 등의 특례규정

구 증권거래법 제190조와 제190조의2는 부당합병을 방지하기 위하여 합병 이전의 당사자 일방 회사가 비상장법인인 경우 등록의무를 부과하고, 부당·불공정한 합병비율을 적용하여 상장법인의 재무구조가 악화되는 것과 주총에 무관심한 소액투자자가 피해를 입을 수 있는 소지를 최소화하기 위해 합병신고제도를 두었었다(영업양수도, 주식의 포괄적 교환·이전. 분할이나 분할합병의 경우에도 동일). 자본시장법은 규제개혁의 차원에서 모든 법인에 대하여 발행인등록제도를 폐지하였을 뿐만 아니라, 합병의 경우 신고제도를 폐지하였다. 대신에 자본시장법 제165조의4(합병 등의 특례)와 자본시장법시행령 176조의5에 특례규정을 존치시켜 합병가액의 산정방법을 명확히 하는 등으로 합병비율의 공정성을 확보하기 위한 기존의 노력을 계속하고 있다. 자본시장법 제165조의4는 다른 법인과의 합병, 대통령령으로 정하는 중요한 영업 또는 자산의 양수 또는 양도, 주식의 포괄적 교환 또는 포괄적 이전, 분할 또는 분할합병의 경우 자본시장법시행령 제176조의5에서 정하는 요건·방법 등의 기준을 따를 것을 규정하고 있다. 그에 따라 합병요건은 자본시장법시행령 제176조의5에 상세하게 마련되어 있는데, 골격은 제1항과 제2항에서 공정가격에 의한 합병이 이루어져야 하고, 제4항에서 우회상장에 대한 견제장치를 마련하여야 하며(제5항의 이종 증권시장간 상장법인의 경우에도 준용한다), 제7항 이하에서 합병비율의 적정성에 대한 외부평가기관(주간사회사, 신용평가전문기관, 회계법인)의 평가를 받아야 한다는 것이다.

자본시장법시행령 제176조의5(합병의 요건·방법 등) ① 주권상장법인이 다른 법인과 합병하려는 경우에는 다음 각 호의 방법에 따라 산정한 합병가액에 따라야 한다. 이 경우 주권상장법인이 제1호 또는 제2호가목 본문에 따른 가격을 산정할 수 없는 경우에는 제2호나목에 따른 가격으로 하여야 한다.

1. 주권상장법인 간 합병의 경우에는 합병을 위한 이사회 결의일과 합병계약을 체결한 날 중 앞서는 날의 전일을 기산일로 한 다음 각 목의 종가(증권시장에서 성립된 최종가격을 말한다. 이하 이 항에서 같다)를 산술평균한 가액(이하 이 조에서 "기

준시가"라 한다)을 기준으로 100분의 30(계열회사 간 합병의 경우에는 100분의 10)의 범위에서 할인 또는 할증한 가액. 이 경우 가목 및 나목의 평균종가는 종가를 거래량으로 가중산술평균하여 산정한다.

가. 최근 1개월간 평균종가. 다만, 산정대상기간 중에 배당락 또는 권리락이 있는 경우로서 배당락 또는 권리락이 있은 날부터 기산일까지의 기간이 7일 이상인 경우에는 그 기간의 평균종가로 한다.

나. 최근 1주일간 평균종가

다. 최근일의 종가

2. 주권상장법인(코넥스시장에 주권이 상장된 법인은 제외한다. 이하 이 호 및 제4항에서 같다)과 주권비상장법인 간 합병의 경우에는 다음 각 목의 기준에 따른 가격

가. 주권상장법인의 경우에는 제1호의 가격. 다만, 제1호의 가격이 자산가치에 미달하는 경우에는 자산가치로 할 수 있다.

나. 주권비상장법인의 경우에는 자산가치와 수익가치를 가중산술평균한 가액

② 제1항제2호나목에 따른 가격으로 산정하는 경우에는 금융위원회가 정하여 고시하는 방법에 따라 산정한 유사한 업종을 영위하는 법인의 가치(이하 이 항에서 "상대가치"라 한다)를 비교하여 공시하여야 하며, 같은 호 각 목에 따른 자산가치·수익가치 및 그 가중산술평균방법과 상대가치의 공시방법은 금융위원회가 정하여 고시한다. 〈개정 2013.8.27.〉

③ 생략

④ 주권상장법인이 주권비상장법인과 합병하여 주권상장법인이 되는 경우에는 다음 각 호의 요건을 충족하여야 한다. 〈개정 2010.6.11., 2012.6.29.〉

1. 삭제 〈2013.8.27.〉

2. 합병의 당사자가 되는 주권상장법인이 법 제161조제1항에 따라 주요사항보고서를 제출하는 날이 속하는 사업연도의 직전사업연도의 재무제표를 기준으로 자산총액·자본금 및 매출액 중 두 가지 이상이 그 주권상장법인보다 더 큰 주권비상장법인이 다음 각 목의 요건을 충족할 것

가. 법 제390조에 따른 증권상장규정(이하 이 호에서 "상장규정"이라 한다)에서 정하는 재무 등의 요건

나. 감사의견, 소송계류, 그 밖에 공정한 합병을 위하여 필요한 사항에 관하여 상장규정에서 정하는 요건

⑤ 특정 증권시장에 주권이 상장된 법인이 다른 증권시장에 주권이 상장된 법인과 합병하여 특정 증권시장에 상장된 법인 또는 다른 증권시장에 상장된 법인이 되는 경우에는 제4항을 준용한다. 이 경우 "주권상장법인"은 "합병에도 불구하고 같은 증권시장에 상

장되는 법인"으로, "주권비상장법인"은 "합병에 따라 다른 증권시장에 상장되는 법인"으로 본다. 〈개정 2012.6.29., 2013.8.27.〉
⑥ 삭제 〈2013.8.27.〉
⑦ 법 제165조의4제2항에 따라 주권상장법인이 다른 법인과 합병하는 경우 다음 각 호의 구분에 따라 합병가액의 적정성에 대하여 외부평가기관의 평가를 받아야 한다. 〈개정 2013.8.27., 2014.12.9.〉

3. 주식매수청구권의 특례

자본시장법 제165조의5는 주식매수청구권의 특례규정을 마련하고 있는데, 이는 소액주주를 보다 두텁게 보호하기 위한 장치를 마련한 것이다. 즉 주식교환, 간이주식교환, 영업양도 등, 합병, 간이합병, 분할합병에 관해 주권상장법인의 이사회결의가 있는 때에 그 결의에 반대하는 주주가 주주총회 전 서면으로 반대의견을 통지한 경우에 한하여, 자기소유주식을 주총결의일로부터 20일내에 서면으로 매수청구를 할 수 있도록 하고 있다(제1항).

주식매수청구권을 행사할 수 있는 대상주주는 상장법인의 주주로서 의결권이 없거나 제한되는 종류주식의 주주를 포함하는데, 이사회결의 사항이 공시되기 전에 취득한 주식임을 증명한 주주에 대해서만 인정된다는 제한이 있다. 주주로부터 매수청구가 있으면 해당법인은 매수청구기간이 종료하는 날부터 1개월 이내에 해당 주식을 매수하여야 한다(제2항). 이때 매수가격은 주주와 해당 법인 간의 협의로 결정한다. 다만 협의가 성립하지 않을 때 증권시장에서 거래가 형성된 주식의 경우 이사회 결의일 전일부터 2개월 간의 가중산술평균종가, 1개월 간의 가중산술평균종가, 1주 간 평균종가(자본시장법시행령 제176조의7 제2항)에 따라 산정된 금액으로 하며, 법인이나 주주가 그 매수가격에 대해서도 반대하면 최종적으로 법원에 매수가격의 결정을 청구하게 될 것이다(제3항). 주식매수선택권에 의하여 주권상장법인이 매수한 주식은 주식매수일로부터 3년 이내에 처분하여야 한다.

과거 주식매수청구권 행사시 주식매수가격의 결정과 관련하여 매우 흥미로운 판결이 있었다. 이 사건은 유가증권시장에서 관리종목으로 지정되었던 전력이 있어서 공정가액 산정이 상당히 곤란하고 사실상 비상장법인과 유사한 지위에 있는 상장법인의 주식매수가격을 어떻게 산정하여야 하는가가 주된 쟁점이었는데, 1심과 2심 및 대법원의 판단이 각기 다르다. 다음은 대법원의 판결요지만을 소개하지만, 관심 있는 독자들은 2심의 판단(서울고등법원 2008. 1. 29. 선고 2005라878 결정)을 추가적으로 보기 바란다. 왜냐하면 저자가 판단하건대 2심의 판단이 더욱 타당하다고 생각하기 때문이다.

대법원 2011. 10. 13. 자 2008마264 결정

[1] 주권상장법인의 합병 등에 반대하여 주식매수를 청구한 주주가 법원에 매수가격 결정을 청구한 사안에서, 구 증권거래법(2004. 1. 29. 법률 제7114호로 개정되기 전의 것, 이하 '구 증권거래법'이라 한다) 제191조 제3항은 매수가격의 결정절차에 관하여 주주와 당해 법인 간의 협의를 최우선으로 하고, 협의가 이루어지지 않는 경우 이사회의 결의일 이전에 유가증권시장에서 거래된 당해 주식의 거래가격을 기준으로 대통령령이 정하는 방법에 따라 산정한 금액으로 매수가격을 정하며, 이렇게 산정된 금액에 대하여 당해 법인이나 매수를 청구한 주식 수의 100분의 30 이상이 반대하는 경우 금융감독위원회가 매수가격을 조정할 수 있다고 규정하고 있는데, 위 조항은 금융감독위원회가 '조정할 수 있다'고 규정하고 있어 금융감독위원회의 조정이 반드시 필요한 것으로 볼 수 없고, 나아가 위 조항이 명시적으로 법원에 의한 매수가격 결정을 배제하고 있지 아니함에도 법원에 의한 매수가격 결정을 부인하는 것은 합병에 반대한 주주의 매수가격 산정에 관한 재판청구권을 근거 없이 침해하는 것이 될 뿐만 아니라, 주식의 다과(다과)에 관계없이 법원에 매수가격 결정신청을 할 수 있는 비상장법인의 주주들과의 형평에 비추어 보더라도 매수청구를 한 주식 수가 100분의 30에 미달하는 소수주주들에게도 법원의 최종적인 판단에 따른 매수가격 결정이 보장되어야 하므로, 구 증권거래법에서 정한 매수가격에 반대하는 주주는 금융감독위원회의 조정절차를 거치지 않더라도 법원에 직접 매수가격 결정을 신청할 수 있다고 본 원심판단을 수긍한 사례.

[2] 주권상장법인의 합병 등에 반대하는 주주가 구 증권거래법(2004. 1. 29. 법률 제7114호로 개정되기 전의 것) 제191조 제1항에 의하여 당해 법인에 대하여 상장주식의 매수를 청구하고 주주와 당해 법인 간에 매수가격에 대한 협의가 이루어지지 아니하여 주주 또는 당해 법인이 법원에 매수가격 결정을 청구한 경우, 일반적으로 주권상장법인의 시장주가는 유가증권시장에 참여한 다수의 투자자가 법령에 근거하여 공시되는 당해 기업의 자산내용, 재무상황, 수익력, 장래의 사업전망 등 당해 법인에 관한 정보에 기초하여 내린 투자판단에 의하여 당해 기업의 객관적 가치가 반영되어 형성된 것으로 볼

수 있고, 주권상장법인의 주주는 통상 시장주가를 전제로 투자행동을 취한다는 점에서 시장주가를 기준으로 매수가격을 결정하는 것이 당해 주주의 합리적 기대에 합치하는 것이므로, 법원은 원칙적으로 시장주가를 참조하여 매수가격을 산정하여야 한다. 다만 이처럼 시장주가에 기초하여 매수가격을 산정하는 경우라고 하여 법원이 반드시 구 증권거래법 시행령(2005. 1. 27. 대통령령 제18687호로 개정되기 전의 것, 이하 '구 증권거래법 시행령'이라 한다) 제84조의9 제2항 제1호에서 정한 산정 방법 중 어느 하나를 선택하여 그에 따라서만 매수가격을 산정하여야 하는 것은 아니고, 법원은 공정한 매수가격을 산정한다는 매수가격 결정신청사건의 제도적 취지와 개별 사안의 구체적 사정을 고려하여 이사회결의일 이전의 어느 특정일의 시장주가를 참조할 것인지, 또는 일정기간 동안의 시장주가의 평균치를 참조할 것인지, 그렇지 않으면 구 증권거래법 시행령 제84조의9 제2항 제1호에서 정한 산정 방법 중 어느 하나에 따라 산정된 가격을 그대로 인정할 것인지 등을 합리적으로 결정할 수 있다. 나아가 당해 상장주식이 유가증권시장에서 거래가 형성되지 아니한 주식이거나(구 증권거래법 시행령 제84조의9 제2항 제2호) 시장주가가 가격조작 등 시장의 기능을 방해하는 부정한 수단에 의하여 영향을 받는 등으로 당해 주권상장법인의 객관적 가치를 제대로 반영하지 못하고 있다고 판단되는 경우에는, 시장주가를 배제하거나 또는 시장주가와 함께 순자산가치나 수익가치 등 다른 평가요소를 반영하여 당해 법인의 상황이나 업종의 특성 등을 종합적으로 고려한 공정한 가액을 산정할 수도 있으나, 단순히 시장주가가 순자산가치나 수익가치에 기초하여 산정된 가격과 다소 차이가 난다는 사정만으로 위 시장주가가 주권상장법인의 객관적 가치를 반영하지 못한다고 쉽게 단정하여서는 아니 된다.

[3] 주권상장법인의 합병 등에 반대하여 주식매수를 청구한 주주가 법원에 매수가격 결정을 청구한 사안에서, 회사정리절차에 있는 기업의 시장주가가 정상기업에 비해 낮게 형성되고 주당 순자산가치에 상당히 못 미친다는 사정만으로 시장주가가 기업의 객관적 가치를 반영하지 못하고 있다거나 거래 이외의 부정한 요인에 의하여 가격형성이 왜곡되었다고 볼 수 없고, 주식이 관리종목으로 지정된 사정만으로는 시장주가가 당해 기업의 객관적 가치를 반영하지 못할 정도의 거래 제약이 있다고 볼 수 없음에도, 당해 법인이 회사정리절차 중에 있었던 관계로 주식의 시장가치가 저평가되어 있고 회사정리절차가 진행되는 동안 주식이 유가증권시장에서 관리대상종목에 편입됨으로써 주식 거래에 다소의 제약을 받고 있었다는 이유로 시장주가가 당해 법인의 객관적 교환가치를 제대로 반영하고 있지 않다고 단정하여 **시장가치 외에 순자산가치까지 포함시켜 매수가격을 산정한 원심결정**을 파기한 사례.

제3절 M&A

I. 처음에

1. M&A의 의의

M&A란 Merger와 Acquisition의 합성어로서 합병과 매수를 총칭하는 광의의 개념이다. 합병은 상법상의 흡수합병과 신설합병 뿐만 아니라 그 외 사실상의 합병을 포함한다. 그리고 매수는 대상회사의 자산을 현금으로 매수(cash-for-assets)하거나 주식을 현금으로 매수(cash-for-stock)하는 것을 포함한다. M&A에는 대상회사의 경영진에 대해 우호적인지 여부에 따라 우호적 M&A와 적대적 M&A로 구분되는데, 역사가 상대적으로 일천하여 미국에서도 1968년에 이르러서야 비로소 M&A에 관한 정보공시규정이 신설되었다.

2. M&A의 순기능과 역기능

M&A는 무능력 경영진에 대해 경영효율성을 제고할 것을 촉구함으로써 이윤을 확대하여 회사의 경제적 가치를 증대시킬 수 있다. 또한 일반 경영진에 대한 최선의 경영마인드 의식을 제고시킬 수 있으며 주식의 시장가치와 실제가치 간 불균형을 시정할 수 있는 촉진제가 된다. M&A가 활성화될 경우 전체적인 산업구조조정이 촉진되고 당해 기업과 산업 전반의 대외경쟁력이 제고될 수 있는 장점을 갖는다.

그러나 M&A는 이러한 원론적인 순기능보다 다음과 같은 역기능이 부각되기도 한다. 첫째, M&A의 대상기업을 선정함에 있어서 경영진의 취약성보다는 "낮은 주가" 등 경영외적 요인에 의하여 결정되는 사례가 비일비재하므로 M&A의 대표적인 순기능으로 뽑는 경영효율성 제고의 효과를 달성할 수 없다. 그리고 M&A의 성과를 평가함에 있어서 M&A 이후 대상회사의 장기적인 발전보다는 단기적인 성과에 의존하므로 중장기적으로 확보할 수 있는 대외경쟁력의 확보는 공염불에 지나지 않게 된다. 또한 거액의 현금을 사내 보유한 회사가 M&A

의 대상이 될 가능성이 높아짐에 따라, 경영진은 M&A를 방지하기 위해 현금을 보유하지 않고 계속 지출하는 경향이 농후한데 이는 대상기업의 경쟁력을 악화시키는 요인으로 작용한다. 마지막으로 M&A로 회사의 부채가 대폭 증가되는 경우도 있는데(다음에서 보게 될 LBO의 경우가 더욱 그러하다), 이러한 부채부담이 불황시에는 대상기업의 대처능력과 대외경쟁력을 약화시키는 주요 요인이 된다.

3. 차입에 의한 기업매수(소위 LBO) 일반

LBO란 기업매수·합병을 통하여 취득하고자 하는 피인수회사의 자산을 직접 또는 간접으로 담보로 제공하여 기업매수자금을 외부로부터 조달하고, 그것을 기초로 특정한 회사를 매수하는 기법이다. 자기 자본은 조금만 들어가고 타인의 자본을 지렛대(leverage)로 삼아 기업 또는 경영권을 인수(buyout)한다는 의미에서 leveraged buyout이라고 한다. LBO는 1980년대 이래 미국의 기업인수합병에서 활발하게 이용되어 왔는데, LBO의 형태는 매우 다양하다고 한다. 즉 LBO는 정형화된 구조가 정해져 있는 것이 아니라 현금 흐름이나 인수가능성 등을 고려하여 각각의 산업에 맞게 구성된다는 특징을 갖는다. 이론적으로 공개매수자가 자신의 능력과 재원으로 공개매수자금을 전부 조달하는 것도 가능하겠지만, 실제로는 피인수회사의 자산이나 신용을 이용하여 자금을 조달하는 것이 통상적이다.

LBO에 대해서는 두 가지의 대립하는 견해가 있다. 우선 금융계나 로펌 등에서 제기되는 것으로서 LBO를 전면적으로 허용하거나 그 허용범위를 대폭 확대하여야 한다는 주장이다.[13] 이는 미국 등 여러 선진제국에서 LBO가 많이 이용되고 있을 뿐만 아니라 우리나라의 기업인수시장에서도 LBO를 이용하지 않고는 대규모의 기업매수가 불가능하기 때문에, 기업매수를 활성화하기 위하여 LBO를 허용하여야 한다는 입장이다. 이에 대하여 LBO는 금융기법을 이용한 범죄행위로서 이를 전면적으로 규제해야 한다는 주장이 있다.[14] 이러한 주장은

13 가령 이상돈, "차입매수와 배임죄," 한국증권법학회 발표논문, 2006. 12, 1면 (http://www.ksla.org).

14 로렌 골드너(Loren Goldner)/진보저널 읽기모임 번역, "1973년으로의 회귀?:달러중심 축적체계 쇠퇴의 연

특히 외국자본에 의하여 우리나라의 우량기업이 잠식되고 있는 현실에서 LBO를 형사법으로 규제하여야 한다는 입장이다.

광의의 LBO(leveraged buyout)에는 MBO(management buyout, 경영진에 의한 기업매수)와 EBO(employee buyout, 노동자단체에 의한 기업매수)를 모두 포함한다. 왜냐하면 MBO와 EBO도 기업매수자가 외부에서 차입하거나 조달한 거액의 타인 자금을 재원으로 하여 M&A를 감행한다는 점에서 LBO의 가장 중요한 표지를 갖기 때문이다. 우리나라에서는 MBO와 EBO가 구체적인 사건으로 표출된바 없어 그 실상을 알 수 없지만, 본질적인 LBO(편의상 협의의 LBO라고도 할 수 있음)에 대해서는 다음과 같은 판례가 존재한다. 특히 첫 번째 판결문을 보면 대법원이 기본적으로 LBO에 대해 매우 부정적인 시각을 갖고 있음을 알 수 있는데, 그렇다 보니 우리나라에서는 M&A 시장 자체가 위축되는 결과를 야기하였다.

(1) LBO 판례 1: 대법원 2006. 11. 9. 선고 2004도7027 판결【특경법위반(배임)】

1) 원심이 인정한 사실관계

① 피고인은 2001. 5. 23. 주식회사 에스엔드케이월드코리아(이하 S회사라고 한다)라는 서류상 회사(paper company)를 설립하였고, 2001. 6. 7. S회사가 신한 주식회사(이하 '신한'이라 한다)의 지분 66.2%를 인수한 이래 신한의 대표이사로 종사하고 있다.

② 당시 신한에 대하여 회사정리절차가 진행 중이었는데, 피고인은 신한을 인수하기 위하여 위와 같이 S회사를 설립하고 그 대표이사로 취임하여 2001. 6. 4. 동양현대종금으로부터 350억 원을 대출받았다. S회사는 위 대출금의 담보로서 신한의 유상증자에 참여하여 취득하게 될 신한의 신주 520만 주(1주 액면 5천 원)에 대하여 동양현대종금에게 근질권을 설정하여 주고, S회사가 신한을 인수한 후에 신한의 소유인 이 사건 담보부동산에 대하여 동양현대종금에 근저당권을 설정하여 주기로 약정하였다. 위 약정에 따라 S회사는 위 대출금으로 인수한 신한의 신주 520만 주에 대하여 동양현대종금에 대하여 근질권을 설정해 주었고, 피고인이 2001. 6. 7. 신한의 대표이사로 선임된 다음 2001. 7. 3.부터 2001. 7. 9. 사이에 동양현대종금에게 이 사건 담보부동산에 관하여 여러 차례에 걸쳐 근저당권을 설정하여 주고 동양현대종금으로부터 위 신주를 반환받았다.

속과 불연속," 3-4면(http://journal.jinbo.net/jsboard/read.php?table=translate&no=2101).

③ 이와는 별도로 피고인은 S회사의 대표이사로서 2001. 6. 5. 한미은행으로부터 320억 원을 대출받으면서, S회사가 인수하는 신한에 대한 정리채권 및 정리담보권 합계 620억 원 상당을 한미은행에 담보로 제공하고, 회사정리절차가 종결된 후 당시 신한이 보유하고 있던 예금 합계 333억여 원 중 320억 원을 인출하여 한미은행에 예금하며 위 예금에 근질권을 설정하여 주는 대신에 위 정리채권 등을 반환받기로 약정하였다. 위 약정에 따라 피고인은 신한의 대표이사로 선임된 다음 2001. 6. 12.경 한미은행에 예금 320억 원에 대하여 근질권을 설정해 주고 위 정리채권 등에 대한 담보를 해지하였다.

④ 위와 같이 피고인은 서류상 회사인 S회사가 신한의 주식 및 신한에 대한 정리채권 등을 인수하기 위하여 금융기관으로부터 자금을 대출받고, 그 대출금채무를 담보하기 위하여 신한의 자산에 근저당권이나 근질권을 설정해 주었다. 그러나 피고인은 신한의 위와 같은 담보의 제공으로 인한 부담에 상응하는 반대급부를 신한에 제공하거나 최소한 위 대출금이 상환될 때까지 S회사가 인수한 주식, 채권 등을 임의로 처분하지 못하도록 신한 또는 금융기관에 이를 담보로 제공하는 등의 조치를 취하지 아니하였다.

2) 제1심 및 원심판결

제1심에서는 위 담보제공행위 등이 업무상 배임에 해당한다고 보고 특경법을 적용하였으나, 원심[15]은 다음과 같은 이유로 제1심 판결을 취소하고 피고인에게 무죄를 선고하였다.

① LBO방식에 의한 기업인수 · 합병에 있어 피인수기업의 자산을 이용하는 방법으로는 1. 인수자가 피인수기업의 자산을 양수받고 그 양수받은 자산을 담보로 자금을 차입하여 자산 양수대금을 지급하는 방법, 2. 인수자가 차입한 자금으로 피인수기업의 주식을 취득하고 피인수기업의 자산을 인수자의 차입금의 담보로 제공하는 방법, 3. 인수자가 새로운 회사(소위 Paper Company)를 설립하여 그 회사로 하여금 자금을 차입하여 피인수기업의 주식을 취득하도록 하는 방법으로 피인수기업을 인수한 다음 피인수기업과 새로운 회사를 합병하여 합병 후 존속하게 되는 회사가 기존의 차입금 채무를 상환하는 방법 등이 있다. 피고인은 피인수기업의 자산을 이용하는 방법 중 3의 방법을 택한 것으로 보인다.

② 피고인이 위 금융기관들로부터 대출받은 금원을 모두 신한의 채무변제 등에 사용하고 이를 통하여 피고인이 개인적인 이득을 취한바가 전혀 없으며, 이는 결과적으로 신

15 서울고등법원 2004. 10. 6. 선고 2003노3322 판결.

한의 재무구조 개선에 기여하였다. 피고인은 회사정리절차가 진행 중인 신한을 인수하여 자신의 노력에 따라 충분히 경영을 정상화시킬 수 있었고, 나름대로의 합리적인 계산 아래 신한의 이익을 도모한다는 의사로 그 인수자금의 조달을 위하여 이 사건 담보제공에 이른 것으로 볼 여지가 크다. 피고인이 신한을 인수한 이후에 경영정상화를 위해 노력해 온 일련의 실제 과정에 비추어, 피고인이 피인수기업인 신한의 자산을 위 금융기관들에게 담보로 제공하였다고 하여 곧바로 피고인에게 신한에 손해를 가하려는 의사가 있었던 것이라고 단정할 수 없다.

③ 이 사건 담보부동산에는 동양현대종금에 대한 담보제공 이전에 이미 254억 원 상당의 근저당권 및 300억 원 상당의 전세권이 설정되어 있었고 가처분등기까지 경료되어 있었는데, S회사의 신한인수로 인하여 위 근저당권설정등기 등이 모두 말소되었을 뿐만 아니라 신한에 대한 회사정리절차도 종결하게 되어 신한의 변제능력이 더욱 커짐으로써 이 사건 담보부동산을 상실하게 될 위험성은 더욱 감소되었다. 실제로 피고인이 그 후 동양현대종금에 대한 위 대출금 채무 중 250억 원을 변제함으로써 이 사건 담보부동산 중 6건의 부동산에 대한 근저당권이 해지되었으며, 채권자인 위 금융기관들의 입장에서도 신한의 경영이 정상화된 이상 그 대출금을 회수할 필요가 없다고 판단하여 현재까지도 계속하여 변제기를 연장하여 주고 있는 점을 보아도 그 담보물이 처분될 위험성은 현저히 감소하였다. 따라서 위 담보제공으로써 재산상 실해 발생의 위험성이 초래된 것으로 보기도 어렵다.

3) 대법원 판결요지

① 배임죄에서 '재산상의 손해를 가한 때'라 함은 현실적인 손해를 가한 경우뿐만 아니라 재산상 손해 발생의 위험을 초래한 경우도 포함되고, 일단 손해의 위험을 발생시킨 이상 나중에 피해가 회복되었다고 하여도 배임죄의 성립에 영향을 주는 것은 아니며, 재산상 손해의 유무에 대한 판단은 본인의 전 재산 상태를 고려하여 경제적 관점에 따라 하여야 하므로, 법률적 판단에 의하여 당해 배임 행위가 무효라 하더라도 경제적 관점에서 파악하여 본인에게 현실적인 손해를 가하였거나 재산상 실해 발생의 위험을 초래한 경우에는 재산상의 손해를 가한 때에 해당한다.

② 주식회사 상호간 및 주식회사와 주주는 별개의 법인격을 가진 존재로서 동일인이라 할 수 없으므로 1인 주주나 대주주라 하여도 그 본인인 주식회사에 손해를 주는 임무위배행위가 있는 경우에는 배임죄가 성립하고, 회사의 임원이 그 임무에 위배되는 행

위로 재산상 이익을 취득하거나 제3자로 하여금 이를 취득하게 하여 회사에 손해를 가한 때에는 이로써 배임죄가 성립하며, 위와 같은 임무위배행위에 대하여 사실상 주주의 양해를 얻었다고 하여 본인인 회사에게 손해가 없었다거나 또는 배임의 범의가 없었다고 볼 수 없다.

③ 기업인수에 필요한 자금을 마련하기 위하여 그 인수자가 금융기관으로부터 대출을 받고 나중에 피인수회사의 자산을 담보로 제공하는 방식{이른바 LBO(Leveraged Buyout) 방식}을 사용하는 경우, 피인수회사로서는 주채무가 변제되지 아니할 경우에는 담보로 제공되는 자산을 잃게 되는 위험을 부담하게 되므로 인수자만을 위한 담보제공이 무제한 허용된다고 볼 수 없고, 인수자가 피인수회사의 위와 같은 담보제공으로 인한 위험 부담에 상응하는 대가를 지급하는 등의 반대급부를 제공하는 경우에 한하여 허용될 수 있다. 만일 인수자가 피인수회사에 아무런 반대급부를 제공하지 않고 임의로 피인수회사의 재산을 담보로 제공하게 하였다면, 인수자 또는 제3자에게 담보 가치에 상응한 재산상 이익을 취득하게 하고 피인수회사에게 그 재산상 손해를 가하였다고 봄이 상당하다. 부도로 인하여 회사정리절차가 진행 중인 주식회사의 경우에도 그 회사의 주주나 채권자들의 잠재적 이익은 여전히 보호되어야 하므로, 피인수회사가 회사정리절차를 밟고 있는 기업이라고 하더라도 위와 같은 결론에는 아무런 영향이 없다.

④ 업무상배임죄의 고의가 인정되려면, 업무상 타인의 사무를 처리하는 자가 본인에게 재산상의 손해를 가한다는 의사가 있어야 하고, 자기 또는 제3자에게 재산상의 이득을 주려는 의사가 있어야 할 뿐만 아니라, 그의 행위가 임무에 위배된다는 인식이 있어야 할 것인바, 피고인이 피해자 본인의 이익을 위한다는 의사도 가지고 있었다 하더라도 이는 부수적일 뿐이고 이득 또는 가해의 의사가 주된 것임이 판명되면 배임죄의 고의가 있었다고 보아야 하고, 피고인이 본인의 이익을 위하여 문제가 된 행위를 하였다고 주장하면서 범의를 부인하고 있는 경우에 배임죄의 주관적 요소로 되는 사실(고의, 동기 등의 내심적 사실)은 사물의 성질상 고의와 상당한 관련성이 있는 간접사실을 증명하는 방법에 의하여 입증할 수밖에 없고, 무엇이 상당한 관련성이 있는 간접사실에 해당할 것인가는 정상적인 경험칙에 바탕을 두고 치밀한 관찰력이나 분석력에 의하여 사실의 연결상태를 합리적으로 판단하는 방법에 의하여야 한다.

⑤ 회사정리절차가 진행 중인 주식회사를 인수하기 위하여 서류상 회사를 설립하고 대출을 받아 피인수회사의 주식 등을 인수하는 과정에서 피인수회사의 자산을 담보로 제공한 행위가 업무상배임죄를 구성한다고 한 사례이다.

⑥ 회사의 이사 등이 타인에게 회사자금을 대여함에 있어 그 타인이 이미 채무변제 능력을 상실하여 그에게 자금을 대여할 경우 회사에 손해가 발생하리라는 정을 충분히 알면서 이에 나아갔거나, 충분한 담보를 제공받는 등 상당하고도 합리적인 채권회수조치를 취하지 아니한 채 만연히 대여해 주었다면, 그와 같은 자금대여는 타인에게 이익을 얻게 하고 회사에 손해를 가하는 행위로서 회사에 대하여 배임행위가 된다.

⑦ 회사의 대표이사가 제3자를 위하여 회사의 재산을 담보로 제공한 후 이미 설정한 담보물을 교체하는 경우에 기존 담보물의 가치보다 새로 제공하는 담보물의 가치가 더 크다면, 특별한 사정이 없는 한 회사에게 위와 같은 방법으로 증가된 담보가치 중에서 피담보채무액에 상당하는 액수만큼 재산상 손해가 발생하였다고 할 것이나, 회사의 대표이사가 제3자를 위하여 회사의 재산을 담보로 제공한 후 이미 설정한 담보물을 교체하는 경우에 기존 담보물의 가치보다 새로 제공하는 담보물의 가치가 더 작거나 동일하다면 회사에 재산상 손해가 발생하였다고 볼 수 없다.

(2) LBO 판례 2: 대법원 2010. 4. 15. 선고 2009도6634 판결【특경법위반(배임)】

1) 원심이 인정한 사실관계

①-⑥은 생략: 신한 사건과 동일하게 LBO 설계를 하려고 하였음.

⑦ 공소외 8로부터 신한 사건에서 배임죄의 확정 판결이 있었다는 보고를 받은 피고인 2등은 기존의 신한 사건과 동일하게 LBO 설계를 하려고 하였던 계획을 포기하고 동양메이저 및 동양그룹 계열사의 자산을 담보로 인수대금을 차입하기로 계획을 변경한 후 2007. 1. 30. 공동대주인 한국산업은행, 주식회사 우리은행, 산은캐피탈 주식회사, 수산업협동조합중앙회로부터 한일합섬 인수대금으로 4,667억 원(대출약정액은 4,725억 원이다)을 대출받으면서, 그 대출금의 담보로 동양메이저가 보유하는 동양시멘트 주식회사 주식(액면가 5,000원인 보통주) 200만 주 및 동양메이저산업, 동양매직, 동양레저 등이 추후 인수하게 될 1주당 발행가 17,050원의 한일합섬 신주에 대하여 근질권설정계약을, 인수계약이 취소될 경우 등의 계약상 인수대금 반환청구권과 한일합섬 입금계좌에 대한 반환청구권 및 한일합섬이 발행하여 동양메이저산업이 인수하게 될 2,000억 원 상당의 사채에 대하여 양도담보계약을 체결하였고, 연대보증을 한다는 의미에서 추가로 동양메이저가 자금제공의무를 부담한다는 내용의 자금보충약정을 체결하였다.

⑧ 당시 체결한 대출약정에 의하면, 위 대출금의 용도에 관하여 대출금 2,000억 원(대출금 A)은 회사채 인수대금으로, 대출금 1,700억 원(대출금 B)은 신주 인수대금으로,

대출금 375억 원(대출금 C)은 대출금의 이자 및 수수료, 비용의 지급, 한일합섬의 인수와 관련한 수수료와 비용의 지급 명목으로, 대출금 650억 원(대출금 D)은 한일합섬 주식의 추가 매입대금으로 각 사용하기로 약정하였다. 대출금의 변제기에 관하여 대출금 A는 대출금의 최초 인출일로부터 3개월이 되는 날 또는 한일합섬의 정리절차가 종결된 날로부터 1개월이 되는 날 중 먼저 도래하는 날에 전액 상환하고, 나머지 대출금은 먼저 인출되는 대출금의 최초 인출일로부터 15개월 되는 날 또는 차주와 정리회사가 합병하여 합병등기가 완료된 날로부터 1개월 되는 날 중 먼저 도래하는 날에 전액 상환하기로 약정하였다.

⑨ 동양메이저산업은 2007. 1. 말경 동양메이저의 회사채발행 등을 통하여 추가로 약 1,002억 원의 자본을 투자받았다. 한편 동양메이저산업은 2007. 1. 30. 한일합섬과 신주인수대금으로 300,228,641,900원, 회사채 인수대금으로 2,000억 원을 납입하여 한일합섬을 인수하기로 하는 내용의 투자계약을 체결하였고, 같은 날 한일합섬의 노조위원장인 공소외 4, 5와 근로자들의 5년간 고용을 보장하고, 고용보장기간 중 한일합섬의 유상감자 및 동양메이저산업이 인수한 한일합섬의 신주 및 공개매수한 한일합섬의 자사주를 소각하지 않기로 하는 등을 내용으로 하는 '고용보장 및 계속기업유지'에 관한 협약서를 작성하였다.

⑩ 동양메이저산업은 2007. 1. 31. 신주인수를 통하여 한일합섬 발행 주식 중 약 56.62%(동양생명보험 주식회사 등이 인수한 주식을 합하면 그 비율은 약 62.9%이다)를 취득하였다. 그리고 그 전에 이미 2007. 1. 18.부터 같은 달 25.까지 사이에 한일합섬의 소수주주들이 보유하고 있는 주식 1,784,665주(주당 6,500원)를 공개매수 하였고, 2007. 2. 5.경 위 칸서스 유한회사가 보유하고 있는 주식 5,833,490주(주당 8,000원)를 매수하기로 합의하였다. 그리고 2007. 2. 6.부터 같은 달 7.까지 추가로 소수주주들로부터 482,780주(주당 8,000원)를 매수하여 실질적으로 한일합섬 발행 총 주식 중 약 91.5%를 취득하였다.

⑪ 한일합섬은 2007. 2. 7. 정리법원으로부터 회사정리절차 종결 결정을 받았고, 2007. 2. 15. 동양메이저산업에게 위 회사가 2007. 1. 31. 인수한 회사채 대금 2,000억 원을 상환하였고, 동양메이저산업은 위 2,000억 원을 위 대출약정에 따라 한국산업은행에 변제하였다.

⑫ 2007. 2. 6.경 한일합섬의 대표이사로 공소외 6, 9가 선임되었고, 공소외 7, 8, 피고인 2등이 각 이사로, 공소외 11이 감사로 각 선임되었다.

⑬ 공소외 9는 한일합섬의 대표이사로 취임한 후 구조조정의 일환으로 한일합섬의 영랑호 리조트를 물적 분할하여 동양리조트를 설립하였고, 한일합섬의 건설사업부문을 동양메이저의 건설사업부문에 통합하였다.

⑭ 공소외 8은 2007. 8. 초순경 대출조건에 따라 한일합섬과 동양메이저산업 합병을 준비하기 위하여 한영회계법인에게 합병과 관련한 구체적인 절차와 방법에 대하여 검토를 의뢰하였다. 그런데 2007. 9. 중순경 한영회계법인으로부터 원래 계획대로 한일합섬과 동양메이저산업을 합병할 경우 동양그룹의 한일합섬에 대한 지배율, 세금 등에 있어 문제가 발생한다는 자문결과를 받은 후 이러한 내용을 피고인 2등에게 보고를 하였다. 당시 피고인 2, 한일합섬의 대표이사인 공소외 8, 10등은 한일합섬의 회사정리절차가 장기간 지속된 관계로 한일합섬이 조직이나 영업활동 등 내, 외부적으로 많은 문제점을 가지고 있어 한일합섬의 경영정상화를 위한 방안을 찾고 있었는데, 위와 같이 동양메이저산업과 한일합섬의 합병이 문제가 있다는 것을 알고 피고인 2는 2007. 11.경 합병의 문제점을 해결함과 동시에 한일합섬의 경영정상화의 일환으로 동양메이저가 동양메이저산업 및 한일합섬을 순차적으로 합병하기로 하였다.

⑮ 2007. 12. 24. 피고인 2, 3등 동양메이저의 일부 이사가 참석하지 않은 상태에서 이사회가 개최되어 합병결의가 이루어졌고, 2008. 2. 21., 2008. 2. 29., 2008. 3. 14. 순차적으로 개최된 이사회에서 합병계약의 변경안에 대한 결의가 이루어진 후 2008. 4. 8. 개최된 이사회에서 최종적으로 합병계약을 승인하는 결의가 이루어졌다. 한편 2007. 12. 24. 개최된 한일합섬의 이사회에서도 동양메이저와의 합병을 결의하였고, 2008. 4. 8. 개최된 주주총회에서 합병이 승인되었다. 동양메이저는 2008. 2. 29. 동양메이저산업을 합병한 후 2008. 5. 13. 한일합섬을 순차적으로 합병하였다.

동양메이저는 2008. 5. 13. 한일합섬이 보유하고 있던 현금 1,800억 원과 동양메이저가 보유하고 있던 현금 약 867억 원 등 합계 2,667억 원으로 남아 있던 인수대금 채무 잔액을 모두 변제하였다. 한편 동양메이저는 한일합섬을 합병한 후 한일합섬이라는 상호를 타사가 사용하지 못하게 하기 위한 경영상 필요에 의하여 2008. 5. 20.경 주식회사 한일합섬이라는 별도의 법인을 설립하였다. 동양메이저는 한일합섬의 기존 사업부문을 그대로 유지하면서 영업을 하고 있고, 고용관계 또한 명예퇴직한 사람을 제외하고 그대로 승계하였다.

2) 원심판결(부산고법 2009. 6. 25. 선고 2009노184 판결)

위 사실관계에 나타난 동양메이저가 한일합섬을 인수 및 합병을 한 경위와 과정, 합병 이후의 사정 등과 이에 더하여 원심이 적절하게 설시한바와 같이 회사채 인수대금의 조기 상환이 위법하거나 부당하다고 볼 수 없고, 이 사건 합병이 고용보장 등에 관한 협약의 취지에 반한다고 보기 어려운 점 등을 종합하여 보면, 동양메이저가 한일합섬을 인수하여 경영할 의사는 전혀 없이 오로지 한일합섬 내에 있던 1,700억 원의 현금성 자산으로 인수차입금을 변제할 목적으로 한일합섬을 인수·합병함으로써 기업재산을 탈취(소위 '기업사냥')한 것이라고 인정하기 어렵다.

그리고 이 사건 합병을 하게 된 동기에 한일합섬이 보유하고 있는 자산을 인수대금 채무에 변제할 의도가 일부 포함된 것은 인정할 수 있다. 그러나 앞서 본바와 같이 동양메이저 등의 자산을 담보로 제공하여 마련한 대출금과 동양메이저를 비롯한 동양그룹의 일부 계열사들이 투자한 총 합계 1,302억 원을 인수대금으로 사용하여 동양메이저산업이 한일합섬을 인수한 것으로서, 피인수회사의 자산을 담보로 기업을 인수하는 LBO 방식과 그 기본적인 전제가 다른 점, 나아가 원심이 적절하게 설시한바와 같이 합병의 본질과 그 효과 및 상법상 합병비율, 주주총회의 특별결의, 합병에 반대하는 주주들의 주식매수청구권, 채권자 보호절차 등을 통하여 합병에 반대하는 주주들이나 채권자들이 보호받을 수 있는 제도가 마련되어 있는 점, 이 사건 합병에 관한 2007. 12. 24.자 이사회결의에 그 절차상 일부 하자가 있으나 나중에 이사회가 4회나 더 개최되어 합병과 관련한 결의가 이루어졌는데, 이러한 이사회결의가 모두 무효라고 인정할 만한 자료가 없고, 한일합섬의 경우 2008. 4. 8. 개최된 주주총회를 거쳐 합병이 이루어진 사정에 비추어 위와 같은 사유를 합병무효사유에 해당한다고 단정하기 어려운 점, 이 사건 합병이 합병의 본질 및 요건에 반하여 법률상 합병할 수 없거나 합병비율의 산정이 위법하거나 소수주주들이나 채권자 보호절차에 위법이 있는 등 합병의 실질이나 절차에 하자가 있다는 점을 기록상 찾아볼 수 없는 점 등을 종합하면, 이 사건 합병으로 인하여 한일합섬이 1,800억 원 상당 내지 법인격 소멸에 따른 현금유동성 상실이라는 손해를 입었다고 볼 수 없다.

따라서 검사의 이 부분 주장 또한 이유 없다.

3) 대법원 판결

이른바 차입매수 또는 LBO(Leveraged Buy-Out의 약어이다)란 일의적인 법적 개념이 아니라 일반적으로 기업인수를 위한 자금의 상당 부분에 관하여 피인수회사의 자산을 담보로 제공하거나 그 상당 부분을 피인수기업의 자산으로 변제하기로 하여 차입한 자금으로 충당하는 방식의 기업인수 기법을 일괄하여 부르는 경영학상의 용어로, 거래현실에서 그 구체적인 태양은 매우 다양하다. 이러한 차입매수에 관하여는 이를 따로 규율하는 법률이 없는 이상 일률적으로 차입매수방식에 의한 기업인수를 주도한 관련자들에게 배임죄가 성립한다거나 성립하지 아니한다고 단정할 수 없는 것이고, 배임죄의 성립 여부는 차입매수가 이루어지는 과정에서의 행위가 배임죄의 구성요건에 해당하는지 여부에 따라 개별적으로 판단되어야 한다.

원심은 동양메이저가 한일합섬을 인수 및 합병한 경위와 과정에 관하여 그 판시와 같은 사실을 인정한 다음, 이는 피인수회사의 자산을 직접 담보로 제공하고 기업을 인수하는 방식과 다르고, 위 합병의 실질이나 절차에 하자가 없다는 사정 등을 들어 위 합병으로 인하여 한일합섬이 손해를 입었다고 볼 수 없다고 판단하였다. 기록 및 관련 법리에 비추어 보면, 원심의 위와 같은 판단은 정당한 것으로 수긍이 간다. 거기에 상고이유 주장과 같은 합병형 차입매수에 있어서의 배임죄 성립에 관한 법리 오해 등의 위법이 없다.

(3) 신한 LBO와 한일합섬 LBO의 비교

1) 공통점

양자는 ① 피인수회사를 인수하기 위하여 특수목적회사(SPC)를 설립한 점, ② 인수자가 금융기관과의 사전 약정에 따라 인수자금을 차입한 점, ③ 피인수회사 모두 정리절차가 진행중인 회사인 점, ④ 피인수회사의 담보 제공이나 피인수회사와의 합병은 인수회사의 대표이사를 겸하는 이사나 인수자의 지배하에 있는 이사에 의하여 이루어진 이해상충적인 거래라는 점, ⑤ 실질적인 거래의 주도자는 금융기관이었다는 점 등의 공통점을 갖는다.

2) 차이점

신한 LBO가 담보제공형인 반면에, 한일합섬 LBO는 변형된 형태의 합병형이라는 근본적인 차이점이 있다. 담보제공형 LBO는 인수자가 인수대상 회사의 주주로부터 주식을 인수하면서 인수에 필요한 자금의 대부분을 자신이 차입하고 그에 필요한 담보를 대상회사의 자산 또는 현금흐름으로 제공하는 유형이다. 합병형 LBO는 인수자가 특수목적회사를 설립한 후 특수목적회사를 통해 필요한 자금을 차입하면서 그에 필요한 담보를 대상회사의 투식이나 특수목적회사의 주식 등을 제공하고 특수목적회사에 출연금, 신주발행대금, 차입금 등으로 대상회사 주식 인수자금을 지급한 뒤, 특수목적회사와 대상회사를 합병시킴으로써 특수목적회사가 매입한 주식과 차입금 채무를 대상회사에 승계시키는 유형이다.

그 외에도 ① 전자에서 인수자가 인수자금의 대부분을 차입한 반면에, 후자에서 인수자는 인수 자금의 상당 부분을 직접 출자하고 나머지를 금융기관으로부터 차입한 점, ② 전자에서 인수자가 피인수회사의 지배권을 취득한 후 인수자금을 대출한 금융기관에게 피인수회사의 자산을 담보로 제공한 반면에, 후자에서 인수자는 인수자금의 대출약정을 체결하는 과정은 물론 피인수회사의 지배권을 취득한 이후에도 피인수회사의 자산을 인수자의 대출금 채무를 위한 담보로 제공하지 않은 점(그 대신 피인수회사와의 흡수합병후 피인수회사의 현금으로 인수자의 대출금채무를 상환), ③ 전자에서 인수자인 특수목적회사는 실질적인 자산도 없고 영업활동도 없는 회사였던 반면에, 후자에서 인수자인 특수목적회사는 지배주주가 국내 굴지의 기업집단에 속하는 계열회사였고 상당한 자본을 갖는 회사였던 점 등의 차이점을 갖는다.

3) 평가

양 사건에서 피인수회사의 임원에 대한 배임죄의 인정 여부가 달라졌는데, 이를 두고 합병형 LBO는 자산유출이 없으므로 담보제공형 LBO와 달리 손해가 없다는 식의 설명도 있다. 그러나 담보제공형 LBO와 합병형 LBO의 차이점은 회사 재산이 담보로 제공되는가 아니면 회사가 채무를 포괄승계함으로써 직접 채무를 부담하는가의 차이만이 있을 뿐이다. 즉 채무의 만기에 담보가 실행되건 회사가 합병을 통해 승계한 채무를 변제하건, 회사의 자산이 채무 변제기에 유출되고 그 재원은 주주들에 대한 출자 환급의 용도로 활용되므로 결국 회사의 자기자본을 감소시킨다는 점에서 전혀 차이가 없는 것이다. 그럼에도 불구하고 합병형 LBO는 손해가 없고 담보제공형 LBO는 손해가 있다는 식으로 이원화하여 설명하는 것은 오해를 불러일으키기 쉽다(물론 합병형 LBO의 경우 담보제공형 LBO에 비하여 재산상 손해의 입증이 어려운 것은 사실임). 더욱이 실제 활용되는 LBO는 이 양자의 유형으로 국한되지 않고 더 다양하다고 한다. 그런데 이 모든 것들을 유형화해서 어떠한 LBO는 배임죄로 연결되고 다른 LBO는 그렇지 않다고 단순화시키는 것은 타당하지 않다.

한일합섬 LBO 사건에서 대법원이 차입매수나 LBO가 일의적인 개념이 아니고 거래 현실에서 그 태양은 매우 다양하다는 점을 인정한 후 배임죄의 성립 여부는 LBO가 이루어지는 과정에서의 행위가 배임죄의 구성 요건에 해당하는지 여부에 따라 개별적으로 판단하여야 함을 명백히 한 점은 매우 평가할 만하다. 그에 비해 신한 LBO 사건은 대법원이 배임죄로 처단하려는 예단을 한 상태에서, 경제 현상의 실질을 제대로 보지 않은 채 일련의 행위들을 배임죄의 구성 요건에 억지로 꿰맞추려고 한 무리수가 보여 학계와 실무계로부터 많은 비판을 받은바 있다.

II. M&A 관련 규제 전반의 개관

상법은 합병과 관련하여 당사자 회사의 주주총회에서 특별결의를 받아야 하고 합병에 반대하는 소수주주와 채권자들을 보호하기 위한 절차를 마련하여야 한다는 제한을 두고 있을 뿐 기업매수, 즉 acquisition과 관련한 규정은 존재하지 않는다.

독점규제 및 공정거래에 관한 법률 제7조 제1항은 누구든지 직접적으로 또는 특수관계인을 통하여 간접적으로 ① 다른 회사 주식을 취득하거나 소유하는 행위, ② 다른 회사와 합병을 하는 행위, ③ 새로운 회사를 설립하여 경영에 참여하는 행위 등을 통하여 일정한 거래분야에서 경쟁을 실질적으로 제한하는 행위를 하여서는 안된다고 규정한다. 동법은 상법과 달리 ①의 유형을 명시적으로 규정함으로써 기업매수를 규제하지만, 모든 기업매수가 규제대상이 아니고 관련분야(relevant market)에서 경쟁을 실질적으로 제한하는 행위 만을 금지한다는 점을 주의하여야 한다. 구체적인 규제로서 동법 제16조는 공정거래위원회가 기업결합이 경쟁제한이나 강요 기타 불공정한 방법에 의할 경우, ① 당해 행위의 중지, ② 주식의 전부 또는 일부의 처분, ③ 임원의 사임, ④ 영업의 양도, ⑤ 채무보증의 취소, ⑥ 시정명령을 받은 사실의 공표, ⑦ 기업결합에 따른 경쟁제한의 폐해를 방지할 수 있는 영업방식 또는 영업범위의 제한, ⑧ 공시의무의 이행 또는 공시내용의 정정, ⑨ 기타 법위반상태를 시정하기 위하여 필요한 조치를 명할 수 있으며 일정액의 과징금을 부과할 수 있다고 규정한다.

외국인투자촉진법은 외국인이 내국법인의 신규발행주식이나 이미 발행한 주식등을 취득하여 기업경영활동에 참여하고자 하는 경우에는 산업통상자원부령으로 정하는바에 따라 미리 산업통상자원부장관에게 신고하여야 하고(제5조 제1항), 외국인이 방위산업체를 경영하는 기업의 취득에 의한 외국인 투자를 하려는 경우에는 산업통상자원부령으로 정하는바에 따라 미리 산업통상자원부장관의 허가를 받아야 한다(제6조)고 규정한다.

자본시장법은 경영권 경쟁의 공정성을 촉진하되 소모적인 공개매수제도를 방지하기 위한 제도를 마련하고 있다. 따라서 기업매수에 관한 직접적이고 상세한 규정들은 바로 자본시장법에 마련되어 있는 셈인데, 동법은 주로 공개매수절차의 적법하고 투명한 공시를 강화함으로써 매수 대상회사 주주들의 이익을 보호하고 주주평등의 원칙을 실현하려는데 초점이 맞추어져 있다. 따라서 자본시장법 상으로 공개매수제도의 적법성을 판단하는 가장 핵심적인 기준은 공시를 철저히 하였는지 여부와 주주평등원칙이 저해되었는지 여부에 달려 있다고 해도 과언이 아니다.

III. 공개매수제도[자본시장법 제133조~제146조]

1. 공개매수(tender offer 또는 take-over-bid)의 의의

자본시장법 제133조 제1항에 의하면, 공개매수란 불특정다수인을 상대로 하여 균일한 매수 조건으로 조직화된 증권시장(즉 증권시장 및 ATS와 이와 유사한 시장으로서 해외에 있는 시장) 밖에서 매수의 청약을 하거나 매도의 청약을 권유하는 것을 말한다. 참고로 미국의 1979년 *Wellman V. Dickson* 사건에서 SEC는 공개매수의 8가지 판단 기준을 다음과 같이 구체적으로 제시하고 있다. ① 적극적이고 광범위하게 당해 회사의 일반 주주들로부터 주식을 매집한다. ② 매집한 주식은 그 회사의 전체 발행주식 총수에서 상당한 비율을 차지한다. ③ 시장 가격보다 높은 프리미엄으로 청약가격을 청구한다. ④ 청약의 조건은 이미 확정되어 있으므로 별도의 협의대상이 아니다. ⑤ 청약은 일정한 양의 주식을 매입한다는 것에 의하여 결정되고, 매입할 수 있는 최대량에 의하여 효력의 발동여부가 좌우된다. ⑥ 청약의 유효기간이 규정되어 있다. ⑦ 승낙자는 주식을 양도할 압력을 받게 된다. ⑧ 주식을 매입하기 전이나 또는 주식을 매입함과 동시에 주식매입계획을 위한 신고서를 제출한다.

공개매수는 개별 매도인과 매수인 간의 사적인 협의매수와 다음의 4가지 측면에서 비교된다. 첫째, 주체의 불특정성이다. 공개매수는 대상기업의 불특정 주주 모두에게 청약하는데 비하여, 협의매수는 특정 주주인 주식 양도인을 상대로 한다. 둘째는 공개성이다. 공개매수는 모든 주주에게 공시하는 방법을 사용하며 매수 과정 중에서 당사자는 정보공시의무를 부담한다. 그에 비하여 협의매수는 당사자 쌍방이 협상하고 매매계약에 따른 이행이 있은 후 정보공시의무를 부담하는 경우가 발생한다. 셋째, 조건의 확정성이다. 공개매수의 경우 매수의 청약을 한 자는 매수하려는 주식의 종류, 수량, 가격, 기간 등의 내용을 사전에 모두 정하였으므로 대상기업과 주주가 변경될 수 없으며 청약을 받은 주주는 승낙이나 거절만을 할 수 있다. 그러나 협의매수의 경우 각 조건은 양 당사자의 개별적인 협상에 따라 변경될 수 있는 것이다. 넷째, 대상 주주에 대한 매도의 압박이다. 기간이 정하여져 있는 공개매수의 청약은 항상 기간의 제약이 있는 상황에서 대다수 주주들이 분산되어 있고 상호간에 연락도 쉽지 않으며 매수가격이 일방적으로 주어질 뿐 협상에 의한 것이 아니므로 주식을 매도할지에 관한 결정을 촉박한 시일 내에 수동적으로 내릴 수밖에 없다. 이에 비하여 협의매수의 경우 매도인에게 매도의 압박이 부과되지도 않을 뿐만 아니라 자신의 주식을 매도할지 여부의 결정은 항상 능동적으로 이루어진다.

2. 공개매수의 요건

첫째, 주식의 자유 양도가 전제되어야 한다. 회사는 독립적 법인으로서 소유권과 경영권이 분리되어 있다. 주주는 자신의 현금이나 현물을 출자한 후 주주총회를 통하여 경영자를 선임하는 방식으로서 회사를 감독한다. 여기서 특정 주주가 독자적으로 또는 제휴세력과의 결집을 통하여 회사를 지배하려면 일정 수 이상의 의결권을 확보할 수 있어야 한다. 즉 공개매수자가 대상기업의 지배권을 취득하려면 반드시 일정량의 주식 이상을 취득함으로써 의결권을 장악하여 회사를 지배할 수 있어야 하는 것이다. 이러한 지배권의 변동은 주식을 자유롭게 양도할 수 있다는 규칙이 존재함으로써 비로서 가능한 것이다.

둘째, 지분이 분산되어야 한다. 회사의 지분이 광범위하게 분산될수록 회사 지배에 필요한 주식 수는 적어진다. 사실 소수주주는 회사의 지배에 대해 관심이 없으므로 일단 그들에게 비교적 높은 가격으로 주식의 매수를 청약하면 그들은 주식을 매도하려고 할 것이다. 이렇게 분산도가 높으면 높을 수록 소수주주의 지위는 취약할 수 밖에 없으므로 매수인의 주식 매수에 따른 지배력의 획득가능성도 커지는 것이다.

셋째, 지배이익(control interest)을 획득하여야 한다. 매수자가 주식을 대량으로 매수하려는 이유는 대상기업의 지배이익을 획득하기 위한 것인데, 여기서 지배이익이란 회사의 행동을 실질적으로 조종할 수 있는 가치를 의미한다. 공개매수란 바로 이런 지배권의 교체를 동반하는데, 적대적 매수의 경우 그러한 경향이 더욱 뚜렷하다고 할 수 있다. 그렇다 보니 적대적 매수에서는 지배권을 상실할 위험성이 있는 대상기업의 경영자가 매수자의 매수를 방해하거나 매수의 시도를 좌절시킬 수 있는 모든 조치들을 선제적으로 취하려고 하는 것이며 경영자와 매수자 간의 이익 충돌이 발생하게 된다.

넷째, 대상회사의 정보공시가 충분히 이루어져야 한다. 매수자는 공개매수 전 대상기업의 재무상황, 경영상황, 부채상황, 산업전반의 상황 등 모든 정보를 취득하여 대상기업의 가치를 가능한 한 정확히 평가할 수 있어야 한다. 사실 대다수의 회사들은 경쟁이 취약해진다는 이유로 또는 영업비밀이 누설될 수 있다는 이유 등으로 외부인에게 회사의 실제 상황이 알려지는 것을 원하지 않는다.

그러나 현재와 장래의 투자자들을 위하여 공시규제를 강화하고 있는 자본시장법에 의하여 매수자들은 자신이 필요한 정보를 쉽게 구할 수 있다. 이러한 공시제도로 인하여 매수자는 여러 가지 정보를 획득하여 이로부터 현명한 투자 결정을 내릴 수 있고 과감히 공개매수를 실행할 수 있는 것이다.

3. 적용범위

(1) 요건

공개매수자(raider)가 대상회사(target)의 의결권있는 발행주식총수 중 5% 이상의 주식을 취득하려고 할 경우이다. 좀 더 상세히 보면 자본시장법 제133조 제3항은 주식 등을 대통령령으로 정하는 기간 동안 증권시장과 'ATS 및 해외증권시장(법문에는 언급이 없음)' 밖에서 대통령령으로 정하는 수 이상의 자로부터 매수 등을 하고자 하는 자는 그 매수 등을 한 후에 본인과 그 특별관계자가 보유(소유 그 밖에 이에 준하는 경우)하게 되는 주식 등의 수의 합계가 그 주식 등의 총수의 100분의 5 이상이 되는 경우에는 공개매수를 하여야 한다고 규정하고 있다. 그리고 동법시행령 제140조 제1항은 위에서 대통령령으로 정하는 기간이란 해당 주식 등의 매수 등을 하는 날부터 과거 6개월간을 말하고, 동조 제2항은 대통령령으로 정하는 수 이상의 자란 해당 주식 등의 매수 등을 하는 상대방의 수와 과거 6개월간 그 주식 등의 매수 등을 한 상대방의 수의 합계가 10인 이상인 자를 말한다고 규정한다. 따라서 위 규정에 의하여 공개매수는 ① 5%, ② 6개월, ③ 10인이라는 3가지 요건을 충족하여야 하는 것이다. 이는 조직화된 시장의 외부에서 일어나는 일정 지분 이상의 거래에 대해 적어도 일반 주주에게 공평한 매도의 기회가 보장되는 공개매수의 방법을 의무화하고 있다는 점을 알 수 있다.[16]

16 참고로 공개매수 전에 공개매수자가 발판취득(toehold acquisition)을 하는 경우가 많다. 발판취득이란 공개매수자가 공개매수 대상회사를 확정하였더라도 즉시 공개매수에 들어가기 전에 공개시장에서 대상회사 주식의 일부를 매수하여 일정한 지분을 획득하는 행위를 말한다. 보통 공개매수에 앞서서 발판취득을 하는 이유는 공개시장에서의 주가가 공개매수가격에 비하여 낮기 때문이다. 또한 대상회사가 공개매수에 효과적으로 저항하는 경우나 다른 공개매수경쟁자가 출현하는 경우에 사전적으로 대비하려는 목적도 있다.

(2) 적용예외

위의 형식적 요건을 충족할 경우 언제나 예외없이 공개매수를 하여야 하는 것은 아니다. 즉 대상회사의 주식 취득이 경영권의 취득 또는 강화와 무관한 경우에도 비용이 많이 드는 공개매수를 요구하는 것은 구체적인 타당성을 결하게 된다. 따라서 자본시장법 제133조 제3항 단서에 의한 동법시행령 제143조는 공개매수를 하지 않아도 되는 예외사유를 규정하고 있다.

1. 소각을 목적으로 하는 주식 등의 매수 등
2. 주식매수청구에 응한 주식의 매수
3. 신주인수권이 표시된 것, 전환사채권, 신주인수권부사채권 또는 교환사채권의 권리행사에 따른 주식 등의 매수 등
4. 파생결합증권의 권리행사에 따른 주식 등의 매수 등
5. 특수관계인으로부터의 주식 등의 매수 등
6. 삭제
7. 그 밖에 다른 투자자의 이익을 해칠 염려가 없는 경우로서 금융위원회가 정하여 고시하는 주식 등의 매수 등

여기서 1과 2는 예외적으로 자기주식취득 사유에 해당한다는 점, 3과 4는 여기의 증권들이 발행 당시부터 미리 매수가 예정되어 있었다는 점, 5는 이미 동일한 공개매수의 주체라고 인정된 자 간의 주식매수행위라는 점 등이 고려된 것이다.

4. 주체

공개매수자 본인과 특별관계자가 보유하게 되는 주식 등의 합계가 5% 이상인 경우에 공개매수규제를 받는다고 하였는데, 자본시장법시행령은 특별관계자와 보유에 대해 보다 상세한 규정을 마련하고 있다.

우선 특별관계자란 특수관계인과 공동보유자를 포괄하는 개념이다. 특수관계인은 「금융회사의 지배구조에 관한 법률 시행령」 제3조 제1항 각 호의 어느 하나에 해당하는 자를 말하고, 공동보유자란 동법시행령 제141조 제2항에 의

하여 본인과 합의나 계약 등에 따라 ① 주식 등을 공동으로 취득하거나 처분하는 행위, ② 주식 등을 공동 또는 단독으로 취득한 후 그 취득한 주식을 상호양도하거나 양수하는 행위, ③ 의결권(의결권의 행사를 지시할 수 있는 권한을 포함한다)을 공동으로 행사하는 행위를 하기로 합의한 자를 말한다.

다음으로 동법시행령 제142조에 보면 소유 기타 이에 준하는 경우에 해당하는 보유란 ① 누구의 명의든 자기계산으로 주식취득한 경우, ② 법률규정이나 매매, 그 밖의 계약에 따라 주식의 인도청구권을 갖는 경우, ③ 법률의 규정이나 금전의 신탁계약·담보계약 등에 따라 주식 등의 의결권을 갖거나 주식 등의 취득·처분권한을 갖는 경우, ④ 주식 등의 매매의 일방예약을 하고 해당 매매를 완결할 권리를 취득하는 경우로서 그 권리행사에 의하여 매수인으로서의 지위를 갖는 경우, ⑤ 주식 등을 기초자산으로 하는 자본시장법 제5조 제1항 제2호(옵션)에 따른 계약상의 권리를 갖는 경우로서 그 권리의 행사에 의하여 매수인으로서의 지위를 갖는 경우, ⑥ 주식매수선택권을 부여받은 경우로서 그 권리의 행사에 의하여 매수인으로서의 지위를 갖는 경우를 말한다.

5. 공개매수의 신고

(1) 적용대상증권

자본시장법상 증권의 개념이 구 증권거래법의 열거주의에서 포괄주의로 대폭 확대되었으므로, 공개매수의 적용대상증권 역시 확대되었다. 공개매수의 적용대상이 되는 증권은 자본시장법시행령 제139조에 규정되어 있는데, ① 우선 주권상장법인이 발행한 증권의 경우, 주권, 신주인수권이 표시된 것, 전환사채권, 신주인수권부사채권, 앞의 증권들과 교환을 청구할 수 있는 교환사채권, 지금까지의 증권을 기초자산으로 하는 파생결합증권(권리의 행사로 그 기초자산을 취득할 수 있는 것만 해당)을 의미한다. ② 다음으로 주권상장법인 외의 자가 발행한 증권의 경우, ①의 증권과 관련된 증권예탁증권, ①의 증권이나 증권예탁증권과 교환을 청구할 수 있는 교환사채권, ①과 ②의 증권을 기초자산으로 하는 파생결합증권 등을 들 수 있다.

(2) 공개매수의 공고

자본시장법 제134조는 공개매수를 하려는 자에게 다음의 사항을 공고하도록 하고 있다. ① 공개매수를 하고자 하는 자, ② 공개매수할 주식 등의 발행인, ③ 공개매수의 목적, ④ 공개매수할 주식 등의 종류 및 수, ⑤ 공개매수기간·가격·결제일 등 공개매수조건, ⑥ 매수자금의 명세, 그 밖에 투자자 보호를 위하여 필요한 사항으로서 대통령령으로 정하는 사항.

다음은 다국적기업인 프록터 앤 갬블사가 1997년 쌍용제지 주식회사의 주식을 매수하기로 결정하면서 공개매수 사무취급자인 대우증권을 통하여 공고하였던 공개매수 공고의 실제 예를 삽입하였다.

쌍용제지(주) 주식 공개매수 안내

공개매수자는 '97년 11월 7일부터 '97년 11월 26일까지 (20일간) 당사를 공개매수 사무취급회사로 하여 쌍용제지(주) 주식에 대한 공개매수를 실시하오니 공개매수에 응모하실 주주께서는 아래의 사항을 참조하시기 바랍니다.

- 공개매수자: 프록터 앤 갬블 (독일) (Procter & Gamble GmbH (Germany))
- 공개매수 사무취급회사: 대우증권주식회사
- 공개매수 주권의 종류: 쌍용제지(주) 기명식 보통주
- 공개매수 예정주식주: 2,065,956주
  청약주식의 총수가 2,065,956주 이상인 경우에는 청약주식 전부를 매수함.
  청약주식의 총수가 2,065,956주 미만인 경우에는 청약주식 전부를 매수하지 않음.
- 공개매수 기간: 1997년 11월 7일부터 1997년 11월 26일까지 (20일간)
- 공개매수 가격: 1주당 31,750원
- 결제일: 1997년 11월 29일
- 청약방법

본 공개매수의 청약은 대우증권 각 영업점에서 접수하오니 대우증권 본·지점에 배포되어 있는 공개매수 설명서 및 청약 안내사항을 참조하시기 바랍니다.

- 청약주주의 유의사항

1) 공개매수자는 대상회사의 합병, 중요한 영업의 양수 또는 양도, 해산, 파산, 발행한 어음 또는 수표의 부도, 주식 등의 상장폐지 등 증권거래법 시행령 제12조7 제3호의 각 사유들이 발생한 경우에는 매수기간이 종료할 때까지 공개매수를 철회할 수 있습니다.
2) 공개매수 사무취급회사인 대우증권(주)는 본 공개매수의 청약사무에 관환 대리업무

를 수행하고 있으나, 본 공개매수에 대한 보증 또는 담보를 하고 있는 것은 아닙니다.
공개매수 사무취급회사 대우증권

(3) 공개매수신고서의 제출

발행시장에서 발행인으로 하여금 증권신고서를 제출하도록 하는 것과 마찬가지로, 공개매수의 경우 공개매수자로 하여금 공개매수신고서를 제출하도록 하고 있다. 즉 자본시장법 제134조 제2항은 공개매수자로 하여금 공개매수신고서를 공개매수공고일에 금융위원회와 거래소에 제출하도록 하고 있는데, 공개매수신고서에는 ① 공개매수자 및 그 특별관계자에 관한 사항, ② 공개매수할 주식 등의 발행인, ③ 공개매수의 목적, ④ 공개매수할 주식 등의 종류 및 수, ⑤ 공개매수기간·가격·결제일 등 공개매수조건, ⑥ 공개매수공고일 이후에 공개매수에 의하지 아니하고 주식 등의 매수 등을 하는 계약이 있는 경우에는 그 계약의 내용, ⑦ 매수자금의 명세와 그 밖에 투자자 보호를 위하여 필요한 사항으로서 대통령령으로 정하는 사항[17]을 기재하여야 한다. 그리고 자본시장법시행령 제146조 제4항은 주민등록등본, 법인등기부등본, 공개매수 관련사무 계약서 사본, 공개매수에 필요한 금액 이상의 예금잔고증명, 교환시 보유유가증권, 허가·인가·승인 얻은 증명서, 공개매수공고안, 공개매수공고전 주식매수계약을 체결한 경우 그 계약서 사본 등을 첨부서류로서 제출할 것을 요구한다. 또한 자본시장법 제134조 제4항은 공개매수신고서에도 예측 또는 전망에 관한 사항, 즉 soft information을 기재할 수 있도록 하고 있다.

공개매수자는 공개매수신고서의 제출 이후 대상회사에 대하여 실질주주명세서를 제출해 줄 것을 요청하게 될 것이다. 이 때에는 대상회사가 한국예탁결제원에 순차적으로 제출의 요청을 할 것인데, 이에 대한 규정이 자본시장법 제

17 자본시장법시행령 제146조 제2항은 1. 공개매수사무취급자에 관한 사항, 2. 공개매수대상회사의 현황, 3. 공개매수의 방법, 4. 공개매수에 필요한 자금이나 교환대상 증권의 조성내역(차입인 경우에는 차입처를 포함한다), 5. 공개매수자와 그 특별관계자의 최근 1년간 공개매수대상회사의 주식등의 보유상황과 거래상황, 6. 공개매수대상회사의 임원이나 최대주주와 사전협의가 있었는지와 사전협의가 있는 경우에는 그 협의내용, 7. 공개매수가 끝난 후 공개매수대상회사에 관한 장래계획, 8. 공개매수의 중개인이나 주선인이 있는 경우에는 그에 관한 사항, 9. 공개매수신고서와 공개매수설명서의 열람장소를 규정한다.

315조 제5항에 마련되어 있다.

(4) 공개매수의 제한

(가) 공개매수 가능 시기

종래는 공개매수신고서 제출일로부터 3일이 경과된 이후 공개매수가 가능한 사전신고제였으나, 지금은 미국·일본의 입법례에 따라 공개매수신고서 제출과 동시에 공개매수가 가능한 동시신고제로 개정되었다. 사전신고제의 취지는 증권보유자가 충분히 판단하고 응모할 수 있도록 한다는 것으로 투자자 보호의 일환이었다. 그러나 예비투자설명서 제도를 공개매수설명서에도 준용하면서 예비공개매수설명서를 사용할 경우에는 대기기간 중이라도 공개매수의 청약이 가능해짐에 따라, 지금은 대기기간의 존재의의가 희박해졌고 그 결과 3일의 대기기간 요건을 폐지하게 된 것이다.

(나) 공개매수 이외의 별도매수 금지

자본시장법 제140조는 "공개매수자(그 특별관계자 및 공개매수사무취급자를 포함한다)는 공개매수공고일부터 그 매수기간이 종료하는 날까지 그 주식 등을 공개매수에 의하지 아니하고는 매수 등을 하지 못한다"고 하여 공개매수 이외 별도매수 금지의 원칙을 천명하고 있다. 동법시행령 제151조는 2가지의 예외를 인정하고 있다. 첫째 해당 주식의 매수 등의 계약을 공개매수공고 전에 체결하고 있는 경우로서 그 계약체결 당시 자본시장법 제133조 제1항에 따른 공개매수의 적용대상에 해당하지 아니하고 공개매수공고와 공개매수신고서에 그 계약사실과 내용이 기재되어 있는 경우, 둘째 공개매수사무취급자가 공개매수자와 그 특별관계자 외의 자로부터 해당 주식 등의 매수 등의 위탁을 받는 경우이다.

(다) 공개매수기간

자본시장법시행령 제146조 제3항에 의하면 공개매수는 20일 이상 60일 이내의 기간에 행해져야 한다. 대상회사의 주주에게 의사결정에 필요한 숙려기간 및 대상회사의 방어기간 부여를 위하여 최단 20일을 설정한 것이고, 매수기간의 장기화로 인하여 대상회사의 주주가 불안정한 지위에 놓이는 것을 방지하기 위해 최장 60일의 상한선을 설정한 것이다. 특히 최장기간의 제한과 관련하여, 공개매수가 증권시장 밖에서 이루어지고 그 거래가 시장가격의 결정메커니즘과는 전혀 무관한 독립적인 매수조건에 의하여 체결되므로, 공개매수의 기간이 장기화될 경우 시장혼란이 발생할 수 있다는 점을 염려하여 그 혼란을 최소화하려는 입법자의 배려가 있는 것이다. 그러나 이에 대해서도 예외가 있다. 즉 공개매수자의 공개매수 시도에 대해 경영자나 백기사에 의한 대항공개매수가 있는 경우에는 대항공개매수기간의 종료일까지 공개매수기간을 연장할 수 있도록 하였다. 이는 공개매수자가 대항공개매수 가격 조건보다 더욱 유리한 가격조건으로 변경할 수 있다는 점을 감안한 것이다.

(라) 대금지급시기

자본시장법 제141조 제1항은 공개매수자로 하여금 공개매수신고서에 기재한 매수조건과 방법에 따라 응모한 주식 등의 전부를 공개매수기간이 종료하는 날의 다음 날 이후 지체 없이 매수하도록 하고 있다. 다만, ① 응모한 주식 등의 총수가 공개매수 예정주식등의 수에 미달할 경우 응모 주식등의 전부를 매수하지 아니한다는 조건(소위 all or nothing 조건)이나 ② 응모한 주식 등의 총수가 공개매수 예정주식 등의 수를 초과할 경우에는 공개매수 예정주식 등의 수의 범위에서 비례배분하여 매수하고 그 초과 부분의 전부 또는 일부를 매수하지 아니한다는 조건을 공개매수공고에 게재(예: 앞의 프록터 앤 갬블의 공고내용 참조)하고 공개매수신고서에 기재한 경우에는 그 조건에 따라 응모한 주식 등의 전부 또는 일부를 매수하지 아니할 수 있다.

(5) 정정신고서 제출의무 및 정정신고서 제출요구

공개매수가격 및 수량 등 공개매수의 조건이 신고서와 공고에서 일단 공표되는 경우, 그것은 표시된 의사표시로서 일방적으로 취소하거나 변경할 수 없는 것이 원칙이다. 왜냐하면 임의취소나 변경을 허용할 경우에는 거래의 안전을 해칠 뿐만 아니라 대상회사 주주의 이익을 크게 해칠 수 있기 때문이다. 그러나 공개매수조건의 변경은 절차개시 이후 사정변경의 원칙상 허용되는 것이 일반적인데, 대항공개매수의 가능성과 경쟁적인 공개매수의 가능성을 염두에 둔 것이다.

자본시장법 제136조 제3항은 "공개매수자는 공개매수조건, 그 밖에 공개매수신고서의 기재사항을 정정하고자 하는 경우 또는 투자자 보호를 위하여 그 공개매수신고서에 기재된 내용을 정정할 필요가 있는 경우로서 총리령으로 정하는 경우에는 공개매수기간이 종료하는 날까지 금융위원회와 거래소에 정정신고서를 제출하여야 한다"고 규정한다. 그러나 매수가격의 인하, 매수예정 주식 등의 수의 감소, 매수대금 지급기간의 연장, 기타 대통령령이 정하는 사항으로서 주주에게 불리한 매수조건의 변경은 금지된다.[18] 한편 자본시장법 제136조 제5항에 의하면 정정신고서 제출에 따른 변경 사항도 공고하여야 한다.

자본시장법 제136조 제1항은 "금융위원회는 공개매수신고서의 형식을 제대로 갖추지 아니한 경우 또는 그 공개매수신고서 중 중요사항에 관하여 거짓의 기재 또는 표시가 있거나 중요사항이 기재 또는 표시되지 아니한 경우에는 공개매수기간이 종료하는 날까지 그 이유를 제시하고 그 공개매수신고서의 기재내용을 정정한 신고서의 제출을 요구할 수 있다"고 규정한다. 그리고 금융위원회의 정정요구가 있는 때에는 이전에 제출하였던 공개매수신고서는 요구일로부터 제출되지 아니한 것으로 본다.

18 자본시장법시행령 제147조(공개매수조건의 변경금지) 법 제136조제3항 단서에서 "대통령령으로 정하는 공개매수조건 등"이란 다음 각 호의 어느 하나에 해당하는 것을 말한다.

1. 공개매수기간의 단축
2. 법 제139조제4항에 따른 응모주주(이하 이 호에서 "응모주주"라 한다)에게 줄 대가의 종류의 변경. 다만, 응모주주가 선택할 수 있는 대가의 종류를 추가하는 경우는 제외한다.
3. 공개매수 대금지급기간의 연장을 초래하는 공개매수조건의 변경. 다만, 다음 각 목의 어느 하나에 해당하는 경우는 제외한다.
   가. 법 제136조제1항에 따른 정정신고서 제출일 전 3일의 기간 중 해당 주식등의 증권시장에서 성립한 가격(최종가격을 기준으로 한다)의 산술평균가격이 공개매수가격의 100분의 90 이상인 경우 또는 법 제139조제1항에 따른 대항공개매수(이하 "대항공개매수"라 한다)가 있는 경우의 매수가격 인상
   나. 공개매수공고 후 해당 주식등의 총수에 변경이 있는 경우 또는 대항공개매수가 있는 경우의 매수예정 주식등의 수의 증가
   다. 대항공개매수가 있는 경우의 공개매수기간의 연장(그 대항공개매수기간의 종료일까지로 한정한다)

(6) 공개매수자의 철회 및 응모주주의 취소

자본시장법 제139조 제1항 본문에 의하면 공개매수자는 공개매수공고일 이후에는 공개매수를 철회할 수 없게 되어 있다. 만일 공개매수절차가 개시된 이후 철회를 인정할 경우, 거래의 안전을 해하고 투자자에게 예측하지 못한 손해를 입힐 수 있으며 자의적 철회가 불공정거래에 활용될 위험성도 있기 때문이다. 그러나 동조 동항 단서에 의하면 ① 대항공개매수가 있는 경우, ② 공개매수자가 사망·해산·파산한 경우, ③ 그 밖에 투자자 보호를 해할 우려가 없는 경우로서 대통령령으로 정하는 경우에는 공개매수기간의 말일까지 철회할 수 있는 예외를 허용하고 있다. 여기서 ③의 그 밖에 투자자 보호를 해할 우려가 없는 경우란 다음과 같다.

자본시장법시행령 제150조(공개매수의 예외적 철회) 법 제139조제1항 단서에서 "대통령령으로 정하는 경우"란 다음 각 호의 어느 하나에 해당하는 경우를 말한다. 〈개정 2013.8.27.〉

1. 공개매수자가 발행한 어음 또는 수표가 부도로 되거나 은행과의 당좌거래가 정지 또는 금지된 경우
2. 공개매수대상회사에 다음 각 목의 어느 하나의 사유가 발생한 경우에 공개매수를 철회할 수 있다는 조건을 공개매수공고시 게재하고 이를 공개매수신고서에 기재한 경우로서 그 기재한 사유가 발생한 경우
   가. 합병, 분할, 분할합병, 주식의 포괄적 이전 또는 포괄적 교환
   나. 제171조제2항 각 호의 어느 하나에 해당하는 중요한 영업이나 자산의 양도·양수
   다. 해산
   라. 파산
   마. 발행한 어음이나 수표의 부도
   바. 은행과의 당좌거래의 정지 또는 금지
   사. 주식등의 상장폐지
   아. 천재지변·전시·사변·화재, 그 밖의 재해 등으로 인하여 최근 사업연도 자산총액의 100분의 10 이상의 손해가 발생한 경우

자본시장법 제139조 제4항은 "공개매수대상 주식등의 매수의 청약에 대한

승낙 또는 매도의 청약을 한 자는 공개매수기간 중에는 언제든지 응모를 취소할 수 있다. 이 경우 공개매수자는 응모주주에 대하여 그 응모의 취소에 따른 손해배상 또는 위약금의 지급을 청구할 수 없다"고 규정한다. 공개매수자에 대해서는 공개매수를 철회할 수 없도록 하였음에 반하여, 응모주주에게는 공개매수기간 중 자유롭게 철회할 수 있도록 허용한 것이다.

(7) 공개매수의 조건 및 방법

자본시장법 제140조는 공개매수자로 하여금 매수기간 종료일까지 공개매수에 의하지 아니하고 주식을 매수할 수 없다는 별도매수금지의 원칙을 규정하므로, 공개매수자는 반드시 공개매수의 방법으로만 주식을 취득하여야 한다.

그리고 자본시장법 제141조 제1항은 "공개매수자는 공개매수신고서에 기재한 매수조건과 방법에 따라 응모한 주식등의 전부를 공개매수기간이 종료하는 날의 다음 날 이후 지체 없이 매수하여야 한다"고 규정함으로써, 매수대상의 차별을 금지하고 있다. 즉 공개매수자가 일부 주주의 응모를 자의적으로 배제하는 것은 주주평등의 원칙에 반하므로 허용하지 않는 것이다. 그리고 동조 제2항은 공개매수가격이 균일하여야 한다는 원칙을 규정하는데, 이는 응모주주와의 개별협상에 따라 매수가격을 달리 정해서는 안된다는 것이다.

이렇게 자본시장법은 공개매수의 조건 및 방법에 있어서 명문의 규정으로 주주평등의 원칙을 선언하였다는 점을 유념하여야 한다. 더욱이 상법상의 주주평등의 원칙이 실질적으로 보유주식 수에 따른 산술적 평등을 규정한 것임에 반하여, 자본시장법상 공개매수규제 편에서 규정하는 주주평등의 원칙은 보유주식 수의 다과를 불문한 형식적이고 기계적인 평등을 규정한 것이라는 점에서 차별화된다.

(8) 대상회사의 의견표시 등

자본시장법 제138조는 공개매수신고서가 제출된 주식 등의 발행인으로 하여금 일정한 방법에 따라 공개매수자의 공개매수공고에 대한 의견을 표명할 수 있도록 하고(제1항), 이때에는 발행인이 그 내용을 기재한 문서를 지체 없이 금융위원회와 거래소에 제출하도록 하고 있다(제2항). 이러한 의견표명은 공개매수자의 공개매수시도에 대한 효과적인 방어책이 될 수 있는데, 이에 대해서는 뒤에서 상세히 고찰하기로 한다.

그리고 종래 공개매수기간 중 대상회사의 경영진으로 하여금 중립적인 입장에 있도록 하기 위하여 공개매수 대상주식 등의 발행인은 의결권있는 주식수의 변동을 초래할 수 있는 행위로서 증권(주식, 전환사채, 신주인수권부사채)의 발행 또는 발행을 위한 이사회나 주주총회의 소집과 결의를 금지하였다. 그러나 현재는 기업의 경영권 방어를 위해 공개매수자에 대한 이러한 방어행위가 효과적인 것으로 보아 동 규제 역시 폐지되었다.

6. 공개매수의 공정성 확보를 위한 제도

(1) 의결권제한 및 처분명령

자본시장법 제145조는 공개매수규제를 위반하여 주식을 매수한 자에 대해 의결권을 행사할 수 없도록 하고 금융위원회가 동 주식의 처분을 명할 수 있도록 한다.

(2) 공개매수결과보고서 제출 및 금융위원회의 처분권

자본시장법 제143조는 공개매수자로 하여금 공개매수결과보고서를 금융위원회와 거래소에 제출하도록 규정한다. 그리고 동법 제146조는 공개매수과정의 조사와 공개매수규제를 위반한 자에 대한 조치권을 규정하고 있다. 또한 공개매수자가 공개매수신고서에 허위기재를 하거나 중요사항의 기재를 누락한 경우에는 그 사실의 공고와 정정명령을 행하고 필요한 때에는 아예 공개매수 자체를 금지할 수도 있다(자본시장법 제132조 참조).

(3) 과징금의 부과 및 징수

자본시장법 제429조 제2항은 공개매수자가 공개매수신고서나 그 밖의 제출서류나 공고에 중요사항을 허위기재하거나 중요사항의 기재를 누락한 때 혹은 아예 공개매수신고서 자체를 제출하지 않거나 공고를 하지 않은 때 금융위원회로 하여금 공개매수신고서에 기재된 공개매수예정총액의 100분의 3(20억원을 초과하는 경우에는 20억원)을 초과하지 아니하는 범위에서 과징금을 부과할 수 있도록 규정한다.

(4) 손해배상책임

공개매수규제도 광의의 공시규제 중 하나이므로 자본시장법 상의 증권신고서에 관한 규정과 매우 흡사한 조항들이 발견되는데, 자본시장법 제142조는 공개매수의 관련서류에 부실공시를 할 경우 발생할 수 있는 손해배상의 특칙을 규정한다. 동 조항을 보면 손해배상책임자의 범위가 다소 제한되어 있는데, 공개매수신고서 및 정정신고서상의 신고자와 그 대리인, 그리고 공개매수설명서의 작성자와 그 대리인이 그 들이다(제1항). 그렇지만 공개매수신고서에도 예측정보를 기재할 수 있고 면책조항이 규정되어 있는 점(제2항), 손해배상청구를 할 수 있는 기간이 당해사실을 안 날로부터 1년 내, 해당 공개매수공고일로부터 3년 내로 제한된다는 점(제5항) 등은 자본시장법 제125조 내지 제127조와 동일하다고 하겠다.

(5) 형사제재

자본시장법은 구체적인 경우를 나누어 5년 이하의 징역 또는 2억원 이하의 벌금에 처하는 사항(제444조 제15호-17호)과 3년 이하의 징역 또는 1억원 이하의 벌금에 처하는 사항(제445조 제19호)을 규정하고 있다.

제4절 5% Rule

I. 개관

5% 보고제도는 1968년 미국의 윌리암즈법[19]에서 기업지배권 시장의 공정성과 투명성을 확보하기 위하여 공개매수신고서제도와 함께 도입되었는데, 우리나라에서는 1991년 12월에 비로서 구 증권거래법에 도입되었다. 1994년 1월에는 5% 보고의무자를 본인 외에 특수관계인까지 확대하면서 소유개념을 보유개념으로 변경하였다. 1997년 4월 특수관계인의 범위가 확대되었고, 단순한 친인척관계 또는 지분출자 관계 중심의 특수관계 외에 당사자 간 의사의 합치를 통한 공동 보유자 개념이 도입되었다. 2005년 1월 개정은 기존 제도의 시행과정에서 제기되었던 일부 문제점을 보완하고, M&A 시장에서의 공정한 게임의 룰을 제공하기 위한 것이었다. 이에 따라 보유목적을 변경하는 경우에도 보고의무가 부과되었고, 경영참가 목적으로 5% 이상을 신규취득하거나 보유목적을 변경한 경우 보고일로부터 5일 동안 추가취득 및 의결권 행사를 금지하는 냉각기간 제도가 도입되었다. 자본시장법은 2005년 구 증권거래법의 개정 내용을 그대로 승계한 것이다.

이 제도에 의하면 누구든지 주권상장법인이 발행한 주식 등을 5% 이상 대량보유하게 된 자는 그 보유한 날부터 5일 이내에 그 보유상황, 보유 목적, 그 보유 주식 등에 관한 주요계약내용, 그 밖에 중요한 사항을 금융위원회와 거래소에 보고하여야 한다. 이는 시장의 투명성을 제고하는 기능과, 주식매집으로 기존 대주주의 회사경영권에 도전하는 적대적 M&A의 시도에 대한 조기경보장치의 기능을 수행한다. 전 세계 각국이 제도의 존재의의에 공감하기 때문에 통일적으로 규제하고 있는데, 다음과 같은 3가지 측면에서의 장점을 갖는다. 첫째, 기존 경영진으로서는 기업지배권의 이전가능성이 있는 대량주식의 매집에 대

19 Williams법은 공개매수와 대량보유에 관한 공시와 관련된 것으로, 최초 도입시에 대량보유상황공시의무의 기준은 10%였으나 실효성에 대한 의문이 제기되어 1970년 5%로 개정되었다.

하여 효과적인 대응책을 강구할 수 있는 시간적 여유를 부여받을 수 있게 되고, 둘째, 투자자는 당해 주식의 시장수급상황을 적절히 파악하여 합리적인 투자 결정을 할 수 있도록 충분한 정보를 제공받을 수 있으며, 셋째, 증권시장은 내부자거래 등 불공정거래를 조기에 감시함으로써 증권시장의 공정성을 더욱 제고할 수 있게 된다.[20]

Ⅱ. 대량보유상황 보고 내용

1. 5% 이상 보유상황 및 1% 이상 보유비율 변동보고의무 (자본시장법 제147조 제1항)

보고의무를 지게 되는 대상 증권은 공개매수대상 증권의 범위와 동일하다. 그리고 보고의무자는 본인, 특별관계자 소유분, 그리고 사실상 보유분(차명, 계약 등에 의한 보유분)을 모두 합산하여 발행주식총수의 5% 이상을 자기의 계산으로 보유한 자 및 1% 이상 지분의 변동이 있는 자이다. 이들은 이러한 사실이 발생한 날로부터 5일 이내 보고하여야 하는 것이다. 대량보유자가 보유상황이나 변동내용을 보고하여야 하는 경우의 기준일은 자본시장법시행령 제153조 제3항에 상세히 규정되어 있다. 다만 '발행인의 경영권에 영향을 주기 위한 것'[21]이 아닌 경우와 지배권획득의 목적이 없는 전문투자자의 경우에는 보고 주기에 대한 특례가 있다. 즉 자본시장법 제147조 제1항 후단과 동법시행령 제154조 제4항에 의하면 보유 또는 변동이 있었던 달의 다음달 10일까지 보고하도록 그 요

20 이러한 장점도 있지만 5% rule 자체의 실효성에 대해 의문을 제기하는 견해도 많다. 예를 들어 5% rule에 따른 대량보유상황 보고 제도를 악용하여 M&A 테마를 시장에 부각시킨 후 주가급등을 틈탄 주식의 매각을 통하여 매매차익을 실현하는 사례도 많다는 것이다. 김정수, 740면.

21 참고로 2020년 개정 이전 구 자본시장법시행령 제154조 제1항은 1. 임원의 선임·해임 또는 직무의 정지, 2.이사회 등 회사의 기관과 관련된 정관의 변경, 3. 회사의 자본금의 변경, 4. 회사의 배당의 결정, 5. 회사의 합병, 분할과 분할합병, 6. 주식의 포괄적 교환과 이전, 7. 영업전부의 양수·양도 또는 금융위원회가 정하여 고시하는 중요한 일부의 양수·양도, 8. 자산 전부의 처분 또는 금융위원회가 정하여 고시하는 중요한 일부의 처분, 9. 영업전부의 임대 또는 경영위임, 타인과 영업의 손익 전부를 같이하는 계약, 그 밖에 이에 준하는 계약의 체결, 변경 또는 해약, 10. 회사의 해산과 같이 매우 넓고 모호하게 규정하였다.

건을 완화해주고 있는 것이다.[22]

자본시장법시행령 제154조의 '경영권에 영향을 주기 위한 것'의 범위가 다소 불명료하기 때문에 종래부터 기관투자자들의 적극적 주주활동에 장애를 준다는 문제의식이 있었다. 그렇다 보니 2020년 관련 내용의 개정이 이루어졌다. 즉 적극적 주주활동 확대 추세를 반영하여 주식등의 보유목적을 합리적으로 구분하고 각각에 맞는 공시의무를 부과함으로써 적대적 M&A 등과 무관한 온건한 주주활동의 활성화를 지원하게 된 것이다. 첫째, 경영권에 영향을 주기 위한 것의 범위를 명확화하였다. ① 과거 해석으로 경영참여에서 제외해왔던 회사·임원의 위법행위에 대응하기 위한 상법상 권한 행사(위법행위 유지청구권, 해임청구권, 신주발행 유지청구권)를 명문으로 배제하고, ② 공적연기금 등이 사전에 공개한 원칙에 따라 기업지배구조 개선을 위하여 정관 변경을 추진하는 경우를 제외하였으며(다만 정관 변경이 특정 기업의 지배구조 개편을 겨냥한 것이거나, 특정 임원의 선임과 해임에 즉각적 영향을 주는 경우에는 제외되지 않음),

현행

	경영권 영향 목적	경영권 영향 목적 없음
주주활동	임원 선해임 등에 대한 주주제안 등 '사실상 영향력' 행사	그 외
보고의무	5일, 상세	(일반투자자) 월별보고(신규: 5일), 약식 (공적연기금) 분기보고 약식

⇩

개선

보유목적	경영권 영향 목적		경영권 영향 목적 없음			
			일반투자		단순투자	
주주활동	임원 선해임 등에 대한 주주제안 등 '사실상 영향력' 행사 ※ 배당, 보편적 지배구조 개선 관련 주주활동 등 제외		경영권 영향 목적은 없으나 적극적인 유형의 주주활동 ※ 예 : 임원보수, 배당 관련 주주제안		단독주주권만 행사 ※ 예 : 의결권, 신주인수권	
보고의무	(일반투자자) (공적연기금)	현행 유지 5일 약식	(일반투자자) (공적연기금)	10일(신규: 5일), 약식 월별 약식	(일반투자자) (공적연기금)	현행 유지

22 구 증권거래법시행령 제86조의3은 국가, 지방자치단체, 정부기금 등의 경우 보고의무를 면제하였으나, 현행 자본시장법시행령 제154조 제2항과 제3항은 국가, 지방자치단체, 한국은행, 그 밖에 보고내용과 보고시기 등을 달리 정할 필요가 있는 자로서 금융위원회가 정하여 고시하는 자의 경우 보유 또는 변동이 있었던 달의 다음 달 10일까지 보고하도록 함으로써 이들에 대한 보고의무면제 조항을 삭제하였다.

③ 주주의 기본 권리인 배당과 관련된 주주활동을 제외하고, ④ 단순한 의견표명이나 대외적 의사표시를 제외하였다. 그렇지만 일반적인 임원의 선·해임, 합병, 영업 양수도 등 경영권 위협 수단으로 활용될 수 있는 사항에 대해서는 규제를 유지하였다.

둘째, 보유 목적 유형별 보고의무를 차등화하였다. ① 경영참여 목적이 없는 경우를 일반투자와 단순투자로 구분하였는데, 단순투자는 의결권 등 지분율과 무관하게 보장되는 권리(주로 自益權)만을 행사하는 경우로 한정하고, 배당 상향을 요구하는 주주제안과 지배구조 개선목적의 정관변경 등 주주활동을 적극적으로 하는 경우를 일반투자로 분류하였다. 그리고 ② 경영참여 〉 일반투자 〉 단순투자 순으로 공시의무를 부과하였다.

주주활동	현행	개정안	비교
상법상 권리행사 위법행위 임원 해임청구 위법행위 유지청구	단순투자	일반투자	규제 강화
임원 보수한도 삭감	단순투자	일반투자	규제 강화
배당 증액	공적연기금: 단순투자 그외: 경영참여	일반투자	공적연기금: 규제 강화 그 외: 규제 완화
보편적 지배구조 개선 정관 변경 (예: 투자대상 회사 전체를 대상으로 집중투표제 배제 정관 삭제 추진)	경영참여	공적연기금: 일반투자 그외: 경영참여	공적연기금: 규제 완화 -
특정 임원의 선해임과 직결되는 정관 변경 (예: 특정 임원에 대한 재판이 진행 중인 상황에서 임원자격 제한 정관 변경)	경영참여	경영참여	
일반적인 임원 선 · 해임	경영참여	경영참여	-
합병, 영업양수도		경영참여	-

2. 비율변동상황 보고의무 면제

보유주식수의 변경이 없거나 기존 주주가 자신의 주식 수에 따라 배정하는 신주발행 등에 참여하여 배정주식 만을 취득하는 경우 등에는 보고의무를 면제하고 있다.

자본시장법시행령 제153조 제5항

1. 주주가 가진 주식수에 따라 배정하는 방법으로 신주를 발행하는 경우로서 그 배정된 주식만을 취득하는 경우
2. 주주가 가진 주식수에 따라 배정받는 신주인수권에 의하여 발행된 신주인수권증서를 취득하는 것만으로 보유 주식등의 수가 증가하는 경우
3. 자기주식의 취득 또는 처분으로 보유 주식등의 비율이 변동된 경우
4. 자본감소로 보유 주식등의 비율이 변동된 경우
5. 신주인수권이 표시된 것(신주인수권증서는 제외한다), 신주인수권부사채권·전환사채권 또는 교환사채권에 주어진 권리행사로 발행 또는 교환되는 주식등의 발행가격 또는 교환가격 조정만으로 보유 주식등의 수가 증가하는 경우

3. 보고서 기재내용

자본시장법 제147조 제1항에서는 보유상황, 보유목적, 보유주식 등에 관한 주요계약내용을 보고서에 기재하도록 하고 있다.[23] 그 외에도 자본시장법시행령 제153조 제2항은 ① 주식 등의 대량보유자와 그 특별관계자에 관한 사항, ② 보유 주식 등의 발행인에 관한 사항, ③ 변동 사유, ④ 취득 또는 처분 일자·가격 및 방법, ⑤ 보유 형태, ⑥ 취득에 필요한 자금이나 교환대상물건의 조성내역(차입인 경우에는 차입처 포함), ⑦ 앞의 ①~⑥에 관련된 세부사항으로서 금융위원회가 정하여 고시하는 사항을 추가하고 있다.

4. 변동사항 보고의무

5% 보고를 한 자는 그 보고내용 중 중요한 사항(보유비율 제외)이 변경된 경우에도 그 날부터 5일 내에 보고하여야 한다(자본시장법 제147조 제4항). M&A와 관련하여 주식 등의 보유자의 보유목적의 변경과 보유비율 등의 변경을 초래할 수 있는 중요한 사항의 변경은 기존 경영진이나 투자자에게 있어 중요한 정보이므로 이를 보고하도록 하는 것이다.

변경보고의 보고사유는 보유목적의 변경과 보유 주식등에 관한 주요계약

23 보유주식 등에 관한 주요계약 내용이라 함은 명확한 규정은 없으나 5% 보고의 취지상 보유지분의 변동이나 보유목적의 변경을 야기할 수 있는 계약으로서 보유주식 등에 대한 담보권설정계약, 의결권 행사와 관련된 계약 등이 이에 해당된다고 본다.

내용 등 대통령령으로 정하는 중요한 사항의 변경이다. 우선 보유목적의 변경은 경영권에 영향을 주기 위한 목적에서 그렇지 않은 경우로의 변경 또는 그 반대의 경우로서 양자 모두 보고의무가 발생한다. 보유목적의 변경은 보고의무자의 의사에 관한 문제이므로 언제든지 자유롭게 변경할 수 있지만, 보고된 보유목적과 행위 간에 일관성이 없는 경우에는 허위보고의 문제가 발생할 수 있다고 판단된다. 다음으로 중요사항의 변경은 보유 주식등에 관한 주요계약내용과 대통령령으로 정하는 중요한 사항의 변경이다. 이에 따라 자본시장법시행령 제155조에서는 보유목적, 보유 주식 등에 대한 신탁·담보계약 그 밖의 주요계약내용 및 보유형태를 규정하고 있다(변경주식 수가 주식 등 총수의 1/100 이상이라는 추가적인 제한이 있음). 그러나 대통령령의 내용은 법률규정을 반복한 것이거나 불명확한 내용을 규정하고 있어 실제로 주요계약내용의 변경인지 여부는 법원의 판단에 맡겨질 것으로 보인다.

5. 보고의무 위반시 제재

(1) 위반주식의 의결권행사 제한 및 금융위원회 처분 명령권

자본시장법 제150조 제1항은 보고(정정보고 포함)의무를 위반한 자나 대통령령으로 정하는 중요한 사항을 거짓으로 보고하거나 대통령령으로 정하는 중요한 사항의 기재를 누락한 자는 대통령령으로 정하는 기간[24] 동안 의결권 있는 발행주식총수의 100분의 5를 초과하는 부분 중 위반분에 대하여 그 의결권을 행사하여서는 아니 되며, 금융위원회는 6개월 이내의 기간을 정하여 그 위반분의 처분을 명할 수 있다고 규정한다.

자본시장법 제150조 제2항은 냉각기간을 규정하고 있다. 여기서 5% 보고시

---

24 자본시장법시행령 제158조(의결권행사 제한기간) 법 제150조 제1항에서 "대통령령으로 정하는 기간"이란 다음 각 호의 어느 하나에 해당하는 기간을 말한다.

1. 고의나 중과실로 법 제147조 제1항·제3항 또는 제4항에 따른 보고를 하지 아니한 경우 또는 제157조 각 호의 사항을 거짓으로 보고하거나 그 기재를 빠뜨린 경우에는 해당 주식등의 매수등을 한 날부터 그 보고(그 정정보고를 포함한다. 이하 이 항에서 같다)를 한 후 6개월이 되는 날까지의 기간
2. 법 및 이 영, 그 밖의 다른 법령에 따라 주식등의 대량보유상황이나 그 변동·변경내용이 금융위원회와 거래소에 이미 신고되었거나, 정부의 승인·지도·권고 등에 따라 주식등을 취득하거나 처분하였다는 사실로 인한 착오가 발생하여 법 제147조 제1항·제3항 또는 제4항에 따른 보고가 늦어진 경우에는 해당 주식등의 매수등을 한 날부터 그 보고를 한 날까지의 기간

경영권에 영향을 주기 위한 목적으로 보고하는 경우 일정기간 동안 당해 주식등을 추가로 취득하거나 의결권을 행사할 수 없도록 하는 것을 냉각기간제도라고 한다. M&A 목적으로 주식등을 취득한 후 보고기한을 이용하여 그 기간 동안 적법하게 공시를 하지 않고 추가로 주식 등을 취득하거나, 이미 보유하고 있던 주식등의 보유목적을 경영권에 영향을 주기 위한 것으로 변경한 후 즉시 의결권 행사를 함으로써 기존 경영진의 방어 기회를 박탈하는 행위를 방지하기 위한 제도이다. "제147조 제1항·제3항 및 제4항에 따라 주식등의 보유목적을 경영권에 영향을 주기 위한 것으로 보고하는 자"에게 냉각기간이 적용된다고 규정하고 있어 신규취득보고, 변동보고 및 보유목적 변경보고에 냉각기간이 적용되는 것으로 보인다. 그리고 냉각기간은 보고의무 발생일로부터 보고 후 5일 동안이다. 따라서 기산일은 신규 또는 추가취득 및 보유목적의 변경일이다. 보고의무 발생일로부터 5일 내에 보고하면 되므로 일찍 보고할수록 냉각기간이 줄어들게 된다. 한편 냉각기간 동안 의결권 행사가 제한되는 주식등의 범위는 신규보고와 보유목적 변경 보고의 경우에는 그 보유 주식등 5% 이상에 해당되는 부분이고, 변동보고의 경우에는 해당 변동분에 대해서 적용된다고 본다.

(2) 형사제재(자본시장법 제444조 제18호, 제445조 제20호, 제446조 제26호) 및 과태료(자본시장법 제449조 제38호)는 자본시장법 상의 해당조항을 참조하기 바란다.

III. TRS와 대량보유 보고의무

1. 총설

총수익스왑으로 번역되는 Total Return Swap(TRS)은 자본시장법 제3조 제2항 나목의 장외파생상품에 해당하는데, 거래당사자가 계약기간 내 발생한 기초자산의 거래로부터 발생하는 손익과 비용을 상호 교환하는 약정을 말한다. 기초자산으로는 주식, 신용(credit), 외환, 상품(commodity) 등 다양한 자산이 활용되며, 매수자(long party)는 기초자산을 보유하지 않고 대상 자산에 투자한 효과를 얻을 수 있으며, 매도자(short party)는 관련 서비스에 따른 수수료를 취득할 수 있다. 특히 기초자산이 주식일 경우 경영권 유지·방어의 수단으로 활용되기도 하고, 상호주에 대한 의결권 제한이나 상호주 출자금지를 우회할 수 있는 수단으로 활용되기도 한다. 최근 서울남부지방법원 2015. 6. 11. 선고 2014가합4526 판결은 이렇게 활용된 TRS 약정에 대해 그 적법성 여부를 판단하고 있다.

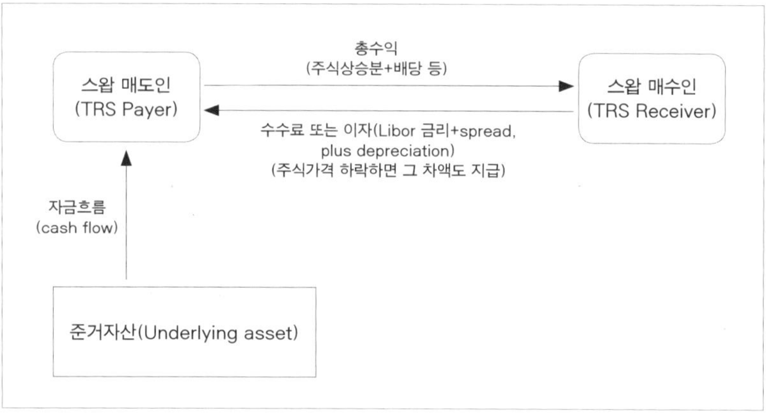

2. 사실관계 및 쟁점

피고회사는 2013. 10. 23. 대주주인 소외1 주식회사(피고회사의 지분 30.08% 보유, 이하 '소외1'이라 한다)에 대한 대여금을 출자전환하여 소외1의 주식(발행주식총수의 13.08%)을 취득하였다. 한편, 피고회사와 소외1은 공정거래법 제14조에 따른 상호출자제한기업집단에 속하고 있었는바, 출자전환 이전 공정거래위원회로부터 위 출자전환은 공정거래법 제9조 제1항 제2호의 "대물변제의 수령"에 해당한다고 할 수 있어 같은 조 제1항에 따라 금지되는 상호출자금지 원칙의 예외사유이기는 하지만 출자전환에 의하여 형성된 상호출자는 같은 조 제2항에 의하여 매각 등의 방법으로 6개월 이내에 해소의무를 부담한다는 유권해석을 받았다.

이에 따라 피고회사는 2014. 3. 21. 위와 같이 취득한 소외1의 주식 중 일부인 4.86%의 주식을 소외2 금융기관(이하 '소외2'이라 한다)에 매도하면서 동시에 소외2와 사이에 위 4.86%의 주식에 대하여 TRS 약정을 체결하였는데, 소외2가 위 주식가격이 등락함에 따라 발생되는 이익 또는 손실을 피고회사에게 정산하여 주는 대신 피고회사는 소외2에게 연 6.4%의 고정금리에 따른 이자 또는 수수료를 지급할 의무가 있었다.

이 사건에서 피고회사가 주주총회 개최 직전에 소외2에 총수익스왑 방식으로 매도한 주식과 관련하여, 주식 매매대금의 출연 및 이 사건 주식 취득에 따른 손익의 귀속이라는 측면에서 피고회사가 여전히 위 주식을 자기의 계산으로 보유하고 있는 것이 아닌가 하는 쟁점이 문제되었다.

3. 법원의 판단

서울남부지방법원은 타인의 명의이나 자기의 계산으로 보유하고 있는 주식에 해당되는지 여부를 판단함에 있어서는 그 주식취득을 위한 자금이 회사의 출연에 의한 것인지 여부, 그 주식취득에 따른 손익이 회사에 귀속되는지 여부 등을 종합적으로 고려하여야 할 것이라는 원칙을 제시하였고, 피고회사의 행위에 대해 다음과 같이 판단하였다. ① 소외2는 피고회사로부터 주식을 매수한 후 피고회사에 이 사건 주식의 매매대금을 실제로 지급하였고, 당시 피고회사는 소외2에 주식 매매대금을 대여하지 아니하였으며, 소외2가 주식 매수자금을 마련할 수 있도록 연대보증 등의 방법으로 기여한바도 없는 점, ② 계약에 의하면 소외2는 주식보유기간 동안 의결권 및 이익배당을 받을 권리를 가지며, 주식을 임의로 제3자에게 처분할 수 있고 피고회사는 주식우선매수권리를 갖지 아니하며, 소외2에 주식에 대한 의결권의 위임 등을 요청할 수도 없는 점, ③ 소외2가 계약이 종료될 때 주식을 다시 피고회사에 매도하는 등의 방식으로 피고회사로부터 위 주식의 매매대금을 그대로 회수할 수 있는 절차는 마련되어 있지 아니하고, 공정거래법상 상호출자 해소의무가 있어 피고회사가 주식을 다시 취득할 수도 없는 점, ④ 소외2가 계약의 거래종료일 이후에도 주식 중 전부나 일부를 매도하지 않고 계속 소유하는 경우에 그 잔여주식으로 인한 손익은 모두 소외2에 귀속되는 등 이 사건 주식의 취득에 따른 손익이 언제나 전액 피고 회사에 귀속되지는 않는 점 등에 비추어 볼 때 총수익스왑의 방식으로 소외2의 명의로 이전된 위 주식을 피고회사가 자신의 계산으로 보유하고 있다고 볼 수 없다고 보았다.

4. 검토

이와 같이 서울남부지방법원은 여러 가지 관점에서 사실관계를 분석한 후 피고회사가 자신의 계산으로 소외1의 주식을 보유하고 있지 아니한 것으로 판단하였다. 그렇다 보니 피고회사는 자본시장법 제147조에 따라 주식등의 대량보유 보고의무를 부담하는 자(여기서 보유의 개념에 대해서는 자본시장법 시행령 제142조 참조)에 해당하지 않게 된 것이다.

이 사건에서 서울남부지방법원이 적용하였던 기준들은 나름대로 상당히 합리적이었다고 평가된다. 그렇지만 향후에도 TRS 약정을 통하여 주식의 소유와 이익 향유 주체를 달리하고 의결권 행사의 명목상·실질상 주체를 분리시킴으로써 상법과 공정거래법 및 자본시장법상 여러 가지의 규제들을 회피하는 수단으로 악용될 수 있다는 점을 감안할 때, 개별 사안별로 좀 더 구체적이고 세부적인 기준이 마련되어 법적 평가를 달리 하여야 할 필요성도 생길 것이다. 그 때에는 ① 주식명의자에 대해 TRS 약정상 기초자산의 처분권을 제한하는지 여부, ② 주식 보유에 따른 배당금 등 경제적 이익이 실질적으로 누구에게 귀속되는지 여부, ③ 보장매도자인 TRS매수자의 일방적인 의사에 의하여 차액결제방식을 실물결제방식으로 전환할 수 있는지 여부 등을 면밀히 분석하여야 할 것이다. 더 나아가 경영권에 개입할 목적으로 주식을 매집하면서 자본시장법상 대량보유 보고제도를 회피할 목적으로 TRS 약정 등을 활용하였음이 명백하게 드러나는 경우 규제 대상에 추가하는 방식으로 자본시장법시행령 제142조를 개정하여야 할 것이다.

비교법적으로 참고할 만한 외국 사례도 있다. 2006년경 영국계 헤지펀드인 Children's Investment Fund Management(CIFM)는 미국의 철도운송회사인 CSX의 주가가 실제가치에 비해 저평가 되어 있다고 판단하고 도이체은행, 씨티

은행 등 금융회사와 TRS 약정을 통해 CSX의 주식을 매수하였다. CIFM이 체결한 TRS 약정은 현금결제방식이었으므로 CIFM은 지분공시를 하지 않았다. 이후 CIFM은 CSX의 경영진에게 주가가 실제가치에 부합되게 상승할 수 있도록 경영방침을 근본적으로 바꿀 것을 요구하였다. 그러나 그러한 요구가 수용되지 않았으므로 CIFM은 LBO를 통해 CSX의 경영방침을 바꾸고 주가를 상승토록 계기를 마련하겠다는 의사를 CSX와 다른 헤지펀드들에게 전달하였다. CSX가 그래도 말을 듣지 않자, CIFM은 위임장 경쟁을 통하여 자신들의 의사를 관철할 목적으로 자신들이 지지하는 이사를 신규로 임용하는 주주제안을 하였다. 그러자 CSX는 CIFM이 TRS 약정을 통해 실질적으로 보유하고 있는 지분을 공시하지 않음으로써 증권거래법을 위반했으며 동 주식을 근거로 의결권을 행사할 수 없다는 취지의 소송을 제기하였다. 이에 대해 1심법원은 현금결제 TRS 약정을 체결한 보장매도자는 실질적 보유·처분권자에 해당하여 미국 증권거래법상 지분공시의무가 발생한다고 하면서 CIFM이 증권거래법을 위반하였다고 판시하였다.[25] 2심법원의 보충의견(concurring opinion)은 매수·매도·의결권행사 등에 관해 당사자 간에 별도의 약정이 없는 상태에서 현금결제방식의 TRS 약정을 통한 보장매도자가 실질적 보유자에 해당하는지는 법률적으로 판단할 문제인데, 1심 법원이 판결할 당시에는 TRS의 보장매도자가 실질적인 보유자에 해당한다는 명시적인 조항을 둔 법률(Dodd-Frank 법)이 제정되어 있지 않았으므로 다소 근거가 불명확하다는 취지의 판시를 한바 있다.[26] 이러한 외국의 사례도 감안해 보면 자본시장법이나 동법시행령상 명문의 규정으로 주식 TRS의 경우 보장매도자가 실질적인 처분권자에 해당한다는 입법상의 조치를 하여야 법적 안전성과 예견가능성이 확보될 것이다.

25 *CSX Corp. v. Children's Inv. Fund Mgmt.* (UK) LLP, 562 F. Supp. 2d 511 (2008).

26 *CSX Corp. v. Children's Inv. Fund Mgmt.* (UK) LLP, 654 F.3d 276 (2011).

TRS와 5% Rule 위반 관련 기사[27]

증권선물위원회 2016년 2월 24일 정례회의, '5%룰 위반'제재 의결 검찰 통보, 경영권 공격 편법TRS적발 첫사례, 양측 향후 치열한 법리공방 예고: 금융당국이 적대적 투기 세력의 공격에 칼을 빼들었다. 무엇보다 편법적인 방법을 동원한 투기 세력의 적대적 M&A(인수합병)나 공격적 경영 참여에 제동이 걸릴 전망이다. 지난해 삼성물산과 제일모직의 합병에 반기를 들고 삼성그룹과 일전을 치른 미국계 헤지펀드 엘리엇 매니지먼트가 그 본보기다. 특히 앞으로는 국내에서도 총수익스와프(TRS)를 활용한 투기 세력의 경영권 공격이 힘들어질 전망이다. 일부 헤지펀드들은 공시를 피해 몰래 지분을 늘릴 목적으로 일종의 파생상품 계약인 TRS를 활용해 왔다.

▶ 삼성물산 공격 엘리엇 본보기=23일 금융당국과 업계에 따르면 금융위원회 산하 증권선물위원회는 24일 정례회의에서 주식 대량보유 공시 의무인 '5% 룰'을 위반한 혐의로 엘리엇에 대한 제재안을 의결할 방침이다. 5%룰이란 적대적 인수합병이나 경영 간섭으로부터 회사가 방어권을 행사하도록 하기 위해 상장사 주식을 5% 이상 보유한 투자자는 변동 내역을 5거래일 안에 공시하도록 하는 제도다. 앞서 증선위 자문기구인 자본시장조사심의위원회도 엘리엇을 검찰에 통보키로 한 원안을 압도적인 표차로 통과시켰다. 24일 증선위도 같은 결론을 내릴 것이 확실시된다. 금융당국은 이날 증선위의 결정이 나는 대로 검찰에 엘리엇의 혐의 내용을 통보하고 조사 자료 일체를 넘길 계획이다. 이번 조사를 맡은 금융감독원 특별조사팀은 엘리엇이 작년 삼성물산 지분을 매집하는 과정에서 파생금융 상품인 총수익스와프(TRS)를 악용, 몰래 지분을 늘린 것이 '5% 룰'에 위배되는 것으로 판단했다. 엘리엇은 작년 6월4일 삼성물산 지분 7.12%(1112만5927주)를 보유하고 있다고 공시하면서 시장에 전격적으로 모습을 드러냈다. 이후 삼성그룹의 지배 구조 재편에서 매우 중요한 의미가 있는 삼성물산과 제일모직의 합병 반대를 주장하며 주총에서 표대결을 벌였지만 패배했다. 당시 엘리엇은 작년 6월2일까지 삼성물산 주식 4.95%(773만2779주)를 보유하고 있다가 이튿날 보유 지분을 2.17%(339만3148주) 추가 확보했다고 설명했다. 그러나 당국은 엘리엇이 TRS 계약을 통해 실질적으로 지배한 지분까지 더하면 6월4일이 아닌, 5월 말께 이미 대량 보유 공시를 했어야 한다고 결론 내렸다.

▶ 편법 TRS 첫 제재 … TRS가 뭐길래 = 무엇보다 국내에서 순수 투자목적이 아닌, 경영권 공격을 위한 편법 TRS 활용이 적발돼 제재 대상이 된 것은 이번이 처음이다. TRS는 주식 보유 상황에 따른 수익이나 손실이 계약자에게 돌아가는 구조의 파생상품이다. 가령 A펀드가 B증권사에게 주식 1000억원어치를 사달라고 하는 내용의 TRS 계약을 맺으면 B증권사가 주식을 사고 손실은 A펀드에 귀속되는 방식이다. A펀드는 사실상 무자본으로 큰 투자 기회를 노릴 수 있고, B증권사는 투자 손실위험은 고객에게 넘긴 채 거

래액의 일정 금액을 수수료로 챙길 수 있다. 해외에서는 TRS를 악용해 헤지펀드의 공격이 빈번했다. 국내에서도 엘리엇이 TRS를 활용, 삼성물산 지분을 대량 확보하며 경영권 공격에 포문을 열었다. 금융당국은 재무적 투자 차원에서 TRS를 활용하는 것은 투자자의 재량이지만 적대적 인수합병이나 공격적 경영 참여를 염두에 두고 TRS 계약을 동원해 실질적 지분을 늘리는 것은 공시 제도 취지에 정면으로 반하는 행위라는 판단이다. 엘리엇은 TRS 계약을 통해 메릴린치, 시티 등 외국계 증권사들이 삼성물산 주식을 사들이게 하고 나서 대량 보유 공시 시점에 계약을 해지하고 이를 돌려받은 것으로 조사됐다. 한편 이에 대해 엘리엇측은 "법적으로 문제가 없다"는 입장이어서, 사법 당국과 엘리엇 사이의 치열한 법리 공방이 펼쳐질 전망이다.

제5절 적대적 M&A에 대한 방어수단[28]

Ⅰ. 예방적 방어행위

1. 독약처방(poison pill)

(1) 의의

적대적 M&A에 대비하여 주주들에게 배당으로써 특별한 종류의 우선주나 신주인수권 등 특정한 권리를 부여한 후 매수 희망자가 일정비율 이상의 주식을 취득한 경우에는 주주들이 낮은 가격으로 대상회사의 주식을 추가로 인수하거나 자신의 보유 주식을 고가에 매도 또는 상환을 받을 권리를 갖도록 하는 방어수단으로서 이를 독약처방이라고 부른다. 현재 미국에서 가장 성행하는 방어수단으로서 적대적 공개매수와 같은 '지분취득형 적대적 인수'에 대해 거의 완벽한 방어수단이라고 평가되어 왔다. 종래부터 미국 증권법제의 특성은 포괄주의라고 단언할 수 있었는데, 증권의 설계 및 활용이 상당히 자유롭기 때문에 시장에서 경영권 공격에 맞춘 균형있는 방어책을 마련하는 과정에서 포이즌필이

27 박영훈·김재현, "투기꾼 엘리엇에 칼빼든 금융당국," 헤럴드경제 2016. 2. 23.

28 다음은 이홍철, "상장법인의 적대적 M&A에 대한 방어행위," 「재판자료: 증권거래에 관한 제 문제(하)」 91집, 법원도서관, 2001의 내용을 토대로 하여 2009년 상법 개정시안을 보완하였다.

자연스럽게 개발되었다고 한다.

(2) 종류

독약처방은 다음과 같은 3가지 종류가 있다.

첫째 유형은 미리 이사회에서 새로운 종류의 전환우선주를 발행할 것을 결정하고 주주들에게 이를 배당으로 지급하는 방식이다. 즉 회사의 합병이나 자산 매각이 있을 경우 우선주가 인수대상회사의 의결권 있는 보통주로 전환되는 것을 조건으로, 합병이나 회사 자산 매각이 허용되도록 정관에 규정하는 방식이다. 여기서 전환의 비율은 인수 희망자가 인수를 위해 지급한 대상 회사 주당 최고가격을 반영하거나 대상 회사 주식의 시세를 반영하게 되므로 대상 회사 주주들은 인수 희망자의 주식매수제의에 신속히 응할 이유가 없게 된다.

둘째 유형은 회사가 위와 같은 상환우선주를 발행하면서 우선주주에게 상환권을 주는 방식이다. 즉 제3자가 특정비율 이상의 회사 주식을 취득하면 일정기간 이내에 우선주주는 언제든지 보유 주식의 상환을 회사에 요구할 수 있는 방식이다. 이 경우 상환가격은 인수 희망자가 대상 회사의 보통주에 지급한 최고가격에 우선주에 대한 미지급 배당금을 더하여 결정될 것이다. 이렇게 되면 인수 희망자는 매수가 실현되는 경우 회사 자산이 현저히 감소되는 결과를 감수하여야 하므로 인수 시도를 주저할 수 밖에 없을 것이다.

셋째 유형은 대상 회사가 일반 주주들에 대한 배당으로 우선주가 아닌 특정 권리(예: 주식매수권증서)를 지급하면서 정관에 특정 권리에 관한 정함을 두는 방식이다. 정관에 제3자가 회사 지분의 일정 비율 이상을 취득하거나 일정 비율 이상의 주식 매수를 목표로 하는 공개매수를 발표하는 경우 새로 발행되는 대상 회사의 주식을 저가에 매입할 권리를 가지도록 하는 것(flip-in pill), 대상회사가 인수 희망자에 의해 인수된 후 합병될 때 합병 후 존속회사의 주식을 저가에 매입할 권리를 가지도록 하는 것(flip-over pill),[29] 공개매수자가 일정 비

29 만일 raider 회사가 target 회사와 합병 등의 거래를 하는 경우 권리보유자는 권리실행으로 raider 회사의 보통주식을 받게 됨으로써, raider 회사 주식의 실질적인 가치희석화가 야기된다. 그리고 매수가 성공할 경우 target의 주주들은 보상을 받는 반면, raider 회사의 주주들은 재정적 손실을 부담하게 되어 raider 회사 주주들이 적대적 매수를 반대하는 경향을 보이게 된다.

율 이상의 대상 회사의 주식을 취득한 경우 대상 기업의 주주들이 미리 약정한 가격의 현금이나 채무증권을 지급해달라고 청구할 수 있음을 정하여 두는 것(back-end pill) 등이 있다.[30] 이러한 제 유형들은 모두 인수 희망자에 대한 압력으로 작용할 것이라는 점에서 차이가 없다.

(3) 2009년 상법개정시안

(가) 내용

2009년 11월 9일 법무부는 공청회를 통하여 poison pill 도입과 관련한 상법 개정시안을 발표하였는데, 그 골자는 다음과 같다.

2009년 상법 개정시안의 주요 내용

조항	내용
1. 신주인수선택권 (시안 제432조의2)	· 회사는 주주에게 정관에 근거하여 일정 행사가액으로 일정 행사기간 동안 신주의 발행을 청구할 수 있는 신주인수선택권을 부여할 수 있음 · 신주인수선택권은 기존 주주에게 무상으로 부여하여야 함 · 회사의 가치 및 주주 일반의 이익을 유지 또는 증진시키기 위하여 필요한 경우에 한하여 정관에서 부여된 신주인수선택권의 주주 간 차별적 취급을 허용 · 주주 간 차별적 취급이 가능한 신주인수선택권의 경우 주식의 실질가액 또는 권면액에 미달하는 가액으로 행사할 수 있도록 함

30 Poison pills have evolved over time, and while this strategy may take several forms, the most common structures include:

- Preferred Stock Plans - this is preferred stock, which is registered with the SEC, and is paid as a dividend to common shareholders. This preferred stock is convertible to common stock only after the takeover is completed. This strategy both dilutes the ownership of the acquiring company (which is highly undesirable for the acquirer) as well as increases the cost of the merger.
- Flip Over Plans - this type of poison pill allows shareholders to purchase shares of common stock in the new company at a substantial discount after the merger. While this approach is simpler to implement than a preferred stock plan, it does not prevent a company from purchasing a controlling share of the target.
- Flip In Plans - this strategy provides shareholders of the target company with the right to purchase additional stock in the target company at substantial discounts. The right to purchase stock occurs before the merger is finalized, and the provision is usually triggered when the acquirer owns greater than a 20% share of the target's stock.
- Back End Plans - this approach provides shareholders of the target company with the right to cash or debt securities at a price established by the company's Board of Directors. By doing so, the target company has essentially established an above-market selling price for the company.
- Poison Puts - this bond allows investors to cash in the security before it matures if the target company is engaged in a hostile takeover attempt. The poison put places pressure on the acquiring company to raise substantial sums of money to pay off the owners of the puts.

출처: http://www.money-zine.com/Investing/Stocks/Poison-Pill-Defense (검색일: 2010. 5. 24.)

2. 신주인수선택권의 부여 (시안 제432조의3)	· 정관에 따라 부여된 신주인수선택권은 이사회 결의를 통하여 구체적인 내용을 결정하여 발동 · 신주인수선택권의 행사개시일은 이사회 결의 공고일로부터 2주 후이며, 이 기간 내에는 주식 발행을 보류하여야 함
3. 신주인수선택권의 수반성 및 무상소각 (시안 제432조의5)	· 신주인수선택권은 주식과 분리하여 양도할 수 없으며, 주식 이전 시 함께 이전된 것으로 봄 · 신주인수선택권의 행사기간이 개시되기 전 이사회 결의 혹은 주주총회의 결의로써 대가 없이 신주인수선택권 전부 소각이 가능
4. 신주인수선택권의 등기 (시안 제432조의7)	· 회사는 신주인수선택권 부여에 대한 이사회 결의일부터 2주 내에 본점 소재지에 이를 등기하여야 함
5. 유지청구권 (시안 제432조의8)	· 법령이나 정관에 위반하거나 현저하게 불공정한 방법으로 이사회가 신주인수선택권을 부여, 행사 제한 및 상환하는 경우 불이익을 당할 염려가 있는 주주는 이에 대한 중지를 법원에 청구할 수 있음

법무부가 도입하려던 '신주인수선택권'은 일반적인 자금조달보다는 독약처방을 위한 매우 제한적인 신주인수권이었다. 즉 기존의 주주에게만 부여할 수 있고 무상으로 부여하여야 하며 주식과 별도로 양도할 수 없도록 되어 있다. 동 시안에 의하면, 회사가 주주에게 신주인수권을 부여하기 위해 우선 주주총회 특별결의에 의해 정관을 개정한 후 이사회 결의 만으로 신속하게 '신주인수선택권'을 발행할 수 있도록 하였다. 이때 신주의 실질가치나 권면액에 미달하는 행사가격도 허용된다. 이러한 신주인수선택권의 발행을 허용할 경우 종래 우리 회사법의 축을 이루었던 자본충실의 원칙과 주주평등의 원칙을 정면으로 위반하는 셈이 되므로, "회사의 가치 및 주주 일반의 이익을 위한 것"이어야 한다는 제한을 받도록 하였다.

이는 신주인수선택권이라는 이름으로 우리나라에 셋째 유형 중 flip-in pill을 도입하려는 것이었다. 사실 첫째 유형과 둘째 유형은 우리 상법상 전환주식이나 상환주식에 해당한다. 문제는 이러한 주식을 발행하려면 미리 정관에 전환조건, 전환청구기간 또는 상환조건, 상환청구기간을 결정하여 명시하여야 하는데, 공개매수에 대한 방어수단으로서 이러한 세부 내역들을 미리 기재한다는 것은 기술적으로 불가능하다. 따라서 우리나라에는 셋째 유형의 poison pill 만을 도입할 수 밖에 없는 상황이었다(사실 현행법상으로도 현금이나 주식만으로 배당할 수 있을 뿐 일정한 권리를 배당한다는 것은 있을 수 없다).

(나) 제안배경 및 문제점

법무부는 다음과 같은 세 가지의 도입근거를 제시하였다. 첫째, 우리나라는 외환위기 이후 적대적 M&A 공격은 쉽고 이에 대한 방어가 어려워 M&A 분야에서의 공수 불균형이 존재하여 왔다. 둘째, 상법이나 자본시장법과 같은 관련법이 적절한 방어수단을 마련해두지 않았으므로 생산적 투자에 사용되었어야 할 회사의 귀중한 재원이 경영권 방어에 낭비될 소지가 컸다. 셋째, 신주인수선택권 제도의 도입과 함께 M&A 제도를 가로막지 않는 남용방지책(유지청구권과 주주총회에 의한 무상소각권)이 마련되므로 부작용도 크지 않을 것이다.

그러나 법무부의 이러한 인식은 다소 안일하였다. 첫째, 우리나라에는 독약처방보다 더욱 강력한 방어수단이 사실상 존재하여 왔는데, 바로 재벌에서의 복잡한 지배구조가 그 것이다. 즉 재벌의 복잡한 소유구조(순환출자구조)로 인하여 외국의 raider가 한국의 대기업을 적대적으로 인수하기란 거의 불가능에 가깝다. 이런 상황에서 재벌 손에 독약처방까지 쥐어준다면 재벌의 구조조정이란 어려워지고 장기적으로 우리나라의 전체 경제성장에도 악영향을 미칠 수 있다. 둘째, 대기업은 현재 국내외 시장을 통하여 투자재원을 마련하는 데 거의 어려움이 없는 상황이다. 그럼에도 불구하고 굳이 이들을 위해 경영권 방어비용을 줄이면서까지 투자재원을 마련해주어야 한다는 것은 전혀 설득력이 없다. 과연 포이즌필을 도입한다면 절약된 방어비용이 생산적인 투자에 사용될 것인가? 그리고 그것을 어떻게 증명할 수 있는가? 셋째, 포이즌필의 남용을 방지하는 대책들이 얼마나 실효성 있게 작동할지도 매우 의심스럽다. 위와 같은 문제점 때문에 신주인수선택권을 정관에 도입하더라도 3년 정도의 일몰조항을 두어 주주총회가 그 적절성을 심사하여야 한다는 목소리가 높았다.[31] 또한 대기업보다는 알짜 중소기업이나 벤처기업이 경영권 위협에 더 많이 노출되어 있으므로, 이들 기업을 위해 우선적으로 제도를 도입한 후 경과를 지켜보고 대상기업을 대기업으로까지 확대하자는 주장도 있었다.

여하튼 동 법안은 폐기되어 지금은 더 이상 논의의 실익이 없게 되었다. 그러

31 권세훈, "포이즌필, 한국에 필요한가?," 「자본시장 Weekly」 2009-45호, 2009. 11.

나 향후 독립워런트의 도입과 맞물려 포이즌필에 대한 논의는 다시 치열해질 것이며 앞에서 언급했던 쟁점들이 다시 조명될 것으로 믿는다.

2. 기타 예방적 방어행위

(1) 주주총회 결의요건 강화(super majority)

적대적 M&A가 이루어지게 되면 보통 주주총회결의에 따른 기존 이사의 해임과 새 이사의 선임, 정관변경, 영업양도나 합병 등이 뒤따르게 되므로 미리 정관을 변경하여 주주총회 결의요건을 강화하는 방법이다. 예컨대, 우리 상법에서 이사 선임 또는 해임에는 주주총회의 보통결의(출석주주 의결권의 과반수와 발행주식총수의 1/4 이상의 다수, 상법 제368조 제1항, 제382조 제1항, 제385조 제1항)가, 정관변경, 영업양도나 합병의 경우에는 주주총회의 특별결의(출석주주의 의결권의 2/3 이상의 수와 발행주식 총수의 1/3 이상의 수, 상법 제434조, 제374조 제1항, 제522조 제3항)가 필요하므로 정관의 정함으로 더 높은 결의요건을 부과하여 이를 어렵게 하는 것이 유력한 방어행위가 될 수 있다. 다만, 이러한 방어방법은 인수 희망자가 경영권 장악 후의 합병 계획을 가지고 있지 않거나 강화된 결의요건 주식 수보다 더 많은 주식을 취득하는 경우에는 효과적인 방어책이 될 수 없다.

(2) 집중투표제(cumulative voting)와 교차임기이사제(staggered board)

상법 제382조의2 제1항은 정관에 의하여 집중투표를 배제하지 않은 경우에 2명 이상의 이사를 선임하는 총회의 소집이 있는 때에는 의결권 있는 발행주식총수의 3/100 이상에 해당하는 주식을 가진 주주는 회사에 대하여 이사의 선임을 집중투표에 의할 것을 청구할 수 있다. 집중투표제는 이사의 선임에서 각각의 주주에게 1주에 대하여 선임할 이사의 수만큼 투표권을 주는 제도인데 소수주주 측의 후보도 이사로 선임될 수 있게 되므로 기업 매수자로 하여금 이사진 전원을 개선하는 것이 곤란하게 만들 수 있어 적대적 M&A에 대한 예방책이 될 수 있다.

교차임기이사제는 이사들의 임기를 조정하여 한꺼번에 이사들의 임기가 만료되지 않고 매년 돌아가면서 일부 이사들의 임기만 만료되도록 함으로써 기업 매수자가 과반수 주식을 매수하였다 하더라도 전체 이사를 일시에 갈아치우지 못하게 하는 제도이다. 임기 중인 이사의 해임에는 주주총회의 특별결의(상법 제368조 제1항)가 필요하고 특별결의가 있더라도 정당한 이유가 없는 경우에는 회사에 손해배상책임(상법 제385조 제1항)이 발생하므로 임기중인 이사의 해임이 용이하지 않기 때문에 이것도 집중투표제와 마찬가지로 적대적 M&A에 대한 예방책이 될 수 있다. 그러나 적대적 M&A의 경우 소수주주 측 이사나 잔존 이사들이 새로운 대주주 아래에서 임기가 보장되어 있다 하더라도 어느 정도 저항할 수 있을지는 의문이며 인수의 속도를 느리게 할 뿐 근본적 봉쇄책이 될 수 없다는 점에서 집중투표제나 교차임기이사제 모두 예방책으로서 한계를 지니고 있다.

(3) 그린메일 금지규정(anti-greenmail)

기업 매수자가 적대적 M&A를 포기하고 일정 기간 동안 적대적 M&A를 시도하지 않을 것을 조건으로 대상 회사가 기업 매수자의 주식을 매수하면서 시장가격보다 높은 가격을 지급하는 것을 그린메일이라고 하는데, 통상 이러한 목적의 적대적 M&A 위협이 많으므로 아예 기본 정관에 이사로 하여금 이러한 그린메일을 하지 못하도록 규정하는 방법이다. greenmail은 black mail(공갈)과 green(지폐색)이 합성된 말인데, green mailer는 경영권이 취약한 대주주에게 보유주식을 높은 가격에 팔아 프리미엄을 챙기는 투자자를 말한다. 정관에 그린메일 금지규정을 포함시키는 것은 그린메일을 목적으로 하는 적대적 M&A에 대하여는 효과적인 방어책이 될 수 있지만 실제로 경영권을 취득할 목적으로 하는 적대적 M&A에 대하여는 효과가 없다는 문제점이 있다.

(4) 우리사주조합의 확대

현재 우리사주조합원[32]들이 인수한 주식의 의결권은 조합장에게 인수되어 일괄

32 자본시장법 제165조의7은 상장법인이 유상증자를 할 때 원칙적으로 발행되는 주식의 20/100 범위 안에서 우선적으로 신주를 배정받을 권리가 있다고 규정하고 있다.

행사되는 것이 일반적 관행이고 그 경우 현 경영진에게 우호적으로 행사되는 수가 많으므로 우리사주 조합지분의 증가는 결국 현 경영진에 대한 우호지분이 많아지는 것을 뜻하기 때문에 적대적 M&A에 대한 방어행위가 될 수 있다. 또한 적대적 M&A를 시도하는 공개매수가 있을 경우 조합원들이 공개매수에 응하기 위하여는 보유 주식을 인출하여 매도해야 하는데 그것이 현재 자유롭지 못할 뿐 아니라 인출된 주식은 조합 또는 조합원에게 우선 매각해야 하기 때문에 우리사주 조합지분의 증가는 공개매수에 응할 수 있는 주식 수를 감소시키는 결과를 낳게 되어 적대적 M&A를 위한 공개매수를 어렵게 할 수 있다.

(5) 자기주식의 취득

자본시장법 제165조의3은 자기주식취득에 관한 특례규정이다. 동 조항은 무분별한 M&A에 대한 방어수단으로서 매수사냥꾼(raiders)으로부터 기업을 스스로 보호할 수 있도록 하려는 취지도 숨어 있다. 동 조항은 자기주식의 취득 방법을 다음과 같이 2가지로 제한한다. 첫째, 상법 제341조 제1항에 따른 방법, 즉 회사가 자기 명의와 계산으로 ① 거래소의 시세있는 주식(상장주권)을 거래소에서 취득하는 방법, ② 상환주식(상환조항부 주식)의 경우를 제외하고 각 주주가 가진 주식 수에 따라 균등(주주평등의 원칙)한 조건으로 취득하는 것으로서 대통령령으로 정하는 방법이다. 둘째, 회사가 신탁계약에 따라 자기주식을 취득한 신탁업자로부터 신탁계약이 해지되거나 종료된 때 반환받는 방법(신탁업자가 해당 주권상장법인의 자기주식을 상법 제341조 제1항의 방법으로 취득한 경우로 한정한다)이 있다. 그런데 자기주식의 취득금액은 상법 제462조 제1항에 따른 배당가능이익 한도 이내이어야 한다는 내재적 한계가 있다(자본시장법 제165조의3 제2항).[33]

33 그렇지만 상법 제341조의2에 의하면 ① 합병 또는 다른 회사의 영업 전부의 양수로 인한 때, ② 회사의 권리를 실행함에 있어서 그 목적을 달성하기 위하여 필요한 때, ③ 단주의 처리를 위하여 필요한 때, ④ 주주가 주식매수청구권을 행사한 때에는 배당가능이익에 의한 제한을 받지 않고 자기주식을 취득할 수 있다.

(6) 해외주식예탁증서(DR)의 발행

해외증권 중 주식예탁증서를 발행하여 자금을 조달하면서 발행계약을 통해 의결권의 행사를 투자자들이 아닌 DR의 예탁기관으로 정하는 방법으로 우호적인 의결권의 수를 늘릴 수 있다. 즉 예탁기관인 외국은행 산하의 자문위원회로 하여금 의결권을 행사하도록 하면서 그러한 자문위원회에 대상회사의 우리사주 조합장과 재무담당이사 등을 포진시키면 되는 것이다. 이와 같은 방법은 기아자동차주식회사 등에서 이미 사용된 전례가 있는데, 미국에서 광범위하게 이용되고 있는 의결권신탁과 매우 유사한 기능을 갖는다고 알려져 있다.

(7) 주식상호보유

계열사 간 주식의 상호보유로 각사 경영진이 각기 상대방의 주주총회에서 현 경영진에 유리하게 의결권을 행사함으로써 상호 경영권의 안정을 도모할 수 있다.[34] 그러나 상법 제342조의2 제1항은 회사가 그 발행주식 총수의 50%를 초과하는 지분을 보유하고 있는 타회사는 상법상 자회사에 해당되며 자회사는 모회사의 주식을 취득할 수 없도록 규정하고 있고, 또한 상법 제369조 제3항은 모자관계가 없다 하더라도 회사가 타회사 발행주식 총수의 10%를 초과하는 지분을 보유하고 있다면 그 타회사가 보유한 회사의 주식은 의결권을 갖지 못한다고 규정하고 있으므로 주식상호보유에 의한 방어행위는 이런 면에서 엄격한 제약을 받는다. 그리고 상법상 제한과는 별도로 '독점규제 및 공정거래에 관한

34 우리나라에서도 M&A가능성이 대두되고 있는 많은 회사들이 이러한 주식상호보유 전략을 활용하고 있는 것으로 보여진다. 대표적인 사례가 한신평정보와 KTB 네트워크이다. 한신평정보는 코스닥시장 등록 이후 다우기술, 건설증권, LG증권 등으로 대주주가 삼각분할되며 지분경쟁이 일어났다. 또 동원증권이 KTB네트워크지분 12%를 대량 매집하면서 M&A가능성이 불거졌다. 이에 수세에 몰린 한신평정보와 KTB네트워크는 2000. 6. 20. 전략적 제휴를 맺고 서로 70억 원 규모의 지분을 시장에서 매입키로 합의했다. KTB네트워크는 한신평정보의 지분 5.1%를 사주고 한신평 정보는 KTB네트워크주식 1% 수준을 매입해 우호세력이 되는 조건이었다. 대주주 지분율이 10%에 못미쳐 회사측 스스로 M&A위험을 노출한바 있는 메디슨도 교육기업 웅진닷컴과 상호 지분매입 계약을 맺은바 있다. 이와 같은 전략적 주식상호보유는 특히 적대적 M&A 방어수단이 부족한 벤처기업에게 활용도가 높다고 한다. 과거 적대적 M&A에 대하여 주로 사용되는 방어기법은 자사주매입이었지만 이익을 크게 내지 못하는 벤처기업은 자사주를 매입할 수 있는 규모가 한정되어 있었다. 즉 자사주매입 재원은 배당가능 재원이지만 주요벤처기업은 공모와 대규모 증자를 통한 자본잉여금만 풍부할 뿐 이익잉여금은 태부족인 상황이었던 것이다. 따라서 매입한도에 묶이는 자사주매입 보다는 증자대금까지 활용할 수 있는 상호주식매입이 더욱 효과적이었다. 매일경제신문 2000. 6. 22.

법률' 제9조는 대규모기업집단에 속하는 회사는 자기의 주식을 취득 또는 소유하고 있는 계열회사의 주식을 취득 또는 소유하여서는 아니된다고 규정하여 상호출자를 금지하고 있으므로 대규모기업집단에 속하는 회사는 이 방어방법을 쓸 수 없다. 물론 이는 교과서적인 설명이다. 왜냐하면 우리나라에서는 2개 회사간 교환적인 상호보유만이 규제될 뿐 3개 회사 이상 회사들간의 순환적인 주식상호보유는 규제되지 않으므로 후자의 방법을 활용함으로써 경영권 안정을 간접적으로 도모할 수 있기 때문이다.

(8) 주식양도제한

상법 제335조는 주식회사의 주식양도를 이사회의 승인을 받아서만 하도록 정관에 규정하는 것을 허용하고 이에 위반하여 이사회의 승인을 얻지 아니한 주식의 양도는 회사에 대하여 효력이 없는 것으로 하고 있다. 따라서 이는 주주가 현 경영진이 원치 않는 제3자에게 주식을 양도하는 것을 봉쇄할 수 있는 강력한 경영권보호장치가 될 수 있다. 다만, 상장회사의 경우에는 주식양도제한이 있는 주식은 상장 자체가 허용되지 않으므로, 이러한 주식양도제한에 의한 방어방법은 사용될 수 없다는 점을 유념하여야 한다.

(9) 의결권구속계약

현재 우호적인 관계에 있는 타주주들과 의결권을 일정한 약속대로만 행사한다는 계약을 체결하는 것으로서 계약내용이 현저히 불공정한 경우가 아니라면 유효하다. 이 때 계약에 위반하여 의결권을 행사한 주주는 상대방에게 손해배상책임을 지게 될 것이나, 의결권구속계약에 위반하여 행사된 의결권도 유효하기 때문에 미리 손해배상액의 예정을 하여 두는 것이 위약을 예방하는 효과가 있을 것이다. 그리고 의결권구속계약에 위반되는 행동을 할 염려가 있을 때는 그 전에 의결권을 약정내용대로 행사할 것을 구하는 이행소송을 제기하는 것도 가능하다고 본다.

(10) 황금낙하산(golden parachute)

적대적 M&A로 말미암아 임원들이 비자발적으로 퇴직하게 되는 경우 받게 될 퇴직금을 상당히 높은 금액이나 과다한 주식매수선택권(stock option)으로 미리 정관에 책정하여 두는 방법이다. 황금낙하산에 대해서는 우호적인 목소리도 높다. 즉 경영진들은 주주들에게 이익이 될 수 있는 외부(raider)의 인수제의를 회사의 비용으로 무리하게 물리치려는 이기적 행동을 하려고 하는데, 이러한 장치가 존재함으로써 그러한 행동을 자제하게 된다는 것이다. 우리나라에서도 2001년 코스닥상장법인인 이화전기공업이 이사가 임기 중 적대적 M&A로 인하여 실직할 경우 20억 내지 30억의 특별퇴직금을 지급하기로 하는 조항을 정관에 두려다 주주들의 반대로 무산된 사례가 있고,[35] 황금낙하산 조항의 정관 편입을 승인한 임시 주주총회의 결의를 문제삼아 당해 주주총회결의의 무효의 소송을 제기한 사례도 있다. 특히 후자와 관련하여 다음의 하급심판결을 참조하기 바란다.

서울지방법원 2008. 6. 25. 선고 2007가합109232 판결

1. 사안의 개요

피고는 코스닥상장법인이고, 원고는 피고의 주주이다. 피고는 2007. 9. 21. 임시주주총회를 개최하여, 발행주식 총수 27,684,754주 중 23,496,289주에 해당하는 주주들이 참석한 가운데, 출석주주의 만장일치로 ① A, B, C, D를 각 피고의 이사 또는 사외 이사로, ② E를 피고의 감사로 각 선임하고, ③ 피고의 정관 중 제2조(목적)에 23호 내지 31호를 추가하여 사업목적을 확대하며, ④ 제38조(이사의 보수와 퇴직금)를 아래 기재와 같이 변경하는 결의를 하였다.

"주주총회에서 이사가 임기 중 적대적 인수합병 등 타인에 의해 이사직을 수행하지 못하게 되거나, 임기만료 후 이사회가 후보로 다시 추천했음에도 불구하고 재선임되지 못한 경우에는 회사는 해당 이사에 대하여 통상적인 퇴직금 이외에 퇴직보상액으로 30억원씩 지급하고, 대표이사에 대하여는 50억 원을 지급한다."

피고의 제14기(2006. 1. 1. ~ 2006. 12. 31.) 재무제표에 대한 감사보고서에 의하면, 2006. 12. 31. 현재 피고의 자산총계는 41,049,624,849원, 부채총계는 23,487,285,507원, 자본총계는 41,049,339,342원, 당기순손실은 6,229,573,127원으로, 피고는 2005.

35 김화진, 「기업지배구조와 기업금융」, 박영사, 2009, 212면.

4. 1. 주요사업인 MIP(ARS정보제공업체관리)와 ARS(정보교환서비스) 사업의 영업을 중단하였으며, 주요 생산제품인 MP3(휴대용음향재생기)의 생산도 제품수요의 감소와 시장경쟁력의 악화로 크게 감소함으로 인하여 계속적으로 당기순손실을 실현하고 있으므로, 자체 수익모형의 개발이 조속히 이루어지지 아니하는 경우 향후 재무상태나 경영성과등이 크게 악화될 가능성이 존재하는 것으로 평가되었다(전기순손실은 20,459,169,916원). 피고의 대표이사인 甲은 피고 발행주식 중 2,000,000주(7.22%)를 소유하고 있다.

2. 원고의 주장 요지

원고는, 피고의 2007. 9. 21.자 임시주주총회 결의 중 피고의 정관 제38조(이사의 보수와 퇴직금)를 "주주총회에서 이사가 임기 중 적대적 인수합병 등 타의에 의해 이사직을 수행하지 못하게 되거나, 임기 만료 후 이사회가 후보로 다시 추천했음에도 불구하고 재선임되지 못한 경우에는 회사는 해당 이사에 대하여 통상적인 퇴직금 이외에 퇴직보상액으로 30억원씩 지급하고, 대표이사에 대하여는 50억원을 지급한다"로 변경한 결의(이하 '이 사건 정관변경결의'라고 한다)는, 이사의 해임사유와 관계없이 무조건 이사가 임기 중 타의에 의하여 해임되는 경우 이사(또는 대표이사)에게 30억원(또는 50억원)의 퇴직보상금을 지급하도록 함으로써 상법 제385조 제1항에서 정한 주주총회의 이사해임권을 현저히 침해할 뿐만 아니라, 이사의 임기가 만료된 후 이사회가 재추천한 후보가 주주총회에서 재선임되지 못한 경우에도 위와 같이 거액의 퇴직보상금을 지급하도록 함으로써 결과적으로 이사회가 이사선임권을 행사하도록 하여 상법 제382조 제1항에서 정한 주주총회의 이사선임권을 현저히 침해하였으므로, 이 사건 정관변경결의는 그 결의내용이 법령에 위반되는 경우에 해당하여 무효라고 주장하였다.

3. 피고의 주장 요지

피고는, 이 사건 정관변경결의는 적대적 기업인수·합병에 대한 방어방법으로 이른바 '황금낙하산' 규정을 신설한 것인바, 주주총회의 특별결의로 정관에 위와 같은 '황금낙하산'규정을 두는 것은 주주들의 정당한 권리행사로 보아야 하고, 주주총회에서 정한 보수한도 내에서 지급되는 퇴직위로금 또한 아무런 문제가 되지 아니하며, 이사가 임기 중 해임되더라도 정당한 해임사유(직무상 부정행위, 법령 또는 정관 위반)가 있는 경우에는 당연히 이 사건 황금낙하산 규정이 적용되지 않는 것이므로, 이 사건 정관변경결의에 원고의 주장과 같이 주주총회의 이사 선임 및 해임권한을 본질적으로 침해한 위법이 있다고는 볼 수 없다고 주장하였다.

4. 1심판결

1심은 다음과 같은 이유로 이 사건 정관변경결의는 그 결의내용이 법령에 위반한 하자가 있는 무효의 결의라고 판시하였다(항소되지 않아 확정됨).

황금낙하산 규정이란, 적대적 기업인수·합병에 의하여 비자발적으로 퇴진하게 될 기존 경영진을 위하여 통상의 퇴직금 이외에 퇴직보상금(또는 위로금) 등의 명목으로 현금 또는 주식매수선택권(stock option)등을 과다한 수준으로 제공하기로 한다는 조항을 회사의 정관에 삽입하여 적대적 기업인수자에게 부담을 줌으로써 적대적 인수·합병을 사전에 방어하도록 하는 것을 의미한다.

상법 제388조는 이사의 보수를 정관 또는 주주총회의 결의로 정하도록 하고 있으므로, 회사의 정관으로 임기 중 비자발적으로 퇴직한 이사에 대하여 퇴직보상금을 지급하도록 정하는 것은 원칙적으로 유효하다. 그러나 한편, ① 상법에서 이사는 주주총회에서 선임되고(상법 제382조 제1항) 정관의 규정으로써도 그 선임을 이사회나 기타의 기관 또는 제3자에게 위임할 수 없으며, 이사는 언제든지 주주총회의 특별결의로 이를 해임할 수 있도록(상법 385조 제1항 본문) 정함으로써, 주주의 출자로 형성된 회사재산을 관리하는 이사의 선임 및 그 지위의 유지 여부를 주주가 정책적으로 결정하도록 함과 아울러 소유와 경영의 분리에 의해 경영을 전담하는 이사가 부적정한 경영을 할 때에는 주주가 신속히 자신의 출자로 형성된 회사재산을 방어할 수 있도록 하고 있다. ② 회사로서는 주주총회의 특별결의로 언제든지 이사를 해임할 수 있음에도 불구하고 퇴직보상금액을 회사의 재정상황에 비추어 현저히 거액으로 정하는 경우에는 결과적으로 주주의 자유로운 이사해임권 행사를 저해하여 이사선임기관인 주주총회의 권한을 사실상 제한함으로써 회사법이 규정하는 주주총회의 기능이 심히 왜곡되는 부당한 결과가 초래될 수 있다. ③ 특히 대주주가 경영진인 경우에는 대주주의 전횡에 대한 소수파 주주의 견제가 사실상 불가능해질 수도 있는 점 등을 고려하면, 과도한 액수의 퇴직보상금 지급규정으로 말미암아 주주총회의 전권사항인 이사 선임(재선임) 또는 해임권한을 주주총회 이외의 기관에게 사실상 위임하는 결과가 되거나, 주주총회에 의한 이사해임이 사실상 불가능하게 될 정도에 이른 경우에는 그와 같은 퇴직보상금 지급규정은 이사의 선임 및 해임을 주주총회의 전권사항으로 정한 상법 규정에 위반한 것으로서 무효이다.

따라서 이른바 황금낙하산 규정을 도입하여 이사(대표이사)에 대한 퇴직보상금 지급규정을 정한 경우에 있어서도 그 규정의 도입경위와 목적, 퇴직보상금의 지급요건, 퇴직보상금액 등을 종합적으로 고려하여 위 규정으로 인하여 주주총회의 이사 선임 또는 해임 권한을 본질적으로 침해하였는지 여부에 따라 그 적법 여부를 판단하여야 한다. 그런데, 사실관계에 의하면, 이 사건 정관변경결의에 의하여 신설된 피고의 정관 제38조 제3항은 퇴직보상금(30억원 또는 50억원)의 지급요건을 ① 이사(또는 대표이사)가 임기 중 '적대적 인수합병 등' 타의에 의해 이사직을 수행하지 못하게 되는 경우 또는 ② 이사회가 임기 만료된 이사를 이사 후보로 다시 추천했음에도 불구하고 재선임되지 못한 경우로 규정하고 있어, ①의 경우에 있어서는 적어도 그 문언상으로는 적대적 기업인수·합병 이외의 다른 사유에 의한 모든 비자발적인 퇴직의 경우에 있어서도 거액의 퇴직보상금을 지급하도록 한 것으로 확대 해석될 여지가 크다. ②의 경우에 있어서도 적대적 기업인수·합병의 여부에 관계없이 이사회가 임기 만료된 이사를 이사로 재추천하기만 하면 주주총회에서 재신임이 거부된 당해 이사가 퇴직보상금을 지급받을 수 있는 것으로 해석된다.

이와 같은 정관조항을 두고 적대적 기업인수·합병에 대한 예방적 방어를 위한 황금낙하산 규정이라고 보기 어려울 뿐만 아니라, 위 정관 조항은 앞서 본 피고 회사의 재정상황(2006. 12. 31. 현재 자본총계 17,562,339,342원, 부채총계 23,487,285,507원, 당기순손실은 6,229,573,127원)과 비교하여 볼 때 현저히 과다한 금액이라고 인정되는 30억원(또는 50억원)이라는 거액의 퇴직보상금을 이사(또는 대표이사)에게 지급하도록 책정함으로써 이사의 임기 중에는 주주총회가 특별결의로서 이사를 해임하는 것을 사실상 불가능하게 하였음은 물론, 임기 만료된 이사에 대하여도 그가 이사회에서 이사 후보로 다시 추천되기만 하면 주주들로서는 거액의 퇴직보상금 지급 위험을 회피하기 위하여 이사회가 추천한 이사를 다시 이사로 선임할 수밖에 없는 결과를 초래함으로써 사실상 주주총회가 아닌 이사회로 하여금 이사의 재선임에 관한 권한을 행사할 수 있도록 하였다. 따라서 이와 같은 정관변경은 이사 선임 또는 해임을 주주총회의 전권사항으로 규정한 상법 제382조 제1항, 제385조 제1항 본문에 반하여 주주총회의 이사 선임 또는 해임권한을 본질적으로 침해한 위법이 있으므로, 이 사건 정관변경결의는 그 결의내용이 법령에 위반한 하자가 있는 무효의 결의이다.

(11) 이사회 소집통지기간의 단축

이사회를 소집함에는 회일을 정하고 그 1주간 전에 각 이사 및 감사에 대하여 통지를 발송하여야 한다. 그러나 그 기간은 정관으로 단축할 수 있다. 또한, 이사회는 이사 및 감사전원의 동의가 있는 때에는 위 절차 없이 언제든지 회의할 수 있다(상법 제390조 제2항, 제3항). 경영권이 갑자기 위협받는 상황이 발생하는 경우에는 신속한 이사회 결의 등으로 이에 대처하는 것이 필요하므로 미리 정관변경으로 이사회 소집통지기간을 단축해 두는 것도 큰 도움이 될 수 있다.

(12) 투자자 관리(IR)

일반투자자나 기관투자자들은 원래 시세차익을 목적으로 주식에 투자하는 경우가 많기 때문에 높은 프리미엄을 수반하는 공개매수 등에 의한 적대적 M&A 시도가 현실적으로 발생했을 때 이에 응할 가능성이 매우 높다. 따라서 기업들은 경영권 보호 차원에서도 평소에 이른바 IR(investor relation)을 통해 일반투자자나 기관투자자들에게 회사의 경영실적이나 경영방침을 잘 홍보하여 그들과 신뢰관계를 돈독히 함과 동시에 주식의 내재가치가 주가에 잘 반영되어 높은 주가를 형성하도록 함으로써 적대적 M&A를 위한 공개매수 등이 곤란하게 할 필요가 있다. 실제로도 상장회사들은 이러한 투자자 관리의 중요성을 인식하고 이를 강화하는 추세에 있는데 이를 통해 투자자들이 보유 주식에 대한 프리미엄보다 주주인 사실에 더 큰 의미를 두고 외부의 공개매수제의 등에 냉담할 정도에 이른다면 이보다 더 이상적인 경영권 방어방법은 없을 것이다.

II. 사후적 방어행위

1. 반인수캠페인

구체적인 적대적 M&A의 위협에 직면했을 때 대상 회사의 경영진이 언론 등을 통하여 매수 시도가 부당한 것이며 회사와 주주들에게 전혀 이익이 되지 않는 결과를 빚을 것이라는 등의 논리로 주주들을 설득하는 방법이다. 이러한 종류의 방어행위는 그것이 대상 회사의 주식거래를 왜곡시킬 정도의 정보은폐나 허위정보의 유포 등을 수반하지 않는 한 법적인 문제를 일으키지 않는다. 자본시장법 제138조는 공개매수신고서가 제출된 주식 등의 발행인은 그 공개매수에 관한 의견을 표명할 수 있다고 규정하고 있다. 이 방법은 외국보다도 우리나라에서 상대적으로 강력한 경영권 보호수단이 될 수 있을 것이다. 특히 대기업이나 외국기업의 중소기업의 인수는 여러 가지 사회적 비난이 따를 수 있으므로 대상 회사의 경영진이나 대주주들은 반인수캠페인을 적절히 사용하여 여론을 움직인다면 방어에 큰 도움이 될 것이다.

2. 방어소송

적대적 M&A가 행하여지는 경우에 대상 회사는 상대방이 자본시장법, 회사법, '독점규제 및 공정거래에 관한 법률' 등이 규정하는바를 위반하고 있는지를 조사하여 그 행위의 중지를 구하는 소송을 제기할 수 있는데 이를 방어소송이라 부른다. 미국에서는 증권거래법상으로는 대량주식취득 시의 정보공시의무위반, 포괄적 사기금지조항위반, 내부자거래금지조항위반, 공개매수의 실체적 규제의 위반 등의 경우에 유지소송(injunction, 가처분)에 의하여 위반행위를 금지시킬 수 있고, 회사법상으로는 이사의 충실의무의 위반에 기한 소송을 제기할 수 있으며, 적대적 M&A로 기업결합의 결과를 가져오는 경우에는 독점금지법 위반을 이유로 기업결합을 금지하는 소송도 제기할 수 있다. 그러나 실제로 이 방법은 시간을 벌기 위한 지연작전의 일환으로 이용하는 것이 보통이다.

3. 방어적 M&A

적대적 M&A의 위협이 있는 경우 서둘러 제3의 회사를 인수하거나 그와 합병하는 방법을 쓸 수 있다. 이렇게 되면 대상 회사의 덩치가 커지게 되거나 적대적 M&A의 매력이 떨어지게 되어 위협에서 벗어날 수 있게 되고 특히 제3의 회사가 인수 희망자인 회사의 경쟁사로서 해당 업종이 인수 희망자와 과점상태에 있는 경우에는 적대적 M&A로 말미암아 '독점규제 및 공정거래에 관한 법률'[36]에 저촉될 가능성이 높으므로 더욱 효과적이다. 그러나 이 방어방법은 시간에 쫓기는 경영진이 과도한 가격으로 타 회사를 인수하여 회사 자산을 낭비하는 위험한 거래를 할 가능성이 높으며, '독점규제 및 공정거래에 관한 법률'에 저촉될 우려도 인수 희망자가 새로 인수한 사업을 분리해서 매각할 계획을 공표한다면 해결되게 되므로 방어가 쉽지는 않다. 그리고 적대적 M&A의 위협에 쫓길

36 예컨대, 미국의 클레이튼법 제7조는 어느 거래분야나 또는 국내의 어느 지역에서의 거래활동에서 경쟁을 실질적으로 감소시키거나 독점을 형성할 경향이 있는 주식이나 자산의 취득 등 기업결합행위를 규제하고 있고, 우리나라의 '독점규제 및 공정거래에 관한 법률' 제7조도 다른 회사의 주식을 취득하거나 그 회사와 합병하는 등의 기업결합행위로서 일정한 거래분야에서 경쟁을 실질적으로 제한하는 행위를 금지하고 있으며, 기업결합으로 1개 기업의 시장 점유율이 50% 이상이 되고 제2위인 회사와 시장점유율의 차이가 25% 이상인 때에는 일정한 거래분야에서 경쟁을 실질적으로 제한하는 것으로 추정하여 기업결합에 대한 독과점 심사를 거쳐 규제를 받게 하고 있다.

때 이러한 제3의 회사를 찾아내는 것 자체가 어렵다는 문제가 있다.

4. 록업(lock-up)

록업이란 인수대상 회사가 우호적인 제3자에게 회사의 주식 또는 자산을 적대적 M&A를 시도하는 회사보다 유리하거나 최소한 같은 가격에 우선적으로 매수하게 하거나 매수할 수 있는 권리를 부여하는 방어방법을 말한다. 이 록업은 대상회사의 자기주식 또는 미발행주식을 매수하게 하거나 주식매수선택권을 부여하는 방식(stock lock-up)과 대상회사의 중요자산을 매수하게 하거나 자산매수선택권을 부여하는 방식(assets lock-up)으로 나눌 수 있다. 그와 같은 거래가 대상회사의 실질적인 전 자산을 대상으로 하지 않는 경우에는 주주들의 동의가 필요하지 않기 때문에 경영진이 쉽게 쓸 수 있고, 반면에 인수 희망자는 인수에 성공하더라도 알맹이가 빠진 회사만 인수하는 결과가 되므로 인수를 주저하게 된다. 이 록업 중에서는 crown jewels option(왕관의 보석 매수선택권)이 가장 유명한데 이는 대상 회사의 가장 가치 있는 자산이나 사업부분을 시장가격 이하의 조건으로 매수할 권리를 부여하는 것이다. 이는 주주총회의 승인이 요건인 실질적으로 전부인 자산을 양도하는 것이 아니므로 주주총회의 승인이 필요 없게 된다.

이러한 록업의 유효성에 관하여 대다수 미국법원은 록업이 적대적 M&A를 위한 경쟁자가 존재하지 않을 때보다 유리한 거래조건을 얻기 위하여 경쟁을 유도하기 위한 경우에는 허용되지만 경쟁 자체를 무산시키기 위한 것일 때에는 허용되지 않는다는 입장을 취하여 왔다. 우리나라의 경우 이러한 록업이 유효한 방어방법이 될 것인가는 회사 영업의 전부 또는 중요한 일부의 양도에 주주총회의 특별결의가 필요하다는 상법 제374조 제1항 제1호의 규정을 어떻게 해석할 것인가에 달려 있다. 즉, 회사의 영업 자체는 아닌 회사의 중요 재산을 처분하는 것도 영업양도와 마찬가지로 주주총회의 특별결의가 필요하다면 록업의 활용성은 많이 떨어질 것이기 때문이다. 이 점에 관하여 판례(대법원 1988. 4. 12. 선고, 87다카1662 판결)는 상법 제374조가 회사의 중요 재산의 처분에는 적용되지 않으며 단순한 영업 재산의 양도는 그 재산이 회사 존속의 기초가

되는 중요한 영업용 재산이어서 그 양도가 영업의 폐지나 중단을 초래하게 되어 영업이 양도되는 것과 다를 바 없는 결과가 초래되는 예외적인 경우를 제외하고는 설사 그것이 회사의 유일한 재산일지라도 주주총회의 특별결의를 요하지 않는다는 입장을 취하고 있다. 그러므로 우리나라에서는 록업은 그것이 영업의 전부 또는 중요한 일부의 양도에 해당하지 않는다면 상당한 방어방법이 될 수 있다.

5. 백기사(white knight)

대상 회사가 적대적 M&A에 대항하고자 하나 자금력의 열세로 지배권을 상실할 가능성이 있을 때 경영진에게 우호적인 제3자(백기사)를 물색하여 적대적 M&A를 시도하는 회사보다 높은 가격에 주식이나 자산을 매각하는 방법으로서 최고경영자가 친분이 있는 다른 회사의 최고경영자에게 부탁하여 이루어지는 경우가 많다.[37]

6. 인수희망 회사 주식 취득

상법 제369조 제3항에 따르면 회사, 모회사 및 자회사 또는 자회사가 다른 회사의 발행주식의 총수의 10분의 1을 초과하는 주식을 가지고 있는 경우 그 다른 회사가 가지고 있는 회사 또는 모회사의 주식은 의결권이 없다. 따라서 인수 희망자가 회사이고 인수대상 회사의 일정 지분을 취득한 경우 인수대상 회사는 상대방 지분의 10% 이상을 취득함으로써 인수희망 회사가 보유하고 있는 회사 지분에서 의결권을 박탈할 수 있으므로, 상당한 방어수단이 될 수 있다.

7. 역공개매수(pac man)

적대적 M&A의 위협에 처한 대상회사가 오히려 인수 희망자 회사에 대한 인수 계획을 공표하고 인수 희망자 회사의 주식에 대한 공개매수를 시도하는 적극적

37 우리나라에서는 경남에너지(주)의 제1대주주인 (주)원진과 그 자회사인 (주)울산에너지가 1994. 12. 27. 단독경영권을 확보하기 위하여 경남에너지(주)의 주식을 각각 90,000주씩 180,000주를 공개매수하겠다는 신고서를 내자 이에 대한 방어행위로서 제2대주주인 가원 측이 우호적인 제3자인 대웅제약(주)를 동원하여 제1대주주의 시도를 물리친 사례가 있다.

인 방어방법이다. 이는 각 플레이어가 서로 상대방을 잡아먹는 컴퓨터 게임의 이름을 따 pac man 전략이라고도 부른다.[38] 만일 쌍방의 M&A가 모두 성공한다면 서로 상대방에 대한 지배권을 획득하게 된다.

8. 신주 또는 주식관련사채의 발행

적대적 M&A의 위협에 처한 경우 회사의 경영진에 우호적인 제3자에게 신주 또는 전환사채 등 주식관련사채를 발행하여 방어하는 방법이다.

38 우리나라에서는 2000. 6. 무렵 동원증권(주)가 KTB 네트워크(주)의 주식 7,000,000주(약 12%)를 취득하고 우호지분을 포함하여 약 30%의 지분을 취득하자 KTB 네트워크(주) 측이 적대적 M&A의 위협을 느끼고 동원증권(주)에 대하여 역공개매수를 펼치겠다고 선언하는 등 맞대결에 나섰는데, 동원증권(주) 측이 적대적 M&A를 할 의사가 없음을 공식적으로 밝히고 5% 이상 주식을 취득한 경우에는 초과지분에 관하여 의결권을 행사하려면 증권거래소와 금융감독원에 신고를 하여야 하는데도 이를 하지 않음으로써 싸움이 일단락되어 실제로 역공개매수가 일어나지는 않았다. 매일경제신문 2000. 6. 23.자 2000. 6. 27.자 기사.

제8장

내부자거래 규제

제1절 서설적 고찰

내부자거래(insider trading)란 거래상대방이나 일반투자자들이 획득할 수 없는 정보에 접근할 수 있는 자가 행하는 증권의 매수 또는 매도를 말한다. 내부자거래를 규제하여야 할 것인지 여부는 증권시장이 얼마나 효율적인지 여부와 밀접하게 관련된다. 그리고 전통적으로 내부자거래를 규제할 것인지 여부에 대해 찬성론과 반대론이 갈리기도 하였다. 다음에서는 본격적인 내부자거래 규제의 논의에 대한 전 단계로서 이러한 쟁점들을 우선적으로 고찰하고자 한다.

I. 효율적 자본시장가설 (efficient capital market hypothesis, 이하 ECMH)

1. ECMH의 분류

효율적 자본시장 가설이란 정보의 효율성과 관련된 개념으로서, 자본시장의 가격(주가가 가장 대표적인 예)은 이용가능한 정보를 항상 충분하게 그리고 즉각적으로 반영한다는 가설이다.[1] 창시자인 시카고대학의 Eugene Fama 교수는 효율적 자본시장 가설을 관련되는 정보의 범위에 따라 다음과 같이 3가지 가설로 구분하고 있다. 여기서 유념할 것은 다음의 3가지 가설이 상호간 독립적이고 별개의 가설은 아니라는 점이다. 즉 Fama는 단일한 이론적 정의로서 ECMH를 도출함에 있어서 3가지의 실증적인 기준을 창안해낸 것이다. 한편 전체 주식시장의 가격변동에 있어서 ECMH가 성립한다고 하여 주식시장을 구성하는 개별종목의 가격변동도 어느 시점에나 효율적이라고 단정하여서는 안 된다.[2]

1 There is an old joke, widely told among economists, about an economist strolling down the street with a companion when they come upon a $100 bill lying on the ground. As the companion reaches down to pick it up, the economist says, "Don't bother … if it were a real $100 bill, someone would have already picked it up." Andrew W. Lo ed., *Market Efficiency: Stock Market Behavior and Theory and Practice*, Vol. I (1997).

2 참고로 시장사기이론에서 말하는 시장의 효율성(ECMH)이란 문제가 된 해당 종목의 정보효율성을 의미한다.

첫째, weak form(弱形) ECMH이다. 자본시장의 자산가격은 '과거의 역사적인 정보'를 충분히 반영하고 있어서 어떠한 투자자라도 가격이나 거래량에 관한 역사적인 정보를 이용하여 비정상적인 성과를 얻을 수 없는 시장을 약형의 효율성이 달성된 시장이라고 한다. 이에 의하면 어떠한 투자자라도 가격이나 수익의 역사적인 정보에 기초한 거래에 의하여 초과수익을 얻을 수 없다는 것이므로, 약형 가설은 투자자가 과거의 주가변동에 의하여 장래의 주가를 예측할 수 없다는 가설이기도 하다. 보통 약형 가설의 타당성을 검증하기 위하여 수익률의 시계열 분석이 이루어진다.

둘째, semi strong form(準强形) ECMH이다. 자본시장의 자산가격은 '공개된 정보'를 충분히 반영하고 있어서 어떠한 투자자라도 공개된 정보를 이용하여 비정상적인 성과를 얻을 수 없는 시장을 준강형의 효율성이 달성된 시장이라고 한다. 이에 의하면 어떠한 투자자라도 공식적으로 이용가능한 정보를 기초로 한 거래에 의하여 초과수익을 얻을 수 없는데, 여기서 공식적으로 이용가능한 정보란 과거의 주가자료, 기업의 재무제표 등을 포함한 회계자료, 증권관계기관의 투자자료와 공시자료 등을 들 수 있다. 준강형 가설은 투자자가 미공개정보 없이는 증권매매로 초과차익을 얻을 수 없다는 가설이기도 하다. 보통 준강형 가설의 타당성을 검증하기 위하여 여러 자산 간의 비교분석이 이루어진다. 현대 금융자본주의 시대에 있어서 각국의 증권관련법규는 준강형의 효율적 시장을 지향하고 이를 보호하는 것을 이상으로 삼고 있다고 알려져 있다.

셋째, strong form(强形) ECMH이다. 자본시장의 자산가격은 '모든 이용가능한 정보'를 충분히 반영하고 있어서 어떠한 투자자라도 모든 이용가능한 정보(미공개 내부정보를 포함)를 이용하여 비정상적인 성과를 얻을 수 없는 시장을 강형의 효율성이 달성된 시장이라고 한다. 강형 가설은 어떠한 투자자가 공개적으로 이용가능한지 여부를 불문하고 알고 있는 모든 정보를 이용하더라도 초과이익을 얻을 수 없다는 가설이기도 하다. 보통 정보의 제약 때문에 강형 가설의 타당성을 검증하기란 용이하지 않다.

2. ECMH에 대한 찬반론

ECMH, 그 중에서도 강형 ECMH가 성립하면 어떠한 정보든 이미 시장에 충분히 반영되어 있으므로 투자자들은 그 정보를 이용하더라도 비정상적인 초과수익(excess return)을 얻을 수 없게 된다. Stephen Ross는 어떠한 차익거래도 불가능하다면 동 시장은 효율적이라고 하였는데, 이는 Fama의 ECMH를 강조한 것으로 평가된다. 그렇지만 ECMH에 대해서는 반론도 있다. 가장 대표적인 것은 Robert J. Shiller의 잡음(noizy) 이론이다. 잡음이론에 의하면 잠재적 투자에 대한 방대한 규모의 정보를 처리하고 분석할 힘과 시간 및 전문성이 없는 대부분의 투자자들은 회사에 대한 정확한 정보보다는 유행과 변덕에 더욱 큰 영향을 받는다고 한다.[3] Andrei Shleifer와 Lawrence Summers는 ECMH가 가정하는 효율적인 극히 일부 투자자들이 일반 대중 투자자들의 무지를 이용하여 이익을 취할 수 있을 것이라는 점을 인정한다. 그러나 효율적인 투자자들이라도 대중들의 군중심리에 의하여 움직이는 주가변동에 흔들려서 간혹 비이성적으로 행동할 수도 있게 되는데, 이 때에는 시장의 비효율성이 더욱 높아진다는 반론을 제기하고 있다. 따라서 1980년대 초반까지는 ECMH가 거역할 수 없는 대세였지만 2000년대 접어들어 ECMH에 대한 반론도 만만치 않게 제기되고 있음을 주목하여야 한다.[4]

3. ECMH의 구체적인 주장 사례

우리나라에서도 구체적인 사건에서 효율적 시장가설이 주장되는데, 흔히 내부자거래나 주가조작에 관한 형사사건에서 피고인들은 항소이유 또는 상고이유로서 증권시장이나 장내파생상품시장이 극히 효율적인 시장(강형 효율적 시

3 "[w]hile stock price indexes appear to be driven largely by noise that is unexplained in terms of the efficient markets model … Popular models are the models of the economy held by the general public." Robert J. Shiller, *Market Volatility*, MIT Press, 1992, 3면.

4 즉 2001년 이후 노벨 경제학상은 시장의 정보비대칭성과 비효율성을 체계적으로 분석한 학자들에게 수여되었다. 대표적으로 시장의 정보비대칭성을 체계화한 Joseph E. Stiglitz(2001년), 행태주의 금융이론을 개척한 Vernon Lomax Smith(2002년), 금융시장의 비정상적인 급등락현상을 계량경제학적으로 분석하는 방법을 개척한 Robert Angle(2003년), 게임이론에서 출발하여 정보비대칭의 불완전시장에서 게임을 어떻게 디자인할 것인지를 규명한 Eric Start Maskin(2007년) 등을 들 수 있다.

장)이므로 내부자가 부당한 이익을 얻을 수 없거나 주가조작에 의한 이익을 얻을 수 없다는 주장을 하곤 한다. 그러나 대법원은 당해 시장이 강형 시장은 아니라고 보고 있는바, 예를 들어 다음의 판결을 참조하기 바란다.

대법원 2008. 12. 11. 선고 2006도2718 판결

상고이유에서 지적하고 있는 바와 같이 국채선물시장이 고도로 경쟁적이고 효율적인 시장이며, 특정 거래자가 상당 기간 시세를 변동시켜 이를 유지하는 것, 즉 유가증권 시장의 일부 종목에서 볼 수 있는 것과 같은 전형적인 시세조종행위가 빈발한다는 것은 쉽게 상정하기 어렵다 할지라도, 그러한 특성들이 실제 거래의 모든 측면에 걸쳐 모든 순간에 예외 없이 적용된다는 가정도 비현실적일 뿐 아니라, 수요와 공급의 상황에 관한 잘못된 정보를 시장에 제공하거나 그에 관한 정보의 진실성 판단을 방해함으로써 시세조종이 가능하다는 점도 간과할 수 없다.

구체적으로 보면, 선물시장과 현물시장의 전체 거래량 대비 거래 비중이 큰 당사자가, 그러한 지위를 이용하여 거래의 공백상태나 침체상태, 미묘한 균형상태 등을 틈타 순간적인 충격이나 거래상황에 관한 허위정보를 가함으로써 가격결정에 일시적으로 영향을 미치는 행위마저 불가능하다고 볼 수는 없고, 이러한 행위가 지속적으로 반복되는 경우라면 시세를 인위적으로 변동시킬 가능성이 있는 거래라고 하지 아니할 수 없다.

기록상 공소외 1, 2에 대한 각 검찰진술조서의 각 진술기재 등 이 사건에서 원심이 제1심판결을 원용하여 들고 있는 증거들에 의하면, 피고인들이 속한 제일투자신탁운용 주식회사(현 상호 : 씨제이자산운용 주식회사)는 당시 국채선물시장에서 거래량 기준 1위의 투자 주체였고, 2002. 6. 19.부터 9. 17.까지 피고인들이 근월물인 KTB209(2002. 9.물) 거래에 동원한 계좌는 7개로서 위 기간 중 시장 전체 주문량의 12.6%, 체결량의 5.1%를 차지하였으며, 일자별로는 시장 주문량 대비 최대 32%를 차지할 정도로 시장에 큰 영향력을 행사한 점, 시장 참여자들에게는 현재가의 아래 위로 5단계 호가 범위 내의 매수 및 매도 주문 물량이 각 호가별로 공개되며 시장 참여자들이 사용하는 국채선물매매용 프로그램은 그 호가창에 위 정보가 실시간으로 현출되도록 구성되어 있는 점, 피고인들은 위 호가창에 나타나게 할 수 있는 5단계 호가 범위 내의 허수주문을 주로 시도하였는데, 해당 허수주문 수량이 시장에 공개되는 총 주문수량(5단계 호가)에서 차지하는 비율(5단계 호가 범위 내의 주문관여비율)이 20.1% ~ 71.7%에 이르고 있었으며, 피고인들의 주문 회수 대비 취소 비율이 평균 34.5%로 높게 나타났고, 그 중에서도 특히 500계약 이상의 대량주문의 취소비율이 72.6% ~ 100%로 매우 높게 나타나고 있었던 점 등을 알 수 있다.

위와 같이 5단계까지 호가 잔량을 공개하는 이유는 수요와 공급 상황에 관한 정보를 시장 참여자 누구나 실시간으로 접할 수 있도록 하여 시장 참여자들의 가격결정에 도움을 주기 위한 것인바(모든 시장 참여자들이 허수주문을 일상적으로 함으로써 호가 잔량이 아무런 기능도 할 수 없다면 공개할 이유가 없을 것이다), 실제로 체결할 의사 없이 위 범위 내의 호가에 대량의 허수주문을 하였다가 체결 직전에 취소하는 행위를 반복하는 것은 수요와 공급 상황에 관하여 시장에 잘못된 정보를 제공하는 행위로 볼 수 있다.

다만, 시가로부터 5호가 범위 내의 주문은 시장 상황에 따라 얼마든지 순간적으로 체결될 가능성이 있는 것이어서, 비록 단기간 내에 취소할 의도였다 할지라도 대량의 허수주문을 하는 데에는 주문자 자신도 상당한 위험부담을 안게 되므로, 허수주문이 일부 체결되더라도 만회할 의사와 능력이 있는 극히 일부 투자자를 제외하고는 대다수 시장 참여자들에게 자체억제요인을 갖고 있다고 볼 여지도 있다(그리고 무엇보다 대부분의 시장 참여자들의 경우 그러한 주문행위를 체결 의사 없는 주문이라 단정하는 것도 곤란할 것이다).

그러나 다른 한편으로 보면, 이 사건에 있어서는 바로 그 점 때문에 시장 참여자들이 5호가 범위 내의 대량 주문을 단순한 허수주문으로 단정할 수 없는 요인이 될 여지가 있다고 보아야 할 것이고, 위와 같은 허수주문이 상당한 정도의 시장지배력과 정보력·자금력을 동시에 갖춘 투자 주체만 가능한 것이라면, 대부분의 경우 해당 주문이 허수주문인지 아닌지는 허수주문을 한 해당 주체만 알 수 있고 나머지 대부분의 투자 주체들은 그것이 허수주문인지 아닌지를 그때마다 판단하여 거래에 임할 수밖에 없다는 점에서 정보의 불균형도 존재한다고 보아야 할 것이다.

앞서 본 법리에 비추어 위와 같은 여러 사정들을 감안하여 보건대, 피고인들의 행위는 이 사건 국채선물거래가 성황을 이루고 있는 것으로 오인하게 하여 시세를 변동시킬 가능성이 큰 행위로 봄이 상당하고, 이와 달리 국채선물시장의 효율성으로 말미암아 허수주문으로 인한 시제조종행위 자체가 불가능하다는 취지의 상고이유 주장은 받아들이기 어렵다.

이 사건은 이른바 허수주문이 문제된 국채선물가격 시세조종사건이었다. 이 사건에 적용되었던 구 선물거래법 제31조 제1항은 '단독 또는 타인과 공동으로 선물거래를 유인할 목적으로 당해 선물거래가 성황을 이루고 있는 것으로 오인하게 하거나 선물거래의 시세를 고정 또는 변동시키는 거래행위'를 금지하였는데, 허수주문이 시세조종행위에 포함될 것인가라는 근본적인 의문이 제기되었다. 국채선물시장은 유동성이 풍부하고 규격화된 상품시장으로서 거래비용이 극단적으로 낮고 변동성과 레버리지 효과가 크기 때문에 단기간 내의 주문 및 취소가 빈번하게 발생할 수 있다(강형 효율적 시장에 상당히 근접되어 있음).[5] 따라서 동 시장에 대한 섣부른 규제나 처벌은 거래의 자연스러운 흐름을 왜곡할 우려가 지극히 큰 것이 사실이다.

그러나 대법원은 국채선물시장이 준강형의 효율적 시장으로서 정보의 불균형으로 인하여 미공개정보에 따른 초과차익이 발생할 수 있다는 입장을 견지하였다. 즉 대법원은 국채선물시장에서 허수주문은 상당한 정도의 시장지배력과 정보력 및 자금력을 동시에 갖춘 투자 주체만이 할 수 있는 것인데, 일반적으로 어떠한 주문이 허수주문인지 여부는 허수주문을 한 해당 주체만이 알 수 있을 뿐이고 나머지 투자자들은 그것이 허수주문인지를 알 수 없다고 봄이 상당하다고 보았다. 그렇다면 어떠한 주문이 허수주문인지 여부가 드러나는 시점까지 시장참여 주체 간에 정보의 불균형이 발생하는 것이다. 이와 같은 사정을 감안하여 대법원은 피고인들의 허수주문 및 체결 직전의 취소행위가 국채선물거래가 성황을 이루는 듯이 오인하게 하여 시세를 변동시킬 가능성이 큰 행위로 본 것이다.

II. 내부자거래 규제의 찬·반론

1. 찬성론

내부자규거래 규제 찬성론의 주된 근거는 첫째, 형평성(Equity) 또는 공정성(fairness)이다. 이때 공정성은 정보소유의 평등이 아닌 정보에 접근할 기회의

5 우리나라에서 거래되는 금리선물 중 가장 거래가 활발한 상품은 3년 만기 국채선물로서, 그중에서도 표면이자율 8%, 3개월 단위 이자지급방식의 3년 만기 국고채권이 기초자산으로 된다고 한다. 국채선물시장의 참여자들 중 90% 이상을 점하는 기관투자자들은 주식현물시장에서 장기적인 추세에 관심이 높지만, 선물시장에서는 현선연계거래와 대량거래를 수반하므로 변동성에 지극히 민감하다고 한다. 국채선물시장은 고도로 경쟁적이고 상당히 효율적인 시장으로 분류된다. 우선 기초자산인 basket을 구성하는 국고채 시장 자체가 시장참가자와 거래량 및 유통물량이 많은 고도의 경쟁적인 시장이고 진입·이탈이 자유롭다. 더욱이 동 시장은 헤지 목적의 투자자와 투기 목적의 투자자가 공존하고 충분한 자본과 많은 정보를 보유한 전문투자자와 차익거래를 노리는 다수의 투자자가 있어서 선물시장의 유동성과 효율성을 담보하고 있다.

평등을 의미한다. 즉, 일반 투자자가 합법적으로 회사 내부자가 얻을 수 있는 것과 동일한 조건 아래에서 정보를 얻을 기회가 보장되어야 하고, 만약 그렇게 되지 않는 것은 불공평하거나 불공정하다는 것이다. 이러한 맥락에서 내부자거래가 일반적으로 허용된다면 투자자의 시장에 대한 신뢰가 떨어지고, 결국 증권시장에서 거래되는 증권에 대한 수요의 감소로 이어지게 된다는 것이다.[6] 증권시장의 일반투자자들은 모두 평등한 조건의 공정한 시장을 기대한다. 따라서 내부자가 미공개된 중요한 정보를 이용하여 증권거래를 하는 내부자거래는 정보우월성으로 인하여 불공정한 행위에 해당한다. 이러한 내부자거래는 일반투자자들로 하여금 증권시장의 신뢰성에 회의를 갖게 하며, 이러한 불신은 투자자들을 증권시장으로부터 멀어지게 하여 결국은 시장에서 증권의 발행을 통한 자금조달비용의 증가를 가져오게 된다. 이 때문에 내부자거래를 규제하는 첫째 목적은 증권시장의 정보 불균형을 제거하고 투자조건을 공평하게 함으로써(level the playing field) 증권시장의 공정성과 건전성을 확보하려는 것이다.

둘째, 내부자거래가 투자자에게 재산상의 손해를 입히므로 내부자거래를 규제함으로써 투자자를 보호할 수 있다. 내부자와 직접 거래한 자 혹은 내부자와 같은 시기에 반대방향으로 매매를 한 자의 경우 만일 정보가 공개되었더라면 보다 낮은 가격에 매수하거나 좀 더 높은 가격에 매도할 수 있었기 때문에 내부자거래로 인하여 손해를 본 셈이 된다.[7] 따라서 내부자거래가 없었다면 적어도 내부자가 거래한 수량만큼은 거래가 성립되지 않았을 것임에도 불구하고 내부자거래가 행해짐으로써 내부정보가 반영되지 않은 부정확한 가격으로 체결된 거래가 증가한다. 이러한 의미에서 누가 내부자거래로 인하여 손해를 입었는지 특정할 수는 없지만 손해를 입었다는 것은 분명하다.

셋째, 내부자거래를 규제함으로써 발행회사를 보호할 수 있다. 내부자거래는 회사의 업무수행을 방해하고 발행회사의 명성을 해치므로 발행회사에 손해를 입힐 수 있다. 대상기업에 대하여 적대적 M&A를 계획하고 있는 raider의 내부

6 조인호, "내부정보를 이용한 내부자거래의 규제에 관한 소고", 「비교사법」 제13권 제3호, 2006, 384~386면.

7 박삼철 「증권거래법의 내부자거래 규제에 관한 연구 - 제188조의 2를 중심으로」, 고려대학교 대학원 석사학위논문, 1998, 20면

자가 개인적인 이익을 위하여 대상기업의 주식을 비밀리에 매입한다면 이러한 주식 매입으로 대상기업의 주가상승을 초래할 수 있다. 한편, 일반 투자자들에게 회사의 주식이 내부자거래의 대상이 되고 있다는 사실이 알려지면 투자자들은 그 주식을 거래를 하지 않을 것이고 발행회사는 일반투자자들로부터 신뢰를 잃게 된다. 이로 인하여 회사의 주가는 하락할 것이고 결국 경영을 위한 원활한 자금조달을 필요로 하는 회사로서는 큰 어려움에 빠질 수도 있다.[8]

넷째, 회사의 정보는 회사의 재산이라고 할 수 있는데, 그 이유는 회사의 내부정보란 그 회사가 그 정보의 내용이 되는 사업에 투자를 하여 개발된 것이기 때문이다. 따라서 회사 내부자는 회사의 재산이나 회사의 영업상 기회를 자기 자신의 개인이익을 위하여 이용하지 아니할 의무를 부담하게 되므로 내부정보를 자신의 개인적인 이익을 도모하기 위해서 이용해서는 안 된다. 회사의 내부정보를 이용하여 내부자거래를 하는 행위는 회사가 가진 내부정보인 회사의 재산권을 침해하는 행위가 된다. 이러한 주장은 회사가 신제품을 개발하기 위하여 많은 투자를 한 경우 더욱 설득력이 있다고 할 수 있으나, 외부정보를 이용한 내부자거래를 규제해야 하는지에 대한 근거로서는 다소 취약하다.[9]

2. 반대론과 그에 대한 비판

내부자거래 규제 반대론은 첫째 효율성(efficiency)을 주장한다. 이는 내부자거래가 중요한 미공개정보의 시장 확산을 촉진시켜 그 정보가치를 증권가격에 조속히 반영시킴으로써 금융자원분배의 효율성을 증가시킨다는 논리이다. 예를 들어 특정기업에 악재성 정보가 발생한 경우 이 정보가 일반에게 발표되면 당해 기업의 주가는 갑자기 하락할 것이지만 이 정보가 발표되기 전에 내부자의 은밀한 매도로 주가는 서서히 떨어지기 시작할 것이라는 것이다. 따라서 정보를 인지한 시간과 당해 정보가 일반에게 공시된 시간 사이에 주식을 매입한 투자자는 내부자거래가 엄격하게 규제되어 공시 이전의 높은 가격에 매입한 투자

8 김건식, "내부자거래의규제의 이론적 기초",「증권학회지」 제28집, 2001, 156면.

9 조인호, 전게논문, 12-13면.

자보다 덜 피해를 입을 것이라고 주장한다.[10] 내부자거래 행위자들은 이익을 극대화하고 손실을 극소화하기 위하여 가격변화를 일으킬 수 있는 요인을 가급적 노출시키지 않고 은밀하게 전략적인 행동을 할 것이므로, 일반투자자들이 이를 인지한다는 것은 매우 어렵다. 따라서 내부자거래가 당해 증권의 시장가격을 그 진정한 가치에 근접하게 접근한다는 견해는 설득력이 없다. 더욱이 내부자거래행위가 초래하는 가격의 움직임은 미공개 내부정보의 조속한 공표가 초래하는 가격의 움직임보다 효율적이라고 할 수도 없다. 그리고 내부자거래가 허용된다면 내부자들은 미공개 내부정보를 이용하면서 이익을 얻거나 손실을 회피하는데 필요한 충분한 시간을 벌기 위해 그 중요한 내부정보의 공개를 지연시키고자 하는 할 위험성도 있다.[11]

둘째, 내부자거래로 인하여 얻어지는 이익은 기업가에 대한 보상의 일종이라는 견해도 있다. 동 견해에 따르면 내부자거래는 회사 내부자들이 호재성 회사정보를 창출하도록 유인하기 위한 보수의 일환으로서 허용되어야 한다는 것이다. 특히 Henry G. Manne은 기업가(entrepreneur)와 단순한 경영자(manager)를 구분하여, 단순한 경영자에게 보수를 지급하는 것으로 족하지만, 가치 있는 정보를 산출하는 것을 주된 임무로 하는 기업가에게는 좋은 정보를 산출하도록 하는 동기부여로서 내부자거래 이익을 제공할 필요가 있다고 하였다. 그러나 기업가와 정보생산활동에 대한 개념은 지극히 모호하다고 할 수 있다. 설사 구별이 가능하더라도 내부자거래의 이익을 기업가만 누릴 수 있도록 제한하는 감시 장치를 유지하는데 오히려 많은 비용이 소요될 것이므로, 이러한 비용의 발생을 막기 위해 기업가가 아닌 회사 직원들에게도 내부자거래를 허용할 가능성마저 있다. 한편 상여금이나 stock option 등의 성과급 제도가 다양하게 개발되어 있는 현실을 감안할 때, 남용의 우려가 큰 내부자거래를 보수체계로 유지할 필요는 없다. 기업가들은 본연의 임무를 망각한채 악재성 내부정보가 있는 경우 손실을 회피하는데 혈안이 되고, 공매도나 put option을 매수하여 이득을 얻는데 신경을 곤두세우며, 정보의 공표시기나 절차를 조작함으

10 Henry G. Manne, *In Defense of Insider Trading*, 44 Harvard Business Review 116 (1966).

11 조인호, 전게논문, 9-12면.

로서 주가의 급등락을 통한 자신의 보수 극대화 만을 추구할 위험성마저 있다.[12]

셋째, 정보소유자의 거래를 인위적으로 규제하지 않고 스스로의 자치에 맡기면 충분하다는 견해도 있다. 이들은 Coase의 정리(Coase'theorem)[13]에 따라 내부자거래 문제를 국가가 획일적으로 규제하기 보다 경영자와 주주들의 자치에 맡겨 놓으면 가장 효율적인 결과를 얻을 수 있다고 한다. 그러나 이러한 견해 역시 타당하지 않다. 왜냐하면 내부자거래규제 제도를 회사단위로 수립하려면 주주들이 모여서 토의하고 합당한 조치를 취하여야 할 것인데 이는 상당한 비용을 수반할 것이기 때문이다. 효율성을 표방하면서 거래비용이 없다는 가정하에 내부자거래규제 여부를 회사 주주들의 자치에 맡겨두어야 한다고 하지만, 결과적으로는 효율을 오히려 저해하는 처사가 될 것이다.[14]

3. 소결

과거에는 내부자거래의 규제를 반대하는 입장도 일부 있었지만, 오늘날 대부분의 국가에서는 증권시장의 건전성과 투자자보호를 위해 내부자거래를 규제하고 있다. 따라서 현재 찬반론이 그렇게 실천적인 의미를 갖지는 않는다. 실제로 내부자거래를 규제하는 이유는 내부자거래의 불공정성으로 인한 깊은 반감으로부터 비롯되었다고 할 수 있다. 이는 중요한 내부정보에 대한 접근이 당해 내부자에게는 가능하지만 일반 투자자들에게는 불가능하다는 점에서 기인하는 것으로 내부자와 일반 투자자 간에는 의미있는 경쟁이 이루어질 수 없다는 것이다. 증권시장에 참여한 모든 자에게 정보접근의 기회가 균등하게 제공되어야만 증권거래에 대한 신뢰성이 제고되고 건전한 시장질서가 조성될 것이므로 내부자거래를 규제하여야 한다는 당위성에 대해 적극적으로 공감하는 바이다.

12 상게논문, 12-14면.

13 R. Coase, *The Problem of Cost,* 3 J. L. & ECON. 1(1960). Coase의 정리를 쉽게 설명하자면, 거래비용이 없을 경우에는 법적권리를 누구한테 할당시킬 것인가에 관계없이 "가장 효율적인 결과"가 얻어지지만, 거래비용이 있을 경우에는 그 거래비용을 피하기 위한 노력으로 인하여 "가장 효율적인 결과"가 얻어지지 않을 수도 있다는 것이다.

14 조인호, 전게논문, 14-15면

내부자거래 규제를 정당화하는 판례의 논거

1. 대법원 1994. 4. 26. 선고 93도695 판결: "유가증권시장이 기업의 자금조달과 국민의 증권투자를 통한 자산운용이라는 양측면의 요구를 서로 연결시키는 터전으로서 자금을 효율적으로 배분하는 국민경제상 중차대한 기능을 적절하게 수행하기 위하여는 무엇보다도 일반투자자들이 유가증권의 거래가 공정하게 이루어지는 것으로 믿고 유가증권시장의 건전성을 전제로 안심하고 유가증권의 거래에 참여할 수 있게 하는 것이 필요하다. 그런데 상장법인의 내부자가 당해 법인의 업무 등과 관련하여 접근이 허용되었던 법인의 공개되지 아니한 내부정보중 유가증권의 투자판단에 영향을 미칠 수 있는 중요한 정보를 이용하여 유가증권의 거래에 관여할 경우에는, 그 내부자에게 부당한 이익을 용이하게 취득하게 하고 그로 인하여 유가증권시장에서의 거래당사자의 평등을 해치게 되어 유가증권거래의 공정성과 유가증권시장의 건전성에 대한 일반투자자들의 신뢰를 손상시킴으로써 유가증권시장이 국민자금을 효율적으로 배분하는 기능을 저해하는 결과를 초래하게 되는 것이므로, 유가증권시장이 그 기능을 다하여 국민경제의 발전에 적절하게 기여하도록 하기 위하여는 이와 같은 내부자거래에 대한 엄격한 규제가 필요불가결하기 때문에 "법"이 위와 같이 내부자의 거래를 금지하고 있는 것으로 이해된다."

2. 헌법재판소 2002. 12. 18. 선고 99헌바105, 2001헌바48(병합): "내부자거래라 함은 회사의 임원·직원 또는 주요주주 등 회사의 내부자가 그 직무 또는 지위에 의하여 얻은 내부정보를 이용하여 자기회사의 주식을 거래하는 것을 말한다. 이러한 거래가 규제의 대상이 되는 이유는, 내부자의 경우 자기회사의 주가에 영향을 미칠만한 회사의 기밀, 예컨대 유·무상증자, 자산재평가계획, 합병, 신상품개발, 부도발생 등 중요한 정보를 미리 알게 될 기회가 많으므로 주식거래에 있어 일반투자자보다 훨씬 유리한 입장에 있는 반면, 일반투자자로서는 손해를 보게 될 가능성이 크기 때문이다. 일반적으로 주식투자에 수반되는 위험은 주로 회사의 영업실적, 시장이나 경제동향 등에 대한 투자자의 판단이 불완전한 것에 기인하는 것이므로, 투자자가 타인이 갖고 있는 정보를 이용하지 못했거나 그릇된 분석으로 인하여 손실을 입었더라도, 이는 증권거래 자체의 고유한 특성일 뿐 법적으로 고려할 일은 아니다. 그러나 내부자거래로 인한 상대방의 손실은 능력의 부족이나 부주의로 정보를 몰랐기 때문에 발생하게 되는 것이 아니라, 내부자가 자신의 이득을 위하여 회사의 미공개 내부정보를 이용하였기 때문에 발생한다고 볼 수 있으므로 이러한 행위는 쉽게 용납될 수 있는 것은 아니다. 만일 이를 방치한다면, 일반투자자로서는 그러한 증권시장에 불신감을 갖게 되어 투자를 주저하게 될 것이므로 증권시장을 통한 회사의 자금조달이 어렵게 될 것이고, 이로 인하여 증권시장의 건전한 발전이 저해될 것임은 물론 국민의 효율적 자산운영을 막는 결과를 초래할 것이다. 요컨대, 내

부자거래에 대한 규제의 목적은 증권매매에 있어 정보면에서의 평등성, 즉, 공정한 입장에서 자유로운 경쟁에 의하여 증권거래를 하게 함으로써 증권시장의 거래에 참여하는 자로 하여금 가능한 동등한 입장과 동일한 가능성 위에서 증권거래를 할 수 있도록 투자자를 보호하고 증권시장의 공정성을 확립하여 투자자에게 그 신뢰감을 갖게 하려는 데에 있는 것이다(헌재 1997. 3. 27. 97헌바24, 판례집 9-1, 274, 283-284 참조)."

제2절 미국에서의 내부자거래 규제

Ⅰ. 역사

미국에서 1933년, 1934년 연방증권법이 제정되기 이전에는 내부자거래를 행한 자에 대해 불법행위법(torts) 상의 사기에 의한 손해배상책임을 물었었다. 그런데 원고가 사기를 원인으로 하는 소송을 제기하자면, 다음과 같은 요건을 충족하여야만 하였다. ① 중요한 사실에 대한 피고의 적극적인 부실표시, ② 피고의 고의 또는 recklessness(미필적고의 또는 인식있는 과실), ③ 원고의 신뢰, ④ 원고의 손해. 문제는 내부자인 피고가 아무런 부실표시를 하지 않았을 경우 위의 책임을 묻는데 한계가 있었던 것이다.

이 때문에 미공개에 의한 내부자거래를 규제하기 위한 묘책이 강구되었다. 그렇지만 당시에는 전통적인 신인의무 이론이 득세하던 상황이므로, 내부자는 회사에 대하여 신인의무를 부담할 뿐 현재나 장래의 주주들에게는 신인의무를 부담하지 않는 것이 원칙이었다. 이러한 신인의무에 다소 수정을 가하여 내부자가 일정한 경우에는 장래의 주주들에게 신인의무를 부담한다는 수정적인 해석이 이루어지게 된다. 즉 증권거래를 공개시장에서의 증권거래와 장외시장에서의 사적인 대면거래로 나누어, 후자의 경우 거래의 당사자인 내부자가 상대방(장래의 주주)을 물색하거나 사실을 은폐하기 위하여 적극적인 노력을 한 것과 같이 특수한 사실이 있을 때에는 한정적으로 정보를 공개할 의무를 부담한다는 법리로 발전시킨 것이다. 물론 전자의 경우에는 전혀 공개의무가 없으므로 손해배상을 물을 수 없다는 엄격론이 유지되었다. 이는 다시 Kansas Rule로 발전하게 되는데, 동 Rule에 의하면 내부자는 대면거래의 경우 수탁자와 유사한 의무(trustee-like duty)를 부담하는바, 이러한 의무로부터 중요사실을 적극적으로 공개할 의무를 부담한다는 것이었다.

이와 같이 각각의 관할권(jurisdiction, 주를 의미)이 전통적인 보통법의 대원칙을 변모시켜 수정된 신인의무 법리를 발전시키다보니, 침묵에 의한 내부자거래의 경우 전국적으로 통일된 법리가 완성될 수 없었고 각 주별로 모순된 해결책이 나오는 상황으로 치닫게 되었다. 이 때문에 1934년 연방증권거래법이 제정되기에 이른 것이다.

II. 1934년 증권거래법 제10(b)조와 SEC Rule 10b-5

1. 총설

미국 증권거래법 제10(b)조나 Rule 10b-5도 사기적인 행위를 금지하는 규정으로서, 명시적으로 내부자거래를 금지하지는 않고 있다. 따라서 어떠한 경우 내부자거래가 동 조항들이 금지하는 사기적인 행위에 해당하는지가 핵심적인 쟁점으로 부각된다. 사실 1934년 증권거래법 제정당시에는 오히려 제16조가 내부자거래 규제의 중추적인 역할을 하였다. 즉 제16조 제(1)은 주식소유 보고의무, 제16조 제(2)는 단기매매차익 반환의무, 제16조 (3)은 공매도금지를 규정함으로써 정보에 기한 내부자들의 주식거래행위를 규제하였던 것이다. 그러나 적극적인 부실표시나 미공개에 의한 내부자거래와 같은 증권사기를 체계적이고 효율적으로 규제하기 위하여 1942년 Rule 10b-5가 제정되면서 내부자거래 규제의 중심 축은 자연스럽게 증권거래법 제10(b)조와 Rule 10b-5로 옮겨가게 되었다.

2. 제10(b)조

누구든지 직·간접으로, 주간통상의 방법이나 수단, 우편, 또는 전국적 증권거래소의 시설을 이용하여, 거래소에 상장되어 있거나 상장되지 않은 유가증권의 매수·매도 또는 유가증권 관련 스왑계약의 체결과 관련, 증권거래위원회(SEC)가 공익 또는 투자자의 보호를 위하여 적정하게 정한 규칙에 위반하여 시세조정적이거나 사기적인 수단 또는 책략을 행사하거나 이용할 수 없다

3. SEC Rule 10b-5

누구든지 직·간접적으로 유가증권의 매수 또는 매도와 관련하여 다음 ①~③의 행위를 하는 것은 불법이다. ① 사기를 위한 수단(device), 계략(scheme) 또는 책략(artifice)을 사용하는 행위, ② 중요한 사실에 관하여 허위표시를 하거나, 표시가 행해진 당시상황에서 오해가 유발되지 않도록 필요한 중요사실을 누락하는 행위, ③ 타인에게 사기 또는 기망이 되거나 될 수 있는 행위, 관행, 거래방법에 종사하는 행위

Rule 10b-5는 내부자가 적극적으로 사기적인 진술에 의하여 투자자에게 회사에 대한 결점을 인식시켜 그의 주식을 매도·매수하는 경우 뿐만 아니라 내부자가 회사정보에 대하여 완전히 침묵(silent)한 상태에서 주식을 매도·매수하는 경우를 포괄하게 되었다. 따라서 증권거래법 제10(b)조가 규제하지 못하였던 침묵에 의한 내부자거래를 적용 대상으로 함에 따라 내부자거래 규제에 관한 가장 일반적이고 중요한 조항이 된 것이다(참고로 공개매수에 대해서는 Rule 14e-3가 적용된다). Rule 10b-5가 일반적인 사기금지규정의 역할을 함에 따라 적용대상은 점차 확대일로에 있는데, 예를 들어 내부자가 실제사례에서 침묵하는 경우 외에도, 내부자가 직접적인 거래당사자가 아니면서 타인에게 매도·매수를 유도하는 경우, 내부자가 아니더라도 증권의 매매와 관련하여 부실표시를 하는 경우를 포함하게 되었다(광범위한 사기금지규정화). 그리고 다른 규정을 위반한 경우에도 10b-5 요건을 충족할 때에는 10b-5로 책임추궁이 가능하다.

Rule 10b-5의 적용대상증권은 상장 여부를 불문한 모든 증권이다. 그리고 적용대상거래도 증권거래소 거래, 장외거래, 개인 간 사적 거래 등이 망라되며, 동 거래의 매도인·매수인 쌍방에게 모두 적용된다. 이 때문에 Rule 10b-5는 1933년 증권법과 차별화되는데, 참고로 1933년 증권법은 매도인의 매수인에 대

한 사기만을 일방적으로 규정하고, 등록·상장증권의 경우에 한하여 제한적으로 적용된다.

Ⅲ. 후속 법률과 SEC 규칙

1. 1984년 내부자거래제재법과 1988년 '내부자거래 및 증권사기시행법'

미국 연방의회는 내부자거래에 관한 규제를 더욱 강화하기 위하여 1984년 Insider Trading Sanctions Act of 1984[15]과 1988년 Insider Trading and Securities Fraud Enforcement Act of 1988[16]을 제정하면서 이를 1934년 법의 §21A로 추가하였다. 주요내용은 SEC가 내부자 거래 행위자에 대하여 내부자가 얻은 이익의 3배의 범위 내에서 민사적 제재(civil penalty)를 부과할 수 있도록 하였는데,[17] 그 실효성을 거두기 위하여 1988년 법은 부과대상에 내부자를 지배하는 법인 혹은 내부자에 대해 지배력을 행사하는 자(controlling person)를 포함시켰다. 또한 1988년 법은 내부자가 미공개정보를 이용하여 거래를 함으로써 위반행위를 한 경우 그 거래와 동 시기에 매도하거나 매수한 거래자에게 손해배상청구권을 인정하였다(미국 1934년법 §20A). 다만, 이러한 경우 원고의 범위가 상당히 확대되고 손해배상액이 과중할 우려가 있기 때문에 내부자가 부담하는 책임의 범위는 내부자가 얻은 이익 또는 회피한 손실로 국한하고, 내부자가 반환(disgorge)한 금액이 있으면 그 금액의 범위 내로 제한하고 있다(미 1934년법 §20A(b)(1)). 그런데 증권집단소송의 확산으로 남소가 문제되자 연방의회는 1995년 Private Securities Litigation Reform Act of 1995[18]을 제정하였는데 집단관련 집단소송에 관한 Rule 10b-5의 요건에 수정을 가하였고, 이

15 Pub. L. No. 98-376, 98 Stat. 1264

16 Pub. L. No. 100-784, 102 Stat. 4677

17 1990년 Securities Enforcement Remedies and Penny Stock Reform Act of 1990가 제정되어 SEC가 행정처분으로서 민사적 제재금을 직접 부과할 수 있게 되었다. 통상의 절차는 SEC는 법원에 민사적 제재의 부과를 청구하고, 법원은 특별한 사유가 없는 한 SEC의 청구를 받아들여 부과액을 결정하여 법무부장관에게 통보하고 법무부장관은 민사적 제재금을 징수하여 국고에 귀속시킨다.

18 Pub. L/ No/ 104-67, 109 Stat. 737

는 각 1933년법 §27, §27A, 1934년법 §21D, §21E 등으로 추가되었다. 그 후 연방법원의 전속관할로 되어 있던 증권소송이 연방법의 규제를 피하고자 주 법원에 소송을 제기하는 현상이 두드러지자, 증권관련 집단소송을 연방법원의 전속관할로 제한하는 the Securities Litigation Uniform Standard Act of 1998을 제정하게 되었다.

2. SEC Rule 10b5-1, 10b5-2

SEC는 2000년 Rule 10b5-1(Trading 'on the basis of' material nonpublic information in insider trading cases) 및 Rule 10b5-2(Duties of trust or confidence in misappropriation insider trading cases)을 제정하였다.[19]

먼저, Rule 10b5-1를 살펴보면, 내부자거래의 규제의 목적을 달성하기 위해서는 미공개 중요정보에 대한 이용행위보다는 그러한 정보의 소유에 대한 규제에 중점을 둔다는 것이다. 즉 정보에 대한 인식이라는 개념을 설정하면서(awareness standard),[20] 내부자가 거래시점에 미공개 중요정보를 인식한 경우에는 그 거래는 내부정보에 근거한 것으로서 내부자거래가 성립될 수 있다고 보아,[21] 인식이 있으면 내부정보와 거래 사이의 인과관계가 존재하는 것으로 추정한다. 내부자가 책임을 면하기 위해서는 선의(in good faith)로서 ① 내부정보를 알게 되기 전에 증권매매에 관한 구속력 있는 계약을 체결하였거나 타인에게 매매의 체결을 지시하였거나 매매를 위한 서면계약을 채택하고, ② 이러한 계약, 지시, 계획에 구체적으로 그 수량, 가격, 일자 등이 특정되어 있거나 이를 결정하는 서면의 방식, 방법 또는 컴퓨터프로그램 등을 포함하고 있거나, 내부자가 사후에 그 내용을 변경하는 것이 불가능하여야 하고 이러한 거래를 시행하면서 미공개 내부정보를 인식하지 않았다는 점을 제시하여야 하며, ③ 내부자가 내

19 SEC Release Nos. 34-7881(Aug 15, 2000).

20 "aware"이란 용어는 일반적으로 사용되고, 그 개념정의가 분명한 단어로서 '알고 있는', '인식하고 있는'(having knowledge, conscious, cognizant)의 뜻을 가진 용어로서 'knowing possession'보다 'awareness'의 개념이 더 분명하다고 본다. 〈http://www.sec.gov/rules/final/33-7881.htm〉 참조

21 SEC Rule 10b5-1(b). 'A trade is on the basis of material nonpublic information if the trader was aware of the material, nonpublic information when the person made the purchase or sale.'

부정보를 알게 된 후 이러한 계약, 지시, 계약의 변경이나 불이행이 없었던 사실 등을 입증하면 면책되도록 규정하였다.[22]

한편, Rule 10b5-2에서는 뒤에서 고찰할 부정유용이론에서의 비밀유지 내지 신뢰의무(the duties of trust and confidence)에 관하여 구체적인 규정을 두고 있다. 즉 ① 정보의 비밀을 유지하기로 당사자 사이에 합의한 경우, ② 정보를 교환하는 당사자가 관행적으로 비밀을 공유하였기 때문에 정보제공자가 상대방의 비밀유지를 합리적으로 기대할 수 있는 경우('facts and circumstances' test), ③ 정보제공자와 정보수령자와의 사이에 배우자, 친자, 형제관계 등의 가족관계가 있는 경우[23][24] 등이다. 다만, 여기서 정보수령자가 가족관계에도 사실이나 정황관계에 의하여 이러한 신뢰 내지 비밀유지의 의무가 존재하지 않는다는 점을 입증하면 책임을 면할 수 있다.

Ⅳ. 미국에서의 내부자거래에 대한 법적용에 있어서의 기본원칙

1. 공시 또는 거래단념의 원칙(disclose or abstain rule)

(1) 의의

공시 또는 거래단념의 원칙은 증권거래의 일방당사자가 상대방이 모르는 미공개정보를 소유한 경우 내부정보를 공개하거나 거래를 회피할 의무가 있다고 보는 정보소유이론(possession theory)의 발로이다. 정보소유이론은 증권거래자가 공개되지 아니한 정보를 소유하였다는 것 자체가 책임의 근거가 된다는 이론으로서, 미공개정보를 가지는 모든 자에게 내부자거래의 규제가 미치게 된다. 정보소유이론과 그에 따른 공시 또는 단념의 원칙은 공시를 강화하는 수단이지만, 내부자의 증권거래 자체를 금지하는 것은 아님을 주의하여야 한다. 미국의 연방 제2항소법원은 Texas Gulf Surphur 사건에서 공시 또는 거래단념의 원칙을 인정하였다.

22 SEC Rule 10b5-1(c).

23 Rule 10b5-2(b).

24 O'Hagan 사건에서는 정보를 받은 가족이나, 명시적으로 비밀유지의 약속이 있었던 가족이 거래한 경우는 Rule 10b-5를 위반한 것으로 보나, 합리적인 비밀유지가 기대된 경우(a reasonable expectation of confidentiality)에는 반드시 위반된다고 보지는 않는다고 판시하였다.

(2) Texas Gulf Sulphur Co.(이하 TGS) 사건[25]

(가) 사실관계

이 사건은 내부자거래 규제의 바이블과 같이 취급되고 있다. 사실관계는 다음과 같다.

TGS는 광물의 탐사와 채광을 주목적으로 하는 광물개발회사인데, 광물탐사팀의 책임자인 부사장과 회사의 지질학자 3인 등은 1963. 11. 경 Canada 지역에 대하여 항공 및 지표조사를 실시하여 Kidd지역이 매우 유망한 것으로 판단하였다. 그 지역에 상업적인 가치가 있는 광물이 존재하는지 여부를 확인하기 위해서는 시추를 하여 표본을 채취해서 이를 분석하여야 하는데, TGS는 그 지역에 대한 소유권이나 광업권을 가지고 있지 않아서 우선 그 지역을 매수할 것인지 여부를 결정하기 위하여 1963. 11. 8. 시험적으로 한 개의 구멍을 시추하고, 이 구멍을 K-55-1이라고 명명하였다. 시추장소에는 많은 직원들이 모였는데, 현장에서의 분석결과 유용한 광물이 다량 포함되어 있었고, 이에 TGS는 이 사실을 숨기고자 위 시추구를 흙으로 덮고, 그 후 1964. 2.까지 이를 비밀로 하기 위하여 시추를 중단하였다.

한편 TGS의 사장 S는 현장에 모인 직원들에게 그 지역을 매수하기 위하여 유용한 광물의 발견사실을 비밀로 해 달라고 지시한 후 토지매수작업에 착수하여 1964. 3. 27. 매수를 마쳤다. 그리고 시추중단기간 중 TGS 탐사팀의 4인과 사장, 부사장, 이사 등을 포함한 임직원들은 회사의 주식과 주식매수선택권(stock option)을 취득하였다. 이 기간 중 회사는 탐사결과를 아는 5인을 포함한 고위임원들을 상대로 주식매수선택권을 발행하였다. 당시 이에 대한 결의를 한 이사회와 주식매수선택권위원회는 탐사결과에 대하여 알지 못하였다.

TGS는 1964. 3. 31.부터 시추를 재개하여 동년 4. 10까지 추가로 3개의 구멍을 시추하였는데, 표본을 분석한 결과 역시 매우 양호하다는 결과가 나왔고, 이 무렵부터 광물발견 및 그 규모와 품질 등에 대한 풍문이 시중에 돌기 시작하였다. TGS의 사장 S는 회사에 관한 소문을 기사화한 신문을 보고, 이에 대처하기 위하여 직원에게 보도자료를 작성할 것을 지시하였다. 4. 12. 공개된 보도자료에 의하면 회사는 현재의 소문이 근거 없이 지나치게 낙관적인 것이고, 그동안 Canada에서의 광물탐사활동이 거의 실패에 그쳤다는 사례와 함께 현재까지의 탐사결과는 광물의 규모나 품질에 대하여 확정적인 결론을 내리거나 발표를 하기에는 시기상조이고, 경우에 따라서는 허위표시에 해당할지도 모른다고 밝혔다. 그러나 사실은 보도자료가 발표될 당시 이미 $150 million 상당의 가

25 *SEC v. Texas Gulf Surphur Co.*, 312 F. Supp. 77 (S.D.N.Y. 1970), aff'd 446 F. 2d 1301 (2d Cir. 1971).

치가 있는 광물이 발견된 상황이었다.

TGS는 결국 4. 16. 오전 10시, 사장과 기자들과의 인터뷰를 통하여 광물발견사실 및 규모에 대하여 공식적으로 발표하였고, 이에 첫 보도가 오전 10:29경 증권회사의 전산망을 통하여 이루어졌으며 Dow Jones에서는 이를 10:54경 보도하였다. 한편 TGS의 내부자들은 4. 12.부터 4. 16.까지 사이에도 계속 증권을 매수하였다. 당시 NYSE에 상장되어 있던 TGS의 주가는 시추가 시작된 1963. 11. 8. 당시 $17.50, 1963. 12. 말경 $21.00, 1964. 2. 2.경$24.00, 1964. 3. 31.경 $26.00, 1964. 4. 12.자 신문보도 후 $32.00, 1964. 5. 15. $58.00에 이르렀다.

1963. 11. 12. 당시 피고들은 1,135주의 주식을 소유하고 있었는데, 1964. 3. 31.까지 8,235주의 주식과 12,300주의 주식매수선택권을 갖게 되었다. 당시 증권을 매수한 임직원들은 이 사건 증권 외에는 평소에 증권을 거래하는 사람들이 아니었는데 TGS의 주식을 매수하거나 주식매수선택권을 취득하였고 TGS의 내부자들로부터 정보를 제공받은 외부인들도 TGS의 주식을 매수함으로써 많은 이익을 얻었다. SEC는 1963. 11. 8.부터 1964. 4. 16.까지 내부정보를 이용하여 증권을 매수한 임직원들과 이들 내부자로부터 정보를 얻어 증권을 매수한 정보수령자, 회사 등을 상대로 1934년 증권거래법 제10(b)조와 SEC Rule 10b-5를 원인으로 하여 소송을 제기하였다.

(나) 판시

① 누구라도 자기의 계산으로 어떠한 회사의 증권을 거래할 때, 자기의 개인적 이익을 위해서가 아니라 오로지 회사를 위해서만 정보를 이용하여야 하므로, 정보를 직·간접으로 입수할 수 있는 자는 자기와 거래를 하는 상대방이 정보를 이용할 수 없다는 것을 알면서 거래하여서는 안된다.

② 중요한 미공개정보를 소유하고 있는 자는 일반 투자자 대중에게 이를 공개하고 거래를 하거나 만일 회사 비밀유지 등의 이유로 공개할 수 없다면 거래를 단념하여야 한다.

③ 내부자가 증권을 거래하려면 일정한 정보공개시기를 기다려야 한다. 따라서 기술적으로 정보공개가 있었다는 사실 만으로는 부족하다. 즉 정보가 일반 투자자 대중에게 충분한 수단에 의하여 효과적으로 전파되기 전까지 내부자거래를 행해서는 안된다.

④ 피고들은 주식매수선택권을 제안받고 이를 승낙하기 전에 중요한 정보를 공개할 의무를 부담한다. 그런데 이 사건에서 중요정보를 공개하지 않았으므로 주식매수선택권은 취소되고 Rule 10b-5가 적용된다.

⑤ 환송후 사실심법원은 1964. 4. 16. 이전에 증권, 주식매수선택권을 매수한 모든 내부자들에게 그 이익 상당액, 즉 최종 공개 다음날의 평균주가와 그들이 실제로 지불하였던 주가와의 차액과 내부자들로부터 정보를 수령하여 투자를 한 정보수령자들이 얻은 이익상당액을 회사에 반환할 것을 명하고, 이를 5년간 기금으로 유지하여 손해를 입은 외부투자자들에게 손해배상하여야 하며, 5년 내에 개인투자자들에게 지급되지 않은 잔액은 회사에 귀속시킬 것을 명하였다.

2. 원고: SEC or 개인투자자

(1) SEC

SEC는 직접 증권을 매매하는 주체는 아니지만, 공익의 대변자로서 내부자를 상대로 소송을 제기할 수 있다. 너무도 당연한 것이지만 SEC가 소송을 제기하는 경우에는 개인투자자의 경우와 달리 증권을 매매하였음을 요건으로 하지 않는다.

(2) 개인투자자

개인투자자는 Rule 10b-5 위반사건에 대하여 묵시적 민사소송권을 갖는다. 그런데 구체적으로 손해배상청구권을 행사하려면 정보미공개기간 중 실제로 증권을 매도·매수한 자이어야 하고 단지 매도청약 또는 매수청약을 한 것만으로는 부족하다(Blue Chip rule).[26] 이는 투자자들이 승소가능성이 없는 경우에도 남소(vexatious litigation)할 위험을 방지하기 위한 것이다. 실제로 대부분의 회사는 보다 많은 청약을 받기 위하여 사업설명서를 과대포장하는 부실표시를 함으로써 낙관적인 사업설명서만을 믿고 증권을 매수하였던 투자자가 원고로서 소송을 제기하는 경우가 많을 것인데, 이러한 소송의 폭주를 제한하기 위한 것이다. 여기서 매매는 매매의 완결을 요구하는 것이 아니고 매매계약의 체결만으로 족하며, 자산 또는 다른 증권등과 교환하는 것 뿐만 아니라 option의 매매나 질권설정도 포함된다.

회사의 낙관적인 부실표시를 믿고 증권을 매도하지 않은 자는 손해배상청구를 할 수 없다는 점을 주의하여야 한다. 따라서 사장이 회사가 파산할 것을 미리 알고 자신이 소유하는 주식을 매도한 후 파산에 관한 소문으로 주가가 대폭 하락한 경우, 보유주식

26 *Blue Chip Stamps v. Manor Drug Stores*, 421 U.S. 723 (1975). 또한 같은 종류의 증권을 동 시기에 반대방향으로 거래한 자만이 손해배상청구권을 갖는다. 즉 이러한 피해자들은 위반자가 취득한 이익이나 회피한 손실의 범위 내에서 민사손해배상청구를 할 수 있는 것이다.

의 가치하락이라는 손해를 입은 주주는 만일 사장이 자신의 주식을 회사에 매도하였거나 회사가 직원에게 주식을 매도하였을 때에는 회사가 매도인 또는 매수인이므로 대위소송을 제기할 수 있지만, 회사가 증권거래의 당사자가 아니라면 Rule 10b-5를 원인으로 소송을 제기할 수 없다.

3. 미공개된 중요한 사실에 대한 부실표시

(1) 적극적 부실표시(허위표시 또는 누락) 및 미공개(침묵)에 의한 내부자거래

적극적 부실표시에 의한 내부자거래가 사기에 해당함은 두말할 필요가 없으며, SEC Rule 10b-5의 제정에 의하여 미공개 혹은 침묵에 의한 내부자거래도 규제할 수 있게 되었음은 이미 전술하였다. 그런데 미공개의 요건을 충족하려면 피고가 이러한 사실을 공개할 의무가 있어야 할 것이므로, 피고는 주로 정보를 소유한 상태에서 제3자와 거래를 한 임직원이 해당될 것이다.

부실표시의 대상은 미공개정보에 관한 사실·의견 및 추천 등을 포함한다. 예를 들어 어떠한 회사의 당해 연도 수익을 예상하는 의견을 허위로 발표하는 것을 들 수 있다. 한편 증권을 소유한 사실 자체를 은폐하는 행위도 허위표시 또는 누락에 포함되어 Rule 10b-5위반으로 간주될 수 있는데, 예를 들어 증권에 관한 글을 기고하는 전문가(analyst)가 자신이 미리 당해 증권을 매수한 이후 주가에 대한 희망적인 전망을 담은 글을 씀으로써 주가의 상승을 유도하는 경우도 적극적인 부실표시로서 사기에 해당한다.

보통 신인의무 위반행위가 Rule 10b-5의 적용대상인데, 적극적 부실표시와 미공개에 의한 내부자거래 행위가 모두 가장 대표적인 신인의무 위반행위로 간주되는 것이다. 이사가 이사회 또는 위원회의 구성원들을 기망하여 유리한 조건으로 회사로부터 증권을 매수한 경우를 신인의무 위반 사례로서 예정하였었는데, TGS 사건에서 피고들은 다른 이사들의 광물발견사실을 모르는 것을 이용하여 주식매수선택권을 취득하였으므로 이에 해당하였던 것이다. 반면 적극적인 부실표시, 미공개, 시세조정 등이 없는 경우에는 비록 내부자가 신인의무를 위반하여 증권거래를 하였더라도 Rule 10b-5 위반으로 간주되기가 쉽지 않다. 미국에서는 임직원 이외에도 지배주주의 신인의무를 인정하고 있는데, 그렇다 보니 지배주주가 회사로부터 주식을 매수하거나 회사에게 주식을 매도하면서 회사나 다른 주주들에게 중요한 정보를 공개하지 않을 때에는 신인의무 위반임과 동시에 사기에 해당하는 것이다.

(2) 중요성

내부자거래로 규제되는 정보의 중요성(materiality)이란 합리적인 주주가 중요하다고 간주할 실질적 가능성이 있는 상태를 의미한다. 여기서 중요성은 거래 당시 내부자와 반대당사자에 있었던 주주의 주관적인 특성과는 전혀 무관한 것이며, 합리적인 투자자를 가정하여 객관적으로 판단하여야 한다. M&A 협상이 진행되는 과정 중 내부자가 증권을 매수하는 경우도 비일비재하므로 M&A 단계에서의 중요성에 대한 판단도 필요할 것인데, M&A에 관한 사실의 경우에는 다른 종류의 거래에 비하여 M&A 협상 초기단계부터 중요성이 인정될 가능성이 높다.

(3) 미공개정보와 대기기간

내부자의 증권거래가 제한되는 시점은 미공개정보가 일반에게 공개되어 공개시장에 광범위하게 유포(disseminated to the market at large)되기 전까지를 말한다. TGS 사건에서 항소법원은 기자회견 내용이 Dow Jones의 전광판에 의하여 공개되었더라도 상당한 대기기간(waiting period)이 경과하여야만 내부자의 거래가 허용된다고 판시하였다. 이렇게 대기기간을 인정하는 이유는 일반투자자가 보도를 접하고 투자여부를 결정할 시간적 여유를 주기 위한 것이다.

4. 피고: 내부자 또는 Tippee(정보수령자)로서, 공개 또는 회피의무를 부담하는 자

(1) 내부자의 범위

내부자거래로 인하여 책임을 지는 내부자의 범위를 어디까지 보는지에 대해 1997년 O'Hagan 판결에서의 부정유용이론이 등장하기까지 다음의 3가지 이론이 있었다.

첫째, 정보접근이론은 내부자의 범위를 가장 좁게 설정하고 있는데, 회사의 내부정보에 직·간접적으로 접근할 수 있는 자(access test)만을 규제대상으로 하는 입장이었다. 둘째, 정보접근이론과 가장 극단에 있는 것이 정보소유이론이다. 정보소유이론에 의하면 미공개정보를 소유하고 있는 자라면 내부자로서 규제하여야 한다는 입장으로서, 이 때에는 정보수령자(tippee)도 모두 규제할 수 있게 된다. 셋째, 신인의무이론은 정보접근이론과 정보소유이론의 절충한 것인데, 정보소유자 중에서도 회사에 대하여 신인의무를 지는 자로 내부자를 한정하여 보는 입장이다. 1997년까지 미국 연방대법원은 신인의무에 기초하여 내부자 여부를 판단하였다. 따라서 Dirks 판결과 Chiarella 판결에서 나타난바와 같이, 미공개정보를 소유하였더라도 우연히 알게 된 정보를 보유한 자(Chiarella)나 부정한 방법이 아닌 자기 자신의 노력과 지식에 의하여 얻어진 정보를 보유한 자(Dirks)는 회사에 대하여 신인의무를 지는 내부자에 해당하지 않아 Rule 10b-5 위반으로 처벌받지 않았다.

신인의무이론을 취하더라도 내부자의 범위는 상당히 광범위한데, 임원, 이사, 고용된 기회로 정보를 접하는 하위 직원, 추정내부자 등이 망라된다. 특히 마지막의 추정내부자(constructive insider)는 회사의 정보에 관하여 특별히 신인적 관계에 서는 외부전문가를 말하는데, 신인적 관계의 설정 자체가 광범위하게 확대될 수 있으므로 내부자의 범위 역시 광범위해지는 것이다.

(2) Chiarella 사건[27]

이 사건은 미국에서 신인의무이론이 최초로 채택된 판결이다. Chiarella는 기업의 재무 관련서류의 인쇄와 출판을 하는 인쇄업체인 Pendick Press사의 직원으로서 아직 공개되지 아니한 공개매수와 관련된 서류를 보게 되었는데, 공개매수의 주체나 객체는 최종 인쇄 전까지 공란으로 되어 있었다. 그러나 Chiarella는 서류의 다른 내용을 이용하여 공개매수사와 대상회사의 상호를 알아낸 후 대상회사의 주식을 매수하여 3만불의 차익을 얻었다는 혐의로 기소되었다. 이에 대하여 연방대법원은 미공개시장정보의 소유 만으로는 증권거래법 제10(b)의 공개의무가 발생하지 않는다고 전제한 뒤(정보소유이론 배척), Chiarella가 신인의무를 지는 내부자가 아니었고 대상회사로부터 비밀스러운 정보를 직접 수령하지도 않았으므로 당사자 간 믿음과 신뢰의 관계가 없다면 공개의무도 없다고 판시하였다.

사실 미국의 내부자거래 법제는 Chiarella 사건 이후 신인의무를 근간으로 하고 있다. 즉 정보보유이론은 M&A와 관련한 예외적인 사례로 한정되는 것이다. 이와 관련하여 2009년 주목할 만한 사건이 있었는데 바로 해킹에 의한 미공개정보 이용행위에 관한 것이었다. SEC v. Dorozhko [574 F.3d 42 (2d Cir. 2009)] 사건에서, 피고는 뉴스정보업체 톰슨 파이낸셜의 서버를 해킹하여 아직 공개되지 않은 IMS Health의 분기실적 정보를 취득, 이용함으로써 약 $287,000의 부당이득을 거두었다. 1심 법원은 미국 내부자거래규제 법리인 신인의무론에 입각하여 피고는 IMS의 내부자가 아니므로 IMS에 대한 신인의무가 없고, 톰슨 파이낸셜에 대해서도 아무런 신인의무를 지고 있지 않기 때

27 *Chiarella v. United States*, 445 U.S. 222 (1980)

문에 신인의무론(Fiduciary duty theory)이나 정보유용론(Misappropriation theory)에 따른 위반행위가 없다며 소를 기각하였다. 그러나 2심인 연방제2항소법원은 피고의 행위는 미공개정보를 공시하지 않고 거래함으로써 소극적으로 신인의무를 위반한 내부자거래가 아니라, 사기적(Deceptive) 행위로서 적극적 부실표시(Affirmative misrepresentation)에 해당한다고 하면서 이 경우에는 신인의무가 불필요하기 때문에 피고의 책임이 인정될 수 있다며 1심 판결을 파기환송하였다.[28]

(3) Dirks 사건[29]과 정보수령자의 책임

정보소유이론에 의하면 내부자의 범위가 확대되므로 제1차 정보수령자 이후의 정보수령자라도 정보를 소유하고 있다는 이유 만으로 내부자로서 책임을 지게 된다. 그러나 신인의무이론에 의하면 내부자로서 책임을 지는 정보수령자의 범위도 합리적으로 제한되어야 할 것이다. 정보수령자를 어느 범위까지 내부자로 보아야 할 것인지가 직접적으로 문제된 사건이 바로 Dirks 사건이다.

Dirks는 뉴욕의 증권회사 임원으로서 기관투자자들을 위하여 보험회사 주식을 주로 대상으로 하는 증권분석가였다. 1970년 3월 Equity Funding of America 보험사(이하 E사)의 전직 중역이었던 S로부터 E사가 재보험자들에게 팔기 위하여 허위의 보험증권을 만드는 불공정행위로 인하여 자산을 과다계상한 사실을 알게 되었다. Dirks는 E사의 임직원을 상대로 조사를 하여 S의 제보가 사실임을 확인한 후 Wall Street Journal에 기고할 생각이었으나 게재를 거절당하였다. Dirks 및 Dirks가 근무하던 증권회사는 E사의 주식을 소유하지 않고 있었는데, Dirks는 자신의 고객들에게 이러한 사실을 개별적으로 알렸고 고객들은 E사의 주식을 매도함으로써 손실을 회피할 수 있었다.

연방대법원은 정보수령자의 책임에 대한 법리를 개발하면서 Dirks가 책임이 없다고 판시하였다. 판결요지를 정리하면 다음과 같다. 우선 정보수령자는 내부자로부터 부당하게 알게 된 미공개정보에 관하여만 내부자의 의무(중요한 미공개정보의 공개 또는 거래회피의무)를 승계한다. 정보제공이 신인의무 위반인지는 그 목적으로 판단하여야 한다. 결정적인 기준은 내부자가 정보제공(disclosure)의 결과 직·간접적으로 개인적 이

28 성희활, "개정 자본시장법상 시장질서교란행위 규제 도입의 함의와 전망," 「증권법연구」 제16권 제1호, 2015, 155면 각주 29)에서 Edward Greene, Olivia Schmid, "DUTY-FREE INSIDER TRADING?", 2013 Columbia Business Law Review 369, 2013, 418 이하 재인용. 참고로 이 사례는 우리나라의 자본시장법 제174조에 의해서는 처벌되지 않으나 2014년 신설된 제178조의2(시장질서 교란행위 금지)에 의하여 과징금의 규제를 받을 수 있다.
29 *Dirks v. SEC*, 463 U.S. 646 (1983).

익을 얻는지 여부이다. 여기서 내부자가 개인적으로 이익을 얻지 못한다면 주주들에 대하여 신인의무를 위반한 것이 아니고, 정보수령자의 파생적인 신인의무 위반(derivative breach by the tippee)도 있을 수 없다. 이 사건에서 S는 Dirks에게 정보를 제공함으로써 아무런 개인적 이익을 얻지 않았고, 단지 회사의 비리를 폭로하려는 욕구에 의해 정보제공의 동기가 유발된 것이다. 내부자가 의무를 위반하지 않았으므로, Dirks가 미공개정보를 자신의 고객들에게 알려줄 때 E사의 주주들에게 어떠한 파생적 의무도 부담하지 않는다. 마지막으로 정보수령자의 책임을 물으려면, 내부자가 정보수령자에게 정보를 제공함으로써 주주들에 대한 신인의무를 위반하고, 정보수령자도 그러한 위반사실을 알았어야 한다.

Dirks 사건은 증권분석가의 정보수령·정보제공행위가 사익추구의 목적이 아닌 공익적인 견지에서 이루어질 수 있다는 점을 천명한 것이기도 한데, 정보수령자가 책임을 지려면 다음의 요건을 충족하여야 함을 선언하였다. ① 내부자가 신인의무를 위반하여 정보수령자에게 정보를 제공하고, ② 정보수령자는 정보 취득 당시 내부자의 신인의무 위반을 알았거나 알 수 있어야 하며, ③ 정보제공자는 정보수령자로부터 이익을 얻거나 정보수령자에게 경제적 이익을 얻게 할 의사가 있어야 한다. 특히 마지막의 요건과 관련하여 정보제공자(tipper)가 경제적 이익을 얻지 않았음에도 불구하고 자신의 친구에게 중요한 미공개정보를 제공한 경우에는 정보수령자(tippee)에게 경제적 이익을 얻게 할 의사가 있는 것으로 간주할 수 있다는 입장이므로 ③은 다소 유연하게 해석할 여지가 있다.

위의 3가지 요건이 충족되지 않는 한 정보수령자가 자신의 이익을 위하여 거래를 하더라도 신인의무를 고의로 위반하였다는 점이 추가적으로 입증되지 않는 한 책임을 지지 않는다.[30] 반대로 위 요건이 충족되어 정보수령자의 책임이 인정되면 자동적으로 정보제공자의 신인의무 위반이 명백하므로 정보제공자는 책임을 지게 된다.

(4) 부정유용이론과 O'Hagan 사건[31]

종래의 신인의무이론을 운영해본 결과, 발행사나 주주에 대한 신인의무를 부담하지 않

30 미국에서는 정보제공자를 교사자로서 그리고 정보수령자를 방조자로서 처벌할 수 있는지에 대한 추가적인 논의가 있다. 일단 교사자·방조자의 책임을 물으려면, ① 교사·방조자 외에 독립하여 주된 위반행위를 한 자가 별도로 존재하여야 하고, ② 교사·방조자는 주된 위반행위자의 위반행위를 알았어야 하며, ③ 교사·방조자도 주된 위반행위에 대하여 어느 정도의 실질적인 역할을 수행하여야 한다. 여기서 ②의 인식 정도로는 scienter를 요구하는바, 일반적인 고의(intention)보다 넓은 개념으로서 미필적 고의(recklessness)를 포함한다.

31 *United States v. O'Hagan*, 521 U.S. 642 (1997)

는 자가 고용주에 대한 신인의무를 위반하여 부정하게 얻은 정보에 기한 거래를 한 때에 책임을 전혀 물을 수 없는 문제점이 발견되었다. 부정유용이론은 내부자나 기타의 자가 증권에 관한 중요한 미공개정보를 부정유용한 것에 대해 책임을 과하기 위하여 등장한 것인데, 고용관계상 비밀엄수의무를 부담하는 자가 동 의무를 위반하여 중요한 미공개정보를 유용해서는 안된다는 입장이다. 부정유용이론은 이미 Chiarella 사건에서 처음으로 등장하기도 하였었는데, 당시 Burger 대법관은 미공개정보를 유용한 자는 이를 공개하거나 거래를 회피할 절대적인 의무가 있다고 소수의견을 표명한바 있다. 그렇지만 대부분의 미공개정보들의 출처는 발행인인 회사일 것인바, 발행인과 관계없는 출처로부터 정보를 얻는 경우에도 Rule 10b-5 위반에 해당하는지 여부에 대해서는 상당한 의문이 제기되었었다. 이러한 의문을 궁극적으로 해소한 것이 다음의 O'Hagan 사건이다.

1988. 7. 런던을 본거지로 하는 Grand Metropolitan PLC(이하 G사)는 미네아폴리스에 본사를 두고 있는 Pillsbury(이하 P사)의 보통주식에 대한 공개매수계획을 수립하고, 법무법인 Dorsey & Whitney(이하 D&W)를 공개매수 대리인으로 선임하였다. G사와 D&W사는 공개매수계획의 사전유출방지대책을 마련하였는데, D&W사의 파트너 변호사였던 James Herman O'Hagan은 위 공개매수에 관여하지 않았으나 P사의 주식에 관한 call option과 보통주를 매수하였고, 이후 G사가 공개매수계획을 발표하자 P사의 주가가 급등한 점을 이용하여 call option과 보통주를 매도하여 430만불 이상의 차익을 얻었다. SEC는 O'Hagan이 공개매수에 관한 중요 미공개정보를 부정유용함으로써 소속 법무법인 D&W사와 그 고객인 G사에 대하여 사기를 행하였고 Rule 10b-5를 위반하였다는 주장을 하였다. 연방지방법원은 피고인에 대한 공소사실을 모두 유죄로 인정하고 41개월의 징역형을 부과하였지만, 제8항소법원은 부정유용이론을 채택할 수 없다고 하면서 O'Hagan이 Rule 10b-5의 요건에 기재된 부실공시 혹은 미공개의 요건을 충족하지 않으므로 Rule 10b-5 위반이 아니라고 판시하였다.

연방대법원은 증권거래법 제10(b)조에 의한 형사책임은 부정유용이론에 근거할 수 있다고 인정하였는데, 판결요지는 다음과 같다. 우선 부정유용이론은 정보원에 대하여 부담하는 의무에 위반하여 증권거래의 목적으로 비밀정보를 부정유용한 경우 증권사기에 해당하므로 Rule 10b-5에 위반한다는 법리이다. 그리고 부정유용이론은 회사의 내부자 또는 주식의 매매 상대방간의 신임의무에 기초한 책임이 아니라 '비밀정보에의 접근을 허용한 자에 대한 수임자의 사기로 인하여 발생하는 책임'을 인정하기 위하여 등장한 이론이다. 마지막으로 부정유용이론은 공표되는 경우 주가에 영향을 미치는 비밀정보에 접근하는 외부자로서 회사주주에 대해서는 신인의무 및 기타 의무를 부담하지 않는 자에 의하여 자행되는 남용적 행위로부터 증권시장의 건전성을 보호하기 위해서 적용할 필요가 있다.

O'Hagan 판결은 정보원에 대하여 부담하는 의무에 위반하여 미공개정보를 유용, 증권거래를 하는 경우에도 내부자거래의 규제대상에 포함한다는 논거에 기초하여, 비밀정보에의 접근이 허용된 자에 대한 수임자의 신임의무 위반책임을 처음으로 인정한 사건이다. 고전적인 신임의무이론에서는 공개매수자와 그 내부자는 발행회사(대상회사)의 내부자가 아니므로 규제대상에서 제외되었으나, 부정유용이론에서는 정보원이 발행회사가 아니라고 하더라도 정보원에 대한 신임의무를 위반하여 미공개정보를 유용한 경우 내부자거래에 해당한다고 정면으로 인정하였다는 점에서 이 판결의 의의가 있다. 부정유용이론은 증권시장의 신뢰성과 안정성을 제고하고 투자자 보호장치를 강화할 수 있다는 장점을 갖는다. 그러나 ① 정보원에 대한 의무위반을 책임발생요건으로 하기 때문에 법리상으로 정보원이 거래를 허용하는 경우 부정유용자의 책임은 어떻게 되는 것인지, ② 너무 지나치게 정보원의 이익을 보호하는 결과를 초래한 것은 아닌지, 그리고 ③ 정보의 부정유용과 내부자거래는 그 위법성이 상이하지 않은지 등의 문제점도 발견된다.

5. 입증의 정도: 정보보유 OR 정보이용

(1) 개관

미국에서 내부자거래에 대한 책임을 묻기 위하여 정보를 보유하고 있다는 사실만 입증해도 좋은지 아니면 보유한 사실 외에 이용한 사실까지 입증을 해야 하는지를 둘러싸고 많은 논의가 있어왔고, 법원의 입장도 달랐다. Teicher사건에서 제2순회 항소법원은 내부정보를 보유하고 있다는 사실만으로 내부자거래를 증명하기에는 충분하다고 판결하였고,[32] Adler사건에서 제11순회 항소법원은 최종적으로 문제가 되는 것은 "이용"이지만, "보유"의 사실이 있으면 "이용"을 했다는 강한 추정을 할 수 있기 때문에 사건의 처리에 있어서 보유의 사실만으로도 충분하다고 하였다.[33] 그러나 Smith 사건을 다룬 제9회 항소법원은 형사사건의 경우에는 "이용"이 증명되어야 한다고 주장하였다.[34] 다음에서는 정보소유설과 정보이용설의 논거와 문제점을 살펴보고자 한다.

32 *United States v. Teicher*, 987 F.2d 112, 120-21 (2d Cir), cer, denied, 510 U.S. 976 (1993).

33 *SEC v. Adler*, 137 F.3d 1325, 1337 (11th Cir. 1998).

34 *United States v. Smith*, 155 F.3d 1051, 1069 & n.27 (9th Cir. 1998), cert. denied, 525 U.S. 1071 (1999).

(2) 정보소유설

내부정보를 이용하여 거래한 것은 아니지만 당해 정보를 알고 거래한 경우에도 거래자는 내부자에 해당된다고 하는 것이 정보소유설의 입장이다. 첫째, 정보소유설은 입증이 용이하다는 장점이 있다. 즉 정보이용설에 의하면 내부정보 이용에 있어서 내부자의 주관적 요건이나 동기의 입증이 필요한데 비하여, 정보소유설에 의하면 내부정보를 소유하고 있다는 사실만 입증하면 충분한 것이다. 둘째, 정보소유설이 투자자의 신뢰보호에 더욱 이바지할 수 있다. 내부자 거래를 법적으로 규제하는 이유 중 하나는 증권시장의 공평성에 대한 투자자의 신뢰를 보호하려는 것이다. 투자자들은 내부정보를 소유하고 거래를 하였다는 자체 만으로도 당해 정보를 이용한 것으로 생각하기 마련이다. 이 때에는 실제 내부정보를 이용하지 않더라도 투자자들로부터 오해를 받을 가능성이 높고 투자자들의 시장 이탈을 촉발할 것이므로, 이러한 사태를 방지하려면 정보소유설이 옳다는 것이다. 셋째, 증권거래법 제21A조와 제20A조 및 "공시 혹은 단념의 원칙"은 정보소유설의 근거가 되기도 한다. 즉 1984년 법과 1988년 법에 신설된 제21A조·제20A조의 규정은 "중요한 미공개정보를 소유하고"라는 문언을 사용하며, "공시 혹은 단념의 원칙"에 따르면 내부정보의 소유자가 거래를 하는 때에는 이용유무와 관계가 없이 내부정보를 공시하도록 하는 것이다.

그런데 정보소유설의 가장 큰 문제점은 구체적인 타당성이 결여되어 있다는 것이다. 즉 사전에 계획되었던 증권거래를 하기 직전 내부정보를 알고 동 정보와 상관없이 거래를 하였을 경우에도 내부자로 규제된다. 다음으로 전체적인 규정의 해석과 조화되지 않는다는 것이다. 단지 사실관계의 입증이 용이하다는 점만으로 정보소유설을 지지하는 것은 본말이 전도될 수 있다. 마지막으로 연방증권거래법 제21A조·제20A조의 "중요한 미공개정보를 소유하고"라는 문언이 정보소유설의 근거가 되지만, 입법자들은 정보소유설이나 정보이용설의 대립을 염두에 두고 위의 규정을 신설한 것은 아니다.

(3) 정보이용설

내부정보를 이용하여 거래한 경우에만 내부자거래의 책임을 지우자는 것이 정보이용설의 입장이다. 첫째, 정보이용설은 대법원판례와 조화를 이룬다. 우선 Rule을 적용하려면 사기적인 행위가 있었어야 하는데, 내부정보를 소유하고 당해 정보에 기하여 거래를 하여야 비로소 사기적 거래가 있다고 할 수 있다. 단지 내부정보를 소유하고 있더라도 당해 정보를 이용하지 않는다면 사기적 거래가 될 수 없는 것이다. 둘째, 어떠한 행위를 규제하려면 인과관계가 필요한데 정보이용설은 이러한 요건을 충족한다. 내부자거래란 상대방이 알지 못하는 내부정보를 이용한 증권거래로서 사기적이기 때문에 법적으로 규제하여 왔다. 따라서 정보의 소유를 전제로 당해 정보를 이용하여 거래할 때 규제하는 것이 타당하다. 이 때문에 내부정보를 이용하지 않고 거래한 것이라면 법적으로 문제되지 않고, 상대방은 내부정보의 소유자가 당해 정보를 이용하여 거래한 사실을 입증하여야 한다. 물론 구체적인 사실관계에서 인과관계에 대한 입증이 어떠한지는 별개의 문제이다.

그러나 정보이용설도 문제가 있다. 첫째, 정보이용설이 종래의 연방대법원 판례와 부합하는 듯 하지만 반드시 그러하다고 단언할 수도 없다. 왜냐하면 1980년 Chiarella 판결, 1983년 Dirks 판결, 1997년 O'Hagan 판결 등에서 연방대법원은 "중요한 미공개정보를 이용하여" 이루어진 거래는 Rule에 위반한다고 판시하였는데, 이들 사건은 모두 내부정보를 이용한 사례였기 때문에 이러한 판시가 나온 것이지 정보소유설과 정보이용설의 대립을 염두에 둔 판시가 아니었던 것이다. 둘째, 정보이용설에 의하면 입증이 어렵다. 즉 내부정보를 알고 거래하는 자 대부분은 당해 정보를 이용하는 것이 통례이다. 그렇지 않더라도 일반투자자들은 이들이 당해정보를 이용하여 거래한 것으로 생각한다. 그런데 내부정보의 소유와 이용에 관한 인과관계의 입증은 사실상 매우 어려우므로 많은 사례들이 불문에 그칠 가능성이 높다. 그 때에는 정보이용설의 채택으로 인하여 투자자 보호를 목적으로 제정된 연방증권관계법의 입법취지가 몰각될 수 있는 것이다.

(4) SEC Rule 10b5-1

SEC는 이렇게 정보의 '보유', '이용'의 문제를 둘러싼 논란을 해결하기 위하여 Rule 10b5-1을 제정하였다. Rule10b5-1은 Rule 10b-5에 근거하되 내부자거래의 보유·이용의 문제만을 다룬 것이다.[35] SEC는 여기서 종전의 '보유'개념 대신에 '인식(awareness)'이라는 개념을 채택하였다. 즉 내부자가 거래시점에 중요한 내부정보를 인식한 경우 내부정보에 근거한 것으로 보아 내부자거래가 성립할 수 있다는 것이며, Rule 10b5-1은 인식이 있으면 내부정보와 거래사이의 인과관계가 존재하는 것으로 간주한다는 것이다. 한편, 이에 대한 적극적 항변권을 인정하고 있는데, 내부자는 선의(in good faith)로서 다음의 3가지 조건을 입증하면 인과관계를 단절할 수 있는 길을 열어 놓았다.(Rule 10b5-

35 김재형·최장현, "미국의 내부자거래규제를 위한 신규칙에 관한 고찰: SEC Rule 10b5-1, 10b5-2를 중심으로," 「기업법연구」 제7권, 250-251면 (2001).

1(c)(i)(A)-(C)).[36] ① 내부자가 내부정보를 알기 전에 증권의 매매에 대한 구속력 있는 계약을 체결하였거나 타인에게 매매계약의 체결을 지시하였거나 증권 매매를 위한 서면계획을 채택하고 있고, ② 이러한 계약, 지시, 계획은 구체적으로 증권의 매매 수량, 가격, 일자 등이 특정되어 있거나 이를 결정하는 서면의 방식, 방법 또는 컴퓨터 프로그램을 포함하고 있거나 내부자가 사후에 변경이 불가능하여야 하며, ③ 내부자가 내부정보를 알게 된 후 이러한 계약·지시 또는 계획의 변경이나 불이행이 없어야 한다.[37]

SEC의 이러한 인식 기준은 거래를 하기로 결정하는 시점에 내부자정보를 인식하고 있는 거래자는 그 정보를 사용할 것임이 틀림없다는 상식적인 생각을 반영한 것이다. 반면 위와 같이 항변권을 인정하는 것은 중요한 미공개 정보를 모르는 단계에서 증권거래를 먼저 계획해 두고 나중에 중요한 미공개정보를 알았던 경우라도 미리 계획된 거래를 하려고 하는 자에 대하여는 유연성을 부여하여 인과관계를 단절시키려는 것이다.[38]

제3절 우리나라의 내부자거래 규제

I. 개관

자본시장법은 자본시장의 정상적인 작동을 위한 규제로서 공시에 대한 규제와 불공정거래행위에 대한 규제를 마련하고 있다.[39] 종래의 불공정거래행위 규제체계는 '증권'과 '선물'을 구분하여 불공정거래행위를 각각의 관련법인 증권거래법

36 17 C.F.R. §240.10b5-1(c)(ii) Paragraph(c)(1)(i) of this section is applicable only when the contract, instruction, or plan to purchase or sell securities was given or entered into in good faith and not as part of a plan or scheme to evade the prohibitions of this section.

37 위 규정은 증권을 매수 또는 매도하는 계약, 지시 또는 계획이 성실하게 이루어지거나 체결된 것으로서 본조에서 정하는 금지를 회피하기 위한 계획 또는 scheme의 일부로서 이루어지거나 체결된 것이 아닌 경우에 한하여 적용된다고 규정하고 있다.

38 김재형·최장현, 전게논문 259-260면.

39 공시규제란 발행시장과 유통시장에서 정보의 공시를 강제함으로써 거래당사자간 정보의 불균형(이른바 '정보의 비대칭성')을 해소하는 것을 목적으로 하는 것이고, 불공정거래행위 규제란 시장의 가격형성기능을 해치고 투자자에게 손해를 입히는 사기적 거래를 금지함으로써 증권시장에 대한 일반의 신뢰를 회복하는 것을 목적으로 하는 것이다.

과 선물거래법에서 이원적으로 규제하는 형태를 취하였는데, 자본시장법은 이를 일원화하여 규제하고 있다. 이는 투자자의 위험관리 내지 차익거래를 위하여 증권시장과 선물시장이 연계될 수 있다는 점 등을 고려할 때 타당하다고 하겠다. 한편 자본시장법에서는 선진화된 자본시장에 부합할 수 있도록 불공정거래행위에 대한 규제를 강화하였다. 내부자거래 금지대상 증권의 범위와 내부자의 범위 및 내부자 단기차익반환대상을 확대하였고, 현선연계 시세조종행위 규제제도를 도입하여 시세조종행위에 대한 규제를 강화하였으며, 미국의 SEC Rule 10b-5의 반사기금지(anti-fraud) 조항을 모델로 한 일반 사기적 불공정거래 규제제도를 도입하였다.

불공정거래행위의 가장 대표적인 유형이 미공개정보의 이용행위(이른바 내부자거래행위)와 시세조종행위인데, 자본시장법 제174조에서 미공개정보를 이용한 거래행위를 금지하고 있고, 제176조에서는 시세조종 등 불공정거래행위를 유형적으로 열거하여 금지하고 있다. 그리고 이러한 미공개정보이용금지와 시세조종 등 불공정거래행위금지 규정을 위반한 경우 자본시장법 제443조에서 형사처벌에 관한 벌칙규정을 두고 있다. 실무상 미공개정보 이용행위에 대한 규제는 일반조항인 제174조가 1991년 12월 구 증권거래법의 개정으로 신설된 후 형사처벌 쪽으로 중심이 옮겨져 왔는데, 외환위기 이후 자본시장법 제172조의 단기매매차익 반환제도의 활용도도 같이 증가하는 추세에 있다고 한다. 다음에서는 광의의 내부자거래 규제라고 할 수 있는 미공개정보의 이용행위 규제와 단기매매차익 규제 등을 고찰하고자 한다. 그간 내부자거래와 관련하여 판례들이 많이 집적되어 왔으므로, 해당 내용을 서술할 때에는 이러한 판례들을 언급하기로 한다.

II. 미공개중요정보 이용행위의 규제

1. 미공개중요정보 이용행위의 의의

미공개정보이용행위의 근절을 위한 내부자거래 규제의 정비방식으로서 첫째,

회사관계자의 개념을 중심으로 법제를 구축하면서 운영상의 문제점을 계속적으로 개선·보완하는 방식, 둘째, 회사관계자의 개념을 폐지하고 이를 대체하는 '중요정보'란 개념을 중심으로 법제를 개선해 나가는 방식이 있다. 우리나라에서는 전통적으로 첫째 방식을 선호하여 왔으므로, 회사관계자 즉 내부자에 의한 거래를 중심으로 법제가 형성되었다고 할 수 있다. 자본시장법에서도 이러한 기본 축은 계속 유지되면서 개선, 보완이 이루어지고 있다. 우선 구 증권법상으로 규제대상에서 제외되었던 증권과 내부자의 범위를 확대하였다. 다음으로 공개매수 등 기업경영권에 영향을 미치는 주식의 대량취득처분과 관련한 미공개정보를 이용한 경우에도 규제대상으로 포함시키고 있다.

2. 미공개중요정보 이용행위의 구성요건

자본시장법 제174조에 의하면 미공개중요정보의 이용행위는 회사의 내부자 등이 상장법인, 6개월 이내에 상장하는 법인, 6개월 이내에 SPAC과의 합병 등 우회상장을 통해 상장예정인 비상장법인 및 그 계열회사를 포함한 법인의 업무 등과 관련한 미공개중요정보를 특정 증권 등의 매매, 그 밖의 거래에 이용하거나 타인에게 이용하게 하는 경우 성립한다.

가. 행위의 주체: 내부자(준내부자 포함) 및 정보수령자

(1) 내부자와 준내부자

구 증권거래법 제188조의2에 의하면 미공개정보의 이용이 금지되는 내부자의 범위에는 ① 당해법인 및 그의 임원·직원·대리인, ② 주요주주, ③ 당해 법인에 대하여 법령에 의한 허가·인가·지도·감독 기타의 권한을 가지는 자, ④ 당해 법인과 계약을 체결하고 있는 자, ⑤ 앞의 ②~④에 해당하는 자의 대리인·사용인 기타 종업원(이에 해당하는 자가 법인인 경우에는 그 임원·직원 및 대리인), 여기서 ①, ②를 내부자(insider), ③~⑤를 준내부자(quasi-insider)라고 할 수 있었다. 구 증권거래법상의 규제대상인 내부자와 준내부자는 너무 제한적이었는데, 여기서 제외된 자들, 예를 들어 지주회사의 산하에 있는 계열회사의 정보를 인지하고 있는 자나 M&A의 대상기업을 실사(due diligence)하면서 대상기업에 대한 미공개중요정보를 취득할 기회가 생긴 자 등이 미공개의 중요정보를 이용하여 막대한 차익을 얻을 개연성이 있었다. 더욱이 규제의 구체적인 운영에 있어서 형평성과 구체적인 타당성이 결여된 사례도 있었다. 즉 구 증권거래법상 준내부자로서 해당 법인과 계약을 체결하고 있는 자 만을 규제대상으로 하였으므로, 계약체결을 완료하지 않고 실사과정 내지 협상과정에 있다가 계약이 결렬된 자는 준내부자로 포섭하지 못하는 한계가 있었던 것이다.[40] 구 증권거래법상 판례는 '당해 주식의 양수계약을 체결한 계약당사자'는 당해 정보를 생산한 자이어서, 여기서 말하는 '당해 법인과 계약을 체결하고 있는 자'나 '정보수령자'에 해당하지 아니한다고 하였다(화승강업 사건 참조)

이 때문에 자본시장법 제174조 제1항은 이들을 포함시켜 규제대상을 대폭 확대하였다. 즉 미공개정보의 이용이 금지되는 내부자의 범위에 계열회사의 임직원을 추가하였고(제1, 2호), 준내부자의 범위에 당해 법인과 계약체결을 교섭중인 자(그 임직원 포함)를 포함한 것이다(제4, 5호).[41] 여기서 임원은 주주총회에서 선임된 이사와 감사 뿐만 아니라 상법상의 업무집행지시자도 포함한다. 직원은 고용관계를 불문하고 그 회사의 업무에 종사하는 아르바이트 사원, 파견직원 등을 포함한다. 대리인은 당해 법인으로부터 대리권을 수여받은 지배인이나 고문변호사 등을 들 수 있을 것이다. 그리고 계약을 체결하려고 하였다가 계약조건이 맞지 않아 체결에 이르지 못한 경우에도 계약의 체결·교섭 또는 이행과정에 있는 자에 해당하여 내부자거래의 규제 대상인 준내부자로 간주된다.[42] 참고로 계열회사란 '독점규제 및 공정거래에 관한 법률'에 따른 것으로(자본시

40 김병태, "관계회사와 관련된 내부자거래규정 적용상의 문제점", 「증권법연구」 제3권 제2호(2002), 231면.

41 준내부자란 정보접근이 용이하거나 합법적으로 내부정보에 접근할 수 있는 사실상의 내부자를 의미하며, 다음의 자들을 포함한다. ① 당해 법인에 대하여 허가·인가·지도·감독 등 권한을 가지는 자. 보통 관계정부부처, 국세청, 공정거래위원회, 금융위원회 등의 공무원을 들 수 있을 것이다. ② 당해 법인과 계약을 체결하고 있거나 체결을 교섭하고 있는 자. 변호사, 회계사, 세무사, 변리사, 금융거래계약을 체결하고 있거나 체결을 교섭중에 있는 은행 등 금융기관, 인수계약을 체결하고 있거나 체결을 교섭중에 있는 증권회사 등이 이에 해당할 것이다. 계약의 종류에는 특별한 제한이 없으므로, 물품공급계약 등 1회성 계약도 포함된다. ③ 주요주주, 허가·인가 등 권한을 가지는 자, 계약을 체결하거나 체결을 교섭하는 자가 개인인 경우 그 대리인·사용인 그 밖의 대리인, 법인인 경우 그 임직원 및 대리인을 포함한다. ④ 준내부자에 해당하지 아니하게 된 날로부터 1년이 경과되지 아니한 자.

42 노태악, "최근 판례에 나타난 내부자거래 규제의 법리 -「자본시장과 금융투자업에 관한 법률」의 제정에 덧붙여-", 『BFL』 제25호(2007), 27면.

장법시행령 제8조), 둘 이상의 회사가 동일한 기업집단에 속하는 경우에 해당한다. 따라서 동일한 기업집단의 두 회사의 임직원·주요주주는 서로 상대방 회사의 내부정보를 이용할 수 없게 되었지만,[43] 미국법상 부정유용이론에 의한 범위까지 광범위하게 확대된 것은 아니다.[44] 한편 2013년 개정 자본시장법은 상장법인의 범위에 상장법인과 6개월 이내에 상장하는 법인 이외에도 "6개월 이내에 상장법인과의 합병, 주식의 포괄적 교환, 그 밖에 대통령령으로 정하는 기업결합 방법에 따라 상장되는 효과가 있는 비상장법인"을 추가하였다.

(2) 정보수령자

자본시장법 제174조 제1항 제6호는 정보수령자(tippee)를 단순히 내부자로부터 "미공개중요정보를 받은 자"라고 규정하고 있다. 따라서 회사 내부자 또는 준내부자로부터 미공개정보를 전달받은 자는 모두 정보수령자가 된다. 직접 전달을 받았으면 구두나 서면 또는 대리인을 통해서 받던 그 방법을 불문하고 정보수령자가 된다. 그러나 우연히 내부정보를 알게 된 경우 즉, 내부자가 다른 사람과 하는 대화를 우연히 엿들은 경우나 내부자의 컴퓨터에서 우연히 정보를 알게 된 경우에는 정보를 받은 것으로 볼 수 없으므로 정보수령자가 아니다. 그리고 정보를 제공하는 목적이 불법적이거나 대가를 수령할 필요도 없으나, "정보수령자가 정보제공자로부터 정보를 전달받았다고 인정하기 위해서는 단순히 정보의 이동이 있었다는 객관적인 사실만으로는 충분하지 않고, 정보제공자가 직무와 관련하여 알게 된 미공개정보를 전달한다는 점에 관한 인식이 있어야 한다. 한편 정보수령자가 알게 된 미공개정보는 대량취득·처분의 실시 또는 중지를 알 수 있을 만큼 구체적이어야 한다. 정보제공자가 제공한 내용이 단순히 미공개정보의 존재를 암시하는 것에 지나지 않거나, 모호하고 추상적이어서 정보수령자가 그 정보를 이용하더라도 여전히 일반투자자와 같은 정도의 경제적 위험을 부담하게 되는 경우에는 특별한 사정이 없는 한 위 규정에서 말하는 미공

43 공정거래법상 '계열회사'라 함은 2 이상의 회사가 동일한 기업집단에 속하는 경우에 이들 회사는 서로 상대방의 계열회사라고 한다(공정거래법 제2조 제3호) "기업집단"의 개념은 공정거래법 제2조 제2호 및 공정거래법시행령 제3조 참조.

44 노태악, 전게논문, 27면.

개정보에 해당하지 않는다"(대법원 2017. 10. 31. 선고 2015도8342 판결).

정보수령자를 내부자의 규제 범위에 포함시켰지만 그로부터 다시 내부정보를 전달받은 2차 정보수령자도 자본시장법 제174조의 규제 대상이 되는지에 관하여 종래부터 논란이 있어 왔다. 그러나 대법원은 법문상 직접 내부자로부터 받을 것을 요건으로 하므로 1차 정보수령자만 내부자거래 규제의 범위에 포함시키고, 그 이후의 2차 정보수령자는 규제대상에 포함시키지 않을 뿐만 아니라 정범이나 공동정범으로도 처벌할 수 없다고 판시하여 왔다. 일단 다음의 판례를 참조하기 바란다.

대법원 2002. 1. 25. 선고 2000도90 판결

1. 공소사실요지

피고인 A는 형이자 OO일보 기자인 B에게 취재 및 기사작성과정에서 알게 된 상장기업의 미공개정보를 언론에 보도되기 전에 미리 피고인에게 알려달라고 요청하고, B는 미공개정보를 피고인 A에게 알려주어 주식매매로 이익을 얻을 수 있게 해주기로 공모하여, 1998년 8월 17일 B는 주식회사 신동방의 무세제 세탁장치의 상용화 개발에 성공하여 18일 시연회를 열기로 하였으며 그와 같은 내용의 기사가 18일 저녁방송과 19일 조간신문에 크게 보도될 예정이라는 사실을 위 회사 홍보이사 C로부터 알게되자, 보도가 나가면 위 회사 주식이 크게 오를 것을 예측하고 기사가 보도되기 전인 17일 22:00경 피고인에게 전화를 걸어 이와 같은 사실을 알려주고, 피고인은 18일 오전에 주식회사 신동방의 주식 34,280주를 1주당 3,000원 내지 3,590원에 매수하였다가 그 후 무세제 세탁장치 개방사실이 언론에 보도되어 주가가 급상승한 후인 그달 20일부터 그해 9월 8일까지 매수한 주식을 1주당 15,450원 내지 21,000원에 매도하여 464,445,950원의 매매차익을 취득함으로써, 상장법인인 주식회사 신동방의 업무와 관련한 미공개 중요정보인 무세제 세탁장치 개발사실을 직무와 관련하여 알게 된 C로부터 당해 정보를 받고 다른 사람으로 하여금 그 정보를 이용하게 하였다.

2. 판결요지

[1] 증권거래법 제188조의2 제1항은 내부자로부터 미공개 내부정보를 전달받은 제1차 정보수령자가 유가증권의 매매 기타 거래와 관련하여 그 정보를 이용하거나 다른 사람으로 하여금 이를 이용하게 하는 행위만을 금지하고 있을 뿐 제1차 정보수령자로부터 미공개 내부정보를 전달받은 제2차 정보수령자 이후의 사람이 유가증권의 매매 기타 거

래와 관련하여 당해 정보를 이용하거나 다른 사람으로 하여금 이를 이용하게 하는 행위를 금지하지는 아니하므로 결국 증권거래법 제188조의2 제1항, 제207조의2 제1호는 내부자로부터 미공개 내부정보를 전달받은 제1차 정보수령자가 유가증권의 매매 기타의 거래에 관련하여 당해 정보를 이용하거나 다른 사람에게 이를 이용하게 하는 행위만을 처벌할 뿐이고, 제1차 정보수령자로부터 제1차 정보수령과는 다른 기회에 미공개 내부정보를 다시 전달받은 제2차 정보수령자 이후의 사람이 유가증권의 매매 기타의 거래와 관련하여 전달받은 당해 정보를 이용하거나 다른 사람에게 이용하게 하는 행위는 그 규정조항에 의하여는 처벌되지 않는 취지라고 판단된다.
[2] 증권거래법 제188조의2 제1항의 금지행위 중의 하나인 내부자로부터 미공개 내부정보를 수령한 제1차 정보수령자가 다른 사람에게 유가증권의 매매 기타 거래와 관련하여 당해 정보를 이용하게 하는 행위에 있어서는 제1차 정보수령자로부터 당해 정보를 전달받는 제2차 정보수령자의 존재가 반드시 필요하고, 제2차 정보수령자가 제1차 정보수령자와의 의사 합치하에 그로부터 미공개 내부정보를 전달받아 유가증권의 매매 기타 거래와 관련하여 당해 정보를 이용하는 행위가 당연히 예상되는바, 그와 같이 제1차 정보수령자가 미공개 내부정보를 다른 사람에게 이용하게 하는 증권거래법 제188조의2 제1항 위반죄가 성립하는데 당연히 예상될 뿐만 아니라, 그 범죄의 성립에 없어서는 아니되는 제2차 정보수령자의 그와 같은 관여행위에 관하여 이를 처벌하는 규정이 없는 이상 그 입법취지에 비추어 제2차 정보수령자가 제1차 정보수령자로부터 제1차 정보수령 후에 미공개 내부정보를 전달받아 이용한 행위가 일반적인 형법 총칙상의 공모, 교사, 방조에 해당된다고 하더라도 제2차 정보수령자를 제1차 정보수령자의 공범으로서 처벌할 수는 없다.

위의 판례는 제1차 정보수령자를 마치 편면적 대향범처럼 해석한 것인데,[45] 법문이 명확히 규정하지 않은 상태에서 2차, 3차 정보수령자로 처벌범위를 무한

45 대향적 범죄에 대하여는 따로 처벌규정이 없는 이상 공범이나 방조범에 관한 형법총칙 규정을 적용하지 않는다는 것이 판례의 입장이다. 즉 대법원 2001. 12. 28. 선고 2001도5158 판결, 대법원 2002. 7. 22. 선고 2002도1696 판결 등은 "… 일반적으로 매도, 매수와 같이 2인 이상의 서로 대향된 행위의 존재를 필요로 하는 관계에 있어서는 공범이나 방조범에 관한 형법총칙 규정의 적용이 있을 수 없고 따라서 매도인에게 따로 처벌규정이 없는 이상 매도인의 매도행위는 그와 대향적 행위의 존재를 필요로 하는 상대방의 매수범행에 대하여 공범이나 방조범 관계가 성립되지 아니한다고 할 것이고, 위 … 동일인에 대한 대출 등의 한도 위반에 관한 구 상호신용금고법 위반의 점은 대출을 하는 자와 대출을 받는 자의 대향적 행위의 존재를 필요로 하는 대립적 범죄로서, 이러한 경우 대출을 하는 자를 처벌함으로써 그와 같은 대출의 발생을 방지하려는 목적이 있고 위 각 조문의 규정형식상 대출을 한 자만을 처벌하고, 따로 대출을 받은 자에 대하여 처벌규정이 없는 점에 비추어 대출받은 자의 행위에 대하여는 상대방의 대출행위에 대한 형법상 총칙규정은 적용되지 않는다"고 하였다.

히 확대하는 것은 죄형법정주의에 반한다는 고려가 깔린 것으로 짐작된다. 이에 대하여는, "미공개정보 이용행위는 그 자체가 일반 투자자에 대한 사기나 배임과 유사한 성격을 갖는 범죄로서 금융기관 임직원의 부당대출 같은 업무상 배임사건 등에서 대출을 받는 등 이익을 얻은 제3자가 구성요건상의 신분을 갖춘 배임행위자와 공동정범이 될 수 있는 것과 거의 유사한 논리구조를 갖고 있고 제2차 정보수령자가 적극적 가담 내지 본질적 범행 기여를 한 경우에 한하여 공동정범이 성립하는 것이므로 처벌범위가 무한히 확장되는 것은 아니다"라는 반대설도 있다는 점을 유념하여야 한다.[46]

2차 정보수령자를 배제할 경우 구체적인 사건에서 형평성과 타당성을 결한다는 생각에, 학설 중에는 내부자가 어느 조직에 속하는 개인에게 정보를 제공하였으나 실제로는 그 개인이 아니라 조직을 상대로 정보를 제공할 의도였던 경우에는 '그 조직의 모든 구성원을 1차 정보수령자'로 볼 여지가 있다는 주장도 있다. 미국과 EU국가들의 예를 보면 정보수령자의 범위에 제2·3차 정보수령자를 포함시키는 것이 세계적인 입법 추세이므로, 자본시장법 제정시에도 정보수령자의 범위를 확대해야 할 것인지를 둘러싸고 논란이 많았다. 그렇지만 자본시장법 제174조는 구 증권거래법의 내용과 동일하게 1차 정보수령자로만 규제의 대상을 한정하였으므로, 향후에도 정보수령자의 범위에 관한 논란은 계속 제기될 것으로 보인다.[47] 다음의 대법원 판결은 이러한 논란을 더욱 증폭시킬 수 있

46 최재경, "증권거래법상 내부자거래에 관한 형사처벌 관련 문제," 「법무연구」 제27호, 72면 (2000).

47 피고인은 (주)화승강업의 주식 40%를 보유하고 있는 (주)화승알엔에이(R&A)(이하 '화승')를 계약상대방으로 하여, 화승이 보유한 (주)화승강업 주식 290만주에 대한 매매 및 회사(화승강업)의 인수계약을 체결하였다. 그 이후 피고인은 제3자에게 위 거래에서 양수한 (주)화승강업의 주식을 매도하여 막대한 매각차익을 실현하였다. 이에 대하여 대법원은 구 증권거래법 제188조의2 소정의 미공개정보 이용행위의 금지대상이 되는 "당해 정보를 받은 자(소위 정보수령자)"란 같은 조 제1항 각호에 해당하는 자로부터 이들이 직무와 관련하여 알게 된 당해 정보를 전달받은 자를 말한다 할 것인바, 기록에 의하면 피고인이 법 제188조의2 제1항 각호에 해당하는 자로서 화승강업의 주요주주인 화승으로부터 전달받았다는 이 사건 공소사실 기재 당해 정보인 "화승이 위 피고인에게 화승강업 주식 290만 주를 양도하여 화승강업의 경영권을 양도한다."는 정보는 화승이 그 소유의 주식을 위 피고인에게 처분함으로써 스스로 생산한 정보이지 직무와 관련하여 알게 된 정보가 아니고, 위 피고인은 당해 정보를 화승으로부터 전달받은 자가 아니라 화승과 이 사건 주식 양수계약을 체결한 계약 당사자로서 화승과 공동으로 당해 정보를 생산한 자에 해당한다 할 것이므로, 원심이 위 피고인이 법 제188조의2 제1항 제4호의 "당해 법인과 계약을 체결하고 있는 자" 또는 법 제188조의 2 제1항 소정의 "당해정보를 받은 자"에 해당하지 아니한다고 판단한 것은 정당한 것으로 수긍이 가고 거기에 증권거래법상의 내부자거래에 관한 법리를 오해한 위법이 있다고 할 수 없다고 판시하였다.(대법원 2003. 11. 14. 선고, 2003도686 판결)

는 가능성마저 있다.

대법원 2009. 12. 10. 선고 2008도6953 판결

[1] 구 증권거래법(2008. 2. 29. 법률 제8863호로 개정되기 전의 것) 제188조의2 제1항, 제207조의2 제1항 제1호는 내부자로부터 미공개 내부정보를 전달받은 1차 정보수령자가 유가증권의 매매 기타의 거래와 관련하여 당해 정보를 이용하거나 다른 사람에게 이를 이용하게 하는 행위만을 처벌할 뿐이고, 1차 정보수령자로부터 1차 정보수령과는 다른 기회에 미공개 내부정보를 다시 전달받은 2차 정보수령자 이후의 사람이 유가증권의 매매 기타의 거래와 관련하여 전달받은 당해 정보를 이용하거나 다른 사람에게 이용하게 하는 행위는 그 규정조항에 의하여는 처벌되지 않는 취지라고 할 것이다. 또한, 같은 법 제188조의2 제1항의 금지행위 중의 하나인 내부자로부터 미공개 내부정보를 수령한 1차 정보수령자가 다른 사람에게 유가증권의 매매 기타 거래와 관련하여 당해 정보를 이용하게 하는 행위에 있어서는, 2차 정보수령자가 1차 정보수령자로부터 1차 정보수령 후에 미공개 내부정보를 전달받은 후에 이용한 행위가 일반적인 형법 총칙상의 공모, 교사, 방조에 해당된다고 하더라도 2차 정보수령자를 1차 정보수령자의 공범으로서 처벌할 수는 없다고 할 것이지만, 다른 한편, 같은 법 제188조의2 제1항의 다른 금지행위인 1차 정보수령자가 1차로 정보를 받은 단계에서 그 정보를 거래에 막바로 이용하는 행위에 2차 정보수령자가 공동 가담하였다면 그 2차 정보수령자를 1차 정보수령자의 공범으로 처벌할 수 있다.

[2] 미공개 내부정보의 1차 정보수령자가 그 내부정보를 피고인에게 전달하자 피고인이 그 정보를 이용하여 특정 회사의 주식을 매매한 후 그 수익을 분배하자고 제안하였고 1차 정보수령자가 이를 승낙하여 범행을 공모한 후 그에 따라 주식을 매매한 사안에서, 비록 1차 정보수령자가 주식거래를 직접 실행한바 없다 하더라도 공범인 피고인의 주식거래행위를 이용하여 자신의 범행의사를 실행에 옮긴 것으로 보아야 할 것이고, 여기에 주식 매수자금 대부분을 자신이 제공한 점, 주식매매를 통해 얻은 매매차익의 60% 정도가 자신에게 귀속된 점 등의 사정까지 종합해 보면, 피고인과 1차 정보수령자의 위 주식거래는 1차 정보수령자가 1차로 정보를 받은 단계에서 그 정보를 거래에 막바로 이용한 행위에 해당하고, 피고인은 1차 정보수령자의 위와 같은 행위에 공동 가담한 것으로 보아야 한다고 한 사례.

물론 2014년 자본시장법 개정으로 제178조의2가 신설되어 제1항 가목에 의하여 "제174조 각 항 각 호의 어느 하나에 해당하는 자로부터 나온 미공개중요정보 또는 미공개정보인 정을 알면서 이를 받거나 전득(轉得)한 자", 즉 2차 정보수령자 이후의 정보수령자들을 시장질서 교란행위자로 규제할 수 있는 근거가 마련되었다. 그렇지만 1차 정보수령자를 형사처벌할 수 있는 제174조에 비하여, 2차 정보수령자를 규제하는 제178조의2는 단지 제429조의2(시장질서 교란행위에 대한 과징금)에 의한 과징금 만을 부과한다는 점을 유념하여야 한다. 향후 금융감독당국이 제174조와 제174조의2를 얼마나 조화롭게 운영할 수 있는지에 대해 매우 귀추가 주목되는 바이다.

나. 행위

미공개 중요정보의 이용행위는 상장법인의 업무 등과 관련된 미공개의 중요정보를 특정증권 등의 매매, 그 밖의 거래에 이용하거나 타인에게 이용하게 하는 경우를 말한다.[48]

(1) 미공개정보(non-public information)

내부자거래의 규제대상이 되는 정보가 되기 위하여는 그 정보는 아직 일반인에게 알려지지 아니한 미공개정보이어야 한다. 자본시장법은 구 증권거래법과 마찬가지로 '대통령령이 정하는 방법'[49]에 따라 위의 중요정보가 공개된 경우에만

48 참고로 자본시장법 제173조의2 제2항은 행위의 주체가 내부자가 아니고 행위의 대상이 되는 객체로서의 금융투자상품이 장내파생상품이라는 차이가 있으나, 제174조와 매우 유사한 조항을 규정하고 있다.

② 다음 각 호의 어느 하나에 해당하는 자로서 파생상품시장에서의 시세에 영향을 미칠 수 있는 정보를 업무와 관련하여 알게 된 자와 그 자로부터 그 정보를 전달받은 자는 그 정보를 누설하거나, 제1항에 따른 장내파생상품 및 그 기초자산의 매매나 그 밖의 거래에 이용하거나, 타인으로 하여금 이용하게 하여서는 아니 된다. 〈개정 2013.5.28.〉

1. 장내파생상품의 시세에 영향을 미칠 수 있는 정책을 입안·수립 또는 집행하는 자
2. 장내파생상품의 시세에 영향을 미칠 수 있는 정보를 생성·관리하는 자
3. 장내파생상품의 기초자산의 중개·유통 또는 검사와 관련된 업무에 종사하는 자

49 자본시장법시행령 제201조(정보의 공개 등) ② 법 제174조제1항 각 호 외의 부분에서 "대통령령으로 정하는 방법"이란 … 다음 각 호의 어느 하나에 해당하는 방법으로 정보를 공개하고 해당 호에서 정한 기간이나 시간이 지나는 것을 말한다.

1. 법령에 따라 금융위원회 또는 거래소에 신고되거나 보고된 서류에 기재되어 있는 정보: 그 내용이 기재되어 있는 서류가 금융위원회 또는 거래소가 정하는바에 따라 비치된 날부터 1일
2. 금융위원회 또는 거래소가 설치·운영하는 전자전달매체를 통하여 그 내용이 공개된 정보: 공개된 때부터 3시간
3. 「신문 등의 진흥에 관한 법률」에 따른 일반일간신문 또는 경제분야의 특수일간신문 중 전국을 보급지역으

공개된 정보로 보고 있다. 따라서 신문·방송에 보도되거나 그 내용이 광범위하게 유포되더라도 법령에서 정하는 방법에 따른 것이 아닌 한 공개된 정보로 인정되지 않는다. 그렇지만 상대거래의 경우에는 이러한 원칙이 다소 완화된다. 왜냐하면 상대거래의 경우에는 당해 거래가 공개증권시장을 거치지 않으므로 증권시장의 공정성이나 일반투자의 신뢰성이 문제되지 않고 오로지 거래당사자의 인식만을 기초로 공개 여부를 가리기 때문이다. 이 때문에 판례는 거래의 당사자가 거래의 목적인 증권 관련 내부정보에 대하여 전해 들어 이를 잘 알고 있는 상태에서 거래에 이르게 되었음이 인정되는 경우에는 공개되지 아니한 중요한 정보를 이용한 것으로 볼 수 없다고 하였다.[50] 다만, 거래당사자인 법인의 담당직원이 거래의 상대방으로부터 그 증권 관련 내부정보를 전해 들었음에도 이를 정식으로 법인의 의사결정권자에게 보고하거나 그에 관한 지시를 받지 아니한 채 거래 상대방으로부터 거래의 성사를 위한 부정한 청탁금을 받고서 법인에 대한 배임적 의사로 거래가 이루어지도록 한 경우에도 거래당사자에 대하여 위 내부정보의 완전한 공개가 이루어졌다고 할 수 없을 것이다.[51]

정보 공개 여부에 대한 판례

1. 대법원 1995. 6. 29. 선고 95도467 판결은 추정결산결과를 공개한 사실이 없는 이상, 비록 일간신문 등에 위 추정결산결과와 유사한 내용으로 추측 보도된 사실이 있다고 하더라도, 그러한 사실만으로는 위 회사의 추정결산실적이 일반인에게 공개된 정보라거나 또는 그로 인하여 위 회사가 직접 집계하여 추정한 결산수치가 중요한 정보로서의 가치를 상실한다고는 볼 수 없다고 하였다.

로 하는 둘 이상의 신문에 그 내용이 게재된 정보: 게재된 날의 다음 날 0시부터 6시간. 다만, 해당 법률에 따른 전자간행물의 형태로 게재된 경우에는 게재된 때부터 6시간으로 한다.

4. 「방송법」에 따른 방송 중 전국에서 시청할 수 있는 지상파방송을 통하여 그 내용이 방송된 정보: 방송된 때부터 6시간

5. 「뉴스통신진흥에 관한 법률」에 따른 연합뉴스사를 통하여 그 내용이 제공된 정보: 제공된 때부터 6시간

50 대법원 2003. 6. 24. 선고 2003도1456 판결은 피고인 갑이 한국산업은행으로부터 삼애실업의 해외전환사채 300만 달러 상당을 매수할 당시 한국산업은행 측에서도 피고인 을로부터 삼애실업이 금괴발굴사업을 추진하고 있다는 정보를 전해 들어 알고 있었다는 측면에서 원심의 무죄 판단을 유지하였다.

51 대법원 2006. 5. 11. 선고 2003도4320 판결은 A&D(주식교환방식에 의한 인수·합병)를 추진하는 주식회사의 대주주이자 상무이사인 피고인이 전환사채의 거래에 앞서 그 인수 회사의 담당 직원에게 내부정보를 미리 알려준 것만으로는 위 인수 회사 혹은 그 자산운영사에게 위 내부정보가 공개된 것으로 볼 수 없으므로 피고인이 미공개 내부정보를 위 전환사채 거래에 이용한 것이라고 본 원심의 판단을 수긍하였다.

2. 대법원 2000. 11. 24. 선고 2000도2827 판결은 회사 스스로가 부도사실이 불가피하다는 사실을 공개한 사실이 없는 이상 비록 경제신문 등에서 그 유사한 내용으로 추측 보도된 사실이 있다고 하더라도 그러한 사실만으로 일반인에게 공개된 정보라고 할 수는 없다고 하였다.
3. 대법원 2006. 5. 12. 선고 2004도491 판결은 2개의 주식회사 간 인수 후 개발(Acquisition and Development) 추진사실이 비록 일부 언론에 추측보도된바 있다고 하더라도 관계 법령에 따라 일반인에게 공개된바 없는 이상 증권거래법 제188조의 2 소정의 미공개정보에 해당한다고 보았다.

(2) 중요정보(material information)

구 증권거래법은 중요정보의 정의(제188조의 2 제2항)를 수시공시사항(제186조 제1항 각호) 중 투자자의 투자판단에 중대한 영향을 미칠 수 있는 것으로 규정하였다. 이에 따라 문언 상으로는 중요정보가 구 증권거래법 제186조 제1항에서 규정한 13개의 수시공시사항으로 한정된 것으로 볼 여지가 있었다. 그러나 판례는 투자자의 투자판단에 중대한 영향을 미칠 수 있는 정보라 함은 합리적인 투자자라면 그 정보의 중대성과 사실이 발생할 개연성을 비교 평가하여 판단할 경우 증권의 거래에 관한 의사를 결정함에 있어서 중요한 가치를 지닌다고 생각하는 정보를 가리킨다고 정의함으로써 이를 예시적인 규정으로 보아 중요정보에는 모든 중요정보가 포함되는 것으로 보았다. 즉, 구 증권거래법 제188조의2 제2항이 "제186조 제1항 각호의 1에 해당하는 사실 등에 관한 정보 중"이란 표현을 사용하고 있다고 하더라도, 이는 그 사실들만을 내부자거래의 규제대상이 되는 중요한 정보에 해당한다는 것으로 제한하고자 하는 취지에서가 아니라, 중요한 정보인지 여부를 판단하는 기준인 "투자자의 투자판단에 중대한 영향을 미칠 수 있는 정보"를 예시하기 위한 목적에서라고 보아야 한다고 하였다.[52]

자본시장법은 대법원 판례의 입장을 수용하여 중요정보의 정의(제174조 제1항 괄호)에서 수시공시사항과의 연계성을 삭제하고 중요정보를 별도로 정의하여 "투자자의 투자판단에 중대한 영향을 미칠 수 있는 정보로서 대통령령으

52 대법원 2000. 11. 24. 선고 2000도2827 판결.

로 정하는 방법에 따라 불특정 다수인이 알 수 있도록 공개되기 전의 것"을 모두 포함하는 것으로 하였다. 투자자의 투자판단에 중대한 영향을 미칠 수 있는 정보란 합리적인 투자자라면 그 정보의 중대성과 사실이 발생할 개연성을 비교·평가하여 판단할 경우 증권의 거래에 관한 의사를 결정함에 있어서 중요한 가치를 지닌다고 생각하는 정보를 말하며 그 정보가 반드시 객관적으로 명확하고 확실할 것까지 필요로 하지 않는다는 것이 판례의 입장이다.[53] 그리고 중요정보의 생성시기에 대하여 대법원 2014. 2. 27. 선고 2011도9457 판결은 "일반적으로 법인 내부에서 생성되는 중요정보란 갑자기 완성되는 것이 아니라 여러 단계를 거치는 과정에서 구체화되는 것으로서 중요정보의 생성시기는 반드시 그러한 정보가 객관적으로 명확하고 확실하게 완성된 때를 말하는 것이 아니며, 합리적인 투자자의 입장에서 그 정보의 중대성과 사실이 발생할 개연성을 비교 평가하여 유가증권의 거래에 관한 의사결정에서 중요한 가치를 지닌다고 생각할 정도로 구체화되면 그 정보가 생성된 것"이라고 하였다.

중요정보 여부에 대한 판례

1. 대법원 1994. 4. 26. 선고 93도695 판결은 "공소외 주식회사가 회계장부상으로는 흑자가 발생하고 있는 것으로 되어 있으나 실제로는 누적된 적자와 대규모공장의 신축으로 인한 자금의 수요 등 때문에 어음 수표가 부도로 될 정도로 극심한 자금난에 시달리고 있다는 사정은, 공소외 주식회사의 경영에 중대한 영향을 미칠 수 있는 사실로서 합리적인 투자자라면 누구든지 공소외 주식회사의 주식의 거래에 관한 의사를 결정함에 있어서 상당히 중요한 가치를 지니는 것으로 판단할 정보에 해당하는 것임이 분명"하다고 보았다.

53 대법원 2009. 7. 9. 선고 2009도1374 판결은 "구 증권거래법 제188조의2는 일반인에게 공개되지 아니한 중요한 정보를 직무와 관련하여 알게 된 자 등이 이를 이용하거나 다른 사람으로 하여금 이용하게 하지 못하도록 금지하고 있는데, 일반적으로 법인 내부에서 생성되는 중요정보란 갑자기 완성되는 것이 아니라 여러 단계를 거치는 과정에서 구체화되는 것으로서 중요정보의 생성시기는 반드시 그러한 정보가 객관적으로 명확하고 확실하게 완성된 때를 말하는 것이 아니라, 합리적인 투자자의 입장에서 그 정보의 중대성과 사실이 발생할 개연성을 비교 평가하여 유가증권의 거래에 관한 의사결정에 있어서 중요한 가치를 지닌다고 생각할 정도로 구체화되면 그 정보가 생성된 것이다. 또한, 위 조항에서 금지하는 미공개정보 이용행위는 그것이 자신의 이익을 추구할 목적으로 자기의 계산으로 하는 것이든 또는 당해 법인에게 이익이 귀속될 자사주식의 처분처럼 타인의 이익을 위하여 타인의 계산으로 하는 것이든 어떠한 제한이나 구별을 두고 있지 아니하다"고 판시하였다.

2. **대법원 1995. 6. 29. 선고 95도467 판결**에서는 상장회사의 추정 영업실적이 전년도에 비하여 대폭으로 호전되었다는 사실은 그 회사의 유가증권의 가격에 중대한 영향을 미칠 것임이 분명하므로, 그에 관한 매출액, 순이익 등의 추정 결산실적 등의 정보가 투자자들의 투자판단에 중대한 영향을 미칠 수 있는 정보에 해당한다고 보았다.
3. **대법원 1995. 6. 30. 선고 94도2792 판결**은 "자본금이 101억여 원인 회사의 자회사에서 화재가 발생하여 약 20억 원의 손실을 입은 것을 비롯하여 연도 말 결산 결과 약 35억 원의 적자가 발생한 것이 드러났고, 그와 같은 내용이 아직 공개되지 아니하고 있었다면, 그와 같은 정보는 중요한 정보로서 그 공개 전의 내부자거래는 증권거래법이 규제하는 대상에 해당한다"고 판시하였다.
4. **대법원 2000. 11. 24. 선고 2000도2827 판결**은 상장법인 등이 발행한 어음 또는 수표가 부도처리되었을 때뿐만 아니라, 은행이 부도처리하기 전에 도저히 자금조달이 어려워 부도처리될 것이 거의 확실시되는 사정도 당해 법인의 경영에 중대한 영향을 미칠 수 있는 사실로서 합리적인 투자자라면 누구든지 당해 법인의 주식의 거래에 관한 의사를 결정함에 있어서 상당히 중요한 가치를 지니는 것으로 판단할 정보에 해당한다고 보았다.

중요정보는 크게 회사의 내부에서 생성된 경우와 회사의 외부에서 생성된 경우로 나누어 볼 수 있다. 회사의 내부에서 생성된 정보의 예로서 회사의 재무상황에 관한 정보, 기술개발 및 특허 관련 정보, 신규 사업 진출 및 타 회사와의 합병 정보, 감자 정보, 대규모 유상증자 정보 등이 있다. 위와 같은 내부정보는 현행 자본시장법상 규제 대상이 되는 업무 정보에 해당된다. 한편, 회사의 외부에서 생성된 정보라고 해서 모두 자본시장법상 규제대상에서 제외되는 시장정보라고 단정할 수 없으며, 그 중에는 오히려 내부의 업무정보와 마찬가지로 취급하여야 할 외부정보도 있을 수 있다. 즉 원칙적으로 회사의 외부에서 생성되는 정보 중 회사의 업무와 관련된 정보는 업무정보로서 미공개중요정보 이용행위의 규제대상이 되며, 회사의 외부에서 생성된 정보 중 당해 법인의 업무와 관련되지 않는 순수한 시장정보만이 현행 자본시장법상 미공개중요정보 이용금지의 규제 대상이 아닌 것이다. 예외적으로 ① 공개매수 정보, ② 대량 취득·처분 정보, ③ 일반상품을 기초자산으로 하는 장내파생상품과 관련한 시장정보에 대해서는 자본시장법이 명문의 규정을 두어 미공개중요정보 이용행위의 규제대상으로 추가하고 있다.

구 증권거래법 제188조의2 제2항에서 "중요한 정보"의 기준을 구체적으로 규정하였던 이유는 내부자거래 금지규정을 위반할 경우 형벌이 부과되므로 죄형법정주의를 고려했기 때문이었다. 그러므로 자본시장법상 중요정보의 정의가 포괄적으로 규정됨에 따라 형사처벌 규정의 적용 측면에서 보다 명확한 기준이 제시되어야 할 것이며 그 확대해석은 신중을 기할 필요가 있다. 최근에 유상증자에의 참여와 같이 내부정보에 일부 시장정보가 포함된 경우 이것을 어느 정도까지 중요정보로 볼 것인지를 가늠할 수 있는 일련의 판례들이 나와 다음에서 간략히 소개하고자 한다.

대법원 2017. 10. 31. 선고 2015도5251 판결

1. 사실관계

A주식회사는 계속되는 당기순손실 실현과 대외적 악재로 인한 주가하락 속에서 제3자에 의한 신주인수권부사채 풋옵션 행사, 증권선물위원회의 과징금 부과 등으로 극심한 자금부족에 시달리고 있었고 새로운 신주인수권부사채 인수가 이루어지지 않으면 지급불능 도래와 같은 재정적 위기상황에 이를 수도 있었던 상황이었다. B주식회사의 전 회장인 피고인 甲은 2011. 5. 29.경 A회사로부터 신주인수권부사채의 인수를 제의 받고 신주인수권부사채의 인수계약 체결을 교섭하였다. 그 과정에서 甲은 2011. 5. 30.부터 2011. 6. 2.까지 A회사 주식 447,980주를 매수하였고, 그 후 甲이 A회사와 신주인수권부사채의 인수계약을 체결하였다는 사실이 공시되었다. 이후에도 甲은 이와 유사한 거래를 재차 하였다. 피고인 甲이 A회사와 신주인수권부사채 인수계약 체결을 교섭하면서 'B주식회사의 전 회장인 피고인이 A회사가 발행하는 신주인수권부사채를 대량으로 인수한다' 는 정보의 생성에 관여하고 위 정보가 공개되기 전에 A회사 주식을 매수함으로써 A회사의 미공개중요정보를 주식 매매에 이용하였다고 하여 자본시장법 위반으로 기소되었다.

2. 쟁점

이 사건에서는 미공개중요정보의 의미와 관련하여 상장법인의 업무 등과의 관련성의 의미를 밝히고, 자신이 '신주인수권부사채 대량 인수'라는 정보를 생성하는 데 관여하고 그 정보가 공개되기 전에 A회사의 주식매수거래를 한 것이 A회사와 계약 체결을 교섭하고 있는 사람으로서 그 계약을 교섭하는 과정에서 알게 된 A회사의 업무 등과 관련된 미공개중요정보를 A회사 주식 매매에 이용하였다고 볼 수 있는지 여부가 문제되었다.

3. 판결

대법원은 이 사건 정보가 피고인이 신주인수권부사채를 인수할지를 결정하는 내심의 의사뿐만 아니라 신주인수권부사채 발행의 주체인 A 회사가 상대방인 피고인과 신주인수권부사채 인수계약 체결을 교섭하는 과정에서 생성된 정보로서 A 회사의 경영, 즉 업무와 관련된 것임은 물론이고, A 회사 내부의 의사결정 과정을 거쳐 최종적으로 확정되므로 일부 외부적 요인이 결합되어 있더라도 A 회사의 내부정보에 해당하며, 또한 피고인은 A 회사 주식을 매수하기 전부터 A 회사와 신주인수권부사채 인수계약 체결을 교섭하고 있었고 그 과정에서 위 정보의 생성에 관여하여 알고 있었으므로, 위 정보는 A 회사의 업무 등과 관련된 내부정보이고 피고인은 계약 체결을 교섭하는 과정에서 위 정보를 알게 된 자에 해당하여, 같은 법 제174조 제1항 제4호가 적용된다고 하였다.

4. 평가

대법원은 내부정보가 시장정보와 결합하고 있는 경우 규제대상이 되는 정보에 해당하는지 여부에 있어서 법인의 업무 등과 관련하여 법인 내부에서 생성된 것이면 외부적 요인이나 시장정보가 일부 결합되어 있더라도 규제의 대상이 되는 업무 등과 관련된 미공개정보에 해당한다는 점을 분명히 하고 있다. 원칙적으로 시장정보 또는 정책정보는 특정 법인의 업무 등과 관련된 정보가 아니므로 이를 이용하여 거래를 하더라도 자본시장법의 적용을 받지 않는다. 그러나 외부정보라도 제소된 사실, 상장폐지 등과 같이 상장법인의 업무 등과 관련된 정보는 규제의 대상이 된다. 법인의 유상증자에 참여한다는 내용과 같이 법인의 업무 등과 관련된 정보가 시장정보와 결합되어 있는 경우에도 규제의 대상이 되는가에 관하여 구 증권거래법상 판례(대법원 2014. 2. 27. 선고 2011도9457 판결)와 자본시장법상의 판례(대법원 2017. 1. 15. 선고 2014도11775 판결)는 이를 인정하여 왔다. 회사가 정보의 생성 주체로서 회사내부의 의사결정 과정을 거쳐 최종적으로 확정한다면 그 정보는 회사의 내부에서 생성된 정보라 할 수 있고, 거기에 일부 외부적 요인이나 시장정보가 결합되어 있더라도 업무에 관련된 내부정보에 해당한다. 이 사건에서 대법원도 선례들과 마찬가지의 판단을 한 것이다.

(3) 직무관련성 등

구 증권거래법상 내부자라고 하더라도 그 정보는 업무 등과 관련하여 알았어야 한다(증권거래법 제188조의 2 제1항). '업무등과 관련하여'의 의미는 정보자체의 업무관련성으로 이해할 수도 있으나, 내부정보 자체가 업무관련성을 갖는 것은 당연하므로 이는 내부자가 내부정보를 알게 된 경위에 관한 것으로 이해되었다.[54]

자본시장법은 내부자의 유형별로 정보취득 경위가 상이한 점을 감안하여 각 내부자 별로 직무 관련성을 규정하는 방식으로 좀 더 구 증권거래법상의 규정을 구체화하였다. 즉, 당해 법인과 그 임직원 및 대리인은 직무와 관련하여 알게 된 경우, 당해 법인의 주요주주는 주주권을 행사하는 과정에서 알게 된 경우, 법인에 대하여 법령에 따른 허가 및 그 밖의 권한을 가진 자는 허가권 등 그 권한을 행사하는 과정에서 알게 된 경우, 당해 법인과 계약을 체결하고 있거나 체결을 교섭하고 있는 자는 당해 계약의 체결·교섭 또는 이행 과정에서 알게 된 경우, 이러한 내부자들의 대리인(이에 해당하는 자가 법인인 경우에는 그 임직원 및 대리인을 포함한다)·사용인, 그 밖의 종업원(법인인 경우에는 그 임직원 및 대리인)으로서의 직무와 관련한 경우라고 규정한 것이다(제174조 제1항 1~5호).

따라서 정보에 직, 간접으로 접근할 수 있는 특수한 관계가 존재하는 경우 그 특수한 관계에 의하여 지득한 정보를 이용할 것이 요구된다. 직무와 아무런 관련성 없이 정보를 알게 된 경우에는 내부자거래가 성립되지 않는다. 즉 내부자라도 직무와 무관하게 우연히 또는 도청과 같은 위법한 방법으로 내부정보를 알게 된 경우에는 직무관련성이 부정되어 내부자거래가 성립하지 않는다.[55] 한편 여기서 임직원의 지위에 있는 자는 보통 회사규정 등으로 쉽게 그 직무내용을 알 수 있지만, 그 밖의 자들에 대해서는 내부자의 지위에 상응하여 취급할 수 있는 일체의 행위를 종합적으로 고려하여 직무내용을 파악하게 될 것이다.

(4) 규제 대상 증권

구 증권거래법은 내부자거래 규제 대상이 되는 증권을 상장법인과 코스닥상장법인이 발행한 주권 등(주권, 전환사채권, 신주인수권부채권, 신주인수권을 표시하는 증서, 기타 재정경제부령이 정하는 유가증권)으로 규정하였다(제188조

54 노태악, 전게논문, 27면.

55 김병태, 전게논문, 228면.

의2 제1항, 동법 시행규칙 제35조). 그리고 주식워런트 증권(동법시행령 제2조의3 제6호), 주가연계증권(ELS, 동법 시행령 제2조의3 제7호), 파생결합증권(동법 시행령 제2조의3 제8호)도 규제대상이었다. 한편, 선물거래법은 당해 법인이 발행한 유가증권을 대상으로 하는 선물거래에 한하여 내부자거래를 금지하였다(동법 제31조의2). 그러나 이들 법인이 발행한 증권예탁증권(DR)은 구 증권거래법상 증권에 해당하지 않았으므로 규제대상에서 제외되어 문제로 지적되었다.[56]

자본시장법은 내부자의 단기매매차익 반환규정(제172조 제1항 각호)에서 당해 법인이 발행한 증권에 한정하지 않고 당해 법인과 관련한 증권을 기초자산으로 하는 신종증권 등을 포함하여 '특정증권등'으로 규정함으로써 그 규제 대상증권의 범위를 크게 확대하고 있다. 특정증권 등은 ① 당해 법인이 발행한 증권(전환사채권, 신주인수권부사채권, 그 법인이 발행한 지분증권), ② ①의 증권과 관련된 증권예탁증권(DR). 여기서 DR에는 외국법인이 자국의 원주를 기초로 국내에서 발행한 DR 뿐만 아니라, 국내법인이 국내의 원주를 바탕으로 외국에서 발행한 해외 DR도 포함된다. ③ 당해 법인외의 자가 발행한 것으로서 ① 또는 ②의 증권과 교환을 청구할 수 있는 교환사채권, ④ ①부터 ③까지의 증권만을 기초자산으로 하는 금융투자상품(주권을 기초로 한 선물거래, ELS, ELW, 타인이 발행한 당해 법인의 주식에 대한 call option 또는 put option)도 포함하고 있다.

다. 규제대상 행위

구 증권거래법 제188조의2에서 금지하였던 행위는 내부자가 당해 법인이 발행한 유가증권의 매매 기타 거래와 관련하여 내부정보를 이용하거나, 다른 사람으로 하여금 이를 이용하게 하는 것이었는데(정보의 이용행위와 정보제공행위), 자본시장법상의 규정도 마찬가지다. 여기서 규제대상이 되는 매매, 기타 거

56 구 증권거래법상 증권은 내부자거래의 대상증권에 포함되나 증권예탁증권은 포함되어 있지 않았었다. 증권과 증권예탁증권은 양자가 경제적으로 별 차이가 없다는 점에서 문제가 되어왔는데, 이에 자본시장법은 증권예탁증권을 대상증권에 포함시켰다(김건식·정순섭, 414면).

래와 관련한 행위는 매도와 매수 모두 포함되고, 교환 등 일체의 양도나 담보권 설정이나 취득 등을 포함한다. 정보의 이용행위란 내부정보를 이용하여 직접 주식 등을 거래하는 행위뿐 아니라 내부자가 경제적 이득을 얻기 위한 모든 행위를 포함한다.[57] 매매거래 자체가 금지되는 것이 아니라 '정보의 이용행위'가 금지되는 것이므로 내부정보가 거래를 하게 된 '하나의 요인'(a factor)인 경우에 적용된다는 것이다. 따라서 정보를 보유한 상태에서 매매를 하더라도 정보를 이용하지 않는 경우, 즉 내부정보가 거래의 요인이 아닌 경우에는 내부자거래에 해당하지 않는다.[58]

이러한 이용행위는 사실 입증이 어려우나 정보접근가능성, 거래에 필요한 자금의 조달방법, 매매 주문의 양태, 투자성향, 매매의 불가피성 등과 같은 종합적인 정황증거로 추론이 가능하다. 일단 정보를 취득한 상태에서 거래행위가 있었다면 적극적이든 소극적이든 그 정보를 이용하여 거래하였다고 볼 수 있지만, 불가피한 매매나 정보취득 이전에 이미 결정된 매매사유 등이 있는 경우에는 보다 적극적인 이용행위 여부가 입증되어야 할 것이다.[59] 이는 우리나라의 금융감독당국도 실무 운영에 있어서 미국의 SEC Rule 10b5-1을 적극적으로 반영하는 것으로 해석된다. 최근 우리 대법원도 불가피한 매매나 정보취득 이전에 이미 결정된 매매사유에 해당하므로 자본시장법이 금지하는 정보 이용행위에 해당하지 않는다고 판시한 사례가 있는데, 그 상세한 내용은 다음과 같다.

대법원 2017. 1. 12. 선고 2016두10313 판결

1. 사실관계

피고인1은 2007. 11. 경부터 상장법인인 甲주식회사의 대표이사로 재임하였고, 2010. 3. 경 甲회사의 대주주 겸 회장으로서 회사의 운영 전반을 총괄하였다. 피고인1은 2010.10.1. 경 공소외 은행으로부터 2010. 9. 3.에 발행한 甲회사의 신주인수권부사채의 신주인수권증권(워런트) 중 560만주(약 19%) 액면금액 28억원 상당을 차명으로 양수

57 노태악, 전게논문 32면.

58 김건식·정순섭, 415면.

59 금융감독원, 「금융감독개론」, 2009, 491-492면.

하여 보유하고 있었고, 그 후 2011. 12. 9. 경과 2011. 12. 15. 경에 그 상당 부분을 제3자에게 양도하였으나 이를 보고하지 아니하였다. 甲회사의 경영권 등을 제3자에게 매각할 생각을 하고 있던 피고인1은 경영권 등의 양수에 관심을 보인 피고인2로부터 "자신이 자금을 조달하여 甲회사의 기발행 워런트를 양수한 후 행사대금을 납부하여 주식을 인수하고, 유상증자에 참여하는 등의 방법으로 甲회사의 乙회사 인수자금을 조달하겠으니, 甲회사가 乙회사를 인수한 후 신규사업에 진출하여 甲회사의 주가가 오르면 경영권을 양도하라."는 취지의 제안을 받았다.

피고인1과 피고인2는 2011. 10.부터 2011. 11. 경 甲회사가 (丙주식회사로부터) 乙회사의 지분을 인수하되, 乙회사 지분 인수에 필요한 甲회사의 자금은 위와 같은 방법으로 조달하기로 약정하였다. 甲회사가 2012. 1. 10. 18:02 경 금융감독원 전자공시시스템(DART)에 乙회사의 지분 인수 사실을 공시하기 전에, 위 약정에 따라 피고인1은 피고인2 등과 공모하여 피고인1이 차명으로 보유하고 있던 워런트 560만주 중 일부를 직접 행사하거나 제3자로 하여금 행사하게 하여 甲회사의 주식을 취득하였다. 피고인1은 2011. 11.말 경 甲회사의 대표이사로서 甲회사 인수예정자인 피고인2 등과 乙회사 지분 인수를 교섭하고, 이를 결정하는 과정에서 대표이사의 직무와 관련하여 乙회사 지분 인수에 관한 호재성 미공개중요정보를 알게 된 후 이를 甲회사의 주식 거래에 이용하였다.

2. 사건경과

본 사건에서는 내부자거래의 규제대상이 되는 미공개중요정보의 의미 및 내부자(준내부자 포함)가 미공개중요정보를 인식한 상태에서 특정증권 등의 매매나 그 밖의 거래를 한 경우에 미공개중요정보를 이용하여 거래를 한 건인지를 판단하는 기준이 문제되었다.

피고인1은 피고인들이 워런트를 행사한 2011. 12. 9.부터 2011. 12. 15. 당시에는 乙회사 지분 인수가 확정되지 않은 상황이어서 미공개중요정보가 생성되었다고 할 수 없고, 피고인2는 워런트를 행사함으로 인하여 甲회사가 乙회사의 인수대금을 지급할 수 있게 되었으므로, 피고인2는 미공개정보를 이용하여 워런트를 행사한다는 인식이 없었다고 주장하였다. 또한 乙회사 지분 인수의 관계자인 피고인2와 피고인1 사이에는 甲회사 지분 인수 정보가 모두 알려져 있었으므로, 피고인들이 워런트를 행사한 것은 자본시장법이 금지하는 미공개중요정보의 이용이 아니라고 주장하였다.

제1심(서울남부지방법원 2015. 12. 3. 선고 2014고합271, 2014고합308(병합), 2014고합33(병합) 판결)과 원심 법원(서울고등법원 2016. 6. 17. 선고 2016노54 판결)은 모두 피고인들이 미공개중요정보를 이용하여 매매 그 밖의 거래를 하였다고 볼 수 없다고 판단하여 이 부분에 관하여 무죄를 선고하였다.

3. 대법원 판결요지

구 자본시장법(2013. 5. 28. 법률 제11845호로 개정되기 전의 것) 제174조 제1항에서 정한 "투자자의 투자판단에 중대한 영향을 미칠 수 있는 정보"란 합리적인 투자자가 유가증권을 매수 또는 계속 보유할 것인가 아니면 처분할 것인가를 결정하는 데 중요한 가치가 있는 정보, 바꾸어 말하면 일반 투자자들이 일반적으로 안다고 가정할 경우에 유가증권의 가격에 중대한 영향을 미칠 수 있는 사실을 말한다. 어떤 정보가 회사의 의사로 대통령령으로 정하는 방법에 따라 공개되기까지는 그 정보는 여전히 내부자거래의 규제대상이 되는 정보에 속한다. 구 자본시장법 제174조 제1항 각 호의 어느 하나에 해당하는 자가 미공개중요정보를 인식한 상태에서 특정증권 등의 매매나 그 밖의 거래를 한 경우에 거래가 전적으로 미공개중요정보 때문에 이루어지지는 않았더라도 미공개중요정보가 거래를 하게 된 요인의 하나임이 인정된다면 특별한 사정이 없는 한 미공개중요정보를 이용하여 거래를 한 것으로 볼 수 있다. 그러나 미공개중요정보를 알기 전에 이미 거래가 예정되어 있었다거나 미공개중요정보를 알게 된 자에게 거래를 할 수밖에 없는 불가피한 사정이 있었다는 등 미공개중요정보와 관계없이 다른 동기에 의하여 거래를 하였다고 인정되는 때에는 미공개중요정보를 이용한 것이라고 할 수 없다.

4. 미공개중요정보 이용행위에 대한 판시 부분

원심과 마찬가지로 대법원은 乙회사 지분 인수라는 정보는 위 피고인들이 甲회사의 워런트를 행사하여 받은 대금 등으로 乙회사 인수대금을 조달하겠다는 계획과 동시에 비로소 구체화된 것이고, 위 피고인들이 乙회사 인수대금 조달 계획에 따라 워런트를 행사한 것은 乙회사 지분 인수라는 정보가 생성될 당시 성립된 계약에 따라 그 이행을 한 것에 불과하므로, 위 피고인들이 乙회사 지분 인수라는 정보를 보유하고 있었다고 볼 수 있을지언정 나아가 이러한 정보를 이용한 것으로 보기 어렵다고 판시하였다.

5. 평가

혹자는 위 판결이 미국의 SEC Rule 10b5-1을 우리나라의 대법원도 정면으로 수용한 것이라고 평가할 수 있다. 그러나 이 사건에서 피고인1이 피고인2와 공모하여 피고인1이 차명으로 보유하고 있던 워런트 560만주 중 일부를 직접 행사하거나 제3자로 하여금 행사하게 하여 甲회사의 주식을 취득하게 된 것은 "乙회사 지분 인수"라는 미공개중요정보가 존재하는 상태에서 진행되었다는 사실이 명백한 점, 동 워런트 행사가 앞서 언급하였던 미공개중요정보를 이용하는 거래행위임을 부인하기도 어렵다는 점, 동 워런트 행사로 인하여 이를 알지 못하는 甲회사의 주주인 일반투자자는 정보의 불균형으로 거래상 불이익한 지위에 놓일 수 있다는 점 등을 종합적으로 고려해보면, 피고인1과 피고인2의 행위가 과연 자본시장법 제174조 제1항에서 정한 구성요건을 벗어날 수 있는지 본질적으로 의문이 든다. 더욱이 피고인들의 일련의 행위들은 선의를 바탕으로 하지 않았으므로, 선의를 가장 중요한 요건으로 간주하는 미국의 SEC Rule 10b5-1을 그대로 원용할 수 없게 된다. 왜냐하면 피고인들은 미공개중요정보임을 알면서도 이를 이용한다는 인식을 갖고 거래에 임하였으므로 선의를 전제로 한 예외에 해당하지 않기 때문이다.

한편 다른 사람을 이용하게 하는 행위란 내부자 등이 내부정보를 다른 사람에게 제공하여 그 타인이 그 정보를 이용하여 매매, 그 밖의 거래를 하리라는 것을 알거나 그렇게 믿을 만한 합리적인 이유가 있는 상태에서 내부자가 타인에게 내부정보를 제공하는 행위를 말한다. 이때 정보를 제공하는 정도면 족하고 적극적으로 타인에게 그 정보를 이용하여 주식거래를 하도록 권유할 필요까지는 없다.[60]

3. 공개매수 등의 특칙에 관한 규정(외부정보 이용행위)

가. 공개매수

구 증권거래법은 공개매수에 관한 미공개 정보 이용규제에 대하여 미공개정보 이용행위의 금지행위에 관한 규정(제188조의2 제1항 및 제2항)을 준용하였다(제188조의2 제3항). 그러나 자본시장법은 미공개정보이용금지에 관한 규정(제174조 제1항)을 준용하는 형식을 취하지 않고 공개매수에 관한 미공개정보의 이용금지에 관하여 별도로 독립된 규정을 두고 있다(제174조 제2항).

구 증권거래법하에서는 공개매수에 대한 미공개정보의 규제대상이 "공개매수대상 유가증권의 발행인"이 발행한 증권에 국한됨에 따라 타인이 발행한 증권이나 그 증권과 관련된 파생상품 등에 대해서는 규제가 곤란하였다. 그러나 자본시장법에서는 공개매수 대상증권과 관련된 "특정증권 등"을 규제 대상으로 함에 따라 타인이 발행한 증권이나 파생상품도 규제 범위에 포함되었다. 또한 구 증권거래법과 마찬가지로, 자본시장법 제174조 제2항 제1호는 공개매수인을 공개매수예정자라고 하여 공개매수에 관한 미공개 정보의 규제대상자에

60 노태악, 전게논문, 32면.

포함하고 있다. 그렇다 보니 공개매수예정자 본인이 다시 매도할 목적이 없이 장차 공개매수를 위하여 사전에 발판취득하는 행위도 규제되는 것으로 해석할 여지가 있었다. 자본시장법 제174조 제2항 단서는 "공개매수를 하려는 자(공개매수예정자)가 공개매수공고 이후에도 상당한 기간 동안 주식등을 보유하는 등 주식등에 대한 공개매수의 실시 또는 중지에 관한 미공개정보를 그 주식등과 관련된 특정증권등의 매매, 그 밖의 거래에 이용할 의사가 없다고 인정되는 경우에는 그러하지 아니하다"고 규정함으로써, 공개매수예정자가 공개매수의 신고와 공고 전에 미리 발판취득하는 행위를 허용하게 되었다.[61] 물론 여기서 '상당한 기간'이 어느 정도인지에 대해서는 여전히 논란이 있을 수 있다.[62]

나. 주식의 대량취득 및 처분에 관한 정보이용금지

(1) 개관

구 증권거래법상에는 대량취득·처분에 관한 미공개정보를 이용하는 행위를 규제하는 규정이 없었다. 따라서 미공개정보에 관한 일반적인 규정에 따라 당해 법인과 직접적으로 대량취득·처분하는 관계가 있는 경우에만 그 정보이용행위가 규제되었고, 당해 법인이 아닌 대주주 등과 대량취득·처분하는 경우에는 정보이용행위가 규제되지 않았다.[63]

자본시장법은 기업의 지배권 변동을 초래할 수 있는 주식의 대량취득·처분의 정보를 이용하는 경우 공개매수에 준한다고 보아 규제대상에 포함시키고 있다. 즉, 주식 등의 대량취득·처분의 실시 또는 중지에 관한 미공개정보를 그 주식 등과 관련된 특정증권 등의 매매, 그 밖의 거래에 이용하거나 타인에게 이용하게 하여서는 아니 된다(제174조 제3항 본문). 여기서 주식 등의 대량취득·처분이라 함은 경영권에 영향을 줄 가능성이 있는 대량취득·처분으로서 대통령령으로 정하는 취득·처분을 말한다(제174조 제3항). 대통령령으로 정하는 취득·처분이란 ① 동법시행령 제154조 제1항의 목적[64]으로 할 것(취득의 경우에만

61 김건식·정순섭, 419-420면.

62 상게서, 421면.

63 대법원 2003. 11. 14. 선고 2003도686 판결.

64 자본시장법시행령 제154조 (대량보유 등의 보고에 대한 특례) ① 법 제147조 제1항 후단에서 "대통령령으로

해당한다), ② 금융위원회가 정하여 고시하는 비율 이상의 대량취득·처분일 것, ③ 그 취득·처분이 주식 등의 대량보유 등의 보고(동법 제147조 제1항)에 따른 보고대상에 해당할 것 등의 요건을 모두 충족하는 취득·처분을 말한다(동법시행령 제201조 제4항)

이처럼 자본시장법은 상장법인의 주식 등을 대량취득·처분하는 경우 공개매수에 준하는 것으로 보아 그에 관한 정보이용을 금지하고 있으며, 규제체계는 공개매수에 관한 중요정보의 규제와 동일하다. 즉, 규제대상증권의 범위를 '특정증권 등'으로 함으로써 타인이 발행한 증권이나 관련 파생상품도 규제범위에 포함되고, "대량취득·처분을 하려는 자가 제149조에 따른 공시 이후에도 상당한 기간 동안 주식등을 보유하는 등 주식등에 대한 대량취득·처분의 실시 또는 중지에 관한 미공개정보를 그 주식등과 관련된 특정증권등의 매매, 그 밖의 거래에 이용할 의사가 없다고 인정되는 경우"에는 규제대상에서 제외하고 있다(제174조 제3항 각호).

(2) 판례(대법원 2017. 10. 31. 선고 2015도8342 판결)

대법원 2017. 10. 31. 선고 2015도8342 판결은 이 조항의 입법취지를 "주식 등의 대량취득·처분과 관련된 내부자가 대량취득·처분의 실시 또는 중지에 관한 미공개정보를 이용하여 거래를 하는 것만을 금지할 경우 그 내부자가 그와 같은 금지를 회피하여 탈법적으로 미공개정보를 이용하여 거래를 하는 것을 막을 수

정하는 것"이란 다음 각 호의 어느 하나에 해당하는 것을 위하여 회사나 그 임원에 대하여 사실상 영향력을 행사(상법, 그 밖의 다른 법률에 따라 상법 제363조의2·제366조에 따른 권리를 행사하거나 이를 제3자가 행사하도록 하는 것을 포함한다)하는 것을 말한다.

1. 임원의 선임·해임 또는 직무의 정지
2. 이사회 등 회사의 기관과 관련된 정관의 변경
3. 회사의 자본금의 변경
4. 회사의 배당의 결정
5. 회사의 병합, 분할 및 분할합병
6. 주식의 포괄적 교환 및 이전
7. 영업전부의 양수·양도
8. 자산 전부의 처분 또는 금융위원회가 정하여 고시하는 중요한 일부의 처분
9. 영업전부의 임대 또는 경영위임, 타인과 영업의 손익전부를 같이하는 계약, 그 밖에 이에 준하는 계약의 체결·변경 또는 해약
10. 회사의 해산

없으므로, 내부자로부터 미공개정보를 알게 되어 이를 이용하여 특정증권 등의 매매, 그 밖의 거래를 하는 것도 금지할 필요가 있다"는 점에 두고 있다.

여기서 미공개중요정보를 알게 된 자의 의미에 대해 "구 자본시장법 제174조 제1항 제6호와 제2항 제6호는, 상장법인의 업무 등과 관련된 미공개중요정보 또는 주식 등에 대한 공개매수의 실시 또는 중지에 관한 미공개정보를 공개매수자를 포함하여 각항 제1호부터 제5호까지의 어느 하나에 해당하는 내부자로부터 '받은 자'를 정보수령자로 보아, 위 정보들에 대한 정보수령자의 이용행위를 금지하고 있다. 그런데 구 자본시장법 제174조 제1항 제6호와 제2항 제6호의 입법 취지 역시 구 자본시장법 제174조 제3항 제6호의 그것과 다를 바 없다. 또한 구 자본시장법 제174조의 조문 체계나 규정 형식, 문언 등으로 보아 위 제1항 제6호와 제2항 제6호의 미공개중요정보 또는 미공개정보를 '받은 자'와 위 제3항 제6호의 미공개정보를 '알게 된 자'를 다르게 보아야 할 합리적인 이유도 찾을 수 없다"고 하였다.

또한 정보수령자가 정보제공자로부터 정보를 전달받았음을 인정하려면 직무관련된 미공개정보를 전달한다는 점에 관한 인식이 있어야 하는지에 대해 적극적으로 보고 있다. 즉 "주식 등의 대량취득·처분을 하는 자 또는 구 자본시장법 제174조 제3항 제1호부터 제5호까지의 어느 하나에 해당하는 자로부터 대량취득·처분의 실시 또는 중지에 관한 미공개정보를 알게 된 자가 구 자본시장법 제174조 제3항 제6호를 위반하여 그 미공개정보의 이용행위를 하면 구 자본시장법 제443조 제1항 제3호에 따라 처벌을 받는다. 주식 등의 대량취득·처분과 관련된 내부자로부터 미공개정보를 알게 된 모든 경우가 구 자본시장법 제174조 제3항 제6호에 해당한다고 보게 되면, 처벌범위가 명확하지 않거나 지나치게 넓어지고 법적 안정성을 침해하게 되어 죄형법정주의에 반하므로, 이를 제한하여 해석할 필요가 있다. 따라서 구 자본시장법 제174조 제3항 제6호에서 정한 주식 등의 대량취득·처분의 실시 또는 중지에 관한 미공개정보를 '알게 된 자'란 대량취득·처분을 하는 자 또는 제1호부터 제5호까지의 어느 하나에 해당하는 자로부터 당해 정보를 전달받은 자를 말한다. 그런데 정보수령자가 정보제공자로부터 정보를 전달받았다고 인정하기 위해서는 단순히 정보의 이동이 있었다는 객관적 사실만으로는 충분하지 않고, 정보제공자가 직무와 관련하여 알게 된 미공개정보를 전달한다는 점에 관한 인식이 있어야 한다"고 하였다.

한편 "정보수령자가 알게 된 미공개정보는 대량취득·처분의 실시 또는 중지를 알 수 있을 만큼 구체적이어야 한다. 정보제공자가 제공한 내용이 단순히 미공개정보의 존재를 암시하는 것에 지나지 않거나, 모호하고 추상적이어서 정보수령자가 그 정보를 이용하더라도 여전히 일반투자자와 같은 정도의 경제적 위험을 부담하게 되는 경우에는 특별한 사정이 없는 한 위 규정에서 말하는 미공개정보에 해당하지 않는다"고 하였다.

다. 기타의 외부정보 이용행위

그간 학설 중에는 발행인, 그 임직원 또는 대리인으로부터 직·간접으로 유출되지 아니한 정보인 외부정보를 이용한 내부자거래의 경우, 예컨대 ⓐ A 회사가 B 회사에게 대량의 물품구입주문을 주려고 하는 경우 A 회사의 임직원이 그러한 물품구입계약을 체결하기 전에 그 정보(B 회사의 입장에서 보면 외부정보에 해당한다)를 이용하여 미리 B 회사가 발행한 주식을 매수하는 경우나, ⓑ A 회사는 자동차부품을 만들어 자동차제조회사에 납품하는 회사인데 이번에 획기적으로 성능이 우수한 부품을 개발한 경우 또는 A 회사 임직원이 그 부품을 B회사에 공급하면 B 회사의 자동차가 우수한 성능으로 인하여 시장을 휩쓸 것임을 예상하고 B 회사에 납품계약을 체결하기 전 미리 B회사 주식을 사는 경우, ⓒ 시장을 양분하고 있는 두 회사 중 한 회사가 파산신청을 하려고 하는 경우(경쟁사의 입장에서는 외부정보임) 그 회사의 임직원이 그 회사가 파산하면 경쟁사가 독점적 지위를 누리게 되므로 경쟁사 회사의 주식 값이 오를 것임을 미리 예상하고 파산신청을 내기 전 경쟁사의 주식을 미리 사는 경우 등도 규제의 필요성이 있다는 유력한 견해가 있었다. 2014년 개정 자본시장법 제178조의2가 신설되어 이러한 외부정보(시장정보와 정책정보 포함)의 이용행위가 모두 시장질서 교란행위의 규제 영역으로 포섭되었으므로, 저자는 향후 내부자거래에 대한 규제 체계의 패러다임이 완전히 바뀔 것으로 예상한다.

4. 미공개정보이용행위금지 위반의 책임

가. 형사책임

(1) 개관

자본시장법 제443조 제1항에 의하면 미공개정보이용행위금지에 위반한 행위자는 1년 이상의 유기징역 또는 내부자거래 등으로 얻은 이익 또는 회피한 손실액의 3배 이상 5배 이하에 상당하는 벌금에 처한다. 다만 그 위반행위로 얻은 이익 또는 회피한 손실액이 없거나 산정하기 곤란한 경우 또는 그 위반행위로 얻은 이익 또는 회피한 손실액의 5배에 해당하는 금액이 5억원 이하인 경우에는 벌금의 상한액을 5억원으로 한다. 자본시장법 동조 제2항에 의하면 이익 또는 회피한 손실액이 50억원 이상인 경우에는 무기 또는 5년 이상의 징역, 이익 또는 회피한 손실액이 5억원 이상 50억원 미만인 경우에는 3년 이상의 유기징역에 처한다. 동조 제3항에 의하면 제1항 또는 제2항에 따라 유기징역에 처하는 경우 10년 이하의 자격정지를 병과할 수 있다.

일반적으로 범죄의 액수는 구성요건 요소가 아니고 양형의 자료에 불과하지만 가령 특경법위반죄의 경우 범죄의 액수는 구성요건 요소로서 그 액수에 따라 적용될 법률조항이 달라지고 그 계산이 잘못되면 법률 적용의 착오로서 판결에 영향을 미친 법률위반이 된다. 따라서 자본시장법 제443조 제1항에서 정하고 있는 위반행위로 얻은 이익 또는 회피한 손실액은 구성요건의 일부가 되는 것이다.

(2) 이익의 의의와 산정기준

위반행위로 얻은 이익이란 함께 규정되어 있는 손실액에 반대되는 개념으로 당해 위반행위로 인하여 행위자가 얻은 이익 즉, 그 거래로 인한 총 수입에서 그 거래를 위한 총 비용을 공제한 차액을 말하므로 미공개정보 이용행위로 얻은 이익은 그와 관련된 증권거래의 총 매도금액에서 총 매수금액 및 그 거래비용을 공제한 나머지 순 매매이익을 의미하고,[65] 또 위반행위와 직접적인 인과관계가

65 대법원 2002. 6. 14. 선고 2002도1256 판결.

있는 것만을 의미하는 것은 아니고 그 위반행위가 개입된 거래로 인하여 얻은 이익이면 이에 해당한다.

대법원은 구체적 이익의 산정에 있어서는 피고인의 이익실현행위를 기준으로 그에 다른 구체적 거래로 인한 이익, 아직 보유 중인 미공개정보 이용대상 주식의 가액, 미공개정보 이용행위와 관련하여 발생한 채권 등이 모두 포함되어야 하며, 이 경우 특별한 사정이 없는 한 아직 보유 중인 주식의 가액은 그와 동종 주식의 마지막 처분행위시를 기준으로, 주식양도를 목적으로 하는 채권의 가액은 그 약정이행기를 기준으로 산정함이 상당하다고 판시하였다.[66]

(3) 관련 쟁점

① 죄형법정주의

종래부터 자본시장법 제443조에서 규정하는 위반행위로 얻은 이익 또는 회피하는 손실액이 구성요건적 표지인지 여부와 그 산정방법 및 그 명확성 등에 관하여 논란이 있어 왔다. 헌법재판소는 이 사건 법률조항에 사용된 '위반행위', '얻은' '이익' 등의 개념 자체는 애매하거나 모호한 점이 없으며 이 사건 규정은 '위반행위로 얻은 이익'이라고 표현하고 있을 뿐 위반행위와 직접적인 인과관계가 있는 이익만을 의미하는 것으로 한정하여 규정하고 있지 아니하므로(형사처벌 조항으로서 벌금형의 법정형에 관한 규정이지 위반행위자가 얻은 이익 중 위반 또는 부당하게 얻은 이익을 박탈하려는 규정 또는 시세조종행위로 인하여 피해를 입은 거래 상대방에 대한 손해배상책임 규정이 아니다. 따라서 위반행위와 상당인과관계가 있는지 여부를 엄격히 따지는 민사상의 손해배상책임이나 부당이득의 관점에서 바라보아야 할 이유가 없다.) 건전한 상식과 통상의 법 감정을 가진 일반인의 입장에서 '위반행위로 얻은 이익'을 위반행위가 개입된 거래에서 얻은 총수입에서 총비용을 공제한 액수(시세차익)로 파악하는데 별다른 어려움이 없으므로, 이 사건 법률조항은 죄형법정주의에서 파생된 명확성 원칙에 위배되지 않는다고 판시한바 있다.[67]

66 대법원 2006. 5. 12. 선고 2004도491 판결.

67 헌법재판소 2003. 9. 25. 선고 2002헌바69, 2003헌바41(병합) 결정.

② 구성요건해당성

자본시장법 제443조 제1항 단서에서 "다만, … 그 위반행위로 얻은 이익 또는 회피한 손실액의 5배에 해당하는 금액이 5억원 이하인 경우에는 벌금의 상한액을 5억원으로 한다"라고 규정하고 있으므로 그 이익 또는 회피손실액의 5배에 해당하는 금액이 금 5억원이라는 사실이 구성요건의 일부가 되며 법정형의 상한선 설정 기준이 된다.[68] 따라서 검사가 동조의 규정을 적용하여 기소를 한 경우 법원으로서는 먼저 공소사실에 기재된 위반행위로 얻은 이익 또는 회피한 손실액이 인정되는지 여부를 심리하여 이 점을 확정한 후 위 단서규정을 적용하여 형을 적용하여야 할 것이고, 공소사실에 기재된 위반행위로 얻은 이익 또는 회피한 손실액의 일부가 인정되지 아니한 경우에는 그에 대한 판단을 표시하고 위 단서 규정을 적용할 수 있을 것인지를 정하여야 할 것이다.[69]

③ 이중기소의 문제

시세조종행위와 미공개정보 이용행위와의 관계에 대한 문제로서, 내부정보제공을 시세조종에 관여하는 수단으로 기소하였음에도 불구하고 이와 별도로 내부정보(자사주 취득정보와 해외신주인수권부사채 발행정보) 제공부분을 따로 기소한 경우 이중기소에 해당하는지 여부에 관하여, 시세조종규제 규정과 미공개정보 이용행위 규정은 그 처벌의 목적, 행위의 태양, 보호법익이 다른 것으로서 피고인의 내부정보제공행위를 시세조종행위에 공동가공한 행위로 기소하면

68 대법원 2001. 1. 19. 선고 2000도5352 판결; 2000. 11. 24. 선고 2000도2827 판결 등

69 대법원 2004. 3. 26. 선고 2003도7112 판결(… 이 사건 공소장에는 피고인 1이 미공개정보 이용행위의 금지 위반으로 인하여 얻은 이익액이 명시되어 있지 아니하고, 나아가 그 이익액을 산정할 수 있는 거래가액 등 기초적인 자료조차 공소장에 기재되어 있지 아니하며, 공소제기 후 공소장이 변경되지도 아니하였으므로, 검사가 피고인 1의 미공개정보 이용행위 등과 관련하여는 구 증권거래법 제207조의2 본문에 위반하는 행위로만 기소한 것으로 보아야 할 것이고, 따라서 피고인 1의 미공개정보 이용행위 등에 대하여는 2천만원을 초과하는 벌금형을 병과할 수 없다 할 것임에도, 원심이 피고인 1의 미공개정보 이용행위 등에 대하여 5억원의 벌금형을 병과한 것은 불고불리의 원칙에 위반하여 기소되지 아니한 사실을 심판하는 위법을 저지른 것이고, 또 원심이 피고인 1에게 미공개정보의 이용행위와 관련하여 구 증권거래법 제207조의2 단서를 적용하여 벌금 2천만원 이상을 병과하려면 그 위반행위로 인하여 얻은 이익 또는 회피한 손실액의 3배에 해당하는 금액이 2천만원을 초과한다는 사실이 심리·확정되어야 할 것인데, 기록상 피고인 1이 이 사건 미공개정보 이용행위와 관련하여 얻은 이익 또는 회피한 손실액이 얼마인지를 전혀 알 수 없음에도 불구하고 원심이 이에 대하여 심리를 하지 아니한 채 2천만원 이상의 벌금형을 병과한 것도 위법한 것으로 보아야 할 것이다.)

서 이와 함께 미공개정보 이용금지에 위반한 행위로 기소한 것은 이중기소에 해당한다고 할 수 없다고 한 하급심판결이 있다.[70]

나. 민사상 구제

자본시장법 제175조에 의하면 미공개정보 이용자는 해당 특정 증권 등의 매매, 기타 거래를 한 자가 그 매매, 기타 거래와 관련하여 입은 손해를 배상하여야 하며(제1항), 배상청구는 위반사실을 안 날로부터 2년, 그 행위가 있었던 날부터 5년 내에 청구하여야 한다(제2항). 또한 미공개 중요정보의 이용행위를 금지한 경우 증권집단소송법이 적용된다.

여기서 손해배상책임을 부담하는 자인 해당 특정 증권 등의 매매, 기타 거래를 한 자라 함은 내부자 등이 거래한 것과 같은 종목의 증권을 동 시기에 내부자 등과 반대방향으로 매매한 자를 의미한다. 이에 대해 정면으로 설시한 하급심판결(서울지법 남부지원 1994. 5. 6. 92가합11689 제4민사부판결)을 보면 다음과 같다.

"증권거래법 제188조의3 제1항은 같은 법 제188조의2의 규정에 위반하여 내부자거래를 한 자는 당해 유가증권의 매매 기타 거래를 한 자가 그 매매 기타 거래와 관련하여 입은 손해를 배상할 책임이 있는 것으로 규정하고 있는바, 위 규정은 비대면적, 집단적으로 이루어지는 증권시장 거래의 특성상 시장참여자의 불공정거래행위로 손해를 입은 투자자가 가해자를 확정하고 그의 고의, 과실 및 그의 가해행위와 자신이 입은 손해 사이의 모든 인과관계의 과정을 밝혀 불법행위 책임을 묻는 것이 사실상 불가능에 가까운 점에 비추어, 다른 시장참여자에게 손해를 가할 수 있는 불공정거래행위의 한 유형으로서 내부자거래를 규정하고 내부자거래가 인정되는 범위에서는 인과관계의 입증책임도 완화하기 위한 규정으로 보아야 할 것이다. 그런데, 위 규정에 의하여 내부자거래를 한 자가 손해배상책임을 부담하는 상대방인 '당해 유가증권의 매매 기타 거래를 한 자'를 내부자가 거래한 것과 같은 종목의 유가증권을 거래한 모든 사람으로 해석

70 서울중앙지법 2004. 8. 25. 선고 2004노1641 판결.

한다면 내부자가 거래한 유가증권의 수량이 당해 유가증권의 전체 시장규모에 비추어 극히 미미한 경우에까지 당해 유가증권 거래자 모두에게 손해배상책임을 부담하는 것으로 되어 내부자거래를 한 자에게 지나치게 가혹할 뿐만 아니라, 그러한 경우에는 내부자거래행위와 손해발생 사이의 인과관계를 인정하기도 어려울 것이므로 위 규정의 위와 같은 입법취지에도 맞지 아니하고, 반면에 '당해 유가증권의 매매 기타 거래를 한 자'를 당해 유가증권의 매매거래에 있어서의 내부자의 직접 거래 상대방만으로 한정한다면 위와 같이 거래 상대방의 확인이 어려운 경우가 대부분인 증권시장의 특성상 위 규정이 적용될 경우는 거의 없어 그 입법취지가 몰각된다 할 것이다. 그러므로, 위 규정의 입법취지에 비추어 볼 때 내부자거래를 한 자가 손해배상 책임을 부담하는 상대방인 '당해 유가증권의 매매 기타 거래를 한 자'라 함은 내부자가 거래한 것과 같은 종목의 유가증권을 동시기에 내부자와는 반대방향으로 매매한 자를 의미한다고 해석함이 상당하다 할 것이다."

자본시장법은 미공개정보이용행위 금지규정 위반의 경우 구체적인 손해배상액 산정기준을 제시하지 않고 있다. 원칙적으로 배상청구권자가 입은 손해액의 전부를 배상하여야 할 것이다. 일부 하급심판결은 자본시장법 제126조 제1항의 발행시장에서의 공시규제 위반에 대한 손해배상특칙의 규정을 준용한 것도 있지만, 학설로서 원고가 취득한 가격과 내부자거래가 없었더라면 형성되었을 정상가격과의 차액을 기초로 하여야 한다는 견해도 발견된다.[71] 참고로 미국 판례는 손해배상액을 내부자가 얻은 이익의 범위 내로 한정하고 원고가 다수인 경우 안분비례에 의하여 각 원고에게 손해액을 배분한다고 한다.[72]

71 김정수, 1042면.

72 임재연, 1060면.

Ⅲ. 내부자거래의 예방적 규제

1. 단기매매차익 반환제도

가. 단기매매차익 반환제도의 의의

자본시장법 제172조는 주권상장법인의 임·직원 또는 주요주주가 특정증권 등을 매수한 후 6월 이내에 매도하거나 특정 주권 등을 매도한 후 6월 이내에 매수하여 이익을 얻은 경우에는 당해 법인은 그 이익을 법인에게 제공할 것을 청구할 수 있는 제도이다. 이러한 단기매매차익 반환제도는 주권상장법인의 내부자가 6월 이내의 단기간에 특정증권 등을 사고 파는 경우 미공개 내부정보를 이용하였을 개연성이 크다는 점에서 거래 자체는 허용하되 그 대신 내부자가 실제로 미공개 정보를 이용하였는지 여부나 내부자에게 미공개 내부정보를 이용하여 이득을 취하려는 의사가 있었는지 여부를 묻지 않고 내부자로 하여금 그 거래로 얻은 이익을 법인에 반환하도록 하는 엄격한 책임을 인정함으로써 내부자가 미공개 내부정보를 이용하여 특정증권 등을 거래하는 행위를 간접적으로 규제하려는 제도이다.[73]

1976년 구 증권거래법 개정시 내부자거래를 규율하기 위한 장치로서 미국 1934년 증권거래소법 제16조(b)를 모델로 구 증권거래법 제188조에 도입된 제도임에도 그 동안 적용대상 및 그 예외에 관한 확립된 이론이 없는 상태에서 하급심의 판단이 엇갈려 있었는데, 2002. 12. 18.자 헌법재판소 결정[74]을 통하여 합헌성이 인정된바 있고, 이어 2004년 2월 선고된 대법원의 두 판결[75]에서 예외조항의 해석에 관한 하급심의 엇갈린 판결을 정리한바 있다.

73 대법원 2004 5. 28. 선고 2003다60396 판결.

74 헌법재판소 2002. 12. 18. 선고 99헌바105, 2001헌바48(병합) 결정.

75 대법원 2004. 2. 13. 선고 2001다36580 판결(주리원 백화점 사건) 및 대법원 2004 2. 12. 선고 2002다69327 판결(CJ홈쇼핑 사건).

나. 단기매매차익 반환제도의 합헌성

헌법재판소 2002. 12. 18. 99헌바105, 2001헌바48(병합)결정요지

가. 증권거래법 제188조 제2항이 정하는 단기매매차익반환제도는 문면상 내부자가 실제로 미공개 내부정보를 이용하였는지 여부에 관계없이 i) 내부자가, ii) 6월 이내의 기간에, iii) 자기회사의 주식 등을 거래하여, iv) 차익이 발생한 경우라는 형식적인 요건에만 해당하면 반환책임이 성립하고, 내부정보를 이용하지 않고 주식거래를 하였다는 등 일체의 반증을 허용하지 않는 내부자에 대한 엄격책임을 부과하고 있다. 이는 미공개 내부정보의 이용 유무를 적용의 적극 또는 소극 요건으로 할 경우 그 입증 및 인정이 실제상 극히 곤란하기 때문에 단기매매차익청구권의 신속하고 확실한 행사를 방해하고 결국 입법목적을 잃게 되는 결과를 가져온다는 점 및 일반투자자들의 증권시장에 대한 신뢰의 제고라는 입법목적을 고려한 불가피한 입법적 선택이라 할 것이다.

나. 증권거래법 제188조 제2항이 반환책임의 요건을 객관화하여 엄격한 반환책임을 내부자에게 부과하고, 같은 조 제8항 및 이에 근거한 시행령 제86조의6 등에서 반환책임의 예외를 한정적으로 열거하여 이에 해당하지 않는 한 반환책임의 예외를 인정하지 않고 있다고 하더라도, 위 법률조항의 입법목적과 단기매매차익반환의 예외를 정한 시행령 제86조의6의 성격 및 헌법 제23조가 정하는 재산권 보장의 취지를 고려하면 내부정보를 이용할 가능성조차 없는 유형의 주식거래에 대하여는 이 사건 법률조항이 애당초 적용되지 않는다고 해석하여야 할 것이므로, 이를 두고 최소침해원칙에 반한다고 할 수 없다.

다. 증권거래법 제188조 제2항은 단기매매차익을 반환하게 함으로써 일반 투자자들의 이익을 보호함과 동시에 증권시장의 공평성, 공정성을 확보함으로써 일반투자자들의 증권시장에 대한 신뢰를 확보하고자 하는 데 비하여, 이로 인하여 제한되는 청구인들과 같은 내부자의 재산권에 대한 제한은 내부자에게 일체의 주식거래를 금지하는 것이 아니라 단지 단기매매에 해당하는 경우 그 이익을 회사로 반환하도록 하는 데 그치고, 나아가 내부정보를 이용하였다고 하더라도 6월의 기간이 지나면 아무런 제한없이 주식거래를 할 수 있고 그 차익도 보유할 수 있으므로 이 사건 법률조항에 의한 재산권의 제한이 이로 인하여 달성할 수 있는 공익에 비하여 결코 크다고 볼 수도 없다.

라. 증권거래법 제188조 제8항이 과연 포괄위임입법금지원칙에 반하는 지에 관하여 보건대, 증권시장에는 다양한 형태의 거래가 있고 금융의 제도나 환경이 빠르게 변화하기 때문에 법률에서 예외가 되는 모든 사항을 구체적으로 정하기가 곤란하므로 시의적절하고 탄력적으로 행정입법에 의하여 이를 규율할 필요성이 크고, 나아가 증권거래법 제188조 제2항의 입법목적, 같은 조 제8항의 "성격등을 감안하여"라는 문언 취지등을 고려하면, 증권거래법 제188조 제8항이 위임한 대통령령에 의하여 규정될 내용은 '불공정

하다고 볼 수 없거나 미공개정보를 이용하지 않은 매매인 경우'인 것으로 그 내용의 대강을 미리 예측할 수 있다는 점에서 위 조항은 포괄위임입법금지원칙에 반하지 않는다.

다. 규제대상자

구 증권거래법 제188조 제2항에서는 단기매매차익반환 대상자를 단지 주권상장법인 또는 코스닥상장법인의 임·직원 또는 주요주주라고 규정하였다. 그렇다 보니 규제대상 내부자의 범위가 너무 광범위하다는 비판이 많았다. 특히 이러한 의무부과대상에 회사의 내부정보에 접근할 가능성이 극히 희박한 사실상의 업무에 종사하는 종업원도 포함하고 있어 제한 없이 모두 포함하는 것은 부적절하다는 문제가 제기되었다. 사실 이들을 포함할 경우 내부자 규제의 취지에 맞지 않는다는 비판은 정당한 것이었는데, 미국과 일본의 입법례를 보더라도 임원과 주요주주만을 포함할 뿐 직원을 제외하고 있다.[76]

자본시장법은 구 증권거래법상의 문제점을 해소하였다. 즉 직원의 범위를 직무상 내부정보를 취득할 수 있는 직원으로 제한한 것이다(제172조 제1항, 동법 시행령 제194조). 여기서 직원은 '발행한 어음 또는 수표가 부도로 되거나 은행과의 당좌거래가 정지 또는 금지되는 때' 등 주요사항보고서의 제출대상에 해당하는 사항(제161조 제1항)을 수립·변경·추진·공시하거나, 그 밖에 이에 관련된 업무에 종사하고 있는 직원이나, 그 법인의 재무·회계·기획·연구개발에 관련된 업무에 종사하고 있는 직원 등으로서 증권선물위원회가 미공개중요정보를 알 수 있는 자로 인정하는 자로 한정한다(동법 시행령 제194조). 따라서 이제 회사의 내부정보에 접근할 가능성이 극히 희박한 사실상의 업무에 종사하는 종업원은 포함되지 않는다.

한편 주요주주란 ① 누구의 명의로 하던지 자기 계산으로 법인의 의결권 있는 발행주식총수의 10% 이상의 주식을 소유하는 주주 또는 ② 임원 임면 등의 방법으로 법인의 중요한 경영사항에 대해 사실상의 영향력을 행사하는 주주로서 시행령으로 정하는 자를 말한다. 그런데 자본시장법 제172조 제6항은 "주요

76 Securities Exchange Act of 1934 §16(b); 日本 金融商品取引法 第164條 第1項.

주주가 매도·매수한 시기 중 어느 한 시기에 있어서 주요주주가 아닌 경우에는 적용하지 아니한다"고 규정함으로써, 양 시기에 모두 주요주주로서의 지위를 보유할 것을 명시하고 있다. 동 법문에 따라 의결권 있는 발행주식총수의 6%를 보유하고 있던 주주가 추가적으로 6%의 주식을 계속 매수함으로써 12%, 18%의 주식을 보유하게 되었다가 다시 순차적으로 6%의 주식을 매도하여 다시 6%의 주식을 보유하게 된다고 가정하자. 만일 12%의 주식을 보유한 상태에서 6%의 주식을 매도할 경우 매수 시기에는 주요주주이나 매도 시기에는 주요주주가 아니므로 동 조항의 적용을 받지 않는다는 의미이다. 동 조항의 타당성을 둘러싸고 논란이 많다.[77]

라. 반환대상 증권범위의 확대

구 증권거래법에서는 단기매매차익반환 대상증권을 주식관련증권으로 한정하였다. 따라서 내부자거래의 규제대상은 모든 종류의 유가증권이었지만, 단기매매차익반환의 규제대상은 당해 법인이 발행한 주권(출자증권 포함), 전환사채권, 신주인수권부사채권, 신주인수권증서, 이익참가부사채권, 교환사채권, 주식워런트증권, 주가연계증권, 파생결합증권 등으로 한정되었고(법 제188조 제1항, 규칙 제35조), 증권예탁증서는 포함되지 아니하였다.

자본시장법은 대상증권을 모든 증권으로 확대하면서 주식과의 관련성을 요구하지 않고 있으며, 증권의 발행회사도 당해법인으로 한정하지 않고 있다. 또한, 증권을 기초자산으로 하는 금융투자상품 등 신종증권을 포괄적으로 포함하도록 함으로써 내부자거래의 규제대상 증권과 동일하게 규정하고 있다.[78]

마. 단기매매차익반환의 적용대상이 되는 거래 여부

임직원 또는 주요주주가 6월 이내의 단기매매를 하여 이익을 얻은 경우에도 매도, 매수의 성격 기타 사정을 감안하여 내부정보를 이용할 가능성이 없다고 인정되는 경우로서 대통령령으로 정하는 경우에는 단기매매차익의 반환의무가

77 예를 들어 김건식·정순섭, 434면.

78 자본시장통합법연구회 편, 전게서, 357~358면.

면제된다(자본시장법 제172조 제6항). 자본시장법시행령 제198조는 내부정보를 이용할 가능성이 없는 행위들을 규정하는데,[79] 이것이 한정적 열거인지 예시적 열거인지에 대해서는 의견이 대립하지만 판례는 후자로 본다. 즉 시행령에서 정한 예외사유에 해당하지 않더라도 객관적으로 볼 때 애당초 내부정보의 이용 가능성이 전혀 없는 유형의 거래에 대하여는 단기매매차익반환규정이 적용되지 않는다는 것이다(유형적 적용제외대상).[80]

그러나 다음과 같은 2가지의 사례에 있어서 판례는 유형적 적용제외대상에 포함되지 않는다고 하였다. 첫째, "지배주주가 적대적 M&A를 방어하기 위하여

79 ① 법령에 따라 불가피하게 매수하거나 매도하는 경우, ② 정부의 허가·인가·승인 등이나 문서에 의한 지도·권고에 따라 매수하거나 매도하는 경우, ③ 안정조작이나 시장조성을 위하여 매수·매도 또는 매도·매수하는 경우, ④ 모집·사모·매출하는 특정증권등의 인수에 따라 취득하거나 인수한 특정증권등을 처분하는 경우, ⑤ 주식매수선택권의 행사에 따라 주식을 취득하는 경우, ⑥ 이미 소유하고 있는 지분증권, 신주인수권이 표시된 것, 전환사채권 또는 신주인수권부사채권의 권리행사에 따라 주식을 취득하는 경우, ⑦ 법 제172조 제1항 제2호에 따른 증권예탁증권의 예탁계약 해지에 따라 법 제172조 제1항 제1호에 따른 증권을 취득하는 경우, ⑧ 법 제172조 제1항 제1호에 따른 증권 중 제196조제1호라목에 따른 교환사채권 또는 법 제172조 제1항 제3호에 따른 교환사채권의 권리행사에 따라 증권을 취득하는 경우, ⑨ 모집·매출하는 특정증권등의 청약에 따라 취득하는 경우, ⑩「근로자복지기본법」 제32조에 따라 우리사주조합원에게 우선 배정된 주식의 청약에 따라 취득하는 경우, ⑪ 주식매수청구권의 행사에 따라 주식을 처분하는 경우, ⑫ 공개매수에 응모함에 따라 주식등을 처분하는 경우, ⑬ 그 밖에 미공개중요정보를 이용할 염려가 없는 경우로서 증권선물위원회가 인정하는 경우.

80 대법원 2004. 5. 28. 선고 2003다60396 판결은 "증권거래법 제188조 제2항 소정의 단기매매차익 반환제도는 주권상장법인 또는 협회등록법인의 내부자가 6월 이내의 단기간에 그 법인의 주식 등을 사고 파는 경우 미공개 내부정보를 이용하였을 개연성이 크다는 점에서 거래 자체는 허용하되 그 대신 내부자가 실제로 미공개 내부정보를 이용하였는지 여부나 내부자에게 미공개 내부정보를 이용하여 이득을 취하려는 의사가 있었는지 여부를 묻지 않고 내부자로 하여금 그 거래로 얻은 이익을 법인에 반환하도록 하는 엄격한 책임을 인정함으로써 내부자가 미공개 내부정보를 이용하여 법인의 주식 등을 거래하는 행위를 간접적으로 규제하려는 제도라 할 것이고, 따라서 같은 법 제188조 제2항이 적용되지 아니하는 경우로서 같은 조 제8항에 의하여 증권거래법시행령 제83조의6에서 정한 예외사유는 한정적으로 열거된 것으로서 같은법시행령에서 정하지 않는 사유로까지 그 반환책임의 예외사유를 넓힐 것을 예정한 것은 아니라 할 것이지만, 단기매매차익 반환제도의 입법 목적, 같은법시행령 제83조의6에 정해진 예외사유의 성격 그리고 헌법 제23조가 정하는 재산권보장의 취지를 고려하면, 같은법시행령 제83조의6에서 정한 예외사유에 해당하지 않더라도 객관적으로 볼 때 내부정보를 부당하게 이용할 가능성이 전혀 없는 유형의 거래에 대하여는 법원이 같은 법 제188조 제2항의 매수 또는 매도에 해당하지 아니하는 것으로 보아 그 적용을 배제할 수는 있다"고 하였다.

또한 대법원 2005. 3. 25. 선고 2004다30040 판결은 "동일인이 차명계좌를 통하여 보유하고 있던 주식을 공개시장에서 실명계좌로 매도한 경우 비록 공개시장에서의 증권예탁에 혼합임치의 성격이 있어 매도 및 매수되는 주식을 특정할 수 없다 할지라도 실질적으로 동일한 시점에 차명계좌로부터 매도주문과 실명계좌로부터의 매수주문이 존재하였다면 차명계좌에서의 매도가격과 실명계좌에서의 매수가격이 정확히 일치하는 수량에 관한 한 증권거래법 제188조 제2항의 적용대상인 매매에 해당하지 아니한다고 보아야 한다"고 하면서, "이사가 차명계좌를 통하여 공개시장에서 주식을 매도한 후 같은 날 같은 가격으로 매도수량 중 일부를 실명계좌로 다시 매수한 경우, 매도일시 및 가격과 매수일시 및 가격이 일치하는 부분을 제외한 나머지 부분에 대하여만 단기매매차익의 반환을 명해야 한다"고 하였다.

주식을 부득이 매입하였다가(그 당시에는 경영권 양도의 의도가 없었다), 갑작스러운 경영악화로 인하여 경영권을 양도하기로 하고 그 방법으로 보유주식을 경영권 프리미엄을 포함한 협의가격에 의하여 6개월 이내에 매도한 것이어서 적용제외대상에 해당한다."라는 피고의 주장을 배척하고, 판례는 "지배주식의 양도와 함께 경영권이 주식양도인으로부터 주식양수인에게 이전하는 경우 그와 같은 경영권의 이전은 지배주식의 양도에 따르는 부수적인 효과에 불과하고 그 양도대금은 지배주식 전체에 대하여 지급되는 것으로서 주식 그 자체의 대가임이 분명하므로 구 증권거래법 제188조 제2항에 규정된 법인의 내부자가 주식을 매수한 후 6개월 이내에 그 주식과 함께 경영권을 이전하면서 취득한 경영권 프리미엄 또한 주식의 단기매매로 인하여 얻은 이익에 해당한다"고 판시하였다.[81]

둘째, 적대적 기업인수를 시도하던 자가 주요주주가 된 후에 대상회사 경영진의 저항에 부딪혀 인수를 단념하고 취득한 주식을 공개시장에서 처분한 사건에서, 판례는 "대량 취득하였던 주식을 매도한 것은 비록 계속 보유할 경우의 경제적 손실을 회피하기 위한 동기에서 비롯된 것이었다 할지라도 피고 스스로 경제적 이해득실을 따져 본 후 임의로 결정한 다음 공개시장을 통하여 매도한 것으로 보일 뿐 비자발적인 유형의 거래로 볼 수 없을 뿐 아니라 적대적 주식대량매수자와 회사 경영자가 서로 어느 정도 적대적인지는 개별 사안에 따라 다를 수 있고 또한 같은 사안에 있어서도 시기별로 차이가 있을 수 있으므로, 그 적대적 관계성은 결국 개별 사안에서 각 시기별로 구체적 사정을 살펴 본 이후에야 판단할 수 없는 사항이어서 적대적 주식대량매수자의 지위에서 주식을 거래하였다는 그 외형 자체만으로부터 내부정보에의 접근가능성이 완전히 배제된다고 볼 수는 없는 점을 고려하면, 결국 내부정보에 대한 부당한 이용의 가능성이 전혀 없는 유형의 거래에 해당하지 않는다고 보아야 할 것이므로, 법 제188조 제2항의 적용대상인 매도에 해당"한다고 판시하였다.[82] 특히 두번째 사건에서 '적대적 기업인수의 시도와 중단(실패)'와 같은 M&A 관련 정보가 구 증권거래법상

81 대법원 2004. 2. 13. 선고 2001다36580 판결.
82 대법원 2004. 5. 28. 선고 2003다60396 판결.

으로 내부자정보에 해당하는지 여부에 대하여 의문이 있을 수 있었는데, 이와 같은 사례에서는 미공개정보 이용행위에 대한 규제 외에 별도로 단기매매차익 반환규정을 둔 실익도 찾을 수 있었다. 그렇지만 현행 자본시장법에서는 이러한 경우 내부자거래로 규제할 수 있는 길이 열렸으므로 과거와 같은 논의의 실익을 찾을 수는 없다고 본다.

바. 단기매매차익의 산정기준

단기매매차익의 산정기준에는 가중평균법, 선입선출법, 총액차감법, 매수최저가-매도최고가 대비 방법 등이 있을 수 있는데, 구 증권거래법에서는 한 때 가중평균법을 채택하여 평균가격을 산출하는 단계에서 당해 기간 중 발생한 이익액과 손실액 사이의 상쇄(offsets)를 허용하기도 하였었지만, 2000년 9월 이후 선입선출법을 기본으로 하여 왔다.[83] 자본시장법시행령도 동일한 입장을 취하고 있는데, 다음에서 보는바와 같이 제195조 제1항부터 제4항까지 선입선출법에 따라 단기매매차익의 산정기준을 구체적으로 규정하고 있다.

자본시장법시행령 제195조 (단기매매차익의 산정방법 등) ① 법 제172조제1항에 따른 이익은 다음 각 호의 방법으로 계산한다.

1. 해당 매수[권리 행사의 상대방이 되는 경우로서 매수자의 지위를 가지게 되는 특정증권등(법 제172조제1항 전단에 따른 특정증권등을 말한다. 이하 같다)의 매도를 포함한다. 이하 이 조부터 제199조까지의 규정에서 같다] 또는 매도(권리를 행사할 수 있는 경우로서 매도자의 지위를 가지게 되는 특정증권등의 매수를 포함한다. 이하 이 조부터 제199조까지의 규정에서 같다) 후 6개월(초일을 산입한다. 이하 이 조에서 같다) 이내에 매도 또는 매수한 경우에는 매도단가에서 매수단가를 뺀 금액에 매수수량과 매도수량 중 적은 수량(이하 이 조에서 "매매일치수량"이라 한다)을 곱하여 계산한 금액에서 해당 매매일치수량분에 관한 매매거래수수료와 증

83 가중평균법이란 6개월 내의 거래량을 가중치로 한 매도평균가격에서 매수평균가격을 공제하여 차익을 산정하는 방법이고, 선입선출법이란 매수한 순서와 매도한 순서를 맞추어 순서대로 매도가격에서 매수가격을 공제하여 차액을 산정하는 방법이다. 그리고 총액차감법은 수수료 및 거래세를 공제한 매도대금총액과 매수대금총액과의 차액을 산정하는 방법이고, 매수최저가-매도최고가 대비방법은 6개월 내의 매수분을 최저가부터, 매도분을 최고가부터 순서대로 배열하고 거래량을 가중치로 하여 매도가격에서 매수가격을 공제하여 차익만 합산하고 차손은 공제하지 않음으로써 가능한 최대의 이익을 산정하는 방법이다.

권거래세액 및 농어촌특별세액을 공제한 금액을 이익으로 계산하는 방법. 이 경우 그 금액이 0원 이하인 경우에는 이익이 없는 것으로 본다.

2. 해당 매수 또는 매도 후 6개월 이내에 2회 이상 매도 또는 매수한 경우에는 가장 시기가 빠른 매수분과 가장 시기가 빠른 매도분을 대응하여 제1호에 따른 방법으로 계산한 금액을 이익으로 산정하고, 그 다음의 매수분과 매도분에 대하여는 대응할 매도분이나 매수분이 없어질 때까지 같은 방법으로 대응하여 제1호에 따른 방법으로 계산한 금액을 이익으로 산정하는 방법. 이 경우 대응된 매수분이나 매도분 중 매매일치수량을 초과하는 수량은 해당 매수 또는 매도와 별개의 매수 또는 매도로 보아 대응의 대상으로 한다.

② 제1항 제1호 및 제2호에 따라 이익을 계산하는 경우 매수가격·매도가격은 특정증권등의 종류 및 종목에 따라 다음 각 호에서 정하는 가격으로 한다.

1. 매수 특정증권등과 매도 특정증권등이 종류는 같으나 종목이 다른 경우: 매수 후 매도하여 이익을 얻은 경우에는 매도한 날의 매수 특정증권등의 최종가격을 매도 특정증권등의 매도가격으로 하고, 매도 후 매수하여 이익을 얻은 경우에는 매수한 날의 매도 특정증권등의 최종가격을 매수 특정증권등의 매수가격으로 한다.
2. 매수 특정증권등과 매도 특정증권등이 종류가 다른 경우: 지분증권 외의 특정증권등의 가격은 증권선물위원회가 정하여 고시하는 방법에 따라 지분증권으로 환산하여 계산한 가격으로 한다.

③ 매수 특정증권등과 매도 특정증권등이 종류가 다른 경우 그 수량의 계산은 증권선물위원회가 정하여 고시하는 방법에 따라 계산된 수량으로 한다.

④ 제1항부터 제3항까지의 규정에 따라 이익을 계산하는 경우에 매수 또는 매도 후 특정증권등의 권리락·배당락 또는 이자락, 그 밖에 이에 준하는 경우로서 증권선물위원회가 정하여 고시하는 사유가 있는 경우에는 이를 고려하여 환산한 가격 및 수량을 기준으로 이익을 계산한다.

⑤ 삭제

⑥ 제1항부터 제4항까지에서 규정한 사항 외에 법 제172조제1항 전단에 따른 단기매매차익(이하 "단기매매차익"이라 한다) 계산의 구체적인 기준과 방법 등 필요한 세부사항은 증권선물위원회가 정하여 고시한다.

한편 판례도 "[선입선출법이] 종전의 가중평균법과 비교하여 볼 때 이익과 손실 사이의 상쇄를 허용하지 않는다는 측면에서 앞서 본바와 같은 단기매매차익 반환제도의 입법목적에 더 충실한 것으로 보이며, 또한 전체적으로 볼 때 합리적인 방식의 하나라고 볼 수 있고, 따라서 이러한 법규의 내용이 기본권의 제한에 관한 최소침해의 원칙 또는 과잉금지의 원칙 등에 반하여 헌법 제23조가 보장하는 재산권을 침해하는 것이라고 할 수 없다"고 함으로써 선입선출법을 지지한바 있다.[84]

참고로 다음의 예는 가중평균법과 선입선출법의 구체적인 차이점을 보여주는 것인데, 계산의 단순화를 위하여 매매수수료와 거래세 등을 고려하지 않았다. 우선 가중평균법으로 산정할 경우[(평균매도단가 11,600원 - 평균매수단가 11,000원) × 매수수량과 매도수량 중 일치하는 수량 100주], 단기매매차익은 60,000원이 된다. 그러나 선입선출법에서는 차손을 감안하지 않았으므로 총 130,000원의 단기매매차익이 발생하게 된다.

가중평균법

매매구분	매매일자	매매수량(개)	매매단가(원)	거래금액(원)	비 고
매수	1.30	50	10,000	500,000	평균매수 단가(B/A) : 11,000
	2.15	20	11,000	220,000	
	3.12	50	12,000	600,000	
	4.16	30	11,000	330,000	
	계	150(A)		1,650,000(B)	
매도	2.10	40	12,000	480,000	평균매도 단가(D/C) : 11,600
	3.16	20	13,000	260,000	
	5.12	30	11,000	330,000	
	6.10	10	9,000	90,000	
	계	100(C)		1,160,000(D)	

선입선출법

순서	내용	산식	비고
1	1.30 매수분 50주중 40주와 2.10 매도분 40주 대응	40×2,000	차익 : 80,000
2	1.30 매수분 50주중 잔량 10주와 3.16 매도분 20주중 10주와 대응	10×3,000	차익 : 30,000
3	2.15 매수분 20주중 10주와 3.16 매도분중 잔량 10주와 대응	10×2,000	차익 : 20,000
4	2.15 매수분 20주중 잔량 10주와 5.12 매도분 30주중 10주와 대응	10×0	차익 : 0
5	3.12 매수분 50주중 20주와 5.12 매도분중 잔량 20주와 대응	20×(-1,000)	차손 : 20,000
6	3.12 매수분 50주중 잔량 10주와 6.10 매도분 10주와 대응	10×(-3,000)	차손 : 30,000

자료: 금융감독원, "(보도자료) 단기매매차익 산정방법 변경," 2000. 9. 28.

84 대법원 2005. 3. 25. 선고 2004다30040 판결.

사. 반환청구권자

구 증권거래법상 단기매매차익의 반환을 청구할 수 있는 자는 당해 법인이었다. 당해법인이 자발적으로 청구하지 않는 경우, 당해 법인의 주주나 증권선물위원회가 당해법인으로 하여금 문제의 임·직원이나 주주에 대해 차익반환을 청구하도록 요구할 수 있고, 이러한 요구에도 불구하고 법인이 청구하지 않을 경우 주주나 증권선물위원회가 법인을 대위하여 청구할 수 있었다(법 제188조 제3항).

그런데 국가기관인 증권선물위원회가 당해 법인에 대하여 단기매매차익의 반환청구를 요구하고 이를 이행하지 않을 경우 대위청구를 할 수 있도록 규정한 것은 사인관계에 과도하게 관여한다는 지적이 많았다.[85] 또한, 외국의 사례에서도 국가기관이 반환청구요구 및 대위청구에 개입하지 않고 있음을 감안하여 자본시장법은 구 증권거래법상의 증권선물위원회의 반환청구권 및 대위청구권을 삭제하였다. 그 대신 주주의 반환청구권 행사를 원활하게 하기 위하여 증권선물위원회가 단기매매차익의 발생사실을 알게 된 경우에는 당해 법인에게 통보할 의무를 부과하고, 통지를 받은 법인은 그 사실을 인터넷 등에 공시하도록 하였다(제172조 제3항).

2. 임원·주요주주의 특정증권 등 소유상황 보고제도

가. 보고의무자

자본시장법 제173조 제1항은 주권상장법인의 임원 또는 주요주주는 임원 또는 주요주주가 된 날부터 5일 이내에 누구의 명의로 하든지 자기의 계산으로 소유하고 있는 특정증권 등의 소유상황을, 그 특정증권 등의 소유상황에 변동이 있는 경우(대통령령으로 정하는 경미한 소유상황의 변동은 제외)에는 그 변동이 있는 날부터 5일까지 그 내용을 대통령령으로 정하는 방법에 따라 각각 증권선물위원회와 거래소에 보고하여야 한다. 이 경우 대통령령으로 정하는 부득이한 사유에 따라 특정증권등의 소유상황에 변동이 있는 경우와 전문투자자 중 대

85 정규윤, "증권시장의 신종 불공정거래행위: 규제와 감독," 「BFL」 제25호, 13~14면 (2007).

통령령으로 정하는 자에 대하여는 그 보고 내용 및 시기를 대통령령으로 달리 정할 수 있다고 규정한다.[86] 주요주주란 명의와 상관없이 자기의 계산으로 법인의 의결권 있는 발행주식총수의 10%이상의 주식 또는 그 주식과 관련된 예탁증권을 소유한 자와 10%미만을 소유한 주주라고 하더라도 임원의 임면 등 당해 법인의 중요한 경영사항에 대하여 사실상의 영향력을 행사하고 있는 사실상의 주주이다(자본시장법 제9조 제1항, 시행령 제9조).

나. 보고대상 증권

구 증권거래법상 주식소유상황보고의 대상이 되는 증권은 당해 법인의 주식에 한하였다. 상장법인의 임원 또는 주요주주에게 주식소유상황을 보고하도록 한 취지는 경영권변동에 관한 정보제공이 아니라 내부자거래의 예방을 위한 것이므로 대상주식에는 의결권 없는 주식도 포함되었다. 그러나 보고대상증권이 당해 법인의 주식에 한정됨으로써 규제의 실효성이 떨어진다는 지적이 많았다.[87]

이를 수용하여 자본시장법은 보고대상 증권을 "특정증권 등"으로 규정하고 이를 내부자의 단기매매차익반환규정(제172조 제1항 각호, 시행령 제196조)에서 정의하고 있다. 이에 따르면 당해 법인이 발행한 증권에 추가하여 증권예탁증권, 당해 법인 이외의 자가 발행한 교환사채권, 그 외 이러한 증권만을 기초자산으로 하는 금융투자상품이 포함된다(제172조 제1항 제1호~4호).

다. 보고기한

구 증권거래법은 임원 또는 주요주주의 주식소유상황 보고의무기한을 최초보고의 경우에는 임원 또는 주요주주가 된 날로부터 10일 이내에 보고하고, 소유주식수의 변동이 있는 경우에는 그 변동이 있는 날이 속하는 달의 다음달 10

86 장내파생상품의 경우에도 대량보유가 문제될 수 있다는 측면에서 자본시장법 제173조의2는 장내파생상품의 대량보유 보고 등을 규정하고 있다. 즉 동조 제1항은 '동일 품목의 장내파생상품(일반상품, 그 밖에 대통령령으로 정하는 것을 기초자산으로 하는 파생상품으로서 파생상품시장에서 거래되는 것만 해당)을 금융위원회가 정하여 고시하는 수량 이상 보유(누구의 명의로든지 자기의 계산으로 소유하는 경우)하는 자에 대한 보고의무를 규정하고 있다.

87 임재연, 「전정판 증권거래법」, 박영사, 2006, 522면.

일까지 그 내용을 증권선물위원회와 거래소에 보고하여야 했었다(제188조 제6항). 자본시장법은 최초보고와 변동보고 모두에 대하여 각각 5일 이내에 보고하도록 보고기한을 단축하였다(제173조 제1항). 그렇지만 제173조 제1항 후단은 시행령으로 정하는 부득이한 사유에 따라 특정증권등의 소유상황에 변동이 생긴 경우와 전문투자자 중 시행령으로 정하는 자에 대해서는 그 보고 내용 및 시기를 시행령으로 달리 정할 수 있게 되어 있는데, 동법시행령 제200조 제8항을 보면 보고의무를 완화하고 있다(예: 다음달 10일).

한편 구 증권거래법 제188조 제7항은 증권선물위원회와 거래소에 대하여 주식소유상황보고서를 비치하고 일반인에게 공람하도록 규정하였다. 이에 비하여 자본시장법에서는 보고서를 비치하고 단순히 공람하는 차원이 아니라 인터넷 홈페이지 등을 통하여 적극적으로 공시하도록 의무를 부과하고 있다(제173조 제2항).

제9장

시세조종행위와 기타 부정거래행위 규제

제1절 시세조종행위 등의 금지

I. 시세조종행위(Manipulation)의 의의

증권의 가격은 시장에서 수요공급의 원칙에 따라 정해지는 것이 원칙이다. 그런데 시세조종행위란 이러한 가격결정에 인위적인 조작을 가하는 것으로서, 증권시장에서 특정증권에 관한 시세나 거래량을 인위적으로 변동시킴으로써 시세차익을 얻고자 하는 조작행위를 말한다. 시세조종의 동기는 일반적으로 자신이 보유하거나 매집하고 있는 증권의 가격을 인위적으로 상승시킨 후 그 사정을 알지 못하는 선량한 일반 투자자에게 당해 증권을 매도하여 차익을 얻으려는데 있다. 그 외에도 신주, 전환사채, 신주인수권부사채의 발행가격을 높이기 위하여, 혹은 회사의 구조조정에 반대하는 소수주주들의 주식매수청구권 행사를 방해하기 위하여 시세조종행위가 이용되기도 한다.[1]

시세조종행위는 민법상 법률행위의 취소사유에 해당하고 형법상의 사기죄에 해당하나, 이들 규정 만으로는 규제가 효과적이지 않으므로 자본시장법상 시세조종행위에 대한 행위유형과 민형사책임에 대한 특칙을 규정하고 있다. 즉 자본시장법은 불법시세조작 행위를 금지하고 시세고정 내지 안정에 대한 예외로서 안정조작과 시장조성을 인정하고 있으며, 법률에서 금지하는 시세조종행위에 대한 탈법행위를 방지하기 위하여 제178조에서 포괄적인 사기행위를 금지하고 제178조의2에서 시장질서 교란행위를 금지하는 것이다.

II. 시세조정행위의 유형

자본시장법은 시세조종행위를 열거하여 규제하고 있는데, 시세조정 내지 매매

1 임재연, 942면.

유인의 목적에 따라 위법성을 인정하는 목적범주의를 취하고 있다.

1. 위장거래에 의한 시세조정

(1) 개관 및 법 조문

위장거래란 통정매매와 가장매매를 통칭하는데, 일반적으로 많은 자금이 소요되지 않으므로 시세조종에 있어서 가장 많이 활용되는 방식이기도 하다. 위장거래에 의한 시세조종을 규제하는 자본시장법 제176조 제1항은 다음과 같다.

> 누구든지 상장증권 또는 장내파생상품의 매매에 관하여 그 매매가 성황을 이루고 있는 듯이 잘못 알게 하거나, 그 밖에 타인에게 그릇된 판단을 하게 할 목적으로 다음 각 호의 어느 하나에 해당하는 행위를 하여서는 아니 된다.
> 1. 자기가 매도하는 것과 같은 시기에 그와 같은 가격 또는 약정수치로 타인이 그 증권 또는 장내파생상품을 매수할 것을 사전에 그 자와 서로 짠 후 매도하는 행위
> 2. 자기가 매수하는 것과 같은 시기에 그와 같은 가격 또는 약정수치로 타인이 그 증권 또는 장내파생상품을 매도할 것을 사전에 그 자와 서로 짠 후 매수하는 행위
> 3. 그 증권 또는 장내파생상품의 매매를 함에 있어서 그 권리의 이전을 목적으로 하지 아니하는 거짓으로 꾸민 매매를 하는 행위
> 4. 제1호부터 제3호까지의 행위를 위탁하거나 수탁하는 행위

(2) 유형

(가) 통정매매

통정매매(matched orders)는 앞의 제1호와 제2호가 해당되는데, 매매당사자 간에 미리 매매가격이나 약정수치를 정하고 서로 증권이나 장내파생상품의 매도 및 매수를 하는 것으로서 명시적인 통정뿐만 아니라 묵시적인 통정을 포함한다. 법문에서는 "같은 시기"와 "같은 가격"을 요구하지만, "같은 수량" 즉 주문수량의 일치를 요구하지는 않는다.[2] 판례는 법문상의 "같은 시기"와 관련하여 매도·매수주문이 반드시 동일한 시기에 있어야 하는 것은 아니고 쌍방의 주문

2 이에 비하여 미국의 1934년 증권거래법 제9(a)(1)(B)조는 "an order or orders of substantially the same size"라고 하여 "같은 수량" 요건을 규정하고 있다.

이 시장에서 대응하여 성립할 가능성이 있다면 통정매매가 성립한다고 하였다.[3] "같은 가격"도 쌍방의 주문이 대응하여 매매가 성립할 가능성이 있는 범위내의 가격이면 충분하다.[4]

(나) 가장매매

가장매매(wash sales)는 앞의 제3호가 해당되는데, 증권이나 장내파생상품의 매매거래에 있어서 실제로 그 권리의 이전을 목적으로 하지 아니하면서 형식적으로 매도인과 매수인 간 권리의 이전을 목적으로 하는 듯이 가장하는 매매행위를 말한다. 통정매매는 실제로 권리의 이전이 이루어진다는 점에서 가장매매와 다르다.

(다) 그 위탁 또는 수탁행위

자본시장법은 통정매매나 가장매매가 성립하지 않더라도 이러한 매매를 증권회사에 위탁하는 행위 자체를 금지한다. 자본시장에서 주문 사실 자체도 투자자들의 판단에 영향을 줄 수 있다는 점이 고려된 것이다. 이 때문에 자본시장법이 미수범 처벌규정을 두지 않지만, 위탁행위나 수탁행위를 처벌하는 것은 사실상 미수범을 처벌하는 것과 동일한 효과를 얻게 된다는 학설도 유력하다.[5]

(3) 요건

(가) 규제대상

위장거래의 규제대상은 상장증권이나 장내파생상품의 매매와 관련한 것이다. 따라서 증여, 담보권의 설정 및 취득 등은 규제대상이 아니나, 위탁행위와 수탁행위를 금지하므로 위탁후 매매가 성립하지 않았더라도 규제대상이 된다.

3 대법원 2004. 7. 9. 선고 2003도5831 판결. 미국의 증권거래법 제9(a)(1)조도 "at substantially the same time"이라고 규정하는데 이는 정확히 같은 시기의 주문을 말하는 것이 아니다.

4 임재연, 949면.

5 상게서, 946면.

(나) 매매성황에 대한 오인이나 그릇된 판단을 하게 할 목적

위장거래가 규제의 대상이 되려면 거래가 대량으로 이루어져 일반 투자자로 하여금 그 매매가 성황을 이루고 있는 듯이 잘못 알게 하거나 기타 타인으로 하여금 그릇된 판단을 하게 할 목적(오인 목적)이 있어야 한다.[6] 위장거래의 경우 매매유인목적은 요구되지 않는다는 점에서 제2항의 현실거래에 의한 시세조종과는 구별된다. 구 선물거래법 제31조는 선물거래에 관한 시세조종에 대하여 목적성을 요건으로 규정하지 않았는데, 자본시장법은 목적성을 추가하였다는 점을 유념하여야 한다.

위장거래의 경우 목적(다른 목적과의 공존 여부나 어느 목적이 주된 것인지는 문제되지 않음)에 대한 인식의 정도는 적극적 의욕이나 확정적 인식임을 요하지 아니하고 미필적 인식이면 족하며, 투자자의 오해를 실제로 유발하였는지 여부나 타인에게 손해가 발생하였는지 여부 등은 문제가 되지 아니한다.[7] 따라서 투자상담사가 고객 계좌의 신용만기에 따른 반대매매를 피하기 위하여 일단 매도하였다가 다시 동일 물량을 유지하기 위하여 동일 가격에 매수하는 과정에서 통정매매를 한 경우, 이는 금지되는 통정매매라기 보다는 고객의 요청에 의한 수요공급에 따른 거래이고 매매의 성황에 대한 오인 또는 오판 유발의 목적이 인정되지 아니하므로 시세조종으로 볼 수 없다.[8]

법문을 보면 행위자의 목적에 대한 증명은 원고가 하도록 되어 있다. 그러나 행위자의 내심의 목적을 직접 증거에 의하여 증명한다는 것은 사실상 불가능하다. 그 때문에 판례는 간접사실을 종합적으로 고려하여 판단할 수 있다는 입장이다. 즉 대법원 2001. 11. 27. 선고 2001도3567 판결은 "(구) 증권거래법 제188조의4 제1항은 공개경쟁시장에서의 자연적인 수요공급에 따른 거래가 아닌 통정매매 또는 가장매매로 인한 거래량 또는 가격의 변화가 자유로운 공개경쟁시장에서의 자율적인 수요공급에 따른 정상적인 것인 양 타인을 오도하여 현실적인 시세조종을 용이하게 하는 위장거래행위를 금지하는 데에 그 취지가 있는

6 상게서, 946면.

7 대법원 2009. 4. 9. 선고 2009도675 판결, 대법원 2004. 3. 26. 선고 2003도7112 판결 등.

8 대법원 2008. 11. 27. 선고 2007도6558 판결.

바, 위 조항 위반죄가 성립하기 위하여는 통정매매 또는 가장매매 사실 외에 주관적 요건으로 거래가 성황을 이루고 있는 듯이 오인하게 하거나, 기타 타인으로 하여금 그릇된 판단을 하게 할 목적이 있어야 함은 물론이나, …(중략)… 이러한 목적은 당사자가 이를 자백하지 않더라도 그 유가증권의 성격과 발행된 유가증권의 총수, 매매거래의 동기와 태양(순차적 가격상승주문 또는 가장매매, 시장관여율의 정도, 지속적인 종가관여 등), 그 유가증권의 가격 및 거래량의 동향, 전후의 거래상황, 거래의 경제적 합리성 및 공정성 등의 간접사실을 종합적으로 고려하여 판단할 수 있다"고 하였다.

2. 현실거래에 의한 시세조정

(1) 개관 및 법문

자본시장법 제176조 제2항 제1호는 현실거래에 의한 시세조종을 규제하고 있다. 즉 누구든지 상장증권 또는 장내파생상품의 매매를 유인할 목적으로 "그 증권 또는 장내파생상품의 매매가 성황을 이루고 있는 듯이 잘못 알게 하거나 그 시세(증권시장 또는 파생상품시장에서 형성된 시세, 다자간매매체결회사가 상장주권의 매매를 중개함에 있어서 형성된 시세, 그 밖에 대통령령으로 정하는 시세를 말한다. 이하 같다)를 변동시키는 매매 또는 그 위탁이나 수탁을 하는 행위"를 하지 못한다고 규정한다. 이는 증권시장, 파생상품시장 또는 ATS에서 이루어지는 소위 "작전공모행위"를 금지하는 것인데,[9] 자본시장법은 미국 증권거래법과 일본 금융상품거래법과 달리 일련의 거래행위를 규정하지 않아 현실거래에 의한 시세조종행위 성립에 있어서 외국법제에 비해 지나치게 완화된 요건을 규정한 듯한 외관을 보인다. 그러나 현실매매에 의한 시세조종행위는 당연히 일련의 거래행위를 전제한 것이다.[10]

9 보통 현실거래에 의한 시세조종행위는 단독행위의 경우보다는 타인과 공모한 경우가 많을 것이다. 그리고 이때에는 단독행위의 경우에 비하여 매매유인목적이 인정될 가능성도 높아진다.

10 이로써 저자는 과거의 견해를 완전히 바꾸고자 한다. 과거에 저자는 일련의 매매 요건을 명문으로 두지 않았으므로 단일의 거래 만으로 족하다는 안일한 견해를 제시하였지만(김용재, 「자본시장과 법(상)」, 고려대학교출판부, 2011, 653면), 실무적으로나 비교법적으로 현실거래에 의한 시세조종행위는 당연히 일련의 거래를 전제한 것이라는 점을 확인한 후 견해를 바꾸게 되었다. 한편 김건식·정순섭, 455-456면은 우리 대법원도 "일련의 행위가 이어진 경우에는 전체적으로 그 행위로 인하여 시세를 변동시킬 가능성이 있으면 충분한데, 이상의 각 요건에 해

(2) 매매유인목적

현실거래에 의한 시세조종에서 가장 중요한 요건이 바로 매매유인목적의 존재이다. 즉 현실거래에 의한 시세조종이 성립하려면 매매유인목적만 있으면 되고 유인된 결과 매매가 실제로 이루어질 것은 요건이 아닌 것이다(법문상으로 매매의 위탁이나 수탁행위도 금지된다). 매매유인목적이란 "인위적인 조작을 가하여 시세를 변동시키면서도 투자자에게는 그 시세가 유가증권시장에서의 자연적인 수요·공급의 원칙에 의하여 형성된 것으로 오인하도록 하여 유가증권의 매매거래에 끌어들이려는 목적"을 말한다.[11] 따라서 행위자에게 단순히 거래로 인하여 시세가 변동할 수 있다는 가능성을 인식한 것 만으로는 유인목적이 있었다고 인정할 수 없을 것이다. 그리고 행위자가 시세를 인위적으로 변동시킬 목적으로 거래한 경우라도 유인목적이 있었다고 쉽게 단정할 수 없다.[12] 왜냐하면 시세의 인위적 조작목적 만으로는 부족하고, 투자자를 오인시켜 매매거래에

당하는지 여부는 당사자가 이를 자백하지 않더라도 그 유가증권의 성격과 발행된 유가증권의 총수, 가격 및 거래량의 동향, 전후의 거래상황, 거래의 경제적 합리성과 공정성, 가장 혹은 허위매매 여부, 시장관여율의 정도, 지속적인 종가관리 등 거래의 동기와 태양 등의 간접사실을 종합적으로 고려하여 이를 판단할 수 있다"(대법원 2009. 4. 9. 선고 2009도675 판결)고 하여, 일련의 행위를 필수적인 요소로 판단하지 않는다고 한다. 그러나 이는 너무 지나친 해석이다. 왜냐하면 아직까지 우리 대법원이 일련의 거래 여부에 대해 직접적인 판단을 하지 않았다고 보는 것이 정확한 분석이기 때문이다. 그리고 대법원 2004. 10. 28. 선고 2002도3131 판결은 "유가증권의 시세를 고정시키거나 안정시킬 목적은 유가증권의 현재의 시장가격을 고정시키거나 안정시키는 경우뿐 아니라, 행위자가 일정한 가격을 형성하고 그 가격을 고정시키거나 안정시키는 경우에도 인정되고, 행위자가 그러한 목적을 가지고 매매거래를 한 것이라면, 그 매매거래가 일정한 기간 계속 반복적으로 이루어져야 하는 것이 아니라 한 번의 매매거래도 증권거래법 제188조의4 제3항의 구성요건을 충족한다 할 것이다"는 판례는 현실거래에 의한 시세조종 사건이 아니고 구 증권거래법상의 시세의 고정·안정행위에 대한 판단으로서 원용할 수 없다(더욱이 자본시장법은 일련의 매매 요건을 두고 있음). 향후 어떠한 사건에서 동 쟁점이 직접적으로 다투어질 경우 외국의 입법례를 참조해볼 때 구체적으로 어떻게 해석할지를 법원이 고민하여야 할 상황도 올 것이다. 왜냐하면 일련의 거래는 유가증권의 총수, 가격 및 거래량과 전후의 거래상황에 영향을 미치므로 현실거래에 의한 시세조정이 이루어졌다는 가장 강력한 상황증거이기 때문이다. 참고로 미국 증권거래법 제9(a)조는 "a series of transactions in any security registered on a national securities exchange or in connection with any security based swap agreement (as defined in section 206B of the Gramm-Leach-Bliley Act) with respect to such security creating actual or apparent active trading in such security"라고 규정하며, 일본의 金融商品去來法 제159조 제2항 및 제3항도 "一連の有價證券賣買等"이라고 규정하고 있다. 저자는 우리 법제가 법문상으로 일련의 거래 요건을 명확하게 두지 않았지만, 현실거래에 의한 시세조종이 일련의 거래를 통해서 이루어질 수 있다는 것을 너무도 당연시하지 않은 것인가 생각한다. 즉 자본시장법 제176조 제2항 제1호에 '일련의 매매 요건을' 너무도 당연시하여 명문으로 규정하지 않았을 뿐인 것이다.

11 대법원 2010. 6. 24. 선고 2007도9051 판결, 대법원 2007. 11. 29. 선고 2007도7471 판결 등.

12 구체적인 예로서 임재연, 전게서, 951면은 주식매집의 동기가 매매유인이 아니라 해당 기업의 경영권을 획득하기 위한 것이라면 매매유인목적을 인정할 수 없다고 한다.

끌어드리려는 목적이 있는 경우에 비로소 유인목적이 성립되기 때문이다.

현실거래에 의한 시세조종은 일반 투자자들을 오인시키는 것을 넘어서서 실제 거래로 유인할 목적을 가져야 한다는 점에서 위장거래에 의한 시세조종보다 요건이 까다롭다고 할 수 있다. 그렇지만 이렇게 개념 규정을 하더라도 실제 사건에서 매매유인목적이 있었는지를 판단하기란 쉽지 않다. 구체적인 사례를 보면 경제적인 합리성을 결여한 매매주문의 경우 매매유인목적이 있었다고 인정될 가능성이 높은데, 결국 사안 별로 법원에 의한 사실인정의 영역임을 알 수 있다.[13] 그렇지만 이렇게 전적으로 법원에 판단을 맡긴 결과 과거에는 사안별로 모순된 판결이 발생하는 해프닝도 있었다. 즉 구 증권거래법하에서 판례는 "유가증권의 매매거래가 성황을 이루고 있는 듯이 오인하게 하는 유가증권의 매매거래에 해당하는지의 여부에 관하여는 당해 유가증권의 성격, 발행주식의 총수, 종전 및 당시의 거래상황, 증권시장의 상황 등을 종합적으로 고려하여 판단하여야 하며, 같은 호의 유가증권의 시세를 변동시키는 매매거래행위라 함은 유가증권시장에서 수요, 공급의 원칙에 의하여 형성된 유가증권의 가격을 인위적으로 상승 또는 하락시키는 등의 조작을 가하는 매매거래를 말하는 것으로서, 최초로 상장되는 주식의 경우에는 기 형성된 주식가격이 없으므로 비록 상장당일 매매거래의 가격제한폭의 적용기준인 상장기준가에 영향을 미치는 매매거래라 할지라도 이에 해당한다고 볼 수 없다 할 것"이라고 하였다.[14] 반면에 최근의 판례는 유상증자를 앞두고 원활한 유상증자를 하기 위하여 거래량을 증가시키기 위한 경우에는 매매유인목적이 인정된다고 함으로써,[15] 발행시장에서 최초로 상장된 증권과 유통시장에서 거래되는 증권의 취급을 완전히 달리하는 모양새를 연출하였다. 이에 자본시장법 제176조 제2항 제1호는 증권시장 또는 파생상품시장에서 형성된 시세, ATS에서 형성된 시세, 그 밖에 대통령령으로

13 예를 들어 대법원 1994. 10. 25. 선고 93도2516 판결에 의하면, "총발행주식수 184만주 중 740주의 매수주문을 내고 체결된 것이 540주에 불과한 경우라면 유가증권의 매매거래가 성황을 이루고 있는 듯이 오인하게 한 행위로 보기 어렵다"고 하였는데, 이는 수량적인 측면에서 경제적인 합리성을 결여한 매매주문이 아니라고 한 것이다.

14 대법원 1994. 10. 25. 선고 93도2516 판결.

15 대법원 2009. 4. 9. 선고 2009도675 판결.

정하는 시세라고 하면서, 동법시행령 제202조는 상장되는 증권에 대하여 증권시장에서 최초로 형성되는 시세를 포함시키게 되었다. 결과적으로 동법시행령의 제정에 의하여 구 증권거래법상으로 발행시장인가 유통시장인가에 따라 취급을 달리하였던 판례의 모순을 입법적으로 해결한 것이다.[16]

(3) 시세조종의 방법

시세조종의 방법은 매우 다양하다고 할 수 있다. 예를 들어 종가상승을 유도하기 위하여 장이 끝날 무렵 행하는 고가의 매수주문, 시가를 고가로 형성하기 위하여 전일종가 대비 고가의 매수주문, 같은 날 저가 또는 시세로 매도하고 고가로 매수하여 거래량 증가 또는 시세상승의 유도, 같은 날 또는 수일에 걸쳐 동일 증권회사 동일지점 또는 수개의 증권회사 지점을 통하여 지속적으로 주문을 다수 분할하여 매수(매도) 주문함으로써 시세상승(하락)의 유도, 매수·매도의 반복적 주문, 체증식 고가매수주문 등이 있다.

그 외에도 매수 또는 매도주문량이 많은 것처럼 보이기 위하여 매매의 의사 없이 행하는 일련의 허수주문행위도 시세조종행위의 요건을 갖추면 현실거래에 의한 시세조종에 해당할 수 있는데, 이를 명시적으로 긍정한 판례도 있다. 즉 대법원 2002. 6. 14. 선고 2002도1256 판결은 "매매계약의 체결에 이르지 아니한 매수청약 또는 매수주문이라 하더라도 그것이 유가증권의 가격을 상승 또는 하락시키는 효과를 가지고 제3자에 의한 유가증권의 매매거래를 유인하는 성질을 가지는 이상 [구] 증권거래법 제188조의4 제2항 제1호 소정의 '유가증권의 매매거래가 성황을 이루고 있는 듯이 잘못 알게 하거나 그 시세를 변동시키는 매매거래 또는 그 위탁이나 수탁을 하는 행위'에 해당하고, 단지 매수주문량이 많은 것처럼 보이기 위하여 매수의사 없이 하는 허수매수주문도 본조 제2항 제1호가 금지하는 이른바 현실거래에 의한 시세조종행위의 유형에 속한다"고 하였다. 또한 대법원 2008. 12. 11. 선고 2006도2718 판결은 "주문의 취소는 모든 투자 주체가 자유롭게 할 수 있는 것이며, 잦은 주문행위와 잦은 취소가 필연

16 김건식·정순섭, 458면. 임재연, 전게서, 958면.

적으로 반복되는 거래 전략이 위법하다고 볼 수도 없으므로, 단지 주문의 취소가 잦다는 이유만으로 시세조종행위에 해당한다고는 볼 수 없음은 당연하다. 그러나 원심이 인정한바에 의하면, 피고인들은 체결가능성이 적은 최우선 3~6단계의 호가에 200계약 내지 1,000계약(1계약 단위의 금액은 1억 원)에 달하는 허수주문을 한 후 그 주문 전부를 취소하거나 정정하는 행위를 빈번하게 하였고 체결가능성이 상대적으로 높은 최우선 1~2단계 호가에 속하는 주문을 제시한 후 즉시 취소하는 행위를 반복하는 등 주문 잔량의 변동을 심화시켜 매매거래를 유인하였으며 허수주문 후 가격이 상승(하락)하면 소량의 매도(매수)주문을 체결시키고 허수성 주문은 모두 취소하는 행위를 반복하였다는 것이고, 여기에 뒤에서 보는 사정들을 종합하여 보면, 피고인들에게 유인 목적이 인정된다고 보아 유죄로 처단한 것은 정당한 판단으로 수긍이 간다"고 하였다.[17]

2014년 개정 자본시장법 제178조의2 제2항 제1호("누구든지 상장증권 또는 장내파생상품에 관한 매매등과 관련하여 다음 각 호의 어느 하나에 해당하는 행위를 하여서는 아니 된다. 다만, 그 행위가 제176조 또는 제178조에 해당하는 경우는 제외한다. 1. 거래 성립 가능성이 희박한 호가를 대량으로 제출하거나 호가를 제출한 후 해당 호가를 반복적으로 정정·취소하여 시세에 부당한 영향을 주거나 줄 우려가 있는 행위")는 허수주문행위를 시장질서 교란행위로 규제하는 규정을 마련하였다. 자본시장법 제176조의 현실거래에 의한 시세조종행위가 유인 목적을 갖는 '일련의 허수주문행위'를 처벌하는 것인데 반하여, 자본시

17 동 사건에서 대법원은 더 나아가 다음과 같은 판시를 하였다. "실제로 체결할 의사 없이 위 범위 내의 호가에 대량의 허수주문을 하였다가 체결 직전에 취소하는 행위를 반복하는 것은 수요와 공급 상황에 관하여 시장에 잘못된 정보를 제공하는 행위로 볼 수 있다. 다만, 시가로부터 5호가 범위 내의 주문은 시장 상황에 따라 얼마든지 순간적으로 체결될 가능성이 있는 것이어서, 비록 단기간 내에 취소할 의도였다 할지라도 대량의 허수주문을 하는 데에는 주문자 자신도 상당한 위험부담을 안게 되므로, 허수주문이 일부 체결되더라도 만회할 의사와 능력이 있는 극히 일부 투자자를 제외하고는 대다수 시장 참여자들에게 자체억제요인을 갖고 있다고 볼 여지도 있다(그리고 무엇보다 대부분의 시장 참여자들의 경우 그러한 주문행위를 체결 의사 없는 주문이라 단정하는 것도 곤란할 것이다). 그러나 다른 한편으로 보면, 이 사건에 있어서는 바로 그 점 때문에 시장 참여자들이 5호가 범위 내의 대량 주문을 단순한 허수주문으로 단정할 수 없는 요인이 될 여지가 있다고 보아야 할 것이고, 위와 같은 허수주문이 상당한 정도의 시장지배력과 정보력·자금력을 동시에 갖춘 투자 주체만 가능한 것이라면, 대부분의 경우 해당 주문이 허수주문인지 아닌지는 허수주문을 한 해당 주체만 알 수 있고 나머지 대부분의 투자 주체들은 그것이 허수주문인지 아닌지를 그때마다 판단하여 거래에 임할 수밖에 없다는 점에서 정보의 불균형도 존재한다고 보아야 할 것이다"고 하였다.

장법 제178조의2 제2항 제1호는 오인 목적의 터무니없는 허수주문 행위를 처벌하는 것으로 볼 수 있다. 다만 양자를 명확히 구별할 수 없는 허수주문이 문제되는 사건에서 향후 금융감독당국과 법원이 어떠한 조항을 근거로 처벌할 것인지 귀추가 주목된다고 하겠다.

(4) 기타

실제 소송에서 피고가 때때로 현실거래에 의한 시세조종행위를 주가관리의 차원에서 행하였다는 주장을 하기도 한다. 그러나 원칙적으로 주가관리는 허용되는 정당행위에 해당하지 않는다. 따라서 주가관리라는 부수적인 목적이 있더라도 피고의 행위가 "유가증권의 성격과 발행된 유가증권의 총수, 매매거래의 동기와 유형, 그 유가증권 가격의 동향, 종전 및 당시의 거래상황 등을 종합적으로 고려하여" 시세조종의 위법성을 충족한다면 시세조종으로 규제되어야 할 것이다.[18]

3. 시세조작 유포행위, 허위표시 등에 의한 시세조정

자본시장법 제176조 제2항 제2호 및 제3호는 시세조작 유포행위, 허위표시 등에 의한 시세조종행위를 규제하고 있다. 즉 누구든지 상장증권 또는 장내파생상품의 매매를 유인할 목적으로, ① 그 증권 또는 장내파생상품의 시세가 자기 또는 타인의 시장 조작에 의하여 변동한다는 말을 유포하는 행위 또는 ② 그 증권 또는 파생상품의 매매를 함에 있어서 중요한 사실에 관하여 거짓의 표시 또는 오해를 유발시키는 표시를 하는 행위를 하지 못한다.

앞의 현실거래에 의한 시세조종행위와 마찬가지로, 대법원 2018. 4. 12. 선고 2013도6962 판결은 "'매매를 유인할 목적'이란 시장오도행위를 통해 투자자들로 하여금 시장의 상황이나 상장증권의 가치 등에 관하여 오인하도록 하여 상장증권 등의 매매에 끌어들이려는 목적을 말한다. 위와 같은 목적은 그것이 행

18 임재연, 959면 각주 44)는 서울지방법원 1999. 11. 3. 선고 99고단9559 판결에서 "이 사건 현대전자 주식의 성격, 발행주식의 총수, 거래규모, 금액, 거래방식, 종전 및 당시의 거래상황, 증권시장의 상황 등을 종합하여 보면, 피고인들의 이 사건 행위가 정상적으로 허용된 범위내의 주가관리행위로서 사회상규에 어긋나지 아니한 행위라고 볼 수는 없다"는 점에 주목하고 있다.

위의 유일한 동기일 필요는 없으므로, 다른 목적과 함께 존재하여도 무방하고, 그 경우 어떤 목적이 행위의 주된 원인인지는 문제 되지 아니한다. 그 목적에 대한 인식의 정도는 적극적 의욕이나 확정적 인식임을 요하지 아니하고, 미필적 인식이 있으면 족하다. 투자자의 오해를 실제로 유발하였는지나 실제로 시세 변경의 결과가 발생하였는지, 타인에게 손해가 발생하였는지 등도 문제가 되지 아니한다. 피고인이 목적의 존재를 부인하는 경우, 이러한 주관적 구성요건 요소인 사실은 그 성질상 상당한 관련성이 있는 간접사실 또는 정황사실을 분석하는 방법에 의하여 그 존부를 판단할 수밖에 없다. 이때 무엇이 목적의 존재를 뒷받침할 수 있는 상당한 관련성이 있는 간접사실 또는 정황사실에 해당하는 것인지는 정상적인 경험칙에 바탕을 두고 치밀한 관찰력 및 분석력에 의하여 합리적으로 판단하여야 한다"면서, 유사투자자문업자라 하더라도 상장증권 등에 대한 투자판단 또는 상장증권 등의 가치에 관하여 조언을 하면서 시장오도행위를 하는 것은 사회통념상 허용되는 투자조언을 넘는 것으로서 허용될 수 없다고 하였다.

①은 '시세조작 유포행위'를 금지하는 것인데, 반드시 증권이나 파생상품의 매매를 수반할 필요가 없다. 왜냐하면 ②와 같이 '증권 또는 파생상품의 매매를 함에 있어서'라는 요건이 수반되지 않기 때문이다. 그리고 유포행위 후 그러한 시장조작이 실행되었을 것을 요하지 않을 뿐만 아니라 행위자에게 실제로 시장조작의 의도가 있었을 필요도 없다. 대법원 2018. 4. 12. 선고 2013도6962 판결은 ①의 '시세가 자기 또는 타인의 시장 조작에 의하여 변동한다는 말'이란 정상적인 수요·공급에 따라 자유경쟁시장에서 형성될 시세 및 거래량을 시장요인에 의하지 아니한 다른 요인으로 인위적으로 변동시킬 수 있다는 말을 의미하고, ②의 '매매를 함에 있어서 중요한 사실'이란 당해 법인의 재산·경영에 관하여 중대한 영향을 미치거나 상장증권 등의 공정거래와 투자자 보호를 위하여 필요한 사항으로서 투자자의 투자판단에 영향을 미칠 수 있는 사항을 의미한다고 하였다.

한편 ②는 '허위표시나 오해유발 표시행위'(예: 유상증자를 검토한 사실이 없음에도 불구하고 마치 유상증자가 있는 것처럼 발표하여 주가를 상승시키고 자신이 보유한 주식을 매도하여 시세차익을 실현하는 경우)를 금지하는데, 증권이나 파생상품의 매매시 수반될 것을 요건으로 하지만 허위표시가 반드시 매매의 상대방에게 행해질 필요는 없다.[19] 참고로 구 증권거래법 제188조의4 제2항 제3호는 "당해 유가증권의 매매에 있어서 중요한 사실에 관하여 고의로 허위의 표시 또는 오해를 유발하게 하는 표시를 하는 행위"라고 하여 고의를 요구하였지만, 자본시장법은 고의 요건을 삭제하였다. 이와 관련하여 2014년 개정 자본시장법 제178조의2 제2항 제4호가 "누구든지 상장증권 또는 장내파생상품에 관한 매매등과 관련하여 … 풍문을 유포하거나 거짓으로 계책을 꾸미는 등으로 상장증권 또는 장내파생상품의 수요·공급 상황이나 그 가격에 대하여 타인에게 잘못된 판단이나 오해를 유발하거나 상장증권 또는 장내파생상품의 가격을 왜곡할 우려가 있는 행위"를 규제하는 조항을 신설한 점에 대해 주목하여야 한다. 혹자는 구 증권거래법상 고의를 요건으로 했던 것과 비교할 때 자본시장법 제176조 제2항 제3호의 허위표시나 오해유발 표시행위가 문면상으로 고의 요건을 삭제하였지만 실제로는 구 증권거래법의 규정과 차이가 없다고 주장한다.[20] 즉 자본시장법 제176조 제2항 제3호도 실제로는 고의를 요건으로 한다는 것이다. 그 때에는 고의의 존재 여부에 따라 자본시장법 제176조 제2항 제3호와 제178조의2 제2항 제4호를 차별적으로 적용할 수 있다는 해석으로 확대될 수 있다. 그러나 이러한 주장과 해석은 명문의 규정에 반할 뿐만 아니라 논의의 실익도 없다. 왜냐하면 현재의 자본시장법 제176조 제2항 제3호는 고의 요건보다 훨씬 입증이 어려운 매매유인목적이 요구되기 때문이다. 따라서 유인의 목적이 있는 허위표시나 오해유발 표시행위는 제176조 제2항 제3호에 의하여 시세조종행위로 규제되고, 동 목적이 없는 허위표시나 오해유발 표시행위가 제178조의2 제2항 제4호에 따른 "거짓으로 계책을 꾸미는 등으로 상장증권 또는 장내파생상품의 수요·공급 상황이나 그 가격에 대하여 타인에게 잘못된 판단이나

19 김건식·정순섭, 459면, 임재연, 961면.

20 이와 동일한 취지의 주장으로서 임재연, 962면이 있다. 즉 자본시장법이 고의 요건을 삭제하였지만 구 증권거래법과 실제의 결과에 있어서 차이가 없다고 평가하였는데, 그 이유는 과실, 중과실에 의한 허위표시나 오해유발 표시행위는 명시적인 처벌규정이 없는 한 형사처벌의 대상이 되지 않고, 손해배상책임을 규정한 제177조 제1항이 제176조를 위반한 자라고 규정하므로 손해배상책임 역시 인정하기가 곤란하기 때문이라고 한다.

오해를 유발"하는 행위에 해당할 경우 시장질서 교란행위로 규제된다고 보는 것이 합리적이고 타당한 해석이다.

4. 시세의 고정·안정행위의 금지

(1) 법문

자본시장법 제176조 제3항은 다음과 같이 상장증권이나 장내파생상품에 대한 시세의 고정·안정행위를 원칙적으로 금지하면서, 제한적으로 예외를 인정하고 있다.

> ③ 누구든지 상장증권 또는 장내파생상품의 시세를 고정시키거나 안정시킬 목적으로 그 증권 또는 장내파생상품에 관한 일련의 매매 또는 그 위탁이나 수탁을 하는 행위를 하여서는 아니 된다. 다만, 다음 각 호의 어느 하나에 해당하는 경우에는 그러하지 아니하다.
>
> 1. 투자매매업자(모집 또는 매출되는 증권의 발행인 또는 소유자와 인수계약을 체결한 투자매매업자로서 대통령령으로 정하는 자에 한한다. 이하 이 조에서 같다)가 대통령령으로 정하는 방법에 따라 그 증권의 모집 또는 매출의 청약기간의 종료일 전 30일의 범위에서 대통령령으로 정하는 날부터 그 청약기간의 종료일까지의 기간 동안 증권의 가격을 안정시킴으로써 증권의 모집 또는 매출을 원활하도록 하기 위한 매매거래(이하 이 항에서 "안정조작"이라 한다)를 하는 경우
> 2. 투자매매업자가 대통령령으로 정하는 방법에 따라 모집 또는 매출한 증권의 수요·공급을 그 증권이 상장된 날부터 6개월의 범위에서 대통령령으로 정하는 기간 동안 조성하는 매매거래(이하 이 항에서 "시장조성"이라 한다)를 하는 경우
> 3. 모집 또는 매출되는 증권 발행인의 임원 등 대통령령으로 정하는 자가 투자매매업자에게 안정조작을 위탁하는 경우
> 4. 투자매매업자가 제3호에 따라 안정조작을 수탁하는 경우
> 5. 모집 또는 매출되는 증권의 인수인이 투자매매업자에게 시장조성을 위탁하는 경우
> 6. 투자매매업자가 제5호에 따라 시장조성을 수탁하는 경우

(2) 일련의 매매

자본시장법은 시세의 고정이나 안정행위의 경우 다른 유형의 시세조종행위와 다르게 '일련의 매매'라고 규정함으로써 구 증권거래법 제188조의 4 제3항('매

매거래')과 다르게 규정되어 있다. 즉 구 증권거래법상의 판례에 의하면 "유가증권의 시세를 고정시키거나 안정시킬 목적은 유가증권의 현재의 시장가격을 고정시키거나 안정시키는 경우뿐 아니라, 행위자가 일정한 가격을 형성하고 그 가격을 고정시키거나 안정시키는 경우에도 인정되고, 행위자가 그러한 목적을 가지고 매매거래를 한 것이라면, 그 매매거래가 일정한 기간 계속 반복적으로 이루어져야 하는 것이 아니라 한 번의 매매거래도 증권거래법 제188조의4 제3항의 구성요건을 충족한다"고 하였는데,[21] 자본시장법은 그 요건을 강화한 셈이다. 따라서 자본시장법 하에서 시세의 고정이나 안정행위가 단일 거래에 의한 것일 때에는 이제 더 이상 규제대상이 아니게 되었다. 자본시장법상 현실매매에 의한 시세조종행위도 이와 같이 명문의 규정을 두었어야 한다는 아쉬움이 남으며, 실무상 단일 거래에 의하여 시세의 고정이나 안정행위가 발생하기란 거의 불가능하다는 점을 감안할 때 제176조 제3항의 '일련의 매매' 요건은 매우 타당하다고 생각한다.[22]

(3) 적용범위 — '시세'의 고정·안정행위

판례는 법과 시행령에서 정한 요건과 절차에 해당하는지 여부에 대하여 이론이 있을 수 있는 행위에 대해서도 적용을 확대하려 한 전례가 있는데, 이에 대해서는 다소 신중한 접근이 요구된다고 할 것이다. 예를 들어 대법원 2004. 10. 28. 선고 2002도3131 판결은 "피고인은 공소외인등과 공모하여 BIS 비율을 맞추려는 한국산업은행의 요청에 따라 그 은행이 보유하고 있는 포항제철의 주식 133,198,370주와 엘지반도체화학의 주식 3,778,920주를 높은 가격으로 자전거래시키기 위하여 1997. 12. 23. 전장 동시호가에서 포항제철의 주식 25만 주를 1주당 전일 종가보다 3,600원이 높은 50,600원에, 엘지반도체의 주식 10만 주를 1주당 전일 종가보다 1,200원 높은 18,100원에 각 매수주문을 내고, 주문가대로 매매거래를 성사시켜 그날 전장 시초가를 주문가대로 형성시킨 다음, 한국산업은행이 보유한 엘지반도체의 주식을 그 가격으로 자전거래시키고, 같은 날

21 대법원 2004. 10. 28. 선고 2002도3131 판결.

22 동지: 임재연, 964면 각주 57).

오후 동시호가에서 포항제철의 주식 19만 주를 위와 같은 가격인 50,600원에 매수주문을 내어 주문가대로 매매거래를 성사시켜 후장 시초가를 주문가대로 형성시킨 다음, 한국산업은행이 보유한 포항제철의 주식을 그 가격으로 자전거래시킨 사실을 인정할 수 있는바, 주식을 높은 가격으로 자전거래시키기 위하여 시장조작에 의하여 높은 가격을 형성하는 매매거래를 하고 그 가격으로 자전거래를 하였다면, 그 매매거래 행위는 유가증권의 시세를 고정시킬 목적으로 한 것이라고 인정할 수 있으므로 증권거래법 제188조의4 제3항의 처벌대상이 된다"고 하였는데, 이는 행위자가 '증권의 현재 시장가격(시세)'을 고정시키거나 안정시키는 행위 뿐만 아니라 행위자가 '증권의 인위적인 가격'을 형성한 후 그 가격을 고정시키거나 안정시키는 행위도 규제대상으로 하였다는 점에서 법의 적용범위를 확대한 것이다.[23]

그리고 자본시장법 제176조 제2항 제1호는 시세를 증권시장, 파생상품시장, ATS에서 형성된 시세와 자본시장법시행령 제202조의 시세, 즉 "상장(금융위원회가 정하여 고시하는 상장을 포함)되는 증권에 대하여 증권시장에서 최초로 형성되는 시세"라고 하는데, 이를 법 제176조 제3항의 경우에도 그대로 준용할 수 있을 것이다.

(4) 예외: 사전적인 안정조작·사후적인 시장조성

자본시장법 제176조 제3항 단서와 각호는 안정조작과 시장조성을 예외적으로 허용하고 있다. 자유로운 자본시장에 개입하여 인위적으로 증권이나 장내파생상품의 시세를 조작하는 것을 방지하려는 자본시장법의 입법 취지에 비추어 살펴보면, 자본시장법 제176조 제3항 본문은 증권이나 장내파생상품의 시세를 고정시키거나 안정시킬 목적으로 증권시장이나 선물시장에서 행하는 매매거래 또는 그 위탁이나 수탁을 금지하되, 다만 단서 및 각호에서 제한적으로 증권의 모집·매출을 원활하게 하기 위한 시장에서의 필요성에 의하여 소정의 안정조작과 시장조성을 예외적으로 허용하는 것이다. 따라서 증권 이외에 장내파생상품

23 상게서, 912면.

의 안정조작과 시장조성행위는 허용되지 않는다는 점을 유념하여야 할 것이다. 자본시장법시행령 제203조 내지 제206조는 예외적으로 허용하는 안정조작과 시장조성에 대해 매우 상세한 규정을 마련하고 있다.

판례는 "시장조성이라는 제도는 우리의 유가증권 발행과 유통시장이 매우 취약함을 전제로 유가증권의 모집 및 매출업무를 담당하는 주간증권사에 특별히 부과하는 의무로서 시장경제와 자유경제적 원칙에 비추어 예외적으로 인정되는 것이라는 점, 유가증권 발행을 주선한 주간증권사의 입장에서 시장조성에 의하여 보호하려는 대상은 유가증권의 모집과 매출 이전에 이미 발행된 주식을 보유하고 있는 주주가 아니라 자신이 발행을 주선한 유가증권을 보유한 투자자라고 보는 것이 원칙인 점, 유가증권의 유통시장에서 투자를 하려는 사람은 시장조성의 여부와 관계없이 기업의 본질가치를 정확하게 판단하고, 해당기업의 상장 이후 형성된 주가를 보고 자기 책임에 의한 투자를 하여야 하는 것이 유가증권 유통시장의 기본원리인 점 등에 비추어, 시장조성이 이루어지는 대상이 되는 유가증권은 증권거래소나 코스닥증권시장 등 유가증권 유통시장의 특성상 유통시장에서 거래되는 주식 전체가 된다고 하더라도, 그와 같은 시장조성의 보호대상이 되는 유가증권의 보유자로서 시장조성 포기로 인한 손해배상을 구할 수 있는 자는 해당 유가증권의 발행을 주간한 증권사가 모집 또는 매출한 유가증권의 발행에 참가하여 이를 인수한 투자자들과 그들로부터 해당 유가증권을 특정하여 직접 인수한 투자자(공개된 유통시장에서 불특정 주식을 매수한 자는 제외)라고 보는 것이 타당하다"고 하였다.[24]

5. 연계 불공정거래행위의 규제

(1) 연계 불공정거래와 시세조종

연계 불공정거래의 개념에 대하여 자본시장법은 별도의 정의 조항을 두고 있지 않은 채 일정한 연계 거래의 유형을 열거하고 이를 금지하는 규정하는 제176조 제4항을 두었는데 이를 통하여 연계 불공정거래의 일반적 개념을 도출할 수 있

24 대법원 2002. 5. 14. 선고 99다48979 판결.

다. 자본시장법을 바탕으로 연계 불공정거래를 정의하자면, 자본시장법의 규제 대상이 되는 금융투자상품간의 가격 연계성을 이용하여 하나의 금융투자상품에 대한 포지션에서 이득을 얻고자 종류가 다른 금융투자상품의 가격에 인위적으로 영향을 미치는 것이라고 할 수 있다.[25] 연계 불공정거래행위는 장내시장과 장외시장 간의 연계성을 이용하여 부당한 이익을 취하는 '장내·외 연계'[26], 국내시장과 국제시장 간의 연계성을 이용하여 부당한 이익을 취하는 '국내·외 연계'[27] 등 다양한 형태로 발현될 수 있으나, 기초자산과 파생상품 간의 연계성을 이용하여 부당한 이익을 도모하는 연계 불공정거래가 가장 대표적인 유형에 해당한다.

---

25 거래소의 시장감시규정 제2조 제9항은 연계거래의 정의를 "가격 연동성이 있는 2개 이상으로서 증권의 종목간, 장내파생상품의 종목 간 또는 증권의 종목과 장내파생상품의 종목간을 연계하는 거래"로 하고 있지만, 자본시장법은 이 보다 더 넓은 범주의 기초자산과 파생상품 간 연계거래를 규율한다.

26 최근 독일에서 큰 이슈가 되었던 장내·외 연계 거래의 사례는 다음과 같다. 2008년 11월 초 독일 자동차기업 포르쉐가 장외파생상품을 이용하여 폭스바겐 주식을 대량매수(cornering 내지 short squeeze 기법)하여 막대한 이익을 취득한 사례가 발생했다. 포르쉐는 이미 폭스바겐 주식의 42%를 보유한 대주주이었는데, 2005년부터 폭스바겐의 주가가 100유로 이하일 때 금융기관을 통하여 정책적으로 폭스바겐 주식과 연계된 장외옵션, 즉 주식스왑옵션을 대량 매입하였다. 이 옵션을 판매하였던 금융기관 역시 고객에 판매한 옵션에 상응하여 헷징차원에서 폭스바겐의 주식을 매입하여 보관하였으며(폭스바겐 주식의 약 31%), 이 주식들은 시장에서 유통되지 않기 때문에 제3자는 이러한 사실을 알 수 없는 실정이었다. 그런데 이러한 사실을 모르는 헤지펀드들이 폭스바겐을 대량 공매도하였고, 포르쉐는 이 물량을 모두 사들이게 된다. 사후에야 이 사실을 알게 된 헤지펀드들은 결제물량 확보를 위하여 서둘러 폭스바겐 주식의 매입에 나섰으나 유동성 부족으로 폭스바겐 주가는 불과 이틀 만에 4배나 급등하였고, 포르쉐는 보유한 폭스바겐 주식현물 및 장외옵션에서 막대한 시세 차익을 거두었다. 포르쉐의 폭스바겐주식 매입에 시세조종의 의도가 있었는지는 확실하지 않지만, 이로 인해서 장내외 연계 불공정거래행위의 가능성이 확실하게 노출되었다. 독일정부는 이에 대한 대응으로 향후 주식 대량보유보고의무와 유사한 의무를 장외옵션 대량보유의 경우에도 적용하는 것을 추진할 방침을 밝혔다. 최성근·김용재·김홍기·성희활, 「파생상품시장 규제체계 재정립 및 규제효율화를 위한 연구」, 증권법학회, 2008. 12, 60면.

27 다음 사례는 국내·외 연계 시세조종행위에 대한 영국과 프랑스 감독당국의 협조사례를 보여준다. 프랑스의 한 투자회사가 프랑스회사 주식이 상당수 포함된 펀드를 청산하기로 하고, 사전에 정해진 계산방법으로 주식포트폴리오를 은행에 양도하고 은행은 이를 다시 처분하기로 약정하였다. 이러한 경우 양도가격은 사전에 특정일의 특정한 시간(예컨대 12 : 30)에 시장에서 호가되는 가격으로 정해지는 것이 보통이다. 그런데 이 사건에서 정한 특정시간에서의 프랑스 주식시장에서 해당 주식들에 대하여 대규모 매도가 이루어졌고 그 결과 양도대상 주식의 가격이 급격히 하락했다. 따라서 해당 주식의 처분으로 인하여 투자회사가 수령한 금액은 처음에 예상했던 가격에 훨씬 미치지 못하게 되었다. 조사 결과 런던시장에서 거래하는 트레이더가 해당 거래에 대한 정보를 취득하고 펀드의 청산과 해당 주식의 처분이 예상되자 보유하던 해당 프랑스주식을 처분하였던 것으로 밝혀졌다. 프랑스증권거래원(COB)은 해당 영국은행의 프랑스지점에서 일하는 브로커로부터 정보를 취득하고 영국 당국에 대해서 신중한 조사를 수행할 것을 요청하였다. 프랑스 금융시장위원회(CMF)는 프랑스 브로커에게 금전제재를 가하였으며, 영국 SFA는 해당 트레이더가 속한 중개회사에게 투자회사가 입은 손해를 배상하는 조치를 취하였다. Technical Committee of the International Organization of Securities Commission, *Investigating and Prosecuting Market Manipulation*, 83-84 (May 2000).

(2) 연계 불공정거래행위의 특징

(가) 가격조작상품과 이익획득상품의 존재

연계 불공정거래행위에 있어서는 일반적인 불공정거래행위에 있어서의 논의가 대부분 그대로 적용되지만, 일반적인 불공정거래행위와는 구분되는 특징이 존재한다. 가장 중요한 특징은 연계 불공정거래행위에서는 가격조작상품과 이익획득상품이 존재한다는 것이다.[28] 여기서 '가격조작상품'이라 함은 이익획득상품에서 이익을 얻을 목적으로 가격을 조작하는 상품을 지칭하고, '이익획득상품'이라 함은 가격조작상품의 가격조작을 통하여 이익을 획득할 수 있는 포지션에 있는 상품을 말한다. 예를 들어 갑이 자신이 보유하는 주식콜옵션에서 부당한 이익을 얻기 위해서 그 기초자산인 현물주식을 대량으로 매수하여 주식콜옵션의 시장가격을 상승시키는 경우, 현물주식은 가격조작상품에 해당하고 이를 기초자산으로 하는 주식콜옵션은 이익획득상품에 해당한다.

(나) 매매의도 파악의 어려움

연계 불공정거래행위는 기초자산과 파생상품을 연계한 결합포지션의 구축을 통하여 이루어지므로 거래당사자의 매매의도를 파악하기가 어렵다. 그럼에도 불구하고 자본시장법은 연계 불공정행위에 해당하려면 단순히 시세를 변동하거나 고정시키는 것 이외에 이익획득상품에서 '부당한 이익을 얻을 목적'을 요구하는데(자본시장법 제176조 제4항), 특정한 거래행위가 가격조작상품과 이익획득상품간의 가격연계성을 이용하여 부당한 이익을 얻기 위한 것임을 입증하기란 현실적으로 매우 어려울 것이다.[29]

---

28 연계 불공정거래행위에서의 시세조종은 가격조작상품을 대상으로 하지만 시세조종의 목적은 이익획득상품에서 이익을 얻기 위함에 있다. 즉 시세조종의 대상과 이익획득의 대상이 동일한 일반적인 시세조종행위와는 차이가 있음을 주의하여야 한다. 선정훈, "파생상품 관련 불공정거래의 유형과 규제방안", 「선물시장」, 한국선물협회, 2005. 9, 6면.

29 따라서 감독당국이 시장참가자의 연계 불공정거래 혐의를 입증하기 위해서는 현물과 선물시장에 대한 모니터링을 동시에 할 수 있어야 하고, 특정한 현물이나 선물의 거래가 다른 현물이나 선물에서 '부당한 이익'을 얻기 위한 것임을 입증할 수 있도록 관련기관간의 협조체계 역시 구축할 필요가 있다. 예컨대, 돈육선물과 같이 그 기초자산이 장외에서 거래되는 현물상품인 경우에는 거래당사자의 돈육현물 포지션에 대한 파악이 필요하고, 돈육현물시장의 규제당국인 농림수산식품부 등의 협조를 받을 수 있어야 하는 것이다.

(다) 시세조종의 형태로 발현

연계 불공정거래행위는 다양한 모습으로 발현될 수 있으나 상품종목 간의 가격 연계성을 이용하는 특성상 시세조종의 형태를 가지는 경우가 대부분일 것이다. 자본시장법 역시 이익획득상품에서 부당한 이익을 얻기 위해서 가격조작상품의 '시세를 변동 또는 고정시키는 행위'(자본시장법 제176조 제4항)를 금지하는데, 이는 연계 불공정거래행위가 시세조종의 형태로 행하여지는 것을 상정한 것이다.

(3) 규제의 필요성 여부 및 자본시장법의 태도

연계 불공정거래행위의 규제 필요성에 대해서는 의문이 있을 수 있다. 엄밀한 의미에서는 시장참가자의 경제활동은 다른 경제주체들의 경제활동에 영향을 미치게 마련이고, 특정 종목의 대량 매입이나 매도를 통해서 다른 종목의 가격을 원하는 방향으로 조종하는 연계 불공정거래행위가 실제로 가능한지에 대해서도 의문이 제기될 수 있기 때문이다. 가사 연계 불공정거래행위가 발생하는 경우에도 일반적인 시세조종 금지규정으로 처벌하면 되지 별도로 연계 불공정거래행위의 금지규정을 둘 필요가 있는지에 대해서도 의문이 제기될 수 있다. 미국과 일본에서도 연계 불공정거래행위에 해당할 가능성이 높은 사례들이 내부자거래, 시세조종 등 일반적인 불공정거래행위 금지규정에 의해서 규제되고 있으며, 연계 형태의 불공정거래를 금지하는 규정을 별도로 두고 있지 않다는 점을 주목할 필요가 있다.[30]

반면에 일반적인 시세조종행위 금지규정을 연계 불공정거래행위에 적용하는 것은 한계가 있다. 연계 불공정거래행위는 가격조작상품과 이익획득상품이 다르고, 추상적인 연계성의 개념과 연결되어 다양한 형태로 발현되므로 가격조작상품과 이익획득상품이 '기본적으로 동일'할 것을 전제하는 전통적인 시세조종행위 금지규정 만으로는 연계 불공정거래행위를 모두 커버하는 것이 사실

30 예를 들어 미국은 증권거래법(Securities Exchange Act of 1934) 제10조 (b)항, SEC Rule 10b-5, 증권거래법 제9조 (a)항 (2)호, 그리고 일본은 금융상품거래법(金融商品取引法) 제159조(시세조종행위 등의 금지), 제157조(부정행위의 금지) 등이 일반 불공정거래행위를 금지하지만, 연계 형태의 불공정거래행위를 금지하는 독립적인 규정은 존재하지 않는다.

상 어렵기 때문이다. 연계 불공정거래행위의 우려가 전혀 비현실적인 가정만은 아니라는 사실은 일간지의 보도[31] 또는 현물시장과 선물시장간의 가격연계성을 실증하는 연구결과[32]를 통해서도 알 수 있다.

자본시장법은 연계 불공정거래행위에 대해서는 별도의 금지규정을 두고 있다. 즉 자본시장법은 일반적인 시세조종행위 금지규정에서는 "누구든지 상장증권 또는 장내파생상품 …(중략)… 그 증권 또는 장내파생상품"(자본시장법 제176조 제1항 내지 제3항)이라고 규정하는바, 이는 시세조종의 대상인 가격조작상품과 이익획득상품이 동일한 것을 전제하는 표현이다. 이와 대조적으로 자본시장법 제176조 제4항은 연계 불공정거래행위를 금지하면서 "파생상품의 매매 등에서 부당한 이익을 얻거나 제삼자에게 부당한 이익을 얻게 할 목적으로 그 파생상품의 기초자산의 시세를 변동 또는 고정시키는 행위"(동법 제176조 제4항 제1호)라는 문구를 사용함으로써, 연계 불공정거래행위에 있어서는 가격조작상품과 이익획득상품이 서로 다르다는 점을 명확히 하고 있는 것이다.

(4) 유형

(가) 기초자산과 파생상품 간 연계 시세조종

자본시장법 제174조 제4항 제1호는 파생상품 매매에서 부당한 이익을 얻거나 제3자에게 부당한 이익을 얻게 할 목적으로 그 파생상품의 기초자산의 시세를

31 대규모 자금동원이 가능한 외국인투자자들이 ① 삼성전자의 지수영향력을 이용하여 주가지수를 좌지우지하면서 다른 한편으로는 주가지수선물옵션 포지션을 통하여 이익을 얻고 있는 사례(머니투데이, "외인 삼성電 '현-선 연계' 폭락 주도", 2007. 1. 9.자), ② 의도적으로 선물을 매수하거나 매도하여 프로그램매매를 통한 차익거래를 유발시키고 이를 통해서 현물에서 이익을 얻는 사례(머니투데이, "외인 현물 선물 엇갈린 투자패턴", 2003. 1. 21.자), ③ 역외선물환(NDF) 시장에서 달러 매수주문을 쏟아내 원화값을 떨어뜨린 뒤 그 영향으로 현물시장에서 원화 값이 급락하면 고점에서 달러를 매도해 차익을 실현하는 사례(매일경제신문, "환투기세력 어떻게 한국금융시장 흔드나", 2009. 3. 23.자) 등이 보도되고 있다. ④ 최근에는 국내의 한 금융회사가 판매한 ELS 상품이 문제된바 있다. 이 상품은 기초자산인 주식의 가격이 만기 당일을 기준으로 최초 기준가의 75% 이상이면 연 22%의 수익을 지급하는 구조였는데, 만기 당일 장 마감을 앞둔 시점에서 기초자산(SK주식)의 주가가 76~77%에서 등락하던 중 장 마감을 앞둔 동시호가 때 대량매도주문이 쏟아져 나오면서 주가가 74.6%로 마무리 되어 결국 ELS의 수익률의 지급이 무산된 사례이다. 투자자들은 연 22%의 수익은 고사하고 (-)25.4%의 손실을 보았다고 언론에 크게 보도된바 있다. 머니투데이, "금융당국, ELS 수익률 조작 사례 조사", 2009. 5. 14.

32 선물시장의 가격변동이 현물시장의 가격변동에 선행한다는 연구결과들이 있고, S&P 주식들이 현물-선물 간의 차익거래(arbitrage)로 인하여 보다 직접적으로 선물시장에 연결되어 있다는 연구결과도 있다. 조성훈, "S&P 주식과 비S&P 주식간의 가격연계에 관한 동태적 분석", 「금융연구」 제11권 제1호, 한국금융연구원, 1997. 6, 2면.

변동 또는 고정시키는 행위를 금지하고 있다. 예를 들어 선물이나 옵션의 매매에서 부당한 이익을 얻을 목적으로 그 기초자산인 증권이나 상품의 시세를 변동 또는 고정시키는 행위인 소위 현·선 연계 시세조종행위를 들 수 있다. 기초자산과 파생상품 간 연계 시세조종에는 다음이 있다.

① 개별종목 증권과 개별 파생상품의 연계

다음의 사례에서 보는바와 같이 개별종목 증권의 가격을 조작하여 이를 기초자산으로 하는 개별 파생상품의 거래에서 이익을 얻는 거래가 있을 수 있다. 대표적인 것이 주식선물과 주식옵션이다. 이들 파생상품은 레버리지 효과가 크므로 연계 시세조종의 대상이 되기 쉽다고 한다.

개별주식 대량매도 → 개별주식 선물·옵션 연계 시세조종

- 甲은 A증권사 임원으로 자산운용책임자임
- A증권사는 보유증권에 대해서 장중에 매수차익거래포지션을 해소할 예정임
- 甲은 일시적으로 현물(주식)을 대량매도할 경우 시장에 충격을 줄 가능성이 크다는 사실을 알고 있었음
- 甲은 매수차익포지션 청산 전에, 제3자인 乙, 丙의 계좌로 해당 현물(증권)에 대해서 선물매도, 풋옵션 매수 포지션을 취하였음
- A증권사는 대규모로 매수포지션을 청산하였고, 현물(주식)가격 큰 폭 하락
- 甲은 乙,丙 명의의 매도포지션(선물매도, 풋옵션 매수)을 청산하여 이익취득

* 옥기율, "현물 및 선물 연계에 의한 불공정행위 대응방안,"「증권학회지」 제28권, 한국증권학회, 2001, 427면.

② 다수종목과 지수의 연계

파생상품시장의 거래 대상이 개별 증권이 아니라 지수인 경우에는 시세조종의 위험이 크지 않다는 것이 상식이다. 특히 KOSPI200과 같이 대형 우량주 200종목으로 구성된 경우에는 연계 시세조종이 발생할 가능성이 낮다고 할 수 있다. 그런데 프로그램 매매를 이용하여 KOSPI200의 기초자산이 되는 종목들을 인위적으로 움직이는 경우가 있다. 즉, 콜옵션 및 선물을 매수한 후 동 상품들의 가격 상승을 위하여 대량의 프로그램 매수로 결제지수를 상승 유도하는 행위 또는 풋옵션 및 선물을 매도한 후 동 상품의 가격 하락을 위하여 대량의 프로그램 매도로 결제지수를 하락 유도하는 행위를 들 수 있다.

현물매도(KOSPI 200 구성 주식) → 지수선물(KOSPI 200) 가격 조작

- 甲은 KOSPI 200 지수를 구성하는 주식의 가격조작을 통해서 부당이득을 얻을 계획 수립
- 甲은 선물 · 옵션 동시만기일 현물종가결정 시, 프로그램 매매를 통해서 해당 주식의 대량매도주문을 제출함으로써 KOSPI 200 지수의 종가 급락을 유발
- 甲은 KOSPI 200 지수의 급락에 선행하여 제3자인 乙, 丙의 명의로 대량의 콜매도 및 풋매수 포지션을 취해 놓았음
- 시장충격은 甲의 대량매도에 의해서 유발되었으며, 甲의 프로그램 매도물량 중 80%가 체결됨
- KOSPI 200의 종가가 직전가 대비 급락하였고
- 대량의 합성선물매도(콜매도, 풋매수) 포지션을 취한 乙, 丙이 이익을 획득

* 옥기율, 전게논문, 426면.

③ 개별종목과 지수의 연계

KOSPI200과 같은 많은 대형우량주로 구성된 지수를 움직이기 위하여 개별 종목을 인위적으로 움직이는 것은 어렵지만, 예외적으로 기초자산중 하나인 개별 증권의 지수 영향력이 막대할 경우 개별 종목과 지수를 연계하여 이익을 얻는 시세조종거래가 가능하다. 예를 들어 삼성전자나 SK텔레콤과 같은 대형 우량주의 경우 지수에 미치는 영향이 작지 않다. 실제 KOSPI200 지수에 대한 콜옵션 매수 및 풋옵션 매도 포지션을 취한 후, KOPSPI200 지수영향력이 크면서 유동물량이 적어 시세조종하기 쉬운 모 주식을 대량 매수하여 주가를 끌어올림으로써 동 주식이 편입되어 있는 KOSPI200 지수의 상승을 유도해 이익을 얻은 사례가 발생하기도 하였다.[33] 우리나라의 언론들은 삼성전자 관련 외국인의 조직적인 기초자산과 파생상품 간 연계 시세조종 의혹을 자주 제기하고 있다. 예를 들어 2007년에는 외국인투자자가 삼성전자 주식을 대규모로 매도하여 주가 급락을 주도했고 한편에서 선물과 옵션 매도(콜매도+풋매수)를 통해 막대한 이익을 챙겼다는 보도가 행해진바 있다.[34]

(나) 파생상품과 기초자산 간 연계 시세조종

자본시장법 제176조 제4항 제2호는 파생상품의 기초자산의 매매에서 부당한

33 거래소 시장감시위원회는 2005년『현·선 연계 불공정거래 특별심리』에서 유통주식이 적은 A사의 주가를 조작하여 KOSPI200 옵션거래에서 부당이익을 취한 개인투자자를 적발하여 금감원에 통보한바 있으며, 이 사건은 그 후 증선위의 조사를 거쳐 검찰에 고발되었다. 시장감시위원회, "보도자료: 低유동성 종목 및 선물·옵션거래 연계 불공정거래 집중감시," 2006. 6. 28.

34 머니투데이, "외국인 삼성전자 '현·선연계'로 폭락 주도", 2007. 1. 9.

이익을 얻거나 제3자에게 부당한 이익을 얻게 할 목적으로 그 파생상품의 시세를 변동 또는 고정시키는 행위, 즉 기초자산·파생상품 역방향의 시세조종행위 또는 파생상품·기초자산 연계 시세조종행위를 금지하고 있다. 그런데 기초자산 거래에서 부당한 이득을 취하기 위하여 파생상품 거래를 시세조종하는 행위는 그 발생가능성이 다소 낮다고 한다. 예를 들어 장내파생상품 시장에서는 수요와 공급이 무한대로 창출되어 시세조종이 증권시장 보다 어렵다. 그리고 장내파생상품 시장의 유동성 부족시 차익거래가 곤란하여, 장내파생상품 가격을 조종하였음에도 불구하고 증권가격이 변동하지 않는 한 연계거래에 의한 이득의 취득도 어렵다. 가사 장내파생상품 시장의 유동성이 높은 경우 장내파생상품 거래의 가격예시기능 및 차익거래 등으로 인하여 장내파생상품 가격 조종시 증권가격도 변동할 것이지만 동 증권가격은 즉시 본질가치로 회귀할 것이므로 장내파생상품과 증권 간 연계 시세조종의 성공확률은 매우 낮다고 한다. 그렇지만 현재 발생 가능성이 낮다 하더라도 향후 거래기법의 발달과 시장 환경의 변화로 언제든지 그 발생 가능성은 높아질 수 있으므로 미리 이에 대비할 필요가 있다는 취지에서 자본시장법은 파생상품과 기초자산 간 연계 시세조종을 금지하게 된 것이다.

① 지수와 개별종목의 연계거래

이 유형의 연계거래가 가능한 경우를 찾자면 다음 사례와 같이 지수선물과 ETF간 연계 시세조종을 생각할 수 있다.

지수선물 → ETF 매매를 통한 연계거래

- 선물 저평가, 현물 고평가 지속 (베이시스〈선물가격과 현물가격의 차이〉 차이가 마이너스)
- 저평가된 선물은 매수하고, 고평가된 현물은 매도하는 매도차익거래 누적
- 甲이 선물가격 조작을 통해 베이시스 차이를 (-)에서 (+)로 변경, 즉 선물가격을 높임
- 누적된 매도차익거래 포지션의 청산이 발생 (현물매수 + 선물매도)

- 현물지수가 상승하고 선물가격이 하락함
- 미리 매입해둔 ETF의 매도를 통해 이익 실현

* 선정훈, 전게논문, 9면.

② 지수와 다수 현물종목간 연계거래

이 유형의 연계거래에는 보유 현물의 고가매도를 위해 KOSPI 200 선물지수를 상승시키고, 이후 순차적으로 베이시스 확대에 따른 프로그램매수의 유입을 유도하여 KOSPI 200 현물지수를 상승시키는 방법이 있다. 언론보도에 따르면 선물시장의 슈퍼개미들의 선물 대량매매에 의해 현선물 베이시스가 급격히 변동하여 현물지수가 큰폭으로 변동하는 사례가 있다고 한다.[35] 이러한 슈퍼개미들의 거래가 꼭 역방향 연계거래라는 증거는 없지만 이들의 영향력이 입증되었다는 점에서 역방향 연계거래의 현실성도 더욱 증가하였다고 볼 수 있다.

KOSPI 200 선물 → KOSPI 200 지수 및 구성종목 연계거래

- 甲은 유력한 기관투자자중 하나
- 甲은 보유 현물(주식)의 가격을 상승시키고자 우선 KOSPI 200 선물을 매수하여 선물지수를 상승시킴
- KOSPI 200에 대한 선물지수와 현물지수 간 베이시스가 확대
- 이에 따라 차익거래를 위하여 KOSPI 200 구성종목에 프로그램매수가 유입되어 KOSPI 200 구성종목의 주가가 상승
- 甲은 보유 현물을 높은 가격에 매도하여 차익 실현

③ 개별 파생상품과 개별 증권의 연계거래

주식선물의 가격조작을 통하여 동 상품과 유사한 종목 ELW에서 이익을 취득하는 경우가 대표적이라 할 수 있다. 이 유형의 연계거래는 ELW의 가격에 영향을 미쳐 주식선물에서 이익을 취하는 순방향의 기초자산·파생상품 간 연계거래와 방향만 다를 뿐 내용은 동일하다.

(다) '증권 간' 또는 '증권의 기초자산과 증권 간' 연계 시세조종

증권 간 또는 증권의 기초자산과 증권 간 연계 시세조종은 증권 간 또는 증권과 그 증권의 기초자산간 연계성을 이용하여 한 증권의 시세조종으로 다른 증권이나 그 증권의 기초자산에서 이익을 얻고자 하는 불공정거래를 말한다. 대상이 되는 증권은 전환사채, 신주인수권부사채, 주식워런트증권(ELW), 상장지수펀드(ETF, 인덱스 펀드를 개별종목처럼 거래소에 상장시켜 매일 거래가 가능하도록 만든 펀드) 등으로 다양하다. 예를 들어 전환사채나 신주인수권사채를

35 한국경제신문, "슈퍼개미, 선물시장서 다시 기지개", 2004. 10. 26.

보유한 상태에서 대상 주식을 시세조종하여 보유 사채에서 이득을 취득하는 유형을 들 수 있다. 또한 ELW와 같은 파생결합증권 거래에서 기초자산(주식 등)의 시세조종 후 관련 ELW 등의 가격변동을 통하여 부당이익을 획득하거나, 반대로 ELW 등의 시세조종을 통하여 기초자산에서 시세차익을 획득하는 행위를 들 수 있다. 이러한 파생결합증권의 경우는 레버리지 효과가 전환사채나 신주인수권부사채보다 훨씬 크기 때문에 연계 시세조종의 유혹이 더욱 크다.

구 증권거래법 제188조의4 제2항은 시세조종행위의 구성요건을 동일 유가증권에 제한되는 것으로 해석하여 종류가 다른 증권 간의 연계거래는 규제대상이 아니었다. 그런데 자본시장법 제176조 제4항 제3호는 "증권의 매매등에서 부당한 이익을 얻거나 제삼자에게 부당한 이익을 얻게 할 목적으로 그 증권과 연계된 증권으로서 대통령령으로 정하는 증권 또는 그 증권의 기초자산의 시세를 변동 또는 고정시키는 행위"를 금지함으로써, 그동안 규제의 공백이 있었던 증권 간 연계거래를 규제할 수 있도록 하였다. 또한 동법시행령 제207조는 다음의 그림에서 보는바와 같이 증권간 연계거래의 유형을 순환적으로 규정하여 전환사채권, 신주인수권부사채권, 교환사채권, 지분증권, 파생결합증권, 증권예탁증권 등 모든 유형의 증권이 망라되도록 하였다.

증권 간 연계거래 관계도

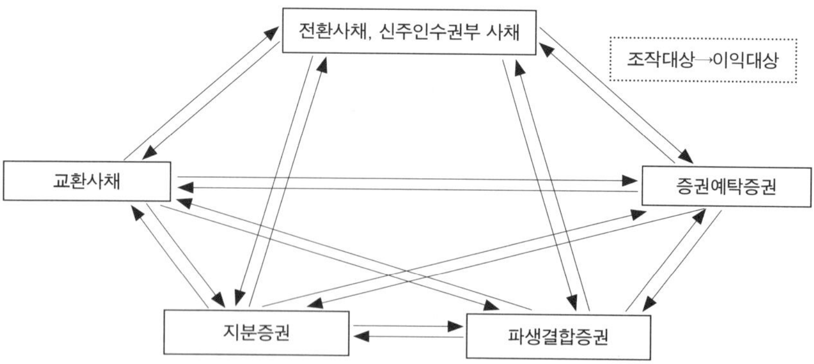

(라) 증권과 증권의 기초자산 간 연계 시세조종

자본시장법 제176조 제4항 제4호는 증권의 기초자산의 매매등에서 부당한 이익을 얻거나 제삼자에게 부당한 이익을 얻게 할 목적으로 그 증권의 시세를 변동 또는 고정시키는 행위를 금지하는데, 이는 동조 동항 제3호와 반대 방향으로 이루어지는 연계 시세조종이다.

(마) 파생상품 간 연계 시세조종

파생상품 간 연계 불공정거래행위란 특정한 파생상품의 가격을 조작해서 그와 연계성이 있는 다른 파생상품에서 이익을 얻고자 하는 불공정거래행위를 말한다. 자본시장법 제174조 제4항 제5호는 "파생상품의 매매등에서 부당한 이익을 얻거나 제삼자에게 부당한 이익을 얻게 할 목적으로 그 파생상품과 기초자산이 동일하거나 유사한 파생상품의 시세를 변동 또는 고정시키는 행위"를 금지하고 있다. 보통 동일한 기초자산을 대상으로 하는 서로 다른 파생상품 종목 간의 연계성을 이용하는 형태로 나타날 것인데, 예를 들면 선물과 옵션, 선물과 선물, 선물과 스왑 간의 연계를 통해 발생할 수 있다.[36]

6. 기타: shell company나 역외펀드를 이용한 시세조종의 사례[37]

최근 국제거래의 급증에 편승하여 부실기업이나 코스닥상장기업 등이 조세피

36 예를 들어 다른 조건이 모두 동일하고 만기만이 서로 다른 스타지수 3월물과 6월물 사이의 연계성을 이용하는 경우도 상정해 보자. 시장참가자인 갑은 유동성 등 시장의 사정으로 스타지수 2009년 3월물을 소규모로 매수하는 경우에도 가격충격효과가 커서 2009년 6월물에 3월물 매수의 효과가 반영될 가능성이 크다는 것을 알고 있다. 이러한 경우 갑이 스타지수 2009년 6월물을 사전에 매입한 후, 스타지수 3월물의 매수를 통해서 시세를 조작하였다면 스타지수 6월물의 가격이 상승하고 갑은 미리 매입하여 둔 스타지수 6월물을 매도하여 이익을 실현하는 것이 가능하다. 이처럼 근월물을 가격조작상품으로 하여 원월물에서 이익을 취하는 유형은 가격연계성, 레버리지효과, 유동성조건 등을 충족시켜 연계 가격조작이 상대적으로 쉽다. 한편 선물가격을 조작해서 옵션에서 이익을 취하는 유형도 있을 수 있다. 예를 들어 갑이 선물·옵션 동시만기일의 현물 종가 결정시에 KOSPI 200 전체 거래량의 약 30%에 해당하는 프로그램 매도 주문을 제출할 예정인데, 만일 갑이 종가 프로그램 매도 주문의 처리에 선행하여 자기계정으로 만기시점에 외가격(out-of-money) 상태, 즉 현재시점에서 권리를 행사하면 손해가 발생하는 상태로서 행사가치가 없는 상태로 끝날 것이 거의 확실한 KOSPI 200 풋옵션을 매수한다면, 갑은 KOSPI 200선물의 가격조작을 통해서 KOSPI 200 풋옵션에서의 이익 실현이 가능하게 된다. 이처럼 갑이 만기 시점에 외가격 상태로 끝날 것이 거의 확실한 풋옵션을 종가결정 직전에 매수하는 행위는 연계 불공정거래행위 이외의 매매의도를 가진다고 보기 어렵다.

37 박성수, 「상사법상 주식회사 관련 형사책임 연구」, 고려대학교 법학박사학위논문, 2009, 133-135면 참조.

난처(tax haven)에 shell company, 즉 기존 회사의 외형(shell, 껍질)을 그대로 둔 채 기업성격을 완전히 탈바꿈 시킨 회사를 설립한 후 외자유치를 빙자한 시세조종행위가 늘어났는데, 가장 대표적인 예가 리타워텍 사건이다. 이는 리먼브라더스가 shell company인 그레이하운드에 융자한 13억 5천만 달러의 자금이 국내에 유입된지 불과 3시간도 안되어 다시 해외로 wire transfer된 후 원래의 대출자인 리먼브라더스에게 돌아간 사건인데, 외자유치라기보다는 초단기 대출에 불과하였음에도 불구하고 피고인 운영의 투자회사인 국내기업 리타워텍이 외자를 유치하여 버뮤다 소재 인터넷 지주회사인 아시아넷을 인수한 것과 같이 허위의 외관을 창출하고 보도자료를 통해 이와 같은 사실을 유포함으로써 투자자들을 유인하였다. 이에 리타워텍 대표는 허위표시·오해유발의 시세조종금지 조항을 위반한 것으로 기소되었는데, 대법원은 "아시아넷 주식의 매매와 관련하여 보도자료 등을 통하여 언론에 공표한 사실이 허위라고 단정하기 어렵고 설사 그 내용이 사실이라 할지라도 피고인이 그 주식의 매매거래를 유인할 목적으로 고의로 허위의 표시 또는 오해를 유발하게 하는 표시를 하였다고 볼 수 없으므로 유가증권 매매에 있어서 허위표시 또는 오해유발 표시행위를 하였다는 부분에 관한 구 증권거래법 위반의 점은 무죄"라고 판시하였다.[38] 리타워텍 사건은 선진금융기법임을 내세워 외자유치를 이용한 편법적인 자금유입과 사실상의 주가조작으로 인하여 일반 투자자들에게 커다란 피해를 입혔음에도 불구하고 당시 적절한 규제수단이 없는 바람에 일반적인 시세조종과 마찬가지로 입증의 문제로 귀착되어 무죄가 선고되었다.

한편 국내 대기업이나 코스닥 업체들이 역외펀드를 이용한 외자유치를 가장하여 시세를 조종하거나 탈세, 자금세탁 등의 불법행위를 저지르는 사례도 많아지고 있는데, 가장 대표적인 예가 바른손 사건이다. 2001년 4월 금융감독원은 벤처캐피탈사가 조세피난처인 말레이시아 라부안에 2개의 역외펀드를 설립하고 이를 이용하여 2000년 7월부터 코스닥기업인 바른손의 주식을 수시로 사

38 대법원 2002. 10. 8. 선고 2002도2888 판결. 그렇지만 피고인은 아시아넷을 설립한 뒤 증권사 직원들과 공모하여 주식을 불법 발행해 196억원의 투자금을 유치한 부분에 대하여 '특정경제범죄가중처벌 등에 관한 법률'상의 증재혐의가 인정되어 처벌받았다.

고 팔아 시세를 조종한 혐의가 있어 관련자들을 시세조종 혐의로 검찰에 수사의뢰하였다. 역외펀드의 설립과 운영에 있어서 거주자인 국내 기업이 비거주자인 역외펀드와 파생금융거래를 하거나 대외지급수단의 매매, 증권 취득 등을 행하고 비거주자에 대한 금전대여나 채무보증 등의 자본거래를 행하기 마련인데, 외국환거래법상으로 신고사항에 불과하고 위반 시에도 경미한 과태료만이 부과되었으므로 법을 위반하는 사례가 많다. 즉 일부 코스닥상장법인들은 조세피난처에 역외펀드를 설립하고 회사 자금을 빼돌린 후 다시 동 자금을 국내로 유입시켜 마치 외자를 유치한 것처럼 허위공시하여 주가를 끌어올리거나 자사주를 사고 팔아 거액의 차익을 실현하는 수법을 이용하고 있다. 문제는 역시 이러한 경우에도 형사처벌을 위해 엄격한 입증을 하여야 한다는 점이다.

이러한 경우 2014년 개정 자본시장법에 의한 시장질서 교란행위의 금지 규정이 효과를 발휘할 수도 있다. 즉 리타워텍 사건이나 바른손 사건의 피고를 제178조의2 제2항 제4호에서 규정하는 "거짓으로 계책을 꾸미는 등으로 상장증권 또는 장내파생상품의 수요·공급 상황이나 그 가격에 대하여 타인에게 잘못된 판단이나 오해를 유발하거나 상장증권 또는 장내파생상품의 가격을 왜곡할 우려가 있는 행위"를 한 자로 보아 과징금을 부과할 수 있는 것이다.

III. 제재

1. 손해배상책임

(1) 총설

자본시장법 제177조 제1항에 의하면 시세조종행위의 금지규정을 위반한 자에게 다음과 같은 손해를 배상할 책임을 지우고 있다.

> 1. 그 위반행위로 인하여 형성된 가격에 의하여 해당 증권 또는 파생상품에 관한 매매등을 하거나 그 위탁을 한 자가 그 매매등 또는 위탁으로 인하여 입은 손해

2. 제1호의 손해 외에 그 위반행위(제176조제4항 각 호의 어느 하나에 해당하는 행위로 한정한다)로 인하여 가격에 영향을 받은 다른 증권, 파생상품 또는 그 증권·파생상품의 기초자산에 대한 매매등을 하거나 그 위탁을 한 자가 그 매매등 또는 위탁으로 인하여 입은 손해
3. 제1호 및 제2호의 손해 외에 그 위반행위(제176조제4항 각 호의 어느 하나에 해당하는 행위로 한정한다)로 인하여 특정 시점의 가격 또는 수치에 따라 권리행사 또는 조건성취 여부가 결정되거나 금전등이 결제되는 증권 또는 파생상품과 관련하여 그 증권 또는 파생상품을 보유한 자가 그 위반행위로 형성된 가격 또는 수치에 따라 결정되거나 결제됨으로써 입은 손해

종래에는 제1호만 규정되어 있었지만, 제1호만으로는 연계 불공정거래 행위로 손해를 입은 투자자들에게 제대로 된 손해배상을 할 수 없다는 이유로 2013년 개정 자본시장법에 의하여 제2호와 제3호가 추가된 것이다. 제2호는 가격조작상품의 가격조작이 이루어진 상태에서 이익획득상품의 매매를 한 자가 입은 손해를 배상하도록 하는 것이다. 여기서는 이익획득상품의 매매등이 수반되어야 한다는 점에서 제3호와 다르다. 제3호는 최근 문제된 ELS와 같은 이익획득상품의 경우 기초자산의 가격이 조작되고 조건성취가 방해됨으로써 조기 상환받지 못하고 계속 보유할 수 밖에 없는 경우 그 보유자의 손해를 배상하도록 하는 것이다. 자본시장법 제177조 1항은 민법 제750조의 특칙으로서 양 손해배상청구권은 청구권경합의 관계에 있다.

(2) 손해배상청구권자

일종의 사기행위인 시세조정행위로 인하여 형성된 가격으로 증권, 파생상품, 또는 그 기초자산을 매수·매도한 자 또는 위탁을 한 자 뿐만 아니라 해당 증권이나 파생상품을 보유한 자가 여기서의 손해배상청구를 할 수 있다. 원래 제1호와 제2호의 매매등이나 그 위탁을 한 자로 규정한 것은 남소를 방지하려는 것인데, 미국의 소위 Blue Chip rule을 도입한 것이다. 매매거래의 장소는 당연히 장내 또는 장외를 불문한다.

제1호, 제2호의 경우 원고는 시세조정행위로 인한 손해를 입증하면 족하다.

즉 원고는 ① 피고의 시세조정행위로 인하여 형성된 가격에 매매를 하였다는 사실과 ② 손해의 발생을 입증하기만 하면 되고, 피고의 시세조종행위로 인하여 거래를 하였다는 거래인과관계는 별도로 입증할 필요가 없다. 그리고 원고는 시세조정행위자의 고의·과실을 입증할 필요가 없는데, 다만 매매당시 매매가격이 시세조정행위로 인하여 형성된 가격이란 것을 알았을 때에는 배상청구를 할 수 없을 것이다. 왜냐하면 이러한 원고까지 보호할 필요는 없기 때문이다. 참고로 미국 증권법상의 '시장에 대한 사기이론(fraud on the market theory)'에 의하면 원고가 시세조종행위로 인하여 형성된 가격에 매매를 할 경우 거래인과관계의 존재를 추정받는데, 자본시장법 제177조 제1항도 이러한 시장에 대한 사기이론이 반영된 것으로 본다.[39]

그렇지만 원고가 손해인과관계는 입증하여야 할 것이다. 판례는 "특정 회사의 주식에 대한 시세조종행위라는 위법행위와 그 주식의 매매거래 또는 위탁을 한 자가 입은 손해의 발생과 사이에 상당인과관계가 존재하는지 여부를 판단하기 위하여 이른바 사건연구(event study) 방식의 분석을 활용하는 경우, 시세조종행위가 발생한 기간(이른바 사건기간) 이전의 일정 기간(이른바 추정기간)의 종합주가지수, 업종지수 및 동종업체의 주가 등 공개된 지표 중 가장 적절한 것을 바탕으로 도출한 회귀방정식을 이용하여 사건기간 동안의 정상수익률을 산출한 다음 이를 기초로 추정한 '사건기간 중의 일자별 정상주가'와 '사건기간 중의 일자별 실제주가'를 비교하여 그 차이가 통계적으로 의미가 있는 경우에 한하여 시세조종행위의 영향으로 인하여 주가가 변동되었다고 보아 상당인과관계가 존재한다는 판단을 하게 되는 것"이라고 함으로써, 손해인과관계를 입증하도록 하고 있다.[40]

(3) 손해배상의 범위

대법원은 시세조종행위가 없었다면 형성되었을 정상주가(보통 매수시점에서의 정상주가)와 시세조종행위로 인하여 형성된 가격으로서 피해자가 실제로 거래

39 임재연, 1044면.

40 대법원 2007. 11. 30. 선고 2006다58578 판결.

한 조작주가의 차액을 손해로 보는 입장을 취한다(차액설).[41] 정상주가의 산정 방법은 전문가의 감정을 통하게 되어 있는데, 회귀방정식을 이용하여 사건기간 동안의 정상수익률을 산출하도록 하고 있다. 사건연구방식의 분석에 있어서는 사건기관과 추정기간을 정확히 설정하는 것이 중요할 것이다.

대법원이 매수시점에서의 정상주가에 의한 정태적 산정방식을 고수하고 있는 것에 대하여, 최근에는 매수시점뿐만 아니라 매도시점의 정상주가도 함께 고려하는 동태적 산정방식을 채택하여야 한다는 유력설(손익비교설)이 제기되고 있다. 이에 의하면 "시세조종행위가 없었더라면 매도 당시 형성되었으리라고 인정되는 주가(매도정상주가)와 매수 당시 형성되었으리라고 인정되는 주가(매수정상주가)와의 차액(즉, 정상주가에 의하여 발생하였으리라고 인정되는 매매손익)에서, 시세조종행위로 인하여 형성된 주가로서 그 투자자가 실제로 매도한 주가(매도조작주가)와 매수한 주가(매수조작주가)와의 차액(즉, 조작주가에 의한 매매손익, 실제로 발생한 매매손익)을 공제한 금액"이 손해라는 것이다.[42]

(4) 소멸시효

자본시장법 제177조 제2항에 의하면 시세조종의 경우 손해배상청구권은 청구권자가 제176조를 위반한 행위가 있었던 사실을 안 때부터 2년간, 그 행위가 있었던 때부터 5년간 이를 행사하지 아니한 경우에는 시효로 인하여 소멸한다고 규정하고 있다.

2. 형사책임

(1) 법문

자본시장법 제443조 제1항에 의하면 시세조종행위를 한 자는 1년 이상의 징역 또는 그 위반행위로 얻은 이익 또는 회피한 손실액의 3배 이상 5배 이하에 상당하는 벌금에 처하지만 그 위반행위로 얻은 이익[43] 또는 회피한 손실액이 없거나

41 대법원 2004. 5. 28 선고 2003다69607·69614 판결.

42 임재연, 1046-1047면.

43 위반행위로 얻은 이익은 그 위반행위와 관련된 거래로 인하여 얻은 이익 중 위반행위로 인하여 발생한 위험과 인과관계가 인정되는 것을 의미한다고 보아야 한다. 이는 통상적인 경우에는 위반행위와 관련된 거래로 인한

산정하기 곤란한 경우 또는 그 위반행위로 얻은 이익 또는 회피한 손실액의 5배에 해당하는 금액이 5억원 이하인 경우에는 벌금의 상한액을 5억원으로 한다. 그리고 동조 제2항에 의하면 시세조종 위반행위로 얻은 이익 또는 회피한 손실액이 5억원 이상인 경우에는 징역형을 다음과 같이 가중할 수 있도록 규정하고 있다. ① 이익 또는 회피한 손실액이 50억원 이상인 경우에는 무기 또는 5년 이상의 징역, ② 이익 또는 회피한 손실액이 5억원 이상 50억원 미만인 경우에는 3년 이상의 유기징역. 마지막으로 동조 제3항에 의하면 제1항과 제2항에 의하여 유기징역에 처하는 경우 10년 이하의 자격정지를 병과할 수 있다고 규정한다.

(2) 이익의 산정 및 귀속주체

대법원 2018. 10. 12. 선고 2018도8438 판결은 시세조종으로 얻은 이익과 관련한 여러 가지의 쟁점에 대해 다음과 같이 설시하고 있다.

첫째, 이익 가액 산정이 엄격하게 이루어져야 한다는 대원칙을 제시하고 있다. 즉 자본시장법 제443조가 '위반행위로 얻은 이익 또는 회피한 손실'을 범죄구성요건의 일부로 삼아 그 가액에 따라 형을 가중하고 있으므로, 이를 적용할 때에는 위반행위로 얻은 이익의 가액을 엄격하고 신중하게 산정함으로써 범죄와 형벌 사이에 적정한 균형이 이루어져야 한다는 죄형 균형의 원칙이나 형벌은 책임에 기초하고 그 책임에 비례하여야 한다는 책임주의 원칙을 훼손하지 않도록 유의하여야 한다고 하였다.

둘째, 여기서의 이익에는 실현이익뿐만 아니라 미실현이익을 포함한다는 점을 명확히 하였다. 즉 '위반행위로 얻은 이익'은 위반행위로 행위자가 얻은 인과관계에 있는 이익의 전부를 뜻하므로, 시세조종행위 기간 중에 한 구체적 거래로 인하여 이미 발생한 이익(이하 '실현이익'이라 한다)과 시세조종행위 종료 시점 당시 보유 중인 시세조종 대상 주식 또는 신주인수권증권의 평가이익('미실

총수입에서 그 거래를 위한 총비용을 공제한 차액을 산정하는 방법으로 산출할 수 있겠지만, 주식시장에서 정상적인 주가변동요인에 의한 주가상승분이나 위반행위자와 무관한 제3자가 야기한 변동요인에 의한 주가상승분이 존재하는 등으로 구체적인 사안에서 위반행위로 얻은 이익의 가액을 위와 같은 방법으로 산정하는 것이 부당하다고 볼 만한 사정이 있는 경우에는 위반행위와 인과관계가 인정되는 이익만을 따로 구분하여 산정해야 하고, 그에 대한 증명책임은 검사가 부담한다. 대법원 2013. 7. 11. 선고 2011도15056 판결.

현이익')이 모두 포함된다고 한 것이다.[44] 입법론적으로는 자본시장법 제443조의 벌칙 조항에서 미실현이익을 포함시킨다는 점을 명확히 규정하는 형식으로 개정이 이루어져야 한다. 왜냐하면 2014년 개정 자본시장법 제429조의2가 시장질서 교란행위에 대한 과징금을 산정할 때 위반행위와 관련된 거래로 인한 이익에 미실현이익을 포함한다는 점을 명확히 하였으므로, 형사벌칙을 부과하는 제443조에서도 이를 반영하여 죄형법정주의의 이상을 실현하는 것이 옳기 때문이다.

셋째, 매수단가의 산정과 관련하여 유형별로 매우 상세한 기준을 제시하고 있다. 즉 "시세조종행위로 주가를 상승시킨 경우 그에 따른 실현이익은 '매도단가와 매수단가의 차액에 매매일치수량(매수수량과 매도수량 중 더 적은 수량)을 곱하여 계산한 금액'에서 '주식을 처분할 때 든 거래비용'을 공제하여 산정된다. 시세조종행위로 이익을 얻기 위해 주식을 취득하였다면 실제 매수가액을 매수수량으로 가중평균한 단가를 매수단가로 적용하고, 신주인수권증권을 취득한 뒤 이를 행사하여 주식을 발행받아 처분하였다면 신주인수권 행사가격에 신주인수권증권 매입가액을 더한 금액(이하 '신주인수권 매수가격'이라 한다)을 매수수량으로 가중평균한 단가를 매수단가로 보아야 한다. 그러나 시세조종행위로 이익을 얻기 위해 주식이나 신주인수권증권을 취득한 것이 아니라면, 시세조종기간 전일 주식의 종가를 매수단가로 보아야 한다. 기존에 보유하고 있던 주식 또는 신주인수권 매수가격은 시세조종행위와 무관하기 때문"이라고 하였다.

넷째, 기타 위반행위로 인한 이익에 포함될 수 있는 사항과 그렇지 않은 사항을 준별하고 있다. 즉 "결국 시세조종기간 전일의 종가가 정상적인 주가변동이나 위반행위자와 무관한 변동요인으로 말미암아 기존에 보유하고 있던 주식 또는 신주인수권 매수가격보다 높다면, 그 차액만큼의 이익은 시세조종행위와 관

44 여기서 미실현이익은 특별한 사정이 없는 한 시세조종행위가 종료될 당시를 기준으로 산정할 것이고, 이는 처분을 전제로 하지 않고 보유하고 있는 주식의 가치를 평가하여 위반행위로 인하여 발생한 위험과 인과관계가 인정되는 이익을 산정하는 것이므로, 실현이익을 산정하는 경우 실제 처분 시 소요된 거래비용 등을 공제하여야 하는 것과 달리 장래 처분 시 예상되는 거래비용 등을 공제하여 산정할 것은 아니다. 대법원 2013. 7. 11. 선고 2011도15056 판결.

계없이 얻은 것이어서 '위반행위로 얻은 이익'으로 볼 수 없다. 반면 시세조종기간 전일 종가가 주식 또는 신주인수권 매수가격보다 낮았는데 시세조종행위로 주가가 주식 또는 신주인수권 매수가격보다 상승하였다면, 주식 또는 신주인수권 매수가격과 시세조종기간 전일의 종가의 차액만큼의 이익도 시세조종행위로 형성된 것이므로 '위반행위로 얻은 이익'에 해당한다. 한편 시세조종기간에 주식이 매도된 경우 매도단가는 실제 매도가액을 매도수량으로 가중평균하는 방식으로 정하여야 한다"고 하였다.

이익의 귀속주체와 관련한 쟁점도 발생할 수 있다. 예를 들어 고객과의 포괄적인 일임매매약정에 의하여 고객의 계좌를 관리하는 투자중개업자의 직원이 고객의 계좌를 시세조종에 이용하여 결과적으로 고객에게 이익이 귀속된 경우에는 시세조종행위자와 이익귀속주체가 일치하지 않는 문제가 발생하는 것이다. 단지 경제적인 이익이 위반행위자에게 귀속되지 않으므로 여기서의 "위반행위로 인한 이익"이 아니라고 해석하는 것은 정의에 반할 뿐만 아니라 구체적인 타당성도 없다. 따라서 이 때에도 "위반행위로 인한 이익"이 발생했다고 보아야 한다.[45]

(3) 포괄일죄

자본시장법 제176조가 항을 구분하여 4가지 유형의 시세조종행위를 별도로 규정하고 있는데, 각 항에 규정된 개개의 시세조종행위를 하나의 독립된 범죄로 볼 것인지 아니면 포괄하여 하나의 범죄로 볼 것인지가 문제될 수 있다. 이에 대하여 판례는 "주식을 대량으로 매집하여 그 시세를 조종하려는 목적으로 여러 차례에 걸쳐 구 증권거래법 제188조의4 제1항 제1호 내지 제3호 소정의 통정 및 가장매매행위, 제2항 제1호 소정의 고가매수주문 및 허수주문행위 등의 불공정거래행위를 반복한 경우, 위 각 행위는 모두 포괄하여 같은 법 제207조의2 제2호, 제118조의4 소정의 불공정거래행위금지 위반의 일죄를 구성한다"고 판

45 동지: 김건식·정순섭, 499면. 다만 대법원은 범행에 가담하지 아니한 제3자에게 귀속된 이익은 부당이득에 포함하지 아니한다는 입장이고(대법원 2011. 7. 14. 선고 2011도3180 판결 등), 임재연 1074면도 이 경우 부당이득으로 산정되지 않는다는 입장이다.

시하였다.[46]

따라서 "포괄일죄의 범행 도중에 공동정범으로 범행에 가담한 자는 비록 그가 그 범행에 가담할 때에 이미 이루어진 종전의 범행을 알았다 하더라도 그 가담 이후의 범행에 대하여만 공동정범으로 책임을 진다."[47] 한편 피고인이 포괄일죄의 관계에 있는 범행의 일부를 실행한 후 공범관계에서 이탈하였으나 다른 공범자에 의하여 나머지 범행이 이루어진 경우에는 피고인이 관여하지 않은 부분에 대하여도 공범으로서의 책임을 부담하는 것이므로, 시세조종에 가담한 자가 공범관계에서 이탈한 후에 다른 공범들의 시세조종을 제지한 사실이 없는 이상 공범들이 얻은 이익의 전체를 기준으로 한 법정형의 처벌을 받게 된다.[48]

3. 증권선물위원회의 조사권과 조치권

증권선물위원회는 '금융위원회의 설치등에 관한 법률' 제19조에 의하여 설치되어 자본시장의 불공정거래 조사와 같이 법령에서 부여된 업무를 수행하는데, 자본시장법 제426조와 제427조는 증권선물위원회의 조사권과 조치권을 규정하고 있다.

4. 국제적 불공정거래에 대한 감독체제 확립

증권시장이 국제화함에 따라 국내·외적으로 행해지는 시세조정행위가 외국과 관련있는 경우 금융위원회(또는 증권선물위원회)는 외국의 증권감독기관과 정보를 교환할 수 있어야 할 것이다. 자본시장법 제437조 제1항 내지 제3항은 국제적 불공정거래에 있어서 감독기간 간의 공조체제를 견고히 하기 위한 수단을 제공하고 있다. 거래소도 외국의 거래소와 정보를 교환할 수 있는데, 이 때에는 미리 금융위원회와 협의하여야 한다(동조 제4항, 제5항).

46 대법원 2005. 11. 10. 선고 2004도1164 판결.

47 대법원 1997. 6. 27. 선고 97도163 판결.

48 임재연, 1067-1068면.

제2절 부정거래행위 등의 금지

I. 개관

증권, 파생상품시장의 급격한 발전과 함께 관련 범죄기법도 점차 고도화하고 지능화함에 따라 기존의 불공정거래 규제조항 만으로 제재할 수 없는 행위유형이 증가하였다. 이를 방치할 경우 시장질서가 문란해질 뿐만 아니라 투자자 보호에 대한 사각지대가 발생하는 등 자본시장의 기본적인 축이 흔들릴 위험성이 높았다. 이 때문에 시장질서를 바로잡고 투자자 보호를 극대화하려는 목적으로 자본시장법 제178조는 포괄적인 불공정거래 금지조항을 마련하게 된 것이다.[49]

사실 2000년대 중반에도 포괄적 사기금지조항을 신설하려는 시도가 있었지만, 당시 국회재정경제위원회는 ① 금지대상행위가 구체적이지 않아 죄형법정주의의 원칙에 위반될 소지가 있고 추상적이고 포괄적인 규정 방식으로 인하여 단지 선언적인 규정에 그칠 가능성이 있다는 점과 ② 구 증권거래법 제188조의 4 제4항으로도 대부분의 사기행위를 규제할 수 있다는 점을 들어 동 조항의 신설을 부결하였었다.[50]

자본시장법이 포괄적인 사기금지조항을 도입한 것에 대해 여전히 법적, 정책적인 측면에서 비판이 있는 것은 사실이지만 내부자거래와 시세조종행위 등 특정된 금지대상 외의 모든 불공정거래 행위를 사기행위로 규제할 수 있게 되었다는 점에서 긍정적인 측면이 있다. 다만 죄형법정주의와 관련한 문제점이 계속적

49 과거에도 부당이득목적의 허위시세나 허위사실 풍설의 유포행위, 허위표시 이용 오해 유발행위 등을 금지하던 구 증권거래법 제188조의4 제4항을 포괄적 사기금지조항으로 이해하는 분들이 많았었다. 그러나 동 조항은 시세조종 금지에 편입되어 있었기 때문에 시세조종과 연계된 포괄적인 불공정거래 금지조항으로 볼 가능성도 있었다. 이 때문에 자본시장법은 시세조종행위와 분리하여 독립된 조항으로 178조를 마련하였고 미국의 SEC Rule 10b-5의 가장 핵심인 anti-fraud 조항을 제1항에 신설한 것이다.

50 참고로 구 증권거래법 제188조의4 제4항의 법문은 다음과 같다. "누구든지 유가증권의 매매 기타 거래와 관련하여 다음 각호의 1에 해당하는 행위를 하지 못한다. 1. 부당한 이득을 얻기 위하여 고의로 허위의 시세 또는 허위의 사실 기타 풍설을 유포하거나 위계를 쓰는 행위 2. 중요한 사항에 관하여 허위의 표시를 하거나 필요한 사실의 표시가 누락된 문서를 이용하여 타인에게 오해를 유발하게 함으로써 금전 기타 재산상의 이익을 얻고자 하는 행위."

으로 대두될 가능성을 우려하여 다음과 같은 3가지 측면에서의 입법방향을 구체적인 조항으로 성문화하는데 상당히 신중을 기하였다고 한다. ① 발행시장에서의 사기적 거래와 폭행·협박과 같은 강압적 행위 등 과거에 규제공백상태에 있거나 규제공백의 우려가 있는 행위들을 보다 구체적으로 구성요건화 하는 등으로 행위요건을 더욱 구체화하고, ② 구 증권거래법 제188조의4 제4항을 자본시장법 제178조에 흡수하여 중복규제의 비판을 잠재우고자 하였으며, ③ 일본 금융상품거래법을 참조하여 자본시장법 체제에 맞추어 조문화함으로써 입법적인 정합성을 갖추려고 노력하였다.

II. 적용범위 및 관련쟁점

자본시장법 제178조는 이른바 catch-all 조항으로서 행위의 주체, 행위의 내용, 행위의 장소 등을 특정범위에 제한하지 않고 모든 유형을 망라할 수 있도록 포괄적이고 일반적인 구성요건을 두고 있다. 즉 행위의 주체라는 면에서 누구도 특정하지 않고 있으며 행위대상을 종래의 증권에서 금융투자상품으로 확대하였고 공모·사모를 포함하며 행위장소는 장내·장외를 구별하지 않고 행위요소는 유형·무형의 모든 것을 고려하고 있는 것이다.[51]

그렇지만 자본시장법 제178조 제1항 제1호의 "부정한 수단, 계획 또는 기교를 사용하는 행위"란 법문은 범위가 광범위하고 모호하므로 죄형법정주의에서 파생되는 명확성의 원칙에 반할 위험성이 있는 것이 사실이다. 따라서 구체적인 사건에서 이 조항을 적용할 때에는 국민의 기본권이 침해되지 않도록 관련당국

51 대법원 2006. 4. 14. 선고 2003도6759 판결은 "구 증권거래법(2004. 1. 29. 법률 제7114호로 개정되기 전의 것) 제188조의4 제4항은 같은 조 제1항 내지 제3항에 대한 일반규정으로서 '유가증권의 매매 기타 거래'와 관련하여 소정의 불공정행위를 포괄적으로 금지하고 있을 뿐, 같은 조 제1항 내지 제3항과 같이 거래객체를 '상장유가증권 또는 협회중개시장에 등록된 유가증권'으로 한정하거나 거래장소를 '유가증권시장 또는 협회중개시장'으로 제한하고 있지 않으므로, 위 조항은 상장유가증권 또는 협회중개시장에 등록된 유가증권은 물론 같은 법 제2조 제1항 각 호와 제2항이 정의한 유가증권에 포함되는 모든 유가증권의 매매 기타 거래에 적용되며, 유가증권시장 또는 협회중개시장에서의 거래는 물론 장외시장에서의 직접·대면거래에 대하여도 마찬가지로 적용된다고 봄이 상당하다"고 판시하였다.

의 세심한 주의 및 배려가 필요하다고 본다. 또한 외국에서의 적용사례를 검토하고 합리적인 적용범위를 도출한 후 행위와 제재간 비례의 원칙이 유지되도록 유념하여야 할 것이다. 참고로 일본에서도 구 증권거래법 제157조의 부정거래행위 금지조항이 문제된 적이 있었는데, 최고재판소는 "유가증권의 매매거래 등에 한정되고, 그와 관련하여 사회통념상 부정으로 인식되는 모든 형태의 행위를 지칭하는 것으로 문리적인 측면에서 그 의미가 명확하고 그 자체로 범죄의 구성요건을 명확하게 하고 있다고 판단된다"고 판시함으로써 법문의 불명확성에 대한 시비를 잠재운바 있다.[52]

Ⅲ. 금지행위의 유형

자본시장법 제178조의 법문은 다음과 같다.

제178조 (부정거래행위 등의 금지) ① 누구든지 금융투자상품의 매매(증권의 경우 모집·사모·매출을 포함한다. 이하 이 조 및 제179조에서 같다), 그 밖의 거래와 관련하여 다음 각 호의 어느 하나에 해당하는 행위를 하여서는 아니 된다.

1. 부정한 수단, 계획 또는 기교를 사용하는 행위
2. 중요사항에 관하여 거짓의 기재 또는 표시를 하거나 타인에게 오해를 유발시키지 아니하기 위하여 필요한 중요사항의 기재 또는 표시가 누락된 문서, 그 밖의 기재 또는 표시를 사용하여 금전, 그 밖의 재산상의 이익을 얻고자 하는 행위
3. 금융투자상품의 매매, 그 밖의 거래를 유인할 목적으로 거짓의 시세를 이용하는 행위

② 누구든지 금융투자상품의 매매, 그 밖의 거래를 할 목적이나 그 시세의 변동을 도모할 목적으로 풍문의 유포, 위계(僞計)의 사용, 폭행 또는 협박을 하여서는 아니 된다.

52 일본 구 증권거래법 제157조는 현재의 금융상품거래법 제157조로 여전히 명맥을 유지하고 있다. 즉 금융상품거래법 제157조는 부정행위의 금지라는 제목으로 다음의 3가지 행위를 금지하고 있다. 1. 유가증권의 매매 기타 거래 또는 파생상품거래 등에 관하여 부정한 수단, 계획 또는 기교를 사용하는 것, 2. 유가증권의 매매·기타 거래 또는 파생상품거래 등에 관하여 중요한 사항에 대하여 허위의 표시가 있거나 오해를 발생시키지 아니하기 위하여 필요한 중요한 사실의 표시가 누락된 문서 기타 표시를 사용하여 금전 기타 재산을 취득하는, 3. 유가증권의 매매 기타 거래 또는 파생상품거래 등을 유인할 목적으로 허위의 시세를 이용하는 것.

1. 부정한 수단, 계획 또는 기교를 사용하는 행위

이는 상당히 포괄적인 금지유형을 제시한 것이므로 구체적인 범위와 행위유형 등은 향후 판례와 학설에 맡겨졌다고 보아야 할 것이다. 일단 내부자거래나 시세조종과 같은 기존의 전형적인 불공정거래 행위에 해당하지 않으면서 부당한 방법이나 수단을 이용하는 새로운 유형의 불공정거래행위는 모두 포함되는 것으로 해석된다. 미국과 달리 우리 자본시장법은 "사기를 위하여"라는 요건 대신 "부정성"을 요건으로 규정하여 기망적 요소를 구성요건으로 규정하지 않고 있다.[53] 이 유형이 다른 부정거래행위의 구성요건보다 추상적으로 정의되어 있으므로, 자본시장법 제178조 제1항 제2호와 제3호가 적용되기 어려운 경우에 한하여 제한적이고 보충적으로 적용되어야 할 것이다.

대법원 2014. 1. 16. 선고 2013도9933 판결은 "여기서 '부정한 수단, 계획 또는 기교'란 사회통념상 부정하다고 인정되는 일체의 수단, 계획 또는 기교를 말한다. 나아가 어떠한 행위를 부정하다고 할지는 그 행위가 법령 등에서 금지된 것인지, 다른 투자자들로 하여금 잘못된 판단을 하게 함으로써 공정한 경쟁을 해치고 선의의 투자자에게 손해를 전가하여 자본시장의 공정성, 신뢰성 및 효율성을 해칠 위험이 있는지를 고려해야 할 것인데, 금융투자업자 등이 특정 투자자에 대하여만 투자기회 또는 거래수단을 제공한 경우에는 그 금융거래시장의 특성과 거래참여자의 종류와 규모, 거래의 구조와 방식, 특정 투자자에 대하여만 투자기회 등을 제공하게 된 동기와 방법, 이로 인하여 다른 일반투자자들의 투자기회 등을 침해함으로써 다른 일반투자자들에게 손해를 초래할 위험이 있는지 여부, 이와 같은 행위로 인하여 금융상품 거래의 공정성에 대한 투자자들의 신뢰가 중대하게 훼손되었다고 볼 수 있는지 등의 사정을 구 자본시장법의 목적·취지에 비추어 종합적으로 고려하여 판단하여야 한다"고 하였다.[54]

그런데 서울고등법원 2011. 6. 9. 선고 2010노3160 판결은 "자본시장법 제178조 제1항 제1호는 거래구조의 변화나 시장의 환경변화에 따라 다양하고 새로운

53 일본의 금융상품거래법 제157조 제1호도 우리 자본시장법 제178조 제1항 제1호와 마찬가지로 부정성을 요건으로 한다.

54 대법원 2018. 4. 12. 선고 2013도6962 판결 등도 동일하게 판시하고 있다.

유형의 부정거래행위가 발생할 수 있는 개연성이 높은 반면 모든 부정거래행위 유형을 사전에 일일이 열거하여 규제하는 것은 입법기술상 한계가 있는 점을 고려하여 자본시장법 제정과 함께 신설된 조항이다. 그런데 위와 같은 입법취지를 감안하더라도 자본시장법 제178조 제1항 제1호는 그 문언 자체가 지나치게 포괄적·추상적이어서 자칫 형사법의 대원칙인 죄형법정주의와 충돌할 우려가 있다. 따라서 자본시장법 제178조 제1항 제1호를 적용함에 있어서는, 자본시장에서의 금융혁신과 공정한 경쟁을 촉진하고 투자자를 보호하며 금융투자업을 건전하게 육성함으로써 자본시장의 공정성·신뢰성 및 효율성을 높여 국민경제의 발전에 이바지한다는 자본시장법의 목적(자본시장법 제1조)에 유념하면서, 같은 항 제2호, 제3호 및 같은 조 제2항을 통하여 보다 구체화된 부정거래행위의 내용, 그 밖에 당해 행위의 불법성 정도가 다른 규정을 통하여 처벌하더라도 자본시장법의 목적 달성에 지장을 초래하지 않는지 등을 종합적으로 고려하여 죄형법정주의와 최대한 조화를 이룰 수 있도록 신중을 기함이 옳다"고 하였다.[55] 이러한 하급심 판결의 취지를 따른다면, 본 조항에서의 "계획"이란 용어를 실행에 착수하지 않고 단순히 예비음모한 것까지 포함하는 것으로 보아서는 안될 것이다.[56]

자본시장법 제1항 제1호의 적용이 부정된 사례도 있지만,[57] 최근에는 원용되

55 서울중앙지방법원 2014. 6. 13. 선고 2013고합17 판결은 형벌권의 남용을 초래할 염려도 있음을 주목하여 "일정한 증권거래행위가 자본시장법 제1항 제1호에 해당되는지 여부를 판단함에 있어서는, 자본시장법 제178조가 부정거래행위를 금지하는 것은 증권거래에 관한 부정거래가 다수인에게 영향을 미치고 증권시장 전체를 불건전하게 할 수 있기 때문에 증권거래에 참가하는 개개 투자자의 이익을 보호함과 함께 투자자 일반의 증권시장에 대한 신뢰를 보호하여 증권시장이 국민경제의 발전에 기여할 수 있도록 하는데 그 목적이 있다는 점을 염두에 두고 같은 조 제1항 제2호, 제3호 및 제2항에서 규정하고 있는 구체적 금지행위 유형들과 유사 내지 동일시 할 수 있는 행위로 그 적용범위를 제한하여야" 한다고 하였다.

56 반대: 임재연, 991면.

57 대법원 2014. 1. 16. 선고 2013도9933 판결에서는 원심의 판단, 즉 "원심은 ① 증권회사가 고객의 주문을 접수하는 방식은 주문전표 방식, 전화·전보·모사전송 등의 방식, 전자통신 방식 및 투자자가 자신의 주문을 증권사 전산시스템을 이용하여 거래소에 직접 제출하여 주문처리 속도를 높이는 DMA(Direct Market Access, 이하 'DMA'라 한다) 방식으로 다양한데, 서로 다른 방식으로 접수된 주문들 사이의 접수시점을 언제로 볼 것인지에 관한 명확한 기준이 없고, 각 수단 사이의 시계 일치에 필요한 기술적 한계를 극복할 방법 또한 없어서 접수순서대로 주문이 체결되도록 하는 것은 사실상 불가능한 점, ② 구 자본시장법에서는 증권회사가 고객들에게 제공하는 거래 방법의 속도 차이에 관하여 아무런 규정도 두고 있지 아니하고, 유가증권시장 업무규정 시행세칙 제123조 및 금융위원회, 금융감독원, 한국거래소의 각 행정지도 공문 등에서도 주문접수시점에 관한 기준이나 DMA 방식의 주문접수를 허용할 것인지에 관한 명확한 언급이 없는 점, ③ 한국거래소 시장감시본부 팀장인 공소외 3,

는 사례들도 많아지는 듯 하다. 대법원 2011. 7. 14. 선고 2011도3180 판결은 갑 주식회사 대표이사인 피고인이 해외법인 명의 증권계좌를 보유하고 있는 을과 약정을 맺고 해외법인 명의로 되어 있는 국내 외국인투자 전용계좌 등을 이용하여 주식을 대규모로 매수하는 등 방법으로 정상적인 외국인투자를 가장하였다고 하여 자본시장법 위반으로 기소된 사안인데, 대법원은 위와 같은 주식거래 행위가 자본시장법 제178조 제1항 제1호, 제2항에서 규정하고 있는 '금융투자상품의 매매와 관련하여 부정한 수단이나 기교를 사용하는 행위' 및 '위계의 사용'에 해당한다고 본 원심판단을 수긍하였다. 대법원 2015. 4. 9. 자 2013마1052,1053 결정은 어느 행위가 금융투자상품의 거래와 관련하여 제178조에서 금지하고 있는 부정행위에 해당하는지 여부에 대해, "해당 금융투자상품의 구조와 거래방식 및 거래경위, 금융투자상품이 거래되는 시장의 특성, 금융투자상품으로부터 발생하는 투자자의 권리·의무 및 종료 시기, 투자자와 행위자의 관계, 행위 전후의 제반 사정 등을 종합적으로 고려하여 판단하여야 한다. 따라서 특정 시점의 기초자산 가격 또는 그와 관련된 수치에 따라 권리행사 또는 조건성취의 여부가 결정되거나 금전 등이 결제되는 구조로 되어 있는 금융투자상품의 경우에 사회통념상 부정하다고 인정되는 수단이나 기교 등을 사용하여 금융투자상품에서 정한 권리행사나 조건성취에 영향을 주는 행위를 하였다면, 이는 금융투자상품의 거래와 관련하여 부정행위를 한 것으로서 자본시장법 제

금융감독원 선임조사역 공소외 4는 관련사건(서울중앙지방법원 2011고합900)의 법정에서 속도 관련 서비스들의 제공에 관한 감독규정이나 감독기관의 공문들에 관하여, 유가증권의 거래에는 원칙적으로 시간 우선의 원칙이 적용되는 것이지만 접수순서에 관한 특별한 기준이 정해져 있지 않을 뿐만 아니라 거래 수단이 다양하여 현실적으로 모든 주문에 대하여 시간 우선의 원칙을 그대로 적용할 수는 없고, 그러한 이유로 감독기관에서는 거래소와 직접 연결된 증권회사의 대외계 서버(일명 FEP 서버)에서 거래소에 이르기까지의 주문프로세스를 부당하게 배정하여 발생하는 속도 차이만을 감독할 뿐이고 그 이전 단계에서는 증권회사가 자율적으로 주문을 처리할 수 있으며, 감독기관도 DMA 방식의 주문접수를 허용하고 있었다는 취지로 증언한 점, ④ 이 사건 당시에도 증권회사들은 거래가 빈번한 우량고객들을 유치하기 위하여 홈트레이딩시스템 속도 향상 등의 서비스를 제공하면서 이를 적극적으로 홍보하였고 외국인투자자나 기관투자자들에게 DMA 서비스를 제공하고 있었으므로, 일반투자자들도 증권회사의 속도 관련 서비스로 인한 차별의 가능성을 예견할 수 있었던 점, ⑤ 이미 투자자의 알고리즘 매매프로그램을 증권회사의 서버에 탑재하여 주문처리 속도를 높이는 등의 DMA 방식이 허용되었던 상황이었으므로, ELW 차익거래를 위하여 이를 이용한 피고인들에게 다른 투자자들의 이익을 해하려는 목적이 있었다고 보기 어려운 점 등에 비추어 피고인들이 증권회사로부터 속도 편의 서비스를 제공받아 ELW를 거래하는 것이 구 자본시장법 제178조 제1항 제1호의 '부정한 수단, 계획 또는 기교'를 사용하는 행위에 해당한다고 보기 어렵다"는 판단을 수긍하였다.

178조 제1항 제1호를 위반한 행위에 해당하고, 위반행위로 인하여 금융투자상품 투자자의 권리·의무의 내용이 변경되거나 결제되는 금액이 달라져 투자자가 손해를 입었다면 투자자는 부정거래행위자에 대하여 자본시장법 제179조 제1항에 따라 손해배상을 청구할 수 있다"고 하였다.

2. 중요사항 거짓의 기재 또는 중요사항 기재의 누락행위

자본시장법 제178조 제1항 제2호는 시세조종에 관한 제176조 제2항 제3호와 매우 유사하다. 그러나 목적성이란 측면에서 전자는 이를 요구하지 않는데 반하여 후자는 '매매를 유인할 목적'을 엄격히 요구하고, 대상이 되는 금융투자상품과 거래 장소란 측면에서 전자가 후자에 비해 상대적으로 더욱 포괄적이다. 그렇다 보니 전자는 후자의 규제 공백을 보완하는 기능을 수행한다고 평가받는다.[58] 더욱이 2014년 개정 자본시장법 제178조의2 제2항이 상당히 포괄적인 시장질서 교란행위를 신설하였지만, 동 조항은 주로 종래의 불충분하였던 내부자거래 규제를 보완하는데 초점이 맞추어져 있다. 따라서 시세조종과 관련하여 제178조 제1항 제2호의 보완적 기능은 여전히 의미를 갖는 것이다. 대법원 2018. 9. 28. 선고 2015다69853 판결은 자본시장법 제178조 제1항 제2호가 금융투자상품의 거래에 관한 부정거래행위가 다수인에게 영향을 미치고 자본시장 전체를 불건전하게 할 수 있기 때문에 거래에 참가하는 개개 투자자의 이익을 보호함과 함께 자본시장의 공정성과 신뢰성을 높이기 위한 조항으로 본 후, "금융투자상품의 거래와 관련하여 어느 행위가 자본시장법 제178조에서 금지하고 있는 부정행위에 해당하는지는, 해당 금융투자상품의 구조 및 거래방식과 경위, 그 금융투자상품이 거래되는 시장의 특성, 그 금융투자상품으로부터 발생하는 투자자의 권리·의무 및 그 종료 시기, 투자자와 행위자의 관계, 행위 전후의 제반 사정 등을 종합적으로 고려하여 판단하여야 한다"고 하였다.

여기서 중요사항이란 투자자의 판단에 중대한 영향을 미칠 수 있는 사항이다. 그런데 법문만을 보면 문서를 통한 중요사실의 거짓 기재로 금전이나 그 밖

58 임재연, 997면.

의 재산상 이익을 반드시 현실적으로 얻어야 하는 것 아닌가 하는 의문이 생긴다. 이에 대하여 판례는 "구 증권거래법(2004. 1. 29. 법률 제7114호로 개정되기 전의 것) 제188조의4 제4항 제2호는 원래 "중요한 사항에 관하여 허위의 표시를 하거나 필요한 사실의 표시가 누락된 문서를 이용하여 타인에게 오해를 유발하게 함으로써 금전 기타 재산상의 이익을 취득하는 것"이라는 결과범 형식으로 규정되어 있던 것을 1997. 1. 13. 개정(법률 제5254호)시 "중요한 사항에 관하여 허위의 표시를 하거나 필요한 사실의 표시가 누락된 문서를 이용하여 타인에게 오해를 유발하게 함으로써 금전 기타 재산상의 이익을 얻고자 하는 행위"라는 목적범 형식으로 바꾼 것인바, 그 문언의 해석상 일단 '타인에게 오해를 유발하게 함으로써 금전 기타 재산상의 이익을 얻기 위하여' 중요한 사항에 관한 허위·부실표시 문서를 이용한 이상 그로써 바로 위 조항 위반죄가 성립하는 것이고, 문서 이용행위로 인하여 실제 '타인에게 오해를 유발'하거나 '금전 기타 재산상의 이익을 얻을 것'을 요하지 않으므로, 허위·부실 표시 문서 이용행위와 타인의 오해 사이의 인과관계 여부는 위 죄의 성립에 아무런 영향을 미치지 않는다"고 판시한바 있다.[59]

3. 금융투자상품의 매매유인 목적 거짓시세 이용행위

자본시장법 제178조 제1항 제3호는 동법 제176조 제2항의 현실거래에 의한 시세조종행위와 대비된다. 왜냐하면 여기서는 허위의 시세를 이용하는 것을 금지하는데 반하여, 현실거래에 의한 시세조종행위는 시세를 변동시키는 현실거래를 금지하기 때문이다. 제178조 제1항 제3호가 금융투자상품을 대상으로 하는데 반하여, 제176조 제2항은 증권이나 장내파생상품을 대상으로 한다는 점도 역시 차이가 있다. 그렇지만 제178조 제1항 제3호가 제176조 제2항의 현실거래에 의한 시세조종행위 규제를 보완하는 조항임에는 틀림 없다. 거짓시세 이용행위는 자본시장법 제178조 제1항 제1호의 "부정한 수단, 계획 또는 기교를 사용하는 행위"에도 해당하지만, 본호가 제1호보다 우선적으로 적용된다는 점은 이

59 대법원 2006. 4. 14. 선고 2003도6759 판결.

미 앞에서 언급하였다.

4. 풍문의 유포, 위계, 폭행, 협박 등에 의한 부정거래행위

자본시장법 제178조 제2항에서 말하는 풍문이란 진위 여부가 불확실한 소문을 말한다. 구 증권거래법과 달리 허위의 요건을 두지 않았지만 자본시장법이 규제하는 풍문은 허위의 풍문일 것이며, 유포는 불특정 다수인뿐만 아니라 특정인에 대한 전파를 포함한다.[60] 위계란 상대방을 기망하여 착오에 빠지게 하는 것이라고 해석되는데,[61] 판례는 위계와 기망도 명확히 구분하는 입장이다. 즉 '위계'란 거래 상대방이나 불특정 투자자를 기망하여 일정한 행위를 유인할 목적의 수단, 계획, 기교 등을 말하는 것이고, '기망'이라 함은 객관적 사실과 다른 내용의 허위사실을 내세우는 등의 방법으로 타인을 속이는 것을 의미한다고 본다.[62] 폭행은 타인에 대하여 직·간접적으로 유형력을 행사하는 것이며 협박은 해악을 고지함으로서 타인에게 공포심을 일으키도록 하는 것이다. 내부자거래나 시세조종행위는 정신적, 두뇌적인 활동에 기한 불공정거래라고 할 수 있다. 그에 비하여 자본시장법 제178조 제2항은 육체적, 물리적인 활동에 기한 불공정거래를 규제하는 조항이라고 할 수 있다. 증권의 발행을 원활히 할 목적으로 또는 발행가액을 낮추려는 목적으로 풍설을 유포하거나 위계 또는 폭력을 쓰는 행위가 이에 해당할 것이다.

대법원 2018. 4. 12. 선고 2013도6962 판결은 "자본시장법 제178조 제2항에

60 동지: 임재연, 1004면.

61 김건식·정순섭, 477면.

62 대법원 2010. 12. 9. 선고 2009도6411 판결. 동 판결은 이러한 개념을 토대로 "피고인 갑, 을이 주가상승을 통한 시세차익을 얻기로 공모한 후 을의 자금을 이용하여 외국법인 명의 계좌로 병회사의 주식을 매수하거나 제3자 배정 유상증자에 을 소유의 외국 페이퍼컴퍼니 명의로 참여하여 병회사의 주식을 인수함으로써, 마치 해외기관투자자나 다수의 해외펀드 투자를 유치한 듯한 외양을 갖추는 위계를 사용하였다는 구 증권거래법(2007. 8. 3. 법률 제8635호 자본시장과 금융투자업에 관한 법률 부칙 제2조로 폐지) 위반의 공소사실에 대하여, 외국인인 을이 자신의 자금을 가지고 그의 계산하에 실재하는 외국법인 명의 혹은 계좌를 이용하여 주식시장에서 병회사의 주식을 매수한 행위는 객관적 측면에서 모두 사실에 부합하는 것으로서 아무런 허위내용이 없어 기망행위로 볼 수 없으므로, 피고인들이 위 주식거래를 함에 있어 관련 외국법인의 실체를 과장하거나 그에 관한 허위의 정보를 제공하는 등 허위사실을 내세웠다는 특별한 사정이 없는 이상, 을의 위와 같은 투자행태를 법률이 금지하는 위계의 사용에 해당한다고 단정하기에 부족하다"고 하였다. 대법원 2018. 4. 12. 선고 2013도6962 판결도 "여기서 '위계'란 거래 상대방이나 불특정 투자자를 기망하여 일정한 행위를 유인할 목적의 수단, 계획, 기교 등을 말한다"고 하였다.

서 사기적 부정거래행위를 금지하는 것은, 상장증권 등의 거래에 관한 사기적 부정거래가 다수인에게 영향을 미치고, 증권시장 전체를 불건전하게 할 수 있기 때문에, 상장증권 등의 거래에 참가하는 개개 투자자의 이익을 보호함과 함께 투자자 일반의 증권시장에 대한 신뢰를 보호하여, 증권시장이 국민경제의 발전에 기여할 수 있도록 하는 데 목적이 있다. 그러므로 상장증권의 매매 등 거래를 할 목적인지 여부나 위계인지 여부 등은 행위자의 지위, 행위자가 특정 진술이나 표시를 하게 된 동기와 경위, 그 진술 등이 미래의 재무상태나 영업실적 등에 대한 예측 또는 전망에 관한 사항일 때에는 합리적인 근거에 기초하여 성실하게 행하여진 것인지, 그 진술 등의 내용이 거래 상대방이나 불특정 투자자들에게 오인·착각을 유발할 위험이 있는지, 행위자가 그 진술 등을 한 후 취한 행동과 주가의 동향, 행위 전후의 제반 사정 등을 종합적·전체적으로 고려하여 객관적인 기준에 따라 판단하여야 한다"고 하였다.

Ⅳ. 투자자문업자나 유사투자자문업자의 선행매매와 제178조 제1항의 적용

1. 대법원 2017. 3. 30. 선고 2014도6910 판결

투자자문업자, 증권분석가, 언론매체 종사자, 투자 관련 웹사이트 운영자 등(이하 '투자자문업자 등'이라고 한다)이 특정 증권을 장기투자로 추천하기 직전에 자신의 계산으로 그 증권을 매수한 다음, 추천 후 그 증권의 시장가격이 상승할 때에 즉시 차익을 남기고 매도하는 이른바 스캘핑(scalping) 행위를 하는 경우, 그 행위가 명백하게 거짓인 정보를 시장에 흘리는 방법으로 특정 증권을 추천하는 것이라면 이는 정상적인 자본의 흐름을 왜곡시켜 자본시장의 공정성과 효율성을 해침은 물론이다. 또한 그 증권 자체에 관한 정보는 거짓이 아니어서 자본의 흐름을 왜곡시키는 것은 아니라도, 이러한 스캘핑 행위가 용인되면 자본시장에서의 공정한 경쟁에 대한 시장참여자들의 신뢰가 훼손되고 시장 내의 각종 투자 관련 조언행위가 평가절하됨으로써, 양질의 정보를 생산하고 소비하려는 유인이 감소하여 자본시장에서의 자원배분의 효율성을 해치고 투자자들이 자본시장으로부터 이탈하는 결과를 가져올 수 있다.

또한 특정 증권을 추천하기 직전에 그 증권을 매수한 투자자문업자 등은 장기적 가격상승의 잠재력이 아니라 추천으로 예상되는 투자자들의 행동에 따른 단기적 가격상승 가능성 때문에 의식적으로 또는 무의식적으로 그 증권을 추천할 유인이 생길 수 있고, 추천내용의 객관성에 영향을 미칠 수 있는 추천의 동기는 추천에 따라 투자 판단을 하려는 합리적인 투자자가 중요하게 고려할 상당한 개연성이 있는 사항에 해당하므로, 특정 증권을 추천하기 전에 자신의 계산으로 그 증권을 매수한 투자자문업자 등이 그 증권에 관한 자신의 이해관계를 공시하지 않고 추천하면 상대방에게 개인적인 이해관계 없이 객관적인 동기에서 그 증권을 추천한다는 오해를 초래할 수 있다.

위와 같은 제반 사정을 고려하면, 투자자문업자 등이 추천하는 증권을 자신이 선행매수하여 보유하고 있고 추천 후에 이를 매도할 수도 있다는 그 증권에 관한 자신의 이해관계를 표시하지 않은 채 그 증권의 매수를 추천하는 행위는 자본시장법 제178조 제1항 제1호에서 말하는 '부정한 수단, 계획, 기교를 사용하는 행위'에 해당하는 한편, 투자자들의 오해를 초래하지 않기 위하여 필요한 중요사항인 개인적인 이해관계의 표시를 누락함으로써 투자자들에게 객관적인 동기에서 그 증권을 추천한다는 인상을 주어 거래를 유인하려는 행위로서 같은 법 제178조 제2항에서 정한 '위계의 사용'에도 해당한다.

2. 대법원 2017. 4. 7. 선고 2015도760 판결

(1) 원심판결(서울고등법원 2014. 12. 19. 선고 2014노1890 판결)에 대해 파기 환송함

가. 이 사건 공소사실 중 공소외 1 회사의 방송을 이용하여 자본시장법을 위반하였다는 부분의 요지는 다음과 같다. 피고인은 2009. 4.경부터 공소외 1 회사에서 증권방송전문가로 활동하다가 방송의 영향력과 파급력을 이용하여 주가에 영향을 미쳐 개인적인 이익을 취득하기로 마음먹고, 방송에서 추천할 종목을 미리 매수한 다음 공소외 1 회사 방송프로그램에 출연하여 미리 주식을 매수해둔 사실을 숨긴 채 그 종목을 추천하는 방송을 하고 주가가 오르면 곧바

로 되파는 수법으로 거래 차익을 얻기로 계획하였다. 피고인은 2011. 10. 4. 공소외 2 주식회사의 주식 76,074주를 3,094,989,579원에 매수한 다음, 같은 날 22:00경 공소외 1 회사 방송프로그램인 '○○○○○○'에 출연하여 주식을 미리 매수한 사실을 숨긴 채 일반투자자들에게 위 종목을 추천하고, 2011. 10. 5. 공소외 1 회사 방송프로그램인 '△△△ △△△ △△'의 '□□□□ □□□□□' 코너에 위 종목을 추천 종목으로 편입시켰고, 매수 추종자들의 유입에 따라 주가가 단기간에 상승하자 2011. 10. 17.과 18. 미리 매수해둔 주식을 매도하여 2,312,792,280원 상당의 거래 차익을 취득한 것을 비롯하여, 2011. 10. 4.부터 2012. 1. 9.까지 같은 방법으로 공소외 2 주식회사, 공소외 3 주식회사, 공소외 4 주식회사, 공소외 5 주식회사 등 4개 종목의 주식 2,107,004주를 매매하여 합계 3,698,664,533원의 부당이득을 취득하였다.

나. 원심은 판시와 같은 사실을 인정한 다음, ① 피고인이 공소외 1 회사 방송프로그램에서 한 방송 내용에 허위의 사실이 있었다고 할 수 없는 점, 이 사건 범행 당시 자본시장법에 피고인과 같은 유사투자자문업자에 대하여 선행매매를 금지하는 취지의 규정이 없었고, 공소외 1 회사의 내부규정이나 피고인과의 계약에도 그러한 내용의 규정이 없었던 점 등에 비추어 볼 때, 피고인이 이 사건 종목을 이미 매수하였다는 사실을 고지하지 아니한 채 공소외 1 회사 방송프로그램에서 그 종목을 매수하도록 추천한 행위가 자본시장법 제178조 제2항에 정한 '위계'에 해당한다고 볼 수 없고, ② 이 사건 범행 당시의 법령상 피고인과 같은 유사투자자문업자에 대하여 선행매매를 금지하는 규정이 없었고, 피고인에게 공소외 1 회사 정규방송에서 추천하려는 종목을 그 이전에 매수하였다는 사실을 시청자들에게 고지하여야 할 신의칙상 의무를 인정하기도 어려운 점, 정규방송 시청자들은 스스로의 판단에 따라 주식거래에 임하는 점, 이 사건 종목은 이른바 정치 테마주로서 피고인의 추천과 무관하게 당시 국내 정치일정이나 대선후보 예정자의 지지율 등에 따라 주가가 변동한 것으로 보이는 점, 피고인이 자신이 추천할 이 사건 종목의 회사 경영진 등과 인위적으로 주가를 상승시키기로 합의하는 등의 거래를 한 사실이 없고 다른 공범도 없었던 점 등에 비추어 피고인의 행위가 자본시장법 제178조 제1항 제1호에 정한 '부정한 수단, 계획

또는 기교를 사용하는 행위'에도 해당하지 않는다고 판단하였다.

다. 그러나 투자자문업자, 증권분석가, 언론매체 종사자, 투자 관련 웹사이트 운영자 등이 추천하는 증권을 자신이 선행매수하여 보유하고 있고 추천 후에 이를 매도할 수도 있다는 그 증권에 관한 자신의 이해관계를 표시하지 않은 채 그 증권의 매수를 추천하는 행위는 자본시장법 제178조 제1항 제1호에서 말하는 '부정한 수단, 계획, 기교를 사용하는 행위'에 해당하는 한편, 투자자들의 오해를 초래하지 않기 위하여 필요한 중요사항인 개인적인 이해관계의 표시를 누락함으로써 투자자들에게 객관적인 동기에서 그 증권을 추천한다는 인상을 주어 거래를 유인하려는 행위로서 자본시장법 제178조 제2항에서 정한 '위계의 사용'에도 해당한다(대법원 2017. 3. 30. 선고 2014도6910 판결 참조). 따라서 이 부분 공소사실 기재 행위는 자본시장법 제178조 제1항 제1호와 같은 조 제2항에서 정한 행위이다. 원심으로서는 피고인이 위 공소사실 기재와 같이 이 사건 종목의 개별 주식에 관한 자신의 이해관계를 표시하지 않은 채 주식 매수를 추천하였는지를 더 심리한 후에 자본시장법 위반죄의 성립 여부에 관하여 판단하였어야 했다. 그런데도 원심이 판시와 같은 사정만을 들어 피고인에 대하여 무죄를 선고한 제1심판결을 그대로 유지한 데에는, 자본시장법 제178조 제1항 제1호와 같은 조 제2항에 관한 법리를 오해하여 필요한 심리를 다하지 아니함으로써 판결에 영향을 미친 잘못이 있다.

(2) 파기후 환송심(서울고등법원 2018. 8. 16. 선고 2017노1072 판결)은 무죄 선고[63]

파기후 환송심은 피고인의 주식 소개들이 주식의 매수추천에 해당하는지에 관하여 상세히 판단하고 있다. 일단 매수추천에 대한 국어사전상 의미를 고찰한 후 제 사실관계를 분석하면서 여기서의 유사투자자문업자 등이 주식 종목, 취득·처분, 취득·처분의 방법·수량·가격 및 시기 등에 관한 자신의 의견을 개진한 행위가 매수추천에 해당한다고 단정할 수 없으며 이것이 긍정적인 투자 의견

63 환송심판결에 대해 검사가 상고하여 2020년 1월 현재 상고심에 계속중이다(대법원 2018도13864).

을 제시하였더라도 마찬가지라고 보았다.

그리고 특정 프로그램에서의 주식 소개·설명이 매수추천에 해당하는지를 종합적으로 고찰하면서 검사 제출 증거들만으로는 피고인이 특정 주식들을 모의투자 종목으로 선정한 배경 이유를 소개 내지 설명한 정도를 넘어서서 이러한 특정 주식들을 매수하도록 부추겼거나 피고인에게 그런 의사가 있었다고 단정할 수 없다고 하면서 무죄를 선고하였다.

3. 자본시장법상 관련 법령에서의 선행매매 규제

2013년 개정 자본시장법 제101조 제4항은 유사투자자문업자에게 적용되는 조항인데, 동 조항은 투자자문업자에게 적용되는 제98조 제1항 제5호("투자자문에 응하거나 투자일임재산을 운용하는 경우 금융투자상품등의 가격에 중대한 영향을 미칠 수 있는 투자판단에 관한 자문 또는 매매 의사를 결정한 후 이를 실행하기 전에 그 금융투자상품등을 자기의 계산으로 매매하거나 제삼자에게 매매를 권유하는 행위")를 준용하도록 함으로써 불건전 영업행위인 선행매매를 금지하고 있다. 그리고 이를 위반한 경우 동법 제444조 제8호는 "제98조 제1항(제101조 제4항에서 준용하는 경우를 포함한다)"을 위반하여 선행매매를 한 자에 대해 5년 이하의 징역 또는 2억원 이하의 벌금에 처하도록 규정하고 있다. 따라서 2013년 개정 자본시장법 시행 이후 투자자문업자나 유사투자자문업자의 선행매매행위에 대해서는 위에서 고찰한 두 개 판결의 법리가 적용되는 대신에 자본시장법 제98조 제1항 제5호, 제101조 제4항 및 제444조 제8호가 적용될 것이다. 그리고 자본시장법 제178조의2를 제정할 당시 금융감독당국이 선행매매를 시장질서 교란행위에 포섭하여 과징금과 같은 행정규제의 대상으로 하겠다던 야심찬 의도도 지금은 많이 후퇴되었다고 평가된다. 왜냐하면 자본시장법상 별도의 형사 벌칙 조항이 마련되었을 뿐만 아니라, 만일 투자자문업자나 유사투자자문업자의 선행매매에 대해 판례와 같이 자본시장법 제178조 제1항 제1호를 적용한다고 판시할 경우에는 제178조의2 제1항 및 제2항의 단서 조항에 따라 이러한 행위에 대해서는 시장질서 교란행위 조항을 중첩적으로 적용하는 것이 명확히 배제되기 때문이다.

V. 위반에 대한 제재

1. 총설

부정거래행위자에 대해서는 민사책임과 형사책임이 부과된다(자본시장법 제179조와 제443조 제1항 제8호 및 제9호). 자본시장법 제179조는 시세조종의 민사책임을 규정한 제177조와 매우 유사한 구조를 갖고 있다. 따라서 손해배상청구권자의 청구에 있어서 거래인과관계 역시 추정되는 것으로 보아야 할 것이다. 한편 부정거래행위로 인한 손해배상에 대하여는 증권관련집단소송법이 적용된다.

부정거래 사례연구: 서울고등법원 2019. 4. 25. 선고 2018노2888 판결

가. 사안의 개요

(1) 범행 계획

피고인 甲, 乙, 丙은 2015. 12.경 외부 차입금을 이용해 상장사를 인수한 다음 A회사가 인수한 상장사와 공동으로 개발되지도 않은 저궤도위성 인터넷통신 관련 제품으로 위성통신사업을 진행할 것처럼 허위·과장 홍보하는 수법으로 상장사 주가를 부양한 후 매입한 상장사 주식을 처분하여 그 수익으로 차입금을 변제하는 이른바 '무자본 M&A' 방식으로 상장사의 주식과 경영권을 취득하기로 공모하였다. 피고인 乙은 A회사의 회장 겸 기술책임자로서 마치 자신이 저궤도위성과 송수신하여 반경 8km에 이르는 광범위한 지역에 와이파이 망을 구축해 고속인터넷을 이용할 수 있는 독자적인 기술과 제품(안테나 등)을 개발한 것처럼 행세하면서 다른 회사의 제품을 마치 A회사가 개발한 제품인 것처럼 시연하거나 위성안테나를 공급하는 사업이 성공리에 진행되는 것과 같은 허위의 외관을 작출하였다. 피고인 甲은 A회사의 대표이사로서 기술 홍보와 동시에 투자자들과 접촉해 투자금을 유치하고 상장사인 B회사의 인수 및 주가를 부양하는 작업을 진행하였으며, 피고인 丙은 주로 기술 및 사업 홍보, 자금 관리, 사업설명회 개최 등의 업무를 담당하는 것으로 그 역할을 나누었다.

(2) 주식 거래 목적으로 중요 사항에 관한 거짓 표시, 풍문 유포 및 위계의 사용

피고인들은 2016. 2.경 코스닥 상장사인 B회사를 인수할 대상기업으로 결정하고, 2016. 3. 2.경 피고인 甲이 지배하고 있는 A회사 등을 통해 B회사의 기존 대주주 회사 측으로부터 경영권을 인수하기로 계약을 체결하면서 사채자금 등 차입금을 이용하여 B사의

구주 170만주를 매수함과 동시에 제3자배정 유상증자 형태로 신주 1,807,229주를 취득하였다.

① 인수자금 조성내역에 관한 거짓 기재

피고인들은 2016. 4. 초경 금융감독원 전자공시시스템상 2016. 4. 6.자 주식 등의 대량보유상황보고서를 공시하면서, 사실은 인수자금 188억 6,000만 원 전부가 타인자금이었음에도 불구하고 'B사의 구주와 신주 취득자금 188억 6,000만 원 중 50억 원만 차입금이며 나머지 138억 6,000만원은 자기자금'인 것처럼 허위로 공시 하였다.

② 인수목적 및 피고인 乙의 학력 등에 관한 거짓 기재

피고인들은 금융감독원 전자공시시스템상 2016. 4. 4.자 현저한 시황변동에 따른 조회공시오 구 답변서를 공시하면서, 'B회사가 A회사 추진 중인 일본, 이란, 태국 등의 해외 위성통신사업(위성을 기반으로 하는 인터넷 토탈 솔루션 사업)에 SI 기술기업으로써 데이터 허브 구축 등의 사업 분야에 공동으로 참여하는 방안을 검토 중에 있고, A회사는 저궤도위성으로부터 직접 전파를 송수신할 수 있는 안테나를 개발하여 와이파이 존을 구축하는 기술을 보유하고 있으며, 이를 통해 기지국 없이도 고속인터넷서비스를 제공하는 사업을 진행하고 있다.'는 허위 내용을 기재하고 2016. 5. 17.자 주주총회소집결의를 공시하면서 '사내이사 신규 선임자인 乙의 주요경력으로 KAIST(한국과학기술원) 기계공학과'를 허위 기재하였다.

③ 독자적인 기술 보유 여부에 관한 거짓 표시 및 풍문 유포

피고인들은 2016. 3. 17. 언론홍보대행사를 통해 'A회사, 매년 5조 원 규모의 이란 국가재난망 구축사업 참여'라는 제목의 보도자료를 배포하여 같은 날 머니투데이 등 다수 언론사에서 관련 기사를 게재하도록 하는 등 2016. 10. 28.까지 사이에 12회에 걸쳐 보도자료를 배포하거나 언론 인터뷰를 하는 등 방법으로 'A회사의 회장이 카이스트 기계공학과를 졸업하였고 미국으로 사업 이민을 간 뒤 저궤도위성을 이용하여 광범위한 지역에 와이파이(인터넷) 서비스를 제공할 수 있는 독자적인 특허기술과 SC-C 안테나 등 제품을 개발했으며, 이를 통해 2014년경 미국 국토안보부와 위성안테나 납품계약을 체결한 바 있고, A회사는 회장이 개발한 위성통신기술을 바탕으로 2016. 3.경 이란 국가재난망 구축사업에 참여하여 2조 원 가량의 납품계약을 체결하기 위해 협의중이며, 그 밖에도 중동과 동남아시아 등에 위성인터넷 서비스망 구축을 위한 기술 및 제품 판매계약을 추진 중에 있고, A회사는 코스닥 상장사인 B회사를 인수하여 위와 같은 위성통신기술 및 제품판매사업을 공동으로 추진할 것이다.'라는 내용을 유포하였다.

④ 허위의 기술시연회를 통한 거짓 표시 및 위계의 사용

피고인들은 2016. 10. 27.경 서울 강남 소재에서 기술시연회를 개최하면서, 국내외 인

사와 기자들을 상대로 통신위성과 직접 송수신하면서 반경 8km에 이르는 와이파이망을 형성할 수 있는 '멀티안테나'를 개발하였다고 홍보하면서 시스템을 이용하여 휴대전화를 통한 인터넷 접속을 시연하는 것처럼 연출하고 홍보하는 등, 피고인들은 개발되지도 않은 A회사의 기술과 제품을 소개하는 방법으로 위계를 사용하고 중요사항에 관하여 거짓 표시를 함으로써 B회사의 주가하락을 방지함과 동시에 주가상승을 도모하였다.

결국 피고인들은 공모하여 위와 같이 중요사항에 관하여 거짓의 기재 또는 표시를 하여 재산상의 이익을 얻고자 하고, 주식 매매를 할 목적이나 그 시세의 변동을 도모할 목적으로 풍문을 유포하거나, 위계를 사용하여 매수세를 유입시키는 방법으로 B회사 주가를 2016. 3. 16. 기준 종가 11,000원에서 2016. 4. 12. 기준 종가 41,200원까지 상승시키는 등 지속적으로 주가를 부양한 결과, 2016. 4.경부터 같은 해 6.경까지 사이에 앞서 1주당 5,880원, 대금 합계 98억 6,000만 원에 매입한 B회사 구주 170만주를 평균 1주당 13,597원에 장내·외에서 매도하거나 담보로 제공하는 등 처분하여 9,804,000,000원(= 19,664,000,000원 - 9,860,000,000원)의 부당이익(실현이익)을 취득하고, 2016. 3. 29.경 B회사의 신주 180만주(1주당 4,980원, 납입대금 합계 89억 6,400만 원, 2016. 8. 30. 액면가 500원에서 100원으로 액면분할)를 취득한 뒤 2016. 10. 28.자 종가 1,955원 기준, 시가 합계 175억 9,500만 원 상당의 위 신주 180만주를 계속 보유하여 8,631,000,000원(=17,595,000,000원 - 8,964,000,000원)의 부당이익(미실현이익)을 취득하였다.

다. 2심 판결(서울고법 2019. 4. 25. 선고 2018노2888)

1) 실현이익의 당부에 관한 판단

(가) 피고인 甲 등이 2016. 3. 6. B회사의 구주 170만주를 1주당 5,800원으로 계산하여 합계 98억 6,000만 원에 매수한 사실, 피고인 甲은 B회사의 구주 170만주의 인수에 필요한 150억 원을 차용하는 대가로 피고인 丁에게 B회사의 구주 170만주를 담보로 제공함과 아울러, 구주 170만주 중 50만주를 1주당 6,000원에 매입할 수 있는 권리[이하 '콜옵션'(Call Option)]까지 피고인 丁에게 주기로 약정한 사실, 피고인 丁은 2016. 3. 28. 콜옵션을 행사하여 2016. 3. 28. 피고인 甲이 A회사 명의로 매수한 B회사 구주 120만주 중 50만주를 그 당시 시가(2016. 3. 28. 종가 17,200원)보다 상당히 낮은 1주당 6,000원으로 계산하여 양수한 사실, 또한, 피고인 甲은 사채업자인 이O태, 이O환으로부터 아래 [거래내역표] '거래(대출)금액(원)'란 기재의 각 금원을 차용하면서 그 담보로 아래 [거래내역표] '양도한 주식수'란 기재의 각 B회사의 구주를 담보로 제공한 사실을 각 인정할 수 있다.

[거래내역표]

거래 상대방	거래일자	양도한 주식수	거래(대출)금액(원)	거래방식
이O태	2016. 4. 28.	100,000	2,000,000,000	주식담보
	2016. 5. 25.	390,000	5,148,000,000	
	2016. 5. 27.	120,000	1,400,000,000	
	2016. 5. 27.	390,000	4,000,000,000	

(나) 살피건대, 앞서 살핀 바에 따르면 피고인 甲은 B회사의 구주를 매매 등의 방법으로 양도한 것이 아니라, 피고인 甲이 금원을 차용하는 과정에서 이를 담보로 제공하거나 금원 차용의 조건으로 부여한 콜 옵션의 행사에 따라 B회사의 구주를 사채업자인 피고인 丁 등에게 제공하게 된 것이므로, 위와 같이 사채업자들에게 양도된 B회사의 구주에 관한 본래적 의미의 '총 매도대금'은 존재하지 않는다. 따라서 이 사건에서 피고인 甲이 이 사건 사기적 부정거래행위를 통해 얻은 '총수익'은, 원칙적으로는 실제 피고인 甲이 B회사의 구주를 담보로 제공하면서 사채업자들과 교섭·합의 등으로 평가한 위 구주에 관한 담보평가액 내지 위 콜 옵션의 행사대금에서, 만약 피고인 甲이 이 사건 사기적 부정거래행위를 하지 않았을 경우에 그 당시 시장 상황 등에 따라 B회사의 구주를 평가하였을 경우의 담보평가액 내지 위 콜 옵션의 행사대금과의 차액이라고 봄이 타당하다. 그런데 검사가 당심에 이르기까지 제출한 모든 증거들에 의하더라도, 위와 같은 방법으로 계산한 구체적 '총수익'을 인정할 수 없고, 달리 자본시장법 등 관련 법령에서 이 사건과 같은 경우에 있어 '총수익'을 산정하는 방법을 찾을 수 없다.

(다) 피고인 甲이 2016. 3. 28. 피고인 丁으로부터 B회사의 구주 170만주를 인수함에 필요한 자금 150억 원을 차용하면서 그 '변제방법'으로 B회사의 구주 50만주를 1주당 6,000원에 매입할 수 있는 내용으로 콜 옵션을 부여하기로 약정을 하였는데, 2016. 3. 28. 당시 B회사 구주의 종가는 17,200원이었던 사실, 피고인 丁은 검찰에서 '피고인 甲이 150억 원을 빌려달라고 요청할 당시에 B회사 주가가 17,000원 정도에서 20,000원을 왔다 갔다 하고 있어 B회사 주식 50만주를 1주당 6,000원에 인수하여 시장에 내다팔면 이익을 볼 것 같고, 120만주를 담보로 잡고 있으니 밑질 것은 없을 것 같아 150억 원을 대부해 주었다'라는 취지로 진술한 사실을 인정할 수 있고, 이러한 사정 등에 비추어 볼 때, 피고인 甲이 이 사건 사기적 부정거래행위와 관련하여 당초 B회사의 구주 취득가액인 5,800원과 위 6,000원과의 차액 상당의 이익을 얻기 위하여 위와 같은 콜 옵션을 제시한 것이라기보다는, 피고인 甲으로서는 B회사의 구주를 인수하는데 반드시 필요한 자금을 마련할 목적으로 콜 옵션을 피고인 丁에게 제공하게 되었던 것으로 보인다. 또한, 피고인 甲은 2016. 4. 28.부터 2016. 5. 27.까지 사이에 이O태나 이O환에게 B회사의 구주를 담보로 제공하고 금원을 차용함에 있어서, 특약사항으로 '담보물 주식은 절대 (증

권사에) 입고하지 않고, 채권자(이O태 또는 이O환)가 보관한다'라고 약정하였음에도, 위 구주가 장내·외에서 처분되어 버린 사실, 피고인 甲이 A회사의 대표이사 자격으로 '이O태가 위와 같은 특약에 따른 주식 보관의무를 위반하여 임의로 담보물인 B사 주식을 처분하였다'라는 내용으로 이O태를 상대로 특정경제범죄가중처벌등에관한법률(횡령)위반 혐의로 고소까지 한 사실 등을 종합해 볼 때, 피고인 甲이 이 사건 사기적 부정거래행위와 관련된 이익을 얻을 의도로 위와 같이 이O태 등에게 B회사의 구주를 담보로 제공한 것이라고 단정할 수도 없다.

(라) 한편, ① 한국거래소에서 2016. 9. 23.경 작성한 B회사 보통주 심리 결과보고서에 의하면, 2015. 9. 1.부터 2016. 7. 22.까지 사이에 A회사 등 131인(182개 계좌)이 고가매수, 시종가관여주문, 시장가주문, 통정가장매매 등의 방법으로 주가를 4,480원에서 42,650원대로 상승시키는 시세조종을 하여 총 432억 원의 부당이득을 실현한 것으로 분석하였던 점, ② 한국거래소에서는 B회사 보통주의 주가상승으로 차익을 남긴 계좌들 간의 연계성을 파악하여 시세조종 혐의를 받고 있는 혐의위탁자군은 총 14개 소그룹으로 분류하고, 피고인 甲과 관련된 '디지OO홀딩스 군'을 중심으로 하여 이와 소그룹들 간의 연관성을 분석하여 이 사건 보고서를 작성하였던 점, ③ 권O현은 피고인 甲과 조O규 등과 순차 공모하여 B사의 주식에 대하여 시세조종행위를 하였다는 혐의로 유죄판결이 확정된 점(대법원 2018. 9. 13. 선고 2018도6683 판결), ④ 한편, 이 사건 보고서에서 분석된 위 소그룹 중에서 '박O범 군', '최O진 군'은 위에서 본 권O현 등의 시세조종 주문 등에 활용된 계좌들에 해당되어 피고인 甲과 무관한 것으로 볼 수 없으나, 그 밖에 다른 소그룹들에 대하여는 피고인 甲과의 공모 내지 그 관여 등이 있었다고 볼 만한 객관적 증거가 없을 뿐만 아니라, 수사기관의 수사 등을 통해 B회사의 주식에 관한 시세조종행위 등이 아닌 정상적인 주식 거래에 해당한다는 점 등이 밝혀지지 아니한 점, ⑤ 한편, 위 임O욱이 2016. 4. 20.경 위 장O식에게 '누가 내리고 올리고 흔들면서 수익내고 있는데 지금 누군지는 모르고 있습니다', '지금 시장에 단타애들 20~30억 가지고 하는 애들 타겟이 돼서 모르는 애들이 올리고 내리고 수익을 내는 상황입니다'라고 텔레그램 메시지를 보낸 사정 등에 비추어, 2016. 4. 20. 무렵에 피고인 甲의 공모 내지 그 관여 등이 인정되는 위 임O욱 등이 아닌 다른 시세조종 세력이 별도로 존재하였을 가능성도 배제할 수 없는 점 등을 종합해 보면, 피고인 甲이 B회사 주식을 콜 옵션의 행사에 따라 피고인 丁에게 양도하거나 이O태 등에게 담보로 제공할 당시의 B회사 구주의 주가 상승분에는 피고인과는 무관한 제3자의 시세조종행위로 인한 시세 상승분도 포함된 것이라고 볼 여지가 충분하다. 따라서 피고인 등의 이 사건 사기적 부정거래행위로 인한 이익액을 산정하기 위해서는 위와 같은 제3자의 시세조종행위로 인한 시세 상승분을 분리하여 이를 제외하여야 할 것인데, 구체적인 주장·증명도 부족하다. 따라서

사기적 부정거래행위로 피고인이 얻은 구체적인 실현이익액을 산정할 수 없는 경우에 해당한다고 볼 것이다.

2) 미실현이익의 당부에 관한 판단

(가) 검사는 피고인의 이 사건 사기적 부정거래행위가 2016. 10. 28. 종료된 것임을 전제로 위 미실현이익액을 산정하였다. 그러나 다음과 같은 사정들, 즉 ① 검사는 A회사 및 B회사의 언론 보도자료 배포를 담당했던 OOOO네트웍스로부터 위 보도자료를 송부받아 이를 증거로 제출하였는데, 그 중 2016. 3. 17.경부터 2016. 10. 28.경까지 배포된 보도자료들은 이 사건 보도자료 등에 포함되어 있으나, 2016. 12. 20.경 배포된 'OO코리아 이란 DSS 시범사업 위한 선발대 파견'이라는 제목의 '취재협조자료'는 원심 판시 [별지] 범죄일람표 (1)에 포함되어 있지 아니한데, 위 '취재협조자료'는 2016. 10. 28. 이후에 배포되었다는 점을 제외하면 이 사건 보도자료 등의 내용과 특별한 차이를 발견할 수 없는 점, ② 피고인 甲 등은 2016. 10. 28. 이후로도 OOOO코리아의 위성통신사업 내지 피고인 乙의 보유기술 등에 관한 보도자료를 언론에 계속적으로 배포하였던 것으로 보이는 점, ③ 검사는 '피고인 甲 등의 이 사건 사기적 부정거래행위의 종기를 2016. 10. 28.로 특정한 이유 등'에 관한 이 법원의 석명에 대하여 특별히 구체적인 주장이나 추가로 증거를 제출하지 않았던 점 등을 종합해 보면, 검사가 당심에 이르기까지 제출한 모든 증거들만으로는 피고인 甲 등이 이 사건 사기적 부정거래의 종료일이 위 2016. 10. 28.이라는 점이 합리적 의심 없이 증명되었다고 볼 수 없다.

(다) 한편, 자본시장법 제443조 제1항에서 정한 '위반행위로 얻은 이익'에 포함되는 미실현이익의 산정은 사기적 부정거래행위 등을 통하여 인위적으로 주가를 끌어올린 후 주식을 처분하지 아니하고 계속 보유하는 등의 사정으로 현실적인 이익실현이 이루어지 않은 경우 사기적 부정거래행위가 종료되었을 때의 주가로 주식을 처분할 수 있었다고 보아 그로 인한 이익액을 산정하는 것이다. 이와 같이 사기적 부정거래행위 이후에 계속 보유하는 주식에 대한 미실현이익도 '위반행위로 얻은 이익'에 포함시키는 것은 위반행위자가 사기적 부정거래행위의 효과가 지속되는 일정한 기간 동안에 이를 매도하는 등의 방법으로 그 이익을 실현할 수 있었음에도 더 큰 차익을 실현할 의도 등으로 이를 실행하지 않았다는 점을 고려한 것이라 볼 것이다. 따라서 처음부터 위반행위자가 보유하는 주식을 처분할 가능성이 없었고, 사기적 부정거래행위가 종료된 이후 정상 주가로의 회복이 불가능하지는 않을 것으로 보이는 주식에 대하여는 사기적 부정거래행위와 주가 상승분과의 인과관계가 단절된다고 봄이 타당하다. B회사 신주에 대하여는 위 2016. 10. 28. 이후인 '2017. 3. 말'까지 자본시장법 등 관계 법령이 정한 바에 따라 보호예수가 되어 있던 관계로 원칙적으로 그 처분이 가능하지 않았던 것으로 보이는데, B회

사 주식은 2017. 1. 31.자로 거래정지 처분이 있었던 사실이 인정된다. 따라서 위 '2016. 10. 28.' 처분한 것으로 가정하여 이 사건 사기적 부정거래행위와 인과관계가 있는 이익을 얻은 것으로 보기는 어렵고, 어떠한 부당이익을 얻은 것이라고 인정할 수는 없다고 봄이 타당하다.

2. 기타 쟁점

시세조종과 부정거래행위가 혼재되어 있는 사안에서 대법원 2018. 4. 12. 선고 2013도6962 판결은 "시세조종행위 등의 금지와 부정거래행위 등의 금지를 규정하고 있는 자본시장법 제176조와 제178조의 보호법익은 상장증권 등 거래의 공정성 및 유통의 원활성 확보라는 사회적 법익이고, 상장증권의 소유자 등 개개인의 재산적 법익은 그 직접적인 보호법익이 아니다. 상장증권의 시세변동, 부정거래 등의 목적으로 같은 법 제176조와 제178조에 해당하는 수 개의 행위를 단일하고 계속된 범의 아래 일정기간 계속하여 반복한 경우, 같은 법 제176조와 제178조에서 정한 시세조종행위 등 금지 위반 및 부정거래행위 등 금지 위반의 포괄일죄가 성립한다"고 하였다.

한편 부정거래행위자가 법인의 대표자인 경우 그 법인에 대해서도 양벌 규정을 두고 있는 것은 자본시장법 전반에 관통하는 대원칙이므로 여기서는 상세한 논의를 생략하고자 한다.[64]

64 대법원 2018. 4. 12. 선고 2013도6962 판결에 의하면 "자본시장법 제448조는 법인의 대표자 등이 법인의 업무에 관하여 제443조부터 제446조까지의 어느 하나에 해당하는 위반행위를 하면 행위자를 벌하는 외에 법인에게도 해당 조문의 벌금을 과하는 양벌규정을 두고 있다. 자본시장과 금융투자업에 관한 법률에서 위와 같이 양벌규정을 따로 둔 취지는, 법인은 기관을 통하여 행위하므로, 법인이 대표자를 선임한 이상 그의 행위로 인한 법률효과와 이익은 법인에게 귀속되어야 하고, 법인 대표자의 범죄행위에 대하여는 법인 자신이 책임을 져야 하는데, 법인 대표자의 법규위반행위에 대한 법인의 책임은 법인 자신의 법규위반행위로 평가될 수 있는 행위에 대한 법인의 직접책임이기 때문이다. 주식회사의 주식이 사실상 1인의 주주에 귀속하는 1인회사의 경우에도 회사와 주주는 별개의 인격체로서, 1인회사의 재산이 곧바로 1인주주의 소유라고 할 수 없기 때문에, 양벌규정에 따른 책임에 관하여 달리 볼 수 없다"고 하였다.

제3절 시장질서 교란행위의 금지

I. 개관

2014년 개정 자본시장법 제178조의2는 시장질서 교란행위(market abuse)에 대한 규제를 신설하였다. 금융위원회는 시장의 신뢰와 안정성 등을 저해하는 과다한 호가관여행위(스캘핑)와 2차 정보수령자의 정보이용 등을 행정제재의 대상으로 규제한다고 하였다. 시장질서 교란행위 규제의 핵심은 금전적 행정제재, 즉 과징금의 범위를 확대하는 것이다. 금융위원회는 과징금 제도를 확대하여 기존의 제174조와 제176조 및 제178조의 형사처벌 대상행위들에 비해 위법성이 낮지만 시장질서를 교란하는 행위들을 효과적으로 제재할 수 있게 되었다고 자평하였다.[65]

원래 시장질서 교란행위는 2011년 개정안에 반영되었으나 국회에서 누락되어 2013년 법 개정에 반영하지 못하였다가 2014년 법 개정으로 다시 추가된 것이다. 금융감독당국은 주가조작 등과 같은 불공정거래행위가 자본시장에 대한 투자자의 불신을 심화시키고 자본시장의 건전한 발전을 위협한다고 판단하였다. 이에 따라, 정부는 관계기관(금융위·법무부·국세청·금감원·거래소 등) 간 협업하에 「주가조작 등 불공정거래 근절 종합대책('13.4.18)」을 마련하여 발표하였다. 정부는 자본시장조사단 운영(2013. 9. 17), 조사인력 확충(금감원, 거래소), 불공정거래 제보 포상금 상한 확대, 사이버 감시 인프라 구축 등 기존 법제에서 할 수 있는 모든 대책을 통해 불공정거래를 근절시키려고 노력해왔다. 그러나 이러한 노력에도 불구하고, 신종 금융상품의 등장·금융 관련 IT 기술의 발달 등에 따라 시장 질서를 교란시키는 행위의 유형과 수법은 다양한 형태로 발현되어 왔다. 기존의 자본시장법으로는 이러한 신종의 시장질서 교란행위를 규제할 수 없어서 이에 대한 규제를 신설한 것이다.

65 금융위원회, "[보도자료] 시장질서 교란행위 규제를 위한 자본시장과 금융투자업에 관한 법률 일부 개정법률안 국무회의 통과," 2014. 12. 23.

II. 기존 불공정거래 규제의 문제점

기존 자본시장법 제174조, 제176조, 제178조는 "불공정거래행위" 규제의 근거 조항들인데, 동 조항의 위반자에 대해 제443조에 따른 형사벌(10년 이하 징역 또는 그로 인한 이익의 3배 이하, 또는 5억원 이하의 징역)로 규율해 왔다.

1. 실체법적인 문제점

우선 제174조의 내부자거래의 경우 내부자의 회사 관련성(임직원·주요주주·인허가권자·계약체결자 등), 내부정보의 회사 업무관련성, 내부정보 취득의 직무관련성, 이용행위의 엄격한 입증, 1차 정보수령자로 정보수령자의 제한 등 엄격한 요건을 부과함으로써, 전 세계 내부자거래 규제 법제 중 적용이 가장 엄격하고 협소하다는 평가를 받아 왔다.[66] 제176조의 시세조종행위의 경우에는 구성요건상 목적성 요건이 있어서 금융감독당국과 검찰이 입증을 하는데 어려움이 있었다. 제178조의 부정거래행위의 경우 죄형법정주의에 위반될 소지가 크다는 문제점이 있어서 금융감독당국과 검찰은 가급적 다른 법률 조항의 적용 여부에 대해 우선적으로 검토하고 마땅히 적용할 근거 조항이 없을 경우에 원용하는 최종 수단(last exit)으로 기능하여 왔다.[67]

이런 가운데 자본시장법상 기존 불공정거래행위의 구성 요건에 해당하지 않아 규제를 할 수 없음에도 불구하고 시장질서를 교란하고 시장 건전성을 훼손하는 사례가 지속적으로 발생하여 왔다.

기존 불공정거래행위에 포함되지 않았던 시장질서 교란행위의 사례

① 회사의 미공개 정보를 간접적(2차·3차)으로 받아 주식거래에 활용한 경우로서, CJ E&M 사건에서 회사 관계자로부터 직접 정보를 받은 자(1차 수령자, 애널리스트)는 기존 규정으로 처벌이 가능하나, 1차 수령자로부터 간접적으로 정보를 받은 자(2차 수령자, 펀드매니저)는 기존 규정으로 처벌이 불가능하였던 사례.

66 성희활, 전게논문, 139면; 박임출, 「내부자거래 규제에 관한 비교법적 연구」, 성균관대학교 법학박사학위논문, 2003, 182면.

67 성희활, 전게논문, 139-140면.

② 목적성이 없지만 시세에 부당한 영향을 주는 행위로서, 허수주문·통정매매 등에 따라 해당 기업의 주가가 큰 폭으로 변동(2004년 1월부터 7월까지 5,200원 → 8,600원 → 7,260원으로 변동)하여 시장교란이 발생하였으나, 시세조종의 "목적성"이 입증되지 않아 무죄로 판결된 사례.

자료: 금융위원회, "[보도자료] 시장질서 교란행위 규제를 위한 자본시장과 금융투자업에 관한 법률 일부 개정법률안 국무회의 통과," 2014. 12. 23.

2. 절차법적인 문제점

기존의 불공정거래법제는 엄격한 죄형법정주의에 구속되므로 수사 당국이 구성요건을 입증하여야 했는데, 우리 형사소송법은 "의심스러울 때에는 피고인의 이익으로(in dubio pro reo)"라는 기준과 더불어 합리적인 의심을 배제할 정도의 엄격한 증명을 요구하고 있다. 그렇다 보니 많은 사건들에서 불공정거래의 의심이 있는 자금을 추적하더라도 내부자거래의 경우 정보 취득의 경로를 입증하지 못하거나 시세조종의 경우 목적성을 입증하지 못하여 검찰로부터 무혐의나 불기소 처분을 받거나 재판에 회부되더라도 법원으로부터 무죄 판결을 받는 경우가 비일비재하였다. 그렇다 보니 전문성을 가진 금융감독당국의 장기간의 조사 과정을 거쳐 불공정거래의 개연성이 매우 높다고 판명된 사건들도 죄형법정주의의 틀에 갇혀 면죄부를 받게 되는 불합리한 결과가 초래되었다.

그리고 기존의 불공정거래에 대한 조사가 너무 지체되는 경우도 많았다. 즉 대부분의 사건은 ① 한국거래소 심리, ② 금융감독원 조사, ③ 금융위원회(증권선물위원회)의 제재 결정, ④ 검찰 수사, ⑤ 법원 판결의 단계를 거치는데, 이 기간이 짧게는 1년 길게는 수년이 걸리는 경우가 많아 제재의 실효성을 확보하기도 어려운 실정이었다. 2013년 fast track 제도가 도입되어 사건의 평균 처리시간은 짧아졌지만 검찰 수사와 법원 판결을 기다려야 한다는 점에서는 차이가 없어서, 신속한 적발과 제재를 할 수 없는 문제점은 치유되지 않았다.[68] 그리고 이렇게 장기간이 걸치는 사건 처리에 있어서 금융감독당국이 적절한 제재 수단을 갖고 전문적이고 신속하게 제재할 수 있다면 적기 시정의 이상이 실현될 수 있

68 상게논문, 140면 각주 5)에서는 조재연, "증권범죄 합동수사단 운영성과", 한국증권법학회 제204회 정기세미나 발표논문, 2015. 1. 21., 3면을 원용하면서 2014년 기준으로 서울중앙지검의 일반 증권범죄 사건의 평균처리기간이 274일이었던 데 반하여 fast track 사건의 평균처리기간은 90일로 대폭 짧아졌다고 한다.

을 것이나, 기존의 법제는 단지 금융감독당국에게 검찰에 대한 고발 내지 통보를 할 수 있도록 하였을 뿐이다.

특히 금융감독당국에게 구비되어야 할 제재 수단은 금전적 제재였다. 내부자거래 등 불공정거래행위를 하는 자들은 형사처벌을 두려워 하지 않는 것으로 분석되었다. 기존의 법제에서 벌금형의 병과나 몰수·추징 조항이 모두 임의적 병과 규정에 불과하였고, 위반행위로 얻은 이익이 큰 범죄의 경우 오히려 징역형이 우선적으로 부과되어 벌금은 부과되지 않는 등, 불공정거래 행위자에 대한 금전적 제재는 전혀 이루어지지 않았다고 보아도 무방하다. 이들에게 가장 적절한 제재 수단은 막대한 금전적 이익을 환수하는 것이었으나, 기존의 자본시장법제는 효과적인 금전적 제재 수단을 전혀 갖추지 못하였던 것이다.

Ⅲ. 2014년 개정 자본시장법의 내용 및 분석

1. 제178조의2 제1항: 제174조의 내부자거래규제 보완

① 제1호에 해당하는 자는 제2호에 해당하는 정보를 증권시장에 상장된 증권(제174조 제1항에 따른 상장예정법인등이 발행한 증권을 포함한다)이나 장내파생상품 또는 이를 기초자산으로 하는 파생상품(이를 모두 포괄하여 이하 이 항에서 "지정 금융투자상품"이라 한다)의 매매, 그 밖의 거래(이하 이 조에서 "매매등"이라 한다)에 이용하거나 타인에게 이용하게 하는 행위를 하여서는 아니 된다. 다만, 투자자 보호 및 건전한 시장질서를 해할 우려가 없는 행위로서 대통령령으로 정하는 경우 및 그 행위가 제173조의2제2항, 제174조 또는 제178조에 해당하는 경우는 제외한다.

1. 다음 각 목의 어느 하나에 해당하는 자
   가. 제174조 각 항 각 호의 어느 하나에 해당하는 자로부터 나온 미공개중요정보 또는 미공개정보인 정을 알면서 이를 받거나 전득(轉得)한 자
   나. 자신의 직무와 관련하여 제2호에 해당하는 정보(이하 이 호에서 "정보"라 한다)를 생산하거나 알게 된 자

다. 해킹, 절취(竊取), 기망(欺罔), 협박, 그 밖의 부정한 방법으로 정보를 알게 된 자
라. 나목 또는 다목의 어느 하나에 해당하는 자로부터 나온 정보인 정을 알면서 이를 받거나 전득한 자

2. 다음 각 목의 모두에 해당하는 정보
가. 그 정보가 지정 금융투자상품의 매매등 여부 또는 매매등의 조건에 중대한 영향을 줄 가능성이 있을 것
나. 그 정보가 투자자들이 알지 못하는 사실에 관한 정보로서 불특정 다수인이 알 수 있도록 공개되기 전일 것

(1) 규제대상 정보

제178조의2 제1항에서 규정하는 시장질서 교란행위는 기존의 제174조의 내부자거래 규제의 패러다임을 완전히 뒤엎은 것으로 분석된다. 즉 내부자의 신분과 정보의 성격이 질적으로 완전히 바뀌게 되었는데, 내부자의 상장법인 관련성 요건이 없으므로 정보를 알고 있는 모든 자로 규제의 범위가 대폭 확대되었고 정보의 업무관련성이 없으므로 금융투자상품의, 매매 등에 있어서 중대한 영향을 줄 수 있는 대부분의 정보가 규제 대상 정보로 되었다.[69]

법문을 보면 "그 정보가 지정 금융투자상품의 매매등 여부 또는 매매 등의 조건에 중대한 영향을 줄 가능성이 있을 것과 그 정보가 투자자들이 알지 못하는 사실에 관한 정보로서 불특정 다수인이 알 수 있도록 공개되기 전일 것"이다. 여기서 정보에 대해 상장법인의 업무관련성을 요구하지 않으므로 정보의 범위는 획기적으로 확대되어, 정보의 출처나 성격에 관계없이 증권 등 금융투자상품의 거래에 있어서 투자자의 투자판단에 중대한 영향을 미칠 수 있는 미공개정보는 모두 포함되었다. 그렇다 보니 시장정보와 시장 전체에 영향을 미칠 수 있는 정책정보도 규제대상으로 된 것이다.[70] 더 나아가 "지정 금융투자상품의

69 성희활, 상게논문, 152면은 2014년 개정 자본시장법이 내부자거래 규제 범위가 가장 넓다고 평가되는 호주의 입법례에 가까워졌다고 평가한다.

70 유럽연합에서는 "하나 또는 복수의 발행인, 하나 또는 복수의 금융투자상품"에 관한 투자판단에 영향을 주는 정책정보를 내부정보로 간주한다고 한다. 그런데 우리나라의 개정 자본시장법 제178조의2 제1항 본문이 지정 금융투자상품을 "증권시장에 상장된 증권이나 장내파생상품 또는 이를 기초자산으로 하는 파생상품"을 모두 포괄하는 것으로 정의하면서, 2호가 "지정 금융투자상품의 매매등 여부 또는 매매등의 조건에 중대한 영향을 줄 가능성"이 있는 미공개의 중요 정보(예: 주가지수에 영향을 미칠 수 있는 정보)를 이용하거나 이용하게 하는 행

매매등 여부 또는 매매 등의 조건에 중대한 영향을 줄 가능성"이 있는 정보도 규제대상이 되므로, 금이나 돈육과 같이 장내파생상품의 기초자산이 되는 실물거래와 관련된 소위 '현물 시장정보'와 '현물 정책정보'도 마찬가지이다.

(2) 규제대상 행위자

자본시장법 제178조의2 제1항 제1호는 4가지 유형의 내부자를 규제한다. 제1유형은 법 제174조 각 항 각 호의 어느 하나에 해당하는 자(회사내부자, 준내부자, 1차 수령자)로부터 나온 미공개중요정보 또는 미공개정보인 정을 알면서 이를 받거나 전득(轉得)한 자이다. 이는 기존의 내부자거래 규제의 범위를 대폭 확대한 것인데, 정보 수령의 차수에 관계없이 2차 수령자는 물론이고 3차, 4차 등 다차 수령자를 모두 포함하게 되었다.

제2유형은 자신의 직무와 관련하여 '규제대상정보'를 생산하거나 알게 된 자이다. 이 제2유형 때문에 시장질서 교란행위가 내부자거래 규제의 패러다임을 완전히 뒤엎었다는 평가를 하게 되었다. 즉 이 제2유형에 따라 내부자거래 규제의 초점이 이제는 상장법인의 내부자가 아니라 투자판단에 중요한 정보로 이동하게 된 것이다(물론 직무관련성을 요건으로 함). 동 유형의 신설로 인하여, 우리나라도 내부자규제의 근거가 종래의 신인의무이론에서 정보보유이론으로 전환되었다고 평가해도 무방할 것이다. 이제 상장법인의 업무 관련성을 불문하고, 자신의 직무와 관련하여 투자판단에 중요한 미공개의 정보(시장정보와 정책정보 포함)를 생산하거나 알게 된 자는 모두 시장질서 교란행위의 규제대상자에 해당하게 되었다. 예를 들어 자본시장법 제71조와 제444조는 선행매매나 스캘핑과 같이 금융투자상품의 수급에 영향을 미치는 시장정보를 이용하는 행위를 형사처벌하여 왔는데 그 적용 대상은 금융투자업자로 제한되었다. 그러나 제2유형의 신설로 인하여 향후 금융투자업자가 아닌 자(즉 법인영업부에서 기관투자자 주문을 받은 자, 조사분석보고서를 작성한 애널리스트, 연기금 등 기관투자자의 주문정보를 활용하는 자 등)들의 선행매매나 스캘핑도 과징금의 부과

위를 규제한다고 하였으므로, 유럽연합과 같이 우리나라도 정책정보를 내부정보로 포함하게 되었다. 상게논문, 162-163면.

대상으로 된 것이다. 자본시장 관련 중요한 정보를 알게 된 언론사의 내부자들도 마찬가지이다. 한편 정부의 경제정책 입안 등에 관여하거나, 환율·금리·기타 산업 동향에 관여하여 정책정보를 생산하거나 알게 된 자도 마찬가지이다.[71]

제3유형은 해킹, 절취(竊取), 기망(欺罔), 협박, 그 밖의 부정한 방법으로 정보를 알게 된 자이다. 제174조의 내부자거래가 직무관련성에 따른 정보의 취득 경로와 방법을 중시하는 데 반하여, 본조는 정보의 취득 방법이 불법하거나 부정하더라도 정보를 보유하는 자를 규제한다. 따라서 해킹, 절취 등 불법적인 방법으로 정보를 취득한 자는 자본시장법이 아닌 정보통신망보호법이나 형법에 의한 처벌만 받았으나 이제는 자본시장법의 규제대상이 되어 금전적 제재를 받게 되었다. 다만 불법·부정한 방법을 요건으로 하므로, 우연히 내부정보를 알게 된 자는 여전히 규제대상이 아니다.

제4유형은 제2유형이나 제3유형에 해당하는 자로부터 나온 정보인 정을 알면서 이를 받거나 전득한 자이다. 제1유형이 기존 내부자거래의 다차 수령자를 새롭게 규제대상으로 포함하면서, 시장질서교란행위의 다차 수령자도 포함하게 된 것이다.

금융위원회는 기존의 제174조와 제178조의2 간 상관관계를 다음의 그림과 같이 요약하였다.

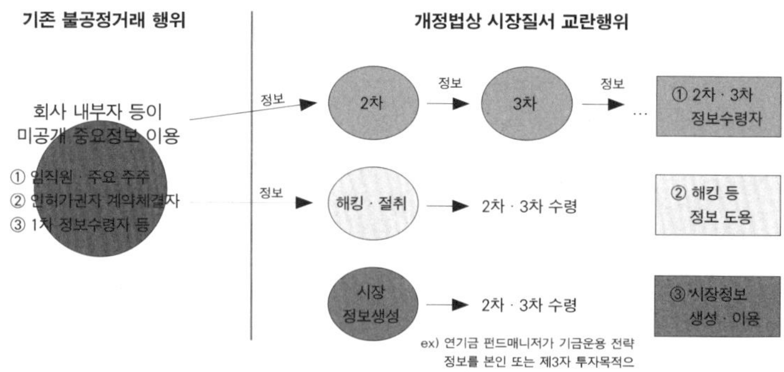

자료: 금융위원회, "[보도자료] 시장질서 교란행위 규제를 위한 자본시장과 금융투자업에 관한 법률 일부 개정법률안 국무회의 통과", 2014. 12. 23.

71 상게논문, 154면에서 성희활 교수는 어떠한 정책정보가 금융투자상품의 매매 등 여부나 매매 등의 조건에 중대한 영향을 줄 수 있다면 이러한 정책정보를 생산하거나 알게 된 자의 범위에는 행정부의 내부자 뿐만 아니라 입법부와 사법부의 내부자들도 모두 포함한다고 하였다.

2. 제178조의2 제2항: 제176조의 시세조종행위규제 보완

제178조의2 제2항의 시세조종성 시장질서 교란행위는 목적 요건을 규정하지 않는다.

> ② 누구든지 상장증권 또는 장내파생상품에 관한 매매등과 관련하여 다음 각 호의 어느 하나에 해당하는 행위를 하여서는 아니 된다. 다만, 그 행위가 제176조 또는 제178조에 해당하는 경우는 제외한다.
>
> 1. 거래 성립 가능성이 희박한 호가를 대량으로 제출하거나 호가를 제출한 후 해당 호가를 반복적으로 정정·취소하여 시세에 부당한 영향을 주거나 줄 우려가 있는 행위(허수주문 유형)
> 2. 권리의 이전을 목적으로 하지 아니함에도 불구하고 거짓으로 꾸민 매매를 하여 시세에 부당한 영향을 주거나 줄 우려가 있는 행위(가장매매 유형)
> 3. 손익이전 또는 조세회피 목적으로 자기가 매매하는 것과 같은 시기에 그와 같은 가격 또는 약정수치로 타인이 그 상장증권 또는 장내파생상품을 매수할 것을 사전에 그 자와 서로 짠 후 매매를 하여 시세에 부당한 영향을 주거나 영향을 줄 우려가 있는 행위(통정매매 유형)
> 4. 풍문을 유포하거나 거짓으로 계책을 꾸미는 등으로 상장증권 또는 장내파생상품의 수요·공급 상황이나 그 가격에 대하여 타인에게 잘못된 판단이나 오해를 유발하거나 상장증권 또는 장내파생상품의 가격을 왜곡할 우려가 있는 행위(풍문 등 유포 유형)

제178조의2 제2항의 신설로 인하여 이제 목적성 여부와 상관없이 시장의 건전한 거래질서를 훼손하는 시세조종성 행위는 모두 규제를 받게 되었다.[72] 문제는 제178조와의 관계이다. 왜냐하면 자본시장법 제정 당시 제178조의 부정거래 규제는 제176조의 시세조종행위 규제에서의 규제 공백을 보완하기 위한 조항으로서 도입되었기 때문이다. 그렇다 보니 시세조종행위에 있어서는 제176조와 제178조 및 제178조의2 제2항이 모두 적용되는 셈이다. 제178조의2 제1항이 내부

72 예를 들어 갑은 본인이 제작한 프로그램을 통해 특정 상장기업 X사의 주식을 일정한 조건이 되면 자동으로 매입하도록 하였으나, 실행도중 프로그램 오류로 인해 해당 상장기업 X에 대한 주문이 폭주하면서 주가가 급변하였다. 과거에 갑은 "시세조종의 목적"이 인정되기 어려워 형사벌을 부과받지 않을 가능성이 높았으나, 이제 자본시장법의 개정에 따라 시장질서 교란행위의 규제 대상으로 된 것이다.

자거래 규제를 보완하기 위하여 상당히 세심한 조항을 마련한 반면에 제2항은 그렇지 못하다는 점도 주목할 부분이다. 기존의 시세조종법제가 형사처벌을 위주로 한 반면에, 제178조의2는 목적성을 요구하지 않으면서 행위자에 대해 과징금을 부과한다는 점 이외에는 특별히 언급할 사항은 없다.

기존 불공정거래행위

목적성을 가지고 시세에 영향

① 타인이 거래상황을 오인하게 할 목적
② 타인을 거래에 끌어들일 목적
③ 시세를 고정할 목적
④ 부당한 이익을 얻을 목적

개정법상 시장질서 교란행위

목적성 없이 시세에
부당한 영향을 주는 행위

ex) 컴퓨터 프로그램 오류 등으로
대량 매수·매도 주문이 체결되
어 시세급변을 초래하는 경우

Ⅳ. 과징금 부과 및 기타

1. 자본시장법 제429조의2와 기존 형사처벌의 보완

자본시장법 제429조의2에 의하면 "금융위원회는 제178조의2를 위반한 자에 대하여 5억원 이하의 과징금을 부과할 수 있다. 다만, 그 위반행위와 관련된 거래로 얻은 이익(미실현 이익을 포함한다. 이하 이 조에서 같다) 또는 이로 인하여 회피한 손실액에 1.5배에 해당하는 금액이 5억원을 초과하는 경우에는 그 이익 또는 회피한 손실액의 1.5배에 상당하는 금액 이하의 과징금을 부과할 수 있다"고 규정한다.

우선 제429조의2는 제443조와 달리 위반행위와 관련된 거래로 얻은 이익에 미실현 이익이 포함된다는 점을 명확히 규정하였다. 제429조의2가 신설됨으로써, 기존 제443조의 법문은 이제 달리 해석되어야 한다. 즉 제443조는 미실현 이익을 전혀 언급하지 않으므로, 기존의 불공정거래행위를 범한 자의 형사처벌에 있어서 미실현이익을 포함해서는 안 되는 것이다. 왜냐하면 죄형법정주의의 견지에서 볼 때, 제443조의 법문을 확대해석할 당위성은 전혀 없기 때문이다.

한편 개정 자본시장법은 기존 불공정거래행위에 대해서도 금전제재 등 처벌을 강화하여 불공정거래로 인한 부당이득의 철저한 환수를 도모하였다. 즉 제447조 제1항은 불공정거래행위로 징역형이 부과되는 경우에는 반드시 벌금을 병과하는 것으로 개정하였으며, 제447조의2는 불공정거래행위로 취득한 부당이득은 반드시 몰수 또는 추징하도록 하였다. 이는 시장질서 교란행위에 대하여 제429조의2가 금전제재(과징금)를 강화한 것과 보조를 맞춘 개정으로 평가된다.

2. 자본시장법 제429조의2의 특징

시장질서 교란행위자를 상대로 부과할 수 있는 과징금의 액수가 매우 커졌다. 즉 "그 위반행위와 관련된 거래로 얻은 이익(미실현 이익을 포함한다. 이하 이 조에서와 같다.) 또는 이로 인하여 회피한 손실액에 1.5배에 해당하는 금액이 5억원을 초과하는 경우에는 그 이익 또는 회피한 손실액의 1.5배에 상당하는 금액 이하의 과징금을 부과"할 수 있으므로, 부당이득액이 100억원이면 150억원까지 과징금이 부과될 수 있는 것이다.[73] 과징금은 부당이득의 환수와 행정제재라는 복합적 성격을 갖는데, 전자의 성격을 좀 더 강조한다면 부당이득에 연계된 과징금의 부과는 문제되지 않는다. 그리고 과징금은 형사처벌로서의 벌금이나 몰수·추징과 기본적인 속성을 달리 하므로 소위 이중처벌금지의 원칙(double jeopardy)에도 위배되지 않는다.[74]

한편 시장질서 교란행위자에 대한 과징금 부과는 중과실 요건이 없다. 따라서 단순

73 물론 이렇게 과징금의 액수가 큰 사례라면 형사범죄로서의 시세조종행위에 해당할 가능성이 높아 자본시장법 제178조의3에 따라 증권선물위원회는 검찰총장에게 이를 통보하여야 할 것이다.

74 헌법재판소와 대법원도 과징금이 부당이득 환수와 행정제재라는 두 가지 성격을 모두 갖는 것으로 보고 있다. 즉 헌법재판소의 2003. 7. 24. 결정(2001헌가25)에서 "행정권에는 행정목적 실현을 위하여 행정법규 위반자에 대한 제재의 권한도 포함되어 있으므로, '제재를 통한 억지'는 행정규제의 본원적 기능이라 볼 수 있는 것이고, 따라서 어떤 행정제재의 기능이 오로지 제재(및 이에 결부된 억지)에 있다고 하여 이를 헌법 제13조 제 1 항에서 말하는 국가형벌권의 행사로서의 '처벌'에 해당한다고 할 수 없는바, '구 독점규제 및 공정거래에 관한 법률' 제24조의2에 의한 부당내부거래에 대한 과징금은 그 취지와 기능, 부과의 주체와 절차 등을 종합할 때 부당내부거래 억지라는 행정목적을 실현하기 위하여 그 위반행위에 대하여 제재를 가하는 행정상의 제재금으로서의 기본적 성격에 부당이득환수적 요소도 부가되어 있는 것이라 할 것이고, 이를 두고 헌법 제13조 제 1 항에서 금지하는 국가형벌권 행사로서의 '처벌'에 해당한다고는 할 수 없으므로, 공정거래법에서 형사처벌과 아울러 과징금의 병과를 예정하고 있더라도 이중처벌금지원칙에 위반된다고 볼 수 없으며, 이 과징금 부과처분에 대하여 공정력과 집행력을 인정한다고 하여 이를 확정판결 전의 형벌집행과 같은 것으로 보아 무죄추정의 원칙에 위반된다고도 할 수 없다"고 판단하였고, 대법원 2004. 4. 23. 선고 2001두6517 판결에서는 "부당지원행위에 대한 과징금은 부당지원행위 억지(抑止)라는 행정목적을 실현하기 위한 행정상 제재금으로서의 기본적 성격에 부당이득환수적 요소도 부가되어 있는 것으로서, 이중처벌금지원칙에 위반된다거나 무죄추정의 원칙에 위반된다고 할 수 없고, 적법절차원칙이나 사법권을 법원에 둔 권력분립의 원칙에 위반된다고 볼 수 없다"고 판시하였다.

한 과실로 시장의 건전성을 훼손한 시장질서 교란행위자도 과징금을 부담할 수 있게 되었다. 과징금 부과금액의 상한선도 없는 상황에서 경과실도 제재 대상이 되었으므로, 금융감독당국은 과징금 부과에 있어서 보다 투명하고 공정한 실체적·절차적 절차를 마련하여야 할 것이다.[75]

3. 기타

자본시장법 제178조의3은 불공정거래행위의 제재와 관련하여 금융감독당국과 사법당국 간의 정보교류를 강화하여야 한다는 취지의 규정을 마련하였다. 즉 증권선물위원회는 시장질서 교란행위에 대한 조사 중 해당 사건이 형사처벌의 대상이 되는 기존 불공정거래행위의 혐의가 있다고 인정하는 경우 검찰에 통보하여야 하고(제1항), 검찰총장이 제173조의2 제2항, 제174조, 제176조 또는 제178조를 위반한 자를 소추하기 위하여 관련 정보를 요구하는 경우에는 이를 제공할 수 있도록 하였다(제2항).

금융감독당국의 조사수단과 관련하여 시장질서 교란행위는 형사처벌의 대상이 되는 불공정거래행위와 차이가 있다. 즉 자본시장법 제427조를 보면 증권선물위원회는 불공정거래규제를 위반한 행위를 조사하기 위하여 필요하다고 인정되는 경우 금융위원회 소속공무원 중 대통령령으로 정하는 자에게 위반행위의 혐의가 있는 자를 심문하거나 물건을 압수 또는 사업장 등을 수색하게 할 수 있다고 규정한다. 그러나 동 조항은 시장질서 교란행위의 경우 적용되지 않으므로, 금융감독당국의 압수·수색 권한이 없게 된다. 이 경우 독수독과이론(毒樹毒果理論, Fruit of the poisonous tree)에 따른 증거의 증거능력, 즉 위법하게 수집된 증거에 의하여 발견된 제2차 증거의 증거능력이 문제될 수 있다. 예를 들어 금융감독당국이 제174조의 내부자거래 혐의가 있다고 하면서 압수·수색을 한 증거를 제178조의2 제1항에 따른 시장질서 교란행위의 증거로 쓸 수 있을 것인가? 특히 제174조 위반의 심증이 전혀 없음에도 불구하고 시장질서 교란행위로 과징금의 제재를 하기 위해 금융감독당국이 압수·수색한 경우의 증거능력이 문제될 것이다.

75 성희활, 전게논문, 160면.

제4절 공매도 규제

I. 개관

공매도란 매도당시 자신이 소유하지 않은 상장증권을 매도(소위 무차입공매도, naked short sale)하거나, 소유하더라도 자기소유의 증권이 아닌 차입한 상장증권으로 결제하고자 하는 매도(소위 차입공매도, covered short sale)를 말한다. 내부자가 주식을 공매하는 경우가 흔한 것은 아니나 장차 회사의 사업이나 신용에 타격을 주는 사실이 발생하여 주가하락이 예견되는 상황에서 단기차익을 노리고 하는 경우가 있을 수 있고, 이러한 투기적인 성격이 강한 내부자의 거래를 규제할 필요성이 있는 것이다.

II. 구 증권거래법상의 공매도규제와 차이점

구 증권거래법에서 공매도는 내부자거래 규제의 연장선상에서 규율되었다. 물론 이러한 설명이 반드시 옳은 것은 아니다. 왜냐하면 구 제도에서도 거래소의 업무규정이 일반적인 공매도를 규제하였기 때문이다. 그렇지만 구 증권거래법은 상장법인의 임직원이나 주요주주의 공매도 만을 규제하였었다. 이에 비하여 자본시장법 제180조는 공매도가 갖는 결제위험의 가중과 가격교란의 위험성에 착안하여 모든 투자자의 naked short sale과 covered short sale을 원칙적으로 금지하는 선진형 공매도 규제체제를 구축하였다. 즉 공매도의 규제대상을 "누구든지"라고 규정함으로써 모든 투자자로 확대한 것이다. 규제대상 증권도 주식과 주식관련사채권 외에 수익증권, 파생결합증권, 증권예탁증권 등을 추가하였다. 한편 구 증권거래법은 공매도 위반의 경우 형벌을 부과하였지만,[76] 자본

76 구 증권거래법에서 공매도만 관련하여 형사문제가 된 사례는 없고, 다만 신분요건을 갖추지 못한 자가 미공개 내부정보를 이용하여 공매도를 하다가 미공개 내부정보 이용행위로 처벌받은 하급심판결례가 있기는 하다. 즉

시장법은 제재수단을 행정벌로 전환하여 5천만원 이하의 과태료에 처하도록 하고 있다.

구 증권거래법과 현행 자본시장법의 공매도규제 비교

구분	구 증권거래법	자본시장법
규제체계	구 증권거래법과 거래소업무규정	자본시장법으로 단일화
규제주체	상장법인의 임원, 직원, 주요주주	제한없음
대상증권	CB, BW, 신주인수권증서, 주권 등	CB, BW, PB, EB, 지분증권, 수익증권, 파생결합증권, DR 등
금지유형	naked short sale	naked short sale, covered short sale
벌칙	형벌	행정벌

III. 규제내용

1. 원칙적인 공매도 금지 및 요건 충족시 예외적인 차입공매도 허용

자본시장법은 원칙적으로 공매도를 금지하고 있다. 자본시장법 제180조 제1항은 누구든지 증권시장(ATS에서의 증권 매매거래 포함)에서 상장증권(대통령령으로 정하는 증권에 한함)에 대하여 "소유하지 아니한 상장증권의 매도"(naked short sale)와 "차입한 상장증권으로 결제하고자 하는 매도"(covered short sale, 차입공매도)를 하거나 그 위탁 또는 수탁을 하여서는 아니 된다고 규정한다. 다만, 차입공매도의 경우 증권시장의 안정성 및 공정한 가격형성을 위하여 대통령령으로 정하는 방법에 따를 때에는 예외적으로 허용한다. 자본시장법시행령 제208조 제2항이 바로 이러한 예외를 규정한 것인데 다음과 같다.

서울지방법원 2000. 7. 6. 선고 2000고단2425 판결은 피고인이 공소 외 회사에 자금을 대여하고 그 회사 발행의 당좌수표를 교부받아 사채업자에게 할인하여 사용하는 내용으로 회사와 자금대차계약관계에 있던 중 위 수표가 부도났다는 사실을 알게 되자 그 부도사실이 일반인에게 알려지면 주가가 급락할 것을 예상하여 당시 회사의 보유주식을 전혀 보유하고 있지 않았음에도 위 부도 사실이 공개되기 전 공소외인 명의의 주담보계좌를 통하여 위 회사 주식 21만주를 당일 하한가에 공매도하여 일반인에게 공개되지 아니한 중요한 정보를 유가증권의 매매 기타 거래와 관련하여 이용한 사안이었다.

자본시장법시행령 제208조(공매도의 제한) ② 법 제180조제1항 각 호 외의 부분 단서에서 "대통령령으로 정하는 방법"이란 같은 항 각 호 외의 부분 단서에 따른 공매도(이하 "차입공매도"라 한다)에 대하여 법 제393조제1항에 따른 증권시장업무규정(이하 "증권시장업무규정"이라 한다)에서 정하는 가격으로 다음 각 호의 방법에 따라 하는 것을 말한다. 〈개정 2009.2.3., 2012.6.29., 2013.1.16., 2013.8.27., 2016.6.28.〉

1. 투자자(거래소의 회원이 아닌 투자매매업자나 투자중개업자를 포함한다. 이하 이 호에서 같다)가 거래소의 회원인 투자중개업자에게 매도주문을 위탁하는 경우
   가. 증권의 매도를 위탁하는 투자자는 그 매도가 공매도인지를 투자중개업자에게 알릴 것. 이 경우 그 투자자가 해당 상장법인의 임직원인 경우에는 그 상장법인의 임직원임을 함께 알릴 것
   나. 투자중개업자는 투자자로부터 증권의 매도를 위탁받는 경우에는 증권시장업무규정으로 정하는 방법에 따라 그 매도가 공매도인지와 그 공매도에 따른 결제가 가능한지를 확인할 것
   다. 투자중개업자는 공매도에 따른 결제를 이행하지 아니할 염려가 있는 경우에는 공매도의 위탁을 받거나 증권시장(다자간매매체결회사에서의 증권의 매매거래를 포함한다. 이하 이 조 및 제208조의2에서 같다)에 공매도 주문을 하지 아니할 것
   라. 투자중개업자는 투자자로부터 공매도를 위탁받은 경우에는 그 매도가 공매도임을 거래소에 알릴 것
2. 거래소의 회원인 투자매매업자나 투자중개업자가 매도에 관한 청약이나 주문을 내는 경우에는 그 매도가 공매도임을 거래소에 알릴 것
3. 삭제 〈2016.6.28.〉

2. 공매도로 간주하지 않는 경우

자본시장법 제180조 제2항에 의하면, ① 증권시장에서 매수계약이 체결된 상장증권을 해당 수량의 범위에서 결제일 전에 매도하는 경우, ② 전환사채·교환사채·신주인수권부사채 등의 권리 행사, 유·무상증자, 주식배당 등으로 향후 취득할 주식을 매도하는 경우로서 결제일까지 그 주식이 상장되어 결제가 가능한 경우, ③ 그 밖에 결제를 이행하지 아니할 우려가 없는 경우로서 대통령령으로 정하는 경우[77]에는 아예 공매도로 간주하지 않는다. 이 때에는 결제일에 결

77 자본시장법시행령 제208조 제3항: 자본시장법 제180조 제2항 제3호에서 "대통령령으로 정하는 경우"란 다

제불이행의 위험이 없다고 보기 때문이다.

3. 예외적인 차입공매도시 공매도 잔고의 보고 및 공시제도

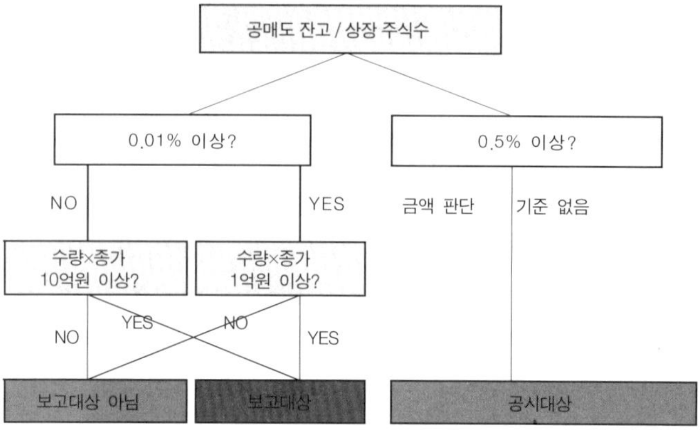

자료: 금융감독원, "[보도자료] 공매도 공시제도 도입 등에 따른 투자자 유의사항 안내," 2016. 6. 27, 6면.

2016년 7월부터 자본시장법 제180조의2와 제180조의3이 신설되어, 차입공매도가 예외적으로 허용되더라도 특정 요건을 충족하는 매도자는 공매도 잔고를 보고하고 공시하여야 할 의무가 부과된다. 우선 상장주식 모든 종목에 대해 공매도 잔고 대량 보유자(자본시장법시행령 제208조의2 제4항 제1호는 해당 증권의 종목별 발행총수(기준시점에 증권시장에 상장되어 있는 수량으로 한정한다)에 대한 일별 순보유잔고의 비율(이하 "순보유잔고 비율"이라 한다)이 음수

음 각 호의 어느 하나에 해당하는 매도로서 결제일까지 결제가 가능한 경우를 말한다.

1. 매도주문을 위탁받는 투자중개업자 외의 다른 보관기관에 보관하고 있거나, 그 밖의 방법으로 소유하고 있는 사실이 확인된 상장증권의 매도
2. 상장된 집합투자증권의 추가발행에 따라 받게 될 집합투자증권의 매도
3. 법 제234조에 따른 상장지수집합투자기구의 집합투자증권의 환매청구에 따라 받게 될 상장증권의 매도
4. 증권예탁증권에 대한 예탁계약의 해지로 취득할 상장증권의 매도
5. 대여 중인 상장증권 중 반환이 확정된 증권의 매도
6. 증권시장 외에서의 매매에 의하여 인도받을 상장증권의 매도
7. 제1항제1호부터 제4호까지의 증권을 예탁하고 취득할 증권예탁증권의 매도
8. 그 밖에 계약, 약정 또는 권리 행사에 의하여 인도받을 상장증권을 매도하는 경우로서 증권시장업무규정으로 정하는 경우

로서 그 절댓값이 1/10,000(0.01%) 이상인 자, 금융위원회가 정하여 고시하는 방법에 따라 산정한 일별 순보유잔고의 평가액이 1억원 미만인 자는 제외; 동조 동항 제2호는 해당 증권의 순보유잔고 비율이 음수인 경우로서 금융위원회가 정하여 고시하는 방법에 따라 산정한 일별 순보유잔고의 평가액이 10억원 이상인 자)는 순보유잔고의 보고의무를 지는 차입공매도자에 해당한다. 다음으로 상장주권의 종목별 발행총수 대비 매도자의 해당 증권에 대한 일별 순보유잔고의 비율이 5/1000(0.5%) 이상인 경우이다. 최초 공시시점에서는 발행주식총수 대비 0.5% 이상, 이후 ± 0.01%이상 변동 시 또는 0.5% 미만으로 하락 시 금융위원회와 거래소에 보고하고 공시하여야 하는 것이다. 공시기한은 공시의무 발생일부터 3영업일 오전 9시까지이며, 공시내용은 성명 등 인적사항, 해당증권 종목명, 보고의무 발, 해당증권의 순보유잔고 비율 및 수량 등이다.

Ⅳ. 공매도에 대한 제재와 시세조종

자본시장법은 공매도 규제대상을 확대한 반면에 공매도에 대한 제재를 약화시켰다. 즉 구 증권거래법상의 형사처벌 조항을 삭제한 반면, 자본시장법 제449조 제1항 제39호는 상장증권에 대하여 공매도를 하거나 그 위탁 또는 수탁을 한 자에 대하여 5천만원 이하의 과태료만을 제재로서 규정한 것이다. 한편 주가를 하락시키고자 하는 경우 중요한 수단의 하나로 활용되는 것이 공매도이다. 따라서 공매도를 규제하는 것은 시세조종을 예방하기 위한 목적이 있다. 그렇다면 공매도를 통해 주가하락을 유도하였다면 시세조종으로 처벌할 수 있는가? 일단 법의 규정에 따라 이루어진 공매도가 주가하락에 영향을 미쳤더라도 이를 시세조종으로 볼 수는 없으나 예외적으로 허용되는 공매도가 아님에도 불구하고 매도호가를 내어 주가하락을 주도하였다면 시세조종에 해당할 수 있다. 그리고 그 때에는 형사벌칙이 부과될 것이다.

제10장

집합투자

제1절 집합투자규제 개관

I. 집합투자제도의 의의 및 특징

1. 집합투자, 집합투자기구, 집합투자업자

자산의 운용행위는 투자자산의 보유주체와 투자판단의 주체에 따라 직접투자, 집합투자(간접투자) 기타 여러 가지 투자형태로 구분될 수 있다. 가장 간단한 자산운용형태로, 투자자가 자신의 투자자산을 자신의 투자판단에 따라 운용하는 "직접투자"를 들 수 있고, 가장 복잡한 형태로 투자자들이 자금운용기관에게 자금을 맡기고 자금운용기관은 이를 운용하여 수익을 투자자들에게 분배하는 "집합투자"(간접투자)를 통한 간접적 자산운용행위를 들 수 있다.[1]

이러한 집합투자에 대해 자본시장법 제6조 제5항은 "2인 이상의 투자자로부터 모은 금전 등 또는 국가재정법 제81조에 따른 여유자금을 투자자 또는 각 기금관리주체로부터 일상적인 운용지시를 받지 아니하면서 재산적 가치가 있는 투자대상자산을 취득·처분, 그 밖의 방법으로 운용하고 그 결과를 투자자 또는 각 기금관리주체에 배분하여 귀속시키는 것을 말한다"고 정의하고 있다. 즉, 집합투자란 다수의 투자자들이 제공한 자금을 집합(pooling)하여 전문가인 투자관리자가 관리·운용하고 그 수익을 투자자들에게 배분하는 것을 통칭한다.

자본시장법 제6조 제5항을 분설하면 집합투자는 다음의 3가지 요건을 충족하여야 한다. 첫째, 2인 이상의 투자자로부터 모은 금전이어야 한다. 이에 대하여 개정 전 자본시장법에서는 '2인 이상에게 투자 권유하여 모은 금전'이라 표현되어 2인 이상에게 권유만 하면 투자자가 1인에 해당되어도 집합투자 개념에 해당하였으나, 2013년 자본시장법 개정으로 국가재정법에 따른 기금관리주체를 제외하고는 반드시 투자자가 2인 이상이 되어야 집합투자에 해당된다. 이는 예외적인 경우를 제외하고는 단독 사모집합투자기구의 설정을 허용하지 않겠다는

1 법령제정 실무작업반, 「간접투자해설」, 박영사, 2006, 3면[이하 법령제정 실무작업반].

취지이다. 미국과 일본도 '복수의 투자자'를 집합투자기구 정의의 필수요건으로 규정하고 있다.[2] 둘째, 투자자로부터 일상적인 운용지시를 받지 아니 하여야 한다. 이는 집합투자의 개념 요소 중 하나이면서, 이를 위반하는 경우 집합투자업자의 불건전 영업행위에 해당되기도 한다(자본시장법 제85조 제8호). 이는 집합된 투자자금의 자산운용을 전문으로 하는 집합투자업자가 투자자를 대신하여 운용하는 집합투자업의 특성을 반영하여 투자자의 일상적인 운용지시를 명시적으로 배제한 것이며, 이 부분은 투자일임 및 신탁과 개념상 구별하는 데 의의가 있다.[3] 셋째, 투자대상자산을 운용하고 그 결과를 투자자에게 귀속시켜야 한다. 투자대상자산에는 제한이 없어 반드시 금융투자상품에 투자하여 운용하지 않아도 된다. 투자대상자산을 구체적으로 한정하여 열거하는 방식을 취하고 있던 구 자산운용업법과 달리, 자본시장법은 집합투자 대상자산을 열거하지 않고 포괄적으로 규정하고 있다. 그 결과 지적재산권 등 구 자산운용업법에서 투자대상이 아니었던 재산에도 투자할 수 있게 됨으로써 현재 집합투자가 더욱 활성화될 수 있는 계기가 마련되었다.[4]

이러한 집합투자를 수행하기 위한 기구가 집합투자구기구이다. 집합투자기구는 법적형태 별로 투자신탁, 투자회사, 투자유한회사, 투자합자회사, 투자유한책임회사, 투자합자조합, 투자익명조합으로 분류할 수 있다(자본시장법 제9조 제18항). 그리고 사모집합투자기구에는 경영참여형 사모집합투자기구(일반적으로 Private Equity Fund 또는 PEF라고 일컫는데 경영권 참여, 사업구조 또는 지배구조의 개선 등을 위한 목적으로 운용되는 사모집합투자기구)와 전문투자형 사모집합투자기구가 있다(자본시장법 제9조 제19항). 다른 집합투자기구와 달리 인가를 받은 집합투자업자만이 운용할 수 있는 것이 아니고 법인이기만 하면 금융위원회에 등록 후 사모집합투자기구를 운용할 수 있다.

집합투자기구를 설정하여 집합투자를 영업으로 하는 자를 집합투자업자라

---

2 집합투자기구가 투자회사법의 적용을 받기 위해서는 100인 이상의 투자자가 요구되며, 집합투자기구의 투자자가 100인 미만은 경우에는 투자회사법의 적용을 받지 아니 한다.(Investment Company Act of 1940 §(3)(c)(1)). 변제호 외, 63면 각주 68).

3 상게서.

4 정숙연, 「자본시장법 집합투자규제에 관한 연구」, 동아대학교 박사학위논문, 2010, 12면.

한다(자본시장법 제6조 제4항). 즉, 복수의 자로부터 모집된 자금을 운용하고 그 결과를 자금을 출연한 자에게 배분하여 귀속시키는 것을 영업으로 하는 자를 말한다. 일반적으로 집합투자기구를 펀드라고 하고, 이러한 펀드를 운용하는 집합투자업자를 자산운용사라 한다.

2. 집합투자제도의 구조 및 특징 – 투자신탁과 투자회사의 비교

집합투자제도의 구조와 특징에 대해서는 가장 대표적인 형태인 투자신탁과 투자회사만을 언급하기로 한다.

투자신탁은 집합투자 관련 서비스가 투자자, 집합투자업자, 신탁업자인 3자간의 관계에서 제공되는 방식으로, 투자자는 수익자, 집합투자업자는 위탁자, 신탁업자는 수탁자로 대변되는 신탁관계의 성립에 의해 이루어진다. 즉, 불특정 다수의 투자자인 수익자를 대상으로 수익증권을 발행하여 투자자금을 조성하고, 집합투자업자는 이 투자자금을 신탁업자에게 보관·관리를 위탁하며, 집합투자업자는 신탁업자에 대하여 자금의 운용을 지시함으로써 투자자에 대한 자산운용 서비스를 제공하는 것이다. 투자신탁에 있어서 이러한 3자간 관계에 대해서는 본장의 제4절에서 상세하게 언급하기로 한다.

반면, 투자회사의 경우 집합투자 관련 서비스가 회사법을 응용하여 제공되는 형태라 할 수 있다. 투자자의 투자자금은 자본금, 투자자는 회사의 주주로 규정된다. 따라서, 투자자로부터 투자자금을 조성하는 것은 회사설립을 위한 발기 및 발행 공모에 해당된다. 또한, 집합투자업자는 투자자금을 결성하는 발기인 역할을 하는 동시에 회사와 주주를 위해 회사를 운영하는 이사에 해당된다. 투자회사의 기관은 이사회와 주주총회로 구성되어 있다. 상법상 주식회사의 형태와 유사하다. 투자회사의 주주총회는 투자회사의 주주로 구성되며 회사의 기본적 사항에 관하여 회사의 의사를 결정하는 필요상설기관이다. 그리고 이사회는 투자회사의 집합투자업자로 하는 법인이사 그리고 법인이사의 업무집행을 감독하는 감독이사로 구성된다. 이 중 법인이사는 투자회사를 대표하고 업무를 수행하고, 감독이사는 투자회사의 업무에 대해 법인이사의 업무집행을 감독하고 투자회사의 업무 및 재산상황을 파악하는 등의 업무를 담당한다. 그리고 투자자의 투자자금을 자산보관회사에 보관하게 되는데 이는 투자신탁의 신탁업자와 같은 역할을 수행한다.

3. 집합투자제도의 기능

첫째, 집합투자는 자산운용전문가가 투자자의 증권 등 자산에 대한 투자를 대신하여 이를 용이하게 하는 기본적인 기능을 수행한다. 집합투자의 기능이 필요한 이유는 집합투자행위 관련자들이 가지고 있는 자산의 투자가치에 대한 정보의 차이에서 기인한다. 증권 등 자산의 가치에 대한 관련자 간 정보의 비대칭성이 집합투자행위 또는 집합투자업의 존재의 근거가 되는 것이다. 자산에 대한 투자는 자산의 가치에 대한 정보의 수집과 수집된 정보의 적절한 분석이 필요하다. 정보의 수집과 분석에는 고도의 분석능력이 요구되고 있어 집합투자 행위 관련자들이 보유하고 있는 자산의 가치에 대한 정보는 그 질에 있어 차이가 있기 마련이다. 이러한 정보 비대칭성으로 인하여 우월한 정보에 대한 경제적 가치가 발생하게 되며, 이에 따라 집합투자행위 및 집합투자업의 필요성이 있는 것이다.[5] 또한, 현대재무관리이론의 최대 업적 중 하나인 포트폴리오이론에 의하면 투자자는 적절한 분산투자를 통하여 투자위험을 최소화 할 수 있다. 그러나 소액투자자에게 분산투자란 애초부터 불가능하다. 그러나 집합투자를 이용하는 경우 집합투자업자가 다양한 증권으로 포트폴리오를 구성함으로써 투자위험을 최소화 할 수 있다.

둘째, 집합투자는 거래비용을 절감시켜 준다. 직접투자를 하려면 투자자 본인이 해당 자산 가치에 대한 정보 수집과 그에 대한 분석을 해야 한다. 이러한 과정에서 많은 시간과 비용이 소요된다. 자산 가치에 대한 정확한 정보의 수집과 분석을 위한 비용은 투자자금을 기준으로 고정비용적 성격을 띠게 마련이다. 그러나 집합투자와 같은 간접투자의 경우 전문지식과 다양한 경험을 보유한 전문인력이 투자자의 자금을 모아 규모의 경제를 이룸으로써 이러한 시간과 비용을 절감할 수 있다. 정보수집과 투자금액의 규모가 커질수록 정보수집 비용

5 법령제정 실무작업반, 전게서, 4면.

을 하락시키고 수수료 할인이 가능해짐에 따라 직접투자에 비해 비용을 절감할 수 있는 것이다.[6] 이러한 거래비용 절감은 직접적으로 거래에 관련된 경제주체의 이익을 증대시키기도 하지만, 간접적으로 시장 발전을 촉진시킴으로써 국민경제를 확대시키는 효과를 낳기도 한다. 따라서 집합투자제도에 의하여 자본시장의 거래비용이 낮추어지면 이는 자연스럽게 자본시장의 규모가 증대되는 효과가 나타난다.[7]

셋째, 집합투자는 자금조달 및 가격안정화 기능을 수행한다. 집합투자는 투자자로부터 모아진 자금을 자본시장에서 주식의 매입·인수 또는 국공채 매입·인수는 물론, 기업의 신규발행 회사채에 응모하거나 기업의 유상증자 등에 응모함으로써 이들의 자금수요를 충족시키고 신규증권의 발행을 용이하게 하는 기능을 수행한다. 이러한 자금의 공급은 기업의 장기간에 걸친 막대한 시설자금 등 투자재원을 안정적으로 공급하여 산업발전의 원동력이 된다. 그리고 집합투자는 주가수준이 낮은 주식시장 하락기에는 장래의 가격상승에 대비하여 주식 매입량을 늘리게 되어 주가하락을 완화시키는 기능을 발휘하게 되고 반대로 주가수준이 높은 때에는 보유주식을 매각하여 매매차익을 실현시키고 물량을 공급함으로써 과열 상승세를 진정시키는 기능을 발휘하게 된다. 이는 채권시장에도 마찬가지이다.

넷째, 집합투자는 자본시장의 대중화와 기업가치의 제고에 이바지하여 왔다. 자본시장의 대중화란 회사의 자본이 독점됨에 따라 사회전체의 부가 편중되는 현상을 보이게 되어 기업이윤의 국민적 배분이 효율적으로 공평하게 이루어지지 못하는 점을 시정하기 위하여 금융투자상품 소유의 대중화를 추구하는 것을 말하는데, 집합투자는 투자대상 상품의 실질적 소유를 특정 계층에 한정시키지 않고 널리 일반 대중에게까지 분산되도록 함으로써 자본시장의 대중화를 촉진시켰다. 그런데 이러한 대중화 과정에서 소액주주들은 본질적으로 경영감시자로서 충분한 역할을 수행할 수 없는 문제점이 발생하였다. 최근 스튜어드십

6 정숙연, 전게논문, 12면.

7 이준호·박찬호, 「자본시장통합법상 증권규제와 집합투자규제에 관한 비교법적 연구」, 한국법제연구원, 2008, 25면.

코드의 확산에서 짐작할 수 있듯이 집합투자가 활성화되면 기관투자자의 역할도 제고되면서 그 배후의 수익자를 위한 의결권 행사도 적극적으로 이루어지게 되므로, 집합투자는 종국적으로 회사의 선진적인 지배구조를 확립하고 기업 가치를 제고시킬 수 있는 기반을 제공할 것이다.

II. 집합투자규제의 방향
–대리인 문제의 해결 및 집합투자업의 순기능 제고

대리관계라고 하는 것은 한명 이상의 위임자가 대리인을 고용하여 그에게 특정 의사결정권한을 위임하면서, 위임자 자신을 위해 노력해주는 대가로 적절한 보상을 지불하기로 계약하고 성립된 관계를 말한다. 대리관계는 기본적으로 대리인 문제를 내포하고 있다. 대리인은 위임자에 비하여 특정 업무에 대한 정보와 지식이 월등한데다 위임자가 대리인의 업무수행과정을 일일이 감시하는 것이 불가능하다. 이러한 정보비대칭으로 인하여 "도덕적 해이"와 "역선택"현상 등의 문제가 발생한다. 소유와 경영이 분리된 회사에서 경영자와 주주 사이에 이른바 대리인 문제(agency problem)가 발생한다는 점은 널리 알려져 있다.

대리인 문제는 집합투자제도의 경우에도 역시 구조적인 문제로 발생한다. 집합투자제도에서도 자금제공자와 투자관리자가 분리되어 있기 때문이다. 집합투자제도에서의 위임자는 투자자가 될 것이며, 대리인은 자금의 운용자인 집합투자업자가 될 것이다. 특히, 집합투자제도에서 대리인 문제는 다른 금융업 등에 비하여 더욱 문제될 수 있다. 그 이유는 기본적으로 집합투자업자가 수행하는 자금의 운용업무는 고도의 전문적인 업무이고, 집합투자업자는 자금운용을 함에 있어 상당히 많은 재량을 보유하고 있어 투자자들은 운용업무에 대한 정확한 정보를 습득하기 어렵기 때문이다. 즉, 다른 금융업에 비해 투자자와 자금운용자간 정보의 비대칭성이 가장 심각하다. 이러한 정보의 심각한 비대칭으로 인해 "도덕적 해이"와 "역선택"의 문제가 더욱 두드러지게 발생하게 되는 것이다. 이러한 대리인 문제는 집합투자제도에서 운용사와 투자자 간(자기거래), 특정 투자자와 다른 투자자 간(쌍방대리) 다양한 이해상충 행위로 발현된다.[8] 그리고, 이러한 이행상충행위는 집합투자제도에서 운용단계 뿐 아니라 판매단계에 까지 전 영역에 걸쳐서 발생하게 된다.

집합투자제도에서 위와 같은 대리인 문제로 발생하는 이해상충행위가 무분별하게 발생할 경우 그 피해는 일차적으로 투자자에게 전가될 것이다. 이러한 경우, 결국 집합투자제도는 투자자의 신뢰를 상실하게 되고 관련 산업은 쇠퇴하게 될 것이다. 그리고 사회·경제적으로 집합투자제도 본연의 기능을 수행하지 못하는 사태가 발생할 것이다. 따라서 집합투자제도를 규제하기 위한 1차적인 필요성은 대리인 문제를 해결하는데서 찾아야 할 것이다. 대리인 관계에 기한 정보의 비대칭성 문제를 해결하고 그로 인해 자금운용자의 역선택과 도덕적 해이를 막는 데에 우선적으로 집합투자규제 방향이 설정되어야 한다.

현행 자본시장법도 정보의 비대칭으로 인해 발생하는 문제와 다양한 이해상충 행위로 인하여 발생하는 문제로부터 투자자를 보호하고 투자자 간 공정성 및 형평성을 달성할 수 있도록 적절한 규제책을 마련하고 있다. 예를 들어 집합투자재산의 안전성을 확보하기 위한 분별관리의무의 부과, 집합투자업자의 이해상충을 예방하기 위한 정보교류 차단장치의 구축, 신인의무(fiduciary duty)의 부과, 자산운용자의 객관적 운영을 담보하기 위한 운용제한사항의 마련 등을 들 수 있다.[9]

Ⅲ. 집합투자규제 현황

우리나라 집합투자규제는 1969. 8. 4. 「증권투자신탁업법」의 제정으로 최초 이루어져, 1998. 9. 16. 사모집합투자기구를 도입하고, 2001. 1. 21. 투자대상자산을 확대하는 방향으로 개정되었다. 그리고 2003. 10. 4. 간접투자자산운용업법이 제정된 후 2009. 2. 4. 자본시장법이 시행되어 이에 편입되었다. 이러한 집합

8 정숙연, 전게논문, 14-15면.

9 변제호 외, 66면

투자규제는 크게 집합투자업의 수행능력을 판단하여 진입과 퇴출을 규제하기 위한 진입규제, 집합투자 관련 회사들의 각종 집합투자관련 영업행위의 적정성을 규제하기 위한 행위규제, 효율적인 감시기능 구축 등을 위한 집합투자기구의 조직규제, 집합투자업자의 영업행위 지속을 위해 재무건전성을 규제하는 재무규제, 집합투자관련 회사들과 투자자간의 정보비대칭성을 해속하기 위한 공시규제로 나눠볼 수 있다.

1. 진입규제

(1) 집합투자업의 인가

자본시장법상 금융투자업자가 집합투자업을 영위하기 위해서는 동법 제229조에 따른 집합투자기구의 종류(증권·부동산·특별자산·혼합자산·단기금융), 투자자 유형(전문투자자, 일반투자자)을 구성요소로 하여 동법시행령 별표 1에 따른 인가를 받아야 한다(자본시장법 제12조). 각 인가 단위 간 진입요건 수준은 금융투자업자가 부담하는 위험 수준, 투자자보호의 필요 정도 등을 감안하여 차등화 한 것이다.[10] 집합투자업의 인가를 받으려면 자본시장법 제12조 제2항의 요건을 충족하여야 하고, 집합투자업의 인가 이후에도 동 인가요건을 계속 유지하여야 할 의무가 부과된다. 이를 위반할 경우에는 인가가 취소될 수 있다(자본시장법 제420조 제1항 제3호).

(2) 집합투자기구의 등록

집합투자기구를 이용하여 집합투자업을 영위하고자 하는 경우 당해 집합투자기구를 금융위원회에 등록하여야 한다(자본시장법 제182조). 집합투자기구의 등록주체는 집합투자기구의 법인격 여부에 따라 집합투자업자(투자신탁)와 집합투자기구 자체(투자회사 등)로 나뉘나, 실질적으로 집합투자기구를 설정·설립하여 운용하는 주체는 집합투자업자이므로 등록주체도 집합투자업자로 보아야 할 것이다. 집합투자기구의 등록주체는 금융위원회 인가를 받은 집합투자

10 상게서, 110면.

업자로 제한된다. 적법하게 설정·설립된 집합투자기구는 금융위원회 등록 전이라도 법상 규제대상이 되며,[11] 투자권유를 개시하여 집합투자증권을 판매하기 위해서는 금융위원회에 사전등록을 하여야 한다(자본시장법 제76조). 금융위원회에 등록하여야 하는 집합투자기구는 모든 집합투자기구이다. 다만, 자본시장법이 아닌 다른 법률에 의하여 설정·설립된 집합투자기구는 해당법률이 정하는바에 따라 해당 부처에 등록하면 되므로 자본시장법상의 등록의무가 면제된다. 집합투자기구의 등록요건에 대해서는 자본시장법 제182조 제2항에 자세히 규정되어 있다. 자본시장법이 요건을 갖추어 금융위원회에 등록하여야만 집합투자기구를 설정 및 설립할 수 있도록 하는 취지는, 금융위원회가 등록신청의 내용, 집합투자규약, 집합투자기구의 집합투자업자, 신탁업자, 투자매매업자·투자중개업자, 일반사무관리회사 등의 적법성 및 적합성 등을 사전에 검토함으로써 집합투자업이 일반투자자들의 이익을 침해할 가능성을 사전에 차단하기 위한 것이다.[12]

2. 재무규제

자본시장법은 금융투자업자의 건전한 경영을 유지하기 위해 다양한 규제를 시행하여 왔는데, 그 중 가장 대표적인 것은 자본의 적정성 여부를 평가하는 영업용순자본(NCR) 규제이다. 종래에는 투자자문업과 투자일임업을 영위하는 금융투자업자만이 NCR 규제의 적용 대상에서 제외되었으므로, 집합투자업자는 NCR 규제의 적용 대상이었다. 그러나 2016년 2월부터 개정 자본시장법시행령 제34조 제1항은 집합투자업자(집합투자증권 외의 금융투자상품에 대한 투자매매업 또는 투자중개업을 경영하는 자는 제외)를 적용 대상에서 제외하는 규제 완화조치를 단행하였다.

사실 부채성 금융상품을 많이 보유한채 고유자산으로 다양한 금융상품에 투자하는 투자중개업자·투자매매업자의 경우, NCR 규제가 건전성 지표로서

11 법상 집합투자기구를 금융위원회에 등록한 집합투자기구가 아니라, "집합투자를 수행하기 위한 기구"로 정의하고 있기 때문이다(자본시장법 제9조제18호).

12 변제호 외, 787면.

적합하다는 평가를 받을 수도 있다. 그러나 예금 등 부채성 금융상품이 없고 고유재산과 절연된 Vehicle 등을 통해 고객자산을 운용하는 집합투자업자의 경우, NCR 규제는 건전성 지표로서 전혀 적합하지 못한 것이다. 그 때문에 종래 집합투자업자에 대한 NCR 규제는 비율 산정에 있어서 과도한 부담만을 줄 뿐 적정한 건전성 판단의 기준으로 활용할 수 없다는 비판이 계속 제기되어 왔다. 종국적으로 금융감독당국은 투자일임업자 및 투자자문업자와 마찬가지로 집합투자업자에 대해서도 NCR 적용을 배제하는 용단을 내리게 되었다.

3. 행위규제

(1) 집합투자업자에 대한 이해상충행위 규제

자본시장법 제84조는 집합투자업자에게 이해상충의 발생 가능성이 높은 개별 행위들을 직접 금지하는 positive 방식의 규제를 시행하고 있는데, 그 내용은 다음과 같다.

자본시장법 제84조(이해관계인과의 거래제한 등) ① 집합투자업자는 집합투자재산을 운용함에 있어서 대통령령으로 정하는 이해관계인(이하 이 절에서 "이해관계인"이라 한다)과 거래행위를 하여서는 아니 된다. 다만, 집합투자기구와 이해가 상충될 우려가 없는 거래로서 다음 각 호의 어느 하나에 해당하는 거래의 경우에는 이를 할 수 있다.

1. 이해관계인이 되기 6개월 이전에 체결한 계약에 따른 거래
2. 증권시장 등 불특정다수인이 참여하는 공개시장을 통한 거래
3. 일반적인 거래조건에 비추어 집합투자기구에 유리한 거래
4. 그 밖에 대통령령으로 정하는 거래

② 집합투자업자는 제1항 단서에 따라 허용되는 이해관계인과의 거래가 있는 경우 또는 이해관계인의 변경이 있는 경우에는 그 내용을 해당 집합투자재산을 보관·관리하는 신탁업자에게 즉시 통보하여야 한다.

③ 집합투자업자는 집합투자재산을 운용함에 있어서 집합투자기구의 계산으로 그 집합투자업자가 발행한 증권(제189조의 수익증권을 제외한다)을 취득하여서는 아니 된다.

④ 집합투자업자는 집합투자재산을 운용함에 있어서 대통령령으로 정하는 한도를 초과하여 그 집합투자업자의 계열회사가 발행한 증권(제189조의 수익증권, 그 밖에 대통령령으로 정하는 증권을 제외하며, 계열회사가 발행한 지분증권과 관련한 증권예탁증

권 및 대통령령으로 정하는 투자대상자산을 포함한다. 이하 이 조에서 같다)을 취득하여서는 아니 된다.
⑤ 제4항에 따른 계열회사가 발행한 증권의 취득 제한에 관하여 필요한 사항은 대통령령으로 정한다.

(2) 판매행위 규제

첫째, 투자권유 및 투자광고 규제이다. 일반적으로 집합투자증권은 집합투자업자와 판매계약 또는 위탁판매계약을 체결한 투자매매업자 또는 투자중개업자가 판매하게 된다.[13] 그렇다 보니 판매행위의 규제는 대체적으로 집합투자업자가 아닌 집합투자증권을 판매하는 투자매매업자 또는 투자중개업자(판매회사)에 대한 규제이다. 판매회사가 집합투자증권을 투자자에게 투자권유를 할 때에는 투자자보호를 위해 설명의무, 적합성 원칙, 적정성 원칙, 부당권유행위금지 원칙 등이 적용된다. 집합투자증권도 금융투자상품에 해당하므로 공통적으로 적용되는 투자권유 규제가 적용된다. 또한, 집합투자증권을 투자광고하는 경우 무분별하게 쏟아져 나오는 광고로부터 투자자를 보호하기 위하여 집합투자증권을 취득하기 전에 투자설명서를 읽어 볼 것을 권고하는 등 반드시 일정한 내용을 포함하여 광고하도록 하고(자본시장법 제57조 제3항), 투자광고는 손실보전 또는 이익보장 등으로 오인하게 하는 표시를 하지 못하도록 하고 있다(자본시장법 제57조 제4항).

둘째, 판매가격 및 판매보수의 규제이다. 집합투자증권의 가격은 법정된 평가방법에 의하여 이루어진 펀드재산의 순자산가치를 기초로 결정된다. 판매회사는 투자자가 집합투자증권 취득을 위하여 금전 등을 납입한 후 최초로 산정되는 기준가격으로 판매하여야 한다(자본시장법 제76조 제1항) 이는 판매가격 산정시 미래가격이 적용된다는 것을 명확히 한 것이다. 이와 같이 집합투자증권의 판매에 있어 미래가격을 적용하도록 한 것은 과거가격을 적용할 경우 투자자들은 자신이 매입하는 집합투자증권의 기준가격을 확인하고 그 가격으로 가입

13 집합투자업자가 투자매매업자 또는 투자중개업자로서 집합투자기구의 집합투자증권을 직접판매하는 경우에는 판매계약 또는 위탁판매계약을 체결하지 않는다(자본시장법 제185조 제4항 단서).

함으로써 해당 집합투자기구의 순자산가치와 거래가격간의 차액을 취득하는 불공정거래가 발생할 여지가 발생하기 때문이다[14]. 이와 유사한 이유로 환매의 경우에도 원칙적으로 미래가격을 적용한다. 한편 집합투자증권을 판매할 경우 판매회사는 판매수수료와 판매보수를 받을 수 있다. 판매수수료는 집합투자증권을 판매하는 행위에 대한 대가로 투자자로부터 직접 받는 금전이며, 판매시에 수취하는 것과 환매시에 수취하는 것으로 나뉜다. 판매보수는 집합투자증권을 판매한 투자매매업자, 투자중개업자가 투자자에게 지속적으로 제공하는 용역의 대가로 집합투자기구로부터 받는 금전을 말한다[15].

(3) 불건전 영업행위 규제: 원칙적 금지와 예외적 허용

자본시장법 제85조에서는 집합투자업자가 집합투자재산을 운용하면서 발생하기 쉬운 불건전 영업행위를 규제하고 있다(제2절에서 후술). 그렇지만 이러한 행위 유형들이 항상 금지되는 것이 아니라 예외적으로 허용되는 경우도 있다. 예를 들어 제5호는 특정 집합투자재산을 집합투자업자가 운용하는 다른 집합투자재산과 거래하는 행위, 즉 자전거래를 집합투자업자의 불건전 영위행위 중 하나로서 금지하고 있다. 그러나 자전거래가 항상 불건전 영업행위라고 단정할 수 없다. 오히려 자전거래를 예외적으로 허용함으로써 최상의 운용결과를 도출할 수 있고 불필요한 거래 비용을 감소하여 종국적으로 투자자에게 이익이 되는 경우도 있을 수 있는 것이다. 예를 들어 채권과 같이 거래 단위가 큰 시장에서 자전거래를 금지할 경우 채권시장 자체가 침체될 수 있다. 따라서 이 때에는 오히려 자전거래를 장려함으로써 채권 거래가 빈번하게 이루어져 채권시장의 활성화에 큰 도움이 될 수 있다. 이 때문에 자본시장법시행령과 금융투자업규정은 집합투자규약상의 투자한도를 준수하기 위한 경우나 환매에 응하기 위한 경우 등 불가피한 사유가 있는 때에는 자전거래를 예외적으로 허용하고 있다.

14 황동욱, 「펀드투자의 법적이해」, 동현출판사, 2007, 241면.

15 정숙연, 전게논문, 80면.

자본시장법시행령 제87조 제1항 제3호: 법 제85조 제5호를 적용할 때 집합투자업자가 운용하는 집합투자기구 상호 간에 자산(제224조 제4항에 따른 미지급금 채무를 포함한다)을 동시에 한쪽이 매도하고 다른 한쪽이 매수하는 거래로서 다음 각 목의 어느 하나에 해당하는 경우. 이 경우 집합투자업자는 매매가격, 매매거래절차 및 방법, 그 밖에 투자자 보호를 위하여 금융위원회가 정하여 고시하는 기준을 준수하여야 한다.

가. 법, 이 영 및 집합투자기구의 집합투자규약상의 투자한도를 준수하기 위한 경우

나. 집합투자증권의 환매에 응하기 위한 경우

다. 집합투자기구의 해지 또는 해산에 따른 해지금액 등을 지급하기 위한 경우

라. 그 밖에 금융위원회가 투자자의 이익을 해칠 염려가 없다고 인정한 경우

금융투자업규정 제4-59조(집합투자기구간 거래 등) ① 집합투자업자가 영 제87조 제1항 제3호에 따라 자기가 운용하는 집합투자기구 상호 간에 같은 자산을 같은 수량으로 같은 시기에 일방이 매도하고 다른 일방이 매수 하는 거래(이하 이 조에서 "자전거래"라 한다)를 하는 경우에는 다음 각 호의 요건을 모두 충족하여야 한다.

1. 〈삭제 2015.10.21〉
2. 제7-35조 제2항에 따른 부도채권 등 부실화된 자산이 아닐 것
3. 당해 집합투자기구의 투자자의 이익에 반하지 않는 거래일 것
4. 당해 집합투자기구의 집합투자규약 및 투자설명서의 투자목적 및 방침에 부합하는 거래일 것

② 제1항제2호에 불구하고 부도채권 등 부실화된 자산에 주로 투자하는 것을 집합투자규약에 정한 집합투자기구에 대하여는 부도채권 등 부실화된 자산을 자전거래를 통하여 매도할 수 있다.

③ 집합투자업자가 자전거래를 하는 경우 그 가격은 영 제260조에 따라 평가한 가액으로 한다. 다만, 시장상황의 변동 등으로 인하여 영 제260조에 따라 평가한 가액으로 자전거래를 하는 것이 투자자의 이익에 반한다고 준법감시인이 판단하는 경우에는 집합투자재산평가위원회가 시장상황 등을 감안하여 평가한 가액으로 한다.

④ 집합투자업자는 자기가 운용하는 사모집합투자기구 및 공모집합투자기구 간에 자전거래를 할 수 없다. 다만, 집합투자자의 이익을 해할 우려가 없다고 집합투자업자의 준법감시인 및 신탁업자의 확인을 받은 경우에는 그러하지 아니하다.

(⑤, ⑥ 생략)

(4) 자산운용의 제한

자본시장법 제81조는 집합투자업자의 자산운용을 제한하는 규정을 두고 있다. 실무계에서는 법이 자산운용을 규제하는 것 자체가 집합투자 산업의 발전

을 가로막는 중대한 장애라고 반발할 수 있으나, 이러한 자산운용 규제가 존재함으로써 펀드의 재무 건전성이 확보되어 투자자의 신뢰를 구축할 수 있다는 긍정적인 측면도 있다. 그렇다 보니 절묘한 입법을 통해 집합투자 산업의 발전을 꾀하면서 투자자의 신뢰도 구축할 수 있는 절충점을 모색하여야 할 것이다. 이 때문에 자본시장법 제81조 제1항 제4호와 같이 다소 포괄적인 위임 조항("그 밖에 투자자 보호 또는 집합투자재산의 안정적 운용 등을 해할 우려가 있는 행위로서 대통령령으로 정하는 행위")이 있더라도, 금융감독당국은 동 조항을 가급적이면 제한적으로 운영하면서 그 시행에 있어서도 시장과 조화로운 기준을 마련하여야 할 것이다.

4. 조직규제

대리인 문제를 해결하기 위해 자본시장법은 집합투자기구의 조직을 규제하고 있다. 조직 규제는 집합투자기구의 법적 형태에 따라 신탁형, 이사회형으로 구분될 수 있다. 신탁형은 집합투자업자를 감시하는 신탁업자의 신인의무에 기초한 조직 형태라 할 수 있고, 이사회형은 투자회사형 집합투자기구에 적용되는 것으로 외국의 입법례를 수용함으로써 발생한 법인이사와 감독이사로 구성된 이사회에 기초한 조직 형태라 할 수 있다.[16] 그리고 투자기구의 법적 형태를 불문하고 적용되는 집합투자자총회가 있다. 집합투자자총회는 투자자들이 직접 집합투자기구의 운영에 개입하여 이를 감시하는 조직에 해당한다. 이들 조직은 모두 대리인비용을 절감하고 이해상충을 방지하기 위해 구성된 법적인 조직들이다.

(1) 투자회사에서의 주주총회와 이사회

자본시장법상 투자회사란 회사의 재산을 재산적 가치가 있는 투자대상자산에 투자하여 그 수익을 주주에게 배분하는 집합투자기구로서, 법적 형태는 상법상의 주식회사에 해당한다(자본시장법 제9조 제18항 제2호). 투자회사는 기본적으로 투자자의 자금을 모아 투자대상 자산을 취득·처분하는 등의 방법으로 운용하고 그 결과를 투자자에게 배분하여 귀속시키는 것을 목적으로 하는 집합

16 정숙연, 전게논문, 159면.

투자기구이나, 단지 그 법률적 형태를 상법상의 주식회사 형태로 한다는 것이다. 투자회사의 기관은 크게 이사회와 주주총회로 구성된다. 주주총회는 투자회사의 주주로 구성되고 회사의 기본적 사항에 관하여 회사의 의사를 결정하는 필요상설기관이다. 그리고 이사회는 법인이사와 법인이사의 업무집행을 감독하는 감독이사로 구성된다. 이사는 이사회의 구성원으로서 투자회사의 기관이 아니다.[17] 이 중 법인이사는 투자회사를 대표하고 업무를 수행하며, 3개월에 1회 이상 업무집행상황 및 자산운용내용을 이사회에 보고하여야 한다. 그리고 감독이사는 투자회사의 업무에 대해 법인이사의 업무집행을 감독하고 투자회사의 업무 및 재산상황을 파악하는 등의 업무를 담당한다. 한편 투자회사의 주주총회는 투자신탁의 수익자총회와 유사하다.

현재 투자신탁에 비해 설립되는 투자회사의 숫자는 많지 않은 것으로 파악된다. 투자회사의 법적 실체가 뚜렷하므로 대외적인 관계에서 법률행위가 명확하다는 장점이 있음에도 불구하고 투자회사의 활용도가 높지 않은 이유에 대해 심도 있는 분석이 필요하다. 단지 역사적인 이유 만으로 이러한 현상이 발생하지는 않을 것이기 때문이다. 조직 규제란 측면에서 투자회사가 투자신탁에 비하여 집합투자업자 및 투자자에게 다소 불필요한 비용을 부담시키는 것은 아닌지 세심한 검토가 필요할 것이다.

(2) 투자신탁에서의 수익자총회

1) 의의

수익자 총회제도는 투자회사형 집합투자기구에 비하여 상대적으로 민주적 절차와 운용의 투명성이 부족했던 투자신탁의 의사결정구조를 개선하여 투자자의 이익에 직접적으로 중대한 영향을 미치는 사항에 대해 투자자의 의사가 반영될 수 있도록 하자는 취지에서 도입되었다.[18] 이는 집합투자재산을 운용함에 있어 투자자의 이익에 중대한 영향을 미치는 사안에 대해 투자자가 직접 결정할 수 있도록 한 것이다. 동 제도는 영국 투자신탁의 수익자총회제도를 모델로 한

17 변제호 외, 837면.

18 법령제정 실무작업반, 274면.

것이라고 한다.[19] 수익자총회 도입 이전에는 투자신탁재산 운용상의 중요사항에 대해 원칙적으로 위탁회사와 수탁회사가 결정하였으며 수익자는 환매제도를 통해서만 간접적으로 본인의 의사를 표출할 수 없었는데 이제 수익자총회가 도입됨으로써 수익자들은 자신의 목소리를 높일 수 있는 활로를 갖게 되었다. 물론 수익자총회가 투자신탁재산의 운용과 관련된 모든 사항을 결정하는 최종적인 의사결정기관은 아니다. 현실적으로 투자신탁의 수익자에게 모든 사항에 대해 개별적으로 의사를 물어 결정한다는 것이 어려울 뿐 아니라 집합투자업자가 투자신탁재산의 운용과 관련된 의사결정을 사실상 수행한다는 집합투자의 기본원리와도 배치되기 때문이다.[20] 자본시장법 제190조 제1항도 이러한 점을 반영하여 수익자총회의 결의사항을 자본시장법 또는 신탁계약에서 정한 사항만으로 한정하고 있다.

2) 수익자총회의 소집·통지

수익자총회는 투자신탁을 설정한 집합투자업자가 소집한다. 다만, 투자신탁재산을 보관·관리하는 신탁업자 또는 발행된 수익증권의 총좌수의 100분의 5이상을 소유한 수익자가 수익자총회의 목적과 소집의 이유를 기재한 서면을 제출하여 수익자총회의 소집을 그 집합투자업자에 요청하는 경우 투자신탁을 설정한 집합투자업자는 1개월 이내에 수익자총회를 소집하여야 한다. 이 경우 집합투자업자가 정당한 사유 없이 수익자총회를 소집하기 위한 절차를 거치지 아니하는 경우에는 그 신탁업자 또는 발행된 수익증권총좌수의 100분의 5이상을 소유한 수익자는 금융위원회 승인을 받아 수익자총회를 개최할 수 있다(자본시장법 제190조 제2항, 제3항). 이는 집합투자업자가 총회소집권한을 남용하지 못하도록 하기 위함이다. 특히 신탁업자는 자본시장법 제247조에 의한 집합투자업자의 운용행위 등의 감시자로서 수익자를 실질적으로 보호하기 위해 수익자총회를 소집하여야 할 것이다. 수익자총회의 소집통지에 관하여는 상법 제363조 제1항 및 제2항을 준용하므로, 수익자총회를 소집함에는 회일을 정하여

19 상게서, 275면.

20 변제호 외, 818면.

2주 전에 각 수익자에 대하여 서면 또는 전자문서로 통지를 발송하여야 한다. 또한 집합투자업자는 수익자총회의 소집통지를 예탁결제원에 위탁하여야 한다(자본시장법 제190조 제4항). 투자신탁의 수익자총회는 자본시장법 또는 신탁계약에서 정한 사항에 대하여만 결의할 수 있다(자본시장법 제190조 제1항). 자본시장법 제188조 제2항은 수익자총회의 결의를 반드시 거쳐야 하는 사항을 열거하고 있다.[21]

3) 수익자총회 의결권 및 의결권 행사

수익자총회에 있어서 수익자의 의결권은 상법상의 주주총회의 의결권에 관한 규정을 준용하고 있다(자본시장법 제190조 제4항). 따라서 의결권은 수익증권 1좌마다 1개로 하며, 자신이 설정하여 운용하는 투자신탁의 수익증권을 보유한 집합투자업자는 그 의결권을 행사할 수 없다. 또한, 수익자총회 결의에 관하여 특별한 이해관계가 있는 자는 의결권을 행사할 수 없다. 수익자는 대리인으로 하여금 그 의결권을 행사할 수 있으며, 이 경우 그 대리인은 대리권을 증명하는 서면을 총회에 제출하여야 한다. 수익자는 수익자총회에 출석하지 아니하고 서면 또는 전자투표에 의하여 의결권을 행사할 수 있다. 서면에 의하여 의결권을 행사하려는 수익자는 서면에 의결권 행사의 내용을 기재하여 수익자총회일 전날까지 집합투자업자에 제출하여야 하며, 서면에 의하여 행사한 의결권의 수는 수익자총회에 출석하여 행사한 의결권 수에 합산한다.[22]

4) 수익자총회의 정족수, 연기수익자총회, 간주의결권

자본시장법은 수익자총회의 출석한 수익자의 의결권의 과반수와 발행된 수익증권 총좌수의 4분의 1이상의 수로 결의한다. 다만, 자본시장법 제190조 제5항에서 정한 수익자총회의 결의사항 외에 신탁계약으로 정한 수익자총회의 결의

21 ① 집합투자업자·신탁업자 등이 받는 보수, 그 밖의 수수료의 인상, ② 신탁업자의 변경(합병·분할·분할합병, 그 밖에 대통령령으로 정하는 사유로 변경되는 경우를 제외한다), ③ 신탁계약기간의 변경(투자신탁을 설정할 당시에 그 기간변경이 신탁계약서에 명시되어 있는 경우는 제외한다), ④ 그 밖에 수익자의 이익과 관련된 중요한 사항으로서 대통령령으로 정하는 사항.

22 변제호 외, 822면.

사항에 대하여는 출석한 수익자의 의결권의 과반수와 발행된 수익증권의 총좌수의 5분의 1이상의 수로 결의할 수 있다고 규정하고 있다. 자본시장법 제190조 제6항 단서에서는 간주의결권제도를 신설하여 ① 수익자에게 의결권 행사에 관한 통지가 있었으나 의결권이 행사되지 아니하였고, ② 간주의결권 행사 방법이 집합투자규약에 기재되어 있으며, ③ 수익자총회에서 의결권 행사한 수익증권의 총좌수가 발행된 수익증권의 총좌수의 10분의 1 이상이고, ④ 수익자의 이익보호와 수익자총회 결의의 공정성 등을 위하여 간주의결권행사의 결과를 수익자에게 제공하는 요건을 모두 충족하는 경우 수익자총회에 출석한 수익자가 소유한 수익증권의 총좌수의 결의내용에 영향을 미치지 아니하도록 의결권을 행사한 것으로 본다. 자본시장법 제190조 제7항과 제8항에 의하면, 수익자총회에서 결의가 이루어지지 않은 경우에는 그 날부터 2주 이내에 연기된 수익자총회를 소집할 수 있고, 이 경우 출석한 수익자의 의결권의 과반수와 발행된 수익증권의 총좌수의 8분의 1 이상이 있는 경우 결의할 수 있다.

의사정족수 및 의결정족수 요건이 엄격하여 대부분의 집합투자자총회가 연기집합투자자총회로 이어지고 있고, 연기집합투자자총회는 1인의 출석만으로 총회가 성립하고 의결이 가능하여 집합투자자총회가 형해화되었으며, 사실상 소수의 출석자의 의사만으로 의안이 결의되는 불합리성 존재한다는 이유로, 2013년 개정 자본시장법은 연기수익자총회의 의사정족수를 없애고 간주의결권을 도입하였다. 간주의결권을 행사하려면 수익자총회에서 의결권 행사한 수익증권의 총좌수가 발행된 수익증권의 총좌수의 10분의 1 이상이어야 한다. 그리고 연기수익자총회가 개최된다 하더라도 수익증권 총좌수의 8분의 1 이상의 수익자가 의결권을 행사하여야 한다.

5. 공시규제

자본시장법상 집합투자기구의 공시제도로 발행시장공시와 유통시장공시로 나눌 수 있다.[23] 발행시장공시에 해당하는 부분은 증권신고서(자본시장법 제119

23 발행시장공시에 해당하는 증권신고서 제도는 일반증권의 공시제도와 동일하게 적용을 받으나, 유통시장공시에 해당하는 정기공시 및 수시공시는 별도의 공시규정을 두고 있다. 박진욱, "집합투자기구의 공시제도 고찰",

조)이고, 유통시장공시에 해당하는 부분은 투자자에게 분기별로 제공하는 자산운용보고서(자본시장법 제88조), 금융위원회 및 금융투자협회에 제출하는 집합투자재산에 대한 분기별 영업보고서(자본시장법 제90조), 신탁업자의 집합투자기구에 대한 연간 자산보관·관리보고서(법 제248조) 작성 교부, 집합투자업자의 집합투자기구에 대한 수시공시(법 제89조) 등이 이에 해당된다. 유통시장공시라 함은 유통시장에서 증권의 현재 또는 미래의 투자자에게 재무상황, 경영실적 등 기업내용에 대한 공시를 강제하는 제도를 말한다.[24] 그 외 집합투자기구의 유통시장공시제도로 규정하고 있는 것은 집합투자기구의 기준가격 공시(법 제238조), 결산서류 작성 및 비치(법 제239조), 회계감사보고서의 작성 비치(법 제240조) 등이 있다.[25] 집합투자기구의 투자자는 본인이 직접 투자할 전문적인 지식 등이 없어 집합투자업자에게 위탁한 것으로 공시규제에 의하여 보호하여야 할 필요성이 더욱 크다.

제2절 집합투자업자의 주의의무[26]

Ⅰ. 현황 및 문제점

1. 현황

(1) 선관의무와 충실의무

자본시장법 제79조, 제96조, 제102조는 제1항과 제2항에서 집합투자업자, 투자자문업·투자일임업자, 신탁업자의 선관의무와 충실의무를 규정하고 있다. 대표적인 예로서 동법 제79조 제1항에 의하면 "집합투자업자는 투자자에 대하여 선

「증권법연구」 제13권, 2012, 104면.

24 이명수, "자본시장법상 공시규제", 「BFL」 제41호, 2010. 5., 13면.

25 박진욱, 전게논문, 104면.

26 김용재, "미국 투자자문업법상 주의의무에 대한 법적 쟁점과 그 시사점 분석," 「경영법률」 제25권 제1호, 2014, 199-238면 참조.

량한 관리자의 주의로써 집합투자재산을 운용하여야" 하며, 동조 제2항에 의하면 "집합투자업자는 투자자의 이익을 보호하기 위하여 해당 업무를 충실하게 수행하여야 한다." 이러한 법문은 제96조와 제102조에서도 투자자문업·투자일임업자, 신탁업자로 명칭만을 바꾸었을 뿐 그대로 유지되고 있다.

우선 집합투자업자 등의 선관의무는 "민법 제681조의 대리인에 대한 선관의무"나 "상법 제382조의 선관의무"와 마찬가지로, 동종 업계의 동일한 지위에 있는 자가 갖게 되는 주의의무를 의미한다. 그렇다 보니 고객과의 이해상충과는 다소 거리가 먼 업무행위규제들, 예를 들어 자본시장법 제80조의 자산운용의 지시 및 실행, 제81조의 자산운용의 제한(소위 포트폴리오 규제), 제83조의 금전차입 등의 제한, 제86조의 성과보수의 제한 등이 선관의무로부터 파생된 것이다.

선관의무가 다른 법률들과 동일하게 규정된데 반하여, 자본시장법상 집합투자업자 등의 충실의무는 다른 법률에서의 충실의무와 매우 다르게 규정되어 있음을 주목하여야 한다. 즉 상법 제382조의3은 '이사의 충실의무'란 제목 하에 "이사는 법령과 정관의 규정에 따라 회사를 위하여 직무를 충실하게 수행하여야 한다"고 규정함으로써, 수임관계를 맺게 된 이사로 하여금 임무 개시와 함께 법령이나 정관을 위반해서는 안 되는 의무를 부과하고 있다. 여기서 비록 제목이 충실의무라고 규정되어 있지만 이는 이사로 하여금 임무를 해태해서는 안 되는 선관의무, 그 중에서도 법령과 정관을 위반하여 임무를 해태해서는 안 되는 선관의무를 좀 더 구체적으로 선언한 것이다(동종의 성격). 그에 비하여 자본시장법 제79조 제2항은 '충실의무'란 제목하에 법령과 정관 위반에 대한 언급이 전혀 없이 "투자자의 이익을 보호하기 위하여" 해당 업무를 충실하게 수행할 것을 요구하고 있다. 법문 어디에도 법령이나 정관을 준수하여야 할 의무를 규정하지 않은 채 투자자의 이익을 중시하는 방향으로, 즉 투자자에게 충성을 다하여 업무를 수행할 신인의무를 규정한 것이다. 따라서 상법과 자본시장법이 형식적으로 동일하게 충실의무란 제목을 사용하고 있지만, 그 실질적인 내용은 전혀 다르다고 볼 수 있다(이종의 성격).

(2) 교부의무와 보고서 제출·공시의무 등

자본시장법 제88조는 집합투자업자로 하여금 자산운용보고서를 작성하여 투자자에게 교부할 의무를 부과하고, 제89조는 투자자들의 보호를 위하여 중요한 사항을 수시로 공시할 의무를 부과한다. 이러한 교부의무와 공시의무는 한편으로 동종 업계의 동일한 지위에 있게 되는 자가 부담하는 선관의무로서 원래는 자본시장법 제79조 제1항에서 비롯된 것인데 법령으로 보다 구체화 되었다고 볼 수 있다. 그런데 다른 한편으로 이러한 의무는 투자자의 이익을 보호하기 위하여 업무를 충실히 수행하려는 노력의 일환이므로 자본시장법 제79조 제2항의 충실의무(즉 신인의무)로부터 파생된 것으로 볼 수도 있다.

한편 자본시장법 제90조 제1항 내지 제3항은 집합투자업자로 하여금 집합투자재산에 관한 영업보고서와 결산서류를 작성하여 주기적으로 금융위원회와 금융투자협회에 제출할 의무를 부과하고 있는데, 금융위원회와 금융투자협회는 이러한 서류들을 인터넷 홈페이지 등을 이용하여 공시하여야 한다. 금융위원회나 금융투자협회가 투자자를 보호할 목적으로 설치된 타율규제기관 또는 자율규제기관임을 감안할 때, 이러한 제출의무와 공시의무는 이들 기관을 경유하게 되는 서류의 정확성과 공정성을 확보하여 궁극적으로 투자자를 보호하려는 목적을 갖고 있으므로 역시 신인의무에서 비롯된 것이다.

(3) 분별관리의무

자본시장법 제246조 제2항 내지 제4항은 신탁업자로 하여금 집합투자재산과 자신의 고유재산 그리고 다른 집합투자재산을 구분하여 관리할 의무와 증권 등의 경우 예탁결제원에 예탁할 의무를 부과하고 있으며, 동법 제5항과 제6항은 신탁업자로 하여금 보관·관리하는 집합투자재산과 자신의 고유재산(이해관계인의 고유재산 포함) 그리고 다른 집합투자재산과의 거래를 해서는 안 되는 의무를 부과하고 있다. 이는 타인의 재산을 관리하는 수탁자의 이해상충을 방지하기 위한 신인의무 또는 충성의무의 대표적인 유형이라고 할 수 있는데, 신탁법 제37조는 수탁자에게 부과되는 신탁재산과 고유재산의 분별관리의무라고 하기도 한다.[27] 분별관리의무가 효용을 발휘하는 것은 신탁업자가 파산할 때이다. 왜냐하면 신탁업자가 파산하더라도 신탁재산은 파산재단에 편입되지 않기 때문이다.

(4) 의결권 대리행사시 충실의무

2013년 5월 자본시장법 제87조 제1항은 집합투자업자로 하여금 "투자자의 이익을 보호하기 위하여 집합투자재산에 속하는 주식의 의결권을 충실하게 행사하여야 한다"고 개정되었다. 그 결과 집합투자업자는 종래의 소극적이고 중립적인 의결권(shadow voting) 행사가 아닌 투자자의 이익을 위한 적극적 의결권 행사 의무를 부담하게 된 것이다. 신탁업자에 대한 제112조도 동일한 내용으로 개정되었다. 이는 집합투자업자와 신탁업자가 투자대상으로 편입한 주식의 의결권을 고객에게 가장 최선의 이익이 되는 방향으로 행사하여야 한다는 의결권 행사에 있어서 신인의무를 선언한 것이다.[28]

(5) 공통 영업행위 규칙상의 의무

집합투자업자 등에 대해서는 자본시장법상 일반 금융투자업자에 대한 공통 영업행위 규칙이 적용된다.

1) 자기거래·쌍방대리 금지

우선 자본시장법 제37조 제2항은 자기거래·쌍방대리 금지의 원칙을 규정하는데, 이는 모든 금융투자업자에게 적용되는 공통 영업행위 규칙이지만 특히 집합투자업자 등에게 있어서 이해상충을 방지하고 고객의 이익에 전념할 것을 선언한 신인의무의 발현이라고 할 수 있다. 동 조항을 근거로 하여 집합투자업자, 투

27 광장신탁법연구회, 전게서, 190-191면. 동 서적 193면은 신탁재산이 멸실, 훼손되지 아니하도록 하는 관리(신탁재산의 보전을 위한 일반적인 관리)를 선관의무에서 비롯된 것으로 보고, 신인의무에서 비롯된 분별관리의무에서 요구되는 관리와 엄격하게 구별하고 있다.

28 자본시장법 개정 이전에도 한국기업지배구조원의 「의결권 행사 가이드라인」(2012. 3. 제정)은 "기관투자자는 타인의 재산을 관리·운용하는 수탁자로서 고객의 이익을 극대화하기 위하여 최선의 노력을 다할 의무를 진다"는 선언적인 규정을 하고 있었다. 그러나 이는 법령상의 의무가 아닌 가이드라인에 불과하여 고객의 이익을 극대화하는데 본질적인 제약이 있었다. 그 때문에 자본시장법 제87조와 제112조가 의결권 행사에 있어서 고객이익 전념의 원칙을 수용하게 된 것이다.

자자문업·투자일임업자, 신탁업자에 대해서는 자기거래·쌍방대리 금지의 원칙을 유형화한 업무행위규칙들이 매우 구체적으로 규정되어 있는데, 집합투자업자의 불건전 영업행위를 규정한 동법 제85조가 가장 대표적인 예라고 할 수 있다.[29] 동법 제85조는 1호 내지 8호에서 다음의 행위들을 금지하고 있다.

1. 집합투자재산을 운용함에 있어서 금융투자상품, 그 밖의 투자대상자산의 가격에 중대한 영향을 미칠 수 있는 매수 또는 매도 의사를 결정한 후 이를 실행하기 전에 그 금융투자상품, 그 밖의 투자대상자산을 집합투자업자 자기의 계산으로 매수 또는 매도하거나 제삼자에게 매수 또는 매도를 권유하는 행위
2. 자기 또는 대통령령으로 정하는 관계인수인(이하 이 절에서 "관계인수인"이라 한다)이 인수한 증권을 집합투자재산으로 매수하는 행위
3. 자기 또는 관계인수인이 대통령령으로 정하는 인수업무를 담당한 법인의 특정증권등(제172조 제1항의 특정증권등을 말한다. 이하 이 호에서 같다)에 대하여 인위적인 시세(제176조 제2항 제1호의 시세를 말한다)를 형성하기 위하여 집합투자재산으로 그 특정증권등을 매매하는 행위
4. 특정 집합투자기구의 이익을 해하면서 자기 또는 제삼자의 이익을 도모하는 행위
5. 특정 집합투자재산을 집합투자업자의 고유재산 또는 그 집합투자업자가 운용하는 다른 집합투자재산, 투자일임재산(투자자로부터 투자판단을 일임받아 운용하는 재산을 말한다. 이하 같다) 또는 신탁재산과 거래하는 행위
6. 제삼자와의 계약 또는 담합 등에 의하여 집합투자재산으로 특정 자산에 교차하여 투자하는 행위
7. 투자운용인력이 아닌 자에게 집합투자재산을 운용하게 하는 행위
8. 그 밖에 투자자 보호 또는 건전한 거래질서를 해할 우려가 있는 행위로서 대통령령으로 정하는 행위

위의 제 행위들은 고객을 위하여 고객의 재산을 관리하는 수탁자가 고객의 신뢰를 저버리고 자신의 이익을 극대화하면서 고객의 이익을 저해하는 배신행위라고 할 수 있다. 1호는 선행매매, 2호와 3호는 집합투자업자와 제휴 관계에 있는 투자매매업자(인수업자)의 이익을 제고할 목적으로 고객의 자산을 남용

29 마찬가지로 자본시장법은 투자자문업자와 투자일임업자에 대해 제98조, 신탁업자에 대해 제108조에서 유사한 규정을 두고 있다.

하는 행위에 해당한다. 4호와 5호는 집합투자업자의 이해상충행위 중 가장 대표적인 편출입과 자전거래에 관한 것이다. 편출입은 위탁회사의 고유재산과 신탁재산 간의 거래라는 점에서, 위탁회사가 운용하는 신탁재산 상호간에 이루어지는 자전거래와는 구별된다. 미국에서도 이러한 집합투자업자의 편출입과 자전거래를 Dumping이라고 하여 규제하여 왔다.[30] 6호는 외형상 고객의 이익을 위한 거래로 보이지만 실질은 교차투자를 통해 자신의 이익을 극대화하는 자기거래이고, 7호는 전문인력이 아닌 자에게 운용을 맡겨 고객의 이익을 저해하는 가장 대표적인 행위이고 8호에 의해 기타 고객의 이익을 희생하여 자신의 이익을 극대화하려는 정보유용행위와 과당매매 등을 금지하고 있다.[31]

2) 적합성 원칙

자본시장법 제46조는 금융투자업자가 일반투자자에게 투자권유를 할 때에는 투자자의 투자목적, 재산상황, 투자경험 등에 비추어 적합한 투자만을 권유하도록 하고 있다. 동법 제9조는 특정 투자자를 상대로 금융투자상품의 매매 또는 투자자문계약, 투자일임계약, 신탁계약(관리형신탁계약과 투장성 없는 신탁계약을 제외)의 체결을 권유하는 것을 투자권유라고 정의하므로, 집합투자업자를 제외한 모든 금융투자업자들이 적합성 원칙의 적용을 받는다. 한편 자율규제기관인 금융투자협회는 '표준투자권유준칙'을 제정하여 운영하고 있다.

30 '편출입'이란 위탁회사의 고유재산과 위탁회사가 운용하는 신탁재산 간에 유가증권을 매매하는 것으로서 자기이익을 중시할 가능성이 매우 높다. 위탁회사의 고유재산인 유가증권 등을 신탁재산으로 매입하는 것은 편입에 해당하고, 신탁재산의 유가증권 등을 위탁회사의 고유재산으로 매각하는 것이 편출에 해당한다. 다음으로 '자전거래'란 위탁회사가 운용하는 2인 이상의 고객 신탁재산 상호간에 이루어지는 거래로서, 신탁재산 상호간의 동일종목에 대한 매수·매도 주문이 동일 거래원을 통하여 동시에 이루어지는 경우의 거래를 말한다. 따라서 이는 쌍방대리에 유사한 행위로서 이해상충의 발생가능성이 매우 높은 것이다. 한국증권법학회, 190면 각주 1). 구체적인 사건에서 편입, 편출이 문제된 예로서는 대법원 2007. 11. 29. 선고 2005다64552 판결이 있고 자전거래가 문제된 예로서는 대법원 2004. 10. 28. 선고 2002도3131 판결이 있다.

31 신탁법 제34조 제1항은 원칙적으로 자기거래, 쌍방대리, 기타 그 밖에 수익자의 이익에 반하는 행위를 금지하고 있지만, 제2항은 ① 신탁행위로 허용한 경우, ② 수익자에게 그 행위에 관련된 사실을 고지하고 수익자의 승인을 받은 경우 및 ③ 법원의 허가를 받은 경우 그 예외를 인정하고 있다.

(6) 증권배분과 집합주문

자본시장법 제80조 제3항은 여러 개의 동종, 유사의 집합투자재산을 운용하는 집합투자업자에 대한 사전배분의 원칙을 규정함으로써 집합투자재산 간의 공정성 및 평등성을 도모하려고 한다. 즉 집합투자업자가 투자대상자산의 취득·처분업무를 수행하는 경우 "투자신탁재산별로 미리 정하여진 자산배분명세에 따라 취득·처분 등의 결과를 공정하게 배분"하여야 하고 어떠한 투자신탁재산에 대해서만 편향적으로 이익이 되는 방향으로 불공정하게 그 결과를 몰아주어서는 안 된다.[32] 투자신탁재산 간의 공정성을 유지하고 이해상충을 방지한다는 차원에서 신인의무의 발현이라고 할 수 있다.[33]

자본시장법 제98조 제2항 제89호와 동법시행령 제99조 제4항 제7호의 위임에 따라 금융투자업규정 제4-77조는 투자일임업자의 불건전 영업행위를 보다 상세하게 규정하고 있는데, 동조 제4호 단서에서는 예외적으로 집합주문을 허용하고 있다. 즉 투자일임업자가 "특정 증권등의 취득과 처분을 각 계좌재산의 일정 비율로 정한 후 여러 계좌의 주문을 집합하는 행위"는 원칙적으로 금지된다. 그러나 투자자의 연령·투자위험 감수능력·투자목적·소득수준·금융자산의 비중 등 재산운용을 위해 고려가능한 요소를 반영하여 투자자를 유형화한 후 각 유형에 적합한 방식으로 투자일임재산을 운용할 때에는 집합주문도 예외적으로 허용되는 것이다. 이는 비용 절감과 그에 따른 규모의 경제 실현 및 투자일임재산의 탄력적인 운용을 도모하는 것이 고객에게 최선의 이익이 된다는 측면에서 역시 신인의무의 발현이라고 할 수 있다.

(7) 소프트달러

소프트달러란 집합투자업자가 투자중개업자에게 지급하는 위탁매매수수료의

---

32 자본시장법시행규칙 제10조 제1항은 "1. 취득·처분 등을 한 투자대상자산을 균등한 가격으로 배분할 것, 2. 취득·처분 등을 한 투자대상자산의 수량이 취득·처분 등의 주문수량에 미달하는 경우에는 미리 정한 자산배분명세에 따라 배분할 것"을 규정하고 있으며, 동조 제2항 제1호는 자산배분명세에 관한 사항을 정할 때 "특정 수익자 또는 특정 투자신탁재산에 유리하거나 불리하지 아니할 것"을 요구하고 있다.

33 신탁법 제35조는 수익자가 여럿인 경우 수탁자는 각 수익자를 위하여 공평하게 신탁사무를 처리하여야 한다는 공평의무를 선언하고 있다.

한 형태로 순수한 매매 비용과 리서치 자료의 공급에 대한 대가 등을 구별하지 않고 포괄적으로 지급하는 것을 의미한다.[34] 고객의 비용으로 집합투자업자 등이 고급의 조사분석서비스를 취득할 수 있다는 점에서 고객과 집합투자업자 간 이해가 상반될 수 있다. 즉 집합투자업자 등이 과다한 소프트달러를 지급한다면 고객에 대한 주의의무를 위반하였다는 의문이 발생할 수 있는 것이다. 자본시장법은 소프트달러와 관련한 규정을 두지 않고 있다. 그렇다 보니 실무에서 집합투자업자가 투자중개업자에게 내역이 불투명한 소프트달러를 지급하고 있다는 비판이 있어 왔던 것이다.[35]

이 때문에 금융투자협회는 2011년부터 '집합투자업자의 조사분석서비스 이용에 관한 모범규준'을 마련하여 시행하고 있는데, 동 규준은 집합투자업자가 집합투자재산의 운용·매매체결업무와 관련하여 투자중개업자의 조사분석서비스를 이용함에 있어서의 제반 업무에 대한 기준과 절차를 정함으로써 자산운용의 건전성을 도모하고 투자자를 보호하려고 한다. 동 규준 제3조 제2항은 조사분석서비스로 보지 아니하는 적용제외 대상을 열거하고 있으며, 제6조는 조사분석서비스를 이용하는 대가로 투자중개업자에게 지급하는 소프트달러가 조사분석서비스를 이용함으로써 얻게 된 편익에 비례하여 적정하고 합리적인 수준이어야 함을 선언하고 있다. 제8조는 집합투자업자로 하여금 투자중개업자에게 지급한 매매수수료 중 조사분석서비스 이용에 따른 비용에 해당하는 수수료를 구분하여 자산운용보고서에 기재하도록 하고 있다.

2. 문제점

(1) 충실의무의 개념을 둘러싼 혼란과 집합투자업자 등에 대한 충실의무의 명칭 변경 필요성

상법 제382조의3과 자본시장법 제79조(제96조와 제102조도 동일) 제2항의 충실의무는 조문의 제목만 동일할 뿐 그 실질이 전혀 다르다. 즉 전자는 법령과 정

34 송민규, "Soft Dollar 규제 도입의 의미 및 시사점,"「금융포커스」 제19권 제47호, 2010, 8면.

35 김병연·김형석, "펀드의 비용규제와 집합투자업자의 신인의무 – 미국 투자회사법 제36(b)조상 신인의무를 중심으로,"「증권법연구」 제12권 제2호, 2011, 125면.

관을 준수하여야 할 의무에 초점이 맞추어진 선관의무의 하나인 반면, 후자는 집합투자업자를 신뢰하고 자금을 맡긴 투자자들의 이익을 보호하여야 할 의무에 초점이 맞추어진 신인의무인 것이다. 그 때문에 후자는 "투자자의 이익을 보호하기 위하여 해당 업무를 충실하게 수행하여야 한다"는 식으로 법문의 내용이 구성되어 고객이익 전념의 원칙(best interest rule)을 전면에 내세우고 있다. 법령이나 정관을 준수하여 임무를 해태해서는 안 되는 의무와 fiduciary duty는 전혀 이질적인 의무임에도 불구하고 충실의무라는 동일한 용어로 포장되어 있는 것은 옳지 않다. 이렇게 실질이 다른 내용의 의무를 마치 동일한 듯이 개념 규정하는 입법 방식은 수범자에게 많은 혼란을 야기할 수 있다는 점에서 성문법주의를 취하는 우리 법제상 바람직하지도 않다. 따라서 자본시장법 제79조(제96조, 제102조 포함) 제2항을 그 본질에 맞게 신인의무로 법문을 개정할 실익이 큰 것이다.

(2) 신인의무의 세부 원칙 보완 필요성: 고객이익 전념의 원칙과 최선집행의무

자본시장법상 집합투자업자 등의 주의의무는 상당히 다양하게 나열되어 있는데, 이러한 의무들을 공통으로 연계시킬 수 있는 연결고리가 없는 상황이다. 집합투자업자 등에 대해 신인의무를 인정한다면 이론적인 토대가 단단해 지고 신인의무의 가장 주축이 되는 고객이익 전념의 원칙이 전면적으로 인정될 것이므로, 집합투자업자 등은 매번 업무를 처리할 때마다 ① 고객의 이익을 보호하는지 여부와 ② 혹시라도 고객의 이익을 심각하게 침해할 수 있는지 여부 등을 사전적으로 꼼꼼히 분석하는 신중함을 보일 것이다. 그리고 이러한 분석이 집합투자업자 등의 업무 수행시 가장 선결적인 임무로 자리 잡을 것이다. 집합투자업자 등이 고객을 위해 의결권을 대리행사할 때는 고객에게 가장 최선이 되는 방향으로 의결권을 행사함으로써, 그리고 고객에게 자산운용보고나 공시를 할 때에는 최대한 정확하고 완전한 정보를 제공함으로써, 투자자의 이익을 보호하는 데 만전을 기할 것이다.

한편 2013년 개정 자본시장법 제68조 제1항은 투자매매업자 또는 투자중개업자로 하여금 금융투자상품의 매매에 관한 투자자의 청약 또는 주문을 처리하기 위하여 대통령령으로 정하는바에 따라 최선의 거래조건으로 집행하기 위한 기준을 마련하고 이를 공표하게끔 하는 '최선집행의무'를 신설하였다. 동조에 의하면 투자매매업자나 투자중개업자는 고객을 위하여 금융투자상품을 매매할 때 고객에게 가장 유리한 조건의 거래 장소에서 집행하여야 하는데, 대체거래소(Alternative Trading System, 이하 ATS)의 도입으로 거래소와 ATS에서 동일한 금융투자상품이 거래될 수 있으므로 투자매매업자나 투자중개업자는 호가를 비교하여 최선의 거래결과를 제공하여야 한다는 의미이다. 그런데 동 조항이 모든 금융투자업자의 공통행위규칙으로 규정되지 않고 투자매매업자나 투자중개업자의 영업행위규칙으로 신설되었으므로, 집합투자업자 등에 대해서는 최선집행의무가 적용되지 않는가 하는 의문점이 생긴다. 그런데 신인의무의 세부 원칙 중 하나가 최선집행의무(best execution rule)란 점을 고려하면, 집합투자업자 등의 경우에도 최선집행의무를 규정하였어야 한다는 비판이 제기될 수 있다.

(3) 집합투자업자 등의 신인의무와 선관의무 간의 관계 정립 필요성

집합투자업자 등의 투자자 이익을 보호하여야 할 신인의무는 선관의무나 충성의무보다 훨씬 고도의 주의의무일 뿐만 아니라 그 발생 시기도 계약 이전의 단계로까지 확대되는 것으로 분석된다. 즉 여기서의 신인의무는 선관의무와 충성의무를 단순히 합한 것보다 훨씬 고차원의 의무로서 그 상대방은 현재의 투자자뿐만 아니라 장래의 투자자도 포함되는 것이다. 그렇다 보니 계약 이전의 단계라도 투자자문업자 등은 장래의 투자자에게 적합한 투자권유를 하여야 하고 기본적인 상품의 구조나 편입 증권 등에 대해 제대로 된 설명을 한 후 실질적인 정보의 대등성이 확보된 상태에서 계약을 체결하여야 한다. 계약 체결 이후에는 신인의무의 가장 핵심이 되는 고객이익 전념의 원칙(best interest rule)이 전면적으로 적용되므로, 집합투자업자 등은 투자자의 이익을 훼손하고 자신이나 다른 고객의 이익을 중시하는 형태의 자기거래나 쌍방대리 행위를 해서는 안 된다. 집합투자업자 등이 고객에게 정확하고 완전하게 자산운용보고서를 작성하여 교부하고 중요한 사항을 공시하여야 하며 이해상충을 방지하기 위해 신탁재산과 고객재산을 구분하여 관리하여야 하는 것도 선관의무보다 더욱 고차원의 신인의무라고 본다. 왜냐하면 자산운용보고서 작성·교부·공시 의무와 분별관리의무도 투자자의 이익을 고려하여야 한다는 전제하에 세부적인 절차와 기준이 정해질 것이기 때문이다. 신탁재산 간의 공정성을 확보하기 위한 사전배분의 원칙과 규모의 경제를 달성하기 위해 예외적으로 허용되는 집합주문 역시 고객이익 전념의 원칙으로 간명하게 설명할 수 있다. 그렇지만 자본시장법이 집합투자업자 등의 신인의무란 개념 자체를 외면한 채 업자별로 별도의 조항을 두어 선관의무를 선언하다 보니, 법리적으로 신인의무와 선관의무의 관계가 모호해지고 실무적으로 집합투자업자 등에게 신인의무 위반이 문제되는 사안임에도 불구하고 엉뚱하게 선관의무만을 적용하여 업계의 관행으로 볼 때 임무 해태는 없었다고 치부하는 사례도 발생하였다.

(4) 소프트달러의 법제화 필요성

소프트달러의 지급이 직, 간접적으로 고객의 이해관계와 상충할 가능성이 높다는 점을 감안할 때, 소프트달러를 단순히 금융투자협회의 모범규준에 두는 것은 문제가 있다. 현재의 모범규준 제12조는 소프트달러 취득행위를 단순한 내부통제의 대상으로만 규정하고 있다. 그리고 동 규준 제11조는 "집합투자업자를 위한 조사분석서비스에 대한 비용을 집합투자기구의 계산으로 지급하여서는 아니 된다"는 선언적 규정만을 담고 있을 뿐 이를 위반한 경우의 제재에 대해서는 아무런 언급이 없다. 모범규준이라는 한계에서 비롯된 것이기는 하나 이러한 현행 규율 방식은 매우 문제가 많다. 왜냐하면 소프트달러를 규제하는 것은 신인의무를 토대로 하여 집합투자업자 등의 의무를 가중하고 권리를 제한하는 사항에 해당하므로 법률에서 내용과 근거를 명확히 하는 것이 바람직하기 때문이다. 더욱이 소프트달러는 숨은 수수료로서의 속성을 지닌 비밀스러운 이득(secret profit)에 해당한다. 그런데 집합투자업자 등이 고객에게 공시하지 않고 고객으로부터 승인도 받지 않은 상태에서 이러한 이득을 취하는 행위는 악의적인 이해상충행위이자 신인의무 위반행위로 간주되므로 법률에서 엄중한 제재를 하는 것이 상식에 부합하는 것이다.

II. 향후 자본시장법 개정 방향

자본시장법이 현재 신인의무(fiduciary duty)라는 미국법상의 개념과 그 세부 원칙을 정면으로 도입하지 않고 소프트달러 관련 규제를 정비하지 못하였지만, 그 외의 영역에서 투자자의 이익을 보호하기 위한 제반의 장치들을 구축하고 있다고 평가된다. 따라서 향후 일부만 보완된다면 자본시장법은 집합투자업 등 분야에서 매우 선진적인 투자자 보호법제를 구축할 것으로 확신한다.

1. 집합투자업자 등에 대한 충실의무의 명칭 변경

미국에서 집합투자업자 등이 타인의 자산을 운용하는 수탁자로서 fiduciary duty를 진다는 점에 대해 이견이 없다. 그리고 동 의무는 일본과 같이 '신인의무' 또는 '자금수탁자로서의 신인의무'로 번역할 수 있다. 현행 자본시장법 제79조(제96조와 제102조 포함) 제2조의 충실의무 조항을 보면 그 실질은 바로 이러한 신인의무를 선언한 것임을 쉽게 알 수 있다. 종래부터 우리나라에서 선관의무와 충실의무의 관계에 대해 이질설을 주장해 온 학자들은 영미법상의 fiduciary duty를 충실의무로 번역하면서 선관의무보다 훨씬 가중된 주의의무라고 이해해 왔다.[36] 그런데 상법 제382조의3이 도입되면서 모든 상황이 복잡해졌다. 동 조항이 충실의무란 제목으로 이사에게 법령이나 정관을 준수할 의무를 부과하였는데 이는 종래부터 fiduciary duty로 알고 있던 충실의무와는 너무도 이질적인 성격의 것이었다.[37] 상법에서 이렇게 잘못된 용어를 사용하였다면 그 이후 제·개정된 자본시장법과 신탁법은 fiduciary duty에 대해 다른 명칭, 즉 신인의무와 같은 새로운 개념을 사용하였어야 한다. 그래야만 수범자들도 혼란을 겪지 않고 전체 법제의 통일되고 조화로운 운영도 가능하다. 이 때문에 자본시장법상 집합투자업자 등에 대한 충실의무와 신탁법상 수탁자의 충실의무를 신인의무로 조속히 명칭을 변경하여야 하는 것이다.

---

36 정동윤, 「회사법 제6판」, 법문사, 2000, 432면.

37 그렇다 보니 일부 학자는 법문의 충실의무라는 문구에 구애받지 않고 이사의 충실의무란 이사와 회사의 이해상충을 방지하기 위한 의무로서 경업금지의무, 자기거래 금지의무, 회사기회유용 금지의무가 있다고 이해하기도 한다. 송옥렬, 「제3판 상법강의」, 홍문사, 2013, 1010-1030면.

2. 신인의무의 세부 원칙 보완

신인의무의 세부 원칙은 ① best interest rule, ② best execution rule, ③ prudent man rule이다. 사실 2007년 자본시장법 제정 당시 제37조 제1항에 일반 원칙으로서 신인의무를 선언하면서 위의 세부 원칙을 도입하여야 한다는 주장이 있었다.[38] 그렇지만 투자중개·매매업자가 원칙적으로 신인의무의 대상이 아니므로 이를 공통 영업행위규칙에 규정하는 것은 무리가 있고 선관의무보다 더 가중된 형태의 신인의무를 도입할 경우 금융투자업의 발전에 오히려 장애를 초래할 수 있다는 업계의 반발도 많아 결국 신인의무가 아닌 신의성실의 원칙을 규정하는 방식으로 절충점이 모색되었다. 그리고 집합투자업 등 개별 업권별 업무행위규칙에서도 신인의무의 세부 원칙을 도입하지 않는 대신에 추상적인 선관의무와 충실의무를 선언하는 선에서 타협이 이루어진 것이다.[39] 사실 타인의 자산을 수탁받아 운용하는 집합투자업자 등이 신인의무를 부담한다는 점에 대해서는 이견이 없음에도 불구하고 집합투자업자 등에 대해 신인의무의 세부 원칙이 도입되지 않은 것은 상당히 의외였다. 그렇다 보니 2013년 초 금융감독당국은 심기일전하여 다시 집합투자업자 등에 대해 신인의무의 세부 원칙과 신인의무지표를 신설하려는 움직임을 보였다.[40]

사실 집합투자업자 등에게 적용되는 고객이익 전념의 원칙(best interest rule)이 자본시장법에 이미 내재되어 있다는 분석은 상당히 설득력이 있다. 왜냐하면 공통 업무행위규칙에서 규정하는 신의성실의 원칙, 자기거래·쌍방대리 금지의 원칙, 고객보호의무(적합성의 원칙, 설명의무, 부당권유 금지), 그리고 집합투자업자의 업무행위규칙에서 규정하는 의결권 대리행사시 충실의무 등은 고객이익 전념의 원칙과 관련되기 때문이다. 그러나 집합투자업자 등에 대해 신인의무의 실천 원칙인 고객이익 전념의 원칙을 정면으로 규정할 때에 집합투자업자 등의 업무행위시 준거점도 명확히 확립될 것이라고 본다. 그리고 자본시장법상 고객이익 전념의 원칙이 명문화된다면, 이후 하위 법규에서 위임의 연결고

38 김화진·김병연·김용재, 「증권관련 업무 겸업과 이해상충 해결방안」, 한국증권업협회 연구용역보고서, 2006, 126-127면.

39 한국증권법학회, 179면 이하의 서술을 보면 이러한 입법의 추이를 짐작해볼 수 있다.

40 정재우, "신인의무지표 도입 두고 당국-자산운용업계 날선 대립", 아시아경제, 2013. 1. 31.

리를 타고 구체적인 신인의무지표들도 쉽게 설정될 수 있을 것이다.

한편 자본시장법은 집합투자업자 등에 대한 최선의 집행의무(best execution rule)를 신설하여야 한다. 현재 투자중개·매매업자에게만 최선의 집행의무를 부과하고 있는 것은 반쪽짜리 입법에 불과하다. 왜냐하면 최선집행의무는 신인의무와 불가분의 관계에 있는 또 하나의 핵심적인 세부 원칙이기 때문이다. 자본시장법은 집합투자업자 등이 거래를 할 때 최저가의 수수료를 제시하는 투자중개업자보다 양질의 서비스를 제공하는 투자중개업자를 선정하여 최선의 집행을 하여야 한다는 점을 명확히 선언하여야 할 것이다. 그리고 최선의 집행 여부를 판단함에 있어서 고려하여야 할 여러 가지의 요소들을 추출해야 할 것이다. 최선의 집행의무는 1회적인 단발성 의무가 아닌 계속적인 의무이며, 외관상 최선의 집행을 한 듯이 보여도 실질적으로 그렇지 않은 이해상충상황을 적시하여야 할 것이다.

마지막 세부 원칙인 신중투자의 원칙(prudent man rule)은 집합투자업자 등의 정관 및 내규, 그리고 투자 방침과 절차에 세부적인 사항이 이미 반영되어 있고 집합투자업자 등이 신중한 투자절차를 밟아야 한다는 것은 실무계의 기본적인 상식에 속한다고 보아 더 이상의 재론을 하지 않을 것이다. 다만 집합투자업자 등이 보다 전문성을 지닌 제3자에게 아웃소싱(재위탁)하는 것이 신중투자의 원칙뿐만 아니라 고객이익의 전념원칙에도 부합함을 유념하여야 할 것이다.[41]

3. 집합투자업자 등의 신인의무와 선관의무의 관계

투자중개업자나 투자매매업자는 원칙적으로 선관의무를 지고 과당매매나 숨은 수수료 취득과 같은 중대한 이해상충 사례들에 있어서 예외적으로 신인의무를 지므로, 선관의무와 신인의무를 구별할 실익이 있다. 특히 후자의 신인의

41 同旨: 박철영, "투자자문업 및 투자일임업에 관한 법적 규제의 현황과 과제", 「증권법연구」 제10권 제1호, 2009, 18-19면은 신중 투자의 세부 원칙으로서 "① 주의의무는 특정 투자를 개별적으로 판단할 것이 아니라 신탁재산 전체 포트폴리오의 관점에서 판단하여야 하고, ② 모든 투자에 있어 수익과 위험과의 상충관계(trade-off)는 주의의 중심 요소이며, ③ 신탁의 목적을 달성하는 데 있어 신중투자의 요건을 충족하는 한 어떠한 종류의 거래가 무조건 금지되어서는 안 되고, ④ 분산투자를 원칙으로 하여야 하며, ⑤ 신탁재산의 효율적인 관리·운용에 필요한 경우 투자·관리업무를 타인에게 위임할 수 있다"는 Uniform Prudent Investor Act의 Prefatory Note를 번역하고 있다. 여기서 ⑤가 바로 아웃소싱에 관한 원칙이다.

무를 부담하는 경우는 극히 예외적이라는 점을 감안할 때, 법률에서 투자중개업자나 투자매매업자가 신인의무를 지는 경우를 명확하게 규정하여야 한다. 그러나 집합투자업자 등에 대해서는 이러한 구별이 큰 의미를 갖지 못한다. 왜냐하면 타인의 자산을 운용하는 수탁자로서 고객 이익에 전념하여야 하는 집합투자업자 등은 가장 고도의 신인의무를 부담하기 때문이다. 따라서 신인의무가 반영된 집합투자업자 등의 업무행위규칙은 매우 상세하고 구체적일 수밖에 없다. 더욱이 이례적으로 가장 고도의 주의의무인 신인의무를 부과하는 것은 수범자의 권리를 제한하고 의무를 부과하는 규제에 해당하므로 가장 상위 법률에 신인의무의 세부 내용을 명확하게 규정하는 것이 입법정책적인 견지에서도 지극히 타당한 것이다.[42]

기존의 동질설에 의하면 집합투자업자 등의 주의의무는 신인의무이자 동종업계의 동일한 지위에 있는 자의 선관의무이며 법령이나 정관에 규정된 충실의무이기도 하다(신인의무 = 선관의무 = 충실의무). 그리고 이질설에 의하더라도 충실의무로 잘못 명명된 신인의무는 가장 고도의 주의의무로서 선관의무와 충성의무를 당연히 포함하게 된다(신인의무 ⊃ 선관의무 + 충성의무). 결론적으로 집합투자업자 등에게 있어서 신인의무와 선관의무를 구별할 실익은 전혀 없다고 할 수 있다. 그리고 투자중개업자나 투자매매업자의 경우 동종 업계의 동종 지위에 있는 자에게 부과되는 선관의무를 자본시장법과 동법시행령에서 일일이 규정하기가 불가능하므로 자율규제로 대폭 이관하는 것이 바람직한 데 반하여, 집합투자업자 등의 경우 주의의무를 자율규제로 이관한다는 발상 자체가 성립되지 않는다. 왜냐하면 가장 고도의 주의의무인 신인의무(또는 선관의무)를 자본시장법에 명확히 규정하되, 단지 신인의무를 이행하는 절차나 방법 또는 서식만을 하위법규로 이관하는 것이 바람직하기 때문이다.[43]

42 행정규제기본법 제4조 제1항에서 "규제는 법률에 근거하여야 하며, 그 내용은 알기 쉬운 용어로 구체적이고 명확하게 규정되어야" 하고, 제3항에서 "행정기관은 법률에 근거하지 아니한 규제로 국민의 권리를 제한하거나 의무를 부과할 수 없다"고 규정한다.

43 행정규제기본법 제4조 제2항은 "규제는 법률에 직접 규정하되, 규제의 세부적인 내용은 법률 또는 상위법령에서 구체적으로 범위를 정하여 위임한바에 따라 대통령령·총리령·부령 또는 조례·규칙으로 정할 수 있다. 다만, 법령에서 전문적·기술적 사항이나 경미한 사항으로서 업무의 성질상 위임이 불가피한 사항에 관하여 구체적으로 범위를 정하여 위임한 경우에는 고시 등으로 정할 수 있다"고 규정한다.

4. 소프트달러의 입법 필요성

현행 자본시장법은 소프트달러의 정의 규정과 공시 규정을 두지 않고 단지 모범규준에서 소프트달러를 자율적으로 규제하고 있다는 점을 이미 적시하였다. 그런데 소프트달러에 대한 공시규정이 불명확하다 보니, 펀드 투자자가 위탁매매수수료 내에 순순한 매매 비용 이외에 다양한 비용이 포함되어 있다는 사실을 인식하지 못하여 펀드투자자와 집합투자업자 및 투자중개업자 간의 이해관계가 심각하게 상충되는 상황이 상시 발생할 수 있다. 집합투자업자가 위탁매매수수료만 공시할 뿐, 구성 내역인 순수한 매매비용, 리서치서비스 비용 등을 별도로 구분하여 공시하지 않을 경우 과도한 위탁매매수수료가 책정될 위험성이 있는데, 이는 숨은 수수료의 문제를 야기할 수도 있다. 한편 집합투자업자가 특정 투자중개업자에게 매매주문을 집중하는 등 연계 가능성의 의혹이 있다는 점을 투자자들이 알 수 있게 하려면 위탁매매 투자중개업자의 선정 기준 등도 공시되어야 할 것이다. 이러한 쟁점들을 일거에 해결하는 방안은 자본시장법에 소프트달러의 개념과 허용되는 범위(safe harbor) 및 공시요건 등을 규제하는 근거 조항을 신설하는 것이다. 특히 과도한 소프트달러의 징구가 악의적인 신인의무 위반이 될 수 있다는 점에서 그 규제 역시 법률에 규정하여야 함은 이미 앞에서 언급하였다. 물론 자율규제기관에 대한 위임을 명시하여, 소프트달러의 세부 항목에 대한 절차나 서식 등을 현재와 같이 자율규제로 존치시켜야 하는 것도 당연한 일이다.

제3절 사모집합투자기구에 관한 핵심 쟁점 및 2015년 규제 개선 내용

Ⅰ. 총설

1. 사모집합투자기구 개관

자본시장법상 사모집합투자기구에는 경영참여형 사모집합투자기구(PEF라고 통칭)와 전문투자형 사모집합투자기구(헤지펀드라고 통칭)가 있다. 사실 양자가 명확하게 구별되지는 않고 다만 PEF가 헤지펀드보다 투자대상 기업에 상대적으로 장기 투자를 한다는 특색이 있다. PEF가 경영참여의 목적을 배제하고 투자대상 기업에 대한 지분을 줄여 전문투자형 사모집합투자기구로 바뀔 수도 있고 그 반대의 모습도 있을 수 있으므로 투자 목적에 따라 구별할 수 있을 뿐이다. 다음은 그 중 PEF를 중심으로 사모집합투자기구의 핵심 쟁점 및 관련 판례를 고찰하기로 한다.

2. 자본시장법상 경영참여형 사모집합투자기구(PEF)와 투자목적회사(SPC)

자본시장법 제5편 제7장 제2절(제249조의10 내지 제249조의23)은 PEF에 대한 특례를 마련하고 있다. PEF는 투자대상회사에 대한 경영권 참여, 사업구조 개선 등의 방법으로 투자기업의 가치를 제고하고 그 수익을 사원에게 배분하는 것을 목적으로 설립된 합자회사이다.

PEF는 무한책임사원 1인 이상과 유한책임사원 1인 이상으로 구성되는데, 총 사원 수는 49명 이하로 제한된다(제249조의11 제1항). PEF에서 유한책임사원은 PEF 투자대상기업(경영참여형 사모집합투자기구재산이라고 함)의 주식이나 지분의 의결권 행사에 영향을 미쳐서는 안 된다(동조 제4항). 왜냐하면 이는 무한책임사원들 중 선임되는 1인의 업무집행사원의 고유권한에 속하기 때문이

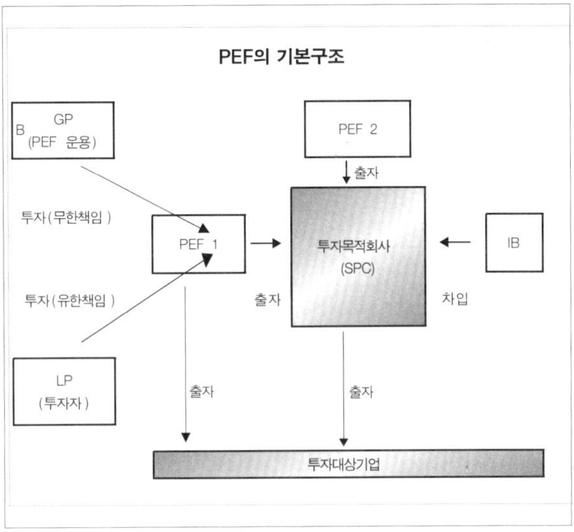

다.[44] 자본시장법상 PEF의 업무집행사원이 반드시 법인이어야 한다는 제한규정은 존재하지 않고, 업무집행사원이 법인인 경우를 예정한 조항만이 존재할 뿐이다(제249조의14 제6항). 그에 비하여 자본시장법상 투자합자회사는 업무집행사원 1인 외의 무한책임사원을 둘 수 없고 여기서의 업무집행사원은 법인(집합투자업자)이어야 한다는 제약이 있다(제214조 제1항).[45]

과거에 PEF의 재산운용에 있어서는 일정한 제약이 있었는데, 2015년 개정 자본시장법은 PEF에 대해 바이아웃(Buy-out) 투자라는 주목적 투자 규제를 유지하되 다른 운용규제는 합리적으로 개선하였다. 현행 자본시장법 제249조의12 제1항에 의한 PEF의 투자대상은 다음과 같다.

> 1. 다른 회사(투자회사, 투자유한회사, 투자합자회사, 투자유한책임회사, 그 밖에 대통령령으로 정하는 회사는 제외한다. 이하 이 조에서 같다)의 의결권 있는 발행주식총수 또는 출자총액의 100분의 10 이상이 되도록 하는 투자

44 PEF는 정관으로 무한책임사원 중 1인 이상을 업무집행사원으로 정하여야 한다. 이 경우 그 업무집행사원이 PEF의 업무를 집행할 권리와 의무를 갖는다(자본시장법 제272조 제1항).

45 자본시장법 제214조 제1항은 "투자합자회사는 업무집행사원 1인 외의 무한책임사원을 둘 수 없다. 이 경우 업무집행사원은 상법 제173조에 불구하고 집합투자업자이어야 한다"고 규정하고 있다.

2. 제1호에도 불구하고 임원의 임면 등 투자하는 회사의 주요 경영사항에 대하여 사실상의 지배력 행사가 가능하도록 하는 투자
3. 증권(지분증권은 제외한다)에 대한 투자(제1호 또는 제2호의 목적을 달성하기 위한 대통령령으로 정하는 투자로 한정한다)
4. 다음 각 목의 어느 하나에 해당하는 투자로서 대통령령으로 정하는 장내파생상품 또는 장외파생상품에 대한 투자
   가. 투자대상기업[경영참여형 사모집합투자기구 또는 제249조의13에 따른 투자목적회사(이하 "투자목적회사"라 한다)가 제1호부터 제3호까지의 방법으로 투자한 기업을 말한다. 이하 이 장에서 같다]이 발행한 증권에 대한 투자위험을 회피하기 위한 투자
   나. 경영참여형 사모집합투자기구의 집합투자재산에 대한 환율 변동에 따른 위험을 회피하기 위한 투자
5. 「사회기반시설에 대한 민간투자법」에 따른 사회기반시설투융자회사가 발행한 증권에 대한 투자
6. 투자목적회사의 지분증권에 대한 투자
7. 그 밖에 제1호부터 제6호까지의 투자에 준하는 것으로서 대통령령으로 정하는 투자

자본시장법 제249조의12 제3항은 PEF로 하여금 사원이 출자한 날부터 6개월 이상의 기간으로서 대통령령으로 정하는 기간(2년) 이내에 출자한 금액의 100분의 50 이상으로서 대통령령으로 정하는 비율(100분의 50) 이상 출자한 금액을 위의 제1항 제1호·제2호·제5호 또는 제6호(투자목적회사가 제1항제1호·제2호 또는 제5호의 방법으로 투자한 경우로 한정한다)의 방법으로 운용하도록 하면서, 다만, 투자대상기업을 선정하기 곤란한 경우, 그 밖에 대통령령으로 정하는 경우로서 미리 금융위원회의 승인을 받은 경우에는 예외를 허용하고 있다. 과거 PEF가 6개월 이내 투자를 개시하여야 할 의무를 부담했던 것과 비교하면 상당히 규제가 완화된 것이다. 그리고 동조 제4항은 PEF가 제1항 제1호부터 제3호까지의 어느 하나에 해당하는 경우 투자대상기업이 발행한 지분증권, 그 밖에 대통령령으로 정하는 증권(이하 이 조에서 "지분증권등"이라 한다)을 취득한 날부터 6개월 이상 소유하여야 하며, 6개월 미만의 기간 중에는 그 지분증권등의 처분을 금지하면서 다만, 그 지분증권등을 계속 소유함으로써 사원의

이익을 명백히 해칠 우려가 있는 경우, 그 밖에 대통령령으로 정하는 경우로서 미리 금융위원회의 승인을 받은 경우에는 6개월 미만의 기간 중에 이를 처분할 수 있도록 하고 있다.

2015년 개정 이전	2015년 개정 이후
① 파생상품을 활용한 헤지 방법 제한 - 투자대상기업이 발행한 주권기초파생상품만을 활용해야 함	- 위험 헤지를 위한 목적이면 제한 없이 허용
② 투자대상기업이 보유한 부동산 · 금전채권 투자 제한 - 구조조정 목적인 경우에만 허용	- 구조조정 여부와 관계 없이 투자대상기업의 부동산 · 금전채권 투자 허용
③ 외국회사에 대한 투자 제한 - 국내자산에 5% 이상 투자한 외국회사에 대한 PEF의 투자 금지	- 국내자산에 30% 이상 투자한 외국회사에 대한 PEF의 투자 금지
④ 경영참여형 사모집합투자기구의 6개월 이내 투자개시 의무	- 사적계약의 성격이 강한 사모집합투자기구의 특성을 감안하여 개정

한편 자본시장법 제249조의13 제1항에 의하면 SPC는 주식회사 또는 유한회사의 형태로 설립되는데, 주주 또는 사원의 출자비율 및 인원수 그리고 인적, 물적 구성 등에 대하여 추가적으로 다음과 같은 제한이 있다: ① 우선 PEF의 SPC에 대한 출자비율은 50% 이상이어야 한다. 그리고 ② SPC가 투자한 투자대상기업의 임원이나 대주주, 그 밖에 SPC의 효율적 운영을 위하여 SPC의 주주나 사원이 될 필요가 있는 자로서 대통령령으로 정하는 자(SPC에 대하여 신용공여를 한 금융기관으로서 출자전환을 한 자)가 주주나 사원으로 될 수 있다는 점이 특기할 만하다. ③ SPC에 대하여 출자자인 PEF의 사원 수와 PEF가 아닌 사원 수 총합이 49인 이내이어야 하고, ④ SPC로서 상근임원을 두거나 직원을 고용하지 아니하며 본점 외 영업소를 설치해서는 안된다는 제한도 있다.

3. 경영참여형 사모집합투자기구에서 업무집행사원의 의무 및 관련 판례

(1) 자본시장법상 규제

자본시장법은 경영참여형 사모집합투자기구(PEF) 제도의 취지에 맞게 집합투자재산이 운용될 수 있도록 업무집행사원(GP)의 영업행위를 규제하고 있다. 구체적으로 살펴보면, 우선 업무집행사원은 법령과 정관에 따라 경영참여형 사모집합투자기구를 위하여 그 직무를 충실히 수행해야 한다는 명시적인 충실의무를 부담한다(자본시장법 제249조의14 제5항). 그리고 이러한 충실의무를 구체화한 것으로 업무집행사원은 사원 전원의 동의가 없는 한 경영참여형 사모집합투자기구와 거래해서는 아니 되고(동조 제6항 제1호), 원금 또는 일정한 이익의 보장을 약속하는 등의 방법으로 사원이 될 것을 부당하게 권유해서는 아니 되며(동조 동항 제2호),[46] 사원 전원의 동의 없이 사원의 일부 또는 제3자의 이익을 위하여 경영참여형 사모집합투자기구가 소유한 자산의 명세를 사원이 아닌 자에게 제공해서는 아니 되는(동조 동항 제3호) 등의 영업행위 규제를 받는다. 이를 위반한 경우 업무정지, 기관경고 등의 행정 제재(제259조)와 5년 이하 징역 또는 2억원 이하의 벌금이라는 형사벌칙이 부과될 수 있다(제444조).

(2) 판례 1: 업무집행사원(GP)의 유한책임사원(LP)을 상대로 한 투자권유 관련 손해배상책임

1) 대법원 2016. 10. 27. 선고 2015다216796 판결의 사실관계

피고는 자산운용 업무 등을 목적으로 설립된 법인으로, B저축은행과 컨소시엄을 구성하여 CB저축은행을 인수하기로 하면서 PEF를 설립한 후 무한책임사원, 업무집행사원이 되었고, 원고는 이 사건 PEF의 지분을 취득한 유한책임사원이다. 피고는 2006. 2. 3. B저축은행 및 CB저축은행의 대주주인 소외1, 소외2와 사이에 CB저축은행의 인수를 위한 투자협약을 체결하였다. 동 협약 및 투자제안서에는 유한책임사원이 "PEF 설립 1년 이후부터 보유한 대상회사의 주식 전부를 B저축은행 또는 B저축은행이 지정한 자에게 매도할 수 있으며(put option), B저축은행은 PEF 설정액에 대하여 PEF 구성원의 자금 납입일로부터 매입대금 지급일까지 연리 12.5%(연 복리 계산)의 수익률을 보장하고 매입한다"는 조항이 있었다. 그러나 구 상호저축행법 관련 조항에 의하면 상호저축은행 주식 총수의 100분의 30을 초과하여 취득하거나 대주주가 되려는 사람

46 업무집행사원은 경영참여형 사모집합투자기구의 지분을 판매하더라도 투자매매·중개업자가 아니므로 투자매매·중개업자에 적용되는 판매 관련 규제를 적용받지 않기 때문에 이러한 특례규정이 필요하다 : 박삼철,차태진, 박재현, 이희중, 김건(이하, '박삼철 등 공저 5인'이라 한다), 「사모펀드 해설」, 지원출판사, 2017, 299면.

은 최근 5년간 금융관련법령을 위반하여 처벌받은 사실이 없어야 하는데, B저축은행은 증권거래법 위반 등으로 기소되어 2004. 10. 18. 벌금 3,000만원을 선고받아 위 판결이 그 무렵 확정되었고, 이미 CB저축은행의 주식 30%를 보유하고 있었으므로 이 사건 PEF가 B저축은행에 이 사건 풋옵션을 행사하더라도 2009. 10.경까지는 CB저축은행이 이를 이행하기는 어려운 상황이었음에도 이를 이 사건 투자제안서에서 밝히지 않고 있었다. CB저축은행은 2009년부터 거액의 당기순손실이 발생하기 시작하여 2011. 2. 19. 유동성 부족을 이유로 금융위원회로부터 영업정지처분을 받았고, 같은 해 4. 29. 부실금융기관으로 결정되어 6개월간 영업정지, 임원의 직무집행정지 및 관리인 선임 등의 경영개선명령을 받았다. 그 후 CB저축은행은 2012. 1.경 서울중앙지방법원에 파산신청을 하였고, 2012. 2.23. 파산선고결정을 받았다. 당시 이 사건 PEF는 2011. 7. 14. B저축은행을 상대로 풋옵션 행사에 따른 주식 매매대금 125억원을 청구하는 소를 제기하였는데, 위 소송 계속 중이던 2012. 8. 16. B저축은행도 파산선고를 받았다.

원고는 이 사건 지분을 매수할 당시 피고가 원고에게 이 사건 풋옵션 행사에 제한이 있다는 사실을 알리지 않은 채 이 사건 풋옵션에 의하여 투자금을 안전하게 회수할 수 있다는 점만을 강조하여 이 사건 지분의 매수를 권유하였고, 이러한 잘못된 정보에 의하여 잘못된 투자판단을 하여 이 사건 지분을 매수함으로써 손해를 입었다고 주장하면서 피고에 대하여 이 사건 지분의 매수로 인한 손해배상을 구하였다.

2) 판결

대법원 2016. 10. 27. 선고 2015다216796 판결은 "미리 투자대상과 투자방법 및 투자회수구조 등을 결정한 다음 투자를 위하여 구 간접투자자산운용업법에 따른 사모투자전문회사를 설립하고 무한책임사원 겸 업무집행사원이 되어 투자자들에게 유한책임사원으로서 출자하여 투자에 참여하도록 권유하는 자(이하 '사모투자전문회사의 설립·운용자'라고 한다)는 투자자들이 사모투자전문회사에 투자 참여하는 데 대하여 직접적인 이해관계가 있을 뿐만 아니라 사모투자전문회사를 통한 투자에 관하여 제1차적으로 정보를 생산하고 이를 제공하는 지위에 있다. 사모투자전문회사의 설립·운용자는 사모투자전문회사의 투자대상과 투자방법 및 투자회수구조 등의 중요한 사항에 대하여 정확한 정보를 생산하여 이를 사모투자전문회사의 유한책임사원으로서 투자에 참여하려는 투자자들에게 제공할 의무가 있고, 사모투자전문회사의 설립·운용자가 이러한 의무를 위반하여 투자자들의 투자판단에 영향을 주고 그로 말미암아 투자자들에게 손해가 발생하였다면 주의의무를 위반함으로 인한 불법행위책임을 진다. 그리고 사모투자전문회사의 설립·운용자가 제공한 부정확한 정보로 인하여 투자자가 투자판단에 영향을 받아 손해를 입은 이상, 사모투자전문회사의 설립 당시에 유한책임사원으로 참여한 경우는 물론이고 기존의 유한책임사원에게서 사모투자전문회사의 지분을 양수한 경우에도 마찬가지로 사모투자전문회사의 설립·운용자에 대하여 불법행위책임을 물을 수 있다"고 하였다.

(3) 판례 2: "원금 또는 일정한 이익을 보장하는 주체"와
"투자권유주체"가 상이한 경우

대법원 2017. 12. 13. 선고 2017두31767 판결은 구 간접투자자산운용업법 제144조의11 제2항 제2호와 구 자본시장과 금융투자업에 관한 법률(2015. 7. 24. 법률 제13448호로 개정되기 전) 제272조 제6항 제2호의 문언과 체계 및 취지 등을 종합하면, "위 각 규정에서 금지하는 이익 보장 약속에 의한 부당 권유 행위의 주체는 사모투자전문회사의 업무를 집행할 권리와 의무를 가지고 투자자인 사원을 상대로 투자를 권유하여 자금을 모집하는 업무집행사원이고 또한 그 권유 행위의 일부를 이루는 '이익 보장 약속'의 주체 역시 특별한 사정이 없는 한 업무집행사원이라 해석되며, 업무집행사원의 투자 권유와 무관하게 유한책임사원 등의 제3자(이하 '제3자'라 한다)가 업무집행사원과 별도로 투자자에게 이익 보장 약속을 하였더라도 그 사정만을 가지고 위 각 규정을 위반하였다고 할 수 없다. 다만 투자자에 의한 실질적인 간접투자와 집합투자를 실현하기 위한 위 각 규정의 취지에 비추어 보면, 제3자가 투자자에게 이익 보장 약속을 하는 것에 그치지 아니하고, 업무집행사원이 투자대상과 투자방법 등을 결정하고

그 투자를 위하여 사모투자전문회사를 설립하면서 제3자의 이익 보장 약속을 전제로 하여 투자자의 투자 내지 자금의 모집을 계획한 후, 실제로 이러한 제3자의 이익 보장을 적극적으로 이용하여 투자자에게 투자를 권유하고 나아가 제3자와 투자자 사이의 이익 보장 약정 체결에 직접 관여함으로써 제3자의 이익 보장 약속이 외형상 업무집행사원의 투자 권유 행위와 병행하여 그 권유 행위의 일부로 이루어졌다고 평가할 수 있으며, 그로 인하여 업무집행사원이 적극적으로 이용한 제3자의 이익 보장 약속이 투자자가 업무집행사원의 권유를 받아들여 사원이 될 것인지의 투자판단에 직접적인 영향을 미쳐 실질적으로도 간접투자와 집합투자가 아니라 제3자에 대한 자금 대여를 권유한 것과 같은 결과에 이른다면, 이러한 업무집행사원의 행위는 확정적인 이익 보장 아래 사원이 되도록 부당하게 권유하는 행위로서 위 각 규정을 위반한 행위에 해당한다고 해석된다"고 하였다.

II. 사모집합투자기구 활성화를 위한 제도 개선

2015년 7월 개정 자본시장법은 창의적이고 혁신적인 자본으로서의 사모집합투자기구의 순기능이 제고될 수 있도록 사모집합투자기구의 규율체계를 재정립하고 사모집합투자기구 제도 전반의 규제를 대폭 완화하였다. 그리고 사모집합투자기구의 투자자를 보호하고 부작용을 최소화할 수 있도록 적격투자자 제도를 도입하였다. 또한 사모집합투자기구의 자금차입 및 운용자에 대한 감독을 강화하며, 사모집합투자기구를 활용한 계열회사 우회지원을 제한하였다. 금융감독당국은 동 개정을 통하여 사모집합투자기구 산업의 건전한 발전을 도모하고 자본시장의 부가가치 창출 기능을 강화하며 우리 경제의 역동성을 제고할 것이라고 기대하고 있다. 다음은 2015년 자본시장법 개정 내용을 간략히 소개하고자 한다.

1. 사모집합투자기구 규율체계의 재정립(제9조 제19항)

사모집합투자기구를 "전문투자형(헤지펀드)"과 "경영참여형(PEF)"으로 단순화하고, 공모펀드와 구별하여 규율체계를 정립하였다. 개정 이전에는 일반사모집합투자기구, 헤지펀드, PEF, 기업재무안정 PEF의 4종류로 구분했었는데, 개정 이후 2종류로 단순화된 것이다. 이로써 사모집합투자기구간의 규제차익을 해소하면서 다양한 투자전략을 추구하는 사모집합투자기구가 출범할 수 있게 되었다.

2. 사모집합투자기구 진입·설립·운용·판매 규제의 대폭 완화(제7조 제6항 제3호, 제249조의3, 제249조의5부터 제249조의8까지, 제249조의12, 제249조의17 및 제249조의20 신설 등)

첫째, 진입의 측면에서 전문투자형 사모집합투자기구를 운영하는 집합투자업자를 "전문사모집합투자업자"로 명명하고 "등록"만으로 진입을 허용하였다. 개정 이전에는 일반사모·헤지펀드 운용사는 인가를 받아야 했고 PEF 업무집행사원은 사전에 등록을 하여야 했다. 한편 최소 자본금 등 구체적인 등록 요건은 대통령령에서 정하도록 하였다.

둘째, 설립의 측면에서 모든 사모집합투자기구에 대해 설립후 2주 내에 금융위원회에 사후 보고하는 것으로 규제를 완화하여 신속하게 투자자를 모집하고 투자대상 자산에 투자할 수 있도록 하였다. 개정 이전에는 일반사모집합투자기구는 사전등록, 헤지펀드는 사후보고, PEF는 등록을 하여야 했다.

셋째, 운용의 측면에서 모든 사모집합투자기구의 운용 규제를 대폭 완화함으로써 사모집합투자기구가 다양한 투자전략을 통해 높은 수익을 창출할 수 있도록 하였다. 예를 들어 전문투자형 사모집합투자기구의 경우 개정 이전에는 투자대상별 펀드를 설정하여야 했으나, 개정 이후에는 한 펀드 내 다양한 투자 편입을 허용함으로써 복수의 펀드를 더 이상 설정할 필요가 없게 되었다. 그리고 경영참여형 사모집합투자기구의 경우 개정 이전에는 다중 SPC의 설립이 금지되고 자산 5% 내에서만 증권투자가 허용되었으나, 개정 이후에는 복층 SPC의 설립이 허용되고 자산 30% 내 증권투자가 허용되게 되었다.

넷째, 판매의 측면에서 개정법은 사모집합투자기구 판매시 적합성·적정성 원칙을 면제하고(개정 이전에는 공모펀드와 동일하게 적합성·적정성 원칙의 부과), 일부 투자권유광고를 허용하며(개정 이전에는 전면 금지), 투자매매·중개업의 인가를 받지 않고도 자신이 운용하는 전문투자형 사모집합투자기구를 투자자에게 직접 판매할 수 있도록 하여 사모집합투자기구 시장이 보다 활성화될 수 있도록 하였다(개정 이전에는 반드시 투자매매·중개업의 인가를 받아야 함).

3. 금융전업그룹 등에 대한 PEF 운용 규제 완화(제249조의 18 및 제249조의20)

금융전업그룹이란 공정자산[47]을 기준으로 PEF를 제외한 금융·보험회사가 차지하는 비중이 일정비율(75%이상으로서 대통령령으로 정하는 비율) 이상인 상호출자제한 기업집단을 말한다. 그런데 금융·보험업만을 영위하는 금융지주회사그룹은 상호출자제한기업집단에서 배제되는바, 현재도 공정거래법상 규제를 적용받지 않는다는 점을 유념하여야 한다.

금융전업그룹이 공정거래법상 대기업집단으로 지정되더라도 개정 자본시장법은 PEF의 운영과 관련하여 종래부터 지적되어 온 불합리한 일부 규제를 완화하였다. 이로써 기업인수·합병의 주체로서 사모집합투자기구의 역할이 보다 강화될 수 있게 되었다. 첫째, 종래에는 PEF 투자대상 회사에 대한 의결권 행사를 금지했었는데 개정법은 이를 허용하였다. 둘째, 종래에는 공정거래법상 기업집단 현황을 반드시 공시하여야 했지만, 개정법은 PEF의 LP에 대해서는 이를 면제하였다. 셋째, 종래에는 PEF가 투자한 기업에 대해 5년내 계열사 처분의무를 규정하였으나, 개정법은 이를 10년(원칙 7년이지만 3년의 추가가 가능)으로 완화하였다.

4. 사모집합투자기구 투자자의 합리적 제한

사모집합투자기구에 대한 규제완화에 상응하여 투자자는 손실 감수능력이 있

47 공정거래법시행령 제17조에 의하면 공정자산이란 기업집단 계열사 자산의 합계액을 말한다. 다만, 금융·보험 계열사의 경우 Max[자본금, 자본총액]을 공정자산으로 하고 있다.

는 "적격투자자"에 한하여 사모집합투자기구에 대한 투자를 허용하였다. 여기서 적격투자자는 ① 전문투자자, ② 일반투자자로서 일정 금액(개정 이전: 헤지펀드 5억원, PEF 10억원 → 개정법: 1억원 이상으로서 대통령령으로 정하는 금액)이상을 한 사모집합투자기구에 투자하는 자를 말한다.

5. 사모집합투자기구에 대한 관리·감독 강화 및 계열사 지원의 제한(제249조의7 제1항, 제249조의8 제1항 및 제249조의20 제1항 신설)

자금차입 및 자산운용 규제의 기준을 "순자산(자본)"으로 통일하여 규제의 일관성 및 실효성을 제고하였다. 개정 이전에는 "재산총액"과 "순자산"을 혼용하여, 차입한도 규제의 실효성이 저하되었었는데 개정법은 이를 순자산(자본)으로 단일화한 것이다. 이로써 사모집합투자기구의 과도한 차입에 따라 발생할 수 있는 펀드 재산의 부실화와 금융시스템의 불안 위험을 방지할 수 있게 되었다. 사모집합투자기구에 대해서도 공모펀드와 동일하게 펀드 재산을 신탁업자에게 보관하게 하여 사모집합투자기구 운용 회사의 사모집합투자기구 재산 유용 및 투자자의 의사에 반하는 자산 인출행위 등을 방지할 수 있도록 하였다. 경영참여형 사모집합투자기구와 업무집행사원의 계열회사간의 거래를 원칙적으로 제한하여 사모집합투자기구를 통한 계열회사 우회 지원 및 경제력 집중을 방지하되, 공개 시장에서의 거래 등 투명한 거래에 대해서는 예외적으로 허용하였다.

제4절 증권투자신탁의 법률관계 분석과 입법적 과제[48]

I. 서설

증권투자신탁의 법률관계에는 다수의 당사자가 관여하게 된다. 투자자, 수익증권 판매회사, 위탁회사, 수탁회사를 가장 대표적인 당사자로 볼 수 있다.[49] 증권

48 김용재, "증권투자신탁의 법률관계 분석과 입법적 과제," 「금융법연구」 제15권 제2호, 2018, 41-83면 참조.

49 제4절에서는 자본시장법상 ① 집합투자기구, ② 집합투자업자, ③ 신탁업자로 사용되는 용어를 기존 투자신

투자신탁에 있어서 위탁회사와 수탁회사 중 누가 법률상의 처분권자로서 대외적인 법률행위의 주체가 되는지에 보다 초점을 맞추어, 증권투자신탁 법제의 유래와 변천 과정, 관련 법령 및 판례 등을 심도 있게 분석한 후 그 해답을 강구하고자 한다. 이러한 논의가 매우 실천적인 의미를 가질 수도 있다. 예를 들어 위탁회사와 수탁회사 중 어떤 회사가 대외적으로 계열관계에 있는 것인지, 그리고 어떤 회사가 부당내부거래의 당사자가 되는지 등의 쟁점을 해결함에 있어서 매우 구체적이고 결정적인 기준을 제공할 수 있는 것이다.

지금도 이러한 논의가 매우 중요한 이유는 과거 법제와 현행 법제가 매우 극명한 차이를 보이기 때문이다. 그럼에도 불구하고 학계와 실무계는 여전히 그 차이의 중요성을 인식하지 못하고 있다. 어떤 경우에는 현행 법제상으로 법률상의 당사자가 될 수 없는 회사가 계약서에 표시되어 불필요한 오해를 불러일으킬 우려마저 존재한다. 과거 1995년법에서는 위탁회사가 전체 증권투자신탁 관계에서 매우 주도적인 역할을 수행하여야 할 지위에 있었다. 그리고 이러한 제도적 관행을 구축하는데 결정적인 영향을 미친 입법례는 일본의 증권투자신탁법제였다. 그런데 1998년 이후 괄목할 만한 제도의 변화가 일어나게 된다. 즉 신탁재산을 이전받아 명실상부하게 신탁법상 수탁자의 지위에 서게 되는 수탁회사가 증권투자신탁의 중심적인 역할을 하게 된 것이다. 이러한 패러다임의 전환에 있어서 가장 결정적인 영향을 준 입법 모델은 영국법이다. 이러한 제도적인 변화를 간과하고 과거의 법제와 실무 관행을 강조하게 된다면 현재의 투자신탁법제와 정당한 업무처리 과정을 왜곡시키는 중대한 오류를 범하게 될 것이다.

다음의 Ⅱ는 과거의 위탁회사 주도 법제에서 현재의 수탁회사 주도 법제로 바뀌는데 결정적인 계기가 된 주요 제도들을 분석하고 그러한 변화의 원인들을 규명할 것이다. Ⅲ은 투자자와 위탁회사 및 수탁회사 간 법률관계의 실질을 파헤치기 위하여 등장한 단순신탁설, 이중신탁설, 실질신탁설, 조직계약설을 상세히 소개하면서 각 설의 장점과 취약점도 대조할 것이다. 다음으로 Ⅳ는 현행 투자신탁법제에 대한 치밀한 분석을 하게 된다. 자본시장법령을 보면 신탁법과 마찬

탁업계의 관례 및 신탁법과의 조화로운 해석을 위해 편의상 ① 증권투자신탁(또는 투자신탁), ② 위탁회사, ③ 수탁회사(또는 수탁자)란 용어로 통일하여 사용하고자 한다.

가지로 수탁회사가 법률상의 처분권자이며 대외적인 법률행위의 주체가 된다는 점이 명확하다. 다만 자산운용에 대해서는 수탁회사가 전문가인 위탁회사의 지시를 따르도록 하면서, 특정 사안에 있어서는 위탁회사가 직접 자신의 명의로 신탁재산에 대한 처분행위를 할 수 있는 예외적인 경우를 규정하고 있는바, 그 때에는 법률행위의 당사자가 위탁회사이므로 직접적인 책임의 귀속 문제가 발생한다는 점을 강조할 것이다. 과연 위탁회사의 금전 차입행위도 자산운용의 범주에 들어가는지 고찰하고자 한다. V는 우리나라의 투자신탁법제에 큰 영향을 주었던 일본과 영국의 입법을 비교법적으로 간략하게 소개하고자 하였다. VI은 위탁회사와 수탁회사 간의 관계에 대한 대표적인 판례들을 소개하면서 그 의미 및 시사점을 조명해볼 것이다. 마지막의 VII은 이상의 논의를 정리한 결론이다.

II. 증권투자신탁 관계에서 위탁회사 지위의 변화

1. 1995년법과 1998년법의 근본적인 차이

증권투자신탁의 법적 성질을 규명함에 있어서 서설적으로 증권투자신탁 당사자의 법적 지위와 관련한 (구)증권투자신탁업법의 개정에 유념할 필요가 있으며, 그 중에서도 특히 1995년법·1998년법을 비교하여 고찰할 필요가 있다. 왜냐하면 1998. 9. 16. 법률 제5558호로 개정된 1998년법은 위탁회사의 지위와 관련하여 기존의 패러다임을 완전히 전환하는 내용의 매우 중요한 개정 사항을 포함하고 있는데, 1998년법의 내용은 이후 (구)간접투자자산운용업법과 현행 자본시장법에도 그대로 투영되기 때문이다.

1995년법	1998년법
제7조(수익증권의 환매) ①수익자는 수익증권을 발행한 위탁회사에 이를 현금으로 환매할 것을 청구할 수 있다. 다만, 위탁회사의 해산 · 허가취소 또는 영업정지 기타 대통령령이 정하는 사유(이하 이 조에서 "해산등"이라 한다)로 인하여 환매에 응할 수 없는 경우에는 총리령이 정하는바에 의하여 수탁회사에 직접 이를 청구할 수 있다.	제7조(수익증권의 환매) ①수익자는 수익증권을 발행한 위탁회사에 이를 현금으로 환매할 것을 청구할 수 있다. 다만, 위탁회사의 해산 · 허가취소 또는 업무정지 기타 대통령령이 정하는 사유(이하 이 조에서 "해산등"이라 한다)로 인하여 환매에 응할 수 없는 경우에는 재정경제부령이 정하는바에 의하여 수탁회사에 직접 이를 청구할 수 있다.

②제1항의 규정에 불구하고 판매회사로부터 매입한 수익증권의 경우에는 그 판매회사에 당해 수익증권의 환매를 청구하여야 한다. 다만, 증권거래법 기타 법률에 의하여 판매회사가 해산등으로 인하여 당해 환매에 응할 수 없는 경우에는 위탁회사에 환매를 청구할 수 있다.	② (현행과 같음)
③제2항 단서의 규정에 의하여 환매의 청구를 받은 위탁회사가 해산등으로 인하여 환매에 응할 수 없는 경우에는 제1항 단서의 규정을 준용한다.	③ (현행과 같음)
④제1항 내지 제3항의 규정에 의하여 환매에 응하여야 할 자는 환매의 청구를 받은 날부터 늦어도 15일내에 환매하여야 한다. 다만, 천재 · 지변 · 유가증권시장의 폐쇄 · 정지 또는 휴장 기타 부득이한 사유가 있는 경우에는 재정경제부장관의 승인을 얻어 그 사유가 해소될 때까지 환매를 연기할 수 있다.	④제2항 본문의 규정에 의한 환매청구를 받은 판매회사는 지체없이 위탁회사(제3항의 규정에 해당하는 경우에는 수탁회사를 말한다)에 대하여 환매에 응할 것을 요구하여야 한다.
	⑤제1항 내지 제4항의 규정에 의하여 환매에 응하여야 할 위탁회사 또는 수탁회사는 신탁의 일부해지에 의하여 조성한 현금으로만 환매에 응하여야 한다.
	⑥제1항 내지 제5항의 규정에 의하여 수익증권을 환매하는 경우 환매가격은 제29조제1항의 규정에 의한 기준가격에 의하여 산정한 금액으로 하여야 한다.
	⑦제1항 내지 제3항의 규정에 의하여 환매청구를 받은 위탁회사 · 수탁회사 또는 판매회사는 신탁재산인 유가증권등의 매각이 지연되는 등의 사유로 인하여 제21조제1항의 규정에 의한 증권투자신탁약관에 정하는 날까지 수익증권을 환매할 수 없게 된 경우에는 지체없이 이를 受益者에게 통지하여야 한다.
제30조(고유재산에 의한 수익증권의 환매) ①제10제1항 제2호의 업무를 허가받은 위탁회사는 고유재산으로써 수익증권을 환매할 수 있다. ②제1항의 경우에 위탁회사는 기준가격의 변동으로 인한 차익을 취득할 수 있다.	〈삭제〉

과거 1998년 이전에는 투자신탁을 실질적으로 예금상품과 별반 차이가 없는 상품으로 인식하였으므로 투자신탁회사인 위탁회사가 상품 운용에 따른 전반적인 리스크를 부담한다는 인식이 강했다. 그 때문에 금융감독당국은 위탁회사의 재무건전성에 초점을 맞추었던 것이다.[50] 그리고 수탁회사는 단순한 신탁재산의 보관자로 보았고 신탁재산의 실질적 처분권한을 가진 위탁회사가 신탁

50 1998년 투신업법(1999. 9. 16. 시행)과 표준투자신탁약관이 개정되기 전까지 우리나라 증권투자신탁은 채권펀드가 대부분을 차지하고 있었으며, 채권펀드는 (i) 매출식 결정, (ii) 채권 장부가평가, (iii) 과거가격방식에 의한 기준가격 산정, (iv) 당일환매, (v) 투신사 고유재산에 의한 환매제도로 인해 사실상 은행예금상품과 다를 바 없는 확정금리부상품으로 취급되었다 따라서 투자자와 투신사 모두에게 실질적으로 중요한 의미를 가지는 것은 투신사가 판매한 펀드를 그 고유재산으로 환매해줄 수 있는지 여부 즉, 투신사나 판매사의 재무건전성이었던 것이다. 박삼철 · 이중기, "제도로서의 투자신탁법제의 기본구조와 발전전략", 「홍익법학」 제15권 제1호, 2014, 538-539면.

재산의 대외적 법률행위의 당사자가 되어야 한다는 전제하에 신탁재산을 관리하는 것이 관행이었다.

그러나 대우그룹의 파산과 함께 대우 관련 회사채와 CP 등의 대량 환매 사태가 촉발되면서 투자신탁의 본질을 복원하기 위한 업계 자체의 자정 노력이 잇따르고 그에 따른 법 개정과 판례 법리들도 형성되기에 이르렀다. 그 결과 1998년 개정법에서 투자신탁은 예금과 차별화되는 실적 배당 상품으로서 투자자가 리스크를 부담한다는 점을 명확히 하게 되고 위탁회사의 자금 운용에 대한 수탁회사의 감시기능이 매우 중요하게 부각되는 등 전면적인 패러다임의 전환이 이루어지게 된 것이다. 새로운 패러다임의 변화 중 가장 주목해야할 내용은 다음과 같다. ① 1998년 증권투자신탁업법 표준투자신탁약관 개정을 통한 '펀드재산에 의한 환매' 방식 확립,[51] ② 1999년 대우그룹 부도로 인한 대량의 대우채 환매사태 발생, ③ 2000년 수탁회사의 위탁회사에 대한 감시기능 강화,[52] ④2002년과 2003년 신탁재산에 관한 대외적 법률행위는 수탁회사를 통해서 해야 한다는 대법원 판결 선고.[53]

이러한 패러다임의 변화를 토대로 하여 1995년법과 1998년법에서의 위탁회사의 지위도 다음에서 보는바와 같이 극적으로 전환되었다.

2. 1995년법에서의 위탁회사의 지위

1995년법은 ① 위탁회사(또는 판매회사)의 고유재산에 의한 매출식 투자신탁의 설정[54]과 고유재산에 의한 환매대금의 지급 및 ② 채권의 장부가 평가에 의한

51 1998년 투신업법, 표준투자신탁약관 개정으로 우리나라 증권투자신탁에서도 (i) 모집식 결정, (ii) 채권 시가평가, (iii) 미래가격방식에 의한 기준가격 산정, (iv) 익일환매, (v) 펀드재산에 의한 환매가 이루어지기 시작하였다. 상게논문.

52 이 개정으로 인하여 위탁회사 및 판매회사가 고유재산으로 수익증권을 환매해줄 수 없게 되면서, 투자자가 리스크를 부담하게 되었다. 그 결과 투자자 보호를 위해서 펀드 자체의 실적이 중요해지고, 투신사의 펀드 운용에 대한 감시 필요성이 높아지게 된 것이다. 2000년 1월 법 개정은 이러한 감시 필요성을 제도적으로 반영한 것으로서, 새로운 패러다임 확립의 결정판이 되었다고 평가된다. 박삼철, 「투자신탁해설」, 삼우사, 2001, 142면.

53 대법원은 신탁재산의 소유자는 수탁회사이며 신탁재산에 관한 대외적 법률행위는 수탁회사를 통해서 해야 한다고 판결하여 종래 위탁회사 중심의 업무처리관행이 유효하지 않음을 명확히 선언한 것이다.

54 위탁회사(또는 판매회사)가 자신의 고유재산으로 투자신탁을 설정하여 수익증권을 취득한 후 그 수익증권을 투자자에게 매각하는 방식이다. 현투증권주식회사 편, 「투자신탁의 이론과 실무」, 도서출판 무한, 2002, 426면.

환매대금 지급으로 요약할 수 있는데, 1998년법에서는 ① 모집식 투자신탁으로의 전환[55]과 신탁의 일부해지에 의한 환매의무화 및 고유재산에 의한 환매대금 지급 조항의 폐지, ② 채권의 시가 평가에 의한 환매가격산정방식으로 대폭 변경되었다. 그렇다 보니 위탁회사의 지위도 의미 있는 변화를 수반하게 된다. 즉 1995년법에서는 위탁회사가 고유재산에 의한 투자신탁의 설정 및 환매의무를 부담하고 장부가 평가로 환매대금을 지급하여야 하므로, 전체 증권투자신탁 관계에서 매우 주도적인 역할을 수행하여야 할 지위에 있었다. 그렇다 보니 당시에는 위탁회사가 투자자로부터 투자금을 직접 수령하지 않는 관계에 있음에도 불구하고 능동적인 수탁자로서의 지위를 갖는다는 해석이 학설(소위 이중신탁설)과 판례의 주류를 형성하였다. 그리고 투자자(수익증권 소유자)와 위탁회사(또는 판매회사) 간의 법률관계가 증권투자신탁의 핵심적인 지위를 차지하였고, 그 중에서도 투자자에 대한 위탁회사(또는 판매회사)의 고유재산에 의한 환매의무가 증권투자신탁 법리의 주축이 되었던 것이다.[56] 결과적으로 당시에는 수탁회사를 단순한 신탁재산의 보관자에 불과한 것으로 보았으므로, 고유재산에 의한 투자신탁 설정과 환매의무를 책임지면서 신탁재산에 대해 전반적으로 실질적인 처분권한을 가진 위탁회사가 신탁재산의 대외적 법률행위의 당사자가 되는 관행이 형성되어 있었던 것이다.[57]

참고로 대법원 2006. 12. 8. 선고 2002다19018 판결은 "구 증권투자신탁업법(1998. 9. 16. 법률 제5558호로 개정되기 전의 것)은 증권투자신탁의 위탁회사

55 위탁회사(또는 판매회사)가 투자자에게 수익증권을 매각하여 모은 자금으로 투자신탁을 설정하는 방식을 말한다. 2004년 (구)간접투자자산운용업법이 시행된 이후에는 매출식은 사라지고 전면적으로 모집식으로만 설정되었다. 박삼철·이중기, 전게논문, 543면 각주30).

56 그 당시 판매회사의 책임도 막중하였다. 대법원은 "구 증권투자신탁업법령의 연혁과 그 변천과정 등에 의하면 수익증권 판매업무를 허가받지 못한 위탁회사는 반드시 판매회사와의 수익증권 판매위탁계약이 필요한바, 구 증권투자신탁업법(1998. 9. 16. 법률 제5558호로 개정되기 전의 것)에 의하면 판매회사의 자격을 대규모 자산을 보유한 증권회사로 제한하고 있고(제2조 제5항, 제9조 제1항), 판매회사를 위탁회사와 구분되는 '환매에 응하여야 할 자'로 예정하고 있는 점(제7조 제2항), 증권투자신탁의 현실에서도 수익증권의 판매 및 환매업무를 수행하는 판매회사는 수익자와 위탁회사를 연결하여 주는 매개체로서 수익자와 직접적인 접촉을 하며, 신탁재산 또는 수익자로부터 판매보수와 환매수수료를 직접 지급받고 있는 점, 수익증권 위탁판매계약상 위탁회사와 판매회사의 책임을 독립된 것으로 보고 있는 점 등을 종합하여 보면, 판매회사는 증권투자신탁에 있어서 단순히 위탁회사의 대리인에 불과한 것이 아니라 자신의 책임으로 수익증권 판매업무 등을 수행하는 독립된 당사자로 보아야 한다"(대법원 2006. 12. 8. 선고 2002다19018 판결)고 하였다.

57 박삼철·이중기, 전게논문, 539면.

(에게) … 수익증권 환매의무를 부과하면서 … 환매의무는 … 반드시 실적배당주의와 유한책임의 원칙이라는 투자신탁의 기본원리에 반한다고 할 수 없다"고 한 후, "구 증권투자신탁업법(1998. 9. 16. 법률 제5558호로 개정되기 전의 것) 하에서 위탁회사 또는 판매회사의 고유재산에 의한 환매의무가 수정·변경될 수 있는 사유는 '수익증권의 환매청구가 대량으로 발생하여 위탁회사 또는 판매회사의 고유재산으로 환매를 하는 것이 불가능한 경우, 천재·지변·유가증권시장의 폐쇄·정지 또는 휴장 기타 부득이한 사유로 수익증권의 시가가 형성될 수 없거나 그 시가를 알 수 없거나 시가에 준하는 것으로 취급되는 장부가와 시가 사이에 현저한 괴리가 생겨 장부가에 의한 환매 등을 하는 것이 증권투자신탁의 본질인 실적배당주의 내지 수익자평등대우주의를 심각하게 훼손하는 결과로 될 우려가 있는 경우'에 한정된다"고 함으로써 1998년법 이전에는 위탁회사가 고유재산에 의한 환매책임을 부담한다는 점을 전제로 하면서 이러한 환매의무가 실적배당주의와 유한책임의 원칙이라는 투자신탁의 기본원리에 반하지 않는다는 점을 명확히 하였다.

3. 1998년법에서의 위탁회사의 지위

1998년법이 위탁회사의 고유재산에 의한 환매의무 조항을 삭제하고 환매도 시가평가 방식을 따를 것으로 개정되면서 위탁회사의 지위는 크게 변화되었다. 더욱이 2004년 (구)간접투자자산운용업법의 개정에 의하여 모집식 투자신탁으로 전환되면서 위탁회사는 더 이상 고유재산에 의한 투자신탁 설정의 의무를 부담하지 않게 되었다. 증권투자신탁 관계에서 위탁회사는 본래 신탁재산에 대한 법률상의 처분권이 없다. 1998년법 개정에 의하여 위탁회사가 증권투자신탁 관계에서 더 이상 실질적으로도 주도적인 역할을 수행하지 않게 되면서, 위탁회사의 역할은 다시 본래의 지위로 회복되었다. 즉 자산운용의 전문가인 위탁회사는 운용에 대한 권한을 갖고 책임을 부담하는 형태로 증권투자신탁 관계에서 본연의 지위를 되찾았던 것이다. 대법원 2006. 12. 8. 선고 2002다19018 판결도 "1998. 9. 16. 법률 제5558호로 개정된 증권투자신탁업법은 위탁회사의 고유재산에 의한 환매를 규정한 제30조를 삭제하고 … 환매에 응하여야 할 위탁회사 또는 수탁회사는 신탁의 일부 해지에 의하여 조성한 현금으로만 환매에 응하여야 하도록 개정하였다"는 점을 주목하고 있다. 이제 증권투자신탁 관계에서 위탁회사와 수탁회사의 관계가 신탁재산을 운용, 관리, 처분하는 신탁계약의 당사자 관계이므로, 전체 증권투자신탁에서 가장 핵심적이고 주도적인 지위로 급부상하게 되었다. 특히 그 중에서도 신탁재산을 이전받아 명실상부하게 신탁법상 수탁자의 지위에 서게 되는 수탁회사가 증권투자신탁의 중심적인 역할을 하게 되면서, 수탁회사는 수탁자로서 신탁재산에 대하여 전반적으로 관리, 처분권한을 갖게 되고 위탁회사는 신탁계약에 의하여 운용에 있어서만 제한적이고 전문가적인 역할을 수행하도록 그 역할이 변화된 것이다.[58]

Ⅲ. 투자신탁의 법적 성질

여기서는 ① 투자자와 위탁회사와의 관계 및 ② 위탁회사와 신탁업자와의 관계를 중점적으로 파악함으로써, 투자신탁의 법적 성질을 상세히 규명하고자 한다. 참고로 자본시장법에 의하면 위탁회사와 수탁회사를 반드시 분리하도록 되어 있다.[59]

1. 단순신탁설

(1) 주요 내용

①의 관계를 신탁으로, ②의 관계를 단순 보관에 따른 임치로 보고 있다. 즉 위탁회사만이 투자자를 위한 신탁상 수탁자이고 신탁업자는 단순한 수치인으로 보는 것이다.

58 초기 투자신탁에서는 수탁자가 신탁재산의 소유권과 운용권을 모두 가지고 있었으므로 신탁법상의 수탁자와 유사하였지만, 제도가 점차적으로 발전하면서 투자자보호를 위한 지배구조 차원에서 운용권한이 분리되어 위탁회사에게 귀속되었다고 한다. 상게논문, 537면.

59 자본시장법 제184조 제4항에 의하면 "집합투자업자는 자신이 운용하는 집합투자재산을 보관·관리하는 신탁업자가 되어서는 아니 된다"고 규정한다.

(2) 비판

단순신탁설은 공모 투자신탁의 경우 위탁회사와 수탁회사 간에 신탁계약의 체결을 강제하는 자본시장법 제188조 제1항과 전혀 조화롭지 못하다.[60] 또한 지배구조의 관점에서도 수치인인 수탁회사가 어떻게 임치인인 위탁회사를 감시할 수 있는 것인지, 즉 자본시장법 제247조 제1항을 어떻게 설명할 것인지에 대한 답을 주지 못한다.[61]

2. 이중신탁설

(1) 주요 내용

①과 ②의 관계를 모두 신탁으로 보면서, ①을 능동신탁, ②를 수동신탁이라고 한다. 투자자는 ①의 관계에서 위탁자이자 수익자(자익신탁)이지만, ②의 관계에서는 위탁자가 아니며 단지 수익자에 불과하다(타익신탁). 이중신탁설은 ①의 관계를 투자신탁의 기본 관계로 보고, ②의 관계는 신탁재산의 보관을 위한 부차적인 신탁관계로 본다. 그렇다 보니 위탁회사와 수탁회사를 모두 신탁상 수탁자로 보면서도, 특히 후자인 수탁회사를 수동신탁의 수탁자라고 하면서 그 역할이 매우 소극적이고 수동적인 역할에 머물고 있음을 강조한다. 즉 투자자로

---

60 자본시장법 제188조(신탁계약의 체결 등) ① 투자신탁을 설정하고자 하는 집합투자업자는 다음 각 호의 사항이 기재된 신탁계약서에 의하여 신탁업자와 신탁계약을 체결하여야 한다.

1. 집합투자업자 및 신탁업자의 상호
2. 신탁원본의 가액 및 제189조제1항 및 제3항에 따라 발행하는 투자신탁의 수익권(이하 "수익증권"이라 한다)의 총좌수에 관한 사항
3. 투자신탁재산의 운용 및 관리에 관한 사항
4. 이익분배 및 환매에 관한 사항
5. 집합투자업자·신탁업자 등이 받는 보수, 그 밖의 수수료의 계산방법과 지급시기·방법에 관한 사항. 다만, 집합투자업자가 기준가격 산정업무를 위탁하는 경우에는 그 수수료는 해당 투자신탁재산에서 부담한다는 내용을 포함하여야 한다.
6. 수익자총회에 관한 사항
7. 공시 및 보고서에 관한 사항
8. 그 밖에 수익자 보호를 위하여 필요한 사항으로서 대통령령으로 정하는 사항

61 자본시장법 제247조(운용행위감시 등) ① 집합투자재산(투자회사재산을 제외한다)을 보관·관리하는 신탁업자는 그 집합투자재산을 운용하는 집합투자업자의 운용지시 또는 운용행위가 법령, 집합투자규약 또는 투자설명서(예비투자설명서 및 간이투자설명서를 포함한다. 이하 이 조에서 같다) 등을 위반하는지 여부에 대하여 대통령령으로 정하는 기준 및 방법에 따라 확인하고 위반사항이 있는 경우에는 그 집합투자업자에 대하여 그 운용지시 또는 운용행위의 철회·변경 또는 시정을 요구하여야 한다.

부터 투자금 관리를 신탁받은 위탁회사가 수탁받은 업무의 일부인 신탁재산의 보관·관리 업무만을 수탁회사에게 다시 신탁한다는 것이다.

(2) 비판

첫째, ①의 관계에서 투자자와 위탁회사 간 신탁설정행위가 있는 것으로 인정하기 곤란하다. 특히 매출식 투자신탁의 경우 위탁회사와 수탁회사 간 신탁설정이 있고 투자자와 위탁회사 간에는 수익증권의 매매만이 있을 뿐이며 신탁설정으로 볼 관계는 전혀 존재하지 않는다.[62] 투자자가 자금을 직접 위탁회사에 납입하는 모집식 투자신탁의 경우에도, 투자자는 단지 위탁회사와 수탁회사 간 신탁계약의 수익증권을 매수하여 수동적으로 수익자가 될 뿐이므로, 투자자가 위탁회사에 대해 위탁자 지위를 갖는 것으로 이해하는 데 무리가 따른다. 신탁재산을 소유하지 않는 위탁회사를 신탁의 수탁자라고 보는 것은 매우 의문스럽기까지 하다.[63]

둘째, 수익증권의 판매를 판매회사에 위탁하는 경우가 비일비재한데, 이때에는 판매회사도 투자자로부터 금전을 수령한다는 측면에서 볼 때 신탁이 성립되었다고 할 수 있게 된다. 그렇다면 투자신탁관계는 3중신탁이라고 설명할 수 있게 되고, 경우에 따라서는 4중신탁도 발생할 수 있게 된다.

셋째, 신탁 개념의 핵심은 수탁자에게 자산수탁에 따르는 신탁상 의무를 부과하는 것이다. 그런데 ②의 관계가 성립되면 자산을 처분한 위탁회사는 더 이상 수탁자라고 할 수 없게 된다. 더 나아가 신탁법 제42조에 의하면 수탁자는 신탁사무를 스스로 처리하거나 아웃소싱에 의해 신탁사무를 제3자에게 위임할 수 있을 뿐이므로,[64] 수탁자가 다시 위탁자가 된다는 이론 자체도 수긍하기

---

62 강희철·조상욱·차태진, "증권투자신탁의 몇가지 법적 쟁점", 「증권법연구」 제4권 제2호, 2003, 187면.

63 박삼철·이중기, 전게논문 544면에 의하면 펀드업무의 실제상 위탁회사가 투자자로부터 자금을 납입받을 수 없게 아예 시스템적으로 차단되어 있음을 지적하면서, 수익증권의 판매대금이 수탁회사에 납입되기 전의 단계에도 투자자와 위탁회사의 관계를 일시적인 신탁관계로 보아야 할 당위성은 없다고 비판한다. 왜냐하면 위탁회사가 투자금을 위탁회사의 계좌로 납입받지 않기 때문이다.

64 신탁법 제42조 제1항("수탁자는 정당한 사유가 있으면 수익자의 동의를 받아 타인으로 하여금 자기를 갈음하여 신탁사무를 처리하게 할 수 있다. 다만, 신탁행위로 달리 정한 경우에는 그에 따른다")에 의하면 수탁자의 자기집행의무를 선언하고 있는데, 이는 영미 신탁법상 duty not to delegate를 도입한 것이다. 그리고 동조 제3항("수탁자를 갈음하여 신탁사무를 처리하는 자는 수탁자와 동일한 책임을 진다")은 예외적으로 위임이 허용될 경

어렵다. 왜냐하면 위탁회사가 수탁자 지위를 보유하면서 다시 신탁을 설정해서는 안 되기 때문이다. 이 때문에 신탁법 제42조의 조항이 위력을 발휘하는 것은 실질신탁설이나 조직계약설에서의 수탁회사가 위탁회사에게 운용을 위임하는 관계에 대한 것인데, 이에 대해서는 후술하겠다.

넷째, ①의 관계에서 위탁회사를 수탁자라고 보게 되면, 위탁회사는 자본시장법상으로 신탁업 인가를 받아야 하는 문제가 발생한다. 즉 집합투자업 이외에 신탁업을 반드시 추가적으로 인가받아야 하는 것이다.

다섯째, ②의 관계는 수동신탁이고 수탁회사가 소극적인 지위에 있다고 하는데, 이러한 수동신탁설에 의하면 자본시장법 제247조 제1항에 의하여 수탁회사가 위탁회사에 대해 감시기능을 수행한다는 점을 매끄럽게 설명할 수 없게 된다. 이러한 비판은 앞의 단순신탁설에서와 마찬가지이다. 더욱이 최근에는 수동신탁 자체의 유효성에 대해서도 논란이 많다는 점을 유념하여야 할 것이다.[65]

3. 실질신탁설

(1) 내용

①의 관계는 신탁유사관계이고, ②의 관계는 신탁이라고 보는 견해이다. 이중신탁설과 달리, 실질신탁설은 ②를 투자신탁 법률관계의 기본관계로 보고, ①의 관계에서 투자자는 수익증권의 매수를 통해 수익자로서의 법적 효과를 받으며 신탁계약 내용을 추인하는 형식으로 투자신탁관계에 가담하는 관계로 보고 있다. 굳이 신탁유사관계라고 하는 이유는 위탁회사에게 투자자에 대한 고도의 주의의무를 부담시키기 위한 것이다.

(2) 평가

계약관계에 대해서도 고도의 주의의무가 부과될 수 있으므로 ①의 관계에서 위

우 수임인은 수탁자와 동일한 fiduciary duty를 지게 됨을 규정한 것이다. 법무부, 「신탁법 개정안 해설」, 2010, 324-328면.

65 법무부, 전게서, 15-16면에 의하면 수동신탁은 명의신탁에 불과하고 위탁회사가 실질적으로 신탁재산에 대한 권리를 보유하는 탈법행위라는 점 등에서 무효라는 주장을 소개하고 있다. 이 때문에 개정 신탁법에서 수동신탁의 유효성을 명시적으로 인정하는 규정을 도입하지 않았음을 밝히고 있다.

탁회사의 투자자에 대한 지위를 굳이 신탁유사관계라고 하여야 할 실익이 무엇인지 의문이다.[66] 수탁회사는 위탁회사에게 미리 신탁계약으로 자산의 운용에 관한 권한을 전적으로 위임하게 되는바, 신탁법 제42조 제1항과 제3항에 의하면 위탁회사는 수탁회사를 갈음하여 자산 운용 사무를 전담하여 처리하는 자로서 자산 운용에 관해서는 수탁자와 동일한 신인의무(fiduciary duty)를 지게 된다.[67] 따라서 굳이 신탁유사관계라고 하지 않더라도 위탁회사는 투자자에게 자산운용에 있어서 고도의 주의의무를 부담하는 것이다. 그래도 실질신탁설은 단순신탁설과 이중신탁설에 비하여 1998년 법 개정 이후 투자신탁관계를 제대로 파악했다는 점에서 매우 긍정적으로 평가할 만하다. 왜냐하면 ②가 투자신탁의 기본 관계라는 점에 착안하여, ①의 관계를 부수적으로 보는 발상의 전환을 하였기 때문이다.

한편 ②가 신탁법에서 말하는 통상의 신탁에 해당하는지 의문이라는 비판도 있다. 왜냐하면 투자신탁에서 운용권한은 위탁회사가 갖고 수탁자는 위탁회사의 운용권 행사에 대한 감독권한을 갖는데, 이렇게 운용권한이 없는 수탁자의 지위를 통상의 신탁상 수탁자라고 볼 수 없기 때문이라는 것이다.[68] 그러나 신탁법 제42조 제1항의 자기집행의무는 임의규정에 불과하다는 점을 유념하여야 한다. 수익자인 투자자들은 통상 자산운용의 전문가인 위탁회사에게 자산운용을 위임하는 것이 정당하고 전체 수익자의 이익에 기여한다고 생각하면서 투자신탁관계에 가입한다. 그리고 그 이전에 위탁회사는 수탁회사와의 신탁계약에서 자산운용권한을 위임한다는 점을 명확히 규정하게 된다. 한편 신탁법의 특별법인 자본시장법이 정책적인 견지에서 본래 수탁자에게 귀속되어야 할 운용권한을 위탁회사에게 부여한 것으로 보는 것이 타당한 측면도 있다. 따라서 비록 수탁회사에게 운용권한이 없더라도 신탁법에서 말하는 통상의 신탁에 해당한다.

---

66 계약관계의 성질에 따라 고도의 주의의무를 부과할 수 있으므로, 신탁유사관계란 용어를 굳이 고집할 필요는 없다. 동지: 이중기, "투자신탁의 법적 성질과 당사자들의 지위", 「상사법연구」 제2권 제2호, 2004, 189면.

67 신인의무란 타인의 자금을 수탁하여 운용하는 자들이 고객에게 최선의 이익이 되는 방향으로 자금을 운용하여야 할 의무를 말한다.

68 이중기, 전게논문, 189-190면.

4. 조직계약설

(1) 내용

조직계약설도 ②를 투자신탁 법률관계의 기본으로 파악한다는 점에서는 실질 신탁설과 동일한 입장이다. 즉 수탁회사의 신탁재산 보유 측면에서만 신탁이고,[69] 나머지 관계는 투자신탁관계를 형성하려는 조직계약이라고 본다. 그렇다 보니 조직계약설은 ②의 관계만을 신탁자산의 보유 측면에서 주도적이고 핵심적인 관계로 파악한다. 조직계약설에 의하면 신탁법 제42조 제1항과 제3항의 규정도 매끄럽게 설명할 수 있다. 즉 자산을 보유하는 수탁회사가 위탁회사에게 자산운용의 권한 만을 위임하는 조직계약을 체결하여 전체적인 증권투자신탁 scheme을 일체로서 완성하게 되는 것이다.

조직계약설은 ①의 관계에 대해 자산을 보유하지 않는 위탁회사가 자본시장법상으로 투자자에 대해 선관의무를 부담하는 계약상 지위를 갖는 것으로 파악한다. 왜냐하면 앞에서도 살핀바와 같이 조직계약설에서는 투자자와 위탁회사 간의 자금 납입관계에 대해서는 투자신탁의 고유한 법률관계로 파악하지 않기 때문이다. 이를 좀 더 상설하면, 매출식 투자신탁은 단순한 수익증권의 매매로 본다. 그리고 모집식 투자신탁은 일시적으로 금전신탁이라고 보지만 위탁회사가 수탁회사에 납입자금을 신탁함으로써 투자신탁상 신탁이 설정되면 금전신탁의 목적 달성으로 인하여 신탁관계가 소멸한다고 본다.

(2) 비판

우리 법제상 조직계약이 무엇인지 다소 불명확한 단점이 있다. 그리고 수탁회사의 신탁재산 운용 권한의 제한을 조직계약 때문으로 설명하기에는 다소 미흡한 문제점도 있다. 오히려 실질신탁설과 마찬가지로 자본시장법의 규정에 의하여 신탁재산 운용의 제한을 받지만 그것이 신탁의 본질을 훼손하는 것은 아니라는 식의 논리를 전개하는 것이 보다 간명할 수 있다.[70] 또는 신탁법 제42조 제

69 즉 위탁회사와 수탁회사 간 신탁설정 이후 관계만 투자신탁 관계로 파악하고 있다.

70 그 외 조직계약설에서는 모집식 투자신탁의 경우 투자자와 위탁회사 간 최초의 자금 납입관계를 신탁으로 파악하고 있다. 그렇다면 이 때 위탁회사가 신탁업의 인가를 취득하여야 하는가 하는 문제점도 발생한다. 이중기 교수는 "이 신탁은 투자자의 보호를 위해서 법원이 개별적인 계약을 신탁계약으로 해석할 수 있다는 의미에서의

1항에 따라 미리 신탁계약에 의하여 자산운용 사무만을 위탁회사에게 위임한 것으로 보는 것도 조직계약설의 논지로부터 크게 일탈하지 않는다고 본다.

5. 소결

(1) 수탁회사의 지위

단순신탁설에 의하면 수탁회사는 위탁회사의 수치인에 불과한데, 이러한 입장은 우리법제와 전혀 조화롭지 않다는 중대한 문제점이 있다. 이중신탁설에 의하면 수탁회사는 단순한 관리, 보유권한 만을 갖게 되는데, 이 역시 자본시장법과 조화롭지 않다. 이에 반하여 실질신탁설과 조직계약설에 의하면 수탁회사는 명실상부하게 신탁상 수탁자에 해당한다. 즉 신탁법상 수탁회사는 수탁자의 지위에서 신탁재산에 대한 관리/처분권한을 갖게 되므로, 수탁회사는 수탁자산의 명의인이자 펀드거래에 대한 계산의 주체로 등장하는 것이다.

(2) 위탁회사의 지위

단순신탁설, 이중신탁설은 위탁회사의 지위를 신탁상 수탁자라고 보는데, 신탁재산을 보유하지 않은 상태에서 수탁자로 보는 것은 신탁법리와 전혀 조화되지 않는다는 중대한 문제점이 있다. 왜냐하면 신탁법 제31조가 "수탁자는 신탁재산에 대한 권리와 의무의 귀속주체로서 신탁재산의 관리, 처분 등을 하고 신탁목적의 달성을 위하여 필요한 모든 행위를 할 권한이 있다. 다만, 신탁행위로 이를 제한할 수 있다"고 규정하여, 수탁자의 신탁재산 보유를 너무도 당연시하기 때문이다. 실질신탁설은 위탁회사를 신탁상 수탁자와 유사한 지위에 있다고 보는데, 위탁회사가 신탁재산에 대한 실질적인 운용권한이 있어서 그렇다기 보다는 투자자와의 관계에서 운용상 고도의 주의의무를 부담시키기 위한 필요에서 나온 사유의 결과물이다. 신탁법 제41조에 의할 경우 실질신탁설에서의 신탁자 지위유사설이 과연 필요한지에 대해서는 앞에서 이미 지적하였다. 조직계약설은 자본시장법과 위임계약에 의해 위탁회사에게 고도의 주의의무를 부과하는

신탁이고 위탁회사가 영업으로 행하는 신탁과는 거리가 있다"고 주장한다. 이중기, 전게논문, 190-191면.

것으로 본다.

Ⅳ. 자본시장법령 및 관련 규정의 검토

다음에서는 증권투자신탁에 관한 중요한 자본시장법령을 전반적으로 고찰하고자 한다. 전체적인 제도 취지와 부합되게 관련 조문을 유기적으로 해석해 보면, 수탁회사는 법률상 처분권자의 지위를 갖고 위탁회사는 자산운용 권한 만을 제한적으로 갖는다는 점을 명확히 알 수 있게 된다.

1. 신탁재산의 처분권자와 운용권자의 분리

(1) 증권투자신탁의 정의 및 위탁회사와 수탁회사의 분리

1) 조문

자본시장법 제9조 제18항 제1호

집합투자업자인 위탁자가 신탁업자에게 신탁한 재산을 신탁업자로 하여금 그 집합투자업자의 지시에 따라 투자·운용하게 하는 신탁 형태의 집합투자기구(이하 "투자신탁"이라 한다)

2) 해설

위 조항은 증권투자신탁에 대한 정의 조항인데, 수탁회사에게 원칙적으로 신탁재산에 대한 처분/관리 권한을 부여하되, 위탁회사에게는 그 중 운용에 대한 지시권한을 위임하고 있다. 신탁법 제31조와 다른 점은 자본시장법 자체에서 처분/관리권자와 운용(지시)권자를 분리시킨다는 것이다. 즉 신탁법 제31조는 수탁자의 처분권한을 신탁행위로 제한할 수 있다고 하는데 반하여, 자본시장법은 법령 자체적으로 수탁회사의 처분권과 위탁회사의 운용(지시)권을 분리하고 있다.

(2) 투자신탁재산의 운용시 위탁회사의 수탁회사에 대한 지시 및 위탁회사의 예외적인 자체 실행

1) 자본시장법 조문

자본시장법 제80조(자산운용의 지시 및 실행)

① 투자신탁의 집합투자업자는 투자신탁재산을 운용함에 있어서 그 투자신탁재산을 보관·관리하는 신탁업자에 대하여 대통령령으로 정하는 방법에 따라 투자신탁재산별로 투자대상자산의 취득·처분 등에 관하여 필요한 지시를 하여야 하며, 그 신탁업자는 집합투자업자의 지시에 따라 투자대상자산의 취득·처분 등을 하여야 한다. 다만, 집합투자업자는 투자신탁재산의 효율적 운용을 위하여 불가피한 경우로서 대통령령으로 정하는 경우에는 자신의 명의로 직접 투자대상자산의 취득·처분 등을 할 수 있다.

② 투자신탁의 집합투자업자(그 투자신탁재산을 보관·관리하는 신탁업자를 포함한다. 이하 이 항에서 같다)는 제1항에 따라 투자대상자산의 취득·처분 등을 한 경우 그 투자신탁재산으로 그 이행 책임을 부담한다.

제247조(운용행위감시 등) ① 집합투자재산(투자회사재산을 제외한다)을 보관·관리하는 신탁업자는 그 집합투자재산을 운용하는 집합투자업자의 운용지시 또는 운용행위가 법령, 집합투자규약 또는 투자설명서(예비투자설명서 및 간이투자설명서를 포함한다. 이하 이 조에서 같다) 등을 위반하는지 여부에 대하여 대통령령으로 정하는 기준 및 방법에 따라 확인하고 위반사항이 있는 경우에는 그 집합투자업자에 대하여 그 운용지시 또는 운용행위의 철회·변경 또는 시정을 요구하여야 한다.

2) 해설

자본시장법 제80조 제1항과 제2항 본문에 의할 경우, 위탁회사가 운용에 있어서 수탁회사에게 필요한 지시를 하면 수탁회사가 자신의 명의로 투자대상자산을 취득·처분하도록 규정하고 있다. 그리고 제80조 제1항 단서에 의하면 위탁회사가 수탁회사의 명의가 아닌 자신의 명의로 직접 투자대상자산을 취득·처분할 수 있는 예외를 대통령령으로 위임하고 있는데, 위탁회사는 그러한 투자대상자산의 취득·처분에 있어서 고유재산이 아닌 신탁재산으로만 이행 책임을 부담하도록 규정하고 있다.[71] 이러한 입장은 1998년 이전과 확연하게 달라진 것임

71 위탁회사가 운용하는 신탁재산은 신탁회사에게 신탁되어 있으므로 법률상 그 처분권한은 원칙적으로 신탁회사에게 귀속되어 신탁회사의 명의로 취득/처분할 수 있을 뿐이고 위탁회사가 자신의 명의로 직접 신탁재산의 취득·처분을 명할 수 없다. 그러나 신탁재산의 효율적인 운영을 위해 불가피할 때에는 예외적으로 대통령령이 정

을 앞에서 고찰하였다.

자본시장법 제80조를 피상적으로 보면 수탁회사에게 위탁회사의 지시를 수동적으로 따르거나 수탁회사는 위탁회사 자신 명의의 예외적인 운용에 대해 전혀 개입할 수 없는 듯이 규정하지만, 이에 대해서는 제247조의 특칙이 있음을 주목하여야 한다. 즉 제247조는 수탁회사로 하여금 위탁회사의 운용에 대한 전면적인 감시권을 부여함으로써, 수탁회사의 적극적인 역할을 강조하고 있다. 이제 수탁회사는 자산운용에 있어서 더 이상 소극적인 방관자가 아니고 위탁회사가 투자자의 이익을 위해서 최선의 노력을 다하는지를 상시적으로 감시하여야 할 의무를 지는 것이다.[72] 제247조가 입안됨으로써 증권투자신탁의 법률관계, 그 중에서도 자산운용의 영역에서마저, 위탁회사가 더 이상 전단적이고 주도적인 지위를 행사할 수 없음이 명확해졌다.[73]

3) 자본시장법시행령 조문

한편 자본시장법시행령 제79조 제2항은 위탁회사가 직접 수행하는 투자대상의 예외적인 취득·처분에 대해 다음과 같이 상세한 규정을 마련하고 있다.

자본시장법시행령 제79조(자산운용의 지시방법 등)

② 법 제80조제1항 단서에서 "대통령령으로 정하는 경우"란 신탁계약서에 다음 각 호의 어느 하나에 해당하는 방법을 정하여 투자대상자산을 운용하는 경우를 말한다.

1. 다음 각 목의 어느 하나에 해당하는 증권의 매매

가. 증권시장이나 해외 증권시장에 상장된 지분증권, 지분증권과 관련된 증권예탁증권, 수익증권 및 파생결합증권

하는 경우에 한해 위탁회사 자신의 명의로 신탁재산의 취득/처분을 명할 수 있도록 하고 있다. 한국증권법학회 편, 「개정판 자본시장법 [주석서I]」, 박영사, 2015, 441면.

72 한국증권법학회 편, 「개정판 자본시장법 [주석서II]」, 박영사, 2015, 349면

73 (구)증권투자신탁업법 제41조가 현행 자본시장법 제247조의 전신이라고 할 수 있다. 1999년까지 (구)증권투자신탁업법 제41조는 수탁회사에게 "위탁회사의 신탁재산에 관한 운용지시가 법령 또는 신탁약관에 위반되는 경우에는 위탁회사에 대하여 당해 운용지시의 철회·변경 또는 그 시정을 요구할 수 있다"고 규정되어 있었다. 그렇지만 2000년 1월 동 조항은 수탁회사에게 요구하여야 할 의무를 부과("당해 운용지시의 철회·변경 또는 그 시정을 요구하여야 한다)하는 내용으로 전면 개정되었다. 이는 종래 자산운용에 있어서 위탁회사가 행사하였던 전권을 수탁회사로 하여금 반드시 감시할 수 있게 함으로써, 자산운용의 영역에서마저 과거의 위탁회사 중심의 패러다임이 변질되는 중요한 계기가 되었다.

나. 법 제390조에 따른 증권상장규정에 따라 상장예비심사를 청구하여 거래소로부터 그 증권이 상장기준에 적합하다는 확인을 받은 법인이 발행한 지분증권, 지분증권과 관련된 증권예탁증권, 수익증권 및 파생결합증권

1의 2. 다음 각 목의 어느 하나에 해당하는 채무증권(이와 유사한 것으로서 외국에서 발행된 채무증권을 포함한다)의 매매

가. 국채증권

나. 지방채증권

다. 특수채증권

라. 사채권(신용평가회사로부터 신용평가를 받은 것으로 한정한다. 이 경우 신용평가 등에 필요한 사항은 금융위원회가 정하여 고시한다)

마. 제183조제1항 각 호의 기준을 충족하는 기업어음증권 또는 전자단기사채(「전자단기사채등의 발행 및 유통에 관한 법률」 제2조제1호에 따른 전자단기사채를 말한다)

2. 장내파생상품의 매매

3. 법 제83조제4항에 따른 단기대출

4. 법 제251조제4항에 따른 대출

5. 다음 각 목의 어느 하나에 해당하는 금융기관이 발행·할인·매매·중개·인수 또는 보증하는 어음의 매매

가. 은행

나-아. (생략)

6. 양도성 예금증서의 매매

7. 「외국환거래법」에 따른 대외지급수단의 매매거래

8. 투자위험을 회피하기 위한 장외파생상품의 매매 또는 금융위원회가 정하여 고시하는 기준에 따른 법 제5조제1항제3호에 따른 계약의 체결

8의 2. 환매조건부매매

9. 그 밖에 투자신탁재산을 효율적으로 운용하기 위하여 불가피한 경우로서 금융위원회가 정하여 고시하는 경우[74]

---

74 금융투자업규정 제4-49조(집합투자업자 명의의 자산 취득 등) 영 제79조 제2항 제8호에 따라 투자신탁의 집합투자업자는 금리 또는 채권가격을 기초자산으로 하는 스왑거래(법 제5조 제1항 제3호에 따른 계약을 말한다. 이하 이 조에서 같다)를 함에 있어 거래상대방과 기본계약을 체결하고 그에 따라 계속적으로 계약을 체결하는 경우에는 자신의 명의로 직접 거래할 수 있다.

4) 해설

자본시장법시행령 제79조 제2항은 투자신탁재산의 효율적 운용을 위해 불가피한 일정한 거래(자본시장에 상장된 증권의 매매, 장내파생상품의 매매, 단기대출, CD의 매매, 대외지급수단의 매매, 헤지를 목적으로 하는 장외파생상품 매매 등)와 일정한 기준에 따른 스왑거래에 대해서는 예외적으로 위탁회사가 자신의 명의로 직접 거래를 할 수 있는 예외를 명시하고 있다. 이때에는 '규모의 경제'와 '경제 여건의 변화' 등을 고려하여 복수의 다양한 투자신탁을 운용하는 위탁회사가 직접 자신의 명의로 투자대상자산을 처분할 수 있으므로, 위탁회사가 법률행위의 전면적인 당사자로 등장할 수 있게 된다.[75] 결과적으로 비용절약적이고 신축적인 자산운용의 결과, 전체 수익자들에게 최선의 이익이 되는 긍정적인 효과를 낫는다. 그런데 이러한 예외 사유는 매우 제한적이다. 왜냐하면 수탁회사의 신탁재산 처분이라는 대원칙을 벗어나는 것이므로 실무적으로 많은 혼란을 야기할 수 있기 때문이다. 따라서 그 외의 대외적인 법률행위에 대해서는 반드시 수탁회사를 통하여 수탁회사 명의로만 체결할 수 있을 뿐이고 위탁회사는 법률행위의 당사자로 전면에 등장할 수 없다.

(3) 위탁회사의 금전 차입 제한

1) 조문

자본시장법 제83조(금전차입 등의 제한)

① 집합투자업자는 집합투자재산을 운용함에 있어서 집합투자기구의 계산으로 금전을 차입(차입)하지 못한다. 다만, 다음 각 호의 어느 하나에 해당하는 경우에는 집합투자기구의 계산으로 금전을 차입할 수 있다.

1. 제235조에 따른 집합투자증권의 환매청구가 대량으로 발생하여 일시적으로 환매대금의 지급이 곤란한 때

75 자본시장법 제80조 제3항에 의하면 "집합투자업자는 제1항 단서에 따라 투자대상자산의 취득·처분 등의 업무를 수행하는 경우에는 투자신탁재산별로 미리 정하여진 자산배분명세에 따라 취득·처분 등의 결과를 공정하게 배분하여야 한다. 이 경우 집합투자업자는 자산배분명세, 취득·처분 등의 결과, 배분결과 등에 관한 장부 및 서류를 총리령으로 정하는 방법에 따라 작성하고 이를 유지·관리하여야 한다"고 규정함으로써, 위탁회사가 직접적으로 규모의 경제 원칙에 의하여 증권이나 장내파생상품의 주문을 집합(aggregation)할 경우 각 투자신탁별로 공정하게 배분(fair distribution)하여야 한다고 선언하고 있다.

2. 제191조 및 제201조제4항에 따른 매수청구가 대량으로 발생하여 일시적으로 매수대금의 지급이 곤란한 때

② 제1항에 따라 집합투자기구의 계산으로 금전을 차입하는 경우 그 차입금의 총액은 차입 당시 집합투자기구 자산총액에서 부채총액을 뺀 가액의 100분의 10을 초과하여서는 아니 된다.

③ 제1항에 따른 금전차입의 방법, 차입금 상환 전 투자대상자산의 취득 제한 등에 관하여 필요한 사항은 대통령령으로 정한다.

④ 집합투자업자는 집합투자재산을 운용함에 있어서 집합투자재산 중 금전을 대여(대통령령으로 정하는 금융기관에 대한 30일 이내의 단기대출을 제외한다)하여서는 아니 된다.

⑤ 집합투자업자는 집합투자재산을 운용함에 있어서 집합투자재산으로 해당 집합투자기구 외의 자를 위하여 채무보증 또는 담보제공을 하여서는 아니 된다.

2) 해설

위탁회사는 투자신탁의 계산으로(즉 투자신탁에게 종국적으로 이익을 귀속시킬 목적으로) 금전을 차입할 수 없으며, 신탁재산으로 투자신탁 외의 자를 위하여 채무보증이나 담보제공을 할 수 없게 되어 있다. 즉 자본시장법 제83조에 의하면 위탁회사는 신탁재산 운용에 있어서 대량의 환매청구 발생과 같이 특별한 사정이 없는 한 외부로부터 차입할 수 없는 제약을 받는 것이다. 이는 너무도 당연한 이치이다. 왜냐하면 위탁회사는 자기의 명의와 투자신탁의 계산으로 신탁재산을 운용하는 권한만을 가지므로 그 권한을 벗어나 차입까지 해서는 안 된다. 그렇다면 수탁회사의 금전차입에 대해서는 어떻게 보아야 하는가? 이에 대해서는 자본시장법 제83조가 아무런 해답을 제공하지 않는다. 자본시장법이 신탁법의 특별법임을 감안할 때, 자본시장법에 명문의 규정이 없다면 일반법리를 좇아야 한다. 그런데 신탁법 제31조에 의하면 "수탁자는 … 신탁목적의 달성을 위하여 필요한 모든 행위를 할 권한"이 있다고 규정하므로, 수탁회사는 자신의 명의로 투자신탁에게 이익을 귀속시키기 위하여 제3자로부터 금전을 차입할 수 있다는 해석이 도출된다.[76]

76 한국증권법학회 편, 「개정판 자본시장법 [주석서I]」, 박영사, 2015, 453면은 "집합투자기구가 금전을 차입하였다가 집합투자재산의 가격 하락으로 채무상환 능력이 떨어질 경우 집합투자기구의 부실로 이어지고 이는 집합

따라서 서울중앙지방법원 2018. 2. 23.자 2017과104 결정에서 "이 사건 각 투자할 부동산을 물색·기획하고 투자구조를 설계하고 투자신탁에 대한 투자자를 모집하고 대주단으로부터 필요한 금액에 대한 대출작업을 진행하고, 확보된 자금을 바탕으로 투자의 방식과 형태, 자금운용 등을 결정하는 것은 이 사건 투자신탁재산의 운용자인 위반자라고 할 수 있다 … 미래에셋생명보험(주)가 이 사건 각 투자신탁재산에 대하여 실행한 대출거래는, "그 투자신탁을 운용하는 위반자"(저자 주: 위탁회사를 의미함)가 금전거래의 상대방에 해당한다고 할 것이고, 여기에서 신탁업자는 투자신탁재산의 보관, 관리 업무를 위탁받은 주체로서(자본시장법 제184조 제3항) 계약의 법률상 효과가 귀속되는 당사자인 것에 불과하다고 할 것이다. 그렇다면 이 사건 각 대출거래는 특수관계인인 미래에셋생명보험(주)를 상대방으로 하는 자금의 거래행위에 해당한다고 할 것이다"는 판단은 매우 잘못되었다. 신탁법상 투자신탁의 계산으로 금전을 차입할 수 있는 행위의 주체는 수탁회사일 뿐 위탁회사가 아니라는 점을 다시 한 번 강조하고자 한다.

2. 투자신탁의 기본구조에 관한 자본시장법 자체의 혼돈: 이중신탁설의 잔재

(1) 총설

현행 자본시장법도 1998년법 개정 이후 근본적인 패러다임의 전환을 반영하여 신탁법리와 증권투자신탁법리에 충실하게 투자신탁의 중심적인 지위를 위탁회사와 수탁회사 간의 신탁관계로 보고 있다. 그런데 이들 조항 중에는 1998년 이

투자증권의 투자자 손실로 이어질 가능성이 매우 크기 때문에 제한된 것으로 이해된다"고 서술하며, 변제호 외, 293면은 "집합투자는 투자자로부터 모은 금전 등을 재산적 가치가 있는 투자대상자산에 운용하고 그 결과를 투자자에게 배분하여 귀속시키는 것을 의미하므로 원칙적으로 집합투자기구는 타인으로부터 금전을 차입할 수 없다"고 서술하는데, 법문만으로 과연 이렇게 단정할 수 있는지 의문이다. 왜냐하면 자본시장법 제83조 제1항의 법문이 "집합투자업자 이외의 자 명의로, 그리고 집합투자기구의 계산으로 금전을 차입"하는 경우에 대해 명문의 금지 규정을 두지 않았다고 보는 것이 오히려 문리해석의 원칙에 맞기 때문이다. 그리고 이러한 해석이 신탁법의 법리와도 조화를 이룰 수 있다. 참고로 미국 표준신탁법전 § 816(Specific Powers of Trustee) (5)에서는 "a trustee may … borrow money, with or without security"라고 규정하며, Restatement (Second) of Trusts § 191에서는 신탁계약으로 달리 정한다면 수탁자가 금전을 차입할 수 있다고 규정한다. 법무부, 전게서, 236면, 241면.

전 구법 시대의 잔재인 위탁회사 중심의 이중신탁설로부터 유래된 조항들이 일부 남아 있어서 실무계에 매우 큰 혼란을 야기하고 있다. 향후 이러한 조항들이 제대로 정비되지 않는다면 투자신탁의 실질적인 주체가 여전히 위탁회사라는 불필요한 오해를 야기하고 소모적인 논쟁이 발생할 것이다.

(2) 위탁회사의 신탁원본 전액 금전 납입의무

1) 조문

> **자본시장법 제188조(신탁계약의 체결 등)** ④ 집합투자업자는 제1항에 따라 투자신탁을 설정하는 경우(그 투자신탁을 추가로 설정하는 경우를 포함한다) 신탁업자에게 해당 신탁계약에서 정한 신탁원본 전액을 금전으로 납입하여야 한다.

2) 해설 및 비판

제188조 제4항은 위탁회사의 고유재산에 의한 신탁재산 출연을 전제로 하였던 매출식 투자신탁에 적합한 규정이지만, 1998년 법 개정 이후(특히 2004년 (구) 간접투자자산운용업법 시행 이후) 모집식 투자신탁으로 전면적인 전환이 이루어졌다는 점을 감안하면 현재 매우 부적절한 조항이다. 왜냐하면 모집식 투자신탁에서는 신탁계약으로 신탁원본 전액을 사전에 확정할 수 없기 때문이다. 이는 신탁원본 전액을 미리 설정한 후 위탁회사로 하여금 고유재산으로 미리 그 해당되는 금액을 납입하도록 하면서 전체 수익증권을 취득한 후 동 수익증권을 투자자에게 매각하였던 과거 1998년 이전의 매출식 투자신탁을 전제로 한 매우 구태의연한 규정이다.[77] 당시에는 위탁회사가 신탁원본 전액을 금전으로 납입함에 따라 신탁설정에 대한 주도적인 권한도 위탁회사에게 있었다. 그러나 모집식 투자신탁으로 전면 전환한 지금은 위탁회사가 고유재산에 의한 납입의무를 부담하지 않는다. 따라서 이 조항은 위탁회사로 하여금 수익증권의 판매/모집대금이 수탁회사에게 차질없이 납입되도록 주의를 촉구하는 의미 밖에 없다.[78]

77 박삼철·이중기, 전게논문, 563면.

78 한국증권법학회 편, 「개정판 자본시장법 [주석서II]」, 박영사, 2015, 47면은 제188조 제4항에 의할 경우 "투자신탁은 집합투자업자가 신탁업자와 신탁계약을 체결하는 것 이외에 신탁업자에게 신탁원본을 (전액) 납입한 때에 설정된다"고 하면서, 이 때에는 신탁원본을 전액 납입하기 이전까지 수익자들은 집합투자업자의 파산으로

(3) 수익증권의 발행과 투자신탁의 해지

1) 조문

> **제189조(투자신탁의 수익권 등)** ① 투자신탁을 설정한 집합투자업자는 투자신탁의 수익권을 균등하게 분할하여 수익증권을 발행한다.
> ③투자신탁을 설정한 집합투자업자는 신탁계약에서 정한 신탁원본 전액이 납입된 경우 신탁업자의 확인을 받아 「주식·사채 등의 전자등록에 관한 법률」에 따른 전자등록의 방법으로 투자신탁의 수익권을 발행하여야 한다.
> ⑥ 투자신탁을 설정한 집합투자업자는 수익자명부의 작성에 관한 업무를 예탁결제원에 위탁하여야 한다.
> **제192조(투자신탁의 해지)** ① 투자신탁을 설정한 집합투자업자는 금융위원회의 승인을 받아 투자신탁을 해지할 수 있다. 다만, 수익자의 이익을 해할 우려가 없는 경우로서 대통령령으로 정하는 경우에는 금융위원회의 승인을 받지 아니하고 투자신탁을 해지할 수 있으며, 이 경우 집합투자업자는 그 해지사실을 지체 없이 금융위원회에 보고하여야 한다.

2) 해설 및 비판

제189조와 제192조의 관련 조항은 수익자명부의 작성과 투자신탁의 해지를 위탁회사의 고유 권한인 듯이 규정함으로써, 위탁회사를 마치 증권투자신탁의 수탁자라고 오해할 수 있는 단초를 제공한다. 이러한 조항들도 역시 1998년 이전 구법의 잔재로서 위탁회사 중심의 사고에서 비롯된 것이다. 현재 업무처리상 판매회사를 통하여 판매된 수익증권의 납입금액이 수탁회사로 집중되므로 수익증권의 발행 업무를 원활하게 하면서 수익자명부의 작성을 주도할 수 있는 최고의 적격자는 판매회사이고 그 다음의 적격자는 수탁회사이다. 이러한 업무처리의 절차와 실질을 도외시하고 이 모든 사무가 마치 위탁회사의 소관인 듯이 규정한 현행법은 잘못 되었다.[79] 더욱이 신탁재산의 취득과 처분권자가 수탁회사임을 감안할 때 투자신탁을 법률적으로 해지할 수 있는 자는 수탁회사이어야 한다. 그럼에도 불구하고 자본시장법 제189조와 제192조가 수익증권의 발행과 투자신탁의 해지를 마치 위탁회사의 고유권한인 것처럼 규정함으로써 증권

부터 보호받지 못한다는 또 다른 문제점을 지적하고 있다.

79 박삼철·이중기, 전게논문, 563면.

투자신탁의 법률관계에 대해 많은 오해를 유발하고 있다. 따라서 이들 조항 역시 조속한 시일 내에 정비되어야 한다.

(4) 신탁재산의 보관·관리업무 위탁

1) 조문

자본시장법 제184조(집합투자기구의 업무수행 등) ③ 투자신탁이나 투자익명조합의 집합투자업자 또는 투자회사등은 집합투자재산의 보관·관리업무를 신탁업자에게 위탁하여야 한다.

제247조(운용행위감시 등) ① 집합투자재산(투자회사재산을 제외한다)을 보관·관리하는 신탁업자는 …

2) 해설 및 비판

자본시장법 제184조 제3항과 제247조의 전단은 증권투자신탁의 법률관계를 규명함에 있어서 가장 문제가 되는 내용을 규정하고 있다. 동 조항들은 1998년 이전 법률의 내용들을 그대로 옮긴 심각한 오류를 범하고 있으며 신탁법리에도 정면으로 위반된다. 1998년 이전에는 고유재산으로 신탁을 설정하고 환매의무를 지게 되는 위탁회사가 투자신탁관계의 중심에 서므로, 신탁재산의 실질적인 처분권한도 보유하고 있다고 간주되었다. 그렇다 보니 신탁재산의 보관·관리업무만을 떼어내서 신탁업자에게 위탁하는 규정이 마련된 것이다. 그러나 지금은 패러다임의 전면적인 전환이 일어나 신탁법리에 충실하게 신탁재산을 보유한 수탁회사가 증권투자신탁의 중심에 서고 전면적인 처분/관리 권한을 행사할 수 있게 되었다. 신탁법 제42조에 의하면 수탁자는 신탁행위로 신탁사무 중 일부 사무를 제3자에게 위임할 수 있게 되어 있는데, 자본시장법은 신탁계약이 아닌 법문 자체, 즉 제80조 제1항에서 자산운용의 권한을 위탁회사에게 배분하도록 명시적으로 규정한 것이다. 이렇게 증권투자신탁의 역사와 제·개정 취지 및 상호 유기적인 해석 등을 불가능하도록 만드는 일부 조항, 그 중에서도 특히 자본시장법 제184조 제3항과 제247조 전단 등이 존재하기 때문에, 지금도 여전히 구태의연한 단순신탁설과 이중신탁설이 그 명맥을 유지하고 있다.[80] 단순신탁설과 이중신탁설은 수탁회사가 단순히 신탁재산을 보관·관리하는 자라는 전제에 입각하므로, 위탁회사가 여전히 투자신탁의 중심적인 지위에 있다는 잘못된 판단을 하고 있다. 1998년 법 개정 이후 위탁회사의 지위는 제한적으로 신탁재산을 운용하는 자로 변질되었음을 다시 한 번 강조하고자 한다.[81] 따라서 지금은 신탁재산의 처분, 관리권자가 수탁회사임을 명시적으로 선언하는 형식으로 법문이 즉각 개정되어야 한다.[82]

V. 비교할 만한 입법례

1. 일본

일본에서는 증권투자신탁을 운용형 상사신탁의 대표적인 것으로 보고 있는데, 신탁은행이 신탁업무로서 수탁하는 증권투자신탁은 위탁자 지시형 투자신탁에 해당한다. 이러한 투자신탁을 규율하기 위해 신탁법의 특별법으로서 '투자신탁 및 투자법인에 관한 법률'을 제정하였다.[83] 즉 신탁법을 일반법으로 하고 '투

80 김건식·정순섭, 「제3판 자본시장법」, 두성사, 2013, 879면. 물론 이중신탁설을 따르는 김건식·정순섭 교수도 자본시장법이 수탁회사에게 위탁회사의 운용지시에 대한 감시를 맡기었으므로 이제 수탁회사는 신탁재산을 단순히 "보관·관리·계산"하는 지위(수동수탁자)에만 있는 것이 아니라 "관리·처분"하는 지위(능동수탁자)에 있다는 점을 주목하고 있다. 상게서, 880면. 즉 김건식·정순섭 교수도 감시권한을 부여받음으로써 수탁회사가 처분권자의 지위를 획득하게 된 점을 인정한 것이다. 이러한 점을 고려하면, **최소한, 그리고 형식적·대외적으로 법률행위의 주체가 수탁회사라는 점에 대해서는 국내의 어떤 학설도 이견을 보이지 않는다**고 분석된다.

81 한국증권법학회 편, 「개정판 자본시장법 [주석서II]」, 박영사, 2015, 17면은 "집합투자기구의 신탁업자는 집합투자업자의 운용업무 등에 대하여 감시자로서 의무를 부여받고 있기 때문에 운용과 보관·관리 업무의 분리는 반드시 필수적"이라고 서술하는데, 이 내용은 정확하게 기술된 것이 아니다. 왜냐하면 운용, 보관·관리업무의 주체가 원래 위탁회사에게 귀속되어야 하는지 수탁회사에게 귀속되어야 하는 지를 우선 명확히 해야 함에도 불구하고, 그러한 선행 작업이 전혀 없었기 때문이다. 현재의 법문은 이 모든 것이 위탁회사의 전권이라는 전제하에 보관·관리업무 만을 수탁회사에게 위탁하는 듯이 규정한다. 그러나 이것은 1998년 이전의 법제에서나 통용되었던 논리이다. 그 이후의 개정 법률과 신탁법의 본지를 따른다면 운용, 보관·관리업무의 주체는 수탁회사이므로 그 논리는 바뀌어야 한다. 즉 신탁에서의 전권을 발휘하는 수탁회사가 운용만을 제한적으로 위탁회사에게 위탁(또는 위임)하면서, 수익자의 최선의 이익을 위해 수탁회사는 위탁회사의 운용업무를 감시하는 구조로 전환된 것이다.

82 동지: 박삼철·이중기, 전게논문, 542면, 559면.

83 투자신탁 및 투자법인에 관한 법률 제2조 1항 1호는 "이 법률에서 '위탁자 지시형 투자신탁'이란 신탁재산을 위탁자의 지시(정령에서 정하는 자의 지시에 관한 권한의 전부 또는 일부를 위탁하는 경우에 해당 정령에서 정하는 자의 지시를 포함)에 따라 주로 유가증권, 부동산 기타 자산으로 투자를 용이하게 할 필요가 있는 것으로서 정령에서 정하는 것(이하, '특정자산'이라 한다)에 대한 투자로서 운용하는 것을 목적으로 하는 신탁으로서, 이

자신탁 및 투자법인에 관한 법률'을 개별 신탁법으로 하는 신탁법 체계를 마련한 것이다. 증권투자신탁의 수탁자에 대한 사무처리에 있어서도 일반법인 신탁법이 적용되므로 '투자신탁 및 투자법인에 관한 법률'에서는 투자신탁의 구조, 약관의 기재사항, 주식에 관한 운용지시의 제한, 수익자의 권리, 운용보고서 등 필요한 최소한의 사항만을 규정한다.[84] 계약형 투자신탁의 최대 특징은 위탁회사가 운용을 하는 구조로서 전체 구조의 주역이 된다. 위탁회사는 투자자로부터 모집한 금전으로써 신탁을 설정하고 설정한 신탁재산의 운용에 대해서 수탁회사에 운용을 지시한다. 수탁회사는 위탁자와 체결한 신탁계약(신탁약관)에 따라 운용자산의 관리 및 보관을 한다. 위탁자는 운용에 대해서 수익자에 대해 책임을 진다. 그리고 수탁회사의 역할은 신탁계약의 체결, 신탁재산의 관리와 보관, 신탁재산의 계산, 수익권의 인증 등이다. 수탁회사는 위탁회사에게 운용지시의 수행에 대해서, 수익자에게 신탁재산의 보관 및 관리에 대해서 책임을 진다.[85] 이렇게 소극적인 기능을 수행하는 수탁회사가 위탁회사를 적극적으로 감시한다는 것은 법률상으로 불가능하며 실무적으로도 있을 수 없는 일이다. 즉 일본에서는 수탁회사의 위탁회사에 대한 감시의무과 같이 신탁법리와 모순되는 조문은 존재하지 않는다. 결국 일본은 투자신탁을 단지 신탁의 일종으로만 보고 있으며, 위탁회사를 중심으로 하는 신탁관계가 투자신탁관계의 핵심이라고 파악한다.[86] 그리고 이러한 일본의 입법례가 우리나라에서는 1998년 이전

법률에 따라 설정되고 그 수익권을 분할하여 복수(複數)의 자에게 취득시키는 것을 목적으로 하는 것을 말한다"고 규정한다. 동법 제3조는 "위탁자 지시형 투자신탁계약은 하나의 금융상품거래업자를 위탁자로 하고 하나의 신탁회사 등을 수탁자로 하는 것"이라고 한다.

84 1951년에 '증권투자신탁법'으로 제정되었고, 그 후 수차례에 걸쳐 개정되었으며 1998년에 '증권투자신탁 및 증권투자법인에 관한 법률'로 바뀐 것이다. 투자자로부터 자금을 모아, 투자자 이외의 자가 그 자금을 결합하여 특정 자산에 대한 투자로서 운용하고, 그 성과를 투자자에게 분배하는 제도를 규정한 법률이다. 동법은 그 방법으로서 ① 투자자가 출자한 재산을 신탁재산으로 하여, 신탁계약에 의해 투자운용하고 그 이익을 수익자에게 분배하는 형태(투자신탁제도)와 ② 투자자가 특정 자산에 대한 투자운용을 목적으로 한 사단을 설립하고, 그 이익을 분배하는 형태(투자법인제도)의 두 가지를 규정하고 있다. 2007년 9월에 시행된 금융상품거래법이 투자신탁회사와 부동산투자법인 등 자산운용회사의 행위규제를 포함하게 되면서(제42조와 제42조의2의 투자대상, 운용지시의 제한, 권리자에 대한 충실의무, 선관의무, 금지행위로서의 이해상충행위, 운용재산 상호간 거래 등의 금지 등), 현재의 '투자신탁 및 투자법인에 관한 법률'에서는 투자신탁과 투자법인을 만드는 경우의 구조 내지 형태에 대해서만 규정하고 있다. 日本 投資信託協會 用語集, http://www.toushin.or.jp에서 검색, 검색일: 2018. 7. 25.

85 早坂文高, "預金型·運用型信託", 東京大学信託法講義 第7回, 2008.11.25., 6頁.

86 박삼철·이중기, 전게논문, 546면.

(구)증권투자신탁법에 그대로 투영되었던 것이다.[87]

2. 영국

우리나라는 2007년 자본시장법 제정 당시에 영국의 투자신탁법제를 상당히 참조하였다. 영국의 금융서비스시장법(Financial Services and Markets Act)이 개방형 펀드인 CIS(collective investment scheme)를 규제하는데, CIS 중 신탁형 개방형 펀드를 UTS(unit trust scheme)라고 한다. UTS는 위탁회사와 수탁회사가 재산보유도구로서 신탁이라는 수단을 채택하여 미리 마련한 투자계획에 투자자가 참여하는 조직계약으로 분석된다. 이는 앞에서 설명한 조직계약설과 궤를 같이 하는 것이다. UTS에서 위탁회사(manager)는 타인의 자금을 대신 운용하는 지위에 있으므로 성질상 신인의무를 부담한다고 간주되며, 자산운용을 주도하고 수탁회사에 운용을 지시하며, 펀드에 편입된 자산의 평가 및 units의 판매와 환매, 펀드의 회계서류와 정기보고서 작성 및 펀드의 마케팅을 담당한다.[88] 수탁회사(trustee)는 투자자를 대신해서 위탁회사를 감시할 법정의무가 있는데 이는 투자자보호 기능의 일환으로 행해지는 것이다. 펀드자산의 안전한 보관과 대외적 법률행위의 주체인 수탁회사는 수익자명부를 작성하여 유지하여야 할 책임을 부담한다. 또한 수탁회사는 수익증권의 발행 및 소각을 담당하고 신탁증서에 따른 투자목적의 준수여부를 감시하여 위반 시 위탁회사의 운용 결정을 거부할 수도 있다.[89] 우리나라에서 2000년 개정된 (구)증권투자신탁업법과 이후의 (구)간접투자자산운용업법 및 현행 자본시장법은 영국의 UTS 법제를 참조하여 수탁회사의 위탁회사 자산 운용 감시권한을 보다 강화함으로써, 처분/관리 및 운용의 권한을 분리시키면서 수탁회사에게 보다 투자신

87 김건식·정순섭, 전게서, 879-880면은 수탁회사의 적극적인 감시 권한을 허용하지 않는 일본 법제 및 학설을 인용하면서 우리나라의 증권투자신탁관계를 일본과 마찬가지로 이중신탁설로 설명할 수 있고 그 중심적인 지위에 위탁회사가 존재한다고 주장한다. 그러나 우리나라의 투자신탁법제가 일본법에서 완전히 결별하였음을 감안하면, 지금 시점에서는 이러한 주장의 설득력이 떨어진다.

88 박삼철·이중기, 전게논문, 551-552면.

89 "Trustees are assigned to ensure that the fund manager runs the trust following the fund's investment goals and objectives. It is also the trustees' job to safeguard the assets of the trust." https://www.investopedia.com/terms/u/unittrust.asp에서 검색(검색일: 2018. 7. 1.)

탁관계에서 주도권을 부여하는 방식을 채택하였다. 1998년 이후 우리나라에서의 일련의 입법은 증권투자신탁에 있어서 영국의 UTS를 모델로 하여 한편으로는 수탁회사의 감시 기능을 강화함으로써 증권투자신탁의 독자성을 선언하게 되었고, 다른 한편으로 일본의 신탁법리에 철저한 위탁회사 중심의 과거 체제(ancien regime)로부터 벗어나는 계기를 마련하였다고 평가된다.

Ⅵ. 판례 검토

1. 총설

1998년 구증권투자신탁업법의 개정에 의하여 투자신탁의 본질과 관련하여 패러다임의 전환이 이루어진 후 대법원도 위탁회사와 수탁회사 간의 법률관계가 신탁법상의 신탁으로서 그 신탁재산의 소유자는 수탁회사이며 신탁재산에 관한 대외적인 법률행위도 수탁회사를 통해서 하여야 한다고 판시하여 왔다.

2. 대법원 2002. 11. 22. 선고 2001다49241 판결

(1) 사실개요

위탁회사가 수익자에 대해 부담하는 환매대금 지급채무와 신탁재산에 속하는 채권을 상계할 수 있는지 여부가 쟁점으로 된 사안이다.

(2) 판결요지

증권투자신탁업법에 따른 투자신탁에 의하여 위탁회사가 투자자(수익자)들로부터 모은 자금 등을 신탁하여 수탁회사가 보관하고 있는 신탁재산은 신탁법 및 증권투자신탁업법의 법리에 의하여 대외적으로 수탁회사가 그 소유자가 되며, 따라서 신탁재산에 속한 채권을 자동채권으로 하는 상계권 역시 수탁회사가 행사하여야 하는 것이고, 이 경우 수동채권은 수탁회사가 부담하는 채무이어야 하되, 이와 같은 상계는 신탁법 및 증권투자신탁업법의 관계 규정에 의한 제한을 받는다고 할 것이다. 증권투자신탁업법의 관계 규정에 따라 위탁회사는 선량한 관리자로서 신탁재산을 관리, 운용할 책임이 있으나, 같은 법 제25조 제1항 단서에 의하여 의결권 외의 권리는 수탁회사를 통하여 이를 행사하도록 되어 있으므로, 상계권에 관해서도 위탁회사가 수탁회사에게 지시하여 수탁회사로 하여금 일정한 내용으로 상계권을 행사하게 할 수는 있을 것이나, 스스로 신탁재산에 속한 채권에 관하여 상계권을 행사할 수는 없다.[90]

(3) 검토

대상 판결은 수탁회사가 신탁재산의 관리/처분권자로서 대외적인 법률행위의 주체가 된다는 점을 명확히 밝히고 있다. 이와 대조적으로 위탁회사는 선량한 관리자로서 신탁재산을 관리, 운용할 책임이 있다고 함으로써 위탁회사가 신탁상 수탁자의 지위를 갖는 것은 아니라는 점을 간접적으로 암시하고 있다. 증권투자신탁과 관련된 대외적 법률행위라면 가사 위탁회사의 지시를 받는다고 하더라도 수탁회사 명의로 수행되어야 한다는 점을 명확히 한 것이다.[91] 그리고 위탁회사가 자산 운용의 권한을 가지므로 투자대상 회사에 대한 신속하고 정확한 정보를 기초로 합리적인 의사 결정을 할 수 있다고 보아 의결권을 행사할 수 있도록 하는데, 현행 자본시장법 제87조 제1항도 "집합투자업자는 투자자의 이익을 보호하기 위하여 집합투자재산에 속하는 주식의 의결권을 충실하게 행사하여야 한다"고 규정함으로써 동일한 입장을 견지하고 있다.

3. 대법원 2003. 4. 8. 선고 2001다38593 판결

(1) 사실관계

신탁재산에 편입되는 미국 달러화의 환위험을 헤지하기 위하여 체결된 선물환거래의 주체와 이행책임자가 문제된 사안이다.

피고인 위탁회사 현투증권과 원고인 수탁회사는 1996. 11. 주로 러시아 국공채관련 해외금융상품에 투자·운용할 목적으로 판시와 같은 각 증권투자신탁계약을 체결한 사실, 한편 피고 현투증권은 위 투자에 의한 투자원리금이 상환

90 대법원 2002. 12. 26. 선고 2002다12727 판결도 동일한 내용의 판시를 하였다.

91 강희철·조상욱·차태진, 전게논문, 178면.

될 시점에서 미 달러화가 평가절하되는 등으로 인한 위험을 피하기 위하여, 원고 은행과 사이에 모두 5건의 선물환(선물환)계약을 체결하였는데, 각 선물환거래에 포괄적으로 적용될 선물환거래약정서의 은행란에 원고, 거래처란에 피고 현투증권이 각 표시되어 있었으며, 위 5건의 선물환계약 중 하나인 이 사건 선물환계약을 위한 거래성립확인서의 미화 매입자란에는 원고 은행 국제금융부, 미화 매도자란에는 피고 현투증권 및 원고 은행 증권투자부가 각 표시되어 있었던 사실, 한편 원고는 위의 선물환거래로 말미암아 부담하게 될 위험(이른바, 환리스크)을 피하기 위하여 위 선물환계약 직후 미국 체이스맨하탄은행과 사이에, 별도의 선물환거래약정(이른바, 커버계약인바, 계약체결일과 결제일은 이 사건 선물환계약과 동일하고 내용은 2년 후인 1998. 11. 13.에 원고가 위 미국 은행에 미화 2,300만 $를 매도하고 그 대가로 한화 202억 5,150만원을 지급받기로 한 것이어서 위 두 계약이 그대로 이행될 경우 원고는 약 3,450만원의 차익을 얻도록 되어 있었다.)을 체결해 둔 사실, 그 뒤 러시아국이 1998. 8. 17. 채무지급유예(모라토리엄)를 선언하여 피고 투신운용이 이 사건 선물환계약을 이행하기 어렵게 되자, 원고에 대하여 위 계약상의 의무이행을 거절한다는 의사표시를 한 사실, 이로 인하여 원고는 위 선물환계약에 따른 미화를 피고로부터 지급받지 못한 채 미국 체이스맨하탄은행에 대하여는 위 반대의 선물환거래약정(커버계약)에 의한 미화지급의무를 이행하여야 하게 됨으로써 손해를 입은 사실(위 선물환계약과 커버계약에서의 예정환율은 각각 1$당 879원과 880.5원 정도였는데 원고가 커버계약을 이행한 때의 환율은 1$당 1,316원 남짓으로 급등함으로써 거액의 환차손이 생겼다.)을 각 인정한 다음, 이 사건 선물환계약이 피고 측의 책임 있는 사유로 해제되었음을 이유로 그 손해배상을 구하는 원고의 청구가 정당하다고 판단하는 한편, 그와 같은 이행의무가 존재하지 않거나 존재하더라도 감액되어야 한다는 취지의 피고 측의 항쟁을 모두 배척하고, 원고가 청구하는바에 따라 원고가 위 선물환계약에 의하여 피고 측으로부터 지급받았어야 할 미화금액의, 결제약정일 당시의 환율에 의한 금액의 지급을 명하였다.

(2) 판결요지

대법원은 "증권투자신탁계약에 따른 신탁재산의 대외적 소유명의자는 수탁회사이고 위탁회사는 내부적인 의사결정자일 뿐 그에 따른 대외적 법률행위는 수탁회사를 통하여 하여야 하므로, 위탁회사 자신이 신탁재산에 관한 법률행위의 주체가 되거나 이행책임을 부담할 수 없다"는 원칙을 설시하면서, "원심이 적법하게 인정한 사실관계에 따르면, 피고들과 원고 은행 사이의 이 사건 선물환계약은 피고들의 명의로 신탁재산의 보전을 위하여 체결된 것일 뿐이어서 그 결과를 사후에 신탁재산에 편입하는 때에 비로소 신탁재산의 손익에 반영될 뿐이지 그 계약내용 자체가 당연히 신탁재산에 관한 것이라고는 할 수 없고, 나아가 원고가 신탁재산의 수탁회사의 지위를 겸하고 있었다는 사정 및 피고 측이 주장하는 이 사건 약관내용이나 증권투자신탁의 법리만으로는 피고들의 명의로 이루어진 이 사건 선물환계약이 자동적으로 신탁재산에 관한 계약이 되거나 또는 원고에 대한 피고들의 책임이 신탁재산에 의하여서만 담보되는 것으로 볼 수 없으므로, 결국 원심 판단에는 상고이유 제3점이 지적하는바와 같은 증권투자신탁재산에 관한 각 법리오해의 위법도 없다"고 하였다.

(3) 검토

대상 사건에서 피고인 위탁회사 명의로 선물환계약이 체결되었는데 이는 원래 대외적 소유명의자인 원고 수탁회사 명의(조흥은행 증권투자부)로 체결되었어야 할 신탁재산의 보전을 위한 것이었다.

혹자는 상행위의 대리는 본인을 위한 것임을 표시하지 않아도 본인에게 효력이 있는 비현명주의에 의한다는 점을 강조하면서, 피고 위탁회사의 행위는 수탁회사인 조흥은행 증권투자부를 위한 상사대리였으므로 수탁회사에 대하여 효력이 있고, 더욱이 조흥은행 국제금융부는 위탁회사의 행위가 수탁회사를 위한 것임을 알고 있었으므로 위탁회사에 대해 이행을 청구할 수 없도록 하는 것이 타당하다는 주장을 한바 있다.[92] 저자는 이러한 견해에 선뜻 동의하지 않는

92 이중기, 전게논문, 203면.

다. 왜냐하면 이 사안에 있어서 선물환거래의 형식적 당사자는 위탁회사로 명시되어 있었기 때문이다. 더욱이 어떤 경우에는 수탁회사를 반드시 통하지 않고 위탁회사 명의로 신탁재산을 처분하는 것이 훨씬 유용한 상황도 생각해볼 수 있다. 즉 원래 수탁회사 명의로 체결되어야 할 신탁재산에 관한 계약(대외적 법률행위)이라도 특수한 사정이 있는 경우에는 위탁회사 명의로 체결되는 것이 오히려 바람직할 수 있는 것이다. 예를 들어 위탁회사가 거래의 효율성과 경제성을 추구하기 위하여 신탁재산에 귀속될 거래 대상을 통합하여 거래를 한 후 각 신탁재산에 사후적으로 체결 내역을 배분하는 경우를 들 수 있다. 위탁회사는 하나의 신탁재산 만을 운용하는 것이 아니라 여러 개의 신탁재산을 동시에 운용하기도 한다. 신탁재산의 운용시 수개의 신탁재산에 편입될 하나의 투자물(예: 삼성전자 보통주)에 대한 매매를 할 때, 위탁회사는 모든 투자신탁을 위해 이러한 투자물에 대해 자기명의로 통합 주문을 하고 나중에 매매결과물을 각 투자신탁 별로 분배하는 것이 규모의 경제를 추구하면서 전체 투자신탁의 비용을 줄이고 효율성을 증대시킬 수 있는 방안이다. 물론 각 투자신탁 간 공평의 이념도 달성할 수 있게 된다.[93] 따라서 이러한 예외가 있음에도 불구하고 위탁회사 명의로 계약이 체결되면 항상 상사대리의 비현명주의에 의하여 수탁회사에게 법률효과가 귀속되며 상대방은 위탁회사를 상대로 이행청구를 할 수 없다고 주장하는 것은 무리가 있고 거래 관행에도 반한다. 이러한 주장은 계약당사자의 법리에도 맞지 않을 뿐만 아니라 투자신탁에 있어서 위탁회사가 예외적으로 신탁재산을 처분하도록 하는 것이 타당한 경우를 도외시한 것이다.[94]

현행 자본시장법 제80조에 의하면 위와 같이 논란이 발생할 여지는 더 이상 없게 되었다. 왜냐하면 위탁회사가 투자신탁재산의 효율적 운용을 위하여 불가피한 경우 수탁회사의 명의가 아닌 위탁회사 자신의 명의로 직접 자산의 취득,

93 자본시장법 제80조 제3항이 이러한 입장을 따른 것이다.

94 강희철·차태진·조상욱, 180-184면은 증권투자신탁의 이론(수탁회사가 원칙적으로 법률행위의 주체가 되어야 함)과 실무(실무계에서 수탁회사는 단순한 신탁재산의 보관자인 custodian에 불과하다고 봄)가 괴리되어 있었는데, 일련의 대법원 판결에 따라 이제 이러한 실무는 도전을 받게 되었다는 점을 강조하면서 실무관행이 바뀌어야 함을 촉구하고 있다. 그렇지만 대상 판결에서는 실제적인 결론이 이론보다는 실무에 부합하는 방향으로 도출된 것이라고 함으로써, 저자의 견해와 다소 상이한 분석을 하고 있다.

매각 등을 실행할 수 있도록 하였는데, 그 중의 하나가 이 사안에서 문제되었던 "투자위험을 회피하기 위한 장외파생상품의 매매"이기 때문이다.[95] 즉 현행법에 의하면 수탁회사를 통하지 않고 위탁회사가 직접 신탁재산의 처분에 대한 계약을 체결할 수 있는 예외사유를 명시적으로 열거하고 있고, 동 조항에 의할 때에는 비록 신탁재산의 처분이 위탁회사에 의하여 이루어졌더라도 계약의 당사자는 위탁회사이므로 위탁회사가 책임을 져야 하는 것이다.

4. 대법원 2007. 9. 6. 선고 2004다53197 판결

(1) 판결요지

증권투자신탁에서 위탁회사가 판매회사와 수익증권 판매위탁계약을 체결함으로써 수익증권의 판매업무를 직접 담당하지 않는 경우에도, 투자신탁의 설정자 및 운용자인 위탁회사는 수익증권의 판매에 직접적인 이해관계가 있는 당사자로서 투자신탁약관을 제정하여 미리 금융감독위원회의 승인을 얻은 후 그 약관에 따라 수탁회사와 함께 증권투자신탁계약을 체결함으로써 수탁회사와 공동으로 증권투자신탁을 설정하고, 투자신탁설명서를 작성하여 수익증권을 취득하고자 하는 자에게 제공하여야 하며, 투자신탁이 설정된 이후에는 신탁재산의 투자운용결정 및 지시를 하고, 구 증권투자신탁업법(2003. 10. 4. 법률 제6987호 간접투자자산운용업법 부칙 제2조로 폐지) 제17조 제1항에 따라 선량한 관리자로서 신탁재산을 관리할 책임을 지며 수익자의 이익을 보호하여야 하므로, 투자자에게 투자종목이나 대상 등에 관하여 올바른 정보를 제공함으로써 투자자가 그 정보를 바탕으로 합리적인 투자판단을 할 수 있도록 투자자를 배려하고 보호하여야 할 주의의무가 있다.

(2) 검토

우리나라에서 일부 학자는 위 판결을 이중신탁설에 기초하여 투자자와 위탁회

95 상게논문 183면에서 저자들은 이렇게 비정형적이고 대규모의 장외파생상품 거래에 있어서 편의성과 효율성을 아무리 앞세우더라도 수탁회사로 하여금 위탁회사의 운용행위 지시를 적절히 감독하도록 하는 것이 수익자 보호를 위해 더욱 중요한 의미가 있다고 한다.

사 간에 직접적인 신탁관계를 인정한 것으로 이해하고 있다.[96] 그러나 1998년법 개정 이후 투자자와 위탁회사의 관계를 중시하게 되면서 과거 위탁회사의 지위를 주도적으로 보았던 단순신탁설과 이중신탁설은 더 이상 설득력을 잃게 되었다. 그리고 위의 대상 판결에서 이중신탁설과 연결한 만한 어떠한 단서도 찾을 수 없다. 오히려 실질신탁설과 조직계약설의 입장에서 수탁회사가 투자신탁의 법률관계에서 중심에 서지만, 위탁회사도 신탁유사관계나 조직계약에 의하여 투자자에게 고도의 주의의무를 진다는 취지의 판결이라고 설명하는 것이 훨씬 간명하고 설득력을 갖게 된다. 또한 2001다49241 판결 이후 증권투자신탁관계의 핵심은 위탁회사와 수탁회사의 관계라는 점이 일관되게 설시되어 왔는데, 위 대상판결도 "투자신탁의 설정자 및 운용자인 위탁회사는 수익증권의 판매에 직접적인 이해관계가 있는 당사자로서 투자신탁약관을 제정하여 미리 금융감독위원회의 승인을 얻은 후 그 약관에 따라 수탁회사와 함께 증권투자신탁계약을 체결함으로써 수탁회사와 공동으로 증권투자신탁을 설정하고, 투자신탁설명서를 작성하여 수익증권을 취득하고자 하는 자에게 제공"한다고 함으로써 수탁회사의 역할을 보다 강조하고 있다.

Ⅶ. 결론

현행 자본시장법령과 판례 및 모델법(영국의 증권투자신탁법제) 등을 종합적으로 고찰하면, 수탁회사가 법률상의 처분권자이며 대외적인 법률행위의 주체가 된다. 이 점에 대해 국내의 어떤 학설도 이견이 없다. 다만 자본시장법은 특정 사안에 있어서 위탁회사가 직접 자신의 명의로 신탁재산에 대한 처분행위를 할 수 있는 예외적인 경우를 규정하고 있는바, 이 때에는 법률행위의 당사자가 위탁회사로 될 수 있다. 그렇지만 그러한 예외 사유를 제외하면 항상 수탁회사가 대외적인 법률행위의 주체가 된다는 점을 유념하여야 한다.

96 김건식·정순섭, 전게서, 879면.

물론 과거 증권투자신탁 관계에서 위탁회사가 모든 주도권을 발휘하던 시기가 있었다. 즉 1995년법에서는 위탁회사가 고유재산에 의한 투자신탁의 설정 및 환매의무를 부담하고 장부가 평가로 환매대금을 지급하여야 하므로, 전체 증권투자신탁 관계에서 매우 주도적인 역할을 수행하여야 할 지위에 있었다. 그렇다 보니 투자자(수익증권 소유자)와 위탁회사(또는 판매회사) 간의 법률관계가 증권투자신탁의 핵심적인 지위를 차지하였고, 그 중에서도 투자자에 대한 위탁회사(또는 판매회사)의 고유재산에 의한 환매의무가 증권투자신탁 법리의 주축을 이루었던 것이다. 당시 단순신탁설과 이중신탁설이 주류적인 학설로 등장하였다. 결과적으로 수탁회사를 단순한 신탁재산의 보관자에 불과한 것으로 보았다. 이러한 제도적 관행을 구축하는 데 결정적인 영향을 미친 입법례는 일본의 증권투자신탁법제였다.

그러나 1998년법 개정에 의하여 위탁회사가 증권투자신탁 관계에서 더 이상 실질적으로도 주도적인 역할을 수행하지 않게 되면서, 수탁회사와 위탁회사의 본연의 역할은 다시 원상으로 회복되었다. 이제 신탁재산을 이전받아 명실상부하게 신탁법상 수탁자의 지위에 서게 되는 수탁회사가 증권투자신탁의 중심적인 역할을 하게 되면서, 수탁회사는 수탁자로서 신탁재산에 대하여 전반적으로 관리, 처분권한을 갖게 되고 위탁회사는 신탁계약에 의하여 운용에 있어서만 제한적이고 전문가적인 역할을 수행하도록 그 역할이 변화되었다. 자연스럽게 실질신탁설과 조직계약설로 주류적인 학설도 바뀌게 된다. 1998년 법 개정부 이후 입법의 모델이 되었던 나라는 영국이다. 즉 2000년 개정된 (구)증권투자신탁업법과 이후의 (구)간접투자자산운용업법 및 현행 자본시장법은 영국의 법제를 참조하여 수탁회사의 위탁회사 자산 운용 감시권한을 보다 강화하였고 수탁회사에게 보다 투자신탁관계에서 주도권을 부여하는 방식을 채택하였다. 이로써 일본의 신탁법제를 모델로 한 위탁회사 중심의 과거 체제(ancien regime)로부터 벗어나는 계기를 마련한 것이다.

현행 자본시장법은 수탁회사가 신탁재산의 처분/관리권자의 지위를 갖고 위탁회사는 운용에 대한 제한적인 권한만을 갖는다는 점을 명확히 하고 있다. 즉 신탁법 제31조가 수탁자의 처분권한을 신탁행위로 제한할 수 있다고 하는 데 반하여, 자본시장법은 법령 자체적으로 수탁회사의 처분권과 위탁회사의 운용권을 분리하고 있다. 그리고 위탁회사와 수탁회사 간의 관계에 대한 가장 핵심적인 조항은 자본시장법 제80조와 제247조이다. 자본시장법 제80조는 수탁회사에게 위탁회사의 지시를 수동적으로 따르거나 수탁회사가 위탁회사 자신 명의의 예외적인 운용에 대해서는 전혀 개입할 수 없는 듯이 규정하지만, 이에 대해서는 제247조의 특칙이 있다. 즉 제247조는 수탁회사로 하여금 위탁회사의 운용에 대한 전면적인 감시권을 부여함으로써, 수탁회사의 적극적인 역할을 강조하고 있다. 이제 수탁회사는 자산운용에 있어서 더 이상 소극적인 방관자가 아닌 것이다. 제247조가 입안됨으로써 증권투자신탁의 법률관계, 그 중에서도 자산운용의 영역에서마저, 위탁회사가 더 이상 전단적이고 주도적인 지위를 행사할 수 없음이 명확해졌다.

한편 자본시장법 제80조 제1항의 위임을 받아 자본시장법시행령 제79조 제2항은 투자신탁재산의 효율적 운용을 위해 불가피한 일정한 거래 등에 대해서는 예외적으로 위탁회사가 자신의 명의로 직접 거래를 할 수 있는 예외를 명시하고 있다. 이 때에는 '규모의 경제'와 '경제 여건의 변화' 등을 고려하여 복수의 다양한 투자신탁을 운용하는 위탁회사가 직접 자신의 명의로 투자대상자산을 처분할 수 있으므로, 위탁회사가 법률행위의 전면적인 당사자로 등장할 수 있는 것이다. 그런데 이러한 예외 사유는 매우 제한적이다. 그 외의 대외적인 법률행위에 대해서는 반드시 수탁회사를 통하여 수탁회사 명의로만 체결할 수 있을 뿐이고 위탁회사는 법률행위의 당사자로 전면에 등장할 수 없다.

여기서 다루는 쟁점은 계열회사 간의 부당내부 거래 여부를 판단하는데 매우 중요한 단서가 될 수 있다. 예를 들어 투자신탁의 법률관계에서 위탁회사가 제3자와 계열회사 관계에 있는데, 위탁회사가 수탁회사를 배제하고 그 제3자로부터 직접 금전 차입의 주체로 나설 수 있는지가 중요 쟁점으로 부각할 수 있는 것이다. 이 쟁점에 대해 저자는 자본시장법상 위탁회사가 전면에 나설 수 없다는 점을 강조하고 싶다. 즉 자본시장법 제83조에 의하면 위탁회사는 투자신탁의 계산으로(즉 투자신탁에게 종국적으로 이익을 귀속시킬 목적으로) 금전을 차입할 수 없으며, 신탁재산으로 투자신탁 외의 자를 위하여 채무보증이나 담보제공을 할 수 없게 되어 있다. 이는 위탁회사가 수탁회사로부터 위임(또는 위탁)받은 권한의 범위를 일탈한 것이기 때문이다. 오히려 신탁법 제31조에 의하면 "수탁자는 … 신탁목적의 달성을 위하여 필요한 모든 행위를 할 권한"이 있으므로, 수탁회사 만이 자신의 명의로 투자신탁에게 이익을 귀속시키기 위하여 제3자로부터 금전을 차입할 수 있다. 물론 신탁약정으로 명확하게 금지한다면 수탁회사도 금전을 차입할 수 없게 될 것이다. 결국 증권투자신탁 관계에 있어서 외부로부터 차입의 주체가 될 수 있는 자는 수탁회사로만 한정되므로, 예를 들어 행정당국이 차입의 주체를 위탁회사로 보고 위탁회사와 대여자 간에 계열회사 관계가 있으므로 적법한 절차를 거치지 않은 불공정거래에 해당한다고 보아 제재를 부과할 수는 없는 것이다.

현행 자본시장법상 지금도 구법의 잔재가 남아 있어서 실무적으로 오해를 불러일으킬 만한 조항이 일부 있다. 가장 대표적인 것은 자본시장법 제184조 제3항의 "투자신탁이나 투자익명조합의 집합투자업자 또는 투자회사등은 집합투자재산의 보관·관리업무를 신탁업자에게 위탁하여야 한다"는 조항이다. 이 조문은 1998년 이전 법 체제에서의 내용들을 그대로 옮긴 심각한 오류를 범하고 있으며 신탁법리에도 정면으로 위반된다. 1998년 이전에는 고유재산으로 신탁을 설정하고 환매의무를 지게 되는 위탁회사가 투자신탁관계의 중심에 서므로, 신탁재산의 실질적인 처분권한도 보유하고 있다고 간주되었다. 그렇다 보니 신탁재산의 보관·관리 업무만을 떼어내서 신탁업자에게 위탁하는 규정이 마련되었던 것이다. 그러나 지금은 패러다임의 전면적인 전환이 이루어졌다. 1998년 법 개정 이후 위탁회사의 지위는 제한적으로 신탁재산을 운용하는 자로 변질되었다. 따라서 지금은 신탁재산의 처분, 관리권자가 수탁회사임을 명시적으로 선언하는 형식으로 법문이 즉각 개정되어야 한다.

한편 1998년 (구)증권투자신탁업법의 개정에 의하여 투자신탁 법제가 근본적으로 변화된 후, 대법원은 일관되게 위탁회사와 수탁회사 간의 법률관계가 신탁법상의 신탁으로서 그 신탁재산의 소유자는 수탁회사이며 신탁재산에 관한 대외적인 법률행위도 수탁회사를 통해서 하여야 한다고 판시하여 왔음을 다시 한 번 강조하고 싶다.

제5절 수익증권 판매회사의 지위 및 환매연기의 요건[97] – 대법원 2010. 10. 14. 선고 2008다13043 판결

[사건의 개요]

1. 투자신탁의 설정 및 원고의 수익증권 매입

이 사건에서 위탁회사는 서울투자신탁운용 주식회사(이하 '서울투신'), 수탁회사는 서울은행이었다. 이들은 1998.10.22에 공사채형 증권투자신탁 '스페셜중기에스20호'신탁(이하 '이 사건 증권투자신탁')을 설정하였다. 피고(판매회사)는 1998.8.경 위탁회사인 서울투신과 '수익증권위탁판매계약'을 체결하고 이 사건 증권투자신탁의 수익증권(이하 '이 사건 수익증권')을 판매해 왔었다. 그리고 피고는 1999.6.2.경 원고에게 이 사건 수익증권 9,294,889,670좌를 100억 원에 판매하였다. 이 사건 증권투자신탁의 재산에는 대우그룹 계열회사들이 발행한 채권들이 포함되어 있었다.

2. 신탁재산에 편입된 대우그룹 계열회사 발행채권에 대한 환매연기

대우그룹의 채권단이 1999.7.19. 대우그룹에 구조조정방침을 발표하자, 대우그룹 계열회사들이 발행한 채권이 신탁재산에 편입된 증권투자신탁의 수익증권 환매가 급증하는 등 금융시장이 불안해졌다. 이에 서울투신을 비롯하여 대우그룹 계열회사 발행 무모증·무담보 채권 및 무담보 기업어음 부분(이하 '대우채', 대우채를 제외한 나머지 신탁재산을 '비대우채'라 한다)을 신탁재산으로 편입시킨 국내의 투자신탁운용회사들과 투자신탁회사들이 1999.8.12. 금융감독위원회(이하 '금감위')에 다음과 같은 내용으로 신탁재산 중 대우채 부분

97 김용재, "수익증권 판매회사의 지위 및 환매연기의 요건: 대법원 2010. 10. 14. 선고 2008다13043 판결," 「전남대학교 법학논총」 제32집 제1호, 2012. 4, 277-308면을 토대로 일부 수정한 것이다. 대상판결을 지지하는 입장으로서 하상혁, "수익증권 환매연기의 요건 — 대상판결: 대법원 2010. 10. 14. 선고 2008다13043 판결," BFL 제45호, 2011. 1., 67-83면 참조.

에 대한 환매연기승인을 신청하였고, 같은 날 금감위가 이를 승인하였다(이하 "1999.8.12. 환매연기조치")

가. 환매연기대상: 1999. 8. 12. 24:00 현재 각 증권투자신탁의 신탁재산 중 대우채 부분

나. 환매연기사유: 구조조정 중인 대우그룹 계열회사 발행채권·기업어음에 대한 적정평가 곤란 및 대량 환매사태에 따른 금융시스템 마비 우려.

다. 환매연기기간: 1999. 8. 13 부터 2000. 7. 1. 이후 시가평가가 가능한 시점까지

라. 환매연기기간 이후의 환매대책: 환매연기 부분에 대한 시가평가결과에 따라 환매대금 지급

3. 원고의 이 사건 수익증권 환매청구

원고는 1999. 12. 29. 피고에게 이 사건 수익증권의 환매를 청구하였다. 그러자 피고는 비대우채 부분에 대한 환매대금의 일부로 비대우채 6,128,120,760좌(전체의 약 65.93%를 차지) 중 1999.12.29.에는 1,073,261,818원을, 2002. 2. 11.에는 3,390,427,451원을 각각 지급하였다.

4. 펀드의 분리 및 상각

투자신탁협회는 1999. 12. 22경에 '금융기관 등' 수익자가 원하는 경우 수익자별로 펀드를 분리할 수 있도록 하는 내용의 '펀드분리 업무처리지침'을 마련하였는데, 이에 서울투신은 2000.1.10 업무지침에 따라 펀드분리를 신청하였고, 그 결과 원고 1인을 수익자로 하는 'G스페셜중기20호'라는 단독펀드가 설정되었다. 서울투신은 비대우채의 나머지 부분 중 대우캐피탈 주식회사(1999. 8. 26. 워크아웃이 개시되었다. 이하 '대우캐피탈')에 대한 콜론(call loan)채권(이하 '대우캐피탈 콜론채권')의 가격을 2000.5.6. 장부가의 40%로 평가하여 60%를 상각하였고 주식회사 신한(1999. 9. 7. 부도가 발생하였다. 이하 '신한') 발행의 51회 무보증채권(이하 '신한 무보증채권')의 가격을 2000. 6. 22. 장부가의 21%로 평가하여 79%를 상각하였다.

[사건의 경과]

1. 당사자들의 주장

가. 원고의 주장

이 사건 당시 수익증권의 환매에 법령 및 약관의 규정에 의한다면 수익자의 환매청구 시에 그 당일에 환매청구일의 기준가격으로 환매대금을 수익자에게 지급하도록 되어 있으므로, 당시 기준가격 1,000좌당 금 1,102.49원을 적용한다면 1999. 12. 29 기준가격인 9,606,395,718 에서 임시로 지급한 환매대금 5,795,276,994원(=1,073,261,818원+3,390,427,451원+1,331,587,725원)을 뺀 나머지 3,811,118,724원 및 이에 대한 지연손해금을 지급할 의무가 있다.

나. 피고의 주장

판매회사인 피고는 위탁회사로부터 투자신탁을 일부 해지하여 조성한 환매대금을 교부받아 이를 수익자에 지급하는 창구의 기능을 할 뿐이지, 고유재산에 의한 직접적인 환매대금 지급의무를 부담하지는 않는다. 대우채 부분에 대해서는 환매연기사유가 해소된 2000. 7. 24 당시의 가격에 따라 산정된 환매대금 1,331,587,725원을 지급하였기에 원고에게 지급해야 할 환매대금이 없다. 비대우채 부분에 대해서는 1999. 12. 29 당시 환매청구를 하였더라도 2000. 1. 10. 새로이 단독펀드를 설정함으로써 비대우채 부분을 편입하는 것에 승인했는데, 이는 1999. 12. 29자 환매청구에 따른 권리를 포기했다고 볼 것이므로, 1999. 12. 29. 비대우채 부분에 대해서도 환매청구에 응할 수 없다. 단지, 상각이 완료된 2000.6.23자 기준가격에 따른 환매대금만을 지급할 의무가 있을 뿐이다.

2. 원심의 판단

피고는 자신의 책임으로 수익증권 판매업무를 수행하는 독립된 당사자로서 수익자의 청구에 대해 자신의 고유재산으로 수익증권의 환매대금을 지급해야 할 의무가 있다.

환매연기제도는 기본적으로 환매의무자의 이익을 보호하기 위한 제도로 환매의무자가 환매를 연기하는 경우 필연적으로 그 반대당사자인 수익자의 이해관계와 정면으로 충돌할 수밖에 없는데, 이에 금감위의 승인 등을 포함한 각종 환매연기조치가 필요하다. 대우채 부분에 대해서는 1999. 8. 12. 환매연기조치에 따라 환매연기가 이루어졌고, 이후 2000. 7. 24. 당사의 가격에 따라 산정한 환매대금 1,331,587,725원을 모두 지급하였기에 청구이유가 없다. 비대우채는 적절한 환매연기조치가 이루어지지 않았다. 환매연기가 이루어지기 위해서는 환매청구에 응하지 않고 있는 것만으로는 부족하고 객관적이고 일률적인 환매연기의 의사를 외부에 표출하고 아울러 금감위의 승인을 받아야 할 필요가 있었다. 그러므로 비대우채 부분에 대해서는 피고가 환매청구일인 1999. 12. 29의 가격에 따라 산정한 환매대금 6,756,191,856원 및 이에 대한 지연손해금을 지급해야 하는데, 이중 4,463,689,269원(=1,073,261,818원+3,390,427,451원)은 이미 지급하였으므로 이를 지연손해금,원금순으로 변제충당하고 남은 2,319,593,815원 및 이에 대한 지연손해금을 지급할 의무가 있다.

3. 피고의 상고요지

가. 상고이유 제1점: 구 투신업법 제7조 및 제30조의 위헌성에 관한 법리오해

판매회사가 고유재산으로 수익증권의 환매대금을 지급하도록 하는 구 투신업법 제7조 및 제30조는 헌법에 위반된다.

나. 상고이유 제2점: 환매연기의 요건 및 금감위 승인의 성격 등에 관한 법리 오해

환매연기란 개별 수익자의 환매청구에 대하여 판매회사가 승낙을 유보하는 행위일 뿐 판매회사가 반드시 특정 시점을 정하여 수익자 전체를 대상으로 객관적이고 일률적으로 환매를 연기한다는 의사를 외부에 표시하여야 하는 것은 아니다. 또한, 투신업법 제7조 제4항이 환매연기를 함에 금감위의 승인을 거치도록 한 것은 환매연기의 남용을 막기 위한 감독적 차원의 확인적 승인으로 보아야 한다. 원심이 환매연기조치를 취하거나 금감위의 승인을 받은바 없다는 이유로 비대우채 부분이 환매연기되었다는 피고의 주장을 배척한 것은 환매연기의 요건 및 금감위 승인의 성격 등에 관한 법리를 오해한 것이다.

[대상판결의 요지]

1. 상고이유 제1점에 대한 판단

구 투신업법 제7조 및 제30조는 헌법에 위배되지 않는다.

2. 상고이유 제2점에 대한 판단

환매연기제도는 천재·지변, 유가증권시장의 폐쇄·정지 또는 휴장 기타 부득이한 사유로 인하여 증권투자신탁에 편입되어 있는 유가증권의 정당한 가치를 평가할 수 없게 되어 증권투자신탁 수익증권의 정당한 기준가격을 산정할 수 없는 등의 특별한 사정(이하 '환매연기사유')이 있는 경우에 판매회사로 하여금 그 사유가 해소될 때까지 환매를 연기하여 그 사유가 해소된 시점에서의 정당한 가치를 기준으로 환매할 수 있도록 함으로써 증권투자신탁의 본질인 실적배당의 원칙 및 수익자평등의 원칙을 구현하고자 하는 것이므로 환매연기사유가 존재하면 판매회사가 모든 수익자에 대해 일률적으로 환매연기를 한다는 것을 공시 또는 공표하는 등의 적극적인 환매연기조치를 취하지 않더라도 개별 수익자의 환매청구에 응하지 않는 것만으로 환매연기가 이루어진다. 환매연기는 환매청구를 한 개별 수익자와 판매회사 사이의 사법적 법률관계로서 그것이 적법·유효한지 여부는 환매연기사유의 존재 여부에 따라 결정되는 것이지 금융감독위원회의 승인여부에 따라 결정된다고 할 수 없으므로 금융감독위원회의 승인을 받지 않았다는 사정만으로 환매연기가 부적법하다거나 그 효력이 발생하지 않는다고 할 수 없다. 그럼에도 원심은 비대우채 부분에 관하여 환매연기가 이루어졌다는 피고의 주장에 대하여 환매연기사유가 존재하는지 여부를 심리하지 아니한 채 피고가 객관적이고 일률적인 환매연기의 의사를 외부에 표출하였음을 인정할 증거가 없고 금융감독위원회의 승인이 이루어지지도 않았다는 이유만으로 이를 배척하였는바, 이러한 원심의 조치에는 환매연기의 요건 및 금감위의 환매연기승인의 성격 등에 관한 법리를 오해한 위법이 있다.

[평석]

Ⅰ. 수익증권 판매회사의 법적 지위에 관한 검토

1. 문제의 제기

종래부터 증권투자신탁에 있어서 판매회사가 위탁회사와는 별개의 독립된 당사자로서 환매의무를 지는지에 대해 많은 격론이 있어 왔다. 1998년 9월 증권투자신탁업법(1998년법)의 개정 이전과 이후로 나누어볼 때, 개정 이전의 법률(1995년법)에서는 마치 판매회사가 증권투자신탁의 독립된 당사자가 될 수 있는 듯한 태도를 취해왔고 수익증권약관 역시 독립당사자성을 인정하여 판매회사의 환매의무를 인정하고 있었다. 우리나라의 다수설은 신탁재산의 운용에 관여하지 못하는 판매회사를 독립당사자로 인정할 경우 결국 판매회사의 고유재산에 의한 환매의무를 인정하는 셈이 되는데, 이는 증권투자신탁의 본질, 즉 수익자평등의 원칙과 실적배당의 원칙에 위배된다는 주장을 하여 왔다. 더욱이 1998년법의 개정 전후를 구분하여 판매회사의 지위를 달리 보는 것은 거의 희극에 가깝다는 견해도 있었다. 그러나 판례는 구체적인 타당성의 견지에서 시점을 달리하여 판매회사의 지위를 달리보아 왔다. 심지어 일부 하급심은 1998년법 개정 이후에도 판매회사의 지위를 독립당사자로 보려는 경향마저 있었다. 이렇게 혼란스러운 상황에서 수익증권 판매회사의 법적 지위를 다시 정리해보는 것은 여전히 의의를 갖는다고 생각한다.

2. 판매회사가 증권투자신탁의 독립당사자인지 여부에 대한 검토

가. 증권투자신탁의 의의 및 당사자

증권투자신탁이란 투자자로부터 증권투자에 운용할 목적으로 자금 등을 수입하는 위탁자가 그 자금 등(신탁재산)을 수탁자로 하여금 당해 위탁자의 지시에 따라 특정 유가증권에 대하여 투자·운용하고, 그에 따른 수익권을 분할하여 당해 불특정다수인에게 취득시키는 것이라고 정의된다.[98] 여기서 증권투자신탁은 투자자와 그로부터 자금을 수입하는 위탁회사, 위탁회사로부터 자금을 수탁받아 위탁회사의 지시를 따라 이를 운용하는 수탁회사의 3자 만으로 형성될 뿐 판매회사는 당사자에 포함되지 않는 것이 원칙이다.

비교법적으로 우리나라와 가장 유사한 증권투자신탁을 운영 중인 일본에서는 위탁회사와 판매회사의 관계에 대해 상법상의 위탁매매인인가 민법상의 대리인인가에 대한 논의는 있어도 독립당사자인지 여부에 대한 논의는 전혀 없다고 한다. 이에 대해 한양대학교의 이철송 교수는 "(증권투자신탁업법상으로)판매회사의 지위를 명문으로 정하지 않은 것은 입법의 흠결이라고 보는 시각도 있을 수 있겠으나, 실은 증권투자신탁의 구조상 판매회사의 지위는 자명하여 굳이 법으로 정할 필요가 없다고 이해할 수도 있다"고 하면서, 일본의 증권투자신탁업법(투자신탁 및 투자법인에 관한 법률)에도 우리나라와 마찬가지로 판매회사에 관한 언급이 일체 없다는 점을 강조하였다.[99]

나. 판매회사의 법적 지위와 관련한 1995년법・1998년법의 비교

1998. 9. 16. 법률 제5557호로 개정된 1998년법은 환매제도와 관련하여 상당히 중요한 내용을 포함하고 있다. 1995년법 상의 환매제도는 ① 위탁회사 또는 판매회사의 고유재산에 의한 환매대금지급과 ② 채권의 장부가 평가에 의한 환매대금 지급으로 요약할 수 있는데, 1998년법에서는 ① 신탁의 일부해지에 의한 환매의무화(판매회사는 고유재산에 의하여 환매대금을 지급할 의무가 없음), ② 채권의 시가 평가에 의한 환매가격산정방식으로 대폭 변경되었다.[100]

다. 정리

(1) 1998년 9월 이전의 판매회사의 법적 지위: 독립당사자

1998년 법 제7조의 개정을 통하여 환매업무에 있어서 판매회사는 위탁회사와 투자자를 연결하는 창구에 불과하고 독립적인 책임주체가 되지 않음이 명백해

98 구 증권투자신탁업법 제2조 제1항.

99 이철송, "증권투자신탁에서의 환매청구권의 본질과 판매회사의 환매의무: 판례의 분석을 중심으로,"「인권과 정의」V.342, 2005, 134면 및 주석 20).

100 1995년법과 1998년법의 차이에 대한 상세한 설명은 이 책의 제10장 제4절 Ⅱ. 1. 참조.

졌다.[101] 그런데 신탁의 일부해지에 의한 환매와 관련하여 시행에 필요한 준비기간을 갖기 위해 1998년 개정법 부칙 제2조 및 이에 따라 제정된 "증권투자신탁업법중개정법률부칙제2조단서에의한수익증권환매에관한규정의적용일에관한규정" (1999. 9. 15. 대통령령 제16554호)은 그 시행시기를 1999. 9. 16로 늦추었다.[102] 따라서 1999년 9월 이전까지 설정되었던 투자신탁에서 수익증권 판매회사는 환매의무를 부담하는 독립적인 책임주체였던 것으로 파악된다.

(2) 판례

판례는 위의 표에서 본 1998년법 개정 이전과 이후를 나누어 수익증권 판매회사의 법적 지위를 달리 보고 있다. 즉 판례에 의하면 판매회사를 1998년법 개정 이전에는 독립당사자, 그 이후에는 위탁회사의 대리인 또는 위탁매매인에 해당하는 것으로 보고 있다. 이는 법원이 당시 시행되었던 법률과 약관을 객관적, 합리적으로 해석한 결과의 소치로 보인다.

(가) 1998년법 개정 이전

"구 증권투자신탁업법령의 연혁과 그 변천과정 등에 의하면 수익증권 판매업무를 허가받지 못한 위탁회사는 반드시 판매회사와의 수익증권 판매위탁계약이 필요한바, 구 증권투자신탁업법(1998. 9. 16. 법률 제5558호로 개정되기 전의 것)에 의하면 판매회사의 자격을 대규모 자산을 보유한 증권회사로 제한하고 있고(제2조 제5항, 제9조 제1항), 판매회사를 위탁회사와 구분되는 '환매에 응하여야 할 자'로 예정하고 있는 점(제7조 제2항), 증권투자신탁의 현실에서도 수익증권의 판매 및 환매업무를 수행하는 판매회사는 수익자와 위탁회사를 연결하여 주는 매개체로서 수익자와 직접적인 접촉을 하며, 신탁재산 또는 수익자로부터 판매보수와 환매수수료를 직접 지급받고 있는 점, 수익증권 위탁판매계약상 위탁회사와 판매회사의 책임을 독립된 것으로 보고 있는 점 등을 종합하

101 심희정, "증권투자신탁에서의 판매회사의 지위와 의무," 「투자신탁의 이론과 실무」, 2002, 696면.

102 1998년법은 부칙 제2조에서 제7조 4항 내지 제7항 및 제30조의 개정규정은 이 법 시행후 최초로 제정 또는 변경(신탁계약기간을 연장하는 경우에 한한다)하는 신탁약관에 따라 발행하는 수익증권을 환매하는 분부터 이를 적용한다고 규정하였다.

여 보면, 판매회사는 증권투자신탁에 있어서 단순히 위탁회사의 대리인에 불과한 것이 아니라 자신의 책임으로 수익증권 판매업무 등을 수행하는 독립된 당사자로 보아야 한다"(대법원 2006. 12. 8. 선고 2002다19018 판결)

(나) 1998년법 개정 이후

비록 직접적으로 환매의무가 문제된 것은 아니지만, 일부 하급심은 1998년 개정법 이후의 사건에서도 독립당사자설을 취하였었는데(서울고등법원 2002. 2. 15. 선고 2001나37929 판결), 동 사건의 상고심에서 대법원은 그러한 하급심의 태도를 치유하였다. 즉 "이 사건 신탁 약관은 1999. 5. 24. 개정된 증권투자신탁업법(2000. 1. 21. 법률 제6179호로 개정되기 전의 것, 이하 '1999년 개정법'이라고 한다)에 따라 제정된 것으로서, 1998. 9. 16. 법률 제5558호로 개정되기 전 증권투자신탁업법(1998. 1. 13. 법률 제5505호)이 적용되던 투자신탁 약관에서 판매회사의 고유재산으로 환매대금 등을 지급하도록 한 규정을 두고 있었던 것과는 달리, 환매대금 등에 관한 위와 같은 규정을 삭제하고 상환금의 지급에 관하여, 투자신탁 계약기간이 종료하였을 경우 수탁회사는 투자신탁 회계기간의 종료에 따른 상환금 등을 위탁회사의 청구에 따라 지체 없이 위탁회사에게 인도하며(제28조 제2항), 수탁회사가 상환금 등을 위탁회사에게 인도한 후에는 위탁회사가 수익자에 대하여 그 지급에 대한 책임을 부담하고(제28조 제3항), 상환금 등은 투자신탁 계약기간의 종료일로부터 2개월 이내에 속하는 날로서 위탁회사가 지정하는 날을 지급개시일로 하여 위탁회사 또는 판매회사의 영업점포에서 지급한다(제28조 제4항)고 규정하고 있는바, 위와 같은 투자신탁 약관의 개정 경과와 이 사건 신탁 약관의 규정 내용에 비추어 보면, 이 사건 신탁 약관이 적용되는 투자신탁에 관하여는, 판매회사에게 고유재산에 의한 상환금 지급의무는 인정되지 아니하고, 다만 위탁회사로부터 상환금을 지급받은 때에 비로소 수익자에게 그 상환금을 지급할 의무가 인정된다고 할 것이다. 그럼에도 불구하고, 원심은 이 사건 투자신탁 계약기간이 종료되었다는 사유만으로 판매회사인 피고 국민은행은 원고에게 상환금을 지급할 의무가 있다고 판단하였으니, 원심판결에는 판매회사의 상환금 지급의무에 관한 법리를 오해한 위법이 있고, 이러한 위법은 판결에 영향을 미쳤음이 분명하다"(대법원 2006. 10. 26. 선고 2005다29771 판결)고 하였다. 자본시장법이 적용되는 최근 판례에서도 이러한 입장은 계속 유지되고 있다. 즉 대법원 2018. 8. 30. 선고 2017다281213 판결은 "자본시장법 제235조 제1항, 제2항, 제3항, 제5항, 제7항, 제236조 제1항 본문, 제3항 및 자본시장법시행령 제255조 제3항을 종합하면, 투자자가 집합투자증권의 환매를 청구하는 경우 집합투자업자는 자본시장법 제236조 제1항 본문에 따라 산정되는 기준가격으로 집합투자증권을 환매하여야 하고, 집합투자증권의 매매를 위탁받은 판매회사는 집합투자증권의 판매 및 환매업무와 그에 부수된 업무를 수행할 뿐이어서 투자자의 환매청구가 있더라도 판매회사가 직접 집합투자재산을 처분하여 환매대금을 마련할 수는 없다. 이와는 달리 판매회사로부터 매입한 집합투자증권에 대하여 판매회사가 환매대금 지급의무를 부담한다고 인정하는 것은 판매회사의 고유재산으로 투자자의 환매청구에 응할 의무를 인정하는 것이 되는데, 이는 집합투자증권은 반드시 환매청구된 부분만큼 집합투자재산을 처분하여 조성한 현금으로만 환매청구에 응하여야 한다고 규정하는 자본시장법 제235조 제5항의 규정에 반하여 허용될 수 없기 때문이다. 따라서 판매회사는 투자자의 환매청구가 있는 경우 집합투자업자에게 환매에 응할 것을 요구하고, 그로부터 수령한 환매대금을 투자자에게 지급할 의무를 부담할 뿐이다"고 하였다.[103]

(3) 학설

과거 우리나라에서 수익증권 판매회사의 지위에 대한 독립당사자설은 매우 극

103 이러한 일반적인 설시의 이면에는 언제 환매가 있었는지를 기준으로 환매 기준가격을 산정할 것인지에 대한 사실의 다툼이 내재되어 있다. 대법원은 이 사건에서의 사실관계로 볼 때 환매청구된 날을 기준으로 평가금액을 산정하게 되면 판매회사 고유재산으로 상환해야 하는 결과에 이르게 된다면서 하급심의 판단이 잘못되었다고 판단하고 있다. 1심판결(서울중앙지방법원 2017. 5. 11. 선고 2016가합545847 판결)과 원심판결(서울고등법원 2017. 10. 27. 선고 2017나2029192 판결: 원심은 이 사건 수익증권에 대한 상속인들 전원의 동의에 의한 유효한 환매청구는 2016. 11. 30.에 있었다고 보아, 피고는 원고에게 그로부터 제3영업일 기준 평가금액에 따른 환매대금을 지급할 의무가 있다고 판단) 및 대법원의 환매시점에 대한 결론(원심은 이 사건 2차 환매 당시 기준가격에 의하여 평가한 환매대금 중 원고의 법정상속분에 해당하는 금액 전부를 피고가 원고에게 지급할 의무가 있다고 잘못 전제하여 피고가 지급할 환매대금을 그릇되게 산정하고 말았다. 이러한 원심판결에는 자본시장법상 수익증권 판매회사의 의무 내용에 관한 법리를 오해한 잘못이 있고, 이는 판결에 영향을 미쳤음이 분명하다)이 상이하므로 이에 대한 종합적인 검토를 하는 것도 의미있는 작업일 것인데, 이는 차후의 과제로 미루고자 한다.

소수의 지위를 점하였는데, 현재는 이 설을 취하는 학자가 없는 것으로 보인다. 참고로 우리나라의 다수설은 법률의 개정 여부와 상관없이 증권투자신탁의 본질은 바뀌지 않는다고 하면서 판매회사의 지위를 위탁회사의 대리인으로 보고 있다.

독립당사자설의 핵심은 판매회사가 집단적인 조직계약에 참여하면서 독립당사자로 된다는 것이다. 우선 투자신탁을 구성자산의 보유도구로서 신탁이라는 방법을 채택한 운용자·수탁자간의 독립신탁계획에 수익지분보유자가 참여한 집단적 조직계약이라고 정의한 후,[104] 증권투자신탁에서 위탁회사의 법적 지위는 계약적 지위이므로 조직계약을 통해 수익증권 판매업무와 신탁재산 운용업무를 각각 다른 제3자에게 분리하여 귀속시킬 수 있는 것으로, 판매회사는 증권투자신탁계약을 통해 수익증권 판매업무를 담당하게 되는 별도의 독립된 관리자라고 하였다.[105] 독립당사자설은 판매회사들이 위탁회사에 대해 상당한 영향력을 행사하고 환매업무를 실제로 담당하고 있었다는 점을 주목하였다. 그렇다 보니 우리나라의 다수설, 즉 판매회사를 위탁회사의 대리인에 불과한 것으로 파악하는 민법상의 대리인설은 증권투자신탁의 실질관계를 정확히 반영하지 못하였다고 비판하였다. 즉 판매회사는 증권투자신탁의 독립된 당사자이기 때문에 수익자는 신탁약관의 당사자로서 직접 판매회사에 대하여 증권투자신탁계약상의 수임인으로서의 선관의무를 추궁할 수 있어 수익자가 판매회사에 대하여 직접적인 환매책임을 추궁할 수 있다고 하였다. 이 설은 학계에서 증권투자신탁의 본질과 조화되지 않고 단지 판매회사의 환매의무를 인정하기 위하여 창안된 억지에 불과하다는 등 호된 비판을 받아야 했는데,[106] 이후 이 설의 주창자는 "판매회사는 위탁회사의 민법상 대리인"이라고 하여 종전 자신의 독

104 이중기, "투자신탁제도의 신탁적 요소와 조직계약적 요소,"「한림법학FORUM」제9권, 2000, 69-70면.

105 상게논문, 86면.

106 대표적으로 한양대학교의 이철송 교수는 자신의 상게논문 전면(119-140면)에 걸쳐 이중기 교수의 설익지 못한 주장을 수용한 우리 나라의 하급법원들이 독립당사자설에 기하여 판매회사의 법적 책임을 묻는 것을 개탄해하면서 이중기 교수 주장의 논리적인 허점을 조목조목 지적하였다. 백태승, "증권투자신탁의 본질과 수익증권의 환매제도,"「인권과 정의」V.302 (2001. 10)의 36면에서 "투자신탁의 법적 성질에 비추어 볼 때에 판매회사에는 투자신탁의 신탁성과 관련된 법적 요소가 없고 투자신탁계약의 당사자가 아니므로 투자신탁계약에 기인한 권리의무의 발생도 없다"고 단언하였다. 그 외 박삼철,「투자신탁해설」, 316면 및 심희정, 상게논문, 694-696면.

립당사자설을 철회하고 다수설에 합류하였다.[107]

라. 분석[108]

독립당사자설은 논리적으로 많은 문제점을 안고 있다. 즉 증권투자신탁의 구조로 볼 때, 수익증권의 운용과 대비시킬 정도로 수익증권의 판매에 대해 중요성을 부여할지도 의문이거니와 여기서 말하는 독립한 당사자가 무엇인지도 사실 명확하지 않다. 그럼에도 불구하고 독립당사자설은 이러한 불명확한 지위로부터 "수익자가 직접 판매회사에 대하여 증권투자신탁계약상의 수임인으로서의 선관의무를 추궁할 수 있다"고 한 후, 다시 이러한 수임인으로서의 선관의무로부터 "수익자가 판매회사에 대하여 직접적인 환매책임을 추궁할 수 있다"는 결론을 도출하였다. 그 외 판매회사가 위탁회사에 대하여 상당한 영향력을 행사한다는 점이 강조되기도 하였다. 그러나 이렇게 사실상의 영향력을 행사한다고 하여 판매회사를 위탁회사와 별개의 독립 당사자라고 하는 것은 다소 논리적인 비약이 아닐 수 없었다.[109]

그렇다 보니 대상판결의 판시가 오히려 더 솔직하다는 생각이 든다. 왜냐하면 대상판결은 수익증권 판매회사의 지위를 논함에 있어서 법리적인 접근방식을 포기하고 단지 입법의 소산이라는 점을 강조하였기 때문이다. 즉 "구 증권투자신탁업법(1998. 9. 16. 법률 제5558호로 개정되기 전의 것) 제7조 및 제30조는 수익증권 판매회사에게 고유재산에 의한 환매의무를 부담시키고 있는바, 증권투자신탁에 있어서 수익자 보호를 위해 수익증권 판매회사에 고유재산에 의한 환매의무를 부담시킬지 여부는 입법자의 합리적인 재량에 입각한 정책적인 결단에 속하는 사항으로 입법자에게 판매회사가 고유재산에 의한 환매의무를 부담하지 않도록 법률을 제정할 헌법상의 입법의무가 있다고 할 수 없으므

107 이중기, "위탁회사, 판매회사의 수익증권 환매책임과 환매유예제도,"「상사법연구」 제20권 제3호, 396-397면. 더욱이 이 논문 396면 주석 10)에서 이중기 교수는 "영국의 투신법령은 위탁회사만이 투자자에 대해 책임을 지는 것을 규정하고 있는데 이것은 판매회사의 지위가 대리인임을 전제하고 있기 때문이다"고 하면서, 영국의 예를 원용하고 있다.

108 다음의 비판은 이철송, 상게논문, 138-139면에 자세히 언급되어 있다.

109 이철송 교수와 백태승 교수는 1995년 법에서도 증권투자신탁의 본질상 판매회사에게는 고유재산에 의한 환매의무가 없다는 점을 강조하고 있으나, 저자는 이에 대해 찬성하지 않는다.

로, 위 조항이 부진정입법부작위에 의한 위헌이라고 할 수 없다"고 하여 1998년법 이전 판매회사의 환매의무 부담은 단지 입법정책의 결과였음을 명확히 하고 있다. 사실 이러한 입장은 "구 투신업법의 연혁과 그 변천과정, 구 투신업법 제2조 제5항, 제7조 제1항, 제2항, 제9조 제1항의 각 규정 내용 및 피고 푸르덴셜과 피고 대우증권 주식회사(이하 '피고 대우증권'이라 한다) 사이에 체결된 이 사건 투자신탁 수익증권 위탁판매 계약서 제4조 제1항의 내용 등을 종합하여 보면, 판매회사인 피고 대우증권은 증권투자신탁에 있어서 단순히 위탁회사의 대리인에 불과한 것이 아니라 자신의 책임으로 수익증권 판매업무 등을 수행하는 독립된 당사자로 보아야 할 것이다"(대법원 2008. 6. 12. 선고 2007다70100 판결)는 판시의 연장선상에 있는 것이다. 사실 이렇게 법률과 약관을 명시하는 방법이 오해의 소지도 없다.

저자의 단견으로는 '판례가 말하는 독립당사자'가 '독립당사자설이 취하는 독립당사자'와는 반드시 동일하지 않다고 생각한다. 그리고 향후 대상판결과 유사한 사안이 얼마나 될지 모르겠으나 그 때에는 법원이 "증권투자신탁의 현실에서도 수익증권의 판매 및 환매업무를 수행하는 판매회사는 수익자와 위탁회사를 연결하여 주는 매개체로서 수익자와 직접적인 접촉을 하며, 신탁재산 또는 수익자로부터 판매보수와 환매수수료를 직접 지급받고 있는 점, 수익증권 위탁판매계약상 위탁회사와 판매회사의 책임을 독립된 것으로 보고 있는 점"(대법원 2006. 12. 8. 선고 2002다19018 판결) 등을 더 이상 판매회사의 환매의무를 정당화하는 부수적인 논거로 내세우지 않기를 바라는 바이다. 왜냐하면 1995년법에서 판매회사의 환매의무는 너무도 당연한 법정 의무이므로 법원이 환매의무를 부담하는 근거를 따로 설시할 이유가 없기 때문이다.

마. 餘論: 1998년법 이후 증권투자신탁에 있어서 판매회사의 법적 지위에 관한 학설

(1) 민법상의 위임계약에 의한 대리인으로 보는 견해

위탁회사가 판매회사에게 수익증권의 판매를 위탁하는 관계는 민법상의 위임계약관계이고 판매회사는 위탁회사의 대리인의 지위를 갖는다는 것으로 현재 우리나라의 통설에 해당한다.[110] 그렇지만 대리인이라도 투자자와의 관계에 있어서는 판매의 직접 상대방으로서 기능하였으므로 투자자보호의무를 부담한다는 점을 감안할 때, 판매회사는 판매기능을 원활하게 수행하기 위하여 위탁회사와의 관계에서 보다 적극적인 협조를 이끌어내야 한다고 해석된다.

(2) 상법상의 위탁매매인이라고 보는 견해

위탁회사와 판매회사가 수익증권 위탁매매계약서라는 명칭의 계약을 체결하고 있으며, 이에 관하여 금융투자협회에서 표준위탁매매계약서가 마련되어 있는 점에 비추어, 여기서의 계약은 판매회사가 자기의 명의로 그리고 위탁회사의 계산으로 수익증권을 판매하는 위탁매매계약이라고 보는 견해이다.[111] 그간 우리나라에서 위탁매매인설이 큰 호응을 받지 못했던 이유는 위탁매매의 법리상 위탁매매인과 제3자인 수익자 사이에는 아무런 법률관계가 존재하지 않아야 하는 것이 원칙이기 때문이다.[112] 증권투자신탁에서 위탁회사와 수익자 간에는 엄연히 일정한 법률관계가 존재하는데, 위탁매매의 법리에 의하면 원칙적으로 아무런 관계가 없지만 신탁약관이 정하는바에 의하여 예외적으로 법률관계가 형성되는 것이라고 설명하는 것도 다소 자연스럽지 못하다.

그러나 판례는 판매회사의 법적 지위를 위탁매매인으로 보는 듯하다. 대법원 2011. 7. 28. 선고 2010다76368 판결은 "구 간접투자자산운용업법에서 정한 판매회사는 수익증권 판매를 위하여 투자자에게 수익증권의 취득을 권유하면서 자산운용회사에게서 제공받은 투자설명서를 투자자에게 제공하고 주요내용을 설명하여야 하며, 투자자에게 중요한 사항에 대하여 오해를 유발할 수 있는 표시행위, 투자자에게 실적배당 및 원본의 손실가능성 등 간접투자의 특성과 투자위험에 관한 신탁약관 및 투자설명서의 주요내용을 충분하고 정확하게 알리지 아니하는 행위 등을 하지 말아야 할 의무 등 판매행위준칙을 준수할 의무를 부담한다(간접투자법 제56조 제2항, 제57조 제1항). 따라서 판매회사는 자산운

110 박삼철, 전게서, 214면, 심희정, 전게논문, 697-698면, 백태승, 전게논문, 36면. 이중기 교수도 대리인설로 자신의 견해를 변경하였음은 이미 앞에서 고찰하였다.

111 瀨瀨敦子, "證券投資信託につい," 「金融法務事情, 1521호」, 45면(1998. 7.).

112 심희정, 전게논문, 697면.

용회사가 제공한 투자설명서의 내용을 숙지하고, 의미가 명확하지 않은 부분은 자산운용회사에게서 정확한 설명을 들어 내용을 스스로 명확하게 이해한 다음, 투자자에게 투자신탁의 운용방법이나 투자계획 및 그로 인한 수익과 위험을 투자자가 정확하고 균형 있게 이해할 수 있도록 설명하여야 하고, 단지 자산운용회사한테서 제공받은 판매보조자료의 내용이 정확하고 충분하다고 믿고 그것에 의존하여 투자신탁에 관하여 설명하였다는 점만으로는 투자자보호의무를 다하였다고 볼 수 없다"고 하였다. 판매회사가 단순히 위탁회사의 대리인이 아니라 더 나아가 판매 주체라고 명확히 판시한 판례도 있고,[113] 최근 이 판례를 따르는 하급심판결도 나왔다.[114]

(3) 기타: 위탁회사와 민법상의 조합관계에 있는 것으로 보는 견해

서울지방법원 2001. 5. 29. 선고, 2000가합40211 판결은 위탁회사와 판매회사간의 수익증권 위탁판매계약은 투자신탁의 설정, 운용 및 판매를 공동사업으로 하여 그로 인한 수익을 분배하기로 하였다는 점과 신탁재산에 편입된 주식회사 대우의 담보 기업어음으로 인한 손실을 이익분배 비율에 따라 분담하였다는 점을 근거로, 위탁회사와 판매회사간의 법적 성질을 민법상 조합에 해당한다(증권투자신탁사업이라는 단일사업을 나누어 수행하는 형태)고 판시한바 있다.[115] 그렇지만 위탁회사와 판매회사의 관계를 조합계약상의 손익분담약정으로

113 대법원 2011. 7. 28. 선고 2010다76382 판결은 판매회사가 수익증권 판매에 있어 단순히 자산운용사의 투자설명서나 판매보조자료를 신뢰하여 이를 설명한다고 해서 투자자보호의무를 다하는 것이 아니며 나아가 투자설명서 등의 의문이 있는 점에 대해서 확인하여 이를 보완하여 판매하는 상품의 위험과 수익에 대하여 균형성을 갖춘 설명을 하여야 한다고 함으로써 같은 날 선고된 2010다76368 판결과 동일한 판시를 하였다. 문제는 판매회사의 지위에 대한 판시인데, 2010다76382 판결은 판매회사가 자산운용회사의 대리인이 아니라 판매의 주체로서 투자자의 거래상대방으로서의 책임을 부담하는 지위에 있음을 명확히 하였다. 최승재, "[판례평석] 장외파생상품 투자 펀드 사건에 대한 소고," 법률신문(2011. 11. 7).

114 서울고등법원 2015. 11. 6. 선고 2014나2048352 판결은 "간접투자법에서 규정하는 판매회사는 수익증권의 판매에 있어서 단순히 자산운용회사의 대리인에 불과한 것이 아니라 투자자의 거래상대방의 지위에서 판매회사 본인의 이름으로 투자자에게 투자를 권유하고 수익증권을 판매하는 지위에 있다"고 함으로써 대리인설을 정면으로 배척하고 있다.

115 이에 대하여는, 민법상의 조합은 모든 조합원들이 출자의무를 지고 있으나 위탁회사와 판매회사는 증권투자신탁사업을 수행하기 위하여 별도의 출자를 하는 것이 아니라 각자의 자금으로 사업을 하고 있는 점, 민법상 조합의 경우에는 조합원 개인과 구별되는 조합재산이 존재하나 증권투자신탁업에 있어서는 위탁회사와 판매회사가 출자한 조합재산이라는 개념이 존재하지 않는 점, 민법상 조합으로 인정되기 위해서는 조합원들이 공동사업을

보는 것은 다소 일반화하기 어려운 한계가 있는 듯하다.

3. 소결

판례는 1995년법과 약관에 의할 때 수익증권의 판매회사는 수익증권의 판매업무를 수행하고 수익자로부터 환매요구를 받을 때 환매의무를 지는 자로서, 증권투자신탁 관계자의 한 축을 담당하는 독립된 당사자였던 것으로 보고 있다. 그리고 여기서 말하는 독립당사자는 과거의 소수설이었던 독립당사자설이 취했던 독립당사자와 반드시 같지는 않은 듯하다. 저자는 판례의 이러한 분석에 적극 동감하는 바이다. 한편 1998년법 개정으로 판매회사의 고유재산에 의한 환매의무 조항이 삭제됨에 따라 판매회사는 이제 위탁회사의 대리인 또는 위탁매매인의 지위만을 갖게 되었다(최근의 판례에 의하면 위탁매매인으로서의 지위가 공공해지는 듯함). 사실 판매회사가 자기명의와 자기계산으로 수익증권을 환매(소위 재매수라고 하였음)함에 따른 순기능이 있었음에도 불구하고 1998년법이 이를 완전히 도외시한 것은 다소 아쉬움으로 남는다. 그렇지만 판매회사가 증권투자신탁의 본질과 다르게 고유재산에 의한 환매의무를 지는 것이 과연 옳은지를 둘러싸고 벌어졌던 그 간의 소모적인 논쟁은 이제 더 이상 없으리라고 기대하는 바이다.

경영하기로 하는 약정이 있음에 반하여 증권투자신탁에 있어서 판매회사는 위탁회사가 영위하는 증권투자신탁 사업 중 일부인 수익증권 판매업무만을 행함에 불과한 점, 민법상의 조합은 동업계약에서 보는바와 같이 조합원들에게 공동사업의 결과 발생한 수익을 분배하고 손실이 생긴 경우에는 이를 분담하는 약정이 있어야 하나, 증권투자신탁에 있어서는 위탁회사와 판매회사 사이에 판매수수료 약정만 있을 뿐 손익분배약정이 없는 점 및 위탁회사와 판매회사간에 대우그룹의 담보 기업어음으로 인한 신탁재산의 손실을 보수분배율에 따라 분배하기로 약정한 적은 있으나 이는 당초부터 위탁회사와 판매회사간에 신탁재산에서 발생될 손실의 부담에 대해 사전에 약정하였기 때문이 아니라 사후적으로 신탁재산에서 발생한 손실 중 대우그룹 계열사 발행의 담보 기업어음 편입으로 인한 손실에 대하여 금융감독원의 권고에 따라 판매수수료 지급비율대로 위탁회사와 판매회사가 분담하기로 사후에 합의한 것에 불과한 점 등의 비판이 있다. 投資信託의 理論과 實務, 2002, 105면 이하. 결국 동 판결의 항소심인 서울고등법원은 조합관계설 대신 독립당사자설을 취하였다(서울고등법원 2002. 2. 15. 선고, 2001나37929 판결).

II. 수익증권 환매연기의 요건

1. 문제의 제기

1995년법에 의하면 환매연기제도는 천재·지변·유가증권시장의 폐쇄·정지 또는 휴장과 같은 사유가 발생하여 환매의무자가 환매청구에 응할 수 없는 경우 금융감독당국의 승인을 얻어 위의 사유가 해소될 때까지 환매를 연기할 수 있는 제도이다. 환매연기란 환매의 불이행을 정당화하는 제도로서, 연기사유가 존속할 경우 환매의무자가 환매에 불응하더라도 환매의무자의 채무불이행이 되지 않는다. 만일 위와 같은 사유가 발생한 상황에서 환매연기를 인정하지 않게 되면 기존 수익자와 잠재적 수익자 모두 치명적인 손해를 입을 수 있다. 즉 신탁재산의 매각이 불가능하거나 신탁재산에 대한 가격평가가 곤란하여 수익증권의 공정한 기준가격을 산정할 수 없음에도 수익증권의 매각이나 환매를 강제하면 수익자 간 또는 수익자와 잠재적 수익자 간 투자위험의 전가가 이루어져 종국적으로 투자신탁의 본질인 실적배당주의 내지 수익자평등주의를 훼손하는 결과를 야기할 수 있는 것이다.[116]

대상판결에서 대법원은 환매연기 시 금융감독당국(금감위)의 승인이 필요한지에 대해 부정적인 판단을 하면서 상세한 분석을 하고 있다. 참고로 본 쟁점에 대한 판단은 우리나라 최초의 선례성을 갖는다. 1995년법이나 금감위 규정이 명시적으로 금감위의 승인이 필요하다는 조항을 두었음에도 불구하고, 대상판결이 동 조항들에 구애받지 않고 금감위 승인을 받지 않더라도 환매연기가 이루어질 수 있다는 입장을 취한 것은 다소 이례적이다. 특히 대상판결이 판매회사의 법적 지위에 대한 판단에 있어서는 당시 법률과 약관의 문구에 상당히 의존하여 판매회사가 일종의 독립당사자에 가깝다고 하였지만, 환매연기에 있어서는 당시의 법률과 금감위 규정을 무시한 채 금융감독당국의 승인 없이도 환매연기가 가능하다고 한 것은 매우 주목할 만하다. 과연 이러한 태도가 옳은 것인가?

116 권종호, "증권투자신탁 판매회사의 환매의무와 환매연기제도," 「증권법연구」 제8권 제2호, 2007, 34면.

2. 관련 법률과 규정

가. 법률

구투신업법 제7조 제4항은 "제1항 내지 제3항의 규정에 의하여 환매에 응하여야 할 자는 환매의 청구를 받은 날부터 늦어도 15일 내에 환매하여야 한다. 다만, 천재·지변·유가증권시장의 폐쇄·정지 또는 휴장 기타 부득이한 사유가 있는 경우에는 금감위의 승인을 얻어 그 사유가 해소될 때까지 환매를 연기할 수 있다"고 규정하고 있다.

나. 금감위 규정

구 증권투자신탁업감독규정(1998. 11. 13. 개정되기 전의 것) 제47조는 위탁회사가 금감위에 환매연기사유, 환매연기기간, 환매연기기간 이후의 환매대책, 기타 수익자보호와 관련된 사항을 기재한 서면으로 환매연기의 승인을 신청하여야 한다고 규정하였다.

다. 약관

약관 제16조 제3항도 "판매회사는 제2항의 규정에 불구하고 천재·지변·유가증권시장의 폐쇄·정지 또는 휴장 기타 부득이한 사유가 있는 경우에는 금감위의 승인을 얻어 그 사유가 해소될 때까지 환매를 연기할 수 있다"고 규정하였다.

3. 환매연기사유 및 환매연기요건에 대한 기존의 논의

가. 환매연기사유

(1) 개관

1995년법은 환매의 연기사유로 '천재·지변·유가증권시장의 폐쇄·정지 또는 휴장 기타 부득이한 사유'를 들고 있는데, 1998년법은 '신탁재산인 유가증권 등의 매각이 지연되는 등의 사유'를 추가하였다.

(2) 기타 부득이한 사유

1995년법에서의 '기타 부득이한 사유'가 무엇인지가 쟁점으로 된 사건에서 대법원은 "구 증권투자신탁업법(1998. 9. 16. 법률 제5558호로 개정되기 전의 것) 제7조 제1항 내지 제3항은 수익자가 위탁회사나 수탁회사 또는 판매회사(이하 '판매회사 등'이라 한다)에 수익증권을 현금으로 환매할 것을 청구할 수 있다는 것을 규정하고, 제4항은 "제1항 내지 제3항의 규정에 의하여 환매에 응하여야 할 자는 환매의 청구를 받은 날부터 늦어도 15일 내에 환매하여야 한다. 다만, 천재·지변·유가증권시장의 폐쇄·정지 또는 휴장 기타 부득이한 사유가 있는 경우에는 금융감독위원회의 승인을 얻어 그 사유가 해소될 때까지 환매를 연기할 수 있다."고 규정하고 있는바, '천재·지변·유가증권시장의 폐쇄·정지 또는 휴장' 등은 수익증권의 시가가 형성될 수 없거나 그 시가를 알 수 없는 전형적인 경우인 점에 비추어, 환매연기사유의 하나로 규정되어 있는 '기타 부득이한 사유'는 천재·지변·유가증권시장의 폐쇄·정지 또는 휴장 이외의 사유로 수익증권의 시가가 형성될 수 없거나 그 시가를 알 수 없거나 시가에 준하는 것으로 취급되는 장부가와 시가 사이에 현저한 괴리가 생겨 장부가에 의한 환매 등을 하는 것이 증권투자신탁의 본질인 실적배당주의 내지 수익자평등대우주의를 심각하게 훼손하는 결과로 될 우려가 있는 경우를 가리키는 것으로 보아야 할 것이고, 따라서 수익증권의 환매에 관한 같은 법 제7조 제4항의 규정은 환매가 수익자의 환매청구와 판매회사 등의 승낙의 의사표시에 의하여 성립되는 것을 전제로 하여, 특별한 사정이 없는 경우에는 수익자의 환매청구가 있은 날부터 15일 이내에 판매회사 등이 승낙하여 그 승낙한 시점에서의 수익증권의 기준가격으로 환매하고, 천재·지변·유가증권시장의 폐쇄·정지 또는 휴장 기타 부득이한 사유가 있어 정당한 시가에 의한 기준가격을 산정할 수 없는 등의 특별한 사정이 있는 경우에는 금융감독위원회의 승인을 얻어 그 사유가 해소될 때까지 환매청구에 대한 승낙을 유보함으로써 그 사유가 해소된 시점에서의 시가에 의하여 산정한 기준가격으로 환매할 수 있도록 허용하고 있는 것이다"고 하였다(대법원 2003. 11. 28. 선고 2001다67171 판결).

일시적, 제한적으로 처분할 수 없는 신탁재산이 있는 경우에도 부득이한 사유에 해당하는지가 의문시되기도 하였다. 이에 대하여 조용균 변호사는 "수익증권의 시가가 형성될 수 없거나 그 시가를 알 수 없거나 시가에 준하는 것으로 취급되는 장부가와 시가 사이에 현저한 괴리가 생겨 장부가에 의한 환매 등을 하는 것이 증권투자신탁의 본질인 실적배당주의 내지 수익자평등대우주의를 심각하게 훼손하는 결과로 될 우려가 있는 경우"란 대우채 환매연기사태와 같이 전체 채권시장의 가격기능이 마비되는 등의 비상 위기상황을 염두에 둔 것일 뿐, 일시적, 제한적으로 처분할 수 없는 신탁재산이 있는 경우를 의미하지는 않는다고 보았다.[117]

(3) 정리

기존의 판례에 의할 때 환매연기사유란 신탁재산의 매각이 곤란하거나 신탁재산에 대한 공정한 평가가 곤란한 경우와 같이 수익증권의 환가가 불가능한 상황에서 환매를 강제한다면 증권투자신탁의 본질인 실적배당주의 내지 수익자평등대우주의를 심각하게 훼손하게 될 때라고 일응 정리할 수 있을 것이다.

나. 환매연기의 요건

(1) 판매회사의 환매연기의사표시

이 사건에서 환매연기를 하는 판매회사가 적극적으로 환매연기의 의사표시를 하여야 하는지에 있어서 하급심과 대법원은 의견을 달리하였다. 하급심은 환매연기를 위해 판매회사가 단지 수익권자의 환매청구에 응하지 않고 있는 것만으로는 부족하고 객관적이고 일률적인 환매연기의 의사가 외부에 표출되어야 한

117 "(대우채) 환매연기조치 당시 금융기관이 운용중인 금융상품에 포함된 대우채권이 27조 원을 넘고, 그 중 무보증, 무담보 채권액만도 18조 원으로서 투자신탁별 평균 편입비율이 7.5%에 이르렀고, 대우채권의 부실을 반영하지 못하는 장부가에 의한 대우채권의 평가로 말미암아 환매가격이 투자신탁재산의 적정한 순자산가치와 현저한 괴리가 있게 되었으며, 이러한 상황에서 대우채권이 포함된 투자신탁상품의 환매를 무제한 허용하게 되면 먼저 환매한 자로부터 잔류 투자자에게 손실이 전가될 가능성이 높아져 수익자들의 환매경쟁을 촉발하게 되고 그런 경우 대부분의 위탁회사들은 환매자금의 마련을 위해 모든 신탁재산 내에 편입된 채권을 매각할 수밖에 없게 되어 상당액수의 채권이 일시에 금융시장에 매물로 나오게 됨으로써 채권가격의 폭락에 따른 금융시장 전체의 붕괴를 초래하게 될 가능성이 농후하였고, 실제로 대우그룹 채권단의 구조조정 방침이 발표되면서 관련 투자신탁 상품의 인출이 급증하는 등 금융시장이 상당히 불안한 모습을 보였는바, 위와 같은 국가적 경제위기 상황 아래에서 단지 15일간의 유예기간만으로 대량환매청구를 해결하는 것은 불가능하다고 보이므로 위와 같은 사정은 투자신탁약관 및 관계 법령에서 환매연기사유로 정하고 있는 '부득이한 사유'에 해당한다"고 하였다. 조용균, "구 증권투자신탁의 여러 가지 문제," 「저스티스」 통권 제93호, 2006. 8., 124-125면. 저자도 기타 부득이한 사유란 전체 채권시장의 붕괴와 국가적인 경제위기를 가져올 만한 극히 예외적이고 위기적인 사정을 의미한다고 제한적으로 보는 것이 옳다고 생각한다.

다는 입장을 표명하였다. 그러나 대법원은 "환매연기사유가 존재하면 판매회사가 모든 수익자에 대해 일률적으로 환매연기를 한다는 것을 공시 또는 공표하는 등의 적극적인 환매연기조치를 취하지 않더라도 개별 수익자의 환매청구에 응하지 않는 것만으로 환매연기가 이루어진다"고 보았다. 사실 환매연기의 의사표시를 적극적으로 하여야 하는지 여부는 환매연기 시 금감위의 승인이 반드시 필요한가의 문제와 직접적으로 관련되는 논점이기도 하다. 왜냐하면 금감위의 승인이 필요하다는 입장은 금감위가 인지할 수 있을 정도로 판매회사의 적극적인 환매연기 의사표시를 하여야 한다는 입장과 궤를 같이 할 것인 반면, 금감위의 승인이 필요 없다는 입장은 환매연기사유는 자동적으로 발생하는 것이므로 판매회사의 의사표시가 필요 없다는 입장과 궤를 같이 할 것이기 때문이다.

(2) 금감위 승인

우리나라 다수의 학자들은 환매연기가 신탁재산의 평가불능이나 환가불능이라는 객관적 사태에서 비롯되는 것인 만큼 사안의 성질로 보아 원래 금감위 승인을 받을 사항이 아니라고 하였다.[118] 이들에 의하면 환매연기사유가 발행하면 당연히 환매연기가 있어야 하므로 금감위의 승인이 효력발생요건이 되어서는 안 된다고 본 것이다. 대표적으로 이철송 교수는 "승인의 효력 여하라는 문제는 결국 연기의 정당성 유무의 판단을 행정청(금감위)에 맡기느냐 혹은 재판작용에 맡기느냐는 문제로 귀착된다. 연기의 정당성 유무는 결국 환매 당사자 간에 있어 이행지체가 되느냐 되지 않느냐는 사법적 이해에 관한 문제이고 보면 이는 행정청의 감독기능으로 해결할 사안은 아니고 사법적 판단의 영역에 속하는 문제이다"고 하였다.[119] 대상판결에서 대법원도 "환매연기는 환매청구를 한 개별 수익자와 판매회사 사이의 사법적 법률관계로서 그것이 적법·유효한지 여부는 환매연기사유의 존재 여부에 따라 결정되는 것이지 금융감독위원회의 승인 여부에 따라 결정된다고 할 수 없으므로 금융감독위원회의 승인을 받지 않았다

118 이철송, "투자신탁 수익증권의 환매의 법리," 「인권과 정의」 Vol. 366, 2007, 186면.

119 상게논문.

는 사정만으로 환매연기가 부적법하다거나 그 효력이 발생하지 않는다고 할 수 없고, 같은 취지에서 원고와 피고가 이 사건 투자신탁의 약관 제16조 제3항에 의하여 금융감독위원회의 승인을 환매연기의 적법 내지 효력발생요건으로 하기로 약정하였다고 볼 수도 없다"고 하여 기존의 다수설을 답습하였다. 즉 환매연기시 법률상의 명시적인 승인요건을 배제하면서 금감위 승인의 효력을 소극적으로 단지 확인적 의미 만 있는 것으로 본 것이다.

일부 학자는 외국에서 환매연기시 금융감독당국의 승인을 필요로 하는 입법례가 없다는 점과 우리나라에서도 1998년법 개정 이후에는 금융감독당국의 승인 문구가 법문에서 완전히 사라졌다는 점 등이 추가적으로 지적되기도 한다.[120] 즉 여기서의 승인이 효력발생을 좌우하는 것이라면 외국에서도 유사한 입법례가 발견되어야 하고 우리나라에서도 법 개정과 상관없이 존치하여야 하지만 그렇지 못하였다는 점을 꼬집어 지적한 것이다.

4. 환매연기사유와 금감위 승인에 대한 재조명

가. 문제의 제기

1998년법 이후 금감위의 승인 요건이 법문에서 사라진 상태에서 1995년법을 좀 더 균형적인 시각에서 바라보려고 한 대법원의 판단을 이해 못할 바는 아니다. 그러나 금융감독당국의 승인이 행정법학에서의 허가에 해당하므로 사법적 효과에는 영향이 없다는 형식적 논리만으로, 환매연기사유가 있으면 금감위의 승인을 받지 않아도 언제든 환매연기를 할 수 있고 그 사법상의 효력에는 아무런 영향이 없다는 판단이 1995년법에서는 쉽게 받아들여지지 않는다. 왜냐하면 1995년법은 외국의 입법례나 우리나라의 1998년법 이후 제정된 일련의 입법, 즉 간접투자자산운용업법, 자본시장및금융투자업에관한법률과 달리 명문으로 금감위의 승인을 요한다고 하였기 때문이다. 명확한 법문이 존재하는 상황에서 어떻게 금감위의 승인을 배제한 상태에서의 환매연기를 인정하려는 것인가? 그렇다 보니 대상판결의 하급심에서도 환매연기사유의 존재만으

120 권종호, 전게논문, 37-38면.

로 환매연기의 효과가 발생하지 않고 금감위의 환매연기조치가 필요하다는 정반대의 판시가 나왔던 것이다.[121] 좀 더 정교한 다른 이론을 들어 설명하여야 하지 않는가?

한편 외국에서 금융감독당국의 승인을 요구하는 입법례가 없다는 주장은 다소 근거가 박약하다. 예를 들어 미국에서는 투자회사법 제22(e)가 환매연기를 규정하고 있는데, 금융감독당국의 명령에 의해 연기사유가 발생할 수 있음을 규정하고 있다. 동 조항을 보면 원칙적으로 투자회사는 환매권을 연기해서도 안 되고 환매에 따른 지급기일을 연기해서도 안 된다. 그러나 (1) 주말이나 휴일이 아님에도 불구하고 뉴욕증권거래소가 폐장되거나, 뉴욕증권거래소에서의 거래가 제한되는 경우에는 예외이다. (2) 투자회사가 보유하는 증권의 처분이 합리적으로 실현가능하지 않거나 투자회사가 순자산가치를 공정하게 결정한다는 것이 합리적으로 실현가능하지 않은 결과 비상사태가 존재하는 기간 중은 예외이다. (3) SEC가 투자회사 증권소유자인 수익권자를 보호하기 위해

121 "① 구투신업법 제7조 제4항 단서 및 이 사건 약관 제16조 제3항은 "환매의무자가 일정한 사유가 있는 경우에 금감위의 승인을 얻어 환매를 연기할 수 있다"고 규정함으로써 환매의무자에게 연기 여부에 관한 재량을 부여하는 규정 형식을 취하고 있는 점, ② 환매연기제도는 기본적으로는 환매의무자의 이익을 보호하기 위한 제도로서 환매의무자가 환매를 연기하는 경우 필연적으로 그 반대당사자인 수익자의 이해관계와 정면으로 충돌할 수밖에 없고 또한 특별한 사정이 없는 한 모든 수익자에게 동일하게 적용되어야 할 것이므로 환매연기의 의사는 가능한 한 명확하게 외부에 표출되어야 할 필요가 있는 점(환매의무자가 환매청구에 대한 승낙을 유보하고 있을 뿐 아무런 조치를 취하지 않는 경우에도 환매가 연기된다고 해석한다면, 수익자의 입장에서는 환매의무자가 환매를 연기한 것인지 아니면 단순히 환매대금지급의무를 불이행하고 있는 것인지조차 구분할 수 없게 되어 예상하지 못한 손해를 입게 된다.), ③ 수익증권 중 일부에 대한 환매 연기만으로 환매연기의 사유가 해소될 수도 있으므로 적어도 환매연기의 대상이 무엇인지를 명백히 할 필요가 있는 점(기준가격과 순자산가치의 현저한 괴리는 당해 수익증권을 기준으로 전체적으로 판단할 것이지 신탁재산에 편입된 채권별로 판단할 문제는 아니라 할 것인바, 만일 수익증권 중 일부에 대해서만 환매를 연기하면서도 그 대상을 명확히 해 두지 않는다면 사후에 환매연기대상의 범위를 확정하거나 또는 기준가격과 순자산가치의 괴리의 정도를 판단하는 것은 사실상 불가능해 보인다.), ④ 구 증권투자신탁업감독규정(1998. 11. 13. 개정되기 전의 것) 제47조에서도 위탁회사가 금감위에 환매연기사유, 환매연기기간, 환매연기기간 이후의 환매대책, 기타 수익자보호와 관련된 사항을 기재한 서면으로 환매연기의 승인을 신청하여야 한다고 규정하고 있는 점 및 ⑤ 환매연기에 관하여 금감위의 승인을 얻도록 한 취지는 환매연기의 내용에 관하여 공적기관인 금감위에 승인을 신청하여 환매연기를 둘러싼 법률관계를 조속히 확정짓고 아울러 환매연기제도의 남용을 방지하려는 차원에서 규정된 것으로 보이는바, 이러한 취지를 살리기 위해서도 환매의무자로 하여금 금감위에 환매연기승인을 신청하도록 강제할 필요가 있는 점 등에 비추어 보면, 환매의무자가 구투신업법 제7조 제4항 단서 및 이 사건 약관 제16조 제3항에 따라 환매를 연기하기 위해서는 개별 수익자의 환매청구에 응하지 아니하고 있다는 정도를 넘어 최소한 환매연기의 대상 및 그 사유라도 명시하는 정도의 객관적이고 일률적인 환매연기의 의사를 외부에 표출하여야 하고 아울러 그와 같은 환매연기의 내용에 관하여 금감위에 승인을 신청하는 등의 일련의 조치를 취할 것이 요구된다고 보아야 할 것이다." 서울시방법원 남부지원 2004. 1. 30. 선고 2001가합360 판결, 19-20면.

명령으로 허용한 기간 동안은 예외이다. 따라서 미국은 금융감독당국의 명령에 의하여 환매가 연기되기도 한다는 점을 알 수 있다. 이러한 예를 볼 때 입법당시의 선택에 따라 명령이 아닌 승인으로 법문을 구성할 수도 있었다는 판단이 든다. 영국에서도 펀드매니저로 하여금 FSA에 환매연기에 대한 사후 보고를 하도록 함으로써 금융감독당국이 관여하도록 하고 있다.[122] 그렇다면 명령이든 사후 보고든 사전승인이든 이를 경유하도록 한 이유가 있지 않을까?

나. 수익증권 판매회사의 신인의무

1995년법이나 1998년법 그리고 현재의 자본시장법 모두 수익증권의 판매회사가 신인의무를 부담하는지에 대해 아무런 규정을 두고 있지 않다. 이와 대조적으로 미국에서는 1940년 투자회사법 제36조가 신인의무 위반(Breach of Fiduciary Duty)이란 제하로 다음의 권능으로 복무하거나 행위하는 자가 개인적인 부정행위와 연루된 신인의무를 위반하는 행위나 관행을 저질렀을 때(행위개시시점부터 5년 이내이어야 함), 또는 곧 이러한 행위나 관행에 착수하려고 할 때, 위원회(SEC)는 법원에 소송을 제기할 수 있다고 규정한다. 여기서의 권능이란 1. 임원, 이사, 자문위원회 회원, 투자권유자, 예금자, 2. 인가받은 회사가 개방형 주식회사, 증권투자신탁이나 face-amount certificate company인 경우의 주간인수사(principal underwriter)를 말한다.[123] 그런데 주간인수사란 바로 수익증권의 판매상이나 도매상을 의미하는 것이다.[124] 따라서 미국에서는 수익

122 미국과 대조적으로 영국에서는 환매연기의 행위주체가 펀드매니저로서 금융감독당국의 사전 승인을 받을 필요가 없고 사후 보고 만 하면 된다. 즉 FSA Handbook(COLL이라고 함) 7.2는 '연기 및 거래재개'란 제하에 비상적인 상황 때문에 연기가 전체 펀드 수익자의 이익이 될 경우 펀드매니저(즉 위탁회사)는 보관기관의 사전 동의를 받아 지체 없이 연기하여야 한다는 규정을 두고 있다. COLL 7.2.1(2)는 연기시 펀드매니저나 보관기관이 준수하여야 할 절차적인 요건을 규정하고 있다.

"(2) 연기시 인가펀드매니저나 보관기관(보관기관이 펀드매니저로 하여금 수익증권거래를 연기하도록 요구한 경우)은 (a) 어떠한 행위와 그 사유를 기재하여 FSA에 즉시 보고하여야 한다. 그리고 (b) 실무적으로 가능한 한 빠른 시기에 '서면으로 된 연기확인서'(written confirmation of the suspension)와 그 사유를 FSA 및 소속국가의 규제당국에게 송부하여야 한다. 여기서 소속국가의 규제당국이란 펀드매니저가 스스로 수익증권을 매각하거나 환매할 의향이 있다고 표시한 유럽경제지역 내 각 국가의 규제당국을 의미한다."
http://fsahandbook.info/FSA/print/handbook/COLL/7/2 (2011. 11. 30. 검색).

123 http://taft.law.uc.edu/CCL/InvCoAct/sec36.html (2011. 11. 30. 검색).

124 Many funds turn over distribution to a separate distributor, termed the "principal underwriter" in the 1940 Act and SEC rules. We will use the more familiar trade terms "distributor" or "wholesaler"

증권의 판매회사도 고객에 대하여 신인의무를 부담한다는 점을 알 수 있다.

투자회사법에서 규정하는 신인의무의 개념을 좀 더 구체적으로 파악하려면, 미국 근로자퇴직소득보장법에서 세분화하고 있는 신인의무를 고찰할 필요가 있다. 왜냐하면 투자회사법과 근로자퇴직소득보장법 모두 타인의 자금을 관리하는 수탁자(fiduciary)에 대한 신인의무를 규정한 것이라는 점에서 차이가 없으므로, 근로자퇴직소득보장법상의 세부원칙이 투자회사법에도 그대로 준용되기 때문이다. 그 중에서도 가장 중요한 것은 첫 번째의 고객이익전념의 원칙과 두 번째의 신중인의 원칙이다. 첫째, ERISA 제404(a)(1)(A)조는 顧客利益專念의 原則(exclusive benefit rule)을 규정하고 있다. 동 원칙에 의하면 수탁자는 전적으로 연기금 가입자와 수익자의 이익만을 존중하고 연기금에 종국적으로 이익을 귀속시킨다는 배타적 목적만을 추구하여야 하며, 연기금의 관리에 있어서 발생하는 비용지출도 합리적이어야 함을 규정하고 있다.[125] 즉 수탁자는 전적으로 고객인 연금가입자와 수익자의 이익만을 중시하여야 하므로, 연금가입자들에 대한 수탁자의 의무를 침해할 여지가 있는 연금운용 자체도 사전에 회피하여야 할 의무를 부담한다는 것이다. 둘째, ERISA 제404(a)(1)(B)조는 신중인의 원칙(prudent man rule)을 규정하고 있다. 즉 연기금의 수탁자가 유사한 능력을 보유하고 동일한 문제에 대해 잘 알고 있는 신중한 사람이라면, 동종업종에서 동일목적을 추구하는 기업이 행위기준으로서 채택하고 있는 당해 사업에서의 통상의 주의(care), 기술(skill), 신중성(prudence) 및 특별한 주의(diligence)에 구속된다고 규정한다.[126] 미국의 법원들은 ERISA의 신중인 원칙을 법에서 규정한 주의의무 중 최대의 주의의무(예: "the highest known to the law")로 간주하여 왔고, 동 원칙이 모든 경우에 일관되게 적용할 수 있는 객관적 기준으로서 손색이 없다는 입장을 취하여 왔다.[127] 셋째, ERISA 제404(a)(1)(D)조는 수탁자로 하여금 당해 연기금의 투자방침서와 지시사항에 합치되게 행위할 것을 요

-rather than the technical legal term "principal underwriter."

125 29 U.S.C. §1104(a)(1)(A).

126 ERISA §404(a)(1)(B); 29 U.S.C. §1104(a)(1)(B).

127 *Donovan v. Bierwirth*, 680 F.2d 263, 272 n. 8 (2d Cir. 1982). *cert. denied*, 459 U.S. 1069 (1982). *Freund v. Marshall & Isley Bank*, 485 F. Supp. 629, 635 (W.D. Wis. 1979).

구한다.[128] 여기서 투자방침서(Investment Policy Statement)란 투자관리인의 행위를 규율하는 서류를 말한다. 이러한 투자방침서는 연기금의 기본 문서로서, 투자관리인들은 동 문서가 ERISA에 합치하는 한 이에 구속되기 마련이다. 넷째, ERISA 제402(c)(3)조에 의하면 연기금이 자체적으로 보유한 펀드매니저들은 자산운용회사에게 연기금의 자산을 관리하고 그 재량하에 운용할 수 있는 권한을 위임할 수도 있다.[129] 일단 자산운용회사에게 투자권한을 위임하였다면, 펀드매니저는 자산운용회사가 어떠한 방향으로 의결권을 행사하여야 한다고 지시할 권한이 없다. 따라서 펀드매니저는 보통 자산운용회사에게 투자책임을 위임할 때 의결권행사권한을 따로 자신에게 유보한다고 한다. 그렇지 않으면 ERISA 제404(a)(1)(D)조를 위반하는 셈이 되기 때문이다.

다. 환매연기사유의 세분 및 금감위 승인의 재해석

(1) 환매연기사유의 새로운 유형화

미국에서의 논의를 참조해볼 때 우리나라에서 종래 수익증권을 판매하고 고유재산에 의한 환매를 책임졌던 판매회사도 신인의무를 부담한다는 점을 알 수 있다. 그렇다면 1995년법에서 명확하게 유형화하지는 않았으나, 판매회사가 환매의무와 신인의무를 부담한다는 점을 감안할 때 환매연기사유는 다시 다음과 같이 양분할 수 있다. 첫째, 환매가 객관적으로 보아도 도저히 불가능한 경우, 둘째, 기준가격에 의하여 환매를 강행할 수도 있지만 실제로 환매를 할 때에는 판매회사가 막대한 손실을 입을 수 있는 경우. 前者의 환매가 불가능한 경우란 어떠한 사건이 발생하였을 때 자연적으로 환매연기가 되는 경우로서, 천재·지변·유가증권시장의 폐쇄·정지 또는 휴장 등을 들 수 있다. 이 때에는 환매연기에 있어서 금감위의 승인을 따로 받을 필요가 없다. 다만 이러한 사건들이 종료되었을 때 이후 판매회사는 그 후속 조치, 즉 환매재개의 시점과 환매대금의 지급방법 그리고 일부 환매에 관한 사항 등의 결정 등을 매우 신중하게 하면 될 것이다. 다음으로 後者는 1995년법이 판매회사의 고유재산에 의한 환매의무를

128 29 U.S.C. §1104(a)(1)(D).

129 29 U.S.C. §1102(c)(3).

강제함으로 인하여 발생하는 특별한 경우라고 할 수 있다. 기준가격이 존재하고 환매의 자력도 있지만 고유재산에 의한 환매의무 만을 강조하여 환매를 강제할 경우 판매회사가 막대한 손실을 볼 수 밖에 없는 상황에서 법은 환매연기를 할 수 있도록 하였던 것이다. 그렇지만 이에 의한 환매연기는 신인의무에 위반하여 판매회사의 고유재산으로 수익증권을 매수할 것이라고 기대하였던 모든 수익자들의 이익을 저버리는 결과를 야기한다(이해상충이 발생한 상황에서의 환매연기).

(2) 금감위 승인 또는 수익자총회의 승인

판매회사의 신인의무 만을 강조하여 판매회사의 고유재산에 의한 환매의무를 주장한다면, 이는 증권투자신탁의 본질인 실적배당주의와 수익자평등주의에 반하게 되고 판매회사의 무한한 손실을 강요하는 셈이 된다. 그 때에는 소위 first run, first serve에 의한 펀드런이 발생함으로써, 종국적으로 전체 수익자의 이익이 저해되는 사태를 초래하게 된다.[130] 따라서 전체 수익자들의 궁극적인 이

130 증권투자신탁이나 펀드의 편입 재산에 문제가 없다면 투자자들은 만기까지 기다려 펀드를 종료시키고 전문운용인력의 운용성과를 집계한 후 실적배당주의에 따라 배당받으려고 할 것이다. 지금은 시가평가제도가 정착되었으므로 일부 투자자들로부터 중도환매요구가 있더라도 자산운용사는 펀드를 정산하여 그때까지의 실적을 기초로 이익이나 손실을 중도환매자에게 배당하면 된다. 대상판결에서도 본바와 같이, 시가평가제도가 정착되기 이전, 즉 장부가평가제도가 풍미하던 한 때에는 자산운용사나 판매사가 펀드재산이 아닌 고유재산으로 환매의무를 부담하였다(예: 대법원 2006. 12. 8. 선고 2002다19018 판결). 이 때에는 펀드자산의 기본운용원칙, 즉 실적배당주의와 수익자평등의 원칙에 정면으로 반하는 것이었으므로 심각한 부작용을 야기할 수 있었다. 특히 먼저 장부가로 환매를 요구하는 투자자가 결과적으로 우대취급을 받을 수 있는 개연성이 높았으므로 first run, first serve란 공감대가 투자자들에게 만연하여 펀드런을 오히려 조장하는 위험성을 고취시켰던 것이다. 그러면 시가평가제도가 정착되고 실적배당주의가 당연시되는 현재에는 펀드런이 발생할리 없고 모든 투자자는 만기까지 기다려 실적을 배당받을 것인가? 대답은 부정적이다. 특히 펀드에 편입된 재산 중 발행사가 지급불능의 위험에 빠지거나 파산한 경우 시가평가제도는 전혀 의미가 없게 된다. 왜냐하면 이러한 편입재산의 객관적인 가치를 정확하게 평가하기란 불가능에 가깝기 때문이다. 예를 들어 투자자가 리먼브라더스가 발행한 ELS가 편입된 펀드에 가입된 상황에서 리먼브라더스에게 파산의 위험성이 존재한다고 하자. 신용평가기관의 리먼브라더스에 대한 신용등급의 하향조정은 시장상황에 맞추어 제 때 이루어지지 않고 시차(time gap)를 두기 마련이다. 그러한 시차를 이용하고자 하는 현명한 투자자들은 다른 펀드가입자보다 우선적으로 환매받는 것이 가장 최선의 전략이라고 믿는다. 금융시장에서는 조속히 환매받지 못하면 나중에 환매받는 투자자들에게 상환할 수 있는 가용재산은 존재하지 않는다는 루머가 돌게 될 것이다. 이러한 루머는 전체 펀드가입자에게 퍼지면서 원리금을 상환하지 못할 것이라는 공포감으로 돌변한다. 펀드에 대해서는 예금자보호제도나 중앙은행의 긴급유동성지원 제도도 없는 상황에서 펀드런에 대처하려면 자산운용사는 유동성을 마련하기 위해 신탁재산에 편입된 정상적인 증권들과 어떠한 경우에는 고유재산 마저 헐값으로 처분하여야 하는 상황에 직면한다. 펀드가입자들의 공포는 자신의 이익만을 만족하려는 이기심으로 발전할 것이고 자산운용사는 투자자들의 환매요구를 전액 충족시키지 못하는 상황

익을 고려해볼 때에는, 비록 불가항력적인 상황은 아니라도 인위적으로 환매연기를 해야 할 상황을 생각해낼 수 있다. 이것이 바로 위의 환매연기 중 '이익상충이 발생한 상황에서의 환매연기'에 해당하는 것이다. 그리고 금감위의 존재의의가 투자자보호에 있음을 감안해서 금감위를 전체 수익자의 이익을 대변하는 기관으로 구성한다면, 이 때에는 금감위의 승인이 반드시 필요하고 그러한 승인은 마치 현행법상 수익자총회의 승인에 갈음하는 정도의 중요한 절차로 간주될 수 있는 것이다.[131] 혹자는 1995년법 하에서 환매연기의 경우 수익자총회에 대한 언

으로 이어지게 된다(Patricia A. McCoy, *Banking Law Manual* §1.03[1] (Second ed., 2000)에서의 뱅크런 참조). 이때에는 시가평가제도의 존재의의가 붕괴되며 실적배당주의도 단순한 공허한 이상에 불과하게 된다. 펀드가입자들은 불량재산의 편입으로 인하여 자신들의 환매요구액보다 자산운용사가 당장 확보할 수 있는 유동성이 터무니없이 작을 것이라는 점을 잘 알고 있다. 이때에는 자신이 먼저 환매권을 행사하는 것만이 최선의 방책임을 알고 있다. 펀드가 예금과 다르고 가입자들에게 원금보장이 이루어지지 않는 상황에서, 펀드의 가용자금이 고갈되기 전에 환매받지 못하는 투자자들은 자신의 자금을 완전히 상실할 위험성에 처해진다. 따라서 일단 펀드에 편입된 특정 채권의 발행자에게 문제가 발생함으로써 펀드의 지급여력에 의구심이 생길 경우, 펀드가입자들은 환매권을 가장 우선적으로 행사하여 원리금을 일부라도 회수하고자 하는 동기를 갖게 되는 것이다[Jonathan R. Macey & Geoffrey P. Miller, *Bank Failures, Risk Monitoring, and the Market for Bank Control*, 88 Colum. L. Rev. 1153, 1156 (1988)]. 이러한 측면에서 동시다발적인 펀드이탈은 죄수의 딜레마의 전형적인 예가 된다. 죄수의 딜레마에 있어서 개인들은 상호 협력함으로써 개인의 富와 공통의 富를 극대화할 수 있음에도 불구하고, 전체 부를 감소시키는 독립된 행위를 취한다는 점이 밝혀졌다. 이러한 행위를 하게 되는 이유는 모든 개인들이 협력하지 않을 경우 개인으로서는 막대한 손실을 입는 상황에 처해 있고 완전한 협력이란 것도 보장되지 않기 때문이다. 마찬가지로 펀드가입자들의 동시다발적인 환매요구가 발생할 경우, 자산운용사로서는 환매요구에 응하기 위해 손실을 감수하면서 보유자산을 처분할 것이라는 점을 펀드가입자들은 너무도 잘 알고 있다. 더욱이 개별 펀드가입자들은 다른 펀드가입자들이 만기까지 기다릴 것이라고 신뢰하지도 않는다. 따라서 논리적으로 취하여야 할 유일한 행동규범은 다른 펀드가입자들보다 앞서 자산운용사 창구로 달려가는 것만이 최선책인 것이다.

131 자본시장법 제237조 제1항은 환매의 연기라는 제목 아래 "투자신탁이나 투자익명조합의 집합투자업자 또는 투자회사등은 집합투자재산인 자산의 처분이 불가능한 경우 등 대통령령으로 정하는 사유로 인하여 집합투자규약에서 정한 환매일에 집합투자증권을 환매할 수 없게 된 경우에는 그 집합투자증권의 환매를 연기할 수 있다. 이 경우 투자신탁이나 투자익명조합의 집합투자업자 또는 투자회사등은 환매를 연기한 날부터 6주 이내에 집합투자자총회에서 집합투자증권의 환매에 관한 사항으로서 대통령령으로 정하는 사항을 결의(제190조 제5항 본문, 제201조 제2항 단서, 제210조 제2항 단서, 제215조 제3항, 제220조 제3항 및 제226조 제3항의 결의를 말한다)하여야 한다"고 규정하고 있다. 여기서의 집합투자자총회가 본문에서 설명하는 수익자총회에 해당한다.
그리고 자본시장법시행령 제256조는 환매연기사유를 구법보다 상세히 규정하고 있다.

자본시장법시행령 제256조(환매연기 사유) 법 제237조제1항 전단에서 "대통령령으로 정하는 사유"란 다음 각 호의 어느 하나에 해당하는 경우를 말한다.

1. 집합투자재산의 처분이 불가능하여 사실상 환매에 응할 수 없는 경우로서 다음 각 목의 어느 하나에 해당하는 경우
   가. 뚜렷한 거래부진 등의 사유로 집합투자재산을 처분할 수 없는 경우
   나. 증권시장이나 해외 증권시장의 폐쇄·휴장 또는 거래정지, 그 밖에 이에 준하는 사유로 집합투자재산을 처분할 수 없는 경우
   다. 천재지변, 그 밖에 이에 준하는 사유가 발생한 경우
2. 투자자 간의 형평성을 해칠 염려가 있는 경우로서 다음 각 목의 어느 하나에 해당하는 경우

급이 전혀 없었으므로 저자의 이러한 논리구성에 의문을 제기할 수도 있다. 그러나 환매연기의 남용도 있을 수 있음을 감안하면, 판매회사가 일방적·자의적으로 수익자의 이익을 저해하고 자신의 이익을 증진하려고 할 때, 수익자의 이익을 대변해주는 공적 기구로서의 금감위가 환매연기의 결정이라는 프로세스에 적극적으로 참여하여 최종적으로 환매연기를 승인한다고 보는 것이 오히려 자연스러운 것이다.

라. 최근의 판례

최근 2008다13043 판결과도 상당히 궤를 달리하는 판례가 나왔는데, 그 결론에 따를 경우 자본시장에 매우 안 좋은 영향을 줄 수 있고 집합투자증권에 투자하는 수익자들로부터 외면받을 수 있으므로 여기서 동 판례를 소개하고자 한다.

대법원 2014. 7. 10. 선고 2014다21250 판결은 "투자자가 집합투자증권의 환매를 청구하는 경우 집합투자업자는 자본시장법 제236조 제1항 본문에 따라 산정되는 기준가격으로 집합투자증권을 환매하여야 하는데, 환매청구가 일시에 대량으로 이루어질 경우에는 환매대금으로 사용할 재원을 조성하기 위하여 집합투자재산을 단기간에 대량으로 처분하는 조치가 필요하게 된다. 이 경우 집합투자재산의 종류, 구성 및 규모, 시장의 거래상황 등에 따라서는 집합투자재산의 가치가 크게 하락하는 손실이 생길 수 있는데, 이러한 손실이 반영되지 아니한 기준가격으로 집합투자증권을 환매하게 되면 먼저 환매한 투자자로부터 잔류하는 투자자에게 손실이 전가되어 집합투자의 본질인 실적배당주의 내지 수익자평등대우주의를 훼손하는 결과가 초래될 수 있다. 이는 환매연기사유

가. 부도발생 등으로 인하여 집합투자재산을 처분하여 환매에 응하는 경우에 다른 투자자의 이익을 해칠 염려가 있는 경우
나. 집합투자재산에 속하는 자산의 시가가 없어서 환매청구에 응하는 경우에 다른 투자자의 이익을 해칠 염려가 있는 경우
다. 대량의 환매청구에 응하는 것이 투자자 간의 형평성을 해칠 염려가 있는 경우

3. 환매를 청구받거나 요구받은 투자매매업자 또는 투자중개업자·집합투자업자·신탁업자·투자회사등이 해산등으로 인하여 집합투자증권을 환매할 수 없는 경우
4. 그 밖에 제1호부터 제3호까지의 경우에 준하는 경우로서 금융위원회가 환매연기가 필요하다고 인정한 경우

의 하나인 '대량의 환매청구에 응하는 것이 투자자 간의 형평성을 해칠 염려가 있는 경우'에 해당한다고 보아야 한다. 그리고 환매연기사유가 존재하는지 여부는 환매를 연기할 당시를 기준으로 판단하여야 하고, 사후에 발생하거나 확인된 사유만을 들어 환매연기가 위법하거나 효력이 없다고 할 수는 없다. 원심은, 피고의 국내업무중단계획이 발표되자 그 발표 당일 주식시장이 폐장될 때까지 이 사건 펀드의 수익자인 총 11개의 기관투자자 중 8개의 기관투자자가 이 사건 펀드의 자산 규모 중 약 80%에 해당하는 약 1,500억원 규모의 수익증권에 대하여 환매를 청구한 사실, 피고는 위와 같은 환매청구에 그대로 응할 경우 수익증권의 가치가 떨어지는 등으로 환매 요구 투자자와 잔존 투자자 사이의 형평성에 문제가 발생할 것으로 판단하여 환매연기를 결정한 사실 등을 인정한 다음, 그 판시와 같은 사정에 비추어 보면 위와 같은 환매청구는 '대량의 환매청구에 응하게 되는 경우'에 해당하고, 환매청구에 응하기 위하여 자산처분을 단기간 강행할 경우 수익자들 사이의 형평성 문제가 야기될 것으로 예상되는 상황이었으므로, 피고의 환매연기 결정은 적법하다고 판단하였다. 원심판결 이유를 앞서 본 법리에 비추어 보면, 원심의 위와 같은 판단은 수긍할 수 있고, 거기에 상고이유 주장과 같이 환매연기 사유 내지 요건에 관한 법리, 환매자금 마련에 관한 의무불이행에 관한 법리 등을 오해하거나 논리와 경험의 법칙을 위반하여 자유심증주의의 한계를 벗어나는 등의 위법이 없다"고 판시하였다.

한편 이 사건의 원심(서울고등법원 2014. 2. 14. 선고 2013나43361 판결)이 수익자총회의 중요성을 간과하고 있는데 대법원도 일응 그 판단에 동조하고 있으므로 관련 부분도 살펴보기로 한다. "자본시장법 제237조, 자본시장법 시행령 제257조, 제258조에 의하면, 환매연기결정 이후 집합투자업자는 6주 이내에 집합투자자총회를 개최해야 하지만, 환매연기를 위한 집합투자자총회의 개최 전에 환매연기사유가 해소된 경우에는 집합투자자총회를 개최하지 아니하고 환매할 수 있으며, 이러한 경우 이 사건 신탁계약 제28조 제4항에 의하면, 평가위원회에서 환매가격을 정하도록 하고 있다. 앞서 본 것처럼 피고는 2012. 11. 14. 이 사건 펀드의 자산 구성 비율에 큰 변화를 주지 않고 보유 자산 중 85%를 매각하는 데 성공한 후, 투자자 사이의 형평성에 관한 문제가 해결되었다고 판단, 환매재개 결정을 하고 평가위원회에서 이 사건 환매청구의 환매기준 가격을 결정하였음을 이 사건 기관투자자들에게 통지하였으므로, 이러한 피고의 업무처리 과정은 자본시장법과 자본시장법시행령의 관련 규정, 이 사건 신탁계약이 정한 환매연기와 환매재개결정, 환매가격 결정의 절차에 부합하는 방식으로 이행된 것으로 판단된다."

법원은 이 사건에서 원래 금융감독당국의 승인에 갈음하는 수익자총회를 개최하여야 했지만 법률에서 정한 개최시점 이전에 환매연기사유가 해소되어 그럴 필요가 없었음을 강조하고 있다. 그러나 집합투자업자의 일방적이고 자의적인 판단에 의하여 환매연기가 결정되고 이에 대해 금융감독당국의 간섭이 전혀 없어도 문제가 없는 듯한 현행 자본시장법의 규정은 심각한 문제를 내포하고 있다고 분석된다. 2014다21250 판결은 집합투자업자가 이러한 자본시장법의 허점을 악용한 대표적인 사례가 될 수 있다. 왜냐하면 동 판시에 의할 경우 수익자의 이익을 무시한 채 집합투자업자가 임의로 환매연기를 할 수 있을 뿐만 아니라 수익자에게 매우 불리한 시기에 다시 환매재개결정을 함으로써 고객이익전념의 원칙(best interest rule)을 훼손해도 무방하다는 결론에 이를 수 있기 때문이다.

5. 소결

저자는 대법원이 1995년법에 규정된 환매연기의 여러 가지 사유들을 좀 더 심도있게 분석하였어야 한다는 아쉬움을 갖고 있다. 법문상의 '천재·지변·유가증권시장의 폐쇄·정지 또는 휴장'과 달리 '기타 부득이한 사유'에 대한 판단을 대상판결과 같이 전적으로 판매회사에게 맡긴다면, 판매회사는 자신에게 주어진 권한을 자의적으로 남용할 위험성이 높았던 것이다. 따라서 일단 환매연기사유를 불가항력적인 사유와 그렇지 않은 사유로 좀 더 세분화한 후 후자의 경우에는 반드시 금감위의 승인이 필요하다는 식으로 분석할 필요가 있었다. 만일 금감위의 승인이 필요한 연기사유에 해당한다면, 그 전제로서 판매회사의 환매연기에 대한 적극적인 의사표시가 반드시 있었어야 한다는 논리적 귀결이 이루어졌을 것이다. 그리고 이러한 분석의 출발점은 수익증권의 환매의무를 부담하는 판매회사가 수익자들에 대하여 신인의무를 부담한다는 것이다. 대상판결에서 환매연기사유 및 그 요건에 대해 대법원이 정치한 법리를 제시하지 못하다 보니 자본시장법 제237조 제1항도 본래의 취지와 다르게 개정되었고 결국 2014다21250 판결과 같이 집합투자업자의 자의적인 결정에 의하여 환매연기와 재개를 반복한 사안에 대해서도 아무런 문제가 없다는 판결로까지 이어지게 된 것이다.

III. 맺는 말

대상판결에서 대법원이 1995년법 하에서 판매회사의 독립당사자성을 인정하고 환매의무가 있음을 선언한 것은 당시의 법률과 약관에 의할 때 너무도 당연한 판단이었다고 생각한다. 1995년법 하에서 판매회사는 자신의 명의와 계산으로 수익증권을 환매(혹은 재매수, 수익증권의 일부 해지에 의한 환매와 다름)하는 지위에 서는 경제적 독립체였다. 수익자는 판매회사가 고유재산으로 환매해준다는 점을 신뢰하면서 수익증권을 매수한 자이므로 이들의 신뢰는 마땅히 보호받아야 하였다.

그런데 저자가 대상판결과 다소 결론을 달리하는 부분은 환매연기의 요건에 관한 것이다. 이 사건에서 대우채와 비대우채의 환매연기는 모두 불가항력에 의한 환매연기가 아닌 이해상충상황에서의 환매연기에 해당하였다. 대우채의 환매연기는 금감위의 연기조치까지 있었으므로 이를 상세하게 논할 실익도 없지만 비대우채의 환매연기는 대우채와는 전혀 취급을 달리하였어야 한다고 생각한다. 즉 이 때에는 금감위의 승인이 환매연기의 가장 중요한 요건으로서 반드시 필요하였던 것이다. 수익증권의 판매회사는 신인의무를 부담하므로 수익자와의 사이에 이해상충의 상황이 발생할 때에는 고객이익전념의 원칙에 따라 수익자의 이익을 우선시했어야 한다. 1995년법에서 수익자가 환매를 요청할 경우 기준가격이 존재하므로 판매회사는 고유자산으로 환매할 의무가 있었다. 그런데 환매를 연기한다는 것은 수익자의 이익을 저해하고 판매회사의 이익을 증진하는 이해상충 상황을 도모하는 것이므로 고객이익전념의 원칙을 정면으로 위반하는 것이다. 판매회사의 신인의무 만을 절대적으로 강조한다면 판매회사는 자신에게 너무나도 불리한 상황도 강제적으로 수용하여야 한다는 결론에 도달한다. 그러나 그러한 결론이 판매회사에게도 너무도 가혹한 것이다. 이렇게 가혹한 부담을 완화시키기 위하여 등장한 구제책이 바로 금감위의 승인이다. 즉 금감위의 승인은 신인의무 위반에 대한 비난을 경감시키고 판매회사로 하여금 이해상충 상황이라도 절대적인 손실의 부담에서 벗어날 수 있도록 하는 일종의 도피처로서 기능하였다. 더욱이 이러한 승인은 전체 수익자들의 의사를 대변하는 것으로 대체할 만한 것이었다. 결론적으로 대상판결에서 대법원은 판매회사의 환매연기에 대한 적극적인 의사표시에 금감위가 승인을 해주어야만 환매연기의 효력이 발생한다고 판단하였어야 하였다. 그리고 여기서의 금감위 승인은 단순히 확인적인 의미에 그치는 것이 아니라 효력발생의 요건이었다. 따라서 현행 자본시장법 제237조 제1항이 선결적으로 조속히 개정되어 환매연기 시 금융위의 승인을 받도록 하는 조항이 추가되어야 할 것임은 너무도 당연하다. 자본시장법시행령 제256조 제2호 나목에 규정된 "대량의 환매청구에 응하는 것이 투자자 간의 형평성을 해칠 염려가 있는 경우"에서 대량의 환매청구가 무엇을 의미하는지에 대한 기준도 명백히 마련되어야 할 것이다.

찾아보기

판례

용어

2020년 자본시장법원리

초판 발행 1쇄 2020년 3월 24일

지은이 김용재
펴낸곳 고려대학교출판문화원
www.kupress.com
kupress@korea.ac.kr
(02841) 서울특별시 성북구 안암로 145
Tel 02-3290-4230, 4232
Fax 02-923-6311
찍은곳 한국컴퓨터인쇄정보

ISBN 979-11-90205-30-6 93360

값 48,000원